2011

中国民主促进会

年鉴

《中国民主促进会年鉴》编辑部

开明出版社
KAIMING PRESS

雷洁琼同志
永远在我们心中

2011年12月7日至9日，中国民主促进会第十二届中央委员会第五次全体会议在北京召开。这次会议的主要内容是：学习贯彻中共十七届六全会精神，审议民进第十二届中央常务委员会工作报告，审议关于召开中国民主促进会第十一次全国代表大会的决定，听取民进第一届中央监督委员会2011年度工作情况报告等。

2011年6月8日至10日，中国民主促进会第十二届中央常务委员会第十五次会议在成都召开。

2011年12月8日，民进十二届五中全会举行小组讨论。

2011年12月7日，民进十二届五中全会开幕式上，严隽琪代表民进第十二届中央常务委员会向五中全会作工作报告。

2011年12月6日，民进中央监督委员会一届七次会议在京召开。

2011年3月5日，全国政协十一届四次会议举行小组讨论。图为民进组小组讨论会场。

2011年6月8日，民进十二届十五次中常会上，罗富和报告上半年工作情况。

2011年6月21日，由民进中央主办的“中国民主促进会庆祝中国共产党成立90周年座谈会”在北京召开。

2011年7月1日，民进中央、民进北京市委机关举行庆祝中国共产党成立90周年红歌会暨知识竞赛。

2011年12月10日至11日，民进全国机关建设工作会议在北京召开。

2011年2月15日，由民进中央、国务院参事室、中国文联、全国政协书画室主办，开明画院、中华书局、中国民协承办的“水墨诗文——《冯骥才画集》出版首发式”在全国政协礼堂举行。冯骥才出席首发式并致辞。

2011年4月12日至14日，2011年第一期民进全国骨干会员培训班在中央社会主义学院举行。图为培训班学员合影。

2011年6月14日至15日，民进全国会史工作会议在江苏省江阴市召开。严隽琪出席会议并讲话。

2011年12月7日，民进十二届五中全会开幕式上，潘贵玉向民进十二届五中全会作民进中央监督委员会2011年工作情况报告。

2011年7月20日，民进树立和践行社会主义核心价值体系先进会员事迹宣讲大会在吉林省长春市举行。

2011年5月10日至16日，民进中央考察团就“完善制度环境、促进民办教育发展”开展调研。图为5月13日，考察团在婺源紫阳中学召开座谈会。

2011年8月16日至19日，“同心·彩虹行动”2011年教研员和骨干教师暑期培训班在京举行。王佐书出席开班式并讲话。

2011年9月7日，“庆祝第二十七个教师节暨2011·中国教师发展论坛”在山东潍坊举行。

2011年5月14日，民进中央考察团在南昌市参观江西赣江职业技术学院考察。

2011年4月8日，贺旻率调研组围绕创新流动人口服务管理体制，推进流动人口基本公共服务均等化工作进行调研。

2011年1月29日，民进中央2011年基础教育改革座谈会在民进中央机关举行。本次座谈会的主题是“对考试制度、评价制度改革的思考”。

2011年5月15日，民进中央考察团在江西服装学院参观考察。

2011年3月18日，民进中央办公厅、民进北京市委下午联合召开学习贯彻“两会”精神报告会。刘新成主持会议。

2011年11月11日，2011年民进中央参政议政年会在兰州开幕。本次会议的主题是“加强参政议政能力建设”。

2011年4月1日至2日，由中国民主促进会中央委员会、中国文学艺术界联合会、中共山西省委、山西省人民政府主办的“第九届海峡两岸中华传统文化与现代化研讨会暨第四届中国·介休清明（寒食）文化节”在山西省介休市举行。罗富和在开幕式上致词。

2011年6月23日，民进中央举行“开明论坛”第七讲，蔡达峰应邀作题为《中国传统住宅解读》的讲座。

2011年3月13日，民进中央开明画院第一届理事会第二次会议在民进中央机关召开。

2011年5月24日至25日，2011开明·江海文化论坛暨共铸伟业——中国民主促进会全国书画精品邀请展在南京举办。

2011年3月17日，由中国民主促进会、全国防盲技术指导组、中国人民对外友好协会、北京同仁医院等共同组织的“2011中非光明行”启程仪式在北京举行。朱永新出席启程仪式并讲话。

2011年7月27日至31日，“同心·彩虹行动”2011年新疆少数民族中小学校长培训圣雄班在北京举办。

2011年3月10日，在全国政协十一届四次会议第四次全体大会上，张帆代表民进中央作题为《建立文化强国战略，增强国家文化软实力》的大会发言。

2011年3月9日，在全国政协十一届四次会第三次全体大会上，陈凌孚作题为《立足国家民族未来，加快振兴学前教育》的大会发言。

2011年3月10日，在全国政协十一届四次会议第四次全体大会上，卫小春作题为《实施林木年度直补，加快实现兴林富农》的大会发言。

得的成绩和经验；研究和部署当前和今后一个时期的会史工作，努力开创会史工作的新局面。

下面，就会史工作谈一些会中央的思考和意见。

一、进一步提高对会史工作重要意义的认识

民进具有光荣的历史。自60多年前在上海成立以来，民进始终坚持自觉接受中国共产党的领导，与中国共产党肝胆相照、真诚合作，投身中国革命、建设和改革的事业中。我会涌现出一批又一批[illegible]敢独善其身，而总以兼济天下为己任的优秀知识分子，他们秉持"国家兴亡，匹夫有责"的理念，为中华民族的振兴和国家的富强作出了积极贡献，写下了光辉的历史篇章。民进的会史记录了我会的历史轨迹，承载着民进的传统、文化、理念和作风。珍惜我会的历史，学习、研究、宣传我会的历史，[illegible]史的作用，对于把民进建设成适应时代要求的高素质参政党具有重要意义。

当今世界多极化、经济全球化和信息化的发展，我国与西方在价值观念、政治制度、文化[illegible]等方面的交锋不断增多，[illegible]西方敌对势力政治思想渗透的责任更加重大。国内改革进入攻坚期，经济体制深刻变革，社会结构深刻变动，利益格局深刻调整，思想观念深刻变化，巩固思想政治基础的要求更加紧迫。互联网等新兴媒体迅速发展，虚拟社会与现实社会相互影响，[illegible]引导的难度更加凸显。从民进自身来看，新中国成立前后出生、20世纪90年代前后入会的新一代会员，已经成为我会的主体力量，同老一代会员相比，新一代会员呈现出思维活跃多样的时代特征，他们更[illegible]价值的实现，思想[illegible]更多元，行为方式[illegible]……这些都对我们的工作提出了新的挑战。发挥会史资政育人的作用，从历史经验中获得启示，[illegible]，是我们应对[illegible]思想政治领域挑战，增强全会政治共识，提高广大会员思想政治素质的重要方面。认识会史的重要性，可从三个方面来阐述：

认识一：开展会史工作，是巩固政治交接成果、不断增进政治共识的需要。

政治信念、政治立场是政党最重要的存在标志。持续推进政治交接是民主党派永恒的主题。会中央提出在全会推进"三个认同"：一是道路认同——坚持走中国特色社会主义政治发展道路；[illegible]坚持和完善中国特色社会主义[illegible]制度；[illegible]党的领导，成为和中共长期合作、共同奋斗的亲密友党，这是在长期的民主革命实践中做出的历史选择。更深入地理解中国共产党领导的多党合作和政治协商制度、中国特色社会主义政治发展道路的形成，[illegible]其历史必然性。这对于增进民进全会对"三个认同"的共识，引导广大会员把老一辈民进人的历史选择变为新一代民进人的现实选择，增强在建设有中国特色社会主义事业中与中国共产党同心同德、同心同向、同心同行的责任感和使命感，具有重要意义。

认识二：开展会史工作，是认识我们所处的历史方位和明确肩负的历史责任的需要。

明史可以知今，鉴往可以知来。历史的作用，不仅是对过去的总结，更重要的是启发我们对现实的认识和对未来的把握。只有深刻地了解过去，才能全面地把握现在和更好地创造未来。现在，我会面临的形势发生了重大变化，民主党派的任务和使命发生重大转变，民进自身的构成发生了巨大变化。要更好地适应时代的发展变化，需要用历史的眼光审视现实，从历史中[illegible]大所处的历史方位，更深入地了解国情和会情，从而加深对参政党性质、地位和作用的认识，更加明确肩负的历史使命和责任，认真总结在历史中加强自身建设和履行参政党职能的经验和规律，使我们在[illegible]工作中更好地把握规律性、富于创造性、增强主动性、减少盲目性。

认识三：开展会史工作，是继承发扬我会优良传统、增强全会凝聚力的需要。

民进的光荣传统、文化、理念、作风[illegible]是无形的，但力量是无穷的，[illegible]，是增进全会凝聚力的粘合剂。学习宣传民进的光荣历史、优良传统和民进前辈的道德风范，[illegible]

编辑说明

一、指导思想

《中国民主促进会年鉴》(2011)(以下简称《年鉴》(2011))以中国特色社会主义理论体系为指导，按照民进十二届四中全会的工作部署，落实2011年工作要点，遵循唯物史观的基本要求，全面系统真实地收集和记述民进在2011年围绕国家工作大局，以科学发展为主题，以促进经济发展方式转变为主线，认真履行参政党职能，为社会主义经济建设、政治建设、文化建设、社会建设以及生态文明建设所作出的贡献；践行“同心”思想和社会主义核心价值体系，全面加强自身建设，实现自身科学发展的基本情况、主要成绩和成功经验。

二、内容与结构

《年鉴》(2011)在2010年编辑的基础上，在结构上略作调整，设置了《雷洁琼同志永远在我们心中》专章。2011年1月9日，雷洁琼同志逝世。雷洁琼同志是中国民主促进会的创始人之一，因此纪念雷洁琼同志专章的位置在中央委员会篇之前。限于篇幅，其中，【追思】中选取的文章为在中共中央统战部、民进中央、民进北京市委召开的雷洁琼同志追思会上，中共中央统战部部长，民进中央主席、民进中央原主席、民进中央常务副主席等4位同志的讲话发言。

《年鉴》(2011)具体内容与结构如下：

《年鉴》内容以中央委员会工作为主，兼顾省级组织工作，以载录资料为主，概述为辅。由中共中央、国务院、全国政协相关文献，中央委员会篇(并配以彩页)，省级委员会篇，附录四部分构成。

(一)中共中央、国务院、全国政协相关文献，多党合作事业重要文献，主要收录中共中央、国务院、全国政协2011年有关多党合作事业和民主党派工作紧密相关的重要文献。

(二)中央委员会篇

主要反映民进中央2011年在履行参政党职能、加强自身建设方面的总体情况，突出本年度民进的基本工作思路、新的举措和主要成果。由重要文献，重要意见建议，重要会议、活动，部门工作总结，大事日志和彩页六部分构成。

1. 重要文献由重要文件和领导人讲话、报告、发言、文章构成。

重要文件：收录中央常务委员会向中央全会作的工作报告及以民进中央名义作出的重要意见、决定和决议，发出的重要通知等。

领导人讲话、报告、发言、文章：主要收录民进中央领导同志(主席、副主席)代表民进中央参加中共中央、国务院召开的民主协商活动中的发言，出席民进中央和全国性会议、活动的讲话和报告，在报刊发表的书面文章。收录主席讲话、文章67篇，收录常务副主席讲话、文章9篇，收录专职副主席讲话、文章8篇，其他副主席至少收录1篇代表民进中央所作的讲话或有关文章。民进中央领导同志讲话、报告、发言、文章编辑以时间先后为序。

2. 重要意见建议：主要收录民进中央向中共中央、国务院提交的重大意见建议；在全国政协会议上以民进中央和民进组的名义提交的发言和提案。

3．重要会议、重大活动：主要收录中央全会、常委会、主席会及年度重点工作会议；开展自身建设和履行职能的重大活动及列入年度工作要点的重要活动。

4．部门工作总结：收录民进中央机关各职能部门的年度工作总结。

5．大事日志：按时间顺序概述民进中央一年来的基本活动。

6．彩页：采取照片的形式，主要反映中央委员会一年来在履行职能、加强自身建设等方面取得的成绩，围绕国家重大事件开展工作的情况。

（三）省级委员会篇

主要介绍我会 29 个省级组织在自身建设和履行职能方面的情况、成果和经验。

三、附录

1．在中共中央、国务院相关文献，多党合作事业重要文献部分中，以附录形式收录了中共中央、国务院有关政治协商和多党合作的重要新闻报道。

2．《2011 年组织发展情况统计表》。

中国民主促进会年鉴编辑部

2012 年 8 月 15 日

目　录

中共中央、国务院、全国政协相关文献，多党合作事业重要文献

在全国政协新年茶话会上的讲话
（2011 年 1 月 1 日）…… 胡锦涛（2）
在政协第十一届全国委员会第四次会议闭幕会上的讲话
（2011 年 3 月 13 日）…… 贾庆林（4）
附录：有关政治协商、多党合作的重要新闻报道 ……（5）

雷洁琼同志永远在我们心中

【讣告】
著名的社会学家、法学家、教育家，杰出的社会活动家，中国民主促进会的创始人之一和卓越领导人，中国共产党的亲密朋友
雷洁琼同志逝世
（2011 年 1 月 9 日）……（32）
【送别】
雷洁琼同志遗体在京火化
雷洁琼同志病重期间和逝世后，胡锦涛江泽民吴邦国温家宝贾庆林李长春习近平李克强贺国强周永康等同志，前往医院看望或通过各种形式对雷洁琼逝世表示沉痛哀悼并向其亲属表示深切慰问
胡锦涛吴邦国温家宝贾庆林李长春习近平李克强贺国强等到八宝山革命公墓送别
（2011 年 1 月 15 日）……（32）
无尽哀思 深情送别 ……（33）
【生平】
雷洁琼同志生平 ……（34）
【哀悼】
沉痛悼念雷洁琼同志
严隽琪 罗富和 冯骥才 潘贵玉 王佐书 贺旻 刘新成
蔡达峰 朱永新肃立默哀 张帆深表哀悼……（36）
民进中央设立缅怀室 网上追思会 ……（36）
民进各级组织沉痛哀悼深切缅怀雷洁琼同志 ……（37）
北京大学社会学系师生沉痛悼念雷洁琼先生 ……（38）
曾荫权哀悼雷洁琼辞世 ……（38）

【追思】
雷洁琼同志追思会在北京举行 …… (39)
我们永远铭记雷老 …… 杜青林(40)
斯人已逝 风范长存 …… 严隽琪(41)
最好的纪念 …… 许嘉璐(44)
牢记谆谆嘱托 传承光荣传统 …… 罗富和(45)
无尽的追思
——雷洁琼同志缅怀室 …… (46)
永远的怀念
——雷洁琼同志网上追思会 …… (47)

中央委员会篇

重要文件
【中国民主促进会第十二届中央常务委员会向五中全会作的工作报告】
中国民主促进会第十二届中央常务委员会工作报告
(2011 年 12 月 9 日中国民主促进会第十二届中央委员会第五次全体会议通过) …… (50)
【工作要点通知函贺信等】
民进中央 2011 年工作要点
(2011 年 1 月 10 日民进中央十二届十四次主席会议审议通过) …… (58)
关于印发《民进中央关于进一步加强新形势下社会服务工作的意见》的通知
(2011 年 1 月 12 日) …… (60)
关于印发《民进中央关于在全会开展纪念中国共产党成立 90 周年活动的安排意见》的通知
(2011 年 1 月 17 日) …… (63)
关于落实《民进中央关于在全会开展纪念中国共产党成立 90 周年活动的安排意见》的通知
(2011 年 2 月 11 日) …… (65)
纪念中国共产党建党 90 周年 辛亥革命 100 周年民进全国书画精品邀请展征稿函
(2011 年 2 月 18 日) …… (66)
关于举办学习《中华人民共和国国民经济和社会发展第十二个五年规划纲要》有奖征答活动的通知
(2011 年 2 月 24 日) …… (67)
民进中央关于学习贯彻 2011 年“两会”精神的通知
(2011 年 3 月 15 日) …… (68)
各民主党派中央、全国工商联和无党派人士致中国共产党中央委员会的贺信
(2011 年 6 月 30 日) …… (69)
民进中央关于学习贯彻胡锦涛同志在庆祝中国共产党成立 90 周年大会上重要讲话精神的通知
(2011 年 7 月 7 日) …… (71)
民进中央关于学习贯彻中共十七届六中全会精神的通知
(2011 年 10 月 19 日) …… (72)
民进中央发布决定通报表彰 2011 年省级组织专项工作先进单位、有关活动获奖名单
(2011 年 12 月 9 日) …… (73)

领导人讲话、报告、发言、文章

民办学校在教育改革中不能缺席
——在视察云南爱因森软件职业学院时的讲话
(2011年1月5日) …… 严隽琪(74)
在云南省人民政府关于桥头堡建设汇报座谈会上的讲话
(2011年1月6日) …… 严隽琪(76)
在视察云南大学时的讲话
(2011年1月7日) …… 严隽琪(78)
基于实践的未来十年“中国文化‘走出去’战略展望”
——在第八届中国文化产业新年论坛上的讲话
(2011年1月8日) …… 严隽琪(80)
评价制度改革的浅见
——在民进中央2011年基础教育改革座谈会上的讲话
(2011年1月29日) …… 严隽琪(83)
关于建设和谐机关的一些思考
——在民进中央机关2011年部门负责人新春研讨会上的讲话(摘刊)
(2011年2月10日) …… 严隽琪(86)
冬日的阳光
——在《冯骥才画集》出版首发式上的致词
(2011年2月15日) …… 严隽琪(91)
在中央社会主义学院2011年春季开学典礼上的讲话
(2011年3月1日) …… 严隽琪(92)
在瀛公益基金会成立大会上的讲话
(2011年3月2日) …… 严隽琪(94)
在民进十二届十四次中常会上的讲话
(2011年3月9日) …… 严隽琪(95)
在民进学习贯彻“两会”精神报告会上的讲话
(2011年3月18日) …… 严隽琪(98)
在民进湖北省委考察座谈时的讲话
(2011年3月19日) …… 严隽琪(100)
在武汉大学座谈会上的讲话
(2011年3月21日) …… 严隽琪(103)
在湖北省“两山”建设座谈会上的讲话
(2011年3月22日) …… 严隽琪(104)
在华东师范大学考察座谈时的讲话
(2011年3月23日) …… 严隽琪(106)
在中国大学生自主创业交流会暨全球创业周峰会开幕式上的致辞
(2011年3月29日) …… 严隽琪(108)
在第九届海峡两岸中华传统文化与现代化研讨会暨第四届中国·介休清明(寒食)文化节闭幕式上的讲话
(2011年4月2日) …… 严隽琪(109)

参政党面临的形势和任务
——在中央社院“民进骨干会员培训班”上的讲话
(2011 年 4 月 12 日) …… 严隽琪(112)
在“完善制度环境,促进民办教育发展”座谈会上的讲话
(2011 年 5 月 16 日) …… 严隽琪(121)
在北京师范大学农民工课题开题会议上的讲话
(2011 年 5 月 24 日) …… 严隽琪(123)
在民进十二届十五次中常会上的讲话
(2011 年 6 月 8 日) …… 严隽琪(126)
在民进十二届十五次中常会闭幕式上的讲话
(2011 年 6 月 10 日) …… 严隽琪(130)
只有跟着共产党走,才是在正道上行
(2011 年 6 月 10 日) …… 严隽琪(134)
在上海社科院座谈会上的讲话
(2011 年 6 月 11 日) …… 严隽琪(136)
走正道 凝心力 努力推动会史工作开创新局面
——在民进全国会史工作会议开幕式上的讲话
(2011 年 6 月 14 日) …… 严隽琪(137)
在“寻找最美乡村教师”大型公益活动启动仪式上的讲话
(2011 年 6 月 17 日) …… 严隽琪(140)
在民进庆祝中国共产党成立 90 周年座谈会上的讲话
(2011 年 6 月 21 日) …… 严隽琪(142)
论创新文化
(2011 年 6 月 26 日) …… 严隽琪(144)
在民进中央机关庆祝中国共产党成立 90 周年红歌会暨知识竞赛活动上的讲话
(2011 年 7 月 1 日) …… 严隽琪(148)
以“七一”讲话精神指导推动民进工作
(2011 年 7 月 2 日) …… 严隽琪(149)
文化、教育、出版界的一件大事
(2011 年 7 月 5 日) …… 严隽琪(150)
在清华大学公共政策研究与政策建议座谈会上的讲话
(2011 年 7 月 8 日) …… 严隽琪(151)
在第三届中国政党研究论坛上的讲话
(2011 年 7 月 9 日) …… 严隽琪(153)
在民进新疆区委座谈会上的讲话
(2011 年 7 月 23 日) …… 严隽琪(155)
在民进中央“同心·彩虹行动”援疆捐助暨“同心工业园”揭牌仪式上的讲话
(2011 年 7 月 24 日) …… 严隽琪(159)
在民进企业家参与新疆跨越式发展建设座谈会上的讲话
(2011 年 7 月 24 日) …… 严隽琪(160)

在“中国青爱工程五年经验交流会暨大庆基地授牌仪式”上的讲话
（2011 年 8 月 20 日）…………………………………………………… 严隽琪(162)
在会见台湾民意代表交流参访团时的致词
（2011 年 8 月 26 日）…………………………………………………… 严隽琪(164)
在北京国际出版论坛上的致辞
（2011 年 8 月 30 日）…………………………………………………… 严隽琪(165)
在中央社会主义学院 2011 年秋季开学典礼上的讲话
（2011 年 9 月 1 日）…………………………………………………… 严隽琪(166)
在霍懋征教育思想研究会成立大会上的讲话
（2011 年 9 月 3 日）…………………………………………………… 严隽琪(168)
视察山东大学讲话
（2011 年 9 月 6 日）…………………………………………………… 严隽琪(169)
在中国教育政策研究院潍坊教育改革座谈会上的讲话
（2011 年 9 月 6 日）…………………………………………………… 严隽琪(171)
在庆祝第二十七个教师节暨 2011 中国教师发展论坛上的讲话
（2011 年 9 月 7 日）…………………………………………………… 严隽琪(173)
在“寻找最美乡村教师”颁奖典礼上的讲话
（2011 年 9 月 8 日）…………………………………………………… 严隽琪(175)
在民主党派中青年干部多党合作专题研究班上的致辞
（2011 年 9 月 13 日）…………………………………………………… 严隽琪(177)
维护世界和平 促进共同发展
——国际和平日纪念活动暨东北亚发展论坛开幕式大会讲话
（2011 年 9 月 21 日）…………………………………………………… 严隽琪(178)
学习“七一”讲话，认识形势和任务
——在中央社院“民进骨干会员培训班”上的讲话
（2011 年 9 月 25 日）…………………………………………………… 严隽琪(179)
在中共湖南省委走访民进中央座谈会上的讲话
（2011 年 10 月 8 日）…………………………………………………… 严隽琪(190)
在统一战线学习胡锦涛总书记 10·9 讲话精神座谈会上的发言
（2011 年 10 月 13 日）…………………………………………………… 严隽琪(191)
深入学习“七一”讲话精神和中共十七届六中全会精神 努力提高参政党建设的科学化水平
——在民进十二届十六次中常会闭幕式上的讲话
（2011 年 10 月 19 日）…………………………………………………… 严隽琪(192)
在第四届中美民间和平论坛开幕式上的讲话
（2011 年 10 月 22 日）…………………………………………………… 严隽琪(195)
在梅森大学孔子学院的讲话
（2011 年 10 月 24 日）…………………………………………………… 严隽琪(197)
中国和平发展与世界的关系
——在梅森大学名人大讲堂的演讲
（2011 年 10 月 25 日）…………………………………………………… 严隽琪(199)

新的城市品牌
——在“苏州河文化创意产业发展论坛”上的致辞
(2011 年 11 月 4 日) …… 严隽琪(205)
在 2011 上海民进教育论坛上的讲话
(2011 年 11 月 5 日) …… 严隽琪(207)
在福建农林大学严家显教育思想研究报告会暨首届严家显最高奖教奖学金颁奖大会上的讲话
(2011 年 11 月 7 日) …… 严隽琪(209)
加强参政议政能力建设,在履行职能中提高参政党的素质
(2011 年 11 月 11 日) …… 严隽琪(210)
在贯彻落实《纲要》经验交流会上的讲话
(2011 年 11 月 23 日) …… 严隽琪(216)
有价值,有责任,有挑战,有信心
——在民进十二届五中全会第三组讨论时的发言
(2011 年 12 月 8 日) …… 严隽琪(218)
光荣和责任
——在部分列席民进十二届五中全会的“十大”代表座谈会上的讲话
(2011 年 12 月 8 日) …… 严隽琪(219)
在民进十二届五中全会闭幕式上的讲话
(2011 年 12 月 9 日) …… 严隽琪(220)
在叶圣陶研究会第四届理事会第二次会议上的讲话
(2011 年 12 月 9 日) …… 严隽琪(224)
在民进全国机关建设工作会议上的讲话
(2011 年 12 月 10 日) …… 严隽琪(226)
在民进中央与中央社院参政党建设理论研究中心签约仪式上的讲话
(2011 年 12 月 12 日) …… 严隽琪(229)
在北大民进文化论坛的致词
(2011 年 12 月 12 日) …… 严隽琪(230)
坚持首都特色 发挥示范作用 建设具有世界影响力的文化中心
——在北京市文化调研座谈会上的讲话
(2011 年 12 月 13 日) …… 严隽琪(232)
在民进河南省委员会四届四次全会上的讲话
(2011 年 1 月 13 日) …… 罗富和(234)
在民进中央机关 2011 年部门负责人新春研讨会上的讲话
(2011 年 2 月 10 日) …… 罗富和(236)
在民进甘肃省委六届四次全会上的讲话
(2011 年 2 月 20 日) …… 罗富和(238)
在“重温历史,同心同行”主题教育活动座谈会上的发言
(2011 年 3 月 29 日) …… 罗富和(240)
在全国深化集体林权制度改革会暨地方党政领导干部林改专题研究班上的讲话
(2011 年 3 月 30 日) …… 罗富和(242)

在敦煌调研座谈会上的讲话
（2011 年 4 月 29 日） …… 罗富和(245)
在“同心·彩虹行动”2011 年新疆中小学校长培训(圣雄)班开班仪式上的讲话
（2011 年 7 月 27 日） …… 罗富和(248)
在 2011 年第二期民进全国骨干会员培训班结业式上的讲话
（2011 年 9 月 27 日） …… 罗富和(250)
坚持走中国特色政治发展道路 努力推进高素质参政党机关建设
（2011 年 12 月 10 日） …… 罗富和(252)
非遗:科学保护,流光溢彩
（2011 年 11 月 24 日） …… 冯骥才(258)
先贤已乘黄鹤去 思念长似湘水流
（2011 年 1 月） …… 潘贵玉(259)
在最高人民法院党外人士座谈会上的发言(提纲)
（2011 年 1 月 13 日） …… 王佐书(261)
在民进中央第十届部门工作研讨会上的发言
（2011 年 2 月 10 日） …… 王佐书(262)
同心聚智 惠民富民
（2011 年 3 月 2 日） …… 王佐书(265)
增强责任感和紧迫感 推动会史工作再上新水平
——在民进全国会史工作会议上的报告
（2011 年 6 月 14 日） …… 王佐书(267)
在民进树立和践行社会主义核心价值体系先进会员事迹宣讲大会上的讲话
（2011 年 7 月 20 日） …… 王佐书(271)
在统一战线内在基本矛盾座谈会上的发言(提纲)
（2011 年 9 月 8 日） …… 王佐书(272)
在民进中央树立和践行社会主义核心价值体系暨学习贯彻“七一”讲话精神座谈会上的讲话
（2011 年 9 月 28 日） …… 王佐书(276)
在 2011 年民进企业家联谊会联席会议开幕式上的讲话
（2011 年 11 月 2 日） …… 王佐书(281)
深入学习贯彻中共十七届五中全会精神 在服务科学发展中做出新贡献
——在民进中央中心学习组学习会上的发言
（2011 年 1 月 10 日） …… 贺旻(283)
深入学习领会“同心”思想 努力开创高素质参政党建设新局面
（2011 年 5 月 26 日） …… 贺旻(285)
怀念雷老 学习雷老
（2011 年 1 月 31 日） …… 刘新成(287)
同心 同向 同行
（2011 年 7 月 10 日） …… 刘新成(288)
谱写更加壮丽辉煌的新篇章
——庆祝中国共产党建党九十周年
（2011 年 3 月） …… 蔡达峰(290)

关于文化建设的思考
（2011 年 11 月） …… 蔡达峰（291）
在中央统战部 2011 年重点调研选题座谈会上的发言
（2011 年 2 月 16 日） …… 朱永新（293）
“文化立国”应上升为国家战略
（2011 年 3 月 7 日） …… 朱永新（294）
“希望国家更好”
——回忆与雷老的三次见面
（2011 年 3 月 10 日） …… 朱永新（296）
关于民进中央 2011 年重点专题考察工作情况的介绍
——在中央统战部党派调研座谈会上的发言
（2011 年 6 月 24 日） …… 朱永新（298）
坚定信心 同心同行
——学习胡锦涛同志“七一”讲话体会
（2011 年 7 月 5 日） …… 朱永新（300）
如何提高民主党派机关的执行力
（2011 年 8 月 1 日） …… 朱永新（301）
在民进全国机关建设工作会议闭幕式上的讲话
（2011 年 12 月 11 日） …… 朱永新（305）
在最高人民法院党外人士座谈会上的发言
（2011 年 12 月 27 日） …… 朱永新（307）
以党为师 同心同行
——纪念中国共产党成立九十周年
（2011 年 7 月） …… 张帆（308）
中华文化的复兴是中华民族复兴的重要组成部分
——学习中共十七届六中全会精神的体会
（2011 年 10 月 31 日） …… 张帆（310）

重要意见建议

【在全国政协十一届四次会议上的发言】
建立文化强国战略，增强国家文化软实力
（2011 年 3 月 10 日） …… 张帆委员代表民进中央发言（312）
深化教育管理体制改革，促进民办教育健康发展 …… （313）
采取综合性、差异化的政策措施，确保“十二五”节能减排目标实现 …… （315）
频频发生的特大火灾凸显出政府的公共安全责任 …… （316）
立足国家民族未来 加快振兴学前教育 …… （317）
实施林木年度直补 加快实现兴林富农 …… （319）

【在全国政协十一届四次会议上的提案】
关于促进我国特殊教育事业发展的提案 …… （320）
关于加强学校安全管理工作的提案 …… （321）

关于加快制定《学前教育法》的提案…… (323)
关于推进"文化走出去"战略的提案…… (324)
关于在重大项目规划和环评中加强社会影响评价的提案 …… (325)
关于加强我国民族地区艾滋病防治工作的提案 …… (326)
关于关注职业病维权,保护农民工健康权益的提案 …… (327)
关于在北方林区发展和推广使用木质颗粒燃料的提案 …… (329)
关于大力推进表土剥离工作的提案 …… (330)
关于加快制定《环境教育法》的提案…… (331)
关于尽快修订《促进科技成果转化法》的提案…… (332)
关于加强统筹协调,实现绿色经济发展方式转变的提案 …… (334)
关于加强我国食品添加剂行业监管的提案 …… (335)
关于尽快提高稀土资源税税率的提案 …… (336)
关于完善人事争议立法,规范争议处理机制的提案 …… (337)
关于加大中西部地区"宫颈癌、乳腺癌"普查力度的提案 …… (339)
关于加强妇幼保健机构能力建设的提案 …… (339)
关于发展生产性服务业,促进中小企业产业升级的提案 …… (341)
关于完善我国现行的空气质量标准和评价体系(API 指数)的提案 …… (342)
关于尽快修订《中华人民共和国土地管理法》的提案…… (343)
关于尽快制定《农村水利条例》的提案…… (344)
关于尽快启动实施全国重点地区防沙治沙工程的提案 …… (345)
关于促进西部农村高中发展提案 …… (346)
关于促进我国高等教育资源配置与结构优化的提案 …… (348)
关于推广普及"共享型基层图书馆"的提案…… (350)
关于遏制西南地区地下水环境恶化趋势以保障供水安全的提案 …… (351)
关于加强对玉米等农作物育种的支持力度,维护国家粮食安全的提案 …… (352)
关于加强网络信息安全管理和技术创新的提案 …… (354)
关于制定河流跨界水质标准,构建区域(流域)水环境管理体系的提案 …… (355)
关于加强教育创新,完善国家创新体系的提案 …… (356)
关于深化研究生教育改革,提高研究生教育质量的提案 …… (358)

重要会议、活动

2011 年 1 月
团结 风正 创新
严隽琪视察民进云南省委并座谈 …… (360)
进一步增强海峡两岸文化交流 王佐书走访国台办 …… (361)
发展长期良好合作 王佐书走访中国林科院 …… (361)
民进中央举行迎新春团拜会
严隽琪致贺词 …… (362)
民进中央十二届十四次主席会议在京召开 …… (363)
深入学习中共十七届五中全会精神体会
民进中央中心学习组举行学习会 …… (363)

民进中央帮扶贵州金沙中医院核磁共振正式启用 …………(365)
罗富和 潘贵玉出席第十四届中国国际友好文化节 …………(365)
推动理论研究工作再上新台阶
民进中央参政党理论研究会举行评审委员会第二次会议 …………(366)
完善制度、落实政策、推进文化“走出去”战略
朱永新做客人民网强国论坛 …………(366)
林汉达同志文物捐赠仪式举行
王佐书讲话 朱永新主持 …………(375)
对考试制度、评价制度改革的思考
民进中央2011年基础教育改革座谈会在京举行 …………(375)
严隽琪:追求光明是人类共同的愿望
民进中央与全国防盲指导组、北京同仁医院签署“光明行”合作协议 …………(376)
支持帮助 关注发展 中共河南省委、河南省人民政府致信民进中央 …………(377)
2011年2月
发扬成绩 发挥优势
严隽琪 罗富和与民进深圳市委共贺新春并座谈 …………(377)
亲切的交流 新年的祝福
严隽琪 罗富和 王佐书 朱永新走访民进中央各部门 …………(379)
构建和谐机关
民进中央机关2011年部门负责人新春研讨会在京召开 …………(380)
深厚渊源 密切联系
严隽琪 罗富和会见中共上海市委负责人 王佐书 朱永新出席 …………(381)
长期关注教育事业 切实重视学前教育
严隽琪 罗富和会见江苏省政协负责人 朱永新出席 …………(382)
民进网站2011年度工作会议召开 …………(382)
中共中央领导同志对民进中央关于推进文化走出去战略的建议作出重要批示 …………(383)
构思新奇 意境深邃
严隽琪出席《冯骥才画集》出版首发式并致词 …………(384)
提升哈尼梯田文化感染力
罗富和在红河州调研并视察民进云南省委 …………(385)
期盼一如既往给予人口计生工作关心帮助支持 国家人口计生委致信民进中央 …………(387)
民进中央与首都新闻界联谊会暨“两会”新闻通气会在京召开 …………(387)
共同推动农业改革与发展 罗富和走访农业部 …………(388)
充分认识做好国土资源工作的重要意义
罗富和会见徐绍史 朱永新主持座谈 …………(389)
2011年3月
严隽琪出席中央社会主义学院2011年春季开学典礼并讲话 …………(390)
为我们国家的繁荣昌盛、人民的幸福安康而竭诚努力
严隽琪会见出席“两会”的部分港澳代表委员并讲话 …………(390)
希望民进涌现更多德艺双馨的艺术大家
严隽琪 罗富和 王佐书 朱永新会见文艺界会员 …………(391)

民进中央"紧盯"教育出良策
聚焦民办教育、特殊教育、校园安全管理、学前教育 …… (392)
民进中央:全国两会将提交5篇大会发言18件提案
《立足国家民族未来,加快振兴学前教育》为大会发言 …… (394)
民进中央:尽快制定学前教育法破解入园难 …… (394)
民进中央关注中小学校长任职资格 …… (397)
民进中央:构建文化"强国战略" 加快"走出去"步伐 …… (397)
民进中央:理顺食品添加剂监管职责 …… (398)
民进中央提出完善我国空气质量标准和评价体系 …… (398)
民进中央提案聚焦服务业发展 …… (399)
民进中央:重视民族地区艾滋病防治 …… (399)
民进中央建议尽快修订土地管理法 …… (400)
民进中央提出大力开展表土剥离工作 …… (400)
土地整治符合科学发展大主题
——访全国政协副主席、民进中央常务副主席罗富和 …… (401)
蔡达峰出席全国政协十一届四次会议提案办理协商会 …… (402)
中国民主促进会第十二届中央常务委员会第十四次会议在北京召开 …… (403)
罗富和出席全国政协"创新管理,健全机制,加强食品药品安全监管"提案办理协商会并讲话 …… (404)
民进中央提案"稀土资源税"有望助力解"顽疾" …… (405)
建睿智之言 献务实之策 谋转变之计 聚发展之力
全国政协十一届四次会议民进组情况综述 …… (407)
冯骥才 朱永新出席民进中央开明画院第一届理事会第二次会议并讲话 …… (409)
严隽琪做客新华访谈 畅谈"十二五"经济社会转型与转变 …… (409)
罗富和会见中央社会主义学院第25期民主党派干部进修班培训班民进学员并座谈 …… (418)
"2011中非光明行"启程仪式在京举行
罗富和出席 朱永新讲话 …… (418)
民进中央办公厅民进北京市委召开学习贯彻两会精神报告会 …… (419)
民进要更好地服务于国家的科学发展和经济转型
严隽琪在湖北调研 …… (420)
同心工程投资迄今最大项目 创建贵州最大专业市场
开明同心大市场奠基暨同心工程捐赠仪式在金沙举行 …… (421)
为人民幸福 为企业发展 铸同心品牌 创系列成果
王佐书出席毕节试验区同心工程实施座谈会并讲话 …… (422)
努力开创机关建设新局面
严隽琪在民进上海市委调研 蔡达峰出席座谈 …… (423)
多创新经验 再上新台阶
严隽琪视察上海市社会主义学院并讲话 …… (424)
开展创业教育 创新工作机制
严隽琪出席中国大学生自主创业工作经验交流会暨全球创业周峰会并致词 …… (425)
2011年4月
传承文化 增进共识 扩大交流 促进统一

第九届海峡两岸中华传统文化与现代化研讨会在介休举行 …………………………………………（425）
发扬晋商精神 发挥积极作用
严隽琪出席山西民进企业家会员座谈会 ………………………………………………………………（431）
促进基础研究 加强产学研结合
严隽琪在西安交大出席高校科研体制改革座谈会 ……………………………………………………（431）
进一步配合完善中国民主党派历史陈列馆建设
罗富和 朱永新会见重庆市委统战部长 ………………………………………………………………（432）
强化政治共识是培训教育的核心内容
2011 年第一期民进全国骨干会员培训班在京举行 …………………………………………………（433）
出经验出特色出思路出成果
民进中央参政党理论研究会举行 2011 年课题招标论证及评审委员会会议 ………………………（433）
新形势新挑战新系统
朱永新出席民进组织管理系统推广与使用培训班并讲话 ……………………………………………（434）
为推动中华民族伟大复兴提供更多的人力资源
严隽琪 王佐书会见台湾私立教育事业协会访问团 …………………………………………………（435）
坚定生态保护和治理的信心
罗富和在敦煌考察 ………………………………………………………………………………………（435）
为两岸基础教育交流合作共同提高多作贡献
叶圣陶研究会赴台基础教育考察团成果丰硕 …………………………………………………………（437）
把握企业发展规律 作出更大更新贡献
王佐书出席山西民进企业家联谊会理事大会并作报告 ………………………………………………（437）
中国教育政策研究院与北京大学教育学院学术交流会在京举办
严隽琪讲话 朱永新出席 …………………………………………………………………………………（438）
民进要为新疆经济和社会发展作贡献
罗富和在吐鲁番考察新型工业化建设 …………………………………………………………………（439）
2011 年 5 月
为推动民办教育事业发展作出更大贡献
严隽琪在广西调研 ………………………………………………………………………………………（439）
加强机关建设 迈上新的台阶
罗富和出席民进中南六省（区）机关工作会议 ………………………………………………………（442）
深入研究科技投入体制问题意义重大
严隽琪出席高校科技投入体制座谈会 …………………………………………………………………（442）
完善制度环境 推进民办教育发展
民进中央考察团在江西调研 ……………………………………………………………………………（443）
民办教育在中国教育事业改革和发展中发挥重要作用
朱永新在温州调研 ………………………………………………………………………………………（447）
"光辉历程·同心同行"隆重纪念中国共产党成立 90 周年暨"金盟杯"第二届全国部分省市
民进合唱团演唱赛在上海举行
蔡达峰出席并致词 ………………………………………………………………………………………（447）
《城市化进程中新生代农民工职业教育与社会融合问题研究》开题
严隽琪强调本课题具有极为重要的战略意义和政治意义 ……………………………………………（448）

推动文化大发展大繁荣
2011 开明·江海文化论坛暨共铸伟业
——中国民主促进会全国书画精品邀请展在南京举办 …………………………………… (449)
要实现传统出版和数字出版的融合共赢
严隽琪出席第21届全国图书交易博览会中国出版(版权)发展论坛并讲话 ………………… (452)
“重温历史 同心同行”联合活动在石家庄举行
朱永新作主题报告 张帆出席 …………………………………………………………………… (453)
民办高等教育是中国高等教育改革的成果
王佐书出席民办高等教育国际化发展国际研讨会并作主旨报告 ……………………………… (454)
教育政策问题与教育政策建议座谈会在东北师大召开
严隽琪 王佐书出席座谈并调研 ……………………………………………………………… (455)
为孩子们带来优质的精神食粮
严隽琪 罗富和 朱永新在京出席《星海》观影活动 …………………………………………… (455)
2011 年 6 月
高度重视 积极参与 成效良好
学习“十二五”规划纲要有奖征答第一期情况通报 …………………………………………… (456)
民进中央十二届十五次主席会议在成都召开 ……………………………………………………… (457)
中国民主促进会第十二届中央常务委员会第十五次会议在成都召开 …………………………… (457)
民进中央监督委员会召开第六次全体会议 ………………………………………………………… (460)
冯骥才:为建设新时代新文化共同努力
中国民间文艺家协会向民进中央赠送文化遗产抢救工程成果图书 …………………………… (460)
把合作中心办成参政党参政议政的工作平台
严隽琪 朱永新出席 2011 年经济社会形势与下半年政策分析座谈会……………………… (461)
严隽琪:加强会史工作是我们当前的重要任务
民进全国会史工作会议在江阴召开 …………………………………………………………… (461)
民进会史教育基地研讨会在江阴召开
王佐书强调充分发挥民进会史教育基地作用 ………………………………………………… (465)
农村教育领域的一件大事
严隽琪出席“寻找最美乡村教师”大型系列公益活动启动仪式并讲话 ……………………… (465)
把机关建设作为自身建设的重点工作来抓
朱永新在民进宝鸡市委调研并座谈 …………………………………………………………… (466)
同心同德 同心同向 同心同行
中国民主促进会庆祝中国共产党成立 90 周年座谈会在京召开 ……………………………… (467)
中国革命和建设离不开华侨华人的支持和贡献
严隽琪会见世界华侨华人社团联合总会访问团 ……………………………………………… (467)
中共中央领导同志就民进关于敦煌水资源合理利用建议作出批示
罗富和带队调研敦煌水资源开发利用和生态环境保护 ……………………………………… (468)
2011 年 7 月
庆祝中国共产党成立 90 周年红歌会暨知识竞赛在民进中央举行
严隽琪致词 罗富和 王佐书 朱永新出席 ……………………………………………………… (469)
紧紧把握政治方向和服务方向 切实保障网络安全

王佐书 朱永新出席民进网站管委会全体会议并讲话 …………………………………… (469)
严隽琪强调要让更多的孩子受益
《新华字典》第 11 版出版座谈会在京举行 ………………………………………………… (470)
民进优秀的企业家会员是一支重要的生力军
朱永新会见赴京培训的福建民进经济界会员 ……………………………………………… (471)
学习座谈胡锦涛同志“七一”重要讲话精神
严隽琪主持民进中央中心学习组会议并讲话 ……………………………………………… (472)
促进两岸交流合作向更深更广的领域发展
严隽琪会见台湾乡林集团董事长 …………………………………………………………… (473)
刘新成获世界史学会(WHA)“世界历史先驱奖”
表彰其在全球史理论实践推广作出的卓越贡献 ……………………………………………… (473)
立足新形势 适应新发展 研究新课题
严隽琪出席中国政党制度的回顾与展望理论研讨会并讲话 ………………………………… (474)
树立和践行社会主义核心价值体系
王佐书出席重庆民进企业家联谊会成立大会并为培训班作报告 …………………………… (475)
严隽琪题词——岭南春早
广东民进开明画院建院首展举行 …………………………………………………………… (476)
在传统中求变革是建立文化强国战略的关键
严隽琪 罗富和 朱永新出席民进中央文化专题研讨会 ……………………………………… (476)
促进海峡两岸职业教育领域的交流发展
严隽琪 朱永新与台湾 2011 纵横北京教师参访团座谈 ……………………………………… (477)
民进树立和践行社会主义核心价值体系先进会员事迹宣讲大会在长春举行
王佐书号召更加奋发有为地投身改革开放和社会主义现代建设 …………………………… (478)
加强民进中央与中科院合作
严隽琪 朱永新与科技政策与管理科学研究所座谈 …………………………………………… (479)
推进新疆跨越式发展
民进中央积极开展援疆文化教育医疗捐助活动 ……………………………………………… (480)
为促进新疆教育改革与发展作出应有的贡献
“同心·彩虹行动”2011 年新疆少数民族中小学校长培训圣雄班在京举办 ………………… (484)
文化要“走出去”
中国共产党新闻网采访朱永新 ……………………………………………………………… (486)
2011 年 8 月
在全国现代农业建设中发挥示范作用
严隽琪在黑龙江垦区调研大农业建设 ……………………………………………………… (489)
为构建社会主义和谐社会贡献智慧和力量
学习“十二五”规划纲要有奖征答活动圆满结束 ……………………………………………… (490)
为最需要帮助的人群做力所能及的事
王佐书出席民进中央联络委员会 2011 年年中工作会议并讲话 ……………………………… (491)
统一战线参与毕节试验区建设的一个重要举措
“同心·彩虹行动”2011 年教研员和骨干教师暑期培训班在京举行 ………………………… (492)
进一步提高民进机关整体协调服务能力

罗富和在河北陕西调研民进机关建设 …………………………………………… (493)
有为才能有位 不断加强建设
严隽琪视察民进大庆市委并座谈 …………………………………………… (495)
严隽琪号召全社会关爱青少年
民进中央等主办中国青爱工程五年经验交流会暨大庆基地授牌仪式 ………… (495)
不断推进适应时代要求的高素质参政党建设
民进中央举行学习胡锦涛“七一”重要讲话报告会 ………………………… (496)
两岸齐心合力创造中华民族更加美好的未来
严隽琪 罗富和 王佐书 朱永新会见台湾民意代表交流参访团 ……………… (497)
学习型机关建设要遵循规律总结规律
王佐书在津出席学习型机关建设理论研讨会并讲话 ………………………… (498)
严隽琪强调民进要为加快传统出版产业向数字化转型献计出力
民进中央等主办的2011北京国际出版论坛在京开幕 ………………………… (499)
巴金始终代表中国作家的良心和责任
冯骥才为中国作家馆开馆揭幕并座谈交流 …………………………………… (499)
2011年9月
传播经验 传播精神
严隽琪出席北京霍懋征教育思想研究会成立大会 …………………………… (500)
要从更深层次更系统地推动教育改革
严隽琪 朱永新出席中国教育政策研究院推进潍坊教育改革座谈会 ………… (500)
民办教育一定会产生新的“温州模式”
王佐书在浙江调研民办教育 ………………………………………………… (502)
为实施科教兴国战略献计出力
朱永新在太原出席高校科研体制改革与创新研讨会并讲话 ………………… (503)
推进教育家办学 促进教师队伍专业化发展
庆祝第27个教师节暨2011·中国教师发展论坛在潍坊举行 ………………… (504)
制度健全 职责明确 规范有序
罗富和在民进邢台市委考察并座谈 ………………………………………… (506)
自觉接受中国共产党领导 坚定走中国特色社会主义道路
罗富和与中央社院中青班进修班培训班民进学员座谈 ……………………… (507)
民进会员向北京林业大学捐款200万元资助学子
王佐书出席丰华镇远攀登助学金捐赠仪式并致词 …………………………… (508)
推进思想作风建设 全面提升队伍素质
罗富和 朱永新出席民进中央机关改进工作作风动员会 ……………………… (508)
严隽琪强调学习“七一”讲话 认识形势和任务
2011年第二期民进全国骨干会员培训班在京举行 …………………………… (509)
民进中央树立和践行社会主义核心价值体系暨学习贯彻“七一”讲话精神座谈会在建德举行
王佐书出席并讲话 ………………………………………………………… (510)
共同努力为祖国发展作贡献
朱永新会见世界华侨华人社团联合总会部分侨领 …………………………… (512)
2011年10月

战略思考 大局观念 宽阔胸怀
严隽琪 罗富和会见周强 王佐书 朱永新出席 …………………………………………………… (513)
认真策划 精心安排 2011 中非光明行之莫桑比克活动成功举办
莫桑比克驻中国大使馆致信感谢民进中央 ……………………………………………………… (514)
统一战线学习胡锦涛同志“辛亥革命 100 周年纪念大会”重要讲话座谈会在京举行
严隽琪发言 罗富和 朱永新出席 ……………………………………………………………… (514)
为推动首都文化大发展大繁荣作出新贡献
刘新成 朱永新出席“繁荣首都文化事业”党外人士座谈会 …………………………………… (515)
民进中央主办的民主党派网站建设研讨会在京举行
王佐书讲话 朱永新出席 ……………………………………………………………………… (516)
学习中共十七届六中全会精神报告会在京举行
严隽琪 罗富和 潘贵玉 王佐书 贺旻 刘新成 蔡达峰 朱永新 张帆出席 ………………… (517)
民进中央十二届十六次主席会议在京召开 ……………………………………………………… (517)
中国民主促进会第十二届中央常务委员会第十六次会议在京召开 ……………………………… (518)
学习中共十七届六中全会精神 推进社会主义文化建设
——民进十二届十六次中常会常委发言综述 ………………………………………………… (519)
倾力助推中原崛起新征程
中共河南省委省政府致电感谢民进中央 ………………………………………………………… (520)
继承发扬老一代民进人优良传统 努力建设高素质参政党
朱永新出席庆祝民进宁夏区委成立 30 周年大会暨书画展开幕式 …………………………… (521)
为全面推进创新社会管理工作提供智力支持
罗富和出席“2011 泰山论坛”并在民进泰山市委调研 ………………………………………… (522)
为促进天津经济社会发展发挥更大作用
罗富和在津调研机关建设和知识产权工作 ……………………………………………………… (523)
2011 年 11 月
相约海南 共谋发展
罗富和 王佐书出席 2011 年民进企业家联谊会联席会议 …………………………………… (524)
促进区域文化创意产业发展 提升区域经济品质
严隽琪出席苏州河文化创意产业发展论坛并讲话 …………………………………………… (526)
完善合作 发挥优势 不断拓展
严隽琪 蔡达峰出席民进中央—上海社科院合作中心本年度第二次资政建言座谈会 ……… (527)
同在蓝天下:关注外来进城务工人员随迁子女教育
严隽琪出席 2011 上海民进教育论坛并讲话 蔡达峰致词 …………………………………… (527)
中国民办教育发展大会暨中国民办教育协会第二次全国代表大会在昆明召开
严隽琪致贺信 王佐书当选协会第二届理事会会长 …………………………………………… (528)
推进县(市)教育综合改革试点进一步落实
罗富和出席 2011 年区域教育发展论坛 朱永新讲话 ………………………………………… (529)
加强参政议政能力建设
2011 年民进中央参政议政年会在兰州举行 …………………………………………………… (529)
热爱事业热爱民进热爱工作
王佐书与民进建德市委座谈并讲话 …………………………………………………………… (532)

继承发扬中华民族优秀文化 弘扬时代主旋律
罗富和 朱永新出席甘肃民进开明画院揭牌式 …… (533)
为推进重庆统筹城乡综合配套改革建言献策
王佐书出席民进中央重庆市政府合作协议签字仪式 …… (534)
展示园林文化厚重底蕴 诠释和谐共生价值追求
严隽琪出席第八届园博会开幕式并在特园参观学习 …… (534)
促进以新生代农民工为主体的农民工社会融合
严隽琪出席新生代农民工就业培训与社会融合政策研讨会 …… (535)
中国教育领域改革开放的典范
严隽琪在欧洲进行教育访问 …… (535)
民进为全面建设小康社会作贡献获奖代表座谈会在民进中央召开
罗富和出席并讲话 朱永新主持 …… (537)
2011 年 12 月
推动实现河北经济社会又好又快发展
河北省人民政府致民进中央感谢信 …… (538)
民进中央监督委员会一届七次会议在京召开 …… (538)
民进中央十二届十七次主席会议在京召开 …… (539)
中国民主促进会第十二届中央常务委员会第十七次会议在京召开 …… (539)
中国民主促进会第十二届中央委员会第五次全体会议在京召开 …… (540)
百尺竿头　再进一步
民进省级组织负责人会议在京举行 …… (547)
坚持走中国特色政治发展道路 努力推进高素质参政党机关建设
民进全国机关建设工作会议在京召开 …… (548)
揭开一块新牌子 站上一个新起点
民进中央——中央社院参政党建设理论研究中心合作协议签订仪式在京举行 …… (551)
进一步增强文化自觉文化自信需要全社会共同努力
严隽琪在北大民进文化论坛致词 朱永新出席 …… (551)
为首都文化发展贡献一份力量
严隽琪 罗富和 刘新成 朱永新在京调研文化创意产业发展 …… (553)
关注农村 情系教育
民进建言农村教师队伍建设取得实效 …… (554)
温暖的征程
——民进中央二〇一一年工作扫描 …… (554)
民进帮扶金沙县 携手同建“彩虹桥”
民进中央社会服务优秀成果受到表彰 …… (556)
民进中央参政议政务虚会在京召开
严隽琪出席并讲话 罗富和、朱永新分别主持 …… (557)
为我国林业事业取得更大发展而共同努力
罗富和走访国家林业局并座谈 …… (558)

大事日志
2011 年 1 月 …… (558)

2011 年 2 月 …… (560)
2011 年 3 月 …… (561)
2011 年 4 月 …… (564)
2011 年 5 月 …… (566)
2011 年 6 月 …… (567)
2011 年 7 月 …… (568)
2011 年 8 月 …… (570)
2011 年 9 月 …… (571)
2011 年 10 月 …… (573)
2011 年 11 月 …… (574)
2011 年 12 月 …… (576)

部门工作

组织部 2011 年工作汇报 …… (577)
宣传部 2011 年工作汇报 …… (579)
社会服务部 2011 年工作汇报 …… (582)
参政议政部 2011 年工作汇报 …… (586)
研究室 2011 年工作汇报 …… (589)
办公厅 2011 年工作汇报 …… (592)

省级委员会篇

民进北京市委会 2011 年工作概述 …… (597)
民进上海市委会 2011 年工作概述 …… (600)
民进天津市委会 2011 年工作概述 …… (603)
民进重庆市委会 2011 年工作概述 …… (606)
民进河北省委会 2011 年工作概述 …… (610)
民进山西省委会 2011 年工作概述 …… (613)
民进内蒙古区委会 2011 年工作概述 …… (619)
民进辽宁省委会 2011 年工作概述 …… (624)
民进吉林省委会 2011 年工作概述 …… (629)
民进黑龙江省委会 2011 年工作概述 …… (632)
民进江苏省委会 2011 年工作概述 …… (634)
民进浙江省委会 2011 年工作概述 …… (637)
民进安徽省委会 2011 年工作概述 …… (642)
民进福建省委会 2011 年工作概述 …… (645)
民进江西省委会 2011 年工作概述 …… (649)
民进山东省委会 2011 年工作概述 …… (652)
民进河南省委会 2011 年工作概述 …… (656)
民进湖北省委会 2011 年工作概述 …… (660)
民进湖南省委会 2011 年工作概述 …… (663)
民进广东省委会 2011 年工作概述 …… (666)

民进广西区委会2011年工作概述 …………（670）
民进海南省委会2011年工作概述 …………（673）
民进四川省委会2011年工作概述 …………（677）
民进贵州省委会2011年工作概述 …………（681）
民进云南省委会2011年工作概述 …………（689）
民进陕西省委会2011年工作概述 …………（694）
民进甘肃省委会2011年工作概述 …………（699）
民进宁夏区委会2011年工作概述 …………（704）
民进新疆区委会2011年工作概述 …………（707）
附件：
2011年组织发展情况统计表 …………（713）
后记 …………（714）

中共中央、国务院、全国政协相关文献，多党合作事业重要文献

在全国政协新年茶话会上的讲话

（2011 年 1 月 1 日）

胡锦涛

同志们，朋友们：

今天是 2011 年元旦。在这一元复始、万象更新的喜庆时刻，我们在这里欢聚一堂，畅叙友情，共议国是，感到十分高兴。首先，我代表中共中央、国务院和中央军委，向各民主党派、工商联和无党派人士，向各人民团体，向全国广大工人、农民、知识分子、干部和各界人士，向人民解放军指战员、武警官兵和公安民警，向香港特别行政区同胞、澳门特别行政区同胞、台湾同胞和海外侨胞，向关心和支持中国现代化建设的国际友人，致以节日的祝福！祝大家新年好！

刚刚过去的 2010 年是我国发展进程中很不平凡的一年。面对复杂多变的国内外环境，全党全国各族人民高举中国特色社会主义伟大旗帜，团结一心、开拓前进，成功举办上海世博会、广州亚运会，战胜青海玉树强烈地震、甘肃舟曲特大山洪泥石流等重大自然灾害，有效巩固和扩大应对国际金融危机冲击成果，加快转变经济发展方式，改革开放不断深化，改善民生成效显著，经济保持平稳较快发展，社会主义政治建设、文化建设、社会建设以及生态文明建设和党的建设取得新的重大进展。我们坚持富国和强军的统一，着眼全面履行新世纪新阶段军队历史使命，加强国防和军队建设。我们巩固和拓展深入学习实践科学发展观活动成果，开展创先争优活动，不断提高党的建设科学化水平。我们坚持“一国两制”、“港人治港”、“澳人治澳”、高度自治的方针，大力支持香港、澳门特别行政区发展经济、改善民生、推进民主。我们牢牢把握两岸关系和平发展主题，签署两岸经济合作框架协议，推动两岸经济合作进入新阶段。我们积极开展全方位外交，加强同世界各国友好交往，积极参加应对国际金融危机、气候变化、核安全等全球性问题的国际合作，为人类和平与发展的崇高事业作出了新的贡献。

经过 5 年不懈努力，“十一五”规划确定的目标任务胜利完成，我国经济实力、综合国力、人民生活水平迈上新的台阶。这一成绩的取得极为不易。回顾“十一五”时期极不平凡的 5 年，我国改革开放和社会主义现代化建设既取得了新的重大成就，也积累了丰富的成功经验。5 年的实践再次证明，有中国共产党的坚强领导，有中国特色社会主义道路和中国特色社会主义理论体系，有全党全国各族人民的紧密团结，我们一定能战胜前进道路上的任何艰难险阻，坚定不移推进全面建设小康社会进程，朝着中华民族伟大复兴的光明前景阔步前进。

同志们、朋友们！

2011 年是中国共产党成立 90 周年，也是“十二五”时期开局之年。做好今年党和国家各项工作，具有十分重要的意义。当前，国际金融危机影响依然存在，各种全球性问题相互交织，外部环境中存在诸多不稳定不确定因素。在新的历史起点上，我国经济社会发展具有许多有利条件，同时也面临一些突出矛盾和问题，宏观经济平稳运行面临复杂形势，粮食稳定增产和农民持续增收基础不牢固，经济结构调整压力加大，资源环境约束增强，保障和改善民生、保持社会和谐稳定任务艰巨。尽管存在诸多可以预见和难以预见的风险和挑战，但我国发展仍处于可以大有作为的重要战略机遇期。全党全国要增强机遇意识、忧患意识、风险意识、责任意识，坚定必胜信心，牢牢把握机遇，创造性开展工作，为“十二五”时期发展开好局、起好步。

我们要全面贯彻党的十七大和十七届三中、四中、五中全会精神，以邓小平理论和“三个代表”重要思想为指导，深入贯彻落实科学发展观，继续抓住和用好我国发展的重要战略机遇期，按照“十二五”规划建议提出的目标任务，正确把握国内外形势新变化新特点，以科学发展为主题，以加快转变经济发展方式为主线，实施积极的财政政策和稳健的货币政策，增强宏观调控的针对性、灵活性、有效性，加快推进经济结构调整，大力加强自主创新，切实抓好节能减排，不断深化改革开放，着力保障和改善民生，巩固和扩大应对国际金融危机冲击成果，全面推进社会主义经济建设、政治建设、文化建设、社会建设以及生态文明建设，开创党的建设新局面，保持经济平稳较快发展，促进社会和谐稳定。

在新的一年里，我们要突出加快转变经济发展方式这条主线，加强和改善宏观调控，坚持扩大内需战略，推进发展现代农业，加快经济结构战略性调整，加强市场保障和价格稳定工作，加强节能减排和防灾减灾体系建设，加大改革攻坚力度，提高对外开放质量和水平。我们要发展社会主义民主政治，坚持党的领导、人民当家作主、依法治国有机统一，全面落实依法治国基本方略，巩固和壮大最广泛的爱国统一战线，促进人权事业全面发展。我们要推动社会主义文化大发展大繁荣，建设社会主义核心价值体系，深化思想道德建设和精神文明创建活动，大力发展文化事业和文化产业，加大公共文化服务体系建设力度。我们要着力保障和改善民生，落实教育优先发展战略，促进就业和构建和谐劳动关系，合理调整收入分配关系，加快建设覆盖城乡居民的社会保障体系，扎实推进医药卫生体制重点改革，加快保障性住房建设，扎实推进灾后恢复重建工作，加强和创新社会管理，切实维护社会和谐稳定。我们要继续贯彻新时期军事战略方针，加快军队机械化信息化复合发展，不断提高军队履行新世纪新阶段历史使命能力。我们要继续推进党的建设新的伟大工程，深入开展创先争优活动，加强和改进新形势下群众工作，深入推进党风廉政建设和反腐败斗争，不断提高党的领导水平和执政水平，为全面建设小康社会、坚持和发展中国特色社会主义提供可靠政治和组织保障。

在新的一年里，我们要坚定不移贯彻“一国两制”、“港人治港”、“澳人治澳”、高度自治的方针，严格按照特别行政区基本法办事，全力支持特别行政区行政长官和政府依法施政，加强内地和香港、澳门交流合作，促进香港、澳门长期繁荣稳定。我们要坚持“和平统一、一国两制”的方针，牢牢把握两岸关系和平发展主题，巩固两岸关系发展基础，深化两岸经济合作，扩大两岸人员往来，继续为两岸同胞谋福祉。

在新的一年里，我们要继续奉行独立自主的和平外交政策，坚持走和平发展道路，坚持互利共赢的开放战略，坚持在和平共处五项原则的基础上同所有国家发展友好合作，积极参与应对全球性和区域性问题的国际合作，同各国人民一道努力，促进世界和平、稳定、繁荣。

要胜利完成今年的各项任务，我们必须再接再厉、同心协力、锐意进取。再接再厉，就是要适应国内外形势新变化，顺应各族人民过上更好生活新期待，有效利用我国发展的难得机遇，有力应对前进道路上的各种挑战，不自满、不懈怠、不折腾，意气风发夺取全面建设小康社会新胜利。同心协力，就是要增强全党全国各族人民走中国特色社会主义道路和实现中华民族伟大复兴的理想信念，坚持聚精会神搞建设、一心一意谋发展，紧紧依靠最广大人民群众，万众一心推进改革开放和社会主义现代化建设。锐意进取，就是要坚持解放思想、实事求是、与时俱进，大力发扬改革创新精神，勇于变革、勇于创新，着力研究新情况、探索新思路、破解新难题，奋发有为开创党和国家各项工作新局面。

同志们、朋友们！

在过去的一年里，人民政协高举爱国主义、社会主义旗帜，牢牢把握团结和民主两大主题，认真履行政治协商、民主监督、参政议政职能，坚持围绕中心、服务大局，积极参政议政、建言献策，就大力发展战略性新兴产业、加快实施西部大开发战略、做好民族工作和宗教工作、推进义务教育均衡发展等涉及国计民生的重要专题深入进行调研，为完成“十一五”规划确定的目标任务、科学制定“十二五”规划、促进两岸关系和平发展、扩大我国人民同各国人民的友好往来作出了重要贡献。

在新的一年里，人民政协要紧紧围绕党和国家工作大局，着力把握新形势下人民政协工作特点和规律，充分发挥自身优势，主动开展群众工作，调动一切积极因素，不断推进人民政协和统一战线事业，把思想统一到中央决策部署上来，把力量凝聚到实现“十二五”时期目标任务上来，为党和国家事业发展作出新的更大的贡献。

同志们、朋友们！

新的前进号角已经吹响，新的伟大征程已经开启。让我们更加紧密地团结起来，再接再厉、同心协力、锐意进取，扎扎实实做好改革发展稳定各项工作，夺取全面建设小康社会新胜利，以优异成绩迎接中国共产党成立90周年！

在政协第十一届全国委员会第四次会议闭幕会上的讲话

（2011年3月13日）

贾庆林

各位委员：

政协第十一届全国委员会第四次会议，在中共中央、全国人大常委会、国务院的关心重视和有关部门的大力支持下，经过全体委员的共同努力，开得圆满成功，取得了丰硕成果，是一次发扬民主、群策群力的大会，是一次求真务实、团结鼓劲的大会，是一次开启征程、催人奋进的大会。

会议期间，胡锦涛总书记，吴邦国同志、温家宝同志、李长春同志、习近平同志、李克强同志、贺国强同志、周永康同志，以及党和国家其他领导同志，出席大会开幕会和闭幕会，参加小组讨论，与委员共商国是、共议大计。胡锦涛同志在参加农工党、九三学社界委员联组会时，就发展我国科技、教育、人才、医疗卫生事业，推进生态文明建设等问题发表了重要讲话，对于人民政协更好地履行职能、发挥作用提出了新的更高要求，充分体现了以胡锦涛同志为总书记的中共中央对人民政协工作的高度重视。中共中央和国务院有关部门负责同志听取大会发言、参加小组讨论，最高人民法院、最高人民检察院负责同志听取委员对“两高”工作报告的意见，对政协工作给予大力支持。在此，让我们以热烈的掌声，表示衷心的感谢！

会议期间，广大委员以对国家和人民高度负责的精神，以尽心竭力履行职责的态度，以讲真话、建诤言的作风，紧紧围绕政府工作报告、《国民经济和社会发展第十二个五年规划纲要（草案）》等，着重就加快转变经济发展方式和调整经济结构、保障和改善民生、繁荣和发展社会主义文化、加强和创新社会管理、保持港澳长期繁荣稳定和促进两岸关系和平发展等重大问题，提出了许多有价值、有分量的意见和建议，充分体现了人民政协这一政治组织和民主形式的独特优势，生动展现了广大政协委员心系国事、情牵民生的精神风貌。

各位委员！

蓝图已经描绘，目标已经明确。关键是心无旁骛抓落实，同心协力开新局。让我们紧密团结在以胡锦涛同志为总书记的中共中央周围，以邓小平理论和“三个代表”重要思想为指导，深入贯彻落实科学发展观，全面学习贯彻胡锦涛总书记在“两会”期间的重要讲话、温家宝总理所作的政府工作报告、“十二五”规划纲要以及其他重要档精神，认真落实刚刚通过的本次会议政治决议，团结一切可以团结的力量，凝聚一切可以凝聚的智慧，激发一切可以激发的活力，向着“十二五”规划和全面建设小康社会的宏伟目标，向着中华民族伟大复兴的光明前景奋勇前进！

附录：

全国政协举行新年茶话会
胡锦涛发表重要讲话
吴邦国 温家宝 李长春 习近平 李克强 贺国强 周永康出席
贾庆林主持

（2011年1月1日）

新年伊始，万象更新。中国人民政治协商会议全国委员会1日上午在全国政协礼堂举行新年茶话会。胡锦涛、吴邦国、温家宝、贾庆林、李长春、习近平、李克强、贺国强、周永康等党和国家领导人同各民主党派中央、全国工商联领导人和无党派人士代表、中央和国家机关有关方面负责人以及首都各族各界人士代表欢聚一堂，共庆2011年元旦。

中共中央总书记、国家主席、中央军委主席胡锦涛在茶话会上发表重要讲话。他强调，经过5年不懈努力，“十一五”规划确定的目标任务胜利完成，我国经济实力、综合国力、人民生活水平迈上新的台阶。5年的实践再次证明，有中国共产党的坚强领导，有中国特色社会主义道路和中国特色社会主义理论体系，有全党全国各族人民的紧密团结，我们一定能战胜前进道路上的任何艰难险阻，坚定不移推进全面建设小康社会进程，朝着中华民族伟大复兴的光明前景阔步前进。我们必须再接再厉、同心协力、锐意进取，增强全党全国各族人民走中国特色社会主义道路和实现中华民族伟大复兴的理想信念，紧紧依靠最广大人民群众，勇于变革、勇于创新，奋发有为开创党和国家各项工作新局面。

全国政协礼堂三楼大厅张灯结彩，处处欢声笑语。火红的灯笼、吉祥的剪纸和“新年好”“福”等大字，使得节日气氛更加浓郁。

胡锦涛在讲话中代表中共中央、国务院和中央军委，向各民主党派、工商联和无党派人士，向各人民团体，向全国广大工人、农民、知识分子、干部和各界人士，向人民解放军指战员、武警官兵和公安民警，向香港特别行政区同胞、澳门特别行政区同胞、台湾同胞和海外侨胞，向关心和支持中国现代化建设的国际友人，致以节日的祝福。

胡锦涛指出，刚刚过去的2010年是我国发展进程中很不平凡的一年。面对复杂多变的国内外环境，全党全国各族人民高举中国特色社会主义伟大旗帜，团结一心、开拓前进，成功举办上海世博会、广州亚运会，战胜青海玉树强烈地震、甘肃舟曲特大山洪泥石流等重大自然灾害，改革开放不断深化，改善民生成效显著，经济保持平稳较快发展，社会主义政治建设、文化建设、社会建设以及生态文明建设和党的建设取得新的重大进展。

胡锦涛强调，2011年是中国共产党成立90周年，也是“十二五”时期开局之年。做好今年党和国家各项工作，具有十分重要的意义。我们要全面贯彻党的十七大和十七届三中、四中、五中全会精神，以邓小平理论和“三个代表”重要思想为指导，深入贯彻落实科学发展观，按照“十二五”规划建议提出的目标任务，以科学发展为主题，以加快转变经济发展方式为主线，加快推进经济结构调整，不断深化改革开放，着力保障和改善民生，全面推进社会主义经济建设、政治建设、文化建设、社会建设以及生态文明建设，开创党的建设新局面，保持经济平稳较快发展，促进社会和谐稳定。

胡锦涛指出，在新的一年里，我们要坚定不移贯彻“一国两制”、“港人治港”、“澳人治澳”、高度自治的方针，全力支持特别行政区行政长官和政府依法施政，加强内地和香港、澳门交流合作，促进香港、澳门长期繁荣稳定。我们要坚持“和平统一、一国两制”的方针，牢牢把握两岸关系和平发展主题，深化两岸经济合作，扩大两岸人员往来，继续为两岸同胞谋福祉。

胡锦涛指出，在新的一年里，我们要继续奉行独立自主的和平外交政策，坚持走和平发展道路，坚持互利共赢的开放战略，坚持在和平共处五项原则的基础上同所有国家发展友好合作，积极参与应对全球性和区域性问题的国际合作，同各国人民一道努力，促进世界和平、稳定、繁荣。

胡锦涛强调，在新的一年里，人民政协要紧紧围绕党和国家工作大局，着力把握新形势下人民政协工作特点和规律，充分发挥自身优势，主动开展群众工作，调动一切积极因素，不断推进人民政协和统一战线事业，把思想统一到中央决策部署上来，把力量凝聚到实现“十二五”时期目标任务上来，为党和国家事业发展作出新的更大的贡献。

茶话会由中共中央政治局常委、全国政协主席贾庆林主持。他指出，胡锦涛同志的重要讲话全面回顾了过去一年中共中央团结带领全国各族人民推进改革开放和社会主义现代化建设所取得的新的重大成就，明确提出了今年党和国家事业发展的指导思想和主要目标任务。讲话充分肯定了一年来人民政协坚持围绕中心、服务大局，切实履行政治协商、民主监督、参政议政职能所作的重要贡献，对新的一年里发挥统一战线重要作用、加强人民政协各项工作提出了明确要求，充分体现了以胡锦涛同志为总书记的中共中央对统一战线和人民政协事业的高度重视，为当前和今后一个时期人民政协事业发展指明了前进方向。我们一定要认真学习贯彻讲话精神，更好发挥协调关系、汇聚力量、建言献策、服务大局的重要作用。

九三学社中央主席韩启德代表各民主党派中央、全国工商联和无党派人士讲话，表示要更加紧密地团结在以胡锦涛同志为总书记的中共中央周围，同心同德，扎实工作，为实现“十二五”时期经济社会发展目标和全面建设小康社会宏伟目标而不懈努力。

茶话会上，胡锦涛等领导同志来到各界人士中间，亲切地同大家握手交谈，互致问候。文艺工作者表演了歌舞、曲艺等精彩节目。

王刚、王乐泉、王兆国、王岐山、回良玉、刘淇、刘云山、张德江、徐才厚、郭伯雄、何勇、令计划、乌云其木格、华建敏、陈至立、周铁农、李建国、司马义·铁力瓦尔地、蒋树声、陈昌智、严隽琪、桑国卫、梁光烈、马凯、孟建柱、戴秉国、王胜俊、廖晖、杜青林、白立忱、陈奎元、阿不来提·阿不都热西提、李兆焯、黄孟复、董建华、张梅颖、张榕明、钱运录、孙家正、李金华、郑万通、万钢、林文漪、厉无畏、罗富和、陈宗兴、王志珍、何厚铧和司马义·艾买提、何鲁丽、杨汝岱、孙孚凌、胡启立、陈锦华、王文元、王忠禹、罗豪才、张克辉、徐匡迪、张怀西、李蒙，中央军委委员陈炳德、李继耐、廖锡龙、常万全、靖志远、吴胜利、许其亮等出席茶话会。

温家宝主持召开座谈会 征求对政府工作报告及“十二五”规划意见 李克强等参加

（2011 年 1 月 20 日至 27 日）

1 月 20 日至 27 日，国务院总理温家宝在中南海主持召开五次座谈会，征求对《政府工作报告（征求意见稿）》和《中华人民共和国国民经济和社会发展第十二个五年规划纲要（草案）（征求意见稿）》的意见。各民主党派中央、全国工商联负责人和无党派人士，经济社会领域专家学者，教育、科技、文化、卫生、体育界代表，企业界代表和工人、农民、学生等基层群众代表，分别出席了座谈会。

座谈会上，大家一致认为，“十一五”时期我国经济社会发展取得了巨大成就。面对国内外复杂形势和一系列重大风险挑战，特别是国际金融危机的严重冲击，党中央、国务院团结带领全国各族人民大力推进改革开放和现代化建设，我国的社会生产力、综合国力大幅提高，各项社会事业加快发展，人民生活明显改善，国际地位和影响力显著增强，国家面貌发生了历史性变化，成绩来之不易。《报告》稿和《纲要》稿回顾成绩、部署工作、谋划未来五年经济社会发展，实事求是，重点突出，措施有力，前瞻性强，充分体现了党的十七大、十七届三中、四中、五中全会和中央经济工作会议精神，突出了以科学发展为主题、以加快转变经济发展方式为主线，明显加强了保障和改善民生、发展社会事业等工作重点。大家一致赞同《报告》稿和《纲要》稿的基本结构和主要内容，并就这两个档的具体修改和进一步做好政府工作，提出了意见和建议。

民革中央主席周铁农、民盟中央主席蒋树声、民建中央主席陈昌智、民进中央常务副主席罗富和、农工党中央主席桑国卫、致公党中央常务副主席王钦敏、九三学社中央主席韩启德、台盟中央主席林文漪、全国工商联主席黄孟复、无党派人士郝如玉在发言中，高度评价过去五年政府工作所取得的巨大成就，对“十二五”规划和今年政府工作的各项部署表示完全赞同。他们围绕推进经济结构调整、合理调节收入分配、加大保障性住房建设、发展现代农业、支持中小企业发展、走中国特色城镇化道路、推进公共服务均等化、促进区域协调发展、深化医药卫生体制改革等重大问题建言献策，提出了许多好的意见。

经济、社会领域的8位专家提出的意见中有许多真知灼见。国务院发展研究中心原党组书记、副主任陈清泰认为，“十二五”时期结构调整的关键是提高创新发展能力，要继续改造提升传统制造业，重视中小企业在创新发展中不可替代的作用，利用我国新的比较优势抢占产业发展制高点。国务院发展研究中心副主任卢中原建议，继续重视扩大内需特别是居民消费需求。发改委宏观经济研究院副院长陈东琪、中国社科院财贸所所长高培勇认为，要继续实施结构性减税，财政支出更多向民生、“三农”和促进结构调整的领域倾斜。交通银行首席经济学家连平建议，进一步推进人民币汇率形成机制改革，促进国际收支平衡。中国社科院农村发展研究所所长张晓山建议，理顺投入要素与粮食价格关系，加大和整合支农投入，重点加强农产品流通体系建设，让农民和消费者得到更多实惠。中国人民银行研究生部部务委员会副主席汤敏从建立粮食主产区补偿机制、创新外汇储备运用、支持小额贷款公司和加快发展公益慈善事业等方面提出了建议。北京师范大学收入分配与贫困研究中心主任李实建议，要从初次分配、再分配多个环节入手，加大再分配调节力度，逐步扭转收入分配差距扩大趋势。

参加企业界人士座谈会的，有国有大公司负责人，非公有制经济和中小企业代表，分别来自钢铁、汽车、装备制造、房地产、金融、流通、信息技术、新材料等行业。宝钢集团董事长徐乐江说，一揽子计划在应对危机、提振信心等方面发挥了重要作用。建议坚持走内涵式发展道路，继续落实优胜劣汰、节能减排等政策措施。中国东方电气集团董事长王计提出，要大力推动科技创新，大力提升装备制造业水平，实现从制造大国向制造强国的跨越。奇瑞汽车股份有限公司董事长尹同跃认为，要大力支持自主创新、自主品牌汽车发展，促进汽车业健康可持续发展。万科企业股份有限公司总裁郁亮建议，加快保障性住房建设，打击投机炒房，盘活土地存量，增加小户型住房供应，巩固房地产调控成果。中国建设银行董事长郭树清说，要进一步深化金融企业改革，更好发挥利率等要素价格在市场配置资源中的作用。中兴通讯董事长侯为贵强调，要强化企业“走出去”支持政策的配套性、系统性。苏宁电器董事长张近东认为，家电下乡、以旧换新等政策惠及百姓，对扩大消费、发展循环经济发挥了重要作用，建议通过强化物流、完善零售业税收体制、发展规范网络购物等措施加快现代流通体系建设。长春高琦聚酰亚胺材料有限公司董事长吕晓义说，培育发展战略性新兴产业是一项有利于长远发展和提高国家竞争力的战略决策，建议进一步支持基础材料工业发展，加大自主创新先进材料的推广应用。

在教育、科技、文化、卫生、体育界代表座谈会上，大家认为，“十一五”期间我国社会事业获得了长足发展，过去“一条腿长、一条腿短”的现象有了明显改观。无锡职业技术学院教授顾京建议，继续大力发展职业教育，培养更多劳动技能人才。江西革命老区会昌珠兰示范学校校长王文洲认为，农村教育仍然是薄弱环节，要完善统筹城乡教育发展的长效机制，创新农村教育发展模式，着力提高农村教育质量，加大对农村特别是老少边穷地区教育发展的支持。科技界代表魏少军建议，要大力推进以企业为主体的技术创新体系建设，加大前瞻性、前沿性技术研究和基础科学研究，优先发展战略性新兴产业特别是基础核心产业，改革科研经费管理方式。文化界代表顾欣、范迪安、韩三平建议，加强文化建设，要加大投入、深化改革，支持和鼓励创新，延伸文化产业链，推出更多反映时代深刻变革和深厚中华文化底蕴的精品力作。卫生界代表石应康、王争艳分别就充分发挥公立医院公益性作用、医务人才培养、医疗卫生信息平台建设、完善社区卫生服务、提高国民健康水平等提出了意见。新闻出版界代表龚曙光、体育界代表姚滨希望进一步倡导全民阅读，促进文化企业做大做强，加强城乡基层体育设施建设，提高运动员生存发展能力。

参加基层群众座谈会的11位代表，他们都是第一次走进中南海，与国务院领导面对面畅谈来自基层的意见和建议，心情激动而兴奋。中国北车长春轨道客车股份有限公司高级技师谢元立建议，国家要加强培养现代产业工人特别是高技能人才，以更好地适应产业转型升级的需要。黑龙江肇源县种粮大户刘宏伟说，这些年国家的惠农政策调动了农民生产积极性，他建议国家大力加强农田水利建设，健全农技推广服务体系。河北省固安县蔬菜种植大户张顺斋建议，要发展壮大种业，加强蔬菜生产基地建设，扶持农民专业合作社，提高农民收入和食品质量安全水平。沈阳华铁汽车散热器有限公司董事长由丽华建议，国家要帮助解决中小企业贷款难问题，进一步减少税费，发挥中小企业在扩大就业、推进科技创新方面的独特作用。杭州联华华商集团有限公司华商店店长姚杨宏建议，要大力推行“农超对接”，畅通农产品流通管道。安徽省天长市汊涧镇中心卫生院主治医师陆登宏说，新医改极大地推进了基层公共医疗卫生工作，新农合报销比例进一步提高，深受农民群众拥护。建议国家进一步提高基本公共医疗服务经费，加大乡村医生的培训力度和村级卫生室建设。来自北京市东城区永定门外街道办事处的民政科长刘京勇建议，政府应加大养老服务体系建设，改善社区服务设施和条件。其他代表还就加大依法行政、改进信访工作、落实农民工工伤保险政策、加快农村电网改造和道路建设等提出了建议。

温家宝在这五次座谈会上讲了话。他感谢各民主党派、全国工商联和无党派人士，专家学者，企业家和工人、农民等社会各界对政府工作的关心和支持。他说，大家畅所欲言，建言献策，提出许多宝贵的意见建议，对修改好《报告》稿、《纲要》稿和改进政府工作都有很大帮助，国务院将认真研究、吸收。他说，坚持依法科学民主决策，是做好政府工作的重要前提。要健全重大事项决策的规则和程序，进一步完善群众参与、专家咨询和政府决策相结合的决策机制。国务院在作出重大决策前，需要通过多种形式，直接听取民主党派、社会团体、专家学者、基层群众等方面的意见和建议。归根到底，我们的政府是人民的政府，我们的权力是人民赋予的，我们做出的每一项决策，最高检验标准就是群众满意不满意，群众高兴不高兴，群众答应不答应。只有认真听取群众的意见和呼声，切实按照人民的意愿办事，我们的政府才能真正做到全心全意为人民服务。

国务院副总理李克强、回良玉、张德江、王岐山，国务委员刘延东、梁光烈、马凯、孟建柱，全国政协副主席、中共中央统战部部长杜青林和有关部门负责同志分别参加了座谈会。

中共中央举行党外人士迎春座谈会 胡锦涛代表中共中央、国务院向各民主党派、工商联和无党派人士，向统一战线广大成员，致以新春的祝福 贾庆林主持 习近平李克强出席

（2011年1月30日）

在中国人民的传统节日春节即将到来之际，中共中央1月30日下午在中南海召开党外人士迎春座谈会，邀请各民主党派中央、全国工商联领导同志和无党派人士代表欢聚一堂，共商国是，畅叙友情，喜迎新春。中共中央总书记、国家主席、中央军委主席胡锦涛代表中共中央、国务院，向各民主党派中央、全国工商联领导同志和无党派人士，向统一战线广大成员，致以诚挚的问候和新春的祝福。胡锦涛强调，实现今年经济社会发展目标任务，必须依靠包括各党派、各团体、各民族、各阶层、各界人士在内的全国上下共同团结奋斗。我们要以中国共产党成立90周年为契机，全面总结和展示中国共产党同各民主党派、工商联和无党派人士肝胆相照、风雨同舟的光辉历程，引导统一战线广大成员继承和发扬光荣传统，坚定中国特色社会主义理想信念，坚持和完善中国共产党领导的多党合作和政治协商制度，坚持同中国共产党的亲密合作，确保中共中央大政方针和工作部署得到贯彻落实。

座谈会由中共中央政治局常委、全国政协主席贾庆林主持。中共中央政治局常委、书记处书记、国家副主席习近平，中共中央政治局常委、国务院副总理李克强，中共中央书记处书记、中央办公厅主任令计划，全国政协副主席、中央统战部部长杜青林出席。

座谈会上，民革中央主席周铁农、民盟中央主席蒋树声、民建中央主席陈昌智、民进中央主席严隽琪、农工党中央主席桑国卫、致公党中央主席万钢、九三学社中央主席韩启德、台盟中央主席林文漪、全国工商联主席黄孟复、无党派人士代表陈竺等先后发言。大家一致认为，2010年是我国在改革开放的伟大进程中写下精彩篇章的一年。以胡锦涛同志为总书记的中共中央领导全国各族人民，团结一心，沉着应对，开拓前进，推动各项事业发展取得新的重大成就。大家围绕推进中国共产党领导的多党合作事业、加强农村社会化服务体系建设、完善水利建设资金保障机制、发展战略性新兴产业、推进国家区域发展总体战略、促进海洋经济发展、发展教育事业、推动两岸文化交流、切实纠正损害群众利益的不正之风等问题提出了意见和建议。

胡锦涛在认真听取大家的发言后发表了重要讲话。他在回顾了2010年党和国家工作后说，2010年也是统一战线紧紧围绕党和国家工作大局，广泛凝聚力量、坚持创新发展、发挥积极作用的一年。各民主党派、工商联和无党派人士就加快转变经济发展方式、制定“十二五”规划等重大问题，开展专题调研，踊跃建言献策，为党和政府科学决策提供了智力支持。同志们认真学习践行社会主义核心价值体系，为巩固多党合作共同思想政治基础增添了时代内涵；坚持致力于改善民生和社会服务，积极参与和支持扶贫开发和抗灾救灾、灾后恢复重建，开展回报社会感恩行动，赢得社会高度赞誉。胡锦涛向大家表示衷心的感谢。

胡锦涛指出，2011年是“十二五”时期开局之年。做好今年改革发展稳定各项工作，具有十分重要的意义。我们要全面贯彻中共十七大和十七届三中、四中、五中全会精神，以邓小平理论和“三个代表”重要思想为指导，深入贯彻落实科学发展观，正确把握国内外形势新变化新特点，继续抓住和用好我国发展的重要战略机遇期，以科学发展为主题，以加快转变经济发展方式为主线，着力解决我国经济社会发展

中的突出问题，努力实现今年经济社会发展目标任务，为“十二五”时期发展开好局、起好步。

胡锦涛指出，“十二五”时期是全面建设小康社会的关键时期，是深化改革开放、加快转变经济发展方式的攻坚时期。希望同志们把智慧和力量凝聚到推动科学发展上来，围绕牵动全局的主要工作、事关长远的重大问题，深入开展专题调研，为破解发展难题、提高发展的全面性协调性可持续性多建良言、多献良策。

胡锦涛强调，民生问题事关国家发展大计，事关人民幸福安康，事关社会和谐稳定。我们要始终把保障和改善民生作为推动科学发展、促进社会和谐的重要出发点和落脚点，在经济发展的基础上更加重视以改善民生为重点的社会建设。希望同志们坚持以人为本，深刻认识做好新形势下群众工作的重要性，协助党和政府做好团结群众、联系群众、服务群众的工作，深入了解社情民意，多做顺民意、解民忧、惠民生的实事好事。

胡锦涛指出，中国共产党成立以来90年波澜壮阔的历史和实践充分证明，思想上同心同德、目标上同心同向、行动上同心同行，是中国共产党领导的多党合作和政治协商制度最鲜明的特质，是我们不断夺取革命、建设、改革事业胜利的有力保证。希望同志们认真总结历史经验，进一步激发爱国奉献、建功立业的责任感和创造力，不断提高参政议政本领和水平。

应邀出席座谈会的还有张梅颖、张榕明、厉无畏、罗富和、陈宗兴、王志珍和何鲁丽、许嘉璐、蒋正华、王文元、张怀西、李蒙，以及各民主党派中央、全国工商联有关负责人和无党派人士代表。

中央和国家机关有关部门负责同志参加座谈会。

全国政协十一届四次会议在京开幕
胡锦涛 吴邦国 温家宝 李长春 习近平
李克强 贺国强 周永康到会祝贺
贾庆林作政协常委会工作报告
王志珍作提案工作情况报告 王刚主持

（2011年3月3日）

新起点开启新征程，新目标赋予新使命。中国人民政治协商会议第十一届全国委员会第四次会议3日下午在人民大会堂开幕。今后10天，来自各党派团体和各族各界的全国政协委员将围绕“十二五”规划纲要草案和有关报告，围绕关系国计民生的重大问题，切实履行职能，积极建言献策。

3月的北京，阳光明媚，春意盎然。人民大会堂大礼堂内，灯火辉煌，鲜花竞艳。象征全国各族人民大团结的政协会徽悬挂在主席台正中，十面鲜艳的红旗分列两侧。

全国政协主席贾庆林，全国政协副主席王刚、廖晖、杜青林、帕巴拉·格列朗杰、白立忱、陈奎元、阿不来提·阿不都热西提、李兆焯、黄孟复、董建华、张梅颖、张榕明、钱运录、孙家正、李金华、郑万通、邓朴方、万钢、林文漪、厉无畏、罗富和、陈宗兴、王志珍、何厚铧在主席台前排就座。

党和国家领导人胡锦涛、吴邦国、温家宝、李长春、习近平、李克强、贺国强、周永康等在主席台就座，祝贺大会召开。

全国政协十一届四次会议应出席委员2260人，实到2182人，符合法定人数。

下午3时，王刚宣布大会开幕，全体起立，唱国歌。

大会首先审议通过了政协第十一届全国委员会第四次会议议程。

贾庆林代表政协第十一届全国委员会常务委员会，向大会报告工作。他说，2010 年是我国发展历程中很不平凡的一年。一年来，人民政协高举爱国主义、社会主义旗帜，把握团结和民主两大主题，发挥协调关系、汇聚力量、建言献策、服务大局重要作用，为应对各种风险挑战，推动经济社会又好又快发展，科学制定“十二五”规划，促进两岸关系和平发展，扩大我国对外友好交往作出重要贡献，谱写了人民政协事业发展的新篇章。

贾庆林从围绕坚持走中国特色社会主义政治发展道路，加强思想理论建设；围绕编制“十二五”规划和保持经济平稳较快发展，深入开展协商议政；围绕保障和改善民生，积极帮助党和政府排忧解难；围绕促进民族团结与宗教和睦，认真贯彻民族宗教政策；围绕为中华民族伟大复兴凝心聚力，切实加强团结联谊工作；围绕为我国发展营造良好外部环境，积极拓展对外交流合作；围绕提高人民政协工作科学化水平，大力推进经常性工作创新 7 个方面总结了过去一年人民政协的工作。

贾庆林强调，2011 年是中国共产党成立 90 周年，也是“十二五”时期开局之年。人民政协要坚持以邓小平理论和“三个代表”重要思想为指导，深入贯彻落实科学发展观，深入贯彻中共十七届五中全会和中央经济工作会议精神，继续抓住和用好重要战略机遇期，紧紧围绕党和国家中心工作，把推动科学发展和加快转变经济发展方式作为履行职能的首要任务，把促进社会和谐稳定作为义不容辞的责任，把提高政协工作科学化水平作为自身建设的目标，同心协力搞好政治协商，积极稳妥推进民主监督，扎实有效开展参政议政，为实现“十二五”时期良好开局，夺取全面建设小康社会新胜利作出积极贡献。

王志珍代表政协第十一届全国委员会常务委员会，向大会报告政协十一届三次会议以来提案工作情况。一年来，政协委员、政协各参加单位和专门委员会共提交提案 5678 件，经审查，立案 5300 件。截至 2011 年 2 月 20 日，提案已办复 5273 件，占立案总数的 99. 49%。

在主席台就座的领导同志还有：王乐泉、王兆国、王岐山、回良玉、刘淇、刘云山、刘延东、李源潮、汪洋、张高丽、张德江、俞正声、徐才厚、郭伯雄、薄熙来、何勇、令计划、王沪宁、路甬祥、乌云其木格、韩启德、华建敏、陈至立、周铁农、李建国、司马义·铁力瓦尔地、蒋树声、陈昌智、严隽琪、桑国卫、梁光烈、孟建柱、戴秉国、王胜俊、曹建明等。

中共中央、国务院有关部门负责人列席开幕大会。各国驻华使节应邀旁听开幕大会。

十一届全国人大四次会议在京开幕
胡锦涛 贾庆林 李长春 习近平 李克强 贺国强
周永康等在主席台就座
吴邦国主持 温家宝代表国务院向大会作政府工作报告

（2011 年 3 月 5 日）

第十一届全国人民代表大会第四次会议 5 日上午在人民大会堂开幕。雄伟的人民大会堂气氛隆重热烈，万人大礼堂里灯光璀璨。巨型国徽在主席台帷幕中央熠熠闪光，10 面鲜艳的红旗分立两侧。来自祖国各地的近 3000 名全国人大代表，肩负 13 亿人民的重托出席盛会，履行宪法和法律赋予的神圣职责。

会议由大会主席团常务主席、执行主席吴邦国主持。大会主席团常务主席、执行主席王兆国、路甬祥、乌云其木格、韩启德、华建敏、陈至立、周铁农、李建国、司马义·铁力瓦尔地、蒋树声、陈昌智、严隽琪、桑国卫在主席台执行主席席就座。

胡锦涛、温家宝、贾庆林、李长春、习近平、李克强、贺国强、周永康等和大会主席团成员在主席台就座。

上午 9 时，吴邦国宣布：中华人民共和国第十一届全国人民代表大会第四次会议开幕。会场全体起立，高唱国歌。

国务院总理温家宝代表国务院向大会作政府工作报告。他说，今年国民经济和社会发展的主要预期目标是：国内生产总值增长 8% 左右；经济结构进一步优化；居民消费价格总水平涨幅控制在 4% 左右；城镇新增就业 900 万人以上，城镇登记失业率控制在 4.6% 以内；国际收支状况继续改善。报告分三个部分：一、“十一五”时期国民经济和社会发展的回顾；二、“十二五”时期的主要目标和任务；三、2011 年的工作。

温家宝说，“十一五”时期是我国发展进程中极不平凡的五年。面对国内外复杂形势和一系列重大风险挑战，中国共产党团结带领全国各族人民，全面推进改革开放和现代化建设，国家面貌发生了历史性变化。五年来，主要做了以下工作：加强和改善宏观调控，促进经济平稳较快发展；毫不放松地做好“三农”工作，巩固和加强农业基础；大力推进经济结构调整，提高经济增长质量和效益；坚定不移深化改革开放，增强经济社会发展内在活力；加快发展社会事业，切实保障和改善民生。五年的成绩来之不易。这是以胡锦涛同志为总书记的党中央总揽全局、正确领导的结果，是全党全国各族人民共同努力奋斗的结果。温家宝还报告了“十一五”时期政府工作的认识和体会：一是必须坚持科学发展；二是必须坚持政府调控与市场机制有机统一；三是必须坚持统筹国内国际两个大局；四是必须坚持把改革开放作为经济社会发展的根本动力。

温家宝报告了“十二五”时期的主要目标和任务：推动经济发展再上新台阶，今后五年我国经济增长预期目标是在明显提高质量和效益的基础上年均增长 7%，按 2010 年价格计算，2015 年国内生产总值将超过 55 万亿元；加快转变经济发展方式和调整经济结构；大力发展社会事业；扎实推进资源节约和环境保护；全面改善人民生活；全面深化改革开放；不断加强政府自身改革建设。

在报告 2011 年国民经济和社会发展的主要预期目标后，温家宝指出，要保持宏观经济政策的连续性、稳定性，提高针对性、灵活性、有效性，处理好保持经济平稳较快发展、调整经济结构、管理通胀预期的关系，更加注重稳定物价总水平，防止经济出现大的波动。今年要重点做好十个方面的工作：保持物价总水平基本稳定；进一步扩大内需特别是居民消费需求；巩固和加强农业基础地位；加快推进经济结构战略性调整；大力实施科教兴国战略和人才强国战略；加强社会建设和保障改善民生；大力加强文化建设；深入推进重点领域改革；进一步提高对外开放水平；加强廉政建设和反腐败工作。

温家宝还就民族、宗教和侨务工作，国防和军队建设，香港、澳门发展和两岸关系，以及我国的外交政策作了阐述。

报告过程中，会场多次响起热烈掌声。

根据会议议程，大会印发了国民经济和社会发展第十二个五年规划纲要草案、关于 2010 年国民经济和社会发展计划执行情况与 2011 年国民经济和社会发展计划草案的报告、关于 2010 年中央和地方预算执行情况与 2011 年中央和地方预算草案的报告，提请审查批准。

在主席台就座的还有：王刚、王乐泉、王岐山、回良玉、刘淇、刘云山、刘延东、李源潮、汪洋、张高丽、张德江、俞正声、徐才厚、郭伯雄、薄熙来、何勇、令计划、王沪宁、梁光烈、孟建柱、戴秉国、王胜俊、曹建明、廖晖、杜青林、帕巴拉·格列朗杰、白立忱、陈奎元、阿不来提·阿不都热西提、李兆焯、黄孟复、董建华、张梅颖、张榕明、钱运录、孙家正、李金华、郑万通、万钢、林文漪、厉无畏、罗富和、陈宗兴、王志珍、何厚铧，以及中央军委委员陈炳德、李继耐、廖锡龙、常万全、靖志远、吴胜利、许其亮等。

香港特别行政区行政长官曾荫权、澳门特别行政区行政长官崔世安列席会议并在主席台就座。

出席全国政协十一届四次会议的政协委员列席大会。

中央和国家机关有关部门、解放军及武警部队、各人民团体有关负责人列席或旁听大会。

各国驻华使节旁听了大会。

全国政协十一届四次会议闭幕 胡锦涛 吴邦国 温家宝 李长春 习近平 李克强 贺国强 周永康出席 贾庆林主持

（2011 年 3 月 13 日）

中国人民政治协商会议第十一届全国委员会第四次会议圆满完成各项议程后，13 日上午在人民大会堂闭幕。会议号召，人民政协的各级组织、各参加单位和广大政协委员，紧密团结在以胡锦涛同志为总书记的中共中央周围，高举中国特色社会主义伟大旗帜，以邓小平理论和“三个代表”重要思想为指导，深入贯彻落实科学发展观，以昂扬向上的进取精神、求真务实的工作态度，凝心聚力、共谋发展，为实现“十二五”时期目标任务、夺取全面建设小康社会新胜利而努力奋斗。

全国政协主席贾庆林主持闭幕会。全国政协副主席王刚、廖晖、杜青林、帕巴拉·格列朗杰、白立忱、陈奎元、阿不来提·阿不都热西提、李兆焯、黄孟复、董建华、张梅颖、张榕明、钱运录、孙家正、李金华、郑万通、邓朴方、万钢、林文漪、厉无畏、罗富和、陈宗兴、王志珍、何厚铧在主席台前排就座。

胡锦涛、吴邦国、温家宝、李长春、习近平、李克强、贺国强、周永康等在主席台就座。

上午 9 时，闭幕会开始。贾庆林宣布，中国人民政治协商会议第十一届全国委员会第四次会议应出席委员 2260 人，今天实到 2129 人，符合法定人数。

会议通过了政协第十一届全国委员会第四次会议关于常务委员会工作报告的决议、政协第十一届全国委员会提案委员会关于政协十一届四次会议提案审查情况的报告、政协第十一届全国委员会第四次会议政治决议。

贾庆林在讲话时指出，本次会议，在中共中央、全国人大常委会、国务院的关心重视和有关部门的大力支持下，经过全体委员的共同努力，开得圆满成功，取得了丰硕成果，是一次发扬民主、群策群力的大会，是一次求真务实、团结鼓劲的大会，是一次开启征程、催人奋进的大会。会议期间，广大委员以对国家和人民高度负责的精神，以尽心竭力履行职责的态度，以讲真话、建诤言的作风，紧紧围绕政府工作报告、《国民经济和社会发展第十二个五年规划纲要（草案）》等，着重就加快转变经济发展方式和调整经济结构、保障和改善民生、繁荣和发展社会主义文化等重大问题，提出了许多有价值、有分量的意见和建议，充分体现了人民政协这一政治组织和民主形式的独特优势，生动展现了广大政协委员心系国事、情牵民生的精神风貌。

贾庆林指出，蓝图已经描绘，目标已经明确。关键是心无旁骛抓落实，同心协力开新局。让我们紧密团结在以胡锦涛同志为总书记的中共中央周围，以邓小平理论和“三个代表”重要思想为指导，深入贯彻落实科学发展观，全面学习贯彻胡锦涛总书记在“两会”期间的重要讲话、温家宝总理所作的政府工作报告、“十二五”规划纲要以及其他重要文件精神，认真落实刚刚通过的本次会议政治决议，团结一切可以团结的力量，凝聚一切可以凝聚的智慧，激发一切可以激发的活力，向着“十二五”规划和全面建设小康社会的宏伟目标，向着中华民族伟大复兴的光明前景奋勇前进。

出席闭幕会的领导同志还有：王乐泉、王兆国、王岐山、回良玉、刘淇、刘云山、刘延东、李源潮、汪洋、张高丽、张德江、俞正声、徐才厚、郭伯雄、薄熙来、何勇、令计划、王沪宁、路甬祥、乌云其木格、韩启德、华建敏、陈至立、周铁农、李建国、司马义·铁力瓦尔地、蒋树声、陈昌智、严隽琪、桑国卫、梁光烈、孟建柱、戴秉国、王胜俊、曹建明等。

中共中央、国务院有关部门负责人列席闭幕会。各国驻华使节应邀旁听闭幕会。

大会在雄壮的国歌声中闭幕。

十一届全国人大四次会议在京闭幕 胡锦涛 温家宝 贾庆林 李长春 习近平 李克强 贺国强 周永康等出席 吴邦国主持

（2011 年 3 月 14 日）

第十一届全国人民代表大会第四次会议在批准政府工作报告、“十二五”规划纲要、全国人大常委会工作报告及其他报告，圆满完成各项议程后，14 日上午在人民大会堂闭幕。

今天的人民大会堂气氛庄重热烈。2882 名代表出席闭幕会，符合法定人数。

闭幕会由大会主席团常务主席、执行主席、全国人大常委会委员长吴邦国主持。

胡锦涛、温家宝、贾庆林、李长春、习近平、李克强、贺国强、周永康等和大会主席团成员在主席台就座。

大会主席团常务主席、执行主席王兆国、路甬祥、乌云其木格、韩启德、华建敏、陈至立、周铁农、李建国、司马义·铁力瓦尔地、蒋树声、陈昌智、严隽琪、桑国卫等在执行主席席就座。

上午 9 时，吴邦国宣布会议开始。

会议表决通过了关于政府工作报告的决议。决议指出，会议高度评价“十一五”时期我国经济社会发展取得的巨大成就，充分肯定国务院过去一年的工作，同意报告提出的“十二五”时期的主要目标任务和 2011 年的工作部署，决定批准这个报告。

会议表决通过了关于国民经济和社会发展第十二个五年规划纲要的决议。决议指出，会议同意全国人大财政经济委员会的审查结果报告，决定批准这个规划纲要。会议要求，要认真实施“十二五”规划纲要，高举中国特色社会主义伟大旗帜，以邓小平理论和“三个代表”重要思想为指导，深入贯彻落实科学发展观，适应国内外形势新变化，顺应各族人民过上更好生活新期待，以科学发展为主题，以加快转变经济发展方式为主线，深化改革开放，保障和改善民生，巩固和扩大应对国际金融危机冲击成果，促进经济长期平稳较快发展和社会和谐稳定，为全面建成小康社会打下具有决定性意义的基础。

会议表决通过了关于 2010 年国民经济和社会发展计划执行情况与 2011 年国民经济和社会发展计划的决议，决定批准关于 2010 年国民经济和社会发展计划执行情况与 2011 年国民经济和社会发展计划草案的报告，批准 2011 年国民经济和社会发展计划；表决通过了关于 2010 年中央和地方预算执行情况与 2011 年中央和地方预算的决议，决定批准关于 2010 年中央和地方预算执行情况与 2011 年中央和地方预算草案的报告，批准 2011 年中央预算。

会议经表决，通过了关于全国人大常委会工作报告的决议。决议指出，会议高度评价全国人大常委会过去一年的工作，同意报告提出的 2011 年的主要任务，决定批准这个报告。

会议表决通过了关于最高人民法院工作报告的决议、关于最高人民检察院工作报告的决议，决定批准这两个报告。

会议表决通过了关于确认全国人大常委会接受倪岳峰辞去全国人大常委会委员职务的请求的决定。倪岳峰同志因另有任用，依照法律规定，向全国人大常委会提出了辞职请求。

大会完成各项议程后，吴邦国发表讲话。他说，第十一届全国人民代表大会第四次会议，在全体代表的共同努力下，圆满完成了各项预定任务。会议充分发扬民主，严格依法办事，进一步统一了思想，明确了任务，鼓舞了干劲，是一次民主、团结、求实、奋进的大会。

吴邦国说，会议期间，代表们肩负全国各族人民重托，以主人翁的高度责任感和历史使命感，依法履行职责，讲大局、议大事，重实际、求实效，使会议的成果充分体现了党的主张和人民意志的统一，充分反映了全国各族人民的共同意愿。这次会议必将进一步团结和动员全国各族人民，奋发有为地投身建设和发展中国特色社会主义的伟大事业。

吴邦国说，会议高度评价了“十一五”时期我国经济社会发展取得的巨大成就，审查批准了《国民经济和社会发展第十二个五年规划纲要》。大家一致认为，“十二五”规划纲要深入贯彻落实党的十七大和十七届五中全会精神，以科学发展为主题，以加快转变经济发展方式为主线，明确了“十二五”时期经济社会发展的指导思想、主要目标、战略重点和重大举措，描绘了未来五年社会主义现代化建设的宏伟蓝图，是今后一个时期我国经济社会发展的重要指导性档。大家强调，要认真学习规划纲要，全面实施规划纲要，推动科学发展取得新的显著进步，推动转变经济发展方式取得实质性进展，为实现“十二五”规划确定的目标任务贡献智慧和力量。

吴邦国说，会议认真总结了形成中国特色社会主义法律体系的重大意义和基本经验。大家一致认为，中国特色社会主义法律体系的形成，是我国社会主义民主法制建设史上的重要里程碑，是中国特色社会主义制度逐步走向成熟的重要标志，具有重大的现实意义和深远的历史意义。大家强调，要坚持以往的成功经验和有益做法，在新的起点上进一步加强和改进立法工作，推进科学立法、民主立法，不断完善中国特色社会主义法律体系。要更加注重法律的有效实施，维护宪法和法律的权威和尊严，推进依法行政和公正司法，增强全社会的法律意识和法治观念，全面实施依法治国基本方略，努力建设社会主义法治国家。

吴邦国最后说，我们奏响的时代凯歌强劲而嘹亮，我们绘就的发展蓝图绚丽而辉煌。让我们紧密团结在以胡锦涛同志为总书记的党中央周围，高举中国特色社会主义伟大旗帜，以邓小平理论和“三个代表”重要思想为指导，深入贯彻落实科学发展观，同心同德，开拓进取，扎实工作，以优异的成绩迎接中国共产党成立90周年，为实现“十二五”时期良好开局，为夺取全面建设小康社会新胜利、开创中国特色社会主义事业新局面而努力奋斗。

上午9时27分，全场起立，高唱国歌。吴邦国宣布：第十一届全国人民代表大会第四次会议胜利闭幕。

在主席台就座的还有：王刚、王乐泉、王岐山、回良玉、刘淇、刘云山、刘延东、李源潮、汪洋、张高丽、张德江、俞正声、徐才厚、郭伯雄、薄熙来、何勇、令计划、王沪宁、梁光烈、孟建柱、戴秉国、王胜俊、曹建明、廖晖、杜青林、白立忱、陈奎元、阿不来提·阿不都热西提、李兆焯、黄孟复、张梅颖、张榕明、钱运录、孙家正、李金华、郑万通、万钢、林文漪、厉无畏、罗富和、陈宗兴、王志珍、何厚铧，以及中央军委委员陈炳德、李继耐、廖锡龙、常万全、靖志远、吴胜利、许其亮等。

中央党政军群机关负责人，各民主党派中央、全国工商联和无党派代表人士列席了今天的大会。

各国驻华使节旁听了大会。

“重温历史，同心同行”统一战线主题教育活动举行

（2011年3月28日至29日）

经中共中央批准，28日至29日，中共中央统战部组织各民主党派中央、全国工商联领导人和无党派人士代表赴重庆开展“重温历史，同心同行”主题教育活动。全国政协副主席、中共中央统战部部长杜

青林出席活动。

此次在重庆举行“重温历史，同心同行”主题教育活动，是统一战线学习贯彻胡锦涛同志在今年初召开的党外人士迎春座谈会的重要讲话精神、纪念中国共产党成立 90 周年系列活动的重要内容。民革中央主席周铁农、民盟中央主席蒋树声、民建中央第一副主席张榕明、民进中央常务副主席罗富和、农工党中央主席桑国卫、致公党中央常务副主席王钦敏、九三学社中央主席韩启德、台盟中央主席林文漪、全国工商联副主席谢经荣、无党派人士代表陈章良等在纪念座谈会上发言。

大家一致认为，在即将迎来中国共产党成立 90 周年的重要时刻，回顾中国共产党领导全国人民不断取得革命、建设和改革胜利的历程，重温各民主党派和中国共产党同心同行、肝胆相照的历史，具有特殊意义。要把对前辈的追思与怀念，对历史的回顾与总结，化为一种精神力量，始终坚持中国共产党的领导，坚定不移地走中国特色社会主义政治发展道路，让中国共产党和民主党派、无党派人士风雨同舟的历史再续新篇，让统一战线、多党合作的光荣传统薪火相传、发扬光大。

杜青林在纪念座谈会上指出，胡锦涛同志提出的“同心”思想，是对新形势下统一战线和多党合作理论的最新发展，具有丰富的历史底蕴和时代内涵，为坚持和完善多党合作制度提供了重要指导。统一战线要以学习贯彻胡锦涛同志“同心”思想为重点，在中国共产党领导下，始终坚持走中国特色社会主义道路；全力推动“十二五”规划实施，共同致力全面建成小康社会；不断完善协商民主形式，充分发挥我国政治制度和政党制度的优势；巩固发展和谐政党关系，自觉承担构建和谐社会的重大责任；搞好政治交接，推动统一战线和多党合作事业薪火相传，在中国特色社会主义道路上同心同行，共创中华民族伟大复兴的盛世伟业。

同日，中国民主党派历史陈列馆举行开馆仪式。杜青林，各民主党派中央、全国工商联领导人和无党派人士代表出席仪式并剪彩。蒋树声代表各民主党派中央、全国工商联和无党派人士致辞。

活动期间，各民主党派中央、全国工商联领导人和无党派人士考察了渣滓洞、红岩村，观看了“同心同行”文艺晚会，并为“同心园”揭幕，共同种植“同心林”。各民主党派中央负责人、无党派人士以及中共中央统战部和重庆市有关负责同志参加了主题教育活动。

统一战线参与毕节试验区建设工作联席会议召开
贾庆林作重要批示

（2011 年 3 月 30 日）

统一战线参与毕节试验区建设工作联席会议第四次全体（扩大）会议 30 日在京召开。中共中央政治局常委、全国政协主席贾庆林作出重要批示。全国政协副主席、中央统战部部长杜青林出席会议并讲话。

贾庆林在批示中指出，2010 年，统一战线参与毕节试验区建设工作取得显著成效，这是各民主党派中央、全国工商联、国务院有关部委、东部 10 省市党委统战部、贵州省委省政府和毕节地委行署以及人民群众共同努力的结果。今年是“十二五”规划开局之年，统一战线参与毕节试验区建设站在了一个新的起点上，希望统一战线和各有关方面认真学习贯彻胡锦涛同志关于思想上同心同德、目标上同心同向、行动上同心同行的重要讲话精神，坚持科学发展的主题和转变经济发展方式的主线，围绕打造“同心”品牌，发挥优势、突出特色，总结经验、开拓创新，抓好落实、注重实效，为推进试验区科学发展和多党合作事业作出新的贡献。

在传达了胡锦涛总书记关于“同心”重要思想和贾庆林同志重要批示精神后，杜青林指出，统一战线参与毕节试验区建设，必须坚持思路创新和工作创新相结合，必须坚持参与性作用和主体性作用相促进，必须坚持项目制度和责任制度相衔接。经过20多年的发展，统一战线参与毕节试验区建设取得了可喜的阶段性成果，机遇前所未有、基础条件改善、政策支持加大、机制保障有力，站在了乘势而上、全面提升、优势叠加、资源集约新的起点上。当前，要从打造“同心”品牌的高度，在方向上突出走中国特色政治发展道路、思路上突出科学发展、目标上突出民本内涵、特色上突出智力支持、路径上突出整体优势。精心组织和实施“助推发展、智力支持、改善民生、生态建设、示范带动”五大工程，突出“人才培训、改善民生、产业提升”三大亮点，全面推进17个类型项目的落实。要重视研究问题、注重典型引领、完善机制保障、落实工作责任，共同推动试验区建设取得新的更大进展。

会上，全国政协副主席、农工党中央常务副主席陈宗兴，民革中央副主席何丕洁，民盟中央常务副主席张宝文，民建中央副主席张少琴，民进中央副主席王佐书，致公党中央副主席李卓彬，九三学社中央副主席丛斌，台盟中央常务副主席汪毅夫，全国工商联副主席谢经荣和国家发改委、教育部、科技部、水利部、农业部、卫生部、天津市、贵州省、毕节试验区专家顾问组等有关部门负责同志结合各自工作实际，就统一战线参与毕节试验区建设工作提出思路和部署。大家纷纷表示，要紧紧围绕中央统战部打造“同心”品牌的总体部署，坚持以助推科学发展为主题，以改善民生为出发点，以促进新农村建设为着力点，以协调有关力量和资源支持为主要手段，以发挥智力支持优势为主要方式，以有影响、见实效、能持久的活动载体为支撑，认真落实2011年工作项目计划，引导统一战线和各有关方面全面践行“同心”理念，深化“同心”内涵，推动毕节试验区在“十二五”开局之年取得更大进展。

中央统战部、各民主党派中央和全国工商联，毕节试验区专家顾问组，国务院有关部门，北京等10省市党委统战部以及贵州省委、毕节地委有关人员约100人参加会议。

庆祝中国共产党成立90周年大会在京隆重举行
胡锦涛发表重要讲话
吴邦国主持 习近平宣读表彰决定 温家宝 贾庆林 李长春 李克强 贺国强 周永康出席

（2011年7月1日）

庆祝中国共产党成立90周年大会7月1日上午在北京人民大会堂隆重举行。中共中央总书记胡锦涛在会上发表重要讲话，回顾中国共产党90年的光辉历程和取得的伟大成就，总结党和人民创造的宝贵经验，提出新的历史条件下提高党的建设科学化水平的目标任务，阐述了在新的历史起点上把中国特色社会主义伟大事业全面推向前进的大政方针。他强调，全党同志要牢记历史使命，永远保持谦虚、谨慎、不骄、不躁的作风，永远保持艰苦奋斗的作风，勇于变革、勇于创新，永不僵化、永不停滞，不动摇、不懈怠、不折腾，不为任何风险所惧，不被任何干扰所惑，坚定不移沿着中国特色社会主义道路奋勇前进，更加奋发有为地团结带领全国各族人民创造自己的幸福生活和中华民族的美好未来。

中共中央政治局常委吴邦国、温家宝、贾庆林、李长春、习近平、李克强、贺国强、周永康出席大会。

鲜花竞艳，灯火璀璨，人民大会堂大礼堂内气氛庄重而热烈。主席台上方悬挂着“庆祝中国共产党成立90周年大会”会标，帷幕正中是熠熠生辉的中国共产党党徽。二楼眺台上悬挂着横幅：“紧密团结在以胡锦涛同志为总书记的党中央周围，高举中国特色社会主义伟大旗帜，为夺取全面建设小康社会新胜利、开创中国特色社会主义事业新局面、实现中华民族伟大复兴而不懈奋斗！”

上午10时，吴邦国宣布庆祝大会开始，全场高唱中华人民共和国国歌。

习近平宣读《中共中央关于表彰全国先进基层党组织和优秀共产党员、优秀党务工作者的决定》。决定指出，为表彰先进、弘扬正气，激励各级党组织和广大共产党员、党务工作者在改革开放和社会主义现代化建设中创先争优、建功立业，中央决定由中央组织部对近年来在工作中取得优异成绩的500个基层党组织、50名共产党员、200名党务工作者予以表彰，分别授予全国先进基层党组织、全国优秀共产党员和全国优秀党务工作者荣誉称号，并追授方永刚等13名同志全国优秀共产党员荣誉称号。

在欢快的乐曲声中，胡锦涛、吴邦国、温家宝、贾庆林、李长春、习近平、李克强、贺国强、周永康等为全国先进基层党组织和优秀共产党员、优秀党务工作者代表颁奖。

颁奖后，胡锦涛发表重要讲话。他指出，90年来，我们党团结带领人民在中国这片古老的土地上，书写了人类发展史上惊天地、泣鬼神的壮丽史诗，集中体现为完成和推进了三件大事。我们党紧紧依靠人民完成了新民主主义革命，实现了民族独立、人民解放。我们党紧紧依靠人民完成了社会主义革命，确立了社会主义基本制度。我们党紧紧依靠人民进行了改革开放新的伟大革命，开创、坚持、发展了中国特色社会主义。这三件大事，从根本上改变了中国人民和中华民族的前途命运。90年来，中国社会发生的变革，中国人民命运发生的变化，其广度和深度，其政治影响和社会意义，在人类发展史上都是十分罕见的。

胡锦涛指出，90年来，我们取得的一切成就，是一代一代中国共产党人同人民一道顽强拼搏、接续奋斗的结果。以毛泽东同志为核心的党的第一代中央领导集体团结带领全党全国各族人民，夺取了新民主主义革命的伟大胜利，确立了社会主义基本制度，为当代中国一切发展进步奠定了根本政治前提和制度基础。以邓小平同志为核心的党的第二代中央领导集体团结带领全党全国各族人民，开启了改革开放的伟大历程，吹响了建设中国特色社会主义的时代号角，开辟了社会主义事业发展新时期。以江泽民同志为核心的党的第三代中央领导集体团结带领全党全国各族人民，坚持改革开放、与时俱进，引领改革开放的航船沿着正确方向破浪前进，成功把中国特色社会主义伟大事业推向21世纪。党的十六大以来，党中央团结带领全党全国各族人民，以邓小平理论和“三个代表”重要思想为指导，深入贯彻落实科学发展观，着力推动科学发展、促进社会和谐，继续在全面建设小康社会实践中推进中国特色社会主义伟大事业。

胡锦涛强调，面对风云变幻的国际形势，面对艰巨繁重的国内改革发展稳定任务，我们党要团结带领人民继续前进，开创工作新局面，赢得事业新胜利，最根本的就是要高举中国特色社会主义伟大旗帜，坚持和拓展中国特色社会主义道路，坚持和丰富中国特色社会主义理论体系，坚持和完善中国特色社会主义制度。

胡锦涛指出，回顾90年中国的发展进步，可以得出一个基本结论：办好中国的事情，关键在党。全党必须清醒地看到，在世情、国情、党情发生深刻变化的新形势下，提高党的领导水平和执政水平、提高拒腐防变和抵御风险能力，加强党的执政能力建设和先进性建设，面临许多前所未有的新情况新问题新挑战。落实党要管党、从严治党的任务比以往任何时候都更为繁重、更为紧迫。我们必须从新的实际出发，坚持以科学理论指导党的建设，以改革创新精神研究和解决党的建设面临的重大理论和实际问题，着眼于全面建设小康社会、加快推进社会主义现代化，全面认识和自觉运用马克思主义执政党建设规律，全面推进党的建设新的伟大工程，不断提高党的建设科学化水平。

胡锦涛强调，在新的历史条件下提高党的建设科学化水平，必须坚持解放思想、实事求是、与时俱进，大力推进马克思主义中国化时代化大众化，提高全党思想政治水平；必须坚持五湖四海、任人唯贤，坚持德才兼备、以德为先用人标准，把各方面优秀人才集聚到党和国家事业中来；必须坚持以人为本、执政为民理念，牢固树立马克思主义群众观点、自觉贯彻党的群众路线，始终保持党同人民群众的血肉联系；必须坚持标本兼治、综合治理、惩防并举、注重预防的方针，深入开展党风廉政建设和反腐败斗争，始终保持马克思主义政党的先进性和纯洁性；必须坚持用制度管权管事管人，健全民主集中制，不断推进党的建设制度化、规范化、程序化。只要全党同志常怀忧党之心、恪尽兴党之责，以更加奋发有为的精神状态推进党的建设，我们党就一定能够更好把握历史大势、勇立时代潮头、引领社会进步。

胡锦涛指出，中国共产党自诞生之日起就勇敢担当起团结带领人民实现中华民族伟大复兴的历史使命。继续推动中华民族伟大复兴进程，必须始终坚持党的基本路线不动摇，继续解放思想，坚持改革开放，推动科学发展，促进社会和谐，在新的历史起点上把中国特色社会主义伟大事业全面推向前进。

胡锦涛强调，全党同志必须牢记，我国过去30多年的快速发展靠的是改革开放，我国未来发展也必须坚定不移依靠改革开放。新时期最鲜明的特点是改革开放。改革开放是党在新的历史条件下领导人民进行的新的伟大革命，是决定当代中国命运的关键抉择，是坚持和发展中国特色社会主义、实现中华民族伟大复兴的必由之路。只有改革开放才能发展中国、发展社会主义、发展马克思主义。我们一定要坚定不移坚持党的十一届三中全会以来的路线方针政策，坚定信心、砥砺勇气，坚持不懈把改革创新精神贯彻到治国理政各个环节，奋力把改革开放推向前进。我们要继续牢牢扭住经济建设这个中心不动摇，坚定不移走科学发展道路，继续牢牢坚持发展是硬道理的战略思想，不断夯实坚持和发展中国特色社会主义的物质基础。我们要继续大力推进社会主义民主政治建设，坚定不移走中国特色社会主义政治发展道路，坚持党的领导、人民当家作主、依法治国有机统一，积极稳妥推进政治体制改革，发展社会主义政治文明。我们要继续大力推动社会主义文化大发展大繁荣，坚定不移发展社会主义先进文化，以更大力度推进文化改革发展，让人民共享文化发展成果。我们要继续大力保障和改善民生，坚定不移推进社会主义和谐社会建设，着力解决好人民最关心最直接最现实的利益问题，加强和创新社会管理，努力使全体人民学有所教、劳有所得、病有所医、老有所养、住有所居，确保人民安居乐业、社会和谐稳定。

胡锦涛指出，我们党从成立之日起，就始终代表广大青年、赢得广大青年、依靠广大青年。青年是祖国的未来、民族的希望，也是我们党的未来和希望。党对青年寄予厚望，人民对青年寄予厚望。全国广大青年一定要永远热爱我们伟大的祖国，永远热爱我们伟大的人民，永远热爱我们伟大的中华民族，让青春在为党和人民建功立业中焕发出绚丽光彩。

吴邦国在主持大会时强调，胡锦涛同志的重要讲话，深入总结了我们党90年的光辉历程和宝贵经验，深刻回答了新形势下加强和改进党的建设的新课题，全面阐述了坚持和发展中国特色社会主义的新要求，对我们适应新形势新任务，全面推进党的建设新的伟大工程，全面推进中国特色社会主义伟大事业，具有重大而深远的指导意义。全党全国各族人民要认真学习、深刻领会，把思想和行动统一到讲话精神上来，把讲话精神贯彻落实到党和国家各项工作中去。

大会在雄壮的国际歌声中结束。

出席大会的领导同志还有：王刚、王乐泉、王兆国、王岐山、回良玉、刘淇、刘云山、刘延东、李源潮、张德江、徐才厚、郭伯雄、李鹏、朱镕基、李瑞环、宋平、尉健行、李岚清、曾庆红、吴官正、罗干、何勇、令计划、王沪宁、路甬祥、乌云其木格、韩启德、华建敏、陈至立、周铁农、李建国、司马义·铁力瓦尔地、蒋树声、陈昌智、严隽琪、桑国卫、梁光烈、马凯、孟建柱、戴秉国、曹建明、廖晖、杜青林、白立忱、陈奎元、阿不来提·阿不都热西提、李兆焯、黄孟复、张梅颖、张榕明、钱运录、孙家正、李金华、郑万通、邓朴方、万钢、林文漪、厉无畏、罗富和、陈宗兴、王志珍和丁关根、田纪云、迟浩田、张万年、姜春云、吴仪、曹刚川、曾培炎、王汉斌、倪志福、邹家华、布赫、铁木尔·达瓦买提、彭珮云、曹志、李铁映、司马义·艾买提、何鲁丽、成思危、许嘉璐、蒋正华、顾秀莲、热地、盛华仁、唐家璇、肖扬、韩杼滨、贾春旺、杨汝岱、任建新、宋健、钱正英、孙孚凌、胡启立、陈锦华、毛致用、王文元、王忠禹、李贵鲜、张思卿、罗豪才、张克辉、郝建秀、徐匡迪、张怀西、李蒙，中央军委委员陈炳德、李继耐、廖锡龙、常万全、靖志远、吴胜利、许其亮，以及傅全有、于永波、王克、王瑞林、乔清晨。

在京中央委员、候补中央委员和中央纪委委员，中央党政军群各部门和北京市负责同志，全国人大常委会委员，全国政协常委会委员，各民主党派中央、全国工商联和无党派人士代表，老党员、老干部代表，出席纪念中国共产党成立 90 周年理论研讨会和座谈会的代表，在华工作的外国专家代表，首都各界群众代表等 6000 多人出席大会。

统一战线召开座谈会
深入学习胡锦涛同志“七一”重要讲话精神

（2011 年 7 月 6 日《人民日报》电）

统一战线学习胡锦涛同志“七一”重要讲话精神座谈会近日在北京召开。

民革中央常务副主席厉无畏、民盟中央主席蒋树声、民建中央主席陈昌智、民进中央主席严隽琪、农工党中央主席桑国卫、致公党中央主席万钢、九三学社中央主席韩启德、台盟中央主席林文漪、全国工商联主席黄孟复和无党派人士代表陈竺，先后畅谈了学习胡锦涛同志“七一”重要讲话精神的体会，深情回顾了同中国共产党团结合作的光辉历程，真切表达了矢志不渝坚持中国共产党领导，与中国共产党同心同德、同心同向、同心同行，共同致力中国特色社会主义伟大事业的坚定信念。

大家认为，胡锦涛同志的重要讲话，通篇贯穿了解放思想、实事求是、与时俱进的思想路线，充分体现了以胡锦涛同志为总书记的中共中央深邃辩证的历史眼光、亲民务实的执政理念和开拓进取的创新精神，是充分展示中国共产党光辉历程、提振全国人民信心的旗帜，是我国经济社会发展站在新的历史起点、指引未来发展航程的纲领，是崛起的中国备受关注之时、昭示坚定不移走中国特色社会主义道路信念的宣言。

大家表示，学习贯彻胡锦涛同志重要讲话精神，是统一战线的重要政治任务。要全面把握内涵，深刻领会实质，以讲话精神指导实践、推动工作，真正把思想认识统一到讲话精神上来。要践行“同心”思想，强化政治共识，实现参政党与执政党同心、统一战线各界人士与党同心、人民群众与党同心。要围绕战略布局，竭诚献计出力，为社会主义经济建设、政治建设、文化建设和社会建设多作贡献。要加强参政党自身建设，不断提高多党合作水平。

中共中央召开党外人士座谈会
胡锦涛主持会议并发表重要讲话
温家宝通报有关情况　贾庆林李克强出席

（2011 年 7 月 21 日）

中共中央 7 月 21 日在中南海召开党外人士座谈会，就当前经济形势和下半年经济工作听取各民主党派中央、全国工商联领导人和无党派人士的意见和建议。中共中央总书记胡锦涛主持座谈会并发表重要讲话。

中共中央政治局常委温家宝、贾庆林、李克强出席座谈会。温家宝通报了上半年经济工作有关情况，介绍了中共中央、国务院关于做好下半年经济工作的考虑。

座谈会上，民革中央主席周铁农、民盟中央主席蒋树声、民建中央主席陈昌智、民进中央主席严隽琪、农工党中央主席桑国卫、致公党中央主席万钢、九三学社中央主席韩启德、台盟中央主席林文漪、全国工商联主席黄孟复、无党派人士陈章良先后发言。他们表示赞同中共中央、国务院对当前我国经济形势的分析和对下半年经济工作的考虑，并就加快转变经济发展方式、稳定物价总水平、加强房地产市场宏观调控、服务和支持小型微型企业发展、加快促进区域协调发展、加快养老服务业发展等提出了意见和建议。

在认真听取了大家的发言后，胡锦涛作了重要讲话。他表示，大家在发言中充分肯定了今年上半年以来经济工作取得的成绩，并围绕做好全年经济工作提出了有针对性的意见和建议，对我们做好下半年经济工作很有帮助，我们将认真研究。

胡锦涛表示，今年以来，国内外局势复杂多变，可以预见和难以预见的新情况新问题不断出现。面对困难和挑战，我们坚持以科学发展为主题、以加快转变经济发展方式为主线，继续加强和改善宏观调控，经济社会发展保持良好态势。各民主党派中央、全国工商联领导同志和无党派人士分赴各地，深入基层一线，认真开展考察调研，形成了一批具有较高价值的调研成果，为促进我国经济社会发展作出了积极贡献。胡锦涛代表中共中央、国务院，向同志们表示衷心的感谢。

胡锦涛指出，在充分肯定上半年经济发展取得成就的同时，我们要坚定信心、扎实工作，深入认识经济运行中的突出矛盾和问题，切实处理好速度、结构、价格关系，继续推动经济发展朝着宏观调控预期方向发展，努力实现“十二五”时期经济社会发展良好开局。

胡锦涛就继续做好经济工作提出6点意见。一是要继续加强和改善宏观调控，继续实施积极的财政政策和稳健的货币政策，保持政策的连续性和稳定性，增强政策的前瞻性、针对性、有效性，把握好宏观调控的方向、力度、节奏，保持经济平稳较快发展。二是要继续稳定物价总水平，坚持把稳定物价总水平作为宏观调控的首要任务，密切观察经济发展和物价上涨的走势，加强市场保障，加大清费减负力度，建立社会救助和保障与物价上涨挂钩联动机制。三是要继续抓好农业生产，力争全年农业再获好收成。四是要继续保障和改善民生，深入做好就业工作，重点做好高校毕业生和部分困难群众就业工作，加强社会保障体系建设，加大对低收入群众的帮扶力度，抓好食品安全、安全生产工作，安置好受灾群众生产生活，加快推进保障性安居工程建设。五是要继续推进经济结构调整和经济发展方式转变，发展战略性新兴产业和现代服务业，加强对小企业的支持和服务，加大对西藏、新疆、内蒙古等民族地区和其他欠发达地区的支持力度，抓好节能减排工作。六是要继续深化改革开放，通过体制机制创新解决经济发展中的深层次矛盾，推动经济结构调整和经济发展方式转变。

胡锦涛指出，做好下半年经济工作，需要我们付出艰苦努力。希望各民主党派中央、全国工商联和无党派人士深入开展考察调研，促进畅通社会各界利益表达管道，在促进发展、改善民生中发挥积极作用，继续为实现全年经济社会发展目标任务贡献智慧和力量。

温家宝在通报时说，今年以来，我国经济增长由政策刺激向自主增长有序转变，继续朝着宏观调控的预期方向发展。我们认真贯彻中央经济工作会议精神，坚持处理好保持经济平稳较快发展、调整经济结构和管理通胀预期三者关系，更加注重稳定物价总水平，多措并举遏制物价过快上涨势头；加强房地产市场调控，加大保障性住房建设力度；对地方政府性债务进行全面审计，认真清理规范地方政府融资平台公司；及时有效抗旱防汛，加强水利等农业基础设施建设；进一步完善社会保障体系；不失时机地深化重点领域改革，扩大对外开放，各方面工作都有新进展。但也清醒地看到，当前经济发展面临的不稳定、不确定因素还不少。世界经济复苏进程还很脆弱、很不平衡，国内经济运行中的一些体制性、结构性矛盾仍然突出，还出现了一些新情况、新问题。稳定物价总水平仍然是宏观调控的首要任务，宏观调控的取向不能变。同时，必须根据形势变化，提高宏观经济政策的针对性、灵活性、前瞻性，既要把物价涨幅降下来，又不使经济增速出现大的波动。要继续做好稳定物价总水平的各项工作，坚定不移地把房地产市场调控政策落到实处、确保见到实效，大力推进经济结构调整和经济发展方式的转变，进一步巩固发展的好势头，努力实现今年经济社会发展目标。着力深化改革开放，更加注重改革的顶层设计，通盘考虑新形势下如何改革和完善财税、金融、收入分配、对外经济等领域的体制机制，为更长远的发展创造良好条件。

王岐山、张德江、令计划、王沪宁、马凯，中共中央、国务院有关部门负责人出席座谈会。

出席座谈会的党外人士还有张梅颖、张榕明、厉无畏、罗富和、陈宗兴、王志珍和张宝文、马培华、王钦敏、汪毅夫、孙安民、汤敏等。

围绕“深化文化体制改革，繁荣发展文化事业和文化产业”建言献策 全国政协在京召开专题协商会 贾庆林出席并讲话

（2011 年 8 月 26 日）

全国政协 26 日在政协礼堂召开“深化文化体制改革，繁荣发展文化事业和文化产业”专题协商会。中共中央政治局常委、全国政协主席贾庆林出席并讲话。他强调，要认真学习贯彻中央关于加强社会主义文化建设的决策部署，坚持社会主义文化的前进方向，建设和践行社会主义核心价值体系，不断解放文化生产力，增强我国文化软实力和国际竞争力。

中共中央政治局委员、国务委员刘延东到会听取意见并讲话。

贾庆林在讲话中指出，加强社会主义文化建设，是实现全面建设小康社会奋斗目标、提高国家核心竞争力、实现中华民族伟大复兴的必然要求。我们党历来十分重视文化建设。改革开放特别是中共十六大以来，党中央始终把文化建设放在党和国家的重要战略地位加以推动，文化建设不断取得新成就。我们一定要从战略高度深刻认识文化建设的重大意义，增强责任感和紧迫感，加大文化改革创新力度，推动社会主义文化大发展大繁荣。要保护和弘扬优秀民族文化，提高中华民族的凝聚力、向心力；大力加强公共文化服务体系建设，切实保障人民基本文化权益；推动文化产业快速发展，努力打造国民经济支柱性产业；深化文化体制改革，切实增强文化发展的动力和活力；推动实施文化“走出去”战略，提升中华文化国际影响力。

贾庆林强调，要充分发挥人民政协的优势和作用，为社会主义文化建设贡献智慧和力量。人民政协是推动文化建设的重要生力军，肩负着促进文化繁荣发展的光荣使命。要继续深入开展社会主义核心价值体系教育，坚定不移地走中国特色社会主义发展道路；广泛凝聚智慧，为推动社会主义文化建设积极建言献策；充分调动各方面积极性，形成共促社会主义文化繁荣发展的强大合力；积极投身文化改革发展实践，努力成为推动社会主义文化建设的模范，更加自觉、更加主动地为实现社会主义文化大发展大繁荣作出新的贡献。

刘延东认真听取了委员们的发言。她说，全国政协围绕文化建设进行专题调研和协商，有助于群策群力，凝聚共识，为中共中央、国务院制定政策提供决策参考，共同促进文化体制改革和社会主义文化大发展大繁荣。刘延东指出，要进一步落实中央部署，继续深化文化体制改革，着力推进社会主义核心价值体系建设，切实巩固全国各族人民共同团结奋斗的思想基础；着力创新体制机制，从根本上解放和发展文化生产力；着力完善公共文化服务体系，更好地保障人民群众基本文化权益；着力推动文化产业发展，加快构建统一开放竞争有序的现代文化市场体系；着力加强文化产品创作生产引导，充分发挥文化在引领社会、教育人民、促进发展中的重要功能；着力推动中华文化走向世界，不断增强中华文化国际影响力。

中共中央政治局委员、全国政协副主席王刚，全国政协副主席万钢分别主持会议。

全国政协副主席杜青林、陈奎元、阿不来提·阿不都热西提、张梅颖、张榕明、钱运录、孙家正、郑万通、罗富和出席会议。22名全国政协常委、委员和民主党派中央、全国工商联、政协专门委员会的代表作了发言，会议还印发了19份书面发言。文化部、广电总局和新闻出版总署负责同志作了交流发言。中央和国家机关有关部门、全国政协办公厅和各专门委员会、各民主党派中央和全国工商联等方面负责同志，部分在京的全国政协常委、委员共100多人出席会议。

全国政协办公厅中共中央统战部国务院侨办 国务院港澳办国务院台办联合举行国庆招待会 贾庆林致辞　习近平李克强出席

（2011年9月29日）

全国政协办公厅、中共中央统战部、国务院侨办、国务院港澳办和国务院台办29日晚在人民大会堂宴会厅联合举行国庆招待会。中共中央政治局常委、全国政协主席贾庆林，中共中央政治局常委、国家副主席、中央军委副主席习近平，中共中央政治局常委、国务院副总理李克强与来自海内外的新老朋友欢聚一堂，共同庆祝中华人民共和国成立62周年。

贾庆林在招待会上致辞。他首先代表中共中央、国务院向出席国庆招待会的各位嘉宾表示热烈欢迎，向香港特别行政区同胞、澳门特别行政区同胞、台湾同胞和海外侨胞，致以诚挚的问候和良好的祝愿。他说，今年是中国共产党成立90周年，中国共产党团结带领全国各族人民经过28年的浴血奋战，推翻了帝国主义、封建主义和官僚资本主义在中国的统治，建立了中华人民共和国，开启了中华民族发展进步的历史新纪元。新中国成立62年来，在中国共产党的领导下，中国人民顽强奋斗、艰苦创业，夺取了国家建设和发展的辉煌成就，在中华大地上创造了震古烁今的人间奇迹。回顾62年的光辉历程，我们不会忘记广大港澳同胞、台湾同胞和海外侨胞始终与全国各族人民风雨同舟、甘苦与共，为维护祖国和人民利益、加快推进国家现代化建设、促进祖国和平统一大业，作出了重要贡献。

贾庆林指出，香港、澳门回归祖国以来，“一国两制”实践日益丰富，显示出强大的生命力。在中央政府和祖国内地的大力支持下，香港、澳门特别行政区行政长官和特区政府带领社会各界人士团结奋进，锐意进取，在发展经济、改善民生、推进民主、促进和谐等方面做了大量工作，取得了显著成就。国家“十二五”规划纲要明确了中央政府支持香港、澳门的政策方向，强调支持港澳巩固提升竞争力优势、支持港澳培育新兴产业、深化内地与港澳经济合作，必将为香港、澳门未来发展创造更多机遇。中央政府将始终坚持“一国两制”、“港人治港”、“澳人治澳”、高度自治的方针，全力支持两个特别行政区行政长官和特区政府依法施政，与香港、澳门同胞一起，携手开创更加美好的明天。

贾庆林强调，推动两岸关系和平发展，实现祖国完全统一，是海内外中华儿女的共同心愿。近年来，两岸双方在反对“台独”、坚持“九二共识”的共同政治基础上不断增进政治互信，实现全面直接双向“三通”，签署并实施经济合作框架协议，两岸各界加强交流往来，两岸关系取得一系列突破性进展。我们将牢牢把握两岸关系和平发展主题，努力维护得来不易的良好局面，不断巩固改善发展两岸关系的政治基础，坚决反对和遏制任何“台独”分裂行径，推动两岸关系沿着正确的方向不断前进，努力使两岸关系和平发展的成果惠及更多的两岸同胞尤其是台湾基层民众。

贾庆林说，广大海外侨胞是中华民族大家庭的重要成员，是实现中华民族伟大复兴的重要力量。长期以来，广大海外侨胞心怀故土、情系桑梓，为祖国的繁荣富强和人民的幸福安康发挥了独特作用。我们将一如既往地坚持“以人为本、为侨服务”的侨务工作宗旨，进一步凝聚侨心、汇集侨智、发挥侨力、维护侨益，关心海外侨胞的生存发展，依法维护海外侨胞和归侨侨眷的正当合法权益，最大限度地团结海内外中华儿女，汇聚起实现祖国和平统一大业和中华民族伟大复兴的强大合力。

招待会由国务委员戴秉国主持。王刚、王兆国、王岐山、刘淇、刘云山、刘延东、李源潮、韩启德、周铁农、李建国、陈昌智、严隽琪、桑国卫、梁光烈、廖晖、杜青林、阿不来提·阿不都热西提、黄孟复、张梅颖、钱运录、林文漪、厉无畏、罗富和、陈宗兴、王志珍等出席了招待会。

中央党政军群有关部门负责同志，各民主党派中央、全国工商联和无党派人士代表，来京参加国庆活动的港澳同胞、台湾同胞、海外侨胞，归侨、侨眷代表，科技、教育、文化、体育界知名人士等共约3500人出席国庆招待会。

首都各界隆重纪念辛亥革命100周年
胡锦涛发表重要讲话
江泽民 吴邦国 温家宝 李长春 习近平 李克强 贺国强 周永康出席
贾庆林主持

（2011年10月9日）

纪念辛亥革命100周年大会今天上午在北京人民大会堂隆重举行。中共中央总书记、国家主席、中央军委主席胡锦涛出席大会并发表重要讲话。他强调，100年前，以孙中山先生为代表的革命党人发动了震惊世界的辛亥革命，开启了中国前所未有的社会变革。今天，我们隆重纪念辛亥革命100周年，深切缅怀孙中山先生等辛亥革命先驱的历史功勋，就是要学习和弘扬他们为振兴中华而矢志不渝的崇高精神，激励海内外中华儿女为实现中华民族伟大复兴而共同奋斗。

江泽民、吴邦国、温家宝、贾庆林、李长春、习近平、李克强、贺国强、周永康出席大会。

人民大会堂大礼堂花团锦簇，灯火辉煌，气氛庄重而热烈。主席台上方悬挂着“纪念辛亥革命100周年大会”会标，帷幕正中是孙中山先生的巨幅画像，10面鲜艳的红旗分列两侧，上面悬挂的“1911”“2011”字标格外醒目。

上午10时，贾庆林宣布纪念大会开始，全场高唱中华人民共和国国歌。

在热烈的掌声中，胡锦涛发表了重要讲话。他指出，1840年鸦片战争以后，中国逐步成为半殖民地半封建社会，西方列强野蛮入侵，封建统治腐朽无能，国家战乱不已，人民饥寒交迫，中国人民和中华民族遭受了世所罕见的深重苦难。辛亥革命的爆发，是当时中国人民争取民族独立、振兴中华深切愿望的集中反映，也是当时中国人民为救亡图存而前赴后继顽强斗争的集中体现。

胡锦涛强调，孙中山先生是伟大的民族英雄、伟大的爱国主义者、中国民主革命的伟大先驱。在他领导和影响下，大批革命党人和无数爱国志士集聚在振兴中华旗帜之下，有力推动了革命大势的形成。辛亥革命开创了完全意义上的近代民族民主革命，极大推动了中华民族的思想解放，打开了中国进步潮流的闸门，为中华民族发展进步探索了道路。孙中山先生和辛亥革命先驱为中华民族建立的历史功绩彪炳史册，在辛亥革命中英勇奋斗和壮烈牺牲的志士们永远值得中国人民尊敬和纪念，辛亥革命永远是中华民族伟大复兴征程上一座巍然屹立的里程碑。

胡锦涛指出，中国共产党人是孙中山先生开创的革命事业最坚定的支持者、最亲密的合作者、最忠实的继承者，不断实现和发展了孙中山先生和辛亥革命先驱的伟大抱负。经过20多年艰苦卓绝的斗争，中国人民终于夺取了新民主主义革命的胜利，建立了人民当家作主的中华人民共和国。新中国成立后，中国共产党继承和发展孙中山先生关于建设人民享有民主权利和幸福生活的现代化国家的理想，团结带领全国各族人民自力更生、艰苦奋斗，取得了举世瞩目的巨大成就，谱写了中国发展的辉煌篇章。孙中山先生振兴中华的深切夙愿，辛亥革命先驱的美好憧憬，今天已经或正在成为现实，中华民族伟大复兴展现出前所未有的光明前景。

胡锦涛强调，实现中华民族伟大复兴任重道远。我们要紧紧抓住并切实用好我国发展的重要战略机遇期，以马克思列宁主义、毛泽东思想、邓小平理论和"三个代表"重要思想为指导，深入贯彻落实科学发展观，继续解放思想，坚持改革开放，推动科学发展，促进社会和谐，为实现中华民族伟大复兴继续团结奋斗。

胡锦涛指出，实现中华民族伟大复兴，必须坚定不移高举中国特色社会主义伟大旗帜，牢牢坚持中国共产党的领导，坚持和拓展中国特色社会主义道路，坚持和丰富中国特色社会主义理论体系，坚持和完善中国特色社会主义制度，坚持发展为了人民、发展依靠人民、发展成果由人民共享，不断为实现中华民族伟大复兴打下坚实基础。实现中华民族伟大复兴，必须坚定不移高举爱国主义伟大旗帜，巩固和加强全国各族人民的大团结，巩固和加强海内外中华儿女的大团结，广泛凝聚中华民族一切智慧和力量，万众一心为实现中华民族伟大复兴而奋斗。实现中华民族伟大复兴，必须坚定不移高举和平、发展、合作旗帜，坚持独立自主的和平外交政策，坚持走和平发展道路，同各国人民一道推动建设持久和平、共同繁荣的和谐世界，努力为人类作出新的更大的贡献。

胡锦涛强调，两岸同胞是血脉相连的命运共同体，大陆和台湾是两岸同胞的共同家园。当今时代，两岸中国人面临着共同繁荣发展、共谋中华民族伟大复兴的历史机遇。携手推动两岸关系和平发展、同心实现中华民族伟大复兴，应该成为两岸同胞共同努力的目标。

胡锦涛最后指出，回首中华民族百年奋斗历史，我们无比自豪。展望中华民族伟大复兴光明前景，我们信心百倍。我们呼吁，全体中华儿女携起手来，坚定实现中华民族伟大复兴的理想，努力作出无愧于孙中山先生和辛亥革命先驱、无愧于我们伟大民族的贡献，在时代进步洪流中奋力实现中华民族伟大复兴。

贾庆林在主持大会时指出，胡锦涛同志的重要讲话，高度评价了辛亥革命的伟大意义，全面回顾了辛亥革命100年来中国人民百折不挠、顽强拼搏的奋斗历程，深刻阐述了新形势下实现中华民族伟大复兴的历史使命，进一步提出了发展两岸关系、促进国家完全统一的殷切希望。我们要深入学习领会胡锦涛同志重要讲话精神，继承和发扬辛亥革命精神，进一步凝聚全体中华儿女的智慧和力量，为实现中华民族伟大复兴而努力奋斗。

全国人大常委会副委员长、民革中央主席周铁农代表各民主党派、全国工商联，中国侨联主席林军代表各人民团体在大会上发言，表示要学习、继承辛亥革命先贤为振兴中华不懈奋斗的革命精神，更加紧密地团结在中国共产党周围，积极促进海内外同胞的大团结，为实现中华民族伟大复兴贡献智慧和力量。

出席纪念大会的领导同志还有：王刚、王乐泉、王兆国、王岐山、回良玉、刘淇、刘云山、刘延东、李源潮、张德江、徐才厚、郭伯雄、李鹏、李瑞环、宋平、尉健行、李岚清、曾庆红、罗干、何勇、令计划、王沪宁、路甬祥、乌云其木格、韩启德、华建敏、陈至立、李建国、司马义·铁力瓦尔地、蒋树声、陈昌智、严隽琪、桑国卫、梁光烈、马凯、孟建柱、戴秉国、王胜俊、曹建明、廖晖、杜青林、白立忱、陈奎元、阿不来提·阿不都热西提、李兆焯、董建华、张梅颖、张榕明、钱运录、孙家正、李金华、郑万通、邓朴方、万钢、林文漪、厉无畏、陈宗兴、王志珍、何厚铧和田纪云、迟浩田、张万年、姜春云、曾培炎、王汉斌、倪志福、王丙乾、布赫、铁木尔·达瓦买提、彭珮云、曹志、李铁映、何鲁丽、许嘉璐、盛华仁、唐家璇、肖扬、韩杼滨、贾春旺、杨汝岱、任建新、宋健、孙孚凌、胡启立、陈锦华、王文元、王忠禹、李贵鲜、罗豪才、张克辉、郝建秀、张怀西、李蒙，中央军委委员李继耐、廖锡龙、常万全、靖志远、吴胜利、许其亮，以及于永波、王克、王瑞林、乔清晨。

中央党政军群各部门和北京市负责同志，各民主党派中央、全国工商联负责同志和无党派人士代表，在京全国人大常委及部分人大代表、全国政协常委及部分委员，民族、宗教界和社会团体代表，部分外国驻华使节，应邀参加纪念活动的辛亥革命先辈后裔，香港特别行政区、澳门特别行政区和台湾有关人士及海外来宾，以及首都各界群众代表等3000多人出席大会。

大会开始前，胡锦涛、吴邦国、温家宝、贾庆林、李长春、习近平、李克强、贺国强、周永康会见了应邀参加大会的辛亥革命先辈后裔及有关方面代表并合影。

征求对中共中央关于深化文化体制改革推动社会主义文化大发展大繁荣若干重大问题的决定的意见 中共中央召开党外人士座谈会 胡锦涛主持并发表重要讲话 贾庆林李长春习近平出席

（2011 年新华社北京 10 月 19 日电）

中共中央日前在中南海召开党外人士座谈会，听取各民主党派中央、全国工商联领导人和无党派人士对中共中央关于深化文化体制改革、推动社会主义文化大发展大繁荣若干重大问题的决定的意见和建议。中共中央总书记胡锦涛主持座谈会并发表重要讲话。

中共中央政治局常委贾庆林、李长春、习近平出席座谈会。

座谈会上，胡锦涛希望各民主党派中央、全国工商联领导人和无党派人士畅所欲言，对文件稿提出意见和建议。李长春介绍了中共中央对起草中共十七届六中全会文件的考虑和文件稿形成过程。

民革中央主席周铁农、民盟中央主席蒋树声、民建中央主席陈昌智、民进中央主席严隽琪、农工党中央主席桑国卫、致公党中央主席万钢、九三学社中央主席韩启德、台盟中央主席林文漪、全国工商联主席黄孟复、无党派人士代表陈竺先后发言。他们认为，中共中央认真总结我国文化改革发展的丰富实践和宝贵经验，研究部署深化文化体制改革、推动社会主义文化大发展大繁荣，对夺取全面建设小康社会新胜利、开创中国特色社会主义事业新局面、实现中华民族伟大复兴具有重大而深远的意义。他们赞同文件稿对我国文化发展形势的分析，赞同文件稿提出的推进文化改革发展的指导思想、重要方针、目标任务，表示要团结带领广大成员和所联系群众，充分发挥自身优势，为推进文化改革发展作出贡献。他们还就提高全民科学文化素质、加强职业道德建设、建设覆盖城乡的公共文化服务体系、加强文化遗产保护和利用、完善文化行政管理体制、推进文化体制机制改革和创新、完善文化法律、扩大两岸文化交流、推动中国文化走向世界等问题提出意见建议。

在认真听取了大家发言后，胡锦涛发表重要讲话。他表示，大家各抒己见，提出了许多有价值、有见地的意见和建议，对修改好决定稿很有帮助，文件起草组要认真研究、积极吸纳。

胡锦涛指出，统一战线在社会主义文化建设中有着独特优势和作用。多年来，各民主党派、工商联和无党派人士始终关心文化建设，就加强公民思想道德建设、加强公共文化服务体系建设、加强社区文化建设、加强农村文化建设、保护非物质文化遗产、实施文化走出去战略、加强两岸文化交流等问题深入调查研究，积极践行社会主义核心价值体系，推动继承和发展中华优秀文化传统，为促进文化建设发挥了积极作用。希望各民主党派、工商联和无党派人士充分发挥人才荟萃、智力密集的优势，继续团结带领各级组织和广大成员坚持社会主义先进文化前进方向，反映人民群众文化需求，围绕文化改革发展重大课题，深入开展调研，积极建言献策。希望各民主党派、工商联和无党派人士激发广大成员特别是文化工作者参与文化改革发展的热情，为推动社会主义文化大发展大繁荣贡献智慧和力量，为把我国建设成为社会主义文化强国而共同奋斗。

胡锦涛强调，今年是中国共产党成立90周年。90年来，我们取得了举世瞩目的伟大成就，这些成就是我们党、各民主党派、全国各族人民共同奋斗的成果。社会主义中国、中华民族新的更大的发展成就，同样要靠我们党、各民主党派、全国各族人民共同奋斗来创造。中国共产党领导的多党合作和政治协商制度，是中国特色社会主义制度的重要组成部分。我们要紧紧围绕全面建设小康社会、加快推进社会主义现代化的宏伟目标，坚持好、完善好、发展好中国共产党领导的多党合作和政治协商制度，加强团结合作，永远风雨同舟，把我国多党合作事业不断推向前进。

刘云山、刘延东、令计划、王沪宁、杜青林、陈奎元等出席座谈会。

出席座谈会的党外人士还有张梅颖、张榕明、罗富和、陈宗兴、王志珍和张宝文、马培华、王钦敏、汪毅夫、谢经荣、王明明等。

杜青林受中共中央委托
向党外人士通报中共十七届六中全会精神

（2011年10月19日）

受中共中央委托，全国政协副主席、中共中央统战部部长杜青林今天向各民主党派中央、全国工商联领导人和无党派人士通报了中共十七届六中全会精神。

在传达胡锦涛同志重要讲话和李长春同志关于《中共中央关于深化文化体制改革、推动社会主义文化大发展大繁荣若干重大问题的决定（讨论稿）》说明的主要精神后，杜青林说，中共十七届六中全会是在全面建设小康社会的关键时期召开的重要会议。胡锦涛同志的重要讲话和全会通过的《决定》，全面总结党领导文化建设的成就和经验，深刻分析文化建设面临的形势和任务，研究部署了深化文化体制改革、推动社会主义文化大发展大繁荣，对于进一步兴起社会主义文化建设新高潮，对于夺取全面建设小康社会新胜利、开创中国特色社会主义事业新局面、实现中华民族伟大复兴，具有重大而深远的意义。统一战线要切实把思想和认识统一到讲话精神上来，把智慧和力量凝聚到中共中央的决策和部署上来，找准定位，明确思路，突出重点，切实提升服务文化建设的能力和水平，努力为坚持中国特色社会主义文化发展道路、建设社会主义文化强国作出新贡献。

杜青林指出，深入学习贯彻中共十七届六中全会精神是当前和今后一个时期统一战线的重大政治任务。要深入践行社会主义核心价值体系，着力推进“同心工程”、“感恩行动”等活动，夯实统一战线共同团结奋斗的思想政治基础；要紧紧围绕会议确定的各项任务，组织党外人士深入考察调研，了解文化界人士和文化企业的意见建议，反映文化体制改革过程中的新情况新问题，为党和政府决策提供参考；要支持和引导非公有制经济组织以多种形式投资文化产业，大力发展新兴文化产业，推动文化事业和文化产业协调发展；要加强文化界党外人才培养，引导文化界统一战线成员坚持正确创作方向，创造思想性、艺术性、观赏性俱佳的精品力作，丰富基层群众精神文化生活；要深化与港澳台地区文化团体、民间机构的交流合作，加大国际文化市场开拓力度，增强中华文化在世界上的感召力和影响力；要弘扬多党合作文化，传承民族团结文化，挖掘宗教和顺文化，构建新的社会阶层人士信义文化，打造海内外同胞同根文化，进一步丰富社会主义文化。

蒋树声、陈昌智、桑国卫、林文漪、厉无畏、罗富和、陈宗兴、王志珍出席通报会。各民主党派中央、全国工商联负责人和无党派人士，中共中央统战部及统战系统单位负责人参加会议。

贾庆林会见贯彻落实党外代表人士教育培训改革和发展纲要经验交流会代表

（2011 年 11 月 23 日）

中共中央政治局常委、全国政协主席贾庆林 23 日在北京会见了贯彻落实《2010—2020 年党外代表人士教育培训改革和发展纲要》经验交流会代表并讲话。

贾庆林首先代表中共中央对会议的召开表示热烈祝贺，向长期以来为党外代表人士教育培训工作付出辛勤劳动的各级统战工作部门，各民主党派、工商联和无党派人士，以及各级社会主义学院的同志们，表示衷心的感谢和亲切的慰问。他说，教育培训是提高党外代表人士能力素质、推进统一战线和多党合作事业科学发展的基础性工作。去年中共中央颁发了《2010—2020 年党外代表人士教育培训改革和发展纲要》，这是中国共产党历史上第一个关于党外代表人士教育培训的文件。一年多来，在各级党委、政府的重视支持下，在统战部门和社会主义学院的积极推动下，教育培训工作取得明显成效。

贾庆林指出，当前，我国改革发展进入了新的关键阶段，党外代表人士队伍建设也面临着新的形势和任务。我们要坚持以邓小平理论和“三个代表”重要思想为指导，深入贯彻落实科学发展观，按照《纲要》的要求，注重提升政治素养，遵循人才成长规律，坚持改革创新精神，不断提升教育培训工作的科学化水平，努力培养造就一支政治坚定、专业突出、群众认同的党外代表人士队伍，为推动统一战线和多党合作事业蓬勃发展奠定坚实基础。

贾庆林就贯彻落实《纲要》精神，做好党外代表人士教育培训工作提出四点希望：第一，把握正确方向，巩固共同思想政治基础。要坚持以政治培训为主，深入开展中国特色社会主义理论体系和社会主义核心价值体系教育，深入开展形势任务和世情国情教育，深入开展统一战线和多党合作方针政策、优良传统教育，以共同理想凝聚政治共识、坚定发展信念、提升精神境界，引导党外代表人士真正做到与中国共产党思想上同心同德、目标上同心同向、行动上同心同行。第二，突出工作重点，提高党外人才队伍素质。要着眼于实现政治交接，广泛物色党外优秀人才，有计划、有重点地加大培养力度，积极为他们的健康成长、发挥作用创造良好条件，切实提高党外人士的政治把握能力、参政议政能力、组织协调能力和合作共事能力，努力打造一支以党政人才、企业经营管理人才和专业技术人才为主体的党外人才队伍，为多党合作事业长远发展提供有力人才支持和组织保障。第三，狠抓改革创新，增强教育培训工作实效。要创新方式方法，坚持自觉、自主、自为方针，突出党外代表人士在教育培训中的主体地位，注重激发党外代表人士学习的内生动力，形成具有时代特色、符合党外人士特点的教育培训新路子。第四，加强社院建设，充分发挥主阵地作用。要以学科建设为重点，加强基础理论研究，突出统一战线特色，努力打造统一战线教育培训的特色品牌。以基本建设为抓手，积极完善硬件设施，着力提升师资水平，不断提高管理能力，切实把社会主义学院建设成为统一战线人才培养基地、理论研究基地和方针政策宣传基地。

贾庆林强调，各级党委要切实加强对党外代表人士教育培训和社会主义学院工作的指导，把党外代表人士教育培训纳入当地干部教育培训工作总体规划，不断加大投入力度，帮助解决实际困难，切实改善工作条件，推动党外代表人士教育培训工作不断开创新局面。

周铁农、蒋树声、陈昌智、严隽琪、杜青林、黄孟复、陈宗兴、王志珍参加了会见。

各民主党派、工商联和无党派人士为全面建设小康社会作贡献表彰大会在京召开 贾庆林会见出席大会代表

（2011 年 11 月 30 日）

各民主党派、工商联和无党派人士为全面建设小康社会作贡献表彰大会 30 日在京召开。中共中央政治局常委、全国政协主席贾庆林会前在人民大会堂会见了出席表彰大会的全体代表。

贾庆林首先代表中共中央、国务院，向受到表彰的先进集体和个人、获得优秀成果奖的单位和代表表示热烈的祝贺，向长期以来积极支持和参与全面建设小康社会的统一战线各界人士表示衷心的感谢。

贾庆林说，开展为全面建设小康社会作贡献评选表彰活动，是推动统一战线更好服务科学发展的重要举措。长期以来特别是 2006 年表彰大会以来，在党和政府重视支持下，各民主党派、工商联和无党派人士围绕全面建设小康社会，充分发挥优势，切实履行职能，作出了重要贡献。实践证明，各民主党派、工商联和无党派人士在全面建设小康社会中具有不可替代的作用，是推进中国特色社会主义事业的重要力量；各民主党派、工商联和无党派人士始终与中国共产党同心同德、同心同向、同心同行，是中国共产党领导的多党合作和政治协商制度特点优势的根本体现。

贾庆林指出，当前中国特色社会主义事业蓬勃发展。实现“十二五”规划目标任务，到 2020 年全面建成小康社会，需要不断巩固和壮大爱国统一战线，广泛凝聚起各方面的智慧和力量，齐心协力、共同奋斗。希望各民主党派、工商联和无党派人士认真学习贯彻中共十七大和十七届五中、六中全会精神，深入贯彻落实科学发展观，全方位、立体化发挥作用，挖掘用好优势资源，提高议政建言质量，突出社会服务成效，着力促进经济平稳较快发展和社会和谐稳定，为实现全面建设小康社会宏伟目标再立新功、再创佳绩。他提出四点希望：一是弘扬优良传统，进一步增强服务大局的自觉性和主动性；二是围绕主题主线，进一步拓展发挥作用的广度和深度；三是着力打造品牌，进一步突出统一战线特色和优势；四是着眼政治交接，进一步提高履职尽责的能力和素质。

贾庆林强调，各级党委和政府要积极为统一战线服务全面建设小康社会创造有利条件，支持民主党派、工商联和无党派人士开展有组织的考察调研活动和各种形式的社会服务活动。各级统战部门要做好协调和服务工作，帮助反映和解决问题，为各民主党派、工商联和无党派人士服务全面建设小康社会营造良好环境。

全国政协副主席、中共中央统战部部长杜青林在会上讲话。他希望各民主党派、工商联和无党派人士，认真学习贯彻中共十七届六中全会精神，自觉按照“同心”思想要求，以更加饱满的热情为国出力，以更加出色的业绩服务人民。他指出，要巩固同心奋斗思想基础，自觉践行社会主义核心价值体系；要把握同心奋斗着力重点，全方位立体化服务科学发展；要突出同心奋斗品牌效应，大力开展“同心”实践活动；要强化同心奋斗素质保障，切实提高服务大局的能力水平。在推进中国特色社会主义伟大事业的征程中，以国家发展和民族进步为念，有更加自觉更加有力的担当，勇立时代潮头，体现时代精神。

人力资源和社会保障部部长尹蔚民宣读中共中央统战部、人力资源和社会保障部、各民主党派中央、全国工商联联合表彰的决定。有 50 个单位荣获先进集体称号，150 人荣获先进个人称号，同时还表彰了 50 项建言献策优秀成果、50 项社会服务优秀成果。受表彰的先进个人、先进集体、建言献策优秀成果、社会服务优秀成果代表先后在会上发言。出席大会的全体代表提出了《各民主党派、工商联和无党派人

士为全面建设小康社会作贡献倡议书》。

全国人大常委会副委员长、民革中央主席周铁农主持会议。

韩启德、蒋树声、陈昌智、桑国卫、张梅颖、张榕明、林文漪、厉无畏、罗富和、陈宗兴、王志珍及各民主党派中央、全国工商联负责人和无党派人士，中共中央统战部、人力资源和社会保障部等有关部门负责人出席大会。

会议由中共中央统战部、人力资源和社会保障部、各民主党派中央、全国工商联联合举办。

杜青林受中共中央委托
向非中共人士通报中央经济工作会议精神

（2011 年 12 月 15 日）

受中共中央委托，全国政协副主席、中共中央统战部部长杜青林 15 日向各民主党派中央、全国工商联领导人和无党派人士通报了中央经济工作会议精神。

在传达了胡锦涛、温家宝同志的重要讲话和中央经济工作会议的主要精神之后，杜青林强调，这次中央经济工作会议是在“十二五”实现良好开局、全面建设小康社会进入关键阶段召开的一次重要会议。会议精辟分析当前国际国内经济形势，深刻阐述经济工作必须把握的重大问题，明确提出明年经济工作的总体要求和主要任务，是做好明年经济工作的根本遵循，也是统一战线服务科学发展的方向指引。统一战线广大成员和统战干部要认真学习会议精神，进一步统一思想认识，切实用会议精神凝聚共识。

杜青林指出，学习贯彻中央经济工作会议精神，推动落实经济社会发展战略部署，是统一战线的重要政治任务。当前关键是要把中央各项部署与自身实际紧密结合起来，着眼全方位、立体化、有作为，立足优势资源，准确把握统一战线服务经济社会发展的思路要求。全方位就是服务的范围要宽，从全面推进中国特色社会主义经济、政治、文化和社会建设的高度，优化工作布局，力求统筹兼顾；立体化就是服务的程度要深，注重直接服务与间接服务相结合，项目资源与智力优势相促进，个人专长与组织合力相衔接，力求深入具体；有作为就是服务的成效要实，提升建言质量，增强服务成效，创新方式载体，力求管用见效。

杜青林强调，要按照中央经济工作会议总体要求，找准统一战线服务明年经济工作的着力重点，深入研究如何继续加强和改善宏观调控，如何加快经济结构战略性调整，如何加强自主创新，如何深化重点领域和关键环节改革，如何大力保障和改善民生，为实现经济平稳较快发展发挥积极作用。

杜青林希望各民主党派、工商联和无党派人士切实增强责任感使命感，认清形势坚定信心，积极建言献策；着眼经济结构调整，推动非公有制企业转型升级；着眼保障和改善民生，以扶贫开发为重点大力开展“同心”实践；着眼维护社会和谐稳定，为巩固经济社会发展良好势头作出更大贡献。

韩启德、周铁农、陈昌智、严隽琪、桑国卫、黄孟复、张榕明、林文漪、王志珍等出席了通报会。各民主党派中央、全国工商联负责人和无党派人士参加了会议。

雷洁琼同志永远在我们心中

【讣告】

著名的社会学家、法学家、教育家，杰出的社会活动家，中国民主促进会的创始人之一和卓越领导人，中国共产党的亲密朋友 雷洁琼同志逝世

（2011 年 1 月 9 日）

著名的社会学家、法学家、教育家，杰出的社会活动家，中国民主促进会的创始人之一和卓越领导人，中国共产党的亲密朋友，中国人民政治协商会议第六届全国委员会副主席，第七届、八届全国人民代表大会常务委员会副委员长，中国民主促进会第七届、八届、九届中央委员会主席，第十届、十一届名誉主席雷洁琼同志，因病于 2011 年 1 月 9 日 17 时 38 分在北京逝世，享年 106 岁。

【送别】

雷洁琼同志遗体在京火化 雷洁琼同志病重期间和逝世后，胡锦涛 江泽民 吴邦国 温家宝 贾庆林 李长春 习近平 李克强 贺国强 周永康等同志，前往医院看望或通过各种形式对雷洁琼逝世表示沉痛哀悼并向其亲属表示深切慰问 胡锦涛 吴邦国 温家宝 贾庆林 李长春 习近平 李克强 贺国强等到八宝山革命公墓送别

（2011 年 1 月 15 日）

著名的社会学家、法学家、教育家，杰出的社会活动家，中国民主促进会的创始人之一和卓越领导人，中国共产党的亲密朋友，中国人民政治协商会议第六届全国委员会副主席，第七届、八届全国人民代表大会常务委员会副委员长，中国民主促进会第七届、八届、九届中央委员会主席和第十届、十一届名誉主席雷洁琼同志的遗体，15 日在北京八宝山革命公墓火化。

雷洁琼同志因病于 2011 年 1 月 9 日 17 时 38 分在北京逝世，享年 106 岁。

雷洁琼同志病重期间和逝世后，胡锦涛、江泽民、吴邦国、温家宝、贾庆林、李长春、习近平、李克强、贺国强、周永康等同志，前往医院看望或通过各种形式对雷洁琼同志的逝世表示沉痛哀悼并向其亲属表示深切慰问。

15 日上午，八宝山革命公墓礼堂庄严肃穆，哀乐低回。正厅上方悬挂着黑底白字的横幅“沉痛悼念

雷洁琼同志”，横幅下方是雷洁琼同志的遗像。雷洁琼同志的遗体安卧在鲜花翠柏丛中。

上午10时许，胡锦涛、吴邦国、温家宝、贾庆林、李长春、习近平、李克强、贺国强、王刚、王兆国、王岐山、刘淇、刘云山、刘延东、李源潮、张德江、徐才厚、李岚清、曾庆红、何勇、令计划、路甬祥、韩启德、周铁农、陈昌智、严隽琪、桑国卫、马凯、曹建明、杜青林、李兆焯、黄孟复、张榕明、钱运录、郑万通、万钢、林文漪、罗富和和王汉斌、布赫、曹志、何鲁丽、许嘉璐、蒋正华、顾秀莲、盛华仁、罗豪才、郝建秀、张怀西等，在哀乐声中缓步来到雷洁琼同志的遗体前肃立默哀，向雷洁琼同志的遗体三鞠躬，并与亲属一一握手，表示慰问。

中央和国家机关有关部门负责同志，雷洁琼同志的生前友好、家乡代表和首都各界群众也前往送别。

雷洁琼同志病重期间和逝世后，前往医院看望或以各种形式向其亲属表示慰问的还有：王乐泉、回良玉、汪洋、张高丽、俞正声、郭伯雄、薄熙来、李鹏、万里、乔石、朱镕基、李瑞环、宋平、尉健行、吴官正、罗干、王沪宁、乌云其木格、华建敏、陈至立、李建国、司马义·铁力瓦尔地、蒋树声、梁光烈、孟建柱、戴秉国、王胜俊、廖晖、帕巴拉·格列朗杰、马万祺、白立忱、陈奎元、阿不来提·阿不都热西提、董建华、张梅颖、孙家正、李金华、邓朴方、厉无畏、陈宗兴、王志珍、何厚铧和李德生、张劲夫、郑天翔、刘复之、杨白冰、丁关根、田纪云、迟浩田、张万年、姜春云、钱其琛、吴仪、曹刚川、曾培炎、张震、倪志福、陈慕华、王丙干、邹家华、王光英、铁木尔·达瓦买提、吴阶平、彭珮云、周光召、李铁映、司马义·艾买提、丁石孙、成思危、热地、唐家璇、肖扬、韩杼滨、贾春旺、叶选平、杨汝岱、任建新、宋健、钱正英、孙孚凌、朱光亚、万国权、胡启立、陈锦华、赵南起、毛致用、王文元、王忠禹、李贵鲜、张思卿、丁光训、张克辉、徐匡迪、李蒙、邓力群，中央军委委员陈炳德、李继耐、廖锡龙、常万全、靖志远、吴胜利、许其亮，以及傅全有、于永波、王克、王瑞林、乔清晨等。

无尽哀思 深情送别

2011年1月15日上午10时许，八宝山革命公墓大礼堂内庄严肃穆，哀乐低回。雷洁琼同志遗体告别仪式在这里举行。

这是一个令人心碎的日子。带着民进全会12万会员的哀思和怀念，民进中央新老领导，在京常委、中委，民进各省级组织和北京市民进基层组织的代表，以及民进中央和民进北京市委机关干部，一大早从四面八方赶来，在凛冽的寒风中伫立，等候送别我们敬爱的雷老，这位为民族解放、国家富强和人民幸福奋斗了毕生的人。

礼堂正厅上方悬挂着黑底白字的横幅“沉痛悼念雷洁琼同志”，雷老的遗体安放在鲜花翠柏之中，遗容亲切安详，身上覆盖着鲜红的国旗。雷老遗体前方摆放的是侄女雷浣妍、侄女婿蔡睿贤敬献的花圈，挽联上写着“姑妈您永远活在我们心中”。党和国家领导人，雷老生前工作过、交往过的单位，北京、贵州等一些省市党委、人大、统战部门，以及社会各界敬献的花圈，密匝匝摆满礼堂四周，象征着雷老洁白无瑕的一生。

民进中央主席严隽琪，常务副主席罗富和，原主席许嘉璐，原第一副主席张怀西，副主席冯骥才、潘贵玉、王佐书、贺旻、刘新成、蔡达峰、朱永新、张帆，在哀乐声中缓步来到雷洁琼同志的遗体前肃立默哀，向雷洁琼同志的遗体三鞠躬，并与亲属一一握手，表示深切慰问。1997年民进八大之后雷老从领导岗位上退下来，对后来者充满信任，不断鼓励，为民进树立了老同志对新班子“协助而不干预，支持而不添乱”的良好风气。她的高尚品德感人至深、催人奋进。斯人远去，风范犹存。敬爱的雷老！您亲自倡导、身体力行的领导作风始终鞭策民进各级领导班子讲团结、讲大局、讲奉献……

民进湖北、湖南、河南、甘肃、贵州、海南、云南等省级组织的主委周洪宇、谢勇、张震宇、李国璋、左定超、史贻云、罗黎辉，以及其他省级组织多位副主委，深情地凝视着雷老的遗容，往事历历在目。雷老在担任民进中央主席期间多次深入民进地方组织调查研究，亲切看望基层组织和广大会员，认真听取意见和建议，不断加强和改进民进中央的工作。敬爱的雷老！您深入实际、深入基层的工作作风永远激励我们求真务实加强自身建设，真抓实干履行参政党职能……

民进中央及各部门负责人和老同志，民进中央、民进北京市委机关干部，来自民进北京市各区工委、首都师范大学、北京大学委员会等基层组织的会员肃立在雷老遗体前，怀着崇敬的心情瞻仰雷老的遗容，手中的《雷洁琼同志生平》令大家心潮澎湃。雷老曾经说过："为了他人，为了集体，为了人民，为了国家的利益，或多或少的作出自我牺牲，自己从中得到满足，得到快乐，从而得到人们的尊敬和爱戴，我认为这是最高的荣誉，是最大的幸福。"雷老的幸福观为我们指出了人生的意义和价值所在。敬爱的雷老！您崇高的理想和情操继续引领我们深入学习和践行社会主义核心价值体系，将个人的理想、价值与幸福，与国家、民族的前途命运紧紧联系在一起……

中央和国家机关有关部门负责同志，雷洁琼同志的生前友好、家乡代表和首都各界群众也前往送别。人们在雷老遗体前深深鞠躬，有人俯地叩首，低声哭泣、不舍离去。

人们哀思无尽，送别无尽，心里的话倾诉不尽……

在这个寒冷的冬日，中国民主促进会的创始人之一和卓越的领导人雷洁琼，走完了她光辉的一生，与我们渐行渐远……但在人们噙满泪水的眼睛里却透露出信心和勇气。雷老虽已离开我们，但她身上所体现的坚定信念、优良传统和高尚风范已经深深地铭刻在民进人心中。民进全体会员誓将化悲痛为力量，继承雷老爱国爱民、无我无畏、崇尚民主、淡泊名利、坚持真理的高风亮节，坚持接受中国共产党的领导，坚持爱国、民主、团结、求实，坚持立会为公，为把我会建设成为适应时代要求的高素质参政党，为促进我国统一战线和多党合作事业的发展，为实现全面建设小康社会的宏伟目标团结奋斗、不遗余力。

雷老永远活在民进人心中，永远活在中国人民心中！

【生平】

雷洁琼同志生平

著名的社会学家、法学家、教育家，杰出的社会活动家，中国民主促进会的创始人之一和卓越领导人，中国共产党的亲密朋友，中国人民政治协商会议第六届全国委员会副主席，第七届、八届全国人民代表大会常务委员会副委员长，中国民主促进会第七届、八届、九届中央委员会主席和第十届、十一届名誉主席雷洁琼同志，因病于2011年1月9日在北京逝世，享年106岁。

雷洁琼同志1905年9月出生在广东台山的一个华侨之家，从小就受到新思想新文化的熏陶。1924年赴美国留学，在加州大学选修化工、斯坦福大学选修远东问题，后到南加州大学攻读社会学，并获得硕士学位。1931年回国，任燕京大学社会系讲师、副教授。1938年后，任江西省妇女生活改进会顾问、妇女指导处督导室主任、地方政治讲习院妇女班主任、战时妇女干部训练班主任，中正大学政治系教授，并负责南昌市伤兵管理处慰劳工作。1941年后，任上海东吴大学社会学系教授，兼任沪江大学、圣约翰大学、华东大学、上海震旦女子文理学院教授。1946年后任燕京大学社会系教授。1949年出席了政协第一届全国委员会全体会议，后任中国新政治学会副秘书长、政务院文教委员会委员。1953年后任北京政法学院副教务长、国务院专家局副局长。1973年后任北京大学国际政治系教授、社会学系教授。1977年后，历任北京市政协副主席，北京市副市长，国务院学位委员会第一届学科评议组成员，全国妇联副主席，中国国际交流协会副会长，中国社会学学会副会长、名誉会长，欧美同学会名誉会长，北京市社会学学会会长，中国婚姻家庭研究会会长、名誉会长，北京大学社会学系教授、博士生导师等职务。

雷洁琼同志是第一、二、三届全国人大代表，第六届全国人大常委会委员、法律委员会副主任委员，第七、八届全国人大常委会副委员长。政协第一届全国委员会全体会议代表，政协第五届全国委员会常委，政协第六届全国委员会副主席。

雷洁琼同志是伟大的爱国主义者。1919 年，年仅 14 岁的她就积极参加五四运动，登台演讲痛陈北洋政府卖国罪行，怒斥帝国主义强盗行径。1935 年一二·九运动爆发，她与学生一起冒着凛冽寒风并肩游行，是燕京大学唯一参加游行的女教师。1936 年冬，她作为慰问团团长，率燕京大学师生赴前方慰问参加绥远抗战的将士。抗日战争全面爆发后，在抗日民族统一战线的感召下，她毅然奔赴江西，积极参加抗日救亡工作和妇女运动。她撰写文章、举办讲座、创办刊物、发动群众、培训妇女，为抗日救亡运动作出了积极贡献。抗日战争胜利后，她对国民党政府的独裁统治和内战阴谋深感失望，积极投入到反对内战、争取和平的斗争之中。1946 年 6 月，上海人民团体联合会组织上海各界人士赴南京和平请愿团，她是请愿团中最年轻的代表。在南京下关车站，请愿团遭到国民党特务暴徒的毒打，她身负重伤。血淋淋的现实，使她在光明与黑暗的决战时刻，更加深刻认识到国民党政府的反动本质，从此坚定了跟中国共产党走的决心。新中国成立后，她以强烈的爱国热忱投身国家建设，在参政议政和科研教学的不同岗位，为社会主义事业贡献了全部精力和智慧。1998 年从领导岗位上退下来后，虽然年逾九旬，她依然心系国家、心系人民，念念不忘改革开放和现代化建设事业。

雷洁琼同志是中国共产党的亲密朋友。在江西参加抗日救亡运动期间，她就和中国共产党有了密切的交往。“下关事件”后，毛泽东、朱德发电报表示慰问，周恩来、邓颖超等亲自前往慰问。她积极回应中共中央提出的“五一口号”，1949 年奔赴西柏坡与中国共产党共商国是，受到毛泽东等领导人的亲切接见，从此开始了在中国共产党领导下与中国共产党肝胆相照、亲密合作的一生。同年 9 月，她出席了政协第一届全国委员会全体会议，并参加了开国大典。新中国成立后，无论岗位如何变化、处境怎样坎坷，她对中国共产党和新中国的热爱都矢志不移。“反右”期间丈夫被错划为右派，“文化大革命”期间又经受各种风浪，她都始终没有动摇忠贞信念。她坚决拥护中国共产党在社会主义初级阶段的基本路线和方针政策，认真学习毛泽东思想、邓小平理论、“三个代表”重要思想以及科学发展观，拥护中共中央提出的一系列治国理政新思想新举措。在长期的革命、建设、改革事业中，她与毛泽东、邓小平、江泽民、胡锦涛等中共中央领导人建立了深厚友谊，是中国共产党值得信赖的挚友和诤友。她曾深情地回忆说，几十年的经历充分表明，没有共产党就没有新中国，只有共产党才能救中国，这是千真万确的真理。

雷洁琼同志是中国民主促进会的创始人之一和卓越领导人。抗日战争胜利后，为了反对国民党独裁统治、推进中国民主政治发展，在中国共产党的影响和帮助下，1945 年 12 月 30 日，她与马叙伦、王绍鏊等人在上海发起成立了中国民主促进会。她长期担任民进中央的主要领导职务，是第六届民进中央副主席，第七、八、九届民进中央主席，1997 年以后担任民进中央名誉主席。她带领广大民进会员，继承和发扬与中国共产党亲密合作的优良传统，围绕中心、服务大局，积极履行参政议政、民主监督职能，切实加强自身建设，开创了民进工作新局面。她历来主张中国民主促进会要为我国教育事业的改革和发展出力，发挥在教育领域的优势，开展智力支边、咨询服务等活动。在她的倡议下，民进中央设立了尊师重教基金会，并提出了《关于切实贯彻〈义务教育法〉、加强基础教育的几点建议》等有价值的意见和建议，受到中共中央的高度重视并被吸收采纳。晚年从民进中央领导岗位退下来后，她仍然关心中国民主促进会的新老交替和政治交接，关心广大民进会员特别是青年会员的成长，多次嘱咐年轻一代要发扬优良传统，以党为师、立会为公、参政为民、服务为本。她为推动社会主义民主政治建设、不断完善中国共产党领导的多党合作和政治协商制度作出了杰出贡献。

雷洁琼同志是著名的社会活动家。她在担任全国人大和全国政协领导职务期间，积极参加国家政治生活，参与国家大政方针和重要事务的协商。她认真履行宪法和法律赋予的职责，积极参与一系列重要法律的起草、审议和修改完善工作，组织并直接参加多部重要法律实施情况的执法检查，高度重视并积极推动代表议案和建议办理工作，为推进新时期我国社会主义民主法制建设作出了重要贡献。她十分注重调查研究，始终坚持融学术活动于社会服务之中，围绕祖国的改革开放和现代化建设建言献策、参政议政。她先后担任全国人大常委会香港特别行政区基本法起草委员会委员和澳门特别行政区基本法起草委员会委员。1986 年，已 81 岁高龄的她亲自到香港听取各界对基本法（草案）征求意见稿的意见，短短 20 天时间参加各种座谈会达 110 次之多，为在港澳顺利实现“一国两制”、促进祖国和平统一作出了重要贡献。她广交海内外朋友，多次率领或参加代表团出国访问，足迹遍及五大洲，在国际讲坛上一次次发表演讲，传播和展示我国改革开放和现代化建设成就，介绍中国共产党领导的多党合作和政治协商制度，介绍中国社会主义民主法制建设情况，为促进我国与友好国家的合作交流、发展中国人民与世界各国人民的友谊发挥了积极作用。

雷洁琼同志是国内外享有盛誉的社会学家、法学家、教育家。在长达 70 余年的学术生涯中，她撰写了大量有关婚姻、妇女、儿童等问题的社会学论文，为中国社会学的成长发展作出了重要贡献。她继承发扬社会调查的优良传统，指导课题组对北京、上海、天津、南京、成都五大城市的家庭生活进行了新中国成立后首次大规模的问卷调查，揭示了社会变迁过程中家庭作为社会细胞所发生的深刻变化，分析了家庭结构小型化趋势对经济社会各方面可能产生的影响。她十分关注妇女问题和教育事业，早在上世纪三四十年代就发表了《中国家庭问题研究讨论》、《农村妇女地位研究》等重要论文。新中国成立后，她又多次发表论文专著，在许多场合积极呼吁保护妇女权利。她一生钟情于教育，自 1931 年留学归来执教燕京大学后，始终在教育园地孜孜不倦地耕耘着。她经常说，“振兴中华、教育为本”，认为“尊重知识、尊重人才”是发展教育的根本支撑点，多次呼吁提高教师待遇、保障教育经费、关注失学青少年。耄耋之年，仍先后参与了义务教育法、教师法、教育法等法律的制定，并深入全国各地进行执法检查和调查研究，为新中国教育事业发展和法制完善忘我地奔波操劳。

雷洁琼同志的一生是光辉的一生，是追求真理的一生。在向往光明和追求进步的探索中，她选择了同中国共产党风雨同舟、荣辱与共的道路，毕生致力于国家的发展与进步，致力于中国特色社会主义伟大事业，为实现中华民族伟大复兴殚精竭虑、不懈奋斗。她顾全大局，坚持原则，胸怀坦荡，平易近人，具有崇高的道德风范和人格魅力，赢得了广大人民的尊敬和爱戴。她高尚的品格、无私奉献的精神永远值得我们学习。

雷洁琼同志永垂不朽！

（新华社北京 1 月 15 电）

【哀悼】

沉痛悼念雷洁琼同志
严隽琪 罗富和 冯骥才 潘贵玉 王佐书 贺旻 刘新成
蔡达峰 朱永新肃立默哀 张帆深表哀悼
民进中央设立缅怀室 网上追思会

2011 年 1 月 9 日下午 5 时 38 分，中国民主促进会的创始人之一和卓越领导人，中国民主促进会第七、八、九届中央委员会主席，第十、十一届名誉主席雷洁琼，永远离开了我们，享年 106 岁。消息传来，民进全会上下无不沉浸在对雷老的沉痛哀悼和深切缅怀的氛围中。

民进中央主席严隽琪，常务副主席罗富和，副主席冯骥才、潘贵玉、王佐书、贺旻、刘新成、蔡达峰、朱永新（兼秘书长），1月10日上午，集体为雷老肃立默哀，并在机关缅怀室的签到簿上签名，以表达对这位民进创始人之一和卓越领导人的哀悼和怀念。民进中央副主席张帆对雷老的逝世表示深切哀悼。

1月10日，民进中央网站主页全屏转载了新华社的消息，以沉重的黑色表达全会的深切哀悼，制作推出了专题“永远的怀念”，沉痛悼念和深切缅怀雷老，在网站主页以及纪念专题设立“雷洁琼同志网上追思会”栏目，供怀念雷老的全体会员追思留言。

民进中央设立的缅怀室，成为在京民进组织和会员寄托哀思的场所。缅怀室里，“沉痛悼念雷洁琼同志”的黑色条幅高悬，哀乐肃穆，气氛庄严凝重，菊花与百合簇拥中的雷老遗像平静安详，其品格为人也正如这花朵般高洁傲岸、不染纤尘，为世人所敬仰与爱戴。

11日下午，民进中央工作人员以部门为单位，依次来到缅怀室，鞠躬肃立，表达哀思，整个过程井然有序，虽然默默无语，却是在无声中传递着对雷老辞世的哀痛与缅怀之情。题名为“深切缅怀雷老”的签名薄上，留下的是一个个名字，也是一颗颗真挚的心。

正如严隽琪曾经说过的，“雷老把全部心血献给了祖国和人民，在她的人生轨迹中始终贯穿着一条红线——爱国、爱人民、爱真理、爱社会主义、爱中国共产党。雷老的人生哲学是无私的奉献，是不懈的追求。”雷老身上所体现的坚定信念、优良传统和高尚风范，永远是我们学习、发扬和传承的精神财富，也将激励民进人不断巩固多党合作共同的思想政治基础，为推动中国共产党领导的多党合作和政治协商制度的持续健康发展，为全面建设小康社会贡献自己的才智力量。

民进各级组织沉痛哀悼深切缅怀雷洁琼同志

2011年1月9日，德高望重，深受全会爱戴的雷老永远离开了我们。得知这一消息，全国各地的民进组织、民进会员纷纷发来唁电、打来电话，对雷老的逝世表示沉痛哀悼。

1月10日，民进四川、黑龙江、山西、河南、安徽、吉林、福建、山东、宁夏、江苏、新疆、广东、湖北、云南、浙江、重庆、上海、内蒙古等省、自治区、直辖市委员会向民进中央及雷洁琼同志家属发来唁电。截至1月11日，共收到民进地方组织、基层组织、省级组织主委以及会员的唁电60多条。

唁电的文字或许有所差别，但蕴藏的感情却是如此一致。“雷洁琼先生安息”，“雷老，您将永远活在我们心中”，“雷洁琼同志永垂不朽”，“斯人西去，遗文不朽”，“愿百岁巾帼，一路走好”，“雷洁琼先生的爱国精神将永存后世”……其刻骨哀思，溢于言表，字字句句饱含了对雷老的无限敬仰与深切缅怀。

唁电中说，雷老是我会的主要创始人之一和卓越领导人，其为人风范、丰功伟业、道德文章，是后人永远的丰碑，是我们终身学习的榜样。她见证了一个时代，为新中国的建立与建设，为改革开放，为中国共产党领导的统一战线事业和民进事业贡献了毕生精力。雷老不仅以精勤不倦，奋斗不息的爱国热情推进民进的建立和发展，还以其传奇的一生谱写了一部民进与中国共产党团结合作的光辉历史。她的不幸逝世，是中国民主促进会的巨大损失，也是我国多党合作事业的巨大损失。

民进各级组织还自发组织起来，以各种形式悼念雷老，表达怀念之情。民进广东、上海、山西、江苏、浙江、安徽等多个省级组织的网站，以黑色表达沉痛悼念，并通过刊登消息、制作专题、发表署名文章等形式纪念雷老。

1月10日，民进成都市委、民进四川省委广安直属支部召开座谈会，与会同志全体肃立，为雷老默哀三分钟，深切悼念雷老。广安直属支部的会员还共同观看了雷老专题片《至善至正》，一起回顾雷老光荣的一生，追思其光辉足迹。

各级民进组织纷纷表示，誓将化悲痛为力量，继承雷老爱国爱民、无我无畏、崇尚民主、淡泊名利、坚持真理的高风亮节，坚持接受中国共产党的领导，为促进我会的自身建设，为完善中国共产党领导的多党合作和政治协商制度，为推进我国社会主义现代化事业努力奋斗。

言行是为心声，这些自发的举动道出了全国12万民进会员对雷老的热爱与敬仰，对她辞世的悲痛和震惊。雷老离开了我们，却又时刻和我们在一起，活在千千万万怀念她的人心中，活在全体民进会员的心中。让我们怀着虔敬与挚诚，道一声，雷老，一路走好！

北京大学社会学系师生沉痛悼念雷洁琼先生

雷洁琼先生是北京大学社会学系教授、博士生导师，北京大学社会学系系友会名誉会长。

2011年1月10日，惊悉雷先生逝世，北京大学社会学系的师生们立即陷入了沉痛的哀伤之中，并在北大未名BBS社会学系版面上纷纷表示哀悼。当天下午，北京大学副教务长、社会学系副系主任、系党委原书记吴宝科教授，雷洁琼先生的两位弟子、社会学系原系主任王思斌教授和原系副主任杨善华教授立即赶赴雷先生家中，向雷先生遗像鞠躬致意，表达社会学系师生对雷先生的沉痛哀思。下午4：30分，有关系领导及王思斌、杨善华两位教授一道参加校党委副书记杨河召集的协调会，与党委办公室校长办公室、党委宣传部和北大新闻网等部门共同商定悼念事宜。

雷洁琼先生是中国最著名的社会学家之一，也是燕京大学社会学系和北京大学社会学系最卓越的教授之一。在上世纪前半叶，作为燕京大学社会学和社会服务系的教授，雷洁琼先生为中国现代社会学和社会工作（社会服务）专业教育的创建和发展作出了重要的贡献。上世纪70年代末80年代初，作为北京大学社会学系（专业）恢复重建工作的组织者和领导者之一，雷先生又为北京大学社会学学科的重建作出了直接的重要贡献。在之后的30年里，尽管身负繁重的政务和社会活动，雷先生也一直担任北京大学社会学系的教授和博士研究生导师职务，不仅培养了一批优秀的社会学和社会工作专门人才，而且亲自组织实施了多次以“家庭、婚姻状况”为主题的全国性社会学调查和深入的城市社区方面的研究，为北京大学、也为当代中国社会学学科的发展作出了杰出贡献。2010年12月12日，北京大学社会学系系友会成立。雷先生同意担任名誉会长，并专门发来贺信，对中国社会学、北京大学社会学学科及社会学系、北京大学社会学系系友的发展寄予了深切的厚望。

雷洁琼教授是我国第一代社会学家和社会工作学家，生前任中国社会学会荣誉会长、中国社会工作教育协会荣誉会长、中国社会工作协会荣誉会长。为了让社会学系的师生和系友们表达对雷洁琼先生的沉痛哀思和深切缅怀之情，社会学系将于1月13日下午举行雷洁琼先生追思会。

曾荫权哀悼雷洁琼辞世

2011年1月10日，新华网香港电 香港特区行政长官曾荫权10日对雷洁琼的辞世表示哀悼。

曾荫权说，雷洁琼女士是中国民主促进会主要创始人之一，也是中华人民共和国筹建人之一，曾经担任全国政协副主席及全国人大常委会副委员长。作为国家领导人和著名法学家，她曾任香港基本法起草委员会委员，多次赴港听取各界人士的意见。1997年，她以91岁高龄，亲赴香港出席政权移交仪式，长期以来关心及支持香港发展。

曾荫权表示，雷女士一生致力推动教育事业，研究范畴包括法学、社会学、人口、妇女、婚姻、家庭、老龄问题等，为中国教育领域努力不懈，贡献良多。曾荫权向雷洁琼的家人表示深切慰问。

【追思】

雷洁琼同志追思会在北京举行

2011 年 1 月 14 日，雷洁琼同志追思会在北京举行。追思会由中共中央统战部、民进中央及民进北京市委联合主办。全国人大常委会副委员长、民进中央主席严隽琪，全国政协副主席、中共中央统战部部长杜青林出席追思会并讲话。

杜青林指出，雷洁琼同志是民主党派德高望重的老一辈领导人，是中国共产党领导的多党合作和政治协商制度的亲手缔造者之一，是回应中共中央“五一口号”、奔赴西柏坡的民主党派老一辈领导人中，最后一位离开我们的。雷洁琼同志的逝世，是国家和人民的重大损失，是统一战线和多党合作事业的重大损失。

杜青林强调，我们要永远铭记雷老爱国为民、追求进步的忠贞情怀；与中国共产党风雨同舟、荣辱与共的坚定信念；求真务实、鞠躬尽瘁的奉献精神；至善至正、严于律己的高尚风范。要把学习雷老的优良质量凝聚成更加牢固的政治共识，转化为更加主动的履职责任，内化为更加自觉的品德修养，体现为更加务实的过硬作风，将雷老的崇高精神薪火相传、发扬光大。

严隽琪在讲话中说，雷洁琼同志是民进的创始人之一和卓越的领导人，在全体会员中享有崇高的威望。雷老一生追求进步，追求真理，是爱国知识分子的楷模；始终坚持接受中国共产党的领导，与中国共产党同心同德；矢志不渝地坚持以自己的学识报效国家、服务人民；为多党合作事业和民进事业的发展殚精竭虑；她将个人的理想、价值与幸福，与国家、民族的前途命运紧紧联系在一起，模范地践行社会主义核心价值体系，崇高的思想品格堪称世人典范。我们缅怀雷洁琼同志，以寄托我们的哀思和怀念，也是为了更好地继承前辈遗志，发扬光大民进优良传统，为实现全面建设小康社会目标，为多党合作事业发展作出贡献。

民进中央原主席许嘉璐在追思会上说，雷老走了，这样突然！这更激励我要像她那样，无我无畏，忧国忧民，生命不息，奋斗不止；走她所走的路，鞠躬尽瘁，死而后已。这是对她最好的纪念。

全国政协副主席、民进中央常务副主席、民进广东省委主委罗富和说，广东民进将时刻铭记雷老的殷殷嘱托，弘扬和践行核心价值，将民进老一辈的优良传统代代传承。我们将用广东民进的新成绩、新发展，作为对雷老最真挚的告慰和怀念。

民进北京市委妇女儿童委员会副主任、北京大学社会学系教授佟新代表民进会员，民进中央原秘书长陈益群代表老同志，民进中央原副主席蔡睿贤代表亲属分别发言，大会宣读了雷老秘书高志芬的书面发言。大家怀着深深的敬意，从不同侧面深情回忆了雷老工作和生活中的点点滴滴，表达了对雷老无限的敬仰、爱戴和怀念。

民进中央原第一副主席张怀西出席追思会。追思会由中共中央统战部副部长尤兰田主持。全国人大常委会副秘书长张少琴，全国政协副秘书长蒋作君，中共北京市委常委、统战部部长牛有成，全国妇联党组副书记、副主席、书记处书记陈秀榕，北京大学常务副校长吴志攀，中国政法大学党委副书记高浣月，各民主党派中央、全国工商联负责同志和无党派人士代表，雷洁琼同志亲属、家乡代表等出席了追思会。

民进中央副主席潘贵玉、王佐书、刘新成、朱永新、张帆，民进省级组织负责人，在京民进中央委员，民进中央老同志，民进中央、民进北京市委干部，北京市民进会员共 200 多人参加了追思会。

会上，播放了缅怀雷洁琼同志的专题片。

我们永远铭记雷老

杜青林

1月9日，敬爱的雷老离开了我们，中国共产党失去了一位肝胆相照的真诚朋友，统一战线失去了一位广受尊敬的老领导、老大姐。她的离去，是国家和人民的重大损失，是统一战线和多党合作事业的重大损失！今天，我们心怀敬仰，在这里召开雷洁琼同志追思会。大家深情追忆雷老生前的动人事迹，深切缅怀一位世纪老人用毕生铸就的高尚品格，感人肺腑，催人泪下。

雷老是民主党派德高望重的老一辈领导人，是中国共产党领导的多党合作和政治协商制度的亲手缔造者之一，是回应中共中央"五一口号"、奔赴西柏坡的民主党派老一辈领导人中，最后一位离开我们的。雷老的一生，贡献卓越、成就杰出，她的奋斗历程、光辉业绩和崇高风范，是永远值得我们珍惜珍视的宝贵财富。

我们永远铭记，雷老爱国为民、追求进步的忠贞情怀。雷老经历106载岁月沧桑，穿越一个多世纪风霜雪雨，是中国革命、建设和改革开放伟大实践的亲历者和见证人。她怀抱救国理想，青年时期就参加了"五四"运动、"一二·九"爱国学生运动和抗战时期在江西的妇女工作；她向往民主进步，是中国民主促进会的主要发起人，1946年6月在南京下关，以瘦弱身躯护卫马叙伦团长，奋不顾身面对国民党暴徒的铁棍拳头，用鲜血写就对祖国和民族的耿耿忠心。新中国成立后，雷老担任国家重要领导职务，时刻不忘为国家人民利益鼓与呼，以80岁高龄担任香港特别行政区基本法起草委员会委员，91岁高龄出席中英两国政府香港政权交接仪式，令人钦佩备至。雷老对祖国爱得真切，对人民爱得深沉，始终坚持把个人命运与祖国富强、民族复兴和人民幸福凝结在一起，逢险阻临危不惧，遇困难挺身而出，铸就了一座高山仰止、光芒永存的精神丰碑。

我们永远铭记，雷老与中国共产党风雨同舟、荣辱与共的坚定信念。"下关事件"中雷老身负重伤，周恩来同志第一时间赶到医院慰问，邓颖超大姐亲自为她换下血衣。面对光明与黑暗、温暖与冷酷，从这一刻起，雷老发出"我的心跟着党一起跳动"的誓言；中共中央发布"五一口号"后，雷老热烈回应，奔赴西柏坡与毛泽东等中共中央领导人彻夜长谈，随后参加新政协和开国大典；雷老对多党合作满腔热忱，同毛泽东、邓小平、江泽民三代中共中央领导核心和胡锦涛总书记等中共领导人建立了深厚友谊。雷老曾深情地说，"人与人相处要真诚，党派之间，尤其是作为执政党的中国共产党与参政党之间也要真诚"。雷老对多党合作事业坚定不移、矢志不渝，无论环境多么艰难复杂，时代如何风云变化，始终与中国共产党肝胆相照，历经风霜而愈加坚韧，金石之交而愈显高洁，走出了一条追求真理、追求进步的光辉历程。

我们永远铭记，雷老求真务实、鞠躬尽瘁的奉献精神。在长期的参政议政中，雷老带领民进各级组织和广大会员，发挥在教育领域的独特优势，首倡智力支边的社会服务模式，开辟了民主党派履行职能的崭新领域。特别是雷老以"教师"称谓为荣，终生奉献教育，精心培育桃李，牵挂贫困失学儿童，关心独生子女成长，为保障教师权益奔走呼号；作为著名学者，雷老在社会学、法学、教育学领域成果丰硕，撰写了大量学术专著，先后参与《义务教育法》、《教师法》、《教育法》等重要法律的制定，为新中国的教育事业发展和法制完善投入了极大的精力和心血。雷老以强烈的历史责任感和使命感，立足本职夙兴夜寐，勇于创新攻坚克难，始终坚持为国分忧、为民谋利，挥洒出一片肺腑情深、执着追求的赤子情怀。

我们永远铭记，雷老至善至正、严于律己的高尚风范。雷老作风质朴，不驰于空想，不骛于虚声，为推进民进领导集体的新老交替，主动辞去主席职务，热情支持新的领导班子开展工作；雷老位高德更高，常年居住的是担任北京市副市长时的房子，公车从不给亲友使用，经常步行上下班。我多次登门拜望雷老，最后一次就是六天前的送别，踏进熟悉的房门，居室陈设简朴依旧，老人最喜爱的兰花盛开依然。回想起雷老的慈祥面容，再次感受雷大姐淡泊如兰的高雅质量，悲痛、怀念、敬仰之情涌上心头。雷老始终坚持对己严格、处事严谨，责在人先、利居众后，以百岁老人的身体力行，生动展示了民主党派老一辈的大家风范、中国知识分子的道德风骨和中华民族的美德风尚，在统一战线广大成员中矗立起一面见贤思齐、砥砺奋进的人格旗帜。

雷老毕生信仰真理、追求进步。她的非凡业绩和杰出贡献，深深铭刻在我们心中；她的崇高品格和奋斗精神，永远值得我们学习和怀念。我们要化悲痛为力量，将雷老的崇高精神薪火相传、发扬光大。

要把学习雷老的优秀品质凝聚成更加牢固的政治共识。雷老等老一辈民主党派领导人的优良传统，最根本的就是坚持中国共产党的领导，坚定不移地走中国特色社会主义道路。学习雷老，就是要把这种坚定的信念坚持好、传承好，铭记多党合作光辉历史，弘扬多党合作优良传统，深入开展“重温历史、同心同行”的主题教育活动，积极践行社会主义核心价值体系，进一步夯实团结合作的共同思想政治基础，无论在什么时候，无论在什么情况下，始终坚持坚定的信念不动摇，坚持正确的方向不偏离。

要把学习雷老的优秀品质转化为更加主动的履职责任。雷老的光辉业绩，源于尽职尽责的光荣使命、脚踏实地的不懈努力。学习雷老，就是要以国家大局为重、人民事业为先，增强机遇意识、责任意识、忧患意识，围绕“十二五”规划开局起步，紧扣科学发展主题和加快发展方式转变主线，深入调查研究，积极建言献策，努力参与形式多样的“同心”实践活动，共同打造参政议政、服务社会的“同心品牌”。

要把学习雷老的优秀品质内化为更加自觉的品德修养。雷老一生真诚地奉献，为我们树立了人生奋斗的坐标，明确了价值追求的取向。学习雷老，就是要把实现个人价值与报效祖国、造福人民紧密联系起来，砥砺质量，弘扬正气，深入挖掘新时期统一战线成员的先进典型事迹，广泛开展向身边的榜样学习活动，树立崇高理想，修炼道德情操，提升人生境界，真正无愧于祖国、无愧于人民、无愧于时代。

要把学习雷老的优秀品质体现为更加务实的过硬作风。雷老一生务实笃行、身体力行，始终做到言必责实、行必务实、功必求实。学习雷老，就是要大力弘扬求真务实之风，深入实际，主动走进广大成员和所联系群众中，广泛了解利益需求，充分反映民情民意，多献务实之策，多建有用之言，更好展示民主党派参政为民的良好形象。

逝者已逝，精神长存。雷洁琼同志永远活在我们心中，雷洁琼同志的光辉品质永远激励我们前进！

斯人已逝 风范长存

严隽琪

1月9日，敬爱的雷老离我们而去了。这几天，雷老的音容笑貌，不时浮现在我的眼前，雷老的言谈话语，仍在耳边回响，仿佛敬爱的雷老就在我们身边，关注着我们的所言所行。自雷老以92岁高龄从民进领导岗位上退下来，我们年年代表全体民进会员去看望她，每每见到雷老精神矍铄，我们都由衷地感到幸福，祝愿老人家健康长寿。即使在后两年，她用语言交流已有困难，但仍用眼神、用身姿向我们表达对国事、对民进的关切。她是民进光荣传统的标志、是我们的精神支柱。现在，雷老走了，永远离开了我们，虽然我们对此有思想准备，但这一天真的到来时，犹如晴天霹雳，我们不愿相信，心情无比悲痛。雷老是民进的创始人之一和卓越的领导人，在全体会员中享有崇高的威望，她的辞世，是民进的巨大损失，也是我国多党合作事业的巨大损失。今天，我们在这里举行追思会，缅怀雷老追求进步、爱国爱民、无私奉献的光辉一生，以寄托我们的哀思和怀念。也是为了更好地继承雷老等前辈的遗志，发扬光大民进的优良传统，为实现全面建设小康社会的目标、为多党合作事业作出应有的贡献！

雷老一生追求进步，追求真理，是爱国知识分子的楷模。雷老出生于上世纪初，当时的中国正处于“百年魔怪舞蹁跹”的时代，国家积贫积弱、内忧外患并存，百姓饥寒交迫，社会动荡不堪。沧海横流，方显英雄本色，无数仁人志士，以天下为己任，不断探索救国救民之路。雷老从小就受到新思想新文化的熏陶，年仅 14 岁的她就积极投身“五．四”运动，和同时代的进步知识分子一样，将自己的命运同国家民族的前途紧紧联系在一起，她 19 岁远渡重洋，赴美留学，并最终将专业选定为社会学，希望通过探索中国社会问题的根源，求得医治社会弊病的良方，以自己的才智推动社会进步，为人民谋得福祉。1931 年学成回国后，雷老积极投身到救国救民的时代潮流中，1935 年“一二・九”运动爆发，雷老作为燕京大学唯一参加游行的女教师，和学生们一起示威游行，反对日本帝国主义的侵略。抗战全面爆发后，雷老毅然放弃舒适安静的校园生活，来到抗日前线江西，组织和训练妇女参加抗战，为抗日救亡运动作出积极贡献。1946 年，为呼吁和平民主，雷老与马叙伦先生等人一起赴南京请愿，在下关车站遭到国民党特务暴徒的毒打，身负重伤，血洒当场。新中国成立后，她以强烈的爱国热忱投身国家建设，为社会主义现代化建设和多党合作事业贡献了全部精力和智慧。即使是退休后，雷老依然十分关注国家各项事业的改革与发展，十分关心民进事业的进步和发展。雷老的一生充分证明：一个知识分子，只有把自己与祖国的命运结合在一起，才能真正实现个人的价值，也只有在奉献国家、为人民服务的过程中，才能赢得祖国和人民的尊敬与爱戴。正如雷老曾经说过：“在我心中，爱国主义是至高无上的，我希望我们的国家再也不会受人欺负了，我们一定要强大起来。”雷老一生为国为民奋斗不息的精神，永远是我们学习的榜样！

雷老始终坚持接受中国共产党的领导，与中国共产党同心同德。在探索救国救民真理的过程中，雷老逐步接触到了中国共产党人，认识到中国共产党才是中华民族的希望。在中国共产党的影响下，她逐步走上革命道路，成为中国共产党肝胆相照、荣辱与共的亲密朋友。她说，“在那个民族危亡的时代里，爱国主义把中国人紧紧地团结在一起。是朋友？是敌人？就看爱不爱国！谁能救中国，我们就拥护谁”。早在江西参加抗日救亡运动期间，她就和中国共产党人有了密切的交往，当面聆听了周恩来同志关于抗战形势的分析，使雷老认清了时局，增强了抗战必胜的信念。“下关事件”后，周恩来、邓颖超等亲自前往慰问，毛泽东、朱德也发电报表示慰问和支持，使得雷老进一步认识到中国共产党才是推动中国和平民主和实现国家强盛的希望，从此坚定了她跟着中国共产党走的决心。1948 年，她积极回应中共中央“五一口号”，1949 年初奔赴西柏坡与中共中央领导同志共商国是，受到毛主席的亲切接见，从此开始了在中国共产党领导下，与中国共产党肝胆相照、亲密合作的人生历程。1949 年她参与了新政治协商会议的筹备，出席了中国人民政治协商会议第一届全体会议。新中国成立后，无论岗位如何变化，遭遇何样坎坷，她对中国共产党和新中国的热爱都矢志不移。在长期的革命和建设事业中，她与中共中央几代领导人建立了深厚的友谊，是中国共产党值得信赖的挚友和诤友。她曾深情地回忆说：“几十年的经历充分表明，没有共产党就没有新中国，只有共产党才能救中国，这是千真万确的真理。”这是雷老在多年的革命和社会实践中得出的深刻体会，在当前，我们缅怀雷老、学习雷老，就是要始终坚持接受中国共产党的领导，始终坚持走中国特色社会主义政治发展道路，建设富强民主文明和谐的社会主义现代化国家，唯有如此，才是在民进前辈指引的正道上行。

雷老为多党合作事业和民进事业的发展殚精竭虑。在中国共产党的支持和帮助下，1945 年 12 月 30 日，雷老与马叙伦、王绍鏊等前辈在上海共同发起成立了中国民主促进会，是民进的创始人之一。新中国成立后，雷老长期担任民进中央的主要领导工作，她带领广大民进会员，继承发扬民进优良传统，切实加强自身建设，积极履行职能，不断开创民进工作的新局面，成为广大会员敬仰和爱戴的卓越领导人。作为我国政治制度和政党制度的见证者、参与者，她对中国共产党领导的多党合作制度有深刻的理解，认为我国的政党制度是完全符合国情的，各民主党派要本着一切着眼于团结和建设的精神，同共产党肝胆相照，荣辱与共，提出切实可行的建设性意见，从而帮助执政党和政府改进工作。她倡导民进要紧密结合形势的发展，不断探索创新。她曾经谆谆告诫民进的同志，“我们的工作决不能满足于现有成就，要增强国家主人翁精神和政治责任心，最大限度地发挥我们的主动性、积极性和创造性，不断探索、不断创新、不断前进”。她提出，民进各级组织要“议大事、懂全局、管本行”，把革命的干劲同科学的态度结合起来；要加强调查研究，从调查研究入手，才能做到情况明，决心大，方法对，我们提出的建议才能持之有据，言之有物，切实可行。她主张民进要为改革和发展我国的教育事业出力，要发挥民进在教育领域的优势，开展智力支边、咨询服务等活动。在她的倡议下，民进中央设立了“尊师重教基金会”，并提出了《关于切实贯彻〈义务教育法〉，加强基础教育的几点建议》等意见建议，受到中共中央的高度重视。她强调：“发挥参政党作用和加强自身建设，是我会面临的双重任务，这两者必须全面安排，有机结合，不要偏废。这个精神，我们全会各级组织都要有明确的认识。”1997 年，雷老从民进中央领导岗位上退下来，但她仍关心民进的新老交替和政治交接，关心广大民进会员特别是青年会员的成长，多次嘱咐年轻一代要发扬优良传统，以党为师、立会为公、参政为民、服务为本。雷老的这些谆谆嘱托，是对我国多党合作事业和民进事业不断发展的殷切希望，体现出她的政治智慧和远见卓识，是留给民进后来人的宝贵精神财富。

雷老矢志不渝地坚持以自己的学识报效国家、服务人民。雷老是国内外享有盛誉的社会学家、教育家、法学家和著名的社会活动家。由于亲身感受到祖国的苦难，经历了中国社会的剧烈变动，雷老和她同时代的爱国知识分子一样，以解决社会问题、促进社会进步为己任，努力研究中国社会的现实问题，将专业研究同社会实践密切地结合起来，形成自己独特的学术与实践之路，致力于使社会学在国家建设中发挥更大的作用。雷老一生钟情于教育，自从 1931 年留学归来执教燕京大学后，就一直在教育园地孜孜不倦地耕耘。雷老曾经表白：“说到底，我只是一个老教师。在所有的称呼中，我最喜欢教授这个头衔。我虽然做过一些社会工作，但我一直没有离开过教师岗位。”雷老认为，“振兴中华、教育为本”，“尊重知识、尊重人才”是发展教育的根本支撑点，她多次呼吁提高教师待遇、保障教育经费、关注失学青少年。在耄耋之年，她仍先后参与了《义务教育法》、《教师法》、《教育法》等法律的制定，并不顾年事已高，到全国各地进行执法检查和调查研究，为新中国的教育事业和法制建设忘我地奔波操劳，倾尽心血。雷老先后担任香港和澳门特别行政区基本法起草委员会委员，为实现香港、澳门回归祖国作出了贡献。她广交海内外朋友，多次参加或率领代表团出国访问，足迹遍及五大洲，在国际讲坛上宣传我国改革开放和现代化建设成就，为促进与友好国家的多领域合作交流，促进中国人民与世界各国人民的友谊，发挥了积极作用。

雷老崇高的思想品格堪称世人典范。在 106 年的人生历程中，雷老把自己的全部学识和毕生精力都献给了祖国和人民。这样一位令人敬仰的世纪伟人，给我们的印象总是那样温良敦厚，我想这是中国女性传统性格和受中国优秀传统文化浸染而形成的。但雷老的温良敦厚之中又蕴含着火一般的热情和钢铁一般的意志，这是一位经过血与火的考验、经历中国人民独立、解放与社会主义现代化建设的历史洪流而锻造的现代女性的品格。在她的一生中，始终贯穿着一条红线，那就是爱国、爱人民、爱真理、爱社会主义、爱中国共产党。直到晚年她仍保持着关心国家大事、关注社会民生的习惯，我想这不仅因为雷老的专业背景，更出自她对祖国和人民的满腔热情与赤子之心。雷老曾经赞颂赵朴老：“平易谦和，诚朴敦厚，谨言慎行，表里如一。”我想，这也正是雷老自己为人的真实写照。她那慈祥的笑容、亲切的谈吐、睿智的言谈，她平易、亲民，富有爱心，处处为别人着想，等等，早已为大家熟知。她曾经这样解读什么是幸福：“为了他人，为了集体，为了人民，为了国家的利益，甘愿或多或少的作出自我牺牲，自己从中得到满足，得到快乐，从而得到人们的尊敬和爱戴，我认为这是最高的荣誉，是最大的幸福。”雷老的一生，是光辉的一生，是追求真理的一生。她将个人的理想、价值与幸福，与国家、民族的前途命运紧紧联系在一起，模范地践行了社会主义核心价值体系，雷老永远是全体民进会员学习的楷模！雷老的崇高风范永远是激励我们前进的精神动力！

斯人已逝，风范长存。雷老虽然走了，但她留给我们的很多很多，有期待，有鼓励，有希望，有寄托，有无比宝贵的精神财富。我们作为民进的后来人，要坚持继承和弘扬雷老等老一辈在长期实践中形成的优良传统，按照民进十大提出的“建设适应时代要求的高素质参政党”的要求，坚持“有思有行、集智聚力、顺势而为、开拓创新”的工作方针，深入开展树立和践行社会主义核心价值体系，建设学习型参政党，在服务国家科学发展的同时，努力实现自身的科学发展，为我国多党合作事业的巩固和发展、为民进事业的发展书写新的篇章。

最好的纪念

许嘉璐

雷老突然去了！虽然自她过完105岁生日起，我们已经有了一些思想准备，但是她的离去对于我们来说还是太突然了！哀痛猛然而至，不知所以。

雷老一生谦逊务实，不喜欢颂扬之词。今天我们追思她，我无需再一次叙述她一生为国家、为人民所建立的卓然业绩和她走过的百年光辉道路。

这几天我一直在品味、深思、反省。1月9日，在送别了雷老之后，我夜不能寐。20多年来聆听她教诲和在她手下工作情景的碎片，轮流和反复地出现于眼前。我知道，回忆她、怀念她，最重要的是用她作为明亮的镜子反照自己，净化自身。

她年轻时之所以负笈西行，独自求学于美国，回国任教于大学后之所以毅然南下江西投身抗日工作，将进中年之所以和追求和平与民主的前辈与同道汇聚于沪上、之所以参与创建中国民主促进会，不久之后之所以能够横眉冷对反动暴力、愈战愈勇，当祖国黎明到来时，她之所以兴奋无比地投身于建国大业和此后的建设事业，这一切的一切，寻根究底，都是因为她一生的崇高追求和由此而生的高贵品德。在她心里唯有国家、唯有人民，没有自己。她是一个高尚的人，一个纯粹的人，一个有道德的人，一个脱离了低级趣味的人，一个有益于人民的人。唯其如此，所以她在江西第一次见到周恩来同志，就如找到了归宿，找到了家，从此追随中国共产党，七十年来未尝少懈。

这才是雷老留给我们取之不尽、用之不竭的宝贵遗产。

雷老是我国统一战线当中的巨人、是前辈知识分子的典型，是我们后来人的楷模。

雷老始则为国家的和平和独立、人民免于涂炭而奋斗；继则为国家的富强、人民幸福而尽力。直到她的晚年，仍在时时关心着城乡的妇女、儿童、学生，关心着教育，关心着远方的一次次自然灾害。她一生淡泊、俭朴，无可无不可，而对工作，则殚精竭虑，一丝不苟。她善于听取各种意见，择善而从，直至90岁，每次会议必亲自记录，然后做出大家都无异议的结论。即使离开领导岗位之后，她仍关心着祖国的动态和民进的工作。92岁，她离开领导岗位时，对后来者充满信任，不断鼓励，而对民进的工作从不干预，每次我们去向她汇报，她都拒绝“汇报”、“指示”一类词语，只是称赞“你们做得好、你们做得好”。是雷老给民进树立了老同志对新班子“协助而不干预，支持而不添乱”的良好风气。不但与她同时退下去的陈舜老、楚老同样如此，一直到我们，怀西同志、立平同志也依然如此。民进中央的团结在不断地加强，这是雷老的赐予。

在雷老生命的最后时刻，我看到她安祥地躺在床上，象是在安睡。我不禁要痛哭，但是我知道，不应该用泪水为她送行，因为她一生达观、快乐，现在她静静地、无痛无苦地睡在那里，不该用她不喜欢的方式打扰她，我强忍住了。但对她的思念却难以终止。

雷老走了，这样突然！这更激励我要像她那样，无我无畏，忧国忧民，生命不息，奋斗不止；走她所走的路，鞠躬尽瘁，死而后已。这是对她最好的纪念。

雷老千古！

牢记谆谆嘱托 传承光荣传统

罗富和

2011 年 1 月 9 日，敬爱的雷老平静地、安详地离开了我们。

雷老出生在广州，祖籍是广东台山。她一生情系故乡，也始终关心着广东民进的发展。而今，故人已去，音容犹在。雷老与广东民进的点点滴滴都已成为历史的定格，永远珍存在我们的记忆中，成为广东民进成长历史中最珍贵的篇章。

广东民进有着光荣的历史，可以从广州市委会上溯到民进第一个地方组织——1948 年成立的民进港九分会。我们同样引以为荣的是，广东民进从成立之初到发展壮大的过程中，一直得到雷老的亲自关怀和悉心指导。从上世纪 50 年代起，雷老曾 14 次回到广东，接见广东民进的领导班子、机关干部和会员，参与和指导了广东民进的许多重要会议、重要活动，3 次为广东民进题词。1951 年，她 3 次参加民进广州市分会筹委会的会议，指导广州市分会的筹备工作。20 世纪 80 年代，广东民进亲聆雷老的教诲：民进的组织发展要根据参政议政的形势要求，“要搞彩色电视，不要搞黑白电视”，要在主要的优势领域之外，发展其他领域的人才，以充实参政议政的队伍。这对于当时广东民进着手改善组织的界别结构，向参政党转型起了重要的促进作用。

2002 年 8 月，97 岁高龄的雷老最后一次返回故乡，给我们留下两个嘱托。嘱托之一是在家乡台山建立民进组织。1984 年至 2002 年，雷老 4 次回乡省亲，都关怀过问此事，多次表达这一愿望。民进广东省委会、民进江门市委会深知雷老心愿，也一直致力于推动此事。在三级中共党委统战部的帮助下，经过 20 多年的努力，2009 年 7 月 29 日，民进台山市支部终于成立，实现了雷老多年的夙愿。那时，104 岁的雷老已卧病在床，听到消息顿时眼泛泪花，并专门致电表示祝贺。民进台山支部成立仅一年多，调研提交的提案《关于加快东区城市开发的建议》被台山市政协列为 2010 年一号提案，台山支部被民进中央评为民进全国先进基层组织，能为雷老达成夙愿，我们甚感欣慰。如今，在民进第一个地方组织的行列里，这个最年轻的基层支部，朝气蓬勃、生机盎然，也足以让前辈宽慰。

嘱托之二是继承传统发展民进。雷老在广州期间，接见了前来拜候的民进广东省委会新老领导班子。在听取了我们的工作汇报之后，雷老不时点头赞许，并语重心长地说：“光荣属于你们！”“新的一代要在老一辈传统的基础上创造出新的方法来发展民进。”回京后，雷老欣然为广东民进题词：“以党为师、立会为公、参政为民、服务为本。”这 16 个字，涵盖了多党合作制度的基本要义、民进优良传统、宗旨纲领及参政党职能等重要内容，体现了弘扬民进传统、坚持立会为公在参政党自身建设中的重要价值。广东省委会牢记雷老的教诲，把雷老的题词确定为省委会的工作总思路，广东民进六大期间，代表们又一致同意把它提升为广东民进健康发展的核心价值。

从此之后，广东民进就有了引领会员、凝聚会心的旗帜。大家紧密地团结在一起，弘扬和践行广东民进的核心价值，齐心协力地推进广东民进的工作。遵照雷老的嘱咐，我们创新性地开展参政议政、社会服务工作，在思想建设、组织建设、制度建设、机关建设等方面进行大胆探索。核心价值的确立，专门委员会的充实调整、参政议政机制的建立完善，广东民进网站的率先开通，网上支部生活、网上议政平台的构建，网上“最具特色支部生活”的评选，会内监督工作的开展，机关“四项建设”思路的提出和实践等，都是我们沿着雷老指引的方向，探索建设高素质参政党思路和方法的尝试。近年来，广东民进成绩的取得，正是由于有了核心价值的引领和凝聚，正是由于我们在工作中认真实践了雷老的政治嘱托。

每每忆起往事，我们就像沐浴着她的慈祥目光，聆听着她的谆谆教导。她用自己的人生历程和高风亮节，身体力行地为我们树立了“以党为师、立会为公、参政为民、服务为本”的光辉典范，她是中国民主促进会永远的骄傲。

广东民进将时刻铭记雷老的殷殷嘱托，弘扬和践行核心价值，将民进老一辈的优良传统代代传承。我们将用广东民进的新成绩、新发展，作为对雷老最真挚的告慰和怀念。

雷老永远站在我们队伍的前列，她和先辈们像明灯，永远激励和指引着我们在正道上前行。

无尽的追思

——雷洁琼同志缅怀室

2011 年 1 月 9 日下午 5 点 38 分，中国民主促进会的创始人之一和卓越的领导人雷洁琼同志与世长辞。翌日根据民进中央十二届十四次主席会议的决定，在民进中央设立了“雷洁琼同志缅怀室”。此后，这里成为民进中央和北京地区民进组织及广大会员，乃至全国各地民进组织、社会各界寄托哀悼之情、追思雷老光辉一生的重要场所，留下了一幕幕感人的场景。

缅怀室布置得既庄严肃穆，又亲切温馨：北面安放着雷老微笑的遗像，被鲜花簇拥着，上方悬挂着“沉痛哀悼雷洁琼同志”的横幅；东西两面悬挂着四幅雷老工作、生活的珍贵照片；南面摆放着雷老 2002 年 3 月回广东台山探亲时，既是为民进广东省委会题词，也是对民进全会的嘱托：“以党为师 立会为公 参政为民 服务为本”，这幅题词已被嵌入相框，和雷老百岁以后的三幅彩照放在一起，这三幅照片是罗富和常务副主席亲自为她拍摄的。人们一进入室内，立刻被沉痛哀悼、深切缅怀的氛围所感染，对雷老的崇敬之情油然而生。

在缅怀室的入口处放置着“深切缅怀雷洁琼先生”的吊唁簿。1 月 10 日，最早送来的是正在丰台区某会议中心参加民进中央十二届十四次主席会议的严隽琪主席、罗富和常务副主席和冯骥才、潘贵玉、王佐书、贺旻、刘新成、蔡达峰、朱永新副主席的签名。会议刚结束，严隽琪、罗富和、王佐书、朱永新前来缅怀室吊唁，并指导大家工作。张帆副主席也马上从福建赶到北京参加悼念活动。

在民进中央各部门负责人带领下，各部门同志分别陆续进入缅怀室悼念雷老，同志们排着整齐的队伍，一个接一个地走到雷老遗像前，向我们敬爱的雷老三鞠躬，之后静立在后排默默地追思。高友东主任代表办公厅全体同志留言：“深切缅怀雷老 雷老永远活在我们心中！”民进中央组织部、宣传部、社会服务部、参政议政部、研究室的同志们也在吊唁簿上签下了自己的名字。民进中央联委会留言：“有思有行 丰功伟业始民进；至善至正 道德文章示后人”。

在这段日子里，北京地区前来缅怀室悼念雷老的人络绎不绝：雷老生前担任过四届主委的民进北京市委及各区工委的负责人、机关干部和基层会员来了；已故马叙伦主席的孙子马元与北京民进直属科技联合支部的会员一起来了；北京市大、中、小学校的民进会员们纷纷前来……他们有的手执黄色菊花，有的集体抬着花篮；有的古稀老人拄着拐杖由亲人搀扶着前来，有的会员带着自己的儿女赶来。

民进北京朝阳区北片联合支部原主任杨丽娟的女儿在美国北亚利桑那大学留学回国探亲，她从小就听说雷老的品格风范，对雷老非常崇敬。1 月 14 日她推掉别的安排，随母亲同来缅怀雷老，并说如果不是定好 15 日早 8：45 的返程机票，一定要到八宝山送别雷奶奶！民进北京市直属经济企业支部的年轻会员肖九庆带着 5 岁的儿子冒着严寒前来吊唁，孩子的小脸冻得通红、小手冰凉。在爸爸的引领下，他向雷奶奶三鞠躬，并用稚嫩的童音说：“雷奶奶一路走好！”男孩握着比手指还粗的签字笔，恭恭敬敬地在吊唁簿上写下自己的名字——肖天朋。这些签名和留言背后的故事催人泪下。

雷老的学生，北京大学社会学教授佟新在吊唁簿上深情写道：“雷先生永远活在我心中。”民进清华大学委员会留言：“深切缅怀敬爱的雷洁琼主席。”民进大学联合一支部全体会员集思：“寿越百岁，效劳国民，中心是悼！民主先驱，女权先驱，坦迎风雷！践身学界，楷模精英，冰清玉洁！倡导和谐，垂范千古，传奇女琼！”每一句最后一字连成：悼雷洁琼。民进北京市委退休支部集体合作：“雷老：您是一颗灿烂的星星，您是一面火红的旗帜。您是追求民主的战士，您永远活在我们心中！”民进陈经伦中学支部写下：“肝胆相照为国家，荣辱与共促民主。”北京市西城区育民小学民进支部全体会员泣书“深切缅怀　无限思念”。民进北京朝阳区委题诗：“百年民主梦 一生奉献多 无私存大爱 风骨耀中国……”

广东台山家乡的亲人代表向雷老遗像三鞠躬后，久久伫立；许多会员眼含泪花，向敬爱的雷老告别，祝雷老一路走好；有的会员轻轻地说，雷老是我们老师的老师；有的会员动情地说，太伟大了，高德高寿。许多人默默无语，深情地望着缅怀室内四面悬挂的雷老照片，不愿离去……

1月14日上午，民进28个京外省级组织的领导从机场、火车站一路赶往民进中央，他们要在这里代表全国各地民进会员留下对雷老的深切怀念。“精神不移 风范长存 广西陈自力”；“湖南民进全体会员沉痛悼念敬爱的雷老 谢勇”；“雷老永远活在云南民进全体会员心中 罗黎辉”；“民进甘肃省委会深切缅怀敬爱的雷老 李国璋”；“世纪前辈今长辞 民主伟业后人继 深切缅怀敬爱的雷老 安徽民进 吴永发”；“江西省民进全体会员深切缅怀敬爱的雷主席 陈洪萍”，同时她还带来了民进江西省委敬献给雷老的精制挽联：“下关豪气 亮节犹存 功垂青史万古　民主先驱 英灵永在 德泽后人千秋。”

写出来的记录是浅浅的，全体民进会员的心意是深深的。虽然我们没有一一列出前来悼念的单位和个人，没有把所有的签名和留言都写在本文中，但是我们留存了所有的记录。历史将留下这个瞬间，民进全会将铭记这个瞬间！

雷老将永远活在我们心中！

永远的怀念

——雷洁琼同志网上追思会

2011年1月20日，民进中央宣传部发布本报道。

民进中央网站于1月11日开通“雷洁琼同志网上追思会”，为不能来京追思悼念雷老的各界人士提供了网上祭奠雷老的平台。“雷洁琼同志网上追思会”迄今有500余条评论，参与者既有民进的各级组织、民进会员、民进机关专职干部，也有一直以来关注民进的“民进之友”和热心网友；参与范围遍及27个省、自治区、直辖市，68个地级市，42个民进支部，有200余名民进会员、100余名专职干部和网友积极参与网上悼念。

“敬爱的雷老，我们永远怀念您！您是我们民进的楷模”，“敬爱的雷老，一路走好！您身上所体现的坚定信念、优良传统和高尚风范，永远是我们学习、发扬和传承的精神财富！”……在民进中央网站的“雷洁琼同志网上追思会”上，一行行充满感情的字句寄托了对雷老的无尽哀思，表达着对雷老的深深的敬仰和怀念之情。

民进上海市委副秘书长兼参政议政部部长于建达深情地回忆了1988年底民进六代大会期间，为八位民进前辈合影的往事：“我当时负责会议的摄影，突发创意：能否为这八位前辈留个合影。这想法得到梅达君、宓益群的大力支持，并由他们向时任主席的雷老转达。雷老知道我们有这一想法，欣然同意。在民进中央宣传部时任副部长毛启邠的帮助下，八位创始人留下了这张珍贵的合影。合影后，我斗胆向雷老提出与她合影，雷老同意了，她坐在沙发上，美丽而慈祥，我站在她的身后，忐忑而幸福……忆及此处，不禁泪流满面……”

民进会员，黔西南州普安县罗汉乡原乡长、副县长，现任黔西南州农科所副所长罗长艳讲述了雷老对教育事业的关心，以及民进组织对当地教育的推动：记得在您96岁的2001年，您为贵州省黔西南布依族、苗族自治州普安县罗汉乡原烂田小学，亲自题写校名“民进上海自强希望小学”（此学校由民进上海自强进修学院校长、民营企业家孙荣祥捐款修建，民进中央原常务副主席张怀西亲临现场为学校剪彩）。在您老的鼓励和民进各级组织的支持下，民进上海自强希望小学生源不断，教学质量不断提高，今年升学率100%，罗汉中学中考获全县第一。在此我用罗汉中小学的事实说话，请您放心，您开创的事业我们一定发扬光大。

署名“民进之友（贵州金沙）”的网友写到：雷老是中国民主促进会的创始人之一和卓越领导人，为民进的创立和发展付出许多辛劳，作出了重大贡献。自1988年6月毕节试验区建立，金沙县被列为民进中央对口帮扶县以来，在雷老等民进中央领导的长期关心下，民进中央与金沙人民携手开启攻克“开发扶贫、生态建设、人口控制”世界性三大难题的新篇章，积极开展以教育、医疗、卫生为重点、以人员培训为主要形式的帮扶活动，有力地推动了金沙县教育、医疗卫生、文化事业的迅速发展，为金沙经济社会发展作出了积极贡献。雷老的辞世是民进的巨大损失，也是金沙县64万各族人民的巨大损失。

网友“民主科学的追随者”写到：从雷老身上让我看到了一代仁人志士以天下为己任的高度责任感，从雷老身上让我感到了老一代知识分子为中华之崛起发奋读书并学以致用、情系桑梓、报效国家的高贵质量，从雷老身上又让我感到了一代社会学人忧国忧民、为民求法、造福百姓的幸福观。

……

字里行间，饱含着大家对雷老的缅怀和不舍；桩桩件件的往事，清晰折射出雷老高大而亲切的形象。在寄托哀思的同时，更多人将悲痛和怀念化为了前进的动力：“誓将化悲痛为力量，继承雷老爱国爱民、无我无畏、崇尚民主、淡泊名利、坚持真理的高风亮节，坚持接受中国共产党的领导，为促进我会的自身建设，为完善中国共产党领导的多党合作和政治协商制度，为推进我国社会主义现代化事业努力奋斗。”

雷老永远活在我们的心中，她的精神将鼓励我们继续前行。

中央委员会篇

重 要 文 件

【中国民主促进会第十二届中央常务委员会向五中全会作的工作报告】

中国民主促进会第十二届中央常务委员会工作报告

（2011 年 12 月 9 日中国民主促进会第十二届中央委员会第五次全体会议通过）

严隽琪

各位委员、各位同志：

我代表中国民主促进会第十二届中央常务委员会，向大会报告工作，请予审议，并请列席的同志提出意见。

在即将过去的 2011 年里，全国各族人民热烈庆祝中国共产党成立 90 周年，隆重纪念辛亥革命 100 周年，走中国特色社会主义道路的决心更加坚定；面对国际国内的复杂变化，在中国共产党的领导下，我国有效应对各种挑战，弘扬改革创新的时代精神，坚持以科学发展为主题，以转变经济发展方式为主线，保持经济平稳较快发展，推进社会主义民主政治建设，发展社会主义先进文化，加强社会建设和创新社会管理，实现了“十二五”时期的良好开局，社会主义现代化建设事业取得新成就。民进与时代同行，履行职能和自身建设都上了一个新台阶。

此次民进中央全会的主要任务是：深入学习胡锦涛同志在庆祝中国共产党成立 90 周年大会上的讲话精神和中共十七届六中全会精神，认清形势对参政党建设和履行职能的新要求、总结一年来的工作、部署明年的工作。为推动高素质参政党建设再上新台阶，为圆满完成本届中央委员会各项任务起到统一思想、鼓舞干劲、明确任务的作用。

2011 年工作回顾

根据形势与任务的要求，我会坚持与中国共产党思想上同心同德，目标上同心同向，行动上同心同行，以树立和践行社会主义核心价值体系和提高履职能力为重点，扎实推进适应时代要求的高素质参政党建设；坚持“有思有行、集智聚力、顺势而为、开拓创新”的工作方针，以推动科学发展为第一要务，以促进经济发展方式转变与保障和改善民生为着力点，围绕“十二五”规划的全面实施积极建言献策，开展社会服务，全会各项工作取得新进展。

一、紧密结合形势，推动我会思想建设取得新进展

会中央带领全会以庆祝中国共产党成立 90 周年和纪念辛亥革命 100 周年为契机，以深化树立和践行社会主义核心价值体系为重点，继承和弘扬我会的优良传统，推进学习型参政党建设，加强理论研究，提高我会思想建设的水平，不断巩固多党合作的思想政治基础。

1．重温历史、同心同行，深入开展优良传统教育活动。

会中央以与中国共产党“同心、同德、同向、同行”为主题，隆重庆祝中国共产党成立 90 周年。印发《民进中央关于在全会开展庆祝中国共产党成立 90 周年活动的安排意见》，召开民进庆祝中国共产党成立 90 周年座谈会，举办了民进全国书画精品邀请展，开展了参观中共党史和民进会史教育基地、读书征文、知识竞赛、红歌会等一系列活动。各级地方组织围绕庆祝建党 90 周年的主题，结合当地实际情况组织开展了各具特色的学习、参观和教育活动，做好主题宣传、教育和引导工作。

我会创始人和卓越领导人之一雷洁琼同志逝世后，全会各级组织和广大会员沉痛悼念并深切缅怀雷老与中国共产党肝胆相照、亲密合作的一生，深入学习她为祖国、为人民、为事业执着追求、无私奉献的崇高精神，自觉践行社会主义核心价值体系。会中央与中共中央统战部联合召开了雷洁琼同志追思会，会中央领导撰写纪念文章，民进网站推出《永远的怀念》专题、开设网上追思会，《民主》杂志开设纪念专栏，寄托哀思和敬仰。会中央出版《雷洁琼纪念文集》、《雷洁琼画传》，积极筹办“世纪老人雷洁琼百年光辉人生爱国主义图片展览”，进一步引导全会以雷老等民进老一辈领导人为榜样，坚持中国共产党的领导，坚定中国特色社会主义的理想信念。

会中央召开民进全国会史工作会议，总结交流经验，部署工作，重点就“口述会史”和会史教育基地工作进行研究；开展征集民进创始人重要历史文物工作，得到了省级组织和民进前辈亲属的积极支持，周建人、雷洁琼、林汉达等前辈的亲属相继向会中央捐献了多件物品，对增强优良传统教育的实效性发挥了很好的作用。

2. 加强学习、完善机制，推动学习型参政党建设。

会中央以深入学习胡锦涛同志“七一”重要讲话精神、中共十七届五中、六中全会精神和“十二五”规划为重点，强化学习理念，完善学习机制，营造学习氛围，切实加强全会的理论学习。会中央坚持集体学习制度，注重发挥中心学习组和常委会的引领作用，一年来共组织 8 次专题学习，会中央领导带头撰写理论文章，做客新华网；通过发出学习通知、组织专题研讨、邀请专家讲课、编发学习简报、制作专题网页、开展理论征文、举办网上有奖征答等，有力地推动了各级组织的学习，扩大了学习的覆盖面；各级组织通过举办各类学习班、读书班、座谈会、研讨会、报告会，推动全会的理论学习，增进了全会的思想共识。

会中央按照“理论研究与实际工作互相促进”的要求，紧密依靠会内外研究力量，就会员关心的重大理论问题和参政党建设及履行职能中亟待解决的现实问题，积极推进理论研究工作。制定印发 2011 年参政党理论研究课题，开展课题招标，重点对高素质参政党建设、民进的优良传统及时代价值、学习型参政党建设、提高民主党派参政议政水平和增强民主监督实效性等问题进行了深入研究；整合会内外理论研究资源，同中央社会主义学院加强合作，筹备建立“民进中央——中央社院参政党建设理论研究中心”，为进一步提高我会参政党理论建设水平创造积极条件。

3. 树立典型、强化示范，激发广大会员双岗建功的责任感。

会中央坚持树立和践行社会主义核心价值体系的实践特色，在全会开展了“双岗建功”活动，引导广大会员向“身边人”学习、从“身边事”做起，在本职岗位和党派工作中建功立业，激发广大会员立足本职、投身会务的积极性和创造性。“双岗建功”活动涌现出一批政治立场坚定、工作成绩突出、参政议政积极、社会形象良好的先进典型和贴近实际、贴近生活，贴近会员的感人事迹，成为我会践行社会主义核心价值体系具体要求的生动教材。会中央召开树立和践行社会主义核心价值体系先进会员事迹宣讲大会，推选先进会员进行了宣讲，人民日报、光明日报、人民政协报、团结报和民进网站等传媒对我会 60 多个先进典型进行了宣传，使广大会员学有榜样、行有示范。会中央还专门召开会议，总结树立和践行社会主义核心价值体系的阶段性经验，引导地方组织把“双岗建功”活动不断引向深入。

在中共中央统战部、人力资源和社会保障部、各民主党派、无党派人士和全国工商联联合开展的“各民主党派、工商联和无党派人士为全面建设小康社会作贡献评选表彰活动”中，我会有 17 名会员、4 个集体、5 项建言献策优秀成果、6 项社会服务优秀成果受到表彰。

二、加强人才队伍建设，会中央与省级组织换届筹备工作正式启动

全会深入贯彻落实民进全国组织工作会议和民进全国先进地方组织、先进基层组织表彰大会精神，着力加强领导班子建设、后备干部队伍建设，会中央与省级组织换届工作正式启动，有序推进会内民主，人才队伍建设呈现新局面。

1．进一步加强领导班子建设。

会中央以领导班子建设推动制度建设、作风建设，在民主决策、联系基层、指导地方工作等方面取得新进展。切实贯彻民主集中制，坚持集体领导和个人分工负责相结合，完善重大事项决策体系和研究机制，有效提高了决策的效率和质量；坚持谈心会制度，开展班子成员集体谈心、个别谈心，与中央常委、地方组织领导班子成员谈心，营造民主务实、团结和谐的氛围；贯彻领导班子下基层制度和代表联系办法，会中央主要领导今年分赴29个省级组织进行调研，通过谈心、召开座谈会、参加基层支部生活会、与地方党委和统战部门进行沟通等方式，了解会员思想动态和组织建设情况，推动了会中央与地方工作的相互促进。部分省级组织通过建立谈心会制度，开展届中述职和民主评议活动，切实加强领导班子建设，为换届工作营造了良好的氛围。今年，全会14个省级组织完成届中调整，市县级组织换届基本完成，一批年富力强、德才兼备的同志走上各级组织领导岗位，许多老同志在换届中正确对待个人进退，淡泊名利，发扬了立会为公的优良会风。

2．大力培养后备干部队伍。

全会认真贯彻落实《2010—2020年党外代表人士教育培训改革和发展纲要》精神，建立健全后备干部的发现选拔、培养锻炼、动态管理、推荐使用的良性机制，规范完善后备干部工作程序，为我会更好地完成换届工作和履行参政党职能做好人才储备。会中央进一步加大了干部培训力度，举办了两期“民进全国骨干会员培训班”和“民主党派中青年干部多党合作专题研究班”，培训了来自29个省级组织的120名骨干会员，还推荐了近50名骨干会员和新任市级组织领导班子成员参加了中央统战部和中央社会主义学院举办的各种培训，完成了轮训300余名骨干会员的三年规划。会中央进一步加大了推荐使用力度，对会中央专门委员会进行了调整，增补了8名副主任、6名委员，推荐优秀骨干会员任职，推荐7位会员担任最高人民检察院特约检察员。积极推广使用民进组织管理系统，进一步提高了我会组织管理工作的科学化、信息化水平。

3．会中央与省级组织换届筹备工作正式启动。

“民进中央换届工作领导小组”正式成立，制定了《民进中央关于2011—2012年省级组织换届工作的意见》和《中国民主促进会第十一次全国代表大会代表名额及代表产生办法》，指导省级组织深入领会和把握换届文件精神。会中央加强与各省中共党委和统战部门的沟通协商，协助省级组织做好换届人选的酝酿、协商、提名等工作。各省级组织按照会中央的要求和部署，成立换届工作领导小组，制定换届工作方案，在做好市级组织换届工作的同时，积极筹备省级组织的换届。截至今年年底，全会市级组织换届工作将基本完成，会中央和省级组织换届工作正在积极筹备之中。

4．有序推进会内监督工作。

会中央切实加强会内监督，有序推动会内民主，中央监督委员会扎实开展工作。中监委听取中央常委对全会工作的意见和建议已成为一项制度，今年的中监委第六次全体会议，重点听取了常委们对全会机关建设工作的意见和建议，主席会议和主席办公会议对这些意见建议进行了专门研究，要求各级组织进一步加强机关建设、改进机关作风，取得了较好效果。中监委还进一步加大了对省级组织监督工作的指导，推动条件成熟的省级组织成立监督委员会，促进省级组织建立和落实领导班子民主生活会、谈心会、述职和民主评议制度。目前全会10个省级组织建立了监督委员会，18个省级组织开展了谈心和述职，在一些市级组织还建立了监督委员会试点。各级监委会将监督工作与换届筹备工作全过程相结合，促进换届工作程序的规范化、严肃换届工作纪律，努力营造风清气正的换届环境。

三、围绕改革与发展的大局，积极履行参政议政职能

今年，会中央将推动科学发展和加快转变经济发展方式作为履行职能的首要任务，将促进社会和谐稳定作为义不容辞的责任，将推动“经济增长速度与结构质量效益相统一、经济发展与人口资源环境相协调”、“以保障和改善民生为重点的社会建设”、“社会主义文化大发展大繁荣”作为参政议政的重要内容，将参政议政与民主监督相结合，深入开展调查研究，建睿智务实之言，谋科学发展大计。

1．围绕经济社会发展中的重大问题，做好高层协商工作。

在中共中央、国务院和相关部门召开的协商会、座谈会、情况通报会等各种会议上，会中央围绕党和政府关心、人民群众关注的重点热点难点问题，积极建言献策。高度关注经济平稳较快发展，提出了拓宽民间投资渠道，强化风险意识促进经济社会安全发展，制定共同而有区别的目标体系等建议；高度关注文化建设，提出了实施文化强国战略，构建中国特色社会主义文化法律体系，理顺文化管理体制等建议；高度关注司法改革，提出了要维护司法公正和社会正义、继续深入推进司法体制改革、重视推广基层司法机关的创新经验等建议；高度关注“三农”问题，提出了鼓励农民和农民专业合作组织参与农产品营销，保障农副产品供应等建议；高度关注教育问题，提出了中部地区崛起需要优先发展高等教育，通过完善制度环境促进民办教育发展等建议；高度关注海洋事业，提出了加快制定国家海洋发展战略，完善国家海洋法律制度体系等建议。

2．围绕转变经济发展方式、保障和改善民生，做好政协的发言、提案和信息工作。

全国政协十一届四次会议期间，会中央提交党派发言3件，党派提案24件，民进组提案7件。张帆副主席代表民进中央作了《建立文化强国战略，增强国家文化软实力》的发言，陈凌孚委员、卫小春委员分别作了《立足国家民族未来，加快振兴学前教育》、《实施林木年度直补，加快实现兴林富农》的个人发言，这是十一届政协四年来，民进大会发言数量最多的一年。会中央《关于发展生产性服务业，促进中小企业产业升级的提案》、《关于加强我国食品添加剂行业监管的提案》、《关于加快制定“学前教育法”的提案》、《关于加强对玉米等农作物育种的支持力度，维护国家粮食安全的提案》、《关于推进“文化走出去”战略的提案》等5件提案被列为重点办理提案，全国政协专门召开了提案办理协商会；《关于尽快提高稀土资源税税率的提案》、《关于尽快启动实施全国重点地区防沙治沙工程的提案》、《关于尽快修订“促进科技成果转化法”的提案》、《关于尽快修订“中华人民共和国土地管理法”的提案》等4件提案被列入重要提案摘报；《关于“十二五”时期深入实施知识产权战略，建设创新型国家的提案》得到了有关方面的高度重视，国家知识产权局与全国政协提案委员会联合民进中央、中编办、工商总局、版权局、法制办、保监会组成调研组赴湖南、四川等地调研，进一步推动国家知识产权工作发展。在全国政协召开的文化、经济和教育记者招待会上，民进政协委员冯骥才、蔡继明、王康既介绍了自己对相关问题的思考，也向新闻媒体和社会大众介绍了民进全会的参政议政成果，展示了民进“情系民生，参政为民”的良好形象。

会中央向全国政协报送信息527期，向中央统战部报送103期，被全国政协采用69期。其中，《加强我国民族地区艾滋病防治工作》、《高度重视有机肥有毒有害物质普遍超标而造成的农产品安全问题》、《三峡水库水体富营养化及水华调控对策》、《对农作物水肥一体化实行财政补贴提高农业抗旱成效》等信息得到有关领导的批示。

3．关注重要领域和关键环节的改革发展，深入开展调查研究。

今年，会中央在教育领域着重关注民办教育发展和教师队伍建设，将“完善制度环境，促进民办教育发展”作为年度重点调研课题，赴江西开展调研，并在云南、湖北和广西进行了前期调研，在浙江、河南和福建进行了补充调研，同时联合各省级组织在本省开展调研，在调研成果的基础上形成了致国务院的建议书，为推动民办教育的进一步发展提出建议；举办了以“推进教育家办学，促进教师队伍专业化发展”为主题的中国教师发展论坛，对教师队伍建设在国家教育改革发展整体布局中的重要意义等问题进行了研讨，论坛还向全社会发出了《促进教师专业发展潍坊倡议》。同时，会中央还向中共中央提交了《关于国家教育事业发展“十二五”规划的建议》、《关于高校科研体制改革的建议》、《关于加强学校安全管理工作的建议》、《关于规范“双语教学”的标准解释的建议》等多份建议书。

会中央与相关省级组织围绕推动经济结构转型、“两型”社会建设、区域协调发展、传统文化保护等改革发展的重要领域和关键环节合作开展调研；面对安全生产事故和公共安全事故频发的情况，向中共中央提交了《关于落实科学发展观，确立安全发展理念的建议》；围绕敦煌水资源开发利用和生态环境保护问题开展调研，国务院有关部门已于近日批准了《敦煌水资源合理利用与生态保护综合规划》；围绕环境教育立法开展调研，促成了《宁夏环境教育条例》的出台；举办以“复兴中华文化、构建核心价值”为主题的“江海文化论坛”，深入探讨当代文化核心价值体系、中华文化走出去与文化安全等问题；围绕文物保护工作开展调研，为加强文物保护力度，继承中华民族优秀的历史文化遗产提出建议；围绕大别山革命老区和武陵山少数民族地区经济社会发展开展调研，为实现中部崛起战略，推动区域协调发展建言献策。

四、深入实际，开拓创新，推动社会服务工作取得新成效

会中央坚持社会服务的政治性、公益性和务实性原则，调动各级组织和广大会员的积极性，不断整合会内资源、开拓工作资源，积极推动“同心工程”，扩大社会服务品牌影响，在为社会和谐作出可喜成绩的同时，锻炼和扩大了人才队伍。

1. 积极参与毕节试验区建设。

会中央组织会内外教育专家就毕节试验区教育问题深入开展调研论证，帮助制定了毕节地区教育人才培训规划，举办毕节地区教研员和骨干教师暑期培训班，并推动各地方组织与金沙县有关乡镇、教育局、学校签订“同心·彩虹行动”对口支持协议，推动通过远程教学系统实现名师教育资源的共享；引导或支持企业家会员投资毕节，如“开明同心大市场”等项目落户金沙，为当地发展注入新的活力；依托中国林业科学院和“毕节专家顾问组”，为当地治理石漠化提供科技咨询。据统计，今年全会有 327 人次到毕节试验区考察调研、开展智力帮扶；组织外出培训 471 人次；资助金沙县 238. 74 万元，捐赠物资价值 730. 79 万元；举办各类培训班 15 期，培训教师医务人员 2508 人次，联系落实民进企业家在金沙县投资 25. 5 亿元，对推动毕节地区经济社会发展和教育质量的提高作出积极贡献。会中央继续开展贵州省安龙县定点扶贫工作，资助建设小型水窖，支持当地抗旱工作。

2. 积极参与新疆跨越式发展。

我会认真贯彻落实中共中央新疆工作座谈会精神，开展了以教育、文化、医疗为特色的援疆扶贫工作。会中央召开了民进企业家参与新疆跨越式发展建设座谈会，支持民进企业家会员在新疆投资高科技项目和煤化工项目；举办“同心·彩虹行动 2011 年新疆中小学校长培训（圣雄）班”，组织新疆和田市和托克逊县 50 名少数民族中小学校长来京进行培训；与全国防盲指导组、北京同仁医院的专家合作为阿勒泰地区部分贫困白内障患者免费实施复明手术。会中央联络委员会、民进北京市委会、黑龙江省委会及部分企业界会员开展了文化、教育、医疗捐助活动，为新疆捐赠价值 400 多万元的设备和物资。民进为推进新疆跨越式发展和长治久安直接作出了贡献。

3. 加强对会内新阶层人士的引导和服务。

支持引导会内新阶层人士在国家经济社会发展中发挥积极作用是我会社会服务工作重要方面。通过企业家联谊会联席会议，引导企业家联谊会加强自身建设，进一步发挥桥梁和纽带作用。全会各地企业家联谊会，积极组织咨询服务、考察调研和公益慈善等活动，服务地方经济社会发展；积极反映民办教育界会员的需求和建议，有的还努力帮助会员解决实际困难。不少地方组织通过建立民进艺术团和书画院等工作平台，广泛凝聚文化界会员力量，为促进我国的文化大发展大繁荣贡献力量。会中央筹建开明慈善基金会的工作也得到企业家会员们的热情支持。

4. 拓展工作渠道，实现海外联谊的新突破。

会中央积极推动新形势下海峡两岸教育文化交流，今年先后接待台港澳客人 8 批次、120 余人次，涵盖了文化教育、医卫、政党社团等多个领域；接待台湾民意代表交流参访团，促进互信和共识；以清明（寒食）文化为主题，成功举办了第九届海峡两岸中华传统文化与现代化研讨会；叶圣陶研究会基础教育考察团赴台访问，与近40位台湾基础教育界人士进行了充分交流，加强了与岛内有关教育团体的联系；与全国防盲指导组、北京同仁医院签署了“光明行”合作协议，共同组织“2011中非光明行”启程仪式，为非洲部分国家白内障患者开展免费复明手术，在非洲民间产生积极的影响。

五、开展民进创建先进机关活动，全面推进机关建设

加强机关建设是多党合作和民进事业发展的需要。会中央将机关建设作为今年我会自身建设的重点工作，坚持贯彻《公务员法》，扎实推进学习型机关建设，努力改进机关作风，提升干部的素质和能力。以“创建先进机关”和召开民进全国机关建设工作会议为抓手，推进全会各级组织机关加强自身建设，为建设高素质参政党提供有力保障。

1. 深入调研，积极推动全会“创建先进机关”工作。

今年会中央推动在全会各级组织中开展“创建先进机关”活动。在对我会各省级组织机关建设情况进行调研和广泛征求意见的基础上，会中央印发了《关于表彰民进先进机关的方案》，对创建工作进行了部署。我会各级地方组织积极响应，通过召开动员会、研讨会、机关建设工作会议、地区片会等多种形式，加强交流和研讨，共享成果和经验，切实推进了机关建设。本次中央全会之后，即将召开民进全国机关建设工作会议，表彰先进，总结经验，找出问题，明确进一步的目标，推动机关建设水平上新台阶。

2. 持之以恒，不断加强机关思想建设和作风建设。

将“政治交接”融入机关建设之中，积极探索参政党机关思想建设和作风建设的新方法。会中央和各级机关以庆祝中国共产党成立90周年、纪念辛亥革命100周年等重大活动为契机，以中共党史、会章会史、“十二五”规划纲要为主要学习内容，召开学习胡锦涛同志“七一”讲话座谈会，举办“开明论坛”等系列讲座、红歌会暨知识竞赛，开展读书征文活动等，扩大干部理论业务知识储备，提高干部思想政治素质，增进对中国特色社会主义道路、理论体系和制度的认同。进一步加强作风建设，召开中央机关工作作风动员会、座谈会，查找问题，改进作风，进一步增强了机关干部的大局意识、责任意识、服务意识，促进形成讲奉献、树正气、倡敬业的良好氛围，有力地推动各项工作的开展。

3. 多策并举，努力提高机关干部队伍素质。

根据党派机关公务员的实际情况，搭建和利用会内外各种干部学习教育平台，引导干部自主进行知识更新学习，不断提高干部队伍素质。会中央积极选派干部参加中组部、统战部等单位组织的各类培训班、学习班，组织干部参加在线学习培训、进行社会实践考察；继续选派干部到地方政府挂职锻炼、到基层支教锻炼，接收地方组织及相关单位干部到会中央机关挂职锻炼，进一步扩大干部视野和干部交流范围，激发了干部队伍活力，提高了队伍整体素质；坚持以人为本，发挥机关群团组织的作用，开展丰富多彩的文体活动，丰富干部职工的精神文化生活，增强机关的凝聚力，为干部成长进步营造良好的环境。

各位委员、各位同志，一年来，我会的各项工作虽然取得了新成绩和新进展，但距离高素质参政党的要求和广大会员的期待，还存在差距，如：思想建设的针对性、有效性需进一步加强；履行职能的能力有待进一步提高；集智聚力的体制机制尚需进一步完善；参政党理论建设尚需作出新探索；机关建设需要进一步加强等等。这些不足和差距，需要我们深入思考，提出对策，并努力改进工作，不断提高我会自身建设的科学化水平。

2012年工作部署

2012年对于国家的发展和民进的发展都是十分重要的一年。中国共产党将召开举世瞩目的第十八次全国代表大会，对中国特色社会主义事业的发展将产生深远的影响。我会将召开第十一次全国代表大会，全面总结本届中央委员会的工作，确定未来五年的目标和任务，选举新一届中央委员会。

当前，国际形势继续发生深刻而复杂的变化，各国相互依存和利益交融不断加深，世界政治力量对比有利于保持国际形势总体稳定，同时影响世界和平与发展的不稳定不确定因素也在增加。我国改革发展形势总的很好，全面建设小康社会取得重大进展，同时我们在前进道路上也面临一些亟待解决的突出矛盾和问题。面对复杂多变的国际形势和艰巨繁重的国内改革发展任务，全会必须认清形势，保持清醒头脑。2012年我会工作的总体要求是：以中国特色社会主义理论体系为指导，深入学习贯彻中共十八大精神、胡锦涛同志在庆祝中国共产党成立90周年大会上的重要讲话精神和中共十七届六中全会精神，坚持“有思有行、集智聚力、顺势而为、开拓创新”的工作方针，进一步统一思想、整合力量，提高履职水平，为推动社会主义文化大发展大繁荣做出应有贡献；做好中央和省级换届工作，认真总结经验，加强思想建设、组织建设、制度建设和能力建设，切实提高参政党建设的科学化水平，圆满完成本届中央委员会担负的各项任务。

一、认真学习中共十八大精神、胡锦涛同志“七一”重要讲话和中共十七届六中全会精神，不断推进我会的思想建设

中国共产党第十八次全国代表大会，将对我国经济社会发展和党的建设作出重要部署，对全面建设小康社会、加快推进社会主义现代化、开创中国特色社会主义事业新局面具有重大而深远的意义。胡锦涛同志在庆祝中国共产党成立90周年大会上的重要讲话，明确提出了新的历史条件下保持中国共产党的先进性和提高党建科学化水平的目标任务，深刻阐述了在新的历史起点上把中国特色社会主义伟大事业全面推向前进的大政方针。中共十七届六中全会做出了《关于深化文化体制改革、推动社会主义文化大发展大繁荣若干重大问题的决定》。我会各级组织要将深入学习中共十八大精神、胡锦涛同志“七一”重要讲话和中共十七届六中全会精神作为当前和今后一个时期首要政治任务，把思想和行动统一到中共中央的决策和部署上来，深刻认识新形势下我会肩负的使命和面临的考验，大力加强思想理论建设，团结引导广大会员继承弘扬民进优良传统，与中国共产党思想上同心同德、目标上同心同向、行动上同心同行，更加奋发有为地投身社会主义现代化建设，为我会十一大的召开做好思想和政治上的准备。

继续巩固树立和践行社会主义核心价值体系活动的成果，会中央将召开民进树立和践行社会主义核心价值体系总结表彰大会，总结经验，表彰先进。继续推进学习型参政党建设，会中央将印发《关于推进学习型参政党建设的意见》，把建设学习型参政党的成果和经验转化为履行职能的工作思路和举措。要加强会员思想状况的调研，及时掌握会员的思想动态，不断增强工作的针对性、系统性、预见性和创造性，提高我会自身建设的水平。

要紧密结合我会工作实际，大力推进参政党理论建设。重点围绕我会十大以来的工作实践，认真总结我会加强自身建设和履行职能的成果经验，研究参政党自身建设和发展的客观规律；贯彻落实民进全国会史工作会议精神，认真总结我会开展优良传统教育、体现优良传统时代价值的成果经验，推动我会工作实践，为换届提供精神动力。

二、做好会中央和省级组织换届工作，提高组织建设的科学化水平

明年，会中央和省级组织的换届是我会组织建设的关键环节，也是我会发展史上的又一个新起点，意义重大，影响深远。要着眼于多党合作事业的持续健康发展，立足新形势下我会组织发展的特点，突出深化政治交接、保持和发展进步性这一重点，对换届工作必须提高认识、加强领导、精心谋划、遵照程序、严守纪律、细致工作，确保平稳有序、圆满顺利。

坚持正确的价值导向，把换届作为发扬优良传统的思想教育过程，根据实际情况，增强思想工作的针对性。围绕加入民进“为什么、做什么和留什么”，政治交接“交什么、接什么和怎么接”等重要问题，引导干部和会员正确对待“名、权、位”和“进、退、留”，讲政治、讲大局、讲团结、讲奉献。要按照我会章程、组织制度和换届政策的要求，规范和完善民主推荐、民主测评、人选考察、大会选举等关键程序和制定操作性强的工作流程。严肃换届纪律，加强教育引导，增强大局观念、法纪观念，坚决抵制不正之风。坚持贯彻民主集中制，既要在会内充分发扬民主，又要做好同有关方面的协商，积极争取中共党委的领导、支持和帮助，确保政策的严肃性、选举的公正性和人选的群众基础。中央监督委员会要探索发挥监督作用的途径。各级领导班子成员要作表率，带头营造团结和谐、风清气正的换届环境。

以换届为契机，大力推进队伍建设。按照“政治坚定、结构合理、团结合作、工作高效”的目标，选拔德才兼备、公认度高的代表人士充实到领导班子，在保持我会界别特色基础上，使班子的结构、年龄梯次更加优化，班子成员之间更能实现优势互补。要重视建立长效机制，包括领导班子议事决策规则、谈心、述职和评议制度，会内监督机制等。发现推荐一批优秀人才，补充和调整后备干部队伍名单，优化人才结构，完善人才管理的动态机制。要做好换届后的培训工作，会中央将举办省级组织新任领导干部培训班，各省级组织要加大对市级组织新领导班子成员的培训力度，为把各级领导班子建设成为政治坚定、作风民主、求真务实、团结和谐的坚强领导集体开好局。

三、完善工作机制，加强队伍建设，进一步提高参政议政能力

在一些事关科学发展的全局和关键问题上，提出具有前瞻性、全局性、战略性的意见和建议，是我会履行参政议政职能的重要责任。我会要充分调动各级组织和广大会员的积极性，关注经济社会、城乡、区域的协调发展，关注文化体制改革和社会主义文化大发展大繁荣，关注提高创新能力、促进产业结构优化升级、节约资源和保护环境，关注《国家中长期教育改革和发展规划纲要》的落实，关注以改善民生为重点的社会建设等问题，深入调查研究，积极建言献策，切实履行参政议政和民主监督职能。特别要加强文化研究的力度和深度，就世界范围内文化“交流、交融、交锋”的现状和国家文化安全问题，就互联网兴起和新媒体发展等等问题，进行深入调研，为全球化和现代化双重背景下中国文化的发展提出具有战略性和前瞻性的意见建议。要关注国际形势变化对稳定、意识形态产生的影响，及时反映社情民意，协助党和政府做好理顺情绪、化解矛盾的工作，为增进社会共识、促进社会和谐稳定作出贡献。

为了不断提高我会参政议政的能力，必须坚持开拓思路、创新机制、发挥优势、整合资源和力量。要完善专委会工作机制，以各专委会调研和地方组织调研为基础，做好参政议政课题立项工作。要坚持专题调研、系列调研和地方组织调研相结合，开展好会中央的重点专题调研，形成高质量的意见和建议。要继续完善参政议政课题合作、立项机制，提案评审机制和奖励机制，努力推进参政议政工作的制度化、规范化。要以“中国教育政策研究院”、民进中央——上海社科院合作中心、清华大学政治经济学研究中心等为依托，进一步完善和拓展我会参政议政平台建设。要继续办好“中国教师发展论坛”、“长江流域水环境安全与保护研讨会”，打造我会参政议政品牌。要以专委会为重点，加强参政议政骨干队伍建设。

四、打造“同心”品牌，开拓社会资源，进一步做好社会服务

要坚持社会服务工作的政治性原则、公益性原则和务实性原则，围绕经济社会发展和民生的需要，以“同心工程”为品牌，发挥我会特色和优势，开拓社会资源，提高社会服务的成效。

扎实推进以“同心·彩虹行动”为重点的智力支边工作。会中央将组织会内相关专家和部分省级组织，开展对毕节地区金沙县学校校长、骨干教师、专科教师的培训；继续组织和支持“光明行动”等品牌的公益活动；继续举办“新疆少数民族中学校长暑期培训班”。

坚持“充分尊重、广泛联系、加强团结、热情帮助、积极引导”的方针，支持和引导企业界会员参与公益、回馈社会。举办民进企业界会员培训班，为他们提高认识、开阔视野、互相交流提供学习机会。正式成立开明慈善基金会。

继续加强海外联谊工作。统筹利用好我会对外联系资源，不断完善工作机制。拓展海峡两岸民间的交流交往，举办好海峡两岸中华传统文化与现代化研讨会，继续做好两岸四地人士的来访接待工作。

五、巩固和发展机关建设成果，提高机关工作水平

认真贯彻落实民进全国机关建设工作会议精神，巩固和发展机关建设成果，不断提高机关工作的制度化、科学化、规范化水平，不断改进机关作风，提高服务与管理水平。

坚持和完善各项工作制度和管理制度，不仅重视制定制度，更要重视制度的执行和落实。加强干部的思想品德教育，形势政策教育，我会优良传统教育和理论及业务知识的学习，提高机关干部综合素质，改进工作作风。积极创造条件，推动干部挂职锻炼、基层锻炼、岗位交流，做好干部培训和培养工作，提高解决实际问题的能力。

进一步完善机关信息化系统，优化布局，更新设备，加强管理，强化安全，增强网络的实用性、可靠性和稳定性。

各位委员、各位同志：

面对深刻变化的国际国内形势，面对繁重而艰巨的任务，民进要紧密地团结在以胡锦涛同志为总书记的中共中央周围，坚持与中国共产党同心同德、同心同向、同心同行，为巩固和发展中国共产党领导的多党合作事业、为全面建设小康社会作出更大贡献，以优异的成绩迎接中共十八大和民进十一大的胜利召开。

【工作要点通知函贺信等】

民进中央 2011 年工作要点

（2011 年 1 月 10 日民进中央十二届十四次主席会议审议通过）

根据我会总体工作部署和民进十二届四中全会提出的工作任务，制定民进中央 2011 年工作要点如下：

一、巩固树立和践行社会主义核心价值体系、建设学习型参政党成果，进一步夯实全会共同思想政治基础

以纪念中国共产党成立 90 周年，辛亥革命 100 周年，学习贯彻“十二五”规划纲要，学习雷洁琼等老一辈崇高精神和高尚风范、弘扬我会优良传统为重点，深入开展树立和践行社会主义核心价值体系、推进学习型参政党建设，进一步加强全会的思想建设。

1. 深入学习、自觉践行社会主义核心价值体系，巩固和深化主题教育活动成果。坚持用中国特色社会主义理论体系武装全会，组织开展《七个“怎么看”》、《划清“四个重大界限”学习读本》的学习宣传；举办纪念中国共产党成立 90 周年的系列活动，弘扬共产党好、社会主义好、多党合作制度好、改革开放好、伟大祖国好的主旋律；深入学习“十二五”规划，开展“双岗建功”活动，引导广大会员用实际行动树立和践行社会主义核心价值体系。

2. 坚持正确的政治方向和舆论导向，围绕会中央工作重点做好宣传出版工作。加强与新闻媒体的沟通与协调，及时把握有利契机，统筹和整合地方组织的宣传资源，扩大新闻宣传的规模和影响；坚持突出服务的宗旨，着力打造宣传平台、工作平台和交流平台，努力提高民进网站工作的质量和水平；贯彻落实中央有关档精神，做好所属出版单位的体制改革和会刊（报）管理工作。

3. 紧密结合会员思想实际和会务工作实际，不断提高宣传思想工作的实效性。进一步贯彻落实《民进中央关于加强新形势下我会思想建设的意见》，建立完善宣传思想工作的长效机制，及时了解会内思想动态和反映，加强对会员的正面引导，努力丰富内容、改进形式、增强实效，提高宣传思想工作的科学化水平。

二、以加强后备干部队伍和人才队伍建设为重点，大力加强组织建设

认真贯彻落实民进全国组织工作会议和民进全国先进地方组织、先进基层组织表彰大会精神，以加强后备干部队伍和人才队伍建设为重点，着力做好代表人士和骨干会员培训、中央和省级组织换届筹备、会内监督、组织管理系统的应用推广等主要工作，推动全会组织工作迈上新台阶。

1. 推进后备干部队伍和人才队伍建设。贯彻落实《2010—2020 年党外代表人士教育培训改革和发展纲要》精神，研究编制民进中央代表人士培训计划，推动各省级组织结合本地实际制定相关计划，做好相关工作；4 月、9 月举办“民进全国骨干会员培训班”，完成对省级组织领导班子后备干部的轮训；做好中央社会主义学院等举办的培训班、进修班、研讨班学员推荐工作，为骨干会员和后备干部提供更多学习机会。

2．做好会中央和省级组织换届筹备工作。根据有关档精神，制定《民进中央关于 2012 年省级组织换届工作的意见》，全面了解和掌握各省级组织人选准备情况，指导省级组织换届筹备工作和市级组织换届工作。

3．深入开展监督工作，有序推进会内民主。指导省级组织建立省级监督委员会，制定相关监督工作机制；根据《民进中央建立健全领导班子谈心会制度的有关规定》精神，指导各省级组织制定领导班子谈心会制度，并对落实情况进行监督检查。

4．提高我会会员和人才管理的科学性、信息化程度。在省、市级组织推广应用民进组织管理系统，召开培训推广片会，督促检查信息录入情况，在年底之前完成基本信息的录入和倒库。

三、围绕“十二五”规划的全面落实，积极建言献策

围绕推进转变发展方式，在一些事关全局和民生的重大问题上，提出前瞻性、综合性、全局性、战略性意见和建议。继续完善参政议政工作机制，加强参政议政骨干队伍建设，进一步提高我会的参政议政能力。

1．积极为推进转变经济发展方式献计献策。将工作重点放在落实“十二五”规划和教育“中长期规划”，推进城乡统筹、区域协调发展和西部大开发，提高自主创新能力、促进产业结构优化升级，推进以改善民生为重点的社会建设，节约资源和保护生态环境，促进社会主义文化大发展、大繁荣等方面。

2．进一步完善调研制度，提高参政议政水平。以民进中央年度专题调研为重点，以各专委会和地方组织调研为基础，继续做好参政议政课题立项工作，把专题调研、系列调研和地方组织调研相结合，形成高质量的参政议政成果。

3．进一步完善工作机制，加强平台建设。加强与北京师范大学、中央教科所、华东师范大学等高校和科研机构的合作，把“中国教育政策研究院”打造成教育政策和教育科学研究的高水平平台；完善与上海社科院、清华大学政治经济学研究中心的参政议政课题合作机制，参政议政课题立项工作的中期跟踪制度，会中央与省级地方组织参政议政的合作互动机制。9 月举办“中国教师发展论坛”，支持开明画院和民进江苏省委会 5 月举办“开明文化论坛”，打造我会参政议政品牌。

4．加强参政议政骨干队伍建设。重点抓好专委会工作，召开参政议政工作年会。结合地方的培训工作，有计划、有重点地加强专职干部队伍建设。

四、贯彻落实民进全国社会服务工作会议精神，推动我会社会服务工作取得新实效

以科学发展观为指导，坚持社会服务工作的政治性原则、以智力服务为主的优势发挥原则、顺势合力的务实原则，围绕中心、服务大局、找准角度、务实创新，开创社会服务工作新局面。

1．做好以“彩虹行动”为重点的各项扶贫工作。依靠我会各级组织的教育资源，因地制宜、实事求是，探求工作模式的优化，推动“彩虹行动”效益的最大化；开展对安龙县的教师培训和医疗技术人员培训、医疗设备支持等重点项目的对口帮扶工作；在力所能及的前提下，开展对新疆少数民族地区的扶贫工作，继续参与西部荒漠化治理、河西走廊星火产业带建设。

2．促进民营企业界、民办教育界会员的沟通交流。贯彻“充分尊重、广泛联系、加强团结、热情帮助、积极引导”的方针，11 月举办“2011 年民进企业家联谊会联席会议”，完善企业家联谊会的工作机制，加强企业界会员之间的沟通、交流与合作，加强各级组织与民办教育界会员的沟通与联系。

3．促进两岸四地文化、教育等领域的交流。以中国传统节日为主题，4 月初举办“第九届海峡两岸中华传统文化与现代化研讨会”，通过学术研究和实地考察结交朋友、增进感情；组织赴台考察访问，促进开展海峡两岸教育交流与合作。

4．加强平台建设和机制建设。开展叶圣陶学术思想研究，联系、支持地方叶圣陶研究团体开展工作；

做好开明画院工作，加强省际间书画界会员的交流；做好联委会工作和开明基金会的筹备工作；研究建立社会服务工作的长效机制和应急机制；加强社会服务工作的理论探索，努力以理论创新推动工作实践。

五、加强理论研究和会史工作，努力实现与实际工作的相互促进

坚持中国特色社会主义理论体系，加强学习与调研，积极联系领导和部门，深入思考挖掘规律，推动理论研究和会史工作取得新进展。

1. 努力提高决策的质量和水平。密切关注世情、国情、党情和会情，学习掌握国家大政方针、多党合作理论和实践的新发展，积极开展调查研究，充分利用好各个决策平台和《决策参考》，与中央社院政党制度研究中心探索建立合作机制，及时沟通交流有关信息和资料。

2. 积极推动参政党理论研究工作。坚持以应用理论研究为主，通过下发理论研究课题、课题招标等活动，依靠我会理论研究人才，广泛联系相关理论专家和学者，发动我会各级组织和广大会员就高素质参政党建设和履行职能中的重大问题开展研究，指导工作。

3. 切实加强会史的研究和宣传。按照“老账抓紧还，新账不欠”的要求，继续做好会史的抢救、收集和编辑、出版工作；发挥好会史教育基地的作用，开展会史研究和学习宣传；完善制度，做好年鉴的编辑工作，编辑出版《中国民主促进会年鉴》（2010）；6 月召开民进全国会史工作会议，总结工作，交流经验，提高水平。

六、加强机关建设，不断提高机关为我会工作服务的水平

按照《公务员法》的要求，以创建先进机关为抓手，加强制度化、规范化建设，改进机关作风，促进机关干部的成长和发展，提高机关工作效率。

1. 推动“创建先进机关”工作。就机关建设开展调研，推动“创建先进机关”工作和会中央机关与地方组织机关的互动、联合，12 月召开“民进全国机关工作会议暨先进机关表彰会”。

2. 加强干部队伍建设。以促进干部的全面发展为目标，以能力建设为重点，贯彻落实“周学习日”制度，推动干部挂职锻炼、基层锻炼、岗位交流，建立干部选拔任用评价体系等，提高机关干部综合素质，夯实机关工作基础。

3. 加强制度建设。继续建立健全各有关制度和议事规则，成立相关检查小组，检查规章制度的执行和落实情况，努力在机关形成自觉遵守制度的好风气。

4. 加强文化建设。坚持以人为本的原则，把机关文化建设与日常工作紧密结合，营造团结友善、敬业奉献的机关文化氛围，打造务实高效的工作团队。

5. 积极稳妥推动信息化建设。继续做好“民进中央信息资源管理平台”的应用推广和维护工作，提升信息资源的处理能力和利用水平。进一步强化信息化安全保障意识，提高风险防范能力，形成严密的防御体系。

会中央机关各部门结合上述工作要点，并结合部门的工作职责，制定本部门工作计划。

关于印发《民进中央关于进一步加强新形势下社会服务工作的意见》的通知

（2011 年 1 月 12 日）

民进各省、自治区、直辖市委员会：

2010 年 5 月 23 日至 25 日，民进全国社会服务工作会议在北京召开。会议讨论了《民进中央关于进一步加强新形势下社会服务工作的意见（草案）》。在此基础上，经多次修改、完善，形成了《民进中央关于进一步加强新形势下社会服务工作的意见》。现将该《意见》印发给你们，望各地认真学习领会，抓好贯彻落实。

附件：《民进中央关于进一步加强新形势下社会服务工作的意见》

民进中央办公厅

2011 年 1 月 12 日

附件：

民进中央关于进一步加强新形势下社会服务工作的意见

改革开放以来，民进全会开辟了社会服务工作新领域，为促进改革开放和现代化建设、推进祖国和平统一大业，作出了积极贡献。当今世界正处在大发展、大变革、大调整时期，我国仍处在发展的重要战略机遇期和社会矛盾的凸显期，参政党为转变经济发展方式、推动科学发展、促进社会和谐服务的任务更加繁重和紧迫。为更好地指导和推动全会开展社会服务工作，现制定《民进中央关于进一步加强新形势下社会服务工作的意见》。

一、深刻认识社会服务工作的性质和意义

社会服务工作是我会服务国家和人民，服务民进组织和会员的一项重要职能，具有鲜明的政治性、公益性、示范性和实效性，既是时代的客观需要，也是民主党派自身发展的内在要求。

社会服务工作是坚持和完善中国共产党领导的多党合作和政治协商制度的一个重要内容，是民主党派履行参政党职能的重要组成部分。开展社会服务是民进的优良传统，体现了我会的立会宗旨与存在价值。

社会服务工作是各级组织和广大会员深入社会、了解国情、联系群众、服务人民的重要管道，是广大会员树立正确的世界观、人生观和价值观，体现人生价值的重要舞台，是锻炼和提高各级组织和广大干部的有效途径，是增强我会凝聚力和影响力的重要载体。

全会各级组织和广大会员应当深刻认识社会服务工作的重大现实意义和深远历史意义，进一步增强新形势下做好社会服务工作的使命感、责任感和紧迫感，把这项工作不断向前推进。

二、明确社会服务工作的指导思想和基本原则

我会社会服务工作的指导思想是：高举中国特色社会主义伟大旗帜，坚持中国共产党的领导，以邓小平理论和“三个代表”重要思想为指导，深入学习贯彻科学发展观，牢牢把握发展这个第一要务，主动服务于执政党和国家的工作大局，服务于地方党委和政府的重大决策，服务于改善民生和群众需求，服务于民进组织和会员，坚持找准角度、求真务实、力所能及、竭尽全力、务求实效，努力为促进中国特色社会主义的经济建设、政治建设、文化建设、社会建设与生态文明建设，为推进祖国和平统一进程，实现中华民族的伟大复兴作出贡献。

我会社会服务工作的基本原则是：

1. 坚持社会服务工作的政治性。各级组织要明确社会服务工作是我会的一项重要政治任务，把增强广大会员在“政治立场”、“目标任务”和“价值道德”上的认同放在首位。通过开展社会服务工作，引导广大会员弘扬我会优良传统，树立和践行社会主义核心价值体系，推进我会实现政治交接，努力建设高素质参政党，充分履行职能和发挥作用。

2. 坚持以智力服务为主。各级组织必须从参政党人力、物力、财力等资源有限的实际出发，在工作中注重突出自身特色，充分发挥我会在文化、教育、出版、科技、医卫等领域的智力优势，坚持有所不为、有所为。

3. 坚持顺势合力务实。鼓励各级组织围绕国家大局和中心任务，贯彻会中央和当地党委政府的部署要求，充分发挥组织的引导和集成作用、会员的主体作用和机关的枢纽作用，通过各种方式把会内的智慧和力量与会外的资源整合调动起来，根据各自的特点和优势，确定社会服务工作重点，在内容、组织方法、活动形式、规模程度及效果等方面要符合当地实际。

4. 坚持与参政议政和自身建设有机结合、相辅相成、相得益彰。坚持社会服务与参政议政紧密结合，以小见大，由点及面，做到互相配合，资源共享，成果相互转化，取得相得益彰的效果；坚持把社会服务工作作为我会加强思想建设和组织建设的重要载体之一，促进各级组织发现和培养人才，鼓励会员在本职岗位和奉献社会中建功立业，增强组织凝聚力和社会影响力，实现社会服务工作与会内其他工作的相互促进。

5. 坚持实践中继承、发展中创新。各级组织应当适应时代要求和形势变化，为增强实效努力在理念创新、制度创新、内容创新、方法创新等方面进行探索与研究，大胆实践，使社会服务工作能与时俱进，常做常新。

三、进一步明确社会服务各领域工作的方向和重点

我会要发挥界别、人才、平台和联系广泛等优势，坚持“集智聚力、有思有行、顺势而为”，紧密围绕中国共产党和国家的重大决策与人民群众关心的热点、难点问题，进一步做好社会服务各领域的工作。

1. 大力开展智力支边扶贫。会中央要充分调动和紧紧依靠各级组织资源和广大会员，坚持以教育、文化、科技、医卫等领域的帮扶为主，继续做好贵州及整个西部地区的帮扶工作，促进帮扶地区实现自我“造血”功能。各级组织要带领广大会员落实会中央帮扶工作的部署，结合本地区党委和政府的重大项目，把帮扶工作与社会主义新农村建设、精神文明建设和生态文明建设结合起来，让先进文化、科学技术、健康情趣进农村、进社区、进校园，为促进城乡区域协调发展和人的全面发展竭智尽力。

2. 努力服务民企、民教等新阶层会员。按照“充分尊重、广泛联系、加强团结、热情帮助、积极引导”的方针，支持和帮助他们不断提升自身素质，进一步做强做大企业（学校），在加快经济发展方式转变、保障和改善民生、培养创新型人才上有更大作为，协助执政党和政府为促进共同富裕、维护社会和谐稳定作出更大贡献。各级组织要关心新阶层会员的成长和发展，切实帮助他们增强参政党意识，提高参政议政、民主监督的能力和水平。

3. 积极参与社会公益事业。全会要建立健全应对重大突发自然灾害和公共事件开展捐赠活动的工作机制，会中央与各地方组织之间要确保协调及时、信息畅通，各级组织要做到政治敏感、反应迅速、组织有力、效果显著。条件成熟的地方组织和企业家联谊会要完善和创新工作平台，使这项工作常态化、制度化和规范化。

4. 加强和深化海外联谊活动。会中央要统筹利用我会对外联系的多种资源，发挥地方组织的积极性、主动性和创造性，根据两岸四地的发展势态，调整、深化和创新现有的交流交往内容与形式，进一步开展对台湾同胞、港澳同胞和海外侨胞的联谊工作，提高实效，推进文化、教育、出版、科技、医卫、经贸等领域的交流交往，为维护香港、澳门的繁荣稳定，为促进两岸关系和平发展、不断增强中华民族的凝聚力和实现祖国的完全统一贡献力量。

四、建立健全社会服务的工作机制

社会服务是一项政策性很强的工作，必须建立完善的工作机制，拓展有效工作网络，推进制度化、规范化、程序化建设，才能实现中央的指导力与地方的凝聚力、基层的执行力合而为一，形成上下联动、左右互动、内外结合的良好工作局面。

1. 机构人员经费保障机制。会中央要积极向有关部门反映、争取社会服务工作机构、编制和工作项目资金。省级组织要设立社会服务机构，保证人员到岗、经费到位。现无条件设立专门机构的市、区、县级组织，要有专人负责这项工作并有一定的经费的保证。要逐步完善现代化办公设施，提高工作效率。

2．工作规划和项目筛选机制。社会服务工作以项目为依托，重要决策必须建立在规划先行和项目论证的基础上，明确工作重点，做好规划和布局，精选项目，力求实效。

3．队伍培训机制。采取以会代训、以活动代训或定期培训等方式，加强对社会服务工作骨干会员和专职干部的培养和锻炼，不断提高骨干队伍的综合素质，适应新形势下开展社会服务工作的要求。

4．平台运行管理机制。企业家联谊会、民办教育研讨会、（书）画院、基金（会）是我会社会服务工作的重要平台。会中央和地方组织都要明确领导和管理模式，完善规章制度，规范运行程序，支持并发挥它们在凝聚经济界、民办教育界、书画界及其他界别会员服务社会的重要作用。

5．成果评价激励机制。会中央、地方和基层组织，都应当建立起一套科学、规范的宣传制度和评比表彰制度，及时推出先进典型，定期评选表彰成绩突出的组织和会员，确保社会服务工作可持续发展。

6．总结研究指导机制。我会要定期总结、交流和推广各级组织的成功经验和有效做法，会中央和各省级组织分管部门要重视和加强社会服务信息资源建设，做好人才、数据、资料等基础信息的收集、整理、分析和统计工作。要加强与组织、宣传和理论研究部门的沟通，共同探讨社会服务工作的理论和规律，研究解决新形势下社会服务工作遇到的新情况、新问题，进一步促进社会服务工作理论的建设。

五、切实加强对社会服务工作的领导

加强指导与服务，是当前做好我会社会服务工作的重要保证。民进各级领导班子必须从我会立会宗旨和存在价值的高度，把社会服务工作列入领导决策的重要议事日程，主要领导要高度重视，亲自过问、带头抓落实；分管领导要督促检查指导，切实帮助从事社会服务工作的同志解决工作中遇到的困难和问题。各级领导干部要带头解放思想、转变观念，以有所作为的精神状态和真抓实干的工作作风，以开拓创新的工作思路和扎实有效的工作举措，带领各级组织和广大会员努力开创我会社会服务工作的新局面。

关于印发《民进中央关于在全会开展纪念中国共产党成立90周年活动的安排意见》的通知

（2011年1月17日）

民进各省、自治区、直辖市委员会：

经民进十二届十四次主席会议通过，现将《民进中央关于在全会开展纪念中国共产党成立90周年活动的安排意见》印发给你们，请结合实际情况，认真组织落实。

附件：民进中央关于在全会开展纪念中国共产党成立90周年活动的安排意见

民进中央办公厅
2011年1月17日

附件：

民进中央关于在全会开展纪念中国共产党成立90周年活动的安排意见

2011年是中国共产党成立90周年，也是实施“十二五”规划的开局之年。隆重热烈地纪念中国共产党成立90周年，对于引导全会树立和践行社会主义核心价值体系，始终坚持走中国特色社会主义政治发展道路，积极投身改革开放和社会主义现代化建设事业，具有十分重要的意义。现就纪念活动的有关事项提出如下意见。

一、指导思想

深入学习贯彻中共十七大、中共十七届五中全会和民进十二届四中全会精神，高举中国特色社会主义伟大旗帜，以邓小平理论和“三个代表”重要思想为指导，深入贯彻落实科学发展观，以“同心同行”为主题，弘扬共产党好、社会主义好、多党合作制度好、改革开放好、伟大祖国好的时代主旋律，激励民进各级组织和广大会员紧密团结在以胡锦涛同志为总书记的中共中央周围，继续解放思想，坚持改革开放，推动科学发展，促进社会和谐，着力实施“十二五”规划战略部署，全面推进学习型参政党建设，为夺取全面建设小康社会新胜利、开创中国特色社会主义事业新局面、实现中华民族伟大复兴贡献力量。

二、主要安排

1. 参加有关方面统一组织的活动。民进中央有关领导出席中共中央、全国政协、中央统战部举行的系列庆祝和纪念活动。

2. 深切缅怀雷洁琼同志。与中共中央统战部、民进北京市委联合召开雷洁琼同志追思会，缅怀雷洁琼同志与中国共产党团结合作、风雨同舟的光辉历程，进一步深化树立和践行社会主义核心价值体系活动。

3. 召开纪念座谈会。6 月下旬，民进中央与民进北京市委会联合召开纪念中国共产党成立 90 周年座谈会，严隽琪主席作重要讲话。

4. 发表署名文章。民进中央领导和省级组织负责人结合庆祝和纪念活动，在媒体和会刊上发表署名文章。

5. 举办书画作品邀请展。开明画院与民进江苏省委会合作举办纪念中国共产党成立 90 周年、辛亥革命 100 周年民进全国书画作品邀请展。

6. 开展“双岗建功”。深入开展在本职岗位和会务工作上“双岗建功”活动，举办先进会员事迹宣讲大会，激励广大会员以实际行动纪念中国共产党成立 90 周年，在实际工作中树立和践行社会主义核心价值体系。

7. 举办参观活动。各级组织开展“重温历史、同心同行——参观中共党史、民进会史教育基地活动”，学习中国共产党的光辉历史和丰功伟绩，学习民进光荣历史和优良传统，在民进中央网站专题上交流活动开展情况和会员心得体会。

8. 加强理论研究。以学习借鉴中国共产党的党建经验，推进学习型参政党建设为主题进行课题招标，推动全会开展理论研究。

9. 组织专题宣传。《民主》杂志开辟“纪念中国共产党成立 90 周年”专栏；民进中央网站制作“纪念中国共产党成立 90 周年”专题网页，组织学习“十二五”规划有奖征答活动。

10. 结合纪念辛亥革命 100 周年开展活动。民进中央开明论坛举办纪念辛亥革命 100 周年专题讲座；民进中央网站举办《苦难辉煌》、《辛亥年的枪声》读书心得在线征文活动。

在上述安排基础上，各地方组织和基层组织可从实际出发，开展多种形式、富有特色的庆祝和纪念活动。

三、活动要求

1. 加强领导。纪念中国共产党成立 90 年是党和国家政治生活中的一件大事，也是 2011 年民进全会工作中的一件大事。民进各级组织要高度重视、加强领导，按照民进中央和当地党委统战部门的统一部署，统筹安排、精心实施。

2. 突出主题。民进组织开展庆祝和纪念活动，要牢牢把握坚持接受中国共产党的领导、坚持走中国特色社会主义政治发展道路，即“同心同行”的主题，着力深化和拓展思想教育内容，深入进行革命历史和革命传统、爱国主义和社会主义理想信念教育，深入进行多党合作历史和民进优良传统教育。

3. 立足基层。各级组织开展纪念活动要立足基层，面向会员，紧密结合本地区、本单位的实际，突出基层特点，发挥基层组织的作用，通过开展会员喜闻乐见的纪念活动，广泛进行热爱党、热爱祖国、热爱社会主义的宣传和教育，使纪念活动成为加强各级组织建设的载体和平台。

4. 发挥特色。要把纪念活动与学习贯彻中共十七届五中全会精神结合起来，与树立和践行社会主义核心价值体系、建设学习型参政党结合起来，与学习贯彻科学发展观结合起来，与做好2011年各项工作结合起来，发挥特色、务求实效，促进我会自身建设和履行参政党职能的水平再上新台阶。

中国民主促进会中央委员会

二〇一一年一月

关于落实《民进中央关于在全会开展纪念中国共产党成立90周年活动的安排意见》的通知

（2011年2月11日）

民进各省、自治区、直辖市委员会：

为进一步落实《民进中央关于在全会开展纪念中国共产党成立90周年活动的安排意见》，现就有关工作通知如下。

一、开展“双岗建功”活动

1. 民进各省级组织按照会中央关于树立和践行社会主义核心价值体系的工作部署，结合当地党委统战部门的工作安排，引导广大会员在本职岗位和履行参政党职能的工作中建功立业，以实际行动纪念中国共产党成立90周年。

2. 结合全国统一战线先进集体和先进个人、优秀参政议政成果和社会服务成果评选表彰活动，推出一批政治立场坚定、工作成绩突出、参政议政积极、社会形象良好的先进会员，展示我会优秀会员“双岗建功”的成绩和经验。

3. 开展“双岗建功”典型层层宣讲，使广大会员在树立和践行社会主义核心价值体系活动中学有榜样、行有示范。加强“双岗建功”典型的会内外新闻宣传，努力营造民进全会为中国特色社会主义事业建功立业的浓厚氛围。

二、开展“重温历史、同心同行”——参观中共党史、民进会史教育基地活动

1. 民进各省级组织可根据本地教育基地资源的实际情况，结合会议、参观、培训等多种形式，组织开展“重温历史、同心同行”主题教育活动，进一步学习、研究、宣传中共党史、民进会史，引导广大会员以党为师、继承传统、坚定信念。

2. 有关活动报道和照片及时通过电子邮件报送至会中央宣传部，民进网站将在纪念建党90周年专题网页上刊登。会员心得体会类稿件经省委会遴选后，通过电子邮件及时报送至会中央宣传部，民进网站专门栏目将择优刊登。

3. 截稿日期为2011年12月31日，来稿要求观点正确、主题鲜明，活动报道稿件篇幅1500字以内，心得体会稿件篇幅4000字以内。

三、开展在线征文活动

1. 民进网站举办的读书心得在线征文活动，推荐阅读书目为：

（1）《苦难辉煌》（作者金一南，华艺出版社）；

（2）《辛亥年的枪声》（作者南帆，海峡文艺出版社）。

2．请组织会员认真阅读推荐书目，积极撰写读书心得，稿件经省级组织遴选后，及时通过电子邮件报送至会中央宣传部，民进网站专门栏目将择优刊登。宣传部负责遴选部分优秀文章向有关媒体推介。

3．截稿日期为 2011 年 12 月 31 日，来稿要求观点正确、主题鲜明，稿件篇幅 4000 字以内。

会中央宣传部将以报道、通报等形式，及时反映各省级组织有关活动的情况。

联 系 人：民进中央宣传部教育处王强、吴宏英

联系电话：010－64605030 转 313、219

电子邮箱：wangqiang@ mj. org. cn；wuhongying@ mj. org. cn

民进中央办公厅
2011 年 2 月 11 日

纪念中国共产党建党 90 周年 辛亥革命 100 周年 民进全国书画精品邀请展征稿函

（2011 年 2 月 18 日）

民进各省、市、自治区委员会：

为纪念中国共产党成立 90 周年、辛亥革命 100 周年，由民进中央文化艺术委员会、民进江苏省委会主办，开明画院、江海文化研究会、江海书画会承办的“纪念中国共产党建党 90 周年 辛亥革命 100 周年民进全国书画精品邀请展”，将于 2011 年 5 月 24 日在南京举办。

现将有关事宜告知如下：

（一）作品内容：1．歌颂中国共产党的丰功伟绩，反映辛亥革命历史题材；2．讴歌伟大祖国所取得的辉煌成就，弘扬中华民族精神；3．展现祖国大好河山与美好生活；4．书法作品内容鼓励自作诗。

（二）作品类别：各类绘画、书法（不含硬笔）与篆刻作品，每位作者限展一件作品。

（三）作品规格：绘画、书法作品一般宽度不超过六尺，高度不超过八尺，以竖式为宜。草书、篆书、篆刻作品另附释文。篆刻作品印屏尺寸为 68cm×45cm，数量 6 方至 8 方，附 2 方边款。作品无需装裱。

（四）作品来源：除向民进中央开明画院理事征集作品和民进各省委会选送 3 幅特邀作品外，各地民进组织书画院和书画界会员均可自由投稿。

（五）作品评审：组委会将于四月初组织专家对来稿作品进行评审，入选作品将颁发参展证书，并收录进本次展览画册；书画展开幕时将赠送作者一本画册。

（六）征稿截稿日期：2011 年 3 月底前。

（七）作品寄（送）须知：

1．请在作品背面右下角用铅笔工整写上姓名、所在单位、通讯地址、联系电话（手机），并将作者简介（200 字内）发至电子邮箱 gmguiming@ sohu. com；

2．作品请用挂号迳寄：江苏省南京市北京西路 30 号宁海大厦 1408 室，民进江苏省委会宣传处，邮编 210024；联系人：桂明；联系电话：13851486244　025－83167357（办）。

3．民进中央开明画院联系人：陈巧华；联系电话：010－64605030 转 523（办），15110115185；电子邮箱：kmhy225@ 163. com。

请你省根据上述事项，协助做好书画作品征集、选送、组织等工作，以保证书画展活动的顺利进行。

民进中央办公厅
2011 年 2 月 18 日

关于举办学习《中华人民共和国国民经济和社会发展第十二个五年规划纲要》有奖征答活动的通知

（2011 年 2 月 24 日）

民进各省、自治区、直辖市委员会：

为促进我会各级组织和广大会员更好地学习《中华人民共和国国民经济和社会发展第十二个五年规划纲要》（以下简称《规划纲要》），更好地把握国情，为实施“十二五”规划、转变经济发展方式、实现科学发展、构建社会主义和谐社会贡献智慧和力量，根据会中央 2011 年工作安排，决定今年在全会组织开展学习《规划纲要》有奖征答活动。活动有关事项安排如下：

一、活动时间

2011 年 4 月—6 月

二、组织方式

为发挥地方组织的主动性和积极性，动员更多的基层组织和会员参与有奖征答活动，会中央在总结以往活动经验的基础上，决定本次有奖征答活动由会中央宣传部和各省级组织共同举办。会中央宣传部主要负责活动总体策划、指导和表彰，各省级组织主要负责活动的具体组织、实施和协调等相关事宜。具体组织方式如下：

（一）会中央宣传部

1. 发布学习资料。为便于各级组织和广大会员更好地学习领会“十二五”规划的主要精神，会中央宣传部将在 3 月《规划纲要》通过后，在民进网站（www. mj. org. cn）“网上学苑”栏目登载有关学习内容。

2. 设计试题。会中央宣传部根据《规划纲要》主要精神，参照有关资料，设计有奖征答题目，每期 20 题，共 3 期，同时设计好答题卡。每期征答开始 20 天后会中央宣传部通过电子邮件向各省级组织提供参考答案。

3. 发布试题和答题卡。会中央宣传部于 4 月—6 月期间每月 1 日在民进网站“网上学苑”栏目发布试题和答题卡，同时也刊登在当期《民主》杂志上（答题卡复印、另行制作均有效）。

4. 情况通报及抽奖。每期征答时间为 50 天，如第一期截止日期为 5 月 20 日（以邮戳为准），以此类推。会中央宣传部在收到各省级组织上报参与情况后进行汇总，同时在民进网站发布答案、情况通报和抽奖结果，并在《民主》杂志上刊登获奖名单。

（二）民进各省级组织

1. 明确具体负责部门和负责人。民进各省级组织收到本通知后，根据要求明确活动负责部门和负责人，并于 3 月 25 日（周五）前，将具体负责部门和负责人名单、联系方式报会中央宣传部。

2. 组织发动会员。民进各省级组织根据实际情况，制定活动方案或通知（特别是明确答题卡报送至各省级组织的时间、方式），组织发动所属组织及会员参与有奖征答。

3. 回收、统计答题卡。请各省级组织按时回收答题卡，统计数量，并根据会中央的要求填写统计表（见附件）。

4. 寄送答题卡、统计表。请各省级组织于 5 月 20 日、6 月 20 日、7 月 20 日前（以邮戳为准）分别将本省级组织参与征答活动的各期答题卡与统计表一并寄送至会中央宣传部，同时将统计表电子版发送至会中央宣传部电子邮箱。

三、评奖方法

会中央宣传部将本着公正、公平、公开的原则，根据各省级组织参与人数比例，从答案正确的答题卡中每期抽取 50 名优秀个人奖，3 期共 150 名；活动结束时在省级组织中评选出优秀组织奖若干名（组织推动力度大、会员参加人数多、学习覆盖面广、成效显著为主要评比条件）。

各省级组织也可结合本地区实际情况，充分利用本次有奖征答活动，对本地区表现突出的地方组织、基层组织、会员进行奖励和表彰。

四、奖励办法

会中央评选出的优秀个人每人奖金 100 元，活动结束后由会中央宣传部统一寄送。优秀组织奖获得者将由会中央进行通报表彰，颁发获奖证书。民进网站也将及时对活动组织情况，特别是活动开展较好的省级组织进行宣传报道。

五、活动要求

请各省级组织和有关部门广泛发动会员，把开展学习《规划纲要》有奖征答活动作为建设学习型政党、学习型机关、学习型组织的一个重要抓手，发动地方组织和基层组织广泛参与，通过会刊（报）和网站（页），引导广大会员深入学习《规划纲要》并取得积极成效。

邮寄地址：北京市朝阳区霄云路霄云里 7 号楼民进中央宣传部

邮　　编：100125

联 系 人：吴宏英

电　　话：010－64605030 转 219　010－64604968（传真）

电子邮箱：wuhongying@ mj. org. cn

附件：省级组织参与征答活动情况统计表

民进中央办公厅

2011 年 2 月 24 日

民进中央关于学习贯彻 2011 年“两会”精神的通知

（2011 年 3 月 15 日）

民进各省、自治区、直辖市委员会：

十一届全国人大四次会议和全国政协十一届四次会议，是在我国“十一五”规划完成，“十二五”规划开启的重要时刻召开的重要会议。会议围绕《中华人民共和国国民经济和社会发展第十二个五年规划纲要》的制定与实施，共商发展大计，同绘宏伟蓝图，是民主团结、求真务实、振奋人心的“两会”。民进中央赞成和拥护“两会”通过的各项决议和决定。

“十一五”时期是我国发展进程中极不平凡的五年，也是我国经济社会发展取得巨大成就的五年。中国特色社会主义法律体系的形成，是我国社会主义民主法制建设史上的重要里程碑。2011 年是“十二五”时期开局之年，做好今年改革发展稳定各项工作，具有十分重要的意义。全会各级组织要高度重视、精心组织，做好对“两会”精神的传达、学习和贯彻工作，团结带领广大会员始终坚持与中国共产党同心同德、同心协力，更好地围绕中心、服务大局，为“十二五”时期发展开好局、起好步。

一、学习贯彻“两会”精神，要深入领会“十二五”规划纲要的精神实质

“十二五”时期是全面建设小康社会的关键时期，是深化改革开放、加快转变经济发展方式的攻坚时期。“十二五”规划纲要明确提出了今后五年我国经济社会发展的指导思想、主要目标、重要任务、重大举措，是指导今后五年我国经济社会发展的纲领性文件，必须认真学习、深刻领会其精神实质。各级组织要引导广大会员深刻认识未来五年我国改革发展面临的机遇和挑战，把握经济社会发展的主题和主线，进一步把思想和行动统一到中共中央的决策部署上来，把智慧和力量凝聚到推动科学发展上来，不断增强机遇意识、忧患意识、风险意识、责任意识，自觉地承担起参政党肩负的历史使命和重大责任，为实现“十二五”时期经济社会发展目标作出应有的贡献。

二、学习贯彻“两会”精神，要紧密围绕“十二五”规划切实履行参政党职能

以科学发展为主题，以加快转变经济发展方式为主线，推动“十二五”规划纲要的贯彻落实，是民进履行职能的首要任务。各级组织要进一步明确履行职能的着力点，积极致力于推动科学发展、促进社会和谐。要围绕牵动全局的主要工作、事关长远的重大问题，深入开展专题调研，为破解发展难题、提高发展的全面性协调性可持续性多建良言、多献良策。要发挥民进自身优势，为贯彻落实《国家中长期教育改革和发展规划纲要（2010－2020）》，推动社会主义文化大发展大繁荣作出积极贡献。要重视以改善民生为重点的社会建设，协助执政党和政府做好团结群众、联系群众、服务群众的工作，深入了解社情民意，积极开展社会服务，多做顺民意、解民忧、惠民生的实事好事，为维护社会和谐稳定扎实工作。

三、学习贯彻“两会”精神，要不断加强适应时代要求的高素质参政党建设

树立和践行社会主义核心价值体系、推进学习型参政党建设，是民进十二届三中全会提出的一项重大战略任务，是我会建设适应时代要求的高素质参政党的一项重大举措。各级组织要把学习贯彻“两会”精神与加强适应时代要求的高素质参政党建设相结合，以纪念中国共产党成立90周年和辛亥革命100周年为契机，深化树立和践行社会主义核心价值体系主题教育活动，为巩固多党合作共同思想政治基础增添时代内涵。要认真做好省级组织换届筹备工作，按照德才兼备、以德为先的标准，共同选好干部、配强班子，为多党合作事业和我会自身建设提供源源不断的人才保证。要通过开展“双岗建功”活动，大力宣传民进新时期先进典型，进一步激发广大会员爱国奉献、建功立业的责任感和创造力，不断提高参政议政的能力和水平。

会中央号召全会各级组织和广大会员，更加紧密地团结在以胡锦涛同志为总书记的中共中央周围，以中国特色社会主义理论体系和中共十七届五中全会精神为指导，深入贯彻落实科学发展观，认真学习贯彻“两会”精神，坚定信心、锐意进取、开拓创新，为“十二五”规划纲要的贯彻落实，为夺取全面建设小康社会新胜利作出新贡献！

中国民主促进会中央委员会
二○一一年三月十五日

各民主党派中央、全国工商联和无党派人士致中国共产党中央委员会的贺信

（2011年6月30日）

中国共产党中央委员会：

光辉历程铸伟业，风雨同舟谱新篇。在中国共产党成立90周年之际，各民主党派中央、全国工商联和无党派人士，谨向中国特色社会主义事业的坚强领导核心——中国共产党，致以最崇高的敬意和最热烈的祝贺！

90年来，中国共产党团结带领全国各族人民，为民族独立、人民解放而前仆后继、顽强拼搏，为国

家富强、民族振兴而开拓进取、励精图治，为人民幸福、社会和谐而不懈奋斗、无私奉献，取得了中国革命、建设、改革事业的一个又一个伟大胜利。

中国共产党为中华民族独立解放建立了历史功勋。中国共产党是顺应历史发展潮流而产生的马克思主义政党。在长期革命斗争中，中国共产党自觉肩负起中华民族独立解放的历史重任，推翻了“三座大山”，结束了中华民族百年屈辱的历史，建立了社会主义新中国。我们深切体会，只有共产党才能救中国，才能引领中国走向胜利与光明。

中国共产党为建设社会主义进行了不懈探索。新中国建立以后，面对一穷二白的社会面貌，中国共产党带领人民迅速恢复国民经济，积极组织发展生产，通过对农业、手工业和资本主义工商业的社会主义改造，顺利实现了由新民主主义到社会主义的平稳过渡。围绕什么是社会主义、怎样建设社会主义这一重大历史课题，中国共产党艰辛探索、不懈追求，不断总结正反两方面经验，努力探索中国特色社会主义发展道路。我们深切体会，中国共产党是一个追求真理、勇于担当的党，是一个与时俱进、开拓创新的党。

中国共产党实行的改革开放取得了辉煌成就。中国共产党十一届三中全会的召开，开启了改革开放历史新时期。中国共产党毫不动摇地坚持以经济建设为中心，紧紧抓住发展这个党执政兴国的第一要务，聚精会神搞建设，一心一意谋发展，推动中国特色社会主义事业不断前进。我国经济实力和综合国力极大增强，人民生活水平显著提高，国际影响力不断扩大。我们深切体会，只有在中国共产党领导下，国家才能繁荣富强，人民才能幸福安康，中华民族才能走向复兴。

中国共产党领导的多党合作事业书写了崭新篇章。1948 年，各民主党派和无党派人士回应中国共产党发布的“五一口号”，选择了自觉接受中国共产党的领导。新政协的召开，创立了中国共产党领导的多党合作和政治协商制度。以毛泽东同志为核心的中共第一代中央领导集体，强调共产党和民主党派要“长期共存、互相监督”，确立了社会主义条件下多党合作的政治格局。以邓小平同志为核心的中共第二代中央领导集体，强调民主党派是为社会主义服务的政治力量，多党合作是我国政治制度的一个特点和优点，坚持和完善中国共产党领导的多党合作和政治协商制度成为中国特色社会主义理论和实践的重要组成部分。以江泽民同志为核心的中共第三代中央领导集体，强调要稳定多党合作的格局，将中国共产党领导的多党合作和政治协商制度载入宪法，纳入社会主义初级阶段基本纲领。以胡锦涛同志为总书记的中共中央，强调巩固和发展社会主义和谐政党关系，走中国特色政治发展道路，提出思想上同心同德、目标上同心同向、行动上同心同行是中国共产党领导的多党合作和政治协商制度最鲜明的特质。在中国共产党热情帮助和大力支持下，各民主党派思想建设、组织建设、制度建设不断推进，政治协商、民主监督、参政议政职能充分发挥。我们深切体会，中国共产党领导的多党合作和政治协商制度，在中国特色社会主义事业发展过程中发挥着重要作用，显示出强大生命力和巨大优越性。

在庆祝中国共产党 90 周年诞辰的时候，回顾历史，展望未来，我们坚信：没有中国共产党就没有新中国，只有中国共产党才能发展中国。我们将一如既往自觉坚持中国共产党的领导，坚定不移走中国特色社会主义道路；一如既往同中国共产党肝胆相照、荣辱与共，坚持以邓小平理论和“三个代表”重要思想为指导，深入贯彻落实科学发展观，在推动科学发展、促进社会和谐中充分发挥自身优势和作用，为完成“十二五”时期发展目标任务、夺取全面建设小康社会新胜利、实现中华民族伟大复兴作出新的更大的贡献。

衷心祝愿中国共产党再创辉煌，衷心祝愿伟大祖国繁荣昌盛！

中国国民党革命委员会中央委员会
中国民主同盟中央委员会
中国民主建国会中央委员会
中国民主促进会中央委员会
中国农工民主党中央委员会

中国致公党中央委员会
九三学社中央委员会
台湾民主自治同盟中央委员会
中华全国工商业联合会
2011 年 6 月 30 日

民进中央关于学习贯彻胡锦涛同志在庆祝中国共产党成立 90 周年大会上重要讲话精神的通知

（2011 年 7 月 7 日）

民进各省、自治区、直辖市委员会：

7 月 1 日，胡锦涛同志在庆祝中国共产党成立 90 周年大会上发表的重要讲话，高屋建瓴、内涵深刻、气势豪迈，具有鲜明的思想性、针对性和指导性，是一篇马克思主义的纲领性文献。认真学习贯彻胡锦涛同志重要讲话精神，对于我会深入认识国内外形势新变化，深刻理解执政党和国家事业发展新要求，进一步加强适应时代要求的高素质参政党建设，更好地履行参政党职能，具有重大而深远的指导意义。

各级组织要高度重视，集中一定时间组织集体学习，领会讲话精神实质，理解讲话提出的重大理论观点，全面把握讲话提出的各项工作要求。各级领导干部要带头学习，中心学习组要把讲话作为近期学习的重要内容，会刊、网站要及时开展广泛学习宣传，引导全会把思想和行动统一到讲话精神上来，带领广大会员更加奋发有为地投身改革开放和社会主义现代化建设。

一、充分认识中国共产党的光辉历程和伟大成就，继承和弘扬民进优良传统，进一步巩固多党合作的思想政治基础

90 年来，中国共产党团结带领全国各族人民前赴后继、顽强奋斗，完成了新民主主义革命、社会主义革命，进行了改革开放新的伟大革命。经过 90 年的奋斗、创造、积累，开辟了中国特色社会主义道路，形成了中国特色社会主义理论体系，确立了中国特色社会主义制度。事实充分证明，是历史和人民选择了中国共产党，选择了马克思主义，选择了社会主义道路，选择了改革开放。

各级组织要通过学习，引导广大会员深刻认识中国共产党不愧为伟大、光荣、正确的马克思主义政党，是我国革命、建设和改革开放事业的坚强领导核心。要把学习中共党史和民进会史紧密结合起来，继承和弘扬民进与中国共产党团结合作、风雨同舟的优良传统，进一步坚定接受中国共产党领导的自觉性和坚定性，坚定走中国特色社会主义政治发展道路的信心和决心，进一步巩固多党合作的思想政治基础。

二、全面学习中国共产党提高自身建设科学化水平的宝贵经验，推进适应时代要求的高素质参政党建设

90 年来，中国共产党始终坚持解放思想、实事求是、与时俱进，探索形成了保持和发展马克思主义政党先进性的宝贵经验。面对世情、国情、党情发生深刻变化的新形势，中国共产党坚持以科学理论指导党的建设，以改革创新精神研究和解决党的建设面临的重大理论和实际问题，不断提高党的建设科学化水平。

各级组织要按照执政党建设和参政党建设相互促进的要求，全面学习中国共产党加强自身建设的宝贵经验，积极开展理论研究，不断加强思想建设、组织建设、作风建设和制度建设。要以中国特色社会主义理论体系为指导，树立和践行社会主义核心价值体系，深入学习马克思主义中国化时代化大众化最新理论成果，加强学习型参政党建设；要树立人才是第一资源的观念，搭建人才成长的平台，不断发现人才、发展人才、造就人才；要坚持立会为公、参政为民，弘扬“知行统一、爱民亲民、淡泊名利、不尚空谈”

的作风；要以建立健全民主集中制为核心加强制度建设，促进各项工作的制度化、规范化、程序化。

三、认真贯彻推进中国特色社会主义伟大事业的大政方针，为实现“十二五”规划的目标任务再立新功

在新的历史起点上继续推进中国特色社会主义伟大事业，推动中华民族伟大复兴进程，必须始终坚持中国共产党在社会主义初级阶段的基本路线不动摇，继续解放思想，坚持改革开放，推动科学发展，促进社会和谐，推动社会主义经济、政治、文化和社会事业全面发展。

各级组织要认真贯彻推进中国特色社会主义伟大事业的大政方针，紧密结合民进的工作实际，努力把学习成果转化为加强和改进工作的实际成效。要以中共十七届五中全会精神为指导，围绕“十二五”时期经济社会发展的主题和主线，坚持“有思有行、集智聚力、顺势而为、开拓创新”的工作方针，以促进经济发展方式转变、促进保障和改善民生、促进社会和谐作为着力点，深入调查研究，积极建言献策，开展社会服务，切实履行参政党职能，激励广大会员在岗位工作上建功立业。

民进中央号召，各级组织要在胡锦涛同志重要讲话精神指引下，与中国共产党同心同德、同心同向、同心同行，坚定不移沿着中国特色社会主义道路奋勇前进，为全面建设小康社会和实现中华民族的伟大复兴作出更大贡献！

二〇一一年七月七日

民进中央关于学习贯彻中共十七届六中全会精神的通知

（2011 年 10 月 19 日）

中国共产党第十七届中央委员会第六次全体会议，是在全面建设小康社会的关键时期，从战略上对文化改革发展进行研究部署的一次重要会议。会议审议通过的《中共中央关于深化文化体制改革、推动社会主义文化大发展大繁荣若干重大问题的决定》（以下简称《决定》），提出了新形势下文化改革发展的指导思想、重要方针、目标任务、政策措施，这对于夺取全面建设小康社会新胜利、开创中国特色社会主义事业新局面、实现中华民族伟大复兴具有重大而深远的意义。

中国民主促进会中央委员会完全赞同中共中央关于社会主义文化建设的决定和部署。为指导和推动民进全会深入学习贯彻中共十七届六中全会精神，会中央对各级组织和广大会员提出如下要求：

一、深刻理解深化文化体制改革、推动社会主义文化大发展大繁荣的重大意义和深刻内涵

《决定》指出，文化越来越成为民族凝聚力和创造力的重要源泉、越来越成为综合国力竞争的重要因素、越来越成为经济社会发展的重要支撑，丰富精神文化生活越来越成为我国人民的热切愿望。全会要深入学习《决定》精神，深刻理解深化文化体制改革、推动社会主义文化大发展大繁荣的重大意义和深刻内涵，切实增强对文化地位作用的认识。要根据中共中央的分析判断，结合我国经济社会发展要求，清醒认识当前文化建设的重要性和紧迫性，增强责任感和使命感。要把思想认识统一到中共十七届六中全会精神上来，为坚持中国特色社会主义文化发展道路，建设社会主义文化强国凝聚思想共识。

二、准确把握推进社会主义文化建设的指导思想和奋斗目标，发挥界别优势，积极履行参政党职能

《决定》指出，推进社会主义文化建设，必须坚持以马克思主义为指导，坚持社会主义先进文化前进方向，以科学发展为主题，以建设社会主义核心价值体系为根本任务，以满足人民精神文化需求为出发点和落脚点，以改革创新为动力。全会要准确把握中共十七届六中全会对于推进社会主义文化建设的战略部署，进一步明确文化改革发展的指导思想和目标任务。要坚持“有思有行、集智聚力、顺势而为、开拓创新”的工作方针，发挥民进在文化领域的界别优势，围绕满足人民基本文化需求、增强国家文化软实力、构建有利于文化繁荣发展的体制机制等重大问题深入调查研究，积极建言献策。广大文化界会员要立足本职岗位，为建设社会主义核心价值体系，培养文化自觉和文化自信，提高全民族文明素质，弘扬中华文化贡献力量。

三、紧密结合树立和践行社会主义核心价值体系，加强学习型参政党建设，巩固思想基础、实现价值认同

《决定》指出，社会主义核心价值体系是兴国之魂，是社会主义先进文化的精髓，决定着中国特色社会主义发展方向，必须把社会主义核心价值体系融入国民教育、精神文明建设和党的建设全过程。全会要紧密结合树立和践行社会主义核心价值体系，加强理论学习和研究，继承和弘扬我会的优良传统，进一步巩固团结合作的思想政治基础。要把树立和践行社会主义核心价值体系与做好换届工作和加强领导班子建设相结合，不断推进政治交接，实现价值认同。要以学习贯彻中共十七届六中全会精神为契机，努力体现树立和践行社会主义核心价值体系的实践特色，不断提高履行参政党职能的能力和水平。

民进中央号召全会各级组织和全体会员，更加紧密地团结在以胡锦涛同志为总书记的中共中央周围，高举中国特色社会主义伟大旗帜，以马克思列宁主义、毛泽东思想、邓小平理论和“三个代表”重要思想为指导，深入贯彻落实科学发展观，深入学习中共十七届六中全会精神，振奋精神、开拓进取、扎实工作，为深化文化体制改革、推动社会主义文化大发展大繁荣作出新贡献！

中国民主促进会中央委员会
二〇一一年十月十九日

民进中央发布决定通报表彰2011年省级组织专项工作先进单位、有关活动获奖名单

（2011年12月9日）

2011年12月9日，民进省级组织负责人会议上午在京举行。会议宣读了《民进中央关于表彰省级组织专项工作先进单位的决定》、《民进中央学习“十二五”规划纲要有奖征答活动通报》和《民进“民主党派社会服务”理论征文活动获奖名单的通报》。

《民进中央关于表彰省级组织专项工作先进单位的决定》指出，2011年民进全会以中国特色社会主义理论体系为指导，深入学习贯彻胡锦涛总书记在庆祝中国共产党成立90周年大会上的讲话精神和中共十七届六中全会精神，认真落实民进十二届四中全会提出的各项任务，坚持“有思有行、集智聚力、顺势而为、开拓创新”的工作方针，以推进新老交替和政治交接为重点，加强思想建设、组织建设、制度建设和能力建设，切实履行参政议政、民主监督职能，积极服务国家科学发展，努力加强自身建设，取得显著成效。根据地方组织申报，经民进十二届三十四次主席办公会审议通过，会中央对省级组织专项工作予以表彰，进一步总结经验、肯定成绩、鼓励先进。

《民进中央学习“十二五”规划纲要有奖征答活动通报》指出，会中央于今年4月至6月举办了三期学习“十二五”规划纲要有奖征答活动，民进各省级组织高度重视本次活动，认真部署、广泛发动、精心组织，有效地调动了地方组织、基层组织和广大会员积极参与，活动覆盖面进一步扩大，会员参与总数、会员参与率均有较大提高。优秀组织奖评选以各省级组织参与人次、会员参与率为主要参考，共有12个推动力度大、会员参加人数多、学习覆盖面广、学习成效显著的省级组织获奖。

《民进“民主党派社会服务”理论征文活动获奖名单的通报》指出，为提升对民主党派社会服务工作规律的认识，提高我会社会服务工作水平，会中央在全会开展了这一征文活动。征文活动共收到17个省报来的论文170余篇，获奖论文由本次征文的评审委员会评选产生。活动还设立了优秀组织奖，以表彰在

活动中作出突出贡献的省级组织。

一、2011 年获得专项工作先进单位名单

（一）参政议政工作先进单位（8 个）：

民进北京市委会、民进山西省委会、民进广东省委会、民进天津市委会、民进辽宁省委会、民进甘肃省委会、民进黑龙江省委会、民进山东省委会

（二）信息工作先进单位（4 个）：

民进广西区委会、民进四川省委会、民进重庆市委会、民进湖北省委会

（三）新闻宣传工作先进单位（5 个）：

民进吉林省委会、民进内蒙古区委会、民进四川省委会、民进重庆市委会、民进云南省委会

（四）会刊（报）工作先进单位（5 个）：

民进江苏省委会、民进上海市委会、民进浙江省委会、民进贵州省委会、民进安徽省委会

（五）电子信息化建设工作先进单位（5 个）：

民进新疆区委会、民进河北省委会、民进江西省委会、民进湖北省委会、民进宁夏区委会

（六）社会服务工作先进单位（8 个）：

民进北京市委会、民进浙江省委会、民进辽宁省委会、民进湖南省委会、民进福建省委会、民进江西省委会、民进海南省委会、民进陕西省委会

（七）参政党理论研究先进单位（6 个）：

民进山西省委会、民进江苏省委会、民进上海市委会、民进天津市委会、民进安徽省委会、民进河南省委会

二、民进中央学习“十二五”规划纲要有奖征答活动优秀组织奖名单（12 个）

民进上海市委会、民进重庆市委会、民进山西省委会、民进辽宁省委会、民进江苏省委会、民进浙江省委会、民进河南省委会、民进湖北省委会、民进广西区委会、民进四川省委会、民进宁夏区委会、民进新疆区委会

三、民进“民主党派社会服务”理论征文活动获奖名单（17 个）

民进北京市委会、民进上海市委会、民进天津市委会、民进重庆市委会、民进河北省委会、民进山西省委会、民进辽宁省委会、民进江苏省委会、民进浙江省委会、民进安徽省委会、民进江西省委会、民进河南省委会、民进湖南省委会、民进四川省委会、民进贵州省委会、民进陕西省委会、民进甘肃省委会

领导人讲话、报告、发言、文章

民办学校在教育改革中不能缺席

——在视察云南爱因森软件职业学院时的讲话

（2011 年 1 月 5 日）

严隽琪

今天到爱因森学院来，虽然时间不长，但看了以后感到振奋，也很自豪。因为李孝轩董事长是我们民进会员，而且是优秀会员，我为民进会员对社会作出贡献而感到高兴，当然这贡献也包括了爱因森学院领

导班子成员们的共同努力。民进是以教育为主要界别特色的参政党，多少年来，我们一直为教育改革和发展履行参政议政职能、建言献策和在各个教育岗位上努力工作。其中，民办教育协会就是在民进的大力推动下成立的，民进中央王佐书副主席兼任了民办教育协会常务副会长，因为我们看到了民办教育的重要性。

我也长期担任教育工作，刚才周教授说他对教育有一种宗教般的虔诚和热情，我有共鸣，教育是值得教师倾注一辈子心血的。我认为爱因森软件职业学校的理念很好，你们把学生的发展、学生的成才放在首位，这非常重要。而且从学校的名字就体现了一种爱的教育－－因爱而使得树木森森，特别是整个教育过程强调高质量、高能力。我还认为学校的定位非常好。我看到你校院系的设置和实验室都有明确的目的，就是培养社会需要的实用人才。一个孩子的成才就是一个家庭的希望，我非常欣赏这种定位。每个学校都应该有一个明确定位，不然的话，人家做什么，我们跟着做什么，泡沫就起来了，所以要坚守自己的定位，办出自己的特色。我的第三个认识，是你们艰苦奋斗的办学精神。可以想象当初从一万多元起家直到今天，在这过程当中，董事长、书记、院长等等付出了多少辛苦操劳。这个奋斗过程还有很多创新点，是不同于其他学校的。你们在办学的同时注重社会责任，这种精神特别值得学习。第四是感到你校办学的方式好，实行了工学结合，以前叫半工半读。工学结合对于职业学院，是其活力所在，是必须坚持的。我还特别高兴地看到，你校集聚了一批优秀教师。有不同年龄层次，包括刚才为我们作介绍的那些教师，他们非常自信，精神面貌都非常好。教师是学校的灵魂，没有好的大楼仍然可能办出一所好学校，没有好的教师却肯定办不出一所好的学校。

爱因森经历 11 年创办的艰辛，能够形成现在的规模和办学质量，一路走来并不容易。董事长是“70后”，年轻有为，每个人今天做的事就是在书写明天的历史。人的潜能是无限的，人往往并不知道自己究竟有多大的潜能，往往就是在压力下潜能才会出乎自己意料地爆发。当然要有这个时代，要有这样一个环境和平台。我觉得现在是云南的好时机。这次我们是为了云南在新一轮西部大开发中实施好桥头堡战略，为这样一个主题来进行调研。云南迎来了前所未有的大好机遇，所以很希望在这样一个好的时代背景下，爱因森学院有进一步的发展和贡献。

这儿还想强调对民办教育的意义要进一步提高认识。民办教育绝对不能单纯理解为是公共财政缺乏资金情况下的一种经费上的补充，如果这样认识就是低估了民办教育的必要性。如果经济发展了，资金多了，民办教育就不必存在了吗？显然不是，因为民办教育也是教育改革的重要活力源泉。

数年前，我曾去上海杉达学院调研。我看到同样的钱，在民办学校所产生的效益远远大于公办学校。民办学校管理讲求实效，它从方方面面对公办学校起到一种改革的催化剂或者注入一种活力的作用。它可以提供不同的模式和思维方式。现在社会比较强调学历，甚至是“唯学历”，这也许是作为文革以后的一种“逆反”吧，可我想我们又应该进入到不那么唯学历的时代了，应该是能力为重，用人单位是用人才的能力而不是他的学历。我们的社会需要各种各样的人才，每一种人才都是社会的栋梁，都是成功者．面对多样化的人才需求，公办学校由于它固有的管理体制和既成模式要进行突破会比较难，而民办教育则可以先有所突破，来满足多样化的教育需求。

我觉得民办教育还有一个重大意义。中国的现代化包括了政治建设、经济建设、文化建设、社会建设、生态建设等，其中社会建设相对还是个“短板”。民办学校的性质决定了他就是社会建设的一个重要组成部分。从民办学校的诞生到它的发展，可以看出我们在社会建设中间还缺少哪些东西。目前民办教育的环境还不尽如人意，刚才大家也提了一些。我觉得形势总的是向好。每年春节的时候，民进中央和教育部都有一次会谈。今年教育部长说部里专门设立了一个民办教育司。我在地方管教育时也意识到如果没有专门的部门负责，有很多民办教育的特殊问题没有办法或没有精力去解决，当时也特别希望能够在教委里设一个民办教育处。我注意到云南省教育厅就有这样的部门。我认为教育部的这个动作绝不是简单的一个机构命名问题，这说明了国家对民办教育比以前更加重视。而且教育部明确提出，公共财政要拨款支持民办教育，这些都是向好的。当然还有很多问题需要我们继续努力去解决。所以，希望教育的主管部门、民办教育协会和我们民主促进会，要形成合力，让民办教育有更好的发展空间，而且发展得更加健康。

周作宇教授是北师大教育学部的部长，也是中国教育政策研究院的副院长，这是民进中央和北师大合作建立的研究院，希望集聚各方资源，通过深入研究，提出的教育政策建议能够更科学或者更可操作。研究院成立一年以来做了好几件事情，其中有两件就直接和云南有关。一是和民进云南省委合作，研究配合“桥头堡战略”如何教育先行的问题；另一个是关于加强“域外研究中心”建设，明天到云南大学调研时还要和他们商量一下这件事。教育政策研究院是开放的，也希望从事民办教育的同志们参与和支持。教育政策研究院是个社会组织，北师大给了一些人员编制等的支持，还争取到有关部委的项目和社会的支持。像壹基金研究会支持我们立了一个有关灾后儿童心理研究的课题。娃哈哈集团是以教育起家的，也给了我们支持。我们欢迎和爱因森发展合作关系。

民办学校有一个持续发展的问题。有学者曾提议，每个学校应该有一个学校法，可能也是为了解决这个问题。我注意到你校的教师誓言，进了爱因森当老师都要宣誓，这是一个创新，当然既是创新也是约束。持续发展，就是长治久安，不会因个别人的变动而偏移办学大方向。坚持正确的方向对民办学校尤为重要。我对爱因森学院 11 年来的理念和办学方向都非常欣赏。怎么坚持这个正确的方向，使学校一直健康发展，这是民办学校都需要面对的问题。刚才提到你校在市中心有十几个培训点，估计全日制大学的投入回报会比较难，培训点的投入产出见效比较快。所以全日制大学需要持续的投入，而培训点的收入是对全日制大学的一种补充。对于办学，财务模式很重要。王佐书同志曾提到某培训学校，在美国上市进行融资，在美国上市就要遵守美国的规定，有一个扩张的硬指标，为了达到这个指标，该学校必须到处建新的点，这样一来，办学质量就不由自主了。为什么说持续发展要沿着正确方向？这有法律的问题、政策的问题、金融的问题，等等。有很大的研究空间。我们会继续关注。

再次对爱因森的老师们、领导班子成员表示敬意和感谢，并祝新年愉快！

在云南省人民政府关于桥头堡建设汇报座谈会上的讲话

（2011 年 1 月 6 日）

严隽琪

在这短短几天里，我对云南近年来的经济社会发展已有所感受。尽管看得不全，但对四个方面的感受很深：一是交通设施的改善，“要想富、先铺路”，交通非常重要，而且听说还有进一步的发展计划；二是民生的改善，云南人民，特别是各民族人民和谐相处，这提高了幸福感，提高了生活质量；三是环境，既包括了自然环境（即绿色环境），又包括了投资环境，我看了几个企业，发觉各地来的投资者在这里找到了他们的发展天地，而且发展得都挺不错；四是干部的劲头，是跃跃欲试、摩拳擦掌的劲头，是想趁着这个前所未有的历史机遇把事情做好，让本地区发展再上一个台阶的劲头，让我想到浦东开放的时候，上海干部就呈现了“心齐、气顺、风正、劲足”的精神面貌，我来云南这两天也已经感受到了这个氛围。我对云南所取得的成绩表示敬佩，感到高兴，同时也对云南下一步发展充满信心。

这次来云南，正值西部开发进入新的十年，而且“十二·五规划”即将开局。沿边开放是国家的一个重大战略，沿边就不仅仅是东部沿海地区，所以云南迎来了重要的发展机遇。如果对中国来说，“十二·五”是重要战略机遇期，那么对云南来说，“桥头堡”的定位更是重要战略机遇。昨天，我和云南民进的几十位会员座谈，我谈到若说云南是块宝地，大家一定没有异议，但这次来，我更感到云南是块热土。

观念变了，原来的内地可以变成改革开放的前沿；原来的边陲之地可以变成国家的战略重镇。云南正是这样，它的区域特色明显，地理位置又独特，非常具有发展优势。但是，机遇和挑战总是并存的，现在的云南，自然资源有优势，但远离产品的消费中心；水资源那么丰富，但是利用率低；山峦起伏，植被那么好，却带来交通不便；在瑞丽看到铁路线规划图，如果施工，挖开地表就是70度的高温，这是其他地方遇不到的自然条件，这种条件下会出现很多技术难关和投资难度。所以优点和缺点往往并生。我看到绿色的屏障面临生态保护和经济发展的两难问题；看到多民族文化多姿多彩，多民族之间和谐共处，但是整体来说少数民族地区还处于欠发达阶段；看到姐告和畹町，属于重要的向西南方向的国际通道，边境贸易对经济发展起到很大的带动作用，但是必然带来一些跨境的问题，如管理的问题、安全的问题、还有宗教的渗透问题等等。我觉得省委省政府的发展思路非常清晰，绿色经济强省、民族文化强省和我国向西南开放桥头堡三大战略目标，非常好，鼓舞人心，将实打实地指引云南下一步发展。

这次我们来调研，民进云南省主委罗黎辉起到了很大的促进作用。他在总书记提出“桥头堡”战略后，就是去年，几乎立即赶到北京民进中央汇报工作，说民进要为云南的桥头堡战略作贡献。我听了也很感振奋。当时在民进中央一年的工作计划都已有安排的情况下，民进还是抽出人力，邀请一些专家与罗黎辉同志合作，就一个点，即“高教先行”的问题作了一个较深入的调研，我认为调研成果较有价值，已经通过民主党派的参政管道向中央作了建议，希望能够从中央方面得到更多的关注和支持。

听了刚才的介绍，结合这两天考察，我觉得首先应该进一步地提高对桥头堡战略意义的认识。它事关我国发展大局，应该不仅是云南的事，而是中国能否抓住机遇的一个非常重要的战略。我认为它是对全球市场格局重大调整的主动应对，金融危机以来，全球市场在调整，所以我们要主动应对；它是建设我国新的出海口的重要选择；它是推进地缘政治向好发展的重要举措，上帝对中国人的考验特别多，中国的地缘政治向好发展更加艰巨，所以这是一个重要举措；也是推动沿边开放的战略布局，国家已经提出的三个试点，瑞丽是其中之一，这是一个重大的战略布局；当然也是推动西部开发、增强民族凝聚力、确保边疆长治久安的新突破。桥头堡战略不仅是云南的，更是中国的，应用举国之力来推动、把桥头堡建得更好。这是我对桥头堡战略意义的认识。

第二是定位。既然是桥头堡，就应该有两个特点：一是制高点，一是通道。如果确定这两点，就意味着任务很艰巨。首先要成为物流的通道或者枢纽。通道比较肯定，如何成为枢纽还需要进一步研究。说是物流，其实除了物资的运输以外，还有信息流的建设，以及资金流、金融的政策和配套设施等，这才能成为一个物流通畅的通道或者枢纽。第二是要成为一个文化辐射中心。中华文化的核心是什么？民进以文化为主要界别特色，所以不断地对文化建设在思考和调研。有很多人认为中华文化最核心的词是“和谐”，“桥头堡”应该为中国和周边国家建立和谐关系发挥重要作用，云南要建成一个有影响力的中华文化辐射中心。第三，应该是人才的高地。既有高端人才的集聚效应，又是人才培养和培训的基地。第四要成为绿色经济的基地。这点很重要，也与云南特点紧密结合，云南在绿色经济方面应该是有条件也有能力在某些方面占领制高点。这些能否成为桥头堡战略的定位参考？

省里已经做了很多工作，提出八大方面的重点建设，当然还需要落到实处，有些内容还没有发布，仍在过程之中，需要使它早日变成正式档进入实施阶段。建设桥头堡的条件中很重要的一点，就是统筹协调的力度和组织保障。如果作为中国的重要战略，那么它的统筹协调的高度则要求更高，古诗云“居高声自远”，没有相当高度的组织协调，力度大不起来，声音也传不远，这一点可能需要方方面面来考虑。

第三，我想强调，改革要先行。要在已有的格局下推动，要国家把资源放在云南，除了需要站在国家的高度来分析国家利益所在之外，还很重要的就是要有改革的思路和方案。这样理由就更有力，更充分。

比方说刚才谈到教育，我很高兴地听到云南已经作为国家确定的教育综合改革试点省之一。要在云南的教育综合改革和桥头堡战略之间建立起紧密的内在联系，这样更有理由得到国家支持，所以我们要进行和桥头堡战略相匹配的教育改革。云南教育的外向度比较大，这是事实存在。我们在瑞丽看到，从幼儿园到小学、高校，都有来自邻邦的学生。但事实存在与我们主动利用战略去发展有层次上的区别，所以要把事实存在提高到战略，要主动去利用它。希望在这里形成一个跨国教育的发展圈，在别的地方还没提过，这里有了事实存在的基础，但是我们要主动利用这个战略。我去过满洲里，我见过那里戒备森严的口岸，它也是重要口。但是我们在瑞丽看到的畹町和姐告，气氛完全不同，这里是一派平和。教育可以起到富邻安邻睦邻的一种无声无息的熏陶作用。用中国 960 万平方公里都适用的教育政策、教育审批手段肯定是不能适应这样一个跨国教育发展圈的。要争取和桥头堡定位相匹配的一些国家级的研究基地落户在这里。所以改革先行是争取国家资源一个很重要的前提条件。省里还谈到了五个着力，肯定对人才有需求，而且需求必然是多样化的，在高端人才以外，省内的实用人才也要高度重视。云南的中职教育有了长足的发展，在高中阶段的中职学生数已经超过了普通高中，这是一个非常重要的成就，也是一个非常重要的指标。中国目前的发展阶段需要大量实用性人才，需要数以亿计的高素质的劳动者，终身教育体系的发展，是真正为五个着力提供人力保障的需要。

第四，应该有重大项目和分步实施的计划。对于重大项目，云南并没有等，有的已经在做，特别是国际大通道，包括铁路的建设等都在规划。我觉得这还不够，肯定还要有一系列的重大项目，这样才能使桥头堡战略有更好的落实。所以这要有更好的策划和布局。

关于分步的目标。因为我注意到这是一个全局性、长期性的任务，但必须要每年跨一步，三到五年回头看跨成一大步，或者是一年一个目标或者是五年一个目标。这样可以把云南上上下下的积极性调动起来，加上外部的资源，能够更好地凝聚在一起。

总之，这次到云南来时间不长，但学习、考察的收获很大。更加理解了我国西部大开发新十年重大战略布局的意义。为云南发展，也为民进参政议政提供了方向和贡献的机会。我想表个态，无论是总体的、全面的建议，还是某个专题的研究，我们民进都愿意和云南省加强合作。如果有些研究已经成熟了，马上可以写成意见，省里用也行，走民主党派的建言管道也行。有些问题可能还要进一步开展调研。我们会把省里的意见纳入我们考虑的范围。无论人大、还是政协、或是民主促进会，都是进一步推动桥头堡战略实施的管道。

再次表示感谢，祝云南的同志新春好！样样好！

在视察云南大学时的讲话

（2011 年 1 月 7 日）

严隽琪

很高兴今天来云南大学考察、学习。在云南的这几天收获很大，信息量非常丰富，可说是目不暇接。云南的资源丰富使我感受深刻，这资源既有物质资源又有非物质资源。物质资源毋庸多言，云南的山、水、花、树、石名声远播，而且基础设施发生了很大的变化，交通便利，城市面貌展新颜。我有三年没来云南了，这次围绕“桥头堡”战略建设来进行调研，我看到西部大开发 10 年以来云南的新发展。我同时也感受到这儿非物质资源的丰富，淳朴和谐的民风，多姿多彩的民族文化元素处处可见。今天是我们云南调研的最后一天，马上就要回北京了，到云南大学来更有一种特别亲切的感觉。因为大学校园在我心中一直是最神圣的一块土地，我想从事教育的人都能体会校园气息和文化氛围之可贵。

刚才看了学校的几个点，加上书记和校长一路的介绍，令我对云南大学有了进一步的认识。云南大学的文脉特别深厚悠长，而且在历史上就是大师和名家汇集，成果辉煌。这成果既有科学成果，国家自然科学一等奖不是容易取得的，你们的一等奖是对有关重大理论进行重新认识的一种冲击，非常具有代表性。还有学校88年来的人才培养，刚才校长说15万桃李芬芳。如果说抗战的时候是教育救国，新中国成立以后是教育兴国，那么现在中国在崛起，应该说是教育强国，最重要的是人才要先行，人才辈出，这是教育对社会最大的贡献。云南大学在中国教育史上，写下了光辉的一章，抗战时候是重重一笔，到了1952年新中国成立以后的院系调整中，云南大学又做出了大贡献。并非所有大学都如此的，在院系调整中，有的学校是收益远远大于付出，有的学校是付出远远大于收益，而云南大学就属于后者。

刚才在校园里我注意到云南大学有很多宝贵的办学经验。比方说校园里每一栋建筑都是校园文化的组成部分，每一条标语也是校园文化的组成部分。校园文化对一所大学来说非常重要，所以我觉得你校有很多办学经验值得好好总结和继续发扬。云大的成就还表现在她的辐射作用，处于云南这样特殊的区域位置，在跨境教育方面有独特优势。对多民族人才的培养，是国家长治久安的根本所在，如果没有各民族的人才，我们国家的民族和谐则很难想象。而且云南大学的特色很突出，民族文化博物馆、化石博物馆都具有独一无二的区域优势，你校是教学特色与区域特色交相辉映。另外，建设国际一流学校，有一个很重要的衡量指标就是开放，开放有一个很重要的衡量指标就是留学生的人数。云南留学生的比例比较高，开放度好，所以云大建设成为国际一流学校有很好的基础。云南大学有很多值得挖掘的资源和值得总结的宝贵经验，其中凝聚着一代代云大人的心血和努力。

我还要感谢校方今天专门把云大民主促进会组织的会员请来，说明云南大学党委、统战部对多党合作的重视。民进云南省委会罗黎辉主委在第一时间告诉我，胡主席关于云南桥头堡战略的讲话，中央在沿边开放的战略中对云南定了位。教育是民主促进会的主要界别特色，出于为云南服务，也是为全局服务，参政党也要多做贡献的考虑，去年7月份民进中央就组织了"桥头堡战略高校先行"的课题，云南大学的教授中有民进会员，也加入了课题调研的工作。这个课题已有成果，上报了党和国家有关领导人。

今年是"十二五"开局年，西部大开发10年来取得了巨大成就，现在站在了新10年的起点上。因为云南在西部的特殊位置，中央已经将云南定位为中国向西南开放的桥头堡。我一再强调这不是云南的战略，这是国家战略。对云南而言既是挑战又是机遇，同样对云南大学来说也是挑战与机遇并存。云南大学有过辉煌的历史。现在怎样面对这个时代给予的机遇和挑战，铸造新的辉煌？《中长期教育发展规划纲要》发布以后，纲要还有待落实。有的是已取得共识，写得非常明确，需要贯彻落实；有的仍存争议，写得比较原则；有的争议更大，表达的更少，同样需要我们在实践中探索。云南大学有着很好的传统，闻一多先生最后一次演讲的至公堂至今保存完好，"以天下为己任"，"先天下之忧而忧"，中国知识分子的家国情怀在云南大学得到了很好的体现。今天已经是经济全球化时代，国内任何一件事情往往能找到国际因素，所以一定要具有世界的视野。改革与发展首先是观念，观念一变，情况就大不同。如原来的边疆就变成了向西南开放的桥头堡，原来的内地就变成了沿边开发的前线。希望云南大学关注国内外形势的变化，关注国家对云南的期望，对高等教育要有改革的勇气，先行先试，既有胆又有略，以争取国家和地方更多的支持。但有一点要注意，东部发达地区或者现在一些985大学所走过的道路，可以学习借鉴，不能照搬。

要紧紧抓住机遇，还是要以质量取胜。这个质量，最最重要的是教师队伍，一切一切还是人才。有大楼固然好，但是相比较起来最最重要的是教师队伍。是那么多令人骄傲的、闪光的名师大家的名字，构建出你们辉煌的历史。我看你们的领导班子队伍都很整齐，年龄结构非常好，年富力强，在已有队伍的基础上，主要任务就是栽梧桐树，有了梧桐树，不愁凤凰不飞来。

要多发挥辐射作用，建立国家级、省级甚至跨区域的中心。在教育的先行先试方面，国家已经定了云南作为十二五规划教育试点改革省份，能否在高等教育方面进一步地策划一下，体现它的跨境、跨区域的特点？在西南部，能否有一个教育制高点？刚才有专家说到桥头堡就要占领制高点，站在制高点去辐射你的影响，这才叫桥头堡。我想在这跨境跨区域方面，你们和越南、老挝的大学都已经有了很好的合作项目，存在着优势。是否利用这个优势建立一个跨境高等教育发展圈，更主动地发挥基础作用？站得要高、质量要高、立意要高，辐射面要广，要紧密结合区域特色，主动地拓展影响，吸引人才，争取国家和省级的重点支持。

刚才校长说争取排在全国高校前 50 名，我觉得有点保守。作为西南地区有这么深厚文化底蕴的学校，我相信这个目标指日可待。当然，强手如林，云南大学目前排名 60 儿，说明前面还有 60 多所大学，他们也在前进，不会坐等你赶。所以一定要发挥自己的优势，即别人没有或不明显的特色。作为一个大学，总量排名固然是一个整体实力的表现，但至少要有一个学科是全国第一，不求各科全国第一，至少有一科是全国第一，这就是高地。当然有 2 个、3 个更好。将来对学校的评价，我相信逐渐会突出对学科的评价，即学校有几个属于第一的一级学科，那才是内涵。所以，希望云南大学位居前列的学科要更领先，位居后列的学科只要思路正确也可以后来居上。

最后我祝愿云南大学在"十二五"时期乃至未来 10 年取得新的长足进步。

基于实践的未来十年"中国文化'走出去'战略展望"

——在第八届中国文化产业新年论坛上的讲话

(2011 年 1 月 8 日)

严隽琪

各位来宾，各位朋友：

很荣幸能应北京大学的邀请出席第八届中国文化产业新年论坛。中国文化产业新年论坛自 2003 年创办至今，已成为以促进文化产业领域内政府、企业和学界之间沟通与交流为宗旨的高层次国际学术论坛。本届论坛以"面向 2020：中国文化产业新十年"为主题，重审中国文化产业建设的历程与现状，展望中国文化产业下一个十年的发展蓝图。论坛主办方北京大学及其文化产业研究院在发展和繁荣文化事业方面所取得的成绩，给我留下了深刻的印象，我很佩服。

近年来党和国家对文化建设高度重视，始终将文化建设摆在重要的位置上。中国民主促进会是以文化、教育、出版界高中级知识分子为主的参政党，有很多文化界的专家和学者，与文化的渊源很深。为推动社会主义文化大发展大繁荣作贡献，是民进作为民主党派履行职能的重要领域，是体现民进的界别特色，我们责无旁贷，一直在为文化建设积极地献计出力。近年来，民进陆续就民俗民间文化保护、文化体制改革和文化产业发展、社区文化建设、公共文化服务体系建设等问题开展调研，建言献策，开展社会服务。如 2006 年，民进中央赴浙江省就"促进我国文化体制改革和产业发展"进行了专题考察。2007 年，民进中央赴云南省就"社区文化建设"进行了专题考察。2010 年，民进中央的文化工作重点是探讨如何增强文化的整体实力和国际竞争力，推进文化走出去，尽快形成与我国经济社会发展和国际地位相适应的文化战略。因此，很愿意将我在民进参政议政工作中获得的一些认识在这儿与大家交流。

"文化走出去"是在我国入世过渡期结束之后、文化产业开始深度参与国际文化产业分工与国际文化市场的竞争中提出来的一项国家战略。并将改革我国的文化外贸体制、建立新的文化外贸制度、大力鼓励文化产品出口、参与国际文化市场竞争等，作为这一战略的主要内容。以近十年看，成绩明显。

一是对于文化走出去是统筹国际国内两个大局的现实要求、是中国进一步发展的重要战略抉择取得空前的共识。

"走出去"首先是在经济领域提出的一个战略，最早是在 2000 年 10 月召开的中共十五届五中全会。

全会明确提出："实施'走出去'战略，努力在利用国内外两种资源，两个市场方面有新的突破。"经济领域"走出去"战略的推进无疑将波及、扩大到文化领域。中国文化走出去如同中国经济走出去一样，都是中国国家利益的现实要求。在经济全球化的浪潮中，中国要屹立于世界民族之林，就一定要推动中华文化更加主动地走出国门、进入国际市场，将一个发展的中国、开放的中国、文明的中国的新形象展示给世界；以中国文化对世界的新贡献维护人类文明的多样性，促进不同文明、不同社会制度和发展道路的国家相互交流、取长补短、和谐共处。

对此，党和国家的领导有着清晰的思路。2003 年 12 月，胡锦涛总书记在全国宣传思想工作会议上的讲话中指出："大力发展涉外文化产业，积极参与国际文化竞争。"2004 年 9 月，中共十六届四中全会提出："推动中华文化更好地走向世界，提高国际影响力。"2005 年 10 月，中共十六届五中全会再次强调："积极开拓国际文化市场，推动中华文化走向世界。"

成绩二是国家对推进文化走出去战略的支持政策不断出台。

这一点在 2009 年得到特别体现。2009 年 7 月，国务院常务会议讨论并原则通过了《文化产业振兴规划》，这是继钢铁、汽车、纺织等十大产业振兴规划后又一个重要的产业振兴规划，是新中国成立 60 年来第一次对文化产业发展做出的规划。它的发布，表明文化产业作为国民经济新的重要增长点，已经上升到国家战略层面，标志着文化产业发展进入了一个新的阶段。可以说在中国文化产业发展历程中具有里程碑意义。也是在这一年里，文化部联合商务部、广电总局、新闻出版总署等部委，对列入 2007—2008 年度《国家文化出口重点企业目录》的企业进行联合评审，对 84 个企业给予总额 5800 万元的奖励，其中文化企业 39 家，获奖金 2250 万元；共同评定了 2009—2010 年度《国家文化出口重点企业目录》和《国家文化出口重点项目目录》，出台《关于进一步支持文化出口重点企业和重点项目的指导意见》。文化产业成为我国经济新增长点的态势愈加明显。

成绩三是这些年不断推进文化体制改革，为实施文化走出去战略提供了良好的制度和环境。

自中共十六大以来，文化体制改革深入推进，使文化生产力得到进一步释放。通过推进公益性文化事业单位改革、文艺演出院团体制改革、出版发行体制改革，推进文化领域资源整合，加快国有经营性文化单位转企改制步伐，培育了文化市场主体，促进了政府职能转变，形成有利于文化发展的体制环境。这一切都进一步增强了我国文化产业的发展后劲和整体实力，使经营性文化产业占国民经济比重明显增大、国际竞争力逐步增强，为推进文化企事业单位走向国际市场创造了良好的市场环境。

2011 年，是中国加入 WTO 十周年，也是"十二五规划"的开局年，从全面建设小康社会的战略高度和社会主义现代化建设的全局出发，《中共中央关于制定国民经济和社会发展第十二个五年规划的建议》提出，在"推动文化产业成为国民经济支柱性产业"的基础上，"加强对外宣传和文化交流，创新文化'走出去'模式，增强中华文化国际竞争力和影响力"。这与最初应对 WTO 贸易规则的情势相比，今天的"中国文化走出去"正在逐渐承担起全球化背景下大国文化博弈的先锋使命。这一使命要求"中国文化走出去"战略的实施在十二五期间有跨越式的发展和超越性的突破。

经过改革开放 30 年的历程，中国文化走出去从跨入国际舞台"小试啼声"、呈现亮点；到形成规模、有所影响；现在应该进入打造品牌、讲求效益、进行长远规划的新阶段。在这个阶段，我们要重点加快推进文化企业"走出去"。借鉴和利用国际通行的商业模式和管道，加强对"两个市场、两种资源"的统筹协调、政府推动与企业市场化运作的统筹协调、对外文化交流与对外文化贸易的统筹协调。要进一步完善促进文化产品出口和文化服务出口的资金补助、出口奖励、税收减免等等政策，鼓励中国的文化企业在境外兴办实体，推动海外文化阵地的本土化。要做到这一点，就必须为企业的成长、发展、进而实现国际化，创造一个良好的政策和制度环境。如何培育这样一个好环境，怎么才能让国家层面的一系列政策落到实处，是需要我们认真加以研究的。

在这里我想就三个亟待解决的问题和大家交流几点感受，这三个问题分别是走出去做什么、什么应该走出去以及怎么走出去。

首先是走出去做什么，这是中国文化走出去实现跨越式发展需要解决的首要命题。对这个问题的回答，需要我们对当今世情与国情有相当的了解和准确的把握。一方面，当今世界正处于全球性深度调整和转型的变革期，金融危机、能源资源问题、气候变化、粮食安全、公共卫生、重大自然灾害等各类全球性重大挑战和威胁凸显，在这些关于未来人类命运和世界发展的问题上各种类型的价值观交锋深刻复杂，在新的时代条件下，“国际话语权”的竞争日益走到综合国力竞争的第一线并扮演起战略主导的角色；另一方面，中国的世界形象和地位正在发生深刻的变化，我国以令人惊叹的经济增长赢得世界瞩目，但部分西方发达国家对中国特色社会主义道路由来已久的误读仍难消除，“中国经验”背后的文化价值观在世界范围内的认知度和认可度仍面临建构国际话语权的挑战。而“中国文化走出去”是这一使命责无旁贷的主要承担者之一。

当今国际文化的战略竞争，已不仅是文化产品、企业实力和产业水平的竞争，更高层次也更为核心的是以文化理论、制度模式及相关文化法律体系为表现形式的文化话语权的竞争。回望十年中国文化“走出去”与“引进来”的历史路程，在至今仍未扭转的文化贸易逆差之外，在伴随可口可乐、好莱坞电影等文化产品对不止一代人文化价值观的巨大影响之外，更值得关注与思考的，是我们对既有国际文化市场规则突破、创新和超越的努力直至目前近乎空白。面对新一轮的发展周期，面对当前形势下巨大的国际文化新秩序和国际文化产业制度创新机遇诸多挑战和机遇，“中国文化走出去”战略的深入实施必须完成从加强对外文化交流、扩大对外文化贸易到为中国文化价值观在全球舞台争得不败之地、并争取主动地位的“质”的跨越。全方位建构中国文化的话语权，提升国家软实力和国际影响力，在全球文化竞争的舞台上建树中国经验、中国观念直至中国标准。这就是中国文化走出去“做什么”的定位。

第二个问题，什么应该走出去，这是中国文化走出去实现跨越式发展需要把握的战略重点。一直以来，关于传统文化走出去还是当代文化走出去，文化价值走出去还是文化产业、文化产品走出去，精神文化走出去还是制度文化、器物文化走出去，先进文化走出去还是“有市场的”文化走出去的争论始终伴随着“文化走出去”战略的实施。回答这些问题，深刻地关系到对文化概念的理解。理论上说，文化产业结构的各个层次的产品和服务都可以走出去，都应该服务于国家文化走出去战略，但有必要对各个层次的文化产品和文化服务对于国家战略的贡献，做出正确的估量，否则，容易根据文化产业的总产值和贸易额的快速增长，而错误地判断文化走出去战略推进的形势，战略实施的效果，以及相关政策的有效性。

从以往“文化走出去”的实践来看，在对外文化交流、对外文化贸易领域都不同程度地存在着对以“中国特色”、“有吸引力”为标签的传统文化的偏重，对当代中国精神，尤其是改革开放 30 年来“中国故事”背后的中国精神、独特价值的反映与呈现则相对较少，“中国威胁论”、“文化赤字”现象的存在折射出当代中国文化价值在“走出去”战略中的短板问题已经影响到中国文化国际竞争力的提升。

今天，面对一个文化多元、产品多样、流通管道日益全球化的新时代，我们需要在现代文明的基础上传承中华文化，生产富有竞争力和市场魅力的文化产品，更需要以与时俱进的文化价值观与国际社会进行广泛而深入的对话。这就需要未来“文化走出去”完成从文化产品走出去到文化价值尤其是当代中国文化价值走出去的跨越，对未来“走出去”的内容的合理性、全面性、针对性做战略规划并围绕这一战略的实施制定相应的配套政策。这就涉及到中国文化走出去实现跨越式发展需要面对的第三个问题，即怎么走出去，这是一个系统的课题，也是一个需要不断研究的动态课题，这里，结合我们在调研中遇到的情况，简单谈几点建议。

1. 正确处理文化走出去战略与国内文化建设的关系，在“十二五”规划中明确实施文化走出去战略的重点安排。在充分考虑国际文化市场的需求和国内文化资源优势、人才优势、技术优势的基础上，明确战略重点，进而集中优势企业抱团走出去，实现重点突破。此外，还可以尝试制定文化走出去战略的区域发展规划，以充实文化建设十二五规划。

2. 加强国家与地方的上下联动。国家层面掌握着开展对外文化交流的优势管道和广阔平台，而地方则拥有丰富的文化资源和文化产品。加强国家和地方两个层面的联动，实现上下联动、资源共享、优势互补。

3. 进一步完善、配套文化出口扶持政策。建议在认真落实现有各项发展文化产业、支持文化“走出去”政策的基础上，完善支持文化产品和服务出口的政策文件，尽快形成有利于对外文化交流和贸易的配套性政策体系。

4. 加大对文化出口企业的服务力度。建议建立由文化、广电、新闻出版、商务、外宣等部门组成的文化产品和服务出口贸易协调机制，充分发挥各部门优势，整合各方资源，为文化企业“走出去”提供服务。

5. 加快文化走出去复合型人才的培养。建议加快文化外贸人才培养和输送，加强在职培训和继续教育，提高对外文化工作者和文化企事业单位经营管理人员的综合素质和业务水平，通过多种方式、多种管道，有计划、有步骤地吸引一批国外高端文化人才。

当前及未来一段时期，中国文化走出去仍将处于探索和培育的阶段。一方面，我们要看到推进文化走出去是一个长期的任务；另一方面，中华文化具有强大生命力和走向世界的光明未来，新一轮的发展周期为“对内要有凝聚力和崇高的价值取向，对外要有感召力和伟岸的精神魅力”的中华文化提供了广阔的发展空间。我们希望：中国所倡导的“和而不同”、“和为贵”的理念得到世界的理解与认同，中国与世界各国的文化关系更加紧密，在国际文化事务中的作用更加突出。今天的论坛为我们2011年的工作起了一个良好的开端，我希望民进可以和在座诸位一起努力，总结成功的经验，研究存在的困难、不足及其产生的原因，探索解决的思路与方法，为中国的社会主义文化事业尽绵薄之力。

最后，预祝本届论坛圆满成功！谢谢大家！

评价制度改革的浅见

——在民进中央2011年基础教育改革座谈会上的讲话

（2011年1月29日）

严隽琪

各位校长、朋友们：

在岁序更替的春节前夕，很高兴与大家相聚在北京，探讨我国基础教育改革之路与发展愿景。我谨代表会议主办方向百忙之中出席会议的各位嘉宾表示诚挚的欢迎和良好的祝愿！这么多著名中学校长能拨冗参加这次会议，体现了大家对这次座谈会的重视，而这份重视源自于对主办方的充分信任；也体现出校长们对这种座谈会形式的肯定。这是一个氛围宽松的、可以思辨的、可以争论的座谈会，又是能够直接与教育部领导对话交流的座谈会。在此，我要向教育部多年以来对民进中央的支持与帮助表示衷心的感谢，特别要对刘利民副部长亲自莅会并作讲话表示最真诚的谢意。这是刘部长当教育部副部长以来第一次在公开场合的重要讲话，既是对各位校长的重视，也是对我们民进的重视、对多党合作事业的重视，非常感谢。

校长们的发言对我很有启发。各位校长身处这个敏感的、竞争白热化的、社会关注高度聚集的和改革具有高难度的高中学段，所承受的压力之大和面对问题之复杂可想而知。对你们表现出来的直面挑战、不畏改革的勇气表示敬意。更感谢大家在刚才的发言中不回避敏感问题、不回避矛盾，开诚布公，坦诚相见。

今后一个时期，如何真正落实中国家中长期教育发展规划纲的目标和任务，如何真正让政策取得良好的实效，既是对职能部门的要求、对教育一线工作的同志们的要求，也是对我们参政党的要求。本次座谈会以“对考试制度、评价制度改革的思考”为主题，探讨当今我国基础教育的改革发展，研究评价制度改革之路，这个题目对于促进学生的全面发展，推进创新型人才培养、实现人才强国战略，实现科学发展具有非常重要的意义。

大家自上午起就纷纷对基础教育阶段考试制度和评价制度改革直抒己见、发表高论。各位来自教育第一线，经验丰富，对教育事业怀着一片赤诚，情感真挚、事实确凿、思考深刻。这种思想的碰撞使参与者受益，也使民进在教育领域的参政议政工作大受裨益。我也借此机会谈谈几点浅见，就教于大家。

第一点：教育质量的评价是个难题

教育质量的评价本身确是个难题，任何时候都是。之前，我在不同场合获得了两个完全不同的信息。在胡锦涛总书记访美时，美国认为中国的基础教育在全世界做得最好，这是对我们的高度赞扬。但是，在我参加亚太议长联会的时候，加拿大的代表就向我方提出到加拿大的中国留学生很多，但质量有待提高。不难看出，教育评价本身是个难题，更何况中国人口那么多，情况更为复杂。

2500 多年前，孔子就有了“有教无类”、“因材施教”，的教育理念与实践，它也成为后来的教育者推崇和成为公认的教育理念。教育改革基本都将此作为重要的目标或目标之一。现在来看，无论是形式上还是内涵中，要真正做到“有教无类、因材施教”还有许多值得深思、探索和改进之处。

经过新中国 60 年的发展，特别是改革开放 30 年的发展，我们在“有教”，即不分贫富、不分种类、不分性别等方面成绩是巨大的，“有教无类”取得了史无前例的伟大突破。当然，不是没有遗漏或不足，因为受教育者的类别是十分复杂的，例如特殊教育，又如不良少年、自闭症儿童等，需要更细致、更深入的工作，这儿不展开谈。

想着重谈谈对“因材施教”的看法，这与教育质量密切相关。大家知道，大工业生产的基础是标准化和把生产流程分割为一道道高度专业化的工序。针对那些无生命、无自主性的工业品，这是一场极大提高生产效率和产品质量的伟大革命。但对于教育，由于教育对象是千姿百态、时时变化、有许多内心活动的活生生的人，教育的过程是师生共同进行的复杂活动；教育效果又往往不是完全能够实时反映的，更多是潜在的、后发的；制约教育过程的外部因素又是纷繁多样的。所以，我认为制定标准确是保障教育最低要求的有效手段，如经费投入、校舍建设、教师编制、学时安排等等的标准。而教育质量更高的境界必须通过“因材施教”，不是简单的标准化能实现的。可这就带来了教育质量如何评价的永久性难题。教育机构的情况、教育的学科门类和教师的情况是包罗万象的，学生的情况（禀赋、志趣、身体、基础、情绪）也是千差万别的。除非是准备无视于难以穷尽、甚至难以表达的这些差异，将教育过程等同于按严格的既定工序生产可以被“一视同仁”的无生命、无思维的工业产品的生产线，否则从中推导出任何理想的评价指标，特别是量化指标，几乎是完全不可能的。但无视于这些差异，虽会使得评估过程容易的多，却使得这样的评估了无生气也是很明显的。真正符合教育的本义、符合对每个不同学生的发展潜力和发展成效的衡量、符合对教师实际付出心血的衡量要求评估者有对差异性的实际了解、要求拥有教育心理学的洞察力或判断力，这是冷冰冰的指标没法满足的，那只是空洞的概念。尽管数量的表达更易掌握，更易界定清楚，有一种科学精确性的感觉。

第二点：考试和评价是两个不等同的词

评价具有甄别和价值判断功能，这点大家的歧见不大。它对教育起着反馈调节作用，既影响着学生对学习内容、学习方式和学习态度的选择，也对于教师的着力点、教育政策的制定起着导向和制约作用。而考试的功能要复杂多了，它一方面起着评价学习效果的作用，但另一面也是促进“学而时习之”、帮助掌握知识的手段，甚至还起着锻炼心理素质的作用。所以，对评价方法的争论虽然会永远存在，但只是如何能相对地比较科学、比较实用、比较公正而已。对于考试，我们永远只能是又恨又爱。其实要有错也往往不在考试本身，而在于如何使用考试的结果。所以我认为要讨论的改革命题应该是评价方法或评价体系，不要总是把考试绑架在一起。

第三点：评价改革的出路何在

许多人评价现行评价制度存在着诸多弊端，在很大程度上阻碍了创新型人才培养目标的实现。如以学校的升学率评价学校，以平均分评价班级，以考试的分数评价学生，致使一些薄弱学校和偏科生、后进生受到歧视，学生的个性得不到关注，大胆质疑、独立思考的能力受到压抑。问题的症结究竟是什么？我认为，其要害就在于使用简单划一的标准来评价学生、评价学校、评价教育，而这个简单划一的标准又往往是考卷。其要害在于政府、教育管理者和社会对于考试结果的滥用或误用，以及对于评价工作的粗放、简单的态度。特别糟糕的是还把本来片面的、阶段性的评价，却通过政府行为加上社会各方的“给力”将其永久化、固定化、身份化。任何一种评价方法都不可能是无懈可击的，都有其侧重、长处和缺陷，都有其特定的适用范围和时限。重要的是教育理念是否真正为人的全面发展服务，是否尊重和爱护每一个孩子，是否真正有决心促进和支持“因材施教”，是否真正相信“浪子回头金不换”，是否真正认同“360行，行行出状元”。正因为任何一种评价方法都有其片面性，所以才要让学校有充分的自主权，并且社会对人才的选择必须要多样化，以整个社会的多样性来带动评价方法的多样化，从而克服划一的、单个的评价方法的片面性。尤其不能使一次考试或评价终身化。“评价最重要的目的不是证明，而是改进”，这是几十年前就提出的评价理念，今天对于教育仍然适用。

第四点：以务实的态度稳步推进评价制度改革

今年1月8日，国务院办公厅印发的《关于开展国家教育体制改革试点的通知》，更加明确了高考改革的方向。其中重点提到：把普通本科和高等职业教育入学考试分开；完善高中学业水平考试和综合素质评价；探索有的科目一年多次考试；完善高校招生名额分配办法；加快建立多渠道升学和学习的“立交桥”。这些都为学生成长提供了更多样化的空间。为了愿望与效果的统一，真诚希望不光是教育部门，而且社会各方都能重视以下几方面问题。

第一，评价制度改革与教育在其他方面的改革要协调推进。评价制度的效果会影响学校制度、办学体制、管理体制、经费投入、项目设立和人才选拔，所以这些方面的改革方面的改革方向和改革步伐必然也会对评价制度改革起到“倒逼”或者“遏制”的作用。评价制度改革不可能单兵独进。

第二，探索实践和理论研究要同时加强。既要借鉴世界各国的有益做法，还要立足国情。在中国，本来是为特长生准备的东西，往往会变成每个学生必备的，比如奥数。我在上学的时候很喜欢数学，多次参加数学竞赛，但当时没有什么功利思想，就是喜欢，数学竞赛的成绩也从来没有给我高考加过分。但是现在不一样了，奥数成为学生升学加分的筹码，这不是数学竞赛本身的错误，是我们在滥用奥数的结果。随着新课程的实施，中考改革最早的试点地区至今将近10年，高考改革最早的试点省至今也有5、6年了。目前有十几个省市实施新高考改革，改革模式各不相同；中考基本上是以地区为考试改革单元，一个省就有多种模式存在。应当下大力气总结实践经验，提炼基本的改革原则、基本的改革模式，各自的优势和不足。积累丰富的数据资料，将改革经验上升为理论，上升为规律，避免盲目性。

第三，避免简单化，切忌“一刀切”。我国区域间经济发展和教育发展水平有着很大的差异，城乡之间也有着巨大的差异。在改革过程中，要实事求是。在评价制度改革方案的制定、改革举措的实施、改革经验的推广中都要明确主体、深入调研、精心操作、善用总结。不拘一格降人才，就需要更宽松的环境和更多的容忍度。选奇才、用奇才不仅仅是教育系统的责任，更是社会的问题、使用单位的问题、人才制度的问题、产业发展的问题。所以我希望要在更广视野里，跳出对教育改革的拘囿，来思考“钱学森之问”，给教育松绑。

第四，要在更广的视野里思考核设计评价改革。社会对人才评价和选拔的标准必须多样化，科学的人事制度是人才培养必需的良好环境。任何一个大师的出现，不是看他的学习成绩，而是要看他的业绩和奉献，业绩和奉献却不是学习成绩就可以单方面决定的。中国出了很多院士，包括建筑方面的院士。如果中国不搞大量的基础建设，不修那么多大桥，我们也许就不会出那么多建筑方面的院士。大师从何而来，不能只问教育系统。

只要教育不终止，关于评价方法的争论就不会终止，也就是关于评价方法的探索不会终止。我们只能讨论在层层的约束条件下，或者换句话说，在省略掉种种的考虑后，什么是现实的、可行的、有限优化的评价方法。当然，它必然是有缺陷的，只能承担有限的评价功能。而且建议考虑这种探索不能仅仅在较底层次展开，应该在更高层次（比如人才的大分类，比如对先天禀赋的看法，比如对成才时间的看法等）同时展开。

校长们，同志们：

改革评价制度，其根本目的是为了更好地提高学生的综合素质和教师的教学水平，使评价的过程成为促进教学发展与提高教育效益的过程。借这个机会仅谈几点自己的看法和思考，不作定论，仅供交流。多年来，民进不断在教育领域广呼吁、提建议，离不开大家的支持。民进和中国教育学会高中教育专业委员会每年联合举办一次“基础教育改革座谈会”，已有九年了，也都得到了大家的认可和支持，在此一并表示由衷的感谢。为了更好地影响国家教育政策的制定，民进一年前还依托北师大建立了中国教育政策研究院，重点在三个方面建言献策：一是对现行教育政策进行评价，提出改进意见；二是将已有的研究成果、学术成果转化成政策建议；三是关注教育问题所涉及的学科交叉、部门协调等问题。这是一个开放的平台，各位校长都在教育一线工作，你们觉得哪些政策、哪些地方需要改进，或者哪些政策行不通，欢迎你们给我们出题目。或者，大家也可以就有关问题写出意见、建议，直接给我们民进中央的参政议政部，我们来代为转达。

在此既有感谢又有崇敬，还有期待；另外就是祝福，祝福大家春节好！谢谢！

关于建设和谐机关的一些思考

——在民进中央机关2011年部门负责人新春研讨会上的讲话（摘刊）

（2011年2月10日）

严隽琪

会中央对机关建设高度重视，继1999年、2007年召开全国机关建设工作会议后，去年把机关建设列为全会的工作重点之一，取得较大成绩。近三年来，我们继承了上两届在新春召开中央机关部门负责人会议的好做法，又进一步发展为结合形势要求及机关实际情况，每次会议确定一个主题。记得去年是围绕建设学习型机关进行研讨的，今年的主题是建设和谐机关。我是第四次参加部门工作研讨会，感觉到部门负责人的思考在不断深入，大家的交流更加坦诚，提建议出主意更加积极，会议的气氛更加民主，表达的能力也不断提高。

听了大家的发言，感慨颇多。一方面我感到很欣慰，大家的发言表达了对民进机关这个大集体的深厚的感情，而且大家在过去一年中工作非常努力，成绩很显著。这让我很自豪，特别是大家的工作能力和态度。另外一方面，我也感到了不安。借用罗富和常务副主席刚才的一句话，“领导干部是建设和谐机关的主力、标杆、楷模”，我认为，领导干部还是建设和谐机关的保障。作为领导干部，我感到自身的不足，也感到周边的压力。正如罗富和常务副主席所说的，当前的形势和任务给我们带来了不小的压力，我们自己的这支队伍的情况不断发生的变化也给我们带来了压力。而不足，有自身的知识结构和能力不足造成的，也有观念的问题、作风的问题、应该做到完美而没做到的问题等原因造成的。但是，我们大家都有信心，因为从大家的发言中体现出一种共同的追求，这就是我们要把我们的机关建设成为一个和谐的集体。而且我们已经有了很好的基础。

一、结合我个人的感受思考和我们的实际情况，对过去一年机关各部门的主要工作做一下简要的点评。

1. 在民进建设高素质参政党的进程中，中央机关作出了重要的贡献，这主要体现在以下四点：

（1）任务繁重——压不垮。例如参政议政部的工作涉及的领域很广，特别是中共中央对民主党派的提案、建议的要求在不断提高，党派之间的竞争也越来越激烈，会员的需求在不断提高，这些艰巨的任务没有把我们压垮，我们民进的表现还是很不错的。社会服务部不仅尽到了我们的社会责任，扩大了我们的社会影响，并且通过社会服务工作达到凝聚人心，而且还在不断扩展我们的工作内容。宣传部在缺少工作人员的不利条件下，认真细致地完成了稿件的起草、润色、把关，网站的维护等工作。

（2）问题新——难不倒。例如办公厅去年一年的工作开展得很不容易，这个部门的工作任务很杂，但是我很高兴地得知，我们去年扭转了财政赤字，与此同时，把一些财务的主动权交给了各位部门负责人，做到这些很不容易，肯定面临了很多新的问题，还需要大家艰苦的努力。组织部的组织发展和组织建设工作面临着很多新挑战新问题。社会服务工作同样如此，虽然是以智力支边为主，但是财力帮扶不能没有；以在国内开展活动为主，但海外联系不能没有；以品牌项目为主，但是还要考虑发挥全会的积极性，增加每一个人的参与感。我们要逐个的解决新问题，直面问题不回避。

（3）空岗多——散不了。去年机关面临的突出的问题就是空岗多，大量的人员退休，但是没有散。研究室调出了三位工作人员，但是工作不声不响地顶了下来。办公厅和服务中心退休的工作人员很多，但是办公厅的工作还是保持良好运转。组织部同样如此，在人员紧张的情况下召开了全国性的重大会议并且赴各省级组织开展调研。

（4）突发事——能应急。去年雷老逝世后，宣传部、研究室与办公厅等其他部门一起做到有条不紊、细致周到、妥善地应对。参政议政部和研究室也遇到了很多突发事件，但是都应对得很好。

以上这几点说明，我们的队伍是能打大仗、能打硬仗、能打急仗的队伍，在这中间部门负责人尤其做出了可贵的努力：贯彻落实有力度（认真细致、不马虎、不拖延）、主动到位提建议（及时研究，不消极、不懒惰）、敢担责任不上交矛盾（不推诿、不退避）、及时沟通协调（不封闭，善于团结合作）、培养激励年轻人（不当孤家寡人、带好队伍）。部门负责人功不可没，在这里，我代表各位主席，向大家表示慰问和感谢。

2. 继续加强机关建设的必要性：

具体来说，一是监督委员会收集的意见和建议中有不少是与中央机关有关系的：如“希望会中央机关个别部门进一步增强服务意识和责任心，提高工作效率。”机关也针对意见建议提出了改进方案，并且在逐步实施落实。二是从大家的发言、我们自己的感受以及平时表露出来的意见：

（1）机关人员紧张，但忙闲不均；

（2）缺岗不少，但机构仍有重复设置，功能不清；

（3）在工作中提高自身能力、得到关心帮助的需求如何满足；

（4）制度、规章的科学性和严肃性如何提高和保证；

（5）领导干部的表率、带领作用的发挥；

（6）生活福利待遇的改善；

（7）工作条件的改善；

（8）“两张皮现象”：上下不一致、言行不一致（决而不行，说而不做）；

（9）部门间的协调合作机制。

二、和谐机关的涵义

1. 目标

大家说的都很全面，我用自己的语言概括一下，我觉得，和谐包含以下三个方面：

（1）人的心态。和谐就是要求每一个人的心态要是舒畅的，有一种积极向上的劲头，并且觉得生活充实，每一天都没有白过。

（2）环境氛围。简单来说，和谐的环境氛围就是要温暖和健康。所谓温暖就是指互相尊重、互相帮助的团结的氛围。所谓健康是指阳光的、没有小圈子的，风气正、求上进的，合作的、没有小绊子的氛围。

（3）工作状态。具体就是指风清气正、协调通畅、有序有效、务实创新。

2. 原则

原则一，在树立和践行社会主义核心价值体系的活动中树立和巩固共同的理想信念、目标方向和价值追求。最高的和谐是思想的和谐，只有认识一致，行为才能一致，目标才能实现。共同的奋斗目标、共同的政治立场、共同的价值追求，是建设和谐机关的思想基础和政治基础，所以要将树立和践行社会主义核心价值体系和建设和谐机关有机结合。

原则二，通过建设学习型参政党，改善制度和法纪，提高认识规律、掌握规律、尊重规律和应用规律的能力和素质，形成良好的互动关系，营造浓郁的文化氛围。让工作成为不断进步的经历，成为互相帮助的过程，成为价值体现和感受幸福的平台。

三、务实推进和谐机关的建设

1. 三方面的考虑

在目标和原则明确后，需要从三方面努力。一是系统方面，具体来说就是要不断完善组织、制度、政策，或者说要完善系统的体制机制。当然，这不是个人能办到的，需要各级领导都要去努力。二是个人方面，要提高个人的修养与能力。每个人，特别是各级领导干部要加强全局意识、责任意识、时效意识和成本意识。三是文化环境，要营造以人为本的文化环境。

2. 认真策划并实施三个“工程”

一是系统的“改善工程”，也可以称为“优化工程”。优化有一个很重要的因素就是约束条件，具体来说，优化不是无边无际的优化，肯定是在一定的约束条件之下进行的。但是以数学的角度看，优化函数考研领导的能力。其中，约束条件是客观存在的，优化函数就是要求极值，要掌握极值点。这个极值点永远是相对的，因为一个函数可能有多个极值点，我们就要在一定约束条件下找出相对极值点。就像我们在现阶段民主政治的推进中执政党和参政党的地位和作用，这就是我们的一个约束条件。另外，改善工程一定是与时俱进的工程，是一个动态的过程。

和谐机关就要坚持树立正气，形成一个有利于人们干事业、鼓励人们干成事业的良性机制，使各方面的利益关系得到妥善协调，使各种内部矛盾得到正确处理，使每个人的聪明才智得到充分发挥。和谐意味着一种秩序。机关的秩序。一要靠科学实用的制度，二要靠合理有效的机制。一方面令行禁止，按规矩办事；同时又运转顺畅，协调高效。这些对系统的设计提出了高要求，对无论是面向全会的，还是机关内部的决策的质量和效率提出了高要求。

会中央非常重视体制与机制的建设，在对过去的经验及教训认真进行总结后，提出了要建好两个系统的要求，一是决策系统，二是决策前的研究系统。其目的是 2007 年的全会机关工作会议上就提出的“理顺领导班子和工作班子的关系”。决策系统的会议制度包括了主席办公会、主席会、中常会和中全会，代表列席办法以及一些细节的改进。这几年实行下来，效果比较好，普遍反映是较好地体现了民主集中制，有力地维护了中央领导班子的团结，让决策过程成为更“阳光”的过程，基本上中央的决策都很顺利地被全会所认同，促进了中央和地方的互动与和谐。中央的决策的各个环节：主席办公会、中央常委会让部门负责人参加外，主席会议也让部门负责人参加，在第一时间让部门负责人参与或知晓有关信息和决策的过程，实际上也是促进了决策层与工作层间的和谐。由于决策系统中的会议受时间、人员等因素的限制，决策前的研究系统是保障决策质量和效率的重要基础。这几年也有很大的改进和探索，如部务会、专题会、部门负责人会。这个研究系统运转得好，提交到决策系统的工作方案质量就高、分歧就少，决策错误的机会就少。反之，或者难以决策，造成反复；或者草草决策，造成纰漏或矛盾。

希望机关能将上述两个系统、特别是研究系统的改善作为今年机关创先活动的内容之一。为了适应机关干部队伍的实际情况，加强全局的协调配合，建议增加一个操作性好的“秘书长会议制度”。并且希望各个部门负责人花心思把部务会议开得更好，调动更多人的积极性，在每个部门内营造好的风气、实行好的制度、取得好的效果。另外，各部门可以主动提出来召开专题会议，减少拿到决策系统的方案的纰漏。

二是增强凝聚力的“阳光工程”。

1. “四位一体”，充分发挥好已有组织的积极作用。民进支部、中共支部、团总支和工会组织都要围绕共同的目标，做好听取意见、出好主意、沟通协调、温暖人心、理顺情绪、化解矛盾、鼓励干劲、解忧帮困的工作。通过有序的活动，发挥应有的作用，让机关的干部职工对机关事务有知情权、参与权、建议权和监督权。我们要为这些组织提供必要的经费支持和其他必要的便利，让这些组织能多搞点活动，多送点温暖。但是，各个组织也都要拿出为和谐机关建设作贡献的工作方案，多听大家的意见，正面引导机关干部。

2. 各级领导要加强人文关怀，开展好谈心活动，了解对象的思想动态，关心其进步，并努力为解决其工作、学习、生活中的困难和问题提供帮助。

3. 以人为本，尊重干部正当的个人利益和发展需要。一方面，不断完善内部制度，提高已有资源的利用效果；另一方面，积极争取和用好政策，扩大资源。让干部该得的能得到，该受助的能受助，该慰问的不遗漏。

4. 坚持正确的用人导向，完善干部人事制度。如，以工作态度和绩效为依据的奖惩制度，形成一个向能力倾斜、向贡献倾斜的奖惩机制，克服“干多干少一个样，干好干坏一个样”的现象，充分调动干部职工工作的主动性和创造性；又如激励机制与培养机制、约束机制相结合，建立能进能出、能上能下的人事管理制度，力求人尽其才，才尽其用；再如轮岗和挂职锻炼制度，促进人才的有序流动，让干部扩大眼界、增加适应能力、多方提升才干。

三是提高执行力的“给力工程”。

1. 开展好读书活动、办好学习讲坛和“我的笔杆子”活动，促进和帮助干部职工改善知识结构，提高思考、归纳和写作能力。

2. 引导树立正确的人生观、价值观、世界观，找准人生的坐标，把握正确的发展方向。如《论语》所说：“己欲立，则立人；己欲达，则达人；己所不欲，勿施于人。”建立正确的人际关系，妥善处理发生的矛盾和遇到的问题。每个人都善于给自己加力、为集体加力。

3. 各级领导干部，在自己要“勤学、多思、善悟”的同时，进一步“推进部门管理”。尤其要公道正派，不搞小圈子，带头消除“两张皮”现象，做的要和说的相一致，执行层要和决策层相一致。努力形成上下左右互相给力，合力共赢的局面。

《论语》学而篇：“礼之用，和为贵”。“礼”是指礼仪制度，其应用是以和谐为可贵，这是大家都比较熟悉的。但后面还有半句话：“有所不行，知和而和，不以礼节之，亦不可行也。”具体就是说，如有的地方行不通，只知道为调和而调和，不用礼来节制约束，那也是不可行的。这样意思就全面了，体现了辩证的思维。既要以人为本，不断改善和提高制度的科学性和合理性；又要维护制度的严肃性和权威性，加大执行制度的力度。各级领导和各部门负责人要做执行制度的模范，让制度成为机关的共识。相对制度和纪律约束而言，信仰和品德是一种软约束、一种内在约束、一种无形约束、一种更高层次的约束。制度和纪律让想犯错误的人犯不了错，信仰和品德让有机会犯错的人不愿意犯错。

希望由上述既涉及制度纪律、又涉及信仰品德、还涉及知识与能力的三大工程，能够构成中央机关“创先活动”的主要抓手，在全会起到带头作用。并希望秘书长会议、各部门和“四个支部”都有相应的举措，使每个同志都参与进来，能够通过和谐机关的建设有所收获。领导干部要坚持自觉、自强、自省，机关的制度和氛围要不断地改善。

接下来，我简单地谈一下我最近的读书体会。今天我想谈的是中共中央编译局副局长、政治学和哲学双学科博导俞可平的《思想解放与政治进步》，这本书给我很大的启发，我简要给大家介绍一下主要内容：

一、从意识形态或理论创新的视角去观察中国政治的变化

1. 研究意识形态方面的重要变化，有助于预测中国未来政治发展的趋势。

2. 中国的改革开放过程，就是一个新的思想观念战胜旧的思想观念从而推动社会进步的过程。作者认为中国共产党有很多的理论创新，具体来说包括：“以人为本”、“人权”、“法治”、“私有财产”、“公民社会”、“和谐社会”和“全球化”等等。这些理论以前或是被当作西方资产阶级的观点而遭批判、拒斥，或是受到严重践踏，或是理论禁区，或是非主流话语，但是现在都已经成为主流话语。

3. 中国特色社会主义政治道路最明显的特征，就是通过增量改革来逐渐推进中国的民主治理，扩大公民的政治权益。具体表现在8个方面：（1）符合既定法律框架，对促进社会进步和公共利益有正当性，并为绝大多数公民所自觉认同；（2）在渐进中有突破，“增量”不是简单的数量变化，而是性质上的突破，是量变到质变；（3）不损害人民群众原有政治利益的前提下，最大限度地增加新的政治利益；（4）政治稳定逐渐将由动态取代静态，以疏为主，用新的平衡代替旧的平衡；（5）持续推动公民的政治参与，形成有序的、纳入到党和政府主导的政治框架之内的民主；（6）推进民主和加强法治是同一过程的两个方面；（7）培育公民社会，让社会组织发挥更大作用；（8）三条途径：以党内民主带动社会民主；由基层民主向高层民主推进；由较少竞争到更多竞争。

二、现代化和全球化双重变奏下的中国文化发展

1. 从纵向即历史的和横向即世界的，这两个维度对中国文化的优劣、变化与趋势进行了分析。

2. 对复杂和矛盾的文化现象，提出了“语境”的重要性。从现代化的角度看，基本着眼点是传统文化与现代文化的关系，是要完成五四以来中国新文化运动没有完成的任务，是五四思想解放运动的继续。从全球化的角度看，基本着眼点是民族文化与全球文化的关系，是在中国文化中发展起一套与人类普遍价值相适应的价值体系和知识体系。

3. “如何既有效地学习西方国家，又保持中华民族的独立，一直困扰着近代中国的知识分子和政治家。”现在，有偏保守和传统的与偏激进和西化的两种对立的观点。对内改革和对外开放是中国推进现代化的整体战略，使中国传统文化的转型，除了受到现代化逻辑的深刻影响外，又必然受到全球化逻辑的深刻影响。我们文化的出路或者趋势何在？一种新型的中国主流文化正在形成，既不是传统文化的复兴，也不是西方文化的移植。体现了传统性与现代性、民族性与全球性的统一，包容两种对立观点。中国文化走向世界，世界文化也在走进中国。对于中国来说，全球化就是民族化与现代化的结合，现代化就是全球化与本土化的结合。所以，中国要在现代化进程中保持自己的民族文明，必须积极参加全球化，面向未来、自觉开放；中国要真正有效地参与全球化进程，就必须充分发扬自己的本土优势和民族特色，慎终追远、文化自强。

冬日的阳光

——在《冯骥才画集》出版首发式上的致词

（2011年2月15日）

严隽琪

各位来宾、各位朋友：

今天，怀着十分的高兴、十分的敬意参加《冯骥才画集》出版首发式。首先，要介绍冯骥才同志是民进的会员，且自1988年至今，一直担任民进中央副主席的重要领导职务。他在民进履行参政议政、民主监督和社会服务的职能中，做出了重要的贡献。他提出的关于“中国民间文化遗产抢救”等一系列提案，在社会上产生了巨大的影响，有力地推进了我国民间文化遗产的抢救、保护工作。冯骥才同志是民进文化界的代表性人士和民进书画艺术界的领头人。2009年，民进中央成立了开明画院，他出任首届、也是创业的院长。在他的带领下，开明画院和全体书画界会员，秉承“开来而继往，明道不计功”和“惟愿文教敷，遑顾心力瘁”的开明精神，边建设、边活动，在开展学术交流、创作研讨、作品展览等方面已经做出了积极贡献。民进为有冯骥才同志这样优秀的会员而骄傲！

今天的首发式，是文化艺术界的一件盛事。冯骥才同志的多才多艺是公认的。我先知道他是位著名作家，他写小说、写散文、写报告文学、写剧本，各种版本的作品已经出了150多种，许多作品被译成英、法、德、意、日、俄等十余种文字，在海外出版各种译本三十多种。而且还有作品入选了小学语文教科书。如果这些数字还是一种概念，那么他的书在我家的书架上是实实在在地排了一整行。我读过其中的一点，只能算“冰山一角”，但已让我对作者说的“大自然把它的灵性给予能够感知它的人”这句话有所体会，因为我觉得作者就是被大自然赋予了灵性的人，他的思维感情与周围的人和物时时处处相联系，又能激发妙想，还能着成美文。他在文学创作上的巨大成就足以令人赞叹。

今天主要不是谈论作为作家的冯骥才，而是关注作为画家的冯骥才。为什么要从“作家冯”谈起，不仅是因为我认识冯骥才先生就是从他是一位作家开始的，更因为为了在这次画集首发式上致词，我又读了一点资料。冯先生自己说，他追求绘画的内涵与意境能够像散文那样可以叙述，能更接近现代人。我觉得他不论为文，还是为画，都饱含了浓浓的人文情怀。他作画，不仅给我们带来视觉上美的享受，更激发我们对真、对善的思考与追求。记得两个月前，我与他一起访台，举办开明画院台北书画展。他的画作引起了台湾同行的高度评价。其中有一幅画名为《冬日的阳光》，在记者的追问下，冯骥才同志富有哲理的解答让我印象深刻，他说，夏日的阳光照在皮肤上，而冬日的阳光是照在心里。我们都有经验，知道冬日的阳光使人心情开朗、教人心存感激、让人向往美好，但这段简捷而意味无穷的话直击我的心灵，让我不能忘怀。我虽然对于画是完全的外行，但我感觉冯骥才先生的为人、为文与为画都堪称“冬日的阳光”。由此，我不由地想开去，其实，冬日的风雪有时也令人期盼、也让人欢乐，那就是大地久旱时的瑞雪、就是大气污浊时的清风。所以，联想到冯骥才同志发起全国性的民族民间文化遗产的紧急普查与抢救，为了筹措经费，竟伴随有近二十年的卖画行为。他的作画，不同时也是一种“冬日的风雪”吗！对他的绘画成就，我想用令人惊叹来表达。冯骥才同志的画借景抒情、借景言志，将画意、画情和画趣水乳交融。画中的四季风物、自然景观，那么澄澈唯美、清新雅致、格调高远、情趣盎然。他绘画就是用丹青在写作，画中的一点一线，一块色调，一片水墨，都是饱含情感的语言，构思新奇，意境深邃，耐人寻味，给人以心灵的感动。《冯骥才画册》呈现了冯骥才同志近二十年画作品的精华，向读者集中展示了他在绘画上的成就。希望大家不仅好好品味他的文，也要好好欣赏、或者说是品味他的画。

冯骥才先生为民间文化保护而吃苦受累、无私奉献的铁肩道义、“天下情怀”让我们钦佩；冯骥才先生集作家、画家和文化学者为一身的大家风范让我们景仰。冯骥才先生的确有一双妙手、巧手，让我们羡慕；可他的勤奋、他的专注、他的创新精神更让我们看到了学习的榜样。这里还是引用冯先生的文句（但愿断章取义没有违反冯先生的本意）：“人最高贵的是灵魂”，“灵魂不能下跪”，“思想和思辨”仍是有现实责任感的文化人一切行动和创作的“一种前提”。今天，中国的文化正处在现代化和全球化双重变奏下，中国文化发展如何既有效地学习西方国家，又保持中华民族的独立，一直困扰着近现代中国的知识分子和政治家。出路何在？她既不应是单纯传统文化的复兴，也不应是单纯西方文化的移植。她应体现了传统性与现代性、民族性与全球性的统一。中国必须面向未来、自觉开放；中国又必须慎终追远、文化自强。探索无有尽期，同志均须努力。《冯骥才画集》和冯先生的文集，再加上他的社会实践，无疑是对这种努力的最好诠释。

预祝画集的出版工作圆满成功，谢谢大家。

在中央社会主义学院 2011 年春季开学典礼上的讲话

（2011 年 3 月 1 日）

严隽琪

各位领导、各位学员、同志们：

一年一度的全国“两会”召开在即，我们今天隆重举行中央社会主义学院 2011 年春季开学典礼，具有重要意义。首先，我代表中央社会主义学院向各位学员表示热烈的欢迎和亲切的问候！向出席开学典礼的各位领导和来宾表示诚挚的感谢！

去年十月，中共十七届五中全会通过了《关于制定国民经济和社会发展第十二个五年规划的建议》，描绘了“十二五”时期我国经济社会发展的宏伟蓝图。我们要认真学习贯彻中共十七届五中全会精神，切实把思想和行动统一到中共中央的决策部署上来，努力为全面建设小康社会作出新的贡献。

今年是中国共产党建党 90 周年，这 90 年是包括民主党派和无党派人士在内的全国人民在中国共产党领导下同心同德、团结奋斗的 90 年，是取得划时代巨变的 90 年。当前，民主党派组织新一轮换届工作即将启动，我们要增进政治共识、突出“与党和人民同心”，自觉接受中国共产党领导，坚定不移走中国特色社会主义政治发展道路，切实加强自身建设，更好地发挥参政党作用，不断巩固和发展中国共产党领导的多党合作和政治协商制度。

借此机会，我就民主党派成员增进政治共识、投身参政议政、社会服务的实践之中、为国家经济社会发展作贡献谈几点意见，供大家参考。

一、增进政治共识，巩固共同理想信念

我国是人民民主专政的社会主义国家，中国共产党是社会主义事业的领导核心，中国共产党领导的多党合作和政治协商制度是我国一项基本政治制度。中国的民主党派大多数是在中国共产党的影响和支持下成立的，其政治主张与中国共产党的最低纲领基本一致。在长期的革命实践中，中国共产党与各民主党派建立了风雨同舟、荣辱与共的友党关系，接受中国共产党的领导是各民主党派的自觉选择。我们要以纪念中国共产党建党 90 周年为契机，以“重温历史、同心同行”为重要主题开展教育活动，深刻认识中国共产党的先进性，深刻认识只有中国共产党才能领导中国人民站起来并带领中国不断走向繁荣富强，进一步坚定在中国共产党领导下共同致力于中国特色社会主义事业的信心和决心。

中国共产党成立90年来，特别是改革开放30多年来，带领全国各族人民不断探索，形成了中国特色社会主义理论体系，开辟了中国特色社会主义道路。中国特色社会主义政治发展道路是中国特色社会主义道路的重要组成部分，它根植于中国优秀政治文化传统之中，顺应了广大人民群众对民主政治的要求，符合中国社会发展的内在规律。坚持中国特色社会主义政治发展道路，是各民主党派几十年来在与中国共产党风雨同舟、患难与共的历程中，取得的最基本、最广泛、最深刻的共识。当前，我们开展树立和践行社会主义核心价值体系活动，就要引导民主党派成员坚定不移地走中国特色社会主义政治发展道路，进一步夯实多党合作的共同思想政治基础；要按照“坚持道路、同舟共济、参政为民、传承进步”的要求，不断扩大共识、强化自觉，为下一步做好换届工作、实现新老交替基础上的政治交接奠定坚实的思想基础。

二、继承和弘扬优良传统，同心协力投身社会服务实践

同心，就是各民主党派及统一战线各界人士与中国共产党和人民同心，这是统一战线和多党合作事业优良传统的精髓。胡锦涛同志在党外代表人士迎春座谈会上指出，中国共产党成立以来90年波澜壮阔的历史和实践充分证明，思想上同心同德、目标上同心同向、行动上同心同行，是中国共产党领导的多党合作和政治协商制度最鲜明的特质，是我们不断夺取革命、建设、改革事业胜利的有力保证。60多年来，几代民主党派成员与中国共产党肝胆相照、荣辱与共，一道经受考验，一道胜利前行，为争取新民主主义革命的胜利和建立新中国及社会主义革命、建设和改革事业作出了积极贡献。以“毕节模式”为例，自从1988年成立毕节开发扶贫、生态建设试验区以来，在中央统战部的组织协调下，各民主党派中央、全国工商联、试验区专家顾问组为试验区的改革发展谋大计、献良策，帮助制定发展规划，促成了铁路、公路、电厂、机场等一大批重大建设项目，完成了许许多多的“同心”工程，形成了统一战线服务科学发展的“毕节模式”和显现了“同心”品牌，有力地推动了毕节地区开发扶贫、发展扶贫和经济社会发展。

中共十七届五中全会强调，我国仍处于重要战略机遇期。难得的发展机遇为我们投身“同心”实践提供了广阔的舞台。我们要继承和弘扬老一辈民主党派人士与中国共产党和人民同心同行的优良传统，立足本职工作，发挥自身优势，主动融入国家经济和社会建设之中，积极参加智力支边、扶贫开发、捐资助学、公益慈善等形式的实践，为国家的富强、人民的幸福作出应有的贡献。同时，我们要在投身社会服务实践的过程中，进一步认识我国政治制度和政党制度的优势特点，进一步坚定与中国共产党同心同德、共同奋斗的信念，使自己在政治上受到教育、得到提高。

三、切实履行参政职能，为实施“十二五”规划贡献力量

“十二五”时期，是全面建设小康社会的关键时期，是深化改革开放、加快转变经济发展方式的攻坚时期。中共中央关于制定“十二五”规划的建议明确提出以科学发展为主题，以加快转变经济发展方式为主线，这是“十一五”期间的经验总结，也是“十二五”发展的必由之路。2011年是实施“十二五”规划的开局之年，我们要进一步深化对我国发展重要战略机遇期的认识，以“十二五”规划的决策部署为根本指向，充分利用民主党派的组织优势和丰沛资源，更好地发挥个人专长，围绕牵动全局的主要工作、事关长远的重大问题，深入开展调研，为破解发展难题、提高发展的全面性协调性可持续性多建良言、多献良策。

加强和创新社会管理、做好新形势下群众工作，是全面建设小康社会、坚持和发展中国特色社会主义的内在要求，是“十二五”时期的一项重要任务。前不久，胡锦涛同志在省部级主要领导干部社会管理及其创新专题研讨班开班式上深刻阐述了加强和创新社会管理的重要性和紧迫性，明确提出了新形势下加强和创新社会管理、做好群众工作的总体思路和重点任务。我们要认真学习领会胡锦涛同志的重要讲话精神，围绕当前社会管理领域存在的实际问题，建务实之言、献睿智之策；要主动做好各自成员和所联系群众的工作，更好地发挥桥梁纽带作用，为促进社会和谐、实现“十二五”时期经济社会发展目标任务凝聚力量。

同志们，培养和造就一大批与中国共产党亲密合作的新一代民主党派人士，直接关系到统一战线的巩固发展和前途命运。在座的各位学员都是各民主党派队伍中的骨干，是民主党派自身建设和未来发展的中坚力量。希望大家充分利用这次集中学习培训的机会，深入学习和思考，加强交流和沟通，使自己在思想上、政治上有新的提高。在学习过程中，要结合多党合作的实际，认真思考多党合作中出现的新情况和新问题；结合自己在思想上存在的困惑和疑难问题寻求解答，不断提高分析问题和解决问题的能力，努力做到学以致用、学用相长。

社会主义学院是党和国家干部教育培训体系的重要组成部分，是党外代表人士教育培训的主阵地。去年，中共中央办公厅印发了《2010—2020 年党外代表人士教育培训改革和发展纲要》，全国党外代表人士教育培训工作会议暨全国社会主义学院工作会议在北京召开。会后，各级社会主义学院认真学习贯彻《纲要》和会议精神，大力加强正规化建设，努力为党外代表人士教育培训事业作出新的贡献。欢迎大家对我们的工作提出宝贵意见和建议，帮助我们把工作做得更好。

最后，祝各位学员在中央社会主义学院生活愉快，身体健康，学习进步。

谢谢大家。

在瀛公益基金会成立大会上的讲话

(2011 年 3 月 2 日)

严隽琪

同志们、青年朋友们：

全国“两会”在即，民生问题吸引了上上下下、方方面面的高度关注，就业是民生中的一个带根本性的问题。就在这个时候，由共青团中央倡导发起、旨在“扶持青年成功创业”的全国性社会公益组织——瀛公益基金会在这里正式成立了，是正当其时。她将对于支持和帮助更多有志青年提高创业本领、实现创业理想，引领和带动更多青年发扬创新精神、投身社会实践具有重要意义，为推动经济科学发展、促进社会和谐作出积极贡献。我谨向基金会的成立表示热烈祝贺！向热心社会公益事业、为基金会成立作出重要贡献的各位企业家和社会各界表示衷心的感谢！

就业是民生之本，就业在给人带来生存所需物质条件的同时也在满足人的精神需求，就业给人以实现人生价值的机会、给人以锻炼提高的平台、使人的心理更加自信和健康。中央高度重视就业问题，把实现劳动者的充分就业和保护劳动者的合法权益与人格尊严作为加强社会建设的重要内容，先后制定出台了一系列重要政策措施并取得积极成效。党的十七届五中全会明确提出，要全方位落实更加积极的就业政策，始终坚持把就业作为经济社会发展的优先目标。同时，我们也清醒地看到，当前乃至整个“十二五”时期，我国就业形势依然严峻。据预测，“十二五”时期，我国人口将达到 13.7 亿人，劳动年龄人口在 2014 年达到最高峰 9.97 亿，而实际进入人力资源市场的新成长劳动力高峰则还将延后出现，整个“十二五”时期劳动力供给将持续增加并保持在高位，城镇每年需要就业的劳动力在 2500 万人，比“十一五”时期多出 100 万。同时，农村劳动力转移就业的压力也会越来越大，应届高校毕业生年均规模将达到近 700 万人，总量有增无减。面对严峻的就业形势，既需要各级党委和政府采取有效措施为广大劳动者提供有效的就业机会和岗位，同时也需要社会各界共同努力，为促进社会就业作出积极贡献。

青年是新增就业的主体。近年来，共青团组织按照党的要求，把促进青年就业创业作为服务青年工作的重中之重，采取了一系列重要措施，为广大青年在就业技能培训、岗位见习、小额贷款等方面提供了实实在在的帮助，赢得了党和政府的充分肯定和社会各界的广泛赞誉，也得到广大青年的热烈欢迎。今天成立的基金会前身，由团中央实施的中国青年创业国际计划项目（YBC），几年来帮助1700多名青年成功创办了自己的企业，创造就业岗位5万多个，创业成功率达到了95%以上，这是非常难能可贵的。相信瀛公益基金会的成立，会推动青年就业创业工作迈上新台阶。

借此机会，我对基金会发展提几点看法，与大家切磋。一，服务是根本。作为一家非公募基金会，要始终牢记服务青年就业创业的职责所在，以青年创业的需求为导引，不断创新工作模式标准，通过资金支持、导师辅导等等有效方式，帮助青年启动创业项目，引导青年进入商业网络，帮助他们迈出成功创业的第一步，并进而引导和带动更多青年成功创业。二，基金会本身也需要创业精神，解放思想，进行体制与机制的创新。走开放之路，规范化运作，科学化管理，合理使用和有效募集资金，并带动和促进全社会创业服务体系的完善。三，大力弘扬公益文化。一个优秀的社会组织，既要志存高远，又要脚踏实地，在做好公益项目、承担社会责任的同时，努力弘扬公益文化，在鼓励青年创业的同时，大力弘扬诚信、责任、感恩和艰苦奋斗的价值观，重视人才建设与社会风气的建设。

最后，祝基金会越办越好。谢谢大家！

在民进十二届十四次中常会上的讲话

（2011年3月9日）

严隽琪

各位常委、各位同志：

按照会议议程安排，我向各位常委简要报告民进十二届十四次主席会议情况。

这是一年开始的第一次主席会（今年于1月10日在北京召开），按常规必须讨论或决定的事项中，有审议通过民进中央在本次全国政协会议上的大会发言选题、提案；审议通过2011年民进中央重点调研课题（今年的题目是民办教育）；审议通过民进中央2011年工作要点；研究2011年民进重点工作。还特别研究了关于在全会开展庆祝中国共产党成立90周年活动的意见；以及研究了在雷洁琼同志逝世一周年为时间节点，开展系列追思、纪念的工作安排。

会议期间，民进中央中心学习组举行了今年第一次学习会，交流学习中共十七届五中全会精神的体会。加深对“十二五”期间我国经济社会发展的主题与主线的认识，对如何找准民进履行参政党职能的着力点和进一步加强自身建设等问题交流了各自的思考。这里结合形势和两会，就谈三点：

一、中东和北非局势动荡的启示

1. 当前中东和北非的局势有内因也有外因，但内因是动荡的根本。动荡根本原因是这些国家内部经济畸形、过度依赖外部资源市场，在经济危机的冲击下使长期积累的矛盾爆发，民生（就业、通涨、分配不均）问题重重从而激发不满。政治僵化，腐败严重，执政者脱离群众。加上互联网推波助澜，新媒体充当“催化剂”。也有政府缺乏有效预警以及应对被动。其中，境外势力忽隐忽现。（阿根廷有学者就对西方媒体扮演美国发言人的角色提出了质疑。我们还无法清楚地了解那儿发生的一切，但从以往的经验，美国的“双重标准”表现也是无可置疑的。对利比亚，美国叫嚣要制裁一个向平民开枪的政权，但当以色列轰炸巴勒斯坦平民时，美国并没有呼吁联合国，也没有实行制裁。美国在大谈人权时，没有想起关塔那摩）。作为参政党，我们更要与中国共产党同心同德，珍惜并维护好我们当前的大好局势，促共识、促团结、保稳定，合力搞好中国自己的事情。

2. 一个国家或一个地区的稳定，离不开经济发展和民生改善，离不开政治文明。“十二五”是我国重要的战略机遇期，也是改革发展的矛盾突显期，两难问题增多。今年是“十二五”的开局之年，我们要引导民进12万会员，继续深入学习贯彻科学发展观，坚持改革开放，完善社会主义市场经济体制，围绕转变经济发展方式、改善民生、和谐社会的建设与管理等党和国家、人民重点关注的问题切实开展参政议政工作，积极地反映社情民意，为国家的全面协调可持续发展建诤言献良策。当下，是开好“两会”；会后，是宣传落实好“两会”精神。

3. 中国能源安全敲响警钟。加拿大报道：中国去年进口2.4亿吨原油中，近一半来自中东，三成来自非洲。而且中国石油的需求增长明显快于产量增长。这说明中国今天的发展必须放在全球化的背景下来谋划，“坚持统筹国内国际两个大局”。一方面是世界局势的多变对我国发展战略的影响；另一方面，作为一个新兴大国，中国的发展项目对他国都可能意味着商机。对刚刚经历过金融危机打击、再次面临油价和粮价上涨威胁的世界，中国如何使经济继续平稳增长，也体现了中国对世界的担当。

4. 这次从利比亚撤回海外华人的数量之大、路程之远、时间之短前所未见，说明了祖国的实力和共产党、政府执政为民的理念。是一场生动的爱国主义教育。

二、必须坚持科学发展

科学发展是“十二五”的主题。也是参政党履行职能的指导思想。我体会这是困难与压力逼出来的、是三十年改革开放的经验总结出来的、是社会主义科学理论引导的。“十二五”时期是我国经济社会的重大改革进入攻坚阶段，投资、出口和“人口红利”三大拉动经济增长的传统动力将不断衰减，人均GDP突破4000美元后面临掉入“中等收入陷阱”的风险，人口老龄化的提前到来和“未富先老”带来的挑战，能源、资源和环境问题将刻不容缓。深化改革开放、加快转变经济发展方式是唯一的选择。

谈谈我对“何为现代化?”这个问题的一些思考：一是“现代”在时间上不是个静止的、固定的、绝对的概念。是否有建成的一刻?（自然界和地球在变，国际关系和规则在变，科学技术在变，人的思想在变，生活和工作方式在变）。二是“现代”在内容上是个包罗万象的复杂而综合的概念（经济、政治、文化、社会），是否可以单科独进？中国的提法是从经济（物质实力—工业、农业、科技、国防）开始，逐步扩充成五大建设、全面小康的目标。从1949年七届二中全会上，毛说：中国已有10%左右的现代工业经济，这是进步的；还有90%左右的分散的个体农业经济和手工业经济，这是落后的。现代化就是工业化和城镇化——上世纪五十年代“赶英超美”的雄心——1987年十三大报告：要变为非农业人口占多数、包含现代农业和现代服务业的工业化国家——新世纪，提出城乡统筹。有人以制度来描述现代化：现代政治制度（民主、法治）、经济制度（市场经济、自由贸易体系、企业制度）、社会制度（公民社会）。三是“现代”仅是一种特定模式，还是有差异的、甚至还可探索的多种模式?（东西方之间，先发和后发之间，不同国家禀赋之间）。“五四”的目标就是西方的现代化（科技和民主），这儿的科技几乎就是工业化的另一个说法。到现在，经济和富裕程度、科技、教育、生态环境、社保等都仍以西方为目标，最突出表现就是工业化和城市化。胡鞍钢：“民主和法治来自西方的思想和制度”，“西方在我们之前率先建立了民主社会和法治社会，成为它们现代化的制度基础”。我体会中国的现代化不可能照搬西方“先发”的现代化：一是经济贸易方面。不可能靠殖民掠夺、不可能不顾自然环境、不可能自由地挥霍资源。二是民主政治方面，我们选择的是社会主义制度。美国未来学家奈比斯特在其《中国大趋势》一书中提出，美国实行的西方式民主制度是一种“横向民主”，由无数“个人”“平等地”选举出自己的领导；而中国则与其文化传统和国情相适应，实行一种政府自上而下的指令与人民自下而上的参与相结合所形成的新政治模式。是与西方“横向民主”不同的“纵向民主”。其主要优点在于，“使政治家们从为了选举的思维中解放出来”。奈比斯特认为，这一模式显然是中国30年成功的一个重要保障。否则，大量精力会被浪费在竞选的争斗上，大批候选人会提出无数个解决中国问题的方案。这容易导致混乱，是珍惜和谐与秩序的中国人不愿意看到的。因此，中国没有以民主改革的名义使自己陷入政党争斗的分裂局面，而是在一党执政体制内进行了调整。通过倾听自下而上的声音并且保持高层的决策权。“现在想来，似乎没有更好的办法领导一个如此庞大复杂的国家走出贫穷、实现现代化了”。他很正确地指出，中国国情对于政治制度选择的重要影响，必须坚持中国共产党的集中统一领导。同时他看到了“自上而下的指令与人民自下而上的参与相结合”。如果进一步分析，这种结合，使“纵向”也能民主的关键就是“协商民主”。它与“选举民主”结合，形成有中国特色的双重民主架构，在国家公共权力与公民社会之间架起了一道桥梁。所以，把“协商民主”纳入决策程序，使协商制度科学化、公开化、具体化，使协商过程可规范、可操作、可监督是“协商民主”实施的保障。三是国情（人口、民族、地理、邻邦、文化）。中国实现现代化必须走科学发展（绿色发展、和平发展）之路。要惠及亿万民众、要六个方面协调推进、要可持续至子子孙孙。

科学发展就意味着必须进行发展方式的调整，即“转型”。从重规模、数量向重内涵、质量转变；从粗放式向节约式转变；从局部特区，“摸着石头过河”向“顶层设计、总体规划”协调推进转变；从重物质向重人（民、精神）转变；从政府包办向多方参与、合力推进转变；从重项目向重制度转变（体制、法制、机制）。

三、关于参政议政

随着经济社会的发展和国际国内形势的变化，执政党和人民对民主党派工作提出了新要求和新期待。社会主义制度的完善、参政党地位的确立和国家经济社会的进一步发展，使民主党派履行职能的环境、背景都有新的变化，对民主党派参政议政的水平、能力、方式方法等也提出了新的要求。

“十二五”期间民进要继续高度关注文化建设，这既是由民进的界别特色决定的，也是由我国经济社会的发展需求决定的。其实，“发展观”的支撑就是价值观。要加强文化研究的力度和深度，提升文化理论水平，就世界范围内文化“交流、交融、交锋”的现状和国家文化安全进行深入调研，充分关注互联网的兴起和新媒体的发展等新问题，就全球化和现代化双重背景下中国文化的发展提出具有战略性和前瞻性的意见建议，促进将文化强国确定为国家发展战略，促进制定国家基本文化制度。在教育领域，要按照中共十七大关于“优先发展教育，建设人力资源强国”的战略部署，结合《国家中长期教育改革和发展规划纲要》的落实，围绕推动改革创新，促进教育公平，提高教育质量等重点问题，关注基础教育均衡化、农民工二代的教育、民办教育的发展、教育为国家和区域发展战略当好“先行”等等问题，积极建言献策。

文化、教育的问题往往牵动的是全局的问题，政府工作报告已明确提出要进行“顶层设计”，这为我们顺势而为提供了很好的背景。在顺势而为的思路下，我们将围绕经济发展方式转变和改善民生的大局，在资源环境、三农、社会建设、科技创新等方面继续尽力履行参政议政职能。

主席会对会中央近年来创新参政议政工作机制给予充分的肯定。会中央与北师大合作共建中国教育政策研究院，充分发挥双方优势，搭建起了资源共享、优势互补、互利共赢并向社会开放的合作平台，为不断探索参政党集智聚力履行职能的新模式，切实提高民进履行职能的能力和水平作出了积极的探索。总之，全会要继续坚持“有思有行、集智聚力、顺势而为、开拓创新”的工作方针，围绕“十二五”期间的中心任务，切实提高我会履行职能的能力、水平和实效。

四、加强学习型参政党建设和树立和践行社会主义核心价值体系

这是建设适应时代要求的高素质参政党的需要，是“十二五”期间民进更好地履行职能、发挥作用的需要。要坚持把树立和践行社会主义核心价值体系作为建设学习型参政党的重要内容，按照《民进中央树立和社会主义核心价值体系实施方案（2010－2012年)》的部署，把树立和践行社会主义核心价值体系与继承和弘扬我会优良传统相结合，坚持发挥理论的指导和支撑作用，加强理论研究，进一步深入研究我会优良传统和社会主义核心价值体系的内在联系，深入思考在当代社会继承和弘扬我会优良传统的意义和作用。把树立和践行社会主义核心价值体系的工作贯穿于我会履行参政党职能与加强自身建设的全过程和各个环节。要把继承优良传统、提高政治素质和履职能力作为长期着力点。

今年我会各地的市级组织将完成换届，各省级组织要加强对市级组织换届工作的指导，要从建设适应时代要求的高素质参政党、巩固和发展多党合作制度的高度，提高认识、规范程序、严明纪律，积极稳妥地做好换届各项工作。要结合庆祝中国共产党成立90周年，纪念辛亥革命100周年和雷老逝世一周年等活动，深入开展“重温历史，同心同行”教育活动，深入进行革命历史和革命传统、爱国主义和社会主义理想信念教育，深入进行多党合作历史和民进优良传统教育。

社会主义核心价值体系具有鲜明的实践特色。我会只有通过不断完善集智聚力、顺势而为的工作机制，努力提高履行职能的水平，才能为树立和践行社会主义核心价值体系提供深厚的实践基础。各级组织要善于把广大会员在树立和践行社会主义核心价值体系中焕发出来的政治热情，转化为更好地履行参政党职能的工作积极性。以履行职能的新成果、新经验检验树立和践行社会主义核心价值体系的成效。

主席会上，大家对去年我会创建先进地方组织和基层组织的工作给予了高度评价，对会中央机关建设取得的成效表示充分肯定。一年多以来，会中央领导调研、走访100多个市级组织和基层组织，对地方工作予以指导，增进交流，巩固共识，对增强全会的凝聚力和形成上下互动的工作局面起到了很有效的推动作用。会中央机关在现有编制条件下，加强学习型机关建设，举办开明论坛，重点提高机关工作人员的写作能力，把好入口关，创新招录公务员的面试考察方式，取得了较好的效果。希望机关继续加强理论学习和理论研究，机关各部门要进一步结合部门工作进行理论研究，提升理论研究水平，各级民进组织机关也要进一步加强机关建设，提高自身建设的水平。机关建设已列为今年的重点工作。

在民进学习贯彻“两会”精神报告会上的讲话

（2011年3月18日）

严隽琪

各位会员、各位同志：

每年“两会”结束后，邀请民进会员中的全国人大代表、政协委员向会员作报告，是我会坚持多年的一项学习制度。但是，随着时代的进步，特别是新媒体的兴起和民主政治的推进，大家要及时地了解两会以及两会有关的情况已经没有多大的困难了。譬如，我注意到在会议期间，中央电视台就有名为“两会动车组”或“两会直通车”的专栏节目，顾名思义，两会的信息传播非常直接、及时和便利。再加上党和政府也主动利用网络技术，更加努力地做到信息的公开，在媒体上有许多关于两会精神的访谈类解读节目，官员和专家都有参加，互动性也很好。所以，我认为我们今天的学习会似乎形式依旧，但其定位必然随着形势的变化也在悄然地有所变化。那就是从介绍现场情况为主向学习解读精神为主；并且更加重视向会员们报告我会中央和参加两会的我会会员为两会顺利召开和取得圆满成功所作出的努力，使广大会员对多党合作制度、对民主党派履行职能的管道及发挥的作用有更深的了解和认识；当然，会中央要对会后如何学习贯彻两会精神提出要求。所以，今天的会是学习、是汇报、也是部署。

感谢何志敏同志和俞金尧同志分别就参加十一届全国人大四次会议和全国政协十一届四次会议报告了他们的体会。罗富和常务副主席介绍了“两会”前政府工作报告征求意见期间会中央提出修改意见的情况，以及民进组在政协会议期间履行职能的情况。我重点谈三个问题：

一、如何认识当前形势

如何理解“十二五”是全面建设小康社会的关键时期，是深化改革开放、加快转变经济发展方式的攻坚时期，“十二五”及今后10年仍然是我国发展和转型的战略机遇期。

关键时期。我是从历史发展的轨迹来理解的。因为中国社会几千年来经历几次大的转型，每次转型都有一个关键时期。比如1840年以后西方势力入侵，使中国传统的农业社会转型为一个半封建半殖民地的社会；新中国的建立，又使中国经济社会有一个大的转型，计划经济体制开始实行；30年前开始改革开放，也是一个大的转型，使经济社会结构多元化；现在又面临一个关键转型时期，就是通过科学发展，实现城乡一体化，实现公共服务均等化，绿色低碳化。

攻坚时期。我是从面临的困难和挑战来理解的。看国际环境，在后金融危机时期还面临着很多不确定的复杂因素，世界经济将继续缓慢复苏，但复苏的基础不牢。我国一方面有效应对国际金融危机的冲击和影响，保持了经济平稳较快发展，另一方面我国经济运行中一些长期问题和短期问题交织，体制性矛盾和结构性问题叠加，加大了宏观调控难度。环境、资源、能源的约束会更加严峻。在我们的经济实力增加的同时，中国也面临着“中等收入陷阱”的风险。这些问题对中国来说，在“十二五”时期都是严峻的考验。

战略机遇期。我是从我们面临有利条件，我国发展仍可以大有作为来认识的。从国际看，世界多极化、经济全球化深入发展，和平、发展、合作仍是时代潮流。世界经济结构加快调整，全球经济治理机制深刻变革，科技创新和产业转型孕育突破。从国内看，我国发展的有利条件和长期向好的趋势没有改变，市场需求潜力巨大，资金供给充裕，科技和教育水平整体提升，劳动力素质提高，基础设施日益完善，政府宏观调控和应对重大挑战的能力明显增强，社会大局保持稳定。从这点来说，只要我们决策正确，只要我们万众一心，我们是可以把这些有利条件充分发挥，抓住难得的历史机遇。

学习两会精神就是要对当前我国经济社会发展面临的形势有清醒的认识，把握发展的阶段性特征。深刻理解中共中央对重要战略机遇期的科学判断，不断增强机遇意识和忧患意识，自觉地承担起参政党肩负的责任，为实现“十二五”时期经济社会发展目标作出应有的贡献。

二、认真学习“十二五”规划纲要，把握好主题和主线

两会审议通过的“十二五”规划纲要，是指导我国今后五年经济社会发展的纲领性文件。纲要提出，要以科学发展为主题，以转变经济发展方式为主线，这是意义深远的转变。充分体现了发展与转变的有机结合，也体现了发展与转变的相互促进。

科学发展就意味着必须进行发展方式的调整，即“转型”。这是由中国近现代历史演变所形成的，是困难与压力逼出来的、是三十年改革开放的经验得到的启示、是全面实现小康社会的目标需要的。“转型”的意义重大，内涵深刻。主要是表现在以下几个方面。

一是从重规模、重数量、粗放式向重内涵、重质量、集约式转变。既有结构的优化、又要加强自主性、还要提高GDP的含金量。要减少对不稳定的出口需求和投资型增长的依赖、增强国内消费的驱动力。“转型”又是从局部特区的先行先试、重项目、重工程、“摸着石头过河”向建构体系、“顶层设计、总体规划”、协调推进、重制度建设的转变。制度包含了体制、机制和法制。“转型”还指从注重物质财富的积累向注重经济和社会协调发展、更多满足人们的精神文化需求、重视建立更公平的财富分配机制和改善民生转变。“转型”同时意味着从政府管办一体向加强社会建设与管理、多方参与、合力推进转变。

这样的“转型”必然会带来观念上、方向上、评价指标上、政策设计上、体制改革上和重点工作选择上的新变化。民进的会员们要以学习贯彻两会精神为契机，把握经济社会发展的主题和主线，进一步把思想和行动统一到中共中央的决策部署上来，把智慧和力量凝聚到推动科学发展上来。把推动“十二五”规划纲要的贯彻落实作为民进履行职能的首要任务，谋“转型”之计，聚发展之力，促进党和政府科学决策和有效施政。要发挥民进自身优势，围绕贯彻落实《国家中长期教育改革和发展规划纲要》，就推动改革创新，促进教育公平，提高教育质量等重点问题，积极建言献策。要继续高度关注文化建设，加强文化研究的力度和深度，提升文化理论水平，充分关注互联网的兴起和新媒体的发展等新问题，就全球化和现代化双重背景下中国文化的发展提出具有战略性和前瞻性的意见建议，促进将文化强国确定为国家发展战略，促进制定国家基本文化制度。要重视以改善民生为重点的社会建设。在加强和创新社会管理、维护社会和谐稳定、资源环境、三农、科技创新等方面继续履行参政议政职能。要积极反映社情民意，务实开展社会服务。广大会员要在本职岗位和会务岗位上为"十二五"规划蓝图的实现做出贡献。

三、推进学习型参政党建设、提高履职能力和水平

树立和践行社会主义核心价值体系是建设学习型参政党的主线。全国人大常委会委员长吴邦国同志在今年全国人大常委会工作报告中，深入总结了中国特色社会主义法律体系形成的重大意义，明确指出，"从中国国情出发，郑重表明我们不搞多党轮流执政，不搞指导思想多元化，不搞'三权鼎立'和两院制，不搞联邦制，不搞私有化。"坚持中国特色社会主义道路，最重要的是坚持正确的政治方向，在涉及国家根本制度等重大原则问题上不动摇。民进树立和践行社会主义核心价值体系，加强学习型参政党建设，最重要的也是要在政治方向上坚持接受中国共产党的领导，坚定不移地走中国特色社会主义政治发展道路，从根本上解决自身建设和履行职能的"方向"与"动力"问题，不断巩固共同团结奋斗的思想政治基础，不断把建设学习型参政党的成果和经验转化为履行职能的立场、思路和具体建议。

纪念中国共产党成立90周年和辛亥革命100周年，学习光荣历史、弘扬优良传统。今年是中国共产党成立90周年、辛亥革命100周年，会中央在1月印发了《民进中央关于在全会开展纪念中国共产党成立90周年活动的安排意见》。要通过开展"重温历史、同心同行"等主题活动，学习宣传中国共产党领导中国革命、建设、改革取得的丰功伟绩，学习宣传民进与中国共产党肝胆相照、风雨同舟的光辉历程。引导广大会员充分认识没有中国共产党就没有新中国，就没有中国特色社会主义，引导广大会员继承和弘扬民进优良传统，坚持和完善中国共产党领导的多党合作和政治协商制度，与中国共产党思想上同心同德、目标上同心同向、行动上同心同行，为贯彻落实中共中央的大政方针和工作部署，为实现中华民族的伟大复兴作出新的贡献。

做好换届工作，继续搞好政治交接。今年是会中央和省级组织换届筹备的关键年，我会的地市级组织也将完成换届。各省级组织要加强对市级组织换届工作的指导，要从建设适应时代要求的高素质参政党、巩固和发展多党合作制度的高度，提高认识、规范程序、严明纪律，共同选好干部、配强班子，为多党合作事业和我会自身建设提供源源不断的人才保证，为省级组织换届积极稳妥地做好筹备工作。要用社会主义核心价值体系引领换届各项工作，以换届为契机搞好政治交接，进一步加强组织建设和制度建设，为多党合作事业和我会自身建设提供坚实可靠的组织保障。

希望我会的各级组织、广大的会员同志落实会中央有关认真学习贯彻"两会"精神的《意见》，在新的起点上做出新的贡献。

谢谢大家！

在民进湖北省委考察座谈时的讲话

（2011年3月19日）

严隽琪

今年全国"两会"上，民进的参政议政成果很显著。无论是提案的数量，还是提案发挥的作用，或是宣传媒体的关注度，都是换届以来表现最好的一年。这中间有湖北的贡献。整个一年的调研过程中，湖北的同志在方方面面都给了会中央很多的支持，借这个机会向你们表示感谢。

换届以后，会中央主席班子有一个规定，就是要增加下基层的次数。我本来计划在三年内能够把29个省级组织都走一遍，但因为2007年我曾以中央副主席的身份来过湖北，而且每年湖北省都有主席班子的成员到访，富和、佐书同志这两年都来过湖北，所以我就把湖北往后排了。其实我心里一直放着湖北，所以今年“两会”一结束，我尽快抓空来湖北，以免与别的事情在时间上冲突了。

到基层来，除了表示感谢和慰问，同时也是调研和学习，为会中央的工作思路和工作落实寻找养料。刚才民进湖北省委的介绍让我很受启发。在会史工作方面，从刚才一进机关就看到的陈列室，还有走廊上的布置，以及介绍的会史资料整理工作，使我感到你们很重视会史的教育功能。在加强思想建设，做好政治交接方面，刚才彭志敏同志说，把弘扬中华文化和政治交接相互融合，这很有创意。在组织建设方面，湖北民进人才济济，这和你们多年的组织发展工作分不开。刚才周（洪宇）主委介绍，主委领导班子能够分工联系基层组织，能够认真面对存在问题，认真研究解决问题，做得很好。在履行职能方面，湖北民进参政议政非常积极，成果显著，取得了很好的实效。我注意到，你们在出成果的同时，还注意创新工作方法。刚才杜耘同志说，民进组织很有活力，我觉得这和发挥代表性人士的作用有关系，也和把会员的专职工作与党派工作结合起来有关系。例如作为学者，可能搞湿地研究，或搞环境灾害研究，这是专职的科研业务工作，但其中发现了对国家政策、国家体制等方面的意见，就已经跳出了科研的局限，变成了党派参政议政建言献策的内容。这种结合，使会员参加民主党派的价值得到了体现，多了一种报国的渠道，同时也增加了我会基层组织的活力。洪宇主委曾在华中师范大学任职，各地的师范院校中很多是民进的“大本营”，像上海的华东师范大学，北京的北师大。我们在这方面的一些民进代表性人士，发生了辐射作用。说明在组织发展工作中，在强调数量的同时一定要重视质量，如果代表性人士的人格和能力得到周边人的认可，人们就会由此来认识民进组织，就会激发会外群众参加民进的愿望。在社会服务方面，你们成立了“壹小时基金”，还要成立长江艺术团，非常有开拓性。

我这次来湖北，带了三个题目。第一，民办教育是今年全会专题调研的题目，我想看看湖北的民办教育，为参政议政的题目服务。第二，机关建设是会中央今年的一项重点工作，年底要举行民进全国机关建设工作会议。我想看看民进湖北省委机关的状况，看看有什么好的经验和建议。第三，湖北是国家中部崛起的重要战略支点。我希望在区域发展方面，民进中央可以就中部崛起，特别是以湖北作为支点的中部崛起做些调研。当然，除了这三个题目，可看东西很多，如杜耘同志提到的南水北调，可以进一步调研。

湖北民进机关建设中有些做法很好。之前，洪宇主委已经把你们的机关实用手册给我看了。我感到你们很用心、也很主动地在做工作。从给我的书面材料上还可以看到，你们从2008年就开始进行机关执行力的大讨论，而且在讨论之后还有后续的成果巩固措施。对机关建设，你们很有想法，做法上也很有创新。我非常感谢你们的积极工作，这不仅直接对会中央工作有启发，而且地方工作搞好了，就是对会中央极大的支持。

现在已进入到贯彻落实全国“两会”精神的阶段，其中最重要的是把握“主题”和“主线”。湖北无论从地理位置、自然禀赋，还是从它的历史——不仅是在革命历史上，而且在中国向现代化转型的历史上——都处于一个非常重要的位置。国家要转型，湖北怎么做？湖北的着力点在哪里？我在全国人大是参加上海团的，上海的思考归纳成八个字“创新驱动，转型发展”。我注意到湖北也有提法，如“两圈一带”，“两山”等等。对于“转型”，我在学习、在领会，也希望大家仔细阅读政府工作报告，仔细体会近年来中共中央对推进科学发展观的一些提法。我国的转型，真正要实现从重数量、重速度、重规模，向重质量、重内涵、节约型转变。另外，经济社会要同步发展、重视民生改善也是转型的含义。再有，改革开放30年来，我们“摸着石头过河”、先试先行，“实践是检验真理的标准”对于解放思想起了巨大的促进作用。今年的政府工作报告中明确提出了“顶层设计”和“总体规划”，这意味着全局的协调推进，意味着重视制度体系的建设。这和以前单个点上的先试先行，拿到政策先做，做了再总结，摸着石头，摸到一块先踩上去，我觉的要求是更高了，这个转变也是巨大的。刚才有人提到“主体功能区”，为什么要上升到国家战略？就是因为关系到国家的总体布局。

湖北怎么转型？民进如何为此贡献真知灼见？刚才洪宇主委谈到要发挥特色，我同意。在参政议政中，会中央通过这几年总结了几句话："集智聚力"。我们的资源总是有限的，这几年能取得一些成果，和集智聚力的体制机制分不开。因此会中央提出了"四个互动"，即中央和地方互动，专职和兼职互动，自身建设和履行职责互动，理论研究和实践互动。"顺势而为"，参政党只能顺势而为，其重要含义就是既要发挥党派的界别特色和优势，又要符合国家大局的需要，关注民生热点，这就考验我们顺势而为的见识有多高，能不能抓住重点。"有思有行"，刚才洪宇主委介绍了优质教育资源异地办学的情况，值得我们研究和思考。因为湖北的特点是省会武汉一市独大，省内存在不均衡，教育也不均衡。所以公办的优质学校的基础教育资源似乎首先应该在本地区均衡，想来应该是北京的资源向湖北辐射，现在却是湖北的公办资源向北京辐射？我没有想通。我为什么举这个例子？想说明我们面临着许多新问题。会中央提出"有思有行"，认为现在已经不能仅凭热情，很多问题都是"两难"的，需要深入全面的思考。湖北的教育资源到北京，肯定有其内在的驱动力和客观的原因，但是从教育的大布局，从教育的根本任务，从我国各级教育的分工责任，以及现在中国社会所处的一个大转型期（城乡一体化，公共服务均等化，绿色低碳化），教育也会面临转型的。作为基础教育，属于公共服务，应该均衡化，具体怎么做？值得思考。所以我们不仅要集智聚力，顺势而为，还要有思有行。

在转型期，在"主题"与"主线"的指导下，作为地区崛起的支点，湖北本身也面临转型。湖北怎么转，我相信湖北省委省政府是高度关注的，也是非常焦虑的。会中央也愿意和民进湖北省委，包括民进武汉市委，大家形成一股合力，为湖北这个支点的作用发挥好，一起来献计出力。

关于自身建设。民主党派如何永葆进步性和团结性？我到会中央接过主席的接力棒以后，一直面临两大压力：一是在参政议政中尽到党派的历史责任。二是在新时期保证民主促进会的进步性和团结性。会中央去年提出了建设学习型参政党，今年依然强调学习，要工作学习化，学习工作化，要互动，要交流，要不拘泥于一种形式，不拘一格地来学习。社会主义核心价值体系是灵魂。谈到教育，必然就有价值观问题。谈到科技，同样有价值观问题。谈到民生，更有价值观问题。我认为自身建设是"磨刀不误砍柴工"，如果我们的价值取向是正确的，是符合科学发展观的，那我们在参政议政中出的点子也会正确。所以学习型参政党建设是以树立和践行社会主义核心价值体系为主线的，希望湖北省在这方面继续坚持做好。今年是中国共产党建党 90 周年和辛亥革命 100 周年，武昌是辛亥革命的重要地点，要把重要的历史纪念活动，和当今的巩固政治共识的任务紧密结合起来。我同意彭主委说的，政治的坚定性，不是一般地念念文件、提提口号，而是要和我们所有的活动紧密结合在一起，希望大家抓好这个契机。

胡锦涛主席在今年春节时提出了"同心同向，同心同行，同心同德"。中央统战部也作出了部署，要把"同心"工程作为统一战线服务社会的一个品牌。我们的社会服务工作直接表现了民主党派和中国共产党同心的特点。昨天上午会中央主席办公会议决定，以后民进的社会服务项目都要宣传"同心"这个品牌。民进在毕节的支边扶贫工作，原来起名"彩虹行动"，最近我们为贵州引进了民进企业家投资的一个大项目，现在就叫"同心彩虹"。将来中央和地方在社会服务方面，也要及时沟通。贵州毕节是社会服务的重点，湖北的很多做法会中央也可以借鉴。会中央正在积极筹备成立"开明基金"，钱不是万能的，但是没有钱是万万不能的。社会服务是以智力为主，不是说不需要钱，而是通过智力将一分钱当几分钱用，甚至一分钱要发挥十元钱的作用，这就是我们的智力优势。社会服务是我们学习实践社会主义核心价值体系的过程，是扩大党派社会影响的过程。

最后再谈谈机关建设。机关是党派组织的枢纽，是党派领导班子的参谋，是决策得到落实的关键，也是向会员们和下级组织服务的窗口。机关工作非常重要，一定要质量好，效率高，信息畅通，下情上达，上情下达。工作中必须加强思考，注意及时的总结，这样才能当好参谋。工作要踏实，不能说过就算，要非常务实。要有服务的精神。要提倡"我为人人，人人为我"的价值观，机关里年轻人越来越多，要特别强调服务意识，服务意识可能体现在一声招呼上，体现在语调上，体现在表情上，也体现在工作质量上。机关是窗口，希望民进湖北省委机关能为主委班子、为全省民进做好枢纽、参谋、助手，为会员和下级服务，包括民进武汉市委也是这样。同时希望你们总结出好的经验，带到年底的工作会上去交流。并希望你们对会中央的工作提出意见和建议，这是对我们的一种支持。

非常感谢周主委和彭主委分别介绍了湖北省和武汉市民进的一些情况，也感谢两位的建议，我们一定带回去研究。谢谢大家！

在武汉大学座谈会上的讲话

（2011 年 3 月 21 日）

严隽琪

“两会”结束之后，大家对产业转型问题高度关注。产业转型必须以科技为支撑，近年来我们国家的科技取得了很大的成果，但是与大家的期望值相比，总觉得还不够。今天与武汉大学和华中科技大学两所高校座谈交流高校科研的问题，你们这两所学校都是属于国家队的，实力和水平都处于国家方阵的前列，这一点是共同的。可以说，从你们这两所高校，也可反映出中国高校的科研为国家的科技进步做出了重大贡献。但是社会上仍然对高校科研有各种各样的质疑，包括学术诚信问题、科技泡沫问题、成果转化问题等等。虽然当前国家科技投入占 GDP 的比例没有达到预期目标，但是科研经费的确已得到大幅度增长，企业科技创新的内在动力也在增加。在这种情况下，如何进一步发挥高校应有的作用，取得更好的社会声誉，是我们十分关注的问题。

前不久，按照我自己的体会和了解到的情况，曾给刘延东同志反映了一些情况。科研，即使只是高校科研，涉及的因素也很多，如刚才大家谈到经费问题，还有其他很多方面的问题。在这里我也把我的一些体会和大家共同探讨。

关于高校如何提升质量。这次《国家中长期教育改革和发展规划纲要》对高等教育定位为提升质量，但是高校如何提升质量？高校搞科研，既是因为国家的产业转型需要高质量的成果，同时也是因为社会需要高质量的人才。大家的介绍中都很强调文理科的交融，我认为这是提高质量的一个重要方面。此外，提升质量还要高度重视产学研结合。华中科技大学在产学研结合方面步伐迈得很大，这其中要突破很多体制机制的约束，包括评价制度，包括要素流动之间的有形无形的障碍等等。

关于高校如何服务社会。李校长介绍中讲到，武汉大学要做思想库、人才库和科技库。当然今天我们主要探讨科研问题，但是我根据自己从教的经历和当前社会的各种反应，有一点想法在这里和各位校领导共同探讨：我认为，作为一所研究型大学，没有科研，教学质量无法提高；但是科研与人才培养相比，人才培养应该放在第一位，因为我们毕竟不是纯研究所。作为老师，不仅在科研上要能出成果，在学风上、在引导学生全面成长上更要有所建树，不能以科研为由而在育人上有所放松。这一点对高校特别重要。评价一所高校，既要看到现实的、当前的成果，更要考虑它培养出来的学生以后在社会上发挥的作用。我认为人才培养是高校“天字第一号”的任务。武大和华中科技在这方面都作出了非常重要的贡献。

关于教育现代化问题。《纲要》提出教育要率先实现现代化，这说明了我们对教育优先发展的重视和期待。那到底什么叫现代化？我请教过很多人，其中有一个说法是作为一个现代化的高校，首先制度要现代化。那么究竟西方的学校制度就是现代化的标准，还是应该有一种我们自己的标准？我们高校的现代化制度应该是怎样的？权力如何制衡？高校是科学家、知识分子集中的地方，决策怎样更加民主和科学？最近社会热议的高考自主招生，就反映了制度的建设和权力的重新分配问题。权力和责任是连在一起的。今年过年我专门约了香港理工大会和香港浸会大学的校长会谈。他们给了我两个启发。理工大学实际上是一个职业教育学校，多年来一直坚持培养应用型人才，从不跟风改变。浸会大学的校长是搞化学的，他告诉我，他的科研从不用浸会大学的资源，以避免行政因素影响科研资源的分配。

关于国际化的问题。我认为《纲要》对各种问题的处理方法与人大的立法思想有相似之处。人大的立法大致可以分为三个层次：已经达成共识的，那么法律尽量体现强的操作性；如果还没有完全达成共识，但又是社会急需的，那么法律可以原则些，让大家在一定的原则下继续探索完善；如果成熟度比较差，就先由行政法规或地方立法先行。我认为《纲要》也体现了这个思想。关于国际化办学，争议还是比较大，因此规划中写得并不具体。作为一流的大学，我注意到武大共有 1500 名留学生。现在国外大学生源紧缺，纷纷到中国来办学。根据国际合作条例，必须和我们的某所大学合作。那究竟什么叫国际合作？我认为关键在于人，要把国外知名的教授请到中国来，学生中要有外国学生，这才叫国际合作。

关于学科特色问题。作为一流大学，应该有很多学科或者学部，这就有校内权力和资源分配的问题。要以学科为支撑，以培养人为本。如果以学科为支撑，就不会单纯用数量来表示。比如刚才武大和华中科技，介绍的都是有多少学科站在国家前列的，而不是总量如何。中国用总量衡量的事情太多了。我特别希望高校的质量不是体现在总量上，而是体现在强的学科上。

关于科技成果转化问题。高校要服务社会，除了输送人才，做社会文明的引领者，再有就是成果转化。华中科技做得很好，有些做法是你们的创新，希望能总结出来给全社会参考。有些问题现阶段需要明确规范，比如究竟是高校办公司好，还是教授办公司好？还有，有些有科研成果的人不一定有志于去搞产业化，可能要交出来让别人转化，这就带来一个知识产权和体制衔接的问题。现在很多高科技成果转化往往和发明人离不开，发明人必须全程参与转化，那是否要让这种行为合法化、正当化、制度化？同时学校对这些同志的考评又不能只关注科研成果的转化，还要注意他是否尽到教书育人的责任等等。这些都给我们的管理提出了新的问题。

今天我主要是来学习和调研，就这些问题跟大家交换意见。我也希望大家共同为实施科教兴国战略，特别是高校在新时期如何提高质量这些问题，共同出谋划策。欢迎大家给我提供信息，我们也将尽量反映大家的意见和建议。

谢谢大家。

在湖北省“两山”建设座谈会上的讲话

（2011 年 3 月 22 日）

严隽琪

“两会”结束后，全国都在学习贯彻“两会”精神，尤其是以科学发展为主题，以转变经济发展方式、产业转型为主线。这次到湖北来，是我两会以后第一次京外的调研活动。刚才听了各个部门的介绍，非常感谢大家在有限的时间内使我获得如此丰富的信息，也使我对湖北省委、省政府的工作有了比较全面的了解。

今天座谈主要围绕“两山”建设。通过刚才各位的介绍，我对“两山”建设的意义认识得更加深刻。“两山”地区虽有所区别，但很多地方是相同的——都是革命老区、少数民族地区、脱贫任务繁重的地区。如何解决好、发展好这两个地区，既有历史意义，又有现实意义；既是经济问题，又是政治问题；既是局部问题，又是影响到全局的问题。

中部崛起是国家战略的重要布局，而湖北又是中部崛起的战略支点。到了湖北以后我对这一点认识得更加深刻。“两山”建设既是基层民众的福祉问题，也是关系到民族团结、社会稳定和整个中部崛起的国家利益所在。而且，中国作为发展中大国，对联合国的“千年计划”做出了承诺，这些地区的脱贫，也是中国塑造负责任、和平发展的大国的国际形象的需要。此外，“两山”地区也是我国自然生态的重要组成部分。搞好“两山”地区建设符合民心、符合科学发展规律、符合全面建设小康社会的既定目标。

刚才听了介绍，湖北省的一些做法给我的印象非常深刻。

第一，湖北省委、省政府高度重视“两山”建设，目标明确，思路清晰。一旦思路正确，即使是劣势也可能转化为机遇；哪怕是后发展也有可能跑到前面去。湖北省委、省政府关于“两山”建设的思路非常清晰。举例来说，提出了把大别山作为科学发展的示范区，民生改善先行。

第二，工作作风非常务实。比如刚才大家提到的“616”工程，不是泛泛提出口号、挂一块牌子了事，而是由主要负责同志亲自组织，承担责任，出台一套落实的具体措施。作风务实还体现在上下齐心协力，充分发挥各级政府的积极性上。政策也很务实，我注意到政策中运用了一些金融手段，用小钱调动大钱，等等。

第三，重点突破基础设施的瓶颈。我们注意到湖北省在基础设施方面做了大量扎实的工作。

第四，试点先行。湖北省特别注意先进行试点，取得经验后再稳步推进，全面推开。

第五，注重民心。新时期的工作一定要得民心，有人民群众的支持，我们的改革措施就会得到理解和支持，他们也会积极参与，贡献出我们想象不到的智慧和力量。

我认为在湖北省委、省政府的领导下，“两山”地区的发展起步是良好的：武陵山已经列入国家战略，当然还有进一步改善的问题；大别山目前还没有纳入国家战略，但是湖北先“动手”、再“伸手”，最后一定能“得手”。到湖北来调研，我们感到很有收获，深受启发。比如，要进一步做好工作，干部的感情很重要，对老区、对困难群众、对农村、对少数民族要真心实意、满腔热情；又如，高度重视规划和设计，温家宝总理在工作报告中提出“顶层设计、整体规划”，我们现在开展工作和三十年前刚刚改革开放、摸石头过河是不一样的，我们有三十年的经验，有一定的财力，有思想认识的整体提高，因此，科学的规划和设计非常重要而且必要；再如，要选好着力点，工作千头万绪，必须选好着力点，实事求是、因地制宜开展工作；还有，要重视体制机制设计，在总体规划中，不仅仅要规划工程项目，更要有体制和机制的设计，这样一来，内部的活力就能迸发出来，主体的积极性就能显露出来，对外部就有吸引力，一些发展的要素也就能流过来，流过来了还能留得住，留得住还能发挥好作用。此外，政策一定要落实。我们这些年不管是参加人大执法检查，还是作为参政党进行参政议政的调研，都发现很多政策不落实的问题。浙江一位企业家形容的很生动：“处处高压线，就是不来电”，所以好的政策一定要落实。

刚才承蒙各位信任，提出一些希望能够合力推进的事情。

一是“两山”在国家战略中的定位问题，希望成为国家战略的重要组成部分，或者在已经有位置的再上升一步。这个问题经过了充分的论证，确实意义重大，提得非常合理。特别是现在国家对主体功能区的划定，从各个出发点和角度，都有了一些重要政策和名称，但是对“老区”强调得还不够，当然，从延安、井冈山到山东临沂，包括湖北的老区，和历史相比，都有一些进步，但是如何以“老区”作为主题词进一步推进，还有可以努力的空间。此外，战略定位明确后，跨行政部门、跨区域协调的任务越来越重，呼声也很高，武陵山地区也提出了这方面的问题。如何建立、完善或加强与国家战略相匹配的、更高层面的协调体制机制，我们一直在思考，你们提供的材料又给我们加了一把劲。我们会考虑如何建言更符合实际，更可操作。

第二，资源的利用和统筹也需要各级政府考虑。举例来说，刚才大家提到了教育的重要性。从某种角度来说，教育是最伟大的资源，湖北是教育科技大省，这次考察的红安县给我印象特别深刻。按理说红安是山区，又是比较贫穷的地区，但是基础教育还那么好，说明省里在教育的均衡发展方面下了大力气。但是湖北省乃至全国在教育结构的优化上还要下大力气。我们民进以教育文化出版为主要界别，一直关注教育，我感到教育结构优化是转型中非常重要。我们的各种教育必须考虑怎样和经济社会发展的阶段相匹配、需求相匹配。必须要更解放思想，把教育改革和经济转型、“两山”地区发展结合起来，鼓励多种形式共同参与。只要有效的就是合理的，经济发展是这样，教育改革同样如此，应该不拘一格地进行教育改革。湖北已经被教育部在《国家中长期教育改革和发展规划纲要》中列为教育改革试验区，教育改革应该和我们的人才需要、技术需要、干部需要紧密结合，不再拘泥于全日制和短期培训、学历和非学历、公办和民办、应用型人才和研究型人才之分，不要界限太分明，一切围绕地区经济社会发展的需要。我这里是以教育为例，各条线的改革都应该围绕共同目标。

中国民主促进会作为多党合作制度中的参政党，我们有很多参政议政的管道，这是政治体制给我们的优势，大家提供给我们的意见我们一定认真考虑，比如在“两山”国家战略中的定位、相应协调体制的配套等，有些问题相对成熟的回去我们就操作，有些问题可能要继续和大家探讨。地区发展需要一些要素和项目的流入。我们也会把“两山”地区的需求放在心里，有机会进行介绍牵线的工作。

此外，民进会内教育文化专家多，社会资源也比较多，我们愿意在“两山”建设这样一个历史进程中，通过社会服务、智力支持等形式对革命老区、对少数民族地区、对中部支点做出应有的贡献。再次表示感谢湖北省委、省政府对调研给予的精心安排。

在华东师范大学考察座谈时的讲话

（2011 年 3 月 23 日）

严隽琪

来到华东师大，我觉得又进入了我特别喜欢的学术气氛之中。刚才石（伟平）教授说自己又要争取课题又要完成课题，还要汇报与接受检查，这是我非常熟悉的一种状态。从您的报告中，反映出您做了很多工作。关于农民工的问题，你还专门贡献了自己的见解，非常感谢！也感谢刚才各位专家的发言。大家可以感觉到，今天各位的发言是我们在共同完成课题的过程中的一次讨论，而不是谁来检查谁。我们希望大家就如何让课题实现预期的目标，再出一些主意，提供一些信息。我认为应该多提倡这样的讨论。

我想着重说说这次来华师大的目的，即为什么要通过这样一种讨论方式来举行这个座谈会？首先是出于对职业教育重要性的认识。中长期教育规划提出，教育要率先实现现代化。什么是现代化教育？现代化教育必须有一个主要的组成因素就是终身教育。而离开职业教育根本谈不上终身教育，所以职业教育的状况是对教育现代化的一个很重要的衡量。必须考虑职业教育是否发达、是否科学、是否能满足人的需要等一系列问题。“十二五规划”已明确提出了科学发展的“主题”和转型的“主线”，这对劳动力的素质提出了更高的要求。所以发展职业教育，是经济社会发展的需要，是教育事业本身改革发展的需要，也是真正以人为本、让人全面发展的需要。我觉得人的全面发展实际上就是自由发展，一个人不可能面面俱到，但是整个社会要让人自由发展，要让各种各样的人才都能涌现。“两会”以后，新华网约我访谈，希望谈教育，我说与教育有关的问题太多，我现在主要思考两个问题，一个是教育的责任究竟是什么？教育的责任是培养有良知的人，有社会责任的人，这就是有教养的人；另一个是职业教育，我对华东师大牵头的这个课题组寄予了很大期待。

这次来也是为了进一步探索教育政策研究的新机制。我做过多年教师，也写过不少论文，为什么现在要花大力气建立中国教育政策研究院？为什么它不叫教育研究院？这是因为需求驱动的缘故。民主促进会的一个主要职能就是要在教育领域里对党中央、国务院“建诤言、献良策”。可是我们资源总是有限的，光靠民主促进会的会内力量（我们有12万会员，有29个省级组织）还不够。我想到全国有那么多教育界的教授们在从事大量的学术研究，有大量的论文，这些研究成果能不能转化成政策建议？中国教育政策研究院的主要立足点就是把社会上已有的学术成果进一步转化成政策建议，当然这也是知易行难。我曾长期从事自然科学的研究，我和吴（启迪）部长可以说是同行。在自然科学领域，大家对产学研结合、对成果转化的重要性是有共识的，但为什么要真正做好依然那么难？我认为其原因是成果转化需要跨领域、跨部门、跨体制，需要冲破一些传统的做法、传统的观念。由此可见，新生的教育政策研究院也会碰到不少困难。纯学术研究有自然科学基金会等的支持，有发表SCI论文、出专著等成果体现途径，这是现成的套路。科技进步奖也有现成套路。但中国教育政策研究院是新生事物，高等院校如何参与？民进中央如何参与？成果如何署名？政策建议是否被学校的考核所认可？对升职称有用吗？会面临很多新问题。这些问题给我们压力，同时也会形成改革的动力，克服了困难就可以成为对教育改革的一种贡献，所以袁贵仁部长对我们很支持。但他也特别指出，现在高校里面研究中心太多了，教育政策研究院不要简单地成为第“N+1”个研究中心，要有独到的价值。教育政策研究院的主要成果，不是用论文来衡量，而是要看提出了多少影响教育进程决策的政策建议。这也是我这次来华东师大想宣传的，课题定位明确了，更利于我们共同努力。

再谈这个课题本身。我注意到课题经费是10万元，期限2年。钱是非常有限的，时间也是非常有限的。我高兴地看到，华东师大很重视，舍得投入，课题组的队伍与我见过的其他课题组队伍比，属于非常强的一支队伍。在钱不多、时间又有限的情况下，还要出好的政策建议，怎么办？我认为，必须强调问题驱动。这个项目为什么要交给华东师大？就是看中石教授的职业教育研究所那么多年的研究成果。你们在这个领域里面已经做过很多研究，有很多积累，现在需要往政策方面再努力一下，从政策层面提出见解。

谈谈国民教育体系。体系一定要有制度来支撑，国家制度需要从国家政策层面上来做考虑。我在考虑一个问题，中国的人才培养究竟分几类？或者说学校如何分类？所谓职业教育，这个“职业”的用词科学不科学？如果定义为职业导向的教育，那培养医生的医学院不也是职业教育吗？当然大家已经叫惯了，可以暂把名称问题放一边。我更倾向于技能型人才和研究型人才的分类。而且这只是类别之分，没有高下之分。春节时，我和香港理工大学副校长会晤，香港理工大学的名字很响亮，实际上它原来就是高职，3年的高职，以培养优秀的应用型人才而闻名。我认为人才有类别之分，但没有高低之分。学校也不能以身份说事，只有办学的好坏，没有类型的好坏。从国家制度的层面看，首先要明确职业学校的定位，是否培养急需的人才，是否培养高级人才或优秀人才？应根据需要来设定学校的档次。换言之，985、211大学不能光属于研究型大学。还要从国家层面考虑的是，究竟技能型和研究型人才的培育在哪个人生阶段开始分流？是在初中毕业分流还是在更高年龄分流？或者允许任何阶段的学生都有选择机会，因为不排除大学生、甚至研究生，却发现自己真正的喜好还是应用技能。如木匠应该是技能性人才了，古代的鲁班据说本职原是个官吏，但他就是对木匠活着迷。现代的国家领导人李瑞环也喜好做木匠。希望教育可以帮助每个人实现自由发展。如果现实情况是做木匠养活不了家小，或者没有社会地位，那可能迫使人放弃真正的喜好而去从事能够养活家小、能获得社会尊重，但自己并不喜欢的工作。这就提出了劳动人事制度改革的必要性，要能做到三百六十行，行行出状元。这会涉及到评价制度、人才选拔制度、工薪制度，和教育制度的设计。应该建立人才培养的立交桥，不能一上了高考独木桥就再也无其他选择了，也回不来了。需要有各培养阶段和各培养类型进行衔接的制度设计。中共十六大提出要培养亿万个高素质劳动者、千万个骨干人才。结果把亿万级的劳动者变成了非普通型的，而把千万级的研究型人才变成了普通型的，岂不奇怪！国家制度的提法要慎重研究，要能自圆其说，其中全链条的设计、各阶段之间的衔接点很重要。还有一些很重要的问题，如大学主体作用，相关的就有升学、招生、深造、就业、社会地位的问题等等需要研究。

我刚从武汉调研回来，专门请了一些民办中职学校校长一起座谈，他们的发言给我的印象很深。也让我联想到我们这个课题，如何选择课题的起点。如果起点选得好，可能将来完成的成果能更好。我们的政策建议，有的提出去了没什么动静，有的建议就能真正起到推动作用，影响了国家的重大决策。怎么才能提有效的建议？我觉得很重要的就是对国情有准确的把握，甚至要有一定的定量分析，可能这样说服力就比较强了。政策建议往往会涉及到资源的投入，所以需要有成本核算，让政府觉得在目前的发展阶段，努一把力是可以做到的，而不仅仅说是否应该做。由于教育经费是分级承担，不是中央政府包打天下，所以需要对国家的财政制度有了解，最好能提出可行的分担方案。学者就是要求真，理想的目标是我们执着追求的，但是提政策建议一定要有一个路线图，由谁来实施，哪个地区先实施，哪个行业先实施，分 3 年实施还是 10 年达到目标。如果这样写建议，被接受的可能性就明显提高。否则就容易出现这边是满腔热情地希望报国，提出了自认为是的真理，但另一边（政府）却没有动静。今天在座的是教育政策研究院的专家，也包括华师大课题组的专家们，我们是共同来完成这个项目，最后希望形成对国家职业教育制度有影响的成果。我们要共同努力，整合资源，对国家的制度方面，找出一两点突破就算是成功的。在湖北调研时，我发现参加座谈的虽然都来自中职校，但这些民办学校的身份却是各种各样的，有国有变成股份的，有公办变成民办的，还有纯民办的，企业办的等等。其中武汉燃气动力学校办得非常好，天然气的技术应用激发了对技术工人的需求。凡是办得好的中职，往往有企业做靠山，是企业需要学校，而不仅是学校需要企业。这点我印象很深。该学校和企业联合，招工和招生同时进行，把中职学习变成招工的一个吸引力。当然这个经验我现在还不敢说普遍推广，因为这和行业有关系，所以职业教育还要分行业来研究。为什么我前面说到要有路线图，至少先从某一个环节、某一个行业有所突破，然后再从这里面分析出共性，那可能就是比较可行的一个政策建议。职业教育中还有个师资问题。因为技能型人才必须要有实训条件，所以实训老师的入口和出口、其质量的提高等，都是很需要给予关注的。

希望在教育政策研究这个共同的目标下，让我们团结在一起，我们的研究成果不仅会对理论有贡献，也对中国的教育发展政策有直接的贡献。非常感谢大家的直接参与和贡献！

在中国大学生自主创业交流会暨全球创业周峰会开幕式上的致辞

（2011 年 3 月 29 日）

严隽琪

尊敬的延东国务委员、正声书记、万钢副主席、贵仁部长、韩正市长
尊敬的施拉姆先生
各位来宾：

大家上午好！

今天参加这样的大会，我由衷地感到高兴。来自 97 个国家创业代表的参与，使全球创业周峰会为中国带来可供借鉴的他山之石；各位高校领导、政府部门主管和专家的出席，将使高校在发挥创新创业的特殊作用中站上一个新起点；众多成功创业家和投资商的论道，将为有志创业的年轻人出招加油。尊敬的延东国务委员还将代表中国政府，对推动创业这项利国利民的伟大事业，指出方向，进行部署。创业者迎来了一个生机萌动、充满希望的春天！

引导、鼓励大学生创业，支持有激情、有目标、有能力、有准备的年轻人创业，是贯彻落实科学发展

的需要。现在，政府积极出台鼓励创业的政策措施；更多的高校重视并开展创业教育，越来越多的大学生参与创业实践并选择创业，关注早期创业的风险投资商、天使投资人也开始多起来了。作为倾心参与推动上海大学生创业工作的一分子，面对今天这样鼓励创新、宽容失败的创业氛围，受到极大的鼓舞。借此机会，我想对倡导并支持创业的政府部门、相关机构、企业家和社会各界人士，致以崇高的敬意和诚挚的感谢！

对大学生创业工作，我有两点希望：

一是希望开展务实的创业教育。需求是最大的动力，满足了需求才会有效率。所以开展创业教育的高校应结合学校的办学特色、分析学生的需求。对于未来创业教育的发展，我有一个期待：能否从各地的实际情况出发，建设一个创业教育的开放平台，可以吸引各类企业和企业家、社会组织、学校等多种资源；又是一个能够实现资源有效整合的集成平台。在教育方式上，以应用为导向，以实践为途径。我还有一个设想：能否学习“中欧国际工商学院”十五年探索的经验，创建一个创业者学院，为众多的创业者“给力”。这需要远见卓识的企业家、专家和政府的共同努力！

二是希望创新工作机制。鼓励支持创业切忌急功近利。上海市政府专门成立基金会这样一个公益组织来推动大学生科技创业工作，深刻的体会就是重在体制机制的创新。她秉持的“公为先、益为重”的工作理念是在探索中逐步完善和提炼的。“公为先”是基金会的属性要求，必须秉持公益价值理念、热忱用心做事，社会各方才会实质性地参与；“益为重”是创业的属性要求，必须借助市场化的手段，按照市场化的机制，市场化资源才会积极参与。所以，支持创业这件事，必须尊重客观规律，尊重市场规律！

各位代表，上海是个富有生机活力的东方大都市，具有海纳百川的优良传统，此次全球创业周峰会选择在上海召开，会给各国创业组织提供极好的学习交流环境，会对中国的创业文化和实践发挥积极的推动作用。感谢考夫曼基金会及施拉姆先生，感谢全球创业周组委会乔纳森先生为年青的创业者、为全球创业周活动作出的卓越贡献。

最后，预祝中国大学生自主创业交流会及全球创业周峰会取得圆满成功！

谢谢大家！

在第九届海峡两岸中华传统文化与现代化研讨会暨第四届中国·介休清明（寒食）文化节闭幕式上的讲话

（2011年4月2日）

严隽琪

尊敬的各位嘉宾、各位朋友、各位领导和专家学者们：

刚才听了几位的精彩发言，尽管他们的切入点不同，举的一些案例也不同，甚至描述的一些地域、民族也不尽相同，但相同的是对中国传统节日文化的热爱和他们深刻的思考，非常精彩。我很抱歉昨天在北京被一些事留住了，听说昨天的发言也十分精彩，非常感谢大家共同努力，使我们这届论坛到目前为止能够按照预定的计划完成各项议程。这次的研讨会得到了中共中央统战部、国台办、中国文联、中国民间文艺家协会、中华文化促进会、中共山西省委、山西省人民政府、人民教育出版社的大力支持；许嘉璐先生、冯骥才先生和近20位两岸四地的知名学者作了精彩、各有特色的讲演，80余位两岸四地文化界嘉宾围绕传统节日文化这个主题进行了交流和研讨；山西省、晋中市和介休市的领导高度重视，有关方面作了大量的筹备工作和会务工作，使我们这个论坛开得有序、务实、高效。在此，我谨代表中国民主促进会中央委员会向各位嘉宾，向为成功举办这次会议而付出辛勤劳动的山西省的同志们表示诚挚的感谢！向长期以来积极支持和致力于海峡两岸中华传统文化交流，为中华传统文化的传承、弘扬与创新作出不懈努力和积极贡献的专家学者们、朋友们，特别是像饶颖奇先生这样的朋友们致以崇高的敬意！

中国民主促进会是以文化、教育为主要特色的参政党，我们认为通过弘扬中华优秀传统文化，同时吸收外来的精华，并加以融合、创造，发展出与建设全面小康社会相适应的，满足人民精神需要的新文化是中国实现现代化的需要，也是对世界实现和谐发展的贡献。近十年来，民进以弘扬中华传统文化、促进祖国和平统一为宗旨，已经先后成功举办了八届海峡两岸中华传统文化与现代化研讨会，搭建了两岸文化交流的平台，增进了同胞们的交流，推进了海内外中华儿女的文化认同，在文化界和社会上产生了较好的影响。本届研讨会以中国传统节日文化的继承与弘扬为主题，大家就传统节日的文化内涵、传统节日的当代意义、传统节日的魅力如何能够长久不衰进行了深刻探讨，由于身处绵山，又值清明前夕，使我们与会者的身心都沉浸在浓浓的清明寒食文化氛围中。

借此机会，我谈几点浅见。

首先，我认为重视传统节日是中华民族文化自觉的表现。倘若追根求源，“任何雅文化都来自于俗文化”，但某种雅文化一旦形成，也一定会反过来影响俗文化。在中国文化的宝库中、传统节日的仪式和举动中孕育着丰富的内涵，因而是中华文化的重要组成部分，承载着中国人的文化基因，必须重视传统节日的内在精神价值。尽管基于农业文明的中华传统文化经历了、并将继续经历全球化和工业化的洗礼，但仍然是凝聚海内外中华儿女的重要精神力量。就以清明节来说，刚才刘惠萍教授以严谨的学术研究态度让我们分享了她的一些研究成果，李汉秋先生又提出了清明三重奏，我作为一个年届花甲的当代中国人，我对清明的认识就是认为它蕴含了寻根、感恩的文化，表达了我们对祖先的祭拜，慎终追远、生生不息的感悟。清明还是生命力焕发的节气。这时候我们到户外踏青，心中一定感受到青春的律动和美好的期待。清明蕴含天人合一、顺应自然、欣赏自然的绿色文化。到了介休，特别能感受寒食节里面包含着介子推忠君爱国、志在清明的志向。可以说每一个传统节日都有着历史渊源、动人传说、美妙情趣和深厚广泛的民众基础，集道德教化与休闲娱乐为一体，融儒家伦理和人生理想于一炉，寄托了民族对生活的美好愿望与憧憬，具有很强的内聚力和包容性，也充实了民众的生活。前不久读书中看到王阳明的话：“安民之术，须以化俗为本”，节日文化对风俗改变有不可替代的作用。

研究历史不是发思古之幽情，而是出于当代人对现实的需要，这表达了当代人的理论自觉，也是当代文化自强的起点。什么是文化，昨天看电视，看到王石先生在说文化有三大部分：知识体系、价值观和行为风俗。我想，文化和文明相关又不完全相同，文化走向文明过程中要落地就是通过行为风俗，所以行为风俗是文化落地的载体和形式。文化是变成习惯的精神价值，这当中重要的是“精神价值”，一个民族的终极性精神价值一定会普及到国民中，是最广泛的存在。传统节日是行为风俗在特定日子的集中表现，承载和展现着中国人的思想情感、精神信仰、道德观念及人生理想，以及千百年来的传承与流变。重视传统节日是对文化遗产的保护和传承，是继承人类精神的血脉，是人类的薪火相传。它首先是理论认知，不仅仅是情感的延续，这可能是“文化自觉”的一种解释。

第二，谈谈节日文化的与时俱进。传统节日文化作为我们中华民族的重要历史文化遗产，影响熏陶了一代代人的情感和心理，给无数的家庭带来了喜悦、团聚和希望，为社会创造了和谐、安宁和吉祥，今天仍然是我们生活中的一部分，依然拥有巨大的现实价值。但同时也看到，近几年随着经济全球化进程的日益加剧，文化的全球化也成了一种历史趋势。费孝通先生在上世纪描述本世纪的局面曾说，“未来的 21 世纪将是一个个分裂的文化集团联合起来，形成一个文化共同体，一个多元一体的国际社会”。西方国家长期以来主张用西方的价值观念来改变世界，现在世界上少数的西方媒体巨头，支配着全球的文化市场。就拿现在转播世界各地的新闻来说，90% 以上由西方媒体所垄断，其中美国控制全球 75% 电视节目的生产和制作，许多第三世界国家的电视节目有 60－80% 的内容来自美国，几乎成了美国电视节目的中转站。

还有一些传媒巨头，篡改中国古典名著，恶搞中国传统文化，借助变味的中国文化符号来对我国渗透，输出其资本主义价值观和“西方中心主义”的意识形态，这是一场“没有硝烟的战争”。我国传统文化自身弘扬乏力，西方又扩张加剧，所以洋节大举进入中国，许多人，特别是年轻人，圣诞节、情人节已经成为他们生活一部分。美国商务部前高官说，“未来世界文化一定要由美国文化支配”，在这种情况下，许多发展中国家民族传统文化正在不断被挤压和蚕食，面临前所未有的生存危机。

再看看国内，我国社会发展进入重要的转折期，中国大陆经过30多年的改革开放，工业化、市场化、城镇化、信息化快速发展，社会转型加速，人们的思想观念、生活习惯、过节行为都发生巨大变化，特别城乡居民收入和生活水平的提高，独生子女和老龄家庭的增多，通讯和社会信息网络的发展，都直接或间接影响城乡不同群体对传统节日的观念，使传统节日方式面临巨大的转型压力。从过节形式来看，传统节日许多习俗和仪式活动，包括符号，逐渐被人们淡忘，有的已经趋于失传，过节氛围越来越淡，其中所蕴含的一些文化内涵随着习俗的消失也逐渐被人们忽略，或者说起来语焉不详，各说各的，过分的商业操作使得传统节日变味和“物化”。这些都导致了中国传统节日文化的日趋式微。

总之，在当今世界处于经济全球化、科技一体化、网络普及化、文化交融化的时代，中国传统文化，包括传统节日文化，正面临全球化与工业化的双重挑战，在新的历史条件下，如何继承弘扬、创新发展中华传统节日文化，是我们面临的重大课题。我想节日文化的与时俱进必须有世界的眼光，现代中国的世界定位是什么？应该是中国贡献论和互利共赢论，这是现实的需要，是一种责任，又是一个大战略。“文化自觉”就是一种自知之明，是为了增强对文化转型的自主能力，取得为适应新环境、新时代而进行文化选择时的自主定位。文化创新和可持续输出是大国崛起的重要软实力地基，也是消除“中国威胁论”、获得大国文化竞争力的必由之路。应该通过出思想、展魅力来有力回应各类分裂舆论，消除“中国威胁论”。对中国文化的理解，是对中国全面理解的最重要的基础。中国文化不仅是中国的、东方的，而且应该并正在走出去，成为世界的。节日文化的与时俱进必须有群众的眼光，中华节日文化是中华民族共有精神家园的重要组成部分，是真正属于老百姓的文化。人的本质属性是社会性，节日文化的特点，就应该达到全社会的人人参与，自得其乐，自我满足，因此对于加强民族凝聚力，建立这个时代和这个民族的核心价值观，显现它特有的功能和意义。历经岁月的变迁，只有具有强盛鲜活的生命力和深刻的寓意，只有群众喜闻乐见并自觉传承的传统节日，才能历久弥新。不变的是情感传递和激发共鸣的功能，对融教化、抚慰、祈福、感恩、交际与时代感为一体的形式和内容的追求。我们不惧怕外来文化的冲击，中国文化有没有生命力，不在于外来文化有多少，而在于中华文化活着的有多少，在于我们能不能把中华文化活着的部分弘扬光大。重要的是对中华传统文化给予现代阐述，使它在服务现代化建设，服务当代人精神需求中焕发出新的生命力。所以我建议：一要充分凸显传统节日文化内涵；二要以百姓为主体，激活并改善传统节日的方式；三要政府正确弘扬传统节日文化；四要媒体饱含社会责任感的引导宣传；五要吸引青年人的加入，这点特别重要。我们每个人都在营造属于今天的节日文化，不仅用语言，更是用行动。

第三，希望借这个论坛呼吁以传统节庆为纽带，进一步推动两岸文化交流，我们携起手来，共建中华民族共有精神家园。现在的时机特别有利，去年我和冯骥才主席到台湾访问，给我留下深刻印象，感到中华文化在台湾根深叶茂。去年两岸经济文化论坛通过共同建议已经提出要支持制定扩大两岸文化教育交流的政策，共同传承弘扬中华文化。加强两岸文化交流正处于有利时机。“每逢佳节倍思亲”，每一个中国人无论行程万里，漂流海外多少年，对中国的传统节日都魂牵梦绕，不能割舍。正像“海上生明月，天涯共此时”所表达的，同样的时间，相似的节庆情景会唤起我们对民族文化的记忆，唤起对亲人、祖国、家乡的情感，唤起对民族精神的认同，唤起我们同宗同源的民族情。2006年国家发布了第一批国家非物质文化遗产目录，把七个传统节日列为其中，它已经成了我们的文化遗产。今年的2月25日，备受关注、呼吁已久的《非物质文化遗产法》经全国人大常委会审议通过，传统节日等非物质文化遗产获得了法律地位。与此同时，各地的传统节庆活动也纷纷登场，港澳台同胞、海外侨胞和大陆的民间社团共享传统文化的魅力。去年，中国民主促进会与有关部门在上海共同举办了“第八届海峡两岸中华传统文化与现代化研讨会暨海峡两岸四地电影产业论坛”，在台北举办了“开明画院台北书画展”，都取得了圆满成功。我相信，越来越频繁多样的民间文化往来，会为两岸四地的文化工作者、艺术家、理论家、评论家们搭建一个很好的切磋、研讨和增进友谊的平台。

两岸文化基于共同的中华文化母体上，合作前景巨大，香港、澳门回归以来持续繁荣发展，为更好地研究继承发扬中华传统文化创造了良好的条件。加强两岸四地的文化交流合作，不仅符合两岸四地发展的需要，也符合海内外中华儿女的共同利益，只要我们在优势互补和保留各自文化个性的前提下，继续扩大合作交流，坚持面向社会、服务大众，不断提升中华文化的创造力，中华优秀传统文化必将迎来更加辉煌灿烂的明天。

再一次谢谢大家！

参政党面临的形势和任务

——在中央社院“民进骨干会员培训班”上的讲话

（2011 年 4 月 12 日）

严隽琪

今年是我国实施“十二五”规划的开局之年，正值中国共产党成立 90 周年、辛亥革命 100 周年，也是去年中共中央颁布的党外代表人士教育培训改革和发展纲要的落实之年，此时此刻，我们举办民进全国骨干会员培训班，契合时代背景、符合我会骨干队伍建设的实际需要，会中央对这个班高度重视和关切。

一、认识形势和任务

1. 国际形势复杂多变，经济全球化和信息扁平化把世界各国紧密地联系在一起。

随着世界局势的复杂多变和中国越来越开放，随着我国综合国力的提升，我国国际交往日益扩大，国际责任日益加重。在当今全球经济一体化时代，全球经济贸易网络覆盖世界所有角落，我国的经济社会发展、国家安全与世界局势的发展更加密切关联。国家安全的内涵包含了国土、经济、金融、文化、信息、粮食、能源，知识产权等等。需要新的更大的视野与前瞻性战略，需要统筹国际与国内两个大局的对策，即需要世界的眼光。

随着全球化的进程，我们感受到全球事件日益频繁，（2001 年的 911、2008 年的金融风暴和 2011 年的日本核危机），不确定因素增加。西方对现代化的解释：民主、资本主义、科技都在经受严峻的挑战，呼唤着更完善、更多元、更公平的全球治理方式。近期，西亚北非地区正经历剧烈的政治社会动荡（突尼斯、埃及、利比亚、也门、叙利亚、巴林，还有约旦等多个国家不同程度出现群众街头示威）。这些国家发生的政局动荡，尽管起因、过程和结果因国情差异而各有不同，目前动荡还在继续，但都有着深刻的国际背景和明显的时代特征。特别利比亚局势所反映出的若干征兆值得人们深思，折射全球复杂政治生态，世界正经历大变革、大调整。一是反映了西方和非西方在国际秩序、全球治理等问题上存在深刻分歧；美国国际地位有了微妙变化；西方显而易见的双重标准：不仅依据远近亲疏，不同国家有着不同的待遇；美国自己在言辞和行动上也存在着显而易见的悖论。二是阿拉伯世界分裂持续加深，阿盟与非盟的地区组织协调能力低下。三是一个国家的动荡有其国家内部长期积累的社会矛盾的总爆发，但是国际环境的影响以及后来西方舆论起了推波助澜的作用，也是事实。四是一个地区的动荡会蔓延并影响其他地区稳定，威胁世界能源供应安全，影响世界经济复苏；反过来，国际油价也马上受到影响。

主权国家在信息时代，面对开放环境下非国家行为体与新技术联合冲击，必须做出回应，互联网往往突破了被单一国家主导和控制的传统安全概念，今日世界经历的，可能是一场更加深刻的结构性变化的序幕。可以看看美国政府在这个问题上自相矛盾的表态：在2010年2月希拉里第一次发表“互联网自由”演说的时候，整篇充满了乐观的观点：互联网自由，即公开的形式与不受国家主权约束的信息自由流动，是值得大力倡导的价值观。到了今年2月第二次“互联网自由”演说时，希拉里的态度出现了变化：经历了“电报门”冲击的美国国务院毫不犹豫地将维基揭秘披露机密电报这类（被自由主义者和美国民权组织看作是实践监督政府和言论自由权利的）行为界定为“错误”，是美国国家利益面临的“风险与挑战”。可见，美国界定并强调“互联网自由”的内涵，并非是为了成为推动“自由价值观”的志愿者，而是为了让美国在全球信息空间免受传统主权概念的束缚，扩张美国主权的应用范围，在网络世界拓展美国的国家利益。这种一方面强调美国主导的“互联网自由”，另一方面美国整体信息安全战略在“9·11”恐怖袭击之后向“控制”转型是高度一致的。“控制”意味着政府运用特定的信息系统，监视特定范围内信息的流动以及用户的活动。以美国来说，其“控制”分为两个部分：对外监控和对内控制。所以我们也必须认识到，网络空间一点也不虚拟，需要实实在在地对网络空间行为带来的新问题高度重视。在数字化和信息化背景下，我国政府同样面临着信息公开和信息管理的严峻挑战，想要有效应对，就必须做出变革与创新。

2. 关于“现代化”的思考。

（1）“现代”在时间上不是个静止的、固定的、绝对的概念（自然界和地球在变，国际关系和规则在变，科学技术在变，人的思想在变，生活和工作方式在变）。

（2）“现代”在内容上是个包罗万象的复杂而综合的概念（经济、政治、文化、社会）。60年来，我们的认识一步步深化，从重在经济，到逐步形成覆盖五大建设的全面小康的目标。1949年七届二中全会上，毛泽东说：中国已有10%左右的现代工业经济，这是进步的；还有90%左右的分散的个体农业经济和手工业经济，这是落后的。言下之意，现代化指的就是工业化和城镇化。到上世纪五十年代“超英赶美”的雄伟目标提出，就是以西方发达国家的硬实力为目标的。1987年十三大报告提出：要变为非农业人口占多数、包含现代农业和现代服务业的工业化国家。到新世纪，提出的是城乡统筹。最近在讨论这个问题时，有观点认为应以制度来定义现代化，现代化就是建立现代政治制度（民主、法治）、经济制度（市场经济、自由贸易体系、企业制度）和社会制度（公民社会）。

（3）“现代”是一种模式，还是有差异的多种模式（如东西方之间，先发和后发之间，不同国家禀赋之间的差异）？如何进行衡量？“五四”的先驱提出了科技和民主的目标，我认为这儿的科技几乎就是工业化的另一个说法，总之标杆就是西方的现代化。到现在，人们往往在经济发展、富裕程度、科技、教育、生态环境、社保等方面仍以西方为目标国，最突出表现就是工业化和城市化。而在民主政治制度方面，有学者指出：“民主和法治来自西方的思想和制度”，“西方在我们之前率先建立了民主社会和法治社会，成为它们现代化的制度基础”。所以我们必须建立中国现代化的制度基础。

3. 转型的紧迫性和艰巨性。

“十二五”是我国全面建设小康社会的关键时期，是深化改革开放、加快转变经济发展方式的攻坚时期，“十二五”及今后10年仍然是我国发展和转型的战略机遇期。

（1）关键时期。我是从历史发展的轨迹来理解的。因为中国社会几千年来经历几次大的转型，每次转型都有一个关键时期。比如1840年以后西方势力入侵，使中国传统的农业社会转型为一个半封建半殖民地的社会；新中国的建立，又使中国经济社会有一个大的转型，计划经济体制开始实行；30年前开始改革开放，也是一个大的转型，使经济社会结构多元化；现在又面临一个关键转型时期，就是通过科学发展，实现城乡一体化，实现公共服务均等化，绿色低碳化。

（2）攻坚时期。我是从面临的困难和挑战来理解的。看国际环境，在后金融危机时期还面临着很多不确定的复杂因素，世界经济将继续缓慢复苏，但复苏的基础不牢。我国一方面有效应对国际金融危机的冲击和影响，保持了经济平稳较快发展，另一方面我国经济运行中一些长期问题和短期问题交织，体制性矛盾和结构性问题叠加，加大了宏观调控难度。环境、资源、能源的约束会更加严峻。在我们的经济实力增加的同时，中国也面临着“中等收入陷阱”的风险。这些问题对中国来说，在“十二五”时期都是严峻的考验。

（3）战略机遇期。我是从我们面临有利条件，我国发展仍可以大有作为来认识的。从国际看，世界多极化、经济全球化深入发展，和平、发展、合作仍是时代潮流。世界经济结构加快调整，全球经济治理机制深刻变革，科技创新和产业转型孕育突破。从国内看，我国发展的有利条件和长期向好的趋势没有改变，市场需求潜力巨大，资金供给充裕，科技和教育水平整体提升，劳动力素质提高，基础设施日益完善，政府宏观调控和应对重大挑战的能力明显增强，社会大局保持稳定。从这点来说，只要我们决策正确，只要我们万众一心，我们是可以把这些有利条件充分发挥，抓住难得的历史机遇。

“十二五”规划纲要，是指导我国今后五年经济社会发展的纲领性文件。纲要提出，要以科学发展为主题，以转变经济发展方式为主线，这是意义深远的转变。充分体现了发展与转变的有机结合，也体现了发展与转变的相互促进。科学发展就意味着必须进行发展方式的调整，即“转型”。这是由中国近现代历史演变所形成的，是困难与压力逼出来的、是三十年改革开放的经验得到的启示、是全面实现小康社会的目标需要的。“转型”的意义重大，内涵深刻。主要是表现在以下几个方面：一是从重规模、重数量、粗放式向重内涵、重质量、集约式转变。既有结构的优化、又要加强自主性、还要提高 GDP 的含金量。要减少对不稳定的出口需求和投资型增长的依赖、增强国内消费的驱动力。二是从东部沿海或局部特区的先行先试到东、中、西、北的区域协调全面发展。从重项目、重工程、“摸着石头过河”向建构体系、“顶层设计、总体规划”、协调推进、重制度建设的转变，制度包含了体制、机制和法制。三是从注重物质财富的积累向注重经济和社会协调发展、更多满足人们的精神文化需求、重视建立更公平的财富分配机制和改善民生转变。四是政府在由计划经济下的全能监管型政府向社会主义市场经济下的服务型政府转型，向加强社会建设与管理、多方参与、合力推进转变。以社会建设而言，“维稳”是经济社会发展大局的重要有机组成部分。转型的压力不会简单地随着经济增长或民生条件改善而消逝，必须在党把握大方向下，加强社会建设的力度，形成以村民自治和社区自治为基础的社会治理。需要提高公民的文化素质和培育社会责任（文化建设与经济建设同行、价值信仰的引导与养成），需要完善法治和政策环境，需要开辟出化解矛盾冲突的缓冲地带和实践创新空间。

这样的“转型”必然会带来观念上、方向上、评价指标上、政策设计上、体制改革上和重点工作选择上的新变化。中国的发展站在了新起点上，任务繁重，两难问题更凸现，说明贯彻落实科学发展观的重要性和紧迫性。说明坚持改革开放的必要性。我会的会员们要把握经济社会发展的主题和主线，进一步把思想和行动统一到中共中央的决策部署上来，把智慧和力量凝聚到推动科学发展上来。把推动“十二五”规划纲要的贯彻落实作为民进履行职能的首要任务，谋“转型”之计，聚发展之力，促进党和政府科学决策和有效施政。要发挥民进自身优势，围绕贯彻落实《国家中长期教育改革和发展规划纲要》，就推动改革创新，促进教育公平，提高教育质量等重点问题，积极建言献策。要继续高度关注文化建设，加强文化研究的力度和深度，提升文化理论水平，充分关注互联网的兴起和新媒体的发展等新问题，就全球化和现代化双重背景下中国文化的发展提出具有战略性和前瞻性的意见建议，促进将文化强国确定为国家发展战略，促进制定国家基本文化制度。要重视以改善民生为重点的社会建设。在加强和创新社会管理、维护社会和谐稳定、资源环境、三农、科技创新等方面继续履行参政议政职能。要积极反映社情民意，务实开展社会服务，在本职岗位和会务岗位上为“十二五”规划蓝图的实现做出贡献。

二、参政党的新变化和面临的新要求

1. 执政党的建设站在了新的起点上。

中共实现了从革命党（以阶级斗争为纲）到执政党（以发展为第一要务，强调民生）的历史性进步。在理论创新上卓有成效，以马克思主义中国化理论成果，回答了关于旗帜，即道路和理论体系的根本性问题。中共中央以高度的忧患意识、以改革创新的精神不断推进党的建设新的伟大工程，从主线（执政能力建设和先进性建设）到重点（以理想信念为重点的思想建设、以保持与人民群众血肉联系为重点的作风建设、以健全民主集中制为重点的制度建设和以完善惩治和预防腐败体系为重点的反腐倡廉建设）到目标（立党为公、执政为民、求真务实、改革创新、艰苦奋斗、清正廉洁、富有活力、团结和谐的马克思主义执政党）都得到进一步的明确。

从1997年党的十五大提出依法治国，建设社会主义法治国家，到2010年形成中国特色社会主义法律体系，表明党的领导方式和执政方式从过去的主要依靠政策向既依靠政策又依靠法律的深刻转变。为提高执政能力提供更加扎实的法制基础。

2. 民主党派自身也发生了深刻变化，呈现出许多新特点。

在中国民主政治进程不断推进，多党合作事业不断发展的过程中，民主党派的内部组成、任务职能、环境条件也发生了许多变化，伴随经济的增长，政治参与的需求也会提升。民主党派面临着使老一辈的坚定信念、优良传统和高尚风范代代相传，巩固多党合作的共同思想政治基础，推动统一战线和多党合作事业持续健康发展的新要求，面临着不断提高履职能力和水平的新要求。

回顾民主党派的历史，我国的各民主党派，大都成立于抗日战争和解放战争时期。当时，中华民族灾难深重，国家前途未卜，民主党派老一辈领导人不懈探寻救亡图存之道，为实现民族独立，建立民主、独立、自由的新中国，呼号奔走，并通过建立党派组织提出和实践各自的政治主张。民主党派成立后，不断加深对中国共产党的了解，并逐步形成亲密合作的关系，与中国共产党互相声援、彼此配合，共同致力于民族独立和国家统一富强。在支持中国共产党坚持抗战，争取民主、反对独裁，积极推动民主宪政运动，为新中国的缔造等方面都做出了历史性的贡献。新中国成立后，各民主党派积极参加各项民主改革和建设实践，随着社会主义改造的基本完成，作为民主党派社会基础的民族资产阶级和城市小资产阶级逐步转化为社会主义劳动者的一部分，民主党派的性质也发生了根本变化，由阶级联盟转变为政治联盟。我国进入改革开放的新时期，各民主党派积极响应中国共产党的号召，在中国特色社会主义伟大旗帜下，贯彻“长期共存、互相监督、肝胆相照、荣辱与共”的基本方针，积极投身改革开放和社会主义现代化建设。各民主党派始终坚持围绕中心、服务大局，积极发挥参政议政的政治优势，考察调研、建言献策，促进党和政府决策科学化和民主化；深入老少边穷和中西部地区开展智力扶贫、捐资救灾等社会服务工作；加强对各自成员和所联系群众的思想引导，反映涉及群众切身利益的现实问题，协助党和政府做好沟通思想、理顺情绪的工作，及时消除影响社会稳定的各种因素，促进社会和谐稳定；积极拓展与港澳台同胞、海外华人和国际社会的联系，促进中华共识和世界对中国的了解。

（1）在领导方式上，从主要依靠代表性人士的个人魅力向主要依靠集体领导的转变。

在上述民主党派发展的历史进程中，民主党派内部的领导体制和领导方式，是以发挥代表性人物的社会影响力为主，这种领导体制和领导方式是民主党派的历史存在。如我会的马叙老、周建老、叶老、雷老，还有王绍鏊、许广平、冰心、赵朴初等等，他们的道德文章堪称为世人的楷模，他们的独特经历和历史贡献为后人景仰不已。北师大有句校训是“学为人师、行为世范”，用在他们身上是当之无愧的。由这些大师、大家来担任民主党派的领导人，是广大民主党派成员的骄傲。听说，几年前会中央利用暑期邀请基层教师代表来北京中央机关参观座谈，有的教师见到雷老激动得说不出话来，有的热泪盈眶，分别时，他们拉着雷老的手久久不肯放开。这是党派领导人的魅力的生动表现，是党派领导人的感召力和影响力！而且这和中共领导层的情况也是互相影响的、互相对应的。

随着我国经济体制和政治体制改革的不断深入，特别是人事制度的改革和退休制度的施行，多党合作这颗“大树”需要不断有新人来“施肥”、“浇水”，才能枝繁叶茂、青春永驻。通过1997年换届，在新民主主义革命时期和中国共产党风雨同舟、患难与共的民主党派老一代领导人基本退出了中央领导岗位，领导班子实现了整体性的新老交替和政治交接，又经过2002年、2007年换届，一批出生在新中国成立前后、20世纪90年代前后加入民主党派的同志走上领导岗位。这期间，以中共14号文件和两个5号文件为标志，多党合作制度和民主党派工作逐步走上了制度化、规范化、程序化的轨道，民主党派内部的领导体制和方式向集体领导转变成为必然。随着时代的进步、民主的发展，和社会成员素质的提高，执政党和民主党派自身的发展变化，也客观要求参政党应更加强调发挥集体的力量，这是不以哪个个人的意志为转移的历史进步。这个变化带来了一系列需要解决的问题，包括制度的完善、决策的民主、意志的统一和效率的提高等等。嘉璐同志曾说过：从雷老手中接过接力棒，时时感到是"小马拉大车"。他提出要常怀忧患意识、要坚持贯彻民主集中制、要集体领导、集体决策。民进十大以后，我又从嘉璐同志手中接过了沉甸甸的接力棒，对他的这番话有了自己的体会。"无懈无滞、有思有行"，"集智聚力、顺势而为"和"工作着、学习着"是对会中央工作思路的表述，也是对我自己的要求。换届后，会中央高度重视加强领导班子建设和制度建设，不断提高成员对民主集中制的认识，并重视言行一致，在实践中切实地推进，逐步完善和健全会中央研究工作和进行决策的会议制度。通过领导带头和制度的保障，有效地避免了"临时拍脑袋"和"一言堂"的现象，使班子中每个成员、每个中常委的智慧和积极性得到较好地发挥，使会中央和地方、基层有了较好的互动。会中央在成立监督委员会方面也跨出了历史性的一步。我们认为使决策更加科学化、民主化、透明化，是民主政治发展的需要、政治文明发展的需要。

要加强三种意识。一是大局意识。只有认识大局，定位才能准确，举措才能恰当，才能谈得上围绕中心、明确重点、统筹兼顾、协调推进。二是忧患意识，要"居安思危、未雨绸缪"。把前进道路上的困难想得更严峻些，把应对预案搞得更周密些，把各方面工作做得更细致些。不被小的成功所陶醉，不被暂时的困难所吓倒，不被表面现象所困惑。三是创新意识。实事求是、与时俱进、按客观规律办。不因循守旧，出实招、求实效，使决策、举措和工作符合不断变化的时代的要求。

还要强调三个观念。一是群众观念。要知道自己从哪里来，怎样走上领导岗位；到哪里去，怎样在岗位上尽自己的领导责任。必须要提倡向群众学习、为群众服务，接受群众监督。领导班子要重视深入群众、深入实际的作风建设，中央要支持地方的工作。二是集体观念。个人太有限，团结就是力量。在班子中要理顺情绪，开展谈心活动。在工作上，就要大力构造集智聚力的体制与机制。一把手要支持班子其他成员的工作，要带头执行民主集中制。三是民主观念。这是政党文明的体现，是科学决策的需要，党内和谐的需要。民主集中制必须不断地完善，并要体现在我们的议事决策的程序上、人事的制度设计与执行上。要增强中全会、中常会及主席会的集体领导，即对重大问题决策的功能。

（2）在履行参政议政职能中，由主要在界别特色领域的参政议政向全面实现社会主义现代化的各个领域参政议政转变。

参政议政、民主监督、社会服务是民主党派的重要职能，也是参政党的生命线和价值所在。如何更好地为我国的社会主义现代化建设服务，是参政党面临的重大时代课题。随着改革开放的深入发展、中国民主政治的发展，参政党在履行职能中也面临新的机遇和挑战。

先看挑战。一是来自于外部世界变化的挑战。一方面是由于世界多极化、经济全球化的发展，由于中国在世界上的地位和责任的变化，国内的问题往往有国际的因素；另一方面是国内在改革和发展中，也伴生一系列矛盾和问题，其涉及面广、解决难度大；再一方面共产党内和政府部门乃至社会的各种智库中，聚集了大量知识精英和掌握了各类研究机构，对事关全局的问题有很深入的研究，相对地降低了民主党派的知识优势，增加了参政议政的难度。

二是来自于参政党内部变化的挑战。一方面民主党派成员以兼职居多，大家主要是凭自觉性、凭凝聚力的大小在贡献力量，组织约束能力较弱；另一方面随着社会阶层的变化，各党派成员界别特色呈现趋同化，削弱了党派界别优势；再一方面民主党派成员的年轻化及政治参与热情的提高，对民主党派的影响力、参政议政的质量有更高的期望。

三是多党合作和政治协商制度进一步制度化、规范化带来的挑战。2005 年以来，中共中央先后颁布了两个 5 号文件和 15 号文件，进一步明确了我国多党合作的基本准则和政治协商、参政议政和民主监督等等形式、内容和程序，在多党合作制度化、程序化、规范化方面迈出了新步伐。还对民主党派、无党派人士发挥参政议政作用，民主监督的性质、原则、渠道和程序等都进行了具体的规定。全面地、高水平地参政议政、建言献策，已经成为这个时代赋予我们不容推卸的职责。

再看优势何在？一是有利的外部条件。有中共的坚强领导，在一系列重大问题上，如举什么旗、走什么路、怎样发展、发展的目标等等都有明确的把舵。有统一战线事业的发展，共产党对多党合作的重视和对民主决策的重视，一批党外人士进入政界，并有通过“协商”进入公共决策的渠道。有政务公开的推进与互联网的广泛应用，信息获取渠道拓宽。

二是有利的内部条件，从党派成员看，学历提高（硕博士的比例越来越高）、眼界开阔（他们出国机会很多，与海外联系密切）、关注国计民生、信息渠道多元，有整合表达自己所代表和联系的群众的利益和意见的能力。加上近年大力抓民主党派自身建设，成效明显，党派整体的参政能力在不断提高，积累了许多宝贵的经验和形成一定优势。从参政党的定位看，可以较少受“权”与“位”、“政绩”的约束；可以较少受行政隶属和区划的约束；可以较少受学科分类、学术派别的约束，所以应该能更客观、真实、冷静地思考并提出建议，应该更能在学科交叉融合中创新地提出见识。从民主党派具有独特而且直接的进言渠道看，可利用党派成员的专业资源，可以和社会资源结成优势互补的合作伙伴，以内部条件吸引外部资源。

总之，我们认为，要解决参政党资源有限与任务繁重、界别特点与全面参政议政的矛盾，必须开拓思路、创新机制，充分调动多方资源和力量，切实提高参政议政的能力和水平。既要有界别特色，保持在主要界别领域参政议政的优势，又要在顺势中开拓新领域，全面对中国特色社会主义事业建言献策，更好地处理“老阵地”和“新领域”的问题。如果不能深入社会实践的第一线，民进作为一个整体的知识结构如果不能与时俱进地改善，如果不能充分调动会内一切智力资源和会外的力量，将难以达到中国共产党的要求，也难以实现全体会员对我们的期望。

因此，会中央在继承上一届的经验的基础上，提出了“以新作为巩固老阵地、在顺势中开辟新领域”和“从集智聚力的体制与机制的创新中迸发活力”的工作思路。前两句话脱胎于上一届就提出的很好的口号，“巩固老阵地，开辟新领域”。我们怎么在很好地落实呢？老阵地中要有新作为，只有通过新作为才能真正巩固老阵地。同时新领域要“顺势开拓”，这个“势”，就是形势使然、优势使然、规律使然。至少应该有可能获得该领域内必要的信息。第三句话就是要不断完善党派了解社情、反映民意、集智聚力的体制和机制。需要及时总结经验，凡有效的要及时转化为制度。要不断创新参政议政的方法和手段，搭建参政议政的平台，整合参政议政的资源，实现在发挥好界别优势的同时，高度重视整合会内外资源。如更早地开始思考第二年的重点调研题目、更早和更广地做预调研；要注意进一步调动专门委员会的积极性与工作效率；要争取地方和中央的互动与双赢；要实现社会服务与参政议政的互动，使成果能够互相转化；要建立会内与会外互动的机制；要进一步发挥政府实职人员和特殊骨干人员的作用，真正做到集智聚力，提高履职水平。要建立开放的体制和集成资源的机制，把各级组织和广大会员的工作热情激发出来，把会中央与省市地方组织和基层组织的智慧凝聚起来；把代表人物、专家、学者与广大会员和专职干部的作用发挥出来，把各级机关与专门委员会的力量整合起来；把会内力量与会外资源的积极性充分调动起来。

（3）在自身建设上，从学习改造为主向全面提高政党素质转变。

民主党派已经从具有阶级联盟性质的政党发展成为进步性与广泛性相统一的政治联盟；从与中国共产党密切合作致力于争取人民民主、实现民族独立、建立新中国的民主党派，发展成为在中国共产党的领导下致力于建设中国特色社会主义事业的参政党；从以团结教育改造为主要历史任务发展成为履行参政议政、民主监督职能并在国家政治生活中发挥越来越重要作用的政党。

我国的民主党派在成立后到新中国成立初期，主要是代表民主资产阶级、城市小资产阶级及其所联系的知识分子的利益要求，是具有阶级联盟性质的政党。1956 年社会主义改造结束后，民族资产阶级和城市小资产阶级失去了存在的经济基础，作为阶级已经被消灭，这两个阶级中的大部分人们开始被改造成社会主义劳动者，成为劳动人民的一部分。从旧社会过来的知识分子经过改造，逐渐成为工人阶级的一部分，由此，我国社会形成了“两个阶级、一个阶层”的结构，即工人阶级、农民阶级和知识分子阶层。与社会主义社会阶级关系相适应，民主党派成为“为社会主义服务的劳动者的政党”，逐步发展成为以知识分子为主体的一部分社会主义劳动者和拥护社会主义的爱国者的政治联盟，多党合作中的阶级关系已经不复存在，多党合作主要体现为执政党与执政党以外的一部分知识界代表性人士的团结与合作。

改革开放以前由于民主党派在实际中的角色主要是学习改造，没有参政议政之法定地位，又由于民主党派不是特定阶级的政党，它具有阶级联盟和统一战线性质，成员的政党意识不是太强。改革开放后，随着社会主义市场经济的不断深入和发展，经济体制深刻变革、社会结构深刻变动、利益格局深刻调整、思想观念深刻变化。所有制结构和分配方式的调整，我国经历了从传统社会向现代社会、农业社会向工业社会、从计划经济体制向社会主义市场经济体制、从封闭型社会向开放型社会的转变。原有的社会结构发生显著变化，经济成分、组织形式、就业形式、利益关系和分配方式等日益多样化，具有不同利益倾向和需求的主体、群体、地区、行业等逐渐形成。我国的社会阶级阶层结构乃至整个社会利益结构发生了新变化，而且群众反映利益诉求的形式也有了新变化。我国原有的“两个阶级、一个阶层”逐渐分化，作为我国社会根本力量的包括知识分子在内的工人阶级和农民阶级分化为不同的利益群体和阶层。同时，新的社会阶层从工人、农民中分化出来，经过 30 年的发展，由少到多、由弱变强，成为推动我国社会主义经济社会发展的一支重要力量。

1989 年中共中央的 14 号文件将各民主党派明确定位为参政党，并于 1993 年将民主党派的地位写入宪法，各民主党派的政党意识有所增强。市场经济的建立与发展导致利益多元分化日渐突出，新一代成员由于对自我利益的关注，参政议政的热情提高，形势必然要求全面提高参政党的素质。

三、建设符合时代要求的高素质参政党

1．思想政治工作更强调实效性。

新中国成立前后出生、20 世纪 90 年代前后加入民主党派的新一代成员已经成为民主党派的主体。新一代成员呈现出思维活跃的时代特征：（1）关注自我价值的实现。老一代成员加入民进恰值战争时期，革命形势使其养成了时时处处将国家民族的利益放在个人利益之上的无私奉献之价值观，他们的价值观具有集体性和理想性的特点。而新一代成员加入我会是在改革开放和大力发展市场经济的大背景下，市场经济的主要驱动就是来自市场主体之利益追求的。新一代成员的竞争意识更强，追求个人事业之成功，以个人待遇作为自我价值的主要衡量。（2）思考问题的角度多元，行为灵活，讲求实效。老一辈民进成员多从政治角度考虑问题，重在政治表态。而新一代思维活跃，凡事注重实效，憎恶形式主义，行为灵活务实。他们知识面广，独立思考意识在增强，他们在我国基本的政治制度层面没有异议，遇事从政治经济社会文化等各个角度考虑问题，见解不尽相同。（3）对我国政党制度的认同感不够深刻。绝大多数民主党派成员是在改革开放后加入的，由于没有像老一辈会员那样经历过与中共并肩作战、生死与共的岁月，所以与改革开放以前民主党派的成员相比，这些新成员与民主党派的历史联系明显淡化，某些成员对本党派的历史不甚了解。再加上西方政党制度的影响，其中的一些人对民主党派接受中国共产党的领导，无论从感性认识还是从实际接受程度上，往往不如老一辈那样深刻与彻底。加入党派的目的也夹杂了多种成分，如有为了广交朋友的；有为了政治安排的；个别的甚至有为了拓展生财之路的，等等。总之对本党派的政治认同感有所减弱。

所以，现在的思想宣传工作需要常抓常新的长效制度以及入脑动心的有效形式。政治交接本身具有与时俱进的品质，它的内涵与方式都会发生与时俱进的变化。政治交接又具有整体性和关联性，它一定会反映在我们方方面面的工作中。所以我们要在努力的实践中不断深化认识，总结经验，不断改善参政党思想政治工作。要主题明确——“举旗帜”；要抓学习培训，并善于发现和积极表扬现实生活中的好人好事——“做引导”；要以重大事件和活动为契机 -——“有气氛”；要以班子建设带动队伍建设——“抓重点”；要将历史的回顾与认识当今现实相贯通——“重传承”；要将理论学习与推动实际工作相结合——“求实效”；要加强理论研究——“固支撑”。

2. 理论研究的重要性更凸现。

“理论上的清醒，才能保彰政治上的坚定”，才能有高超的思维、有效和周到的措施，防止胡折腾。李瑞环同志说过，对于成功的经验，“要从理论的高度进行概括，使其具有普遍的意义，借以指导其他，不能占糊涂便宜”；对于失败的经验，“要以辩证唯物主义的态度，找出内在的原因，使之成为成功的先导，不能吃糊涂亏”。要“具体地思考，深入地思考，连贯系统地思考，思考现在、过去和未来，思考自己、他人和整个世界，思考实践、理论和理论与实践的结合”。“对反复出现、长期存在的东西，应把握其规律；对大量出现、普遍存在的东西，应掌握好政策”。“就是要将繁杂、零碎的材料掰开了、揉碎了、摆正了、捋顺了。要分好类、排好队、归好堆、论好辈，不断地分，来回地分，边分边合，分分合合。这是一个寻找事物内在联系、探求客观规律的过程，是一个由简单到复杂、由复杂到简单、循环往复、螺旋上升的过程，是最难的一步，也是最苦的一关”。特别是年轻的会员们思维活跃、思想开放、自尊自强、崇尚真理。理论研究是思想宣传工作的需要，因为我们既要“以情动人”，又要“以理服人”；理论研究也是形成正确工作思路的需要，理论就是对规律的认识和揭示，理论上的清醒说明对规律的掌握，它能保障强大的凝聚力，能避免实践的盲目性，能提高举措的准确性

3. 组织工作要需要创新性。

据中国社科院学者2002年年底发表的《当代中国社会各阶层研究报告》：“以职业分类为基础，以组织资源、经济资源和文化资源的占有状况为标准”，则把当代中国社会划分为10大社会阶层。新的社会阶层是指在我国改革开放和发展社会主义市场经济条件下出现的、与非公有制经济基础相联系的新兴社会群体。针对新的社会阶层的特点和新时期我国社会主义建设事业的要求，中国共产党及时将新的社会阶层纳入中国特色社会主义事业建设者范畴。2004年宪法修正案中，正式把“社会主义建设者”纳入统一战线的范围。

阶级阶层的分化，特别是新阶层的出现，扩大了参政党政治联盟的范围，参政党由1979年表述为“各自所联系的一部分社会主义劳动者和拥护社会主义爱国者的政治联盟”转变为2004年的表述是“各民主党派已经成为各自所联系的一部分社会主义劳动者、社会主义事业的建设者和拥护社会主义的爱国者的政治联盟”。这一新的表述表明，从原有知识分子队伍中分化出的多个新社会阶层，作为中国特色社会主义事业的建设者，和社会主义劳动者及拥护社会主义的爱国者一起，成为新时期政治联盟的一部分。因此也就拓展了参政党的组织基础。

但是组织工作面临许多新挑战。一是成员的职业界别进一步多样化、动态化。旧阶层的变化和新阶层的兴起，使得民主党派成员的职业构成越来越复杂，变动越来越多见。这些不同职业、不同特点成员的加入，或者其身份的变化，既给民主党派带来了新的生气，也给民主党派工作带来了新的复杂性。二是共产党的发展工作在大力进行，党外知识分子精英及其后备队伍的传统来源受到影响。三是会员对会内民主的期望日益提升。

所有的机遇必然与困难同在，就看我们能不能去发现和抓住机遇。比如要注意研究社会阶层的新变化，要研究人才成长的规律和时代背景，研究怎样让人才凸现的机制以及获得进一步使用机会的新招。根据形势和规律创新工作方法，加强人才队伍建设，与时俱进地改善民进的组织结构和整体知识结构。我会

的组织发展必须解放思想，更新观念，把组织发展工作与履行职能相结合，坚持“在发展中工作，为了工作发展”的原则，着力发展我会各项工作特别是参政议政亟需的代表性人士、有发展潜力的高层次中青年人才。我会主要的界别特色是教育文化出版界，这个不能丢；同时，为了更好地适应参政议政的需要，要在保留界别代表性的和延续性的基础上，合理调整和优化组织结构，注意物色、培养、吸收有较强参政议政能力的同志，有目的地重点发展短缺的专业人才，保证参政议政队伍有较全面的专业化、系列化人才。

4．重视制度化、规范化和程序化的建设。

在一个集体性的工作中，必然需要避免无序，提高效率，各安其位，各尽职守，讲“规则”、讲协调，追求整体的优化和提高可预测性。这就是重视制度、规范和程序的理由。而且它使得经验“显化”，使之易于学习、传授、普及、发挥长久的和更大的作用。所以既对集体中的个体有利，又对集智聚力，发挥集体作用有利。民主集中制是汇集集体智慧，避免决策失误的重要原则，又是营造相互尊重、相互理解的团结和谐氛围的重要方法。会中央在制度建设方面进行了不懈的努力：一是学习制度逐步完备，围绕建设学习型参政党的目标，大力加强内部学习制度建设，初步形成了比较完备的学习制度。二是坚持贯彻民主集中制原则，基本建立了集体领导和个人分工相结合的领导体制，即会中央研究工作和进行决策的制度。三是建立健全了履行职能的各项工作制度。四是机关工作制度、机关干部管理制度的健全。五是领导班子的谈心和下基层的制度。六是会内监督制度。会中央将继续坚持以思想建设为核心、以领导班子和骨干队伍建设为重点，以组织建设为基础、以制度建设为保障，不断地为全面提高参政党的素质而努力。

四、强化政治共识是培训教育的核心内容

《党外代表人士教育培训发展和改革纲要》的制定和颁发，是新中国历史上的第一次。充分体现了中共中央巩固多党合作政治格局、坚定不移地走中国特色社会主义政治发展道路的大谋略，体现了中共中央将党外人才作为党和国家人才的重要组成部分，统筹党内、党外人才培养的大视野。做好党外代表人士教育培训工作，关系到中国共产党领导的多党合作和政治协商制度的坚持和完善，关系到新世纪新阶段统一战线的巩固和壮大，关系到全面建设小康社会宏伟目标的实现，关系到民进的未来。

1．坚持中国特色社会主义道路。吴邦国同志在今年全国人大常委会工作报告中，深入总结了中国特色社会主义法律体系形成的重大意义，明确指出，“从中国国情出发，郑重表明我们不搞多党轮流执政，不搞指导思想多元化，不搞‘三权鼎立’和两院制，不搞联邦制，不搞私有化”。最重要的是坚持正确的政治方向，在涉及国家根本制度等重大原则问题上不动摇。民进全会正在开展树立和践行社会主义核心价值体系活动，推进学习型参政党建设。这是我会适应时代发展，巩固多党合作的政治思想基础、保持参政党的进步性和广泛性的需要；是承担历史使命，更好履行参政党职能、发挥作用的需要，具有非常紧迫而现实的意义。民进树立和践行社会主义核心价值体系，加强学习型参政党建设，最重要的也是要在政治方向上坚持接受中国共产党的领导，坚定不移地走中国特色社会主义政治发展道路，从根本上解决自身建设和履行职能的“方向”与“动力”问题，不断巩固共同团结奋斗的思想政治基础，不断把建设学习型参政党的成果和经验转化为履行职能的立场、思路和具体建议。

2．重温历史、同心同行。今年是中国共产党成立 90 周年、辛亥革命 100 周年，会中央在 1 月印发了《民进中央关于在全会开展纪念中国共产党成立 90 周年活动的安排意见》。要通过开展“重温历史、同心同行”等主题活动，学习宣传中国共产党领导中国革命、建设、改革取得的丰功伟绩，学习宣传民进与中国共产党肝胆相照、风雨同舟的光辉历程。引导广大会员充分认识没有中国共产党就没有新中国，就没有中国特色社会主义，引导广大会员继承和弘扬民进优良传统，坚持和完善中国共产党领导的多党合作和政治协商制度，与中国共产党思想上同心同德、目标上同心同向、行动上同心同行，为贯彻落实中共中央的大政方针和工作部署，为实现中华民族的伟大复兴作出新的贡献。

3．做好换届工作。今年是会中央和省级组织换届筹备的关键年，我会的地市级组织也将完成换届。

我们要从建设适应时代要求的高素质参政党、巩固和发展多党合作制度的高度，提高认识、规范程序、严明纪律，选好干部、配强班子，为多党合作事业和我会自身建设提供源源不断的人才保证，为省级组织换届积极稳妥地做好筹备工作。要用社会主义核心价值体系引领换届各项工作，以换届为契机搞好政治交接，进一步加强组织建设和制度建设，为多党合作事业和我会自身建设提供坚实可靠的组织保障。

4．继续搞好政治交接。政治信念、政治立场是政党最重要的存在标志。共同的奋斗目标、共同的政治立场、共同的价值观，即“同道”，是民进全会凝聚力的首要基础。会中央提出在全会推进“三个认同”：一是道路认同——坚持走中国特色社会主义的政治发展道路；二是目标认同——全面建设小康社会、巩固和发展中国特色社会主义制度；三是文化认同——以优秀中华文化的精华和民进的优良传统增强全体会员爱国爱会的情感。树立和践行社会主义核心价值体系、建设学习型参政党的活动，与2007年以来民主党派开展的政治交接、中国特色社会主义主题教育活动、学习贯彻科学发展观活动，是一脉相承，是不断延续和深化。

作为民进的骨干会员，必须认同民进的章程，认同我们民进的政治主张，认同民进的优良传统。我们必须努力具备这样的政治素质：以中国特色社会主义理论体系为指导、对中国共产党领导的多党合作制度有坚定不移的认同、在任何干扰下始终保持清醒的政治敏锐性、对形势和大局有正确的把握、对参政党履行职能有强烈的责任感和使命感。要把自身本职岗位工作的成效与我国的政治文明的发展、民进事业的发展结合起来，积极服务于参政党履行职责的需要。任何一支队伍都需要骨干，民主党派需要拥有更多的政治上坚定、专业上优秀、群众中认可的高素质代表人士。民进中央对这次的骨干培训班非常重视，寄予希望。也希望各位重视这次学习机会。

在“完善制度环境，促进民办教育发展”座谈会上的讲话

（2011年5月16日）

严隽琪

非常感谢凌省长出席今天的座谈会，并为我们做了一个全面的省情和民办教育发展情况的介绍；非常感谢中央统战部黄跃金副部长参加我们的调研，并做了一个很好讲话，他的讲话从多个角度谈到了民办教育发展中存在的问题，对我们此次调研是一个非常好的指导；非常感谢中共江西省委、省人大、省政府、省政协，省委统战部、省教育厅，南昌市、新余市、上饶市党政有关部门，对民进中央考察团一行周到的接待和活动的精心安排，在调研中得到了接待各方充分的信任，向我们非常坦诚的、毫无保留地提出了意见和宝贵的建议，在此，我代表考察团再次向大家表示真诚的感谢。

九天来的收获是非常丰富的、多方面的，让我们既看到了江西省近年来经济的快速发展，也看到你们在产业结构调整上做出的有效努力，以及在生态保护上取得的显著成绩。江西省以科学发展观的理念富民、利民，对我们很有启发性，给我们留下了深刻印象。除了此次调研的主题外，几天来，调研组一行在江西得到了科学发展观的教育、得到了红色革命史的教育，也得到了中华优秀传统文化的教育。

江西省高度重视教育事业的发展，在推动教育的改革和发展方面措施扎实、锐意进取。对民办教育的发展，江西省也给予了大力支持。因此，江西的民办教育在全国各省中处于前列，不是偶然的。我们对你们的工作表示充分的肯定，也对你们给予教育的重视和投入，对民办教育的发展的重视和支持，对民办教育举办者的创业精神表示由衷敬佩。

我们这次的调研是中央统战部受中共中央委托、协调组织各民主党派一年一度的重大专题调研。在这

里，我简要介绍一下民进。教育是中国民主促进会的主要界别特色，我们与教育有着非常深的渊源。所以，为教育的改革和发展建言献策，可以说是我们建会以来与生俱有的一种情感、一种责任。民进 70% 以上的会员都来自教育界，我们的创始人之一马叙伦是新中国第一任教育部长，我们的老主席、著名的学者叶圣陶也曾担任过教育部副部长。民进的老一辈领导和十多万会员为新中国的教育事业做出了应有贡献。这些年来，民进每年都会为教育的改革和发展所涉及的问题持续建言献策。我们一直强调继承传统、与中国共产党同心、同行。这次调研也是我们的一个实际行动。

今年是“十二五”的开局之年，我们国家处于转型的关键期、重大的战略机遇期、改革深入的攻关期，这必然会反映到教育领域。因此，对于教育领域来说，同样是一个转型关键期、战略机遇期和改革攻关期。经济转型必然会对人才结构提出新要求、必然会对教育体系提出新要求。伴随着工业化、城镇化进程的推进、改革的深入，我们的社会事业和社会建设也面临着新形势、新问题。改革开放 30 年，无论是我们的经验还是我们的财富都有大量的积累，所以，顶层设计、总体规划被提到了前所未有的高度。在教育领域同样要加强顶层设计和总体规划。经济发展了、人民生活水平提高了，社会对教育的要求更高了、更多样化了，教育在促进公平、提高质量上也面临着新要求。民办教育是中国教育事业的组成部分，它的发展也是如此。这个问题我们一直在探讨。在近十年前出台的《民办教育促进法》，现在看来很多事情并不明确。但我想，这是当时的情况所决定的，大家认识到了必须要发展民办教育，但很多认识还不到位、思想还不统一，所以重在“促进”，先干起来，先摸着石头过河，把社会的积极性调动起来，在发展的过程中继续积累经验。那么，将近十年过去了，民办教育在新形势下究竟如何定义自己的历史方位？这是我们此次调研要回答的一个问题。

我们是一个发展中国家办大教育，就更需要激发各方面的积极性，与此同时，民办教育的规范管理也必须要提到议事日程。它不只是针对目前出现的问题所必需的，也是要更深层次地激发各方面的积极性所必需的。同时，中国的法律体系和框架已经建立，所有的政策、管理都需要与法制国家的总体走向相匹配。因此，中国的民办教育进入到了一个加强促进力度和规范管理并举的阶段。

以上是我对此次调研的一些背景情况的基本认识。结合这些天在江西的调研，就如何推进民办教育的健康发展，我谈谈自己的一些看法。

第一，对民办教育的战略意义，以及它在我国教育体系中的地位，举国上下都应该有更高的认识。特别是要增强政府对促进民办教育发展的责任感和紧迫感。民办教育和公办教育两者的关系是什么样的，二者又如何定位？我们有一个基本的认识：不管是公办还是民办，都必须具有公益性这一基本属性。如果有了这样一个认识，各级政府自然就会把促进民办教育发展作为其应有的工作职责。否则政企分开，只能由市场去管了。因此，一定要强调民办教育的公益属性。同时，对民办学校的规范管理也就有了依据。我们一直强调民办学校和公办学校，以及它们的老师、学生应该享有平等的法律地位，享有平等的待遇，最根本的依据是它们都在履行共同的、公益性的社会责任。

发展民办教育不是权宜之计，而是长久之计，民办教育和公办教育是要永远共生的。它既是吸引社会资本、拓宽教育投入渠道的举措（现在我们比过去富裕了，应该在顶层设计上，要有把社会资本引向公益性事业，尤其是教育事业、引向实业作为国家重要的战略方针）；也是推动教育改革的催化剂；也是社会建设的抓手。现在，社会上普遍认为社会建设是四位一体建设的一块短板，民办教育正是社会建设的一个重要抓手。

在调研中，我们了解到职代会在公办学校里多是做样子、可有可无，而在民办学校却能发挥实实在在的重要作用，这是个虽然小却意外深长的例子。从更深入的层面说，民办教育还是推动教育改革的重大催化力量。有人说，民办教育就是在挣钱、在盈利。那么，我们就要问这样一个问题：民办学校的生均收费并不比公办学校多很多，甚至持平、相等的情况下，公办学校得到政府多方面的支持，都没有利润，钱不够用，凭什么说民办学校就是在牟取暴利。有民办教育这样一个比照，公办教育就有压力，要在一定程度上推进教育改革，更不用说还有利于形成办学特色等等。同时，民办教育的发展一定会促进我们对政府职能的认识。想当年，政府把办重点学校作为重要工作，因为当时管办不分。现在，就不会如此了。政府已将解决困难群体、弱势群体的教育问题作为其基本的职能所在。因此说，民办教育在我们的教育体系中有着不可替代的位置和作用。

第二，一定要做好教育体系的顶层设计和制度的配套设计。要把中共中央、国务院高度重视促进民办教育发展的精神认真加以贯彻，并从两个方面努力。一方面，要使促进民办教育发展的理论依据更加科学、更加扎实，引导的方向要更加明确，要有路线图，这样我们改革的底气就会更足，要政策的声音就可以更响。另一方面，要把科学、扎实的理论依据转化为切实可行的，符合国情、省情的政策和举措。一路调研下来，我们也在调研中思考，即要处理好三组关系：兼顾长期性与阶段性、原则性与灵活性、全局性与地方性。其中，长期性、原则性、全局性是本质，表现出来的外在特质是阶段性、灵活性和地方性。这对政府执政的水平和能力是一种考验。

第三，民办学校应肩负起更多的社会责任，在建立现代学校制度方面勇于探索、加大改革。否则，民办学校存在的必要性将会受到质疑。民办学校要以“百年树人”和学校长期发展为追求，办出活力、办出特色、办出信誉，规范制度，成为“公益文化”的弘扬者，唱响公益性的主旋律。

此次江西之行，调研组获得了很多鲜活的案例、真实的数字、宝贵的建议，我们都会带回去，进行梳理、分析、研究，向中共中央提出调研报告，并利用参政议政的渠道为民办教育的健康发展建言献策。我们相信，江西的民办教育与江西的各项工作一样，一定会在“坚定信念、艰苦奋斗、实事求是、敢闯新路、依靠群众、勇于胜利”的井冈山精神的指引下，不断取得新成绩、不断创造新经验、不断结出丰硕的成果。

在此，也感谢中央统战部、国家教育部给予调研组的支持和指导。祝愿江西人民幸福安康。

在北京师范大学农民工课题开题会议上的讲话

（2011 年 5 月 24 日）

严隽琪

参加今天的开题会，我的感觉是既熟悉又陌生。在近 20 年的时间里，我主持过不少重大科研项目，但主要是在自然科学领域，这次是人文社会科学领域，所以我感到有新的挑战；另外，以前主要是追求学术成果，现在是要为国家提政策建议，这也是有新的要求；我以前承担的项目是希望对制造业的进步产生促进作用，现在的课题涉及政治、经济、社会、文化等多个方面，涉及面更广，内容更丰富。非常感谢刚才各位专家对课题组的开题报告提出了宝贵意见，今天的开题会将对今后项目的实施起到非常好的导向和帮助作用。还要感谢教育部对新建才一年多的教育政策研究院的重视和信任，能够把这个重大项目交给我院来组织实施，杨光司长刚才还做了重要讲话，对我们下一步工作的开展很有指导意义。

这个项目是开放的，主要依托在北师大。北师大给了我们极大的支持，川生书记亲自到会，尽管昨晚她刚从美国回来，充分表现了北师大领导对本课题的高度重视和大力支持。再看课题组的队伍，北师大的教授和学生们是很可爱的，工作非常认真。其实在今天开题之前一个多月时，就已经在课题组内部进行过一次预开题会议。那次预开题会我也参加了，而预开题之前课题组还开了好多次讨论会，就无法细数了。总之，课题组的成员们为了今天这个开题报告付出了非常扎实的努力，不论来自哪个学院、哪个系的教授，都很真心诚意地投入到这个课题中，让我很感动。

多年以前我就有了与这个课题相关的一些思考。当时有位领导问我怎么理解现代化，希望我考虑这个问题。现在看来，中国向现代化发展的进程离不开工业化和城镇化，工业化和城镇化会带来一系列的挑战和问题，农民工问题就是其中十分重要的一个。我们这个课题是关注新生代农民工。其实，任何人到了陌生的地方、陌生的人群中，都有个融合的问题。如中国人到外国留学或谋生，又如从这个城市到另一个城市工作。虽然都有融合的困难，但是难的性质、难的程度、难的因素不一样，解决的途径也不一样。我同意刚才杨司长的看法，新生代农民工与原生代、也就是第一代的农民工有了很大的不同。一是如杨司长说的“飘浮”，他们没有了后路，前程又很渺茫。而第一代农民工相对要踏实，他们感到自己的根还在农村，随时可以回去，家小也都在农村，对农村有较深的归属感。但新生代农民工归属何方呢，他们的飘浮感与渺茫情绪会很强烈。二是新生代的期望值和他所处的现实之间的落差特别大，虽然实际上他们往往比第一代的日子已有了改善，但因为对城市的了解多了，期望值高了，落差反而更大。这两个不同可能就带来一些新问题。

我们的课题处在教育改革发展进入了新阶段的背景下，教育从来都是和社会互动的，离不开时代背景。胡晓江教授，作为社会融合研究方面的专家，在预开题的时候就做了很有启发性的发言。教育的目的当然首先是给学生一定的知识和技能，帮助他建立谋生糊口的能力，这是个人进一步发展的基础；另外要让他具有和环境友好相处的能力，在身处的环境里能够自主。如果一个人在身处的环境中，处处时时感到很被动，不知道明天会发生什么，一旦发生了问题又无处求告，没有自主性，没有友好感觉，那就很可怕。教育应该为之起到积极作用，当然这个教育指的是大教育。中国传统讲究“内圣外王”，我理解“内圣”是人内心的价值取向和修养，教育应该对这种道德的取向发挥无形的作用。我相信我们这个课题在政治上也具有战略意义，因为世界上众多国家都想实现现代化，都会经历城市化和工业化的进程，中国对待新生代农民工的政策会成为中国模式的组成部分。如果解决的好，可以证明中国模式是有吸引力的、是成功的。在经济上，要进行产业结构调整、提升产业的层次；在社会上，要追求和谐稳定；在文化上，要自觉自强，增进核心价值观的认同等等，这些与我们的课题都有关系。所以我觉得做这个课题意义重大，大家都愿意为此而付出，以上是我的一个感受。

第二谈谈这个课题的定位。我们不断地进行讨论，也不断地增进共识。课题组里教授很多，都有自己做学术研究的套路和很多的经验，但是做这个课题会碰到一些新问题，我们的思路需要进一步打开。刚才各位的发言都是帮助我们大家形成共识，这就是要面向现实的需求，或者叫问题导向。课题会牵涉到学术问题，但学术并非是它的主要导向。我们不能在书斋里做研究，满足查查资料、建建模型、做做理论推导。一定要立足现实的国情和改革发展大局，重视战略和政策，这是在一开始的时候大家就有了共识，今天的会议进一步加强了这个共识。这个课题的特点是综合性特别强，我们不能受学科限制，只要是问题需要，不管是属于什么学科的，我们都要研究。要吸引各种人才的加入，不受学科分类的限制。研究人员也不一定被职称高低所框住，甚至不一定限于大学里的人才。可以利用政策研究院的机制，吸收大学里的教授、在行政第一线的管理官员、从事基础教学工作的教师，以及随着课题的推进，吸收其他需要的人员。不论其身份，只要对这个课题能贡献经验，贡献思想，就可以参加。课题的研究方式可以是多样的，传统的研究方式我们都驾轻就熟，就不用多说了，这也是需要的。上次开会说过，我们要开座谈会，把课题组以外的人员请来进行交流和吸收多种来源的成果。今天我想说，方式也可不限，只要找到政策建议，找到出路，方式都可以灵活采用的。总之，问题驱动，学科不限，主体不限，方式不限。

第三谈谈课题的内容。大家在讨论中提到研究中要兼顾定性和定量。既要有大样本的调研，也要有特殊案例的分析；既要借鉴国外经验，还要立足国情；既要有理论研究，更重要的是现实的政策建议，这是课题组统一的认识。课题的内容可用三维矩阵结构来表达，一个维度是基础、专题、综合研究三个层面。因为每一个政策内涵都有基础研究，可能都有专题研究，然后变成综合的政策，所以讲三个层面。另一个维度是褚教授说的七个方面，我不重复了。第三个维度就是课题还可从三大视角来考虑。其一是社会融合。农民工进到城市，城市文化、城市基础设施、城市公共服务、包括教育等资源供给是一大问题。对于职业教育本身，大家的认识还有不少模糊的、不一致的地方。我认为没有完善的终身教育内容的国民教育体系不会是现代化的，而没有职业教育，也不可能有终身教育。所以教育的改革必须要以建立终身教育体系为重要目标，而且要城乡统筹的终身教育体系，这才是教育现代化的重要标志。所以第二个视角就是教育改革。第一个是对城市的，第二个是对教育的。其三是这两者的关系，我们要考虑产业和劳动力市场的变化、牵引作用以及相应的法制法规的问题。

对于我们这个课题一定要更加开放再多说几句。如职业教育方面，我们可以和职教所加强合作，其实有些分课题他们已经介入了，还可以进一步在成果的综合方面下工夫。我本来想每年至少要开一个成果的综合交流会，把课题进展的阶段成果向各位来参加的人报告，听取意见。对今天参加开题会的专家，以后仍欢迎以合适的方式继续参加课题组的工作。是否还可以和职业教育的研究机构联合搞一个会议制度，互相交流有关的成果。交流合作的范围可以扩展到其他的研究所、研究中心，扩展到北师大内外，方式可以灵活。过两天我就要到吉林考察教育政策研究情况，前些日子在上海华东师大，看到教授们做了很多很好的研究，如果我们能够吸收，就能够提高课题的起点。80万课题费体现了教育部的大力支持，但是对于我们想开展的工作来说，还是不够的，所以一定要立足开放机制、立足合作，在成果的综合方面还要多开动脑筋。

开题后，课题组中各个专题的负责人就要按照既定的目标开展研究了，要注意互相交流进展情况。希望这个课题能够成为一个触发器，以此为基础，引发出更多的研究成果，发挥集成的作用。我们在有些目标上还需要进行一些聚焦、突出重点，有些地方要细化，进一步提出更具体的研究方案。课题离不开大量的调研，除了课题组的同志们要以踏实的作风深入下去以外，还要提倡数据共享。我们承担了教育部的项目，收集的数据，在教育部同意下应该提供出来让更多人共享的。那么，其他由教育部支持建立的数据库，取得的数据，能否也让我们共享。教育部之外，如国家统计局也有很多数据资源，是不是能够让我们共享。希望人家已经有的，我们就尽量不要重复劳动了，这样做有难度，但值得试试。

最后，我还有些关于教育政策研究院的考虑，是关于课题的阶段性和研究的长期性之间的关系。课题合同是三年，合同有其严肃性，三年的课题目标必须达到。但教育政策研究院是不是可以考虑把这个问题作为一个比较长期的研究方向，适当的时候还能建设一个研究基地，教授们在完成课题的同时，可以成为这个基地的成员，选择成为自己较长期的学术研究方向。民进也可以帮助在有条件的省份中选择研究与实践基地。我们有好几位民进会员是所在地的教育部门负责人，他们的积极性可以发挥出来，一起围绕这个题目进行调研，利用民进的资源丰富我们的研究体系，互补互利。面上的调研，民进可以多出点力，教育政策研究院的教师们一起参加，选几个点可以先做起来。教育政策研究院一定还要逐步建设自己的数据库，现在统计局有数据库，教科所有数据库，但我们可以在某些专业方向上，或者是数据挖掘上形成自己的特色，这是教育政策研究院自身发展的需要，也是课题研究的需要。作为长期研究的标志，我们能不能推出一个社会融合指数，定期向社会发布。如果有实际影响，那么向别人要数据就会容易些了，说不定这个指标还能影响对政府业绩的考核。我先提出这个问题，我觉得这有利于落实科学发展观，对政绩导向、对民众的心理导向都会有作用，应该是很有益的事情。当然，光凭这个课题可能是不够的，要集成更多的资源。刚才提到的两件事情，一是调查数据库的建立，二是社会融合指数。课题组能不能在半年以后提个初步方案，听听大家的意见，甚至找个具体城市来试测一下，先在内部做，再修改完善，我觉得挺有意义，做成了可能成为政策研究院的一个特色。

非常感谢大家！我的讲话中有些是自己原来就有所考虑，今天更加明确了；有些是受各位专家的启发后，新冒出来的想法。课题组一定要努力工作，不辜负教育部的信任，不辜负专家评审组的指导，也不辜负北师大这块牌子。我认为这个课题组反映了中国特色政治制度建设的一种探索，就是把参政党的资源和学术研究的资源结合起来为国家的政策提建议。希望我们在这样的创新实践中共同努力，也希望各位专家多多和民主促进会，和教育政策研究院联系。谢谢！

在民进十二届十五次中常会上的讲话

（2011 年 6 月 8 日）

严隽琪

各位常委、各位同志：

本次常委会既是一次总结、部署工作的会议，也是一次学习交流会，通过学习中国共产党的辉煌历史和党建经验，交流我会与中国共产党同心同行、不断加强自身建设的体会，对于我会在新的形势下，如何围绕执政党和国家的大局，坚持参政党建设的正确方向，提高参政党素质和履行职能的水平，具有重要的现实意义。

会中央上半年的工作，主要特点是“三个坚持”：

一是坚持“有思有行、集智聚力、顺势而为、开拓创新”的工作方针。民进中央认真贯彻我会十二届四中全会的精神，在今年初通过的工作要点中进行了落实。全会认真学习中共十七届五中全会精神和十二五规划纲要，进一步增强机遇意识和忧患意识，不断探索参政党履行职能的规律，全会工作呈现出互动加强、资源拓展、创新进取的良好局面。因此，在紧紧围绕科学发展的主题和加快经济发展方式转变的主线，重点开展以促进民办教育发展为重点的参政议政调研活动和以“同心彩虹”为品牌的社会服务工作，以及成功举办“第九届海峡两岸中华传统文化与现代化研讨会”等重大活动中取得良好效果。履行参政党职能的参与面有了扩展，水平有新的提高。

二是坚持政治交接不断线，提升自身政治素质。将庆祝中国共产党成立 90 周年、纪念辛亥革命 100 周年与深入开展树立和践行社会主义核心价值体系活动有机结合，开展重温历史、同心同行主题教育活动。加大了会史工作的力度，举办了一些重大活动，在全会进一步弘扬共产党好、社会主义好、多党合作制度好、改革开放好、伟大祖国好的主旋律，引导广大会员巩固政治上的共识。

三是坚持理论联系实际，加强学习型参政党的建设。上半年以机关建设为重点，开展了较大范围的会内调研。中央机关在提高机关干部的觉悟与能力，进一步发挥部门负责人作用和重视机关群团组织联系干部、职工的纽带作用，完善各项制度，推进有关的改革，改善工作条件等方面进行了务实的推进，并且正在紧锣密鼓地进行全会机关建设工作会议的筹备。以地方组织换届工作为着力点，加强组织建设，举办骨干会员培训班，并开展“双岗建功”活动、学习《十二五规划纲要》有奖征答。各项学习制度得到有效执行，学习方式和载体更为丰富，理论研究紧密联系参政党建设和会员思想动态的实际问题。

再接再厉，做好下半年的工作。

一、清醒认识当前形势，增强政治意识

在世界经济全球化、多极化的条件下，各国相互依存不断加深，大国关系出现重大调整，相互合作和竞争更加明显。国际金融危机催生了世界范围社会生产力结构的大变革，新技术革命以及由此而来的产业革命锋芒日露。举目世界，环境污染、能源匮乏、自然灾害频发、资源短缺、粮食、金融危机、贫富分化等全球安全的问题更加突出，全球治理问题更紧迫地提到议事日程上来。今日世界经历的，可能是一场更加深刻的结构性变化的序幕。从大势上看，无论对中国还是对世界，仍然存在机遇和挑战相交织、机遇大于挑战的根本走向，国际环境总体上有利于我国和平发展，但不稳定和不确定因素仍然较多。发达国家在经济上和科技上占优势的压力、西方霸权主义和强权政治的压力将长期存在，国际上围绕资源、市场、技术、人才的竞争更加激烈，贸易保护主义时有加剧。

我国意识形态领域也面临严峻挑战。一方面，西方敌对势力的意识形态渗透方式发生了新变化：其一是在全球范围内借苏东剧变和冷战结束极力宣扬“淡化意识形态”，企图让我们淡化政治意识形态，淡化马克思主义的指导地位；其二是渲染夸大利用我党和政府工作中的失误或经济社会发展中存在的问题，丑化党的领导和社会主义制度，企图使大众丧失对中国特色社会主义的信心；其三是利用冷战后世界社会主义运动处于低潮这一事实，鼓吹“马克思主义过时了”、“社会主义失败了”等，企图搞乱人们思想；其四是强化西方意识形态的霸权地位，企图用西方的“精神和文化价值观”影响和动摇社会主义国家人民的信念；其五是散布“中国威胁论”、“中国崩溃论”等论调“妖魔化”中国，企图搞乱中国发展的外部环境，削弱中国的国际影响力；其六是利用经济手段进行文化“植入”，无孔不入地加强文化渗透和文化输出，企图“以接触促演变”；其七是通过各种媒体输出文化产品，公开或隐蔽地推销其社会政治理论、价值观念、意识形态和生活方式，对社会主义国家尤其对我国实现和平演变的目的。另一方面，国内社会主义市场经济的发展和对外开放的扩大，社会经济成分、组织形式、就业方式、利益关系和分配方式日益多样化，人们思想活动的独立性、选择性、多变性和差异性进一步加强。在这个过程中，非马克思主义的意识形态也有所滋长，享乐主义、拜金主义、极端个人主义在一些地方有所抬头，荣辱不分、甚至颠倒的现象时有发生，道德意识形态出现某种程度的滑坡。网络化背景下的传播方式对我国意识形态传统的宣教手段是新的挑战。信息网络传播所具有的即时性、海量性、全球性、互动性等特点，既为社会主义意识形态的传播提供了新的渠道、拓展了新的空间、构建了新的载体、创造了新的机遇，也为西方敌对势力的文化和意识形态渗透提供了条件。因此，我们要充分认识做好思想政治工作的重大意义，要加强社会主义核心价值体系建设，这是维护我国的意识形态安全，也是维护中国共产党领导的多党合作事业。这就是我们一贯强调的，坚持政治交接不断线。

今年我们将迎来中国共产党成立90周年，百年中国的历史告诉我们：只有中国共产党才能带领中国人民走向民族独立、国家富强。在社会主义现代化建设进程中，维护一个稳定的国际国内环境至关重要，稳定始终是国家发展的基石，是百姓安居乐业的前提。前不久，学界举行“苏联解体20周年国际学术研讨会”，学者们普遍认为，尽管苏联剧变有种种原因，但起决定性作用的因素是苏共本身的蜕化变质，苏联解体不是因为实行了社会主义制度，而是由于当时的领导集团逐渐脱离、背离乃至最终背叛马克思主义、社会主义，背叛人民群众的根本利益所导致的。想想20年前的苏东，再看看今天的中东，我们要更加珍惜来之不易的和谐稳定局面，毫不动摇地坚持接受中国共产党的领导，毫不动摇地坚持走中国特色社会主义道路，毫不动摇地坚持中国共产党领导的多党合作制度。在任何情况下，始终与中共中央在政治上保持一致，增强政治意识，自觉承担起参政党建设的历史责任，为建设中国特色社会主义做出新贡献。我们在讲工作的时候，可以谈很多点，但讲主线时就只有一条，那就是政治交接，一定不能放松。

二、高度重视、切实做好换届工作

我会下半年将开始省级和中央的换届工作，刚才大家已经提了不少建议和意见。换届关系民进事业的持续健康发展，中央和省级组织的主要领导和班子成员要在中共党委统战部的指导下，高度重视、端正认识、加强领导、精心谋划、严守纪律、遵照程序、细致工作。争取通过平稳有序的换届，加强队伍、优化结构、促进团结、树立正气、鼓舞精神，进一步提高参政党素质。

1．充分认识换届的重要性。

换届是进一步深化政治交接、坚定政治共识的重要契机。换届不单纯是人事的新老交替，更是思想立场的政治交接，关系到多党合作事业的巩固发展，关系到中国特色社会主义政治发展道路的长期坚持。要充分把握这次换届的契机，深化政治交接，做到人事有变化，但政治基础不动摇；形势有变化，但与中国共产党思想上同心同德、目标上同心同向、行动上同心同行的光荣传统不能丢。

换届是进一步明确目标任务、提高参政党履职能力的重要契机。这次换届正值“十二五”规划全面实施之际，是深化改革开放、加快转变经济发展方式的攻坚时期。要充分把握换届的契机，学习形势，明确任务，进一步统一思想，加强履职能力和集智聚力机制的建设，为在新的五年中更好地建言献策，为执政党分忧、为国家尽责、为人民服务打下好的基础。

换届是进一步提高对参政党建设规律认识、加强制度建设的重要契机。60 多年来，在中国共产党和各民主党派的共同努力下，在共产党建设的促进下，多党合作事业不断发展，制度框架基本形成，运行机制不断完善，这为参政党发挥作用提供了良好条件，也对民主党派自身建设提出了更高要求。我们要充分把握换届的契机，认真总结自身建设的经验，研究并把握参政党建设规律，改善会内有关制度，才能巩固和发扬已有的建设成果。

换届是进一步加强代表人士队伍建设、推进后备队伍建设的重要契机。代表人士是我会的骨干力量，是参政党的社会影响力的重要标志，后备队伍建设是我会组织建设的基础工程。换届是集中检验代表人士队伍建设的成效，要选拔一批德才兼备、公认度高的代表人士充实到各级领导班子。同时，必须发现推荐一大批优秀人才，补充调整后备干部名单，完善动态管理机制。通过换届，推进代表人士队伍和后备干部队伍的建设迈上新台阶。

2. 本次换届的主要特点。

把握好这次换届的特点，可以切实增强换届工作的前瞻性、针对性和操作性。

我国多党合作事业稳步推进，换届的保障条件更好。2007 年以来，以胡锦涛同志为总书记的中共中央在多党合作方面提出了一系列新的理论观点，去年下发了规范省级政治协商、加强党外代表人士教育培训的重要文件。今年初，胡锦涛总书记提出的“同心”重要思想，揭示了多党合作的本质特征、思想内核和发展方向，为推动多党合作事业发展提供了根本遵循。我国民主政治建设不断发展，多党合作在实际运行中更加制度化、规范化、程序化，为民主党派发展提供了有力保障。参政党的作用得到充分发挥，国内外都日益关注我国政治制度和政党制度的独特作用和价值。这些为换届工作提供了良好环境。

国际国内形势复杂多变，换届的人才选拔任务更重。前面已经分析了我们面临的国内国际形势，这需要我们加强会员思想引导，加大建设政治坚定、德才兼备的骨干队伍的力度。

新一代会员已成为我会的主体，换届的工作要求更高。随着我会的发展，改革开放以后成长起来的新一代会员逐渐成为中坚力量。他们继承了老一代的优良传统，又具有新的时代特点，民主意识、参政党意识不断增强，对自身建设和会务工作有更高的期望，对换届工作的规范性、程序性提出了更高要求。他们在发挥个人作用的基础上，更加注重通过加强民主集中制，提高领导班子的集体功能，对换届中突出领导班子的整体建设提出了更高要求。

我会自身建设的推进，换届的工作基础更加扎实。我会十大以来，以纪念中共中央发布“五一口号”60 周年、多党合作制度确立 60 周年为契机，学习贯彻科学发展观，不断深化政治交接主题教育活动，深入开展学习践行社会主义核心价值体系活动，广大会员的政治共识日益巩固，为换届营造了良好的政治思想氛围；各级组织领导班子队伍、代表人士队伍和后备干部队伍建设不断加强，为换届奠定了坚实的组织基础；领导班子谈心会、民主生活会等会内监督机制不断健全，会务工作的制度建设稳步推进，为换届提供了较为完善的制度保障。

3. 对换届工作的几点要求。

要确保这次换届成为一次团结、稳定、鼓劲的换届，成为一次让中共中央肯定、让广大会员满意的换届。

第一，坚决贯彻执行《意见》精神。中共中央关于协助各民主党派做好换届工作的《意见》，阐述了本次换届工作的行动方针和基本遵循。各级组织要引导广大会员特别是领导班子和骨干会员，深入学习《意见》精神，准确理解政策意图，全面把握工作要求，切实把思想和行动统一到有关政策和部署要求上来。注重把握重点，紧紧围绕巩固发展和谐政党关系这一主题，突出深化政治交接这一主线，注重与人大、政协换届工作相衔接，与《公务员法》和国家干部人事制度改革相适应，增强换届工作的系统性和科学性。要抓好主要环节，制订切实可行的工作方案，精心做好候选人的酝酿、协商和提名工作，提出一个好的人事安排方案，确保换届工作既符合我会章程的规定，又具有坚实的民意基础。

第二，认真总结谋划好工作。各级组织要以换届为契机，切实加强自身建设，不断提高工作的科学化水平。要认真总结过去5年的工作，科学谋划今后5年的工作，形成求真务实、鼓舞人心的工作报告。要深入调查研究、广泛征求意见，充分发扬民主、凝聚集体智慧，使起草和审议工作报告的过程，成为学习贯彻中共中央精神、明确目标任务的过程，成为统一思想、形成共识、凝聚力量的过程。

第三，切实加强领导班子建设。按照《意见》关于“政治坚定、结构合理、团结合作、工作高效”的目标要求，以提高素质、优化结构、理顺关系、完善制度为重点，以德才兼备、以德为先、代表性强、公认度高为标准，积极稳妥推进任期制，选好配强新一届各级领导班子。要着眼优化班子结构，优化年龄梯次和专兼职比例，注重班子成员的个性特点、工作阅历和工作经验的合理搭配和优势互补。要着眼后备干部队伍建设，换届时搞好候选人提名与后备干部工作的结合，换届后及时补充调整名单。要着眼建立长效机制，完善领导班子议事决策规则，建立健全谈心、述职和评议制度，推进会内监督机制建设，确保各项工作更加规范有效。

第四，深入细致开展思想工作。换届涉及人事进退，特别是任期制的实行，调整幅度会较大，不可避免会在一些同志中产生思想上的波动，做好思想工作显得尤为重要。要坚持正确的价值导向，把换届作为发扬优良传统的思想教育过程，围绕加入民进“为什么、做什么和留什么”，政治交接“交什么、接什么和怎么接”等重要问题，引导新老会员正确对待“名、权、位”和“进、退、留”，讲政治、讲大局、讲团结、讲奉献。要增强思想工作的针对性，对即将退休的老同志，充分体谅他们对民进的深厚感情，充分肯定他们对多党合作事业的贡献，帮助解决实际问题，让他们退得安心、舒心；对那些因实行任期制离任、但未到退休年龄的同志，要积极帮助呼吁，争取妥善解决好安排和待遇问题；对条件不错、但因各种原因未能担任领导职务的同志，要做好政策解读，讲清客观原因，引导他们正确对待、保持积极心态；对新走上领导岗位的同志，要及时谈话，引导他们加强理论学习，提高实践能力，严格要求自己，把组织和会员的信任转化为做好工作的动力。

第五，严格遵守换届纪律。要明确和严肃换届纪律，对领导干部和广大会员加强教育引导，切实增强大局观念、法纪观念。要遵循教育在先、警示在先、预防在先原则，及时发现和纠正苗头性、倾向性问题，坚决抵制和认真查处各类“跑官要官”、传播虚假信息、搞人身攻击、写匿名信、拉帮结派、拉票贿选等不正常现象和非组织活动。对举报反映的问题要迅速处理、深入核查，查实的违纪违法行为要按照法律规定和会内纪律要求严肃处理。领导班子要贯彻民主集中制原则，对班子成员要严格要求，起好表率作用，树立民进的良好形象，确保换届工作风清气正、健康顺利进行。

第六，切实加强换届工作的领导。我会各省级组织要在当地中共党委、统战部门的支持协助下，尽快成立换届工作领导小组，制订工作方案，搞好协商、统筹协调，及时研究解决换届中的问题。要贯彻民主集中制，在人选问题上实行集体领导、民主决策，通过内部充分酝酿形成班子集体意见，并加强与统战部门沟通协商，确保政策的严肃性、选举的公正性和人选的群众基础。要按照我会章程、组织制度和换届政策的要求，规范和完善各项工作程序，特别是民主推荐、民主测评、人选考察、大会选举等关键程序，制定具体的工作流程，避免随意简化、变通甚至颠倒程序的情况发生，确保换届工作有条不紊地进行。

总之，换届工作的政治性、政策性、程序性、时间性都很强，各级组织领导班子要提高认识，做到既有思想保障，又有组织保障，还要有纪律保障。

三、在换届启动后，各方面工作不断线、不放松、不懈怠

换届是对我会各方面工作的整体检阅和综合考核，包含了思想建设、理论建设、组织建设、参政议政和社会服务多个方面。成果多不多？水平高不高？风气正不正？队伍凝聚力强不强？制度完善不完善？特别是领导干部，自身素质好不好？都会在换届过程中得到充分的展示和检验，我们必须认真对待。

但在换届的同时，各方面工作任务依然繁重。换届以后，各级组织新的领导班子将面临新的磨合。希望大家一方面对以往的工作认真梳理总结，把总结工作的过程变成学习提高的过程，变成查找不足、改进工作的过程，变成激励斗志、团结奋进的过程。另一方面要按照工作部署继续落实今后的各方面工作。把换届工作和加大发现、培养各方面人才，特别是代表人士和骨干会员的工作力度结合起来；与深入开展树立和践行社会主义核心价值体系、建设学习型参政党结合起来；与加强会内监督工作，有序推进会内民主结合起来。推动我会的整体素质再上新高度。

谢谢大家!

在民进十二届十五次中常会闭幕式上的讲话

（2011 年 6 月 10 日）

严隽琪

各位常委、各位同志：

我的闭幕讲话集中在两个内容，一是结合大家的发言和这次会议的议程作一个小结，二是强调下半年的几项重要工作。

在谈之前，我先对刚才富和同志关于本次会议出席情况的讲话表示同意。能担任常委的同志肯定都是工作非常繁忙的，否则，会员也不会选他做常委。我自己做过兼职的主委，体会当常委会和自己的专职岗位工作发生时间冲突时的那种为难。富和同志表达了两层意思，一是中央机关在会议时间的确定，以及在会议尽早通知等方面多改善，多沟通，使大家可以及早安排；另一方面，也拜托各位常委，安排好自己的工作，尽量避免与常委会发生时间冲突。这次会议有 19 名常委全程或半程请假，分别属于三种情况：第一种是出国，有 4 位。由于未进一步了解具体情况，这里只能笼统地提希望，如果有对出国组团日程的变动施加影响的可能，那就希望尽量留出参加中常会的时间。第二种是国内的工作安排不容调整。比如说石爱中常委，他负责三峡工程的审计，三峡是举世瞩目的重大工程，审计长无法请假。如果遇上这种情况，也拜托各位努力争取少请假，因为你们最知道自己的工作安排有没有早几天或者晚几天的可能性。争取了之后，没有可能性了，那么就履行正常的书面请假制度。如汤建人同志到中央党校学习，如果是几个月或更长时间的学习班，那么我们可以帮助他请两三天假，参加这里的中常会。如果学习班一共就几天，当然就不宜再请假了。还有第三种，没有全程请假，克服困难尽力来参加部分中常会。感谢他们的努力，但仍希望尽量全程出席。因为必须保证法定人数，这是中常会能够有效的“底线”。所以，我们可以再仔细做点工作的，大家从各方面共同努力，千方百计想办法出席会议。林教授的报告中就提到，一个政党的组织网络是很重要的。我们中常会强调民主集中制，强调集体决策。常委会是在全委会闭幕期间执行权力的一个会议，我们的重要事项都要拿到这个会议上来作决定。如果意见收集得不充分，反映得不充分，就会辜负会员们的嘱托。当然，在座的都是坚持参加会议的，你们工作再忙也把时间安排好，把研究生答辩安排好了，把上课安排好了，把其他会议也安排好了，到这里参会，很感谢大家。

一、关于这次会议的总结

本次常委会马上就要闭幕了。我们回顾了上半年工作；交流了与中国共产党同心同行、加强自身建设的体会；审议通过了《民进中央关于 2011 - 2012 年省级组织换届工作的意见》。会议期间，我们还到灾后重建的实地接受了一次中国共产党好、社会主义好和伟大祖国好的生动教育。会议期间，民进中央监督委员会听取了部分常委对我会机关建设的意见和建议。非常感谢在交流、讨论中间，各位常委围绕自身建设谈了有关工作情况和体会，反映出大家的工作态度是非常积极的，其中有关于尽量挖掘资源、改进工作方式、提高工作效率的创新探索，还对我们面临的一些新问题表达了自己的思考和建议。

今年1月，胡锦涛总书记在中共中央举行的党外人士迎春座谈会上提出“思想上同心同德、目标上同心同向、行动上同心同行”，指明了多党合作事业的方向和原则。其中，关键是“同心”，“同心”意味着方向一致、目标一致，意味着对制度和路径的选择有共同的认识，意味着在价值观的选择上是共同的。所以，我们才能坚持接受中国共产党的领导。大家的发言表达了这一共识。

在“三个同”里面，提到了“德”与“行”。同志们在发言时也谈到，要提高素质，并且要有所作为，这两者存在辩证关系。雨东主委在发言中讲到了干事业和自身建设的关系时说，在事业中建设，在建设中推进事业，两者不可分。我认为这表明了自身建设的重要性与途径。我还思考的一个问题就是怎么评价政党的素质？建设高素质参政党的口号是民进最早提出来的，题目出了，可破题并不容易。尽管这应是一个与时俱进的提高过程，但需要从实践和理论上回答什么是高素质？怎么建设高素质？我们现在建设到了什么水平？我现在用最简单的话来表述自己的认识，还有待理论上的继续研究，我认为高素质参政党必须要有足够的代表性人士，这些代表性人士必须在社会上有影响，否则政党的高素质很难体现。同时，组织的凝聚力要高，组织网络要能健康地工作。这两点应该是高素质参政党的重要评价指标。以人为本，但是如果不干事，人才是不可能凸现出来的。如果不干事，人不可能有代表性，也不会有社会影响力。如果不干事，不开会，不搞活动，组织不会有凝聚力。如果领导层高高在上，只走上层路线不走群众路线，组织网络也不会健全。

王刚同志谈到了把学习党史和学习会史结合起来的经验，我很受启发。把党史和会史结合起来，把口述史料和会史基地的作用都发挥起来。各省都有自己的资源，中国共产党和民进都会留下足迹，其实除了会中央已经公布的会史基地，还有很多各式各样的其他教育场所，就看我们能不能去发现、去利用。

好几位同志谈到了人才队伍建设，这方面的成绩是很可喜的。在有限的资源下，在一定的边界条件下，我认为最有效的策略肯定是有限的策略，或者说有限的策略才会是有效的策略。反映到我们的工作中就要刚柔并济。换届工作既要讲原则性，又要有灵活性，这是刚柔并济；从全会来说，根本的主线不能断，基本的原则不能动摇，这是刚性的要求，但还是要结合各地的资源与实际情况去实事求是地开展工作，这也是刚柔并济。

参政党要做到有代表性，有凝聚力，就必须是一个学习型政党。民进是以知识分子为主的，我们不是工农联盟的政党，而是中高级知识分子的政党。如果我们不是学习型政党，就不配戴知识分子的帽子。学习型政党要从书本学，也要从实践学，事事处处时时地学习。如果没有学习型机关，建设学习型政党也是不可能的，而没有学习型的领导人、领导班子，没有学习型的部门负责人，建设学习型机关、学习型政党也是不可能的。

政党有个组织网络，要有活动，要有制度保障，同时要开放。林教授谈的是共产党，共产党要是不开放，如果追求纯之又纯，关在小圈子里工作，是不会有今天的壮大和执政力的。民进也要开放，既是压力所迫，像参政议政的压力越来越大，就迫使我们要集智聚力，也是对参政党永葆自身活力的规律性的认识。

二、关于做好下半年几项主要工作的意见

因为开幕讲话中已有大篇幅讲换届，中央关于换届工作的《意见》也通过了，这里不再展开。希望像刚才维芳同志说的，大家要抓好市级组织的换届，确保市级换届顺利，同时在地方党委的领导下，及时启动好省级组织的换届工作。

1. 要以庆祝中国共产党成立90周年、纪念辛亥革命100周年以及换届工作为契机，深入开展树立和践行社会主义核心价值体系活动、加强自身建设，不断巩固全会共同的思想政治基础。

一是学习历史。通过学习中共党史、民进会史、我会老一辈崇高精神和高尚风范，进一步弘扬我会优良传统。二是开展理论学习。我们现在有一些理论的辅助读本，如《七个“怎么看”》、《划清“四个重大界限”学习读本》等等，当然也不仅限这几本，还有很多的理论读本是可以借鉴的。三是开展活动。“双岗建功”活动，先进会员事迹宣讲活动，庆祝中国共产党成立 90 周年的系列活动等，从这几方面来抓好思想政治工作。

2. 做好民进十二届五中全会的筹备工作，开好两个全国性工作会议。

十二届五中全会工作报告的起草工作已经启动。工作报告不仅仅是写文章的事，我们把它作为回顾工作、总结经验、梳理思路、找出不足和为明年工作奠定基础的一个学习研究和统一思想的过程，同时也是建设学习型机关的一个抓手。在这个过程中，机关各部门的人都参与，在不断的修改、观点碰撞、字句讨论过程中，也提高了干部的思想水平和工作水平。所以，我们不再是到最后几个月了，选几个人关起门来磨文章。而是把这个过程变成一个开放的、及早启动的、更多人参与的过程，挺有实效。我们会努力早点形成报告初稿，请各位常委认真审阅，提出意见建议。

过几天要在江阴召开民进全国会史工作会议，这是我会十大以来，弘扬优良传统、加强自身建设的重要举措。会议将对近年来会史工作和会史研究进行总结，重点就口述会史和充分发挥会史教育基地作用进行研讨。会史工作牵涉到方方面面，这次的重点是口述会史。口述会史是鉴于我们参与建会和建会初期的老会员逐渐都退出历史舞台和年事已高，所以希望能够抢救宝贵的、稍纵即逝的会史资料。会史教育基地，是学习借鉴了中国共产党的党建经验。有没有基地是不一样的，就如昨天下午我们在现场看到的灾后重建和在电视里看到的灾后重建，感受是不太一样的。而且会史基地的建设实际上吸引了很多会外的资源，当地的党政资源也会介入。收集来的会史资料和文物，并不是为了放在仓库里、保险箱里，主要还是希望发挥它们的现实作用。有了基地，就能使文物有陈列的机会，能有一个机制保证它的开放，让大家去接受教育。希望各省级组织在会史工作会议后能及时学习传达会议精神，加强对会史工作的重要性和紧迫性的认识，推动会史工作、会史研究、会史宣传。

还有一个重要会议就是年底将召开的“民进全国机关工作会议暨先进机关表彰会”，这是我会加强自身建设，特别是机关建设的重要举措。十大以来，我会各级组织机关，取得了自身建设的显著成果，在这次会议上，将总结我会机关建设的成果和经验，对先进机关进行表彰。机关工作面临着新的问题，其实我们在讨论换届工作的时候，已经谈到了这方面问题，机关干部纳入《公务员法》的范围，是非常有利的，但是也会带来新问题。希望能够进行分析总结，找出下一步工作的思路，推动我会机关建设工作上新台阶。

3. 坚持围绕主题和主线，进一步提高履职的能力和水平。

履行参政议政职能，依然是下半年非常重要的任务。在中央层面，每次进海协商的压力很大，要求越来越高。所以，首先还是强调要加强学习。学习一定要和履行职能结合起来，使我们真正能够站得高，望得远。我们要围绕中心，围绕大局，但如果看不清大局，怎么去围绕？心中是否有大局，这决定了参政议政能不能有前瞻性和战略性。我们要讲操作性，但是更重要是前瞻性、战略性。这是参政党的地位和现实情况决定的。这方面不学习真是不行。其次，履行职能要确定重点，顺势而为，有所不为有所为。今年已经确定的重点一定要紧抓不放，提高质量。第三，要继续完善工作机制，加强队伍建设，机制和队伍是交融在一起的，如果机制不好，有了队伍也会散掉，或者有了队伍也不干事，但是也不能脱离了队伍光讲机制，所以这两者要辩证地统一起来。会中央在认真考虑，同时希望各地创造各自的经验。

这次中常会在四川召开，当地党政领导给予我们很大的支持。昨天，刘奇葆书记还在北京开会，因为飞机晚点，结果到了晚上近 8 点才赶回来，但还是安排与我和富和见了面。他介绍中共四川省委领导灾后重建工作是三部曲：第一部曲是抗震救灾，已经过去了，做到了没有饥荒、没有流民、没有瘟疫、没有动乱，这在世界上都罕见，但在中国的大地上创造了奇迹。第二部曲是灾后重建，我们在灾后重建的现场已感受到了社会主义制度优越性的突出表现和灾区人民自力更生、感恩的精神。刘奇葆书记特别强调感恩，包括感谢民进。因为有了感恩之心，所以灾区人民更加自力更生。否则就会觉得获得的帮助都是应该的，更不用说在其他灾区发生灾难的时候，他们在自己还处于困难的情况下，却强烈地要求去回报社会。甘肃地震发生以后，四川人民纷纷要求去前线，直到回良玉同志打电话来说不需要再过去人了，却还有数百人要求尽他们的力量去感恩社会，这是非常让人感动的。第三部曲就是发展振兴，好的领导人要站在前列，要不失时机地指引出下一步的方向。所以刘书记希望民进在第三部曲的时期，继续和四川人民想在一起，干在一起。昨天刘书记不顾疲倦，晚上还兴致勃勃地带着我们去看民生工程，就是藏族牧民的“帐篷新生活”。实际上四川藏区的问题，还难于西藏藏区的问题。在四川寺庙中的藏族僧人人数，是西藏的两倍，达赖的根据地也是在四川。有这么一句话：安藏必先安康，可见其重要性。达赖做了很多文章，用尽手段来攻击我们在藏区的民族政策。所以四川省委的一切着眼点都是要从老百姓的需求出发，这点特别值得赞赏。要让老百姓觉得安心，觉得快乐，觉得自己生计有保障。为了改善藏区牧民的定居条件，又要反驳达赖关于我们破坏了藏民游牧生活习惯的攻击，四川在努力使定居点基础设施都能够到位、让藏民享受到各方面的公共服务的同时，还用高科技的航天技术，由厂家专门设计，做成了折叠式的现代化的帐篷。原本售价 4 千块钱的帐篷实际只收 1 千块钱。在帐篷里有折叠床和折叠式炉子，附带还有太阳能能源、饮水洁净装置与电视接口，彻底改变了牧民以前席地而卧、在三块砖搭成的灶上烧火、帐篷顶被烟熏得漆黑、缺乏洁净水和信息闭塞的落后生活方式。这种帐篷折叠起来，用一头牦牛就能拖着走，到了放牧地支起来，就是现代化的新生活。我觉得这个工作非常了不起，既有力地回击了达赖的谬论，又让藏民从内心感到共产党好。

刘书记反映了一个情况，最影响牧民身体的有两种病，风湿病和妇科病。这实际上向我们社会服务工作提出了需求。民进已有和同仁医院合作的“光明行”，使白内障患者恢复光明。风湿病和妇科病怎么治？我想可以把四川藏区牧民的问题提出来，向医务界的同志征询，看看能否有开展社会服务的可能。希望四川民进，和会中央一起努力。

11 月份要在海南召开“2011 年民进企业家联谊会联席会议”，这个会一要服务于企业家，让他们能够了解更多的信息，让他们的思想觉悟有所提高，让他们企业遇到难处有渠道反应；二要服务于承办地，让来自各地的企业家了解当地的环境，让他们发现商机，起到招商引资的效果；还要服务于民进组织，增加组织凝集力。以这几个服务来设计这次联席会议。

今年 10 月，中央统战部、人力资源和社会保障部、各民主党派中央和全国工商联在北京联合召开“各民主党派、工商联、无党派人士为全面建设小康社会做贡献大会”，大会将表彰先进集体、先进个人、优秀成果。先进集体和先进个人由各省市统战部组织推荐，建言献策优秀成果、社会服务优秀成果由党派中央推荐，这两方面都不要放松，希望积极向各地统战部推荐。我会的名额是各 2 项，中央将在各省级推荐的基础上，向外推荐。请各位专职的同志在申报的过程中注意好程序和时间。各位主委心里有个数，会中央机关会把具体的时间、要求尽早报办。

各位常委、各位同志：

我们面临的形势紧迫而逼人，任务艰巨而重大。希望大家根据这次中常会的决议和会议精神，结合各地实际情况，继续做好下半年的工作，特别换届工作，还是要请大家做大量深入细致的工作，及时和中央沟通，及时和各地党委统战部门沟通。同时，认真总结思考今年工作，及时思考与谋划明年工作。

在这里，要特别感谢四川民进和成都民进，为我们此次中常会召开所做的细致安排和周到的服务。也祝大家返程平安！谢谢！

只有跟着共产党走，才是在正道上行

（2011 年 6 月 10 日）

严隽琪

今年是中国共产党成立 90 周年，也是我国实施“十二五”规划的开局之年。在这一重要时刻，回顾中国共产党为争取民族独立、人民解放和国家富强不懈奋斗的光辉历程，重温各民主党派和中国共产党风雨同舟、肝胆相照的光荣历史，对于我们始终坚持与中国共产党同心同德、同心同向、同心同行，更加坚定地投身改革开放和全面建设小康社会的伟大事业，具有十分重要的意义。

中国共产党诞生于国家积贫积弱、社会急剧动荡、人民生灵涂炭的 20 世纪 20 年代。自诞生之日起，中国共产党就坚持把马克思主义与中国革命的具体实践相结合，带领全国各族人民经过艰苦卓绝的斗争，建立了人民当家做主的新中国，确立了社会主义基本制度，开创了中国特色社会主义道路，从根本上改变了中国人民的前途命运，在世界上产生了深远影响，赢得了包括广大民主党派成员、无党派人士在内的全国各族人民的真心拥护。

中国民主促进会是在中国共产党的指导和帮助下于 1945 年在上海成立的，民进成立之初就积极投身反对内战、反对独裁的爱国民主运动，并在严酷的斗争实践中进一步认识到，中国共产党才是中国真正的希望所在。在中国共产党的领导下，民进在建立新中国、建立社会主义制度和建设中国特色社会主义的伟大事业中逐步发展壮大，逐渐形成了坚持接受中国共产党的领导，坚持爱国、民主、团结、求实，坚持立会为公的光荣传统，这是民进最为宝贵的精神财富。总结民进与中国共产党团结合作的历史和经验，带给我们很多有益的启示。

一、中国共产党的坚强领导和高度重视是多党合作事业发展的根本保证

中国共产党的核心领导地位是在新民主主义革命的伟大斗争中确立的。坚持中国共产党的领导，是中国近现代历史发展的必然结果，是中国革命、建设和改革不断夺取胜利的经验总结，也是包括民主党派在内的全体中国人民的自觉选择。在谈到中国新民主主义革命胜利时，毛泽东同志就曾经指出：“中国新民主主义的革命要胜利，没有一个包括全民族绝大多数人口的最广泛的统一战线，是不可能的。不但如此，这个统一战线还必须是在中国共产党的坚强的领导之下。没有中国共产党的坚强的领导，任何革命统一战线也是不能胜利的。”

多党合作制度是中国共产党同各民主党派、无党派人士的共同选择。1989 年 12 月 30 日，具有里程碑意义的《中共中央关于坚持和完善中国共产党领导的多党合作和政治协商制度的意见》颁布实施，多党合作开始走上制度化、规范化、程序化的轨道，由此掀开了多党合作新的历史篇章。中共中央还先后于 2005 年、2006 年颁布实施两个 5 号文件，并推动将多党合作制度写入宪法。这些路线、方针、政策的制定和执行，体现了中国共产党对多党合作的高度重视，也为多党合作事业发展带来了前所未有的机遇。

民主党派选择了接受中国共产党的领导，就选择了正确的道路，就选择了光明的未来，正如民进的主要创始人马叙伦先生所说，“只有跟着共产党走，才是在正道上行”。在民进 60 多年的发展历程中，一代又一代民进人不断学习和继承民进老一辈的政治信念、优良传统和高尚风范，始终坚持自觉接受中国共产党的领导，这成为民进沿着正确的政治方向前进、在建设和改革的宏伟事业中能够有所作为的根本保证。

二、对“旗帜、道路、目标”的认同是同心同德、同心同行的思想政治基础

中国特色社会主义伟大旗帜，是当代中国发展进步的旗帜，也是包括统一战线在内的全党全国各族人民团结奋斗的旗帜。中国特色社会主义道路，是几代中国共产党人带领中国人民经过艰辛探索找到的，是建设富强民主文明和谐的社会主义现代化国家的正确道路。不断巩固民主党派与中国共产党同心同德、团结合作的思想政治基础，就是要始终坚持中国特色社会主义政治发展道路不动摇，始终致力于中国特色社会主义伟大事业和中华民族伟大复兴，始终坚持推动科学发展，促进社会和谐。民主党派只有坚持在"旗帜、道路、目标"上与中国共产党保持一致，才能拥有履行职能、发挥作用的广阔舞台，才能在多党合作的事业中不断发展和进步。

民进要以树立和践行社会主义核心价值体系为重点，进一步搞好政治交接，不断巩固新形势下与中国共产党团结合作的思想政治基础。民进一方面要加强中国特色社会主义理论的学习和研究，不断掌握马克思主义中国化最新成果，深刻认识社会主义核心价值体系的科学内涵，不断增进多党合作的政治共识，做到在政治立场和政治原则问题上始终旗帜鲜明、立场坚定。另一方面要牢牢把握树立和践行社会主义核心价值体系的实践要求，使之内化为广大会员的人生态度、行为准则和价值取向，外化为积极履行参政议政、民主监督职能的行动，用履行职能的成果检验树立和践行社会主义核心价值体系的成效，在服务国家科学发展的同时，体现对中国特色社会主义"旗帜、道路、目标"的认同。

三、坚持服务于国家发展、民生改善的中心和大局是民主党派履行职能的重要原则

中国共产党领导的多党合作和政治协商制度作为我国的一项基本政治制度，为民主党派履行职能提供了制度保障。我国的多党合作制度强调以协商、合作代替竞争、冲突，将共产党领导与多党派合作有机地结合在一起，实现了集中领导与广泛政治参与的统一，国家稳定与社会进步的统一，充满活力与富有效率的统一，独具中国特色。实践证明，民主党派履行职能，必须紧紧围绕执政党和国家的中心工作，发挥自身优势，服务国家工作大局，把立会为公、参政为民的价值理念转化为为党分忧、为国尽力、为民尽责的实际行动，在参政议政、民主监督的实践中体现价值、发挥作用。

当前，我国已经进入全面建设小康社会的关键时期，深化改革开放、加快转变经济发展方式的攻坚时期，作为致力于中国特色社会主义事业的参政党，民进要坚持"有思有行、集智聚力、顺势而为、开拓创新"的工作方针，进一步学习贯彻中共十七届五中全会精神，围绕"十二五"规划的主题和主线，把促进经济发展方式转变、促进保障和改善民生、促进社会和谐作为履行职能的着力点，坚持以新作为巩固老阵地，在顺势中开拓新领域，努力为"十二五"规划的贯彻落实，为全面小康社会的建设贡献智慧和力量。

四、执政党建设和参政党建设相互促进是坚持和完善多党合作制度的必然要求

多党合作事业的发展，取决于执政党建设和参政党建设两个方面，两方面不可或缺，只有相互促进，才能共同发展、相得益彰。因此，执政党建设与参政党建设相互促进，是新时期多党合作事业发展的客观需要，是坚持和完善多党合作制度的必然要求。在中国共产党 90 年的发展历史和 60 多年的执政历程中，一条重要经验就是与时俱进地推进党的建设的伟大工程。民进要认真学习中国共产党关于加强党的建设的成功经验和有效做法，坚持以思想建设为核心，以组织建设为基础，以制度建设为保障，努力探索参政党建设的理论、路径和体制机制，不断推进适应时代要求的高素质参政党建设。

解决好政治交接以及提高履行职能的水平，是民主党派面临的两大历史性课题。民进要按照执政党建设与参政党建设相互促进的要求，把树立和践行社会主义核心价值体系作为推进学习型参政党建设的重要内容，不断巩固政治交接成果，保持参政党的进步性和广泛性；要进一步激发爱国奉献、建功立业的责任感和创造力，切实增强履行参政议政、民主监督的能力，从理论和实践上进一步提高参政党建设的科学化水平。

展望未来，中国的现代化离不开民主政治的发展，多党合作事业将面临更为艰巨繁重的历史任务，多党合作制度也将在推进中国特色社会主义事业的进程中进一步展现其独特魅力和光明前景。民进要以庆祝中国共产党成立 90 周年为契机，深入总结历史经验，继承和弘扬我会优良传统，不断加强自身建设，不断提高履职能力，为促进多党合作事业的持续健康发展，为夺取全面建设小康社会的新胜利作出应有的贡献。

在上海社科院座谈会上的讲话

（2011 年 6 月 11 日）

严隽琪

首先感谢上海社科院，感谢各位专家！包括社科院本身的专家，和社会上的专家。这次座谈会的发言水平很高、思考深刻，给我们很大的启发，对民进中央参政议政大有帮助。按计划，中共中央今年 7 月份会有一次经济方面的高层协商会，十七届六中全会召开之前，有关文化发展的议题，肯定也会有征求意见的安排，所以大家今天谈到的重要观点和建议，我们一定会认真研究吸收，通过这些渠道加以反映。此外，对于比较重要、比较成熟的建议，我们随时也可以书面形式直接反映上去。

今天座谈会的内容围绕 4 个题目，但实际就是经济和文化两个大的方面。经济范围非常广泛，所以，在设计这次座谈会的时候，我们希望依据专家的专长和我们参政议政工作的基础来选题，以使发言更有针对性、更集中，能够在比较短的时间内形成比较有分量的建议。现在看来，这个目的达到了。我要再次感谢各位专家、学者。

听了各位的发言，结合自己平时的思考，我感到对这么几个问题值得继续深入研究。

第一，刚才杨建文同志（上海社科院部门经济所所长、研究员）从历史的角度谈到，改革开放以来走过了分别以市场化和国际化为突出标志的两个阶段，当前我们面临的突出问题是什么呢？我也在思考，我认为很重要的将是如何建设服务型政府？服务型政府要提供哪些公共服务？这对中国来说，可能是未来时期一个关键性的问题。政府固然要转变职能方式，为经济社会发展提供必要的管理和服务，但是，也必须考虑我们的发展阶段和具体国情。不能一提建设服务型政府，就轻易地承诺现阶段还达不到的东西，那同样是危险的。这一点，刚才左院长（左学金，社科院常务副院长、经济研究所所长、研究员）也谈到了。究竟我们说的公共服务产品、基本公共服务均等化，都包括哪些内容，在教育、医疗卫生、社会保障，当然也包括文化等方面，应该有什么具体的范围和标准？需要我们深入研究。

第二，对于当前经济工作，大家提出了很多重要观点与建议，我们回去还要进一步消化。从大家的发言中，我觉得可以凝缩、归纳出一个焦点问题，就是如何吸纳“资本流动性”。我个人是工科背景，和实业的关系比较密切，我有不少学生在实业界，对于当前资本游离于实业，不愿回到实业舞台上，我有耳闻、有体会。所以，要考虑我们的政策设计和调控性措施怎么样？要考虑实业舞台的吸引力在哪里？现在是市场化、国际化的时代，实业舞台要有吸引力，就必须降低企业的成本，税负要减低，它享受的服务要非常便利。如果“衙门”的脸很难看，甚至还要从中“抽头”，那么企业无形的成本就必然增加。这方面，大家提出了好多建议，包括切实鼓励民间投资。总之，吸纳资本流动性是一个很重要的课题。此外，有专家谈到应在国际化背景下慎重考虑我们经济政策和货币政策，实质就是我们对外开放的谋略问题，也给我很大的触动。

第三，文化建设方面。核心价值体系的提炼与表述，怎么形成一个既代表价值共识又简单易记、朗朗上口的表达，确实很值得研究。刚才蒯教授（蒯大申，社科院文学研究所副所长、研究员）讲“从群众中来，到群众中去”，这是对的。纵观几千年的历史，中国的制度这么稳定，它有很多架构、制度设计体现着统一的核心价值理念，其中根本的一个制度设计是科举制度，无论举孝廉也好，科举考试也好，你要成为社会精英，你必须是践行社会核心价值体系的模范，你才能进入这个社会的核心阶层。这里，我又联想到建设服务型政府的问题。现在公务员考试那么热，我们的领导干部和公务员是否已经成为社会主义核心价值体系的信仰者、践行者和引领者？如果是的话，自然会对这些考试者发挥指挥棒的作用，社会风气就有了明确的风向标。所以，要践行社会主义核心价值体系，还是要从领导和精英做起，而不能说一套，做一套。践行核心价值体系极为重要，尤其在干部和精英中，核心价值体系必须高高弘扬。

最后，谈谈合作中心建设。我们这个合作机制运转满两年了，非常感谢社科院做了大量的工作。民进中央曾专门开了个会，研究如何加强和完善合作中心的工作。按计划，今天下午将由朱永新副主席和社科院领导一起，回顾总结这两年来的做法，就今后如何深化合作进行交流讨论。今天这个资政建言座谈会，已经成为每年大家都很盼望的、至少在民进方面是非常盼望的一个重要会议。那么，目前的合作模式、形式和合作机制，哪些方面应该巩固，哪些形式应该完善，哪些可以开拓？我们的目的既是为提高上海社科院作为智库的水平、影响力服务；也为提高民进参政议政能力，直接影响国家决策服务。希望大家就这个内容深入交换一下想法，我们的一些建议也提交讨论一下。

我感到庆幸的是，我们对上海社科院了解比较早，双方产生合作共识也比较早，在合作中增进了友情。希望上海社科院的未来发展战略中把与民进的合作伙伴关系放在一个“先行先试”的位置。

谢谢！

走正道 凝心力 努力推动会史工作开创新局面

——在民进全国会史工作会议开幕式上的讲话

（2011 年 6 月 14 日）

严隽琪

同志们：

首先，我向罗一民部长和赵国权副书记的致辞表示感谢。会议得到了中共江苏省委、江阴市委的支持，这是多党合作的生动体现。江阴的建设令人羡慕、令人振奋、也令人思考。我相信本次民进全国会史工作会议一定会给予会者提供一个关于科学发展观如何在江阴贯彻落实的现场学习机会。当前，全国都沉浸在迎接中国共产党成立 90 周年的热烈气氛中，民进全国会史工作会议在这个时候隆重开幕，我觉得和全国的形势非常吻合。会中央决定在今年举行会史工作会议，是出于三点考虑：

一是今年是我国实施“十二五”规划的开局之年。实现“十二五”宏伟蓝图、为全面建设小康社会打下决定性基础，是执政党和全国人民的奋斗目标，也是参政党的神圣使命。这就要求我们进一步统一全会思想，整合力量，以史为鉴，从历史中可以汲取经验和智慧，从而在新的历史时期更好地发挥参政党作用。

二是今年下半年到明年年底，我会省级组织和中央将先后进行换届。换届不单纯是人事的新老交替，更是思想的政治交接。加强会史工作，学习、研究、宣传民进与中国共产党肝胆相照、风雨同舟的光辉历程，引导广大会员继承和弘扬民进的优良传统，以换届为契机，更坚定我们的政治共识，夯实全会团结奋斗的思想政治基础，是我们当前的重要任务。

三是距 2006 年民进全国会史暨统战理论研讨会的举行已经过去了 5 年。5 年来，特别是民进十大以来，我会会史工作取得了新的成绩，同时，也面临许多新情况和新问题。我们希望通过这次会议，进一步提高全会对会史工作重要性和紧迫性的认识，增强做好会史工作的积极性；交流和总结近年来会史工作取得的成绩和经验；研究和部署当前和今后一个时期的会史工作，努力开创会史工作的新局面。

下面，就会史工作谈一些会中央的思考和意见。

一、进一步提高对会史工作重要意义的认识

民进具有光荣的历史。自60多年前在上海成立以来，民进始终坚持自觉接受中国共产党的领导，与中国共产党肝胆相照、真诚合作，在投身中国革命、建设和改革的事业中，我会涌现出一批又一批“不敢独善其身，而必以兼济天下”的优秀知识分子，他们秉持“国家兴亡、匹夫有责”的理念，为中华民族的振兴和国家的富强作出了积极贡献，写下了光辉的历史篇章。民进的会史记录了我会的历史轨迹，承载着民进的传统、文化、理念和作风。珍惜我会的历史，学习、研究、宣传我会的历史，充分发挥会史的作用，对于把民进建设成适应时代要求的高素质参政党具有重要意义。

当今世界多极化、经济全球化和社会信息化的发展，我国与西方在价值观念、政治制度、发展道路等方面的交锋不断增多，抵御西方敌对势力政治思想渗透的责任更加重大。国内改革进入攻坚期，经济体制深刻变革、社会结构深刻变动、利益格局深刻调整、思想观念深刻变化，巩固思想政治基础的要求更加紧迫。互联网等新兴媒体迅速发展，虚拟社会与现实社会相互影响，加强会员思想引导的职责更加繁重。从民进自身来看，新中国成立前后出生、20世纪90年代前后入会的新一代会员，已经成为我会的主体力量，同老一代会员相比，新一代呈现出思维活跃的时代特征，他们更关注自我价值的实现，思考问题的角度多元、行为灵活、讲求实效，但对我国政党制度的认同不如老一代深刻，对本党派的政治认同感有所减弱等。这些都对我们的工作提出了新的挑战。发挥会史资政育人的作用，从历史经验中获得启示，用优良传统凝聚会员，是我们应对当前思想政治领域挑战、增强全会政治共识、提高广大会员思想道德水平的重要方面。认识会史的重要性，可从三个方面来阐述。

认识一：开展会史工作，是巩固政治交接成果、不断增进政治共识的需要。

政治信念、政治立场是政党最重要的存在标志。持续推进政治交接是民主党派永恒的主题。会中央提出在全会推进“三个认同”：一是道路认同——坚持走中国特色社会主义政治发展道路；二是目标认同——全面建设小康社会、巩固和发展中国特色社会主义制度；三是文化认同——以优秀中华文化的精华和民进的优良传统增强全体会员爱国爱会的情感。学习研究会史，我们可以更清楚地了解民进接受中国共产党的领导，成为和中共长期合作、共同奋斗的亲密友党，是在长期的民主革命实践中做出的历史选择；更深入地理解中国共产党领导的多党合作和政治协商制度、中国特色社会主义政治发展道路的形成、发展及其历史必然性。这对于增进民进全会对“三个认同”的共识，引导广大会员把老一辈领导人的历史选择变为新一代民进人的现实选择，增强在建设有中国特色社会主义事业中与中国共产党同心同德、同心同向、同心同行的责任感和使命感，具有重要意义。

认识二：开展会史工作，是认识我们身处的历史方位和明确肩负的历史责任的需要。

明史可以知今，鉴往可以知来。历史的作用，不仅是对过去的总结，更重要的是启发我们对现实的认识和对未来的把握。只有深刻地了解过去，才能全面地把握现在和更好地创造未来。现在，我会面临的形势发生了很大变化，民主党派的任务和使命发生重大转变，民进自身的构成发生了巨大变化。要更好地适应时代的发展变化，需要用历史的眼光审视现实，从历史发展的角度观察和分析形势，在错综复杂的国际国内形势中始终保持清醒的头脑，做出正确的判断；要通过会史的学习、宣传，使我们更好地认识民进今天所处的历史方位，更深入地了解国情和会情，从而加深对参政党性质、地位和作用认识，更加明确自己的历史使命和责任。认真总结民进历史中加强自身建设和履行参政党职能的经验和规律，使我们在今后的工作中更好地把握规律性、增强主动性、减少盲目性、克服片面性。

认识三：开展会史工作，是继承发扬我会优良传统、增强全会凝聚力的需要。

对参政党来讲，传统、文化、理念、作风等虽然是无形的，但力量是巨大的，是连接会员的精神纽带，是增进全会凝聚力的粘合剂。学习宣传民进的光荣历史、优良传统和民进前辈的道德风范，能够极大地增强广大会员的光荣感和对民进的向心力、凝聚力。在长期的革命和建设岁月中，民进老一辈领导人团结和带领全会一道前进，形成了坚持接受中国共产党的领导，坚持爱国民主团结求实，坚持立会为公的优良传统；形成了继承传统、立会为公、参政为民的共同价值理念；形成了促进政治道路认同、奋斗目标认同和文化价值认同的共识；形成了“知行统一、爱民亲民、淡泊名利、不尚空谈”的“老实党”作风。民进的这些传统、文化、理念和作风等，是在历史中不断积淀而成的，要靠会史来承载，使之薪火相传、发扬光大。加强会史工作，对民进走正道、凝心力，意义重大。

二、充分发挥会史资政育人的重要作用

今天，如何发挥好会史工作以史鉴今、资政育人的作用显得尤为迫切。

（一）要提升会史研究的水平

会史研究是资政育人的前提和基础。今后的会史工作中，一方面要加大对民进成立与发展的历史全过程研究力度，把会史研究和理论研究有机结合。二要在会史研究中认真总结民进自身建设和履行参政党职能的历史经验和规律，为民进今天的工作提供借鉴。

（二）要加强会史的学习宣传

会史是加强多党合作教育和我会优良传统教育的生动教材。要把会史的学习宣传与我们正在推行的树立和践行社会主义核心价值体系的活动、同建设学习型参政党紧密结合起来，努力形成全会学习会史、宣传会史的良好氛围。要适应新一代会员的思想特征，在会史学习的内容上更加注重鲜明深刻的思想内涵，以史为证，以理服人，以情动人。要把会史的学习宣传和会员的培训特别是骨干会员和新会员的培训结合起来，使他们对民进的历史和传统有深入了解，更加认同民进的章程和政治主张。要充分利用民进的会刊、网站以及会外媒体，介绍民进的会史，宣传民进的先进典型，扩大民进的社会影响。要把口头的、书面的、网络的和场馆的宣传平台结合起来，使会史的学习宣传更丰富生动。

（三）各级领导干部要带头学习宣传会史

我会目前的各级领导干部出生于新中国成立前后，其中大多数是建国后才出生的。由于历史条件和成长环境不同，缺乏老一辈民主党派领导人与中国共产党风雨同舟、患难与共的亲身经历，有些同志对多党合作的历史不甚了解。各级领导干部担负着团结带领广大会员在中国特色社会主义道路上不断前进的重大政治责任，这就更迫切需要学习民进的会史，带头继承发扬我会的优良传统。我会各级组织要把会史的学习纳入干部培训的必修课，把全面了解和正确认识民进的历史，作为对我会各级领导干部的一项基本要求，通过学习会史，不断提高政治把握能力、参政议政能力、组织领导能力和合作共事能力。

三、立足实际、明确重点，开创会史工作新局面

我会会史工作起步较早，自1979年我会重新恢复活动以来，会史工作就列入会中央的议事日程，并取得重要成果。我会十大以来，会中央对会史工作高度重视，调整了会史工作领导小组，重新成立了会史工作委员会。在会史资料的搜集整理方面，提出了“新账不欠，老账抓紧还”的工作目标，从2008年起开始编纂出版《中国民主促进会年鉴》，全面系统地记录民进的年度履职和自身建设情况；在“老账”方面，继续编辑出版民进会史资料选辑和老一辈领导人人物传略，在全会广泛开展“口述会史”和征集我会创始人重要历史文物的工作。高度重视会史的学习宣传，拍摄了《中国民主促进会》宣传片，确定了首批16个民进会史教育基地。我会各级组织积极开展民进地方史的编写工作，取得了一些成绩。但是，也要看到，我会的会史工作还有很多的不足，一些地方对会史工作的重视还不够，存在着忽视会史工作的现象；总体上还缺乏组织规划和力量整合；史料工作比较单薄，积累不够，只满足于会议、活动的大事记；会史研究成果尚少；各地会史工作开展不平衡等等。

所以希望今后从三方面加强努力：

（一）认识紧迫性，加紧史料的抢救

特别要增强对会史资料的搜集整理工作的紧迫性的认识，当务之急是抢救口述史料。随着雷老的故去，我会创建时期的老一辈领导人全部离我们而去，他们中绝大多数都没有留下系统的口述史料，这是我们会史研究中永远不可弥补的损失。我会29个省级组织中，有20个省级组织是在改革开放后成立的，许多省级组织成立时的老同志都还健在。史料是史学研究的基础。老同志撰写的回忆录，我们会史工作者帮助老同志整理的口述史、采访记等等，不仅是重要的会史参考资料，而且其本身具有很强的可读性和感染性，是会史学习的重要资源，是资政育人的生动教材。各级组织要高度重视，制定规划，排列确定出重点人物和重点方向，给予适当的人力物力投入，加紧抢救口述史料，协助健在者和辞世者的家属亲朋，把有关的亲历亲见亲闻的宝贵资料挖掘整理出来。同时，把散见于各种报刊杂志、专著文集以及档案材料、私人日记信函中的有关史料加以收集整理，为今后会史的研究与宣传打下良好的基础。

（二）发挥积极性，集智聚力扩大资源

一是要发挥中央和地方、组织和个人的多个积极性，希望会史工作能像我们的参政议政工作那样，实现力量的集聚和资源的扩展。会中央要更好地起到指导、组织和协调的作用，各个地方组织在做好地方史志工作的同时，配合会中央做好相关工作，以便体现全会的整体优势。二要发挥会史工作部门和组织、宣传、档案等多个部门的积极性，加强部门间的协作，沟通信息，共享资源，以求事半功倍。三是发挥会内会外的多方积极性，不仅要加强会史工作专职力量的建设，还要积极发挥退休老同志的作用。同时，要挖掘社会资源，积极拓展和探索社会参与、多方合作的渠道和机制，形成更广的工作网络。

（三）增强科学性，尊重会史工作的规律

民进的会史是中国近代史的组成部分。在开展会史工作中，无论是史料的搜集整理，比如“口述会史”的工作，还是会史研究等，都具有一定的专业性。从事会史工作的同志，要不断加强学习，借鉴历史学的方法，探索新形势下会史工作的特点和规律，在会史工作中体现时代性、把握规律性和富于创造性。会中央要善于总结各级组织的好做法、加强指导和帮助、提供学习交流的机会。

一位历史学家曾说过这样一段话：“不要拒绝历史，因为历史给我们以智慧；不要忘记历史，因为忘记历史意味着对事业的背叛；不要漠视历史，否则将受到历史的惩罚；不要割断历史，因为否定昨天也就将失去明天。”希望这次会议，能够对民进的会史工作起到更大的推进作用，也预祝本次会议取得圆满成功。

最后，再次感谢出席这次会议开幕式的罗一民部长，李熙诚副部长和赵国权副书记。祝福幸福江阴好上加好，多党合作事业在江苏省、无锡市、江阴市有进一步的发展。

在“寻找最美乡村教师”大型公益活动启动仪式上的讲话

（2011年6月17日）

严隽琪

各位来宾、新闻界的朋友们、同学们：

上午好！

今天，很高兴能与大家在热烈、感动的氛围中，共同见证“寻找最美乡村教师”大型公益活动正式启动。光明日报社和北京广播电视台联合主办的这项活动，是关注和支持农村教育、关心和帮扶乡村教师的一次实际行动，对于促进落实《国家中长期教育改革和发展规划纲要》，展示优秀乡村教师的高尚精神，营造尊师重教的浓郁氛围，倡导更多的优秀教师扎根农村，具有重要的意义。相信这次活动会起到很好的示范效应，引导全社会把更多关注的目光投向乡村教师群体。

教育是一个国家发展的基石，我国有一半以上的学龄儿童在农村。如果农村教育不能加强，提高国家整体教育水平就很难实现。在农村，教育是一项实实在在的民生工程。农村孩子们处在人生的文化启蒙阶段，能上学、上好学，能有好老师教，对于他们的一生来讲至关重要。我在一些考察调研中，深深感到现在的农民对办好农村教育的愿望特别迫切，他们即使生活再困难，也要供孩子上学，都希望让自己的孩子有知识、有本领，能通过上学改变命运。

办好农村教育，关键在农村教师。我国目前有800多万乡村教师，承担着6600万乡村学生的教育培养任务。这些年，党和政府加大了农村教育的投入和师资配备，义务教育实现了全部免费，现在我国农村学龄儿童入学率已经达到98%以上。我们加强了农村教师的培养力度，包括实行免费师范生教育试点、实施农村义务教育学校教师特设岗位计划、推行主要针对乡村教师的"国培计划"等，目的就是为了让所有的农村孩子都能够上好学，能够接受尽可能好的教育。

著名教育家陶行知曾作《赠乡村教师》，诗云"捧着一颗心来，不带半根草去"。长期以来，广大乡村教师靠着满腔的热忱和无私奉献的精神，在为农村教育事业付出心血和汗水。相当一批乡村教师，几十年甚至毕生都在农村教书。他们热爱农村这片热土，热爱农村教育事业，对千千万万渴望知识的农村孩子们充满感情。他们的精神可贵可敬，令人感动。但我们同时要承认这样的现实：跟城市教师相比，大部分农村教师的工作条件、生活环境相对还比较艰苦。在相当多的农村地区，很多教师待遇不高，生活条件艰苦，学习深造机会很少，知识老化现象严重。农村边远地区教师数量不足、补充困难，直接影响了义务教育的均衡发展。更令人担心的是，农村现有优秀教师由于种种原因，在源源不断地流向城市，这无疑使农村教育雪上加霜。

农村教育和乡村教师面临的这些问题，需要政府进一步采取措施加以解决，也需要全社会共同关注、共同努力。我们不能漠视这群在山乡教坛默默耕耘的人！要努力改善乡村教师的生活条件，提高他们的生活待遇，解决他们的实际困难，让农村教师安心从教；要努力增强农村教师职业的吸引力，鼓励更多优秀人才到农村学校任教；要努力给农村教师更多精神关怀，给他们更多的尊重。让广大农村教师留得住、干得好、受尊重，关系到千百万农村孩子的前途命运，必须引起全社会高度重视。

光明日报和北京广播电视台联合"寻找最美乡村教师"，是一次可贵的努力。光明日报长期以来对教育包括农村教育都很重视。在我的印象中，光明日报推出的很多优秀的乡村教师典型都很感人。比如，前些年报道的甘肃乡村教师、被誉为"教坛保尔"的张学成，他下肢瘫痪，拄着双拐，骑着毛驴，30年往来于家和学校之间。比如，光明日报报道的贵州一位身患残疾的乡村教师陆永康的故事，也催人泪下。再比如，去年报道的湖南乡村教师李黎明扎根乡村教育27年，因劳累过度、突发心脏病过世的故事，也让人动容。特别是专门开辟专栏开展了关于乡村教师健康状况的讨论，非常有意义。此外，还推出了被称为"大别山师魂"的汪金权等一大批感人至深的乡村教师。北京广播电视台对农村教育也一直比较关注，我也知道，他们迄今已经捐建了多所希望小学。

民进中央作为以教育为主要界别的参政党，成立66年来，一直非常关注农村的义务教育，关注农村教师的现状和诉求。我们曾连续多年组织开展加强农村义务教育教师队伍建设，加强体制机制创新、促进城乡师资均衡发展等专题调研，并提出多项意见建议，所提的很多建议得到了党和政府的高度重视和采纳。民进中央支持贵州毕节地区的"同心·彩虹行动"，每年暑期都在京举办教师培训班，每年都有一批毕节金沙县的农村教师来京接受培训。我们大家的这些努力，都是为了更多地关心我们的乡村教师们，给他们更多的温暖、更多的力量。

最后，借此机会，向全国广大乡村教师道一声：你们辛苦了！向你们致以崇高的敬意！同时，预祝我们这次活动取得圆满成功！

谢谢大家！

在民进庆祝中国共产党成立90周年座谈会上的讲话

（2011年6月21日）

严隽琪

各位同志：

今年是中国共产党成立90周年，在“七一”党的生日到来之前，我们在这里举行座谈会，共同庆祝中国共产党成立90周年。刚才，几位同志的发言，从不同方面回顾了中国共产党的发展历程、多党合作事业和民进事业的发展，表达了坚持接受中国共产党的领导，坚持走中国特色社会主义政治发展道路的信心和决心。

中国共产党诞生于国家积贫积弱、社会急剧动荡、人民生灵涂炭的20世纪20年代。90年来，中国共产党坚持把马克思主义理论与中国革命具体实践相结合，带领全国各族人民经过艰苦卓绝的斗争，建立了人民当家做主的新中国，确立了社会主义基本制度，开创了中国特色社会主义道路，相继实现了“从半殖民地半封建社会到民族独立、人民当家作主新社会的历史性转变，从新民主主义革命到社会主义革命和建设的历史性转变，从高度集中的计划经济体制到充满活力的社会主义市场经济体制、从封闭半封闭到全方位开放的历史性转变”。这三次历史性转变 推动了中华民族的伟大复兴，改变了中国人民的前途命运，在世界上产生了深远影响。中国共产党也赢得了海内外中华儿女的真心拥护。

中国民主促进会是在中国共产党的指导和帮助下，诞生于反内战、反独裁、争民主的爱国民主运动浪潮之中，并与中国共产党风雨同舟、戮力同心，在投身建立新中国和建设中国特色社会主义的伟大事业中得到发展。在民进60多年的发展历程中，一代又一代民进人坚持中国共产党领导的多党合作和政治协商制度，不断加强自身建设，提高履行职能的能力和水平，服务国家大局，积极参政议政，形成了坚持接受中国共产党的领导，坚持爱国、民主、团结、求实，坚持立会为公、参政为民的光荣传统，这是民进最为宝贵的精神财富。1989年14号文件和2005年5号文件的颁布实施，多党合作制度被写入宪法，使我国多党合作事业走上制度化、规范化、程序化的轨道，掀开了多党合作新的历史篇章。中共中央对统一战线、多党合作事业的高度重视，更加激发了民进在中国共产党的领导下，同中共通力合作、共同致力于中国特色社会主义事业的责任感和使命感。

今天的民进人，正按照老主席马叙伦先生“只有跟着共产党走，才是在正道上行”的嘱托，坚持以政治交接为主线，继承和弘扬我会的优良传统，树立和践行社会主义核心价值体系，不断加强自身建设，认真履行参政议政、民主监督职能，推进高素质参政党建设，各项工作取得了新的进步和发展。

我们回顾中国共产党领导中国人民为民族独立、人民解放和国家繁荣昌盛，为中国人民自由民主幸福不懈奋斗的历程，从中得到深刻的启示：

在旗帜和宗旨上，坚持信念不动摇。中国共产党在指导思想上以马克思主义为理论基础，坚持中国特色社会主义理论体系、中国特色社会主义道路不动摇。在思想路线上，坚持一切从实际出发，理论联系实际，实事求是，在实践中检验和发展真理，立足中国国情，独立自主、自力更生建设现代化国家。在执政理念上，坚持立党为公、以人为本和群众路线。心系群众、服务人民，一切为了群众，一切依靠群众，从群众中来，到群众中去。无论过去、现在还是将来，这些都是最根本的立足点和出发点。

在执政路径上，坚持开拓创新不停步。无论是在新中国成立后全面确立社会主义基本制度，初步建立现代化的工业体系，为中国发展进步奠定坚实基础；还是在十一届三中全会后，把工作中心转移到经济建设上来，成功开辟中国特色社会主义道路，战胜各种风险与困难，提前实现现代化建设第二步战略目标，中国共产党始终挺立时代潮头，坚持解放思想、实事求是，不断把中国特色社会主义事业推向前进。在全球化的复杂多变的形势下，当代中国正在发生广泛而深刻的变革，中国共产党正带领全国人民继续开创21世纪中国特色社会主义新境界。

在自身建设上，坚持先进性要求不放松。中国共产党90年的历史，是坚持与时俱进，不断推进党的建设新的伟大工程的历史；是不断提高党的领导水平和执政水平、提高拒腐防变和抵御风险的能力的历史。党始终保持和发展先进性，是领导社会主义现代化事业的坚强核心和领导中华民族实现伟大复兴的坚强保障。

在庆祝中国共产党成立90周年之际，我们对中国共产党领导全国人民取得建设中国特色社会主义事业的伟大胜利、实现中华民族的伟大复兴，充满了必胜的信心和无穷的力量。同时，我们要清醒地看到，在未来的征途上，充满了风险与挑战。作为致力于中国特色社会主义事业的参政党，我会要始终保持清醒的头脑，增强忧患意识，与时俱进地加强自身建设，坚持不懈地提高履职能力，为多党合作事业的持续健康发展作出新贡献。

第一，要始终不渝地坚持接受中国共产党的领导。

坚持中国共产党的领导，是中国人民历经沧桑与磨难的正确抉择，是中国近现代历史发展的必然结果，是中国革命、建设和改革不断夺取新胜利的经验总结。坚持接受中国共产党的领导，也是民进在历史进程中得出的宝贵经验。

我国半个多世纪的多党合作实践证明，中国共产党领导的多党合作制度，是历史的选择，也是现实的选择。民主党派选择了接受中国共产党的领导，就选择了正确的道路，就选择了光明的未来。我们要以庆祝中国共产党成立90周年为契机，重温与中国共产党团结合作、同舟共济的光荣历史，认真总结多党合作的宝贵经验，引导会员深刻认识中国共产党是我国革命、建设和改革开放事业的坚强领导核心，深刻理解中国特色社会主义政治发展道路的本质内涵，科学把握我国社会主义政治制度和政党制度特点优势，清醒认识我国社会主义民主政治与西方民主政治的本质区别，不断巩固多党合作的共同思想政治基础，增强走中国特色社会主义政治发展道路的信心和决心。始终做到旗帜鲜明、立场坚定，与中国共产党在思想上同心同德、在目标上同心同向、在行动上同心同行。

第二，要坚持执政党建设与参政党建设相互促进。

中国共产党近90年的发展历史，60多年的执政历程，一条重要经验就是与时俱进地加强党的先进性建设和执政能力建设，不断推进党的建设新的伟大工程。回顾我会会史，中国民主促进会在与中国共产党同行中形成了自我学习、自我教育的传统。特别是中共中央“14号文件”和“5号文件”颁布以来，我会认真学习借鉴中国共产党关于加强党的建设的进取精神、成功经验和做法，坚持以思想建设为核心，以组织建设为基础，以制度建设为保障，努力研究和探索参政党建设的理论、路径和体制机制，深入开展系列主题教育活动，认真履行职能，在服务国家科学发展中努力促进自身的科学发展。我会要坚持深入开展树立和践行社会主义核心价值体系，推进学习型参政党建设，继承和弘扬我会老一辈领导人高尚的精神风范，不断巩固政治交接成果，不断提高自身建设水平，将我会建设成为适应时代要求的高素质参政党。

第三，要坚持围绕中心、服务大局，努力提高履行职能的水平。

紧紧围绕执政党和国家的中心工作，发挥我会自身优势，服务国家工作大局，把立会为公、参政为民的价值理念转化为为党分忧、为国尽力、为民尽责的实际行动，是我会履行职能的立足点、基本经验和有效做法。当前，我会要进一步学习贯彻中共十七届五中全会精神，围绕“十二五”规划的主题和主线，把促进经济发展方式转变、促进保障和改善民生、促进社会和谐作为履行职能的着力点，坚持“有思有行、集智聚力、顺势而为、开拓创新”的工作方针，注重发挥民进优势、突出民进特色，以新作为巩固老阵地，在顺势中开拓新领域。要更加深入了解社情民意，积极反映广大会员和所联系群众的意愿诉求，多做顺民意、解民忧、惠民生的实事，协助执政党和政府做好团结群众、联系群众、服务群众的工作，促进社会的和谐。

同志们，中国共产党成立以来90年波澜壮阔的历史和实践充分证明，思想上同心同德、目标上同心同向、行动上同心同行，是中国共产党领导的多党合作和政治协商制度最鲜明的特质，是我们不断夺取革命、建设、改革事业胜利的有力保证。我会要通过重温多党合作的光辉历程，引导广大会员继承和发扬光荣传统，坚定中国特色社会主义理想信念，坚持和完善中国共产党领导的多党合作和政治协商制度，坚持走中国特色社会主义政治发展道路，更加紧密地团结在以胡锦涛同志为总书记的中共中央周围，同心协力、再接再厉，在全面建设小康社会的进程中，谱写中国共产党领导的多党合作事业的新篇章。

论创新文化

（2011年6月26日）

严隽琪

各位来宾，中欧国际工商学院的校友们：

大家上午好。非常高兴来到深圳参加“2011中欧—成为创新中国高峰论坛”。深圳的繁荣与发展是中国改革开放的产物，今天的深圳以其蓬勃的创新活力而闻名于世。华为、中兴、腾讯、招商银行、平安保险等一大批深圳企业已经成为中国创新的标志。不久前成立的深圳前海开发区又为鹏城注入新的创新力。因此，在深圳召开以创新中国为主题词的论坛是非常合适的。

创新的必要性似乎人皆知之，创新是今天中国使用最频繁的一个词汇，围绕创新的议论已经有许许多多。我是搞自然科学出身的，其实，多少年来，在每次申请科研项目，或者每次指导研究生立项时，都会被要求或者要求别人阐述创新点何在，这是必要条件，似乎是理所当然的。为什么创新在当前的中国会成为最热的话题？我想，这是激烈的全球化竞争所致，是人口、环境、资源的压力对实现经济转型的迫切性要求所致，是创新的成效与期望之间还存在明显的差距而引起的焦虑所致，也是对已经明确的建立创新型国家的战略如何真正落实的深入思考所致。今年是中国共产党建党90周年，我们从历史中看到了中国曾经的苦难，看到了那么多仁人志士为中国实现现代化的理想而作的艰苦卓绝的奋斗，当然感到了将在中国达到全面小康社会的美好蓝图变成现实的当代人的责任与使命。但我认为，“现代化”在时间上、模式上、甚至理论上并不是一个静止的、固定的、绝对的概念。所谓“实现现代化”是人为地设定一个阶段性目标而已。自然界和地球在变，国际关系和规则在变，科学技术在变，人的思想在变，生活和工作方式在变。我们必须把“现代性”历史化、阶段化，要不断地超越、不断地创新。中国在迈向现代化，但是中国的现代化之路一定是无法抄袭照搬西方“先发”的现代化之路的。看看经济贸易方面，我们无意也没有可能依靠殖民掠夺、不再可能不顾自然环境、也不再可能自由地挥霍资源。再看看政治制度方面，我们选择的是社会主义制度，是在一党执政体制内进行了调整，把“协商民主”纳入决策程序，通过倾听自下而上的声音并且保持着高层的决策权，就是“自上而下的指令与人民自下而上的参与相结合”。特别是国情，这个国情包括了人口、民族、地理、邻邦、文化等等方面，更有我国的独特之处。举例来说我国城乡结构经历了从二元到四元的独特路径（农村中的农业和非农业经济、城镇中的正规经济和非正规经济——这是胡鞍钢教授的话），因而中国未来演变也会是十分独特的。又如，我们面临着世界上地区间最大规模的人口流动（2010年达到2.6亿）。再如未富先老的人口老龄化问题。中国能否做到可持续发展，关键是要从投资驱动型增长转变为创新驱动型增长。投资驱动型增长是粗放式发展，迟早会遇到资源瓶颈和环境瓶颈。拿富士康与苹果的关系举例，几乎就是中国经济当前的一个缩影。富士康在深圳雇佣了几十万工人，是苹果在全球最大的代工企业。虽然苹果公司股价飞涨、利润惊人，但富士康获得的利润很少。富士康雇佣的员工收入就更少。在中国的制造企业中，富士康已经属于具有较强竞争力的一流企业了，可想到那些二流三流企业的日子会更加艰难。我们看到，联想收购IBM PC业务、吉利收购沃尔沃汽车、TCL收购汤姆逊彩电业务、上海汽车收购韩国双龙，都有一个共同的努力目标，那就是跳过收购技术和品牌，提升创新能力，走出“微笑曲线”的底端。所以中国实现现代化必须走中国特色的创新的科学发展之路，这是国运所系、民生所系。

创新文化的精神价值。什么是文化？据说，对文化的定义可以找到两百多条。英国的泰勒说“文化是知识，信仰，艺术，道德，法律，风俗及任何人作为社会成员而获得的能力和习惯的复合体”。有中国学者简要概括成“文化，是一种已经变成了习惯的生活方式和精神价值”。我想不论各种各样的定义如何表达，其中最重要的内涵是精神价值。一个民族的终极性精神价值，一定会普及到绝大多数国民的本性之中，是一种最广泛的存在。所以我认为，文化是一种思想方式、一种精神状态；是一种组织结构，一种群体认同。任何时代、任何社会的主流文化都力图追求某种社会认同、构建某种思想基础，提供某种精神寄托，也就是信仰。有学者指出：“新思想方式甚至比新科学和新技术更为重要。”“文化决定观念，观念决定行动，人的任何行为都能找到文化的根源”。文化是大国崛起的重要软实力地基。

胡锦涛同志在全国科技大会上强调要“发展创新文化，努力培育全社会的创新精神”。并指出：“一个国家的文化，同科技创新有着相互促进，相互激奋的密切关系。创新文化孕育创新事业，创新事业激励创新文化”。创新与文化是这段讲话的两个关键词。中国处在关键的转型期，非常需要发展与弘扬创新文化，从观念、制度的层面上提升社会创新能力的基础。文化是从最深层次上影响着社会组织的价值取向和行为方式，而创新文化是与创新活动密切关联的文化形态，是社会成员对创新活动的基本态度，是社会制度安排的观念基础。

在现实中，人们在对待创新的基本态度上很不相同。有的积极主动，迎风弄潮，勇于开拓；有的被动消极，固步守成，害怕创新。有的持之以恒，坚韧不拔；有的经不住挫折，临难而退。这些现象的背后，都是因为基本的价值取向和精神动力不同所致。创新文化就是在基本价值和精神层面上提升人的创新激情和毅力的前提。有教育家曾经说过一个观点，认为学前教育阶段主要是保护学生的好奇心；义务教育阶段主要是激发学生广泛的学习兴趣；高中教育阶段，应该促使学生的兴趣聚焦为志趣；而到了大学阶段，就要使学生的志趣转化为志向。这儿暂不去深究各个学段的责任，但我认为这段话说出了学习的动力是可以来自于不同的层次的。同样，人是创新活动的主体，创新的激情也是既可以来自于兴趣；也可以来自于使命；或来自于功利等不同层次的。正像有学者把人的思想境界分成四个层次：最低的是欲求境界，只求满足个人生存所必需的最低欲望。第二层是求知境界，人有了认知客观世界的规律和秩序的要求，人的精神自由程度、人生的意义和价值大大提升了一步，走进了精神的元素。但是如果人是出于功用心（或功利心），是通过认识客观规律，达到使客体为我所用的目的，这时的自我也是不自由的，“精神”常会陷入矛盾。于是就要由外在欲求转向内心，这就是第三层道德境界，这时的我独立负责，与他人相互尊重、平等相爱、对他人负责。客观规律与自我融为一体。最高的第四层是审美境界，人超越了“求知境界”和“道德境界”中的认识和实践的关系，把认识对象融入自我之中，而达到一种“情景交融”的“意境”。而且“欲念”、“功用”和“外在的目的”消失了。现实中的人，一般都应该有“道德境界”，如果它渗透在较低的“求知境界”中，就会使科学活动具有道德意义。再如果最高的审美境界能渗透在其下三种境界中，就使科学活动本身所具有的不计较功利的自由精神带给科学家一种愉悦之情，这是“科学美”，是一种经得起磨炼的蓬勃奋发、博大高远之境。我觉得一个人若能够摆脱功利的羁绊，自由地、不受利害得失的影响，而且又兴趣盎然地从事一项工作真是一种难以言表的幸福。

所以，创新文化应该能够保护、培养、激发创新的兴趣，宽容创新的失败；应该能够激励起担当振兴重任的志向，这个振兴对象可以是国家民族、可以是一个企业，可以是一个品牌、也可以是一项技术，等等。创新文化对创新主体的影响主要表现在两方面，一是从价值观念上，一个创新者个人或团队要将创新活动坚持到底，必须有强烈的创新激情驱动，有开拓进取的人生观、价值观，还要有对国家民族的使命感、责任感引领，有科学理念、科学精神的导航。二是从文化氛围上，一个好的有利于创新的社会文化氛围，能让人思想解放，精神振奋，不断追求创新，即使在创新失败时，获得的也不乏鼓励和支持。所以，创新文化是创新者的精神家园。

当然，物质生活方式是社会成员最基本的生活方式，物质利益原则是社会发展的一项基本原则。在运用价值规律发展市场经济、人们的生产方式和生活方式愈益“物化”的条件下，社会成员的思想活动也愈益表现出趋利性特点。人们对现行政策的评判，对社会前途的关心，往往更多地与自身利益能否得到实现联系在一起。在新形势下，要高度重视人们正当的物质利益的诉求。但要引导人们正确认识和处理物质利益和精神追求的关系、局部利益与全局利益的关系、眼前利益与长远利益的关系、个人利益与他人利益的关系。从而形成有利于促进社会发展、实现根本利益的精神力量。因此，创新文化中不可忽视了有效的功利制度的设计。

创新文化是建构国家创新体系的系统软件。温家宝总理在今年的政府工作报告中提出：今后不仅要大力推进科技创新，而且要让科技创新与扩内需、促增长，调结构、上水平紧密结合起来。把经济社会发展动力真正转移到依靠科技进步和提高劳动者素质上来。这一思路是有效应对全球性经济衰退风险、为亿万人民谋取更大福祉的迫切需要，也是建设创新型国家战略在我国发展现阶段的体现。好的愿望、好的主张提出来了，如何实现，就需要思想观念的转变、文化的建设，并且需要相应的制度安排和机制的设计。否则，只能是空洞的口号，甚至愿望和效果背道而驰。温总理的政府工作报告还指出，要加强改革的顶层设计和总体规划，我觉得这非常重要、非常正确。我们要认真及时地总结过去 30 年改革开放的经验，做好“十二五”乃至中长期发展总体规划的大文章。这样可以避免改革的“碎片化”，也就是指只有局部的改革但缺乏配套措施，所以它难以深入，走不远；同时也要避免利益的“部门化”，要争取全局的优化和协调；还要避免改革的“随意化”，不能轻易草率地出台或者废止某项改革，不能“胡折腾”。这就是体系设计的重要性。

实施创新型国家战略，必须重在建设一个合理的创新型体系。之所以称为体系，我以为就不只限于某些领域、某些项目，不只限于向某些人群倾斜，不只限于某个环节的突破。她必然应该是整体性的、战略性的、规律性的。这个体系须包含丰富的内容和合理的框架，即应包括科学发现、技术突破、产品的更新换代、市场开拓、制度变革等多种创新活动；企业、学校、科研院所，国有单位和民营单位，大中小各种企业、个人等多种机制各异的创新主体以及人才、资金、制度等多种资源要素。作为体系，必须是开放的，要素能够流动，就像水一样，活水才能永葆新鲜，无论是人才、资金，都能够畅通地流动，在流动中保持活力。各个环节之间要无缝连接，一个环节紧扣另一个环节，之间没有不可逾越的壕沟。要有合理的制度安排和适宜的社会环境，使得体系当中的多个主体都各安其位，都能在自己的位置上发挥自己的所长，都有对它合理的评价体系和利益的分配机制。使得各个主体、各个部门之间又能进行合作。一个科技成果，从发明到成熟，到应用，再到市场份额的扩大，它所需要的各种要素的数量、性质都不一样，所以就要有不同的政策设计。这样的体系中，全社会的创新智慧才会竞相迸发，各方面的创新人才才能大量涌现。如果一个国家有良好的创新体系，有技术创新能力，就可能成为下一轮产业革命的策源地，所以对我们来说，产业结构调整的机遇稍纵即逝，创新体系建设任务紧迫。

创新型体系要给创新者自由思想、自由创造、潜心研究的时间和文化环境。“自由是一种创造力，没有了自由，你的创造力就没有了”。当然，自由不是指毫无控制的力量。“是让每个人在必要的社会制约中尽可能地、最大限度地享有想象的自由、表达的自由”。借用孔子的话，就是“从心所欲不逾矩”。作为个人，有不断学习、自我修养的必要；作为社会，有个文化环境与制度建设的过程。所以，我认为有创新活力的社会一定是个学习型社会。

创新型体系还必须特别体现对年轻人的鼓励和支持。因为年轻人是创新的新生力量，是明天的希望。创新和创业的经历对青年人来说是艰难的磨炼。不管成功与否，如能从中获得积极感悟，都将成为其一生的精神财富。尤其是当我们注意一生中看到的思维上的新事物，往往会发现每一种新观念在刚产生时几乎都有一些愚蠢的地方。有创新活力的社会一定是不重论资排辈的、宽容差异的、尤其是宽容年轻人失败的社会。

创新型体系还必须体现知识产权战略的落实。知识产权保护的缺失是创新的一大障碍。研发投入是周期长、风险大的投资，如果研发成果得到有效的知识产权保护，企业就有源源不断的动力去投入研发。有创新活力的社会一定是尊重知识产权、保护创新者权益的社会。

通过寻租获取高额利润，显然是比激烈的商场搏杀来得容易。将寻租机会降到最低的制度环境就能够大大激励企业创新。有创新活力的社会一定是廉洁与法治的社会。

教育改革是个永恒的、又是一个世界性的课题。教育十二五规划即将发布，教育改革和创新应是其中的重点。在创新的社会中，以德为先、育人为本应成为各级各类学校的基本追求；敢于质疑、勤于思索应成为学生素质的重要内容；宽容并蓄、教学相长应成为学校文化的重要特征。这次论坛的主办方，中欧国际工商学院，作为中国最国际化的商学院，就是教育创新的一个范例，因为他的成立与发展就是一个解放思想、开放创新、不断克服旧体制的约束、踏实进取的过程。他被温家宝总理誉为“众多优秀管理人士的摇篮”。在下一个十年，衷心希望中欧能成为创新型人才的摇篮，为推动中国创新型经济的成长做出更大贡献。

最后，我想说，创新不是不要历史，而是要从传统和创造的结合中去看待未来。或者说是要“创造性转化”，也有说是“转换性创造”，冯友兰先生提出的是“抽象继承法”。已往先哲们的重要思想、概念，既有具体的意义，也有抽象的意义，所谓具体意义，是指当时情境下的具体价值，而抽象意义则是指超越时代的普遍价值。冯先生认为，我们应当是抽象继承，即继承那些具有普遍意义的、适应于古人，也适应于今人的思想。同时还要把这种抽象意义和新的具体、新的时代结合起来。抽象意义是可以贯穿古今，打通历史，服务当代的。我赞成继承传统，更赞成发扬传统。我曾经自创了一个字谜：“继承与发扬，打一城市名”，谜底是浙江的绍兴。可见，对于继承和发扬的不可偏废，是古已有之的共识啊！

创新不是只要民族的，不要世界的。我们必须冷静思考人类的未来是否可以将东西方文化中精神相通的要素整合起来，在相互理解的基础上，发现差异性文化的心灵相似性，拿出巨大的心智和勇气着手解决人类共同面临的各种问题。中国文化不仅是中国的、东方的，而且应该“走出去”，成为世界的。

创新文化不是只属于学术界的，更是属于企业界的，特别是在困难中艰苦奋斗的实业界的。企业是创新的主体，而真正的企业家精神是创新的主要力量源泉。各位企业家、创业者，以无畏开拓的企业家精神，为经济与社会的发展做出巨大贡献的同时，就在建设着、弘扬着新时代的创新文化。祝愿中国的企业家抓好企业创新文化建设，提升企业价值，增强企业的自主创新能力。

总之，创新是一项涉及多种要素的复杂经济、社会现象，创新系统各组成部分之间的充分交流和互动共享，是创新系统成功的特征，也是创新系统成功的保证。这要靠法规和物质投入，对相关的创新要素进行约束或激励，也要通过对核心价值的认同来实现约束或激发。如果说企业、研发机构等社会组织和科研设施、项目经费是构成国家创新体系的硬件，那么文化，包括制度、政策、思想方式和价值观，则同为创新体系的系统软件。在这里，文化不能仅仅理解为某种虚拟的价值与气氛，而是融入在组织、体系和人心之中显示出来的无形力量，她会时刻发挥着导向、激励、协调和约束的功能。

谢谢！

在民进中央机关庆祝中国共产党成立90周年红歌会暨知识竞赛活动上的讲话

（2011年7月1日）

严隽琪

各位同志：

下午好！

今天是个重大的喜庆日子，我们欢聚一堂，庆祝中国共产党成立90周年。将以“知识竞赛”的形式，回顾中国共产党九十载光辉历程，学习民进与中国共产党风雨同舟的优良传统，增进对当前形势、特别是对“十二五”规划的了解；并将以“红歌会”的形式，铭记革命历史、唱响理想信念，弘扬时代主旋律。

在民进60多年的发展历程中，一代又一代民进人坚持中国共产党领导的多党合作和政治协商制度，不断加强民进的建设，提高履行参政党职能的能力和水平，服务国家大局，积极参政议政。民进形成了坚持接受中国共产党的领导，坚持爱国、民主、团结、求实，坚持立会为公、参政为民的光荣传统，这是我们最为宝贵的精神财富。今天的民进仍然要按照老主席马叙伦先生“只有跟着共产党走，才是在正道上行”的嘱托，始终坚持与中国共产党同心同德、同心同向、同心同行，按照已经确定的“有思有行、集智聚力、顺势而为、开拓创新”的工作方针，加强自身建设，在新的形势下，不断提高参政党素质和履行职能的水平，这正是以史为鉴、温故知新、继承和发扬传统的目的所在。

如何以多种形式在民进内开展“旗帜、道路、目标”的认同教育？这是会中央一直在认真思考、不断研究、创新推进的重要问题，也是今年我会重点工作——机关建设的重要内涵。重庆“唱读讲传”活动是唱响主旋律的创新之举，对我们很有启发。古人云，“凡音之起，由人心生也。”“声音之道，与政通矣。”实践证明，“唱红歌给人以正气，读经典给人以学问。”接下来将要进行的知识竞赛和红歌会活动，就是在用活泼、互动和广泛参与的形式来丰富机关的精神文化生活、探索开展思想建设与作风建设的新方法。此时此刻，我期待着看到和听到机关各位同志喜气洋洋，以踊跃的知识竞赛、昂扬的红歌歌声表达对中国共产党和伟大祖国的热爱，传递奋发向上的精神，这将是我会中央机关文化建设成果的一次展示，我也愿意成为其中的一员。

在这里，我衷心希望机关各群团组织继续群策群力，一方面搭建起更多健康向上、振奋精神的活动平台，调动起大家的“精”、“气”、“神”。另一方面希望同志们能够静下心来读书思考，提高政治理论水平和文化素养。还希望同志们能够常有机会围坐在一切谈心切磋，互相帮助、互相促进，共同营造良好、健康、温馨、和谐的机关氛围，使中央机关建成为一个高素质参政党所必需的“学习型机关”、“服务型机关”和“高效能机关”。谢谢大家！

以“七一”讲话精神指导推动民进工作

（2011年7月2日）

严隽琪

胡锦涛总书记的重要讲话，是一篇马克思主义的光辉文献，是指引中国共产党和全国人民继续团结奋进的重要宣言，是推进中国特色社会主义事业不断前进的重要指针。

一、讲话具有强烈的历史厚重感

讲话概括了中国共产党自1921年成立以来，团结带领中国人民完成了彪炳千秋的“三件大事”——建立了人民当家作主的新中国、确立了社会主义基本制度和建立了独立的比较完整的工业体系和国民经济体系、开创了中国特色社会主义道路。团结带领中国人民完成了从半殖民地半封建社会到民族独立、人民当家作主的新社会，从新民主主义革命到社会主义革命和建设，从高度集中的计划经济体制到充满活力的社会主义市场经济体制、从封闭半封闭到全方位开放的历史性转变。由此，从根本上改变了中华民族的前途命运，决定了中国历史的发展方向，使中国人民走上了幸福安康的宽广道路，开启了中华民族不断发展壮大、走向伟大复兴的历史征程。“三件大事”的概括，使我们进一步深刻体会到90年来中国发生的翻天覆地的变化，进一步深刻认识到：是历史和人民选择了中国共产党，选择了马克思主义，选择了社会主义道路，选择了改革开放；中国共产党不愧为伟大、光荣、正确的马克思主义政党，不愧为领导中国人民不断开创事业发展新局面的核心力量。

二、讲话体现了中国共产党信念上的坚定性

1．坚持中国特色社会主义的坚定信念。面对风云变幻的国际形势，面对艰巨繁重的国内改革发展稳定任务，讲话强调高举中国特色社会主义伟大旗帜，最根本的是要做到“三个坚持”，即坚持和拓展中国特色社会主义道路，坚持和丰富中国特色社会主义理论体系，坚持和完善中国特色社会主义制度。这既与中共十七大精神一脉相承，又有所创新，首次对中国特色社会主义制度进行了系统和深入的阐述。用“五个有利于”，即有利于保持党和国家活力、调动广大人民群众和社会各方面的积极性、主动性、创造性；有利于解放和发展社会生产力、推动经济社会全面发展；有利于维护和促进社会公平正义、实现全体人民共同富裕；有利于集中力量办大事、有效应对前进道路上的各种风险挑战；有利于维护民族团结、社会稳定、国家统一，明确阐述了中国特色社会主义的特点和优势。

2．坚持执政为民、走群众路线的坚定信念。中国共产党来自人民、植根人民、服务人民。讲话掷地有声地指出，“90年来，我们党取得的所有成就都是依靠人民共同奋斗的结果，人民是真正的英雄，这一点我们永远不能忘记”，“以人为本、执政为民是我们党的性质和全心全意为人民服务根本宗旨的集中体现，是指引、评价、检验我们党一切执政活动的最高标准”，“只有我们把群众当亲人，群众才会把我们当亲人”，句句撞击我们的心灵。讲话还从实践的角度，从多个方面阐述了当前应当如何保持、如何发展、如何弘扬马克思主义群众观点、群众路线的问题。这些重要论述，使我们深受教育和感染，坚持执政为民，使中国共产党立于不败之地，获得了最广泛最可靠最牢固的群众基础和力量源泉。

3．坚持改革开放的坚定信念。讲话重申，我国过去30多年的快速发展靠的是改革开放，我国未来发展也必须坚定不移依靠改革开放。同时，讲话又根据不断发展变化的形势和国情，从推进经济建设、走科学发展道路，推进社会主义民主政治，发展社会主义先进文化，推进社会主义和谐社会建设等方面提出了新的要求。讲话帮助我们进一步坚定改革开放信念，对于在新的历史条件下继续以改革开放精神，推进中国特色社会主义事业，具有重要而深远的指导意义。

三、讲话展现了中国共产党面向未来、勇于创新、勇担重任的强烈责任感

办好中国的事情，关键在党。讲话站在总结历史、面向未来的高度，论述了新的历史条件下全面推进党的建设新的伟大工程、不断提高党的建设科学化水平的新要求。同时，对当前世情、国情、党情发生深刻变化的新形势下，中国共产党面临的新情况新问题新挑战，有清醒的认识，概括了："四个考验"：执政考验、改革开放考验、市场经济考验、外部环境考验；"四个危险"：精神懈怠的危险，能力不足的危险，脱离群众的危险，消极腐败的危险。在讲话的结尾部分，胡锦涛总书记语重心长地说，我们完全有理由为党和人民取得的一切成就而自豪，但我们没有丝毫理由因此而自满，我们决不能也决不会躺在过去的功劳薄上……这些论述，充分展现了中国共产党直面问题、牢记教训、勇于创新、勇挑重担的强烈责任感，和以改革创新的精神研究和解决党建面临的重大理论问题和实际问题的巨大勇气。我们完全相信，中国共产党一定能勇立时代潮头，充满活力地引领中国的进步。

四、民进要认真学习贯彻讲话精神

胡锦涛总书记的讲话，使我们增强了为多党合作事业健康发展作出新贡献的责任感和使命感。民进全会将认真学习讲话精神，并落实到民进各项工作中去。

一方面要坚持搞好政治交接，巩固树立和践行社会主义核心价值体系成果，引导广大会员正确认识我们所面临的形势和改革发展中遇到的问题，坚定中国特色社会主义的共同理想和奋斗目标。

另一方面要积极服务国家的科学发展，坚持"有思有行、集智聚力、顺势而为、开拓创新"的工作方针，就转变经济发展方式、改善民生、和谐社会建设等重大问题，发挥民进特色，深入调查研究，积极建言献策，及时反映社情民意，为十二五规划的实现作贡献。

再一方面是按照"执政党建设和参政党建设相互促进"的要求，在中国共产党与时俱进，在新的历史条件下提高党的建设科学化水平，不断推进党的建设新的伟大工程的示范和促进下，推进民进的自身建设，努力成为适应中国特色社会主义伟大事业要求的高素质参政党。

在革命、建设与改革的历史进程中，民进老一辈同全国人民一道，选择了接受中国共产党的领导、走上了中国共产党同舟共济、肝胆相照的道路，留下了"只有跟着共产党走，才是在正道上行"的政治嘱托。我们 12 万新一代民进人将牢记老一辈的嘱托，与中国共产党同心同德、同心同向、同心同行，在中国共产党的领导下，为全面建设小康社会和中华民族的复兴作出更大贡献！

文化、教育、出版界的一件大事

（2011 年 7 月 5 日）

严隽琪

尊敬的各位嘉宾、各位专家朋友：

大家好！很高兴能出席《新华字典》第 11 版出版座谈会！刚才听到各位同志的发言很受感动，感谢中国社会科学院语言所和新华字典的同志，感谢你们辛勤的和卓有成效的工作。感谢新闻出版总署、中国出版集团和商务印书馆，以及各界爱心人士的付出。

拥有一本《新华字典》，花钱有限，作用却无限。我认为 60 年来它已成为承载中华文化的一块基石，是可相伴一生的良师益友，而且有利于培养良好的自学习惯，还是促进教育均衡化的利器。从《新华字典》的历史看，它不仅在扫盲、推广普通话和促进汉语规范化等方面发挥着不可替代的重要作用，而且每每作为国礼赠送给国外元首和著名大学。如上世纪 70 年代，周恩来总理曾经将《新华字典》作为国礼送给国外政要；新世纪，胡锦涛总书记访美，又把《新华字典》《现代汉语词典》《辞源》等精品工具书赠送给耶鲁大学，并在介绍《新华字典》时称之为“世界上发行量最大的工具书”。我觉得它堪称国家之“重器”。

教育是国家发展的基础，是中华民族腾飞的希望所在。特别是孩子，因为孩子们处在人生的启蒙阶段，在当前农村师资力量还相对薄弱的情况下，字典的“无言之师”的作用就更加重要了。让孩子们，尤其是农村的孩子们拥有一本基本的、正版的、高品质的工具书，是一项实实在在的民生工程。小字典体现着“大教育”。如果连拥有一本正版的字典，都成为孩子们无法实现的奢望，我觉得我们大人、我们社会对孩子是一种亏欠。感谢全国政协、新闻出版总署及全国各地的新闻出版局、广西区政府、中国宋庆龄基金会、中国文学艺术基金会及各级教育部门等各种机构所作的大量细致的工作，从广西、重庆、北京、甘肃、河南到全国大部分省市，各界人士踊跃捐赠，在这个关系到教育和国家未来的“小字典”的问题上，我们都没有置身其外。

作为以文化、教育、出版为主要界别的参政党，中国民主促进会成立66年来，一直非常关注农村的义务教育，关注农村教师和孩子的现状和诉求。我们曾连续多年组织开展加强农村义务教育的多项专题调研，并提出相关意见建议，所提的很多建议得到了党和政府的高度重视和采纳。去年末，广西山区孩子缺字典的新闻给了我们很大触动，我们有几位同志慷慨解囊，以最快的速度通过民进广西省委机关，向广西上思、百色、河池等地的学生捐赠了1.2万册《新华字典》，商务印书馆只收了成本价，数量不大，也是给孩子们的新年礼物，表达自己的一点心意。

“国无辞书，无文化可言”，民无辞书，亦无文化可言。“小字典，大教育”，拥有数亿读者群的《新华字典》牵动着全国人民的心。今天在这里，我们举行《新华字典》第11版座谈会，我希望类似《新华字典》这样的国民教育的必备工具书，能够以其严谨而丰富的内涵、传统与创新结合的版本以及更大范围的发行让更多的人们，尤其是更多的孩子们受益。

谢谢大家！

在清华大学公共政策研究与政策建议座谈会上的讲话

（2011年7月8日）

严隽琪

我非常崇敬清华，1986年我留学回国时，正值863计划启动，我是自动化领域专家组的成员，我参加的主题办公室就设在清华，十来年中经常来往清华，对清华有感情。刚才公共管理学院专家教授介绍所做的研究和提出的建议让人感受到清华大学拥有非常强的科研实力和活力，感受到各位学者的学术水平和社会责任感。清华大学根据时代发展和形势需要，不断推出新的办学举措，公共管理学院为国家服务的宗旨和意识非常强，反映出清华大学开放办学、多元灵活的理念，重视加强国际合作，加强与社会的合作。你们的定位和国家对清华的期望是一致的，就是要有国际的视野和水平。

最近大家都在学习胡锦涛总书记的“七一”讲话，在中国共产党的坚强领导下，中国正朝着现代化的目标在大踏步前进。除了让我们自豪和振奋的成绩以外，也有很多的问题、挑战和困难需要我们去面对。放眼世界，当前全球秩序正面临着新挑战，全球治理结构面临着改革。如最近有两个新闻，一是WTO起诉我们，一是欧洲信用评级，号召大家自我评级。这都会对国内产生影响。我们常讲两种资源、两个市场、两个大局要统筹，这是实实在在摆在我们面前的新挑战。我们的改革开放就是在全球化的浪潮中推进中国特色社会主义事业，不看全局、不具有国际化的眼光、不善于利用国际惯例，就会吃大亏。所以，对我们的执政党、参政党、专家学者，都提出了更高要求。一定要两个大局统筹。一定要有国际化人才。

中国是在跨越式、高速度地发展，问题也会集中地凸现。老话说“慢工出细活”是有科学道理的。比如我们在开会的这栋楼，建成的时间并不长久，可地砖已经有了裂缝，估计原因是当时要赶时间。德国人见我们建设磁悬浮的速度十分吃惊，担心质量如何保证。但是中国积贫积弱的状况亟待改变，老百姓急需过好日子，中国必须加速发展。所以就有短期和长期统筹的要求，要研究发展的长期趋势。这对于我们的研究和判断提出了更高要求。具体问题上往往表现是左右为难。我感到中华文化可以发挥好的作用，即“取其中”，不走极端，留有余地。比如个税调整，或房地产政策，本意和效果的统一是很不容易的，考验着决策的水平和决策时机的选择。而且，国内阶层在动态变化，利益分配格局在动态变化，区域之间很不平衡，就更增加了制定政策的难度。

前不久，我参加深圳创新论坛时，听到一个教授的观点，我很同意。这位教授是“海归”，国际关系研究的专家。他说中国 GDP 总量世界第二，但除以 13 亿，人均仅列世界第 100 多位。就好像说中国平均气温 25 度，但是这个平均概念不能让人对海口市和哈尔滨市的实际气温有真实感受。所以他认为应该考虑用几大板块之间的相互作用来描述中国，可以更好地使别人理解。我觉得这个区域的问题很重要。另外，中国的流动人口规模，是“世界之最”，去年 2 亿多人在流动，国外行之有效的政策，中国照搬可能就不行。所以，我们要把真实的情况告诉世界，还要根据自己的真实情况制定政策。

另外还有法律体系的建设。这儿有几位同志都是全国人大常委，对于立法任务之繁重肯定有同感。每次开会都是时间很紧。不仅立法任务重，执法的问题也很多。所以依法治国任务还很艰巨。还需要注意的是科技的日新月异。例如微博上的新闻发表或转载，已经超出了个体交流的范畴，在起公共媒体的作用。发布新闻是否应有资质的要求，对后果如何承担相应的责任。党和国家在管实体社会上形成了一套办法，如“党支部建在连上”，建在所有实体单位里，但对于虚体社会怎么管理？这又是新的挑战。

我国的政党制度具有中国特色。“一党执政多党参政，一党领导多党合作”，这是历史的必然以及现实的需要。中国的情况曾经是一盘散沙，所以孙中山提出以党建国，国民党和共产党都提出以党建国。革命事业需要有一个坚强的核心，引导一盘散沙的国家凝聚起来，齐心协力搞建设，一心一意谋发展。也需要有监督，要避免决策的武断，避免腐化，必须靠加强监督。所以需要实施多种监督。“多党”就是要听多种声音，从多个角度来看问题。民主党派有反映社情民意和讲真言献良策的责任，这是我们的地位所决定的。党派没有 GDP 的考核，没有学科的限制，又有参政议政的直通渠道，这就使我们在民主监督、献言献策方面可以发挥一些独到的作用。参政议政有好几种层次。一是中国未来在国际体系中的位置，这是一个层次；第二层次是国家的大政方针，或者叫总体设计，温家宝总理今年在工作报告中提出，加强总体设计，这很重要。我们的体系一定要合理、要有自我修正能力；第三个层次是一些热点难点问题，牵涉不同领域、不同区域、不同人群、不同环节。我这里特别提一下要关注人的全面发展，刚才学校的介绍中就谈到清华很重视人文。我觉得文化不仅仅给人技能，最重要是一种精神。我们要培养人有审美的情趣，社会才容易和谐。对于药家鑫、马加爵、郭美美事件的发生，能不能从心理学上、从美学教育上找找原因？这不是一个纯粹的理论问题。人的全面发展，光停留在口号是不行的，理念固然重要，但是一定要解决问题。其他的问题也是这样，要有正确的理念，还要有可操作的举措。希望我们一起努力，使改革开放发展的政策越来越好，希望决策避免碎片化，表象化。避免碎片化是指系统全面的权衡。避免表象化是指不单纯凭感觉来说话，而是希望有理论依据、有大量数据的对接和比较、有对长期的预测、有对可行性充分的论证。

党和政府的资源很丰富，所以，对民主党派参政议政的要求也越来越高。民主促进会在履行职能中要集智聚力、要打破部门的界限，这和清华开放办学的理念是相似的。党派有界别特色，民主促进会是以教育文化出版界为特色的，但是参政议政的需要却不受此约束。无论是经济形势、司法改革、三农问题还是节能减排、以及教育科技等等，都必须有参与、有贡献。所以，无论是从要求的程度和覆盖面来说，我们必须集智聚力。尤其在教育这个老领域内，必须彰显特色和优势，否则对不起民进的历史，对不起民进的会员，我们要以新作为来巩固老领域。

中国民主促进会和北京师范大学共建的中国教育政策研究院，就是在这个背景下成立的。北京是首善之地，资源太丰富了。北师大又是民进的重要“据点”，民进教育委员会主任庞丽娟正是北师大的骨干教师。成立中国教育政策研究院，搭起一个会内外专家都能介入的平台，而且有一支专职的队伍，教育政策研究就不再是突击式的了。基于同样的思路，民进和上海社会科学院在经济方面也建立了一个合作中心，做到有机构保证、制度保证、经费保证、项目保证。教育政策研究院的定位，不是从学科出发，而是从教育政策存在的现实问题出发，着力于做学术与政策之间的转换工作。我们不重在基础研究，因为学校已经有从事基础研究的力量和机制。我们是在吸收学术研究成果的基础上，进一步与国情和政策需求相结合，形成对政策的建议，这就是政策院的定位。

政策院的队伍是开放流动的。我们一方面通过北师大的平台，把学术界的资源吸引过来，另一方面通过民进中央和各省级组织，把社会上的资源凝集起来。队伍组成是跨学科的，属社会问题，就研究社会政策；属人事问题，就研究人事制度政策。希望能够跨学科限制、跨体制限制、跨考核限制以及跨其他方面限制。

政策院的方法，一切是以问题和需求来导向的。主要是搞社会调查，今天的座谈会也属于社会调查的组成部分。再有就是广纳成果，我们不可能是什么问题都从零开始做，如清华已经做了那么好的工作，取得那么多数据和案例，如果这些研究成果和政策建议之间有缝隙的话，政策院要推动把这个缝隙补上。另外，如果已经有成熟的政策建议，我们也可提供参政党的渠道。

政策院的经费来源是多元的。参政党有参政议政的经费，但很有限，所以我们要另辟渠道。一是申请国家项目经费，一是到社会上争取，还有就是和地方合作，为地方政府服务。顺便提一下，最近我们争取到一个农民工子女社会融合的课题，人文社科基金给了部分经费。清华也有做农民工研究的，将来可以进一步合作交流。

教育政策研究院成立虽然仅一年，通过这个体制，凝聚了全国多个单位的力量，有北师大，华师大、东北师大、北大、华中师大、今天还有清华，还有社会上的研究成果。已经提出了一些有分量、有效果的政策建议。

以上对政策院的介绍，是希望给我们和清华公共管理学院的合作关系提供一点借荐，对政策的建议往往离不开管理的问题，所以很期待与贵院的合作。当然，合作必须是互利双赢的，参政党和高校合作，一定要同时有利于高校的学科建设、凝聚人才、开阔眼界、体现价值、扩大影响力，这样高校才有积极性。如果双方在理念上有共识，在各自的优势上可以互补，那么就可以探讨进一步合作的可能性。合作的方法可以是多种的灵活的，如共同申请项目，人才交流，也可以开座谈会，资料交流等。

最后，再次对各位拨冗参加今天的座谈会，表示深深地感谢。

在第三届中国政党研究论坛上的讲话

（2011年7月9日）

严隽琪

同志们：

在我们认真学习胡锦涛同志“七·一”重要讲话精神之际，由中国政治学学会、中央社会主义学院中国政党制度研究中心、北京大学政党研究中心、中国人民大学当代中国政党研究中心、中国统一战线理论研究会秘书处联合举办的第三届中国政党研究论坛在我院隆重举行。在此，我谨代表中央社会主义学院，对论坛的举行表示热烈的祝贺！对参加论坛的各位领导、专家、学者表示诚挚的欢迎！

90年前的今天，代表全国52名党员的13名代表聚集在上海一栋普通居民楼里，庄严宣告了中国共产党的诞生。中国共产党的成立，是近代中国革命历史上划时代的里程碑。正如毛泽东所言："自从有了中国共产党，中国革命的面目就焕然一新了。"中国共产党的90年，是经受住各种风浪考验，不断发展壮大，由革命党转变为执政党的90年；是始终坚持把马克思主义普遍真理同中国革命、建设、改革具体实践相结合，探索中国特色社会主义道路的90年；是为中华民族的独立、解放、繁荣，为中国人民的自由、民主、幸福而不懈奋斗的90年；是广泛团结各方面力量，带领广大人民群众，在民族复兴道路上取得辉煌成就的90年。90年峥嵘岁月，中国共产党领导中国人民完成了新民主主义革命的任务，实现了民族独立和人民解放；建立了人民当家作主的国家政权，维护了国家的统一和各民族的团结；建立了社会主义制度，实现了中国历史上最广泛最深刻的社会变革；开创了中国特色社会主义事业，为国家富强和人民幸福探索出一条正确的道路。90年的历史证明，中国共产党不愧为伟大、光荣、正确的党，不愧为中国革命和建设事业的坚强领导核心。没有共产党就没有新中国，就没有中国特色社会主义，就不可能实现中华民族的复兴伟业。

中国共产党90年的光辉历程，也是中国共产党同各民主党派和无党派人士风雨同舟、团结奋斗的历程，是中国共产党领导的多党合作和政治协商制度创立和发展的历程。"中国共产党成立以来90年波澜壮阔的历史实践充分证明，思想上同心同德、目标上同心同向、行动上同心同行，是中国共产党领导的多党合作和政治协商制度最鲜明的特质，是我们不断夺取革命、建设、改革事业胜利的有力保证。"中国共产党领导的多党合作和政治协商制度是我国一项基本政治制度，是具有中国特色的社会主义政党制度，是社会主义民主政治的重要组成部分。这一制度深深植根于中国的土壤之中，它既不同于西方资本主义国家的两党制或多党制，也有别于有些国家实行的一党制，是一种新型的社会主义政党制度。这一制度以共产党领导、多党派合作、共产党执政、多党派参政为基本特征，以合作、协商代替竞争、冲突，在中国的政治和社会生活中显示出独特的政治优势和强大的生命力，发挥了不可替代的重大作用。在中国共产党领导下，我国各政党同心同德，真诚合作，团结奋斗，互相监督，既避免了多党竞争、相互倾轧造成的政治动荡，又避免了一党专制、缺少监督导致的种种弊端，实现了集中统一领导与广泛政治参与的统一、国家稳定与社会进步的统一、充满活力与富有效率的统一，为建设中国特色社会主义提供了重要的制度保障。前天上午民进中央的中心学习组学习"七·一"讲话时，有副主席发言说，在这一光辉历程中包含了60多年来各民主党派和共产党同心同德所作出的重要贡献，所以在庆祝今天的成就时我们民主党派也很自豪。这的确说出了我们的心里话。

在新世纪新阶段，全球化、信息化浪潮席卷全球，对世界各国经济、政治、文化产生深远的影响，中国政党制度的建设和发展也面临新的形势和新的课题。适应形势发展的要求，推进和深化中国政党制度理论研究，为多党合作理论创新和政策完善服务，为构建中国特色社会主义政党制度理论体系服务，是时代提出的重大课题，也是理论工作者神圣的使命和职责。基于此，在中国共产党成立90周年之际，我们召开以"中国政党制度的回顾与展望"为主题的研讨会，回顾中国共产党与民主党派和无党派人士团结合作的历程，总结多党合作60年来的历史经验，研究中国共产党领导的多党合作和政治协商制度的功能和价值，探讨多党合作理论和实践中的热点、重点和难点问题，为坚持和完善这一基本政治制度、不断推进多党合作事业的发展作出我们应有的贡献。

希望这次研讨会能高举旗帜，把握方向。

多党合作理论研究是一项政治性、政策性很强的工作，必须高举中国特色社会主义理论伟大旗帜，以马克思列宁主义、毛泽东思想、邓小平理论和"三个代表"重要思想为指导，贯彻落实科学发展观。多党合作制度理论研究的目的，从根本上来说是为巩固和完善我国基本政治制度，巩固中国共产党的执政地位，巩固中国共产党领导的多党合作的大格局，坚定不移走中国特色社会主义政治发展道路，推进社会主义民主政治发展。在研究中必须坚持中国共产党领导，准确掌握中国共产党关于多党合作的理论和各项方针政策，深刻把握我国社会主义政党制度的本质特征和内在规律性，在涉及多党合作根本政治方向、重大原则和重大理论政策上与党的大政方针保持一致。

希望这次研讨会能解放思想，开拓创新。

创新是时代精神的核心，是社会进步的动力。在坚持正确的政治方向基础上，要解放思想，提倡积极探索和理论创新，注重对多党合作中一些前瞻性、前沿性和热点、难点问题的研究，努力开创理论研究的新境界。在研究中，既要注重政策层面的研究，为政策完善提供合理的建议；又要注重提升研究的学理性，善于创造性地运用马克思主义理论对中国多党合作实践进行理论抽象，形成新的理论概括和理论观点，推进多党合作理论的不断丰富和发展。要善于把哲学、政治学、社会学等多种学科的理论工具和研究方法运用到多党合作制度理论研究中来，提升研究成果的理论品质。我们在民主党派工作中，感到共产党加强理论建设、不断推进党的建设新的伟大工程对参政党建设具有巨大的促进作用。相比之下参政党理论建设还比较欠缺，需要进一步加大力度。

希望这次研讨会能联系实际，服务现实。

在多党合作制度理论研究中，要注重理论与实际结合，强化对实践的研究，提高对现实问题的回应性，使我们的研究成果能够对多党合作的理论创新和实践发展起到实实在在的促进作用。中国多党合作制度作为一种新型的社会主义政党制度，既带有世界政党制度发展的一般规律，又有自身确立和发展的特殊规律，就其本质而言，是与西方政党制度不同的理论体系和制度体系，盲目地、不加分析地照搬西方政治理论和政党理论，必将从根本上危害我国多党合作制度的建设和发展。我们要在吸收人类政治文明成果基础上，紧密结合中国的实际，对我国多党合作的鲜活的实践内容进行创造性的理论研究，对中国多党合作制度与西方政党制度有着根本差异之处作出有深度、有解释力的阐释，构建具有中国特色的话语体系，为中国多党合作制度的巩固和发展奠定强有力的理论支撑。当前参政党自身情况发生了很大变化，很多年轻会员逐渐成为主体，他们需要的不仅有历史的回顾、更要有现实的剖析，既要以情动人、还要以理服人。这对我们的政党理论研究提出了更大的挑战。

希望这次研讨会能加强协作，形成合力。

开展多党合作理论研究，是一项系统工程，只靠某一方面的力量是做不好这项工作的。对于参政党，我们坚持的是中国共产党领导下的多党合作制度，所以一定要在这一理论框架下进行参政党理论研究。参政党都有各自的研究室，近年来也都在加强理论研究工作，但是力量有限、编制有限，大部分人是兼职工作。民进中央研究室就将理论研究定位于以实际需求和现实问题为导向，开展为应用服务的理论研究。研究过程中，需要整合执政党和参政党、学术部门和实践部门的力量，形成合力，努力做到理论工作者与实际工作者相结合，统一战线内部研究力量与社会力量研究相结合，这样才能把研究引向深入，推向前进。

最后，希望大家共同切磋，努力把这次论坛办好。预祝论坛取得丰硕成果。

在民进新疆区委座谈会上的讲话

（2011 年 7 月 23 日）

严隽琪

我有五年没来新疆了，非常感谢民进区委会把各位请来开会。新疆幅员辽阔，来开会不像在北京或者上海那么方便，在座的会员们是特地放下手头的工作，冒着酷暑从各地区赶来参加座谈会的。还要感谢会外的，包括中央统战部、自治区人大、自治区统战部的领导对民进的关心和支持。中共新疆维吾尔自治区统战部王宗社副部长刚刚作了热情洋溢的讲话，对民进新疆区委会的工作给予了充分肯定和鼓励，对今后工作提出了希望。由于时间关系，刚才只能由民进新疆区委会牛汝极主委代表大家讲话，没听到更多新疆民进同志的发言，这是美中不足的地方。今天在有限的时间里和尽可能多的同志见面，希望以后有更多样的形式来聆听大家的心里话。我们中央有个规定，或者说主席班子有个共识：一是尽量抽时间到地方、到基层，向大家表示慰问；二是把中央的一些思考或者说工作思路，与大家当面交流。达到上情下达，同时促进下情上达。而且，最鲜活的经验往往是在基层创造的，所以每次到基层调研实际上对中央形成工作思路是非常好的启发和帮助。同时，联系群众也是作风建设和领导班子建设的重要内容。

新疆的工作做得好，刚才王部长也肯定了。这是为民进在新疆树立了好的形象，争取了地方上的一份信任，是对民进全会的宝贵贡献。中央的很多工作要依靠地方去推动、落实和促进，这几年我尤其感到新疆对中央的支持。在一些重大的事情上，民进新疆区委会都是在第一时间把社情民意通报给会中央。参政议政是我们民主党派的生命力和价值的体现，尤其是新疆目前的跨越式发展特别需要我们出主意、提建议、进行监督，为新疆的快速发展和长治久安做贡献。我很高兴听到王部长对民进新疆区委会参政议政工作所作的肯定。社会服务工作在新疆有很大的工作空间。会中央有心想做事情，但要做成则需要各方面的支持，需要集智聚力。会中央在新疆推进的几个大项目，都得到民进新疆区委会的帮助，争取到了自治区党政部门或所在地区的支持，从而使这些项目从意向变成了实实在在的项目，有的还很快见到了效果。这里，要特别感谢自治区党委统战部对民进区委会的指导，调动当地资源进行支持，才有这几个大项目顺利进展的局面。

明天即将揭牌的“同心工业园”，由民进企业家会员投资，达到了一百个亿。另外，民进科技医卫委员会副主任、中国农业大学的黄卫东教授，是一位资深的制酒专家。他积极响应党中央和民进中央的号召，把自己的有关项目与西部大开发结合，目前在新疆、宁夏、甘肃等几个西部省份都有他的落地项目，他把新的葡萄品种介绍给当地农民，提供种子、工艺，同时保证采购，这样一来当地农民的收入就大大增加了，他的项目成果真正达到了“富民”。经他研发的红酒质量早已超过了许多外国品牌。这次来新疆，他和我乘坐同一架飞机，他告诉我，他现在研究成功用桑椹酿制紫酒，其经济价值和营养价值均高于红酒。明天他就去南疆，准备着手落实南疆的酒业项目。为了这些项目在新疆落地，民进区委会克服了机关人员有限的困难，做了很多有效的工作，所以要向你们表示深深地感谢。

民进新疆区委会从 1984 年成立到现在是 27 年，不算很长，但工作开展得有声有色。刚才牛汝极主委作了一个概括性的报告，王部长又给予了充分的肯定。我非常感谢你们讲政治、讲大局。一方面在履行职能中取得好成绩；另一方面在自身建设方面，无论是思想建设、组织建设、制度建设还是机关建设，也都取得了很好的成绩。为维护新疆稳定、促进新疆发展，民进会员和新疆的所有人民一起同甘共苦，共同经受考验，共同贡献力量。王部长说他感受到了民进会员的素质，及整个组织的素质在提高。我感到牛汝极同志作为主委，作为班子的一把手，是一个讲政治、讲大局的好同志。他在做党派工作的同时，还不失一位专家学者的本色，作为一位汉族学者，却对于维族等少数民族的文字和文化都有很深的造诣和研究，他的学术背景很难得，不愧为我们民进的一位代表性人士。我为民进的新疆工作叫好，也为你们骄傲。

我们这次到新疆来，借用王部长的话说，是乘了全国援疆工作会议的春风，也是在十二五开局之年这样一个关键时刻来的。现在国内外形势还很复杂，不确定因素还有许多，经济发展仍然是我们的中心任务，但是经济发展还面临着许多挑战和困难。时代向我们提出了新的要求，也给予我们展示才干、实现价值的新的舞台。我们要落实胡总书记“七一”讲话精神和全国援疆工作会议精神，要进一步提高对做好新疆工作的重大战略意义的认识。有一位国内培养的学者，曾给邓小平作过翻译，很了解我们改革开放总设计师的设计思路，同时又到西方从事研究多年，这应属于即了解中国又熟悉西方思维的学者，我很同意他的一个说法：“要描写中国，向外国人说清楚中国是很难的”。当然从经济总量看中国已经是世界第二了，但是除以13亿后，人均只有世界第100位，从这两头看都还说不清，就如同说中国的平均气温是25摄氏度，但从黑龙江到海南，这中间的温差没有表示出来。他主张用板块来描述，中国分为几大板块，而且这几大板块正因为有了坚强的领导核心，所以板块之间形成了良性互动。所以中国的经济发展比较其他传统的或者先发的或者西方的发达国家而言，他们是从多民族走向单民族，而我们的回旋余地比他们更大，从这个意义讲，一加一可以大于二。新疆是中国的中西部的桥头堡，也是沿边开放的重要地区。要充分认识中国的国情和新疆的重要战略地位。在国际上来讲，它是联系欧亚大陆的陆地通弛，在世界上处于十分重要的战略地位。从国内来讲，新疆的长治久安，新疆的发展繁荣关系到中国特色社会主义事业的成败。因为民族的团结、国家的安全和统一、我们可持续发展的动力以及有更大的回旋余地，都关系到社会主义事业的成败，也关系到和谐社会的建设，因此怎么强调都不过分。中国民主促进会，是和中国共产党同心同德、同心同向，同心同行的一个参政党，必须为新疆的发展、繁荣和稳定作出应有的贡献，这不是可做可不做的事情，是必须做的事情。

在这里，借这个机会，我向大家谈谈中央对今年工作的一些思考。

第一，关于对国情的认识。我们都在学习“七一”讲话。“七一”讲话让我们更加认识到中国这样一个超辽阔幅员、超大规模人口、超长历史、超深文化积淀的国家，要实行向现代化的转型，没有一个坚强的领导核心，没有中国共产党的领导，是万万走不通的。我们不可能照搬别国经验。中国的文化是内生的，这是我们中国的一个特点，它具有内源性，所以决定了我们追求和谐、讲究辨证、讲究整体，这是和其他文化不一样的地方，也是我们文化的生命力所在。我们不照搬西方的路，因为历史证明了走不通。中国的崛起，没有向外扩张殖民地，没有侵略外国，这样的情况在西方国家的发展历史里是找不到的。我们也不照搬苏联。我们要从传统的一些束缚中解放出来，但绝不放弃我们的传统优势，所以我们追求持中之道，这很重要。无论我们的文化、我们的思维方式、我们走过的道路，还是我们的经验和我们的这些特点，处理得好就是优势，处理得不好就变成绊脚石。中国共产党执政能够取得胜利，就是体现了走出一条符合国情的道路，包括了多党合作制度。我们的话语体系还没有完全构筑好，西方不是太了解我们。其实我们和谐的政党关系就是希望避开多党竞争，避免把大量的精力和金钱消耗在竞争选举上，同时又避免一党专政。所以我们在探索自己的路，我们千万不要人云亦云，还是要冷静地把自己的优势发挥到最多。

第二，关于对自身建设的认识。“七一”讲话还给我们一个重要的启发，共产党能够90年保持旺盛的生命力，就是因为他从建党开始一直重视党的建设，这一点给我们参政党极大启发。今年初，胡锦涛总书记对民主党派的负责人提出执政党建设和参政党建设要互相促进，这意味着参政党必须要建设成为一个高素质的参政党，否则很难与共产党同行。而建设高素质的参政党，不是一个简单的口号，会中央一直在努力解这个题目。什么是高素质参政党？怎么做才能实现高素质？我们这几年一直在努力探索。在总结了前几年的经验以后，会中央提出了“有思有行、集智聚力、顺势而为、开拓创新”的工作思路。同时提出了“四个促进”：执政党建设和参政党建设要互相促进；会中央工作和地方工作相互促进；自身建设和履行职能相互促进；理论研究和实际工作相互促进。我想这就是我们围绕如何成为高素质参政党这个目标不断解题的一个概要性的描述。比如，如何处理好进步性和广泛性？进步性，从根本上说就是政治立场。现在形势在变，会员的构成在变，任务也在变，我们要密切关注和掌握会员的思想动态，要促进和巩固政治上的认同。在广泛性方面，我们组织发展的会员成分肯定比原来要复杂，因为会员人数多了，成分也多样了；现在工作流动性增大，很多人从“单位人”变成了“社会人”，这些都给我们带来了新的问题。要做到求同存异，组织要关心会员，要让会员感觉到加入我们的组织在政治上有提高、在服务上有渠道、在价值实现上更加充实，这就好回答“参加民主促进会为什么”了。

第三，对履行职能的认识。这里有一个老阵地和新领域的问题。民进是以文化教育出版界的中高级知识分子为主要界别特色的，而文化教育出版在建设中国特色社会主义事业中占很重要地位。文化怎么发展繁荣，教育怎么改革发展，给我们提出很多需要参政议政的新问题。巩固老阵地，是不能推卸的责任，是会员们的期望。怎么巩固老阵地？会中央提出要以新作为巩固老阵地。对老阵地，如果没有新作为、新出路，想保是保不住的，所以我们在这方面做了很多工作。思想要开拓、眼界要开放，要投入到现实中间去。了解形势和任务的变化在什么地方，我们才能提出恰如其分的好的建议。同时要顺势开拓新领域。我们不能把自己框在界别特色里面。前天进海协商谈经济工作，不能说民主促进会不是以经济主要界别特色，就不提真知灼见了。否则，会让 12 万会员失望，让共产党失望的。其他兄弟党派和政府的部长们也会觉得民进的水平不高。新领域必须开拓，但这个开拓要顺势，这是由我们参政党的定位决定的。什么叫顺势？我是这样理解的：一是顺应形势，要学习，要认清形势；二是顺应客观规律，我们都是知识分子，讲科学，要求实事求是，这个“是”和顺势的“势”在这里是一样的，就是规律。从纷繁复杂的现象中找出规律来，按规律去提建议；三是顺应优势，民主党派尽管有很多方面并不具优势，但我们仍有一定的比较优势，就是比较超脱，不为 GDP 所困，不为地方利益所困，建议的渠道又比较直通，由我们提出的建议，往往会得到党政领导特别的重视，这些都是我们的优势。

集智聚力是会中央大力倡导和推进的。中央和地方要互动，我们希望地方的参政议政内容如有全局性的，就争取和中央联手一起来做，这方面近年来已经取得了很多好的经验，达到了很好的效果。这次新疆的社会服务活动，就是中央和地方联动起来的结果。会中央离得远，又不熟悉当地情况，要单独推项目会困难得多。专职和兼职要互动，参政党里除了机关人员，其他就都是兼职的，所以就希望找到专职工作和兼职会务工作的结合点，如果结合得好效果就会很好。中国教育政策研究院的建立，就是因为会中央教育专门委员会主任庞丽娟教授是教育专家，她把自己的专业和参政议政结合起来，带动了北师大和兄弟院校的一大批专家。他们的专职研究成果，原来以论文为主，现在可以转化成政策建议，而我们参政议政的力量就扩大了。昨天我到中科院调研，中科院科技政策研究所的副所长王毅教授是会中央科教文卫专门委员会的主任。他的专职工作就是研究科技政策，而我们的参政议政也要研究科技政策，所以我们和中科院达成了合作共识，希望借此扩大我们就科技政策建言献策时的智力优势。我们在各地的会员中，有很多都在知识产权、教育、科技等政府机构以及研究部门担任实职，而且遍布 29 个省区市，这就是专职与兼职互动，也是会内与会外互动的基础。新疆民进也要努力在互动中开拓履职资源。

在社会服务方面，前年我们开了一个社会服务工作会议，会中央提出了三个原则，大家可以用实际工作来验证、补充，完善。一是政治性原则。我们政党做社会服务和一般的社会团体、一般的爱心人士区别在于：讲政治、讲大局。二是以智力为主的优势发挥原则。我会以知识分子为主，财力有限。与新疆结对的对口支援单位很多，有些发达地区对口支援的金额远比我们多。但我们用智力特色来服务，加上我们特有的参政议政渠道，我们除了投钱还可以投智力，还可以通过影响政策来服务，这是我们的特色。三是顺势合力的务实原则，我们的目标要实事求是。这是我们对社会服务工作提炼出来的三个原则。

第四，对学习的认识。不能空谈提高素质。一定要和实际操作和学习结合起来。自身建设水平要提高，履行职能能力也要提高，要在紧密联系实际中不断学习，建设学习型参政党。知识分子的政党似乎讲学习是多余，不学习还叫知识分子吗？实际上知识分子的所长就是我们有学习的能力，有学习的习惯。所以建设学习型政党，我们民主促进会一定要做好。而这个学习要和履行职能以及我们的责任紧密结合在一起，深入调查研究，在工作中勤于思考，善于总结，挖掘事物的规律。2011 年，我们一方面继续要深化学习社会主义核心价值体系，另一方面，现在换届进入了关键时期，明年是中央和省级换届，今年是市级换届，这也是我们价值观的一个体现，也是我们队伍建设的一个考验，是对学习效果的一个考验。换届工作和学习实践社会主义核心价值体系要结合起来。

第五，关于会内民主建设。民主党派必须讲民主，会内要坚决贯彻民主集中制，决不搞一言堂。会中央所有的重大决策都是集体决定的，而且有制度保障。另外成立了中央监督委员会，监督重点首先就是会中央，监督会中央首先是监督以我为班长的我们这个班子成员，这是非常明确的。再有就是联系基层制度的实行，会中央的成员一定要尽一切可能深入基层、听取基层的声音。到了地方，还争取多见见十大普通会员代表，因为中常委、主委们有较多机会和会中央主席们一起开会、讨论，但是普通会员很少有机会，所以除了五年一次的代表大会，我们希望到了地方尽可能见一见，听听他们的声音。这里也接受大家的监督，大家对中央的工作有什么建议、批评，欢迎你们用各种途径向我们提出。

我就用这点时间把中央的工作思路向大家报告一下，反映了会中央对“建设高素质参政党”这个题目的思考。等到明年换届，中央要对全会有一个系统的报告。

今年是十二五的开局之年，新疆的发展又面临一个关键时机。希望新疆民进进一步集智聚力、顺势而为，加强队伍建设，提高我们参政议政能力。另外，今年年底要开民进全国机关建设工作会议，希望新疆区委会根据你们的实际情况总结经验，到会中央来参加交流。

再次谢谢大家！

在民进中央“同心·彩虹行动”援疆捐助暨“同心工业园”揭牌仪式上的讲话

（2011年7月24日）

严隽琪

尊敬的张国梁副主任、靳诺副主席、陈延武副局长，各位领导，同志们，朋友们：

今天，民进中央牵头组织的“同心·彩虹行动”援疆捐助暨“同心工业园”揭牌仪式在这里隆重举行。我想我们每一位出席活动的人都会感到心里充满了暖意，也对这些奉献爱心的企业家满怀着敬意。我代表民进中央，向为此次活动成功举办给予指导帮助的中央统战部、新疆维吾尔自治区党委和政府，向慷慨解囊、大力支持本次活动的有关企业和社会各界人士，表示衷心的感谢！

民进的企业家会员们一直热心社会公益，投身慈善事业，多年来在全国各地为社会事业和民生需要多次捐款，表现出优秀社会主义事业建设者的社会责任感。这次又积极响应民进的号召，到新疆投资兴业或捐助文教民生事业，积极参与援建新疆跨越式发展，以实际行动贯彻落实中央新疆工作座谈会精神。我向大家表示敬意！

党中央、国务院高度重视新疆工作，新中国成立以来天山南北发生了历史性的变化，去年中央又召开了新疆工作座谈会，作出了推进新疆跨越式发展和长治久安的重大决策，这是国家战略。我认为，文化是引领，科技、教育是支撑，民生是目的。此次捐赠的款项和物资，主要用于支持新疆文教事业发展和民生改善，帮助白内障病人的治疗，希望这些活动给新疆人民带来实惠。这里值得一提的是，全国政协委员、民进中央联络委员会副主任、浙江圣雄集团有限公司、新疆圣雄能源开发有限公司董事长林圣雄先生，倾心尽力参与新疆建设。林先生这几年来投资建设托克逊县工业园，已完成投资近30亿元，进入了中国化工企业500强，并努力践行“造福员工、回报社会”的宗旨，在产业发展的同时，注意关怀每一位员工，打造亲情工程。该企业至2010年底已交纳税金1亿元，安置少数民族员工和本地就业人员2600余人、占员工总数的75%，为新疆地方经济社会发展，为富民固边做了大量工作。林先生还表示，将向民进开明基金会捐赠1000万元，主要用于资助新疆等中西部民族地区教育事业的发展。刚才佐书同志宣读了民进中央的决定，将这个工业园命名为“同心工业园”，此决定获得了中央统战部的同意，今天举行了揭牌仪式，这既是对工业园过去工作和成绩的充分肯定，也是对工业园今后进一步发展的期望和鞭策。我们希望，“同心工业园”将建设得越来越好，在推动新疆优势产业发展、促进经济社会协调发展中，做出更大贡献。

胡锦涛总书记在今年初的党外人士迎春座谈会上指出，思想上同心同德、目标上同心同向、行动上同心同行，是中国共产党领导的多党合作和政治协商制度最鲜明的特质，是我们不断夺取革命、建设、改革事业胜利的有力保证。民进作为中国特色社会主义事业的参政党，要认真贯彻中共中央决策部署，以推动科学发展为主要内容，着力打造“同心”品牌。动员凝聚和组织全会的智慧与力量参与援建新疆跨越式发展，就是新形势下民进实践“同心”理念、打造“同心”品牌的重要体现。“同心”是统战系统共同的品牌，“彩虹”是民进的品牌，所以此次开展的系列新疆行活动被命名为“同心·彩虹行动”。我们将总结以往支援西部地区发展的经验，本着力所能及、务求实效的原则，不断改进工作，继续为新疆繁荣发展和长治久安贡献力量。

我希望，认真落实好捐赠后续工作。把捐赠的效益发挥到最大，真正惠及各族群众；“同心工业园”和相关的产业项目，打造成为具有良好经济效益、社会效益的循环工业园区，做好示范，发挥更大作用。也希望能有更多的人，更好的项目来到新疆。

我充分相信，有中央的大力关怀，有援疆省份的大力支持，在自治区党委和政府的坚强领导下，新疆各族群众团结拼搏，就一定能把建设繁荣富裕和谐稳定社会主义新疆的宏伟蓝图变成美好现实，一定能实现跨越式发展和长治久安的目标。有感而发写一首小诗：“同心铸伟业，和煦东风来，爱心本无界，彩虹显异彩。”预祝新疆的明天更美好，新疆各族群众的生活更幸福！

谢谢大家！

在民进企业家参与新疆跨越式发展建设座谈会上的讲话

（2011 年 7 月 24 日）

严隽琪

刚才各位的发言都很精彩，包括民进的会员、民进之友、还有新疆维吾尔自治区统战部王副部长。发言之所以精彩，是大家饱含着对新疆、对祖国的真情、对民进的感情，而且大家都有真知灼见、有在实践中获得的真实体会，都是在发展自己企业的同时，又考虑为祖国发展、为社会做贡献。希望把今天各位的发言记录下来，以便今后进行宣传。

民进中央很重视今天的会议。因为新疆的发展正处于一个重要的新起点上，援疆工作座谈会已经一周年，中央对新疆发展的大政方针很明确了，而新疆面临的形势仍有其复杂的一面，这是本次座谈会的重要背景。而且，出席座谈会的是以民进企业家会员为主，企业家会员是民进 12 万会员中一支非常有活力的力量，民进组织有责任为这些会员服务。要鼓励和帮助他们创业、发展事业，同时应该提供机会或渠道，让他们互相交流，了解发展所需要的信息。这是我会社会服务工作的一个重要内容，需要不断开拓，并值得好好总结。社会服务是民主党派的重要职能。如何在建设高素质参政党中提高社会服务的能力和效果，这是我们必须要回答的问题。会中央希望社会服务工作更好地参与新疆跨越式发展建设，但今天的座谈会的意义已经超出了新疆这个地域的界限，关系到一个参政党如何提高自身能力的重要问题。所以这个座谈会非常重要。

下面我就两个方面谈一些想法，一个方面是强调民主促进会参与新疆跨越式发展的重要性。来到新疆，我们一定会感到新疆好，她土地广袤、风光美丽、资源富饶、文化多彩，特别是生机勃发。但是新疆和发达地区的差距还是比较大的，尤其是新疆处在我国西部桥头堡的重要战略地位，敌对势力企图在这儿从事分裂祖国的活动，对新疆的发展带来不容忽视的挑战。要推进新疆的跨越式发展、实现长治久安，需要全国人民共同努力，其中包括民主促进会，应该动员全会力量加入进来。参与新疆跨越式发展是在新形势下民主促进会履行参政党职能的必然要求。昨天我和张春贤书记会见时，他介绍了新疆当前的形势，特别是前不久在和田市发生的事件的真相，党和政府采取的果断措施，以及今后对新疆长治久安的思考。这使我更加感觉到，新疆的长治久安关系到国家的大局，关系到中国特色社会主义事业的成败，关系到改革开放的可持续发展。所以，民进能够参与新疆的发展是参政党围绕中心、服务大局、履行职能的根本责任，是新形势下中国共产党领导的多党合作和政治协商制度的生动体现。多党合作促进地区发展在贵州毕节试验区有一个开创性探索，现在全国援疆的背景下，民主促进会积极参与援助新疆的活动，是在新形势下多党合作的又一生动体现，为民进会员实现价值、为民进组织扩大影响发挥作用提供了一个新的平台和机遇。同时，参与新疆跨越式发展，能够促进民进的自身建设，成为增强民进凝聚力的重要抓手。民进中央对于党派的自身建设归纳了四个互相促进，就是“执政党建设和参政党建设互相促进，中央工作和地方工作互相促进，履行职能和党的建设互相促进，理论研究和工作实践互相促进”。刚才从各位同志的发言中，也反映了参与新疆跨越式发展，就是体现四个互相促进的过程。民进有 29 个省级组织，12 万会员，其中企业界会员有 4000 多人。在新疆发展的建设者中，有我很熟悉的企业家会员，也有我刚刚结识的企业家会员；有我已经知道的动人事迹，还有这两天才听到的动人的事迹。我很感动，并且觉得我们的潜力还很大。我希望通过参与新疆跨越式发展，民进组织能更好地服务会员、激发会员的热情、提供给他们事业发展的平台和新的途径。另外，通过不断的总结，可以发现会内的工作网络、工作制度和工作体系的不足，可以促使我们改进工作。这个过程一定会让我们各级组织的作用得到进一步发挥、会员的主体作用得到进一步发挥、机关的枢纽作用也得到进一步发挥，使民进组织的凝聚力和执行力提高到一个新的水平。所以，服务新疆是我们的责任，也是我们的需要。

第二方面是对这项工作的思路和建议。近年来，我一直在思考有关民主党派履行社会服务职能的定位和规律。作为会中央的社会服务职能部门，其定位是服务于经济社会的发展、服务于民生，同时还要服务会员，三个服务都不可少。刚才企业家会员在发言时，我们能感到企业家也面临着许多挑战，这就要求党派组织在服务社会的同时，有责任服务我们的会员。今天的座谈会，实际上是各位互相交流启发的会议，也能给新疆维吾尔自治区的同志提供更多的信息。会员到新疆来发展，得到民进新疆区委会热情的帮助，新疆的党政部门也给予了关心和支持。刚才提到的“三个服务”，供大家进一步思考。我在前年的民进全国社会服务工作会议上，曾提出了民主党派履行社会服务职能要掌握的原则：作为政党搞社会服务要强调政治性原则。政治性就是围绕中心，服务大局。如果是个人搞慈善，往往可以出于个人的兴趣或专长，而民主党派必须围绕中心，服务大局。新疆的发展就是中心工作、事关大局。讲政治，还要服务于中国的科学发展，中国走的是不同于先发达国家的道路，我很赞赏圣雄同志的话，他说他的企业引进的是最新的技术，尤其注意环境保护，这就体现了政治性原则。讲政治，还要促进稳定，保稳定是一个大的政治问题，尤其在新疆。如圣雄集团的职工 75% 都是少数民族。这对保稳定和促进民族融合来说，是实实在在的机会、又是实实在在的挑战。该集团的党委力量很强，虽然是民营企业，却专门成立了一个“亲情基金”，增加企业员工的凝聚力。举这个例子，就是要说明民主党派搞社会服务要讲政治。再有一个原则是务实，就是要实事求是，从需求出发，要符合区域的特点。要善于发挥组织的优势，民进组织遍布 29 个省市、自治区，要发挥各地组织的积极性，其中发挥当地组织的积极性，疏通渠道和信息，这也是很重要的。这些原则用在新疆的社会服务工作中是完全适用的。

会中央的工作思路总结为四句话：“有思有行，集智聚力，顺势而为，开拓创新”，希望在新疆开展社会服务工作中，这四句话能实实在在的体现出来。什么叫“有思有行”？不能只搞热闹的活动、仪式，还要动脑子、勤思考，要善于总结，发现不足和纰漏，有利于今后工作的改进。什么叫“集智聚力”？会中央提出的“四个促进”和刚才大家的发言都充分体现了这一点，同时在社会服务中发现可以上升为政策建议的，要和参政议政工作相结合。什么叫“顺势而为”？就是有所不为有所为，每个人、每个党派都有各自的优势和所处的环境，所以要学习形势，在埋头拉车的时候，一边要抬头看形势，和形势匹配；并且要符合客观规律，认清自己的资源优势。什么叫“开拓创新”？简言之，就是与时俱进，不因循守旧。大家在新疆开展的社会服务工作，一定会不断丰富这四句话的内涵。

对于企业家而言，加入民进和没加入有什么区别？希望民进的企业家会员更有文化气质，做新时代的“儒商”。文化气质不是限于学历，学历只说明曾经有一段学习的经历，受过一定的知识教育，不等同于有文化气质。现在有学历却没文化气质的人存在，学历低而文化品位高的人也不少。我认为，有文化就是要有道德情操、有真善美的追求。刚才几位企业家的发言让我感动，值得我们学习。企业家精神应该是勇于创新的精神，一个创新型国家就是一个企业家创新精神充分发挥的国家。企业家要有力争上游的精神，要追求品牌标准；要甘于奉献，积德行善，富有爱心；要守法诚信，服从国家利益。总之，希望民进的企业家会员，包括民进之友中的企业家，是讲政治、识大局、有文化的企业家。我们共同努力，民进组织应为大家提供交流学习提高的机会，以有利于你们的事业有成。

通过今天的援疆工作座谈会，希望大家对于援疆工作的重要意义进一步统一思想、提高认识，进一步实现同心理念、打造同心品牌，进一步加强沟通，形成合力。在会内有负责社会服务工作的职能部门、有各地的民进企业家联谊会、有各地方和基层组织、有联络委员会，首先在会内要加强沟通，各单位要形成合力，然后才能更好地与会外沟通，形成更大的合力。在新疆的工作必须要突出特色，才能求实效。昨天，张春贤书记说，新疆的发展思路是工业现代化，所以我们的工业企业一定要有现代化的目标，不是简单地把东部的落后产业转移过来。农业要高效化，只有农业的效益提高了，当地农民才能真正致富。还要注重民生的改善，提供就业岗位，就是在保障民生。文化与教育要和经济同步发展，其中职业教育很重要，张书记提到要把新疆打造成为教育的强区，民进在这方面可以做贡献。

最后，要特别提出，新疆是一个民族地区，社会稳定很重要。企业家在这里发展事业要注意学习有关政策，注意形势发展，与有关方面加强沟通。我相信，新疆的繁荣发展和长治久安，是为企业到这里发展提供稳定的环境，这需要我们共同努力。最后，我代表会中央祝各位企业家会员身体健康，家庭幸福，事业发展，在你们事业发展的同时也帮助新疆的发展。

谢谢大家。

在“中国青爱工程五年经验交流会暨大庆基地授牌仪式”上的讲话

（2011 年 8 月 20 日）

严隽琪

各位同志，各位朋友，上午好！

今天很高兴来到大庆，参加“青爱五年 誓师大庆——中国青爱工程五年经验交流会暨大庆基地揭牌仪式”。首先，我向青爱工程五年工作经验交流会的召开，中国青爱工程大庆基地的揭牌，以及受表彰的各单位和个人，表示热烈的祝贺！向关心、爱护、支持青少年健康成长的同志们，向各位爱心人士，向青爱工程团队的同志们，表示最诚挚的敬意！

胡锦涛总书记指示“艾滋病防治是关系我中华民族素质和国家兴亡的大事，各级党政领导需提高认识，动员全社会，从教育入手，立足预防，坚决遏制其蔓延势头。”在座的中国疾病控制中心性艾中心吴尊友主任，是国家主管艾滋病防治工作的主要干部之一，也是民进会员，他是一位专家。他从专业角度证实，艾滋病问题已经非常严重，而青少年艾滋病问题是尤为令人揪心的社会问题。

中华慈善总会、中国教育学会共同主办青爱工程，专注于学校防艾教育、性健康教育、心理健康教育和公益慈善理念培育。在党和政府的领导下，在社会各界爱心人士的参与下，经过五年的艰苦努力，取得了积极的阶段性成果。青爱小屋试点工作，以艾滋病防治为使命、以青春期教育为核心、以人格健全为目标、以小屋能力建设为导向，培育青少年爱的素养、爱的能力，说明你们在这个问题上有高度的自觉性、责任心和科学精神。

经过改革开放，中国人解决了温饱问题，但随之而来的社会问题也日益突显，性健康教育就是其中的一个突出问题。在建设全面小康社会的过程中，这个问题如何认识、如何对待，确实具有非常重要的现实意义。我国有2.7亿在校青少年，必须遏制艾滋病在青少年中通过性进行传播。所以，性教育的缺失，就是教育主阵地的失守。

其实，性健康教育不单是防治艾滋病的需要，对于青少年养成健全的人格也非常重要。中国的文化传统讲究“修身齐家治国平天下”，修身是起点。今天讲性健康教育，应该是修身的一个重要内容。党和政府多年来重视性健康教育。2001年，时任国家主席的江泽民签署了《中华人民共和国人口与计划生育法》，这是我国的一部重要法律。其中的第十三条就专门要求：“学校应当在学生中，以符合受教育者特征的适当方式，有计划地开展生理卫生教育、青春期教育或者性健康教育。”这说明，青少年的性健康教育已经明确无误地成为国家意志。抓住了性健康教育，就可以遏制艾滋病蔓延的势头，阻止艾滋病对青少年的大面积侵害。青爱工程提出了“青少年艾滋病防治，学校是基本面，性教育是主战场”，这个论点很鲜明，主张很明确，是有的放矢。

青爱工程立足于两个法律基础，即“两个十三条”。上面说的《中华人民共和国人口与计划生育法》是一个十三条，另一个十三条是2006年国务院颁布的《艾滋病防治条例》第十三条。这有力地说明，青爱工程的工作，与党和国家的要求，保持着高度的一致。你们的工作，是全社会关爱青少年、对青少年负责的重要体现，是民间协助政府，主动承担责任，做面向基层的工作。这样做慈善，丰富了慈善事业的内涵，抓住了慈善事业的根本。青爱工程根据法律法规，研究国情，进而成立专门的慈善教育项目，树立品牌，持之以恒地、充满激情地、富有创造性地开展工作，非常难能可贵，值得钦佩。

青爱工程的创新之举，符合时代潮流，符合改革开放形势。胡锦涛总书记在谈到艾滋病防治的时候，强调要“动员全社会”；谈到慈善事业发展的时候，强调要加快完善“政府推动，民间运作，社会参与，各方协作”的慈善事业发展机制。你们用一个简单、形象的“小屋”的概念，让艾滋病防治机制的创新在学校的现实中找到了落脚点。名曰小屋，其意不小，涵盖了大文章、大理念、大局观、大智慧。这四大是建立在“各方协作”的基础上。政府要推动，社会要参与，民间才有运作的空间和可能。过去大家往往认为要解决青春期教育的问题，是在教育系统内部寻求解决方案，认为主要是师资的问题、课时的问题、教材的问题。事实上，这些问题远不是全部。教育行政部门和社会必须建立有效互动机制，外部环境、社会舆论有着教材不能替代的功效。所以，小屋对学生的性健康教育具有了十项功能设计，它是教育教学活动，又是社会活动，它的参与者既有老师、学生，又有家长、政府。

青春期是情感发育的关键阶段。长期以来我们采取的是比较简单的管理办法，即惩治早恋，却往往忽视了主动引导青少年情感发育的宝贵时机。这当然有其历史条件的限制。想当年，我1962年进大学的时候，我们接受的一次非常严肃的教育就是不准谈恋爱。我们现在条件好了，形势发展了，认识也进步了，就能把工作做得更细致、更科学，就能抓住对青少年进行性、情感、婚姻家庭、心理健康、慈善爱心的最好教育时机。

大庆是有着铁人精神优良传统的光荣城市。今天，大庆市青爱工程基地揭牌，大庆计划今明两年要做四百间小屋，我们很期待大庆这个英雄城市，在青爱工程中同样取得良好的成绩和宝贵的经验。也希望大家充分用好政策，进一步激发全社会的爱心，动员各方面的力量，把青爱工作开展得更好。

慈善意识在中国社会全面觉醒。我注意到，青爱工程对此有清醒的认识。形象大使白岩松曾经在启动仪式上说青爱要做成“透明的玻璃匣子”，这其实是全社会的期待。但能不能做到透明，既取决于初衷，又是能力的体现。认识要明确，行动要落实，知行合一，并非易事。希望青爱工程进一步强化能力建设，因为社会是听其言，还要观其行的。

中国民主促进会作为参政党，与教育、与青少年有很深的渊源。民进中央与中国教育学会、与中华慈善总会有过多次很好的合作。民进中央的老领导许嘉璐先生、张怀西先生，均出席了2006年青爱工程的启动仪式，并且担任总顾问，他们持续关怀，多次出席有关活动。青少年的健康成长关系国家和民族的未来，凡有利于此的，民进都责无旁贷，愿意和青爱工程合作、同行。

我相信，有党和国家给予慈善政策资源上的支持，有全社会及爱心人士的共同参与和互动，一定会在一个更加广阔的空间里加快青爱工程的普及和深化，以造福我们的孩子！祝愿青爱工程在未来五年，取得更大的成绩！

在会见台湾民意代表交流参访团时的致词

（2011年8月26日）

严隽琪

尊敬的饶团长和夫人，陈副团长，台湾民意代表交流参访团的各位新老朋友们，大家晚上好！

请允许我代表中国民主促进会中央对各位今天下午到民进中央机关来访问座谈，以及接受我们的邀请，在这里欢聚一堂共进晚餐，表示热烈的欢迎！昨天的新闻联播电视节目里对中共中央政治局常委、全国政协主席贾庆林和饶先生率领的参访团一行亲切会见作了报道，这足以证明，各位这次来访，得到了高层和各方面的重视。贵团的行程内容丰富，各位不辞辛劳，一个地方接着一个地方，一个活动接着一个活动。但在百忙中能够把访问民主促进会列入你们的行程，让我们深深感到你们的情谊和信任，这份感情我们铭记在心。台湾民意代表参访团的成行，来之不易，经过了两岸很多有识之士不懈的推动，得到方方面面的支持。其中，就有我们民进的老领导许先生和贵团的团长饶先生的努力。今年是台湾民意代表交流参访团第二次到大陆参访，我想借晚餐前致辞的机会表达我们的心意，既是欢迎，又有感谢，也有对所有为两岸关系和平发展作出贡献的有识之士们的感念。

任何执政者都要重视民心和民意，这是中华民族自古就流传下来的政治智慧，在古训中留有很多这方面的表述。而在现代民主政治的建设过程中，就表现为要建设服务型的政府，畅通民意表达的渠道，使得掌握权力的人做出的决策更加科学、更加民主，真正能够代表最广大人民群众的根本利益。这不是容易的事，但这是我们的努力方向。我们孜孜不倦地努力，就是要走出一条符合国情的民主政治建设之路，在这方面我们有很多可以交流的。

各位此次来访，到了上海、南京和北京，都是大城市，属于大陆最发达的板块。我们中国的国情就是地域广、人口众、内部的板块十分复杂、区域发展很不平衡、城乡一体化远远没有达到，还面临着很多困难和问题。所以，尽管你们这次很辛苦地奔波，但我觉得还看得不够，我希望饶先生每年要组织更多的台湾民意代表，走更多的地方，更全面深入地了解大陆的情况。我们也要多到台湾去。民主促进会近年来以叶圣陶研究会的名义多次组团到台湾进行访问，得到了以饶先生和夫人为代表的台湾众多朋友的盛情接待，以至于饶先生自诩为是民主促进会的“台湾办事处主任”。这些交流使得我们双方加深了互相的了解，增进了友谊和互信。

海峡两岸现在面临很多共同的问题，如金融危机对经济的影响、环境保护和气候变化的问题，社会民生的问题，等等。我们两岸拥有着共同的祖先和文化之根源，“兄弟同心，其利断金”。让我们携起手来，取长补短，团结合作，共同面对挑战，共同实现民族复兴，我们一定能够创造中华民族更美好的明天。我们要多做顺应民心、反映民意、造福民生的事情，两岸关系的和平发展，一定会有利于两岸的福祉。中国民主促进会，特别是民进中的政协委员和人大代表，一定和台湾的民意代表一起努力。

再次感谢大家对民主促进会的厚爱。

在北京国际出版论坛上的致辞

（2011年8月30日）

严隽琪

尊敬的各位来宾，女士们、先生们：

大家上午好！一年一度的北京国际出版论坛如期举办，非常高兴与中外出版界的朋友再次相会。在此，我谨代表论坛主办方之一的中国民主促进会，向莅会的各位嘉宾和中外朋友表示热烈的欢迎和诚挚的谢意！

伴随着新技术、新产品、新解决方案的不断问世，数字出版的浪潮来势汹涌，全球出版格局也因此发生了翻天覆地的变化，出版业的数字时代已经到来。我们高兴地看到，我国以数字出版为标志的新的出版业态开始呈现出高速发展发展的势头。2009年，数字出版整体收入超过795亿元人民币，首次超越传统出版产业。2010年，数字出版产业的总产值更是达到1051亿元。与传统出版业相比，数字出版的形式更加多样、工序更加灵活和反映更加快速。它对人们的阅读、学习与交流的方式，对出版业的工具、流程及其管理和营销的方式都带来了革命性的变化，人们面对着新的挑战和机遇。在这种背景下，今年的北京国际出版论坛邀请了国内外的数字出版专家，共同探讨数字出版的发展走向是非常有意义的。今天，我借论坛的机会谈几点看法，仅供参考。

第一，积极利用新技术促进传统出版向数字出版的转型。数字技术在出版业中的运用与发展是不可阻挡的历史潮流，为出版业的发展开辟了前所未有的新空间。这正是我国传统出版业向现代化出版业升级转型的必由之路和宝贵机遇。而且技术创新永无止境，利用新兴技术成果推动传统出版产业的升级转型必定是一个永不能满足或松懈的进程。

第二，以内容为核心，以创意达到超越。出版作为一种文化传播形式，蕴藉着民族的精神，体现着价值的取向。提供健康的内容是出版业的社会责任；具有独特创意的内容也是出版业赢得竞争、占领产业高端的“不二法门”。有了丰富而优质的内容，以阅读为基础的多媒体的出版形式，就能成就数字出版的新业绩。

第三，传统出版业向数字出版转变的过程，也是资本调整和资源合理配置的过程，出版模式的转变必将带动出版产业的结构调整，一定会伴随着资本运作与兼并重组。这对出版产业链条的变化以及其中的每一个环节，都带来了机遇和挑战。我们必须抓紧研究，对由此带来的金融和管理等相关的改革需求有足够的准备并及早付诸行动。

中国民主促进会是以出版、教育、文化为界别特色的参政党，为促进中国出版业更好更快地发展出力献智，是我们义不容辞的责任。因此，民进一直对我国出版事业的改革与发展倾心关注，分析面临的问题，加强调查研究，努力建言献策。加快传统出版产业向数字化转型也应成为民进今后在出版领域参政议政的重点工作。

我们认为，抓住数字化的契机，把握好我国出版业未来发展的方向，更有效地推动我国出版的转型升级，需要完善支持数字出版的政策、促进数字出版的立法工作、提高数字出版的管理水平、加强数字出版物的版权保护、提高数字出版的国际合作水平。

总之，时代需要我们进一步解放思想，探索创新。我们不仅要拓宽视野，虚心借鉴国际出版业的先进经验，为我所用；更要实事求是，探索适合本国数字出版业发展的模式，积极参与市场竞争，切实推动我国数字出版又好又快发展，进而为世界数字出版发展做出应有的贡献。

最后祝本届论坛圆满成功，谢谢各位！

在中央社会主义学院2011年秋季开学典礼上的讲话

（2011年9月1日）

严隽琪

各位领导、各位学员，同志们：

在全国人民深入学习贯彻胡锦涛同志“七一”讲话的热烈气氛中，我们隆重举行中央社会主义学院2011年秋季开学典礼，具有重要意义。首先，我代表中央社会主义学院向各位学员表示热烈欢迎和亲切问候！向出席开学典礼的各位领导和来宾表示诚挚感谢！

今年是中国共产党建党90周年。年初，胡锦涛同志在党外人士迎春座谈会上指出，中国共产党成立以来90年波澜壮阔的历史和实践充分证明，思想上同心同德、目标上同心同向、行动上同心同行，是中国共产党领导的多党合作和政治协商制度最鲜明的特质，是我们不断夺取革命、建设、改革事业胜利的有力保证。7月1日，胡锦涛同志在庆祝中国共产党建党90周年大会上发表重要讲话，回顾总结中国共产党90年的伟大成就和宝贵经验，提出在新的历史起点上全面推进中国特色社会主义伟大事业的大政方针。今年下半年，各民主党派、工商联市级将开始换届，省级组织和中央组织2012年也将换届，这是新世纪新阶段民主党派、工商联的又一次重要的组织更替。当前，我们要深入学习领会胡锦涛同志“七一”讲话精神，认真总结本届民主党派组织在坚持中国共产党领导，加强思想建设、组织建设、制度建设、作风建设和提高参政议政水平等方面的经验，进一步落实政治交接任务，巩固和发展政治交接成果。借此机会，我结合当前民主党派实际，就进一步学习贯彻胡锦涛同志“七一”讲话精神，谈三点意见：

第一，践行“同心”理念，始终不渝地坚持中国共产党的领导。中国共产党成立90年来，特别是改革开放30多年来，带领全国各族人民不断探索，开辟了中国特色社会主义道路，形成了中国特色社会主义理论体系，确立了中国特色社会主义制度，取得了举世瞩目的发展成就。在长期的革命建设与改革实践中，各民主党派始终坚持中国共产党的领导，与中国共产党亲密合作，建立了风雨同舟、荣辱与共的友党关系，特别是老一辈民主党派领导人，为坚持和完善中国共产党领导的多党合作和政治协商制度贡献了智慧力量。回顾历史，我们看到，坚持中国特色社会主义政治发展道路是中国共产党与各民主党派长期合作的政治基础和最基本、最广泛、最深刻的共识。中国共产党的领导是中国特色社会主义事业的根本保证，接受中国共产党的领导，共同投身中国特色社会主义建设事业是各民主党派的自觉选择。当前，在经济体制深刻变革、社会结构深刻变动、利益格局深刻调整、思想观念深刻变化的社会环境下，做好各民主党派换届工作，必须深入学习领会胡锦涛同志“七一”讲话精神，引导民主党派干部和成员深刻认识中国共产党的先进性，深刻理解只有中国共产党才能带领中国不断走向繁荣富强，继承发扬老一辈民主党派领导人长期与中国共产党团结合作的政治信念、优良传统和高尚风范，增强接受中国共产党领导的自觉性和坚定性，实现新老交替基础上的政治交接。

第二，加强自身建设，提高参政党建设科学化水平。胡锦涛同志在“七一”讲话中指出，在世情、国情、党情发生深刻变化的新形势下，中国共产党必须坚持以科学理论指导党的建设，以改革创新精神研究和解决党的建设面临的重大理论和实际问题，着眼于全面建设小康社会、加快推进社会主义现代化，全面推进党的建设新的伟大工程，不断提高党的建设科学化水平。各民主党派作为中国共产党的挚友诤友、中国特色社会主义事业的参政党，要以中国共产党为榜样，全面加强思想建设、组织建设、制度建设、作风建设，不断提高政治把握能力、参政议政能力、合作共事能力和组织协调能力，努力使参政党建设水平与执政党建设水平相适应。这是实现政党关系长期和谐的重要基础，是实现多党合作事业可持续发展的必然要求，也是民主党派切实履行参政党职能、充分发挥作用的内在要求。长期以来，各民主党派按照适应新的任务、保持自身特点、更好发挥作用的要求不断加强自身建设，取得了显著成绩。但也要看到，随着时代发展，民主党派自身建设也面临着一些新情况新问题，提高参政党建设科学化水平任重而道远。加强参政党自身建设，既要借鉴中国共产党的宝贵经验，又要遵循参政党发展的自身规律，在人才、制度、理念、作风等方面下工夫，以能力建设为出发点和落脚点，切实提高参政党建设科学化水平，与中国共产党一道，共同致力于中国特色社会主义伟大事业。

第三，强化政治责任，全面服务国家“十二五”发展大局。2011 年是“十二五”时期的开局之年，能否开好局、起好步，关系到“十二五”规划的顺利实施，关系到未来 5 年我国经济社会健康发展，关系到我国全面建成小康社会宏伟目标的实现。当前，全国上下正在以学习贯彻胡锦涛同志“七一”讲话为动力，奋力夺取“十二五”开局之年的全面胜利。民主党派要找准角色定位，积极发挥自身优势，紧紧围绕科学发展这一主题和加快转变经济发展方式这一主线，为实现“十二五”规划的宏伟目标献计出力：一要做“十二五”规划的研究者。一方面通过学习、宣传使广大民主党派成员深刻领会中共十七届五中全会和“十二五”规划的精神实质和深刻内涵，准确把握我国“十二五”时期的主题、主线、目标任务、重要举措；一方面积极参与关乎经济社会发展全局的战略性、前瞻性、关键性、基础性问题的研究，加强专题调研，为转变经济发展方式、实现科学发展多建良言、多献良策。二要做“十二五”规划的践行者。民主党派智力密集、人才荟萃，要引导民主党派成员在本职岗位上发挥业务专长、开拓创新，以国家和人民的利益为出发点，以中共党委、政府的中心工作为着力点，以人民满意为落脚点，不断增强履职意识，为“十二五”时期本单位、本地方的建设和发展贡献聪明才智，形成推动科学发展和转变经济发展方式的合力。三要做“十二五”规划的监督者。参政议政、民主监督是民主党派的基本职能。各民主党派成员有责任密切关注本地区落实“十二五”规划的具体进程，针对存在的问题，及时提出意见和建议，协助中共党委、政府把规划落到实处；要发挥调研作用，围绕重大建设项目的落实和人民群众普遍关注的热点、难点问题组织考察调研，形成有深度、高质量的意见建议。同时，各民主党派能够集中反映其成员和所联系群众的合法利益与要求，也能够有效协调各种关系，化解矛盾，为中国特色社会主义事业营造安定团结的社会环境，最大限度地把智慧和力量凝聚到促进经济社会发展上来，更好地服务于“十二五”发展大局。

同志们，大家长期工作在第一线，肩负繁重的工作任务，能够到中央社会主义学院来进行集中、系统的学习，机会难得。希望同志们珍惜学习机会，潜心学习，深入研讨，不断提高理论水平和运用理论解决实际问题的能力，力争学有所获、学以致用，以适应新时期多党合作事业的需要。去年，中共中央办公厅印发了《2010—2020 年党外代表人士教育培训改革和发展纲要》，全国党外代表人士教育培训工作会议暨全国社会主义学院工作会议在北京召开。会后，各级社会主义学院认真学习贯彻《纲要》和会议精神，大力加强正规化建设。今年，中央社会主义学院以学科建设和基本建设为重点，进一步提升软硬件水平，并以此带动学院全面发展，努力为“特色立院、质量强院、发展兴院”打好基础，为党外代表人士教育培训事业作出新贡献。欢迎大家对中央社会主义学院的工作提出意见建议，帮助我们进一步改进和完善工作。

最后，祝大家在中央社会主义学院生活愉快，身体健康，学有所成！

在霍懋征教育思想研究会成立大会上的讲话

（2011 年 9 月 3 日）

严隽琪

敬爱的霍懋征老师已经离开我们一年多了。今天，我们怀着思念和敬仰的心情，举行“霍懋征教育思想研究会”成立大会，这将为研究和发扬霍懋征老师的教育思想搭建一个长效的平台，这是对霍懋征老师最好的纪念。

教育是中国民主促进会的主要界别特色之一，霍懋征老师是民进的老会员。早在解放前，作为一个爱国青年，她就十分仰慕叶圣陶、谢冰心、雷洁琼等民进老一辈领导人，为他们的学识文采、道德文字所鼓舞，用霍老师自己的话，就是“被民进前辈们的人格魅力深深吸引”。新中国成立后，霍懋征老师亲眼目睹民进的老一辈领导人为繁荣发展人民的文化教育事业殚精竭虑，于 1953 年成为民进的一员，从此开始了和民进广大会员一同奋斗、和民进组织一起成长的历程，与民进结下了不解之缘。霍懋征老师曾动情地回忆，她的成长得益于民进的一些前辈教育专家的指导和教诲。民进中央原顾问、全国教育工会原主席方明先生倡导“爱的教育”，对霍懋征老师“以爱育人”的理念产生了重要影响。霍懋征老师的语文教学思想，则直接得到民进中央原主席、著名教育家叶圣陶先生的真传。同样，霍懋征老师的教学思想与实践，也指点和帮助了无数的民进年轻的教育工作者。几十年来，霍懋征老师几乎走遍了大江南北，应民进地方组织邀请培训青年教师。同时，霍懋征老师在教育上的贡献，绝不限于在课堂上，学校里教书育人。她作为第五、六、七、八届全国政协委员和第六、七、八、九届民进中央常委，霍懋征老师在繁忙的教学工作之余，还积极履行参政议政、民主监督的职责，参与民进的社会服务工作。正是在霍懋征老师担任全国政协委员期间，她和民进的其他政协委员一起，先后在政协会议上提交确立教师节、制订教师法的提案，并通过坚持不懈的努力把这些提案上升为国家意志，为提高教育和老师的社会地位，作出了重要贡献。

我身为民进的一员，深为我会有霍懋征老师这样的杰出会员而骄傲，作为多年的教育工作者，我也深深为霍懋征老师的事迹和教育思想所吸引、所折服。霍懋征老师从事小学教育 60 年，为国家培养了大批卓越人才，为中国的教育事业作出了卓越贡献，是教育战线上的一面旗帜和人民教师的楷模。民进之所以能够始终与中国共产党共同进步，得到广大人民群众的认可，也正是有以霍懋征老师为代表的一代代民进成员积极进取，无私奉献。霍懋征老师不仅是中国教育的“国宝”，也是中国民主促进会光荣和骄傲。她的思想和精神，已经融入中国教育的历史长河里，融入到中国民主促进会的优秀传统中。

霍懋征老师在长期教学实践中，形成了自己独到的教育思想，这些思想质朴而深邃、简明而睿智、平稳而超前，即使在今天，也丝毫不落后于时代，仍然在教育教学中被许许多多的老师运用着，为他们提供有效的借鉴和指导。今天新成立的研究会，以霍懋征老师的教育思想为主题，在座各位都是教育方面的专家，对这个主题一定都很有研究和心得。在此，我谈点浅见，权当抛砖引玉。

用爱点亮学生的人生和未来，是霍懋征教育思想的灵魂。“用爱育爱”、“没有爱就没有教育”，是霍懋征老师倾心教育的动力和源泉，是她追求的目标和境界，也是她一生的座右铭。她坚持教学是“‘文’、‘道’的统一”，通过教学训练学生、培养学生、发展学生，更注重在教学中用爱来激励学生、启迪学生，将教书和育人统一起来，逐渐形成并完善了“爱的教育”体系。她爱孩子，对学生一视同仁，认为“每个孩子都有上进心，都愿意学好。因此，关键在老师如何引导”，坚信“没有教育不好的学生”，不放弃一个学生，用“激励、赏识、参与、期待”的教学方法成功教好每个学生。她尽管拥有无数的荣誉，但始终兢兢业业地教书育人，没有向一个学生发过脾气，没有体罚过一个学生，也没有向一个家长告过状，使教过的每个学生都成才，是她视为自己一生最大的荣誉和最大的幸福。霍懋征老师强调的“师爱”，把爱党爱国之情、热爱事业之情，集中体现在对学生的热爱上，体现在落实素质教育的爱的教育中，用她一生的实践验证了爱的教育，也谱写了传道授业解惑育人的动人篇章，这理应成为师德的楷模。

在教学实践中勤于思考、勇于创新，是霍懋征教育思想的闪光点。霍懋征老师认为，高素质的教师要强化自己的创新意识，富于创新精神，具有创新能力，勤于创新，勇于创新。在长达60年的教育生涯里，霍老师不但接受了共和国历次教育改革的实验任务，而且交出了一份份闪光的答卷：在前苏联专家的指导下，她学习了凯洛夫的教学理论，实验和推广了凯洛夫的五段教学法；她参加了五级分制的试行和经验推广；她进行了从注音字母到汉语拼音方案教学的过渡实验，总结推广了汉语拼音教学法；她为五年一贯制的小学学制改革编写教材，进行试教，并推广过教学经验；她带领教研组的老师们创立并推广了语文讲读法和读讲法的教学模式；她探索和总结了数学一题多解和学生作业无错题的宝贵经验；她提出了“数量要多，速度要快，质量要高，负担要轻”的教改目标，为提高语文教学效益趟出一条新路。霍懋征老师身上体现出的顽强拼搏、勇于创新、决不故步自封的精神，对于我们今天坚持改革创新，贯彻落实好《国家中长期教育改革和发展规划纲要（2010－2020年）》，仍然具有重要的现实意义。

当教师不仅是职业更是崇高的事业，是霍懋征教育思想的境界。霍懋征老师认为，优秀教师最重要的素质就是“爱这个事业”，要有极强的事业心和责任心。概括为四个字即，“敬业”、“爱生”，也只有具备这样的思想境界，将教育从“职业”提升为“事业”，教师才能在长期的教学生涯中耐得住寂寞、守得住信念、教得出成绩。她是这样说的，也是这样做的。她志向高尚，自22岁大学毕业后，不追逐世俗功利，不随和社会偏见，而是听从心的召唤、爱的召唤，作出了终身从事小学教育的职业选择，即使身处逆境仍不改信念和志向，对教育事业的执着60年如一日，始终无怨无悔、矢志不移。她爱教育，1949年作为教师代表参加开国大典时就暗下决心，一定当一个新中国的好老师，历经磨难仍不改初衷，直至高龄还汲汲于支教活动。她多次放弃“高升”的机会，忍受生活的重挫，即使是在退休之后也从未放弃对小学教育的思考和发言。她总说，“人的一生只有三天，昨天、今天、明天。‘昨天’已经过去，我们要抓住‘今天’好好学习、好好工作，更好地贡献给‘明天’”。怀揣这样的人生感悟和行为准则，她在80高龄的时候，还自己组团远赴甘肃、青海、广西等西部地区扶贫支教。在教育功利化、行政化的环境下，霍懋征数十年育人的精神和事迹，尤其令人崇敬和向往。在教育越来越受重视的今天，霍懋征老师不会只是一个“传说”，她的事迹一定会在教育界广为流传，转化为广大教师的具体行动。

霍懋征老师对孩子的热爱与引导，对教育的执着与追求、坚守和贡献，是为人师者最光辉、最真实的写照和描绘。我相信，霍懋征老师的教育思想一定会在新时期不断发扬光大，激励更多有志青年投身教育，为推进教育事业发展，培养一代又一代高素养的社会主义事业建设者，为推进中国特色社会主义事业做出新的更大贡献。我衷心祝贺“霍懋征教育思想研究会”成立，同时也期待着她在宣传和研究霍懋征教育思想中发挥积极的作用。

视察山东大学讲话

（2011年9月6日）

严隽琪

山东大学是我慕名已久的大学。想起62年填报大学志愿的时候，我就知道山东大学有一些学科特别强。上个月，徐校长在人大常委会上见到我，请我到山大来学习考察，我欣然答应。因为过两天我们民进中央和山东省教育部门要在潍坊市搞一个教师节的活动——“教师发展论坛”，我正好可以提前一天来山东。今天终于进了山大的校园，虽然时间很短，但觉得不虚此行，收获还超出了预期。刚才我看的每一个地方都让我留下深刻的印象，有的地方还让我挺激动的，真是藏龙卧虎，有很多好东西。

刚才徐校长高度概括了山大的几个特点，我也想用几个字来概括我的印象。

一是“久”，历史久。孔子是中国古代教育之先驱，这且不说，而现代教育的源泉在山大，这是我的实际感受。尤为难得的是见到中国第一份大学章程，这是我第一次听说。我觉得大学的命运是一个时代变迁的反映，所以从这 100 多年山东大学的变迁过程中能够清楚地看到中国在走向现代化的过程中时代变迁的痕迹，所以很可贵。山东大学的历史不仅仅是一所学校的历史，实际上也是民族启蒙或者是民族振兴的历史，不管是弯路还是平坦大道，我觉得需要很好地保护、研究和宣传。

二是“大”，规模大，几所学校合并成一体；还有贡献大。在新中国的历史上，各个大学的命运都不尽相同，但是有这么一批大学为全中国的高等教育布局作出了特殊的贡献，说牺牲也好，说奉献也好，都有。刚才徐校长的发言已经充分说明了这一点。山东大学近年来经历了一个从恢复到再强大的过程，值得祝贺。何况，出人才、强国家，就是一个大学对于民族的根本的和重要的奉献。

三是“全”，学科全。真正的综合性大学，不光是几个学校简单地合并。山大有这么多一级学科的博士授予点，这表示了办学的水平、质量和综合实力。

四是“强”，耸起学术高地。今天看的几个地方，真是让我印象非常深刻。微生物、金融，还有《文史哲》杂志，这是我今天看到的；还有校长提到设在威海的韩国研究中心，我还没机会去看，但是我认为这个学术机构的设置具有非常深远的意义。我到中央工作以后，有机会代表国家出国，以前是以学术交流或者是代表地方出国。从数次出访经历中，我慢慢形成了这样一个认识：中国既然选择了开放的路，既然选择了融入全球化来建设现代化，那么就必须充分了解域外的情况，同时让其他国家也更了解中国，尤其是了解中国崛起的路径。这是国家安全的需要，也是发展战略的需要。我觉得需要进一步加强我国对域外的研究。因此利用民主党派参政议政的途径直接给中央领导写了建议。指出现有的域外研究中心数量不够，每个机构研究的区域一般比较大，再加上编制和经费的不足，所以研究不够深入，存在一定困难。此建议得到领导和有关部门的高度重视，教育部正在部署。我觉得要不断地鼓励新力量冒出来，而且顺应学校的地理位置、历史渊源以及民族、宗教等因素，充分发挥学校的优势和特色。

一流的大学要有一流的人才、成果和一流的影响，我觉得你们在这几方面做得真是不错，所以山东大学提出来要建世界一流大学不是随随便便提出来的，是有这个实力的。

五是作风“实”，无论是刚才见到的教授，还是校长的介绍，我觉得贵校的学科带头人真的是非常务实。究竟什么叫一流大学？其实在我们今天看的路上，校长已经回答这个问题了。一流的大学要有大师，如果没有大师肯定不是一流大学，你们无论是历史上的还是现代都有一些一流的大师；另外就是学科要有特色，学科应站在科学技术的前沿，应有特别的强项；再有就是要服务或引领社会，产生巨大的社会影响。我今天看到“山大路”，一条路以一个大学来命名，这就说明了大学的影响，说明了大学的贡献，所以地方政府会愿意把道路的冠名权给山东大学。

刚才校长归纳的“德性、创新性、思想性、特色性”非常好。我这次将到潍坊参加教师发展论坛，题目是“教育家办学"。前两天我还在想该讲些什么？我的观点是很多人可能都在做同一个职业，但是其中“匠”和“家”是不同的。记得民进副主席，也是大画家冯骥才说过，画工、画师和画家是不一样的。我联想到任何领域都是相通的，教师和教育家就不一样，成为了教师并不一定能成为教育家。什么人能成为教育家，我想来想去，找到最简单的一句话来表达，就是把教师作为事业而非职业的人。所以他会很有激情，很有思想，很有爱心，而且会不断地创新，会紧密地关心社会的需求，会注意每个学生的特点，因材施教。

所以我对山东大学表示钦佩的同时，也寄予巨大的希望。希望你们在出人才、出成果以及引领文明等方面，作为高校的使命去推进。在新的时期，尤其是现在社会在急剧地发展与转型中，利益的重新分配、社会阶层的急剧变化，产业的转型，这中间会给高校带来很多冲击和挑战，但是也有机遇。当时对教育中长期发展纲要提意见时，我提了一个意见，就是高校的使命在出人才、出科技成果的同时，应该对社会风尚起引领作用。

山大是第一份大学章程的诞生地，我希望山东大学还可以在探索教育改革中多作贡献。我注意到你们有很多科研成果，我个人认为，学校不宜办公司，但是教授如果要办公司的话可以给他创造条件。为什么？现在高新技术成果的转换往往不是简单的买卖关系就可以了，必须要有成果的研发者参加去促进它的中试、小试和投产，要介入产业化的后续过程。当然，各位老师、各个学科的情况不一样，各地方不一样，千万不要一管就管死了，一放就乱了，要根据实际情况。既然山东大学那么强，建议对成果转化可以设置一个专职的办公室，使得那些不善于做成果转化的人得到专业的帮助，只适合做研究的人就可以安心做研究。而且在成果转化中间要保证学校的利益，最重要的是要保证有源源不断的创新资源能够往学校里来。我觉得这一点可以进一步再探索。

在办学的自主权、依法办学方面，也希望山东大学给其他的大学提供宝贵的经验，已经有的经验好好总结，以后再不断拓展。特别是山东在我们国家地位重要，又面临新的挑战和机遇，现在你们配合省里的“黄色战略”和“蓝色战略”能够在青岛建校区是非常好的事情。但对学校的管理肯定会带来另一方面的调整压力，既要有凝聚力，保证教学质量，又有如何把握自主权的问题，这是摆在书记校长面前的新课题。

借这个机会，我对你们取得的成绩表示祝贺，也寄予更大的期望。在山东大学110周年校庆以及教师节即将来临之际，请书记、校长代我向所有的老师们致以节日的问候，向山东大学的教职员工和学生们表示衷心的祝贺，祝你们新的百年创造新的辉煌！

最后我用8个字形容山东大学：历久弥新，大而益强。既想表达对现在的肯定，也想表达是对以后的期望。

在中国教育政策研究院潍坊教育改革座谈会上的讲话

（2011年9月6日）

严隽琪

这是我第二次来潍坊了，尽管只有短短一天，我已由衷地感觉到作为一个潍坊人是很幸福的。刚才各位的发言内涵深刻，打动人心。潍坊人对教育是全心投入、满腔热忱、勇于改革，取得骄人成绩，使我们感到很振奋。潍坊教育在很多方面走在全国教育改革的前列，成绩突出、亮点频现。可说是教育投入有保障、教育督导有力度、教育均衡有标准、教师队伍建设有办法、综合改革有胆识。而关键是抓住了体制机制改革与创新这个核心问题。

我非常感谢潍坊市委对中国教育政策研究院的信任，潍坊是中国教育政策研究院开展地方合作的第一个城市，我们高度重视这第一次的合作。目前，国家正在实施教育中长期规划纲要，中国的教育改革站在了新起点上，要求我们从深层次、更系统地推动教育改革，要求我们有开放的心态和更大的勇气。我们与潍坊的合作是在教育领域和社会科学领域里推进“产学研一体化”的积极探索，使理论研究和实践推行能够融为一体，使学者不只是“坐而论道”，也使教育一线的同志在推进教育改革的时候避免“碎片化”和局限性。

山东和潍坊的教育开创了很多很好的经验，但是对全中国来说这毕竟是一个点，我希望这样的合作也是点和面的结合，点上深入的改革和面上的推进能够结合，所以希望对问题进行深层次的挖掘。今天时间有限，其实我更想听一听大家的困难、困惑和进一步做下去的难度，或者在中间走过哪些弯路，或者为什么在潍坊做成了却没有在山东全面推广，或者在山东做成了却没有在全国全面推广。存在就是合理的，我想进行深层次的挖掘，把经验和感受上升为规律，这样我们可以扩大潍坊经验的影响，加大推广的力度。希望院市合作能在这方面也取得效果。

中国教育政策研究院是民进中央和北师大等单位合作搭建的集智聚力的平台，希望对中国教育政策的制定施加影响，推进科学化、民主化决策。希望这个平台不受传统体制的约束，不受北师大的约束，也不受高等学校体制的限制，能提供更多单位和更多人参与的机会，把各方面的资源集成起来。只要是对政策的研究和制定有所贡献的因素，我们都争取通过这个平台结合进来。对于和潍坊的合作，刚才市教育局长对现代化教育概括了六点，我记下来了。我们一定要从问题出发，和潍坊合作就要从潍坊的需求出发，潍坊有很好的基础，已经由市委市政府、教育行政部门梳理提出了六大方向，实际上就是六大问题，我们的合作课题必须要以此为出发点。

当然中国教育政策研究院和潍坊的合作，本身就是一种探索。就好像金老师刚才介绍的，她做家庭教育，先由出版社支持五年，最后用实际成效去实现对出版社的承诺。院市的合作也是一个探索，现在只是一个开始。我们希望对合作的方式要不断进行总结和改善。

我建议可以做几个方面的努力：

第一，夯实共同的思想基础。因为合作来自于不同方，有地方的和高校的，我们要有共同的思想基础，有对教育的责任心和对教育改革必要性的共识，同时又有对合作共赢的共同期待。希望通过这样的合作，能够对教育问题找到科学合理的解决方案，设计出路径图，这是我们的共同目的。对于没有方案的问题要找出方案；潍坊的基础很好，已经作了很多的工作，很多问题已经有了方案，那么要提出进一步完善的建议；对于大家都认为非常好的经验，要进行推广和宣传。我想可以从这几个层次作出贡献。

第二，希望各扬所长。如果这是一条链条，大家就是处在不同的环节上。不同的角色就会有不同的感受，有自己的独特的资源。希望各扬所长，互相尊重，坦诚相见，这是非常重要的。中国教育政策研究院是由高校和参政党主办的，具有参政议政的渠道，也有学术的资源，还有一些能产生社会影响的机制，比如论坛等等。再者，还有一些特殊的社会资源，我们要充分地贡献出来。潍坊市的资源也是非常丰富的。大家进行互补，要在合作中不断地换位思考。

第三，要实事求是、不拘一格。不要拘泥于我们惯有的做学术研究的方式，不要拘泥于已有的合作方式，可以充分解放思想。

具体来说，现在有三个项目组，一定要围绕六个问题来做。如果我们的力量有限，只能做其中的几个也可以，但希望把这六个问题作为指引。队伍组成可以更灵活一些，课题组里不能只有高校的专家，否则体现不出互补长短的优越性，我认为一定要有山东和潍坊的同志参加到每个课题组中，同时要有教育的管理者、有校长参加。希望根据项目的内容，从理论研究到最后的推广都有行家里手参加。当然，在有的阶段，甚至要争取有社会影响力的人或参与高层决策权的人参加。教育政策研究院的同志要承担更多的事务。每个项目要有相对固定的核心力量，不只是偶尔来谈谈想法，最好定期来帮助项目把脉、出主意。要利用所有可能的社会资源，无论是政府的教育部门、还是社会组织，还有其他省的教育专家，他们可能对潍坊的经验有不尽相同的看法，课题组要多听各种意见。只有这样，提出的建议才能真正站得住。我们也就可以判断是可以在全国推行、还是可以在山东推行、或者只能在潍坊推行。

我很佩服潍坊的勇气，潍坊探索的是教育的难点，但你们敢于面对，敢于行动，而且很有效果。我认为市委市政府的撑腰是至关重要的。以教师的去行政化、校长的去行政化为例，现在的政治待遇、退休待遇等都和级别挂钩，在潍坊没有问题，因为潍坊市委市政府认可了去行政化，对教育工作者的任命和提拔不会有障碍。可是出了潍坊市呢？课题组要好好研究人事制度和社保制度的改革，才能借鉴潍坊的经验，才能使人才流动没有障碍，才能让真正的教育家站到教育的岗位上。又如教育督导，潍坊的督导用公开、“阳光”来解决督政的问题，督学采用了一个全覆盖的方式，非常好。但是教育部门督政的力量是不够的，确实需要第三方的督导，一定要有第三方的专家参与。上述问题既有教育系统内部的原因，也有教育系统外的原因。

再一次对潍坊教育局、向各位领导和同志们表示感谢。教师节到了，特别要对你们表示敬意，你们瞄准了教育难点进行攻关，为全国的教育改革提供了宝贵的经验。我希望中国教育政策研究院和潍坊市的合作真正对潍坊的教育作出一份贡献；能借鉴潍坊的经验，从而对国家的教育政策提供建议。感谢大家的发言给我上了宝贵的一课，谢谢大家。

在庆祝第二十七个教师节暨2011·中国教师发展论坛上的讲话

（2011年9月7日）

严隽琪

各位来宾、各位专家、老师们、同学们：

年年桃李，岁岁芬芳。今天，民进中央与教育界的领导、专家学者，以及许多在教育一线的教师，师范学院的同学们一起庆祝第二十七个教师节，并召开2011中国教师发展论坛。在这里，请允许我代表民进中央向所有的教育工作者致以崇高的敬意、节日的问候和衷心的感谢。感谢大家为我国教育事业的改革和发展付出的辛劳和取得的成绩。

我们高兴地看到，我国教育事业实现了跨越性发展，已建成世界上最大规模的教育体系，在保障亿万人民群众受教育权利的同时，为中华民族的伟大复兴发挥了人力资源支撑的重大基础性作用。教育为提高全民族素质，推进科技创新、文化繁荣，为经济发展、社会进步和民生改善做出了重大贡献，取得的成绩有目共睹。在我国实现从人口大国向人力资源大国的转变，将沉重的人口负担转化为巨大的人力资源优势的过程中，教育已经并将将继续发挥不可替代的支撑性作用。

国家发展的希望在教育，办好教育的关键在教师。教师被誉为“人类灵魂的工程师”，这是崇高的赞誉，又是沉甸甸的责任。教师以他们的人格素养、学识造诣和“蜡烛”精神，言传身教，培养和影响了一批批的年轻学子，为成就明天的栋梁之才辛勤地耕耘。在近现代中国的教师队伍中，有德高望重的教育大家，有感人肺腑的楷模典范，其中就不乏民进的杰出会员。包括民进中央首任主席马叙伦先生，也是新中国成立后首任国家教育部部长和高等教育部部长；又如民进中央第七届主席、著名教育家叶圣陶先生；还有被周恩来总理誉为“国宝”、被温家宝总理称作“把爱心献给教育的人”的霍懋征老师，等等，他们是民进会员中的模范，形成了民进鲜明的界别特色。

在民进会员中，70%以上的成员都是工作在一线的教师。关注教育、关心教师、投身教育、为教育事业的发展与改革建言献策是民进的优良传统和不懈坚守的使命。近年来，民进在推动教育立法，促进教育改革，推进教育公平和均衡发展等方面积极参政议政。加强教师队伍建设，就一直是我们参政议政的中心议题。教师节的设立就与老一辈民进人叶圣陶、谢冰心、柯灵等大力呼吁密切相关，三十年前，民进首先以党派的名义在全国政协五届四次会议上，提出了《建议确定全国教师节日期及活动内容》的提案；两年后，又在全国政协六届一次会议上，再次以党派名义提出“建议恢复教师节”的提案。在《中华人民共和国教师法》制定过程中，民进也发挥了很大的推动作用。不仅以党派名义提出“尽早制定《教师法》”的提案，民进中央还参与了随后的法律起草工作，并在全国政协七届一次大会上，以《制定〈教师法〉，提高教师地位和待遇》为题作了大会发言。民进通过各种渠道为加强教师队伍建设呼吁。我们以党派名义在全国政协大会上不断以“加强农村教师队伍建设”、“加强少数民族地区师资队伍建设”、“促进城乡师资均衡发展”、“加强西部农村地区义务教育教师培训能力建设”、“解决农村‘代课教师’问题”、“中小学教师心理健康状况与对策”等为题提出提案。今后，民进将继续在落实教育优先发展战略地位，建设高素质教师队伍，促进教育均衡发展等方面深入调研，为推进我国教育事业发展和教师队伍建设献计出力。

新发布的《国家中长期教育改革与发展规划纲要》中以专章阐述了教师队伍建设，其中有两个地方的论述和我们这次论坛的主题相关，那就是“倡导教育家办学”和提出“造就一支师德高尚、业务精湛、结构合理、充满活力的高素质专业化教师队伍”。这既是对多年来教育改革发展实践的总结，也是未来继续推进教育改革和发展的努力方向。今天的论坛就是在促进《纲要》的贯彻落实。一周前，国务院总理温家宝主持召开的国务院常务会议上，第一项议题就是“扩大中小学教师职称制度改革试点”。今天，我们两岸四地教育界的朋友们汇聚在一起，在具有优良教育传统的山东省、在作为中小学教师职称制度改革试点的潍坊市，共同讨论教育发展中的核心问题——推进教育家办学、促进教师队伍专业化发展问题，真是时机巧，地点也好。刚才，刘部长作了令人振奋的讲话，给了我们新的希望，也向我们提出了更高的要求。在接下来的论坛上，在座各位还要对这个问题进行深入讨论，我因时间的限制和自己思考的局限，不求面面俱到，只在这里抛出三个问题，简单地各谈一点个人最想表达的看法，以求指教。

第一，何谓教育家？这个问题看似简单，内涵却十分的耐人寻味。这意味着对教师的评价与导向。教师资格证书，是就业的门槛，是反映对教师职业基本知识的要求，显然不够与教育家的条件划等号。其实，在任何领域，都有“家”和“匠”的区别。今年初，在出席《冯骥才画集》出版仪式上，听到冯先生说“作画的人中有画匠、画师与画家的区别”时给我很大启发。虽然都以作画为职业，甚至可能都有娴熟的画技，我领会区别就在于画家还必须具有对工作炽热的爱、具有梦想和做出创造性的建树。同样，我认为可以把这个标准来形容教育家，教育家应该是一个钟情于教育、具有激情、勇于探索、善于思考、勤于实践的教育工作者群体。如果要用更简单的一句话来表达教育家的特点，我选择“把当教师不仅作为职业，更是视为崇高事业的人”这句话。当然，我这里是指必要条件，而非充分条件。即，没有这一条件，肯定不是教育家；而有了这一条件，也不一定就能成为教育家。如果要谈充分条件，就难以用简单的话来表达了，它会因人、因时、因地而不尽相同，其中既有主观的努力，又有客观的机遇，这也就形成了问题的复杂性与不确定性。

第二，如何成就教育家？因为上面所说的原因，我不愿意用“培养教育家”这种说法。我认为“家”不是造就的，而是需要主观和客观的因素，关系到教师队伍的自身建设，但也与社会环境有关。《教育规划纲要》已经就着力培养优秀教师和造就杰出的教育家提出了一些目标和措施，比如通过研修培训、学术交流和项目资助等方式，培养一批教育教学骨干，造就一批教学名师；比如创造有利条件，鼓励教育创新，努力培养和造就一大批具有先进教育理念、独特办学风格的人民教育家。这些都是一些好的导向。当然还需要进一步将这些纸面上的说法真正付诸实践、落到实处。这都是我们可以研究讨论的。我在这里只想强调一点，即师德修养的重要性。一是因为教师的职业注定其本质是成就他人、以他人的成功为成功的“利他性”，这是教师被誉为“太阳下最崇高的事业”的根本原因。借用《师说》里的一句话，即“道之所存，师之所存也”。二是因为“百年树人”的客观规律，决定了教育效果往往不是能够完全即时反映的，更多是潜在的、后发的，这就要求教师耐得住寂寞、守得住信念、不追逐身边的功利、不随和社会的偏见。三是因为教师面对的教育对象是千姿百态、时时变化、有许多内心活动、又没有定型的青少年人，教育的过程是师生共同进行的复杂活动，制约教育过程的外部因素又是纷繁多样的，所以 2500 多年前，孔夫子就有了“有教无类”、“因材施教”的教育理念与实践，这使得教育质量的评估十分复杂。四是随着科学技术的日新月异，经济社会的加快转型，全球化的来势汹涌，教师的专业知识、应变能力和心理素质面临着许多新问题和新挑战。

我强调以师德为先，认为师德修养、建立投身教育的事业心是成就一个教育家最最需要突出的因素，原因既在于教师是对年轻学子的道德修养能产生最直接影响的榜样；也在于教师要面对上述挑战与压力，必须要有不断更新自己、不断作出奉献的内在力量，要有教学相长的胸怀与气度。我希望在师范教育中，在有关教师队伍建设的制度与政策的设计中，在社会的评价中都能真正体现师德修养的重要性。

第三，何谓教育家办学？我认为应从多个层次来实现。简单表达为三句话：一是教育家得到尊重，成为广大教师的学习典范、成为社会崇敬的对象；二是教育家得到重用，在人事上要按照成就教育家的科学规律设计制度、标准和政策；三是教育家能对教育的决策发挥实际的影响，这在决策机构和程序的设计上都要得到落实。一个好老师，可以教出一批好孩子；一个好校长，可以成就一所好学校；一批教育家，可以影响国家和民族的未来。我国教育事业要兴旺发达，就要由掌握并尊重教育规律，对教育充满热爱的人来办教育。

改革是教育事业发展的强大动力。改革开放三十多年来，教育事业在取得巨大成就的过程中也积累了不少新问题，人们普遍认为，教育事业要做到又好又快地发展，需要进一步深化教育改革，而进一步深化教育改革必须突破教育改革面临的难点、关键点。但如何认识和把握教育改革面临的难点、关键点，人们的认识角度却不尽相同，表明了教育改革的复杂性和艰巨性，教育改革是与社会的政治、经济、科技、文化、人口等有着千丝万缕联系的社会变革，教育的改革需要更多外部改革的支持和配套，通过系统统筹给予教育家办学更为良好的社会氛围和环境。但教育改革主体的自身变革同样重要，要让学校回归教育本质，给校长以法律规定的办学自主权，校长要为每个教师提供学习、研讨、实践、展示自己才华的舞台，为每个教师提供再学习、不断提升自身素质的岗位自培机制，带出一支爱孩子、有思想、勤学习、善研究、敢创新的教师队伍。

今天是教师节，我想对参加今天会议的很多年轻的师范生们再说几句。你们朝气蓬勃、充满理想，是未来的人民教师，也是未来祖国教育事业的栋梁。我当过多年老师，即使后来工作单位有所变动，但是从来没有切断与教育事业的缘分和关联。对于教育事业的发展和改革，我的心中始终有着一份责任感，使我给予教育更多的关注。我感到教师的点滴言行、不经意间流露的对生活和工作的态度会给年轻学子以特殊的影响，影响着他们的学习态度、价值取向乃至以后人生的道路。我真切地希望你们能够珍惜青春，不断提高自己的学识和人格修养，为将来从事教师这个神圣和光荣的职业打下坚实的知识和品德的基础，希望你们和广大教育工作者，当然包括民进的教师会员们，爱岗敬业、关爱学生、刻苦钻研、严谨笃学、勇于创新、奋发进取，在中国的教育史上留下你们的业绩。让我们携起手来，共同为办一流教育，出一流人才，建设一流国家而努力。

最后，再一次祝愿老师们节日愉快，祝年轻的学子们学业有成。要特别感谢刘部长和教育部、感谢北京师范大学给予论坛的支持和帮助；感谢山东省、潍坊市党委和政府，感谢民进的组织为论坛提供的保障以及支持；同时也要感谢社会各界对民进一贯的支持和关爱。谢谢大家！

在“寻找最美乡村教师”颁奖典礼上的讲话

（2011年9月8日）

严隽琪

各位老师、各位来宾、新闻界的朋友：

大家好！

今晚，我们在这里欢聚一堂，隆重举行“寻找最美乡村教师”颁奖典礼，我很高兴，也很感动。在这里，我首先要向当选2011年“寻找最美乡村教师”大型公益活动“最美乡村教师”和“特别关注乡村教师”的30名乡村教师表示热烈祝贺。

我们都能感受到，这些年，教师的收入有所增加，党和国家对农村教育的投入力度和乡村教师的培养力度也不断加大，更加注重农村教育的师资配备，实行了免费师范生、“国培计划”等政策。我国农村教育取得了长足的进步，处在新的起点上。但是，我们也要看到：在一些经济欠发达地区，农村学校的基础设施还很简陋，农村教师工资还没有保障。在农村的边远山区和贫困地区，还有大批村级小学仍靠代课教师维持运转。跟城市教师相比，他们的工作条件、生活环境也比较艰苦，学习深造机会相对较少。学生走了一拨又一拨，校门前的树苗也长成了林，风风雨雨数十年，他们依然坚守在贫瘠的土地上，留在偏僻的乡村。他们用生命坚守着一生挚爱的三尺讲台。他们是中国农村教育的基石，是中国农村未来发展的希望所在。

今天，我们评选出的10位“最美乡村教师”，是他们群体中的杰出代表。虽然来自不同地区，生活、工作经历各有不同，但是他们身上都有昂扬向上、乐于奉献、扎根农村、甘为人梯的崇高精神。他们，有的用残缺的身体在三尺讲台上仍然孜孜不倦地耕耘，有的忍着病魔的摧残和折磨依然教孩子们识字、唱歌，有的一个人数十年如一日地撑起了一座学校、一片蓝天，有的既是老师又是保姆……他们用青春、智慧、汗水和坚守，编织着每一个乡村孩子绚丽多彩的梦，用并不伟岸健壮的身躯，托起了中国农村教育的希望。这种情怀、这种精神，使人油然而生一种敬意。他们是名副其实的最美乡村教师。

光明日报社与北京广播电视台联合主办的“寻找最美乡村教师”活动，给乡村教师群体搭建了一个很好的舞台。通过媒体报道，他们的风采，他们高尚的精神风貌得到了宣传和弘扬，在社会上，也营造了关心乡村教师、关注农村教育的浓厚氛围。两家新闻媒体发起、举办这样意义深远的活动，彰显了自身的社会担当。光明日报社还将运用各种方式，持续帮助和扶持乡村教师。这种担当，也是值得提倡、鼓励的。

感谢光明日报和北京广播电视台做了一件有益于乡村教师、有益于农村教育发展的事情。你们对乡村教师的关注，为可爱可敬的乡村教师们尽心尽力，再一次让全社会的目光投向乡村教师群体，不断壮大资助和帮扶乡村教师的社会力量，发挥了很好的社会示范效应。

据我所知，在活动过程中，已经有很多企业慷慨解囊，纷纷进行资助，或者使乡村简陋的教室里有了电脑、钢琴，教学活动变得丰富多彩起来；或者使大山里的“娃娃”们来到了首都天安门，开阔了眼界，增长了见识。社会各界的爱心已汇聚起来，温暖着广大的乡村教师。我们国家的农村教育发展，是离不开社会力量支持的。农村的孩子们、乡村的教师们，需要社会各界爱心汇聚而成的这股暖流。在这里，我提议对那些关注农村教育、关心乡村教师的社会各界爱心人士、企业家、朋友，表示感谢！

最后我想说的是，在广漠的西部、在贫瘠的山区和乡村，乡村教育仍然是一项不得不用“奉献”来支撑的事业。因此，我们要继续努力，还要把更多关注的目光投向这些地方，关注和扶持西部地区和少数民族地区的乡村教师。

希望光明日报社和北京广播电视台能将这项活动长期办下去，持续支持和帮助乡村教师。为了农村的孩子们，为了那群可敬可爱的乡村教师们，让我们一起努力，一起尽心尽力！

在教师节即将来临之际，我也祝所有的教师们，节日快乐，身体健康！

谢谢大家！

在民主党派中青年干部多党合作专题研究班上的致辞

（2011 年 9 月 13 日）

严隽琪

同志们：

中央统战部和民主党派中央联合在中国井冈山干部学院和中央社会主义学院举办的“民主党派中青年干部多党合作专题研究班”是一次新的尝试。在此，我谨代表民进中央向参加培训的全体学员表示热烈的欢迎和诚挚的问候！向与会的为研究班授课服务的老师和同志们表示诚挚的敬意和衷心的感谢！

今年是中国共产党成立 90 周年，胡锦涛总书记在庆祝中国共产党成立 90 周年大会上发表了重要讲话，指出在长期革命、建设和改革实践中，各民主党派与中国共产党风雨同舟、荣辱与共，共同走过了光辉历程。举办多党合作专题研究班，就是要重温各民主党派与中共同心同行、肝胆相照的光辉历史，确保民主党派老一辈坚持中国共产党领导、与中共亲密合作的光荣传统和报效国家、无私奉献的高尚风范薪火相传、发扬光大。

培养造就一支自觉接受中国共产党领导、坚定不移地走中国特色社会主义道路、具有较强代表性和参政议政能力的民主党派中青年干部队伍，是加强民主党派后备干部队伍建设、更好地发挥参政党作用、顺利实现政治交接的基础性工作。举办多党合作专题研究班是贯彻落实中共中央关于大力加强党外代表人士培养工作要求的重要举措，是为了加深中青年干部对中国共产党领导的多党合作和政治协商制度的认识，提高中青年干部的政治理论水平，进一步推进民主党派后备干部队伍建设，对于民主党派搞好政治交接具有重要意义。

中共中央历来十分重视党外代表人士队伍建设，始终坚持把党外代表人士教育培训工作当作统一战线的一项基础性、战略性工程。去年，中共中央办公厅印发了《2010－2020 年党外代表人士教育培训改革和发展纲要》，第一次把党外干部和人才的教育培训纳入党和国家干部教育培训体系。2007 年换届以来，民进中央就多次举办各种类型的中青年干部培训班、短训班，推荐了 300 余名中青年干部参加了中央统战部、中央社会主义学院举办的培训班。通过培训，在全会营造了浓厚的学习氛围、丰富了学习载体、拓宽了学习平台，提高了会员的思想政治觉悟和理论政策水平。同时通过培训，也发现和培养了一批优秀的中青年骨干会员，为民进各地领导班子和会务工作输送了人才。今后我们要认真学习和贯彻《纲要》精神，努力做好教育培训工作，培养出更多政治坚定、专业突出、群众认同的高素质代表人士，为推进多党合作事业发展提供坚实的人才基础。

为了办好这次培训班，中共中央统战部领导、民进中央领导、中央社会主义学院的领导和老师们都做了充分准备。除了中央社会主义学院的老师授课之外，还邀请有关专家、学者为大家授课，就大家普遍关心的问题进行专题辅导。特别安排了在井冈山干部学院接受革命传统教育的环节，使学员们有机会深入了解中国共产党的历史，亲身体验和感受伟大的井冈山精神。民进中央也对课程内容进行了周密计划、精心安排，培训期间，民进中央领导将就民进优良传统、民进会史，民进的参政议政工作、会务工作等为大家授课，并且请大家到民进中央机关参观会史展览，并进行座谈。

希望学员们珍惜机会、专心读书、相互切磋，深入学习胡锦涛总书记“七一”讲话精神，深刻领会树立和践行社会主义核心价值体系的内涵，进一步加深对中国特色社会主义政治发展道路和中国共产党领导的多党合作和政治协商制度的理解和认识，增强历史使命感和时代责任感，同时结合参政党工作实践，联系个人思想和工作实际，进行深入研究探讨，真正做到学有所获。

最后，预祝大家在学习上有收获、思想上有交流、认识上有提高，渡过顺利、愉快、难忘的学习生活！预祝本次培训班取得圆满成功！

谢谢！

维护世界和平 促进共同发展

——国际和平日纪念活动暨东北亚发展论坛开幕式大会讲话

（2011 年 9 月 21 日 ）

严隽琪

尊敬的各位贵宾，

女士们、先生们、朋友们：

大家好！首先，我谨代表中国人民争取和平与裁军协会对国际和平日纪念活动暨东北亚发展论坛开幕式大会的召开表示热烈祝贺，对各位来宾表示诚挚欢迎。

30 年前，联合国大会正式设定国际和平日。本世纪初，联合国大会提出“千年发展目标”后，又通过决议将每年的 9 月 21 日定为国际和平日。这些都充分体现和平与发展是国际社会的普遍诉求和深切期盼。饱受沧桑的中国人民，深知和平之珍贵，发展之重要，要与各国人民携手努力，共同分享发展机遇，共同应对各种挑战，推动建设持久和平、共同繁荣的和谐世界，为人类和平与发展的崇高事业作出应有贡献。

作为中国最大的民间和平组织，中国人民争取和平与裁军协会自成立之日开始，就与各国和平组织一起努力开展各种活动，加强中国人民同世界各国人民之间的团结，共同维护地区与世界和平。近年来，中国人民争取和平与裁军协会响应联合国号召，积极举办国际和平日纪念活动，传播和平理念，规模不断扩大，收到良好效果。

今年，中国人民争取和平与裁军协会和联合国驻华系统首次与辽宁省共同举办国际和平日纪念活动，与这里每年举办的东北亚发展论坛结合在一起，是很有意义的。辽宁省在地理上与东北亚国家临近，与地区各国保持着频繁的友好交往与经济合作。推动东北亚地区和平发展合作不仅要靠各国政府，更要靠各国人民。我们要以各国人民牢固的友谊为纽带和基础，努力构建和平、合作、和谐的东北亚。此次国际和平日纪念活动暨东北亚发展论坛的主题是“让世界听到我们的声音——共享和平与发展”。我们东北亚各国人民的共同心声是“要和平，不要战争；要发展，不要落后；要合作，不要对抗！”我们希望，通过举办这次活动能够在中国落实“十二五”规划的开局之年和实施东北振兴战略的发展时期，促进与地区各国共享和平与发展的机遇，进一步贯彻落实与邻为善、以邻为伴的周边外交方针，深入发展睦邻友好、和互利合作，不断增进相互理解和信任，努力维护有利于和平、发展、合作的地区环境，永远做各国的好邻居、好朋友、好伙伴。

女士们、先生们，

今年还是新中国恢复在联合国合法席位 40 周年。40 年来，中国积极参与维护世界和平，促进共同发展，推动国际合作，努力发挥建设性、负责任的大国作用。始终遵守《联合国宪章》确立的主权平等、不干涉内政、和平解决国际争端、反对使用武力和以武力相威胁等的国际关系准则。高举多边主义旗帜，维护联合国在国际事务中的核心地位。推动通过和平手段解决争端、化解冲突，调解地区热点问题，积极参与联合国维和行动。积极参加多边军控条约谈判，忠实履行自身义务。广泛参加并认真履行联合国框架下的国际公约，全面参与有关建立国际经济新秩序的讨论与合作，推动国际人权领域的建设性对话与合作。中国是安理会常任理事国中唯一的发展中国家，始终在安理会内为发展中国家仗义执言，伸张正义、主持公道。努力实施联合国千年发展目标，在致力于自身发展的同时，力所能及地向发展中国家提供各种援助。坚持言必信，行必果，努力将自身利益与国际公益相结合，树立了坚持原则、信守承诺的大国形象。

女士们、先生们，

当今世界正处于大发展大变革大调整之中，和平与发展仍然是时代主题，求和平、谋发展、促合作已经成为不可阻挡的时代潮流。同时，也要看到，世界还很不安宁，各种传统安全威胁和非传统安全威胁相互交织，影响世界稳定的新问题不断涌现。各国发展既面临难得的机遇，也面临严峻的挑战。当代中国同世界的关系发生了历史性变化，中国的前途命运日益紧密地同世界的前途命运联系在一起。中国的和平发展离不开世界，世界的繁荣稳定也离不开中国。当前，在国际社会面临金融危机的严重冲击下，中国继续保持经济平稳较快发展，积极致力于促进世界经济的复苏与发展，给世界经济增添了信心和希望。这再次表明，中国始终是促进世界和平与发展的坚定力量。东北亚国家是中国的近邻，唇齿相依，一衣带水，休戚与共，相互促进。在漫漫的历史长河中，中国人民与东北亚各国人民结下了深厚友谊。近年来，中国致力于发展与东北亚国家的伙伴关系，深化传统友好关系，努力维护地区和平与稳定的大局，积极推动区域全面合作，继续通过友好谈判和平解决同邻国的领土和海洋权益争端，不断推进朝鲜半岛无核化进程。努力维护地区和平与稳定的大局，积极推动区域全面合作。在中国和各国的共同努力下，东北亚已成为世界上经济快速发展和富有活力的地区之一。目前，中日韩三边合作深入发展，中国与东北亚各国的贸易规模均达到历史最高水平。今年3月日本遭受历史罕见的特大地震海啸灾害，造成重大人员财产损失。包括中国人民在内的各国人民对日本人民遭受的痛苦感同身受，纷纷伸出援手，再次展示了同舟共济的团结精神。

女士们、先生们，

中国和平发展取得了举世瞩目的成就，但同时，我们也清醒地认识到，中国人口多、底子薄，发展很不平衡，人均国内生产总值水平还很低，还有不少人生活贫困，可持续发展的压力很大，实现现代化和全体人民共同富裕还有很长的路要走。我们要适应国内外形势新变化，继续高举和平、发展、合作的旗帜，恪守维护世界和平、促进共同发展的外交政策宗旨，坚持独立自主的和平外交政策，始终不渝走和平发展道路，坚定不移实行对外开放的基本国策，在和平共处五项原则的基础上同所有国家发展友好合作，继续以自己的和平发展促进各国共同发展。

我们对中国和世界的未来充满信心，让我们携起手来，共同开创美好的明天。

预祝国际和平日纪念活动取得圆满成功！

学习“七一”讲话，认识形势和任务

——在中央社院“民进骨干会员培训班”上的讲话

（2011年9月25日）

严隽琪

今年是我国实施“十二五”规划的开局之年，正值中国共产党成立90周年、辛亥革命100周年，也是去年中共中央颁布的《党外代表人士教育培训改革和发展纲要》的落实之年。当前，全国人民正在认真学习贯彻胡锦涛总书记“七一”重要讲话精神，明年，我会各省级组织和会中央将陆续完成换届。此时此刻，我们举办民进全国骨干会员培训班，契合时代背景、符合我会骨干队伍建设的实际需要，会中央对这个班高度重视和关切。

一、中国崛起不寻常

中国的发展走出了一条与西方发达资本主义国家不同的道路，这就是主要依靠自己的力量，走和平崛起之路。对内寻求和谐，发展内需，通过改革创新，落实科学发展观，独立自主地建设有中国特色的社会主义；对外寻求和平，积极争取和平的国际环境来发展自己，又以自身的发展来维护世界和平，促进世界共同发展。

1. 三件大事、三大成就——党是国家转型的核心力量。

中国共产党成立至今，在90年艰苦卓绝的岁月中经历了三个阶段，即1921年至1949年、1949年至1978年、1978年至今。胡锦涛总书记在“七一”重要讲话中，概括了中国共产党在这三个阶段，带领中国人民不懈奋斗，完成和推进了三件大事——完成了新民主主义革命，实现了民族独立、人民解放；完成了社会主义革命，确立了社会主义基本制度；进行了改革开放新的伟大革命，开创、坚持和发展了中国特色社会主义。这“三件大事”，彻底改变了中国社会的面貌，实现了三个跨越：中国从半殖民地半封建社会到社会主义社会的历史性跨越，从两千多年来封建专制政治向人民民主政治的历史性跨越，从国家被侵略、民族被压迫到自立自强于世界民族之林、成为世界经济发展和人类文明进步强大动力的历史性跨越，100多年来中国人民对于民族复兴、国家现代化、生活富裕和社会和谐的梦想正逐步变为现实。中国发生的翻天覆地的变化，充分证明了中国共产党是历史和人民的正确选择；中国共产党不愧是领导中国人民不断开创事业发展新局面的核心力量。

形成了今后必须长期坚持和不断发展的三大成就——开辟了中国特色社会主义道路，形成了中国特色社会主义理论体系，确立了中国特色社会主义制度。“三大成就”的概括，进一步丰富和发展了中国特色社会主义的科学内涵，使中国特色社会主义伟大旗帜从“一条道路、一个理论体系”这样两个方面增加到“一条道路、一个理论体系、一套制度”三个方面，标志着中国共产党对社会主义建设规律达到了新的高度。中国特色社会主义制度，是中国共产党立足基本国情，在社会主义建设和改革的实践中经过长期艰辛探索，逐步建立、逐步完善起来的，是中国特色社会主义道路、中国特色社会主义理论体系的丰富和发展，体现了中国共产党的成熟，也为保障国家持续稳定发展提供了坚实基础。

2. 中国特色的解读——坚定走自己的路。

中国社会主义道路——中国社会主义政治，中国社会主义市场经济，中国社会主义文化和以13亿人民大团结为目标的人民社会。依靠的是中国共产党的坚强正确领导。

“中国崛起的主要原因是坚持了自己的发展道路，既学习了别人之长，也发挥了自己的优势，实现了一个五千年文明与现代国家重叠的‘文明型国家’的崛起。（胡鞍刚）”著名历史学家黄仁宇以大历史观和社会结构分析总结中国近代史：随着国门被打开，直到1949年，重构了一个现代的上层结构；毛泽东领导的土地革命则彻底重塑了下层结构；改革开放则重构了中层结构（服务于现代市场经济的各种技术支撑）。

（1）崛起路径之差别。历史上大国崛起走的都是一条通过武力和战争改变原先的世界格局和国际秩序，从而建立新的霸权和国际秩序的道路。历史上大国武力崛起的旧道路，给人类社会带来了巨大损失和灾难。

改革开放以来，中国获得了快速的发展，并引起了世界的广泛关注。但中国的崛起，同人类历史上大国崛起的传统之路不同，不是通过军事扩张、掠夺资源、争霸或称霸，而是通过和平的方式，渐进的方式，而是主要依靠自己的力量，发展内需，挖掘潜力，改革创新，落实科学的发展观，走有中国特色的富民强国之路，积极参与国际经济技术合作与竞争，在与经济全球化相联系，而不是相脱离，更不是相背离的历史进程中，在改革开放的大背景下，独立自主地建设有中国特色的社会主义，以实现民族复兴。因此，中国崛起走的是一条“和平崛起的发展道路”，这条道路有以下几个特征：一是中国的崛起是和平的、建设性的崛起；二是中国的崛起以自身的发展为基点，以改变自己来影响世界；三是坚持“和而不同”，是中国崛起的国际战略的重要部分；四是追求自身与世界的双赢是中国崛起的目标。

（2）中国路径的依据。走和平发展道路，根本依据在于中国的国情和面临的世情。中国国家治理的主要方式只能源于自己的文化和历史。

从世情来看，冷战结束后，和平与发展的时代主题不可动摇，求和平、谋发展、促合作的时代潮流不可阻挡，我们无意也没有可能依靠对外扩张和争夺殖民地等去掠夺别国资源。与此同时，经济全球化提供了通过生产要素的市场化流动去获得中国现代化建设所必需的国际资源的可能。事实上，中国过去30年的快速发展，很大程度上得益于对外开放和融入全球化，得益于抓住了全球化所提供的机遇。

对中国历史和文化的理解，是对中国全面理解的重要基础。一个古老的文明以一个现代国家的形态而迅速崛起，在人类历史上是绝无仅有的。在5000年漫长的发展历程中，中国文化呈现出强大的生命力和历久弥坚的凝聚力。一个民族的终极性精神价值，一定会普及到绝大多数国民的本性之中，成为他们代代相传的最基本的人生信条和自觉的价值追求；同时也无时无刻不在影响、制约着今天的人们。中国文化的基本精神是什么，学界的概括很多，普遍认可的是，中华文化的核心和精髓，在于“和合”二字。钱穆先生就曾给出中国文化“和合”精神的根源，他认为，各地文化精神之不同，穷其根源，最先还是由于自然环境有分别，而影响其生活方式。再由生活方式影响到文化精神。中国文化属于发源于河流灌溉平原的农耕文化。农耕可以自给，并必继续一地，反复不舍，因此而为静定的，保守的。农业生活所依赖的气候、雨泽、土壤，皆非由人类自力安排，故农耕文化之最内感曰“天人相应”，故此种文化之特性常见为“和平的”。“和”异于“同”之处，就在于它是由不同事物之间构成的一种完美的关系，而不必舍弃其中每一种事物的个性。中国传统文化中“贵和持中”的和谐意识，表现于两个方面：一是“天人合一”，指人与自然关系的和谐，人是自然界的一部分，人服从自然规律，人性即天道，道德原则与自然规律一致，人生理想就是天人谐调；二是“中庸”，是“和合文化”在为人处世方面的具体准则，“不偏不倚谓之中，恒常不易为之庸”，在生活实践中，守中、不走极端，成为古代中国人固守的人生信条。在今日的语境下，“中庸”就是要正确把握度并协调好各种关系，以益于社会的和谐稳定持续进步。“协和万邦”是和合文化的又一实践。“以和为贵”、“亲仁善邻”、“协和万邦”这是中华民族与世界各国人民友好相处的传统道德基础。和睦相处，消弭战祸，“化干戈为玉帛”始终是中华民族的美好愿望和实践目标。中华文化的最大智慧是求同。中国“和合”文化的价值取向依然深刻地影响整当代中国人的价值观念和行为准则。中国提出的“科学发展”和“和谐思想”源于中国的传统智慧，更重视“软实力”，这是“更加成熟、自信、进步的表现”。

就中国的现实国情而言，中国是一个有13亿人口的发展中国家，其特点有学者归纳为“五超”和“两特”，“五超”：超大型的人口规模、超广阔的疆域国土、超悠久的文化历史传统、超多样的组成板块、超快的发展速度（1950年中国的人类发展指数属于“极低”之列，2005年已跨入“上中”行列，60年里中国发展速度世界第一）。“两特”：独特的政治（不能迷信一个理想政体就可一劳永逸地解决一切现实政治问题，如统一与分裂、土地制度、选拔考试制度、财税制度；中国历来重政道，即实质而非政体，即形式、民主集中制和群众路线是共产党在一党执政体制内进行了调整，把“协商民主”纳入决策程序，通过倾听自下而上的声音并且保持着高层的决策权，就是“自上而下的指令与人民自下而上的参与相结合”，是回应广大群众需求，对民主的创新）；独特的社会（几千年来极大地利用了和依托了非正式的组织形式，如宗族和宗法，革命时代有了工青妇等，30年快速的市场转型冲破了社会安全网，现在要将“市场社会”再转到“社会市场”，即社会的原则优先于市场原则）。

基于以上种种原因，中国的现代化之路一定是无法抄袭照搬西方“先发”的现代化之路的。中国特色是中国思想独立性和文明内源性（中华文明是一个主体文明，不是一个次生文明）的体现。应该以中国人的成功实践为出发点，去修正西方的理论，形成自己的理论。

（3）坚持和完善中国特色社会主义制度。党的十七大提出“高举中国特色社会主义伟大旗帜”，这个“旗帜”包括“中国特色社会主义道路”和“中国特色社会主义理论体系”。“七一”讲话第一次提出了高举中国特色社会主义伟大旗帜，不仅仅要坚持中国特色社会主义道路和中国特色社会主义理论体系，而且要坚持和完善中国特色社会主义制度，这就是一个新的提法，这对于我们当前和今后工作有很直接的指导意义。

中国特色社会主义制度有三个层次：第一个层次是根本制度和基本制度，比如讲，人民代表大会这个根本制度，中国共产党领导的多党合作、政治协商制度等。民族区域制度这个基本制度，公有制为主体、多种所有制经济共同发展的基本经济制度。中国特色社会主义制度从新中国成立以来，从社会主义建立以来就已经建立了，从某种意义上讲，已经有一个很好的框架和规范化的要求了。所以，我们对这个层次的制度要坚信，它是符合中国国情、顺应时代潮流的。第二个层次的制度，要建立在这些根本的、基本的政治经济制度基础之上的经济体制、政治体制、文化体制、社会体制等各个方面的具体制度。这就是具体社会主义制度。这个制度我们在改革开放中，有的推进比较快，有的自然推进，不但需要坚持，而且需要深化改革、不断完善。第三个层次制度，就是确认和保障这些制度实现的法律体系，中国特色社会主义法律体系也建立起来了。

中国特色社会主义制度的优越性，集中体现为五个“有利于”：第一是有利于保持党和国家的活力，调动广大人民群众的积极性、主动性、创造性；第二是有利于解放和发展社会生产力，推动经济社会全面发展；第三是有利于维护和促进社会公平正义，实现全民共同富裕；第四是有利于集中力量办大事，有效应对前进道路中风险挑战。第五是有利于维护民族团结、社会稳定、国家统一。这五个有利于简单地说就是我们建立一个有活力、能发展、有公正、抗风险，又团结和谐的制度。如果辩证地去理解，就是说，我们建立既有活力又能和谐稳定，既能够发展又有公正，同时又能够抗风险的一个制度。

3．常怀忧患之心。

（1）国际形势复杂多变。随着全球化的进程，全球性、地域性事件日益频繁，（2001 年的“9·11”、2008 年的金融风暴和 2011 年的日本核危机、美国债务危机），不确定因素增加。西方对现代化的解释：民主、资本主义、科技都在经受严峻的挑战。呼唤着更完善、更多元、更公平的全球治理方式。这次国际金融危机本质是资本主义经济危机，以西方国家为主导的旧的世界经济格局已处于全面危机之中，人类必须寻找新的发展方式。全球气候变化、前所未有的生态危机，使我们面临着与 18 世纪工业革命完全不同的产业革命。去年年底以来，西亚北非地区经历剧烈的政治社会动荡，有着深刻的国际背景和明显的时代特征，折射全球复杂政治生态。一是反映了西方和非西方在国际秩序、全球治理等问题上存在深刻分歧；美国国际地位有了微妙变化；西方显而易见的双重标准；二是阿拉伯世界分裂持续加深，阿盟与非盟的地区组织协调能力低下。三是一个国家的动荡有其国家内部长期积累的社会矛盾的总爆发，但是国际环境的影响以及后来西方舆论起了推波助澜的作用，也是事实。四是一个地区的动荡会蔓延并影响其他地区稳定，威胁世界能源供应安全，影响世界经济复苏。主权国家在信息时代，面对开放环境下非国家行为体与新技术联合冲击，互联网往往突破了被单一国家主导和控制的传统安全概念。美国一方面强调美国主导的“互联网自由”，另一方面美国整体信息安全战略在“9·11”恐怖袭击之后向“控制”转型。其“控制”分为两个部分：对外监控和对内控制。所以我们也必须认识到，网络空间一点也不虚拟，需要实实在在地对网络空间行为带来的新问题高度重视。在数字化和信息化背景下，我国政府同样面临着信息公开和信息管理的严峻挑战，想要有效应对，就必须做出变革与创新。

经济全球化和信息扁平化把世界各国紧密地联系在一起。随着世界局势的复杂多变和中国越来越开放，随着我综合国力的提升，我国国际交往日益扩大，国际责任日益加重。在当今全球经济一体化时代，全球经济贸易网络覆盖世界所有角落，我国的经济社会发展、国家安全与世界局势的发展更加密切关联。国家安全的内涵包含了国土、经济、金融、文化、信息、粮食、能源，知识产权等等。需要新的更大的视野与前瞻性战略，需要统筹国际与国内两个大局的对策，即需要世界的眼光。

（2）国内转型的紧迫性和艰巨性。“十二五”是我国全面建设小康社会的关键时期，是深化改革开放、加快转变经济发展方式的攻坚时期，“十二五”及今后10年仍然是我国发展和转型的战略机遇期。

关键时期（从历史发展的轨迹来理解）。中国社会经历过几次大的转型。比如1840年以后西方势力入侵，使中国传统的农业社会转型为一个半封建半殖民地的社会；新中国的建立，又使中国经济社会有一个大的转型，计划经济体制开始实行；30年前开始改革开放，也是一个大的转型，使经济社会结构多元化。现在又面临一个关键转型时期，正处在迎来下一个增长周期的关键节点：“十二五”规划纲要提出，要以科学发展为主题，以转变经济发展方式为主线，这是意义深远的转变。充分体现了发展与转变的有机结合，也体现了发展与转变的相互促进。科学发展就意味着必须进行发展方式的调整，即“转型”。主要是表现在：一是从重规模、重数量、粗放式向重内涵、重质量、集约式转变。既有结构的优化、又要加强自主性、还要提高GDP的含金量。要减少对不稳定的出口需求和投资型增长的依赖、增强国内消费的驱动力。二是从东部沿海或局部特区的先行先试到东、中、西、北的区域协调全面发展。从重项目、重工程、“摸着石头过河”向建构体系、“顶层设计、总体规划”、协调推进、重制度建设的转变。制度包含了体制、机制和法制。三是从注重物质财富的积累向注重经济和社会协调发展、更多满足人们的精神文化需求、重视建立更公平的财富分配机制和改善民生转变。四是政府在由计划经济下的全能监管型政府向社会主义市场经济下的服务型政府转型，向加强社会建设与管理、多方参与、合力推进转变。

攻坚时期（从困难和挑战来理解）。在后金融危机时期还面临着很多不确定的复杂因素，世界经济将继续缓慢复苏，但复苏的基础不牢。我国经济运行中一些长期问题和短期问题交织，体制性矛盾和结构性问题叠加，加大了宏观调控难度。环境、资源、能源的约束会更加严峻．在我们的经济实力增加的同时，中国正处于中等偏下收入国家（人均GDP975－3855美圆）向中等偏上收入国家（人均GDP3855－11900美圆）阶段的转型，面临着“中等收入陷阱”的风险。旧的、出口导向的、粗放的发展模式，与人民群众日益提高的物质文化和社会需求的不适应，日渐突出。我国进入了社会矛盾凸现期和社会风险高发期。人口流动规模巨大，迁徙速度加快，社会结构变动，利益主体多元。人们对公共服务需求必然多样化、多层次化，社会融合与社会分化同步加快，各类突发公共事件、社会事件增多。经济的高速发展与发展的不平衡，使中国社会内部原有的城乡矛盾、区域矛盾、民族矛盾、不同利益群体间矛盾进一步释放，发展条件更加错综复杂。中国也到了资源环境矛盾凸现期，人与自然之间矛盾的扩大期。倒逼我们要从“黑色发展”转向“绿色发展”。相对于产品市场化进程来讲，我国生产要素配置方式仍处于滞后状态，要素价格总体偏低。大多数资源价格还没有真正反映市场供求关系和资源稀缺程度，也没有形成有效的资源开发补偿机制，尚未形成产权明晰、统一完善的土地市场。“软实力”需要加强，在国际责任方面不仅要做而且要说，要学会与西方打交道。这些问题对中国来说，在“十二五”时期都是严峻的考验。

战略机遇期（从我们面临的有利条件看）。我国发展仍可以大有作为。从国际看，世界多极化、经济全球化深入发展，经济政治新格局正在形成，和平、发展、合作仍是时代潮流。世界经济结构加快调整，全球经济治理机制深刻变革，新兴国家在世界经济秩序规则体系中的话语权增加。科技创新和产业转型孕育突破。从国内看，我国发展的有利条件和长期向好的趋势没有改变，市场需求潜力巨大，资金供给充裕，科技和教育水平整体提升，有了一定的技术储备，劳动力素质提高，基础设施日益完善，政府宏观调控和应对重大挑战的能力明显增强，社会大局保持稳定。从这点来说，只要我们决策正确，只要我们万众一心，我们是可以把这些有利条件充分发挥，抓住难得的历史机遇。

（3）执政党建设的伟大成就和面临的四大危险。

中国共产党对面临的新情况新问题新挑战，有清醒的认识，这次胡锦涛总书记“七一”重要讲话中提出了“四个考验”：执政考验（长期执政考验，最基础和根本的考验）、改革开放考验（核心就是能否顺利推进改革的问题）、市场经济考验（核心就是中国共产党如何与自己所领导的社会主义市场经济相适应的问题）、外部环境考验（核心就是中国共产党如何应对全球一体化挑战、统筹好国内国外两个大局的问题）；“四个危险”：精神懈怠的危险，能力不足的危险，脱离群众的危险，消极腐败的危险，充分展现了中国共产党直面问题、牢记教训、勇于创新、勇挑重担的强烈责任感，和以改革创新的精神研究和解决党建面临的重大理论问题和实际问题的巨大勇气。

理论上的与时俱进是行动上锐意进取的前提。无论是执政党的先进性还是参政党的进步性，不仅是一种属性更是一个动态过程。而且“同心、同向、同行”的实质决定了执政党建设与参政党建设必然互相促进。

世情、国情的变化，中国共产党的历史性转变，对参政党来提出了新的要求。参政党面临新的考验和历史课题。

二、建设符合时代要求的高素质参政党

1．清醒认识面临的考验和任务。

一是参政党面临履行职能的考验，对于当前参政党履职能力不足的问题，要有清醒的认识。二是参政党面临新形势下保持进步性的考验，要引导广大会员正确认识我们所面临的形势和改革发展中遇到的问题，坚定中国特色社会主义的共同理想和奋斗目标。三是提高自身建设水平的考验。在我国多党合作制度格局中，执政党建设与参政党建设不是彼此孤立、各自为建，而是互相促进的关系。坚持和完善中国共产党领导的多党合作制度，巩固和发展多党合作事业，一方面取决于中国共产党的领导水平、执政水平，另一方面取决于民主党派自身建设的成效。实践证明，中国共产党的自身建设越加强，领导能力越成熟，执政方式越民主、越科学、越依靠法律，参政党自身建设的积极性和效率就越高；民主党派的自身建设越加强，参政党的作用、水平发挥得越好，共产党的执政水平就越高、领导地位就越巩固，国家和社会各项事业就越发展。因此，当前，按照执政党建设与参政党建设相互促进的要求，学习借鉴中国共产党的党建经验，不断提高自身建设科学化水平，也是我们当前面临的一个重要问题。

2．民主党派自身的变化和新特点。

（1）历史回顾。我国的各民主党派，成立于中华民族灾难深重、国家前途未卜之际，民主党派老一辈领导人不懈探寻救亡图存之道，为实现民族独立，建立民主、独立、自由的新中国，呼号奔走，并通过建立党派组织提出和实践各自的政治主张。民主党派成立后，不断加深对中国共产党的了解，并逐步形成亲密合作的关系，与中国共产党互相声援、彼此配合，共同致力于民族独立和国家统一富强。在支持中国共产党坚持抗战，争取民主、反对独裁，积极推动民主宪政运动，为新中国的缔造等方面都做出了历史性的贡献。新中国成立后，各民主党派积极参加各项民主改革和建设实践，随着社会主义改造的基本完成，作为民主党派社会基础的民族资产阶级和城市小资产阶级逐步转化为社会主义劳动者的一部分，民主党派的性质也发生了根本变化，由阶级联盟转变为政治联盟。我国进入改革开放的新时期，各民主党派积极响应中国共产党的号召，在中国特色社会主义伟大旗帜下，贯彻“长期共存、互相监督、肝胆相照、荣辱与共”的基本方针，积极投身改革开放和社会主义现代化建设。各民主党派始终坚持围绕中心、服务大局，积极发挥参政议政的政治优势；智力扶贫、捐资救灾等社会服务工作；加强对各自成员和所联系群众的思想引导，反映涉及群众切身利益的现实问题，协助党和政府做好沟通思想、理顺情绪的工作，促进社会和谐稳定；积极拓展与港澳台同胞、海外华人和国际社会的联系，促进中华共识和世界对中国的了解。

在中国民主政治进程不断推进，多党合作事业不断发展的过程中，民主党派的内部组成、任务职能、环境条件也发生了许多变化，伴随经济的增长，政治参与的需求也会提升。民主党派面临着使老一辈的坚定信念、优良传统和高尚风范代代相传，巩固多党合作的共同思想政治基础，推动统一战线和多党合作事业持续健康发展的新要求；面临着不断提高履职能力和水平的新要求。

（2）三个转变。一是在领导方式上，从主要依靠代表性人士的个人魅力向主要依靠集体领导的转变。在上述民主党派发展的历史进程中，民主党派内部的领导体制和领导方式，是以发挥代表性人物的社会影响力为主，这种领导体制和领导方式是民主党派的历史存在。如我会的马叙老、周建老、叶老、雷老等创建人，他们的道德文章堪称为世人的楷模，他们的独特经历和历史贡献为后人景仰不已。由这些大师、大家来担任民主党派的领导人，是广大民主党派成员的骄傲。而且这和中共领导层的情况也是互相影响、互相对应的。随着我国经济体制和政治体制改革的不断深入，特别是人事制度的改革和退休制度的施行，多党合作这颗"大树"需要不断有新人来"施肥"、"浇水"，才能枝繁叶茂、青春永驻。通过1997年换届，在新民主主义革命时期和中国共产党风雨同舟、患难与共的民主党派老一代领导人基本退出了中央领导岗位，领导班子实现了整体性的新老交替和政治交接，又经过2002年、2007年换届，一批出生在新中国成立前后、20世纪90年代前后加入民主党派的同志走上领导岗位。这期间，以中共14号文件和两个5号文件为标志，多党合作制度和民主党派工作逐步走上了制度化、规范化、程序化的轨道，民主党派内部的领导体制和方式向集体领导转变成为必然。随着时代的进步、民主的发展，和社会成员素质的提高，执政党和民主党派自身的发展变化，也客观要求参政党应更加强调发挥集体的力量，这是不以任何个人意志为转移的历史进步。这个变化带来了一系列需要解决的问题，包括制度的完善、决策的民主、意志的统一和效率的提高等等。民进十大以后，我从嘉璐同志手中接过了沉甸甸的接力棒，有了"小马拉大车"的切身体会。换届后，会中央高度重视加强领导班子建设和制度建设，不断提高成员对民主集中制的认识，并重视言行一致，在实践中切实地推进，逐步完善和健全会中央研究工作和进行决策的会议制度。通过领导带头和制度的保障，有效地避免了"临时拍脑袋"和"一言堂"的现象，使班子中每个成员、每个中常委的智慧和积极性得到较好地发挥，使会中央和地方、基层有了较好的互动。会中央在成立监督委员会方面也跨出了历史性的一步。我们认为使决策更加科学化、民主化、透明化，是民主政治发展的需要、政治文明发展的需要。

二是在履行参政议政职能中，由主要在界别特色领域的参政议政向全面实现社会主义现代化的各个领域参政议政转变。参政议政、民主监督、社会服务是民主党派的重要职能，也是参政党的生命线和价值所在。如何全面地、高水平地参政议政、建言献策，已经成为参政党面临的重大时代课题。一方面由于世界多极化、经济全球化的发展，由于中国在世界上的地位和责任的变化，国内的问题也需要有国际的视野；另一方面由于国内改革的深入和发展阶段的不同，不断产生新矛盾和新问题，涉及面广、解决难度大，"转型"必然会带来观念上、方向上、评价指标上、政策设计上、体制改革上和重点工作选择上的新变化；再一方面共产党内和政府部门乃至社会的各种智库中，聚集了大量知识精英和掌握了各类研究机构，对事关全局的问题有很深入的研究，相对地降低了民主党派的知识优势。就参政党内部看，一方面民主党派成员以兼职居多，大家主要是凭自觉性、凭凝聚力的大小在贡献力量，组织约束能力较弱；另一方面随着社会阶层的变化，各党派成员界别特色呈现趋同化，削弱了党派界别优势；再一方面民主党派成员的年轻化及政治参与热情的提高，对民主党派的影响力、参政议政的质量有更高的期望。总之，我们认为，要解决参政党资源有限与任务繁重、界别特点与全面参政议政的矛盾，必须开拓思路、创新机制，充分调动多方资源和力量，切实提高参政议政的能力和水平。既要有界别特色，保持在主要界别领域参政议政的优势，又要在顺势中开拓新领域，全面对中国特色社会主义事业建言献策，更好地处理"老阵地"和"新领域"的问题。如果不能深入社会实践的第一线，民进作为一个整体的知识结构如果不能与时俱进地改善，如果不能充分调动会内一切智力资源和会外的力量，将难以达到中国共产党的要求，也难以实现全体会员对我们的期望。

三是在自身建设上，从学习改造为主向全面提高政党素质转变。我国的民主党派在成立后到新中国成立初期，主要是代表民族资产阶级、城市小资产阶级及其所联系的知识分子，是具有阶级联盟性质的政党。1956 年社会主义改造结束后，民主党派逐步发展成为以知识分子为主体的一部分社会主义劳动者和拥护社会主义的爱国者的政治联盟，多党合作中的阶级关系已经不复存在。改革开放以前由于民主党派在实际中的角色主要是学习改造，没有参政议政之法定地位，又由于民主党派具有阶级联盟和统一战线性质，成员的政党意识不是太强。改革开放后，我国的社会阶级阶层结构乃至整个社会利益结构发生了新变化，而且群众反映利益诉求的形式也有了新变化。1989 年中共中央的 14 号文件将各民主党派明确定位为参政党，并于 1993 年将民主党派的地位写入宪法。民主党派已经发展成为进步性与广泛性相统一的政治联盟；成为在中国共产党的领导下致力于建设中国特色社会主义事业的参政党；从以团结教育改造为主要历史任务发展成为履行参政议政、民主监督职能并在国家政治生活中发挥越来越重要作用的政党。形势必然要求全面提高参政党的素质。

3. 加强自身建设的几个着力点。

（1）强化政治共识，而且思想政治工作更强调实效性。新中国成立前后出生、20 世纪 90 年代前后加入民主党派的新一代成员已经成为民主党派的主体。新一代成员呈现出思维活跃的时代特征：关注自我价值的实现。思考问题的角度多元，行为灵活，讲求实效。对我国政党制度的认同感不够深刻。这些新成员与民主党派的历史联系明显淡化，某些成员对本党派的历史不甚了解。再加上西方政党制度的影响，但其中的一些人对民主党派接受中国共产党的领导，无论从感性认识还是从实际接受程度上，往往不如老一辈那样深刻与彻底。加入党派的目的也夹杂了多种成分。总之，对本党派的政治认同感有所减弱。所以，现在的思想宣传工作需要常抓常新的长效制度以及入脑动心的有效形式。政治交接本身具有与时俱进的品质，它的内涵与方式都会发生与时俱进的变化。政治交接又具有整体性和关联性，它一定会反映在我们方方面面的工作中。所以我们要在努力的实践中不断深化认识，总结经验，不断改善参政党思想政治工作。

（2）重视理论研究，认识客观规律。“理论上的清醒，才能保彰政治上的坚定”，才能有高超的思维、有效和周到的措施，防止胡折腾。李瑞环同志说过，对于成功的经验，“要从理论的高度进行概括，使其具有普遍的意义，借以指导其他，不能占糊涂便宜”；对于失败的经验，“要以辩证唯物主义的态度，找出内在的原因，使之成为成功的先导，不能吃糊涂亏”。要“具体地思考，深入地思考，连贯系统地思考，思考现在、过去和未来，思考自己、他人和整个世界，思考实践、理论和理论与实践的结合”。“对反复出现、长期存在的东西，应把握其规律；对大量出现、普遍存在的东西，应掌握好政策”。“这是一个寻找事物内在联系、探求客观规律的过程，是一个由简单到复杂、由复杂到简单、循环往复、螺旋上升的过程，是最难的一步，也是最苦的一关。”特别是年轻的会员们思维活跃、思想开放、自尊自强、崇尚真理。理论研究是思想宣传工作的需要，因为我们既要“以情动人”，又要“以理服人”；理论研究也是形成正确工作思路的需要，理论就是对规律的认识和揭示，理论上的清醒说明对规律的掌握，它能保障强大的凝聚力，能避免实践的盲目性，能提高举措的准确性。

（3）组织工作务实创新。从原有知识分子队伍中分化出的多个新社会阶层，特别是新阶层的出现，作为中国特色社会主义事业的建设者，和社会主义劳动者及拥护社会主义的爱国者一起，成为新时期政治联盟的一部分。因此也就拓展了参政党的组织基础。但是一方面由于成员的职业界别进一步多样化、动态化，职业构成越来越复杂，变动越来越多见。这既给民主党派带来了新的生气，也给民主党派工作带来了新的复杂性。另一方面共产党的发展工作在大力进行，党外知识分子精英及其后备队伍的传统来源受到影响。再一方面会员对会内民主的期望日益提升。因此，组织工作面临许多新挑战。要注意研究社会阶层的新变化，要研究人才成长的规律和时代背景，研究怎样让人才凸现的机制以及获得进一步使用机会的新招。根据形势和规律创新工作方法，加强人才队伍建设，与时俱进地改善民进的组织结构和整体知识结构。我会的组织发展必须解放思想，更新观念，把组织发展工作与履行职能相结合，坚持“在发展中工作，为了工作发展”的原则，着力发展我会各项工作特别是参政议政急需的代表性人士、有发展潜力的高层次中青年人才。我会主要的界别特色是教育文化出版界，这个不能丢；同时，为了更好地适应参政议政的需要，要在保留界别代表性的和延续性的基础上，合理调整和优化组织结构，注意物色、培养、吸收有较强参政议政能力的同志，有目的地重点发展短缺的专业人才，保证参政议政队伍有较全面的专业化、系列化人才。

（4）集智聚力，解决履职能力不足的危险。会中央提出了“以新作为巩固老阵地、在顺势中开辟新领域”和“从集智聚力的体制与机制的创新中迸发活力”的工作思路。老阵地中要有新作为，才能真正巩固老阵地。同时新领域要“顺势开拓”，这个“势”，就是形势使然、优势使然、规律使然。至少应该有可能获得该领域内必要的信息。第三句话就是要不断完善党派了解社情、反映民意、集智聚力的体制和机制。需要及时总结经验，凡有效的要及时转化为制度。要不断创新参政议政的方法和手段，搭建参政议政的平台，整合参政议政的资源，实现在发挥好界别优势的同时，高度重视整合会内外资源。如更早地开始思考第二年的重点调研题目、更早和更广地做预调研；要注意进一步调动专门委员会的积极性与工作效率；要争取地方和中央的互动与双赢；要实现社会服务与参政议政的互动，使成果能够互相转化；要建立会内与会外互动的机制；要进一步发挥政府实职人员和特殊骨干人员的作用，真正做到集智聚力，提高履职水平。要建立开放的体制和集成资源的机制，把各级组织和广大会员的工作热情激发出来，把会中央与省市地方组织和基层组织的智慧凝聚起来；把代表人物、专家、学者与广大会员和专职干部的作用发挥出来，把各级机关与专门委员会的力量整合起来；把会内力量与会外资源的积极性充分调动起来。我们要（在没有方案时）成为解决方案的建议者、（在有了方案时）成为方案缺陷的指出者和（在方案执行时）成为方案效果的监督者。这对视野的广度、战略的高度、知识的深度、信息的掌握程度和变化趋势的判断力都提出了挑战。“有思有行、集智聚力、顺势而为、开拓创新”正是会中央在此背景下提出来的工作思路，并进一步要求“四个互动”，即会中央和地方组织互动、专职工作和兼职会务互动、会内和会外互动、建言献策与社会服务互动。已经取得积极的成效，但是仍然需要破除惯性、积极实践、不断总结、不断改进。

（5）重视制度化、规范化和程序化的建设。制度化是架构的保障；规范化是标准的保障；程序化是（公正、廉洁、科学、民主）执行的保障。在一个集体性的工作中，必然需要避免无序，提高效率，各安其位，各尽职守，讲“规则”、讲协调，追求整体的优化和提高可预测性。这就是重视制度、规范和程序的理由。而且它使得经验“显化”，使之易于学习、传授、普及、发挥长久的和更大的作用。所以既对集体中的个体有利，又对集智聚力，发挥集体作用有利。民主集中制是汇集集体智慧，避免决策失误的重要原则，又是营造相互尊重、相互理解的团结和谐氛围的重要方法。会中央在制度建设方面进行了不懈的努力：一是学习制度逐步完备，围绕建设学习型参政党的目标，大力加强内部学习制度建设，初步形成了比较完备的学习制度。二是坚持贯彻民主集中制原则，基本建立了集体领导和个人分工相结合的领导体制，即会中央研究工作和进行决策的制度。三是建立健全了履行职能的各项工作制度。四是机关工作制度、机关干部管理制度的健全。五是领导班子的谈心和下基层的制度。六是会内监督制度。

今后，会中央将继续坚持以思想建设为核心、以领导班子和骨干队伍建设为重点，以组织建设为基础、以制度建设为保障，不断地为全面提高参政党的素质而努力。

三、发挥好骨干作用

意大利古典经济学家帕累托提出了有名的“二八效应”。就是在任何一组东西中，抓住关键的20%就能产生80%的效果。中国话就是抓重点，或是“提纲挈领、纲举目张”。20%的骨干可以带动80%的员工。

1．做好换届工作。

今年是会中央和省级组织换届筹备的关键年，我会的地市级组织也将完成换届。换届是我会组织发展的一个重要节点，也是一个新的起点，关系民进事业的持续健康发展。这次换届，面临着一些新的形势，也呈现出一些新的特点。一是我国民主政治建设不断发展，多党合作事业稳步推进，民主党派作用进一步得到发挥，国内外日益关注我国政治制度和政党制度的独特作用和价值，为我们做好换届工作提供了良好环境。二是国际国内形势复杂多变，我国与西方在价值观念、政治制度、发展道路等方面的交锋不断增多，抵御西方敌对势力政治思想渗透的责任更加重大；国内改革进入攻坚期，巩固思想政治基础的要求更加紧迫；互联网等新兴媒体迅猛发展，虚拟社会与现实社会相互影响，加强会员思想引导的职责更加凸显，换届面临的任务更重。三是新一代会员已成为我会的主体，他们的民主意识、参政党意识不断增强，对自身建设和会务工作有更高的期望，对换届工作的规范性、程序性提出了更高要求。对换届中突出领导班子的整体建设提出更高的要求。四是我会在思想建设、组织建设、制度建设等方面取得了积极成果，为换届工作奠定了坚实的基础。

我们要从建设适应时代要求的高素质参政党、巩固和发展多党合作制度的高度，立足新形势下我会组织发展的特点，进一步增强做好换届工作的政治责任感。要用社会主义核心价值体系引领换届各项工作，以换届为契机深化政治交接，做到人事有变化但政治基础不动摇、形势有变化但与中国共产党同心同德、同心同向和同心同行的光荣传统不能丢。规范程序、严明纪律，选拔德才兼备、公认度高的代表人士充实到各级领导班子，同时发现推荐一批优秀人才，补充和调整后备干部队伍，为多党合作事业和我会自身建设提供源源不断的人才保证。要以换届为契机，认真总结我会自身建设经验，研究和遵循参政党建设规律，改善会内制度，巩固发扬已有的建设成果，不断紧紧高素质参政党建设科学化水平。

2. 坚持搞好政治交接——重温历史、同心同行。

政治信念、政治立场是政党最重要的存在标志。共同的奋斗目标、共同的政治立场、共同的价值观，即“同道”，是民进全会凝聚力的首要基础。中国人有“求同”的文化基因。会中央提出在全会推进“三个认同”：一是道路认同——坚持走中国特色社会主义的政治发展道路；二是目标认同——全面建设小康社会、巩固和发展中国特色社会主义制度；三是文化认同——以优秀中华文化的精华和民进的优良传统增强全体会员爱国爱会的情感。吴邦国同志在今年全国人大常委会工作报告中，明确指出，“从中国国情出发，郑重表明我们不搞多党轮流执政，不搞指导思想多元化，不搞‘三权鼎立’和两院制，不搞联邦制，不搞私有化。”坚持正确的政治方向，就是在涉及国家根本制度等重大原则问题上不动摇。

去年和今年，我们在全会开展了树立和践行社会主义核心价值体系、建设学习型参政党的活动，今年是中国共产党成立 90 周年、辛亥革命 100 周年，我会又开展了“重温历史、同心同行”等主题活动，这与 2007 年以来民主党派开展的政治交接、中国特色社会主义主题教育活动、学习贯彻科学发展观活动，是一脉相承，是不断延续和深化。通过学习宣传中国共产党领导中国革命、建设、改革取得的丰功伟绩，学习宣传民进与中国共产党肝胆相照、风雨同舟的光辉历程，引导广大会员充分认识没有中国共产党就没有新中国，就没有中国特色社会主义，引导广大会员继承和弘扬民进优良传统，坚持和完善中国共产党领导的多党合作和政治协商制度，与中国共产党思想上同心同德、目标上同心同向、行动上同心同行，为贯彻落实中共中央的大政方针和工作部署，为实现中华民族的伟大复兴作出新的贡献。这是我会适应时代发展、保持参政党进步性和广泛性的需要，也是承担历史使命、更好履行参政党职能、发挥作用的需要，具有非常紧迫而现实的意义。民进开展的这一系列活动，最重要的是要在政治方向上坚持接受中国共产党的领导，坚定不移地走中国特色社会主义政治发展道路，从根本上解决自身建设和履行职能的“方向”与“动力”问题，不断把建设学习型参政党的成果和经验转化为履行职能的立场、思路和具体建议，不断巩固为全面建设小康社会团结奋斗的思想政治基础。

3. 不懈学习，有思有行。

“学习唯有成为常态，工作方能进入状态”。勤于动脑。学习是思考比较的过程，是反省醒悟的过程，总之，是动脑的过程。一要勤于向书本学习，因为书本是理论的阐述、经验的梳理、文明的承继，是时间隧道的入口、心灵世界的闸门、跨越地域空间的飞毯；二要勤于向群众学习，因为“三人行，必有我师”、“群众是真正的英雄”、许多鲜活的经验正是基层群众创造的；三要勤于向会外以及向世界学习，因为包容是自信的表现、兼蓄是能力的表现，吸收是创新的台阶。学以致用。学以立德、学以增智、学以干事、学以养心。知识和理论，只不过是认识的基础和起点，而不是认识活动本身。“用”就是实践。在学以致用中建立起正确的观念，如群众观念、集体观念、民主观念。在学以致用中培养良好的作风，如深入群众、深入实际的作风，谦虚谨慎的作风、实事求是的作风。在学以致用中改善制度和程序，如建立集智聚力的体制与机制、集体领导的议事决策程序、学习谈心的制度和方法、会内的监督制度。在学以致用中树立正确的人生观与价值观。《实践论》说，中国共产党人不仅要善于学习，更要善于在实践中改造我们的学习，以调整战略和战术。对于“思与行”、“学习与实践”需要有深刻的自觉。不仅要解释世界，而且要改造世界。

4. 增强党派意识，处理好专职与兼职的关系。

作为民进的骨干会员，必须认同民进的章程，认同我们民进的政治主张，认同民进的优良传统。所谓党派意识，简单说就是要时时想到自己是一名参政党成员、是一名民进会员，有了这种意识，既是一种激励，也是一种约束。在择定和树立正确而进步的政党意识后，必须在自己的全部活动中予以坚持。我们必须努力具备这样的政治素质：以中国特色社会主义理论体系为指导、对中国共产党领导的多党合作制度有坚定不移的认同、在任何干扰下始终保持清醒的政治敏锐性、对形势和大局有正确的把握、对参政党履行职能有强烈的责任感和使命感。要把自身本职岗位工作的成效与我国的政治文明的发展、民进事业的发展结合起来，积极服务于参政党履行职责的需要。任何一支队伍都需要骨干，民主党派需要拥有更多的政治上坚定、专业上优秀、群众中认可的高素质代表人士。

参政党的发展需要广大基层组织和会员的热情支持、积极参与。我会自身建设的很多鲜活的经验和成果都是基层创造出来的。大家作为我会的骨干，要始终牢固树立“有为才能有位”的思想，在努力做好本职工作的同时，要准确把握当前的国内外形势，抓住发展的重要机遇，不断提高建言献策的能力，按照会中央“有思有行、集智聚力、顺势而为、开拓创新”的工作方针，发挥本职工作优势，提高会内工作质量，做到本职工作和会务工作的相互促进，同时发挥辐射带动作用，实现会内和会外的互动，联合和借助其他社会力量，共同做好民进的工作，为巩固好发展中国共产党领导的多党合作和政治协商制度作出新的贡献。

结束语：去年，中共中央办公厅印发了《2010—2020 年党外代表人士教育培训改革和发展纲要》，这是新中国历史上的第一次。充分体现了中共中央巩固多党合作政治格局、坚定不移地走中国特色社会主义政治发展道路的大谋略，体现了中共中央将党外人才作为党和国家人才的重要组成部分，统筹党内、党外人才培养的大视野。做好代表性人士的教育培养，关系多党合作事业的健康发展统一战线的巩固壮大，也关系着民进的未来。

在座的各位学员都是我会的骨干，不仅是本单位的业务骨干，也是我会自身建设和未来发展的中坚力量。希望大家以这次集中学习培训为契机，加强对中国共产党治国理政方针政策的学习，加强对中国共产党领导的多党合作和政治协商制度的学习，深入思考国家经济社会发展、参政党科学发展的理论和规律，加强思想交流和沟通，勇于实践，使自己在思想上、政治上有新的提高。按照总书记的要求，做到“学以立德、学以增智、学以创业”。

任何一支队伍都需要骨干，民主党派需要拥有更多的政治上坚定、专业上优秀、群众中认可的高素质代表人士。民进中央对这次的骨干培训班非常重视，寄予希望。也希望各位重视这次学习机会。

在中共湖南省委走访民进中央座谈会上的讲话

(2011 年 10 月 8 日)

严隽琪

今天湖南省委书记周强同志带领湖南的多位领导同志来到民进中央，这在民进历史上应该说是第一次，第一次有一位中共省委书记带队来民进中央，我和在座的民进的同志都非常感动。这充分体现了周强书记和中共湖南省委在政治上的一种战略思考和大局观念以及执政党的宽阔胸怀，我们也因此受到教育，对多党合作事业更增加了信心。我在这里代表民进中央向周强书记和湖南的各位领导表示热烈的欢迎和衷心的感谢。

湖南一直对民进的工作很支持。去年我到湖南调研，留下非常深刻的印象，周书记曾和我会谈，介绍了湖南的情况。湖南的文化有声有色，湖南的同志思想解放，而且湖南的文化产业以企业为主体，注重打品牌。刚才周书记又向我们介绍了湖南在文化方面取得的诸多成绩，通过周书记的介绍和民进湖南省委向我们反映的情况，以及我们从各种途径得到的信息，我们知道湖南这几年的发展成绩喜人，这使我们感到振奋。湖南不仅是经济稳定快速发展，而且注重全面均衡，我觉得这是有丰富内容可以展开去探讨的，因为今天时间有限，我选印象特别深刻的谈一谈。湖南在经济发展的同时重视社会建设，而且我还知道周强书记很重视法制建设，重视依法行政、依法执政。我曾在一次经济类的座谈会上听比较资深的专家谈对改革开放历程的认识，认为三十年来第一步是市场化，这是非常关键的一步；第二步是国际化，这也是非常关键的，中国主动融入了全球化；现在要看第三步了。我想政府的改革在第三步中是很关键的，要建设服务型的政府，要依法行政。所以我觉得湖南在为全国探路，创造经验。

另外给我印象深刻的就是中共湖南省委对多党合作事业的高度重视。应该说各省对此都很重视，但是湖南做得很实。我举几个例子，富和同志曾出席湖南岳云中学的政治交接学习基地建设活动，政治交接学习基地建设不是各省都有的，有基地和没基地是不一样的，而且这个基地又是在具有民进背景的中学建立，所以我觉得要特别感谢湖南省委。另外我还注意到湖南已经召开了不止一次的中共和民主党派合作共事的经验交流会，周书记亲自到会讲话。召开这样的会议很不容易，省委书记到会更加不容易，省委书记在会上讲话更是说明了对多党合作事业非常重视，这在全国是很突出的。湖南在全国各省级地区中第一个发布了民主党派市级组织发展的五年规划。我同时还担任中央社院院长，听说周书记拨了几千万要改建省社院，对此我表示非常感谢。现在各党派成员对接受培训的呼声很高，而我们的培训能力有限。依我个人感受，对培训的作用是深有体会的，是否经历过培训很不一样，经过集中一段时间的学习培训，有利于对中国特色社会主义、对我国民主政治建设、对国外的舆论有正确的认识。湖南还积极解决了很多党派成员的人事安排问题。例如民进湖南省委驻会的干部中有一位解决了副局级的职称问题，兼职的主委也解决了相关待遇的问题，这儿就不一一列举了。中共湖南省委的领导还关心民主党派领导人的家庭困难、工作条件、生活条件等各方面的问题，我们知道之后也觉得很温暖。所以在这里一方面热烈祝贺湖南在科学发展观指导下各方面取得的成绩，另一方面衷心感谢湖南省委对多党合作事业的大力推进和高度重视。

还要感谢中共湖南省委对民进湖南省委，特别是对谢勇主委的关怀。民进很重视执政党对我们的评价，也很重视人民群众对我们的评价，你们的态度说明了湖南民进是踏实做工作的。谢勇同志确实是位讲政治、讲大局、讲团结的好同志，现在民进湖南省委组织基本情况良好，凝聚力比较强，在 29 个省级组织里属于比较好的。我们非常高兴谢勇的人品和能力得到了中共省委的肯定，这离不开中共湖南省委搭建的各种平台，让他得到了锻炼。谢勇同志法学专业能力很强，所以他的思路很明确，刚才周书记讲话中举了一个非常生动的例子，我们会内的几次大会发言中也可反映出谢勇同志的把握能力比较强。

刚才周书记对我们提出了殷切希望，我做一个回应。民进被人称为“老实党”，是说民进坚持原则，从建立以来一直和共产党同心同德，经受了很多重大的考验，一代又一代领导人始终在政治立场上是坚定的。民进在参政议政工作中也坚持实事求是，从实际出发开拓创新。我们愿意在“十二五”期间围绕湖南发展的需要做更多的工作。胡锦涛总书记“七一”讲话中指出执政党的四个不足，对比民主党派，我觉得执政党的首要危险是脱离群众，而参政党的主要问题是能力不足。所以民进主张加强会中央和地方组织的互动，会内和会外的互动。湖南面临的问题，如文化发展、两型社会的建设、资源的问题等等也都是民进长期关注的，所以我们会继续和民进湖南省委完善互动机制，从湖南的需要出发做好参政议政、社会服务工作。

党派中央和省级换届在即，民主党派的自身建设非常重要的，组织建设是重中之重。湖南民进在继续发展一些有社会影响力、高素质人才入会的同时，对已经加入民进的有潜力的同志也要加强锻炼。像谢勇同志，正处于人生的黄金时刻，年富力强，又有经验又有精力，各方面表现都比较好，希望我们一起加大对他的使用和推荐力度。同时希望中共湖南省委对民进省级换届工作加强指导，我们认真向执政党学习，在参政议政、自身建设各方面越来越制度化规范化。这次关于任期两届的规定是以前换届从未遇到过的，这会带来一些问题。中共的情况与民主党派有所不同，中共干部可以通过各种渠道调动岗位，民主党派就难了，如果两届以后还没到退休年龄，安排会比较困难。所以借这个机会希望湖南多给党派干部一些挂职机会或轮岗机会，使党派干部增强经历的积累。还可以向文史馆、参事室或者国家部委推荐担任实职，加强党派干部的流动性。

总之，湖南是中国具有重要战略地位的省份，湖南地理位置在中部，是中部重地。湖南盛产稻米和猪肉，湖南更具有优质的人力资源、自然资源和丰富的历史人文资源。我们祝愿湖南在“十二五”期间有更好的发展，我们也愿意和中共湖南省委同心同向，同心同行，同心同德。再次谢谢各位。

在统一战线学习胡锦涛总书记10·9讲话精神座谈会上的发言

（2011年10月13日）

严隽琪

胡锦涛总书记在纪念辛亥革命100周年大会上的讲话，以历史唯物主义的态度，站在振兴中华的高度，全面回顾了100年来中国人民百折不挠、顽强拼搏的奋斗历程，深切缅怀孙中山先生等辛亥革命先驱的历史功勋和崇高精神，高度评价辛亥革命的伟大功绩，深刻阐述辛亥革命在民族复兴进程中的重大意义，并进一步阐述了新形势下实现中华民族伟大复兴的历史使命和三个“必须坚定不移”，提出了发展两岸关系、促进国家完全统一的殷切希望。讲话必将极大地激励、引导和团结海内外中华儿女万众一心，继续为实现中华民族伟大复兴而共同奋斗。

正如胡锦涛总书记指出的，辛亥革命打开了中国进步潮流的闸门，结束了中国几千年的君主专制制度，传播了民主共和理念，极大推动了中华民族的思想解放。辛亥革命永远是民族复兴伟大征程上一座巍然屹立的里程碑。辛亥革命志士留给后人宝贵的精神财富，他们“献其身于国而不私”的爱国精神、“亟拯斯民于水火，切扶大厦之将倾”的责任伦理、“适乎世界之潮流，合乎人群之需要”的宏大视野与民主精神，使悠久的中华文明再造时代的辉煌，对今天正在继续致力于中华民族伟大复兴的中华儿女仍能给予极大的激励与启发。

辛亥革命作为20世纪中国发生的第一次历史性巨大变化，跨出了一大步。但它没能从根本上改变中国的半殖民地半封建社会性质，没能结束中国人民的悲惨境遇。辛亥革命以来100年的历史雄辩地证明，中国共产党是孙中山先生开创的革命事业最坚定的支持者、最亲密的合作者、最忠实的继承者。中国共产党成立90年来，带领中国人民，夺取了新民主主义革命的胜利，建立了人民当家作主的新中国；完成了从新民主主义到社会主义的转变，开展了大规模社会主义建设；推进了改革开放和社会主义现代化伟大事业。孙中山先生和辛亥先烈们矢志不渝、牺牲以求的美好愿景正在神州大地上一步步变为现实。是历史和人民选择了中国共产党，选择了马克思主义，选择了社会主义，选择了改革开放，选择了和平发展。中国特色社会主义道路是实现中华民族伟大复兴的正确道路，中国共产党是领导全国人民在这条道路上胜利前进的核心力量。只有坚定这样的选择，我们才能顺应社会进步的时代潮流，不断推进中国的现代化进程，开创中华民族伟大复兴的光明前景。

民进要深入学习领会胡锦涛总书记的讲话精神，继承和发扬辛亥革命精神，将辛亥革命先驱们留下的精神财富，作为我们加强参政党思想建设的重要资源。当年，以孙中山为代表的革命先驱的爱国、民主的思想，也对民进的创立和发展产生过非常大的影响。民进创始人马叙伦先生在辛亥革命前就加入柳亚子等发起的南社，1911年在日本由章太炎介绍加入同盟会。回国后，在浙江参与筹办民团，响应武昌起义，武昌起义后参加反帝反封建斗争，奋起反袁，支持五四运动，积极投入爱国民主运动。他在年届花甲时，才找到了实现自己理想的路，那就是参加到中国共产党领导的伟大事业中来，1945年在中国共产党的帮助支持下，于上海发起成立中国民主促进会，开始书写了他一生最耀眼的篇章——和中国共产党亲密合作、肝胆相照、荣辱与共的二十多年。马老在他最后的日子里，在医院的病床上，用颤抖的手给我们留下了“跟着共产党走，才是在正道上行”的遗言。许嘉璐先生说过“马老的一生集中地体现了中国近代和现代爱国知识分子从旧民主主义走到新民主主义，最终走到社会主义的光辉历程。”马老和民进前辈追求民主进步、为国家和人民奋斗一生的经历，他们探索真理、做出的正确而坚定的政治选择，形成了民进的光荣传统，是民进无比珍贵的精神财富。民进要以纪念辛亥革命100周年为契机，教育和引导广大会员树立马克思主义唯物史观，深刻理解中国共产党的领导地位和中国特色社会主义道路是历史和人民的选择，深刻认识中国共产党领导的多党合作制度产生发展的历史必然性。坚定不移高举中国特色社会主义伟大旗帜，坚定不移高举爱国主义伟大旗帜，坚定不移高举和平、发展、合作旗帜。切实加强自身建设，提高履行参政党职能的能力和水平，为建设中国特色社会主义、推动祖国和平统一、实现中华民族伟大复兴做出新的贡献。

深入学习“七一”讲话精神和中共十七届六中全会精神 努力提高参政党建设的科学化水平

——在民进十二届十六次中常会闭幕式上的讲话

（2011年10月19日）

严隽琪

各位常委、各位同志：

民进十二届十六次中常会完成了各项预定议程，就要闭幕了。本次会议的主题是认真学习和贯彻胡锦涛总书记“七一”讲话精神和中共十七届六中全会精神，我们听取了文化方面的专题报告，审议通过了《民进中央关于学习贯彻中共十七届六中全会精神的通知》，大家非常认真和比较深入的进行了交流发言，这些发言包括了思想动态、工作情况和社情民意，既有理性思考，也有感性体会。会议还听取了关于民进中央2011年重点调研项目成果的报告。

在会议闭幕前，就深入学习贯彻“七一”讲话精神、中共十七届六中全会精神，我想再强调三句话：

一、深入学习贯彻“七一”讲话精神，增强政治坚定性

胡锦涛总书记的“七一”讲话，站在历史和全局的高度，系统总结了90年来中国共产党领导革命、建设和改革的宝贵经验，明确提出了新的历史条件下提高执政党建设科学化水平的目标任务，深刻阐述了在新的历史起点上把中国特色社会主义伟大事业全面推向前进的大政方针。讲话有很强的理论性、战略性、指导性，是继续推进中国特色社会主义伟大事业的纲领性文献。我们要认真学习，把学习效果体现在不断增强走中国特色社会主义政治发展道路的自觉性和坚定性上；体现在坚持和完善中国共产党领导的多党合作和政治协商制度上；体现在努力提高参政党素质，为中华民族的伟大复兴作出更大贡献上。

“七一”讲话阐明了一个道理：中国一定要走自己的路。历史和现实都表明，中国的发展道路不可能照抄西方发达资本主义国家模式。在中国共产党的领导下，中国人民走出了一条和平发展之路。这就是主要依靠自己的力量，对内寻求和谐，发展内需，通过改革创新，落实科学发展观，独立自主地建设有中国特色的社会主义；对外寻求和平，积极争取和平的国际环境来发展自己，又以自身的发展来维护世界和平，促进世界共同发展。前不久，中国政府正式发表了《中国的和平发展》白皮书，把走和平发展道路提到“国家意志”的高度；把改革开放以来“三步走”的现代化发展战略与和平发展道路联系起来；从“综合、共同、合作”的角度论证新安全观；提出“积极有为的国际责任观”概念；提出“睦邻友好的地区合作观”概念；突出“非国家行为体”在国际关系中的重要作用。这条和平发展道路，是和平的、建设性的；是以自身的发展为基点、追求自身与世界的双赢；是闪耀着“和而不同”的中华优秀传统文化的不朽生命力。

党的十七大提出“高举中国特色社会主义伟大旗帜”，当时，这个“旗帜”包括“道路”和“理论体系”。“七一”讲话第一次提出了高举中国特色社会主义伟大旗帜。不仅仅要坚持中国特色社会主义道路和中国特色社会主义理论体系，而且要坚持和完善中国特色社会主义制度，这是一个新的提法，对于我们当前和今后工作有很直接的指导意义。中国特色社会主义制度有三个层次：第一个层次是根本政治制度和基本政治制度，我们坚信，它是符合中国国情、顺应时代潮流的。第二个层次的制度，是建立在第一层次之上的各个方面的具体制度。不但需要坚持，更需要深化改革、不断完善。第三个层次制度，就是确认和保障这些制度实现的法律体系。胡锦涛同志在“七一”讲话中强调：“中国特色社会主义制度是当代中国发展进步的根本制度保障，集中体现了中国特色社会主义的特点和优势。”集中体现为五个“有利于”：有利于保持党和国家的活力，调动广大人民群众的积极性、主动性、创造性；有利于解放和发展社会生产力，推动经济社会全面发展；有利于维护和促进社会公平正义，实现全民共同富裕；有利于集中力量办大事，有效应对前进道路中风险挑战；有利于维护民族团结、社会稳定、国家统一。简而言之，就是建立一个有活力、能发展、讲公正、抗风险，又团结和谐的制度。

中国共产党领导的多党合作和政治协商制度，直接关系到当代中国发展进步的根本制度保障。我会各级组织特别是领导班子成员，要深入学习、深刻领会、全面贯彻“七一重要讲话”精神，为中国特色社会主义制度的完善和发展作贡献。

二、在执政党党建的促进下，努力提高参政党建设的科学化水平

在“七一”讲话中，胡锦涛同志以强烈的忧患意识，向全党发出了告诫，提出了“不断提高党的建设科学化水平”的时代课题。这充分体现了中国共产党对自身历史方位的科学把握和清醒认识，体现了中国共产党直面现实考验、勇担历史使命的成熟和自信。

政党生命力的重要表现是能够根据变化的条件，不断对自身进行改革，提高对环境的适应能力，求得生存和发展。中国共产党如此，民主党派同样如此。中国特色政党制度取决于执政党与参政党和谐互动、执政党建设与参政党建设互相促进。这是新时期多党合作理论和政党建设理论的重要创新，也是民主党派始终保持进步性和广泛性的根本保障。民进要坚持按照执政党建设与参政党建设互相促进的要求，不断提高自身建设的科学化水平。

第一，要继续推进学习型参政党建设。进入新时期以来，随着新会员大量增加，新一代代表人物已成为我会的主体，思维方式等方面的多样性特征更加明显；全面建设小康社会的目标任务和国际国内复杂多变的形势对我会的履职能力提出了更大的挑战；科技的快速发展和知识的急剧膨胀尤使人“不进则退”；执政党的建设对“同行”的参政党必然提出新的要求。以上种种都突显了建设学习型参政党是十分重要、十分迫切的。

第二，要继续深入开展树立和践行社会主义核心价值体系活动。这对于民主党派具有政治保证、理论支撑、激励凝聚和导向引领的作用，是巩固多党合作思想政治基础的需要，是进一步履行参政党职能的需要，是坚持民主党派广泛性和进步性的需要。明年是我会开展树立和践行社会主义核心价值体系的第三年，也是会中央和各省级组织的换届年，我们要及时总结经验、表彰先进、改善制度，坚持不懈地把树立和践行社会主义核心价值体系活动，作为我会加强自身建设的重要课堂和生动教材。

第三，要加强参政党意识。通过对中国特色政党制度的理论和历史的学习研究、对我会会章会史的学习与研究；对国内外形势和现实国情的学习调研，保持敏锐、清醒的政治头脑，正确认识参政党的历史方位、面临的任务要求，更自觉地继承与发扬我会的优良传统，增强民主党派成员的责任感和使命感，积极主动地与中国共产党“同心同德、同心同向、同心同行”，积极主动地做好会务工作。

三、促进社会主义文化大发展大繁荣要有新作为

文化是民族凝聚力和创造力的重要源泉、是综合国力竞争的重要内涵、是经济社会发展的重要支撑，丰富健康的精神文化生活是广大人民的热切愿望。文化发展关系到如何走中国特色社会主义文化发展道路。

中共十七届六中全会作出了《关于深化文化体制改革推动社会主义文化大发展大繁荣若干重大问题的决定》，体现出执政党准确把握我国经济社会发展新要求、准确把握当今时代文化发展新趋势、准确把握各族人民精神文化生活新期待。说明了执政党对文化建设的高度重视和关注，在文化理论创新与实践方面，相关的能力建设正在提升。

改革开放以来，我国的文化事业取得了长足的发展，文化体制改革也取得显著成效，文化领域创新很多。其中重要的一点是认识到文化的双重属性，即精神属性和商品属性，从而提出了文化事业和文化产业统筹发展、协调发展的思路。但是，一些深层次的和体制性的矛盾和问题仍待解决，就拿文化产业来说，存在着深化改革，发挥好市场在文化资源配置中的基础性作用，进一步确立文化市场主体，健全文化市场体系，完善文化产业政策和相关的法律建设，使整个文化体制与社会主义市场经济体制相适应等问题。何况文化建设决不仅仅是产业的发展，任务复杂而艰巨。

文化是我会的主要界别之一。民进一直在公共文化服务体系、文化产业政策、中华文化走向世界、文化产业格局和文化市场格局等方面，深入调查研究，积极建言献策，推动实际工作，为解放和发展文化生产力、繁荣发展社会主义先进文化努力作贡献。前不久，在征求中共十七届六中全会文件意见的高层协商会上，会中央在集聚全会智慧的基础上，就实施文化强国战略、把文化管理体制改革作为深化文化体制改革的重点工作、推动文化法律法规建设和加强文化理论建设等方面提出了建议。今后，我会要学习贯彻中共十七届六中全会精神，进一步提高自觉性和参政能力，为推动社会主义文化大发展大繁荣作出新的贡献。

各位常委、各位同志，

希望大家能够将本次中常会的精神带回去，结合各地的实际情况，认真组织贯彻实施，带领广大会员顺利完成全年工作，迎接我会十二届五中全会的召开。

谢谢大家。

在第四届中美民间和平论坛开幕式上的讲话

（2011 年 10 月 22 日）

严隽琪

尊敬的公谊会秘书长克雷坦女士，

女士们、先生们、朋友们：

在金秋十月的美好季节，我很高兴应美国公谊服务委员会的热情邀请来到美丽的华盛顿访问，出席第四届中美民间和平论坛。在此，我谨代表中国人民争取和平与裁军代表团向各位来宾和朋友致以诚挚问候和良好祝愿！

今天，中美关系已经成为世界上最富生机活力、最具重要影响的双边关系之一。今年初，胡锦涛主席访美时与奥巴马总统对新形势下的中美关系进行了全面规划，形成共同努力建设相互尊重、互利共赢的中美合作伙伴关系的重要共识，开启了中美关系的新篇章。双方发表的《中美联合声明》首次把人文交流纳入中美关系的战略框架，作为建设合作伙伴关系的一部分，这是极具长远眼光和现实针对性的。良好的中美关系离不开两国人民的理解和支持。中国古语讲，“国之交在于民相亲”，“人之相交，贵在知心”，“以心相交，方能成其久远”。人文交流是人与人、心与心的交流，对于人们相互尊重、加深理解、增进友谊具有不可替代的作用，它可以培养民众间亲切持久的感情，有助于人们理性看待差异与分歧，构建牢固的信任基础。近年来，中国人民争取和平与裁军协会与美国公谊服务委员会举办中美民间和平论坛，就是中美人文交流的重要组成部分，为增进两国人民之间的理解和友谊做出了积极贡献。今天，我们在成功举办前三届论坛的基础上，共同举办以“亚太地区和平、发展、合作”为主题的第四届中美民间和平论坛，更加深入地交流共同关心的问题，这是很有意义的。本届论坛的规模和议题超过了以往，我们真诚希望与美国公谊会、美国大学共同努力，与各位来宾一起，使论坛获得圆满成功。

女士们、先生们，

为举办好本届论坛，我愿向大家简略介绍中国的情况和中国与亚太地区的关系问题。

中国改革开放 30 多年来，主动融入国际社会，积极参与经济全球化进程，经济快速发展，2 亿多人摆脱贫困，人民生活从温饱不足发展到总体小康，为世界发展也作出了贡献。可以说，经过长期探索，中国靠勤劳智慧、自强不息、虚心学习，终于走出了一条有中国特色的发展道路，这条道路符合中国国情和世界潮流，得到了中国人民的衷心拥护。

但是，中国还是一个发展中国家，尽管 GDP 跃居世界第二，人均却只有美国的 9%，排在世界百位左右。城乡、区域发展和居民收入差距比较大，贫困人口按联合国标准还有 1 亿多。因此，中国要赶上发达国家水平，使 13 亿人进入现代化，需要经过几代人的不懈努力，还要克服许多艰难险阻。因此，在今后相当长时间内，中国都将集中精力解决好自身的发展问题。

今年 3 月，中国发布了第十二个五年发展规划纲要，这是一个推动科学发展、加快转变经济发展方式的规划，描绘了未来五年乃至更长时间中国经济社会发展的蓝图，主要可以概括为四个方面：一是中国将坚持科学发展；二是中国将继续锐意改革、深化开放；三是中国社会将更加和谐，继续把保障和改善民生放在突出位置，加快发展各项社会事业，切实做到发展成果由人民共享；四是中国将坚持走和平发展道路。

近年来，中国的快速发展引起世界的关注，有些人对中国的发展走向抱有疑虑和误解，实际上大可不必。因为多年来，中国一直高举和平、发展、合作的旗帜，奉行独立自主的和平外交政策，坚持走和平发展道路，坚持互利共赢的开放战略，既争取和平的国际环境发展自己，又以自身的发展促进世界和平与发展。这是基于中国5000年来崇尚和平、亲仁善邻、兼收并蓄的历史文化传统，是基于改革开放30多年来依靠和平发展实现国家繁荣的实践总结，也是基于对时代潮流的深刻把握。最近，中国发表了《中国的和平发展》白皮书，向全世界郑重宣告，和平发展是中国实现现代化和富民强国的历史抉择，宣示了中国发展到今天走出的一条不同于以往大国崛起的和平发展道路，把解决中国问题的主要思路放在中国内部的发展，而不是向外扩张和转嫁矛盾。中国坚持和平发展的决心和行动表明，中国是一个对世界高度负责，各国可以安心、放心打交道的国家。

女士们、先生们，

当今世界正处于大发展大变革大调整之中，亚太地区在世界格局中的地位不断上升。亚太经合组织21个成员国拥有世界40%的人口、超过55%的经济总量和45%的贸易总量。虽然地区各国发展程度和社会制度不同，但相互融合日益加深，新兴经济体成长显著，各种区域合作机制蓬勃发展，新倡议、新设想不断涌现，反映了各方合作应对机遇与挑战的强烈愿望。尽管当前国际金融危机对亚太经济的影响不断显现，地区热点问题时有升温，全球性问题更加突出，但总的看，亚太地区持续稳定、经济总体向好、对促进世界和平与发展的作用越来越大。

中国作为亚太地区的一员，与各国共同肩负维护本地区繁荣稳定的重要使命。和平稳定的地区环境，有利于中国可持续发展；中国的和平发展也为地区发展带来活力。中国奉行“与邻为善、以邻为伴”的睦邻友好政策，愿在和平共处五项原则的基础上与所有国家开展友好合作，共同营造一个和平稳定、平等互信、合作共赢的地区环境。中国与周边国家既有源远流长的传统友好的基础，更有日益增长的共同利益。近年来，中国与亚太国家的互信在共度危机中更加深入人心，在各领域的互利合作取得新的重要进展：一是与亚太各国的政治交往日益密切，建立了不同形式的伙伴关系；二是与亚太各国经济合作不断深化，连续多年成为亚洲最大的进口市场，在中国的十大贸易伙伴中，有8个来自于亚太地区；三是同亚太国家安全合作持续拓展，致力于通过和平谈判解决争议，与各国开展日益广泛的安全合作；四是与亚太国家的人文交流更加广泛，不断扩大教育、文化交流对话，促进人力资源开发合作；五是致力于同亚太国家共同推动区域合作机制建设，对任何有利于亚太地区经济融合与共同繁荣的合作倡议都持开放和欢迎态度。

在维护亚太地区和平、稳定和发展的进程中，一个良好的中美关系十分重要，这符合两国和两国人民的根本利益，也是世界和平与发展的必然要求。为落实今年初中美两国元首达成的共同建立相互尊重、互利共赢的合作伙伴关系共识，与美国和其他亚太国家一起，进一步拓展共同利益，妥善处理好可能出现的分歧，协调好地区关系，争取各方合作共赢，建立了中美亚太事务磋商机制。迄今，这一新的机制已经运行了两次。为把中美合作伙伴关系建设好、发展好，双方应妥善处理两国间重大敏感问题，坚定维护两国关系发展大局。众所周知，台湾问题属于中国内政，事关中国主权和领土完整，涉及中国核心利益，关系到13亿中国人民的民族感情。我们希望美国政府充分认清售台武器的高度敏感性和严重危害性，立即停止对台军售，避免损害中美关系稳定发展和两岸关系和平发展势头。

女士们、先生们，

在各方努力下，本届论坛在开幕式后将进入专题演讲和小组讨论，我相信与会专家将会以彼此尊重、开放包容的精神，相互学习，求同存异，增进了解，加深友谊，取得累累的硕果。我们希望，通过成功举办本届论坛，使双方的友好合作迈上一个新台阶。

最后，衷心希望各位为推动世界和平、发展、合作继续贡献智慧和力量，大家永远都做好朋友。

祝愿在座各位身体健康、工作顺利、家庭幸福！

谢谢各位！

在梅森大学孔子学院的讲话

（2011年10月24日）

严隽琪

尊敬的郝卓悦副校长、安妮·谢乐副校长、皮特斯特斯教务长，女士们、先生们：

首先我很感谢也很高兴能应邀来到弗吉尼亚州第一所孔子学院访问。今天的主题是国际教育的公民身份，主题很大，我从三个问题来谈谈我的认识。

一、孔子意味着什么？孔子生活在近两千六百年前，是中国历史上伟大的教育家和思想家，他是中国儒家思想的集大成者，又是中国文化教育向民间下移的先行者、即中国历史上开始私人讲学的第一人。他一生从教四十余年，在他的培育和影响下，形成了后来称之为“儒家”的思想学术群体，儒学也在以后成为延续数千年的中国传统文化的主干。孔子提出的“有教无类”教育思想和“因材施教”教育方法仍在影响着当代。所以，孔子是一位具体的历史人物，孔子又是一个鲜明的中国文化符号，孔子是中华文明为世界文明做出杰出贡献的一个典型代表。

二、语言文字意味着什么？当今时代，经济全球化和科技进步使人们紧密相连，世界成为一个“地球村”，人类比以往任何时候都更加需要交流沟通、携手合作、应对共同挑战、维护世界和平。毫无疑问，语言文字是人类沟通的重要工具。各国人民学习外语、增进了解的愿望从未像今天这样强烈。目前，中国有3亿多人学习英语，大多数小学都开设了英语课，高校开设的外语专业达60多种，这对中国人了解外部世界、增进国与国之间、人与人之间的友谊起到了重要作用。随着中国与世界的交往日趋广泛，全球范围内也出现“汉语热”。目前，已有98个国家和地区设立了孔子学院和孔子课堂，美国有1000多所大学开设汉语专业，4000多所中小学开设汉语课程。汉语教学的蓬勃开展，已经成为国际关系深入发展的一道亮丽的风景。

同时，语言文字是文化的载体。美国著名诗人惠特曼说，语言交织着普通人民的爱与恨，欢乐与痛苦，需求与满足。我感到语言文字承载着民族的记忆、文明的流变。汉语是世界上极少的还活着的象形文字，因此，会更加形象地流露出中华民族的文化基因。举个例子，“和”可以说是中华文化的核心内容，“以和为贵”的理念深深影响了中华民族的思想和行为，成为中国人处理人与人、人与自然乃至国与国关系的重要价值观。现在，中国对内建设和谐社会，对外坚持和平发展，都渗透着“和”的理念。了解了“和”的内涵，就能够更好地理解中国传统文化的精髓，更好地体会当代中国人民渴望和平发展的心境。中美两国在发展双边关系中常用的许多词汇，比如同舟共济、包容互信、伙伴关系、相互尊重、互利共赢，都闪烁着“和”的光芒。“和”在汉字中的书写由左右两个部分组成，左边是“禾”，指粮食作物，右边是“口”，指人口，可以说人人有饭吃，才有“和”可言。其实“和”在古文中还有一个比较繁琐的写法（在电脑的常用字库里都查不到），它由三部分组成，“禾”，即粮食放在了右边，代表了生存权；左边又分上下两个部分，上部是古代中国乐器的象形，下部是古代中国书册的象形。从这两个写法中可以看到，中国古人在文字创造中就已包含了朴素的注重民生的渴望，而且表达了对人的全面发展的需求。这样的例子很多，也是一门学问。学习语言文字不仅能够掌握交流工具，还能领略该民族文化的独特魅力。

中国的汉文因为是象形文字，所以在书写时有特别的美的感受。中国的说法是“书画同源”。它与作画一样，有笔画的舒畅、生动，有架构的协调和留白的疏密。而且，千百年来，中国书法是把基点设立在日常书写上，因此形成了流派纷呈，并与人们内心情感、外部生活都紧密联系的艺术，甚至成为人的修养的一部分。

三、教育是什么？中国的唐代有位大文人叫韩愈，生活在一千二百多年前，他写了一篇非常著名的文章《师说》，论述从师求学的道理。“师者，所以传道授业解惑也”把老师的责任用六个字深刻地表达出来了，即传授道理、教授学业、解除疑难。他提出“无贵无贱，无长无少”，只要“道之所存”，则“师之所存也”，即不论年纪大小、地位高低，道理在哪里，老师也就在哪里。这种“能者为师”的主张，今天仍不失其积极的意义。在任何国家，教育改革都是一个永恒的题目。中国有句老话“十年树木，百年树人”，是说要通过教育改造社会风气、改善国民素质，效果往往不是能够短期奏效的，更多是潜在的、后发的，其效果的体现比起通过植树造林来改变环境所需时间还要长。这就要求教育要有长期战略、要真正符合科学规律，校长和教师要有坚定的信念、不被身边的功利、社会的偏见所“绑架”。教师面对的教育对象是千姿百态、时时变化、有许多内心活动、又没有定型的青少年人，教育的过程是师生共同进行的复杂活动，制约教育过程的外部因素又是纷繁多样的，所以教育质量的评估是很不容易的。当今世界，随着科学技术的日新月异，经济社会的加快转型，教育无时不在面临着许多新问题和新挑战。单拿科技发展来说，对教育的影响至少会表现在三个方面：一是课程的内容，要修改以往的结论、要介绍新的进展、要调整学科分类的描述；二是教授的方法，从课件的设计与展示、到实验内容与方式的更新；三是教育体系与教育管理、乃至教育理念的变革，中国的电视大学十分火暴，上海的各大学也纷纷设立了网络学院，为成人教育注入了新的活力，为教育资源的共享提供了新的可能，也对教育质量的控制提出了新的课题。在国际教育合作方面，据我所知，多年前美国的密歇根大学就与上海交通大学共建机械学院，在教学和科研方面紧密合作。最近，中国的华东师范大学与美国的纽约大学合作成立了上海纽约大学，这是个新生事物，还处在摸索阶段，但为中美联合办学以及国际教育合作提供了又一个良好的开端。“面向未来，面向世界，面向现代化”已经成为中国教育坚定不移的方向。

女士们、先生们，

中国迎来了百年来难得的和平发展时期，中国人民对和平的渴望与努力丝毫不逊于其他国家。今天，中美关系已经成为世界上最富生机活力、最具重要影响的双边关系之一。美国是中国的第二大出口市场，大量在华投资伴随了先进的科技和管理经验。改革开放以来，为数众多的中国人赴美留学并学有所成，也有越来越多的美国人到中国留学。美国也从中国的快速发展中受益匪浅，中国连续 9 年成为美国增长最快的主要出口市场，美国数百万个工作岗位与中美贸易密切相关，许多美国企业全球利润的最大贡献来自中国。即使在国际金融危机最严重的两年，仍有超过 70% 的美国在华企业盈利。虽然中美两国发展程度和社会制度不同，但是双方利益交融、相互依存的关系难能可贵，全世界都因此而受益。

汉语教育是中美人文交流的重要组成部分，两国的青年学子肩负着开创中美关系未来的重任。我衷心希望在座各位继续致力于增进中美人民之间的相互了解和友谊，做中美友好的推动者！“远在天边，近在心田”，正是语言文字的交流让我们超越国界、跨越重洋，彼此走得更近。让我们为两国友好、为世界和平繁荣，共同努力做得更好！为了表达中国人民争取和平与裁军协会代表团对贵学院的友好情谊，谨向贵学院赠送一批中文书籍，希望有助于增加老师和同学们对中国的了解。

谢谢大家！

中国和平发展与世界的关系

——在梅森大学名人大讲堂上的演讲

（2011 年 10 月 25 日）

严隽琪

尊敬的郝卓悦副校长、安妮谢乐副校长

女士们、先生们、朋友们：

首先，我要感谢梅森大学的热情邀请，使我得以来到美丽的梅森大学，登上著名的名人大讲堂与大家交流。当我得知自己是第一位在此大讲堂演讲的中国人，在尤感荣幸的同时，特别希望我的演讲能够有助于各位加深对今天中国的认识。

当代中国发生了历史性的巨大变化，许多人在关注中国的发展方向，研究中国发展道路的特色，关切中国发展对世界的影响。我将力图在这有限的 45 分钟内介绍我心中的中国。我于上世纪 40 年代出生在中国上海，亲身经历了从新中国社会主义制度的确立到中国改革开放的历史变迁。我当过多年的大学教授、地方的行政官员，以及现在任全国人大常委会副委员长。我的切身经历和实际体会必然会影响我的视角和感受，愿和大家分享。

女士们、先生们，

我想从两个非常值得纪念的中国历史上的重大日子谈起，了解这两个纪念日，有助于理解中国已经发生的变化，也有助于展望中国以后的发展趋向。首先，今年是中国辛亥革命 100 周年。中国自 1840 年鸦片战争以来，遭受了许多外国势力的侵略，中国的清朝封建统治腐朽无能，在外国强权的压迫下，被迫签订了几百个不平等条约，大量的国土被瓜分。不堪重负的巨额赔款，抽干了社会财富，榨干了人民血汗，压垮了国民经济，人民饥寒交迫。中国沦为半殖民地半封建社会，中国人被世人鄙夷地称为“东亚病夫”。在中华民族处于危难时刻，1911 年，以孙中山先生为代表的革命党人发动了震惊世界的辛亥革命，开创了中国近代民族民主革命，开启了中国前所未有的社会变革。虽然，由于历史的局限，辛亥革命没有根本改变旧中国半殖民地半封建的社会性质，没有彻底改变中国人民的悲惨境遇，但这场革命结束了统治中国几千年的君主专制制度，传播了民主共和的理念，推动了中华民族的思想解放，率先发出了“振兴中华”的呐喊，促使中国人民不屈不挠地努力探索改变国家和民族命运的道路。因此，我们认为辛亥革命永远是中国走向复兴之路上一座巍峨屹立的里程碑！

今年还是中国共产党诞生 90 周年，在辛亥革命 10 年后建立的中国共产党，一经问世就始终站在救国救民的民族解放运动的最前面，成为中流砥柱和领导核心，提出了实现民族民主革命的理论体系，找到了中国革命胜利的道路，克服了无数艰难困苦，代表了中国先进生产力的发展要求、代表了中国先进文化的前进方向、代表了中国最广大人民的根本利益，受到中国各族人民、各民主党派的衷心拥护。历史实践证明，中国共产党人是孙中山先生开创的革命事业最坚定的支持者、最亲密的合作者、最忠实的继承者，不断实现和发展了孙中山先生和辛亥革命先驱的伟大抱负。1949 年中华人民共和国的诞生，标志着完成了新民主主义革命，实现了民族独立、人民解放。当新中国首任中央人民政府主席毛泽东庄严宣告“中国人民从此站起来了”的时候，亿万中国人欢欣鼓舞，热泪盈眶。只有深受苦难和被压迫的人才能分外感受到解放和当家做主人的幸福。我不由得联想到，美国人民也有赢得独立，结束殖民地统治，建立美利坚合众国的历史，应该能理解和同情中国人民争取实现民族独立、人民解放的伟大事业。新中国成立后，中国共产党继承和发展孙中山先生关于建设人民享有民主权利和幸福生活的现代化国家的理想，团结带领全国各族人民自力更生、艰苦奋斗，完成了从新民主主义到社会主义的转变，开展了大规模社会主义建设，推进了改革开放和社会主义现代化伟大事业，彻底改变了中国社会的面貌，实现了三个历史性转变：中国从半殖民地半封建社会到社会主义社会的历史性转变，从两千多年来封建专制政治向人民民主政治的历史性转变，从国家被侵略、民族被压迫到自立自强于世界民族之林、成为世界经济发展和人类文明进步的动力之一的历史性转变。我感到，100 多年来中国人民对于建设人民享有民主权利和幸福生活的现代化国家的梦想正逐步变为现实。

女士们、先生们，

对于中国走怎样的发展之路，中国政府和人民通过不断摸索和艰苦实践，其中有许多波折和起伏，也走过弯路，邓小平先生曾形象地说我们是“摸着石头过河”，终于在上世纪 70 年代末，走出了一条适合中国国情的改革开放的发展道路，现在被称为是中国特色社会主义道路。最近中国政府发表了《中国的和平发展》的白皮书，所以这条道路又被称为和平发展之路。我在这里用“大步、均衡、绿色、开放”等四个形容词来谈谈我对中国的和平发展的认识。

一是“大步”。近代中国的苦难遭遇，反映了落后就要挨打、遭掠、受屈辱。中国要赶上发达国家，首要问题是尽快改变积贫积弱的状况。在一个经历了上百年战乱、千疮百孔的落后的好几亿人口的农业国，用我们的话，就是“一穷二白”的基础上，要解决占世界四分之一人口的温饱问题，要使数亿人摆脱文盲受教育，要实现现代化，自立于世界民族之林是非常不容易的。必须在这个超大型的人口规模、超广阔的疆域国土、超悠久的文化历史传统、超多样的组成板块的国家大步地向着现代化发展。中国的改革开放，将高度集中的计划经济体制转变为以公有制为主体、多种所有制经济共同发展的基本经济制度，市场在资源配置中的基础性作用明显增强，宏观调控体系日臻完善。覆盖城乡居民的社会保障体系也在逐步建立。通过改革开放，解放了社会生产力，使中国社会充满活力，经济建设速度明显加快，中国的经济总量从 1978 年到 2010 年翻了四番多，达到 5. 88 万亿美元，占世界的比重从 1. 8% 增加到 9. 3%。再用一个联合国的数据：1950 年中国的人类发展指数属于“极低”之列，2005 年已跨入“上中”行列。中国人民的生活实现了从温饱不足到总体小康的历史进步。中国认真落实联合国千年发展目标，成为全球唯一提前实现贫困人口减半国家，贫困人口从 1949 年 2 亿多减少到今天的 2 千多万。中国的大步发展符合亿万中国人民的迫切愿望，也是对建设和谐世界的重要贡献。

二是“均衡”。中国的一个重要的国情是地区间和城乡间的发展很不均衡。既有北京、上海和东部沿海这样的“发达板块”，又有中西部的“欠发达板块”；城乡二元结构的长期存在，公共服务体系和社会保障体系建设在乡村相对薄弱。还有一部分人先富起来和仍有 2 千万人没有摆脱贫困之间存在的贫富差距。所以中国必须一心一意谋发展，在发展中要更加注重统筹协调、均衡发展，实现城乡人民的共同富裕、共享尊严，以及社会的和谐、区域间的互动。

三是“绿色”。地球是人类的共同家园。世界长期以来的高消耗、高污染的经济增长模式已不可持续。中国在改革开放取得巨大经济成功的同时，也伴随着资源的高消耗和环境的巨大污染。改变这种粗放式的发展方式是中国和平发展的应有之义。中国是最早制定并实施《应对气候变化国家方案》的发展中国家，也是近年节能减排力度最大、新能源和可再生能源研发速度最快的国家之一。在今年启动的中国经济社会发展“十二五规划”中明确提出“以科学发展为主题”和“以经济方式的转变为主线”。中国正以立法，确定节能减排定量指标形成对各地政府、各行业的倒逼机制”，鼓励科技创新和可再生能源的应用，加强宣传教育等等措施，努力实现“绿色发展”。

四是开放。中国的改革开放，实现了从封闭半封闭到全方位开放的伟大历史转折。今年还是中国加入世界贸易组织十周年。中国是把国内国际两个市场、两种资源结合起来，以开放的姿态融入世界。中国需要向先进国家学习。从建立经济特区到开放沿海、沿江、沿边、内陆地区，从引进外资到鼓励中国企业对外投资。中国参与经济全球化和区域经济合作，对外开放水平不断提高。进出口总额从1978年的206亿美元增加到2010年的29740亿美元。1979年至2010年，累计使用外商直接投资10483.8亿美元。迄今同163个国家和地区建立了双边经贸合作机制，签署10个自由贸易区协定，同129个国家签署双边投资保护协定，同96个国家签署避免双重征税协定，成为贸易和投资自由化便利化的积极实践者。中国根据加入世界贸易组织的承诺逐步降低关税，关税总水平从加入世贸组织前的15.3%降到目前的9.8%，并取消了大多数非关税措施。中国积极构建总体稳定、均衡发展、互利共赢的大国关系框架，促进形成机遇共享、共同发展的周边合作局面，巩固并加强了同发展中国家传统友谊和团结合作，与各国相互依存、利益交融日益加深，与世界各国交流合作更加广泛。

为什么把中国选择的发展道路称之为和平发展道路？因为饱受沧桑和战争动乱的中国人民深知和平之珍贵，发展之重要。和平才能发展，发展才能赢得和平，两者缺一不可。中国的底子薄、任务重，目前人均GDP还很低，落在世界排名的100位左右。中国的发展需要长时间的努力奋斗，特别需要和谐稳定的内部条件与和平合作的外部环境。60多年前，中国领导人就明确表示，中国要自立于世界民族之林，要对人类有较大贡献。我理解这就是要解决好实现自身发展和谋求世界和平的两大问题，如果解决好了这两个问题，中国就为人类社会的进步做了很大贡献。

女士们、先生们，

在谋求和平的问题上，中国政府在新中国建立初期就提出了著名的"互相尊重主权和领土完整、互不侵犯、互不干涉内政、平等互利、和平共处"五项原则。这不仅成为中国奉行独立自主和平外交政策的基础，而且也被世界上绝大多数国家接受，成为规范国际关系的重要准则。中国政府始终遵循和平共处五项原则处理国家之间的关系，与大多数国家都建立了相互信赖关系。记得1955年万隆会议即第一次亚非会议时，一些国家对新中国不了解，出现争议，甚至攻击，中国总理周恩来当即表态"中国代表团是来求团结而不是来吵架的"，率先倡导了和平共处、求同存异的理念，引导会议在和平共处五项原则的基础上制定了国际社会和平相处、友好合作的万隆会议十项原则，扩大了和平共处五项原则的国际影响，促进了新型的国际关系的建立。中国以寻求和平的真诚态度赢得了大多数国家的认可，展现了新中国的和平形象。中国政府在处理与一些国家的历史恩怨和遗留问题时，也总是本着从大局出发，以史为鉴、面向未来，搁置争议，努力维护和发展国家间关系。众所周知，近代以来日本多次侵略中国，掠夺了大量财富，给中国人民造成了巨大的苦难。然而，在恢复两国邦交正常化时，中国政府从中日人民世代友好的愿望和长远利益出发，放弃了对日本的战争赔偿的要求。以后，中国政府又从大局出发，搁置了一些争议，在和平共处五项原则基础上签订了中日和平友好条约。中美关系的发展也不是一帆风顺的，双方的最大障碍是台湾问题，中国政府从大局出发经过反复谈判磋商，得以妥善处理。1979年1月1日，中美两国正式建立大使级外交关系，美国宣布断绝同台湾的所谓"外交关系"，并于年内撤走驻台美军，终止美台《共同防御条约》。1982年8月17日，两国政府发表《中美联合公报》即"八·一七公报"，美方承诺"它不寻求执行一项长期向台湾出售武器的政策，它向台湾出售的武器在性能和数量上将不超过建交以来近几年的水平，准备逐步减少它对台湾的武器出售，并经过一段时间导致最后解决。"在这里我不得不指出的是，《中美联合公报》发表近30年了，虽然中美关系不断发展，但仍不断受到美方对台军售问题的困扰。前不久，美国政府不顾中国政府的强烈反对，再次宣布对台高达58.5亿美元的军售，又一次使两国关系蒙上了阴影。我始终认为，中美两国的战略利益是巨大的，双方应该有远见和有能力处理好美对台军售问题。为使我们两个伟大的国家能够永远和平友好相处，我希望美国的有识之士能够积极推动美国政府履行《中美联合公报》的原则，解决好这个历史遗留的问题。中国人民有着强烈的民族自尊心，不能允许国家利益受损害，坚决捍卫国家主权和领土完整，不会让近代中国曾经的悲剧重演。

中国越是发展壮大，越是更加坚定地走和平发展道路。这是历史的必然，也是中国政府和人民的当然选择。在最近中国政府发表的《中国的和平发展》白皮书中，阐释了中国和平发展外交政策，明确指出中国的核心利益包括主权独立、领土完整、国家统一，国家政治制度和社会大局稳定，经济社会可持续发展的基本保障；从综合安全、共同安全、合作安全三方面给如何实现“互信、互利、平等、协作”的新安全观指出了可操作的路径。强调了中国有广阔的领土、辽阔的海洋、漫长的陆地边界和海岸线，面临复杂多样的传统和非传统安全挑战，受到分裂势力和恐怖主义威胁，因此中国的国防开支是合理和适度的，中国无意进行任何军备竞赛，也不对任何国家构成军事威胁；中国“对小国弱国坚持多予少取”，“中国不谋求地区霸权和势力范围，不排挤任何国家”，“随着综合国力的不断增强，中国将力所能及地承担更多的国际责任”，“中国的和平发展打破了‘国强必霸’的大国崛起传统模式”，“中国乐见和支持发达国家继续繁荣发展”等。

女士们、先生们，

今年还是新中国恢复联合国合法席位40周年。从上世纪70年代初邓小平作为新中国领导人首次出席联大就庄严承诺“中国永远不称霸”，到2009年中国国家主席胡锦涛出席64届联大提出“推动建设持久和平、共同繁荣的和谐世界”的主张，从中国在国际社会的实践活动中，我们可以清晰地看到中国始终遵守《联合国宪章》确立的主权平等、不干涉内政、和平解决国际争端、反对使用武力和以武力相威胁等的国际关系准则，积极参与维护世界和平，促进共同发展，推动国际合作，努力发挥建设性、负责任的大国作用。中国对世界和平的贡献无可辩驳地证明了中国坚定不移地走和平发展道路。我们可以深刻感受到中国和平发展与世界和谐已经日益紧密地融合起来，产生了愈益深刻的互动效应。中国的和平发展离不开世界的和平稳定，世界的和平与繁荣也离不开中国的和平发展。

在政治安全领域，中国全面参与联合国大会和安理会工作，推动通过协商、对话、谈判等和平手段解决争端、化解冲突，维护联合国的权威与效力。作为安理会常任理事国，中国在朝鲜核、伊朗核、利比亚、苏丹、阿富汗、缅甸、津巴布韦等一系列重大地区热点问题的处理过程中发挥了重要的建设性作用。推动形成朝核问题六方会谈机制。中国同12个陆地邻国解决了历史遗留的边界问题，坚持通过对话谈判处理同邻国领土和海洋权益争端，以建设性姿态提出“搁置争议、共同开发”的主张，尽最大努力维护南海、东海及周边和平稳定。迄今，中国累计向联合国30项维和行动派出各类人员约2.1万人次，是派出维和人员最多的联合国安理会常任理事国，中国维和人员的优秀素质和出色表现受到联合国和驻地人民的赞誉，有十多名中国维和人员为维护世界和平献出了宝贵生命。为打击海盗行为，维护国际海洋通道的安全，中国向亚丁湾、索马里海域派遣海军护航编队，保障了大量各国船舶航行的安全。

在经济发展领域，中国积极支持联合国为推动南北对话、深化南南合作、促进发展援助所做的各项努力，全面参与联合国框架下有关建立国际经济新秩序、可持续发展、气候变化、人道救援、减灾备灾等一系列问题的讨论与合作，成为解决各种全球性问题不可或缺的参与方。为世界经济稳定发展，中国2001年加入世界贸易组织以来，年均进口近7500亿美元商品，相当于为相关国家和地区创造了1400多万个就业岗位。过去10年，在华外商投资企业从中国累计汇出利润2617亿美元，年均增长30%。2000年至2010年，中国非金融类年度对外直接投资从不足10亿美元增加到590亿美元，有力促进了有关国家经济发展。2009年境外中资企业实现境外纳税106亿美元，聘用当地员工43.9万人。中国近年来对世界经济增长的贡献率均达到10%以上。在1997年亚洲金融危机引起周边国家和地区货币大幅贬值情况下，中国保持人民币汇率基本稳定，为区域经济稳定和发展作出了贡献。2008年国际金融危机发生后，中国积极参与二十国集团等全球经济治理机制建设，推动国际金融体系改革，参与各国宏观经济政策协调，参与国际贸易融资计划和金融合作，组织大型采购团赴海外采购，向陷入困境的国家伸出援手。

中国在致力于自身发展的同时，还在力所能及的范围内向发展中国家提供各种援助。到2009年底，中国累计减免50个重债穷国和最不发达国家债务380笔总计256亿元人民币，为发展中国家培训人员12万人次，累计派出2.1万名援外医疗队员和近1万名援外教师。中国积极推动最不发达国家扩大对华出口，并已承诺对所有同中国建交的最不发达国家95%的输华产品给予零关税待遇。累计向161个国家、

30多个国际和区域组织提供了2563亿元人民币的援助。2009年，中国对非洲国家援助占外援总额的45.7%。为应对目前的“非洲之角”饥荒，中国政府决定通过联合国及双边渠道向有关国家提供4.432亿元人民币的紧急粮食援助和粮援现汇。在人权社会领域，中国积极参与联合国大会、人权委员会、人权理事会等多边人权机构的工作，推动联合国秉持客观、公正、非选择性的方式处理人权问题。中国不仅为联合国制定国际人权文书、反对殖民主义和种族隔离制度、促进经济、社会、文化权利和发展权作出贡献，也为推动国际人权领域的建设性对话与合作、维护广大发展中国家的共同利益发挥了作用。迄今，中国已批准或加入了25项国际人权条约，并与15个国家建立了年度人权对话与交流机制。中国在妇女、青年、难民、卫生、海事、民航、电信、教科文等各个社会领域同联合国开展了层次丰富、形式多样的合作。1995年，中国成功承办了第四次世界妇女大会。

在军控裁军领域，中国是唯一公开承诺不首先使用核武器、不对无核武器国家和无核武器区使用或威胁使用核武器的核国家。中国积极参加《禁止化学武器公约》、《全面禁止核试验条约》等多边军控条约谈判，忠实履行自身义务，为推动国际军控进程发展做出切实努力。自1997年《禁止化学武器公约》生效以来，中国已接受禁止化学武器组织270余次视察。中国积极参加安理会、联大一委、日内瓦裁谈会等联合国框架内的相关军控机构及会议工作，努力推动国际社会妥善处理核裁军、防扩散、信息安全、常规军控等问题。中国通过向联合国裁军事务办公室、亚太裁军中心及联合国扫雷援助基金捐款，与其合办研讨会等多种方式，以实际行动支持联合国在军控领域发挥更大作用。

在条约法律领域，中国以积极、建设性的态度参加联大六委审议，参与了《联合国海洋法公约》等重要国际条约的起草和制定过程，致力于维护发展中国家权益和国际法的公正。中国广泛参加并认真履行联合国框架下的国际公约，积极参加联合国国际法委员会等相关国际法机构的工作。目前，中国参加了100多个政府间国际组织，签署300多个国际公约，对外缔结的双边条约和其他具有条约性质的文件超过20000件，成为国际体系的参与者、建设者和贡献者。中国对联合国事务的参与深刻反映出中国与世界关系的显著变化。中国对联合国事务的参加也是中国不断融入国际体系、积极参与经济全球化进程的生动写照。中国对联合国事务的参与既深刻地影响了中国自身的发展，也极大地丰富了联合国的理念和实践，推动了联合国的进步。

女士们、先生们，

热爱和平体现了中国历史文化的“基因”。中国文化自古就认为世界应是一个和谐整体，“和”可以说是中华文化的核心内容。“以和为贵”的理念深深影响了中华民族的思想和行为，成为中国人处理人与人、人与自然乃至国与国关系的重要价值观。中国传统文化中“贵和持中”的和谐意识，表现于多个方面：一是“天人合一”，指人与自然关系的和谐，人是自然界的一部分，人服从自然规律，人性即天道，道德原则与自然规律一致，人生理想就是天人谐调；二是“中庸”，是为人处世方面的具体准则，在生活实践中，守中、不走极端，成为古代中国人固守的人生信条。在今日的语境下，“中庸”就是要正确把握“度”并协调好各种关系，以益于社会的和谐稳定持续进步。三是“协和万邦”、“亲仁善邻”。这是中华民族与世界各国人民友好相处的传统道德基础。和睦相处，消弭战祸，“化干戈为玉帛”始终是中华民族的美好愿望和实践目标。四是崇尚“和而不同”。“和”异于“同”之处，就在于它是由不同事物之间构成的一种完美的关系，而不必舍弃其中每一种事物的个性。“己所不欲，勿施于人”，尊重不同文化、不同观念，注重推己及人、将心比心，不将自己的意志强加于人。中国人的思维中能够容纳相互矛盾的事物，中国一位著名的社会学专家将其表达为“各美其美，美人之美，美美与共，天下太平”。认为每个人、民族、国家、文化都有自己的美点和优点，能够看到并欣赏他人之美。不可轻易论长短分优劣。众美交融，而不是互相冲突。

中国与西边邻国之间有过举世闻名的“丝绸之路”，这是一条贸易之路、文化之路、和平之路，铭刻下中国古人追求同各国人民友好交流、互利合作的历史足迹。中国明代著名航海家郑和“七下西洋”，远涉亚非30多个国家和地区，他的海洋之旅展现的是中华灿烂文明和先进科技，留下的是和平与友谊，而没有一寸殖民地。我想举这两个历史事实来说明中华民族的文化传统中有“海纳百川，有容乃大”的胸怀，中国接受一切有益的外来文化，促进了中外文化融合，留下了不少对外文化交流的千古佳话。中国“和合”文化传统依然深刻地影响着当代中国人的价值观念和行为准则。从5000多年文明史中走来的中国人民，继承了中华文化的优秀传统，又赋予这一文化新的时代内涵。中国提出的“和平发展”和“和谐思想”既源于中国的传统智慧，又符合当今社会的需要。

女士们、先生们，

中国高速发展引起了国际社会的若干猜疑。西方发达国家担心中国挑战他们的既得利益和国际地位，发展中国家担心中国重蹈西方殖民主义“取而不予”的老路，也担心中国产品竞争力提高会冲击他们的民族产业，周边国家担心中国军力强大后用武力解决领土领海主权争议，国际社会担心中国发展对世界资源能源和环境带来的压力。我希望，中国的历史和现实、《中国的和平发展》白皮书对国际社会的关切能作出解惑释疑的回答。《白皮书》发表后，引起国际社会的广泛关注。一些国际人士认为，《白皮书》显示了中国的和平发展已经成为世界均衡与促进和平的关键因素，《白皮书》与联合国宪章的精神高度一致，可以称为又一部联合国宪章。

综上所述，中国特色的社会主义道路就是和平发展道路，其特征一是科学，尊重规律，协调可持续发展；二是自主，从国情出发，基点放在依靠自己力量，不向别国转嫁问题和矛盾；三是开放，内外联动；互利共赢；四是和平，为国内发展营造和平稳定的国际环境，为世界发展作出应有的贡献；五是合作，以合作谋和平，以合作促发展，以合作化争端；六是共同发展，让更多国家、更多人分享发展成果。实现国家现代化和人民共同富裕是中国和平发展的总体目标。同时，中国要随着综合国力的不断增强，履行相应的国际责任和义务。

女士们、先生们，

明年是第37任美国总统尼克松访问中国，打开中美关系大门，改变世界进程的40周年。32年前，中国领导人邓小平先生对美国进行了历史性访问。邓小平先生说，太平洋再也不应该是隔开我们的障碍，而应该是联系我们的纽带。今年初中国国家主席胡锦涛访问美国时，与奥巴马总统就发展中美关系问题达成共识，双方发表了《中美联合声明》，明确提出中美致力于共同努力建设相互尊重、互利共赢的合作伙伴关系，以推进两国共同利益、应对二十一世纪的机遇和挑战。中美建交以来，在双方共同努力下，两国关系已经成长为具有战略意义和全球影响的双边关系，两国各领域合作成果丰硕，为两国人民带来了实实在在的利益。目前，美国是中国第二大出口市场和主要投资来源地，中国是美国第三大出口市场，也是美国增长最快的出口市场。据不完全统计，过去10年，物美价廉的中国商品为美国消费者节省了6000多亿美元。中国已成为许多美国企业全球利润的最大贡献者。即使在国际金融危机最严重的2008年和2009年，仍有超过70%的美国在华企业实现盈利。目前，两国年跨境旅游人数达300万人次。中美两国人民友好交流、相互学习，不仅促进了各自人文领域发展，而且促进了东西方文明交流互鉴，有力推动了人类文明进步。

不可否认的是，中美两国的历史文化各有特色，社会制度不同，发展水平不同。中国是最大的发展中国家，美国是最大的发达国家，在各方面都存在很大差异，对一些问题有不同看法也是正常的，但两国共同利益始终是第一位的。因此，双方应本着相互尊重、平等相待、求同存异的精神，相互学习借鉴，共同繁荣发展。双方应开展包括民间交往在内的多方面接触和交流，增进相互了解和理解。中美两国人民的友好交往将会为两国关系的正常发展奠定基础。这次我率领中国人民争取和平与裁军代表团访问美国，与美国公谊服务委员会共同举办第四届中美民间和平论坛，在贵院举办的大讲堂演讲，就是为了传递中国人民对美国人民的友好情谊。中美两国人民早就结成了深厚的传统友谊。中国的社会进步得到了美国人民的宝贵支持。早在上世纪初的中国辛亥革命时期，美国民众就积极推动美政府在世界各国中率先承认中国人民推翻封建专制统治而建立的新政府。一些美国记者不远万里，克服重重困难来到中国采访报道社会变化和革命活动的消息，国际社会是最先从美国记者的报道中了解中国新民主主义革命的圣地——延安的真实情况。在抗日战争中，美国人民自发组织了空军志愿队来中国，后被人们称誉为“飞虎队”，许多美国优秀青年为了中国人民献出了宝贵的生命。美国公谊服务委员会组织了医疗队奔赴中国抗日战场实施救援，还经周恩来的帮助向延安派医疗队，在艰苦的战争环境中救死扶伤。新中国成立后，美国公谊服务委员会积极推动美国政府承认新中国，推动恢复新中国联合国合法席位，推动中美两国各届人士友好交往。中国人民将永远铭记美国人民的崇高精神和感人业绩。在美国历史发展的各个阶段，也有许多中国人作出了杰出贡献，付出了辛勤努力，留下了光辉业绩，受到人们的尊敬和怀念。

最后，让我们携起手来，在中美关系的新的发展时期，发扬两国人民相互支持、相互理解和相互促进的精神，为共同推动中美关系长期健康稳定发展，为发展中美两国人民的友谊而努力。

谢谢大家！

新的城市品牌

——在“苏州河文化创意产业发展论坛”上的致辞

（2011 年 11 月 4 日）

严隽琪

各位来宾、同志们、朋友们：

非常荣幸能够参加“苏州河文化创意产业发展论坛”。首先，对本届论坛的成功举行表示热烈祝贺！刚才几位先生的发言各有重点、思考深入、内容丰富、精彩动人，让我受益良多。对于论坛的组织者给我这样宝贵的机会来亲近、来了解我们的母亲河，并能向各位有识之士学习，谨表示衷心的感谢！

我是苏州河众多的儿女之一，而且这条河正好是因通向我的祖居之地——苏州而命名，自然让我对此论坛产生特别亲切的感觉。人们都说城市因为有了河会显得愈发生动和灵秀，但同时河的命运也因城市的发展、城市人的观念支配而变化起伏。我们的苏州河，好似一位多年默默奉献、哺育上海人民、见证上海风云、却曾经日显衰老的母亲，现在盼来了儿女事业的新辉煌，并在儿女们的反思、观念更新和重视保护下，重又获得了青春活力，重又逐步展现出靓丽的风采。从 2007 年起，由普陀区政协发起的苏州河文化论坛已先后就苏州河水岸文化、苏州河桥梁文化、迎世博·苏州河休闲文化和苏州河十八湾文化为主题，成功地举行了四届。这充分说明上海人的一种文化自觉，对区域情势的一种深刻认识，和实现科学发展的一种责任感。我还了解到，苏州河论坛本着开放、合作的理念，积极发挥两岸地区的高校等机构所具有的智力优势以及多党合作和统一战线的政治优势，使论坛更具活力，视野更加开阔。我觉得，由此体现出了海派文化务实、开放、灵活、创新的特色，值得赞赏。

本届论坛的题目是“苏州河文化创意产业”，我以为该题目包含了三个关键词。一个是“苏州河”，这意味着要立足苏州河地区的人文历史、资源禀赋以及业态布局而形成的区域战略。一个是“产业”，这意味着产业结构调整、规模效益和产业要素的配套。一个是“文化创意”，这意味着创新驱动、人才聚集和“轻型”“绿色”（即节能和减排）的特点。论坛的题目很大，例如仅就产业来说，往往与四方面的问题有关，一是政府应有文化的高度；二是企业对市场的熟悉与掌握，包括西方和世界市场；三是中介环节，这主要是体制性问题，需要有弹性的合理的制度；四是专业和思想的介入，需要真正的专家的介入。今天我想围绕论坛题目在这里谈三点个人的看法。

一是挖掘与整合资源，大步促进产业结构升级。苏州河地区在中国近代民族工业史上，曾经创造了辉煌的业绩，描绘了近现代中国由农业文明向工业文明发展的历史画卷；这里又是上海工人运动的发祥地，演绎了中国红色革命的壮烈篇章；此外，沿岸蜿蜒曲折的河湾具有独到的滨水资源，随着上海经济的发展和苏州河综合治理的成功，河水与沿河两岸正在呈现美丽清新的自然风光；还有沿岸优秀的历史文化建筑以及该地区的文化、教育、体育、科研等机构，这些集成起来组成了丰富的海派文化底蕴。因此，善于挖掘、整合与利用苏州河历史文化、自然与社会的资源，可以大步地推进苏州河文化长廊建设，使其成为现代上海重要的文化创意产业集聚区。

这需要一方面做好历史与现代的整合，因为这是继承人类精神的血脉，是民族的薪火相递的需要。要将苏州河沿岸物质性的和非物质性的优秀历史文化，包括建筑、民族工业旧址等等，好好研究、保护传承，并与现代化文化创意产业园区统筹考虑、科学规划、有效整合，做到传承中有创新，发展中有继承。另一方面需要做好区域内各类文化资源的开发与整合，要将现有博物馆、展览馆、体育馆、演艺馆、休闲娱乐等等文化服务机构和专业力量与教育、科研、科普等等资源充分利用起来，开发开放出来，这有利于形成浓郁的创新文化氛围和文化创意产业发展的肥沃土壤。再一方面需要形成“官产学研”的良性合作，使文化创意产业链上所有环节，包括从研究开发到实际产业市场环环都有效衔接。政府管理部门要真正树立为企业服务的意识，完善和理顺文化创意产业相关的各种配套政策措施，促进科技、教育、商贸、金融、旅游、社区等与文化创意产业间跨行业、跨部门和跨区域政策及资源的有效整合，进行科学管理。

二是扩大影响，形成优质品牌。当代经济社会，品牌价值的重要性已经越来越被人们所认识。一个企业，一个区域乃至一个城市都需要形成体现自身独特定位和独特价值的品牌形象。苏州河以其地缘和历史的原因，成为了上海的一个城市品牌，其中包含了文化价值和乡土情感认同的重要内涵。现在，苏州河又承担起以文化创意产业的发展形成上海在文化创意方面的现代新品牌。这既需要有效发挥苏州河区域独有的历史文化与自然的特质，又要根据现代产业发展的特点，不断赋予品牌新的内涵、新的形象。做到既保持文化创意产业发展所特有的多元化，注重区域内布局的合理与功能的完善，使她成为文化创意人才进行创业、谋求发展的首选之地；又能够充分利用区域资源和人文条件，建设一批具有重大示范效应和产业拉动作用的重大文化产业项目，为重大文化成果、重要文化创意人才、重要文化场所的涌现创造条件、提供支持。建成一个以优质品牌发挥影响的“苏州河文化创意产业集聚区”。

三是吸引培养人才，确保产业持续健康发展。一百多年来，上海城市发展的过程一直是与人力影响和支配苏州河的过程连在一起的。人才是任何事业发展的基础保障和原动力，尤其是文化创意产业，更需要大量的、各类的人才来支撑产业的发展。要进一步形成和充分发挥上海及苏州河区域的历史文化丰富和宜居、宜业的优势，提升苏州河地域文化特质所形成的吸引力；要进一步建立健全吸引优秀人才来此发展、留住人才不断发挥作用的保障机制，提高文化认同和情感认同；要进一步利用上海及区域内的优质教育资源，借助高校、科研院所，有针对性地培养一批创意产业急需人才，不断提升产业和本地人才的“造血能力”，保证产业可持续发展；要进一步将人才管理机制和市场实际相结合，既要吸引培养优秀创意人才和专业技术人才，也要吸引和培养大量经营管理人才和复合型人才，保证产业对人才的多种需要，并且积极争取建立符合文化创意产业发展规律的人才评价机制。通过多方面的努力，打造苏州河区域文化创意产业人才高地，形成智力集聚优势，推动产业不断向前发展。

十七届六中全会精神指导我们进一步提高对于文化的认识，加大文化建设的力度。文化体现了我们对科学发展观、对人民群众精神文化需求、对建设中国特色社会主义的态度；文化向世界展现了中华民族的素质、价值追求和处世态度，说明了“中国崛起”的精神动力或文化因素；文化就是我们赖以生存和发展的生活氛围，也是吸引人才和资本的环境；文化表达了人的精神和社会的需要，人的全面发展的需要；文化与经济相互作用，因为人的素质提高、人的文化需求会推动经济发展，又因为文化产业能直接创造经济效益。所以，文化是软实力，又是硬实力。

文化产业是国家和上海市“十二五”规划中的重点产业，是推动区域经济发展方式转变的关键环节，是上海实现转型发展的重要产业基础。在城市发展强调创新驱动的今天，苏州河区域必将迎来新的发展机遇和挑战。因此，充分发掘苏州河的历史文化价值，建设上海创意产业核心区域和特色品牌，有着重要的意义。

我还要特别一提的是，本届论坛由上海民进参加合作举办，这是民进发挥参政党的政治和文化界别特色，拓展履行党派职能渠道的一次有益尝试。相信本届论坛在对进一步促进苏州河区域文化创意产业发展和区域经济品质提升起到积极作用时，也会对民进的自身建设和提高参政党履职能力起到推动作用。

最后，再次祝贺本届论坛取得圆满成功！我们期待着苏州河重现江南水乡烟雨灵秀的同时，以文化创意的品牌享誉上海、中国、乃至世界！谢谢！

在2011上海民进教育论坛上的讲话

（2011年11月5日）

严隽琪

大家晚上好！

刚才有同志提到我已经是第九次参加这个论坛了，因为这个论坛的设立就是为了能够针对当前教育的热点和难点问题，集成各方面的信息、智力和经验进行研讨，从而成为民主促进会提升参政议政能力的重要方式，为我们能够掌握更多的实际情况，拓展看问题的角度，以及向各位学习提供了非常好的机会。

今天听了一下午，非常感谢这次论坛的主办方、承办方，特别是论坛所在地浦东新区，都给予这次论坛高度的重视，为论坛上讨论的问题提供了很多宝贵的经验和案例，为论坛的举办提供了各种便利和支持。感谢上海市教委年年都给予这个论坛以高度的重视，教委领导既是专家，又是管理者，直接参加了研讨。也对刚才发言的各位专家，表示深深的感谢！

农民工随迁子女的教育问题，反映了中国特色和时代特点。前不久我读了《中国震撼》这本书，作者描述中国的国情用了“四超”：超大型的人口规模、超广阔的疆域领土、超悠久的历史传统、超深厚的文化积淀。为了进而读懂国情，这本书还引进了“板块”的概念，认为中国的区域至少可以分为两大板块：一类是发达和准发达板块；一类是新兴板块。而且中国特色的优点是在这两大板块之间实现了高度互补的互动。我想这“四特”和“两大板块”大概可以拿来描绘今天我们讨论的农民工及其相关问题的时代背景。农民工属于流动人口的一部分，而流动人口就是“两大板块”互动、互补的产物。当然流动人口不是今天才有，也不是中国特有的，只是中国的超大型人口规模、超广阔的疆域领土，以及超高速度的发展，使得流动之规模令人吃惊，带来一系列的影响世所罕见。又由于户籍制度的落后，以及建立在此户籍制度上一连串的政策、法规、管理办法的不适应，更增加了问题的复杂性和困难。改革开放以来，我国城市化和工业化进程不断加快，这大概就是现代化必需的内容。记得11年前就有领导同志问我对于“什么是现代化?”的看法，现在越来越体会这个问题的重要性。农村的富余劳动力为了获得更高的收入和更多的就业机会，纷纷涌入了比较发达的城市，引发了大规模的人口流动。流动给发展带来了活力，农民工成为现代城市不可缺少的建设者、城镇化进程直接的促进者和社会财富低成本的创造者。国家计生委有关数据表明，在北京、上海、浙江、天津等地，农村人口净流出对城市化的贡献率均在30%以上。

而在流动人口中农民工特别被关注，因为他们人口多，在2亿多的流动人口中80%以上是农民工。而且在长期的城乡二元结构下，农村的公共服务体系建设长期落后于城市，农民工的文化程度及经济保障程度在流动人口中也是属于最低的阶层。农民工在城里干着最苦、最脏、最累的活，拿着最低的报酬，还要忍受对家人的思念，面临权益不容易得到保障等等问题。随着改革深入，一方面我们高兴地看到，由于科学发展观的贯彻落实，区域均衡发展和城乡一体化已经成为国家战略，农民工有关问题越来越得到党、政府和社会各界的关心，在不断的改善之中。但另一方面农民工子女的教育问题却越来越凸显，成为现时期我国义务教育新的难点和薄弱环节。据统计，2 亿多的流动人口中，举家迁移和在流入地长期居留趋势日益明显，随迁子女已经形成庞大的群体。2010 年义务教育阶段农民工随迁子女高达 1167 万多人。解决农民工随迁子女教育问题涉及这样几个方面：

一、以流入地为主提供农民工随迁子女免费义务教育

义务教育法明确规定不收学费、杂费。因为义务教育是面对未成年子女，未成年子女理应跟随其监护人，所以，对于在当地就业员工的未成年子女，流入地理应负有提供免费义务教育的责任。

但是要提供全免费目标，就带来义务教育全覆盖的一系列问题。一要改变原来按照户籍进行教育规划的做法，要以常住人口或者实有人口为基数来统筹规划教育资源的配置。相应的还要改变目前人口管理制度，要有一个完整的城市人口信息登记作为支撑和基础。二要推进财政体制改革，要按照财政预算内义务教育经费标准及时足额的向接收农民工子女的公办学校和提供服务的民办学校拨付经费。三是农民工随迁子女入学条件或门槛问题，也就是对于“随迁”的定义。按照《义务教育法》第十二条“父母或者其他法定监护人在非户籍所在地工作或者居住的适龄儿童、少年，在其父母或者其他法定监护人工作或者居住地接受义务教育的，当地人民政府应当为其提供平等接受义务教育的条件”的规定，“随迁”是有一定条件的。可是仅靠教育部门难以完全准确地进行认证，所以教育部门需要得到相关行政部门的大力支持，才能既不遗漏又不随意扩大“免费”的范围，使农民工随迁子女凭父母或者法定监护人工作或居住证明以及子女监护关系的合法证明享受免费义务教育，实现在居住地学区内就近入学。四是农民工子女学校的规范问题。迄今在城市里还有一部分简易的农民工子女学校，这些学校普遍具有低投入（几十万元不等）、低收费（每学期 300 到 600 元）、低薪水（老师每月 700 元左右且寒暑假无薪）、低质量的特点。各地政府要下大决心把可以继续存在的接收农民工子女就读的非公办学校都纳入民办教育管理范围之内，给以应有的扶持，促进和帮助其改善办学条件、规范办学，不断提升其办学质量。学校的性质可以不同，但是孩子们合法接受免费义务教育的权利应该是相同的。总之，要全覆盖地进行规划、管理和拨款。显而易见，这不仅仅需要教育部门的努力，政府相关部门的管理理念、能力、方法等等都需要进行改革。

二、农民工随迁子女的社会融合问题

为了所有进城随迁子女的全面健康发展，为了社会的和谐，我们必须高度重视如何养成农民工子女健康的心理、健全的人格、亲社会的心态，帮助他们尽快融入当地社会的问题。“有教无类”的教育思想应该在流入地教育行政部门和接收农民工随迁子女入学的学校中得到切实地体现，平等、公正地对待每一个孩子，积极采取措施促进本地学生和随迁子女相互交流，互相学习，取长补短，禁止歧视性的单独编班。同时学校要加强和学生家长的联系和沟通，及时掌握学生的思想、学习和生活情况，根据随迁子女学生的实际，有针对性地做好教育、教学和管理工作；高度重视随迁子女的心理健康教育，帮助他们克服心理障碍，尽快适应学习和生活环境。

我特别还想说的是，在教育部门以外，是否能够考虑发挥社区的社会融合功能，加大这方面的公共资源投入，使农民工及其随迁子女从社区（街道）文化活动中心、社区学校等公共设施中得到相应的文化产品和服务，引导他们参加社区建设等活动，从而增加他们对社区、对城市的认同感。这又不是教育部门一家能做到的。

三、农民工随迁子女在流入地接受高中阶段教育的问题

前两个问题主要属于义务教育阶段。由于城乡教育条件的现实差距，不少农民工子女在城市受完义务教育以后，强烈渴望继续在城市接受高中阶段教育。而且相当一批农民工子女实际是城市生、城市长，是事实上的新城市人，他们完全没有父母那一代对农村、对土地的眷恋。从全国范围看，义务教育阶段就读的农民工随迁子女46%是跨省市流动的，他们翘首以盼能在流入地接受优质的高中阶段教育，甚至是普通高中教育，在流入地参加高考。现在一些地方，如上海也在积极地探索，做一些改革，特别是开放了中等职业教育。但是如果进一步开放普通高中教育，连带就有高考制度、户籍制度等问题。公平是一个广义的概念，是一个逐步推进、系统解决的过程。所以，需要抓紧研究、积极探索，或者在小范围先开展试点。我特别希望强调的是，首先要考虑真正加大职业教育的吸引力，这是提高广大劳动力素质、优化教育结构、改变“应试教育”、改善就业状况的必需。中职的免费是很好的一步，但还远远不够。还应该在打开中高职的“直通道”、鼓励高职招生时给希望继续深造的社会就职人员放一些名额、鼓励不同类高校间的学分互认，甚至普通高校也可以向中职校放宽一些名额等方面进行努力。我有一个梦想，能否实现每个行业的顶级者（如八级工和院士）都有差不多的收入、一样的社会尊重。那么，有区别的就只是工作做得好还是不好，行业之间没有了贵贱之分。这应该符合共产主义所提倡的吧。

我希望上海作为教育部批准的教育综合改革试点区，要拿到一些实实在在的改革自主权，现在整个气氛是可以的，还建议上海市继续向教育部争取一些改革试点权。除了教育系统，更重要的要在劳动工资制度上进行改革，文化建设上加大力度，需要真正体现“三百六十行，行行出状元”，实现每个劳动者受尊重的效果。这是问题的关键，但已经远远超出教育领域的范畴。可以看到，我这个梦想已经不再限于农民工子女了，我认为农民工子女这个称号本来就是阶段性的、不合情也不合法的。如果任何人的子女都不在国家的政策中受到歧视，都一样能得到全面发展，那么我们今天的研讨就有价值了。

总之，除了教育界更加努力外，我还寄希望于城市管理的深化改革与管理水平的提升，寄希望于城乡均衡发展！

在福建农林大学严家显教育思想研究报告会暨首届严家显最高奖教奖学金颁奖大会上的讲话

（2011年11月7日）

严隽琪

尊敬的孙春兰书记和各位省领导，
尊敬的省立农学院的老校友们，
尊敬的陈书记、兰校长和福建农林大学的老师、同学们，各位嘉宾：

大家上午好！

在将近二十年的时间里，我三次来到福建农林大学的校园，每次来，我都感到有一份新的惊喜，获得一种新的激励，也受到深深的教育。今天，我怀着万分激动的心情，来参加以我的父亲名字命名的教育思想研究报告会和奖教奖学金颁奖大会，我谨代表我的家人向福建农林大学建校75周年表示热烈的祝贺，向福建农林大学的领导和师生们表示我深深的谢意，并向与我父亲一道开创省立农学院的老校友们致以崇高的敬意，向关心、扶持福建农林大学发展的福建省各级领导和春伦集团傅总经理为代表的社会各界人士表示衷心的感谢！

福建农林大学成立教育思想研究会是一件很有意义的事。思想是行动的根源，教育思想是教育改革的指导。在贯彻落实《教育中长期发展纲要》、深化教育改革的今天，我们十分需要教育思想的研究。以我父亲的名字来命名教育思想研究会，这是福建农林大学对于经历那段艰辛的学校创业史的高度评价，是对父亲提炼和实施的“三个结合”办学思想的充分肯定，是表达了在新的历史时期，继承和发扬中华优秀传统，开创福建农林大学更辉煌前景的决心，也是结合本土、本校的实际情况，贯彻落实好中共十七届六中全会精神、建设校园文化的一个切实的举措。

在我的心目中，我父亲是一位满怀拳拳爱国之心的知识分子，是一位严谨治学、追求真理的科学家，同时又是一位热爱学生、奋发创新的教育家。感谢福建农林大学对于校史资料的收集、挖掘、梳理和研究，使我们这些后来人对于当年的办学史、对当时的这些先行者的思想有更加具体、深刻和丰满的认识。回顾历史，是为了面向未来。令人欣慰的是，一代代福建农林大人，在民族薪火的传承中有创新、在农林教育事业的发展中有继承。举目今天的福建农林大学，校园美丽、校舍宽敞明亮、教学设备先进、学科实力大增、科研成果层出、师资力量雄厚，从这里走出了一批又一批爱国志士和学术栋梁。现在，又在为着社会主义新农村建设和海西经济区建设发挥着重要的作用。这样的发展、这样的成就，一定会让我父亲那一代的教育家感到无比的欣慰。抚今追昔、展望未来，我们期待着福建农林大在兴国大业中作出新的贡献、在建设高水平大学的征程上取得新的成就。

谢谢大家！

加强参政议政能力建设，在履行职能中提高参政党的素质

（2011 年 11 月 11 日）

严隽琪

同志们：

首先，感谢刘伟平省长代表中共甘肃省委、省政府所作的热情洋溢的致辞。他的讲话，充分体现了中共甘肃省委对多党合作事业的高度重视以及对民进的大力支持。在刘伟平省长的讲话中，对于甘肃在实现科学发展、实施经济结构调整中所面临的挑战和机遇做了精辟的分析，就甘肃崛起的发展战略和目标给我们进行了提纲挈领的介绍，让我们感到非常振奋。我们对甘肃人民表示崇高的敬意，对甘肃的发展寄予美好的祝愿。

民进中央一年一度的参政议政年会是民进履行参政议政职能、提高参政议政能力的重要会议；中央的参政议政年会在地方召开，这是民进中央加强与地方组织互相促进、资源集成、成果共享的有效形式。今年的参政议政年会在甘肃兰州召开，这给我们提供了从中华民族的重要发祥地——甘肃汲取历史与文化的营养，从改革开放以来的陇原巨变、特别是西部大开发的黄金十年中甘肃的大发展中接受中国特色社会主义生动教育的绝好机会。历史上，甘肃从东西方贸易的交汇之地、“天下富庶者莫如陇右”，到经历唐朝的安史之乱、明朝的海路开通、清朝的国门紧闭而日益衰落。近现代以来，甘肃的崛起是数代人的愿望，但是真正大的变化是西部大开发战略带来的。历史和现实说明了和平是发展的保障、开放是活力的源泉、全球视野和不断创新是时代先锋的特质。

我们高兴地看到，在甘肃的改革与发展中，民进没有缺席。民进多年来关注河西走廊星火产业带的建设，促成了产业带建设项目的启动，并为之积极争取资金、技术等多方面的支持。民进为石羊河流域综合治理和民勤防沙治沙规划积极建言献策。民进推动了国务院《敦煌水资源合理利用与生态保护综合规划》的出台。民进还发挥界别特色，对甘肃文化事业的发展和开展“手拉手助学活动”贡献力量。民进在甘肃的工作，凝聚了全会和甘肃民进各级组织及会员们的智慧和心血，离不开各方的支持，特别是甘肃省各级党委、人大、政府、政协的帮助和支持。在此，我们对所有为民进的事业付出努力、给予帮助的领导们

和会内外的同志们表示深深的感谢！

今年的参政议政年会，希望同时能对国家实施新一轮西部大开发战略做出积极响应，有利于促进民进甘肃省委的工作，有利于为甘肃的发展贡献智慧和力量。胡锦涛同志在“七一”讲话中要全党清醒地看到中国共产党面临的“精神懈怠的危险、能力不足的危险、脱离群众的危险、消极腐败的危险”，这对于参政党同样有着警示的意义。对于参政党来说，能力不足的危险更为突出。所以今年年会的主题是“加强参政议政能力建设”，有其紧迫而重要的意义。

（一）2011 年参政议政工作的回顾

今年会中央的参政议政工作可以概括为两大方面：一是围绕“十二五”规划展开；一是围绕着深化文化体制改革、推动文化大发展、大繁荣展开。

第一，为“十二五”规划的开局积极参政议政。

会中央按照中共中央五中全会精神，围绕科学发展这一主题和转变经济发展方式这一主线，将深化改革开放、保障和改善民生作为参政议政的首要任务。陆续就“经济增长速度与结构质量效益相统一、经济发展与人口资源环境相协调”、“以保障和改善民生为重点的社会建设”和“促进社会和谐稳定”等方面深入开展调查研究，积极建言献策。

成果一是体现在中共中央、国务院和相关部门召开的高层协商会，以及有关的座谈会、情况通报会等会议上的进言。如在经济与社会方面，民进提出了“拓宽民间投资渠道”、“强化风险意识，促进经济社会安全发展”、“制定共同而有区别的目标体系，促进区域协调发展”等建议；在司法方面，民进提出了继续深入推进司法体制改革、重视推广基层司法机关的创新经验等建议；在“三农”方面，民进提出了鼓励农民和农民专业合作组织参与农产品营销，保障农副产品供应等建议；在教育方面，民进提出了中部地区崛起需要优先发展高等教育，通过完善制度环境促进民办教育发展等建议；在海洋事业方面，民进提出了加快制定国家海洋发展战略，完善国家海洋法律制度体系等建议。

成果还体现在全国“两会”和全国政协常委会上的发言。如在全国政协十一届四次会议期间，会中央提交党派发言 3 件，党派提案 24 件，民进组提案 7 件。其中《关于发展生产性服务业，促进中小企业产业升级的提案》等 5 件提案被列为重点办理提案；《关于尽快提高稀土资源税税率的提案》等 4 件提案被列入重要提案摘报；《关于“十二五”时期深入实施知识产权战略，建设创新型国家的提案》得到了有关方面的高度重视，促成国家知识产权局与全国政协提案委员会联合民进中央和多个中央部委的联合调研。民进江苏省委主委陈凌孚、山西省委主委卫小春关于学前教育和兴林富农的提案被选中大会发言，这是本届政协四年来，民进大会发言人数最多的一年。又如在 6 月的全国政协常委会上，会中央提交了《关于逐步实行农产品初加工业增值税零税率，促进现代农业产业体系发展》和《积极稳妥推进城镇化，促进经济结构调整》的发言。

成果体现之三是在深入调研以后，对一些重要问题进行书面进言。今年会中央在教育领域重点关注民办教育发展和教师队伍建设，将“完善制度环境，促进民办教育发展”作为年度重点调研课题，赴江西开展调研，并在云南、湖北和广西进行了前期调研，在浙江、河南和福建进行了补充调研，同时组织各省级组织在本省开展调研，在这一系列调研成果的基础上形成了中央的建议书；我们举办了以“推进教育家办学，促进教师队伍专业化发展”为主题的中国教师发展论坛，论坛向全社会发出了《促进教师专业发展潍坊倡议》。同时，会中央领导还向中共中央和国务院的有关中央领导提交了《关于国家教育事业发展“十二五”规划的建议》、《关于高校科研体制改革的建议》、《关于加强学校安全管理工作的建议》、《关于规范“双语教学”的标准解释的建议》等多份建议书。

会中央与省级组织进一步加强了信息的沟通，并与上海、甘肃、宁夏、江苏、湖北、贵州等省级组织围绕地方重点关注、又有全局意义的问题合作开展调研，由此形成了向中共中央有关领导的《关于落实科学发展观，确立安全发展理念的建议》等建议书；并促成《宁夏环境教育条例》的出台，开了我国环境教育地方立法的先河。

成果体现之四是向全国政协报送信息527期，向中央统战部报送103期，被全国政协采用69期。其中，《加强我国民族地区艾滋病防治工作》等信息得到有关领导的批示。

第二，为深化文化体制改革、推动社会主义文化大发展大繁荣建言献策。

文化是我会的主要界别之一，民进近年来一直在公共文化服务体系、文化产业政策、中华文化走向世界、文化产业格局和文化市场格局等方面，深入调查研究，积极建言献策，形成了民进参政议政的重要特色。

去年，会中央进行了“推进文化走出去战略，增强国家文化软实力”重点调研，其成果反映在今年3月的政协大会上，张帆同志代表会中央作了《建立文化强国战略，增强国家文化软实力》的大会发言。同时，会中央向全国政协提交了《关于推进“文化走出去”战略》的党派提案，被列为全国政协重点提案。在8月的全国政协专题协商会上，会中央提交了《推动社会主义文化大发展大繁荣，还需要战略的引领、制度的保障》等三份书面发言。冯骥才、王立平同志分别就政府执行是关键和文化产业坚持两个效益相统一等问题作了口头发言。在10月的全国政协常委会上，袁祖亮同志代表会中央做了《完善体制机制，建设社会主义文化强国》的发言。

在今年5月中央统战部召开的文化体制改革座谈会上，会中央提出了建立国家层面的文化强国战略、逐步理顺国家文化管理体制、大力推动文化法律法规建设、完善促进文化产业发展的一系列建议。在征求中共十七届六中全会文件意见的高层座谈会上，会中央就实施文化强国战略、把文化管理体制改革作为深化文化体制改革的重点工作、推动文化法律法规建设和加强文化理论建设等提出了建议。

以上成绩是全会“集智聚力”取得的，在社会上取得了良好的反响，在党和政府的决策中发挥了积极的作用。反映出我们的基本工作思路是正确的，工作机制是有活力的。我们还要认真总结经验，发现不足，继续努力，不断提高。

（二）深入学习“七一”讲话精神，增强共识与信心

在纪念中国共产党成立90周年大会上，胡锦涛总书记的重要讲话对中国共产党90年来的历程进行回顾和总结，明确提出了新的历史条件下提高党的建设科学化水平的目标任务，深刻阐述了在新的历史起点上把中国特色社会主义伟大事业全面推向前进的大政方针。这是一篇纲领性的文献，其战略意义体现在两个方面：一是用科学发展观统领中国共产党需要解决的当代两大课题，即如何把共产党自身建设好的问题，以及如何把中国的现代化事业继续推进的问题。“七一”讲话提出了治党治国的总体思路，把推进党的建设新的伟大工程与推进中国特色社会主义伟大事业有机结合，进行了实事求是的经验总结和深刻的理论阐述。二是统揽国际国内两个大局。中国的改革开放就是在主动融入全球化的进程中来发展自己。复杂多变的世界形势必然会影响我们对机遇和风险的判断、对发展方针的战略决策。尤其在金融危机后，大家经常议论，战略机遇期到底还有没有？“七一”讲话明确提出，未来十年中国战略机遇期仍然存在，我们必须坚持深化改革，坚持对外开放，努力创造有利于发展的国际国内环境。所以，在这里，结合学习“七一”讲话，我提出两点意见。

第一，坚定信心、增强共识。

中国共产党成立90年来，领导中国人民完成了“三件大事”，取得了“三大成就”。三件大事是完成了新民主主义革命；完成了社会主义革命；进行改革开放，开创、坚持、发展了中国特色社会主义。三大成就是开辟了中国特色社会主义道路；形成了中国特色社会主义理论体系；确立了中国特色社会主义制度。对这“三件大事”和“三大成就”，我们要很好地学习和领会。是这三件大事“从根本上改变了中国人民和中华民族的前途命运，不可逆转地结束了近代以后中国内忧外患、积贫积弱的悲惨命运，不可逆转地开启了中华民族不断发展壮大、走向伟大复兴的历史进军。”我们可以得出这样的共识：在近代以来中国社会发展进步的壮阔进程中，是“历史和人民选择了中国共产党，选择了马克思主义，选择了社会主义道路，选择了改革开放”，这就是今天的政治制度、今天的发展道路有着历史的必然性。共同的愿景、共同的道路选择，就形成了多党合作的思想基础，形成了我们的凝聚力。

“三大成就”是对中国特色社会主义科学内涵的最新阐释，“一条道路、一个理论体系、一套制度”，标志着中国共产党对建设中国特色社会主义规律的认识达到了新的高度。中国特色社会主义制度这一重大理论创新成果，既为我们继续大力推进社会主义民主政治建设指明了方向，也坚定了我们继续稳妥地推进政治体制改革，走中国特色社会主义政治发展道路的信念。民主是人类社会政治文明的重要标志，也是中国共产党始终高扬的光辉旗帜。实践证明，中国特色社会主义民主政治道路是符合人民利益、有利于推进政治建设不断进步的正确道路，符合中国国情、顺应时代潮流。

随着经济社会的不断发展，人民群众对进一步推进民主法治建设的需求更加强烈，社会主义民主政治的具体制度还有继续完善的必要。这就要求我们继续推进社会主义民主政治建设，把坚持党的领导、人民当家作主和依法治国统一起来，使政治建设同经济建设的发展协调起来，从而为中国特色社会主义伟大事业提供更加完善的制度保障。深刻理解中国特色社会主义制度，对我们更加自觉接受中国共产党的领导，坚定走中国特色社会主义政治发展道路的信心，更好履行参政党职能都是十分必要的。

第二，明确方向和任务。

“七一”讲话是科学发展观的一次完整阐述，不仅对“提高党的建设的科学化水平”做出了完整的阐述，也阐述了新的历史条件下全面推进中国特色社会主义伟大事业的大政方针。“讲话”强调了五个“坚定不移”。即坚定不移依靠改革开放、坚定不移走科学发展道路、坚定不移走中国特色社会主义政治发展道路、坚定不移发展社会主义先进文化、坚定不移推进社会主义和谐社会建设。这五个“坚定不移”为我们指明了科学发展的方向和任务。我们必须认真学习，深刻理解，以指导民进的参政议政工作。

近30多年来的实践证明，中国共产党在新时期带领人民进行的一场新的伟大革命，改革开放使社会主义在中国焕发出前所未有的强大生命力。改革开放的伟大意义，不仅在于它已经使中国人民的面貌、社会主义中国的面貌、中国共产党的面貌发生了历史性变化，而且在于它开辟了一条引领中国迈向富强民主文明和谐的社会主义现代化国家的正确道路。中国30年来在改革取得巨大成就的同时，也带来一些新问题和挑战，如：利益结构的调整和收入分配制度的不尽合理，使一些人的利益受到损害，出现了贫富分化；改革历经多年“由易及难”，在某些领域的深化遇到了不小阻力；政府在公共服务方面大幅增加投入，但离满足人民需求仍有较大差距；一些党员干部贪污腐败，社会道德缺失；环境污染严重；等等。但我们认为，不能因此对改革产生动摇。要解决这些问题，恰恰需要更大、更深层次的改革。处于改革和转型关键期的中国，正在“逆水行舟，不进则退”的历史节点上。如果改革步伐迟迟赶不上时代发展的需要，将对国家发展和民族复兴造成严重的影响。毋庸讳言，与改革初期相比，由于进入“深水区”，改革的难度只会更大，但这不是让改革停顿的理由，相反应该是改革的动力。坚持推进改革，发展社会共识，达成良性循环。正如胡锦涛总书记所言，要通过改革“坚决破除一切妨碍科学发展的思想观念和体制机制弊端，为推进中国特色社会主义事业注入强大动力”。

民进将持续关注两个重要问题。一是转变经济发展方式。我们要高度重视经济运行中的突出矛盾和问题，重点关注加快经济结构战略性调整，促进协调发展的问题；发展战略性新兴产业，加快发展服务业的问题；实施区域发展总体战略和主体功能区战略，在中西部地区培育新的区域经济增长极的问题；着力提高企业创新能力，促进科技成果向现实生产力转化的问题；加快建设资源节约型、环境友好型社会，更加注重绿色发展的问题等，切实为推动我国经济社会全面协调可持续发展，有效履行参政议政职能。

二是文化建设。中共十七届六中全会审议通过了《中共中央关于深化文化体制改革推动社会主义文化大发展大繁荣若干重大问题的决定》，这是在新形势下推进我国文化改革发展的指导性文件。我们相信，随着《决定》的颁布与实施，文化领域的改革将进一步加快，文化事业和文化产业将获得更多的发展空间，文化建设的高潮必将到来。民进要增强责任感和使命感，准确把握我国经济社会发展的新要求、准确把握当今时代文化发展的新趋势、准确把握各族人民精神文化生活的新期待，围绕文化体制改革等我国文化建设中的重大问题和关键环节提出建议。我们要加强文化研究的力度和深度，提升文化理论水平，就世界范围内文化“交流、交融、交锋”的现状和国家文化安全问题，就互联网兴起和新媒体发展等问题，进行深入调研，为处于全球化和现代化双重背景下中国文化的发展提出具有战略性和前瞻性的意见建议，为促进社会主义文化大发展大繁荣贡献力量。

（三）加强参政议政能力建设

第一，常怀忧患之心。

这里的忧患之心有两层含义，一层是所谓的“忧国忧民”，第二层是认识参政党自身能力上存在的不足。

中国的发展面临着国内外诸多因素的制约和考验。从国际上看，世界经济格局发生深刻变化，全球经济步入调整发展新阶段，多重矛盾使中国面临的国际环境更趋复杂，国际竞争将更趋激烈，全球治理模式在发生着变化。国际金融危机对世界经济的影响还没有结束，发达国家将进入低速增长期，新的产业革命和经济发展的结构性变化暂时还没有突破的迹象，新兴市场国家和发展中国家受自身发展水平制约，不同程度地面临通胀压力，难以填补全球需求的缺口。同时，伴随着国际金融危机的发展演变，国际上贸易保护主义抬头，围绕汇率、贸易不平衡、市场准入、知识产权等问题的摩擦频发。中东北非地区进入了三十多年来罕见的政治动荡期。此外，传统安全威胁和非传统安全威胁相互交织，民族分裂主义和领土争端等问题也是我们面临的重大挑战。

从国内看，如果不下决心解决制约发展的深层次问题，我国就难以顺利度过全面建设小康社会的关键时期。“十二五”期间中国经济面临的挑战与以往相比，无论在难度上还是在性质上，都有了重大变化。一是经济发展方式转变的重大战略任务刚刚破题，需求结构的改善、产业结构的优化升级以及要素结构的优化配置还存在很大的压力，体制机制的制约依然存在。二是城乡二元经济社会体制尚未打破，城乡差距仍在继续扩大。三是总体上区域发展失衡的状况没有根本改变，中西部地区加快发展和调整产业结构的压力巨大。四是社会发展滞后的问题仍未根本解决，经济和社会发展不协调的局面还未从根本上改变，社会进入矛盾凸显期。五是经济运行中存在一些亟待化解的潜在系统性风险，需要引起高度重视。

从执政党的建设看，“七一”讲话中指出，中国共产党作为执政党，在世情、国情、党情发生深刻变化的新形势下，面临许多前所未有的新情况新问题新挑战，“执政考验、改革开放考验、市场经济考验、外部环境考验是长期的、复杂的、严峻的”。在面临四大考验的同时，还面临着四大危险。这是长期执政的中国共产党在清醒地认识到面临的挑战是前所未有的，需要解决的问题十分复杂的，必须常怀忧患意识，深刻警醒自己。为了提高经受考验的能力，防范存在的危险，胡锦涛总书记提出了“不断提高党的建设科学化水平”的时代课题。这充分体现了中国共产党对自身历史方位的科学把握和清醒认识，体现了中国共产党直面现实考验、勇担历史使命的成熟和自信。中共十六届四中全会做出了《关于加强党的执政能力建设的决定》，对执政能力有一个阐述，就是驾驭社会主义市场经济的能力，发展社会主义民主政治的能力，建设社会主义先进文化的能力，构建社会主义和谐社会的能力，应对国际局势和处理国际事务的能力。近年来，随着经验的积累，中国共产党在其他场合有针对性地强调过处理灾难、安全事故，防止突发事件的能力，节约资源、加强环保工作的能力等等。能力的内涵是在动态发展中。胡锦涛同志讲到：“过去先进不等于现在先进，现在先进不等于永远先进”，执政的中国共产党一直都在强调能力不足的危险。

作为与中国共产党同心同德、同向同行的参政党，我们同样面临着巨大考验和危险。政党生命力的重要表现就是能够根据变化的条件，不断对自身进行改革，提高对环境的适应能力，求得生存和发展。中国共产党如此，民主党派同样如此。中国特色政党制度的特点就是执政党与参政党和谐互动、执政党建设与参政党建设互相促进。这是新时期多党合作理论和政党建设理论的重要创新，也是民主党派始终保持进步性和广泛性的根本保障。民进要向中国共产党学习，不断提高参政党建设的科学化水平，不断提高履行职能的能力。参政议政能力不足，使参政党面临着巨大考验。这就是本次年会要着重研究的问题。

第二，加强参政议政能力是提高参政党素质的必然要求。

参政议政是参政党的生命线。民进历届领导都十分重视参政议政能力建设。在2004年，民进首次召开了参政议政工作年会，时任主席许嘉璐同志就代表会中央明确提出民进要加强参政议政能力建设。2005年，民进十一届四中全会通过了《民进中央关于加强参政议政能力建设的意见》。本届会中央不仅更加明确地提出了“以新作为巩固老阵地，在顺势中开辟新领域”的履职目标，而且审时度势，努力创新，在民进全会积极推进形成“集智聚力”参政议政的基本工作格局。我会参政议政能力建设取得显著进步，水平有了显著提高。而且履行职能和自身建设之间互相促进的关系更加紧密。但是，新的形势和新的任务在不断向我们提出新要求，全会要把加强参政议政能力作为建设符合时代要求的高素质参政党的一个永无休止的任务，常怀忧患之心，善于总结经验，虚心学习先进，完善工作机制，加强队伍建设。

首先要强调加强学习。作为以知识分子为主体的参政党，学习的重要性应该是不言而喻的。这里就从参政党的定位出发，特别强调在每人自己专业领域的学习之外需要加强三方面学习的必要性。一要加强政治理论学习，“七一”讲话指出，“理论上的成熟是政治上坚定的基础”。用科学的理论来指导参政议政工作，是我们提高参政议政能力和水平的需要，也是我们做好参政议政工作的政治保障。作为参政党的专家或者专职干部，特别要注意学习中国特色社会主义理论体系，增强接受中国共产党领导的自觉性，坚定走中国特色政治发展道路的信念。二要加强对形势的学习。参政议政活动总是处在不断变化的国内外形势的背景中。只有对变化多端、错综复杂的国际形势和我国的基本国情有全面、辨证、清醒的认识，才能增强敏感性，对种种表象有更深的思索，对可能牵涉到的相关因素有更周到的考虑，从而提高参政议政的前瞻性和针对性。三要学习国家的法律法规、方针政策和有关规划。这是国情的重要组成部分，也是了解问题的症结和寻找解决问题的途径之必须。通过学习可以帮助我们提高参政议政的准确性和实效性。当然，参政议政还会涉及相关的多方面、多学科的知识，所以作为个人来说，需要有“活到老，学到老”的进取精神；作为参政党的整体，需要完善全党的人才结构和进一步加强“集智聚力”机制的建设，以适应参政议政领域不断扩大和深入的需要。

二是加强人才队伍建设。没有一支高水平的参政议政人才队伍，就没有高质量的参政议政成果。人才队伍建设是我们加强参政议政能力建设的根本性问题。要从三方面进行努力：一是要加强以专委会和参政议政特邀研究员为主体的参政议政骨干队伍建设。专门委员会是我会参政议政的重要工作机构。这是一个重大的变化。专门委员会最初建立时是一个荣誉机构，从上届民进中央委员会开始，我们将其重新定位为重要的工作机构，这会带来一系列的变化，包括观念的变化、人员组成的变化、工作机制的变化、考核的变化、支持措施的变化，等等。所以，根据这个定位，迫切需要进一步研究发挥专委会工作积极性和实效性的机制，提高工作成效、改善其工作条件的“实招”；机关要改进为专门委员会服务的力度和质量；会中央领导要进一步密切与专门委员会的联系。二要加强机关专职干部队伍建设。参政党绝大部分同志是兼职的，专职的只有机关干部。专家队伍与专职干部队伍的结合，是参政议政工作顺利开展的重要保证。各级组织要积极培养一支政治素质高、结构合理、学习和工作热情高、服务态度好的机关专职干部队伍，在机关里建立培训、锻炼和不断提高的人事机制，为机关干部提供施展才华的机会。三要完善参政议政人才发展机制。要把组织发展与参政议政紧密地、有机地结合起来，将参政议政工作所需要的人才，作为我们组织发展的首要重点。把参政议政能力作为发现人才、发展人才的衡量标准；把干部和后备干部放在参政议政工作中进行锻炼和培养；把参政议政的成绩作为民进向中共党委、人大、政府、政协及社会其他方面推荐人才的重要依据。

三是加强制度与平台建设。一要解放思想，不断探索和改进参政议政工作机制。对于工作实践中形成的一些好方法、好经验，必须及时加以总结，有条件时就要提高到制度层面，让其发挥长效机制。近年来，会中央建立了参政议政课题申报立项机制、提案形成机制和成果奖励机制，完善了重点调研的联动工作机制，建立了省级组织向会中央反映社情民意信息的报送系统。通过这些机制创新，会中央参政议政工作的规范化、制度化、程序化大大提高，参政议政的水平也有所提高。但这方面还需要继续完善、继续努力。二要开放视野，加强参政议政合作工作平台的建设。要积极建设可以集成更多资源、为参政议政活动提供更大影响的平台。由民进主办的，比如会中央的网上参政议政平台；已经形成品牌效应的中国教师发展论坛、长江研讨会等论坛或者研讨会；地区性的参政议政片会和参政议政论坛，等等。除了会内，还有会内与会外资源互补的新平台，比如与北师大合作建立的中国教育政策研究院，与上海社科院建立的合作中心，与清华大学“政治经济学研究中心”的合作等等。这些平台已经发挥了不同程度的实效，尽管还需要不断完善，但已经在弥补我们知识结构不足、人力资源不足、社会关系不足等等方面发挥了非常有效和宝贵的作用。

同志们，朋友们：

“雄关漫道真如铁，而今迈步从头越”。当前，国际形势深刻变化，国内又处于深化改革开放、加快转变经济发展方式的攻坚时期，我们面临更严峻挑战、更艰巨任务。民进应该也完全可以进一步提高参政议政能力，以参政议政的新作为、新成绩、新局面为多党合作事业和兴国大业作出新贡献！

在贯彻落实《纲要》经验交流会上的讲话

（2011 年 11 月 23 日）

严隽琪

各位领导、同志们：

今天，我们在这里隆重举行贯彻落实《2010—2020 年党外代表人士教育培训改革和发展纲要》经验交流会，总结成绩，交流经验，研究探讨新情况新问题，把《纲要》的贯彻落实工作进一步引向深入。首先，我代表中央社会主义学院向出席会议的领导和来宾表示热烈的欢迎！向各位会议代表表示诚挚的问候！

刚才，贾庆林同志亲切接见与会代表并发表重要讲话，对进一步贯彻《纲要》、加强党外代表人士教育培训工作和社会主义学院工作作了重要指示，我们要认真学习、深刻领会、抓好落实。自去年中共中央办公厅颁发《纲要》以来，全国社院系统在各级党委和统战部门的高度重视、有力领导下，紧紧抓住这一难得的发展契机，立足实际，奋发图强，务实创新，乘势而上，一些制约社院发展的瓶颈问题引起重视，一些关乎社院建设的突出问题得以推进，呈现出良好的发展态势。一年多来，中央社院坚持“特色立院、质量强院、发展兴院”，坚持“争取领导、跟上时代、进入主流”，着力加强软硬件建设，正规化建设迈出新步伐。先后制定了《中央社院贯彻〈纲要〉实施意见》、《中央社院 2011—2015 年发展规划》、《中央社院加强学科体系建设 培育具有统战特色的优势学科的意见》，学员宿舍及文体中心建设项目获国家发改委批准立项。各地社院也深入学习领会《纲要》精神，积极争取向省（区、市）委常委会汇报工作，参与各地贯彻《纲要》实施意见的起草和党外代表人士教育培训工作会议暨社会主义学院工作会议的筹备，制定未来发展五年规划等，各方面工作展现新气象。可以说，在《纲要》“东风”的吹拂下，社会主义学院正规化建设进入了一个崭新的发展阶段。

成绩固然可喜，发展更需努力。中共中央十七届六中全会提出建设社会主义文化强国的战略目标，再次强调“队伍是基础、人才是关键”。作为国家人才培养的重要组成部分，我们一定要紧密结合新形势、新任务、新要求，牢牢抓住《纲要》这一指导社会主义学院工作的纲领性文件，进一步增强工作的主动性和积极性，按照“一年开好局、五年大发展、十年新跨越”的目标任务，巩固向好势头、推动持续发展。借此机会，我谈几点意见。

一、再接再厉，继续保持社会主义学院强劲发展势头

拿破仑曾说过，军队战斗力的四分之三来自士气。《纲要》作为党外代表人士教育培训的中长期规划，其贯彻落实工作更需要再接再厉、坚持到底。第一，继续深化认识。同志们要从人才强国的战略高度，认真领会中共中央统筹党内、党外人才培养的深刻用意；更要从统一战线可持续发展的政治高度，准确把握《纲要》对党外代表人士教育培训工作提出的新要求。第二，继续争取领导。一年来各地社院积极争取领导，主动谋求发展，在争取党委政府重视支持方面取得很大进展。希望取得较好成绩的社院保持干劲，再接再厉；其他社院也要迎头赶上，协同发展。第三，继续破解难题。《纲要》是社会主义学院正规化建设的“尚方宝剑”，必须高高举起。我们把《纲要》要求作为检验社会主义学院各项工作的根本标准，认真总结经验，正视差距不足，有目的、有计划、有步骤突破难点问题，使社会主义学院系统贯彻落实《纲要》工作持续向前推进。

二、因地制宜，科学谋划社会主义学院未来发展思路

“凡事预则立”，社会主义学院必须牢牢抓住贯彻落实《纲要》这条主线，紧密结合各地统一战线工作和社会主义学院建设实际，正确处理学院工作与发展全局、长远目标与近期规划、一般要求与具体实践的关系，科学谋划未来发展蓝图。第一，正确处理学院工作与发展全局的关系。社会主义学院作为党外代表人士教育培训的主阵地，党和国家干部教育培训体系的重要组成部分，其建设发展离不开统一战线工作大局、离不开国家建设发展大局，我们必须紧密结合新形势，在围绕中心、服务大局中谋求自身发展。第二，正确处理长远目标与近期规划的关系。《纲要》提出，到2020年要“培养造就一支政治坚定、专业突出、群众认可的党外代表人士队伍”，明确了社会主义学院的长远工作目标。实现这一目标不可能一蹴而就，我们要根据《纲要》精神，准确把握现阶段党外代表人士教育培训工作的新特点、新要求，认真研究社会主义学院正规化建设进程中出现的新情况、新问题，立足现实、着眼长远，制定切实可行的阶段性目标，逐步落实《纲要》要求。第三，正确处理一般要求与具体实践的关系。《纲要》提出了社会主义学院建设发展的一般要求，但全国社院系统发展不均衡，各地社院情况各异。落实《纲要》精神，必须充分考虑各地实际，扬长避短、因地制宜，针对本院正规化建设的主要矛盾和瓶颈问题，寻找切入点和突破口，带动学院全面发展。

三、真抓实干，奋力开拓社会主义学院崭新发展局面

古人曰：“道虽迩，不行不至；事虽小，不为不成。”社会主义学院贯彻《纲要》精神，关键在于落到实处、关键在于真抓实干。第一，加快自身发展。学院领导班子要议大事、谋全局，充分发挥领导核心作用；全院上下要统一思想、团结一心、主动作为，着眼于正规化建设，深化教学改革、推动科研创新、加强队伍建设和基础设施建设、发挥中华文化学院作用，更好地发挥统一战线人才培养基地、理论研究基地、方针政策宣传基地的作用。第二，增进系统协作。各地社院有自己的特色和优势，增进社院系统内的纵向指导和横向联动，有利于整合资源，发挥各自特色，提升整体效能。上级社院要加强对下级社院的业务指导，各兄弟社院要深化交流协作，努力形成全国社院优势互补、资源共享、特色明显、各方面积极性得到充分发挥的合理布局。第三，整合社会资源。社会主义学院要主动适应统一战线的新形势新要求，更新观念，拓宽思路，积极探索开门办学新路子，避免封闭式发展。要主动加强与各民主党派、工商联，统一战线各系统单位及相关院校、学术研究机构的联系与交流，沟通信息、汲取经验，走开放发展之路。

同志们，当前，我国正处在全面建设小康社会的关键时期，深化改革开放、加快转变经济发展方式的攻坚时期，也是统一战线大有作为的重要机遇期。社会主义学院要在中共各级党委、统战部门的关心重视和各民主党派、工商联、无党派人士的大力支持下，结合学习贯彻中共十七届六中全会精神，进一步落实《纲要》精神，更好发挥党外代表人士教育培训主阵地作用，为统一战线和多党合作事业可持续发展提供人才支撑，为全面推进中国特色社会主义伟大事业作出新的更大贡献！

最后，祝本次会议圆满成功！

谢谢大家！

有价值，有责任，有挑战，有信心

——在民进十二届五中全会第三组讨论时的发言

（2011 年 12 月 8 日）

严隽琪

刚才听了各位的发言，加深了两个感受。一是关于民主党派存在的价值。因为我们可以有相对比较直接的高层通道和比较超脱的角色，更应该讲真话。当然，考虑到实际的效果，可以选择在比较公开的场合提，比如大会发言等，也可以选择直接地写书面意见。大家发言的时候，先不必顾虑方式，首先要把意见提准、提好，然后我们再考虑在方式上怎么做更有实效。民主党派的存在确有必要，责任很重大。二是进一步增强了我的信心。党派面临着两大挑战：一是如何在面临外部变化和人员变化情况下不断凝聚政治上的共识；二是对履行职能能力和水平的挑战。“有为”才能“有位”。近年来我花费了很多精力来思考集智聚力的问题。衷心感谢大家对民进工作的参与、贡献和支持。今天，各位的意见我都记下来了，有些和我的想法非常吻合。每年到这个时候，会中央主席班子都要召开民主生活会，作为主席，我尤其关注会中央工作中存在的不足及明年工作需改进的方面。关于专门委员会的问题，会中央有很长时间的思考，也做了很多努力，但一直感到还需要进一步的探索和改革。一定要根据实际情况和专委会的特点（比如专家都忙，都是兼职等）来调整和改进我们的工作，包括搭建一些平台。我一直认为，创新不是目的，绝大多数情况下是逼出来的。只有在原来的做法不能适应和满足现在工作的需要，甚至带来负面的影响时，才必须想办法改变，不到万不得已，大家都不喜欢折腾。创新要有直面现实的勇气和把事情做好的高度责任感，创新是很痛苦的，有时要面临许多传统思维和习惯做法的阻挠、人员方面跟不上的困难、有时甚至会带来很多误解……。这些年会中央之所以工作上有所创新，就是基于履行责任的思想动力，我们有责任把工作做得更好。

文化是民进的主要界别特色之一，四年前，中共中央在给各党派中央全会的贺辞中，唯独对民进提出了推动社会主义文化大发展大繁荣作出贡献的明确要求，说明中共中央对民进的期望很高。民进也具有高度的文化自觉，在文化方面不断参政议政，举几个例子，一是最近在对中共中央十七届六中全会决议提意见时，民进明确提出了要确立“文化强国”国家战略和采取相应举措；二是建议在国家的教育中长期规划中应该明确把传承和引领社会文化列入高校的责任；三是在全球一体化过程中，中国对域外文化的研究力度必须加强和进行战略布局。

中国随着经济实力的提高，渐渐从世界的边缘走到中心，面临的挑战和压力特别大。近年来，我在代表国家出访的时候，对此感觉尤其强烈，国际上对中国的言行越来越挑剔，要求越来越高。先不讲敌对势力，就是其他国家，也存在着因不了解或不理解而引起的种种疑虑。如，中国的强大会不会分掉他的利益？会不会对他的发展构成威胁？会不会影响到他的民生？更不必说敌对势力的有意歪曲和抹黑了。中国是发展中国家，虽然经济总量很大，但与发达国家的差距还是很大的。如果我们的宣传比较片面，无论是缺乏自信，或者是盲目自大，都会带来负面的影响，有些问题是可以做的更妥当些的。前两个月中，我有两次出国访问的任务，一次是以和平裁军协会副会长的身份，其中特别受邀到美国的乔治·梅森大学

“名人大讲堂”上演讲，这是该讲堂首次邀请中国的学者，四十分钟演讲，然后回答问题，听众是网上报名的两百多学者或学生。我切身感受到中国现在的发展，使国外分外关注中国，想听到中国的声音。另一次是以中国与欧洲共同创建的中欧国际工商管理学院理事会成员的身份，其中在西班牙的大学要做一个演讲，听众是在该校读过 EMBA 的一百多名企业家校友们，借这次讲座，我对中国作为文化强国，到底强在哪里进行了思考。首要是魂，在欧洲我看到了不少著名教堂，其名声，不是因为建筑的占地面积、行政级别，而是因为教堂包含的文化，特别是教堂作为宗教文化的社会地位。有为西方学者对资产阶级革命时期提出的自由、平等和博爱的思想进行了解读，说“自由”是对“市场”来说的、“平等”是对“社会”来说的、“博爱”是对“家庭”来说的。我国辛亥革命时期，孙中山先生提出了民族民主民生的“三民”主义。“民族”要解决国家统一问题，“民主”是政治诉求，“民生”主经济和社会问题。到今天，中国能否提出一个能影响世界的、凝聚共识和震撼人心的价值观念，是考验我们能否建成文化强国的标志。我认为文化强国应有三个层次：一是前述的核心理念，能否打动人心，凝聚人心；二是传播体系，反映为传播方式、传播手段和传播话语，要有生动的方式、开放的角度和有效的结果；三是产业体系，这是市场的问题。第一点是“魂”的问题，文艺复兴是要冲破中世纪的黑暗，并不是考虑占领市场推销产品，她在历史上起了那么大的作用，就在于先进的理念；后两点都是“体”的问题。关于文化的“魂”和“体”，应该强“魂”健“体”。在西班牙时，有人问我这样一个问题：中国人曾一直被认为是勤劳节俭的民族，现在中国经济已经很发达了，中国人是否会变？我的回答是，首先全世界都有代沟的问题，上一代人和下一代人的观念必然会变化，这与国家民族无关；可是中国的问题确有特殊性，特殊在现代中国的发展速度特别快，先发达国家在好几代里完成的事却要在中国用一、二代人来达到，特殊性还在于中国的独生子女政策，我这代多子女家庭中成长的人从小认为好东西并不是我独享的，但现在独生子女往往要到社会上以后才能逐渐认识到这一点。当然，特殊的还有互联网的冲击，这是世界要共同面对的。无论如何，我们要对未来充满信心，人类对真善美的追求不会变，我们相信一代更比一代强，一代人有一代人的责任，我不抱怨前一代，也不盲目把责任推卸给下一代，我们这一代该做什么就把什么做好。

刚才大家谈到专委会的问题，会中央一直在研究探索。如教育政策研究院的成立，把部分教育专门委员会委员的参政议政兼职工作变成专职工作的一部分。清华政治经济研究中心又是另一种方式。民进的界别特色本不在经济上，上海社科院在研究经济问题方面是强项，我们就加强与它的合作，民进每年两次进中南海协商经济问题，这对民进是比较大的挑战，但每次效果都是可以的，这就是我们集智聚力的结果。我们把地方和中央、会内和会外、专业研究机构和参政党结合起来，因此，我们的意见是各方力量的融合。当然，我们集智聚力的机制还要不断探索。

刚才，冯小宁导演的发言让我们又一次体会到您坚守价值追求、艰苦奋斗、执着敬业，使我们很敬佩。你的发言中也指出了现行电影体制存在的一些问题，问题存在就是参政党进言献策的责任所在。

光荣和责任

——在部分列席民进十二届五中全会的十大代表座谈会上的讲话

（2011 年 12 月 8 日）

严隽琪

各位同志：

担任民进全国代表大会代表是一份光荣，也意味着一份责任。代表是会员选出来的，因此其表现是得到了会员的认可，其能力是得到了会员的信任，代表是光荣的。同时，代表肩负着重要的责任，全国代表大会是民进最高决策机构，代表们的意见和表态对民进的重大决策起着重要作用；代表起着监督作用，代表的批评也是监督，缺乏监督就会缺乏对错误的校正；代表发挥着纽带作用，代表是中央和基层的纽带。刚才代表们的发言也印证了这一点，体现了代表们对民进的热爱、感情，和对民进事业的重视。刚才大家提出的各种问题，可分为三类，一类是会中央要改进的，要在明年的工作中考虑的；第二类是会中央要帮助地方组织进行推动和促进解决的；第三类是会中央要积极向有关方面反映，呼吁解决的。

有些问题，会中央已经在考虑、在探索。比如理论研究问题，会中央一直非常重视，这也是民进十大提出的要求。会中央提出参政党的理论研究要从应用理论开始，和实际工作紧密结合。刚才大家提出的"民进传统的现代意义"就很重要，会中央已经立题，在组织研究中，在新形势下如何继承民进的优良传统，是我会进行政治交接不能回避的问题。又比如目前形势下参政党人才队伍建设规律的问题，我们不能墨守成规，否则不能适应现在的形势。"有思有行"就体现在理论研究与实际措施要结合，创新不是目的、不是动力，而是要释放动力。"顺势而为、开拓创新"就是要认清形势、认清规律才能创新。"集智聚力"还有很多空间，比如大家刚才提出的专委会问题，专委会集中了会内高层次的专家学者，专委会从咨询机构到若干年前转变为工作机构，但仍有历史的痕迹，现在的几个"联动"和搭建的平台，都是很好的尝试，这还需要大家进一步监督和提出意见建议，不断创新，更好地发挥专委会的作用。

明年有一个特别重要的工作，就是社会主义核心价值体系的学习要与换届相结合。再就是促进社会主义文化发展，会中央在为六中全会文件提建议时，提出了把"文化强国"提高到国家战略；在审阅"教育中长期发展规划"草案时，会中央提出在高校的定位中要增加"引领文化"的责任。昨天听取的专题报告提到了文化的"魂"和"体"的问题，民进在这两方面都有很大的参政议政空间，"体"的方面我们谈的比较多，还要继续推动，"魂"的方面还要更深入的探讨。

今天时间有限，有些问题在明天的全会闭幕式上再讲，谢谢大家！

在民进十二届五中全会闭幕式上的讲话

（2011 年 12 月 9 日）

严隽琪

各位委员、各位同志：

经过大家的共同努力，民进十二届五中全会圆满完成了各项议程，今天就要闭幕了。

这次全会是在全国上下深入学习贯彻胡锦涛总书记"七一"重要讲话精神和中共十七届六中全会精神的背景下召开的，会议期间，我们认真学习了中共十七届六中全会精神，听取了专题报告。会议的效率很高，完成了预定的议程，达到了学习交流、总结工作、明确任务的目的。昨天的分组讨论和民进十大代表座谈会，各位委员和代表认真审议、积极思考、踊跃发言，大家对中央常务委员会一年的工作给予了高度肯定，并对《工作报告》（草案）提出了很好的修改意见，还对我会特别是会中央今后的工作提出了十分宝贵的意见建议。我深受教育和启发，感受到了委员们和代表们高度的责任心和对民进的热爱之情。全会之后，会中央将立刻整理研究大家提出的意见建议，作为中常会和主席会在考虑今后工作时的重要依据。

下面，我就贯彻落实本次中央全会精神、做好明年工作讲三点意见。

一、关于学习中共十七届六中全会精神

中共十七届六中全会通过了《中共中央关于深化文化体制改革推动社会主义文化大发展大繁荣若干

重大问题的决定》（以下简称《决定》），全面总结我国文化建设的成就和经验，深刻分析文化改革发展面临的形势，提出了新形势下文化改革发展的指导思想、重要方针、目标任务、政策举措，是指导我国文化改革发展的纲领性文件。深入学习中共十七届六中全会精神，是民进当前和今后一个时期的重要任务。

（一）深刻认识我国推动文化改革发展的重要性和紧迫性。增强责任感和使命感，为推动社会主义文化大发展大繁荣作出新贡献。改革开放以来，中国共产党曾经开过三次中央全会来研究关于精神文明建设的问题。第一次是1986年举行的中共十二届六中全会，当时解决的重点问题是集中力量搞经济建设的同时，要不要加强思想道德建设和精神文明建设，精神文明建设是不是仅仅抓教育、科技、文化建设，包不包括思想道德建设问题。第二次是在1996年举行的中共十四届六中全会，当时的背景是经历了苏东剧变，同时我们又明确了建立社会主义市场经济体制的改革目标，所以会议要解决的问题是两个，一是我们应该走什么样的道路，怎样坚定走中国特色社会主义道路的理想信念；二是在市场经济条件下，怎样加强思想道德建设，以形成同社会主义市场经济相适应又能够弘扬中华文化优良传统的思想道德。

第三次就是今年10月份举行的中共十七届六中全会。这次是讲文化体制改革和文化建设问题。“文化建设”和前两次中共中央全会讲的“精神文明”有一致与延续的方面，但又具有时代的特点，有其历史背景，有需要解决的不同问题。这次中共中央全会提出要通过文化体制改革推动文化大发展大繁荣，在全球化深入发展的今天，需要形成文化软实力，把我国建设成社会主义的文化强国。这是中国共产党着眼当前世情国情的新变化和我国文化改革发展面临的新形势，审时度势作出的战略选择，是文化自觉的表现。

世界强国应该是文化强国。强在哪里？我的认识是首先应该提出能够影响世界的价值观念，在世界范围内各种思想文化交流交融交锋更加频繁的背景下，表现出具有足够的震撼力、吸引力和启蒙作用。同时要能进行广泛的和有效的传播，这就与社会建设、与文化传播体系和文化传播手段有关。第三是表现为有强大的文化产业，意味着强大的市场占有能力和有响亮的品牌。如果把第一点看作是“魂”，那么后两点可以看作是“体”。改革开放30多年来，中国越来越融入国际社会，一步步走向世界的中心舞台，切实维护国家的文化安全、不断增强文化自觉和文化自信、增强国家文化软实力的要求更高，任务更加艰巨。积极向国际社会宣示我国的价值理念，展现我国文明、民主、开放、进步和负责的形象，迫切而且意义重大。

我国已经进入全面建设小康社会的关键时期和深化改革开放、加快转变经济发展方式的攻坚时期，《决定》用四个“越来越”阐述了当前推进文化建设的迫切性，即：文化越来越成为民族凝聚力和创造力的重要源泉、越来越成为综合国力竞争的重要因素，越来越成为经济社会发展的重要支撑，丰富精神文化生活越来越成为我国人民的热切愿望。我国文化建设取得了巨大成就，但仍存在不少亟待解决的问题。需要我们进一步解放思想，在“体”上有体制机制改革的需要、有传媒手段现代化的需要、有政策设计的问题，等等；更重要的是在“魂”上要增强对核心价值的共识。这已经成为当前我国紧迫而艰巨的任务。

文化是民进的主要界别之一，是我会参政议政的老阵地。在我会早期的创始人中，很多都是当时文化、教育、出版界的领袖人物，这对我会后来界别特色和参政议政特长的形成有直接影响。60多年了，这一传统我们努力保持着。现在我会文化界别会员有七千多人，其中很多是文化领域的代表性人物或为文化建设做出了重要贡献。民进十大以来，我们高度关注文化建设，在换届后，会中央多次把文化建设作为中央年度重点调研项目。我们在把文化强国提升为国家战略，在公共文化服务体系、文化产业政策、中华文化走出去、文化产业格局和文化市场格局以及把引领文化作为高等学校重要任务之一等方面，深入调查研究，积极建言献策。在今年8月份举行的征求中共十七届六中全会文件意见的高层协商会上，会中央在聚集全会智慧和多年来调研的基础上，就实施文化强国战略、把文化管理体制改革作为深化文化体制改革的重点工作、推动文化法律法规建设和加强文化理论建设等方面提出了我会的建议。随着《决定》的颁布与实施，文化领域的改革将进一步加快，文化事业和文化产业将获得更多的发展空间，文化建设的高潮必将到来。我会要深刻认识时代使命，增强责任意识，进一步统一思想、整合力量，提高履职水平。要加强文化研究的力度和深度，提升文化理论水平，就世界范围内文化“交流、交融、交锋”的现状和国家文化安全问题，就互联网兴起和新媒体发展等等问题，进行深入调研，为全球化和现代化双重背景下中国文化的发展提出具有战略性和前瞻性的意见建议，为推动社会主义文化大发展大繁荣做出新的贡献。正像中共中央致民进十大贺词中所提出的：要“充分发挥联系教育、文化、出版界高中级知识分子的特点和优势，切实履行参政议政、民主监督职能，在建设社会主义核心价值体系、弘扬中华文化、倡导良好思想道德风尚、提高全民族文明素质等方面，发挥更大作用，为推动社会主义文化大发展大繁荣作出贡献。”

（二）进一步树立和践行社会主义核心价值体系。社会主义核心价值体系是我国社会主义文化建设的引领和主导。对参政党，树立和践行社会主义核心价值体系，具有政治保证、理论支撑、激励凝聚和引导方向的作用，是巩固多党合作思想政治基础的需要，也是进一步履行参政党职能的需要。明年是我会开展树立和践行社会主义核心价值体系的第三年，我们要及时总结经验、表彰先进、完善制度、巩固成果、持续推进。希望把握好两点：一是把深化政治交接、坚定政治共识，坚定全会走中国特色社会主义道路的理想信念作为参政党树立和践行社会主义核心价值体系的重中之重。要结合学习胡锦涛总书记“七一”重要讲话精神，引导广大会员对中国共产党的先进性加深认识和增强信心，坚持接受中国共产党领导、与中国共产党团结合作的政治信念；引导广大会员对中国特色社会主义道路的历史必然性和现实必要性加深认识和增强信心，认识中国特色社会主义政治制度的优越性，理性看待我国60多年来尤其是改革开放30多年来所取得的巨大成就，正确引导广大会员对社会公平和民主的期待，增强走中国特色社会主义政治发展道路的自觉性和坚定性。二是要把树立和践行社会主义核心价值体系与深入贯彻科学发展观、更好履行参政党职能相结合，把实现科学发展、促进社会和谐的目标使命化为履行职能的工作思路和举措，把立会为公、参政为民的共同价值理念转化成为党分忧、为国尽力、为民尽责的实际行动。树立和践行社会主义核心价值体系，既是我会当前的紧迫任务，也是一项长期而艰巨的战略任务，希望通过全会坚持不懈、持之以恒的努力，使之真正成为我会的普遍共识和行动准则。

二、关于做好明年的换届工作

明年，我会各省级组织和会中央将进行换届，本次中央全会作出了明年第四季度召开民进十一大的决定。换届是我会历史上具有里程碑意义的大事，也是当前形势下提高我会自身建设科学化水平的重要契机。我会各级组织要以此为契机大力加强思想建设、组织建设、制度建设，切实提高履职能力和水平，不断推进适应时代要求的高素质参政党建设，圆满完成本届中央委员会担负的各项任务。

常委会工作报告已经对换届工作提出了要求，在此我想着重强调几点：

一是要着眼于巩固政治交接成果、促进多党合作事业和民进事业的持续发展来做好换届工作。换届不仅仅是人事的更替和安排，更重要的是要搞好政治交接，使民进能够持续地提高整体素质，在国家的发展中发挥更大的作用。我们一定要在继承前辈优良传统的基础上，做到人事有变化但政治基础不动摇，形势有变化但与中国共产党“同心、同向、同行”的光荣传统不能丢；做到人事在更替，创新与发展不停步，民进的事业有新的开拓。

二是切实加强领导班子建设。领导班子是参政党素质的决定性因素。在领导班子的组建上，一定要从工作需要出发，优化班子的结构（包括年龄梯次，个性特点、工作阅历和工作经验的合理搭配，优势互补），增强班子整体功能和合力；要注意体现我会的界别特色；要坚持德才兼备、以德为先、代表性强、公认度高的选人标准，把政治坚定、有真才实学、实绩突出、会员公认度高、热爱民进的优秀干部选拔到领导岗位上来。以德为先要体现在干部的培养教育、选拔任用、管理监督等各个方面。努力把我会的各级领导班子建设成为政治坚定、结构合理、作风正派、工作高效的坚强领导集体。

三是深入细致地做好思想工作。换届涉及人事进退，特别是这次换届将首次积极稳妥地推进领导班子成员任期制，有的领导班子调整幅度会比较大，不可避免会在一些同志中产生思想上的波动，做好思想工作显得尤为重要。要增强思想工作的针对性，对即将退休的老同志，充分体谅他们对民进的深厚感情，充分肯定他们对多党合作事业的贡献，帮助他们解决实际问题，尽力使他们退得安心、舒心；对那些因实行任期制离任、但未到退休年龄的同志，要积极帮助呼吁，妥善解决好安排和待遇问题；对个人条件不错、但因各种原因未能担任领导职务的同志，要做好政策解读，释疑引导的工作，帮助他们正确对待、保持健康心态；对新走上领导岗位的同志，要及时谈话，引导他们加强学习，提高实践能力，严格要求自己，把组织和会员的信任转化为做好工作的动力。

四是充分发扬会内民主，严格工作规范与程序。要按照我会章程、组织制度和换届政策的要求，规范和完善换届工作的各项程序，特别是民主推荐、民主测评、人选考察、大会选举等关键程序，要预先制定好明确具体的工作流程，避免随意简化、变通甚至颠倒违反程序的情况发生，确保换届工作有条不紊地进行。要按照《中国民主促进会第十一次全国代表大会代表名额及代表产生办法》，切实做好十一大代表的推举工作。代表的产生要采取自下而上、上下结合、反复酝酿、逐级遴选的办法进行。要深入进行宣传教育，广泛发动基层组织和广大会员参与代表的推举工作，充分听取有关方面意见，确保所有代表人选体现各级组织和会员的意愿。

换届对干部来说，既是对其工作实绩的集中检验，也是其精神状态的集中展示。以往的换届中出现过干部或者无心工作、或者事不关己高高挂起、或者眼看暂无自己升迁转任的迹象就工作消极的现象，甚至有少数人把换届当作个人钻营的良机，等等。作为国家干部，一生中会多次遇到职务的变化、岗位的交流。我们要从全局出发，服从组织需要，听从组织安排；坚决反对从个人出发，行不正之风。每一位中央委员都要坚持讲大局、讲稳定、讲团结，以健康平和、积极向上的心态对待自己的进退留转。古语说得好："宠辱不惊，闲看庭前花开花落；去留无意，漫随天外云卷云舒。"这是一种境界，一种品格，一种力量，也是一个领导干部政治成熟和素质健全的重要标志。希望各级干部发扬立会为公的传统，避免在换届时工作的懈怠。

换届是一项政治性、政策性、组织性很强的工作，每一个步骤、每一个环节都关系全局。我会各级组织的负责同志要切实负起责任，精心组织，统筹安排，严格执行换届文件有关规定，认真贯彻民主集中制原则，加强多方沟通协调，严格工作程序，严肃换届纪律，确保换届风清气正，圆满胜利完成。

三、加强参政议政能力建设，切实提高我会履职水平

胡锦涛总书记在"七一"讲话中，以强烈的忧患意识，提出了在新的历史条件下加强中国共产党的先进性建设和提高党的建设科学化水平的时代课题。这充分体现了中国共产党对自身历史方位的科学把握和清醒认识，也体现了共产党直面现实考验、勇担历史使命的成熟和自信。政党生命力的一个重要表现就是根据时代条件的变化，不断对自身进行改革，提高对环境的适应能力，求得生存和发展。无论是执政党的先进性还是参政党的进步性，不仅是一种属性更是一个不断加强、不断巩固的动态过程。坚持和完善中国共产党领导的多党合作和政治协商制度，巩固和发展多党合作事业，取决于执政党建设和参政党建设的互相促进。当前，我国正处在全面建设小康社会的关键时期，深化改革开放、加强转变经济发展方式的攻坚时期，我会要做到与中国共产党"同心、同向、同行"，肩负起新形势赋予的新使命，做出更大的贡献，就必须坚持与时俱进，进一步提高民进自身建设科学化水平，切实提升参政党的素质和能力。

参政议政是民主党派的基本职能，是参政党的生命线和价值所在。全面地、高水平地参政议政，已经成为我会面临的最重要的时代课题之一。我们要认识到由于世界多极化、经济全球化的发展，由于中国经济实力的快速增长，中国在世界上的地位和责任的也在发生着变化，国内的问题往往也需要有国际的视野；同时，我们还要认识到由于国内改革的深入和发展阶段的不同，新矛盾和新问题不断涌现。"十二五"时期中国面临的挑战和以往相比，无论是在难度上还是性质上，都有了重大变化。形势对参政党的视野、知识、信息提出了更高要求，对我们的分析能力和判断能力都提出了很大的挑战。我们必须解放思想、开拓创新、深入调研、创新机制，与时俱进地优化民进组织的知识结构、进一步完善中央和地方、专职和兼职、会内和会外的资源和力量“联动”的体制和机制，进一步提高我会参政议政的能力和水平。

一是加强参政议政人才队伍建设。人才是关键。加强人才队伍建设，一要注意发挥我会骨干会员的作用，包括我会各级组织领导、人大代表、政协委员、从政人员、特约人员等等，各级组织要着力提高他们的参政意识，并建立有效的激励机制，激发他们的积极性、创造性。二要进一步发挥专门委员会的作用，团结和吸引更多的专家，提高专家们建言献策的积极性，改善专委会的工作条件，提高工作的成效，各级机关要提高为专门委员会服务的力度和质量，各级领导班子也要密切与专委会的联系。三要在提高机关参政议政专职工作人员的素质和工作水平上下工夫，努力培养一支政治素质高、知识结构合理、学习和工作热情高、服务态度好的机关干部队伍。四要完善参政议政人才发展机制。把组织发展与参政议政有机结合，将参政议政所需要的人才，作为组织发展工作的重点，把参政议政能力作为发现人才、发展人才的衡量标准，把干部和后备干部放在参政议政工作中进行锻炼和培养，把参政议政的成绩作为向中共党委、人大、政府和政协及社会其他方面推荐人才的重要依据。

二是加强机制和平台建设。十大以来，会中央提出了“以新作为巩固老阵地、在顺势中开辟新领域”和“从集智聚力的体制与机制的创新中释放活力”，在参政议政的机制和平台建设方面积极开拓创新。在机制建设方面，建立或完善了参政议政课题申报立项机制、提案形成机制和成果奖励机制，完善了重点调研的联动工作机制，建立了省级组织向会中央反映社情民意信息的报送系统。在平台建设方面，建立了网上参政议政平台，与北师大合作成立了中国教育政策研究院、与上海社科院建立了合作中心、与清华大学“政治经济学研究中心”加强合作等等。这些机制和平台，在弥补我会知识结构、人力资源和社会关系不足，在形成民进全会“集智聚力”的参政议政基本工作格局方面发挥了积极的作用。我会各级组织要坚持有思有行，及时把工作实践中形成的好做法和经验加以总结，有条件时就提高到制度层面。

三是理论研究与参政议政工作实践相结合。我一直主张，至少在目前，参政党的理论研究重点应放在应用研究，所以一定要把我们工作中的思考和遇到的困难提炼成我们重点支持的理论研究项目。而理论研究项目也一定要结合我们的工作，比如我们的参政议政工作。

各位委员，各位同志：

通过本次全会，我们总结了今年的工作，部署了明年的任务。希望大家在会议闭幕后，及时向各级组织和全体会员传达会议精神，促进在全会进一步形成思想上的共识、行动上的合力，确保明年各项工作的顺利完成，特别是换届的顺利完成，以优异的成绩迎接我会十一大的召开！

最后，祝大家身体健康，万事如意，返程平安，工作顺利！

谢谢大家！

在叶圣陶研究会第四届理事会第二次会议上的讲话

（2011 年 12 月 9 日）

严隽琪

各位理事：

会中央非常重视叶圣陶研究会的自身发展和开展工作，不久前会中央还专门召开了专题会议进行研究。我们认为，一年来叶研会无论是在自身建设方面还是开展活动方面，都取得了不少成绩，组织建设和制度建设上了一个新台阶。今天叶圣陶研究会的现状是历史沿袭下来的，一方面有其合理性，另一方面也存在一定的局限性。关键是以后怎么进行改进？事物都是在发展变化之中，随着形势发展，以前不想做或不能做的事，现在或者可以做了、需要做了。所以，我们要顺势而为，与时俱进。中国民主促进会中央委员会在对外交流时一直用叶研会的名义，交流活动的内容与叶圣陶研究可能不直接相关，这是因为民主党派在对外开展活动时，存在客观上的局限。事实上，以叶研会名义开展对外交流，起到了宣传叶圣陶研究会的效果。我想，以后随着我国整体外交战略的对外推进，民主党派可以直接以党派名义对外开展民间交流活动时，就可以选择性地用叶圣陶研究会的名义。而在目前，叶圣陶研究会是我们对外交流时必须使用的名义。多年来，海外交流是我会一项重要工作，叶圣陶研究会为此发挥了不可替代的作用。去年民进中央又以叶研会名义成功地组织了对台基础教育界的交流，这与叶研会的学术特点十分吻合，而且也与中共中央要求对台交流要重心下沉、多与专业和民间人士交流的方针相一致，两方面因素结合在一起，就会越做越好，开辟新的局面。

第二个问题是关于叶圣陶思想学术研究。首先，理事会对这个问题在叶研会换届后都有共识，民进中央也在专题研究会上进一步明确了对这方面工作继续引导支持和帮助的态度。当前，中共中央对社会建设给予了前所未有的重视，社会组织迎来了前所未有的机遇，社会团体应该成为社会建设的主体。所以，我们要看准形势，明确叶研会的职责，赋予叶研会在开展学术研究中以更大的自主权，不须受民主党派的局限，民进中央机关是以党务工作来定编的，不可能承担学术研究的职能，叶研会的学术研究要逐步走向社会化。反映在具体措施上，新成立两个专业委员会就体现了这种指导思想，有人曾提出要成立七个专业委员会，经会中央主席办公会议研究，决定稳步地推进，先成立教育和出版两个专业委员会，摸索经验。我们要拜托两个专业委会负责人，你们责任重大，要吸收社会团体发展好的经验，为叶研会的发展探索新的路子，解放思想，不墨守成规，但要想清楚后再稳中求进，希望这两个专委会能达到较好的效果。两个专委会的组建，一定要制定好方案，完善工作制度；一开始时活动不要太多，量力而行。明年是叶老从教一百周年，希望教育委员会带着对叶老的感情，把对叶老怀有崇敬之情，愿意学习、实践和弘扬叶老思想的更多同志团结进来，共同举办好这个纪念会，扩大叶老的学术影响。可以搞成异地的系列活动，如可以在叶老的家乡先搞一个启动仪式，再到北京来举办纪念研讨会。刚才有热心叶圣陶思想研究的单位提出要提供举办纪念叶老从教一百周年纪念会会议的场所、经费和其他支持，我们表示欢迎和感谢。建议教育委员会先成立筹备处来承办这个纪念会。

第三个问题是明确理事会的职责。叶研会一年召开一次理事会，如果所有的事情在事先没有充分酝酿的情况下，不加区别地都一股脑儿拿到会上做决策，不妥当。像成立两个专业委员会，属重大议题，应在理事会上讨论决定。而批准单位会员及发展新理事，是否可以由两个专业委员会提一个初步方案或由秘书处提出，再设计一定的工作程序分级办理和分级负责，不一定都上理事会议。

叶研会要开始收取单位会员会费了，会中央专题会指出，收费的前提是要建立完善的财务管理制度。会中央不截用分毫会费，在叶研会经费紧张时，会中央还可以给予部分支持。关于叶研会的人员配备，同意设一个专职人员，但会中央机关现在是缺编运行，人力紧张，当然在目前情况下，机关再忙，也要努力帮助叶研会的运行。建议两个专业委员会尽快各设一个专职人员。成立两个专业委员会的重要原因，是会中央缺乏学术能力，专业委员会必需依托单位实体，现在一个是开明出版社，一个是人民教育出版社，我建议单位会费收上来后给这两个单位的专职人员进行适当补贴。如果这两个单位愿意为叶圣陶研究多做贡献，那就再好不过了。对这两个专业委员会依托的实体单位要明确提出，应该公开这位专职人员的联系方式，所有的日常会务可以交给他来联系与落实。目前叶研会日常工作由会中央社会服务部余恺同志承担，但以后要从社会上物色、招聘专职工作人员。成立叶研会秘书处要作为叶研会 2012 年组织建设工作重点来落实，人选也可以由两个专业委员会提供，秘书处办公室和电话等设施可由民进中央提供支持，如有其他单位主动承担更好。

叶研会工作职责定位比以前更加明确，工作也有创新。叶研会《年刊》出版是件大事，每年一期，任务不轻。中共中央十七届六中全会提出了文化大发展大繁荣和建设文化强国的目标，国务院颁布实施了

《国家中长期教育改革和发展规划纲要》，这些都为我国文化教育事业的发展带来新的机遇。民进中央明年换届，也会带来一些新的人事变化。叶研会一定要与时俱进，适应新情况；叶研会的同志们要怀揣热心和敬意，把工作做得更好。

谢谢大家。

在民进全国机关建设工作会议上的讲话

（2011 年 12 月 10 日）

严隽琪

同志们：

民进十二届五中全会昨天刚刚结束，在会中央和省级组织面临着换届繁重任务的时刻，我们召开全国机关建设工作会议，可见本次会议的重要性。我们希望这次会议既是机关建设的总结、交流和表彰的大会，也是发扬成绩、鼓舞斗志、争取明年换届等各项工作再创佳绩的动员大会。通过交流经验、研究问题、探究规律，使全会进一步提高对机关建设重要性的认识，巩固和发扬已有的建设成果，更好地推进我会的机关建设，以适应高素质参政党建设的要求，适应巩固和发展多党合作事业的要求。

首先，对在这次会议上受到表彰的单位表示热烈祝贺！衷心感谢你们出色的工作业绩和创造了宝贵的机关工作经验！会中央一贯重视机关建设，始终把加强机关建设作为提高参政党素质的重要抓手，曾分别在 1999 年和 2007 年召开过民进全国机关建设工作会议。民进十大以来，会中央根据形势的发展和任务的需要，引导全会各级组织，在机关中开展中国特色社会主义政治发展道路主题教育活动、学习贯彻科学发展观活动、树立和践行社会主义核心价值体系、建设学习型参政党机关等主题鲜明、内涵深刻、形式多样的活动，在提高机关干部的政治与业务水平、完善机关制度、推动机关作风的改进等方面都有实实在在的举措。经过各级组织特别是广大机关干部的共同努力，我会的机关建设取得了可喜成绩，积累了宝贵经验，机关的变化令人振奋。去年会中央把机关建设列为全会的重点工作，今年又在全会开展了创建先进机关的活动。可以说，我会的机关建设年年有新举措、年年有新进步。

关于我会机关建设的总结和今后一个时期加强机关建设的任务与工作举措，富和同志将作专门的报告。在此，我着重强调两点：一是对机关建设紧迫性的认识；二是在机关建设中要特别强调的几个问题。

一、增强紧迫感，进一步提高对加强机关建设重要性的认识

当前，世情与国情的深刻变化、中国共产党的历史性转变，都对参政党提出了新的要求，参政党建设面临新的考验、新的挑战。

从国际上看，长期以来，西方发达资本主义国家在向发展中国家输出经济产品、军事产品和文化产品的同时，丝毫没有放松推销西方的民主制度和价值观念，在世界上占据着话语霸权，甚至宣扬西方资本主义制度是“历史的终结”，攻击和诋毁我国的政党制度和发展道路。对此我们一定要有清醒的认识，在全球经济一体化的今天，国际问题必然会影响国内问题，需要我们有国际的视野。中国改革开放以来的高速发展引起了国际社会的若干猜疑。西方发达国家担心中国挑战他们的既得利益和国际地位，发展中国家担心中国重蹈西方殖民主义“取而不予”的老路，也担心中国产品竞争力提高会冲击他们的民族产业，周边国家担心中国军力强大后用武力解决领土领海主权争议，国际社会担心中国发展对世界资源能源和环境带来的压力，等等。有些担心是对中国发展道路缺乏了解，所以，中国需要在做好自己事情的同时，也要加强对外宣传，改进对外宣传的方法，要更有效地以中国的历史和现实，对国际社会的关切作出解惑释疑的回答，消除因为不了解而对我们产生的误解。对于别有用心的敌对分子，不顾事实地夸大或歪曲中国的问题，散布中国威胁论、中国崩溃论等，企图遏制中国的发展，改变中国的发展道路，对此我们要坚决予以回击。

从国内来看，我国的发展已进入深化改革的攻坚时期，转变经济发展方式的任务既十分紧迫，又异常艰巨。我国经济运行中一些长期问题和短期问题交织，体制性矛盾和结构性问题叠加，加大了宏观调控难度。社会处于矛盾凸现期和风险高发期。人口流动规模巨大，迁徙速度加快，社会结构快速变动，利益主体多元化，社会融合与社会分化同步加快，各类突发公共事件、社会事件增多，社会建设任务繁重。经济问题和社会问题一定会使人们的价值观念面临新的挑战。

胡锦涛同志在“七一”重要讲话中提出了不断提高党的建设科学化水平的任务，指出了中国共产党面临的“四个考验”（执政考验、改革开放考验、市场经济考验、外部环境考验）和“四个危险”（精神懈怠的危险，能力不足的危险，脱离群众的危险，消极腐败的危险），充分展示了中国共产党以改革创新的精神研究和解决党建面临的重大理论问题和实际问题的巨大勇气。

中国共产党在加强自身建设的同时，对参政党的自身建设提出了新的要求，提出执政党建设和参政党建设互相促进，参政党要与执政党“同心、同向、同行”。因此，参政党自身建设必然面临更加繁重的任务。我们面临的主要考验，一是来自于履职能力不足的挑战，对此一定要有足够的认识和切实的对策；二是在新形势下保持政治进步性的考验，也就是具有坚定不移走中国特色社会主义道路的自觉性，对此一定要有理论上的清醒，并与现实紧密结合。我认为，建设符合时代要求的高素质参政党的含义，主要体现在对这两个问题交出符合时代要求的合格答卷。

在参政党的建设中，机关建设越来越显示其重要性和紧迫性。因为机关是联系各级组织和广大会员的桥梁和纽带，是领导决策的参谋和助手，是展示民进社会形象的窗口，是民进各种社会关系的枢纽。尤其对于参政党而言，几乎全部的专职人员都集中在机关。因此，机关建设的水平直接关系到我会自身建设和履行职能的水平，直接关系到我会的社会形象，直接关系到多党合作制度的巩固与发展。

我们要进一步认识机关建设的重要性，增强忧患意识和危机意识，积极应对面临的各种挑战，不断提高机关建设的能力和水平。

二、处理好几个关系，推动我会机关建设再上新水平

根据几年来我会在机关建设中积累的经验，结合对形势的认识和对存在问题的分析，我们要在机关建设中妥善处理好以下几个关系：

1. 贯彻《公务员法》和加强机关建设融为一体。

2006 年 1 月 1 日起实施的《中华人民共和国公务员法》，首次把民主党派机关干部明确列入公务员序列，把民主党派机关公务员的管理纳入了法制的轨道，规定了民主党派机关作为政党机关建设和管理的方法。按照《公务员法》的要求，以建设一支政治坚定、业务精通、纪律严明、作风过硬的公务员队伍为宗旨，以提高公务员队伍的素质能力为目标，以完善选拔任用和管理监督机制为重点，以加强科学、规范、民主、法制管理为途径。《公务员法》为机关建设提供了法律依据，改变和澄清了历史遗留的或社会上依然存在的把民主党派机关有别于党政机关，或等同于一般人民团体的片面认识。这对于推进我国多党合作事业意义重大而深远，但对于参政党机关建设也提出了比以前更高的要求。

我会各级机关贯彻实施《公务员法》五年多来，坚持公务员录用德才兼备、任人唯贤的标准和程序的规范化，全会新录用的公务员已占机关人员的 50% 以上，会中央机关中这一比例已近 70%，为机关建设提供了干部来源的质量保障。我们坚持机关公务员制度建设，强化人员考核、任免、奖惩、培训等规定，监督约束与激励保障并重，使机关队伍的素质能力有了提高、结构更趋合理、精神状态更振奋、工作作风有改进、工作效率不断提高。

当然，党派机关与党政机关相比，还有一些不足之处。如轮岗锻炼的范围受约束较大，在工作岗位上的责任和压力相对较小，学习的机会有限，一些不适应《公务员法》的老做法或风气还需要更长的时间去改进。将贯彻落实《公务员法》和加强机关建设融为一体，是我会各级组织当前和今后一个时期的一项重要任务，各级组织机关负责同志必须给予高度重视。

2. 在推进工作中加强机关建设。

“实践是检验真理的标准”，机关建设的效果归根结底是要通过机关工作的质量、效率和水平来反映、来检验；反之，机关工作也是机关建设的最有效的平台。机关建设必须要在重实效、见成果上下狠工夫。各级组织要结合实际情况，直面机关建设中的困难和问题，坚持思想教育与当前形势相结合、与社会实践相结合、与理论学习相结合、与履行职能相结合。

党派工作的政治性很强，无论是对形势的认识，还是对党派工作重点的确定，无论是对外宣传，还是对内凝聚力量，这些都对机关的政治思想建设提出了明确的要求。所以党派机关必须以巩固共同奋斗目标、共同政治立场、共同价值观为目标，引导机关全体干部不断加深对中国特色社会主义理论体系的学习和认识，加深对中国共产党领导的多党合作制度的学习和理解，加深对民进章程、政治主张和优良传统的学习和认同，增强参政党履行职能的责任感和使命感。

党派机关工作的政策性很强，需要面对具有社会影响力的代表人士、需要服务具有学术专长的学者教授、需要联系新阶层人士；需要汇总会员和下级组织的智慧与成果，体现政党集体的履职能力。这对机关人员的知识结构、人际关系的相处之道、机关制度的合理与规范以及对党和政府的相关政策的了解都有较高的要求。所以建设学习型机关至关重要，要使工作学习化、学习工作化，要使自学与集体学相结合。简而言之，要提高我们在工作中学习的本领，使得个人在工作和学习的结合中得到历练和成长。在相同的工作经历中，不同人进步却往往有快慢，主要是学习的自觉性和学习的能力不同。

3. 领导带头与层层落实。

机关建设必须领导带头、层层落实。前者是关键，后者是保证。领导班子在机关建设中承担着指导、决策和带头执行制度的责任，领导班子成员要认真贯彻民主集中制，既讲分工又讲协作，在执行制度与纪律中、在维护团结上要率先垂范。要完善各级组织领导班子的领导制度，以省级组织为例，主委、专职副主委和秘书长这三个关键岗位既要有协作又要有分工，并努力将其反映在制度上，形成切实可行的研究、决策和组织管理的体制机制。

各工作部门负责人要负起做参谋、抓落实的责任。在决策前，主动积极地当好参谋；在决策后，坚决贯彻落实；在工作过程中要疏通拓宽机关内上情下达、下情上达以及左右协作的渠道，注重拓展部门内每个人发挥作用的渠道和方式，调动每个人的主观能动性，带好队伍。

决策层和执行层要做到各负其责、相得益彰、上下沟通、左右配合，共谋机关建设大计。

4. “以人为本”的建设理念。

机关建设的成败取决于能否有一支勤奋学习、求真务实、廉洁自律、团结奉献、开拓创新的机关干部队伍。机关建设要坚持“以人为本”的理念，一是在机关中引导树立正确的人生观、价值观、世界观，帮助每位干部职工找准人生的坐标，把握正确的发展方向，充分调动干部职工的主动性和创造性；二是优化队伍结构，实现人员的合理搭配和优势互补。按照德才兼备、以德为先的原则，做到人尽其才，才尽其用，使所有人员都感到有实现自身价值追求的渠道与机会；三是加强能力建设，包括学习研究的能力、思考问题的能力、执行办事的能力和创新发展的能力，实行干部轮岗和挂职锻炼制度，促进人才的有序流动，让干部扩大眼界、增加适应能力、多方提升才干；四是建立激励机制，形成以工作态度和工作绩效为依据的奖惩制度，鼓励先进、激励后进；五是积极营造“和谐、高效、规范、阳光”的机关氛围，倡导公道正派，不搞小圈子，各级机关中的民进支部、中共支部、团支部和工会组织，都要围绕机关建设的目标，做好沟通协调、温暖人心、理顺情绪、化解矛盾、鼓励干劲、解忧帮困的工作，积极为机关建设建言献策。通过全员的有序参与，让机关的干部职工对机关事务有知情权、参与权、建议权和监督权。

同志们：

机关建设是需要常抓不懈的工作。各级组织要从建设适应时代要求的高素质参政党、巩固和发展多党合作制度的高度来认识这项工作的重要意义。明年会中央和省级组织的换届，又将是对我会机关建设成效的综合检验，希望大家认真开好本次会议，回去后切实贯彻好会议精神，以机关建设的新成绩，迎接我会十一大的胜利召开。

在民进中央与中央社院参政党建设理论研究中心签约仪式上的讲话

（2011 年 12 月 12 日）

严隽琪

今天的阳光真好，就像我们的心情一样，温暖而充满希望。每次揭开一块新牌子，就意味着我们的事业站上了一个新起点。参政党建设理论研究中心是中国民主促进会中央委员会和中央社会主义学院合作成立的，之所以能成立，是因为我们双方有着共同的需求、共同的愿望、共同的决心。

民进作为参政党，面临着怎样不断保持进步性和广泛性的问题。世界在变，中国共产党在变，民主党派自身也在变化，如何能够始终坚持走正确的政治发展道路，如何能够提高履行职能的能力，这是参政党面临的两大挑战，也可说是两大历史使命，因此民进提出了建设高素质参政党的目标。

中央社院作为民主党派和无党派人士的联合党校，在党外干部培养方面承担着重要责任，也面临着学科建设的新挑战。现在党外人士希望到中央社院接受培训的呼声越来越高，社院在考虑如何更好地满足党外人士培训的需求，不仅要在数量上要扩大，而且在质量上要提高。社院还在考虑如何提高研究水平，如何宣传好统一战线和我国的政党制度等等。社院作为肩负如此重任的高等学府，必须建设一支高素质的教师队伍，出一流的成绩，使学院成为多党合作的理论高地。因此，不断提高参政党理论研究的前瞻性和科学性，对于民主党派和中央社院来说，都有着共同的需要和愿望。

双方的合作是优势互补的合作，是互利双赢的合作。刚才同志们的发言中介绍了双方都在努力做好理论研究工作，那么，为什么现在要建立这样一个合作中心？就是希望 1 + 1 大于 2。就好比自然科学领域里要求产学研相结合，而在政治领域，也需要理论成果与实际应用相结合。民进是一个中国特色政党制度的实践平台，党派的同志在第一线干工作，民主党派是在实践中贯彻着多党合作的理论，在这个过程中会有困惑、有困难，我们在积极破解这些难题，不断总结以往的工作，提出党派的工作思路，布置下一阶段任务，民主党派又拥有直接进行政治协商的一些渠道，这是党派的资源。中央社院作为高等学校，有专门的教学、理论研究人才，还有种种政治资源。希望新成立的合作中心既有双方人力方面的合作，又有信息方面的合作，还有资料方面的合作，活动方面的合作，以及场馆方面的合作，等等。如民进在全国成立了好几个会史教育基地，它们为研究民进历史提供了生动而形象的资料和场馆；中央社院有图书馆、资料库等，这些都可以共享。实际上，我们双方在此之前一直有合作，但是挂牌和不挂牌还是不一样的，它使我们的合作由一种即时的，或者说零星的合作变成了一种制度化的合作，要有专人负责，制定计划，有专人落实，还要有检查督促；由局部的合作变成民主党派和社院两个单位的整体合作。所以，中心的成立，表示双方的合作站在了新的台阶或新的起点上。

合作中心是新事物，自然会带来新难处。这是我们在体制机制上的一种创新探索，凡是创新都是遇到了困难后被逼着改变的，一定会与老的观念、老的习惯、老的做法有所不同，所以一定会碰到困难。对此，我们既要看到必要性和可能性，也要对困难有足够的思想准备。领导支持很重要。还要解放思想，要积极探索。来自两个不同性质的单位在一起合作，中国传统文化有个说法“和而不同”，就是不强求所有东西都一样，可以保持各自的特色优势，但是在主要立场、原则和合作的目标上要一致，所以我想合作中心就是一种和而不同。希望要及时总结经验，理性看待成绩和不足，把这个合作中心真正建成民主党派的高水平的智库，中央社院学科建设的高地。

祝愿今后合作愉快，期待今后合作取得更大的成功！

在北大民进文化论坛的致词

（2011 年 12 月 12 日）

严隽琪

各位专家学者，各位来宾，各位会员：

今天能前来参加“北大民进文化论坛”，我感到很荣幸。首先因为论坛是以“文化”为主题。当前全国都在学习贯彻落实十七届六中全会精神，论坛围绕文化强国战略与中国文化的未来，文化大发展大繁荣与当下文化现实，文化体制改革的路径与方法，大学与文化发展，社会管理、科学技术与文化，跨文化传播与文化“软实力”建设这些重要议题进行讨论，题目重要，开得正当其时。其次因为论坛以民进冠名。文化是民进的主要界别之一，在我会早期的创始人中，很多都是当时文化、教育、出版界的领袖人物，这对我会后来界别特色和参政议政特长的形成有直接影响。60 多年了，这一传统我们努力保持着。民进一直关心并积极参与中国的文化建设。改革开放以来，民进履行参政党的职能，对文化发展和改革开展深入调研、积极建言献策、主动服务社会、鼓励文化界会员岗位立功。民进中央近几年来向中共中央提出了关于实施文化强国战略、文化管理体制改革、文化法律法规建设、加强文化理论建设、文化产业政策、要把文化引领作为高校三大任务之一、有效建设公共文化服务体系、要加强域外文化研究以及中华文化“走出去”等等意见，得到了中共中央和有关部门的重视和吸收。民进中央一直强调参政议政需要“集智聚力”，发挥各级组织和广大会员，尤其是专家学者的积极性和主动性。民进北京大学委员会召开文化论坛，是我会基层组织活力的表现、是我会文化界专家学者和会员责任心和积极性的表现，会中央理所当然要给予支持，同时基层的研讨结果必然也会对中央的参政议政提供有力的支持。三是因为论坛在中国首屈一指的高等学府——北京大学举行。五年前我刚调到北京时，就去瞻仰了北大红楼，因为我对它仰慕已久。北京大学的历史是中国新文化历史的主要篇章，五四以来，北京大学涌现了一批现代中国思想文化的领军人物，也培养了许多优秀的文化人才，生动演绎了大学是如何在文化发展中发挥着引领、推进和传承的重要功能。民进的创建和发展与北大有极深的历史渊源，一批曾在北大工作过的教授成为民进的创始人或重要领导人。如马叙伦、严景耀、雷洁琼、林汉达等北大教授先后任民进中央主席、副主席、常委等职务。此外，章延谦、林启武等北大教授也先后在民进中央和北京市委担任过重要职务。可以说，北大“爱国、进步、民主、科学”和“兼容并包”的精神，通过他们对民进的会风与传统的形成有巨大的影响。所以，前来参加今天的论坛，我感到亲切、高兴，又充满期待。

文化是民族凝聚力和创造力的重要源泉、是综合国力竞争的重要内涵、是经济社会发展的重要支撑，多彩健康的精神文化生活是广大人民的热切愿望，文化发展关系到如何走中国特色社会主义文化发展道路。改革开放以来，我国的文化事业取得了长足发展，文化体制改革也有显著成效，文化领域创新很多。其中重要的一点是认识到文化的双重属性，即精神属性和商品属性，从而提出了文化事业和文化产业统筹发展、协调发展的思路，促进了文化的发展繁荣。但是，一些深层次的和体制性的矛盾和问题仍待解决。中共十七届六中全会作出了《关于深化文化体制改革推动社会主义文化大发展大繁荣若干重大问题的决定》，体现出执政党准确把握我国经济社会发展新要求、准确把握当今时代文化发展新趋势、准确把握各族人民精神文化生活新期待，说明了执政党对文化建设的高度重视和关注。《决定》提出了“建设社会主义文化强国”的战略目标，学习和贯彻中共十七届六中全会精神，需要全社会的共同努力。

世界强国应该是文化强国。“文化强国”要从三个层次去体现。一是要提出富有感染力和吸引力的核心价值观念，能以人以震撼，能打动人心、凝聚人心，在世界范围内各种思想文化交流交融交锋更加频繁的背景下，影响世界、引领社会思潮、形成最大的社会共识。二是建立广泛的和坚强的公共传播体系，既要内宣有力、又要外宣有效，既能影响世界、又能凝聚国人共识，把握住话语权。这就与社会建设、与文化传播体系和文化传播手段等等有关。三是拥有充满生机活力的文化产业体系，能够在市场上进行强有力的竞争，能够具有响亮的品牌。上述第一个层次是“魂”的问题，后两个层次是“体”的问题。中国要建设文化强国，必须强“魂”健“体”，加深对于文化建设规律的理解和把握。我们要大力倡导、传播和实践社会主义核心价值理念，使之成为我们在思想认识与待人行事中的准则，使之成为世界认识、理解、接受、赞同中国发展道路、愿意和中国合作的催化剂。又要在中共中央《决定》的指引下，深化文化体制改革，政府要转变行政职能，一方面通过公共文化服务体系，即文化事业的发展，为人民提供健康的、公益的、全覆盖的、不受市场左右的文化服务；另一方面要坚持市场化改革，完善法制，以企业为主体，鼓励文化产业的大发展。无论是文化事业，还是文化产业，都必须以核心价值观作为不可偏离、不可歪曲的指针，都肩负着传播核心价值观的不可推卸的责任。

改革开放30多年来，中国越来越融入国际社会，一步步走向世界的中心舞台，切实维护国家的文化安全、不断增强文化自觉和文化自信、增强国家文化软实力的要求更加艰巨；积极向国际社会宣示我国的价值理念，展现我国文明、民主、开放、进步和负责的形象，迫切且意义重大。我国文化建设虽然取得了巨大成就，仍然存在不少亟待解决的问题。需要我们进一步解放思想，在“体”上有体制机制改革的需要、有传媒手段现代化的需要、有政策设计的问题，等等；更重要的是在“魂”上要增强对核心价值的共识。这已经成为当前我国紧迫而艰巨的任务。

北京大学正在实现建设世界一流大学的目标，无论从她的历史地位，还是从她的现实角色，我们期待北京大学在新的时代继续承担起引领社会风尚、弘扬和传播社会主义核心价值观的重大责任，培养出一批又一批以此为己任的优秀专家学者、文化事业或文化企业的领军人物。

文化是我会参政议政的老阵地，我希望，民进北京大学委员会发扬民进老一辈文化人的优良传统，既要立足本职岗位，为北京大学成为世界一流大学直接作贡献，又要为全球化和现代化双重背景下中国文化的发展、为提高全民族文明素质、实现社会主义文化大发展大繁荣的目标积极建言献策。

我代表民进中央对论坛的召开表示热烈的祝贺，并预祝论坛获得圆满成功。

坚持首都特色 发挥示范作用 建设具有世界影响力的文化中心

——在北京市文化调研座谈会上的讲话

(2011 年 12 月 13 日)

严隽琪

今天是我第二次来到北京就文化问题进行交流，上一次的起因是民进中央在两年前进行的“文化走出去”专题调研，我们选择北京作为一个重要的调研地区；这一次是因北京在推进首都文化中心建设，北京市委统战部专门向民进中央发出了邀请。我们认为这是给民进学习的机会，也是给民进出力的机会。民进中央和民进会员中的专家都非常重视这次机会，刚才几位民进专家的发言发自肺腑，当然发言可能不全面，甚至可能有不尽正确之处，但相信大家能体会到民进是在努力做好诤友和挚友。

我首先想借此机会对中共北京市委、人大、政府、政协表示衷心的感谢，感谢北京对民进多年来的支持，无论是向民进推荐优秀人才，还是民进中央机关驻地的建设，或是民进履行职能，以及在北京重大任务上的参与，都离不开北京市的支持、帮助和信任，特此表示衷心感谢！

刚刚结束的中共十七届六中全会分析了我国文化发展的形势，提出要深入推进文化体制改革，推动社会主义文化大发展大繁荣。这是一个重大的战略举措，是与整个国家发展战略、经济发展方式转变联系在一起的。由于经济的快速发展，中国越来越成为世界关注的焦点，我刚出访归来，对此有切身感受。但是如何在经济发展的同时，也能在文化上真正强大起来，真正起到一个强国应有的文化引领作用，是中国必须面对的问题。伴随着经济的崛起，出现各种对中国的看法，有的人担心中国强大后会否用武力解决与邻国的纷争，毕竟西方先发达大国的崛起都曾伴随着掠夺与扩张。我们应怎样让世界相信中国是一个追求和平发展的国家，这就涉及到文化强国问题，就涉及到了文化的“魂”和“体”的问题。纵观历史，重要的变革都伴随有让人震撼、让人愿追随之的文化精神理念，比如文艺复兴时期的“自由、平等、博爱”，辛亥革命时期孙中山的“三民主义”。我们要真正强大起来，必须要有凝聚国人、让世界认同的核心价值与发展理念。这是文化的“魂”。

十七届六中全会特别指出，要“发挥首都全国文化中心示范作用”，这是党中央、国务院对北京寄托的厚望。北京市也提出要“着力打造社会主义先进文化之都，扎实建设好具有世界影响力的文化中心”，北京市作为国家首都，已经明确了自己理应担负起的政治责任和历史使命。北京市领导高度重视文化建设，改革与发展的措施切实有力，可以说成绩斐然。北京是中国历史上“新文化”的发源地，现在北京又提出了“首都精神”，体现了弘扬社会主义核心价值的自觉性，北京是重视强文化之“魂”的。再看健文化之“体”，根据社科院刚刚发布的报告，北京市“文化体育”公共服务满意度排名全国首位，说明北京市公共文化服务体系建设已经走在全国之先。北京市文化创意产业迅速发展，根据人民大学文化创意产业研究中心发布的《中国省市文化产业发展指数（2011）》，北京市综合指数同样排名全国第一，尤其是在文化产业的生产力、影响力方面处于前列。我们最近还看到，北京市将在文化建设上采取一系列新的措施。这些都表明，北京事实上一直在发挥着文化建设的示范作用，已经是中国首屈一指的文化中心。

我想对于首都文化中心的定位谈点看法。一个月前，北京市公布了“北京精神”—“爱国、创新、包容、厚德”。它是对首都人民的精神风貌的概括和总结，是对十七届六中全会“发挥首都全国文化中心示范作用”要求的践行，是强“魂”的举措，对全国都有很大影响。我认为北京文化中心的定位必然要体现首都的特点，应该要放在国际背景下，成为国家文化安全的“前沿”；应该要带头宣传好中国的形象，高扬社会主义意识形态的“旗帜”，而在意识形态的宣传和提倡的方式方法上要符合文化规律；应该要成为文化资源要素的“中枢”，是集聚和辐射的枢纽；应该做文化领域改革开放的“先锋”，要有承担更大风险的勇气，也要率先加大改革的力度；北京还应该成为文化学术的“高地”，不仅要在文化精品上下功夫，还要有高水平的学术成果与理论研究，例如北京的博物馆的水平，不仅应体现在展品上，还要体现在服务上，同时要体现在学术研究上，这才是国际水平。

再谈谈对北京具有的独特优势的看法。北京有着3000多年的建城史和800多年的建都史，有着丰富的文化资源，许多文化资源不仅是国家级的，更是世界级的，包括无形的和有形的。独特而深厚的历史文化底蕴使北京的文化中心建设具有了厚实的文化基础。我来到北京，就有着文化“朝圣”的感觉。其次，北京是中国的政治和权力中心。第三，北京拥有以奥运会场馆为突出表现的文化基础设施建设的良好条件。第四，北京拥有全国“第一梯队”的经济实力。第五，北京有党中央的高度重视和政策扶持。第六，北京还具有高校研究机构密集的学术优势。但是，北京同时也面临着各方要求高、文化资源分散（无论是地理位置还是归属）、体制机制和政策的不适应以及当下社会中暴富或浮躁心理等方面的问题或挑战。因此北京的文化中心建设有自己的特殊使命、特别定位。北京的文化建设要坚持自己的特色，充分运用经济实力雄厚、党中央高度重视、政策支持以及高校密集等独特优势，发挥示范带动作用。

文化问题水太深、面太广，在这里谈几点初步建议，基本点就是如何按文化发展规律办事。

1. 大力发展公共文化传播体系

作为中心，应该发挥“定标准，作示范”的作用。北京的文化事业要以“非营利、全覆盖、不受市场左右”为准则，将核心价值有力地传播开去。

2. 努力引导经营性文化产业

文化产业要繁荣发展，必须培育市场主体。以企业为主体，健全法制，重点要进行政府职能的转变和金融的改革。给予市场以充分的自由空间，创造公平的社会竞争环境和秩序。北京应有强大的文化企业、响亮的文化品牌和能够历久弥新的文化精品。

中国的文化“走出去”，要有经济效益的考核；要让世界认识一个文明、进步、民主、友好的现代中国；要吸引和培养更多的国际化人才。

3. 解决好文化和金融的关系

任何产业做大，没有金融的推动，是非常缓慢的。北京的文化资源和金融资源都在全国具有重要地位，如果资源进行整合，爆发出来的绝对不是1+1=2的效果。

4. 处理好有形与无形、所在与所有的关系

文化中心必然包括“无形”和“有形”两个方面。例如，当我们一到莫斯科，或者巴塞罗那，只要看到城市的建筑，就会感叹：真是有文化的城市！这就是“有形”的魅力。北京要有自己鲜明的建筑特色，通过它们表达城市对文化的品味、积累和对文化的尊重。北京的文化形象还要通过服务行业、服务窗口，通过城市管理水平和市民文明作风来展示。所以，必然是一个长期的建设过程，要逐步提升广大干部群众的审美能力。良好的文化设施必须有良好的文化内涵。“无形”和“有形”相互支撑、相互影响、相得益彰。

有许许多多的文化资源在北京，但却不归北京市所有。仅靠北京市所有的文化资源是无力建成有国际影响的、中国首屈一指的文化中心的。因此处理好“所在”与“所有”的关系，把一切可能的积极性都调动起来，把在北京的文化资源都集成进来，是北京文化中心建设必须面对的关键问题。

最后表个态。今天听了鲁部长的介绍和诸位的发言很受启发，我们回去后会认真梳理，进一步吸取多方的意见，会中央将继续与民进北京市委会一起做好相关的参政议政活动。我们也愿意在深入调研的基础

上，以适当方式和在适当时候，对一些问题进行积极呼吁，如中央和地方两个层面的文化体制机制改革；有关的政策建议，如加强美育教育等；重要项目的立项，如建设国家音乐博物馆、数字出版基地和艺术品交易中心，等等。

再次感谢牛部长和鲁部长，感谢大家！

在民进河南省委员会四届四次全会上的讲话

（2011 年 1 月 13 日）

罗富和

尊敬的陶振江副部长、袁祖亮主委，河南民进的同志们：

大家好！出席民进河南省委四届四次全会我感到非常高兴，这次全会已顺利完成各项议程就要闭幕了。首先，我代表民进中央，向河南民进的全体同志致以亲切的问候！向长期以来帮助我们民进不断发展的中共河南省委、中共河南省委统战部表示衷心的感谢！这次全会期间，袁祖亮同志由于年龄的原因提出辞去民进河南省委会主委职务，刚才通过选举，张震宇同志当选民进河南省委会主委，在这里，我们向袁祖亮主委致以崇高的敬意！向张震宇同志表示衷心的祝贺！

这次全会，大家一起回顾了河南民进 2010 年各项工作取得的成绩，民进中央对这些成绩表示高度肯定。2010 年，河南民进在袁祖亮同志及省委会班子的带领下，发挥了积极作用，在践行社会主义核心价值体系、贯彻落实科学发展观等方面取得了明显成绩。2010 年河南民进也支持民进中央开展了多项工作，有效地履行了参政议政职能，尤其是围绕中共河南省委谋划实施的中原经济区战略做了大量调查研究工作，举办了论坛，集中了会内一些专家的意见，还主动与民进中央合作，向中央有关部门呼吁加快中原地区的发展、加快中原崛起战略的实施，这些工作都得到了中共河南省委、省政府的充分肯定。此外，河南民进在自身建设方面也得到了进一步加强。民进中央对河南民进各方面工作取得的成绩感到非常高兴。

袁祖亮主委，他是河南民进的元老和创始人之一，多年来见证并亲自推动了河南民进的发展。刚才他非常谦虚地提出了对河南民进的希望。二十多年来袁主委一直牢牢把握民主党派发展的政治方向，始终不渝、坚定不移地坚持党领导的多党合作的政治发展道路，带领全体会员不断地围绕河南发展的中心大局开展调查研究和建言献策，提出了很多好的意见和建议。像河南的中国文字博物馆，是在我们民进会员的提议下，在袁主委积极的努力下得以建立，这是袁主委一项非常杰出的贡献，在全国也是唯一的，既体现了河南作为中华传统文化所具有的深厚底蕴，也体现了袁主委和河南民进的同志在现代化发展过程中对传统文化的保护和弘扬。袁主委在工作上是身体力行、率先垂范，严格要求自己、以身作则，带动大家一起工作。他还特别注重发现和培养一些高层次、高素质的同志加入民进，这一点也是很突出的。在座的很多同志，不论是加入民进前，还是加入民进后的发展，都得到了袁主委的帮助，这也为提升河南民进在河南各民主党派间的影响，做出了积极的贡献。所以我们对袁主委重事业兴旺、轻个人进退的高风亮节表示非常的钦佩。袁主委的身体力行为我们做出了榜样，也将激励河南民进以及全体民进同志继续开拓创新、扎实工作，把民进建设好。我代表会中央、代表严主席感谢袁主委，也希望袁主委离开民进省委会主委岗位后，还能够继续关心民进的发展和建设，继续多提宝贵意见，多帮助年轻的同志不断成长进步。当然我们还衷心祝愿袁主委身体健康。我们也相信张震宇同志担任省委会主委以后，一定能够按照袁主委的嘱托，按照会员同志们的期望，带领大家把领导班子的集体作用发挥好，坚持好民主集中制，按照我会领导班子建设的要求，把大家团结好。我们相信在原有的工作基础上，河南民进的工作一定能创造更大的辉煌。在这里，我代表会中央提三点希望。

第一，要弘扬优良传统。今天讲弘扬传统特别有意义。我们衷心爱戴的雷老9日下午5点38分离开了我们，我们都觉得雷老是我们的光荣。按照中国人传统的说法，她是很有福气、很平静地以106岁的高龄离开的。她辞世的当天下午，在短短的一个小时内，总书记和在北京的所有中央政治局常委，还有几位中央政治局的同志都到雷老的家里跟她告别，这充分体现了中国共产党对雷老一生与中国共产党亲密合作所做出的努力和贡献的高度评价和肯定。雷老是1945年民进成立时26位创始人之一，她的一生走过了辉煌的历程。在下关惨案发生时，周恩来同志到医院看望过她，邓大姐还给她买衣服换下血衣。到新中国成立和解放军进北京的时候，她是站在正阳门的城楼上亲自看解放军进入北京的。在西柏坡共商成立中央人民政府时她也是我们民进的代表之一。当年到西柏坡共商国家大计的人中，她是最后离世的一位民主党派领袖。这几十年，就像雷老所说，她最喜欢听到的还是大家叫她老师，她还是最尊崇、最忠于这个职业。雷老是我国社会学的元勋，从外国留学回来就开始在燕京大学教授社会学，几十年来非常不容易。到家里去看望她的时候，任何一个在场的人都没有想到，作为我国开国的功勋、功臣之一，居住条件是那样艰苦。她一直住的是在北京市担任副市长时给她分配的房子，除了走廊旁边家人和保姆的房间外，只有一个十来平方的会客室和雷老十多平方的卧室，楼梯间的电梯窄的都挤不上4个人。组织多次提出给她换房子她都没有接受，她说习惯了这样。有记者采访她的高龄保健秘诀，她常常跟人家开玩笑地说“三不”，不抽烟、不喝酒、不锻炼。她就是那样，不经常体育锻炼但是每天的生活非常有规律，早上五点多钟醒来，听听广播看看报，在自己的小客厅里照顾照顾花，非常有规律，非常清淡、平静地生活。在对国家的贡献上，93岁高龄的她还率领人大代表团出国，还在人民大会堂主持全国人大会议的开幕，嗓音非常响亮。特别重要的是，她在文化大革命以后力主恢复教师节，主张树立尊师重教的社会风尚，为此做了大量工作。尤其她作为法学教授，我国的教师法、香港基本法、澳门基本法，她都是起草小组的成员。在她离世之后，曾荫权特首还专门发表了一篇纪念雷老的文章，纪念她为港澳回归所做出的贡献。我们缅怀雷老最重要的就是记住她的嘱托。雷老是广东人，对我们也特别厚爱，我有幸在任民进广东省委主委期间，得到过雷老三次题词。2002年她以97岁高龄回广东，老人家知道自己之后很难再回广东，所以她回北京之后给我们题了“以党为师、立会为公、参政为民、服务为本”的词。我觉得这个题词就是她对我们的嘱托。我们弘扬优良传统，就是要从民进的前辈、从身边的同志身上来学习、来践行传统、践行社会主义核心价值体系。像刚才袁主委提出的，坚定不移地走中国特色社会主义政治发展道路，坚定不移地维护和建设好党领导的多党合作和政治协商的制度，接受党的领导，这是最重要的。

第二，要促进科学发展。中共中央在“十二五”规划的建议里面强调了科学发展这个主题和转变经济发展方式这个主线，所以科学发展观是我们今后需要认真学习贯彻并作为长期工作的指导思想。我觉得我们现在的发展和后面“十二五”的发展确实更多地要靠学习和贯彻科学发展观来促进经济发展方式的转变。我们不可能按照原有的方式简单地追求绝对数字上的增长速度，更多的是要将发展建立在可持续的基础上，建立在人与资源、与环境相协调的基础上，要更多地以促进人的全面发展、以全体人民的福祉作为我们发展的主要目标，这就需要我们参政党的同志认真地学习领会，深刻地总结发展过程中走过的道路中有哪些经验、有哪些不足。在新的形势下我们的参政议政工作面临着更加繁重的任务。其实我多次讲过，即使到今天，我们也不敢说我们人才济济，各行各业的精英大部分都在中共，所以我们要想有一点建树的话，还是要靠严主席反复讲的那句话，集智聚力，就是集全会之智、聚全会之力，大家有好的意见、建议不断地在我们民进内部讨论、形成共识，形成能够促进经济社会健康发展的一些成熟的意见与建议，通过这样的作为，才能真正发挥参政党的作用。

第三，要加强自身建设。作为参政党我们不能简单地与过去相比和满足于现状，要看到面临国内外的各种挑战、各种压力，我们今后的发展不可能完全一帆风顺。我们要承担得起参政党的责任就要靠不断地加强自身建设，努力按照面向新世纪高素质参政党的建设要求，把各级组织的领导班子建设好。我们并不是在一个人的领导下开展工作，而是在一个班子的领导下共同发展，这需要我们在观念上加以认识，从制度上加以保证，从践行中不断完善，需要充分发挥领导集体的力量，建立健全全体会员的意见反馈机制、集智聚力的机制。我相信张震宇同志作为班长，民进河南省委的领导班子一定会在这方面不断地努力并取得新进展。同时也要加强会内的监督工作，这一点是各民主党派中央的共识，各级统战部门也对我们提出了这方面的建议，我觉得这是非常重要的一环，只有把各级领导班子都置于大家的监督和帮助下，集体的作用才能发挥的更好。现在会中央有了监督工作委员会，不少省级组织也建立了监督工作委员会，还开展了届中的述职、评议等，来听取大家的意见，这是自身建设中非常重要的一点。另外还要重视市级组织的建设和基层支部的建设。我们经常强调基层支部是我们服务社会、促进经济社会发展的前沿阵地，是最基层的，也是我们联系广大会员的温暖集体，基层组织要能够使会员们在组织活动、支部生活里得到互相关照、互相帮助、互相促进。基层支部还是我们会中央集智聚力的源泉。所以只有支部活动健全、组织建设健全，我们大家的智慧才能汇聚起来发挥作用，这也是需要我们不断重视完善的。当然班子建设、组织建设、思想建设等各方面也都要共同加强。

在此我就谈这三个方面的希望，我相信河南民进在原有的基础上一定能够做出新的成绩，无愧于现在这个发展的好时代，这也是我们用自己、用每一位会员的行动对雷老去世的一种最好的悼念。我相信雷老跟老一辈的领导人一直能够在我们心中，跟大家在一起，我们都能在他们身上得到前进的动力和激励。很多前辈虽然已经离我们远去，但是我们一想起来还是觉得非常亲切，像冰心老人说过的“有了爱就有了一切”，叶圣陶老人出自对社会底层的深刻认识和深厚感情所写的《稻草人》这篇文章，以及我们马老就民主党派说过的我觉得应该是分量最重、最容易被大家记住的一句话，“只有跟着共产党走，才是在正路上行”。我相信我们河南民进的同志们在今后的发展中一定能够取得新的成绩，作出新的更大的贡献。

在民进中央机关2011年部门负责人新春研讨会上的讲话

（2011年2月10日）

罗富和

参加这个研讨会，我个人学习还不够深刻、不够全面，所以还是先谈谈自己的一点体会。

我到民进中央机关工作三年多了，我算了一下，我们这里的老大哥还是佐书副主席，他在民进中央机关工作时间比较长，体会比较深。我跟你们中大多数都一样，在现任岗位都没有超过三年。我想从这三年多的工作这个角度，谈谈对机关建设的一点体会。

关于命题，刚才佐书提的我也很赞成，领导干部是机关和谐文化建设的主力、标杆、楷模。这是对我自己的要求，也和大家共勉。和谐文化的建设对一个单位，一个团队，一个国家来说都是非常重要的。大家的发言对我也很有启发。我想从三个方面谈谈在机关和谐文化建设中对于我们领导干部的要求。

一、自觉

我认为觉是觉醒、觉悟，最重要的是使命感，对自己工作的使命要有比较清醒的认识。关于使命感，我看了不少相关的材料，例如基辛格的《美国的全球战略》，江苏社科院美国所的张国庆在江苏人民出版社出版的《话语权——美国为什么总是赢得主动》，威廉·恩道尔的《霸权背后》，看了以后确实很有启发。我们是参政党，所以我们更要有全球的视野，竞争的视野，这样我们就会有忧患意识，就会有使命感，对民进中央机关应该发挥的作用就会更加清醒、自觉一些。

《霸权背后》这本书，写的都是最近发生的一些事。从这些事中能看到美国对我们既拉拢又分化、瓦解、打击的“两手”策略。作者从格鲁吉亚的战争，讲到颜色革命，讲到缅甸的袈裟革命，最后讲到核心，即美国是如何利用国家民主基金会来实施对各个他认为是“敌对”国家的瓦解。特别讲到了连我们都想不通的，西藏为什么会出现“西藏人民大起义运动”？美国在06年之前的5年，用于西藏的所谓“民主事业”的投资，从一两百万美元增加到了几千万美元，增加了十几倍。他们拉动扶持那些所谓“流亡”在海外的西藏年轻人以“民主斗士”等形式组成的团体在拉萨暗中活动。他们的目的非常明确，好几年前就知道中国赢得了08年奥运主办权，就要在这个时间策划这件事。而且这些事都是美国人自己写的，不是我们写的，所以特别有意思。

还有很多现象值得分析，例如，美国的国防部长即将要来访，在他来访之前，美国又出了一个新的战略，美国国防安全战略的一个报告，要加大力量维持全球竞争的态势。“天安舰”事件发生后，美军的三个航母舰队陆续都被部署到了东亚附近，这让我想到了古巴导弹危机，当时苏联在古巴设了个导弹基地，距离美国的后院100多公里，美国获知这一情报后，反应相当强烈，不惜以发动核战相威胁。而美国的航母离我们最近的时候不到300米，当然，现在的这三个航母舰队还相对远一点，但是航母的作战范围是很远的。如此美国却说是维护他在全球的利益，而我们只稍微做了一点，试飞了一个歼20的战斗机，就被说成是对全球的威胁，世界还有公平吗？什么是真正的核心力，什么是我们必须拥有的？应该从国家的战略，国家的安全这个角度出发，进行考虑。

我们发展到了今天，按照GDP总量已成为“世界第二大经济体”。其实所有的指标都是唬我们自己的，因为全世界都是用人均GNP（人均国民生产总值）衡量发展水平的。如果我们按人均GNP来算的话，只能排名100以后。我有时跟胡志强开玩笑，他学习的是阿尔巴尼亚语，我说我们的人均GNP还排在阿尔巴尼亚之后，但是我们却被捧为“世界第二大经济体”。

《话语权——美国为什么总是赢得主动》这本书，也特别有意思。美国为什么总是赢得话语权？我联想到我们现在的国家形象，是典型的自己娱乐自己。你制作了宣传片，说国内如何好，在美国时代广场的大荧幕上播出，然后用摄像机把夸赞中国的路人拍摄几分钟，就自诩我们赢得了赞扬。其实恰恰相反，美国社会的主体会认为你是国家宣传。而在一直强调“民主”、“人权”的美国，他们的话语权是通过媒体，通过团体起作用的，政府是不会冲到台前的，就像他们颠覆一个国家，不是政府出面，而是基金会出面——民主基金会。

我们要真正把参政党的工作放在全球的视野，放在国家事业现今的发展阶段来权衡，这样才会有责任感和使命感，才能看到自己的方向和工作的意义。整个机关团队中，大家都明白，都有共识，才能共同努力，更加和谐地去推进各项工作。

二、自强

我经常在思考三年来的工作，我自己都觉得我不该在这个位置上。有时候别人说在电视上看见我，我觉得那个都不像我自己，差距比较大。但是有工作任务摆在这里，要怎么面对？要自强。孔老先生在《礼记·学记》里面说到：“知困，然后能自强也。”只有知道自己的困惑、自己的难处、自己的不足，才能知道如何面对问题，而不是消极地去做。不做或许是高兴的事，但是如果要做就要做好。自强包括要自立、要自信、要自勉、要自责。也就是要立足于自己解决问题；要有信心，通过努力把事情做好；要常常勉励自己；要勇于承担责任。

自强不息这个说法，从国家层面、团队机关层面、个人层面都可以讲。我想我们现在特别需要自强的恐怕还是能力上进一步的提高。要提高谋划能力，具备预见性、前瞻性，事先想清楚要办什么事，通过什么行动，解决什么问题。要提高组织实施能力，操办好每件事情。还要提高解决自身问题的能力。

三、自省

自省关键是对自己有自知之明，有客观的自我评价。做完一件事，完成一件任务以后，有什么不足之处，今后的工作中要加强；自己的团队有什么弱点，不断地努力，克服、提高。

我们当前比较薄弱的环节还是如何调动大家的积极性，发挥团队协调能力。我们自身在这几年之内的工作任务，或者说职务都得到了提升，但是往往自己还是有很大的不足。最大的不足是不仅自己要能干，还要把大家的力量发挥好，协调好，一起去干。部门内部要协调好，部门之间也要协调好，要发挥集体的合力。

去年一年我自己联系的组织部和参政议政部，都在学习型机关建设的总体要求下，把工作、学习结合的很好。

组织部通过“创建活动”来实现自我提高，建设学习型组织。建国同志在不同的阶段，也对部门成员提出了不同的要求。组织部的同志每个人都各自拟写了全国组织表彰大会的会议方案、主旨报告、总结报告，并把稿子拿出来一起讨论，指出谁的优点在哪，谁的欠缺在哪，集体来修改，改了至少三遍，既提高了能力和水平，又加强了部门内部团结协作的水平。

参政议政部的每个同志都一直“跟线”一个领域，2010 年，又要求每位同志在该领域写出有深度的提案。部门成员经常一起学习“进海”协商的稿子，一起讨论怎样写提案。在为“十二五”规划提意见时，由于原来就有各个专委会的主意，还有各个省级组织意见的收集，再加上参政议政部的年轻同志都在“跟线”，各自都有一两篇有深度的文章在作基础，所以征求意见整个过程我们相对比较主动，提出的意见、建议也比较地道，当然这里面也还有一年多的调研作支持。所以在“进海”协商的时候，总书记对别人的没说，就评价了严主席代表民进提出的关于水利建设的意见，而且在中共五中全会闭幕会上，总书记的讲话一大段讲的都是水利建设。

一年来，部门工作水平有所提高，部门团结也进一步增强，我印象特别深的是有个年轻同志从 08 年哭鼻子，到现在的笑，因为她写的有关计划生育的一篇文章，就被作为很重要的参考，并跟河北省委会的调研相结合，形成了“奖励型的计划生育国策”的建议得到了总书记、总理和克强同志的批示。从这点可以看到部门成员得到了进步，整个团队也得到了加强。

今后，我们要继续坚持这样的努力，坚持现行的部门内部谈心制度，把机关的和谐文化建设好。在座的同志们包括我自己，都是我们民进中央机关和谐文化建设的主力、标杆、楷模，都要发挥作用，把工作做好。我就说这些，有不对的地方还请批评指正。

在民进甘肃省委六届四次全会上的讲话

(2011 年 2 月 20 日)

罗富和

各位委员、各位同志：

首先，我代表会中央，向民进甘肃省委六届四次全会圆满完成各项预定任务顺利闭幕表示祝贺，向甘肃民进各级组织和全体会员致以亲切的问候，向中共甘肃省委和省委统战部多年来对甘肃民进的关心和帮助表示衷心的感谢！

2010 年，民进甘肃省委深入贯彻落实科学发展观，积极树立和践行社会主义核心价值体系，围绕中心、服务大局，与时俱进、开拓创新，努力加强自身建设，提高参政议政能力和社会服务水平，各方面工作取得了新成绩：在思想建设方面，将社会主义核心价值体系教育活动与学习型参政党建设相结合、与继承弘扬我会优良传统相结合，为建设适应时代要求的高素质参政党进一步夯实思想基础。在组织建设方面，积极参与创建民进全国先进地方组织、先进基层组织活动，开展先进会员评选活动，使各级组织的活力和凝聚力不断增强；建立完善领导班子谈心会制度、与中共地方组织联系沟通制度、会员发展谈心考察制度、后备干部培养培训制度等各项组织工作制度，促进了组织工作的科学化、规范化。在参政议政工作方面，通过“一条纽带、一个平台”建设，充分发挥优秀人才在参政议政中的核心作用，形成了一批高质量的提案和建议；紧紧围绕甘肃省委省政府工作思路和重点，以“推动国家给予临夏州优惠政策”为着力点，努力推动区域经济发展。在社会服务工作方面，充分发挥“城乡少年手拉手助学活动”的品牌项目优势，企业家联谊会的平台优势，推动智力支边、医疗帮扶等活动再上新台阶，并取得了良好的社会效益。

特别值得一提的是，在2010年舟曲特大山洪泥石流、陇南和天水暴雨洪涝等自然灾害面前，甘肃民进全体会员按照省委省政府的统一部署，齐心协力，扎实工作，充分发挥自身的特点和优势，广泛调动各方面力量，在抗灾救灾工作中发挥了积极作用。民进中央对民进甘肃省委会的领导集体以及各级组织和全体会员取得的成绩感到由衷的高兴，并给予充分肯定。

近年来特别是李国璋同志担任主委以来，民进甘肃省委一直与会中央保持密切联系和互动，支持民进中央开展了多项工作，有效地履行了参政议政职能，为石羊河流域的综合治理、生态家园富民计划的实施、河西走廊星火产业带的发展做出了贡献。这些工作都得到了中共甘肃省委、省政府的充分肯定，以及会中央的高度评价。因此在这里我想特别向李国璋同志表示感谢。他担任主委期间，坚定不移地接受中国共产党的领导，坚持和巩固中国共产党领导的多党合作和政治协商制度，身体力行、率先垂范，尽职尽责地做好各项工作，为甘肃民进的思想建设、组织建设、制度建设、参政议政和社会服务等各项工作，贡献了智慧和力量，为甘肃民进的长远发展和建设高素质参政党作出了积极贡献。在新的历史条件下，面对新形势、新任务，为积极稳妥地逐步实现新老交替，永葆我会旺盛的生机与活力，李国璋同志主动提出不再担任主委职务，以使相对年轻的同志担负起会内的重要职务。他的这种立会为公、心怀大局、无私奉献的高贵质量，重事业兴旺、轻个人进退的高风亮节，必将激励甘肃民进乃至全会的同志继续开拓创新、扎实工作，把民进建设好。我代表会中央、代表严主席感谢李主委，也希望李主委离开民进省委会主委岗位后，还能够继续关心民进的发展和建设，继续多提宝贵意见，多帮助年轻的同志不断成长进步。衷心祝愿李国璋同志身体健康，精神愉快，万事如意！

刚才尚勋武同志高票当选新一任主委，相信他一定能够按照李主委的嘱托，按照会员同志们的期望，带领大家把领导班子的集体作用发挥好，把大家团结好，在原有的工作基础上创造更大的辉煌。在这里我想提三点希望：

一是深入学习贯彻中共十七届五中全会精神，增强为实施“十二五”规划做贡献的责任感。中共十七届五中全会全面总结了“十一五”时期我国经济社会发展的巨大成就和成功经验，明确提出了“十二五”时期我国经济社会发展的指导思想、奋斗目标、主要任务和重大措施，是指导和推进今后五年我国社会主义现代化建设的纲领性档。各级民进组织要把深入学习贯彻中共十七届五中全会精神作为重大的政治任务，与学习贯彻民进十二届四中全会精神结合起来，积极引导广大会员深刻认识“十一五”时期我国经济社会发展取得的巨大成就，增强坚定不移走中国特色社会主义道路的信念；深刻领会中共中央和甘肃省委关于“十二五”时期的重要决策和部署，进一步明确我们履行职能的着力点；深刻认识形势发展变化对参政党地方组织和基层组织建设的新要求，增强搞好政治交接、加强自身建设的责任感和使命感。通过广泛深入的学习宣传，为提高自身建设和履职能力的有效性奠定好的思想基础。

二是深化树立和践行社会主义核心价值体系活动，努力提高思想建设水平。树立和践行社会主义核心价值体系是多党合作事业健康发展的灵魂工程，是我们民进思想建设的主线。要牢牢把握这条主线，在“学”字上做文章，在“行”字上求实效，将学习践行活动推向深入，为推进政治交接、更好履行职能提供思想动力和基础。要以纪念中国共产党成立90周年、辛亥革命100周年为契机，按照民进中央“关于树立和践行社会主义核心价值体系实施方案”和“关于纪念中国共产党成立90周年活动方案”，结合

“双岗建功”活动，弘扬优良传统、丰富学习内容，突出自身特色，创新形式载体，开展形式多样的宣传教育，提高思想建设水平。

三是扎实抓好组织建设，实现自身科学发展。“十二五”开局的新时期给我们带来了新任务、新要求，我们更要努力按照建设高素质参政党的要求，把各级组织的领导班子建设好。我们并不是在一个人的领导下开展工作，而是在一个班子的领导下共同发展，这就需要我们在观念上加深认识，从制度上加以保证，从践行中不断完善，充分发挥领导集体的力量。要加强会内监督工作，建立健全全体会员的意见反馈机制，把各级领导班子置于会员的监督和帮助下，更好地发挥集体领导的作用。要重视市级组织和基层建设，基层支部是我会服务社会、促进经济社会发展的前沿阵地，是联系广大会员的温暖集体，要通过配强领导班子和完善组织制度等方式引导基层组织稳步发展，努力建设高素质的参政党地方组织、基层组织，进一步激发各级组织活力，增强凝聚力。要认真贯彻落实中共中央《2010－2020 年党外代表人士教育培训改革和发展纲要》精神，从人才立会、人才强会的高度继续加强人才和后备干部队伍建设，注重拓宽选拔管道，改善会员结构，加强培养锻炼，提高会员综合素质，为各项工作的开展提供人才支持。

最后，祝大家在新的一年里身体健康，工作顺利，相信甘肃民进的明天会更美好！

在“重温历史，同心同行”主题教育活动座谈会上的发言

（2011 年 3 月 29 日）

罗富和

各位领导、各位同志：

在我国开始实施“十二五”规划、即将迎来中国共产党建党九十周年的重要时刻，我们来到具有光荣革命传统的重庆、统一战线重要发祥地的重庆 、经济社会科学发展的重庆，回顾中国共产党为中华民族的独立、解放、繁荣，为中国人民的自由、民主、幸福近一个世纪的不懈奋斗的历程，重温各民主党派和中国共产党“同心同行”、肝胆相照的历史，学习重庆创新发展的经验，对于我们不断巩固政治交接成果、深入开展树立和践行社会主义核心价值体系、坚定走中国特色社会主义政治发展道路，具有特别重要的意义。

中国共产党诞生于国家积贫积弱，社会战乱不已，人民生灵涂炭的上世纪二十年代，从诞生之日起，中国共产党就坚持把马克思主义与中国革命的具体实践相结合，带领全国各族人民经过长期不懈的探索和奋斗，使中国走上了新民主主义和社会主义的道路，发展成为一个经济繁荣、政治稳定、社会进步的社会主义现代化国家，13 亿中国人民意气风发，沿着中国共产党指引的方向和开辟的道路不断前进，中华民族正以朝气蓬勃的姿态屹立于世界东方。

中国民主促进会从创立伊始就得到中国共产党的指导和帮助。民进的主要创始人大都是抗日战争时期留居上海的文化教育界人士，他们受到中国共产党抗战胜利后提出的和平民主团结建国总方针的影响，秉持国家兴亡、匹夫有责的中国传统知识分子的情怀，希望能够通过“推动中国民主政治之实践”，在中国建立一个“统一自主强盛的现代化国家”。1945 年 12 月，民进在上海成立后，立即投入到反对内战独裁，争取和平民主的爱国民主运动当中。1946 年 6 月，在中国共产党的领导和组织下，民进参与发起并组织了上海反内战大会，民进领导人马叙伦、雷洁琼等参加了赴南京请愿的和平代表团，在震惊全国的“下关事件”中被围攻殴打，身负重伤。“下关事件”使民进进一步认识到中国共产党才是中国真正的希望所在。1948 年 5 月，民进积极回应中国共产党提出的“五一口号”，公开宣布接受中国共产党的领导，坚定

地走上了新民主主义和社会主义道路。

新中国成立后，民进以共同纲领、全国政协总纲为纲领，制定了接受中国共产党领导、为社会主义服务的政治路线，号召广大会员积极参加各项重大的社会政治活动，为巩固人民民主专政、恢复经济、活跃国家政治生活，发挥了积极的作用，在建立和发展新中国的教育事业和文化出版工作中，取得了显著的成绩。

改革开放以来，我国进入新的历史时期，中国共产党提出了“长期共存、互相监督、肝胆相照、荣辱与共”的16字方针，先后发布了坚持和完善中国共产党领导的多党合作和政治协商制度的〔1989〕14号文件和〔2005〕5号文件，并推动将多党合作制度写入宪法。这些路线方针政策的制定与实施给多党合作事业带来了前所未有的机遇。民进作为参政党，在中国共产党的领导下，认真履行参政议政、民主监督的职能，积极服务社会，为坚持和发展中国特色社会主义，为使祖国繁荣富强民主文明做出了积极的贡献。

民进虽然诞生于上海，但民进的工作一直得到了中共重庆市委、市政府历届领导和社会各界的大力支持。民进重庆市委会1958年成立以来，不断加强自身建设，坚持围绕国家和重庆市的工作大局，积极履行职能，为国家和重庆市的经济社会发展做出了应有的贡献。2010年5月，民进中央、国家水利部、长江水利委员会主办的第三次长江保护与发展研讨会在重庆举行，得到了中共重庆市委、市政府的高度重视，主要领导同志会见民进中央主席严隽琪一行。

重温历史，我们深刻地认识到：只有共产党才能救中国，只有共产党才能发展中国。坚持中国共产党的领导，是中国近现代历史发展的必然结果，是中国革命、建设和改革不断夺取新胜利的经验总结，也是民进的自觉选择，是民进沿着正确的政治方向前进、在建设和改革的宏伟事业中能够有所作为的根本保证。当前，我国已经进入全面建设小康社会的关键时期。展望未来，我们深刻地认识到：同中国共产党“同心同德、同心同向、同心同行”，真诚合作，共同致力于中国特色社会主义伟大事业，是时代赋予民进的使命和责任。民进要继承发扬优良传统，并通过与时俱进、开拓创新的工作实践，赋予优良传统以新的时代内涵。

一、树立践行社会主义核心价值体系，以坚定理想信念、增进政治共识来坚持和弘扬优良传统。民进老一辈领导人是在与中国共产党并肩作战、生死与共的奋斗和探索中，形成了接受中国共产党的领导、与中国共产党真诚合作的坚定信念和优良传统。新一代民进成员则呈现出思维活跃、更关注自我价值的实现、思考问题角度多元、行为多样、讲求实效等鲜明的时代特征。民进要以庆祝中国共产党成立90周年为契机，巩固树立和践行社会主义核心价值体系成果，因势利导，顺势而为，引导广大会员辩证分析我国所面临的形势和改革发展中出现的问题，坚定中国特色社会主义的共同理想和奋斗目标。引导会员用历史的、现实的、发展的、开放的眼光，认识中国共产党领导的多党合作和政治协商制度的历史必然性和巨大优越性，进一步增进多党合作的政治共识，坚定走中国特色社会主义政治发展道路的信心；深入研究民进优良传统和社会主义核心价值体系的内在联系，激励广大会员把实现个人的理想价值与报效祖国、服务人民结合起来，使广大会员在了解国情中统一思想，在服务大局中提高认识，在投身实践中不断进步。

二、积极服务科学发展，以履行职能的实际行动来践行优良传统。在不同历史时期，民进在中国共产党的领导下，积极投身新民主主义革命、社会主义革命和建设，以及改革开放的伟大事业，做出的应有的贡献。随着改革开放的深入，中国面临着更严峻的挑战、更复杂的形势和更艰巨的任务。“十二五”时期是我国重要的战略机遇期，也是改革发展的矛盾凸显期，“两难”问题持续增多。同过去相比，民主党派履行职能的环境、背景都发生了变化，对参政党履职的水平、能力、方式方法也提出了新的要求。民进要把立会为公、参政为民的价值理念转化成为党分忧、为国尽力、为民尽责的实际行动，坚持“有思有行、集智聚力、顺势而为、开拓创新”的工作方针，紧紧围绕科学发展主题，就转变经济发展方式、改善民生、和谐社会建设等重大问题，发挥民进优势，深入调查研究，积极建言献策，及时反映社情民意；不断探索参政党集智聚力履行职能的新模式，切实提高履职水平，为促进我国经济发展方式转变、保持社会和谐稳定作出新的贡献。

三、按照“执政党建设和参政党建设相互促进”的要求，以全面提升民进自身素质来发展优良传统。加强自身建设，是一个政党永葆生机活力的重要保证。民进是在中国共产党的领导、帮助和支持下，不断成长进步的，从成立时只有40多人的政党发展为现在有29个省级组织、12万多名会员的参政党。当前，要解决好政治交接、提高参政党履行职能和发挥作用能力两大历史性课题，民进就必须坚持以党为师，认真学习借鉴中国共产党关于加强党建的成功经验和做法，坚持以思想建设为核心、以组织建设为基础、以制度建设为保障，努力探索自身建设的理论、路径和体制机制，与时俱进地把自身建设提高到新的水平，在推动国家科学发展中努力促进自身的科学发展，不断推进民进建设适应时代要求的高素质参政党的历史进程。

我们重温历史，特别清晰地记得民进第一任主席马叙伦的嘱托：“只有跟着共产党走，才是在正道上行”，特别清晰地记得雷洁琼主席晚年亲笔签名的题词：“以党为师，立会为公，参政为民，服务为本”，这些是民进最为宝贵的政治财富和优良传统。我们永远与中国共产党同心！与全国各族人民一起在中国特色社会主义道路上同行！

谢谢大家。

在全国深化集体林权制度改革会暨地方党政领导干部林改专题研究班上的讲话

（2011年3月30日）

罗富和

同志们：

在全党全国人民深入学习贯彻党的十七届五中全会精神，在“十二五”规划实施的开局之年，国家林业局在福建省永安市召开和举办全国深化集体林权制度改革会暨地方党政领导干部林改专题研究班，与百名分管县长一起交流探讨深化集体林权制度改革的有关问题，意义十分重大。作为一名林业工作者，非常高兴有机会能够出席这次会议和研究班，与大家共同探讨推动集体林业科学发展的好经验、好做法。

1998年，福建省永安市洪田村在没有先例可借鉴的情况下，把耕地承包责任制引入林地，创造性地完成了“分山到户”，在全国率先迈出了“山定权、树定根、人定心”的第一步。2003年以来，福建省通过在永安市召开现场会，进行了以“明晰所有权、放活经营权、落实处置权、确保收益权”为主要内容的集体林权制度改革，并在完善配套政策措施方面进行了积极探索，既实现了森林资源的保护，又促进了农民就业增收。通过深化集体林权制度改革推动林业的发展，是一项重要经验和做法。我个人认为，集体林业发展的真正希望在于林权落实到户，活立木蓄积资产化，建立健全促进集体林业发展的制度性保障。其中，确权到户、活立木资产化是集体林权制度改革的基础性工作。福建省在这方面进行了很好的探索，永安市带了一个好头。刚才，张建龙副局长详细概括了永安的经验和做法，非常生动，非常全面，我完全赞同。

党中央、国务院对集体林权制度改革高度重视。胡锦涛总书记、温家宝总理等中央领导同志，多次深入一线，考察和指导改革实践，为集体林权制度改革注入了强大动力。2008年6月，党中央、国务院颁发了《关于全面推进集体林权制度改革的意见》。2009年6月，召开了新中国成立以来的首次中央林业工作会议，对集体林权制度改革做出全面部署。2010年10月，又召开全国集体林权制度改革百县经验交流会，对推进改革进行了再动员、再部署。今天，参加去年百县经验交流会的百县分管县长再次共聚一堂，共同探讨深化集体林改的大计，意义非常重大。目前，全面推进集体林权制度改革的大政方针已定，工作进展顺利，成效逐步显现。

下面，借此机会，谈一点自己的体会和认识，供大家参考。

一、林业面临着良好的发展机遇

党的十七届四中全会把生态文明建设作为中国特色社会主义事业总体战略布局的组成部分。十七届五中全会关于“十二五”规划建议中明确指出，面对日趋强化的资源环境约束，要加强生态保护，加快建设资源节约型、环境友好型社会，提高生态文明水平。林业作为生态建设的主体和生态文明建设的主要承担者，使命光荣而艰巨，同时也面临着千载难逢的良好发展机遇，前景十分广阔。

从全球范围来看，加快发展林业、充分发挥森林在应对气候变化中的减排作用已成为各国的共识。目前，全球气候变化的形势十分严峻。最近，一些科学家研究发现，南极、北极冰山正在加快融化。如果按照最近两三年来融化的速度推算，未来全球海平面可能将上升 6 米，许多地区将被海水所淹没。长久以来，人们对于林业重要作用的认识，更多地局限于林业作为一项基础产业为经济社会发展提供木材。进入 21 世纪以来，社会对林业的认识发生了根本性的转变，更加重视林业在维护生态安全中的重要作用，更加重视林业为经济社会发展提供生态屏障的重要功能。尤其是在气候变化问题日益严峻的情况下，林业的碳汇功能得到了国际社会的一致认可。从《京都议定书》到《巴厘岛路线图》，从哥本哈根会议到坎昆会议，都对林业在应对气候变化中的重要作用形成了广泛共识，对森林间接减排寄予了很大希望。2009 年，胡锦涛总书记在出席联合国气候变化峰会上向全世界做出了“双增长”的庄严承诺，即：2020 年森林面积比 2005 年增加 4000 万公顷，森林蓄积量比 2005 年增加 13 亿立方米。无论是全球最发达的国家、最贫穷的国家，还是发展中国家，除了中国之外，没有任何一个国家能够鼓起勇气进行这样掷地有声的承诺。胡锦涛总书记之所以能够做出这样的承诺，正是基于我国林业快速发展的大好形势，基于对全国林业系统广大干部职工的充分信任，基于充分展示中国作为一个发展中的负责任大国的良好形象。所以，从这个意义上讲，我国做出“双增长”的承诺，进一步凸现了加快发展林业在应对气候变化中的重要意义。

从国内来看，加快林业发展也得到了前所未有的重视。一是党和国家高度重视林业，真正把林业摆上了前所未有的战略高度。在深入贯彻落实科学发展观、全面推进生态文明建设的新形势下，党中央、国务院赋予了林业“四个地位”、“四大使命”和“五大功能”，确定了 2020 年“双增”目标，提出了“三个依靠”和“两项措施”。这些重大举措进一步明确了我国林业建设的重要地位、基本原则、主要措施和奋斗目标，必将指导我国林业发展实现新的跨越。同时，各级地方党委、政府纷纷把发展林业作为贯彻落实科学发展观的重大举措来抓，涌现出“五级书记抓林改”、“五级书记抓造林”的大好局面，掀起了造林绿化、兴林富民的新热潮，先进典型、先进人物层出不穷。刚才，陈锡文主任透露，森林覆盖率和森林蓄积量两项指标已经作为“十二五”规划的刚性约束指标纳入地方党政领导干部考核范畴，这一方面是我国实现森林资源“双增长”的必然要求，同时也从另一方面充分体现了党和政府对林业工作的高度重视。可以预见，今后这两项指标将逐级分解到省、到地（市）、到县（区）。届时，各级各地林业发展的目标将更加明确，全党动员、全民动手、全社会办林业的大好局面将进一步巩固与完善。二是林业已成为转变经济发展方式的重要抓手，具有十分广阔的发展前景。贯彻落实科学发展观，必须坚持走生产发展、生活富裕、生态良好的文明发展道路，建设资源节约型、环境友好型社会，实现速度和结构质量效益相统一、经济发展与人口资源环境相协调。森林是巨大的、绿色的、可再生的资源库和能源库，林业是庞大的循环经济体和绿色经济的重要组成部分。加快发展林业产业，有利于替代高耗能、高排放、高污染的传统产业，逐步摆脱拼资源、拼能源的传统发展模式，推动经济发展方式的转变。三是我国综合国力大幅提升，为林业发展提供了更加有力的支撑和保障。目前，我国人均 GDP 已经达到 4000 美元，步入了新的发展阶段，国家财力明显增强，消费需求不断升级。一方面，国家有能力更加注重生态建设和保护，继续加大对林业的投入力度；另一方面，社会对林产品和生态产品需求的不断增加和日益多样化，为林业发展开辟了更加广阔的市场空间。四是林业发展呈现良好态势。经过多年的不懈努力，我国林业建设的总体思路基本完善，体制机制逐步创新，政策措施不断优化，资金投入显著增加，支撑保障更加有力，林区民生稳步改善，林业发展更具活力，农民发展林业的积极性空前高涨，资金、技术和劳动力等生产要素迅速向林业汇集，林业具备了加快发展的良好基础。

总体上看，林业发展正面临着千载难逢的大好机遇。希望大家以科学发展观为指导，以世界眼光和战略思维，深刻认识林业形势出现的新变化，准确把握林业发展呈现的新特点，抓住发展机遇，转变发展方式，努力推动林业科学发展，更好地服务于国家现代化建设大局。

二、集体林权制度改革意义重大，影响深远

集体林权制度改革是党中央、国务院站在国家发展全局高度做出的重大决策，是中央深化农村经营体制的重要变革，是对农村生产关系进行调整的又一重要举措，更是推动我国林业改革发展新的里程碑。各地各部门认真贯彻落实中央决策部署，切实加强组织领导，不断采取有力措施，全力推进集体林改，改革取得重大成果。福建、江西、辽宁、浙江、云南、河北、安徽、湖北、重庆等 18 个省（区、市）已基本完成明晰产权、承包到户的改革任务，全国共完成确权面积 24.3 亿亩，发放林权证 7750 多万本，3 亿农民从中直接受益。实践证明，这项得民心、顺民意、惠民生、增民利的改革，顺应发展潮流，符合农民意愿，合乎农村实际，是新时期农村改革的又一项伟大创举，深受广大干部群众的拥护和欢迎。

集体林权制度改革是我国农村经营制度的一项深刻而复杂的重大变革，事关农民的切身利益，事关经济社会发展，事关生态文明建设。面对当前形势的新变化，结合改革实践的深入，我们要从全局和战略的高度对集体林权制度改革的重大意义进行再认识、再提高、再深化，进一步增强全面推进改革的自觉性和坚定性。

第一，全面推进集体林权制度改革是加快生态建设的必然要求。长期以来，我国森林资源稀少、森林质量较差、土地沙化、水土流失、湿地破坏、干旱缺水、物种濒危等生态问题十分严峻。生态差距已成为我国与发达国家的主要差距之一，生态问题已成为制约经济社会科学发展的最大瓶颈。只有加强生态建设，才能有效维护生态安全、能源安全和经济安全，才能不断增强可持续发展能力，才能不断提升应对气候变化的能力。全面推进集体林权制度改革，有利于进一步优化林业生产要素配置，盘活林业资源，充分释放林地、物种、劳动力等生产要素的巨大潜能，激发林业发展的内在活力，为加快生态建设提供源源不竭的动力，为实现胡锦涛总书记提出的“双增目标”做出新贡献。

第二，全面推进集体林权制度改革是解决“三农”问题的重要途径。解决好“三农”问题，一直是党和政府工作的重中之重。全面建设小康社会，最繁重、最艰巨的任务在农村。我国是一个多山国家，山区面积占全国陆地面积的 69%，人口占全国总数的 56%，经济发展相对缓慢，贫困面较大，是我国经济社会发展最薄弱的环节，是实现全面建设小康社会的重点和难点。山区实现大发展，潜力在山、希望在林。全面推进集体林权制度改革，有利于充分发挥山区的优势，彻底解放 27 亿亩集体林地的生产力，促进林木种植、林下经济、木本粮油、竹藤花卉、森林旅游、生物质能源以及林产品加工等林业产业的发展，为广大农民增收致富奔小康开辟新的广阔空间。同时，也成为党和政府关心群众生活，紧抓民生之本、解决民生之急、排除民生之忧，密切党群关系，做好群众工作的重要举措。

第三，全面推进集体林权制度改革是促进社会和谐的生动实践。集体林权制度改革表面上是一场关于林业的改革，实际上已经远远超出了林业领域，正在引发农村社会发生深层次的变革。在改革过程中，各级党委、政府部门认真落实一系列强农惠农政策，全心全意地为人民服务，转变了工作作风，树立了良好的形象，赢得了民心，改善了党的领导，巩固了基层政权。各地坚持依法决策、民主决策，严格踏查勘界，认真排查纠纷，化解了大量的林权纠纷，有效消除了农村大量不稳定因素。促进了社会和谐。广大林农群众积极通过村民代表大会维护权益、决议重要事项，民主参与的热情空前高涨，民主决策和民主监督能力进一步提高。这次大家参观的永安市洪田村就是一个生动的实例，党支部书记邓文山带领村民“分山到户”，发展林业产业，兴林富民奔小康，从而赢得了村民的广泛拥护，多次高票当选，有力地巩固了党的执政地位，促进了农村社会和谐。

第四，全面推进集体林权制度改革是深化林业改革的重要举措。长期以来，我国林业改革一直相对滞后，体制不顺、机制不活、责权不清等问题在重点林区和主要领域表现突出，现代林业产权制度还没有完全建立起来，束缚林业发展的体制机制性障碍还没有完全消除，影响到林业建设的速度、质量和效益，制约了广大林农群众和社会各界参与林业、发展林业的积极性。集体林权制度改革的过程，既是一个渐进深化的过程，又是一个示范带动的过程，更是一个突破创新的过程。全面推进集体林权制度改革，通过逐步和局部的制度调整，积少成多，由量变到质变，有利于推动进一步深化林业整体改革，为构建推动林业科学发展的长效机制做出新贡献。

加快林业改革发展，是当前和今后一个时期农村工作的重要内容。各级党委、政府，特别是县级党委、政府一定要做到认识有高度、工作有目标、行动有措施、投入有保障、机制有创新，坚持加快发展林业的决心不动摇、全面推进集体林权制度改革的力度不减弱、强化林业的各项工作不松懈，确保林业改革发展顺利推进、取得实效。一要加强组织领导。积极主动向地方各级主要领导汇报，把林业工作摆上重要议事日程，进一步完善领导体制和工作机制，及时研究解决林业改革发展中遇到的重大问题，层层落实工作责任制，确保领导到位、责任到位、措施到位。二要强化协作配合。各有关部门要切实增强大局意识，密切配合、通力协作、各负其责，积极支持林业改革发展。要进一步强化舆论支持，加大宣传力度，引导社会各界关注林业、支持林业，努力形成“全党动员、全民动手、全社会办林业、全民搞绿化”的良好局面。三要完善政策法规。深入开展调查研究，不断探索深化改革、推动工作的新思路、新途径，完善有利于林业改革发展的政策法规，建立健全支持集体林业发展的长效机制。四要加强服务引导。在坚持稳定农村土地承包经营制度的前提下，积极引导“分山到户”后的林农群众依托优势产业、特色产品组建林业专业经济合作组织。建立健全基层林业社会化服务体系，努力为林农群众提供先进、及时、管用、全方位的社会化服务。大力鼓励林农群众发展林下经济，培育主导产业，实现以短补长，确保生态得保护、林农得实惠。五要坚持常抓不懈。要始终按照党中央、国务院做出的全面推进集体林权制度改革的决定，做好打“持久战”的思想准备，既要突出阶段性工作重点，又要抓好日常管理工作，通过常抓不懈、持之以恒，使这项惠及亿万林农群众的改革不断取得新的成效。

同志们，加快林业改革发展，建设生态文明，是推动科学发展的重要组成部分，也是全国人民的共同期盼。让我们在以胡锦涛同志为总书记的中共中央的正确领导下，高举中国特色社会主义理论伟大旗帜，以邓小平理论和“三个代表”重要思想为指导，深入贯彻落实科学发展观，扎实工作，开拓进取，为建设生态文明、全面建设小康社会做出新贡献！

在敦煌调研座谈会上的讲话

（2011 年 4 月 29 日）

罗富和

这次来敦煌调研花了三天的时间，对敦煌水资源的综合利用和生态环境保护工作进行了深入调研，也看到了敦煌文化遗产保护工作的情况，同志们也做了大量的准备，提供了很多总体规划的文本，也提出了很多的建议，取得了实实在在的效果。

一、调研感受与收获

第一是党中央、国务院高度重视。通过这些调研，我们深深地感受到中央、国务院，胡锦涛总书记、温家宝总理是高度重视敦煌地区水资源综合利用和生态保护工作的，温总理多次谈到敦煌生态保护工作必须高度重视，科学规划，综合治理，加快进行，一定要把敦煌保护好、管理好，把敦煌生态环境搞好。

第二是省委、省政府非常重视。省委书记陆浩同志在2007年发表的《拯救湿地保护绿洲——关于敦煌生态问题的思考》的署名文章，大家也认真地学习了，强调了统筹湿地与绿洲的保护，搞好敦煌的生态保护建设，处理好绿洲和湿地的关系，而且拯救湿地先从绿洲的节水开始，这一系列思路都是非常明确的，这也是做好工作一项重要的指导意见。

第三是酒泉市、敦煌市工作扎实有效。通过调研，我们认为酒泉地区、敦煌地区在水资源的综合利用和生态环境保护工作方面开展了一系列比较扎实的工作，也取得了新的进展，对同志们的工作是佩服的。一是建立健全了敦煌生态环境保护工作机制。不管是酒泉还是敦煌，都制定出台了一系列的指导性的法规规定和文件，还有省里也批复了这些文件，为此项工作的全面开展奠定了比较好的基础。二是狠抓了以农业节水为重点的全社会节水工作。坚决执行了禁止无序移民，禁止乱开荒和禁止乱打井的“三禁”措施，提高了水价，推广了节水农业，推进了城市的工业节水，推进了党河灌区的节水改造，清理了党河流域的中上游的水源区里的非法采矿、采石、放牧等行为，节水型社会建设取得了初步成效。三是突出狠抓了“引哈济党”调水工程的前期工作。通过调研和材料，我们亲眼目睹了敦煌同志们的工作力度和取得的工作成效，所以说“引哈济党”调水工程前期工作做得比较扎实。四是《敦煌水资源合理利用和生态保护综合规划》编制科学合理。经过了两三年的大量的准备编制工作，在中央有关部委和大学研究院所的支持下，我感觉编制的《敦煌水资源合理利用和生态保护综合规划》指导思想正确，目标明确，原则清晰，重点突出，措施合理，具有可操作性。

二、对敦煌工作的意见建议

一要继续深入贯彻落实科学发展观，建设节水型社会。在“十二五”规划中明确提出了以科学发展为主题，以加快转变经济发展方式为主线，我觉得这些主题、主线，中央、国务院提出的这些规划是非常符合敦煌地区的发展，我们经济社会发展的规模要与自然条件相适应，最重要的是经济发展方式的转变，要在科学发展观的指导下进行调整。前几天胡锦涛总书记在清华大学百年校庆的时候视察了清华，他到清华的水利系跟学生们座谈的时候明确提出：过去我们常常讲水利是农业的命脉，现在水利的重要性远远的超出了农业领域，还关系到经济安全、生态安全、国家安全，关系到国家经济社会发展的全局。总书记的这个重要讲话把水资源的重要性提得非常高，放到全国的经济社会的全局去考虑，我觉得我们落实科学发展观很重要的一点就是要统一认识，提高到这样的高度去思考。大家在发言中或在文件中都谈到“现在关键是水的问题”。其实关键问题不是水的问题，而是我们发展方式、发展规模符不符合自然的约束条件，也就是我们的发展是不是科学的发展，我们经济发展的转变调整到科学发展的思想上去，所以在这一点上我们大家要共同提高认识。从我们当前面临的困难，其实可以看到过去的发展方式，按总理的说法是不合理、不协调、不可持续的，即“三不”，这是总理的讲话。全国而言，我们这个局部面临的问题，不仅仅是水的问题，是发展已经超越了人口、资源、环境约束出现了问题。从敦煌发展来看，50年代到现在，人口从几万人发展到现在的18万人，这样一个规模，而且不仅仅是我们局部，我们敦煌地区，耕地面积扩大到了40万亩，而且周边大范围都是建了水库，增加了灌溉面积，那么这个水资源的用水的方式没有转变，节水的效果还是比较差，所以出现了当前缺水的问题。敦煌现在旅游人数是150万人次，过去没多少人来，50年代和现在比也是翻了好多倍，当地常住人口才18万，外来旅游的人一年150万人次，集中在了几个月时间。这就需要从宏观上来考虑发展的方式如何转变，不是简单的从外面调水来，规模不太大的情况下，通过调整发展方式，同样增加经济效益，促进社会的协调可持续发展。所以在这一点上要形成比较一致的认识，有了这样一个认识，有了这样的一个自觉性，或者有了人口资源环境对我们压迫的紧迫性，很多工作就会更加主动。

二要认真总结黑河、石羊河流域治理的成功经验，坚定信心。黑河、石羊河流域治理见证了治理工作从规划到艰难起步到团结一心地去克服困难，到综合措施的综合利用，到现在初步见成效，这是甘肃的经验，就在这两天中央电视台还在讲甘肃水利新思路，还有各种的采访，两会期间也做了专门的报道。敦煌综合治理我们有成功的经验可以做借鉴，应该坚定信心，付诸实施。

三要以农业节水为重点，进一步提高节水效率。敦煌的灌溉面积是40万亩，而滴灌推广只有十几万亩，这个比例相对看还是比较小的，还有大量的工作可以做，推广示范的工作还要做，切实将农业节水作为重点来推进。同时，还有一个重点就是水权制度的问题，要以水权制度改革作为整个工作重点措施去抓。刚才大家介绍2020年建立起完善的水权制度，我觉得晚了，按照我的理解来说2015年建立起比较完善的水权制度可能是比较合适的，只有人们看到地头都有计量表的时候大家才会更加充分地认识到节水的重要性。当然前提又是通过节水农业，使农民通过节水提高收益，也自觉地去做而不是强迫地去做。所以，农业节水、水权制度改革仍然是工作的重点。

四要进一步加强水库清淤工作，提高水库有效的库容。2008年，在政协会议上民进中央的大会发言就是“实施水库清淤是促进水资源可持续利用的重要抓手”。全国而言，现在不可能新增很多水库，现在真正开展水库清淤的又不多，而党河水库已经开展了清淤工作，我觉得这是很高兴的一点，在敦煌的清淤工作也是走在前面的，也希望继续加大这个工作力度，继续做好清淤工作。我们也积极呼吁水利部在“十二五”期间加大对水库清淤的示范工程建设力度，希望你们在这方面继续开展工作，不断总结好的经验和做法。

五要探索节水型旅游业的发展。因为刚刚讲到旅游业已占到50%，也开展了一些工作，现在全市宾馆都设置了一些节水器具，但是覆盖面还不高。我们可以向以色列这些地方取取经，在节水旅游业上也可以做个试点，因为其他地区还没有提出过这样的思路、采取这样的措施，我们要全面推进，典型引导，加大宣传力度，发挥节水型旅游业的示范引导作用。

六要做好规划实施前期的准备工作。《敦煌水资源合理利用和生态保护综合规划》里面的一些内容，需要做更细致的论证，包括在这期间我们也提出的一些建议、一些基础性的工作、一些具体指标的探讨，大家要进一步做好前期工作，有些我们力所能及的按规划内容先做，能快则快，力争尽快批复付诸实施。

三、回应敦煌向民进中央提出的建议

第一是我们将从民进中央角度，尽快提出建议，加快促进《敦煌水资源合理利用和生态保护综合规划》尽快批复，尽快启动实施。

第二是我们赞成敦煌流域的综合治理，要比较石羊河流域和黑河流域治理的成功经验，争取中央、省的投资为主来支持敦煌地区的可持续发展。

第三是我们将建议尽快启动敦煌调水工作，因为规划讲到节水在先、调水在后，我不赞成汇报里提到的“节水与调水并重”的说法。我们要统一说法：节水型社会建设工作，我们已经启动了几年了，也取得了一定的工作进展，所以调水工作应该尽快启动。

第四是希望甘肃、酒泉和敦煌的同志们继续帮助和支持民进的工作。因为我们是参政党，就是调研、通报，我们近期将向中央提出加大文化遗产保护建议，希望酒泉、敦煌的同志们尽快整理出文化遗产保护情况的基础资料，本地区能够上升为国家级的遗产还有多少，还有哪些遗产不敢动、需要保护，我们将汇总后在建议中加以体现。

另外，民进一直在水资源方面做了不少工作，我们的观点就是加强流域的综合管理以及全流域的水资源调运和配合，敦煌地区其实也有水资源的协调、调配的问题，希望尽快将这方面的建议，以及将敦煌市纳入全国防沙治沙示范项目的资料提交给我们，我们将从宏观上向中央呼吁，支持敦煌做好生态环境和文化遗产保护等方面工作，促进敦煌可持续发展。

在“同心·彩虹行动”2011年新疆中小学校长培训（圣雄）班开班仪式上的讲话

（2011年7月27日）

罗富和

各位学员、各位朋友：

大家好！在举国上下隆重纪念中国共产党建党90周年之际，经过几个月来紧锣密鼓、紧张有序的筹备，我们民进中央在首都北京迎来了新疆吐鲁番地区托克逊县与和田市的50名少数民族校长，“同心·彩虹行动”2011年新疆中小学校长培训（圣雄）班终于顺利开班了。几天前，全国人大常委会副委员长、民进中央主席严隽琪在乌鲁木齐亲切接见了大家，发表了热情洋溢、语重心长的讲话。今天有机会在这里和大家共聚一堂，我感到非常高兴。刚才，中央统战部、教育部、国家民委的领导同志分别作了讲话，新疆方面领队作了发言，讲得都很好，我完全同意。首先，我代表民进中央和严隽琪主席，对大家的到来表示热烈的欢迎！向为培训班提供优良条件的首都师范大学，表示衷心的感谢！

长期以来，各位学员立足本职、心系全局，认真贯彻党的教育方针，积极做好本职工作，努力促进民族团结，为新疆教育事业发展和社会稳定作出了积极贡献。你们身上，充分展现了人民教师爱岗敬业、胸怀祖国、兢兢业业、无私奉献的精神。新疆教育事业的进步、经济社会的发展，有你们的一份功劳。党和政府感谢你们，广大学生和家长感谢你们！我向你们表示崇高的敬意！借此机会，我向各位学员简要介绍一下民进的历史、举办培训班的目的，并对办好培训班提出几点建议。

重视教育界和教师的工作，是民进长期坚持的一个优良传统。中国民主促进会是中国共产党领导下参与多党合作的一个民主党派，是一个以教育文化出版为主要界别的参政党，有70%以上的会员来自教育界。民进历来倡导尊师重教，马叙伦、周建人、叶圣陶等民进的创始人和领导人曾担任国家教育部、高教部的领导职务，产生出叶圣陶等老一辈大教育家、霍懋征等“国宝”教师。60多年来，民进积极参与九年制义务教育法和国家中长期教育改革与发展规划纲要的制定与实施、《教师法》的起草、教师节的设立、农村教育、中等职业技术教育、师资队伍建设等工作，为新中国教育制度的确立、教育的改革与发展，作出了重要贡献。

加强对教师和校长队伍的培训，是民进多年来坚持不懈开展的一项重要工作。教师是太阳底下最光辉的职业，教育者的全部工作就是为人师表。唐代大诗人韩愈说过：“师者，所以传道、授业、解惑也。”而在座的各位都是校长，同时肩负着对学生传道授业解惑、对教师科学管理引导的重任，对你们进行培训，更具有特殊重要的意义。民进德高望重的老主席雷洁琼同志一向十分关心民进基层的教师会员，十几年前就提议并决定举办暑期培训班，身体力行募集经费，对基层教师开展培训，帮助他们拓宽视野、增长才干。十几年来，会中央坚持践行这一行之有效的做法，已培训了四、五百名中小学校长，并在培训中坚持与我会界别特色相结合、与加强教师队伍建设相结合、与支持民族地区发展相结合，为促进我会自身建设、促进教育事业发展、实施西部大开发战略，做了大量卓有成效的工作，受到各有关方面的好评。

加强对教师和校长队伍的培训，是贯彻《国家中长期教育改革和发展纲要》的一个重大举措。去年颁布的《纲要》是我国教育发展史上一个新的里程碑。《纲要》强调，国运兴衰、系于教育，教育振兴、全民有责，提出了到2020年教育改革发展的战略目标，描绘了中国教育改革发展的宏伟蓝图。《纲要》明确指出，要实现这个战略目标，必须坚持优先发展、育人为本、改革创新、促进公平、提高质量的教育工作方针。我理解，教育的根本目的在于培养人、造就人，而培养人、造就人的重任，责无旁贷地落到了教师队伍肩上。优先培养好了教师和校长队伍，才能摆正教育优先发展的战略地位；坚持好以教师和校长队伍为本，才能实践好教育以人为本的根本要求；推动教师和校长队伍与时俱进，才能使改革创新真正成为教育发展的强大动力；合理配置好教师和校长队伍资源，才能使促进公平作为国家基本教育政策的效果得到充分体现；不断提高教师和校长队伍的素质，才能使提高质量作为教育改革发展核心任务的成果得到根本保障。民进要贯彻好《纲要》、推进我国教育改革与发展，应当把加强对教师队伍特别是校长的培训，作为一项重大而紧迫的任务，切实抓紧抓好、抓出成效。

加强对新疆少数民族教师和校长队伍的培训，是新形势下民进援建新疆跨越式发展的一项重要内容。新疆地处祖国西北、欧亚大陆腹地，是祖国960万平方公里大地上的一颗璀璨明珠，是新中国统一多民族国家大家庭的一个重要成员。新中国成立以来特别是改革开放以来，在中国共产党和中央政府的正确领导下，在各地区各部门和全国各族人民的大力支持下，新疆各级党委和政府团结带领各族干部群众艰苦奋斗，锐意进取，建设美好家园，创造幸福生活，经济社会发展取得举世瞩目的成就，实现了社会发展的历史性跨越，天山南北发生了翻天覆地的变化。同时也要清醒地看到，由于历史、自然、社会等多方面因素影响，新疆同我国东部地区的发展差距仍然较大，新疆社会的主要矛盾仍然是人民日益增长的物质文化需要同落后的社会生产之间的矛盾，还存在着分裂势力分裂祖国的活动。去年5月召开的中央新疆工作座谈会，是在我国全面建设小康社会进入关键时期、新疆发展和稳定面临重大机遇和挑战的新形势下召开的一次重要会议。会议全面总结了新中国成立以来特别是改革开放以来新疆发展和稳定工作取得的成绩和经验，深刻分析了新疆工作面临的形势和任务，进一步明确了当前和今后一个时期做好新疆工作的重大意义、指导思想、主要任务、工作要求，对推进新疆跨越式发展和长治久安作出了战略部署，描绘了新疆发展的宏伟蓝图。这对各民主党派更好地围绕中心、服务大局，发挥好参政党的作用，提出了新的更高要求。民进作为与中国共产党亲密合作的参政党，认真学习、深刻领会、全面贯彻中央新疆工作座谈会精神，必须把参与援建新疆跨越式发展，作为一项重大政治任务，集中动员全会力量，为实现新疆工作的目标任务而不懈努力。举办新疆少数民族校长培训班，就是援建新疆跨越式发展的一项重要内容和一项全新尝试，今后还要根据形势需要，不断加大培训力度，为促进新疆教育改革与发展，推进新疆跨越式发展和长治久安，作出民进应有的贡献。

办好这期新疆少数民族教师暑期培训班，需要各有关方面的共同努力。各位校长在新疆当地都是少数民族知名人士，有较强的代表性和较大的社会影响，办好培训班意义深远，责任重大。培训时间虽然不长，但课程安排采取了会中央领导与专家授课、参观考察、座谈交流相结合的方式，既有宏观方面对国家教育改革发展中长期规划纲要的解读，又有微观方面对学校内涵与特色建设、校长专业发展、学校管理、基础教育课程改革与学校课程领导、校本教研建设等的讲解，还要考察北京市重点中学、参观北京著名景点，这些安排非常紧凑、也很全面，相信对广大学员充分了解政策、增进知识、提高能力，大有裨益。首都师范大学作为在京的承办单位，要发挥作为北京市属重点大学的资源优势，对已经安排的培训课程加强监督，并安排专人跟班，及时发现问题、解决问题，为学员做好细致的服务工作，使所有学员在北京学得顺心、住得舒心、吃得放心。新疆方面随行的翻译人员和工作人员要加强与学员的联系，及时做好学员与校方的沟通联络工作。民进中央作为培训班的主办单位，要切实负起全面责任，发挥好统筹协调作用，加强与各有关方面的联系，确保培训班各项日程得到顺利实施、各项任务得到顺利完成。

同时，衷心希望广大学员珍惜这次培训机会，勤学多思，将发达地区的好做法、好经验带回去，转化为今后进一步做好新疆教育工作的动力。希望你们今后以更加奋发的精神状态、更加扎实的工作作风，切实履行教育者的社会责任，为培养一代又一代的"四有"新人，推进新疆跨越式发展和长治久安，做出无愧于时代、无愧于人民的贡献。

在这里，我还想向大家特别介绍一下林圣雄先生，他是全国政协委员、民进中央联络委员会副主任、浙江圣雄集团有限公司、新疆圣雄能源开发有限公司董事长。这几年来，林先生响应号召，依托当地丰富的煤炭资源，在吐鲁番地区托克逊县打造以煤为原料的循环经济产业园区。在各有关方面的关心支持下，目前工业园已完成投资近30亿元，产值效益均居同行业较好水平，进入中国化工企业500强；实践“造福员工、回报社会”的宗旨，招收安置少数民族员工1400多人、本地大学生和就业人员近1200人，占员工总数75%，到2010年底已交纳税金1亿元，对当地经济社会发展做出了积极贡献。最近，经报请中央统战部同意，民进中央命名该工业园为“同心工业园”。林先生这次拿出50万元来支持举办这期培训班，还准备长期赞助下去。他还表示，将向民进开明基金会捐赠1000万元，主要用于资助新疆等中西部民族地区教育事业的发展。正因为他的爱心与责任感，才使得我们这期培训班得以顺利举办。在此，也向林圣雄先生表示由衷的谢意！

我的讲话就到这里。预祝培训班取得圆满成功！谢谢大家！

在2011年第二期民进全国骨干会员培训班结业式上的讲话

（2011年9月27日）

罗富和

各位学员、各位同志：

为期三天的“2011年第二期民进全国骨干会员培训班”今天就要结束了。刚才班长代表培训班所做的学习总结全面、到位，学员们的发言也各有侧重、认识深刻，使我深切地感受到，这次培训班举办得非常成功。虽然时间很短，但大家都有了沉甸甸的收获。

今年是我国实施“十二五”规划的开局之年，是中国共产党成立90周年、辛亥革命100周年，也是去年中共中央颁布的党外代表人士教育培训改革和发展纲要的落实之年，因此我们的培训班对于在新的形势下进一步加强我会的自身建设具有重大意义。

我会历来高度重视后备干部队伍建设，注重中青年骨干会员的培养选拔，从而为多党合作事业积蓄力量。举办骨干会员培训班，就是为进一步提高干部队伍素质、加快年轻干部健康成长而采取的一项重要举措。2009年9月，会中央决定用两年半的时间，举办五期培训班，对一批中青年骨干会员进行集中培训，这一期已经是最后一期了。前四期培训班都取得了良好的效果，通过一段时间的集中培训，帮助学员进一步提高了政治理论水平，深入了解了会务工作，培养锻炼了“四种能力”，会中央也通过这一平台发现了人才、培养了人才，为建设高素质参政党奠定了组织基础。

下面我就根据大家刚才的发言，对这次培训的情况进行一个总结。

一是这次培训班的课程内容丰富：既有政策理论培训，又有结合实际的形势分析；既有如何建设高素质参政党等战略问题，又涉及如何提高四种能力等具体工作。严隽琪主席的报告高屋建瓴，深入分析了国内外形势的变化，以及民主党派自身发生的深刻变化；张峰副院长关于社会主义核心价值体系及“十二五”规划的解读阐述深入浅出，旁征博引，事例丰富；张献生局长的报告就如何加强民主党派能力建设提出了针对性、可操作性强的具体要求。

二是参加培训的同志都主动克服本职工作繁忙的困难，珍惜这难得的脱产学习机会，圆满完成了学习任务。课堂上气氛热烈、互动积极；小组讨论出席率高，大家都踊跃发言，对学习的体会畅所欲言，对民进的工作出谋划策。虽然时间紧、任务重，但大家始终都保持了积极的心态和良好的精神面貌。班委会热情为全体学员服务，各位学员也积极支持班委会的工作，使班集体充满活力，充满友谊，充满浓郁的学习氛围。

三是通过一段时间的集中学习、系统学习，同志们明确了民主党派成员履行职责的方向，感受到了作为中青年骨干会员身上肩负的责任，增强了政党意识，增强了做好民进工作的责任感和使命感。大家就如何更好地参政议政、加强自身建设，如何更好地践行社会主义核心价值体系，如何处理好会务工作与本职工作的关系，有了更深的思考，提出许多好的意见和建议。

另外，通过共同学习和生活，学员之间加深了友情，增进了理解，结交了朋友。会中央对这次培训的圆满成功非常满意和欣慰。

从今天下午开始，大家都要陆续返回了。希望大家回去后认真消化和吸收这次学习的成果，并运用到民进具体工作实践中。在此，我想着重提出两点希望。

一是希望大家深入领会"十二五"规划纲要的精神实质，认真学习贯彻胡锦涛总书记在庆祝中国共产党成立90周年大会上的讲话精神，切实履行参政党职能，不断加强适应时代要求的高素质参政党建设。"十二五"时期是全面建设小康社会的关键时期，是深化改革开放、加快转变经济发展方式的攻坚时期。"十二五"规划纲要明确提出了今后五年我国经济社会发展的指导思想、主要目标、重要任务、重大举措，是指导今后五年我国经济社会发展的纲领性文件。以科学发展为主题，以加快转变经济发展方式为主线，推动"十二五"规划纲要的贯彻落实，是我会履行职能的首要任务。希望大家认真学习领会"十二五"规划纲要精神，不断增强机遇意识、忧患意识、风险意识、责任意识，自觉地承担起参政党肩负的历史使命和重大责任，围绕牵动全局的主要工作、事关长远的重大问题，深入开展调研，为破解发展难题、提高发展的全面性协调性可持续性多建良言、多献良策。要立足本职，集智聚力，为贯彻落实《国家中长期教育改革和发展规划纲要（2010－2020）》，推动社会主义文化大发展大繁荣作出积极贡献。要重视以改善民生为重点的社会建设，协助执政党和政府做好团结群众、联系群众、服务群众的工作，深入了解社情民意，积极开展社会服务，为维护社会和谐稳定扎实工作。要认真学习贯彻胡锦涛总书记"七一"讲话精神，进一步树立和践行社会主义核心价值体系、推进学习型参政党建设，以纪念辛亥革命100周年、纪念雷老逝世一周年等活动为契机，通过"重温历史，同心同行"活动和"双岗建功"活动，深化树立和践行社会主义核心价值体系主题教育活动，为巩固多党合作共同思想政治基础增添时代内涵，激发爱国奉献、建功立业的责任感和创造力，为建设高素质参政党发挥作用。

二是希望大家要坚持学习，善于学习，不断增强学习的自觉性和理论联系实际的好作风，保持积极进取的精神状态。作为民主党派的骨干会员，必须清醒地认识到，只有讲学习，才能更好地讲政治，只有加强学习，才能在复杂的国际国内环境中保持头脑清醒，提高政治敏锐性和政治鉴别力，始终保持正确的政治方向。加强学习，提高理论素养和思想政治素质，是我们继承和发扬民进优良传统，进一步搞好政治交接的前提和基础，是我们在政治上保持参政党的进步性，与中国共产党一同与时俱进的迫切需要，也是我们开创民进工作新局面，履行好参政党职能的根本保证。回去之后，同志们要注意把所学理论、观念加以消化和吸收，进一步加强平时的学习积累，要针对各自本职工作和党派工作的不同特点和要求，把学习和践行社会主义核心价值体系与加强党派自身建设相结合、与不断提高履行参政议政的能力和水平相结合，勇于实践、勤于实践，把知识转化为能力，推动实际问题的研究与解决，积极探索新思路，寻求新突破，真正做到学以致用，打开工作的新局面。

最后，祝大家身体健康、工作顺利、生活愉快，返程一路平安。

坚持走中国特色政治发展道路
努力推进高素质参政党机关建设

（2011 年 12 月 10 日）

罗富和

各位同志：

民进全国机关建设工作会议是在全会上下创建学习型组织，各级组织机关深入创建先进机关、在新的更高层次上推进机关工作的状态下召开的。会议的主要任务是：认真学习贯彻中共十七大、十七届六中全会和民进十二届五中全会精神，总结交流机关建设经验、表彰先进、探索规律，把民进机关建设推进到更高的水平。

我受会中央的委托作以下工作报告。

一、工作回顾

参政党机关担负着参谋、执行、协调、服务等多项重要职能，是工作运转的枢纽和窗口，是履行参政党职能的主要保障部门。新形势下加强参政党机关建设，是全面落实《公务员法》的需要，是发展中国共产党领导的多党合作和政治协商制度的需要，是建设高素质参政党的需要，更是提高机关干部自身素质、能力和工作水平的需要。民进十大以来，会中央新一届领导集体把机关建设作为一项长期的、渐进的、潜移默化的素质工程，坚持以树立和践行社会主义核心价值体系为核心，以提高干部队伍能力建设为重点，扎实推进文化建设、制度建设、作风建设和长效机制建设，着力提高机关工作质量和服务水平，不断向建设高素质参政党机关的目标迈进，机关建设取得了可喜的成绩。

（一）加强文化建设，机关凝聚力不断增强

我会各级组织把文化建设作为加强机关建设的着力点，高度重视社会主义核心价值体系的学与行，在机关中积极倡导树立正确的价值观、良好的道德风尚和积极向上的精神风貌，逐步形成团结振奋、友爱和谐的氛围。一是以重大活动为契机积极开展主题教育活动，近年来我会各级机关分别围绕庆祝新中国成立 60 周年、民进成立 65 周年、中国共产党成立 90 周年，纪念辛亥革命 100 周年，因地制宜开展了理论征文、读书交流、知识竞赛、摄影作品展、红歌会、向霍懋征同志学习、参观民进会史展览和成立旧址等丰富多彩的活动，引导干部树立正确的人生观、世界观、价值观，不断夯实团结合作的思想政治基础。二是会中央机关健全了干部谈心制度，开展“我为机关献一策”等活动，多渠道听取机关干部对机关工作的意见和建议，并有针对性地开展思想政治工作。三是积极打造具有民进特色的文化建设品牌项目，注重发挥机关群团组织作用，通过开展职工运动会、优秀影片欣赏、舞蹈兴趣小组活动等文体活动，充分发挥文化在融洽工作氛围、增强机关凝聚力方面的积极作用。经过几年的努力，我会各级机关重视文化建设渐成风尚，文化氛围与和谐工作氛围不断养成，干部职工精神风貌持续向好。

（二）重视学习培训，干部队伍素质进一步提高

干部队伍是机关正常运行的依靠力量，是高素质参政党机关的重要基础。2006 年国家颁布《公务员法》，首次将民主党派机关干部正式列入了国家公务员范畴，我会各级机关以此为契机，通过公务员招考、引进人才、加大培训力度等途径充实干部队伍，提高干部素质，努力建设一支服务意识强，能适应新时期参政党工作要求的机关干部队伍。会中央机关加大贯彻落实《公务员法》的力度，一是注重理论学习，创办了“开明论坛”，建立了“周学习日”制度，结合工作实际，积极开展国情教育、政策法规教

育、会章会史和优良传统教育，不断提高干部的理论政治素质。二是注重能力培训，通过引入干部在线学习教育、推荐干部参加专业机构学习培训、开展“一人一通讯、一人一提案”活动、加大干部任前岗前培训力度、推动机关干部定期内部轮岗、组织干部进行社会实践学习考察等，为机关干部提高素质、增长才干提供平台，引导干部自主进行更新知识学习，不断提高业务能力和综合素质。三是注重实践锻炼，会中央机关几年来先后选派7名干部到江苏淮安、贵州毕节、上海发改委等单位挂职锻炼，选派2名青年干部到河北平山县进行支教挂职锻炼。我会还积极探索机关干部会内干部交流的新途径，2008年以来，云南、上海、宁夏、山西、山东、甘肃等地方组织和系统单位的11位干部陆续到会中央机关挂职，对促进会中央机关与地方组织、相关单位干部之间的相互学习交流，开拓干部视野、提高干部能力起到了重要作用。

（三）建立健全规章制度，工作程序进一步规范

健全的规章制度是机关工作有序、高效运转的重要保障。全会各级机关注重建立健全机关规章制度，在工作的制度化、规范化、程序化方面取得了显著成效。会中央机关根据形势任务要求和工作实际，在原有制度的基础上，多次开展了制度修订和执行情况检查，并适时研究制度执行中出现的新情况、新问题，对规章制度进行清理、补充和完善。一是会中央机关对部分内设机构进行了调整，规范了岗位职责，使部门和岗位的权责更为科学和明晰。二是进一步健全了机关工作运行的各项制度，特别是编印了《机关工作手册》，对常规工作和重点工作进行了程序化规定，使各项工作有章可循，提高了工作水平和质量。三是完善了机关财、物管理制度，使机关的后勤管理更规范有序。我会各级机关也积极加强制度建设，一些地方组织机关对内设机构及其职能进行了重新调整和界定，有的省委会把参政议政部从内设机构升格为职能部门，并配备了相应的编制和职数等。总体看，这些年，我会各级机关在实现用制度管人、管事，推进机关工作的制度化、规范化和程序化方面都取得了可喜的成绩。

（四）加强作风建设，服务能力和服务质量进一步提高

服务是党派机关工作的核心内容和宗旨，也是机关建设的出发点和落脚点。会中央机关采取多种措施，努力提高服务水平和服务能力。一是努力提高会务和日常服务水平。在重大会议和活动中，坚持“首问负责制”，要求做到会前有工作方案，会中有工作分工和预案，会后有总结，确保工作严谨规范，协调流畅，服务到位；在日常工作中，办文时，努力做到吃透上情，了解下情，把好政策关、文字关、印发关，确保不出差错；办事时，周详考虑问题、周全协调关系、周密安排衔接，确保工作的高效运转。二是注重加强机关部门建设。会中央机关每年召开部门工作研讨会，定期召开处长工作研讨会，围绕新形势下如何当好部门负责人、处长，如何加强部门建设、如何建设学习型机关、如何构建和谐机关、如何提高执行力等主题进行研讨，并在研讨中增进了对部门及处室工作的共识，提高了部门工作水平。三是加强机关作风建设，不断强化“机关就是服务”的理念，狠抓公务员文明礼仪、行为规范教育。会中央机关还专门召开改进作风会议，认真查找存在问题，明确努力方向，要求广大干部职工进一步树立胸怀全局、服务为本的良好风气。

（五）各方面高度重视，我会各级组织机关工作条件有较大改善

伴随着多党合作事业的蓬勃发展，我会各级组织的自身建设得到了各级党委政府和有关部门的高度重视和支持，机关工作条件不断改善。近年来，各级组织经费不断增加，办公条件不断改善。不少地方组织搬进了新建或改建的办公大楼，配置了电脑、传真机、复印机、数码相机及公务车等设备，机关公务员编制、领导和非领导职数得到调整增加；会中央积极开展信息资源平台建设，搭建了民进参政议政网上平台和组织会员管理系统，改版了民进宣传网站，不少省级和地市级组织也开通了网站，建立了机关局域网和相关数据库，不同程度地实现了信息化办公。现代化办公模式的建立，提升了工作理念、改变了工作方式、提高了工作效率。

二、工作经验

近年来，会中央和各级地方组织积极探索搞好机关建设的新途径和新方法，以完善机关运行机制、提高干部素质、改变工作作风、提高执行力为目标，在努力提高机关工作水平和服务能力的同时，也积累了宝贵的经验。

（一）领导重视带头是做好机关建设的保证

回顾我会的机关建设，一条重要的经验就是全会上下对机关建设在高素质参政党建设中的重要性有着高度共识。会中央把加强机关建设作为建设高素质参政党的一项重要内容，一以贯之地加强领导，常抓不懈。2007 年换届后，会中央领导集体在机关建设中确定了两条重要原则，一是凡重大事项必须经过集体研究，领导同志务必亲历亲为、以身作则；二是领导同志密切联系基层，到地方组织考察调研时要尽量抽出时间专程看望地方组织机关，并与机关干部座谈，听取意见和建议。民进历次主席会和主席办公会都把机关建设列入重要议程，经常听取情况汇报，及时部署、指导、督促和检查工作。会中央领导对机关举办的各种工作研讨会、论坛、文体活动等，都亲自参与，一起交流，一起感悟，不仅密切了与机关干部的关系，而且及时了解了机关情况，及时研究解决了机关建设工作中出现的困难和问题。实践表明，领导的始终关怀和带头，成为我会机关建设各项工作顺利推进的根本保证。

（二）思想建设是机关建设的核心

思想建设是机关建设的核心和根本，贯穿于机关工作的始终。思想建设搞好了，机关的整体素质和精神风貌就会大不一样。我会各级组织机关干部经历着自然的新老交替，机关内部也存在“政治交接”问题，特别是近年来机关新录用公务员比重不断增大，机关干部在思想观念、价值取向、思维方式等方面的多样性特征更加明显，通过加强思想建设，引导机关干部树立社会主义核心价值体系倡导的价值观，牢记民进的光荣历史和优良传统，坚定中国特色社会主义的理想信念，有效地促进道路认同、目标认同、文化认同，尤为重要，这是形成机关团结合作向上良好氛围、做好机关各项工作的坚实思想基础。

（三）制度建设是机关建设的保障

建立健全机关各项规章制度，规范机关工作程序和工作行为，是保障机关规范、高效、协调运转，贯彻落实各项工作任务的前提和基础。所谓小智处事、大智用人、睿智立法，在一个群体和组织的工作中，要抓好全盘工作，避免无序的状态，首要的工作就是要建立健全各项规章制度。要根据我会工作的性质和要求，完善有关工作程序和工作规程，建立一套符合党派自身特点、适应组织运行需要的制度和机制，形成各项明确的“有形”制度的“硬约束”。同时，通过思想政治教育、文明创建活动、机关文化建设等手段，形成观念正确、风气良好、约定俗成的“无形”制度的“软约束”，并把“软约束”和“硬约束”有机结合、相互统一、相互作用，使机关内部形成良性互动和循环，有力地保障机关工作的有序运转。

（四）队伍建设是机关建设的基础

机关要实现高效有序的运转，必须造就一支高素质的干部队伍。按照国家公务员标准，通过加强学习、培养锻炼，着力强化思想建设和工作作风，不断提高干部队伍的综合素质和工作能力，是机关建设的重要方面。要重视提高干部政治素质。党派机关从事的是政治性、政策性都很强的统一战线工作，加强政治理论学习和教育工作，引导干部培养敏锐的政治洞察力和鉴别力，善于从政治上认识问题，处理问题，在大是大非面前保持头脑清醒，态度鲜明，立场坚定，是干部队伍建设的首要目标。要不断提高业务工作能力，特别要注重在办文、办会、办事等具体工作中提高干部的业务能力、协调能力和应变能力，把工作中遇到的难题当作学习的主要内容，当作课题来研究，在创新推进工作的同时，努力推动机关干部实现“三个转变”，即由满足于办好具体事务向议谋全局、当好参谋转变，由注重眼前工作向善于从实际出发、主动超前谋划转变，由被动完成领导交办的任务向主动开动脑筋、创造性地开展工作转变。要坚持正确的用人导向，不断完善选人用人的方式方法，努力营造有利于优秀人才成长的工作环境。进一步解放思想，开拓人力资源管理的思路，在干部选拔任用上引入竞争机制，不断加大竞争性选拔干部的力度，加大对年轻干部和业务骨干的选拔任用力度，努力做到用人不求全、求才不嫌多，为各年龄段优秀人才的成长和脱颖而出创造了良好的条件。

（五）文化建设是机关建设的灵魂

机关文化集中体现了机关的整体精神面貌和共同的价值标准，是机关建设软实力。大力开展文化建设，积极营造适合高素质参政党建设目标的具有民进特色的机关文化氛围，不断增强机关凝聚力、向心力，打造高效、务实、规范、阳光的机关文化风尚，是机关建设的重要内容。要注重建立尊重、爱护、关心干部的机制，努力实现在和谐的环境中完成对个人的思想、理念、精神的再塑造，实现干部的自我管理、自我完善，促进干部在本职岗位上创造出新的业绩。要充分发挥群团组织在加强机关文化建设中的作用，充分调动全体干部的共同参与，树立荣辱与共的团队精神。要在机关管理倡导尊重、平等、友善，充分调动人的潜能、优点、长处，抑制人的弱势、缺憾、短处，营造一种有益健康的机关文化氛围，一种浩然正气的和谐环境，使每个人得益于这种机关氛围，受益于这种机关环境。

2007年民进全国机关建设工作会议以来，全会机关建设工作取得了巨大成绩，机关工作展现出新面貌、新气象、新作风。同时我们也要清醒地看到，与建设高素质参政党机关的目标相比，与《公务员法》的要求相比，与会员的期盼相比，我们的工作还有不小的差距。一是有的地方组织机关领导班子不团结，少数机关思想政治工作比较薄弱，干部素质能力偏低，服务意识不强，难以适应新形势和新任务的要求。二是一些机关制度化建设相对滞后，贯彻《公务员法》比较乏力，管理松懈、纪律松弛的现象比较严重。三是党派机关干部的交流、挂职、培训、发展的渠道偏窄、机会偏少，干部进得来、出不去，少流动、缺锻炼，见识少、提高慢的现象比较普遍，成为制约我会机关队伍建设和工作水平提高的重要因素。四是各级组织机关编制特别是地级市机关编制偏少，我会各级机关编制多是上世纪80年代初确定的，近30年来会员人数增加了几倍，但机关编制一直保持不变，人手不足与工作量倍增的矛盾成为当前制约我会地方组织机关建设工作的一个重要原因。五是不少地级市组织专职领导干部配置不齐，或者虽然配齐但定位不清、职责不明，领导班子业余化、兼职化问题日益突出，直接影响了机关的运转效率。六是机关办公经费偏紧，特别是经济欠发达地区日常经费明显不足，部分地市级组织机关办公条件较差，甚至个别地市级组织办公场所经常变更，影响了机关工作的正常开展。上述问题和困难，有的是新出现的问题，但多数是早已存在的老问题，不过在新形势下表现得更加突出；这里有制度机制上的问题，也有执行上的问题；有的通过努力可以解决，有的暂时还无法解决。对此，我们必须保持清醒的认识，要勇于面对，以求真务实和改革创新的精神，不断探索新形势下加强机关建设的新路子，为实现高素质参政党建设的目标做出不懈的努力。

三、积极探索，努力开创全会机关建设工作新局面

当前，国际国内形势深刻变化，我国多党合作制度在不断前进，民进事业在不断发展，这些都对党派机关建设提出了新的更高的要求。新时期加强民主党派自身建设，机关建设必须先行一步、走在前面。全面加强我会机关建设，要准确把握参政党建设的历史方位，认真贯彻《公务员法》的精神，立足党派机关建设的特点，在继承我会优良传统的基础上，紧紧围绕多党合作事业发展的大局和参政党自身建设、履行职能的中心任务，与时俱进，开拓创新，扎实工作，积极推进我会机关建设再上新台阶。

下面，我就如何加强机关建设谈几点看法：

（一）要以和谐为目标，进一步加强机关文化建设

文化不仅仅指文体活动，而是一个大文化的概念。良好的机关文化，有着引领作用，是机关可持续发展的内在动力。党派的机关建设既要有“统一的意志”，又要有“个人的心情舒畅、生动活泼”，刚柔并举，以达到他律和自律的统一。

首先，参政党机关要坚持正确的政治方向，在理想信念和指导思想上形成坚定的共识。要做好以政治交接为主线的思想政治教育，关注机关干部尤其是年轻干部的思想动态，不断加深对中国特色社会主义理

论体系的认识，加深对多党合作制度在中国政治格局中重要意义的认识，引导干部认同民进的章程、政治主张和优良传统，增强在本职岗位上积极为参政党履行职能服务的使命感和责任感。

其次，要坚持弘扬时代精神与继承优良传统相结合、机关文化与机关职能相适应的原则。民进有着60多年的历史，在与中国共产党风雨同舟、亲密合作的过程中，形成了“爱国、民主、团结、求实”的优良传统，“继承传统、以党为师、立会为公、参政为民”的共同价值理念，以及“知行统一、爱民亲民、淡泊名利、不尚空谈”的“老实党”作风。我们要在此基础上，结合树立和践行社会主义核心价值体系，凝结和提炼出具有民进特色、引领机关发展、与时俱进、积极向上的机关文化，确立与履行参政党职能相适应的文化观念和道德规范，使机关干部的自我意向与组织的目标相融，为机关干部投身多党合作事业提供强大的精神动力与文化基础。

再次，要构建团结和谐的机关氛围，增强机关的凝聚力。机关是专干挥洒汗水、实现价值的地方，机关生活也是专干们生活的一部分。要把机关的发展和机关干部的发展结合起来，关心干部的工作和生活，通过人性化的管理和良好的机制，为机关干部的成长和发展营造环境、创造条件；要通过丰富文体活动，活跃机关生活，增强干部工作之余的联系沟通，构建既严肃又活泼的机关氛围；要加强工作交流和研讨，倡导“互相尊重、互相帮助、互相关心、亲密合作”的好传统。增强干部以会为家的归属感和认同感，使机关凝聚力得到加强，不断提高工作的积极性和热情。

最后，要建设学习型的参政党机关。民进的会员以教育、文化、出版界的中高级知识分子为主，可以说都是“文化人”。因此，我们民进的参政党机关也要有文化氛围，机关专干要有“文化气”，不断提高文化修养和文化底蕴。这样才能与会员更好地沟通和交流，更好地为他们服务。要通过形式多样的学习活动，例如读书会、研讨会、培训班等，激发机关干部的学习热情；要通过创造文化气息浓郁的机关环境，发挥代表性人物的引领作用等，在潜移默化中使机关干部得到文化熏陶。学习不仅是知识和技能的掌握，更重要的是鼓励机关干部勤思考、多钻研，向我们民进的知识分子学习，把学习作为一种生活方式和生活习惯，在机关倡导和形成一种崇尚学习、善于学习、终身学习的文化氛围。

（二）要以规范为目标，进一步加强机关制度建设

目前，党派机关承担的工作任务越来越重，要求也越来越高。在人力有限的情况下，提高工作效率、效能就变得越来越重要。良好的体制与机制，能够推动机关各部门的合作与相互促进，保障民主集中制的实现，从而使机关实现科学管理、有效运作，提高工作效率。我们要结合《公务员法》的贯彻落实，对工作的薄弱环节和瓶颈问题进行认真梳理，建立健全各项规章制度，包括：与贯彻落实民主集中制相适应的机关工作制度，有关履行参政党职能和自身建设的工作制度，以部门职责、岗位责任制为内容的管理制度等等。只有完善制度，才能进一步严格管理、规范程序，使各项工作有章可循、有据可依，从而减少矛盾、提高效率、保证工作的延续性。

制定制度归根结底是为了更好地调动和发挥机关干部的积极性，更大限度地凝聚力量把工作做好。而制度的成效，关键在于落实。因此，在制定制度的时候，要坚持以人为本的原则，提高制度的科学性和可操作性，在完善中求落实；要根据实践需要对制度进行改善和发展，在落实中促完善；要尽可能地细化、量化工作任务的内容和质量，以利于考核、评价和激励。此外，合理的制度，还应该有利于决策的落实、有利于合力的形成、有利于信息的通达、有利于流程的优化、有利于各方积极性的发挥。

（三）要以高效为目标，进一步加强机关能力建设

参政党机关干部既是公务员，又是党派专干。能力建设既要符合行政工作的要求，强化行政工作能力；又要适应党派工作的特点，加强参政党理论和会章会史的学习，把握参政党机关的运作规律、规则和程序，掌握在参政党机关工作的基本知识、基本技能和服务本领。

从宏观上说，能力建设对于整个参政党机关而言，就是要提高政治把握能力、参政议政能力、组织协调能力和合作共事能力。尤其是要增强政治意识和政党意识。从微观来看，能力建设对于机关同志个人来

说，就是要进一步提高办文、办事、办会的能力。办文包括几个层次。第一个层次是标准的事务性公文，如通知等；第二个层次是对活动的宣传报道；第三个层次是参政议政的提案、信息等，要求从既有资料中整理出思路，分析案由和存在问题，提出对策建议，论证可行性等；第四个层次是理论研究文章，需要进行前瞻性的探讨。写作能力是机关工作人员必备的能力，关键是增强文字表达能力，提高学习调研、形成思路的能力，提高前瞻、预见、推理等方面的能力。办事，最重要的是提高沟通协调能力，以及把握难点、推进工作的能力。不但要明确办事的目标、程序，而且还要分析办事过程中存在的难点，思考如何推进工作，以达到预想的目的。办会，讲究的是综合指挥、应变协调的能力。办会往往又包含了办文、办事，是一个综合锻炼的机会。

要提高上述能力，有四个途径：一是学习。不但要从书本上学，而且还要从实践中学、从身边的人和事学；不但要丰富学习内容和学习形式，而且还要建立起学习平台和长效机制。二是实践。将学习的成果运用到实践中，在实践中不断检验，从而获得更深入的理解和能力的提升。三是总结。要养成事后总结的习惯，勤思考、常反思、多分析，不断总结经验教训，摸索更好的工作思路和方法。四是查漏，不要惧怕和掩饰错漏，而是通过查找问题、分析问题，找到原因，甚至将查漏的成果互相共享，这样大家都能从中吸取教训，进行改进，从而得到提高。

（四）要以严谨为目标，进一步加强机关作风建设

党派机关的作风，不仅体现着机关的形象，而且关系到组织的影响力、凝聚力和社会声誉。良好的机关作风，是机关协调运作的根本保证。加强机关作风建设是机关工作的长期任务，要不断地研究，不断地实践，不断地加强。作风建设的范围比较广，包括思想作风、工作作风、学习作风、领导作风、生活作风等等。抓好作风建设，一方面要大力倡导机关原有的好风气，另一方面要通过查找不足，及时纠正，进一步改进作风。形成加强学习，联系实际，勤奋钻研的风气；服务基层，服务会员，虚心诚恳的风气；重实际、说实话、办实事、求实效，勇于开拓、求实创新的风气；顾全大局，服从整体，主动配合，团结协作的风气；遵章守纪，依法行政，艰苦奋斗，清正廉洁的风气。

这里特别强调三点，即大局意识、合作意识和服务意识。大局意识，就是自觉地服从和服务于大局，考虑问题、办事情都要从坚持完善多党合作制度、履行参政党职能的大局出发，进一步增强事业心、责任感和使命感。合作意识，就是要把自己的部门与岗位置于全机关工作大局中去思考，改善沟通机制、互相理解、互相补台、勇于担当、齐心合力。服务意识就是机关工作要为领导决策服务、为会员服务、为基层服务。工作讲质量，处事讲方法，接待讲热情，做到认真细致、服务周到、任劳任怨、敬业奉献。

（五）高度重视，进一步加强对机关建设工作的领导

机关是参政党承上启下的办事机构和常设的工作班子，既要贯彻实施领导班子的意图、决策和计划，又要提供参与策划、起草修订文件的具体服务；既要搜集、梳理、承转、上报基层组织、会员和社会的情况、意见及要求，又要协调、整合各类资源，组织好各类会议或活动。参政党机关工作的质量和水平，关系到参政党履行职能的水平、关系到参政党自身的健康发展、影响到多党合作事业的巩固和发展。一定要从完善中国共产党领导的多党合作和政治协商制度的政治高度，从参政党建设可持续发展的历史高度，深刻认识建设高素质参政党机关的重要性、必要性和紧迫性，切实加强和改进参政党机关建设工作的领导。一是把机关建设纳入领导班子的重要议事日程，对机关工作中的重大事项要共同研究、亲自参与，做到思想上要重视、措施上抓落实、物质上有保障，鲜明把握机关建设的正确方向。二是要理顺领导班子和工作班子的关系，领导班子要对机关实行集体领导、建立健全规范的会议制度，机关实行首长负责制，部门实行岗位责任制，各级机关要担负起领导班子赋予的执行、参谋、协调、服务的职能。三是要加强督促检查，各级领导班子都要关心机关建设工作，支持帮助机关干部发挥作用、做好工作，又要加强督促检查，对机关建设中出现的情况和问题加强沟通，了解情况，倾听呼声，做到心中有数，切实帮助解决实际问题。

加强机关作风建设，需要领导带头表率，需要身边的榜样力量，也需要全体机关干部齐心努力。各级领导班子、机关的专职领导在勇挑重担、勇于负责，团结宽容、乐于助人，遵守纪律、奉公守法，勤于学习、提升素质，克服困难、开拓进取等方面，都要以身作则、行为世范。机关各部门负责人在工作中要努力做到贯彻落实有力、及时沟通协调、不揽功推过、积极培养激励年轻人，做机关干部学习的“榜样”。机关干部要端正态度、严守纪律、团结友爱，善于向身边的榜样学习，发扬服务精神，在工作中体现自身的价值。

同志们，这次会议将认真总结我会机关建设的成功经验，研究新情况、新问题，提出努力方向，对进一步提高全会机关建设的水平，进一步把我会建设成适应时代要求的高素质参政党起到强大的推动作用。让我们紧密团结在以胡锦涛同志为总书记的中共中央周围，高举邓小平理论和“三个代表”重要思想的伟大旗帜，全面落实科学发展观，同心同德，开拓创新，努力将全会的机关建设推向新水平，为民进事业的新进步，为多党合作事业的新发展，为全面建设小康社会和构建和谐社会作出新的贡献！

非遗：科学保护，流光溢彩

（2011 年 11 月 24 日）

冯骥才

十年前在朱仙镇，我们中国民间文艺家协会把木版年画普查作为龙头项目，开启了历史上空前的对中国民间文化的地毯式普查。在中原腹地燃起了一代文化人对自己的文明炽烈的激情。

由是而下，整整十年。

这十年，不仅我们完成木版年画这一项中国重大文化与艺术遗产的全面普查、记录与整理，全国各地的学者专家还协助政府，将散布在中华大地上的文化遗存，一项项整理好，送入《国家非物质文化遗产名录》。现在，进入文化部国家非遗名录的有 1200 多项。如果再加上各省市和县级名录，至少有四五千项。现在可以说，绝大多数非遗，都进入了政府保护的视野。

那么，在基本完成了非遗工作之后，我们就大功告成了，不再管它何去何从了吗？

当然不是。应该说，我们进入了“非遗后”的时代。即完成了非遗认定之后的时代。在这个时代，政府方面的责任是很明确的。凡是认定非遗的都是国家财富，都在政府保护职责范围之内。政府保护的依据是今年全国人大颁布的《中华人民共和国非物质文化遗产法》。

那么专家学者做什么呢？我认为是四个方面的工作：科学保护；广泛传播；利用弘扬；学术研究。

科学保护。政府虽是遗产保护的责任人，但政府怎么知道保护什么和怎么保护呢？这便需要我们提供具体的保护范围、标准和方法。没有具体的保护范围、标准和方法，保护工作就会陷入茫然乃至落空。这便是“科学保护”根本意义之所在，我们要帮助政府做好这些事。

广泛传播。遗产的最高价值是中华文明的优秀传统。这个传统也是我们民族的精神生命。在社会转型期，如何使这些重要而美丽的遗产得到广泛的共识并共享，乃是我们的重要工作。

再有，便是利用与弘扬。这个工作便是怎样将遗产中的精华与当代生活和文化融合起来，延续历史脉络，充实当代文化。历史文明是一个文化大国之本，也是一个国家的文化自信之本。我们利用与弘扬的终极目的主要是精神性和文化性的。

最后回到我们自己的专业上来，就是学术研究。

必须强调，非遗是个时代性的新概念。在这个领域里，理论大大落后于实践，落后于田野。比如，我们所说的“非遗”，并不等同于“民间文化”。再比如年画调查，过去的调查基本是“艺术调查”，但作为非遗就远远不是“艺术调查”了，而是“文化调查”，甚至还要包括历史学与人类学调查。理论与学术的建设是逼到我们面前的工作，没有理论便会陷入盲目或乱无头绪。

民间文化其本质是生活文化，它的创造具有原始性、本源性，有感而发，一任自然。在社会转型中，对民间文化的传承既要原真地记录，又要有选择地传承。我的理念是“生活创造，文化剖析；民间创造，精英挑选”。我们是从“非遗前”时代走进“非遗后”时代的。我们要带着往日的责任与激情，在新的时期，努力使传统中华文明发出更大的魅力与光彩。

先贤已乘黄鹤去 思念长似湘水流

（2011年1月）

潘贵玉

2011年1月9日，我们敬爱的雷洁琼同志，这颗风雷驰骋有声有色地划过106年辉煌轨迹的巨星陨落了！噩耗惊魂，我木呆良久，脑海一片空白。继而又如梦如幻，似醒非醒，精神恍惚，怎么也不相信雷老就此离开了我们。直至慌忙赶至医院，亲眼目睹老人家安详长眠的仪容，才无法拒绝接受这一无可挽回的残酷事实。我在极度的悲痛中，禁不住潸然泪下。

我与雷老神交、晤交30余年，多少往事永铭心头！在这哀痛的时刻，无数亲切感人的情景，如同湘江春潮般漫过我的脑际，源源不断，绵无绝期。

在我的心目中，雷老既是著名的学者、杰出的社会活动家，又是民进的创始人和卓越领导人，更是传我以德、授我以智、予我以才、告我以仁的良师益友，与她交往是我一生的缘分和福分。我从北师大毕业刚刚步入社会，就有幸接触了有关民进的大量史籍，马叙伦等民进创始人以身许国的高风亮节深深感动了我。作为女性，我尤其钦敬雷洁琼同志为民族解放和振兴浴血奋战勇往直前的无私无畏精神，视之为自己学习的楷模。是雷老等民进前辈品德磁场的巨大力量，吸引我加入了民进的行列，并且很快就走上了从政的道路，从长沙市教育局长助理、北区副区长、长沙市副市长一路走来，雷老一直是我精神上的重要支柱。随着生活阅历的增长，我对她的感念日深，唯感憾怅的是，我与她老人家缘悭一面。

我终于美梦成真。1987年初春，我在北京参加民进一次会议，会场忽然有人欢叫；“雷老来了！”全场的目光迎向大门。雷老步履矫健向我们走来，略显高瘦的身板笔挺，毫无老态。她神采奕奕笑望着大家，当目光掠过我时，忽然停住并走了过来：“我想，你就是潘贵玉同志吧？”我心头一热，迎上前去：“雷主席好！我是潘贵玉。”她炯亮的目光望着我，握着我的手，微笑道：“两天前我在报纸上看过一篇关于你的文章，叫做《女副市长的金梭与银梭》。你这么年轻，在政府部门工作，取得这么好的成绩，我真高兴！”爽朗的广东口音亲切、真诚。雷老对我这个素未谋面青涩稚嫩的晚辈，竟如此熟悉和关爱，令我惊叹，感佩不已。我如实地汇报了自己的不足，表示需要不断地学习，她回应我的是热情的鼓励。谈及会内工作，雷老说：“参政议政是民主党派的历史使命，我希望民进能有更多的同志到政府部门任职，不是为做官，而是为参政议政，有位才能更加有为，为党为国为民做更多的好事实事。”那时民主党派参政党的定位尚未明确，所以我对雷老这些前瞻性观点感到新鲜。初次见面，她的坚毅、精干、睿智、慈和、充满活力，给我留下了深刻的印象。

晤聆教诲，深受启发，我的工作思路更加清晰、更加明确了。无论在长沙市工作，还是后来担任湖南省副省长、民进省委主委，我始终没有忘记雷老教导的历史使命，始终把参政议政作为一切工作的主题和主线，花大力气，下苦工夫，未敢丝毫懈怠。我们的课题调研不断迈出新路子，登上新台阶，取得新成果，在湖南政治、经济、社会生活中产生了广泛的影响。我们探索和总结参政议政经验教训，做到了“四个转移”：由少数头面人物孤军作战，向发挥会的整体功能、群策群力参政议政转移；由教育问题课题的单一性向政治经济社会生活课题的多样性转移；提升论题的高度，由眼前的、局部微观的较低层面，向具前瞻性、全局宏观战略的较高层面转移；由以人大、政协大会为唯一渠道，向多形式、多渠道转移。

1993 年末的民进中常会上，雷老邀我来到她的房间，递给我一摞剪报：“这是专写你的几篇文章，我从报上剪下的。你好好保存，对积累工作经验或许不无好处。”我的眼睛湿热了！当年她已 89 岁高龄，又担任全国人大常委会副委员长的重要职务，日理万机，却对我关爱到如此无微不至的程度，我何以敢当，何以为报！她邀我一同坐下，微笑道：“我赞赏你和湖南民进重视总结实践规律的做法。你们提出的参政议政的四个转移，有助于提升参政议政的水平。不过，我认为有几个方面尚需好好斟酌，进一步丰富和完善……”根据雷老的指示，我们组织会内外专家进行了认真的研讨。

1994 年初，民进中央决定在长沙召开全国参政议政工作研讨会。召开这样的会议，这在民进还是第一次，选址长沙，我知道这是雷老对我们的鞭策与激励，我们不能辜负老人家的良苦用心，进行了精心的筹划。5 月 25 日下午，雷主席完成当天全国人大常委会的工作，便率领会中央各位副主席风尘仆仆来到长沙。她顾不得休息，就和中共湖南省委书记王茂林同志长时交谈，接着又先后会见省人大、政府、政协的领导同志，晚上她又分别听取了几个省主委的汇报，深夜十点以后，还在准备第二天开幕式上的讲话。她身边的工作人员说，这一天雷老工作 16 个小时，据说她经常如此。我们无不为之感动！她在开幕式的讲话中强调：“利用这次机会，大家共同提出问题，研究问题，特别要多花一点时间来研究我们民进面对建立社会主义市场经济体制这样一个伟大的历史任务，如何摆对位置，找准角度，最大限度地发挥全会的整体功能，把参政议政工作生动活泼、富有成效地开展起来。”三天的会议，她听取了湖南等多个代表团的大会发言，同时湖南有关部门的同志有事拜访她，她也不得不接待。她的日程已经安排得很紧了，仍一再坚持要去农村考察。5 月 28 日我陪同她考察了长沙县一个村子，老人家非常习惯农村生活，诸如屠宰税、水费、柴米油盐酱醋茶都很熟悉，谈话都在点子上。仿佛游子回家一般，她和村里男女老少都很热络，问寒问暖，不时在小本本上作点记录。当得知她是全国人大常委会副委员长而且已是 90 高龄时，一位女青年惊讶得瞪大了眼：“她有这么老吗？不会吧，也不像个大官，我和她讲的来。她很像我奶奶，我奶奶才 60 多岁。”6 月 12 日雷主席写信给我，感谢对她的接待，并且说：“我在长沙期间，你将省政府的许多工作安排开，专门陪同我到农村考察访问，我内心很觉不安。你工作有魄力和实干精神，有你这样的好干部，是我会的光荣。你肩负副省长和民进省委主委的工作重任，预祝你的工作更上一个新的台阶。”由此可见雷老的严谨、认真、细致的工作态度，而且很有人情味，她对我寓引导于鼓励，寓鞭策于期盼，给了我强大的工作动力。

会中央参政议政工作研讨会大大促进了湖南民进的参政议政工作，特别是我陪同雷老考察农村时，老人家一段语重心长的教导，我时刻记在心上。她说：“我们的参政议政千万不要轻视农民问题，手中有粮，心中不慌；‘三农’不顺，大局难稳。农业是基础，是国家的命脉，是重中之重。”1994 年下半年我们就组织精干力量，赴衡阳市衡阳县西渡区清平乡清亭村考察，解剖麻雀，发现那里的农民负担重得惊人，情况严峻，问题严重，意见尖锐。我们写出考察报告，准备在年末的省政协大会上发言。可是这次考察活动一开始就碰到了乡、区、县、市个别握有实权同志制造的强大阻力，某位副省级领导甚至对我们打棍子、戴帽子，扬言要禁止我们发言。有的同志担心这个课题再搞下去，我的“乌纱帽”难保。雷老年高任重，我决计不用这些烦心事去打扰她，谁知她早就知道这些情况，在这年第三季度的中常会上，她郑重其事地找我谈话，神情异常严肃：“中国共产党是代表人民群众最根本利益的，而人民群众的拥戴又是共产党执政的基础和保障，两者是统一的。讲真话，如实反映情况，只要是真正关乎人民群众的根本利益，即使意见尖锐一点，党组织也会欢迎，因为这正是为了维护党的领导。要多同中共省委领导同志沟通，争取党委的领导和支持。要摆对参政党的位置，讲究策略，掌握分寸。不要蜻蜓点水，浅尝辄止，调查一次不行，就两次、三次，务求实实在在解决问题。”雷老的点拨使我进一步增大了胆识，我们顶住压力，理直气壮地在省政协大会上发了言，一只“麻雀”牵动三湘，全省反响强烈。根据雷老的指示精神，经过总结研讨，我们确定了考察活动的原则和条件，即：有胆尤须有识，帮忙而不添乱；当好主人兼配角，尽职而不越位；务求解决问题，切实而不表面。1995 至 1997 年我们按照这三个原则又赴清亭村跟踪考察 23 次，写出 15 篇考察报告，共提出 18 项减负建议，中共省委王茂林书记做了 6 次重要批示，围绕小清亭大话题举一反三，全省农村大力开展了减负工作，严肃查处了一批加重农民负担的违纪乱纪干部，数千万农民得到了实惠。清亭村党群之间、干部之间由减负前的“油水关系”、“水火关系”又回到了鱼水关系。湖南省政协主席刘正号召，将湖南民进追踪考察模式推广到全省政协系统。《人民日报》、《光明日报》、《人民政协报》、《农民日报》、《瞭望》等 45 家媒体追踪报道或重点宣传了我们的考察活动，在全国产生了较大的影响。实践证明，雷主席的意见是完全正确的。

雷老培育青年干部有一套科学的方法。她从不居高临下，耳提面命，从不讲空洞的大道理，而是平等待人，注重细节，春风化雨，循循善诱。她身教重于言教，德育统率智育。她的谈话充满教育家、政治家的睿智，言简意赅，深中肯綮，使人入耳入脑，印象深刻。回想 20 多年来她同我的谈话，可谓字字玑珠，句句金言，教益多多。1997 年记者为我写了篇题为《当效良材承大厦》的访谈录，承大厦的良材指的就是雷老等前辈，他们是我终生学习的榜样。访谈中我讲了三个问题：“我是时代棋盘上的一颗‘卒子’”，就是指的摆正自己的位置；“搞好工作的两个关键”，即必须处理好依靠、尊重党委和政府集体领导与大胆行使职权的关系；“一以贯之的三条原则”，即：努力学习不断完善自我的原则、密切联系群众的原则、坚定不移地依靠和维护中国共产党领导的原则。通篇贯穿了雷老同我的谈话精神。

历史列车驶入新的世纪，民主党派的新一代要接替老一辈走上领导岗位。当此之际，如何搞好政治交接，把老一辈在长期革命和建设实践中形成的优良传统和高尚风范一代一代传下去，保证中国共产党领导的多党合作和政治协商制度得到坚持和发展，这是民主党派面临的重要任务，也是党和人民对民主党派的殷切期盼。我回想起 20 多年来雷老对我的言传身教，重温她对我的一系列教导和指示，深有感触，写出《政治交接应抓住三个环节》，论述政治交接的核心：坚定不移地接受中国共产党的领导；政治交接的关键：始终不渝地实践“四个坚持”；政治交接的基础：加强自身建设，提高政治素质。胡锦涛总书记看了这篇文章，对此还作了批示。可以说，这篇文章是我重温雷主席长年教导的心得体会，字里行间折射了她的思想光芒。它能得到党的最高领导同志的认可，雷老功不可没。

庄子的《养生主》里说过：“指穷于为薪，火传也，不知其尽也。”膏脂燃料烧尽了，但火是永传不灭的。譬之于人的生理与精神，消长存亡亦然。人的形体生命毫无例外都得逝去，但圣贤豪杰、仁人志士的崇高精神和优秀品德之火是永传不熄的，它喷薄九霄，烛照八极，与天地共寿，偕日月同辉。我想，雷老的精神德范也必当如是。

贤哉，雷老！

在最高人民法院党外人士座谈会上的发言（提纲）

（2011 年 1 月 13 日）

王佐书

尊敬的王胜俊院长及各位领导：

今天，我想改革我发言的内容和形式，客气话一律不讲。

一、我所认识的人民法院

1. 人民法院是国家专政的机器；

2. 人民法院是维护社会稳定的重要力量，它既维护社会的稳定，做不好，又会给社会稳定添乱；

3. 人民法院是保障社会公平的最后底线；

4. 人民法院的工作水平是落实依法治国基本方略水平的重要表现形式；

5. 人民法院的任何一个判决，在社会上都有广泛的影响、广泛的效应，影响社会公平、公正，影响人们的价值观念，影响人们的道德规范，影响社会风气，影响精神文明建设；

6. 人民法院的工作影响国家软实力的形成；

7. 人民法院在为国家的综合国力做贡献，它既为硬实力助力，又为软实力助力；它既保证经济正常运转，又为社会风气的形成贡献力量；

8. 人民法院的工作影响自身的形象，影响国家的形象，影响执政党的形象，影响人们的心理；

9. 人民法院是国家公平形象的缩影；

10. 人民法院既判行为，间接又判思想。

二、人民法院所面临的基本形势

1. 工作量不断增加；

2. 案件的复杂程度、新案、特案的数量不断增加；

3. 犯罪人员反侦查能力不断增加；

4. 人们对法院办案质量的要求不断增加；

5. 办案工作对法职人员素质的要求不断增加；

6. 社会维稳难度不断增加；

7. 执行难度不断增加。

七个增加客观存在，并且会与时俱进地增加。人民法院改变不了客观形势，必须正视而且要拿出有效的办法来应对。

三、人民法院的工作性质和法院工作所面临的形势决定了人民法院要有素质、有能力出色地完成任务，这是国家的要求，也是人民的要求；这是面临的困难，也是必须克服的困难；这也是法院的工作能够得到人民拥护的关键。

四、思考问题的一个基本方法

为任何一项事业服务，总是一个体系为它服务。事业的成功常常是一个体系的成功；事业的失败常常是体系中的一个因素或一个环节的失败。这一方法要求系统意识，要优化系统，利用系统。这一方法，对法院的各项工作提出了什么要求呢？是值得研究的问题。

五、人民法院是社会精神文明建设的重要力量，人民法院对任何一个案件的判决，在社会上有广泛的影响，影响行动，影响思想。判助人为乐有罪，就是在打击助人为乐。

在民进中央第十届部门工作研讨会上的发言

（2011 年 2 月 10 日）

王佐书

从昨天下午到今天上午，各位部门负责人都作了发言，老话说“三人行必有我师焉”，现在是多人行必有我师。讲和谐机关，我谈24个字，即和谐机关、有序机关、制度机关、公平机关、团结机关、执行机关。和谐机关首先要变为一个有序机关；要想使我们的工作有序，就需要制度，那就要建设制度机关；有了制度以后，就需要办事，不但办事要办得好，还需要心平气和，这就需要公平机关；有了公平的机关，才能做到一个团结的机关；有了团结，才是一个真正执行的机关。这24个字，是我思考如何建设和谐机关这一问题的基本思路，也是我思考这一问题的基本方法，还是我评价一个机关是否和谐的基本标准。

一、有序机关

黎晓英同志讲到管理，我看过一些管理的书，能讲出上百个关于管理的定义，没有统一的、准确的定义，这是文科的特点。但我本人看管理，管理是变无序为有序，在有序的条件下，使固有的生产力能够发挥最大的效益。作为一个机关做到有序，实际上是对我们工作的一种要求，也是我们应当遵循的方针。要做到机关有序，我想有四个问题：

第一，我们做任何事符合有关的规律吗？

第二，我们所做的事符合有关的规章制度吗？

第三，我们所做的事符合程序吗？程序是决定结果的一个重要变量。如进攻伊拉克，先表决程序，同意这个表决程序吗？同意用这个程序来表决，再表决实质内容，这就是符合程序。在我本人看来，破坏程序是非常麻烦的一件事情，这也是被很多人不予重视的事情，有上级破坏程序的问题，有下级破坏程序的问题。举我个人的例子，我当副省长期间，有一次没经过厅长就直接找处长来开会，这是违背程序，是上级破坏程序的事例。下级有破坏程序的问题吗？如科长不经过处长直接把材料报给局长，同样两种情况，当事人一次不愿意，二次有想法，三次影响心情、影响关系、影响工作，可见，破坏程序是非常严重的问题，它破坏的是团结，但是我们仍有破坏程序的现象。

第四，工作最优化原则。什么叫最优化？这是教育学的一个概念，我把它迁移到工作中来。在当时的条件下，我们使用的人力、物力、财力、精力、时间最少，而获得的效果最好，这叫最优化；它不是固定的模式，它是一个要求，它要求我们创造性地开展工作，就是在当时的条件下，要走最捷径的路，花费最小，获得效率最大。

二、制度机关

机关制度建设说三层意思。要做到有序机关必须先是制度机关，几位部门负责人都讲到了制度问题。制度一是要科学，二是要符合实际，三是要与时俱进，这是制度最基本的要求。如用五十年代的《土地法》来管理现在的土地，显然远远没有与时俱进。建议各位对“与时俱进”加深理解，中国共产党文件没有对什么成语进行解释的，唯独对“与时俱进”这个成语进行了解释，即体现时代性、把握规律性、富于创造性，具备这三性叫与时俱进。民进的客观实际是什么？体现时代性，我们的时代性是什么？我们的工作有么规律？我们要什么样的创造性？这是第一层意思，关于制度的与时俱进。

第二层意思，制度建设是文化建设的重要内容之一。文化建设实质上分四层，第一层是物质文化，第二层是行为文化，第三层是制度文化，第四层是精神文化。制度文化是建设文化的切入口，非常重要。

第三层意思，规章制度体现的是领导的责任心、领导水平、领导能力、领导思路。规章制度是对任何一个部门工作定位、到位而不越位的起点、终点和关键点。首先要定位，之后要到位。

三、公平机关

有了规章制度，怎么做到公平？关键是按制度办事。按制度办事，要求我们一视同仁，任人唯贤，实事求是，无色眼镜。在这说一句话，一个小圈子就是一个单位的害群之马，谁在营造小圈子，就是在破坏和谐、破坏工作。像机关人员调动，如果做不好，对机关和谐气氛会带来损害，损害的是心灵的、精神的，损害的是对一个机关的认同，是对领导干部的认同。别看是一件小事，它可以影响一件大事。在这，我想强调一下，每个人都在用这杆秤称民进中央的每一件事，它是老百姓心中的一杆秤，每个人也都在这杆秤上被称着，你用这杆秤称别人，别人也在用这杆秤称着你。别人不说，我们不能看不到，也不能想不到。

四、团结机关

公平是团结的基础，制度是团结的基础，团结好了之后才是做好工作的基础。这个问题我不展开说了。

五、执行机关

关于执行机关，我想多说几句。朱永新副主席上午讲到执行力的问题。我的学习体会是，执行力由四要素构成：1. 执行者的意愿；2. 执行者对任务理解的程度；3. 执行者的素质；4. 对执行者工作的评价。

先说四句话，这是对我个人的要求，我用这四句话评价自己，也用这四句话评价别人。第一，任何一个人的工作都是全人格参与的过程。工作不仅仅是一个人智力、脑力、体力的参与，而是全人格参与的过程；第二，领导干部靠权力因素和非权力因素来领导。权力是领导干部支配的力量，非权力因素是领导干部在别人心目中的威信和其他的人格感情；第三，领导的威信是执行力，领导的威信是领导力，领导的威信是管理能，领导的威信是管理艺术；第四，任何一个人的工作都是透明的活动。我在教书时教给学生，教学是一个透明的活动，今天我把它迁移到工作中来，任何一个人的工作都是一个透明的活动，时刻影响着自己在别人心目中的威信。我始终认为我做任何事背后都有若干人看着我，我的工作就是透明的活动，在我本人看来，这也是一条原则。和谐机关落实在执行机关，执行机关落实在民主党派的六项职能。

关于执行力的四个构成要素：

1. 领导者的意愿。我本人认为，执行力是领导影响执行力的因素，加上执行者的执行力形成的合力。不考虑领导影响执行力的因素能行吗？我说的是道理，并非针对某个人，因为领导的威信影响执行者的心理、情绪、看法，领导的威信是一种教育能，这种教育能具有场的效应，不管领导在不在，都发挥作用，实际这对领导提出了各种各样的要求。首先是人品。我经常反思自己，自己做得如何，今天高友东同志说到作风问题，作风主要包含三大作风，即领导作风、领导干部工作作风、领导干部生活作风，当然还有思想作风、学风等。现在我们的作风应当实事求是，一定要克服漂浮的、浮躁的作风。我在当副省长期间，我和教育厅长有段对话。他说跟一位明白的省长干活真难干，因为太明白了；我说跟一位明白的省长干活真好干，干一点活他就看见了。总之，刚才说的办一件事情的四条规则，说到底还是要细致周密。在这里面，特别是领导的人品，即使处在不同的领导岗位上，领导都要（1）尊重别人，充分体贴别人的感受；（2）以身作则，要求别人做到的，自己首先要能做到；（3）实事求是；（4）关心下级。关心别人实际上也是在关心自己。你把别人的困难解决了，他的困难少了，有更多精力来工作；（5）体谅下级。充分体谅别人的疾苦。举个例子，我水平有限，一般不作序，但我曾为上海一所民办学校写序，原因是这所学校负责人的一番话让我十分感动。他说："我要下级做些工作，他们常常做不好、做不完，我首先想到的不是批评他们，而是想到他们一定遇到很多困难"。一名民办学校的企业家能有这样的认识，实属不易，他在群众中非常有威信，同事对他也十分拥护，心服口服。威信变成了执行力，威信变成了执行者的动力，由动力落实到执行力，就是这么一种简单的传递公式；（6）领导的能力；（7）领导的艺术。

2. 对任务理解的程度。现在我们各位部长对任务理解的程度怎么样，还要看你们的"三定"方案。我们有"三定"方案吗？"三定"方案需要修改吗？需要调整吗？需要进一步优化吗？需要研究对任务理解的程度，局长让处长干活，处长理解吗？理解什么？

3. 执行者的素质。执行者的素质怎么样？我们怎样培养执行者的素质？都需要很好的思考，涉及到轮岗，轮岗是培养执行者素质的一种方式，轮岗要适度。

4. 对工作的评价。以前是"李市长挖坑王市长埋，赵市长上台再重来"，坑挖三遍国内生产总值有了，但社会财富不增加。现在改了，改成和谐社会、科学发展观了，不仅仅拿国内生产总值来评价了。我们评价各个部门的工作，如何综合评价，现在确实应当很好的研究。任何一个评价体系都是听诊器（什么病)、方向盘（往哪走)、指挥棒（着力点)、推进器（推动工作)，任何一个评价体系都是如此12个字，如何在这上下功夫，是非常重要的一件事。

以上四点是执行力最关键的因素，通过它揭示了提高执行力的道理和规律，揭示了和谐机关的规律、方向、方法和措施。

下面我还想说几句话。一是领导永远是和谐机关的关键。我经常思考我自己，为机关做些什么？促进机关和谐了吗？做促进机关和谐的事情了吗？二是办任何事要为大家的工作提供方便；三是要充分体贴别人工作的难处；四是为别人工作制造良好的工作环境。

最后，我希望各位部长认真思考这个问题，也求教你们帮我思考这个问题。一种方法的改革会带来多少效益？一种方法的改革需要高科技吗？我举个例子尝试着回答这个问题。集装箱的出现有高科技吗？一点科技没有。集装箱的出现带来多少效益呢？改变了车厢、改变了码头，改变了飞机的大小，全改了。我建议大家记下20个字：集装箱方法、集装箱思想、集装箱意识、集装箱效益。现在还能找到这样的方法吗？这样的方法和刚才的最优化联系起来，在当时的条件下，我们使用的人力、物力、财力、精力、时间最少，而获得的效果最好。以后有机会可以多探讨有关方法的问题。

上午徐德安同志的发言，尽管言语不多，高调没有，说得很朴实，但反映了一个深刻的道理，人员的调动是否需要和具体部门沟通，至少通知一下。我认为这件事是非常必要的。我认为人员调动应至少和有关部门通报一下，部门没有决定权，也应有知情权。为此建议从下到上、从上到下要有具体程序。大家对此是否明确，如果现在对制度不明确，我们要明确制度；现在制度定好了，对程序不明确，我们明确程序、明确环节。人是最宝贵的因素，也是最重要的因素，每个人都关心自己的情况，今后应进一步明确人员调动时的有关环节，尽量消除不应有的想法。

同心聚智 惠民富民

（2011年3月2日）

王佐书

毕节试验区是统一战线服务科学发展的重要基地，试验区的创立是一大创举。“同心工程”的提出，也是一大创举。一年多来的实践表明，“同心工程”是深入贯彻落实中共中央领导同志批示精神的重要举措，是一项民生工程、德政工程。“同心工程”是统一战线服务科学发展的具体体现。其中，智力支持工程的实施增强了群众创业、就业本领，提高了劳动力素质，为推动毕节试验区从人口资源向人力资源转变注入了强大动力。改善民生工程的实施进一步完善了试验区公共设施和基础设施，让广大群众共享改革发展成果，使幸福指数不断提高。生态建设工程从统筹人与自然发展的理念出发，在环境保护、节约集约利用资源，推进资源节约型、环境友好型社会建设方面起到积极推动作用，为毕节试验区可持续发展奠定了坚实基础。示范带动工程的实施从“输血式”扶贫向“造血式”扶贫转变，切实增加了群众思发展、谋发展的思想观念，拓展了群众视野。“同心工程”是统一战线服务群众，改善民生的有效方式。“同心工程”的实施，解决了8万多人的饮水困难问题，一改贫困山区过去“为了一担水，跑断两条腿”的窘境；解决了22万人就近就医难问题；5.1万口沼气池建设，惠及群众15万余人，改善了农民的生活条件，提高了农民的生活质量，保护和改善了农村生态环境，促进了文明生态村建设。“同心工程”是统一战线汇聚人心，凝聚力量的重要载体。“同心工程”以统一战线的参与为主体，以国家部委的支持为保障，以东部发达地区的援助为依托，以民营企业家的奉献为支撑，汇聚了从中央到地方、从省内到省外、从海内到海外的多种资源，把各民主党派和中国共产党的意志凝聚在一起，把统一战线各方面的力量团结在一起，是统一战线大团结大联合本质的生动体现，又是凝聚各方力量、发挥各方优势建设试验区的重要载体。

我主要从宏观、微观等层面简要论述“同心工程”的实践原则。

一、以人为本原则

“同心工程”把保障和改善民生放在首要位置，以“民”为本，采取多形式“破解”民生问题，想试验区人民之所想，解试验区人民之所困，充分体现了以人为本的发展理念。“同心工程”项目和任务的提出，顺应民意，体现民心，作为贯彻以人为本科学理念的具体体现，工程本身涉及老百姓用水、用气、医疗卫生、教育、就业等切实利益的实事、好事，在实践中更要坚持群众利益至上的原则，本着对人民负责的态度，怀着对人民的感情做事，始终要使这项德政工程持续惠泽民生。

二、坚持开展“同心工程”的政治性原则

作为统一战线服务科学发展的一项工程和载体，任何项目、举措要从坚持和完善中国共产党领导的多党合作和政治协商制度的高度去考虑，否则就容易迷失方向，就会等同于一般的公益慈善活动。“同心工程”具体实践，要体现中共中央的要求和精神，要以高度的政治责任感和使命感，牢固树立全局意识、责任意识，切实加强组织领导，作为一项重要政治任务持续抓实抓好；要引导试验区干部群众与统一战线广大成员从讲政治的高度，充分领会、理解、认识这项工程的政治意义，以及对推动试验区建设发展和改善民生的重大意义，切实统一思想，提高认识；要注意虚实结合，宣传“同心工程”的新成绩，统一战线的新风貌，让更多的群众受影响、受感动，实现政治效益和社会效益的双丰收。

三、坚持智力服务为主的优势发展原则

“同心工程”的主战场还要依靠当地党委和政府，统一战线在人力、物力、财力等方面资源毕竟有限，在实践中要注意发挥智力优势、体现统战特色。贾庆林主席一再指出，参与毕节试验建设是以智力扶持为主要特点的。要通过发挥智力优势，打造品牌，以点见面，提出真知灼见，积累参政议政素材，为试验区经济社会发展出主意，谋划科学发展；要通过发挥智力优势，带动试验区人才强区战略的实施，着力培训教育医疗人才，切实改变试验区人才匮乏的局面，落实好人口控制与人口素质提高这个试验区建设的主题；要通过发挥智力优势，开展农村剩余劳动力、实用技术人才等培训，帮助增强试验区群众特别是农民兄弟的创业就业本领，提高劳动力素质，推动毕节试验区从人口资源大区向人力资源大区转变。

四、坚持集智聚力的原则

统一战线本身有大团结、大联合的特色，要着力推动形成实施“同心工程”的整体优势。首先要聚合项目，打造“同心”品牌，要适时创造性地推出“同心工程”品牌项目，搭建平台；二是聚合资金，把国家有关部委的政策项目资源与广大非公经济人士乃至港澳台地区资金资源有效整合起来；三是聚合人力，要力争形成上下联动，即从中央到地方、基层联动的局面，要形成左右联合即统一战线各个方面与政府部门沟通协作的模式，逐步达到统筹兼顾、借势合力的程度，加大工作力度，突破自身局限，实现工作突破。

五、坚持求实务实的原则

以改善民生为主要内容的“同心工程”，针对老百姓饮水、就医、照明、烧饭等实际切身问题以及提高老百姓自身创业就业本领来开展，深受老百姓欢迎。很多项目，“同心工程”都是想群众之所想，急群众之所急，把老百姓困难作为目标任务。所以要切实把每一项工作都做细、做实、做好，把每一个项目都尽力做好、做强、做大；要坚持质量标准，杜绝半途而废，好高骛远，切忌花架子，严格落实责任，扎实推进“同心工程”；进一步细化方案，细化工作任务和措施，层层分解，责任到人，制定项目进程表，严格把关。总之要坚持不懈，把实事办实，把好事办好。

六、立足实践，强化自身的原则

毕节试验区同时是民主党派加强自身建设的重要载体。统一战线要在“同心工程”生动实践中，不断深化对中国共产党执政兴国、执政为民理念的认识，深化对社会主义制度优越性的认识，更加坚定与中国共产党肝胆相照、共创伟业的坚定信念；要通过“同心工程”实践增强贯彻落实好科学发展观的自觉性、主动性与坚定性，增进与广大人民群众的感情，加深对国家方针政策的理解；通过“同心工程”的生动实践加强对民主党派骨干成员和机关干部的培养锻炼，提高干部队伍的整体素质与合作共事的能力。

七、改革创新，谋求最优化工作方式的原则

“同心工程”工作的实践，贯穿了发展理念、模式的创新，通过多种方式与管道，不断更新思想观念，增强创新思维，在教育体制改革、农村土地流转、投融资、城镇化工业化等方面进行探索和改革，帮助毕节试验区发挥先行先试的作用。要实现资源最大组合，力争以最小投入，获得最大效益，做到由被动变主动，在具体工作实践中做好咨询、沟通、协调、服务，从单一转向统筹，把智慧、资源、力量整合起来。

八、完善机制、落实责任，确保完成任务

首先进一步完善统一战线参与支持毕节试验区建设工作联席会议职能，制定好“同心工程”工作计划，研究重大问题，加强督促检查，做到年初有计划、年中有调研、年终有报告。建立健全信息通报、联络联系、情况简报等制度；加紧推动东部十省市统战部门帮扶机制的运作实施。

推动试验区和贵州省加强组织领导，研究制定实施方案，召开专题会议，调度项目实施；落实项目建设工作责任制，确保项目有效推进，各项目单位制定具体实施方案，制定项目进度安排时间表，形成部门牵头、多方参与工作推进机制；对“同心工程”进行专项督查。

总之，在新的历史起点上，“同心工程”以智力支持为主线，以改善民生为重点，着力打造“同心工程”品牌，努力把试验区建设成为人民生活富裕，综合实力雄厚，生态环境优美的试验区。

增强责任感和紧迫感 推动会史工作再上新水平

——在民进全国会史工作会议上的报告

（2011 年 6 月 14 日）

王佐书

同志们：

今天，民进全国会史工作会议在江阴召开，希望大家了解江阴、学习江阴、思考江阴，这是改革开放的成果，增强对改革开放必要性重要性的认识，这是会中央召开的一次十分重要的会议。这次会议的主题是：交流总结经验，着重研讨“口述会史”工作以及充分发挥会史教育基地作用，进一步探索会史工作及会史研究的方法和规律，使其更好地发挥资政育人的作用。

下面，我主要讲三个问题。

一、近年来会史工作回顾

民进十大以后，新一届中央委员会高度重视会史工作。会中央领导多次强调会史工作的重要性，并把会史工作作为实现我会政治交接，树立和践行社会主义核心价值体系，建设学习型政党的基础性工作。2008 年初，根据工作需要，会中央调整了会史工作领导小组，并增设了民进中央会史工作委员会，根据我会实际，确定了今后一段时间内我会的会史工作要以史料的收集、整理、抢救、编辑为重点，努力实现“新账不欠、老账抓紧还”的工作目标。

近年来，我会的会史工作主要做了三方面的工作：

1. 会史资料的抢救收集、整理和出版。

为落实“新账不欠，老账抓紧还”的工作要求，会中央加强了会史资料的收集和出版工作。会中央与省级组织和领导人的亲属合作，编辑出版了《周建人》、《吴若安》、《车向忱》、《林汉达》、《赵朴初》、《柯灵》等民进领导人的传略。面向全会收集会史资料，发动老同志和会内外专家撰写文章，组织人物专访，并对散见于各种书报杂志、档案中的会史资料进行收集编辑，相继出版了《民进会史资料选辑》第四辑和第五辑。在资料的收集过程中，各省级组织积极配合，向会中央提供了许多珍贵的会史文字和图片资料。会史人物传略和会史资料的整理出版，大力宣传和弘扬民进老一辈领导人在与中国共产党的长期合作中形成的高尚风范，为深入开展我会优良传统教育提供了基本素材、奠定了坚实的基础。

为纪念民进成立六十周年，会中央编辑出版了《民进风采》大型图册。图册展现了中国民主促进会60年来，特别是改革开放以来，我会与中国共产党荣辱与共、共同奋斗的光辉历程，体现了我会坚持接受中国共产党的领导，坚持“爱国、民主、团结、求实”，坚持立会为公的优良传统，是激励我会继续前进、加强自身建设的宝贵教材。

为庆祝雷老百年华诞，会中央编辑出版了《雷洁琼画传》。画传精选了雷老各个时期近300张图片，生动凝练地反映了雷老百年的人生道路和历史功绩，展现了雷老的高尚风范和人格魅力，《雷洁琼画传》是我会优良传统的生动体现，是会史教育的生动教材。

为充分发挥会史资料的资政育人作用，会中央在全会开展搜集整理口述会史资料的工作。在继续做好建国前我会史料征集的基础上，广泛征集和整理新中国成立以来我会各级组织和广大会员“亲历、亲见、亲闻”的会史资料，这是适应形势发展需要提出的新要求。口述会史的独特价值在于，它是由“亲历其事者娓娓道来”的口述回忆。口述会史从不同角度反映广大会员对我会历史事件的认识和看法，蕴含着宝贵的经验和深刻的教训，有利于我们冷静地观察和反思历史，从历史事件的演变和历史人物的沉浮中获得解决现实问题的智慧和才能。会中央《关于在全会开展“口述会史”工作的通知》下发后，各地方组织积极行动，根据实际情况和自身条件，对本级组织成立以来的重大事件、历任主要领导同志、取得突出成绩的基层组织、作出突出贡献的会员等进行梳理，列出采访或约稿的名单，确定口述人，通过录像、录音、记录等搜集到的相关会史资料，及时整理。这次会议还将专门就口述会史工作开展讨论，介绍经验。

会史文物是会史资料的重要部分，会史文物在会史教育中具有独特价值和作用。为进一步充实会史资料，增强会史教育的实效性，会中央在全会开展征集民进创始人重要历史文物的工作。通知下发后，各省级组织通过多种形式深入宣传发动，特别是积极动员鼓励创始人的亲属、后代、好友和离退休的老领导、老会员、老同志积极参加征集活动。徐伯昕、周建人、林汉达、雷洁琼等前辈的亲属相继向会中央捐献了文物，这些文物对于教育和引导广大会员继承和弘扬我会优良传统发挥了重要作用。

在抓紧还清老账的同时，努力做到不欠新账。会中央2008年决定编辑出版《中国民主促进会年鉴》。年鉴以中国特色社会主义理论体系和中共十七大精神为指导，以我会的职能为主要线索，遵循唯物史观的基本要求，全面、系统、真实地收集和记述民进每年度全面加强自身建设，努力推动建设适应时代要求的高素质参政党进程的情况；认真履行参政党职能，为促进经济社会又好又快发展所取得的成绩和经验，为各级领导科学决策提供依据，为广大会员及社会人士了解民进提供资料，为今后研究民进自身建设和履职情况提供依据。目前，已经出版了2008年、2009年《中国民主促进会年鉴》。

2. 会史的学习、研究与宣传。

加强会史工作，是深入开展中国特色社会主义主题教育活动的重要内容之一，对于我会树立和践行社会主义核心价值体系，建设学习型参政党，具有重要意义。近年来，会中央以纪念中共发布“五一口号”60周年、纪念新中国成立60周年和中国共产党领导的多党合作和政治协商制度确立60周年、民进成立65周年等重大活动为契机，深入学习和宣传我会的光荣历史和老一辈领导人的高尚风范。会中央举办了纪念周建人同志、王绍鏊同志120周年座谈会，举办“我的幸福观——庆祝雷洁琼105华诞座谈会”，号召全会继承和弘扬民进老一辈领导始终坚持自觉接受中国共产党领导的政治立场，始终坚持与中国共产党亲密合作、同心同德的政治态度，始终坚持致力于社会主义事业发展的奋斗精神。

3. 会史教育基地建设。

设立民进会史教育基地，为开展我会优良传统教育提供会员喜闻乐见的方式和载体，是近年来会史工作的一个新举措。会中央一方面对机关的民进会史展览进行了扩建，充实了内容，增加了多媒体演示和历史文物，增强了会史展览的教育功能，使民进会史展览成为会史教育的重要基地。近两年来，接待近40批，约1000人次参观；同时制作了《中国民主促进会》宣传片，通过影像介绍了民进的发展历史和现状，展示了民进的优良传统和风采，起到了宣传民进，宣传中国共产党领导的多党合作和政治协商制度的作用。另一方面，会中央与地方组织合作，对上海民进成立旧址进行了再建设，在江苏同里建立了王绍鏊纪念馆，积极提供大量会史资料，配合重庆中国民主党派历史陈列馆民进展厅的建设。

在此基础上，为实现资源共享，充分发挥会史教育资源的作用，会中央将各地所建的涉及民进历史、民进人物的纪念场所进行整合，确定了16处民进会史教育基地，包括民进成立地，民进创始人或主要领导人的纪念馆、故居、个人塑像、纪念碑，民进历史上重大事件发生地等。为我会各级组织结合会议、培训、参观等各种活动，提供有效的会史教育活动载体，为深入学习会史、研究会史、宣传会史，将我会的优良传统不断发扬光大，提供了实实在在的实物。目前，关于如何充分利用好、发挥好教育基地的作用，如何发挥好我会各级组织和教育基地两个积极性，如何进一步完善教育基地中关于民进会史的内容等问题，我们需要进一步开展研讨，总结经验，取得共识，使会史教育基地发挥更大的作用。这次会议邀请了部分教育基地的负责人参加，专门安排时间与所在的省级组织一起进行沟通和研讨，为全会利用好教育基地提出宝贵的意见和建议。并建立起能长期加强合作的机制，实现教育资源的共建共享，使其发挥更大的作用。

我会的会史工作得到了各级地方组织的大力支持。地方组织在向会中央提供了大量的会史资料的同时，还着手编写地方民进史，参与地方志的编写工作，出版各种会史资料专辑，开展口述会史等活动。一些省级组织已经完成了编史工作，还有些地方组织出版了各种会史资料专辑或会史读本。

二、开展会史工作的主要做法

在会史工作中，我会始终坚持与时俱进，紧跟时代的发展，紧密结合会务工作的需要，多年来在实际工作中积累了许多宝贵的经验，希望大家在这次会议上能够很好地交流。我会开展会史工作的三点主要做法。

1. 坚持把会史资料的抢救整理作为会史工作的首要任务。

努力实现“新账不欠、老账抓紧还”，主要讲的是会史资料的抢救整理。会史教育、会史学习、会史的研究与宣传，都是建立在大量史料的基础上，没有一定数量的、内容翔实的史料，所有的工作都成了无本之木，无源之水。近年来，我会坚持以史料的抢救整理为重点，作了一些工作，取得了可喜的成绩。但从总的情况看，我会的会史资料还处于缺失状态，我会保存的一些史料也有待进一步考证。我们开展的口述会史工作，也正是希望通过这项工作抢救出来一批宝贵的会史资料。今后还要进一步加强史料的抢救意识，会史的抢救整理过程，也是学习宣传会史、凝聚会员的过程。

2. 坚持把资政育人作为会史工作的根本任务。

随着多党合作事业和民进事业的发展，会史工作越来越显示出其为时代立鉴作用的重要性和紧迫性，时代越发展、社会越变革，越需要“以史资政”、“以史鉴今”，只有坚持不懈地发挥会史的资政育人作用，才能保证我们在前进的道路上保持清醒和坚定。关于资政育人，就民进来说，我们要深入思考以下几个问题：拿什么资政？拿什么育人？怎样资政？怎样育人？资什么政？育什么人？在长期的革命和建设中，马叙伦、周建人、叶圣陶、雷洁琼等民进老一辈领导人团结和带领全会一道前进，形成了坚持接受中国共产党的领导，坚持爱国民主团结求实，坚持立会为公的优良传统；逐步形成立会为公、参政为民的共同价值理念；逐步形成“知行合一、爱民亲民、淡泊名利、不尚空谈”的作风。这些优良传统是民进的宝贵精神财富。民进的后来人要学习民进前辈坚定的政治信念和高尚的精神风范，不断增强对优良传统的理解和把握，真正使我会的优良传统，融入到每一名会员的思想中，成为民进全会的一种思想自觉和行为自觉，在工作实践中不断赋予优良传统以时代内涵，保持和增强我会的进步性、凝聚力和组织活力。

3．坚持会史工作与其他工作相结合。

会史工作是我会自身建设的重要内容。会史工作不是单纯的资料收集整理，要有科学严谨的态度；会史宣传不是枯燥的说教和照本宣科，要讲求实际效果；会史研究也不是干巴巴的教条，要在史料的基础上，提炼出我会优良传统的时代价值。我会自身建设和履行职能的成果，为会史工作提供了源源不断的丰富内容，因此，会史工作必须坚持与时俱进，根据形势和任务的变化，与全会的各项工作紧密结合，真正发挥资政育人的作用。近年来，我会将会史工作与深化坚持走中国特色社会主义主题教育活动相结合，与树立和践行社会主义核心价值体系，建设学习型参政党相结合，充分发挥会史的作用，引导广大会员立足本职岗位，甘于奉献，在岗位上体现价值，在工作中实现理想。

三、进一步开展好会史工作的几点建议

关于如何做好会史工作，大家在这次会上将进一步讨论，下面，我初步讲四点意见。

1．进一步增强对会史工作重要性的认识。

会史工作是继承和发扬我会优良传统、不断深化政治交接的需要；是加强自身建设，把我会建设成为适应时代要求的高素质参政党的需要；是我会提高履行职能水平的需要，也是提高会员和干部队伍素质的需要。各级组织要深刻认识会史工作的重要性和紧迫性，把会史工作作为一项重要工作，认真部署，制定相关制度，配备人员和设备，扎实推进工作，使会史工作成为一项常态化工作。当前要切实做好口述会史工作，精细制定方案，精编采访提纲和人员名单，采取座谈会、茶话会、个人采访等多种形式，抓紧抢救整理我会各级组织和广大会员“亲历、亲见、亲闻”的会史资料。要充分调动会员尤其是年轻会员的积极性，动员他们参加口述会史工作，在参与工作的过程受到教育和激励，增强作为一名民进会员的光荣感和使命感。

2．进一步推动会史研究工作。

会史资料的收集整理，是开展会史研究的基础，会史研究是会史资料的应用和提升，我们要坚持二者并重，互相促进。开展会史的研究，要注意揭示史料背后特别是史料所体现的思想、精神，提升史料的时代价值，利用会史为现在工作服务。会史研究的基本内容包括民进和中国共产党风雨同舟、肝胆相照，为实现共同的目标团结奋斗的过程；民进自身的建设史；我会各个时期的发展脉络、历史人物、政治主张等等。只有对民进的历史做深入的研究，以辩证唯物主义和历史唯物主义为指导，按照历史发展本身的逻辑，从复杂多样的现象中，研究探索现象背后的原因和发展规律，我们的观点才能令人接受，令人信服，才能得出有血有肉、和具体史料相融合的科学结论。会史研究要坚持史为今用的原则，要通过对历史的研究达到对现实的正确认识和把握，从历史和现实的对比中，通过冷静思考，总结过去，达到指导现在，开创未来的目的，为我会在新时期更好地履行参政党职能、加强自身建设发挥作用。

3．建立健全会史工作队伍。

各级组织要从本地实际出发，建立健全两支队伍：一是研究队伍，可以先发动组织退休的老领导、老会员和一部分熟悉民进历史的会员从事这项工作，在此基础上逐步形成一支老中青结合、专职和兼职结合的会史研究的骨干队伍；二是工作队伍，机关要配备干部负责会史工作。要通过举办培训班、研讨会等多种方式，提高会史工作队伍的政治素质和业务水平。要建立健全激励会史人才发挥作用的有效机制，激发工作队伍内在活力。要按照集智聚力的要求，加强与高校、社院、科研机构、学术团体的联系，探索建立会史研究和宣传的合作平台与协作机制。

4．加强工作联动，实现资源共享。

会史工作是全会的事，需要各级组织共同努力，要形成会中央、省级组织、市级组织、基层组织的工作联系网，实现上下联动；要形成省级组织之间、市级组织之间的横向联动。会中央要制定全会会史工作规划，并对各项具体工作制定计划，协助和指导地方组织做好会史工作；各级地方组织要制定各自的会史工作规划和工作计划，加强培训，相互交流，深入研讨，相互学习，相互促进，实现资源共享，推动全会会史工作的整体发展。

同志们，学习会史，研究会史，宣传会史，利用会史做好民主党派的工作，继承和弘扬民进的优良传统，发挥会史资政育人的作用，是把我会建设成为适应时代需要的高素质参政党的迫切要求。各级组织一定要以强烈的历史责任感和使命感，增强做好会史工作的紧迫感，切实取得并认真总结会史工作的新成果和新经验，更好地为我会加强自身建设和提高履行职能的水平服务。

在民进树立和践行社会主义核心价值体系先进会员事迹宣讲大会上的讲话

（2011 年 7 月 20 日）

王佐书

同志们，朋友们：

学习、树立和践行社会主义核心价值体系所倡导的价值观是国家永恒的主题，也是中国民主促进会永恒的主题。这是建国、强国的需要，也是建国、强国的规律。中国民主促进会将根据我会的实际，审时度势，与时俱进，开展各种活动，着眼实效、研究实效、注重实效、落实实效，在实效上狠下工夫，力争在实效上取得更好的效果。

今天的活动，仅仅是我会系列活动中的一个。袁敬华、吴正宪、唐瑾、修保同志用自己扣人心弦、感人肺腑的生动实例，践行着社会主义核心价值体系，为我会会员学习、树立和践行社会主义核心价值体系树立了榜样。他们是我会会员的代表，也是我会无数践行社会主义核心价值体系会员的缩影。

袁敬华同志是聋儿语训学校校长，她怀着对人民、对教育的深厚感情，克服了令人难以想象的困难，用自己的青春、自己的心血、用自己的毅力与智慧，把对父母的孝顺转变为对聋哑儿童的热爱，用爱、用意志浇灌着聋儿语训学校的成长，培育着聋哑儿童茁壮成长。袁敬华同志深知，她在做“幸福一个人，能幸福几代人”的事。她用自己的爱心，真正地给聋哑儿童送去了幸福，给聋哑儿童的家庭送去了幸福，为和谐社会做出了卓越的贡献。在袁敬华同志的身上，真正看到了爱的力量，人们真正地看到、真正地感受到用爱结出的果实，她也真正享受到了爱给她带来的幸福。袁敬华的足迹真正展现了人生的价值和幸福。袁敬华同志用爱为社会主义制度的优越性贡献着自己的一切力量，她是在把自己的幸福建立在为别人创建幸福基础上。

吴正宪老师从普通教师成长为一名特级教师，从儿童教育到教师教育，她始终践行着师德的楷模、育人的模范、教育的专家，她始终践行着尊重、理解、善待、读懂、学会期待——她广义的学生观、教学观。大家知道，经济解决今天的问题，科技解决明天的问题，教育解决后天的问题。从吴正宪老师的身上，我们真正理解“教育解决后天问题”的真正含义。吴正宪老师在用自己的人格、教育的艺术，用她的真诚打开每个学生的心灵，用她的心血、耐心、细心、爱心、责任心和同情心，铺设学生茁壮成长的道路。在吴正宪老师的身上，真正体现了教育的本质：人格需要人格的教育，智慧需要智慧的启迪，这就是教育的真谛。从吴老师的教育实践中，看出了也说明了应当怎样办好教育、应当怎样当好教师，什么是真正的教育。今天的教育应当改革什么？在我看来，没有以人为本、没有感情、没有同情心的教育，永远是失败的教育。吴老师为了使更多的儿童受到良好的教育，她由教育学生到教教师，由当学生的朋友转为当农村教师的朋友，她用自己的品德、知识和高超的艺术践行着、贡献着自己的人生价值，描写着自己的人生轨迹。

唐瑾同志是一名编辑，她默默无闻、踏踏实实，为翻译、编辑、出版图书贡献自己的力量，也践行着自己的人生价值。她的身上，我们清楚地看到，“行行出状元”，行行对国家都会有巨大的贡献。这里，我们可以把“出”字翻译为毅力、责任心、智慧和能力。唐瑾同志谦虚谨慎，但她从不墨守成规，她在学习中孕育着创新，在创新中体现着对我国文化事业的贡献、体现着对编辑工作的研究和思考。实际上，她在创新中实现着自己的人生价值，在创新中凝聚着她的毅力，展现着她的责任心和人格特征。唐瑾同志是全国卓有成绩的、人小而名声大的编辑，编辑工作已伴随她走了半生，但是面临组织需要，她坚决服从组织的决定，放弃自己熟悉而喜爱的工作岗位，到民进湖北省委会做秘书长。我们清楚地看到，在她的身上，一个人的工作是全人格参与的过程，是一个人的全人格在支持她的工作。唐瑾同志在她人生的四次转折中，诠释她的人生价值，这就是出色工作、参会为公，衷心祝愿唐瑾这沙子中的金子，永远发光。

修保同志是一名律师，为伸张正义，为保护公平和正义，走上了律师的道路。律师是依靠法律吃饭的职业，以维护公平和正义为自己的神圣职责。律师应当靠事实吃饭，靠良心吃饭，靠对人民的感情做好本职工作。修保同志用无数事实践行着他“不畏权势、刚直不阿、忠于法律、维护正义”的律师观。修保同志为人民义务维权，为弱势群体无偿代理案件 586 件，这就是他全心全意为人民服务的真实写照，也是他学习、树立和践行社会主义核心价值体系的真实写照。不为金钱、不要金钱，为了人民的利益还要自己贴钱，这就是修保同志的精神、品德和对人民负责的精神。修保同志的工作，在为人民服务的同时，还要和腐败作斗争，他以自己的智慧、毅力、维护正义的决心和信心，以对人民的热情和同情心，打赢了多场难以打赢的官司。这是他为社会稳定所做的实实在在的工作，可以说功不可没。修保同志“与人为善，德济天下”，“德”字染红了他的人生道路。

同志们，朋友们，今天的活动，仅仅是我会学习、树立和践行社会主义核心价值体系系列活动中的一个，民进中央将根据我会实际，继续推进学习、树立和践行社会主义核心价值体系活动，为中国特色社会主义政治发展道路和谐社会贡献我会的力量。

再次感谢四位发言人，为我会送来了精神食粮！感谢民进吉林省委会的全体同志，为我们送来了周到的服务！让我们记住今天难以忘怀的时刻，衷心希望它激励永远！

谢谢大家！

为研究统一战线内在基本矛盾提供研究线索

——在统一战线内在基本矛盾座谈会上的发言（提纲）

（2011 年 9 月 8 日）

王佐书

说明：

1. 本文纯属学术研究，力图用学术研究的方法来研究统一战线内在基本矛盾，不当之处，敬请批评指正。

2. 本文提出若干问题，力图在思考这些问题的基础上，对统一战线内在基本矛盾做一研究。

3. 为节约篇幅，一些思考凝聚在问题之中，问题只引发思考，没有回答的必要，因此不做解答。

一、基本矛盾不能等同于主要矛盾

1. 什么是基本矛盾？
2. 什么是主要矛盾？
3. 基本矛盾等于主要矛盾吗？
4. 基本矛盾包含主要矛盾吗？
5. 基本矛盾排斥主要矛盾吗？
6. 有必要区分基本矛盾和主要矛盾吗？
7. 区分基本矛盾和主要矛盾的意义何在？
8. 人民日益增长的物质文化需要同落后的社会生产之间的矛盾是社会的主要矛盾，如何理解这一矛盾是主要矛盾而不是基本矛盾？其对理解统一战线内在基本矛盾有什么启示？
9. 基本矛盾是不变的，主要矛盾是变化的，可以这样理解吗？

二、对基本矛盾的解释

根据《现代汉语词典》解释基本矛盾：

规定事物发展全过程的本质，并规定和影响这个过程其他矛盾的存在和发展的矛盾。

《辞海》解释：基本矛盾亦称根本矛盾，基本矛盾是规定事物发展全过程的本质的矛盾。

研究统一战线内在基本矛盾，有必要研究规定和影响统一战线内在其他矛盾的存在和发展的矛盾。

需要研究的是：

1. 什么矛盾在规定着统一战线内在的其他矛盾？
2. 什么矛盾在影响着统一战线内在的其他矛盾？
3. 什么矛盾在规定着事物发展全过程的本质？

这“什么矛盾”应当是统一战线内在基本矛盾的本质表征。

三、分类的分类

分类是分析事物的一种方法。

分类可以分为现象分类和本质分类。

现象分类是根据事物的表面现象而进行的分类。

本质分类是根据事物的本质而进行的一种分类。

本质分类是现象分类的进一步认识。

对事物的分类力争达到本质分类。

对事物的本质分类是逐步深入的。

分析事物以对事物的分类最好用为标准。

人们在分析事物中，有时用现象分类，有时用本质分类。

四、如何表征一事物的基本矛盾

表征一事物可以从不同角度、不同侧面、不同特点来描述。如何描述、怎么描述、描述到什么水平，完全取决于对事物的认识和工作的需要。

1. 表征一事物的表面现象？
2. 表征一事物的结果？这一结果是表面现象吗？
3. 表征影响结果的某些内容？这一内容是基本矛盾吗？

如何表征统一战线内部基本矛盾，如何表征，表征到什么水平，决定于认识的水平和工作的需要。

五、关于“同”和“异”（统一战线的同和异，约定成俗）

1. 同和异是统一战线存在的条件；
2. 同和异是统一战线存在的结果；

3. 同在不断地变化之中；
4. 异在不断地变化之中；
5. 同和异在相互变化之中；
6. 同和异在相互影响之中；
7. 不同的人群存在着不同的同和异；
8. 社会发展的不同阶段存在着不同的同和异；
9. 应当看到同中之异；
10. 异并不一定代表错误，因此异不是判断错误的标准；
11. 针对不同的人群，同和异有时会发生质的变化；
12. 同有不同层次的同，异有不同层次的异；
13. 要看到表面上的同，还要看到本质上的同；
14. 要看到表面上的异，还要看到本质上的异；
15. 如何表征同和异，有针对现象的表征，有针对本质的表征；
16. 表征同和异，应有利于统一战线工作。

同与异，对与错，是与不是永远是矛盾的统一体。

矛盾的统一体是不是某一事物中的基本矛盾（根本矛盾）应当进行分析。

同与异，是一事物发展变化的结果，是表面现象，属于现象之类。

需要仔细研究的是：

1. 是什么决定同和异？
2. 是什么改变同和异？
3. 是什么影响同和异？
4. 是什么调节同和异？
5. 是什么可以扩大同？
6. 是什么可以缩小同？
7. 是什么可以扩大异？
8. 是什么可以缩小异？

研究这“是什么”，在研究决定同和异的主要矛盾，在研究决定同和异的决定因素。

同和异是表面现象，决定同和异的才是本质问题。研究决定现象的因素是否在研究基本矛盾？能帮助人们更好地把握事物的本质吗？

六、领导权问题是统一战线的根本问题

▲办好中国的事情，关键在党。

▲领导权问题是统一战线的根本问题。

▲中国共产党对统一战线的领导，主要是政治原则、政治方向和重大政治方针政策的领导。

▲坚持和改善中国共产党对统一战线的领导，要靠中国共产党的正确路线和政策，靠党组织的政治坚定性，靠广大党员的先锋模范作用。

▲要坚持发挥党总揽全局、协调各方的领导核心作用。

对统一战线的领导权不存在“求同存异”的问题。同样，基本政治制度、统一战线中的原则等不存在异的问题。

七、统一战线内在基本矛盾

基本矛盾即根本矛盾。

根本矛盾决定事物的质。

基本矛盾是规定事物发展全过程的本质的矛盾。

研究基本矛盾，就是要研究什么决定事物发展变化。

根据这些认识，我个人认为：

统一战线内部基本矛盾：

从现象的角度表征是同和异的矛盾。

从本质的角度表征是中国共产党在统一战线内制定的路线、方针、政策等与实际效果之间的矛盾。这一路线、方针、政策决定同与异，影响同与异，调节同与异，改变同与异，同与异是路线、方针、政策有效落实的结果。

八、工作中的基本原则

1. 理论原则

(1) 制度原则

(2) 原则、准则原则

(3) 目标、任务、要求原则

(4) 发展变化原则

2. 实践原则

(1) 实事求是原则

(2) 以人为本原则

(3) 同盟者利益原则

(4) 耐心细致原则

3. 方法原则

(1) 理论联系实际原则

(2) 与时俱进原则

(3) 贴近实际原则

(4) 讲究实效原则

(5) 最优化原则

九、研究统一战线内在基本矛盾的意义

1. 有利于分析事物的全貌；

2. 有利于分析事物的本质、把握本质；

3. 有利于把握事物发展的方向；

4. 有利于把握事物中的要素及其关系；

5. 有利于优化工作中的方法、步骤，制定策略；

6. 有利于把握工作中的着力点；提高工作的水平；

7. 有利于推动事物按既定方向发展；

8. 有利于抓住事物运动的基本规律；

9. 有利于对事物的评价。

在民进中央树立和践行社会主义核心价值体系暨学习贯彻“七一”讲话精神座谈会上的讲话

（2011年9月28日）

王佐书

各位同志：

树立和践行社会主义核心价值体系（以下简称树立和践行活动）开展一年多以来，全会各级组织高度重视、精心部署、广泛发动，在树立和践行活动中不断深化中国特色社会主义主题学习教育活动的内涵，牢牢把握坚持接受中国共产党领导、坚持中国特色社会主义政治发展道路的主题，紧密结合我会自身建设和履行职能的实际，使树立和践行活动在深度和广度上不断向前推进，取得了可喜的阶段性成果。

为总结交流工作，学习研讨大家比较关心的一些共性问题，同时以学习落实胡锦涛同志“七一”重要讲话精神为契机，部署推动下一阶段工作，会中央精心挑选，决定在浙江建德组织召开本次座谈会。会议期间，八个省级组织的负责同志作了重点发言，与会同志围绕会议的主题进行了深入的座谈，交流了真实情况，反映出全会一年多来树立和践行活动富有成效，也反映出思想工作的复杂性和艰巨性。会议邀请了上海社科院专家有针对性地做了专题辅导，还组织参观了新安江支部和会员企业，使我们感受到了普通会员通过实际行动，在树立和践行活动中做出的巨大贡献。整个会议内容相当丰富，交流相对充分，收益各异，达到了预期的效果。会议期间各省级组织交流了经验，会中央也充分了解了各省的工作，听取了意见和建议。在此，我想结合工作，从两个方面谈谈自己的看法。

一、全会树立和践行活动开展以来的总体情况

（一）主要做法

1. 高度重视、精心部署，明确树立和践行活动的目标与任务。

根据民进十二届三中全会的部署和精神，会中央于2010年3月及时制定下发了《民进中央关于树立和践行社会主义核心价值体系、建设学习型参政党的意见》及《方案》，明确提出目标和任务，对全会开展树立和践行活动作出全面部署。如何理解学习型参政党和高素质参政党？我认为学习型参政党是手段，建设高素质参政党是目标。关于高素质参政党的定义，我的建议是“三能”：能坚持接受中国共产党领导的自觉性和坚定性，能高水平履行职能且取得一流业绩，能高水平地与时俱进地加强自身建设。

去年10月，经民进十二届十二次中常会审议通过，制定下发了《民进中央关于树立和践行社会主义核心价值体系的实施方案（2010-2012年）》，分三个阶段对本届内树立和践行活动做出具体安排。会中央还通过中常会期间交流省级组织工作情况，会中央领导到地方组织调研、走访等形式，积极推动全会树立和践行活动的落实。各省级组织按照会中央的部署和要求，把树立和践行活动作为“一把手”工程予以高度重视，纷纷成立了由主委担任组长的领导小组，由职能部门具体负责的工作机构，并结合当地统战部门的工作安排制定了实施意见和方案。

在树立和践行活动中，严隽琪主席等会中央领导和各省级组织领导同志带头参与学习研讨，撰写文章，深入基层宣讲，发挥了领导的带头作用。在2010年2月举行的十二届十次主席会议和2011年1月举行的十二届十四次主席会议上，严隽琪主席和各位副主席交流了学习的心得体会，会中央根据两次会议的内容专门编印了学习简报下发各省级组织。通过学习简报，很好地发挥了展示动态、表明方向、引导工作、加强领导的四大功能。严隽琪主席先后在人民论坛、民主杂志和团结报发表文章，在统战系统社会主义核心价值体系学与行电视电话报告会上作报告，为民进全国骨干会员培训班授课，会中央还录制了严隽琪主席的视频讲话下发全会。各省级组织主要领导和领导班子成员在树立和践行活动中带头学习、带头宣讲，在政治态度、政治立场和认识分析事物的方法等各方面，为各级组织和广大会员做出了表率。

2. 深入学习、加强研究，夯实树立和践行活动的思想基础。

树立和践行活动开展以来，全会坚持强化学习，营造学习氛围，完善学习机制，想方设法为大家提供学习的机会，促进讲究实效的学习和研究，增进广大会员对社会主义核心价值体系的理论认知和思想共识，为树立和践行活动的顺利开展夯实思想基础。会中央多次邀请专家作专题报告，深入学习胡锦涛同志“七一”重要讲话精神，并通过举办《六个“为什么”——对几个重大问题的回答》、学习“十二五”规划有奖征答活动，调动各级组织参与学习活动的积极性，扩大学习活动的覆盖面。民进网站制作、特别是在关键时刻不失时机地推出专题，民主杂志刊发专稿和文章，把全会的学习宣传不断引向深入。各省级组织结合中心组和常委会学习，相继举办学习班、读书班、座谈会、研讨会、报告会，创新形式，极大地推进了全会的理论学习和培训，理论武装得到进一步加强。

全会坚持把社会主义核心价值体系作为参政党理论研究的重点，扎实推进理论研究工作。2010 年和 2011 年，会中央分别以“社会主义核心价值体系与民进的实践研究”、“高素质参政党问题研究”、“民进的优良传统及时代价值”为课题，在全会省、市级组织及参政党理论研究机构中进行招标，围绕政治协商、民主监督、参政议政、社会服务、利益协调与表达、自身建设等民主党派的职能，以及我会“三个坚持”的优良传统开展参政党理论研究。各省级组织在积极参与会中央理论研究课题招标的同时，还认真开展调研，根据树立和践行活动的工作实际，有针对性地提出课题并进行研究，形成了一批相关理论成果。2010 年 8 月，会中央组织召开了“民进中央与部分省市民进组织社会主义核心价值体系专题研讨会”，围绕有关理论和实践问题深入研讨，促进了理论研究和实践工作水平的进一步提高。

3. 重温历史、同心同行，丰富树立和践行活动的内容与形式。

2011 年是中国共产党成立 90 周年、辛亥革命 100 周年，会中央制定下发了《关于在全会开展庆祝中国共产党成立 90 周年活动的安排意见》，隆重召开民进庆祝中国共产党成立 90 周年座谈会，举办民进全国书画精品邀请展，开展“重温历史、同心同行——参观中共党史、民进会史教育基地活动”，以及“双岗建功”、读书征文、知识竞赛、红歌会等一系列活动。各省级组织围绕庆祝建党 90 周年的主题，结合当地实际，利用当地资源，组织开展了各具特色的学习、参观和教育活动，紧密结合形势有针对性地做好宣传、教育和引导工作。

2010 年是敬爱的雷老 105 华诞，会中央把庆祝雷老 105 华诞，学习雷老等民进老一辈领导人的政治信念、优良传统和高尚风范作为树立和践行活动的重要内容，隆重召开“我的幸福观——庆祝雷洁琼 105 华诞座谈会”，与凤凰卫视联合拍摄制作了雷老人物专题片《至善至正》。今年 1 月 9 日，敬爱的雷老去世后，全会上下沉浸在沉痛哀悼和深切缅怀的氛围中，会中央网站制作了纪念专题，设立了网上追思会，与中共中央统战部、民进北京市委会联合召开雷洁琼同志追思会，深入学习雷老为祖国、为人民、为事业执着追求、无私奉献的崇高精神。各省级组织结合悼念和缅怀雷老，以及纪念民进成立 65 周年等活动，不断将树立和践行活动引向深入，在重温历史中进一步坚定与中国共产党同心同行的理想和信念，推动活动真正取得实效。

我们还需要在实践中不断提高活动的水平，提高活动的效益，要有将各种活动“吃干榨尽”的意识、能力和方法。避免浮躁。深化学习教育的内涵，体现民主党派的特色，需要在“特”字上下功夫，要用特殊的材料、特殊的活动，找到特殊的形式，追求特殊的收获和效果，产生特殊的震撼力、感染力、吸引力和教育力，也需要我们有特殊的智慧和方法。

4. 学有榜样、行有示范，增强树立和践行活动的亲和力和感染力。

发挥典型的引领和示范作用，是巩固、深化树立和践行活动的重要途径和方法。“示范”表明的是立场和态度，表明弘扬什么，倡导什么，学习什么。2010 年 2 月当代著名教育家霍懋征同志去世后，会中央及时下发学习通知，号召全会学习霍懋征同志的崇高精神和先进事迹，会中央宣传网站和《民主》杂志及时推出了专题、专栏，并和北京市委会联合召开深切缅怀霍懋征同志座谈会。民进各级组织在学习活动中，着力从人民群众和广大会员对霍懋征同志的爱戴和敬仰出发，深入挖掘体现霍懋征同志理想信念和价值追求的典型事例，成为树立和践行活动的生动教材。

为了树立和宣传一批“双岗建功”先进典型，会中央先后在北京和长春召开先进会员事迹宣讲大会，并通过人民日报、光明日报、人民政协报、团结报等媒体对冯骥才、陈维亚、金心安、谢严森、修保、袁敬华等一批会员进行了宣传，民进网站也加大典型宣传力度，对 60 多个典型人物和集体进行了集中宣传。会中央还把开展创建民进全国先进地方组织、先进基层组织活动与树立和践行活动紧密结合起来，对 64 个民进全国先进市县级组织和 299 个民进全国先进基层组织进行了表彰。民进各省级组织紧密结合实际，通过组织召开宣讲报告会、编印事迹材料等方式树立典型、宣传典型，用可亲、可敬的身边人、身边事，用榜样的力量激励、鼓舞和感染会员。

我们应当研究、总结“示范”，进一步研究“示范”的方法和形式，向“示范”要效益。要引导社会主义核心价值体系所倡导的价值观内化于心，使更多的会员在任何地方、任何时刻都能自觉成为社会主义核心价值体系的践行者。

5. 知行合一、有效履职，提高树立和践行活动的实际成效。

履行参政议政、民主监督职能，开展社会服务，是民进全会树立和践行活动的实践内容之一，也是对树立和践行活动成果有效检验的一种方法。近两年来，会中央向中共中央报送了一些建议书，多项意见得到胡锦涛、温家宝、李克强等党和国家领导人的批示。在 2010 年和 2011 年的全国“两会”上，会中央一些提案被全国政协列为重点调研提案、重点办案提案和重要提案摘报。

全会各级组织围绕中心工作，发挥自身优势、突出民进特色，在教育、经济、“三农”、文化、社会建设、科技创新、区域发展等领域提出了一些富有卓见的建议和提案，受到有关领导同志和各级政府部门的重视。全会积极参与社会公益慈善事业和重大突发灾害的抢险救灾工作，继续推进帮扶贵州毕节和促进新疆实现跨越式发展的“同心·彩虹行动”，推动边远贫困和边疆民族地区经济社会发展。一些省级组织创建并发挥“政治交接教育基地”的作用，探索民进地方组织与社区合作共建的方式方法，将学与行、思与行有机地结合起来，以教育推动实践，以实践促进思想水平的提高。树立和践行活动的关键是提高会员的政治素质和组织的履职能力，要根据这一根本检验标准，推动树立和践行活动在取得实际成效上下功夫。

我们应当认识到，履职实践反映的是思想。不能仅仅看到干了什么事，而是要看到干事的过程中人的思想变化，看到我会各级组织和广大会员思想素质的提高；不能仅仅满足于某项轰轰烈烈的工作，不能仅仅满足于得到领导的批示（实际上有各种各样的批示，要看实效），而应当着眼于实践，着眼于人民的利益和社会和谐发展。我不反对领导批示对开展工作带来一定的作用，但也必须看到大量会员默默无闻的工作为社会真正增添的建设力量，不能因为我们对会员的工作分析评价不到位而挫伤其积极性。

（二）主要体会

总结一年多来的工作，我们对全会树立和践行活动有以下几点主要体会。

1. 会中央加强部署，省级组织结合实际贯彻落实，中央和地方工作良性互动，共同推动全会树立和践行活动取得积极进展。会中央和省级组织是推动全会树立和践行活动顺利开展、取得实效最为重要的两个领导环节，中央和地方良性互动、共同推动，形成氛围、形成环境、形成合力，有效提高了全会树立和践行活动的组织化水平。

2. 加强理论学习和研究，推进学习型参政党思想理论建设，为树立和践行活动凝聚思想共识、提供理论支撑。以理论学习和研究为重点推进学习型参政党建设，通过学习和研究，不断明确民主党派开展树立和践行活动的意义、目标和要求，着力提高认识，着力提高学习水平，积极探索“润物细无声”的方法，是推动树立和践行活动顺利开展的重要基础。

3. 以重大纪念活动为契机，以会史学习宣传为重点，继承和弘扬我会与中国共产党团结合作的优良传统，使树立和践行活动始终坚持正确的政治方向。坚持接受中国共产党的领导（中国共产党对民主党派的领导是政治领导，即政治原则、政治方向、重大方针政策的领导。）是民进优良传统的核心所在，在重大纪念活动和会史学习宣传中继承和弘扬优良传统，使树立和践行活动进一步丰富了内涵、突出了主题、明确了方向。

4. 大力宣传“双岗建功”先进典型，发挥身边榜样的引领和示范作用，使树立和践行活动更加生动具体，更有吸引力和感染力。做人的思想工作，既要以理服人，又要以情动人。身边榜样的感人事迹，贴近会员、贴近实际，是极为生动、鲜活的教材。通过以实际事例引导、影响会员，通过学事学人学思想，可以使会员在学习中转变思想，在转变思想中树立和践行，增强活动的亲和力、影响力和感召力，非常重要。

5. 把树立和践行活动贯穿于加强自身建设的各个方面，提高政治交接的水平，加强参政议政能力建设，以全面、优质履行职能的成果检验树立和践行活动的实际成效。树立和践行活动是中国特色社会主义主题学习教育活动的深化和延伸，是我会加强自身建设特别是思想建设的一项重大战略任务，也是检验我会自身建设、履行职能实效的重要途径。

（三）实际成效

树立和践行活动开展一年多来，全会在加强自身建设，提高履行职能的能力和水平等方面取得了初步成效，集中体现在以下几个方面。

一是广大会员尤其是各级领导班子成员，对社会主义核心价值体系的认识、理解和把握不断提高；（社会主义核心价值体系四个方面的内容分别是“思”、“想”、“神”、“观”，即马克思主义指导思想、中国特色社会主义共同理想、以爱国主义为核心的民族精神和以改革创新为核心的时代精神、以“八荣八耻”为主要内容的社会主义荣辱观。）

二是全会坚持接受中国共产党领导，坚持走中国特色社会主义政治发展道路，坚持和完善中国共产党领导的多党合作和政治协商制度的信念、信心和决心进一步增强；

三是各级组织参政议政和社会服务工作水平提高，广大会员“双岗建功”的积极性进一步调动和提高；

四是全会政治交接成果进一步深化，各级领导班子建设得到加强，市县级组织换届工作顺利开展，民进组织的凝聚力进一步增强；

五是学习方式方法不断改进，效果有所提高，在思想动态调研、分析机制和宣传引导机制方面尝试了新的方法，为政治交接长效机制建设做出了贡献。

二、关于进一步开展学习、树立和践行社会主义核心价值体系的几点意见

全会要继续按照会中央的部署，组织安排好下一阶段树立和践行活动的各项工作。要把重点放在提高思想认识，提高践行水平，落实在提高全会政治素质上，落实在提高全面履行职能的水平上，落实在建设适应时代要求的高素质参政党上。“三落实”是树立和践行的关键，是工作中的着力点，也是重要的检验标准。

1. 以学习“七一”重要讲话为重点，开展理论学习和研究，把社会主义核心价值体系的实质内化为政治立场和思想共识。

胡锦涛同志在庆祝中国共产党成立 90 周年大会上的重要讲话，精辟概括了 90 年来中国共产党领导人民的光辉历程和伟大成就，鲜明提出了新的历史条件下提高党的建设科学化水平的目标任务，全面阐述了在新的历史起点上把中国特色社会主义伟大事业全面推向前进的大政方针，是指导我会树立和践行社会主义核心价值体系，全面加强自身建设、积极履行职能的纲领性文献。全会各级组织要高度重视、认真部署，集中一定时间组织集体学习，通过宣讲、座谈、征文等多种形式，利用会刊、网站等多种平台，开展广泛学习宣传，把树立和践行活动与学习贯彻胡锦涛同志“七一”讲话精神结合起来，引导广大会员深刻认识中国共产党的领导是历史和人民的正确选择，进一步坚定理想信念，巩固多党合作的思想政治基础；引导广大会员全面领会讲话提出的重大理论观点和方针政策，准确把握讲话提出的各项工作要求，统一思想和行动，为推进中国特色社会主义事业努力奋斗。要以学习讲话精神为契机，学习借鉴执政党经验，加强参政党理论研究，推动理论研究和实际工作相互促进，推进学习型参政党建设。

2. 搞好政治交接，把社会主义核心价值体系的内涵深化为理想信念和精神追求。

提高政治交接水平，是对树立和践行活动检验的一种形式，也是深化树立和践行活动的重要实践。要把树立和践行活动贯穿民进的全部工作，把加强领导班子建设，与加强适应事业需求的学习型参政党建设结合起来，引导我会各级领导干部自觉把社会主义核心价值体系的内涵深化为理想信念和精神追求。领导干部要学习民进老一辈领导人服从、奉献精神，不断提升道德情操和品格修养，正确看待名、权、位、利，正确处理个人与组织的关系，自觉做树立和践行社会主义核心价值体系的模范。树立和践行社会主义核心价值体系，是培养干部的重要内容。学习“七一”重要讲话精神，要真正落实在实际行动中。

3. 以推动“十二五”规划的贯彻落实为重点，积极履行职能，把社会主义核心价值体系的要求转化为工作思路和实际行动。

“十二五”规划纲要明确提出了今后五年我国经济社会发展的指导思想、大政方针、目标任务，是未来 5 年经济社会发展的路径和蓝图，也是指导全会围绕中心工作履行参政党职能的行动指南。要把树立和践行活动与贯彻落实“十二五”规划结合起来，围绕“十二五”规划纲要的主题和主线，以促进经济发展方式转变、促进保障和改善民生、促进社会和谐作为着力点，坚持“有思有行、集智聚力、顺势而为、开拓创新”的工作方针，努力把社会主义核心价值的要求转化为工作思路和实际行动。要围绕促进经济结构的调整，促进产业结构的调整，促进城乡区域结构的调整深入调研、积极献策，为加快转变经济发展方式，推动科学发展贡献力量。要重视以改善民生为重点的社会建设，在创新社会管理、促进社会和谐方面多做研究，深入了解社情民意，积极开展社会服务，协助执政党和政府做好团结群众、联系群众、服务群众的工作，为维护社会和谐稳定扎实工作。要围绕即将召开的十七届六中全会，深入学习贯彻会议精神，切实发挥民进主阵地优势，在文化建设领域开展前瞻性的研究，为建立社会主义文化制度，推动社会主义文化大发展大繁荣积极献计出力。

同志们，活动体现思想，活动产生思想，活动转变思想，要善于将外显的活动转化为内隐的思想，使会员的政治思想、政治素质不断提高，并且可持续地提高，这是思想工作的功能，也是做思想工作的要求，反映的也是开展活动的水平。永远要在讲求实效上下功夫。

学习、树立和践行社会主义核心价值体系所倡导的价值观，是国家永恒的主题，也是民进永恒的主题，永恒的主题需要拿出永恒的办法，拿出具有实效的办法。这永恒的办法是什么？永恒的效益是什么？需要大家创造性地工作。我们的工作既要符合社会的节奏，又要符合民进的工作部署。本次会议是总结交流、指导推动全会树立和践行活动的一次重要会议，希望各省级组织认真贯彻落实会议精神，进一步开拓思路、丰富内涵、创新方式方法，继续推动树立和践行活动取得新进展、取得新实效。我们明年适当时候将再做交流。

谢谢大家！

在2011年民进企业家联谊会联席会议开幕式上的讲话

（2011年11月2日）

王佐书

各位同志、各位会员，企业家朋友们：

2011年民进企业家联谊会联席会议在海南顺利召开。首先，我代表民进中央，代表严隽琪主席对会议召开表示热烈祝贺！此次大会的召开，得到了中共海南省委、省政府的大力支持，得益于民进海南省委会、民进海南企业家联谊会所付出的努力。在此，我代表民进中央对中共海南省委、海南省人民政府、民进海南省委会和各位企业家会员为本次会议的召开所作出的贡献表示衷心感谢。

目前，民进会员总数约13万人，民进新社会阶层人士约4600人，企业界会员4000多人。我会企业界会员是民进开展民主监督、参政议政、社会服务工作，履行参政党职能不可或缺的新兴的重要力量。从2006年以来，会中央几次召开了企业界会员工作相关会议，积极贯彻“充分尊重、广泛联系、加强团结、热情帮助、积极引导”的方针，鼓励并支持民进会员的企业不断发展壮大，号召企业界会员积极参加民进组织的活动。多年来，民进涌现出一大批以强国富民为己任，在带动当地经济发展、扩大就业、自觉承担社会责任等方面作出了突出成绩的企业家。

一年以来，各级民进组织配合企业界会员工作，充分发挥企业界会员的作用，为促进社会和谐贡献力量。

一、联谊会机构不断健全，联席会议制度不断完善

去年以来，民进全国已有19个省级组织和一些副省级、地市级组织成立了“企业（经济）界会员”联谊会。联谊会是桥梁，是纽带，起到组织凝聚力量的作用。会中央自2008年起建立了企业家联谊会联席会议轮值主席制度，分别于2009年在南京，2010年在太原成功召开了联席会议。联谊会在民进各级组织的大力帮助下，充分发挥桥梁、纽带作用，开展咨询服务、考察调研等活动，加深了民进组织与会员之间的沟通联系，促进了会员间的交流合作。很多企业界会员表示，“联谊会活动开展得越来越丰富，更贴近自身需求与实际，注重让会员了解信息，互通有无，加强学习，是我们交流合作，发展事业的重要平台”。

二、企业界会员积极响应会中央号召积极参与西部建设

今年以来，民进积极贯彻落实胡锦涛总书记在党外人士迎春座谈会上讲话和中央新疆工作座谈会精神，按照与中国共产党“思想上同心同德、目标上同心同向、行动上同心同行”的目标，今年7月，严隽琪主席率会中央代表团赴新疆考察，期间召开了民进企业家参与新疆跨越式发展建设座谈会，积极鼓励支持会员企业在疆投资。其中，民进会员林圣雄在新疆投资兰炭项目，建设“同心工业园”，已完成投资25亿元。民进会员李晓荣在新疆投资两个科技项目，拟三年投资13亿余元。

在贵州毕节，由民进会员尹明善投资参股的贵州力帆时骏振兴集团二期项目，在9月已经投产，这个项目投资33亿元，并引进22个配套厂家投资30余亿元。贵州省委、省政府称该项目的投产是毕节试验区深化改革发展，走向新一轮振兴的标杆。在民进中央对口帮扶的金沙县，一批民进企业家如陈正拜积极投资当地经济和社会发展项目，为当地的经济和社会发展做出贡献。目标，各项目进展顺利，效益良好。

三、积极参与支边扶贫与社会公益，为促进民生改善办实事

一年来，我会的企业界会员除积极参与当地的支边扶贫、西部教师培训等社会服务工作外，企业界会员通过各地企业家联谊会，积极参与民进中央发起的在贵州毕节试验区实施的“同心·彩虹行动”，自2009年在金沙县开展的“同心·彩虹行动”以来，到目前为止已经有17个省级组织与金沙县15个乡镇结成了帮扶对子，实践证明“同心·彩虹行动”的实施得到了广大会员企业家的支持，并取得了可喜的效果。

在今年贵州干旱的时期，我会的会员企业家以曹兴强为代表捐助资金数十万元支持贵州省安龙县开展抗旱工作，帮助34户困难群众和2所村小建设了小型水窖，解决了部分群众的饮水困难，并帮助建立村卫生院。今天金沙县的丁书记和安龙县的邓书记也参加我们的会议，尽管民进的帮扶是有限的，但却得到当地党政领导的高度重视和赞扬，也得到党政领导的大力支持，在此表示感谢。

今年7月，民进企业家在新疆开展了包括教育、医疗在内的一系列捐赠活动，加大了援疆力度，为推进新疆跨越式发展和长治久安作贡献。由林圣雄先生出资，民进中央在北京举办了“同心·彩虹行动2011年新疆中小学校长培训班”，邀请新疆和田市和吐鲁番地区托克逊县各25名少数民族中小学校长参加为期一周的培训。在全国防盲指导组及北京同仁医院的大力支持下，为阿勒泰地区贫困白内障患者免费实施复明手术。在民进中央联络委员会、民进北京市委会、民进黑龙江省委会以及民进企业界会员和民进之友的热情参与下，相继开展了文化教育捐助活动，为新疆捐赠价值400多万元的教育、医疗设备和物资。

最近，会中央社会服务部组织企业家、公益慈善组织到四川藏区考察调研，在四川省政协、民进四川省委会的支持配合下，与若尔盖县达成了捐助意向。企业家丁明山向若尔盖县捐赠了价值100万元的医疗设备，西部女性阳光基金向若尔盖县捐赠医疗器械，用于筛查女性疾病。丁明山同志一次性拿出500万元，而且要每年拿出若干，帮助贫困地区人民做点实事。捐助行为得到了当地藏族干部群众的热烈欢迎和积极评价。

会中央依靠会内企业家的力量，发挥其自身优势，正在积极筹备创建开明慈善基金会，目前各项手续正在办理当中，待基金会成立后，民进的支边扶贫、西部教师培训、社会慈善事业将有一定的资金保证。我会还有很多企业家，默默无语，干实事、讲实效，不声不响地为支边扶贫作出了贡献。在此，民进中央对所有企业家、民进之友以及社会各界给予我们的支持和对社会作出的贡献表示感谢！对各地党政干部对民进工作的支持表示感谢！

同志们，朋友们，刚刚召开的中国共产党十七届六中全会，认真总结我国文化改革发展的丰富实践和宝贵经验，研究部署了深化文化体制改革、推动社会主义文化大发展大繁荣的问题。会中央将继续团结带领各级组织和广大成员坚持社会主义先进文化前进方向，反映人民群众文化需求，围绕文化改革发展重大课题，深入开展调研，积极建言献策。希望广大企业界会员参与文化改革发展各项事业，为推动社会主义文化大发展大繁荣贡献智慧和力量。

近年来，海南经济社会发展取得了很大的成绩，建设国际旅游岛已经成为国家发展的重要战略决策，在全国乃至世界有着重要影响。这次来海南让我感到变化很快。这次会议的主题是“相约海南、共谋发展”，今天，全国29个省、区、市的近300名民进企业家代表共聚海南，希望民进企业家利用这次会议的机会，多了解海南，积极参加海南省举行的经贸洽谈、招商引资、商务考察活动，紧密结合海南区域发展的需求，争取对海南发展有所贡献，同时也使自己的企业有所发展。

我坚信我会企业家一定能继承和发扬民进“爱国、民主、团结、求实”和“立会为公”的优良传统，把自身企业的发展与国家的发展联系起来，把个人富裕与全体人民的共同富裕结合起来，把遵循市场法则与树立和践行社会主义核心价值体系统一起来，自觉承担社会责任，全面展现当代中国特色社会主义事业建设者的风采。

同志们，朋友们，借此机会说几句关心的话、担心的话、内心的话，世界经济变幻莫测，世界经济形势的变化必定引起中国经济形势的变化，有的对企业发展有利，有的无利，有的甚至是灾难，请同志们密切注视、保护企业，使自己的企业优化发展。王立平副主席写过这样的歌词，“当心夜半北风寒，一路多保重!”请大家当心形势吹寒流，事事多小心!

最后，预祝会议取得圆满成功，衷心祝愿大家身体健康，事业蒸蒸日上，为建设和谐社会作出更大的贡献!

谢谢!

深入学习贯彻中共十七届五中全会精神在服务科学发展中做出新贡献

——在民进中央中心学习组学习会上的发言

(2011年1月10日)

贺　旻

党的十七届五中全会是在我国即将完成“十一五”规划、进入全面建设小康社会的关键时期召开的一次重要会议。全会通过的“十二五”规划，是未来五年我国经济社会发展的重要指导性文件。前不久刚刚召开的中央经济工作会议又深刻分析了当前国内外形势特别是经济形势，全面部署了2011年经济工作，着重强调了做好经济工作需要把握的重要原则。举国上下都在热议“十二五”规划内容，纷纷就其中的新观点、新思路进行解读，提出自己的看法和意见，为国家“十二五”时期的发展建言献策。

下面谈几点认识和学习体会。

一、深入学习贯彻全会精神，认清“十二五”规划的重大意义，就要深刻领会中共中央对当前形势变化的科学分析和判断，正确认识“十一五”时期取得的成绩和存在问题，全面解读“十二五”规划的重大部署。

“十一五”是中国发展史上极不平凡的五年。从纵向看，抗击多次的重大自然灾害，经济保持平稳较快发展。2006年到2009年，国内生产总值年均增长11.4%，比“十五”时期年均增速快1.6个百分点。从横向看，也是国际地位和影响力显著提高的五年。应对国际金融危机的严重冲击，在世界率先实现回升向好，经济总量继超过德国之后，2010年又超过日本，中国的发展举世瞩目。改革开放走过三十年后，中国未来如何发展，这既是一个重大的认识问题，也是一个重大的战略问题。当前，我国人均GDP已近4000美元，经济社会发展出现新的阶段性特征，处于发展转型的关键时期。中共中央审时度势，正确分析，科学判断，认为我国仍处于大有可为的重要机遇期，全面部署了“十二五”时期的发展任务，提出了科学发展主题和加快转变经济发展方式的主线，勾勒出我国未来五年经济、社会、民主民生方面的发展路径与图景，为全面建成小康社会打下具有决定性意义的基础。“十二五”规划对此作出了坚定的回答，那就是“继续抓住和用好我国发展的重要战略机遇期、促进经济长期平稳较快发展”。

从内容来看，“十二五”规划的发展思路与之前是一脉相承的。从党的十六届三中全会开始，到“十一五”再至“十二五”，科学发展观作为发展的根本指针一直贯穿中国社会发展始终。“十二五”规划的发展战略是前后连贯的。从“十一五”到“十二五”，强调转变经济发展方式的要求始终未变，进入“十二五”时期，我们更加意识到加快转变发展方式的重要性，因此特意加上了“加快”两个字。“十二五”规划的发展任务也进一步拓展了，此次规划将扩大内需作为重中之重来提，这在过去是从未有过的。此外，还把对新兴产业的重视放在了前所未有的高度。老旧产业的关停并转，需要新产业及时跟上。所以，转变经济发展方式，必须有新产业作为支撑。“十二五”规划的发展要求也由过去的“唯 GDP”论向更加注重人民生活水平提高以及整个经济社会发展的协调性转变。同时，在民生方面还提高了社会经济发展指标，如居民收入增长的指标、最低生活保障指标等。

二、我们要不断增强工作紧迫感和危机感，抢抓机遇，推进科学发展。“十二五”规划明确了今后五年国家发展的总体思路，也为我们参政党更好地履行职能提供了目标、方向和任务、要求。面对错综复杂的国内外形势，作为参政党，民主党派要努力适应新形势新任务，紧紧抓住当前的重要战略机遇期，利用参政党地位超脱的优势，积极履行职能。

当前，发展中不平衡、不协调、不可持续的问题依然突出：经济增长的资源环境约束强化，投资和消费关系失衡，收入分配差距较大，科技创新能力不强，产业结构不合理，农业基础仍然薄弱，城乡区域发展不协调，就业总量压力和结构性矛盾并存，许多社会矛盾和社会问题凸显，社会不稳定因素增多，等等。中共十七届五中全会和“十二五”规划全面分析，对此做出了清醒的判断：虽然中国发生了巨大变化，但基本国情没有变，社会主要矛盾没有变，发展中国家的属性没有变，中国仍处于可以大有作为的重要战略机遇期的态势没有变。

面对不断发展的世情、国情、会情，民进要实现建设高素质参政党的目标任务，就要全面了解国内外发生的大事、形势，要认真总结改革开放 30 年的成功经验，认真领会中共十七届五中全会精神，明确“十二五”对我国经济社会发展的定位和部署。要进一步学习借鉴中国共产党的执政经验，引领会员关注大局，把握大局，服务大局，着眼党和国家的发展目标，把思想和行动统一到中共中央的决策和部署上来，从思想上、组织上、作风上、制度上全面加强民进自身建设，增强会员凝聚力、战斗力。

要引导会员在看到前进道路上的复杂曲折局面的同时，也要充分认识到当前抓住历史机遇的紧迫性、发展任务的繁重性、风险挑战的复杂性。深入理解当前的机遇来之不易，稍纵即逝。本世纪的第一个 10 年，我们的经济社会发展取得了举世公认的巨大成就。第二个 10 年，中国将建成更高水平的小康社会，国际地位也将提升到前所未有的高度。这双重历史使命，注定中国要发展，要大发展。作为参政党，我们的责任更加重大，这就要求我们自觉加强学习，深入研究新情况、新问题，提高参政议政的能力和水平，以服务科学发展来践行民主党派的进步性。这也是我们当前的紧迫和首要的任务。因此，我们要有信心、有决心，与中共同心同德，始终保持一致，为共同完成“十二五”规划，共谋发展之路而尽心尽力。

三、民进作为参政党，要在服务科学发展中贡献力量，为“十二五”规划的实施献计出力。这是参政党的历史使命，也是建设高素质参政党的应有之义。

“十二五”规划提出，坚持把经济结构战略性调整作为主攻方向，坚持把科学进步与创新作为重要支撑；坚持把保障和改善民生作为根本出发点和落脚点，坚持把建设资源节约型、环境友好型社会作为重要着力点，坚持把改革开放作为强大动力。这“五个坚持”就是我们参政议政、民主监督、政治协商的方向和目标。同时，作为以教育、文化、出版为主要界别的参政党，民进更要充分发挥自身优势，调动会内有效资源，找准结合点。一是要汇才集智，建言献策。要把智力、资源有效运用到思考发展主题上来，站在全局高度，认真谋划“十二五”规划的实施。要围绕统筹城乡改革、改善民生等重大问题组织深入细致的调查研究，多建有用之言、多献务实之策。二是要凝心聚力，投身实践。发挥民进人才荟萃、智力密集的优势，广泛凝聚智慧和活力，大力推进市场经济的健康发展和改革开放的不断深入。结合全会开展树立和践行社会主义核心价值体系、纪念中国共产党成立 90 周年等重大活动，积极引导全会继承、发扬光荣传统和优良作风，自觉把建设成果转化为投身“十二五”规划实施的履职实践，形成推动社会发展的强大合力。三是协调关系，促进和谐。随着我国社会转型期和矛盾凸显期的到来，各种社会突发事件也会增多。要充分发挥我会协调关系、理顺情绪和化解矛盾的优势，挖掘工作潜能，创新工作方式，充分利用各类活动平台，畅通会员的利益表达渠道，反映会员的思想诉求，有效引领会员及所联系人群的思想，办实事、解难事，大力开展好助推民生、爱心帮扶活动，成为社会矛盾的“缓冲带”，尽我们所能为党分忧、为国尽力、为人民服务，为全面推进科学发展营造宽松和谐的社会氛围。

当前，结合民进的实际情况，我会在积极关注转变经济发展方式、推进结构调整等“十二五”规划各项任务的基础上，应突出参政议政的两个重要方面。一是为推进社会主义文化的大发展大繁荣献计出力。“十二五”规划提出了“推动文化大发展大繁荣，提升国家文化软实力”的重大任务。“十一五”时期，国家提出把文化区分为文化事业和文化产业两个方面，要“两手抓、两加强”的发展思路。“十二五”规划指出，“繁荣发展文化事业和文化产业。坚持一手抓公益性文化事业、一手抓经营性文化产业，始终把社会效益放在首位，实现经济效益和社会效益有机统一。”“推动文化产业成为国民经济支柱性产业”。从这个角度来讲，其任务和目标更加明确，因此，全会应继续加大这方面的工作力度，在促进文化体制改革深化，推动文化产业发展模式转型，为我国文化产业的可持续发展奠定稳定的制度基础和形成完善的政策保障，不断提升我国文化软实力等方面提出我们的建议。二是在改善民生、促进社会建设方面做出积极努力。民生是大事，改革开放30年，我们注重的是经济增长和发展，未来，我们将更强调经济增长的质量和惠及民生；过去更多强调强国，未来将更强调富民。更加注重保障和改善民生，已成为“十二五”规划的主旋律。当前，教育公平、收入分配、社会保障等问题成为全社会关注的焦点，“十二五”所处的特定阶段及其特征，决定了更加关注民生比以往任何时期都更为重要和紧迫。我们要从人民群众的愿望出发，从了解人民所需所想出发，抓住民生问题的关节点，着力围绕保障和改善就业、教育、医疗、社保、住房、收入分配等民生问题，开展调查研究，提出有建设性、可操作性的建议。同时，随着经济的飞速发展和越来越多社会矛盾的涌现，“十二五”时期，社会管理越来越重要，任务越来越繁重。今后，我们还应从相关法律法规和政策体系建设、公共安全体系建设，社会管理能力建设等方面积极建设献策，反映社情民意，为促进和谐社会建设做出突出贡献。

深入学习领会“同心”思想
努力开创高素质参政党建设新局面

（2011年5月26日）

贺　旻

胡锦涛同志在年初党外人士座谈会上提出“思想上同心同德、目标上同心同向、行动上同心同行，是中国共产党领导的多党合作和政治协商制度最鲜明的特质，是我们不断夺取革命、建设、改革事业胜利的有力保证。”“同心”理念的提出，既是对我国多党合作制度的最新理论发展，同时，又是对我们树立和践行社会主义核心价值体系活动的最新要求，为下一步的教育活动开展指明了方向。我个人理解，“思想上同心同德”，就是要求参政党树立与执政党相同的理想信念，“以党为师”，这也是树立和践行活动的基本要义；“目标上同心同向”，就是要求参政党树立与执政党相同的目标，“立会为公”，共同致力于中国特色社会主义事业；“行动上同心同行”，就是要为实现经济社会科学发展尽职尽力，携手共进。

民进自成立那天起，就奠定了以党为师、立会为公的坚实基础，不论是战火纷飞的斗争年代，还是社会主义建设和改革开放时期，民进始终坚持中国共产党的领导，与中国共产党共同走出了一条多党合作之路。新时期，中国共产党的统一战线事业不断发展壮大，在国家各项建设中的作用越来越突出，地位越来越重要，多党合作的制度化、规范化和程序化建设也越来越完善，充分体现了多党合作制度的强大生命力和政治优越性。中国共产党充分发挥多党合作的制度优势，尊重民主党派，为民主党派成员发展提供了良好的平台，既讲究“同”，也充分包容民主党派的“异”，容纳民主党派的特色，获得民主党派的支持和信任，赢得了民心。

新形势下，民进要进一步继承发扬优良传统，把“同心”作为各项建设的目标和前提，作为我们推进多党合作制度发展的精神动力，作为树立和践行社会主义核心价值体系活动的政治核心和思想精髓，不断强化“同”的共识，为共同的理想追求汇聚力量和智慧，推动科学发展。

年初以来，民进辽宁省委认真落实民进中央文件精神，继续深入开展树立和践行社会主义核心价值体系活动，提升“同心”教育成效。

一是积极开展“重温历史，同心同行”主题教育活动。按照民进中央和中共省委统战部的要求，认真部署实施。把“同心”教育作为与政治交接、中国特色社会主义主题教育和社会主义核心价值体系学习活动一脉相连，又继承发展的重大理论创新，不断强化会员的“同心”理念。发挥多种教育载体的作用，利用《民主》、《团结报》、民进网站等深入学习各级领导人讲话和相关理论文章，举办报告会、研讨班，编印下发学习资料，开展庆祝建党 90 周年、纪念辛亥革命 100 周年学习研讨和实践交流活动，不断深化对“同心”含义的理解和认识。认真总结教育经验和做法，充分发挥辽宁民进基层典型多、代表性强的优势，加强宣传力度，让“同心”思想深入人心。把会章会史教育作为各类会议培训的必修课，针对新会员、基层骨干等学习培训对象的不同，设立不同的会史教育专题；组织专家骨干，开展会史研讨和统战理论研究。去年以来，相继赴省内外多个统战教育基地进行实地调研，撰写研究报告，并形成了一篇关于建立辽宁统战教育基地的建议，提交政协会议。上半年，征集各类征文百余篇，在各类会内外媒体上发表文章 41 篇。

二是进一步加强组织建设。要建设适应执政党要求的高素质参政党，不断壮大“同心”的组织力量，要求参政党具有坚强的组织队伍和牢固的组织基础。结合市级组织换届的工作契机，组织力量深入各市、基层开展调研，加强工作指导，进行面对面宣讲，把“同心”教育带到会员身边，让“同心”思想成为各级组织建设的重要内容，成为选拔后备干部、培训基层骨干的重要考核标准，为换届工作和民进发展选拔优秀接班人。通过广泛宣传在“创建”活动中受到民进中央表彰的 4 个先进地方组织和 22 个先进基层组织的优秀事迹，鼓励会员立足本职，开展“双岗建功”活动，激发会员热情，开展各类庆祝和纪念活动，形成积极参与“同心”教育实践的浓厚氛围，更好地弘扬优良传统和社会主流思想道德，推进思想升华。

三是积极履行职能。思想上的同心，要落实到参政党工作的方方面面，要通过履职尽责的实际来践行行动上的同心同行，对于参政党来说，这即是“同心”的基本要求，也是“同心”的重要体现。民进始终注重发挥界别优势，在联系群众、维护稳定中也努力贡献着自己的力量。今年是十二五规划的开局之年，改革发展面临新挑战，辽宁振兴进入新阶段，对辽宁民进履职尽责也提出了更高要求。为不断提高参政议政水平，民进辽宁省委建立完善了全省上下联动、协调调研的工作机制，组织重点参政议政课题招标，并制定了《调研工作管理办法》。上半年，民进辽宁省委组织专家组对参政议政课题进行科学论证，选定了今年全省的调研课题十余项，围绕重点课题组织调研组先后到省内外多个单位、地区进行调研；调动会员工作主动性，积极反映社情民意，上半年，整理编发反映社情民意信息 60 期，被全国政协、中央统战部、民进中央和省政协、省委统战部采用 16 篇；为打造具有辽宁民进特色的“同心”品牌，体现统一战线的政治优势，组织开展各类扶贫帮困、助教助学、定点扶贫和社会公益等实践活动 280 余次，捐赠款物折合人民币 145 万元。通过社会实践，广大会员也受到了教育，进一步增强了同心同德、同心同行的自觉性，扩大了社会影响和政治影响。

“同心”思想，不仅是树立和践行社会主义核心价值体系学习活动的指南，更是我们民进坚定不变的政治追求。辽宁民进将一如既往，继续开展“同心同行”教育活动，推动民进自身建设。

一是进一步增强政治共识。积极拓展学习教育形式，增强广大会员的政治责任感，深化政治共识。增强坚持中国共产党领导的共识。引导会员深入学习、发扬民进老一辈自觉接受中国共产党领导的优良传统和高尚政治品格，始终与党同心同德、同舟共济。增强致力于中国特色社会主义道路的共识。深入理解这条道路是符合国情、顺应民意的发展之路，是我们民主党派始终全力拥护和全心参与的正确道路。增强坚持科学发展的共识。着眼十二五规划的重大任务，号召会员深入学习掌握社会主义建设规律和社会发展规律，努力围绕主题主线的大局凝聚力量，发挥才智，全力服务科学发展。

二是进一步打牢高素质参政党建设的组织基础。进一步调动各级组织和会员的工作主动性，大力组织学习实践活动。进一步扩大庆祝建党 90 周年、纪念辛亥革命 100 周年的活动成果，激发基层组织活力，培养基层骨干；深入学习党史、会史，宣传树立先进典型，弘扬民进优良传统，不断壮大高素质参政党和多党合作事业持续发展的人才队伍。

三是积极实践，把“同心”思想转化成围绕中心、服务大局的自觉行动。鼓励会员立足本职，不断扩大“双岗建功”成果。围绕党委政府中心任务，自觉履行参政党职能，深入调研，进一步提高参政议政的质量、层次，为党委政府决策提供好的建议；多做联系群众、化解矛盾的工作，调动各方面力量，开展社会服务，为巩固党的领导做出自己的贡献。

怀念雷老　学习雷老

（2011 年 1 月 31 日）

刘新成

2011 年 1 月 9 日，敬爱的雷老永远的离开了我们，离开了她参与创建的中国民主促进会，离开了她为之奔波奉献了一生的祖国，离开了她深深爱着的中国人民。

雷老是我国著名的社会学家、法学家、教育家，杰出的社会活动家，中国民主促进会的创始人之一和卓越领导人，中国共产党的亲密朋友。她终其一生一方面为中国的民主建设而奔波，一方面投身于我国的教育事业，为之辛勤工作，并取得巨大成就。

雷老是一位伟大的爱国者和民主战士。1919 年，她才十多岁就参加了五四运动，反对北洋政府的卖国行为和帝国主义国家的霸权政治。在 1935 年的一二九学生运动中，她作为燕京大学唯　　位参加游行的女教师走上街头，对日本侵略者的无耻行径，发出中华民族爱国者的怒吼。1937 年，抗日战争全面爆发，她离开心爱的三尺讲台，投身到全民族抗战的伟大事业中去，在江西参加了抗日救亡运动和妇女解放运动。

雷老是中国共产党的亲密朋友，是中国民主促进会的创始人之一和卓越的领导人。1945 年 12 月，雷老参与创建了中国民主促进会。1946 年 6 月，在震惊中外的“下关惨案”中，她是赴京和平请愿团中最年轻的团员，面对暴徒的殴打，她毫无惧色。1949 年 1 月，雷老作为民进的代表，到西柏坡拜会了毛泽东主席和其他党中央领导。同年 6 月，她在北京参加了新政治协商会议筹备会第一次全体会议，并参与起草了《中央人民政府组织法》。10 月 1 日，她又登上了天安门城楼，和多位新中国的缔造者共同见证了中华民族崛起的伟大时刻。建国后，她在政务院文教委员会委员、国务院专家局副局长、北京市副市长、全国妇联副主席、全国政协副主席和全国人大副委员长等多个重要岗位上辛勤工作，为新中国的发展做出了巨大贡献。

我作为一名教育工作者，对雷老的教育理念和她为新中国教育事业发展不辞劳苦、倾注心血的精神尤为敬服和感佩。她不仅努力克服社会工作繁重等困难，在多所大学担任教职，为学生授业解惑；而且一直在宏观层面上为中国教育事业的战略发展思考、谋划和工作。

雷老高度重视教育的法制建设。她先后参与了《义务教育法》、《教师法》、《教育法》等多部教育法律的制定。这些法律构筑了我国教育事业的法律基础，保障了我国教育事业良好、稳定、有序地运转和发展。除参与教育法律法规制定外，雷老还奔波于祖国各地，检查这些法律的执行情况。为做好决策咨询，她还深入基层调研，搜集第一手资料。1988 年，已经 83 岁高龄的雷老趁参加宁夏回族自治区成立 30 周年之机，在仅仅一天半的时间里走访了宁夏大学、银川市第二回民小学、银川第一幼儿园和银川市第二中学四所不同种类的学校，她不仅参观校园校舍，还进课堂听课，并与师生代表交谈。仅此一件小事，就足以说明雷老对新中国教育事业的火一般热忱。

在中国民主促进会内部，雷老一直倡导尊师重教，号召我会为新中国教育事业献策出力。民进中央的尊师重教基金会就是在她的提议下创立的。在她的指导下，民进中央提出的《关于切实贯彻〈义务教育法〉、加强基础教育的几点建议》等政策性意见、建议受到党中央和国务院的高度重视和采纳。雷老本人也曾就提高教师待遇、保障教育经费落实等事宜多次向社会和政府呼吁。雷老一生不图名利，甘于奉献，燃烧生命，光照新中国的教育事业，是为全国教育工作者的楷模。

雷老走了，但是她留给我们宝贵的精神财富。这笔财富是我们取之不尽，用之不竭的。她用自己光辉伟大的人格铸就出来的榜样是我们心中不灭的明灯。雷老是民进人的骄傲，她一生的经历就是对民进精神的最好诠释。

同心 同向 同行

（2011 年 7 月 10 日）

刘新成

作为参政党，对中国共产党成立 90 周年的最好纪念，是探讨在今天的形势下，如何推动中国共产党领导下的多党合作事业。搞统一战线是中国共产党历史上的传统，但各个时期统战工作有着不同的内容，今天全面建设小康社会时期的统战，同革命战争时期、新中国建立后的计划经济时期，甚至和改革开放初期，都有不同，所以我们今天探讨的是在新时期如何做好参政党工作。

民进北京市委会的做法是，在思想建设、组织建设常抓不懈的前提下，以履行职能为中心，以“有为意识”为统领，以参政议政和社会服务为载体，推动新时期的中国共产党领导下的多党合作事业。简单说，就是围绕中心，为国家、为人民做事情。

在思想建设方面，我们既注重以庆祝新中国成立 60 周年、庆祝民进成立 65 周年和北京民进成立 60 周年、迎接中共成立 90 周年等重大活动为契机，开展系列学习、教育和研讨活动，如“与共和国同行”征文及摄影比赛活动，以“加入民进为什么、我为民进做什么、我给民进留什么”为主题的核心价值体系大讨论，关于《六个“为什么”》的广泛学习和讨论，以及纪念建党 90 周年书画展、征文比赛等等；也注重开展“双岗建功创优”活动，开展向身边老前辈和模范人物如雷洁琼、霍懋征、沈浩等学习的座谈和研讨活动。我们结合会庆 60 周年开展的“六个一”工程，还获得了“2010 年北京市民主党派工作创新成果奖”。借助上述这些具体活动，我们教育和引导北京广大民进会员，继承和发扬民进“爱国、民主、团结、求实”优良传统，坚定接受中国共产党领导的自觉性和坚定性，坚定坚持多党合作和政治协商制度的自觉性和坚定性，坚定维护共同思想基础的自觉性和坚定性。

在组织建设方面，我们以加强领导班子建设、加强基层支部建设和探索会内监督机制为重点，不断提高组织的活力和凝聚力。在开展北京市基层组织活动状况大调研基础上，我们开展了优秀基层组织、优秀会员和优秀会务工作者的评选和表彰活动。我们还积极参加民进中央开展的创建先进活动，有两个地方组织和 13 个基层组织获得民进中央先进表彰。作为民进中央和市委统战部选定的首批探索建立党派内部监督机制的试点单位，我们着力开展了会内监督工作，制定了《中国民主促进会北京市监督委员会工作条例（试行)》，成立了第一届监督委员会，初步建立起监委会工作机制，已经召开了三次工作会议和三次常委座谈会，听取对市委和机关的工作意见并向有关人员或部门做了反馈。

在参政议政方面，我们秉承民进中央“有思有行、集智聚力、顺势而为、开拓进取”的指导方针，注重发现、挖掘和整合会内会外资源，不断探索开展调研和形成建言成果的新机制，在坚守老阵地的同时，努力开拓参政议政新领域，着力做好北京市党政高层协商、市政协大会党派提案和党派发言、建言专报和社情民意反映以及社会热点难点问题论坛研讨等重点工作，围绕首都经济社会发展大局和市委市政府中心工作，不断提升建言献策的水平和实效，逐步赢得了市委、市政府、市政协、市委统战部等方面的好评，增强了北京民进会员的自信心和自豪感。

我们关于应当根据北京生源实际情况、适当缩小首都中职教育发展规模的建议被政府采纳，2010 年北京中职招生规模已由原定的 27 万人降低为 17 万；三年前与市政协联合就学前教育问题开展的调研成果已经转化为市政协常委会建议案，引起政府部门高度重视和社会广泛关注；关于应当加快首都终身教育立法的民进界别提案，受到教委教工委高度重视，并获得专项资金支持开展深度调研。

我们还就首都社区公益性文化建设和文化演出聚集区建设、首都司法社工问题、首都战略性新兴产业发展、科技创新、城市养老、生态环境建设、农村沟域经济发展、北京市水产品安全等问题开展调研，形成党派提案或信息建议。2009 年在北京八个民主党派组织中民进得到市委市政府领导批示的信息最多，2010 年民进得到刘淇书记和郭金龙市长批示的建言专报最多，并连续两年在市委统战部系统的信息工作评比中获得特等奖，居八党派首位。

我们在《中共北京市委关于制定北京市国民经济和社会发展第十二个五年规划的建议（征求意见稿)》的高层协商会议上，提出 5 条意见建议，均得到市委书记或市长的认真响应，其中《关于申办世界数字科学与艺术年会的建议》被写入正式文件。这次会议上我们关于加强北京国家文化建设加强顶层设计的建议也受到重视，刘淇书记专门听取了我们的汇报，并作出批示，根据批示委托我们牵头，挂靠首都师范大学，成立了北京文化战略研究院，为文化战略进行顶层设计研究，也为民主党派参政议政提供平台，为北京世界城市建设聚拢海内外人才；我们对今年市政府工作报告（征求意见稿）所提出的四条意见和建议，也均被正式文件采纳。

我们还在北京市民主党派中，率先探索建立了与市政协专门委员会联合举办论坛研讨的参政议政新机制，进一步扩大了民进的社会影响。2009 年，先后与北京市政协经济委员会联合召开了“中小企业应对国际金融危机研讨会”，与北京市政协教科文卫体委员会共同举办了“树立先进教育理念 推进高中课程改革”论坛，北京电视台、北京日报、人民政协报等重要媒体相继进行了报道，贾庆林主席在来北京市政协视察工作时也对这项尝试给予充分肯定。今年，我们还将与市政协合作，共同举办“北京文化创意产业发展论坛”第三次年会。

在社会服务方面，我们本着有所为有所不为、发挥优势、作出特色的原则，积极参与了市委统战部倡导的“凝心聚力”工程，积极参与了民进中央支援金沙的“彩虹行动”，并认真组织了对延庆二中的支教工作，赢得了良好的社会声誉.

近两年来，北京市委统战部对党派工作提出了开展“凝心聚力”工程的新要求。具体说，就是号召民主党派不但要为发展出主意，还要为发展做“引商、引资、引智”的实事。这对民进来说，无疑是一项新挑战。我们把这一挑战提高到考验履职能力和水平的高度加以重视，专题研究，专人负责。在充分了解政府发展需求、充分了解会内外资源、充分调研和论证基础上，依靠会内外专家和企业家，形成了“关于把太阳能热发电技术产业化纳入首都战略性新兴产业发展规划的建议”，专报中共北京市委，相继获得了刘淇等三位市委市政府领导的批示，并有市委常委亲自座谈办理，最终促成了全国首家太阳能热发电装备制造业落户中关村高科技产业园区，得到园区在资金、土地以及人才等方面政策的大力支持。该项工作一直受到市委统战部高度重视，并被评为“2010 年北京市民主党派创新成果奖”十大奖项之一。严隽琪主席曾亲自视察太阳能热发电示范基地，也对民进北京市委会所作出的努力给予高度评价。

我们还积极响应民进中央号召，认真组织了北京求实职业学院、北大附中、北京黑芝麻胡同小学等 9 所知名的北京职业学校和中小学校，对口支援贵州金沙县的 9 所学校。自签订为期三年帮扶协议以来，已经有近百名金沙学校的教师来北京的对口学校观摩、学习和培训，有 20 多名北京教师去金沙指导教育教学工作，取得了显著效果。从长远发展考虑，我们还向金沙县教育局捐赠了价值 18 余万元的现代远程教学培训设备，利用最先进的交互式远程教学技术，聘请在京的全国教学名师，对远在千里之外的 200 多名金沙县小学数学教师进行远程教学方法培训，受到金沙县委、政府和教育局的欢迎。

北京延庆二中曾经是当地综合排名相对落后的一所远郊学校，学生多来自贫困地区和偏远乡镇。为促进城乡教育均衡发展，让远郊区县的孩子也能享受到优质教学资源，民进北京市委会先后组织了三批由市内重点学校、九个学科的特级或高级教师组成的“名师指导团”，连续六年支援和帮助延庆二中培养九个学科的骨干教师队伍，使得延庆二中在当地的综合排名跃升至全县第二，高考本科上线率由不到 10% 提升到 70%，专科上线率由 47% 上升到 100%。此举不仅得到延庆县委、县政府和当地居民的高度赞誉，也先后被北京日报、人民政协报等媒体报道。

谱写更加壮丽辉煌的新篇章

——庆祝中国共产党建党九十周年

（2011 年 3 月）

蔡达峰

中国共产党的诞生，给灾难深重的中国带来了光明和希望。九十年来，中国共产党艰苦奋斗，团结带领全国各族人民，打破了半殖民地半封建的枷锁，取得了新民主主义革命的伟大胜利和社会主义现代化建设的伟大成就，开创了中华民族伟大复兴的新时代，促进了世界的和平发展。所以，中国共产党的九十华诞，是全国人民的盛事。

近代中国，党团群起，进退沉浮。历史证明，中国共产党九十年的历程是最辉煌成功的，它汇集了中华民族在建设现代社会道路上艰苦探索的思想精华和伟大创造力。中国共产党自诞生起，就以马克思主义思想为指导，以为人民服务为宗旨，坚持群众路线，把握了推动社会进步的规律，体现了崇高的价值目标和正确的政治方向，在不同的历史时期，始终代表着最先进的力量，始终发挥先锋队的作用，始终领导着最广泛的政治联盟，创造性地总结了统一战线理论和政策，确立了多党合作和政治协商这一国家基本制度，为社会主义制度的人民共和国开辟了一条具有强大凝聚力和生命力的中国特色政治发展道路。

中国共产党的发展，带动了民主党派的形成与发展。民主党派的发展，巩固了中国共产党领导的多党合作和政治协商制度，发展了统一战线力量。早在敌伪统治下的上海，马叙伦、王绍鏊等一批进步知识分子，就与中国共产党人一起，坚持抗日救亡斗争，与中国共产党结下深厚友谊。抗战胜利后，他们又积极投入反对内战、争取和平、反对独裁、争取民主的爱国民主运动，并在中国共产党人的帮助和指导下，于 1945 年 12 月 30 日在上海成立了中国民主促进会。1948 年，中国共产党发布了“各民主党派、各人民团体及社会贤达，迅速召开政治协商会议，成立民主联合政府”的“五一口号”，民进坚决拥护和响应，参加了新政协的筹备工作和人民政协第一届全体会议，参与制定了《共同纲领》，为新中国诞生作出了自己的贡献。1949 年，为迎接上海解放，民进中央及时组建了上海地方组织，协助共产党和新政府，为恢复国民经济、稳定社会秩序、巩固新政权，组织开展了大量工作。改革开放以来，在社会主义现代化建设的新目标下，政治制度和政党建设的要求不断提高，爱国统一战线不断壮大，民主党派发展获得了大好的时机。在民进中央和中共上海市委的领导下，民进上海市委带领各级组织和广大会员，以建设高素质参政党为目标，努力发挥进步性与广泛性相结合的作用，坚持围绕中心，服务大局，在政治生活和各项重大建设活动中，深入调查研究，积极建言献策，认真履行参政议政、民主监督职能，努力服务社会，成为推动经济发展、促进社会和谐的重要力量，成立时仅有 75 名会员的民进上海市委，现已成为拥有 8700 多名会员、18 个区县和 43 个直属组织的参政党地方组织。

历史告诉我们，为了长久地维护和发展好人民根本利益，我们必须坚持和完善中国共产党领导的多党合作和政治协商制度，坚持长期共存、互相监督、肝胆相照、荣辱与共的方针，发展同心同德、同向同行的政党关系，完善合作共事机制。我们相信，在中国共产党领导下，中国特色社会主义政治发展道路将更加宽广，并谱写出更加壮丽辉煌的篇章。

关于文化建设的思考

（2011 年 11 月）

蔡达峰

中共十七届六中全会专门对文化建设作了总结和部署，这不仅符合当下社会对正确价值观和高尚精神追求的迫切需要，而且对经济社会发展的全部进程具有重要的现实意义。

一、文化建设要以人为本，努力改造主观世界，促进社会进步

文化建设内容很多，形式感也很强，但它必须坚持从社会生活需要出发，着力倡导文明、改良社会、改善生活。

在中国现代化进程中的文化建设，应适应社会主义市场、民主与法制发展的趋势和要求，着力改造主观世界，改善社会关系，培养先进的社会意识和公民意识，为深化改革开放提供精神支撑和创造活力，这是当代文化的需要。我们要总结历史，研究现状，理解未来，准确把握文化发展的时代特征和要求。

中国因为有党中央倡导的改革开放的伟大精神，才有今天市场的与法制的体系，才有全社会的创造活力，这就是文化的力量。而改革开放的深化，更加迫切地需要全社会确立科学与民主、平等与独立、公平与公正、自由与规则等精神，这是完善市场与法制的需要，是现代社会秩序和个人生活的基石，而传统文化对此的作用显然很有限。为此，我们的权力运行系统要提高文明要求，纯净公务活动风气，领导干部和公职人员要敢于自我完善，努力成为先进文化的代表，带动全社会思想意识的转变和进步；我们的公民教育体系要强调人格教育。教育与文化互为表里，文化对青少年的影响最为快捷，文化建设其实就是新一代公民的教育。从义务教育到高等教育，要形成适合不同年龄段的人格教育内容系统，使青少年逐步养成文明的生活观念和社会观念，转变人才培养中功利倾向；我们的社区文化活动要引导公民意识，针对现实生活中矛盾和困惑，传播积极的人生态度和生活观念，宣传权利和义务的宪法精神，批评和抵制不良风气，提高社区精神生活的质量。

二、文化建设要坚持“双百”方针，使文化从丰富到繁荣

人的不同就是生活不同，就是文化不同。一个生活共同体要有灵魂的家园，需要从语言、文字到所有审美，形成基本的认同，这才能使社会团结。同时，文化又必须创新和发展，使人与社会进步。而要文化创新和发展，首先要使文化丰富，各种文化的矛盾运动，相互尊重，相互影响，相互吸收，构成了文化发展的内在动力，也符合社会的多样性需要。中华文化就是在文化交融中保持自主性和生命力的。未来中国的文化，与人群和利益格局一样，都不会是单一的，传统的与现代的、本土的与西方的、宗教的与世俗的、主流的与民间的共存，有冲突也有吸收，关系极其复杂，这将是长期的文化生态，必须专门研究，不能简单地论处。从繁荣发展的目的来说，维护文化丰富多样的局面是必要的。“双百”方针是文化创新和繁荣的重要保证，其目的就是实现文化共存交融。但贯彻“双百”方针很不容易，我们要按照中央的要求，尊重文化发展规律，提高文化管理水平。

在文化学术研究上，包括语言文字等基础性研究和文化批评研究，都要注重学科的多样性，并为此创造平等的、可长期发展的条件和环境，不要以“有用”与“无用”来裁决。从国际上看，我国的文化基础研究缺项和弱项还有很多，包括语言研究、艺术研究、宗教研究，甚至是国别史研究等领域，都相当单一。我们要大力完善文化学科结构，全面规划，设立一些研究职位，培养和吸收人才，使他们安心研究文化本身，为中国研究人类文化积聚人才，这自然就有了文化大繁荣的基础。

在文化艺术创作上，既然要鼓励创新，就不能轻易褒贬，不捧不压，更不催生，看社会评价，看长远效果。文化大发展大繁荣，必有大创作，必经历大艰辛，这与自然科学研究是一样的规律。文化艺术创作很难有日程表，这种成果的质量，既要靠创作者的灵感、能力和勤奋，还要借助切磋交流中形成的同行压力，与经费力度、命令强度基本没有直接关系。文化建设工作要有目标有计划，但要注意避免“行政计划”的管理思维对文化艺术创作的影响，慎重地使用考核、评比、奖励等办法，这很容易导致文化艺术创作者情绪波动。

三、文化建设要处理好社会效益和市场效益的关系

文化与经济，既精神与物质，相互影响。文化活动，既有非市场的，也有市场的。这次的文化建设，在强调价值观提升和文化作品创新的同时，把文化产业放在突出的地位，主管部门要面对市场和文化两者的协调发展问题，这就需要更加准确地认识文化建设与市场的关系，审慎处理好文化的社会效益和市场效益的关系。

在市场环境下，主管部门要负责监管文化的教育作用，如从众心理与非理性言论在网络环境下的结合，就很容易产生社会破坏力，这就不能由经营效益决定。政府既要推进信息公开，又要引导公众理性，独立判断；主管部门要负责保证公共文化服务的需要，如图书、档案、文物服务活动等当中的非赢利的开支；主管部门要引导社会开展公益性文化活动，如志愿者活动、媒体宣传活动、民间各种文化基金的设立和资助活动等。这种社会支持能力的提高，对当地文化繁荣有直接的作用，尤其是对个体文化从业者，如文学和艺术创作者，无论是所谓高雅或流行，都可以获得创作的机会；主管部门要负责维护市场发展的规律和环境，如依法大力维护知识产权等要素市场的建设；主管部门要坚持发挥市场配置资源的作用，鼓励经营文化的企业自主管理，参与竞争，开拓市场。财政要谨慎介入投资与消费领域；主管部门要加快推进国有文化事业单位改革，在鉴定企事业单位属性时，还要更多注意活动的功能属性，无论公办或民办，独资或合资，都要区分公益性和经营性的活动，并区分投融资主体。

总之，与社会主义市场经济相适应的文化建设，要使文化创作者、企业经营者与公众各得其所，相互促进，用好作品促进需求，用好需求促进创作，最终是为了激发文化创新的活力。

在中央统战部2011年重点调研选题座谈会上的发言

（2011年2月16日）

朱永新

2011年民进中央重点调研的选题“完善制度环境，促进民办教育可持续发展”。

近年来，民进中央围绕推进教育体制改革，促进民办教育发展连续数年进行了调研，基本上每年在全国政协大会上都有关于促进民办教育发展的党派提案或者大会发言。在今年的两会上，民进中央还将提出一个“完善制度环境，促进民办教育健康发展”的党派书面发言。

在去年中共中央就十二五规划征求党派意见的座谈会上，我们就促进民办教育发展提出了意见。在民进中央报送中共中央的“关于制定十二五规划若干问题的建议”中，有一个建议就是关于促进民办教育发展的。

在这里，我把这个选题定为重点调研的课题的一些想法做一个汇报。

应该说《国家中长期教育改革和发展规划纲要》就深化教育改革、建立公办教育和民办教育共同发展的格局，从制度上作了令人鼓舞的“顶层设计”，拟定了一系列积极的政策措施，同时还强调要“清理并纠正对民办学校的各类歧视性政策”。这对保障我国民办教育事业健康持续发展，无疑将起到巨大的推动和促进作用。

而在这些政策措施的落实中，“清理并纠正对民办学校的各类歧视性政策”将是一个重要和关键的工作。从当前制约民办教育发展的制度环境来说，主要在以下几个方面存在着问题：

一是对民办学校的不公平政策。《民办教育促进法》第三、五条明确了民办教育公益性属性（第三条规定“民办教育事业属于公益性事业”、第五条规定“民办学校与公办学校具有同等的法律地位”）。而目前民办学校被归入“民办非企业单位（法人）”行列，这一“既非企业单位，也非事业单位”的法人属性，使民办学校无法享有与公办学校同等的事业单位法律地位和公平的政策待遇。此外，还有几个相关的政策问题。其一，虽然《民办教育促进法》明确规定出资者可以从办学结余中取得合理回报，但现行的《民办非企业单位登记管理暂行条例》和《民间非营利组织会计制度》均禁止“民办非企业单位”向出资人分配办学结余，法定的合理回报无法实际落实。其二，民办教育的准入门槛也存在着过高的问题，是按同类公办学校平均标准来确定的。

二是对民办学校教师的不公平政策。由于民办学校的民办非企业单位定性，使得其教师的养老保险也按企业序列缴纳，在公办学校教师工资有了很大提高的情况下，这个政策极大地影响了民办学校教师队伍的稳定。此外，民办教师队伍的培训工作，也无法享受公办教师的同等待遇。

三是对民办学校学生的不公平政策。在这方面，有两个方面的问题。一是义务教育阶段的民办学校学生不能享受生均拨款。二是民办高校的学生受招生计划的限制，部分学生不能拿到毕业证，还要参加自考。

我们这个调研的重点将放在研究目前制约民办教育发展的政策和机制因素并提出相关建议。

此外，民进中央今年的调研还有以下几个方面的课题：

一是促进特殊教育事业发展的对策研究。中央关于“十二五”规划的建议和《国家中长期教育改革和发展规划纲要》都提出“支持特殊教育发展”。目前，我们国家的特殊教育事业发展还存在着不少的问题。我们将就特殊教育发展的现状、需求和存在的问题进行调研，并提出促进特殊教育事业发展的对策建议。

二是促进文化产业发展政策、体制研究。“十二五”规划建议中提出要“推动文化产业成为国民经济支柱性产业。”近年来，民进中央和相关省级组织就文化产业，特别是创意产业的发展进行了一些调研，并提出了一些建议。我们准备再就如何进一步落实国家《文化产业振兴规划》和一系列政策规定的落实进行一些调研，并提出相关政策建议。

三是营造有利于服务业发展的政策、体制环境研究。“十二五”规划建议提出“加快发展服务业。把推动服务业大发展作为产业结构优化升级的战略重点”，并提出要“营造有利于服务业发展的政策和体制环境”。去年，民进中央和一些省级组织，如上海市委会、广东省委会就这个问题进行了调研，我们在今年的两会上也将提出有关提案。我们还将围绕推进营造有利于服务业发展的政策和体制环境进行调研，并提出相关政策建议。

四是完善“大调解”工作体系研究。“十二五”规划建议提出“健全党和政府主导的维护群众权益机制，完善人民调解、行政调解、司法调解联动的工作体系，建立调处化解矛盾纠纷综合平台”。近年来，民进中央的专门委员会和一些省级组织近年来就相关课题进行了调研。今年我们将继续就如何有机地建立起人民调解、行政调解、司法调解联动的工作体系进行调研，重点放在加强人民调解和政府调解（行政仲裁、行政复议）方面，并提出相关建议。

“文化立国”应上升为国家战略

（2011 年 3 月 7 日）

朱永新

文化是民族的灵魂，是国家软实力的重要标志，是国家综合国力的重要体现。

近年来，我参与了民进中央和部分省级组织就公共文化服务体系建设、文化产业发展和中华文化“走出去”战略等问题的系列调研。在调研中，一个很深的感受是，从国际的视野来看，中国是一个传统文化积淀深厚的国家，是一个经济大国、文化大国，但还不是文化强国。

近年来，我国的经济总量、制造能力、贸易实力在世界上均名列前茅，硬实力的提升举世瞩目。而我们的文化软实力，与我们世界级大国的地位很不相称。去年，我国的国民生产总值已超日本，位居全球第二，但文化的发展与占全球第二的经济地位还不相匹配。与中国对外贸易的“出超”相比，中国的对外文化交流则是严重“入超”。以 2009 年的数据为例，版权进出口比为 3.4：1，演艺产品的进出口额比约为 10：1。

文化立国战略的作用在我们的近邻日本、韩国表现得非常明显。1995 年，日本确立了面向 21 世纪的“文化立国”方略，有效地促进了文化产业的发展。目前，日本文化产业的许多领域领先于世界，给日本带来了巨大的收益。目前，全球播放的动画片中有 65% 出自日本，在欧洲这一比例更高，达到 80%。电子游戏业更是给日本带来了源源不断的财富，据统计，在全球电子游戏的市场份额中，日本厂商掌握 90% 以上的硬件、50% 以上的软件。1997 年，韩国将文化产业确立为 21 世纪国家经济的支柱产业，成效显著，在短短几年时间内，它一跃而成为全球的文化产业强国。1998 年，韩国政府的文化经费只有 4848 亿韩元，占国家总预算的 0.62%，到 2002 年已超过 1.2 兆韩元，文化预算占政府总预算的 1.09%。目前，全世界只有法国和韩国的文化拨款达到国家预算的 1%。2009 年，韩国的网络游戏出口额是中国的 10 倍，电影的出口额是中国的 7 倍，新闻出版、电子音像、艺术品产业的对外输出也走在中国的前面。

近年来，我国文化建设取得了巨大成绩，但还存在不少问题。比如，以美国好莱坞大片、洋快餐为代表的西方文化已渗透到我们生活的方方面面，而我们还沉湎于其中，缺乏自觉。明明是面对国内受众的电视台，台标却用英文缩写。社会主流文化逐渐被边缘化，而低俗的流氓文化、娼妓文化，甚至汉奸文化却堂而皇之地上市。

英国前首相撒切尔夫人曾讲过，中国不会成为世界大国，因为中国出口的是电视机，而不是思想观念。所以，中国要真正成为世界大国，光出口电视机是不够的，光出口经济产品是不够的，我们的思想、观念、文化也应该走出去，汇入世界文化的海洋之中。

文化对于我们的民族到底有什么意义？我们需要怎样的文化？应该如何从民族振兴和国家战略的高度来认识、把握文化？这都需要我们认真思考。

我们认为，文化在我们国家的发展战略中，绝不能处于次要或从属地位，而应作为核心战略和首要方向。惟其如此，才能真正建好我们共有的精神家园，赢得未来安身立命的根本。文化立国战略总体的考虑就是用新的视野审时度势，抓住文化发展的机遇，创造良好的环境，通过结构调整、产业升级为文化发展提供巨大的空间，通过不断扩大对外开放提升国际影响力，为文化发展提供广阔的世界舞台，使我国实现文化的跨越式发展。

胡锦涛总书记在中共中央政治局集体学习时强调指出，"一定要从战略高度深刻认识文化的重要地位和作用"。温家宝总理在十一届人大三次会议的政府工作报告中，也把文化提到了非常高的高度，他指出，国家发展、民族振兴不仅需要强大的经济力量，更需要强大的文化力量，文化是一个民族的精神和灵魂，是一个民族真正有力量的决定性因素，它可以深刻影响一个国家发展的进程，改变一个民族的命运。从中央领导的讲话中，从文化建设的大发展中，我们可以看到，文化发展已上升到"关系中国特色社会主义事业总体布局，关系中华民族伟大复兴"的战略高度。全面构建国家的文化立国战略，已是呼之欲出。加强文化发展战略研究，从全局出发为构建国家的文化立国战略谋篇布局，具有很强的紧迫性、必要性和现实性。

就紧迫性而言，"四大建设"中，政治建设、经济建设、社会建设已经有了国家层面的发展战略，但还没有文化的发展战略。要真正实现文化大发展和大繁荣，必须有文化立国战略的支撑。

就必要性而言，在全球化时代，国家之强首先体现为文化之强。所有的现代大国都是以文化立国。文化的全球化，对后发国家造成了最严峻的挑战。在全球化过程中，中国在传承优秀文化的同时，能否体现我们改革开放以来社会主义经济体制建设的拼搏、向上、改革、创新、开放、民主、自由的精神？在现代化建设过程中，文化应担当怎样的角色？在全球化考验下，如何树立中国新的形象？这些问题都迫切需要总体部署、全局性设计，需要制定在科学发展观指导下的文化立国战略。

就现实性而言，中国共产党的文化发展指导思想日臻成熟，从两个文明建设到经济、政治、文化、社会"四位一体"的建设，从建设精神文明到先进文化、和谐文化，这些思想为构建文化立国战略提供了丰富的理论支撑。近年来，我国在文化体制改革、公共文化服务体系建设和文化产业发展方面取得有目共睹的成就，这为构建文化立国战略提供了实践的支持，并提出了现实需求。

为此，首先是在文化上坚持顶层设计，弘扬以社会主义核心价值体系为基础的文化价值观，以提升国民的精神高度为核心，以推进文化管理体制改革、完善公共文化服务体系、促进文化产业的发展为重点，以提升中华文化的凝聚力、创新力、生产力、影响力和传播力为目标，将"文化立国"放在国家战略的高度来认识和对待。

其次是围绕"文化立国"战略，全面统筹、规划国家的文化事业与产业发展。具体的做法有：提高文化产品供给能力和服务水平，满足人民群众日益增长的多样化精神文化需求；加强公共文化服务体系建设，提高全民文化素质和保障人民群众的基本文化权益；不断深化文化体制的机制改革，构建以公有制为主体、多种所有制共同发展的文化格局；加强知识产权保护，推动文化又好又快发展；大力实施文化"走出去"战略，扩大中华文化的国际影响力。

“希望国家更好”
——回忆与雷老的三次见面

（2011 年 3 月 10 日）

朱永新

1 月 9 日下午 4 点多，我和民进中央的同志在赶往会场的途中，接到雷老秘书的来电，说雷老呼吸困难，正在抢救。

我预感情况紧急，因为近年来雷老虽然几次生病住院，但每次都能够逢凶化吉，而且一般是住进医院，秘书才通知我们。这次情况完全不同，3 点多我们在保利剧院举行活动的时候，高秘书已经打过一次电话给办公厅的高友东主任，由于手机静音没有听到，现在再次通知吴新秋副秘书长，一定是非同寻常。我与吴新秋副秘书长、高友东主任和林海同志立刻下了大巴车，打的赶往雷老家中。

同时，第一时间报告严隽琪主席和罗富和常务副主席。

赶到雷老家中的时候，北京医院的医务人员正在紧急抢救。高秘书告诉我们，3 点 20 分左右发现雷老有痰，呼吸困难，马上通知北京医院。医院的抢救小组 3 分多钟就赶到现场进行抢救，一直在紧张地工作着。看着抢救仪上面平平的直线，我们的心越来越沉。十几分钟以后，党和国家领导人胡锦涛、吴邦国、贾庆林、习近平、周永康、刘延东、李源潮、王兆国、令计划、李建国、杜青林以及民进中央领导严隽琪、罗富和、许嘉璐、张怀西、冯骥才、潘贵玉、王佐书、刘新成、蔡达峰等也先后赶来。中央组织部常务副部长沈跃跃、全国政协副秘书长孙怀山以及中央办公厅、全国人大办公厅、国管局的领导和工作人员也先后赶到雷老家中。

作为著名的社会学家、教育学家、社会活动家，雷老从年轻时就追随中国共产党的领导，一生从未动摇与共产党肝胆相照风雨同舟的信念。赶来看望雷老的党和国家领导人深情回忆起雷老一生与中国共产党的亲密关系，对国家和民族所做的贡献，追求真理、坚定信念、执着事业、淡泊名利的崇高质量，称雷老是中国了不起的人物。

5 点 38 分，医务人员宣布抢救无效，雷老永远离开了我们。

看着护送雷老遗体的抢救车离开红霞公寓，我的眼睛一片模糊，思绪如烟飘荡。

记得第一次见到雷老，是在 1995 年参加民进中央表彰为社会主义建设做出贡献的人物的会议上。虽然雷老曾经在东吴大学做过 8 年的老师，与我算是名副其实的校友，但我作为年轻的会员，难以有近距离接触雷老的机会，只能够远远地望着这位尊敬的长者。

第二次见到雷老，是在苏州太仓。1998 年，雷老带领中国社会科学院的社会学家一行到苏州调研农村与农民问题。94 岁的雷老行走矫健，思维敏捷，精神抖擞，让我们非常敬佩。雷老慈爱的笑容，让所有见到她的人，都会感到亲切自然，周围的人都亲切地叫她“雷大姐”。

当时，我刚刚担任苏州市人民政府副市长，雷老告诉我，她 74 岁的时候才担任北京市的副市长，只要用心去做，全力以赴，秉公办事，在党的领导下开展工作，一定能够做好。刚刚卸任民进中央主席的雷老，仍然心系民进，教导我在做好本职工作的同时，不要忘记自己是民进的一员，要积极参政议政，学会调查研究，学会建言献策。我向雷老报告了自己在教育上的一些思考和研究心得，雷老勉励我不要放弃学术研究，她说，如果处理得好，行政工作、学术研究、参政议政，是可以相得益彰，彼此促进的。应该说，是雷老给我上了一堂如何做好市长的课。

更让我感动的是，雷老在苏州期间，还亲自发展会员。当时担任吴县市副市长的府采芹同志，工作有声有色，给雷老留下了深刻印象。当得知她是无党派成员的时候，雷老就为她介绍民进的历史，讲民主党派的责任。不久以后，在雷老的亲自介绍下，府采芹同志成为民进的会员。后来，府采芹同志成为苏州卫生局局长，与我一起合作共事，我们先后建立了苏州市区域卫生规划和卫生发展专家咨询委员会、苏州市110与120联网系统，建设了苏州市中心血站、苏州市母婴保健中心等，苏州市无偿献血的比例也从13%上升到几乎100%。在我离开苏州以后，府采芹同志接替我成为苏州民进的主委。在她的领导下，民进工作更上一楼，获得了民进全国先进基层组织的光荣称号。应该说，她没有辜负雷老的期望。

第三次见到雷老，是我担任民进中央副主席以后。2008年12月6日上午10点20分，我随同全国人大常委会副委员长、民进中央主席严隽琪，全国政协副主席、民进中央常务副主席罗富和等会中央领导一起去红霞公寓雷老的家中看望这位世纪老人。

这是我第一次到雷老家。洁净简朴的居室里，摆放着鲜花、鼠年吉祥物、大红的中国结，散发着浓浓的年节气氛，也表达着社会各界以及亲朋故友对雷老的深深敬意和祝福。墙上有两幅民进第一任主席马叙伦先生的书法，记录着民进前辈之间的友谊。

雷老前段时间一直在北京医院调养身体，刚刚回到家中，尚不宜经常下床活动。身穿红色毛衣的雷老端坐在床上，气色很好。严隽琪主席走上前去，俯下身子，轻轻地握着雷老的手，代表民进十万五千名会员送上了节日的祝福和插满鲜花的花篮，她说，“雷老，民进的事业发展是与老一辈民进人的辛苦努力密不可分的。我们一定不辜负您的期望，带领全体会员把民进的优良传统继承下来、传承下去。”“您的健康就是我们最大的幸福。”她衷心祝愿雷老健康长寿，并叮嘱身边工作人员精心照顾好雷老。罗富和常务副主席附耳用广东家乡话送上了祝福，雷老会意地点点头。

一缕冬日的暖阳从窗户照进来，墙角的兰花显得更加娇艳，室内透出一丝暖融融的春意。面对着这位满头银丝的103岁的老人，心头涌起无限的崇敬之意。我不禁想，面前这位瘦小的老人，从某种意义上说，已经是中国民主促进会的精神象征。创建中国民主促进会、1946年亲历“下关惨案”、解放前夕代表民进在西柏坡会见毛泽东同志、参加全国政协第一次会议、新中国开国大典、第一届全国人民代表大会、党的十一届三中全会、香港回归仪式……她亲身经历了一个个重大历史时刻，她的一生，是一个时代的缩影，她是中国民主制度的重要见证人和参与者，也是中国革命、建设、改革事业的见证人和参与者。

听工作人员讲，作为民进的创始人和卓越领导人，雷洁琼非常关心民进的工作，每次收到民进中央的机关刊物《民主》及《民进会讯》后，总要秘书高志芬挑选一些文章念给她听。民进中央的领导同志每次去看望她时，她不仅认真听取汇报，而且多次嘱咐，民进要发扬优良传统，立会为公，参政为民。民进中央办公楼一楼大厅里，最醒目的就是原民进中央主席许嘉璐手书的“继承传统，以党为师，立会为公，参政为民”十六个大字。每天上班，我都会和会中央机关的同志们一样，看一眼这十六个字再上楼开始一天的工作。而每一位到会中央机关参观的会员，对会中央的第一印象，也是这十六个字。我想，民进的优良传统，已经渗透到每一个民进人的心中，以雷老为代表的老一代民进人所开创的事业，一定会不断发展，兴旺发达，民进也一定会在中国共产党的领导下，为建设中国特色社会主义事业，实现中华民族伟大复兴做出新贡献。

让我特别亲切的是，雷老一生与教育有缘。从1931年留学归来，雷老先后执教燕京大学、东吴大学、北京大学、中国政法大学等高校，伴随着时代的风风雨雨，一直孜孜不倦地为中国的教育事业辛勤耕耘。雷老曾说过：“说到底我只是一名老教师，在所有称呼中，我最喜欢教授这个头衔。虽然做过一些社会工作，但我一直也没离开过讲台。”民进是以教育、文化、出版为主要界别的参政党，尤其是教育界人士最多。马叙伦、周建人、叶圣陶、雷洁琼、许嘉璐，民进的历任主席全部都做过教师，而且对教育事业充满感情，无限热爱。他们虽然后来都身居高位，公务繁忙，但都没有离开教育战线。以严隽琪主席为首的民进新一届中央领导集体，10位主席、副主席，几乎也全部都做过教师，大部分都还在带研究生，而且民进作为参政党，一直在为中国教育事业的发展调查研究、建言献策，多方呼吁，尽心竭力。我想，对教育的感情，大概已经渗透在了民进的骨髓里，是民进永恒的主题之一。

到雷老的休息时间了，我们只好依依不舍地和雷老告别。临出门前，高志芬秘书简单向我们介绍了摆放在客厅里的一些物品。其中有两张照片，一张是南加州大学校长到家中为雷老颁发该校最高荣誉奖，另一张是2005年9月6日胡锦涛同志到家中看望雷老。当时雷老说："感谢总书记，感谢党中央，希望国家更好"。"希望国家更好"，这是一位百岁老人一生的期盼，更是每一个民进人的奋斗目标，也是每个中华儿女的梦想。

由于调到民进中央工作，从2008年以后，每年总有两三次见雷老的机会，在新年的时候，我们会为雷老拜年；在雷老生日的时候，我们会为雷老庆生；在雷老生病的时候，我们会去医院看望。虽然雷老已经不能够言语，但是她的思维始终非常清晰，生命力仍然非常顽强。重要的领导人来看望雷老，谈到共和国、中国共产党、民进中央等关键字语，她每每会睁开眼睛。就在去世前的一天，高秘书还告诉她最近的日程安排，民进中央的领导集体准备12日来给雷老拜年呢！没有想到，9号这天，雷老永远离开了我们。

1月10日，民进中央召开主席会议，缅怀雷老的光辉一生。潘贵玉副主席讲了一句让大家非常共鸣的话："我感觉雷老还活着！"是的，记得一首诗曾经这样写道：有的人活着，他已经死了；有的人死了，他还活着。

雷老虽然走了，但她永远活在我们的心里。"希望国家更好"，是雷老和我们民进人共同的心愿。

关于民进中央2011年重点专题考察工作情况的介绍

——在中央统战部党派调研座谈会上的发言

（2011年6月24日）

朱永新

1. 基本情况

今年民进中央的重点专题考察调研课题是"完善制度环境，促进民办教育发展"。为做好考察调研工作，严隽琪主席在1月上旬、3月下旬和5月上旬，分别带队在云南、湖北和广西进行了前期调研。民进中央参政议政部也分别走访了国家教育部和中国民办教育协会，就相关问题进行了座谈。民进中央还向29个省级组织发函，请他们在本省范围内进行调研，并向会中央提交调研报告。5月9日至16日，严隽琪主席带领民进中央考察团在江西省新余、上饶、南昌三个城市进行了专题调研。黄跃金副部长和吴晓礼局长参加了我们这次调研。考察期间，考察团实地考察了10所民办学校和幼儿园，并与省政府有关部门、有关地市的负责人，民办学校、幼儿园负责人和教职员工等座谈。

考察调研结束前，调研组与江西省政府及有关部门交换了意见。

在交换意见座谈会上，罗富和常务副主席代表调研组反馈了意见，对江西省促进民办教育发展的做法和经验给予了充分肯定。并提出了在新的历史阶段和起点上，促进民办教育发展的三点思考：一是如何进一步鼓励和引导民间资金投入教育，兴办各级各类学校；二是如何更好地尊重和发挥民办教育的体制机制优势，激发民办学校的改革创新活力；三是如何切实加强民办教育的引导与监管，加快民办学校的自我完善。

最后对江西省加快民办教育发展提出了五点建议：一是促进民办教育发展，要从推动教育科学发展、转变教育发展方式、推动教育改革的层面来进一步提高和深化认识；二是与时俱进地推进区域先行先试，促进教育改革与发展的创新探索；三是适时实行分类管理，推进民办教育管理改革；四是加强对民办教育规范管理，促进民办教育健康发展；五是促进教育行政部门的自身改革。

江西调研结束后，我们主要做了这样一些后续工作：

一是朱永新副主席于5月下旬带队到浙江省温州市就民办教育发展作了调研。

二是6月上旬在京召开了有广东、浙江、辽宁、福建、甘肃、山东等省级民进组织及相关部委和专家参加的重点调研情况汇报会，相关省级组织分别在会上汇报了调研情况。

三是29个省级组织于6月20日前向民进中央提交了调研报告。此次就促进民办教育发展进行的专题考察调研，和以往专题考察调研不同，是一次全会各省级组织广泛参与的调研。

四是罗富和常务副主席、王佐书副主席将分别于7月中下旬到河南新乡和福建厦门就民办教育发展进行调研。

五是民进中央参政议政部已完成江西省的调研报告，正在综合分析各省级组织调研报告的基础上起草调研总报告（总报告将于6月底完成）。

2. 关于就促进民办教育发展提出建议的思路

自《民办教育促进法》实施以来，我国民办教育有了很大的发展，已成为我国“教育事业发展的重要增长点和促进教育改革的重要力量”（纲要语）。去年，国家颁布了“国家中长期教育改革和发展规划纲要”。这个纲要颁布实施，标志着我国的教育改革和发展已经站在一个新的历史起点上。在这个大背景下，如何推进民办教育的健康发展，鼓励和引导民间资金投入教育，如何更好地尊重和发挥民办教育的体制机制优势，激发民办学校的改革创新活力，确实需要我们认真进行思考。在一定意义上说，在现阶段，民办教育的制度设计和政策完善正处于关键时期。

从民办教育事业发展面临的形势看，我们认为有这样几方面情况需要引起我们的重视，并采取措施加以解决。

一是在国家教育投入不断加大的情况下，应怎样支持民办教育的发展。进入新世纪以来，国家认真贯彻落实“科教兴国”战略，各级政府对教育投入不断增加，我国教育事业发展取得了令世人瞩目的巨大成就。在政府财力不断增加的基础上，我们的民办教育还要不要发展、应如何发展，需要我们认真思考。

二是《民办教育促进法》的实施落实中还存在着一些有待解决的问题。应该说，《民办教育促进法》实施以来，民办教育事业发展所取得的成绩是值得肯定的。但是，在这些年的实践中也逐渐暴露出一些问题。比如说，民办学校的法人地位问题、民办学校教师身份问题、民办学校产权属性问题、举办者合理回报问题等等。如何进一步完善相关政策，使《民办教育促进法》的法律规定得到真正落实，需要我们认真思考。

三是在政府财力不断增加的情况下，如何提供好基本的公共教育服务，保障教育公平。在改革开放之初，为了适应“四个现代化建设”对各级各类人才的迫切需求，集中人财物力优先办好少数条件较好重点学校的不均衡事业发展模式，成为各地普遍采用的权宜之计，短时间内取得了迅速缓解人才极度匮乏局面的良好效果。但在国家对教育投入大幅度增加，政府也有能力办好教育的情况下，是否还要继续集中人财物力优先办好少数重点学校？政府的基本教育公共服务应怎样提供？需要我们认真思考。

基于对上述问题的思考，我们提出如下建议：

一是要进一步提高认识，在新的起点上思考民办教育的发展。

客观地说，民办教育是在公共教育资源不足的背景下发展起来的。随着国民经济实力的增强，公共财政投资教育的能力近年来大大提升和生源的逐步减少，民办学校生存压力在逐渐加大。那么如何在新形势下推动民办教育的发展？我们认为，首先要提高对民办教育的作用和意义的认识。

《国家中长期教育改革和发展规划纲要》把民办教育作为教育的重要力量和改革的重要增长点。这两个“重要”，准确地表述了在新的历史时期我国民办教育应有的地位和使命，也表明中共中央、国务院对民办教育的高度重视和殷切期待。

我们认为，对民办教育的认识要从推动教育科学发展、转变教育发展方式、推动教育改革的三个层面来提高和深化认识。在我国，发展民办教育决不是权宜之计，不是一个单纯的开辟经费来源的需要，是提高教育质量、满足群众多样化教育需求的必须，是提高办学效率、增强教育系统的内在活力、加强教育改革动力的必须。什么是教育领域里的改革创新，除了公办教育机构的体制机制改革外，大力发展民办教育也是重要内容。“进一步消除制约教育发展和创新的体制机制障碍”，其中自然也包括制约民办教育发展的体制机制。

二是进一步完善相关政策，落实好《民办教育促进法》的相关法律规定。

中共中央、国务院高度重视促进民办教育的发展，先后出台了一些对民办教育的鼓励扶持政策。去年出台的“教育规划纲要”又再次强调了各级政府发展民办教育的重要职责，用专门的一些条款阐述了大力支持民办教育，又另外用了一个专门条款阐述了依法管理民办教育。当前最重要的是把这些内容转化为实实在在的、操作性强的政策和举措。要结合各地实际和各个学段、各种教育培训的类型进行进一步分类细化，要切实的分阶段、分步骤的实现。建议重点解决好民办学校的法人地位、民办学校教师身份、民办学校产权属性、举办者合理回报，以及义务教育阶段民办学校学生同等待遇（主要是生均经费）等问题。

同时，我们建议根据“教育规划纲要”和“十二五规划纲要”的精神，适时修订《民办教育促进法》。客观地说，在《民办教育促进法》制定和出台前，社会上对民办教育的认识是很不一致的。在大家提不出明确的、统一的思路的时候，先制定出一部法律来支持和鼓励民办教育发展的探索，是有其合理性和必要性的。现在看来《民办教育促进法》中的一些规定是有些不甚清晰、明确，导致了该法中一些规定在实践中无法落实，需要尽快进行修订。

三是明确政府提供的基本教育公共服务，促进民办教育发展。

《国家中长期教育改革和发展规划纲要》明确指出，在今后十年内要“建成覆盖城乡的基本公共教育服务体系，逐步实现基本公共教育服务均等化”。要实现这一目标，首先应厘清政府提供的基本公共教育服务是什么，应怎样提供。

基本教育公共服务应具有几个重要特点：本质属性是非竞争性、非排他性和公共性、公益性，价值取向是公平、均等和普惠的。按照这个原则，我们认为，政府提供的基本教育公共服务应明确最低标准，实行的是办好每一所学校的均衡发展模式，而不是集中人财物力优先办好少数条件较好重点学校的不均衡发展模式。

政府提供的基本公共教育服务应是面向所有人的，是均等的、没有差异的。差异化的、更优质的教育，应由民办教育机构来提供。对差异化的、更优质的教育资源的享用，可以按照优质、优价、市场化的原则来实现。这样，就可以实现公办、民办学校的错位发展，也可以实现基础学校的特色化发展。（当然，对于一些品学兼优的贫困家庭学生，其享用更优质的教育资源可由有关方面按国家规定予以资助）。

以上是我们调研中的一些初步想法，不当之处请批评指正。

坚定信心 同心同行

——学习胡锦涛同志“七一”讲话体会

（2011 年 7 月 5 日）

朱永新

7 月 1 日上午，有幸在人民大会堂亲耳聆听胡锦涛同志的“七一”讲话，感慨万千。我认为，这是一个非常重要的讲话，既是中国共产党先进性建设的纲领，也是建设中国特色社会主义事业的行动纲领，对于党的建设、中国的发展都具有重要的指导意义。下面就我自身的学习谈几点体会。

胡锦涛同志在讲话中指出，办好中国的事情，关键在党，并提出了在世情、国情、党情发生深刻变化的新形势下提高党的建设科学化水平的目标与要求。90年的历史表明，中国之所以能够不断走向繁荣富强，党之所以取得巨大发展，赢得百姓支持和拥护，关键在于党始终能够加强自身建设，自觉维护自身肌体的健康发展，而正是这种自省和自觉，使党始终保持先进的属性。讲话中列举的种种举措让我们看到了执政党提高领导水平、执政水平以及拒腐防变和抵御风险能力的决心。在这个问题上，我们参政党也应当与时俱进，以党为师，认真加以学习借鉴。只有这样，我们才能跟得上执政党的步伐，配得上共产党的挚友和诤友，在多党合作事业、社会主义事业和改革开放事业中站得住脚，发挥得了作用。

我坐在前排，一直注视着总书记讲话时的表情。应该说，这次报告的全过程，总书记大部分时间没有沉醉在欢庆90华诞的喜悦中，相反用少有的严肃的神态讲述，理性大于激情，危机感胜过喜悦感。胡锦涛同志的通篇讲话没有回避问题，对社会风险问题、反腐败问题等，都是清醒面对、科学分析，也提出了解决的办法。他还着重讲了“四个考验”：执政的考验、改革开放的考验、市场经济的考验、外部环境的考验，提出“四种危险”：精神懈怠的危险、能力不足的危险、脱离群众的危险、消极腐败的危险。正如人民日报所写“每临大事有静气，每逢大庆思危机”，这体现了党更加务实、更加清醒。同时也说明，在纪念建党90周年之际，党更加重视自身建设，把党的自身建设问题摆在了首要的和更加突出的位置。

总书记的讲话一直在强调全党要保持密切联系群众的作风。其中有一句很朴素实在的话：“只有我们把群众放在心上，群众才会把我们放在心上；只有我们把群众当亲人，群众才会把我们当亲人。”这句话既有理论思辨性，又具有浓厚的感情色彩，字字句句讲到了每个人的心坎上。这是纪念建党90周年之际，总书记对全党提出的政治要求，也是对人民群众做出的庄严承诺。其实，这不仅是对执政党说的，也是对参政党说的。作为参政党，我们如何真正为人民群众鼓与呼，如何通过建言献策的各种途径反映社情民意，也应该认真领会总书记讲话的精髓。

总之，通过对讲话的学习，使我进一步增强了为多党合作事业健康发展作出新贡献的责任感和使命感。我们应该通过不断完善多党合作制度来推进国家的发展，同时也要按照和谐社会的总体要求，安排好自己的工作。作为民进的成员，我深刻体会到，我们能够发挥作用、作出贡献，并不断成长进步，从根本上来说，无疑得益于党的正确领导和大力支持，得益于党始终坚持“长期共存、互相监督、肝胆相照、荣辱与共”的基本方针，得益于符合国情、具有优越性的政党制度，得益于党不断推进多党合作理论、政策和实践的创新与发展。所以，我们应该自觉地维护多党合作和政治协商的制度，坚定信心跟着共产党走，同心同行，为创造更加民主更加和谐的社会而努力奋斗。

如何提高民主党派机关的执行力

（2011年8月1日）

朱永新

机关是民主党派工作的关键环节和重要保障，起着承上启下、贯彻执行、联络内外、参谋咨询的作用，为民主党派履行职能提供了强有力的支撑。随着我国多党合作事业的发展，民主党派机关工作的任务日益繁重、质量要求也越来越高。在这种情况下，机关功能的核心——贯彻执行，就显得尤为重要。

民主党派机关执行力的高低，关系到参政党履行职能的水平、影响到参政党自身的健康发展和多党合作事业的巩固和发展。全国人大常委会副委员长、民进中央主席严隽琪同志就曾特别强调提高机关的执行力，她要求，机关要“为领导班子当好参谋、决策后保持思想一致、贯彻落实的行动及时有力、条块间协调有序、气氛生动积极。”

所谓执行力，指的是贯彻战略意图，完成预定目标的操作能力；是把战略、规划转化成为计划、方案，并带领团队具体完成工作，取得效益和成果的过程。简单来说，执行力就是一种把想法变成行动，把行动变成结果，从而保质保量完成任务的能力。这里所说的想法，是领导集体的决策，是上级的工作部署。所以执行，实际上是贯彻领导意图的过程。通俗地说，执的意思就是拿着，拿着什么？拿着领导交办的任务。然后去行动。行动的目标是什么？完成任务，交出令自己满意的结果，令领导满意的结果。

执行力不仅是一个战术层面上的问题，也是一个战略层面上的问题，是一个系统工程，是管理的不断优化、文化的建设与演进的过程。执行力包含完成任务的意愿，对任务的理解力，完成任务的能力，完成任务的程度以及把战略决策转化成结果的满意度、精确度和速度。衡量执行力的标准，对个人而言是按时按质按量完成工作任务；对集体而言就是在预定的时间内完成集体的战略目标。

具体来说，提高执行力要做到以下几点：

（一）正确领会领导意图和决策内容是提高执行力的前提。

执行的第一步是要明确面对的是什么任务，任务的要求是什么，做到什么程度是完成，什么程度是优秀，什么程度是卓越。至少要知道完成任务的底线标准和完成时限。同时，干部必须拥有运用已有的知识及其实践技能去理解上级政策和领导决策精神，获取新的信息，并由此在主观上形成新的客观阅读、认识和诠释能力，其包括正确把握政治方向、把握工作大局的能力和学习的能力。在此基础上分清主次和顺序来执行。

当领导的意图和任务信息不全面的时候，应该主动去询问，主动去请示，了解真实的意见、真实的意图，这样才能够在执行中不出差错。

（二）务实的解决方案和工作计划是提高执行力的基础。

要从任务本身的数量、质量、时间三个维度，对任务进行分析，制订方案和工作计划，落实任务清单，明确时间进度、责任人、工作预案等。一些简单的工作，不一定要有书面的方案，但要养成习惯，在接受一项任务时，在头脑中形成一个清晰的方案。

工作计划的预案非常重要，不论是一项非常困难的工作任务，还是一项非常容易的工作任务，我们都需要提前制定好工作预案，只有这样，在任务执行过程中，任何一个人发生问题的时候，总有人能够顶上去，任何一个环节出现问题的时候，总有一个环节能够马上去弥补。

（三）严格遵守工作程序是提高执行力的保障。

“木受绳则直，金就砺则利”，有规矩才能成方圆。要特别注意工作程序和工作原则，严格在公务员法和机关制度的框架内办事。工作的推进、任务的完成，必须建立健全权责清晰的工作程序，营造拒绝理由、高效执行的制度环境，严肃执行纪律。

首先健全职责体系。根据机关工作的特点，建立职权明确、责任清晰的职责体系，对每个部门、每名干部的工作职责和工作标准进行严格审定分解，进一步健全工作目标责任制、首问首办责任制、服务承诺制和限时办结制等制度，实现责任落实“无缝覆盖”，使执行有章可循，做到人人有任务、人人有责任、人人有压力，人人有目标。其次是规范执行目标、标准和程序。对领导工作、机关议事、请示汇报、工作协调等机关工作运行目标、标准和程序，进行科学规范，形成一个精细化、制度化、科学化的工作规范体系，增强工作的开放性、透明度。第三是严格责任追究。建立工作失误责任追究制，明确评判标准，坚持以责任和效果对工作进行正确评价。对执行不力、落实不到位的，严格按相关规定进行追究，推动工作落实。当然，任何制度都会遇到具体情况，还需要在执行时有一定的灵活性。

（四）团队合作是提高执行力的关键所在。

学习型机关的基本要求是团队学习与合作共事。所以，提高执行力必须建立团队精神，发挥整体作用。要时刻牢记，工作是必须大家一起做，成绩必须是大家共同分享。中国文化有一个非常优秀的传统就是“和文化”，只有营造一个团结和谐的集体，工作才能务实高效。如论语里讲的“君子和而不同，小人同而不和”，提高执行力的关键是有共同的理想、目标和追求。

机关干部，特别是领导干部，要学会运用窗户理论和镜子理论。我曾在民进中央多次推荐大家读一本书——《从优秀到卓越》。这本书里提到一个关键，就是如何对待工作中的成绩和失误。作为一名领导，不是孤军奋战的，而是要带领自己的团队一起去工作。作为团队的负责人，在有成绩的时候，应该把眼睛向窗户外面看，也就是把成绩归功于团队的其他人员；而当有失误的时候，应该先把眼睛向镜子里面看，把责任归于自己。只有这样，才能凝聚人心，才能让团队更有执行力。

机关或者部门的负责同志，是带领一个团队完成工作，所以要有较强的组织协调能力，其中包括会议的组织、活动的组织、调研的组织、项目的组织等等。要善于分解工作，善于调动每个人的积极性、主动性、创造性，善于调动和利用资源。要善于沟通协调，把上下左右的关系沟通好，把各方面的矛盾妥善处理好，利用好内外资源，人财物资源。要善于利用会议与报告管理，通过会议部署、检查、总结工作。正如荀子的《劝学》里所说：“假舆马者，非利足也，而致千里；假舟楫者，非能水也，而绝江河。君子性非异也，善假于物也”。

（五）“底线＋榜样”是提高执行力的管理铁律。

所谓底线，就是最基本的要求。在机关推行某些举措时，必须规定一个大家都可以接受的“底线”。这个底线要定的足够低，低到大家认为，这太容易，太简单，不做到它甚至说不过去。而管理的秘诀正在于，它总是表扬从这个底线中涌现出来的优秀者。

优秀者，这些最大程度超越底线的人，就是我们所说的“榜样”。管理的秘诀就在于，它永不表扬达到了底线的人与事，它甚至极少直接批评没达到底线的人与事，因为它不会将目光与精力，耗费在消极的因素上，而只是毫不吝惜言辞与诚意，去表扬榜样，言说榜样，在会议上呈现榜样——当然，是呈现榜样的故事，榜样的细节。就这样，用榜样激励新的榜样，以故事引发新的故事，让细节推动新的细节。就这样，用榜样的精致引来更多精致，用榜样精彩引来更多精彩，用榜样专注引来更多专注。“一朵具体的花，远胜过一千种真理。”榜样的力量是无穷的。

“底线＋榜样”是一个不可拆分的联合体，彼此依存，相互促进。如果没有底线，没有最起码和最基本的要求，就没有基本的环境与氛围，也很难产生真正的榜样。即使出现了个别榜样，也会感到孤掌难鸣、孤立无援，甚至是墙里开花墙外香，不利于榜样自身的成长与发展。同样，如果没有榜样，只抓底线，就有可能失去方向，难以持久，甚至堕入形式主义。

底线一定要有检查与奖惩，否则就会流于形式。榜样一定要有扶持与展示，否则就会失去动力。底线一定要保证所有的人能够做到，要求太高就会负担太重，失去底线的意义，最后也保不住底线的最低要求。同时，一定要关注榜样，倾听榜样的声音，让榜样及时言说，让榜样及时引路。不能让榜样孤立无援。

具体而言，领导干部首先要成为榜样。民主党派机关的负责同志，在他所分管的范围内，会起到方向性、全局性的影响。作为领导干部，希望建设一支什么样的团队，首先自己要先成为这样的人；希望把自己的团队带向何处，首先自己在内心必须能够到达那里。所以，只有领导干部自己先具备了执行力，才能建设一支具有执行力的团队。因此，民进中央主席严隽琪同志就特别强调，领导干部要起表率和带头作用，要勇挑重担、不推诿责任，要团结宽容、乐于助人，要遵守纪律、奉公守法，要勤于学习、提升素质，要开拓进取，以身作则。严隽琪主席还曾要求民进中央的部门负责人要努力做到：贯彻落实有力（认真细致、不马虎、不拖延）、主动到位提建议（及时研究，不消极）、敢担责任不上交矛盾（不推诿、不退避）、及时沟通协调（不封闭，善于合作）、培养激励年轻人（不当孤家寡人、带好队伍）。我想，这对民主党派机关的负责同志都是适用的。

（六）勇于创新是提高执行力的重要途径。

好的执行力不是要依葫芦画瓢，而主要体现在创造性高效率地完成工作任务上。我常说，完成任务就像过河，过河的方法有很多，所以，必须要研究哪种方法最佳，能够最有高效率地完成任务。

作为一名公务员，经常会遇到新情况、新问题、新任务。要能够创造性地开展工作，敏锐地提出新思路，善于采取新举措，敢于解决难题，善于解决难题。比如一个文稿，没有接触过，比如一项工作，没有相关资源。想方设法完成任务，就又熟悉了一个新的领域，掌握了新的工作方法。在工作中要尽量少犯错误，不犯同样的错误，但不能怕犯错误，否则会裹足不前。每项工作的执行条件都会有局限，所以，执行的过程既是做事的过程，也是解决困难的过程。

这里特别要注意的是，每一项任务都会有其难点，找出难点，创造条件，重点加以解决，是一个基本功。正如比林斯说："人生不在于掌握一手好牌，而在于把你掌握的牌打好"。

（七）全力以赴、注重细节是提高执行力的必然要求。

执行在很大程度上是一个过程，所以过程的控制，细节的控制，往往是影响执行力的一个重要因素。首先，做任何事，全力以赴是前提条件。所谓全力以赴，我们看一下办这个字的字形就可以感觉到，它中间是一个力字，意思是要下力气，两边两个点，一点是汗水，一点是泪水。所以，有人提出，机关工作，应该学会急事稳办、大事细办、轻事重办、熟事生办、生事慎办、特事特办。一句话，要用心。只有埋头，才能出头。

机关工作要从大局着眼，也要从细处入手。《道德经》里有两句话"天下难事，必做于易；天下大事，必做于细"。一项工作，在细节处，既可以过得去，也可以过得硬。刘备说："勿以恶小而为之，勿以善小而不为。"海尔集团总裁张瑞敏说：什么是不简单？把每一件简单的事做好就是不简单；什么是不平凡？能把每一件平凡的事做好就是不平凡。其实，把每一件小事做好，每一个细节做好，日积月累，既是工作本身的需要，也是练就做大事本领的必由之路，正所谓"一屋不扫，何以扫天下"。

荀子《劝学》里有一段话：积土成山，风雨兴焉；积水成渊，蛟龙生焉；积善成德，而神明自得，圣心备焉。故不积跬步，无以至千里；不积小流，无以成江海。骐骥一跃，不能十步；驽马十驾，功在不舍。锲而舍之，朽木不折；锲而不舍，金石可镂。蚓无爪牙之利，筋骨之强，上食埃土，下饮黄泉，用心一也。蟹六跪而二螯，非蛇鳝之穴无可寄托者，用心躁也。

而且，在很多时候，是细节决定成败，"千里之堤，毁于蚁穴"的例子屡见不鲜。所以做任何工作，做任何事情，都必如临深渊，须如履薄冰，一定要考虑各种可能性，做好预案。

（八）善于总结是提高执行力的捷径。

每项工作完成后，一定要总结经验，找出不足，提出改进措施，对于经常性工作，逐步总结出工作规律，形成规范的工作流程，将会极大提高工作效率。有句成语叫"前事不忘后事之师"，善于总结是提高机关执行力的重要路径。美国记者斯诺曾经问毛泽东：你没有当过兵，又不是军事科班出身，怎么能够指挥红军打了那么多胜仗？还搞出了游击战的十六字诀？毛泽东回答说：我就是靠总结经验吃饭。

所以，我们每干完一件事情，就应该思考一下，成功在什么地方，失败在哪些方面？成功与失败的原因在哪里？有没有改进的空间？等等。

以上是我的结合学习严隽琪主席讲话和工作实践的一些体会，供大家参考。

在民进全国机关建设工作会议闭幕式上的讲话

（2011 年 12 月 11 日）

朱永新

同志们：

经过与会同志的共同努力，民进全国机关建设工作会议圆满完成了各项议程，今天就要闭幕了。

在这次会议上，严隽琪主席作了重要讲话，罗富和常务副主席作了工作报告，会议表彰了我会机关建设的先进单位，总结、交流了十大以来我会加强机关建设的成果和经验，探讨了机关建设的规律，明确了今后一个时期我会机关建设工作的目标和任务，会议取得了积极的成果。对于进一步加强我会的机关建设，有效推进我会的自身建设将会起到重要作用。

各省级组织为这次会议的召开做了充分的准备，对机关建设进行了认真的总结，为会议提供了很好的书面材料，而且各具特点，各有特点，在会议期间，大家认真学习了严主席的重要讲话和罗主席的工作报告，就加强机关建设开展了广泛的交流和讨论，使得这次会议的内容既丰富又务实。会中央机关和上海、江苏、四川、湖南四个省级组织的代表做了大会交流，会议分组讨论也非常热烈，罗主席参加了全部小组的讨论。刚才，五个小组的代表也作了很好的大会发言，充分展示了会议的成果。可以说，会议开得很成功，富有成效。希望同志们回去后及时向主委和主委办公会议汇报，根据本地实际情况，认真抓好落实。

下面，我受罗主席的委托，就进一步贯彻落实好会议精神，讲几点意见，供大家参考。

一、加强学习，提高机关干部素质

我会历来重视学习，近年来明确提出建设学习型参政党的任务。学习型参政党的基础就是学习型机关的建设。所以，学习型机关是机关建设的首要任务。各级组织机关的负责同志要带头加强学习，自觉做出表率，要抓好集体学习，以此带动和促进全机关学习氛围的形成。我认为，学习不仅仅是增长知识、增长智慧的手段，从共读、共写、共同生活的角度来说，全机关的同志共同研究问题，是共同语言、共同价值形成的过程，对于建设学习型机关有重要的意义。机关干部要不断更新观念、扩大知识储备，加强个人修养，提高办事能力，全面提高自身素质。要把学习作为机关建设的重要任务，贯穿于各项工作的始终，要深入学习贯彻科学发展观，不断提高政策理论水平和思想水平；要积极学习现代科学文化知识，不断提高综合素质和知识水平；要坚持理论联系实际的学风，学习我会与中国共产党亲密合作的优良传统，结合机关工作的现状，研究新情况、解决新问题；要努力营造重视学习、鼓励学习的氛围。要通过建设学习型机关，使机关全体同志养成学习、思考的习惯，在学习中不断坚定理想信念，提升精神境界，增长知识才干，更好地担负起时代赋予我会的责任。

二、理顺机关工作管理体制，加强部门协作

要在民主集中制原则的基础上，加强集体领导，明确分级管理的领导体制。机关的各级领导要根据职务分工，理顺关系，明确责任。秘书长作为机关的主要责任人，要切实负起责任，既要协助主席（主委）抓好机关工作，又要做好与统战部、政协及政府有关部门等的协调工作。机关各部门在主席办公会（主委办公会）和秘书长的领导下，既要分工明确，各司其职，又要加强协作，密切配合，做到分工不分家，自觉维护大局利益，团结一致，充分发挥整体效能，做到全机关一盘棋，形成强大的工作合力，共同做好机关的各项工作。

三、建立健全规章制度，实现工作的规范化、制度化、程序化

制度建设是机关建设中一项带有根本性的工作，制度是硬文化，文化是软制度，有了健全的制度做保证，思想建设、组织建设、作风建设就能持之以恒。我们要把制度建设贯穿于自身建设和机关各项工作之中，不断总结机关工作规律，探索做好各项工作的新方法、新机制，逐步形成配套的措施和规定，以制度进一步规范工作，提高工作效率和质量，制度一经制定，就要认真抓好落实，使制度成为大家共同遵守的工作准则。制度的制定要避免脱离实际，其形成过程必须是机关全体人员共同参与的过程。制度形成后，各级领导干部要以身作则，模范遵守和执行各项制度，不搞特殊化，起到表率作用。在制度管理过程中，可以利用“底线＋榜样”的方法，及时发现执行制度的典范，作为机关的榜样。

四、加强队伍建设，培养和造就一支政治坚定、业务精通、务实创新、作风过硬的机关干部队伍

各级组织机关干部要增强公务员意识，按照公务员的标准严格要求自己，规范自己的行为，努力做“学习型、思考型、创新型、民主型、实干型”的干部，在实践中不断提高学习能力、协调能力和创新能力，要提高办会、办文和办事的能力，自觉地、主动地、创造性地做好工作。各级机关要进一步优化机关干部年龄和知识结构，把好进口、严格招聘制度；要继续做好机关干部的培养、使用、提拔和交流，要注意多给年轻干部出题目、交任务、压担子，让他们尽快成才，充分调动大家的积极性和创造性。

五、大力培养求真务实的工作作风

工作作风关系机关形象，关系工作成效，要培育良好的工作作风，做到人员精干、工作规范、运转有序、办事高效。机关工作的性质、特点要求各级组织机关干部要有良好的工作作风：一是讲团结。机关各部门和全体工作人员都要顾大局，识大体，彼此间要增强信任，多合作、少猜疑，多理解、少误解，多宽容、少计较，多补台、不拆台，事业上同心，工作上合力，共同做好机关各项工作。机关是一个服务机构，如何进一步做好服务工作，团结是一个前提。二是讲民主。机关要有浓厚的民主气氛，形成宽松和谐的氛围，贯彻民主集中制，不能一个人说了算。尤其是以民主为旗帜的参政党，凡事要多沟通、多协商，自下而上，尊重大部分人的意见。三是讲奉献。我会的各级机关无权、无钱，是清水衙门，但工作任务重、要求高，这就要求我们要有敬业爱岗、勤奋工作、任劳任怨、甘于奉献的精神。要善于发觉我们职业自身的魅力，认真去做，同样可以获得幸福感、成就感。四是讲效率。效率是衡量工作的尺度，坚决杜绝拖拖拉拉、消极懈怠、推诿扯皮等不良现象和行为，要求高效率、高质量处理事务，完成任务圆满迅速。五是讲规范。规范是提高效率的一个重要途径，工作中的各个环节都要有明确制度，有章可循、有条不紊，力戒随意性，这样机关工作才能扎实有序，尽职而不越位。六是讲协作。协作是建立在分工基础之上的，各部门既要责任分明、各司其职，又要紧密配合、协调统一。

六、要重视机关文化建设

机关文化建设是加强思想政治工作、提高干部素质的重要举措，是现代化的管理理念和手段，是加强机关建设的组成部分。文化建设从结构来说，就是使命、愿景、价值观。我会各级组织要根据各自机关的特点，形成自己的使命、愿景、价值观，这是文化建设的根本目的。此外，还要开展丰富多彩的活动，活跃机关干部的文化生活，提高素养，增强机关的活力，也是形成具有我会特色机关文化氛围的重要方面。我们要在加强机关文化建设这个问题上做进一步的研究、探讨，通过文化建设增强机关的活力和凝聚力，推动我会各项工作不断发展。

各位同志，这次会议既是一次交流会、表彰会、研讨会，也可以说是换届工作的动员会。会后，省级组织将面临繁重的换届任务，需要我们各级机关全力以赴的投入到换届工作中去，确保我们的换届工作有一个风清气正的氛围。这次换届将对我会机关建设的成果进行综合检验，希望同志们再接再厉，在机关建设方面探索更多的经验，取得更大成绩。

谢谢大家！最后，祝大家身体健康、工作顺利、返程平安。

在最高人民法院党外人士座谈会上的发言

（2011 年 12 月 27 日）

朱永新

尊敬的王胜俊院长：

上午好！

今年对于我国经济社会的发展来讲，是又一个五年规划的开局之年，经济社会建设需要良好的发展环境，而良好发展环境的形成和维系，离不开人民法院维护司法公正和社会正义职能作用的有效发挥。一年来，全国各级人民法院深入贯彻落实科学发展观，围绕党和国家工作大局，坚持不懈地推进三项重点工作，不断提高服务经济社会发展、维护社会和谐稳定、保障社会公平正义的能力和水平，为实现“十二五”时期良好开局作出了重要贡献。明年是我国发展进程中具有特殊重要意义的一年，是实施“十二五”规划承上启下的重要一年，中国共产党将召开举世瞩目的十八大，我们期待全国各级人民法院为“十二五”规划顺利实施提供更加有力的司法保障，为党的十八大胜利召开营造和谐稳定的社会环境。

下面，我代表民进中央提六点建议，供参考。

一是构建更为科学的审判管理体系。最高人民法院多次强调要创新和加强审判管理，构建科学的审判管理体系，着力实现审判管理的规范化、科学化、信息化。但是逐月对下级法院审判管理各类指标进行排名通报的做法，有可能导致审判管理指标排名成为各个法院的“成绩单”，促使大家走向对数字的崇拜和追求，陷入“GDP 式”怪圈。这是不符合司法规律的。我们建议要尊重司法规律和司法独立，不是不要考核排名，而是要消除对考核排名的片面追求，从追求司法效率回归到高度关注审判质量上来，通过内部激励，激发法官的职业良知和职业荣誉感。我们认为，可以设定指标的合理值和警示值，合理值是一个区间，警示值是必须要达到的最低要求。将其作为上级法院决策参考，而不是作为下级法院成绩单。

二是进一步推动基层法院建设。王胜俊院长在今年十月向全国人大常委会报告人民法院基层建设工作时，坦陈目前存在诸多困难，主要表现在：司法保障水平仍待提高，法官队伍不稳定；涉诉信访问题仍然突出，信访案件终结机制亟待完善；司法环境仍需大力改善，司法公信力有待提升等等。基层工作是人民法院全部工作的根基，为此，我们建议从以下四个方面进一步推动基层法院建设。一是解决基层法官队伍不稳定问题，必须在人财物上采取有效措施，帮助基层解决实际问题和困难，从根本上扭转基层保障不力问题。二是管理体制上建议以上级法院党组为主，基层法院辖区党委为辅。三是为基层法官的发展创造机会，通过财政保障提高待遇留人，通过遴选到上级法院工作用人，大学生就业首先从基层做起，上级法院原则上不直接招录法官。四是加强业务指导，拓展指导范围和途径，提高监督指导的针对性、科学性、权威性。

三是加强和改进涉诉信访工作。随着我国经济社会各项事业改革的不断深化，社会深层次矛盾不断凸显，涉诉信访工作面临着前所未有的挑战，其弊端和难点主要体现在信访体制的不规范，导致信访缺乏秩序，混乱不堪。涉诉信访案件处理难度越来越大，特别是非正常访、重复访、越级访等问题易发多发，多头信访、无理闹访问题屡屡发生，导致案件终而不结，制约和影响法院正常的执法办案工作。信访案件终结机制尚不完善，加大了信访工作难度，也损害了法律权威。为此，我们建议理顺信访处理渠道，将完善信访体制和法院申诉、再审机制有机结合，对符合法定申诉、再审条件的纳入司法程序处理；反映司法作风、违法乱纪的纳入纪检监察渠道处理；对无理闹访的建立信访案件终结机制，交给地方政府通过救助等方式解决，不再简单重复通报，干扰正常的审判工作。相应地，国家信访局对法院的通报政策也应作相应调整。

四是大力加强司法规范化建设。提升公众对司法的满意度，是法院亟须研究和实践的重大课题。公众对司法不满意，判案不及时、判案标准不统一是其中的重要原因。为此，我们建议要大力加强司法规范化建设，坚持司法统一，正确行使法官自由裁量权，统一法律适用的尺度和裁判标准。一是要加大研究和培训力度，选择典型案例，总结审判经验，总结最基本的、具有普遍性法律方法，系统编辑权威、实用的各部门法裁判规范，下发统一裁判思维模式。在此基础上，不断加以丰富、完善，以期逐步形成具有我国司法实践特点的、相对系统的法律方法论体系。二是要在法院现有的庭审驾驭能力、裁判文书制作能力和法律适用能力培训的基础上，适度增加书面表达能力的培训分量，突出口头表达能力的专项培训，逐步形成分类细密、贴近审判的口头、书面表达能力培训示范样本，使法官真正养成既会法律术语，又善群众语言的法律职业本领和技能。

五是谨防调解成为诉讼的障碍。目前，少数法院片面理解调解优先，过度追求以调解方式结案而实现、超额实现“调解结案率”这一考核指标，忽视了法院本身依法裁判、定纷止争的职能，存在着以各种理由拒绝接收难以调解结案案件的诉讼材料，随意设置诉前调解程序并久拖不决，以判压调、以拖促调等问题。为此，我们建议要加强监督和评查，及时纠正以判压调、以拖促调等硬调和久调不决的情形。此外，可以确定专人负责调解，让成熟而且社会阅历丰富、善于与人交流和做思想工作的人员负责调解，可以弱化矛盾，真实地提高调解结案的比率；让专业能力强的法官专心审判工作，还可以提高裁判质量。

六是加强司法对道德的引领和保障作用。南京的“彭宇案”引发了极大争议，其争议不仅在于法院的判决违背民事诉讼“谁主张谁举证”的原则，而且在于该案带来了极大的负面影响，其引发的负道德效应越来越严重。“彭宇案”后，越来越多的市民开始持有“不敢扶”、“扶不起”摔倒老人的观点，其根本原因是作为道德守护神的司法出了问题。司法要秉持社会良知，恪守道德底线，我国司法机关特别是法院在审判案件的时候，不仅要依法，而且要有道德建设的理念。违背社会主义法律的审判，必然也违背社会主义道德。同样地，违背社会主义道德的审判，也不可能依法。只有严格忠实地遵守宪法和法律，才有效地推进社会主义道德和社会风气。

以党为师 同心同行

——纪念中国共产党成立九十周年

（2011 年 7 月）

张 帆

拙作《辛亥年的枪声》日前被民进中央推荐为“纪念中国共产党成立 90 周年”读书征文活动的书目，同时出版社正在对该书进行修订再版。这让我在更多的时间间隙上对一些问题作出思考。特别是对中国共产党成立九十周年、辛亥革命一百周年及相关问题的思考。

1921 年 7 月，在嘉兴南湖的红船上，出席会议的 13 人，代表全国 53 名党员，宣告中国共产党正式成立。中国共产党在历史的关键节点上顺势诞生，就像一盏闪亮的明灯冲破漫漫长夜的黑暗，像一轮初升的朝阳为沉睡的中华大地带来希望和光明。

曾几何时，泱泱中国，浩浩神州，却是暗无天日，列强入侵，硝烟四起，中国人民生活在水深火热之中。中国共产党作为工人阶级的先锋队，作为各族人民的忠实代表，以其强大的生命力、战斗力和凝聚力，历经硝烟炮火、辗转沧桑，把劳苦人民从苦难中解救出来。在残酷的革命斗争中，无数革命先烈的英勇之举让人荡气回肠；无数英雄儿女，为了中国革命的解放事业和新中国的诞生而抛头颅，洒热血。过去的历史告诉我们：没有共产党，就没有新中国！

抚今追昔，心潮随着我们党、我们国家成长而激情澎湃。回顾我们党的发展，她已走过了90年的光辉历程。她是近代中国社会发展的历史必然选择，也经受了长期的历史检验并坚定地走到了现在。她见证了中国社会主义事业的蒸蒸日上和祖国繁荣富强的全过程。在中国共产党的正确领导下，社会主义建设事业日新月异，到处是欣欣向荣，繁荣发展的新景象。同时我们也应当看到，社会发展的井然有序，人民生活的富裕安康，时刻离不开我们党的正确领导，离不开千万个优秀党员舍身忘己的无私奉献，更离不开伟大的毛泽东思想。尤其是邓小平“发展就是硬道理”和“一国两制”理论的诞生，更是显示了共产党人的无穷智慧和理论创造精神。我们可以清楚地看到，在党的历史发展的不同时期，党的先进性始终是贯穿党的建设的一条红线。在战争年代，中国共产党用马列主义与中国革命具体实际相结合的科学理论——毛泽东思想推进党的建设，开辟了中国特色的革命道路。在社会主义建设时期，特别是党的十一届三中全会后，中国共产党把马列主义同中国的改革开放和现代化建设实际结合起来，形成了科学的指导思想——邓小平理论和“三个代表”重要思想，在邓小平理论和“三个代表”重要思想的指引下，我们党走出了一条建设中国特色社会主义的道路。

在60多年的多党合作实践中，中国民主促进会形成了坚持接受中国共产党的领导，坚持爱国、民主、团结、求实，坚持立会为公的优良传统。这在我心中也打下了深深的烙印，深刻地留在了我的脑海里。无数时间的累积，许多思想的火花，让我悟出了这样一个理念：以党为师、与党同心、跟党同行。我认为，这是我人生的一个重要课题。也是我所在组织的一个重要课题。

作为一个参政党的省级组织，民进福建省委首先必须要认真学习邓小平理论和“三个代表”重要思想，深入贯彻科学发展观，增强对建设中国特色社会主义的共识，提高接受中国共产党的领导、贯彻基本路线和基本纲领的自觉性，提高广大成员的政治素质和思想素质，深化对参政党地位、性质和历史使命的认识，在重大问题上分清是非，自觉保持坚定正确的政治方向，为巩固、完善和发展同中国共产党的团结合作，奠定坚实的思想基础。坚持用社会主义核心价值体系教育和引导广大会员，着力做好思想宣传和舆论引导工作，深入开展精神文明创建活动，建设学习型参政党。

当前，民进福建省委首先把学习贯彻党的十七届五中全会、中央经济工作会议、省委八届九次、八届十次全会和全省经济工作会议精神，与深入学习贯彻胡锦涛总书记来闽考察重要讲话精神结合起来，与学习践行社会主义核心价值理论体系结合起来，与福建发展和海西建设结合起来，与履行参政党职能紧密结合起来，通过深入学习，全面理解、准确把握会议精神实质，明确履职重点，找准着力方向，把思想和行动统一到中央和省委的决策部署上来，团结带领广大会员为“十二五”规划的实施做出新贡献。

第二要以纪念中国共产党成立90周年、辛亥革命100周年等活动为契机，在去年取得学习成果的基础上，总结经验，结合开展精神文明创建活动，把重点放在“践行”上，巩固深化树立和践行社会主义核心价值体系、建设学习型参政党活动的成果。深入开展在本职岗位和会务工作上的“双岗建功”活动，激发广大会员把学习成果转化为做好本职工作和会务工作的实际行动，形成争先创优、奋发进取的良好氛围。

第三要围绕“服务海西，科学发展，跨越发展”这个工作目标，坚持“有思有行、集智聚力、顺势而为、开拓创新”的工作方针，以科学发展为主题，以加快转变、跨越发展为主线，以保障和改善民生为立足点，找准位置，真抓实干，积极履行参政议政、民主监督职能，为进一步推动海西发展以及加强两岸交流合作多做实事。

第四要继续推进学习型参政党组织建设，认真做好组织发展工作。要把组织发展与履行职能相接合，在保持我会传统界别优势的基础上，有重点地发展履行职能急需的专业人才；积极探索新形势下开展基层组织工作的新思路，创新活动方式，发挥一把手的带动和示范作用，增强基层组织的活力。同时要做好换届准备工作。要从促进多党合作和民进事业科学发展的高度，严格按程序做好新一轮后备干部人选的推荐、遴选、考察、培养和管理工作。

第五要坚持社会服务工作的政治性原则、以智力服务为主的优势发挥原则、顺势合力的务实原则，紧紧围绕执政党、国家和我省的中心工作任务，适应时代的变化和社会需求的转移，不断优化和创新社会服务工作的体制和机制，推动福建民进社会服务工作取得新成效。要继续以“海西春雨行动”为抓手，加强省、市、基层民进组织之间的联动合作，开展挂点村帮扶工作，支持新农村建设。深入开展智力支边活动，积极参与会中央“彩虹行动”和毕节实验区建设；调动民进经济界会员联谊会参与民进工作的积极性，引导非公有制经济界人士履行社会责任，积极服务社会，回报社会。

作为民主党派省级组织的领导同志，以及党派机关的工作人员，我们应该牢固树立以党为师、与党同心、跟党同行的思想，按照统战干部和参政党机关干部的要求，严格要求自己，认真学习，努力工作，以科学发展观为指导，认真学习贯彻中共十七届五中全会、中共福建省委八届九次、八届十次全会和胡锦涛总书记来闽考察重要讲话精神，以树立和践行社会主义核心价值体系为动力，努力实现执政党建设与参政党建设、自身建设与履行职能、实际工作与理论研究的相互促进，围绕中心，服务大局，积极为福建发展和海西建设献计出力。

中华文化的复兴是中华民族复兴的重要组成部分

——学习中共十七届六中全会精神的体会

（2011 年 10 月 31 日）

张　帆

刚刚闭幕的中共十七届六中全会，主要议题是研究深化文化体制改革、推动社会主义文化大发展大繁荣等问题，制定出台《中共中央关于深化文化体制改革推动社会主义文化大发展大繁荣若干重大问题的决定》。这显示了中央对于文化工作和文化问题的高度关注和重视。文化建设是中国特色社会主义总体布局的重要组成部分，与经济建设、政治建设、社会建设具有同等重要的意义。胡锦涛总书记在“七一”讲话之中指出：面对当今文化越来越成为综合国力竞争重要因素的新形势，我们必须以高度的文化自觉和文化自信，着眼于提高民族素质和塑造高尚人格。我的理解之中，这包含了两方面的重要思想。六中全会的《决定》深入阐述了这个观点。一方面，对于民族国家而言，文化是一种凝聚力，同时是综合国力竞争的一个重要组成部分；另一方面，对于每一个社会成员，文化是提高素质和塑造高尚人格的工具。文化大发展大繁荣的表征具体地体现为繁荣文化事业，发展文化产业，建设公共文化事业。这些论述表明了对于文化意义的新的认识高度。因此，研究和探讨文化问题，显得十分的必要和迫切。

民进是由教育文化出版界高中级知识分子为主组成的参政党，聚集了许多各方面的文化专家。对文化问题的研究探讨，我们拥有一定的优势。我们可以结合自身特点，在学习贯彻中共十七届六中全会精神过程中，就深化文化体制改革、推动社会主义文化大发展大繁荣的问题，广泛开展更有针对性的深入调查研究和学习教育活动。

全会的《决定》对于哲学社会科学有一段很长的论述。这是中共中央对于哲学社会科学的高度重视。《决定》对于哲学社会科学的总体要求是“认识世界，传承文明，创新理论，咨政育人，服务社会。”同时，《决定》又对哲学社会科学的研究做出了具体的指导，要求做到两个“并重”，要以“重大现实问题为主攻方向，加强对全局性、战略性、前瞻性问题研究，”建设具有中国特色、中国风格、中国气派的哲学社会科学。这为下一步的哲学社会科学工作进一步指明了方向。

哲学社会科学涉及的范围很广，由多门学科组成。经济学、政治学、社会学、法学这些学科更多地研究社会问题，相对地说，另一些传统的人文科学更多地关注文化问题。目前为止，这些学科的投入以及人才都相对薄弱。接下来的一段时间，哲学社会科学要更多地重视文化方面的研究，研究之中要有更强的问题意识。我个人觉得，以下这些问题应当在研究之中得到及时的考虑：

1. 中华民族文化如何走向世界的问题。让世界更多地了解中国文化，接受中国文化的影响，这是一代人的重要任务。如何更好地传播中国文化，这需要我们做更多的考察研究。我们要总结中国文化与世界文化相互交流之中存在的问题，甚至必须细致地考虑传播技术、传播方式、传播时机、使用的语言等等具体的环节，尽可能让我们的文化更为有效地融入世界。

2. 更多地研究大众传媒飞速发展的背景下文化如何发展的问题。漫长的古代，文化传播体系的发展比较缓慢。甲骨、竹简、纸张、笔墨都曾经拥有很长的周期。当今社会，在科技与工业的支持下，传播体系飞速发展。印刷出现之后，广播、电视、网络、手机，接踵而来，而且周期越来越短。相对地说，文化、思想、道德、感情的发展不是同步展开，甚至远远准备不足。目前已经出现了一种局面：各种文化式样纷繁复杂，但文化管理体系无法适应这种形势。许多时候，我们没有充分利用先进传播体系的潜能。甚至看到一种矛盾现象：先进的传播体系传播一些平庸的甚至有害的文化产品。这导致一些不良因素迅速扩散。如何使大众传媒与先进文化更好地有机结合，这是一个时代课题。

3. 中华传统文化在社会主义先进文化中的地位、作用问题。中华文化源远流长，博大精深，同时内容庞杂。其中既有精华，也有糟粕；既有在今天还具有强大生命力的观念，也有一些应该随着时代变迁而淘汰的内容。如何整理、鉴别传统文化，如何提炼传统文化的精髓，如何评价各种传统文化在今天社会主义建设之中的意义，这是另一个重要课题。只有回答好这个课题，我们才可能很好地大力发展“面向现代化、面向世界、面向未来的，民族的科学的大众的社会主义文化”。在我看来，“社会主义文化”之前的这些定语都非常重要。

4. 文化产业的问题已经得到了相当多的论述，尽管如此，我们仍然可以看到，许多文化产业化的实践远不如预料的那么理想。文化的产业化具有自己的规律，与传统的文化生产具有很大差距，同时也与一般的经济生产不同。我们需要结合各种文化门类，积极探索各种文化产业化的路径，正视文化产业化可能产生的矛盾和问题，运用新的思维给予解决。这也是提高文化生产力的一个重要方面。

总之，推进社会主义文化建设，坚持社会主义先进文化前进方向，坚持社会主义核心价值体系，这是我们做好文化工作的一个重要指南。中华文化的复兴是中华民族复兴的重要组成部分。

重要意见建议

【在全国政协十一届四次会议上的发言】

建立文化强国战略 增强国家文化软实力

（2011 年 3 月 10 日）

张帆委员代表民进中央发言

各位委员：

我发言的题目是：建立文化强国战略，增强国家文化软实力。

文化是民族的灵魂，是国家软实力的重要标志，是综合国力的重要体现，是塑造合格社会公民的人文环境和文化基础。

2008 年以来，民进中央连续就公共文化服务体系建设、文化产业发展和中华文化走出去进行了系列调研。

近年来我国文化建设取得的巨大成绩是有目共睹的。对此，可以从两个层面来体会：一是国家文化发展的指导思想日臻成熟。从两个文明建设到经济、政治、文化、社会建设四位一体，从单一的文化事业到文化事业和文化产业并举，充分体现了党和国家对文化发展规律的正确把握和文化自觉。二是公共文化服务和文化产业的大发展。近年来我国城市和农村公共文化服务体系的建设成就，金融危机后中国文化产业的逆势攀升，充分体现了党和国家领导文化建设的能力和魄力。

在看到成绩的同时，也要看到我国的文化发展现状与中国在全球的地位和影响力、与国内的经济社会发展还不相称，仍然存在不少有待改进的方面：

一是对传统文化的认识模糊。不少年轻人对于优秀的传统文化缺乏足够的了解，对于天下兴亡、匹夫有责的爱国情操，先天下之忧而忧、后天下之乐而乐的崇高志向，富贵不能淫、贫贱不能移、威武不能屈的浩然正气等缺少由衷的敬意和身体力行的实践，社会道德水平大面积滑坡；对于以琴棋书画为代表的文化瑰宝、以清明、端午、七夕等节庆为代表的民情风俗不甚了然，盲目地沉溺于以美国大片、流行乐、圣诞节、情人节等为代表的西方时尚文化和民俗。另一方面，对于传统文化中的糟粕缺乏辨识能力，帝王文化、宫廷生活以及算命等成为一些人津津乐道的题目。

二是在许多情况下，文化成为了经济的附庸。“文化搭台、经济唱戏”，豆腐文化、小枣文化、南瓜文化等花样名目繁多，甚至连西门庆也成了一些地方的争抢对象。利润成了评价文化的价值尺度，文化的对于社会成员的人格塑造、文化的长远社会效益遭到了漠视。长此以往，整个民族的价值体系会急剧地简单化，最终导致一切“向钱看”。

三是缺乏对于高雅文化的扶持。文化的高雅与通俗之间的区分是相对的，不存在价值上的优劣判断。在现有条件下，通俗文化能够通过市场形成造血功能，而高雅文化则很难在短期内赢得足够的市场。然而从长远看，高雅文化代表着当代的文化形象，是民族未来发展所不可或缺的内容。如代表国家最高水平的文学艺术，一些学术性文化研究等等。如果简单地把它们推向市场，高雅文化可能会在不长的时期内萎缩，甚至消亡，这会给我们的民族精神生态造成不可弥补的损失。

四是未能较好把握文化发展与新型媒体的关系。当前，以计算机互联网为平台的新型传媒对于年轻人影响很大。但是，相关部门对于这些新型传媒的传播特征和潜在影响缺乏足够的研究，未能充分利用新型传媒传播先进文化，开启各种对话平台，某些时候甚至陷于被动。如，网络上黄色内容屡禁不绝，各种信息真伪难辨，等等。

克服文化建设中存在的问题和不足，需要我们对文化的发展进行顶层设计，“从战略高度深刻认识文化的重要地位和作用”，建立国家的文化强国战略。

目前，我们的“四大建设”中，政治建设、经济建设、社会建设已经有了国家层面的发展战略，但还没有文化的发展战略。

构建“文化强国战略”，就是要以弘扬社会主义核心价值体系、提高国民素质为核心，以推进文化管理体制改革、完善公共文化服务体系、促进文化产业的发展为重点，以提升中华文化的凝聚力、创新力、生产力、影响力和传播力为目标，建立起相应的战略配套系统，将顶层设计物化为具体的目标、机制、措施、项目以及物质保障，使文化大发展、大繁荣得到全方位的支撑，进而在未来一段时期内，使我国在文化原创能力、文化综合国力等方面处于世界的前列。

未来将会证明：将文化强国作为国家的战略，必将会促进我国文化的大发展、大繁荣，为中华民族的伟大复兴打下坚实的文化基础。

深化教育管理体制改革，促进民办教育健康发展

——蔡达峰委员代表民进中央作政协大会书面发言

《国家中长期教育改革和发展规划纲要》把民办教育作为“教育事业发展的重要增长点和促进教育改革的重要力量”，提出了促进民办教育发展的明确思路和政策措施，要求“各级政府要把发展民办教育作为重要的工作职责”，并强调要“清理并纠正对民办学校的各类歧视性政策”。

总体上看，我国的民办教育与公办教育相比，力量薄弱，发展缓慢，基本上属于公办教育以外的辅助和补充，与形成“公办教育和民办教育共同发展的格局”的目标还存在相当长的距离。

虽然近年来随着宏观教育体制改革的推进和教育法制建设进程的加快，民办教育发展的政策环境得到了较大改善。但也应清醒看到，当前我国民办教育发展仍面临不少深层问题，存在诸多制度瓶颈。其中，教育管理体制不健全、政府行政行为不规范，正在深度制约着民办教育的健康运行与科学发展。突出表现在：

（1）在民办教育行政管理上，一些政府部门不同程度存在“越位”、“错位”和“缺位”现象。如在专业课程设置、招生计划确定和收费标准制定上，各种行政管制过多，学校自主权非常有限；而对某些民办学校办学中发生的失范行为，则缺少行之有效的规制办法，监管不力。

（2）在落实法律规定上，一些政府部门存在明显的行政不作为。如《民办教育促进法》明确规定的民办学校与公办学校、民办学校教师与公办学校教师、民办学校学生与公办学校学生之间的平等权利还没有得到认真落实，民办学校无法得到与公办学校同等的地位和待遇，民办学校的教师不能参照事业单位标准缴纳和享受养老保险，义务教育阶段的民办学校学生不能享有与公办学校学生的同等权利。

（3）在对待民办教育发展问题上，不少地方政府及教育行政部门缺少长远、专门规划。有关民办教育发展的指导思想不甚明确，对民办、公办两类不同院校的目标定位、规模结构和发展重点缺少通盘考虑，民办教育某种程度处在盲目发展、自生自灭状态，存在较为严重的低水平重复建设现象。

（4）在民办教育扶持与规范上，相关部门职责不清、各自为战。如在推进民办高校法人财产权落实事宜上，对于资产过户过程中涉及到的贷款处理、规费减免和程序简化等问题，相关部门就存在严重的本

位主义、互不买账乃至相互扯皮的情况，致使2006年底国务院办公厅部署的该项工作至今进展缓慢。

鼓励和促进民办教育发展，不在于描绘发展前景，根本的是要解决体制机制和权益问题。否则，民办学校的利益问题、管理问题必然会长期存在下去，促进民办教育发展就是空话，民办教育成为“教育事业发展的重要增长点和促进教育改革的重要力量”的意愿就会落空。我们认为，要更好地促进和规范民办教育健康发展，必须在“十二五”期间，从教育管理体制改革入手，从落实《民办教育促进法》相关规定、清理并纠正对民办学校的各类歧视性政策入手，从根本上破除制约民办教育发展的制度性障碍。为此，提出如下建议：

1．适应民办教育发展需要，切实转变政府行政职能。

在行政管理上，政府主要职责应是制定有关民办教育的政策、法规、规章、制度和标准，制定民办教育发展规划，培育教育要素市场，依法对民办教育实施督导和检查等方面；而在院校层面，则应从过于微观、具体、细致的管理职能中退出，确保民办学校作为相对独立的法人依法自主办学，也即要允许民办学校自主招生、自主颁发文凭或学业证明、自主确定收费定价、自主设置专业及课程。

2．加大教育执法检查力度，依法落实民办学校各项公平政策。

针对民办教育行政执法不得力、政府部门不作为的问题，我们建议全国人大教科文卫委员会和国务院法制办会同相关部门，近期在全国范围内开展一次教育执法大检查，对照《民办教育促进法》及教育规划纲要的规定，全面清查和梳理现有行政法规、部门规章或政府规范性档中存在的与《民办教育促进法》不一致之处、及对民办学校的各种歧视性规定，报请国务院责成相关部门限期予以整改和纠正。

3．贯彻教育规划纲要精神，组织制订民办教育发展专项规划。

教育规划纲要强调指出“教育行政部门要切实加强民办教育的统筹、规划和管理工作”。建议由教育部牵头，会同国家有关部门，以教育规划纲要为依据，结合民办教育实际，尽快组织制定我国中长期民办教育发展专项规划，就我国民办教育事业的发展目标、规模、速度及实现的步骤、措施等拟订较全面、较长远的工作计划，同时就如何解决长期困扰民办教育发展的土地、信贷、税收以及教师退休待遇等问题，提出具体路线图和确切时间表。

4．成立民办教育工作协调领导机构，建立部门合作与联动机制。

民办教育法律法规的落实及相关政策的制定，涉及诸多部门机构，需要统一协调。建议在国务院成立由分管教育工作的国务院领导牵头，由教育、发改、财政、国税、民政、劳动和社会保障、工商等部门组成的民办教育工作协调领导机构，负责协调指导解决法律法规及行政规章间的不衔接问题。与此同时，在民办学校的办学监管上，相关部门要按各自职责分工，建立促进民办学校健康发展的合作与联动机制，积极构建政府依法管理、民办学校依法办学、行业自律和社会监督相结合的民办教育工作发展格局。

5．建立健全政府教育工作问责制，推动民办教育事业健康发展。

根据《民办教育促进法》和教育规划纲要精神，放手发展民办教育，是推动中国教育改革和发展的必由之路。而维护和促进民办教育发展，则是中央和各级地方政府所共同肩负的重要职责。为了更好地将党和国家有关民办教育发展的重大部署落到实处，有必要建立民办教育政府工作问责制，将民办教育的发展状况纳入到各级政府及其分管领导的业绩考核范围，并辅以相应的奖惩措施和责任追究制度，以制度形式保证各项法律规定和教育政策贯彻执行到位，从而推动我国民办教育事业健康、和谐、永续发展。

采取综合性、差异化的政策措施，确保“十二五”节能减排目标实现

——姚爱兴委员代表民进中央作政协大会书面发言

在刚刚过去的2010年，相信很多人对那场席卷全国的拉闸限电的“节能风暴”记忆犹新。“十一五”刚刚过去，完成节能目标的成绩大家有目共睹；“十二五”已经揭幕，如何制定新的节能目标并保障其完成，也自然成为大家高度关切的事情。

“十二五”时期是我国全面建设小康社会的关键时期，我国的能源需求继续呈刚性增长，节能压力巨大。在以科学发展为主题、以加快转变经济发展方式为主线的大背景下，社会各界对推进节能减排并不存在异议。需要考虑的问题是，能否采取更好的方案和方式促进实现节能减排目标的实现呢？从目前情况来看，统一的节能模式确实带来了苦乐不均的问题——既不利于能源利用效率相对较低的后发地区加快发展，也不利于能源利用效率相对较高的发达地区进一步发挥竞争优势。因此，要根据我国区域发展的不平衡性，充分考虑地区经济发展水平、产业结构和节能潜力等因素，实行差异化的节能政策，科学合理确定“十二五”节能目标，以尽可能减少节能成本，减少对区域经济发展的不利影响。

我们认为，实行差异化节能政策必须坚持三个原则：

一、必须切实体现地区差异。众所周知，我国不同地区间的产业结构、能源结构、能源强度、能源利用效率存在着相当大的差异。比如有的地区是以电力、钢铁产业为主体，有地区是以服务业和创意产业为支柱；有的地区是以煤为主要能源，有的地区则主要使用燃油、天然气；有的地区产业节能技术水平已经达到国际先进水平，有的地区却仍然在低水平徘徊。这些千差万别的情况决定我们制订节能政策时必须充分考虑地区差异，以尽量减少节能的社会总成本。

二、必须切实反映行业差异。按国家统计口径，仅工业部门就细分为78个部门，按照国民经济行业分类标准工业4级分类就有525个，要用“节能”这一把刀来“切”如此之多的行业显然是不切合实际的。因此，制定节能政策必须体现行业差异。要针对不同行业及其所处的不同发展阶段制定不同的能耗指标，既鼓励先进，使其成为淘汰落后产能和推进节能技术应用的助推剂；也警示落后，使其承担更高的节能成本和社会成本。

三、必须坚持“共同但有区别”的原则。在2009年哥本哈根大会上，温家宝总理在困难重重的形势下斡旋努力，牢牢坚持着一条重要原则，那就是应对气候变化，发达国家与发展中国家之间要承担“共同但有区别”的责任。对外，我们坚持了发展权利的公平；对内，我们也应该坚持这一原则。

总体来看，我国从东到西呈现高耗能工业比重越来越高的趋势。与发达地区相比，西部地区本就属于后发地区，当前正处于加快发展的关键阶段，由其产业和能源结构决定的能耗相对较高的格局在“十二五”期间不会得到根本改变。“一刀切”的节能政策，客观上将在一定程度上影响西部地区的加快发展。因此，在制定节能目标时必须坚持“共同但有区别”的原则，给西部地区留有一定的发展空间。为此，我们建议：

第一、实行差异化的节能目标政策。节能目标必须能够体现区域差异、行业差异。我国东西部地区能源资源赋存分布不均，高耗能产业在资源能源丰富的内陆省区布局这是不争的事实。随着工业化进程加快和承接东部转移产业，西部地区高耗能产业比重仍将继续上升，产能也会逐步扩大。因此，建议国家考虑西部经济发展实际，根据各省产业和能耗等实际情况（如有些西部省份的主要高耗能产业单位GDP能耗已达到国家标准），适当调低一些西部地区省份的能耗指标。同时，要建立国家的节能减排补偿机制，支

持和促进西部省份节能减排。

第二、优化能耗数据统计方法。要加强不同地区能耗及能源的差别研究，优化现行能耗数据统计方法。建议参照电力生产能耗由电力消费区承担的做法，改变现行高载能产品能源消耗计算方法，由高载能产品消费区承担部分高载能产品生产所消耗的能源，产、用双方共同承担节能降耗的责任和义务。

第三、把区域性的节能指标与产业性的节能标准结合起来。目前，除一些重点企业外，我国主要是按照行政区管理的模式层层分解节能目标、落实节能责任。由于各地的产业结构存在较大差异，一些具有规模化的高耗能企业已无较大的节能空间，但同时还存在大量能源利用效率低的小型企业。因此，可以在分解区域节能指标的同时，制定行业节能标准、实行行业节能管理制度。让那些能源利用效率低的企业承担较高的用能成本，或者按行业末端淘汰模式，以淘汰落后产能的形式让这些企业退出市场。

第四、加大对西部地区节能减排的政策、资金支持力度。中央财政要加大对西部地区节能减排资金的支持力度，重点加大对西部地区高效节能环保技术和产品推广的支持。根据西部地区的能源结构特点，对以煤为主要能源的西部地区，要通过政策和资金上的扶持，支持发展煤炭多联产技术。

第五、建立年度节能指标考核制度。建议将节能指标分解到每年，甚至每季，强化其刚性约束力，避免再次出现五年期末的“节能减排风暴”。

综上所述，“十二五”时期的节能管理是一项涉及各地区、各行业的系统工程，政策的有效性与合理性是推进节能的关键。实行差别化的节能政策，既能够体现国家宏观管理思路的取向，也有助于我国更好更快地实现节能减排目标。

频频发生的特大火灾凸显出政府的公共安全责任

——袁祖亮委员代表民进中央作政协大会书面发言

回顾2010年，11月15日发生在上海静安区教师公寓、造成58人死亡的重大火灾事故给我们留下惨痛的记忆。而此前：

——7月16日，位于大连保税区的大连中石油国际储运有限公司原油罐区输油管道发生爆炸，造成原油大量泄漏并引起火灾。

——7月28日，原南京塑胶四厂旧址，平整拆迁土地过程中，挖掘机挖穿了地下丙烯管道，丙烯泄漏后遇到明火发生爆燃。事故造成13人死亡、120人住院治疗（重伤14人）。

——11月5日，吉林市船营区珲春街商业大厦发生火灾，火灾导致19人死亡，另有1人失踪，28人受伤。

以上这几起火灾，无一例外，都是重大责任事故，也并非是不可避免的。石油化工行业的管道作业，有工艺安全性论证，有严格的操作规范，有严密的现场管理，可是事故还是发生了。吉林商业大厦的火灾由电路老化而起，在人群密集的场所，为什么存在这样严重的安全隐患而排查不出？上海静安区教师公寓火灾是近年来罕见的群死群伤事件，而在事发前一个月，该工程曾被监理方查出“存在部分安全隐患”，“督促施工单位落实整改”。

与这种漫不经心的安全意识、粗疏的安全管理模式形成鲜明对照的是，每当灾难来临，当地政府都在第一时间启动了应急预案，争取“把灾害损失降低到最小程度”。人们不禁要问，与其忙于“救火”，有关部门为什么不下力气把公共安全保障做得更扎实一些，把安全生产的规定落实得更深入一些，把公共安全的防护网织得更细密一些？我们认为，面对严峻的公共安全形势，政府有关部门认识上有几个严重误区：

第一，认为保障公共安全就是应对突发性事件。因此在具体工作中，忙于撰写应急预案上传下达；更有甚者，有些单位的突发事件应急预案被视为保密材料，锁紧保险柜。相当多的地方政府的应对公共安全的措施仍然停留在“事后处理”阶段，而不是“事先安全管理”层面。

第二，认为只要领导重视了，明确了公共安全的责任主体，建立了安全生产领导负责制，公共安全保障就万事大吉。这往往导致签订责任书、以档文件达文件、以会议传达会议精神等形式主义做法，而没有很好地贯彻公共安全的教育培训、演习、安全检测、监督检查和整改等实质性保障措施。我们常见的就是，每逢重要节假日，政府有关部门都要发出保障安全的通知；在发生了重大安全事故之后，都要发文对该类事故隐患组织排查。

第三，认为只有涉及人数众多的场所、生产环节，才有公共安全问题。人数众多的场所，如学校、医院、影剧院、车站、机场当然要重点防范，确保安全，但是那些针对不特定人的危险情况，也应视为公共安全领域。例如，特种行业无证上岗和不按安全规程操作，再比如，食品药品质量安全、企业超标违法排放等，都应该看作是公共安全的重要领域。

有数据表明，中国每年因安全生产事故和突发公共安全事件造成的人员伤亡数以千计，经济损失高达六、七千亿元，相当于年新增 GDP 的近一半。假如说公共安全事件所造成的经济损失是可以估量的，那么它所造成的无形损失是不可计算的。公共安全问题给人们心理造成的负面效应，会动摇民众对社会与政府的信任，这一损失要远远大于经济损失。

各位委员，在全面贯彻落实科学发展观，转变经济发展方式，加强社会建设，实现基本公共服务均等化的今天，各级政府应确实把维护和保障公共安全，作为自身的重要职能。毕竟，生命可贵。“人没了，发展还有什么意义?”

为此，我们郑重呼吁，“公共安全是政府最大的政绩”应该成为各级政府的发展理念，要切实做到：

（一）把保障公共安全作为首要职能，作为基本公共服务和社会管理的重要内容。要据此检讨和重新设计有关公共政策，迅速实现政府保障公共安全从事后应对向风险管理转变。相应地，把保障公共安全按入行政问责范围，坐实政府的领导和保障责任。

（二）加快公共安全立法，严格公共安全执法。适时修订刑法有关条款，扩大危害公共安全罪适用范围，加大对危害公共安全的渎职行为和肇事行为打击力度。

（三）改革公共安全管理体制，整合消防、交通、民政、教育、文化等多个工作部门，形成政府统一领导、统一协调、齐抓共管的城市公共安全管理合力。同时，在广大农村，要重点抓好道路交通安全监管和学校安全保障。

（四）着力提升全社会应对公共安全事件的实践能力。政府要尽快完善公共安全的预防和社会教育、培训机制，强化安全预警、安全教育、安全标准及其执行力度，加强社会教育和社会监督，提升公共安全的快速反应能力和救助能力，以及普通居民的应对能力。坚持开展具有时效性、针对性的消防等安全应急演习。

总而言之，有人说，最高明的大夫不在于他能治多少大病，而应属于那些能够指导人们平时不生病或少生病者。中国古代也有“夏则资皮，冬则资舟”的遗训，因此，在保证公共安全方面要有一定的前瞻性，要预防为主，把防止事故灾害的发生，作为维护国家百姓生命财产安全的头等大事来抓，并尽心竭力地抓实抓好！

立足国家民族未来 加快振兴学前教育

——全国政协委员、民进江苏省委主委 陈凌孚

孩子是民族与国家的未来，为孩子提供优质的幼儿教育就是在为我们的国家构筑财富，为中华民族储

备人才。长期以来，相比于发达国家甚至是一些发展中国家，我国的学前教育都十分落后。具体表现为四个方面：

其一，能够接受到专门学前教育的幼儿比例极低。全国范围内的幼儿入园比率不到40%，有一大半以上的适龄儿童被关在学前教育机构之外，特别是西部省份，个别地区幼儿入园率甚至不足5%。“入园难”、“入园贵”已成为群众最关心的问题之一。

其二，政府投入严重不足。至2010年底，我国学前教育的政府投入仅占全国教育经费总投入的1.3%，这不仅跟发达国家高达10%的比例差距甚远，也远远落后于包括非洲国家在内的3.8%的世界平均水平。

其三，师资水平普遍偏低。以江苏省为例，合格的幼教专业毕业的幼儿教师不到10%，达到“两教一保”的幼儿园不足三分之一。更糟糕的是，其中还有个别缺少爱心、责任心和教师专业资格证的幼儿教师。这些人非但不能给孩子好的教育与养护，甚至会给孩子带来身心上的危害。过去一年里，发生的“扇幼儿耳光”、“用针刺伤孩子”、“用熨斗烫孩子”等幼儿教师伤害孩子的恶性案件，造成了极为恶劣的社会影响。

其四，幼儿园教学水平良莠不齐，孩子无法公平地接受早期教育。优质价低公办园主要服务于权力人群，优质价高民办园主要服务于高收入人群，廉价园保障不足，非法园安全隐患严重。同时，许多私立幼儿园为追逐利润、吸引家长，只注重硬件设施，看上去很美，却不能给孩子提供科学、适宜的幼儿教育。

上述现象已引起中央领导与各级政府的高度重视，以“国十条”为代表的、旨在改善我国学前教育的档和措施相继出台。然而，我们认为，若要真正振兴我国学前教育，就必须切实解决以下四个问题：

一、进一步提升学前教育在民生发展中的地位。现有文件，包括“国五条”、“国十条”在内，更多地着眼于解决前面所列举的令人堪忧的问题。这一做法虽然不错，但就学前教育所具有的重要价值而言，还远远不够。我们必须真正地将学前教育视为与“国家财富筑造”、“民族人才储备”密切相连的民生大计。

其理由有二：就世界范围而言，研究表明，学前教育阶段的投资和回报率为1：17以上，是社会发展中回报率最高的教育事业，因而直接关系着国家的富庶与国民的安康；就我国国情来说，独生子女的家庭模式使得学前教育已经成为人民群众关注的焦点，提供优质学前教育是最得民心、最顺应民意的政府行为，直接关系着和谐社会的构建与发展。

二、进一步增加财政投入，合理规划使用学前教育经费。政府必须明确学前教育的公益属性并承担起发展学前教育的重任，建立“政府主办、社会参与、公办为主、民办补充”的办园体制。各级政府必须建立学前教育财政专项经费机制，明确学前教育经费在当地教育事业发展经费中的比例，建立生均公用经费制度，最大限度提高投入额度。同时，也要鼓励兴办优质的民办幼儿园。

三、重视幼儿师资培养，提高幼儿教师素质。学前阶段是人的一生中发展最为迅速的时期。相比于中小学生，学前儿童身心发展具有很多特殊性，因而学前教育教师必须是经过专门教育的人员才可胜任。“国十条”提出“中小学富余教师经过培训合格后可转入学前教育”只应作为应急措施。从长远看，应高度重视幼儿师范院校建设，提高幼教专业毕业并取得幼儿教师资质的教师在幼儿教师中的比例，提升我国幼儿教师素质。应参照小学教师绩效工资标准，建立幼儿教师最低工资标准，建设并稳定一支高素质幼儿教师队伍。

四、明确政府主办幼儿园的定位与管理，严格做好质量评估工作。政府需要主办、发展保障型幼儿园，最大限度地为民众提供普惠性的、满足民生基本需要的幼儿教育。对民办幼儿园，各级政府也应采取相应政策，鼓励其正向、积极地发展。

实施林木年度直补 加快实现兴林富农

——全国政协委员、民进山西省委主委 卫小春

党和国家历来重视林业工作，采取了一系列有力措施，我国森林覆盖率从新中国成立初期的8.6%，提高到目前的20.36%，这是个了不起的成就。然而，随着我国各项改革的逐步深入，林业工作也暴露出一些问题，集中体现在占全国总人口70%的农民参与植树造林的积极性没有充分调动起来。这主要有两方面的原因：一是林地没有完全成为农民的生产资料，林木所有权不明晰，农民“主人翁”地位不落实，心里就不踏实。随着集体林权制度改革的推进，这一问题将会得到有效解决。二是植树造林周期长、见效慢，短期内形不成直接经济效益，更无法实现当年收益，农民“辛辛苦苦几十年、中间不见一分钱”，就业创收没盼头，当年种树没甜头，后续管护没劲头。由此导致：一、人工林成活率低、保存率低和生长量低，政府护林防火压力大，农民不热心；二、宜林地闲置和浪费，农村富余劳动力却没有得到有效利用，“家中守着金饭碗、远走他乡找活干”；三、农民不愿意、不主动承包宜林荒地，影响集体林权制度改革进程。

所以说，农民积极性是个大问题，只有把农民积极性充分调动起来，林业才大有希望。过去，一个家庭联产承包责任制，把农业生产同农民切身利益挂起钩来，广大农民的积极性得到前所未有的发挥，农业有了大飞跃，一举解决了人民温饱问题。可见，没有利益就没有动力，没有动力就没有活力。

为调动广大农民参与植树造林的积极性，建议在集体林权制度改革过程中，借鉴“粮食直补”的经验做法，在广大农村配套实施林木年度直补，切实把植树造林与农民年度收益挂起钩来。

第一，按照集体林权制度改革相关政策，将我国农村现有和新造林木及所有宜林地、林地使用权承包或分配落实到户，并发放林权证。林木所有人凭林地使用证、林权证享受直补，一年一补，年底兑现。

第二，除林地、林木权属不清或存在民事、法律纠纷的，未确权发证的，苗圃培育的苗木，国家、省级重点工程经林业主管部门批准征占用的林地、林木，权属仍为国家或集体所有的林木以外，均列入直补范围。

第三，现有林木按保存株数每年直补林木管护费；新造林除按成活株数一次性直补造林费外，依据一定标准每年直补林木管护费。林木管护费直补一补到底，形成长效机制，直至林木采伐更新，采伐收益归林木所有人。

第四，直补的具体标准，各地可根据经济基础、地理条件、树木类别等因素合理确定。

依据上述林木年度直补政策与思路，山西省太原市于2009年在阳曲县六固村进行了试点，新造林每年每株直补1元，现有林0.5元。实施直补后，“一石激起千层浪”，六固村村民造林积极性空前高涨，护林防火责任意识明显增强，仅42户196人的小村庄，一年时间投工4000多个，人均植树10余亩、1100余株，人均受益510元，人均年纯收入提高了20个百分点。“今年种上树，来年能致富”，农民们既实现了当年收入，也看到了远期收益。当地村民说：“林木直补像粮食直补一样，补在了老百姓的心坎上，我们不外出打工，在家植树也能挣钱。”

实践证明，实施林木年度直补，思路正确，符合实际，办法可行，群众拥护。有利于充分调动广大农民植树造林的积极性，形成全民大干林业的新格局；有利于吸引转移农村富余劳动力，增加农民收入，破解“三农”难题，形成维护稳定、加强基层的新优势；有利于推动集体林权制度改革顺利进行，形成深化改革的新亮点。“思路一变天地宽”。实施林木年度直补，国家收获生态效益，农民得到经济实惠，林业实现可持续发展。一招则灵、一举多得，一“棋”下定、满盘皆活。

建议在全面推行集体林权制度改革的同时，扩大实施林木年度直补的试点，总结已有的和实践中继续探索出的新经验，成熟后全面推广。

【在全国政协十一届四次会议上的提案】

关于促进我国特殊教育事业发展的提案

中国民主促进会中央委员会

特殊教育是我国国民教育体系的重要组成部分。近年来，随着我国的社会进步和经济发展，在中央和地方政府以及社会各界的关心与支持下，特殊教育事业取得长足发展，办学条件得到较大改善，特殊教育学校数量不断增加，办学体系进一步完善，残疾儿童少年受教育权利进一步得到保障。

但是同普通教育相比，我国特殊教育覆盖面狭窄，视障、听障、智障三大类残疾少年儿童，并未全部接受义务教育。发达国家接受特殊教育服务的少年儿童数量占到同龄人总数的10%至20%。我国2007年246万残疾少年儿童中有41.74万在特殊学校和普通学校就读，只占学生总数千分之2.4左右。

我国特殊教育发展面临的问题主要有以下几个方面：

一是特殊教育发展总体水平不高，城乡之间、区域之间和学校之间发展不平衡。全国3000多个县（区），只有1640所特殊教育学校，总量不多，且多集中于大中城市。有近一半县（区）没有特殊教育学校。《2010年度全国残疾人状况及小康进程监测报告》发市的资料显示，学龄残疾少年儿童接受义务教育比例为71.4%，还有28.6%的学龄残疾少年儿童没有接受义务教育。总体来看，全国未上过学的残疾人比例虽略有减少，但18岁及以上残疾人受教育程度仍旧不高，未上过学和仅上过小学的比例高达76.1%；

二是特殊教育学校普遍缺少必要的教育资源和设备。绝大多数地市没有成套的康复训练设施和设备，无法对有需要的残疾孩子进行适当的康复治疗，不能满足残疾儿童进行智力开发、肢体功能运动等康复教育教学的需求；学校内的资源教室缺乏必要的图书、影像资料、教具学具、参考资料、网络资源搜索等资源和资源获取管道，不能满足教师及时提高自身专业素养的需要；大多缺乏适合残疾学生发展需要的教学用电脑、课外读物、实物教具、图片、卡片等教育教学资源。

三是特殊教育师资专业化水平偏低。1640所特殊教育学校中近4万名专任教师，大约半数缺乏专业培训。随班就读工作缺乏相应的政策保障和支持体系，困难和问题较多。市和区县级的资源中心协调员、巡回指导教师、学校的资源教师等专业人员的人事编制和岗位管理缺乏规章制度，管理和支持都还不到位。特殊教育专业人才培养机制严重滞后。

为切实改善特殊教育办学条件，提高办学水平，促使我国的特殊教育事业健康有序发展，保障残疾儿童受教育的权利，提出如下建议：

1. 制定特殊教育法。从全球特殊教育发展的趋势看，通过立法实施特殊教育是普遍做法。我国残疾人受教育程度相对较低，特殊教育实施过程中出现的诸多问题，都与缺乏法律手段有重大关系。建议国家研究制定《中华人民共和国特殊教育法》，用法制的力量来规范和保障特殊教育健康发展。

2. 完善特殊教育经费保障机制。要从制度上明确各类特殊教育学校的建设、投入标准、设备标准，制定相应政策明确规定特殊教育专项经费的额度、用途等，并逐年加大投入。各级财政要将特殊教育经费纳入财政预算，并逐步实行预算单列，及时足额优先拨付并做到逐年增长。参照国内部分先进地区的经验，应按普通学校生均经费标准5—10倍的数额拨付特殊教育生均经费，并根据专业发展需要有所增长，随班就读学生生均经费应按高于普通学生1—2倍标准拨付。有关部门要严格监督各地特殊教育经费投入的情况。

3．完善特殊教育管理体系。多数地方教育行政主管部门没有设置特殊教育专门机构，往往交由普通教育科室兼管，管理人员也缺乏特殊教育管理理论知识，对于特殊教育的管理往往混同于普通学校，很难适应特殊教育发展的要求。建议中央规定地方教育行政主管部门必须设立独立的特殊教育管理机构，选拔熟悉特殊教育、热爱特殊教育、具有一定特殊教育理论与实践水平的特殊教育管理人员。

4．完善特殊教育教师资格制度。尽快出台《特殊教育教师资格条例》，使特殊教育教师资格制度建设走上法制化和规范化的轨道。扩大需持有特殊教育资格证书的对象范围，凡持有国家统一印制的中小学、幼儿园教师资格证书并在特殊教育学校、特殊教育康复指导中心、普通学校特殊教育班、学前特殊教育幼儿园、普通幼儿园特殊教育班任职的教育教学人员和学校教育管理人员以及在普通学校从事随班就读工作的专职教师均需获得特殊教育资格证书。

5．大力加强特殊教育师资队伍建设。建议国家指定一些师范院校增设特殊教育教师培养专业，政府给予支持，从源头上解决特教师资队伍来源不足的问题，同时加大对普通学校教师的特教培训力度。对于特教教师的职称评定、评优晋升和福利待遇等方面予以一定的倾斜与照顾，激励特殊教育教师专业化发展。针对当前70%的特教儿童在农村，到城市特教学校学习存在一定困难的现实，要合理布局农村学校特教教师，每个学校至少要配一名。对农村特教教师的补贴要高于城市，使他们安心扎根农村特教事业。

6．重视学前特殊教育的普及。我国目前学前特殊教育几乎是空白。而科学研究表明，幼儿（0——6岁）早期科学教育至关重要，需要专业人员科学培养。开展学前特殊教育是提高特殊教育水平的迫切需要，也是提高特殊教育质量的重要保证。要逐步完善学前特殊教育体系，构建多元化的特殊儿童安置模式和综合性的教育服务体系，逐步发展学前融合教育。

关于加强学校安全管理工作的提案

中国民主促进会中央委员会

学校安全历来是我国政府高度重视的问题，近年来更是连续颁布了一些有关学校安全的政策法规：2005年10月教育部印发了《教育系统突发公共事件应急预案》、2006年9月教育部联合公安部等10个部门制定了《中小学幼儿园安全管理办法》，对做好中小学安全教育工作提出了明确的要求；2007年02月，教育部制定了《中小学公共安全教育指导纲要》，为学校提供了开展安全教育的指引。各级政府也把学校安全工作摆上重要议事日程，加大了学校安全的硬件建设。在各有关部门以及各级各类学校的共同努力下，学校安全工作得到加强，育人环境得到改善。

但当前学校安全工作仍然存在明显的薄弱环节，防范、应对突发事件的能力较弱，涉及学生人身的伤害事故仍然频频发生。校园安全工作处在类似事故阵发、事故原因查处、会议文件不断、检查整改循环的怪圈中，恶性事故仍然呈现波浪形反复发生的态势。青少年与儿童处在身体迅速发育的时期，体力不强但活泼好动，又缺乏社会经验与自我保护意识，在自然灾害与事故面前是最脆弱的群体。据有关报道，近年来我国中小学生每年因交通事故、建筑物倒塌、食物中毒、溺水、治安事故等非正常死亡达14000人之多，即平均每天有近40人死亡，相当于每天有一个班的学生在消失。大学生非正常死亡每年也近3000人。因此，做好学校安全工作具有特别重要的意义。

我们认为学校安全事故频发的主要原因是：

1．学校安全工作落实还不到位、制度仍然不够健全，监督和指导还不够有力。目前我国尚无专门负责学校安全工作的管理、检查机构，由于客观条件和主观认识的差异等原因，不同学校在安全工作的管理和指导上差距比较大。学校安全工作缺乏规范性和预见性，没有切实可行的预警措施；管理制度不够完善，缺乏有效的督查机制。由于经费不足，还有不少学校安全设施配备不足，缺乏安全通道警示标志，缺少应急照明设施；多数学校无力聘请专门的保安人员，医疗保健与心理咨询人员更是缺失，大多学校仍然存在安全漏洞和隐患。

2. 学校安全教育缺乏系统性、有效性和针对性，自救自护能力弱。学校安全教育方面的课程设置比较零散，内容大多偏重于学生安全知识的传授和认知，缺乏安全意识的培养和安全应急演练。

3. 学校安全工作缺乏具体的岗位工作指引。尽管政府有关部门高度重视学校安全问题，制定和下发不少有关安全问题的制度和规定，对做好安全工作起到了一定的促进作用，但这些行政上的条文多侧重于宏观方面的规定、内容则侧重于学生安全教育工作和安全责任的问责，而对做好安全防范工作具体的指引较少，直接落实到安全工作参与者个人可操作层面上的岗位指引更少，因而安全工作未能真正做到防患于未然，落到实处。

4. 从事安全教育和安全管理的教职工普遍缺乏安全教育和安全管理的专业知识。涉及学位安全岗位的职工流动性大，从事安全教育和安全管理的教职工普遍缺乏安全教育和安全管理的专业知识，安全教育和安全管理不到位。

学生是家长的宝贝，是祖国的未来，需要我们小心呵护，要把安全作为学校工作的重要任务，尽量减少事故发生，让广大学生能在平安、文明、和谐的校园中健康、快乐地茁壮成长。为此我们建议：

1. 组建学校安全督导委员会

高度重视学校安全，由教育部组织经验丰富的学校管理者和公安、消防、食品安全、卫生、工程设计等有关部门的专家，建立学校安全督导委员会，加强对学校安全工作的指导、预警、检查和监督管理，严格落实责任制及责任追究制度。切实完善安全防控体系、应急管理体系，并定期开展专项进行检查。

2. 制订学校安全工作条例

调研总结《中小学幼儿园安全管理办法》颁布以来的实施情况，尽快制定涵盖大、中小学和幼儿园的《学校安全工作条例》。对学校日常安全保卫，教学实验、社会实践、学生外出、体育锻炼和课间等各项活动的安全预防和安全保障，食品卫生安全，学校网络信息安全，学生安全信息通报，学校明火使用的监管，校舍、体育设施、消防设施、消防通道和学校校车的安全管理，理、化、生实验室安全工作的管理，特殊时段、特殊地段安全工作的管理，学生的安全教育，学校安全演练，学校师生的心理健康教育，学校重点领域的安全管理，社会综合治理，校园的人防、物防、技防等等涉及学校安全的工作制订具体的规定，并规定对学校和在学校从事安全教育和安全管理的教职工的考核办法，明确相应的奖罚办法。进一步完善学校安全工作管理制度，建立健全排查调处、治安防控、法制宣传教育和突发事件应急处置四项长效工作机制，提升校园防范能力。对从事安全教育和安全管理的教职工进行考核，配套相应的奖罚办法。

3. 制订学校安全岗位手册

为确保学校安全工作进一步落到实处，使安全工作更具规范性和可操作性，建议由教育部门组织学校安全工作方面的专家，专家队伍深入基层学校进行调查研究，针对大学、中小学、幼儿园的岗位特点，编制学校教职工岗位安全指引手册。《手册》的编制一定要突出“岗位性”、“指导性”和“可操作性”的特征，做到能给大学、中小学、幼儿园教职工的不同岗位提供防范安全事故、应对突发事件的具体指引。对学校安全保卫岗位职工实行培训上岗，明确岗位职责，熟悉《手册》的要求，掌握安全保卫岗位的基本技能，具备应对突发事件的基本能力。《手册》的编制应充分考虑到给学校进行安全演练留下余地，让各类学校根据自身实际，结合综合实践活动，有针对性地开展安全防范演练活动。定期对学校、幼儿园执行《手册》的情况进行检查。

关于加快制定《学前教育法》的提案

中国民主促进会中央委员会

近年来，我国学前教育事业在各级党委、政府的重视下，有了较大的发展。但仍然滞后于经济、社会和教育事业的发展需要，不能满足人民群众日益增长的学前教育需求，入园难、入园贵等问题突出，社会各方面反映强烈。据统计，2009年全国学前三年毛入园率仅为50.86%，是我国各级教育中普及率最低的阶段，不仅远低于发达国家水平，而且落后于世界平均水平、周边及经济发展水平相当的国家和地区。学前教育已成为我国整个教育体系的“短板”。

学前教育问题已引起党和国家领导人的高度重视。2010年6月胡锦涛总书记指出，在贯彻落实《教育规划纲要》时，“要专题研究学前教育问题，首先解决‘入托难’的问题”；11月3日，国务院召开常务会议专门研究学前教育工作，21日下发了《关于当前发展学前教育的若干意见》，提出了加快学前教育发展的十条政策措施（以下简称“国十条”）；12月1日，国务院又召开全国学前教育工作电视电话会议，专题部署学前教育发展。国家教育主管部门已按照“国十条”要求制定和实施学前教育三年行动计划。

2010年11月，温总理在就学前教育发展做专题调研时明确指出，要“通过立法把发展学前教育纳入法制轨道”。我们认为，抓紧研究制定《学前教育法》，是解决我国当前学前教育事业发展中诸多突出问题，促进学前教育事业健康可持续发展的迫切需要和根本保障。目前，江苏、北京、青岛、广州、上海等省市已先后制定实施了《学前教育条例》，山东等省市也即将完成学前教育立法工作，为全国性的立法提供了重要的经验与参考。建议全国人大和国务院有关部门高度重视学前教育立法，加快立法进程，争取在近年内制定出台学前教育法。

对我国学前教育立法的重点，我们提出如下建议：

1. 明确学前教育的性质地位、方针机制。明确规定学前教育是国家基础教育的基础，是国民教育的重要组成部分；是一项重要的社会公益事业，是公共教育服务的重要组成。确立“政府主导、社会广泛参与，公共财政支撑、多渠道投入相结合，公办民办共同发展”为我国学前教育事业发展基本方针与机制。

2. 明确学前教育的管理责任和管理体制。明确并强化中央和地方各级政府发展学前教育事业、提供学前教育公共服务的主导责任；并明确规定教育、发展改革、财政、建设、人事、编制、劳动保障和卫生等相关部门的职责。明确规定中央、省、地、市应设立学前教育专门行政管理机构，县级应有专门机构或专职干部。

3. 建立以公共财政为支撑的学前教育投入保障机制。加大公共财政投入，并明确规定在中央和地方各级财政性教育预算中单项列支学前教育投入；在中央和地方各级财政设立学前教育专项经费；明确规定逐步加大各级政府教育财政性投入中学前教育经费的比例；中央和地方各级财政每年新增教育经费优先投向农村学前教育。贫困农村和少数民族地区学前教育发展以政府投入为主。同时，明确建立政府和家长共同承担的成本分担机制。

4. 建立公办为主，公办民办共同发展的办园体制。基于我国国情，城乡差距显著，城乡实行不同的办园体制：农村地区以政府投入、政府办园为主，同时鼓励和支持社会力量到农村举办幼儿园；城市、县城地区则应多种形式办园，在加大政府投入的同时，广泛发动和引导社会各方面力量多渠道投入，形成公办和民办共同有序发展的格局。

5. 明确幼儿教师的身份、待遇和培训职称等权利。明确学前教育从业人员特别是幼儿教师的身份与地位，资质、聘任与考核等要求，明确幼儿教师享受与中小学教师同等的政治、经济待遇，并对其责任、义务、工资、待遇、医疗与养老等社会保险、职称和培训等基本权益作出明确规定。

6. 建立学前教育的督导评估与问责制度。明确建立学前教育事业发展与质量评估制度，建立健全学前教育发展的督导和问责制度。将各级政府发展学前教育的职责及其落实情况、规划实施、经费投入及教师编制待遇培训等落实和队伍建设情况等作为考核各级政府、教育行政管理部门及其领导的重要内容。

7. 建立优先保障农村和弱势群体学前教育、保障教育公平的机制与制度。明确以政府办园为主、财政投入为主、公办教师为主发展农村和中西部贫困地区的学前教育，建立政府投入为主、集体经济支持、社会力量参与和家庭适当分担教育成本的投入与保障机制。地方财政不足的地区，中央财政应加大转移支付力度。对贫困农村、少数民族等欠发达地区，以及城乡贫困、弱势群体等实施多种形式的资助。

关于推进“文化走出去”战略的提案

中国民主促进会中央委员会

《中共中央关于制定国民经济和社会发展第十二个五年规划的建议》提出要“创新文化走出去模式，增强中华文化国际竞争力和影响力”。推动中华文化更好地走向世界，是实现国家利益的现实要求，是维护我国“文化安全”的重要内容和保障措施。

自实施国家的“文化走出去”战略以来，在中央的政策支持和地方政府的大力推动下，我国文化产品和服务“走出去”步伐不断加快，呈现出品牌化、精品化、规模化发展，社会各界共同推动文化“走出去”，文化交流与贸易并重、社会效益与经济效益兼收的大好局面。但在实践中，还存在着一些机制体制方面的问题：

1. 需要加强国家层面的统一部署。目前，在国家层面对推进“文化走出去”战略还没有相应的战略规划，没有明确的中长期发展目标、政策支持体系、重点任务和工程，以及实施线路图。此外，中央和地方在“文化走出去”战略实施中的责任和目标也有待明晰。

2. 需要加强政府部门间的协调配合。国家层面有多个部委负责“文化走出去”工作，由于统筹、协调和指导力度不够，致使信息未能充分共享，一些行业和文化单位各自为政，在“走出去”过程中未能形成整体合力。如在国外华人较多的地方，春节演出的撞车现象时有发生；一些演出团体为争得演出合同，不惜竞相压低演出价格。

3. 需要进一步完善支持“文化走出去”的具体政策措施。近年来国家陆续出台了一些鼓励文化产品出口的政策措施，但还未建立起相对完善的对外文化贸易的政策扶持体制，还需要在资金支持、税收减免等方面加大支持力度。此外，还需要加强部门规章与相关政策的衔接配套，制订和完善地方性扶持政策，制订和完善有关文化产业监管的分类标准和文化资产评估办法。

4. 需要进一步整合、拓展“文化走出去”的平台和管道。文化“走出去”运行机制的市场化程度偏低，平台和管道狭小，缺乏真正意义上的以专营中国艺术为主的国际展演经纪机构和经纪人。文化交流项目多为政府主导的非营利性项目，“送出去的多，卖出去的少”。2009 年，境外商业演出 16373 场，演出收益只有 7685 万元，平均每场不到 5000 元（不含食宿和旅费）。在文化出口的指导方面，由于对文化出口贸易方面的研究不够，文化贸易进出口的数据信息统计方面有所欠缺，使有关方面不能为文化企业及时提供全方位的、有效的信息服务。

我们认为，“文化走出去”战略既是一个文化战略，更是一个政治战略，是中国参与全球化时代话语权争夺的重要举措，是在“非传统安全”成为国家主要安全威胁的背景下，维护中国“文化安全”和“意识形态安全”的重要举措。

为了更好地推进“文化走出去”战略，提出如下建议：

1．制订“文化走出去”战略规划，明确“文化走出去”的战略目标和战略重点。要结合“十二五”规划的制定，科学编制“文化走出去”的战略发展规划，并作为“十二五”期间文化建设的重要战略任务来部署。规划中要明确“文化走出去”的中长期战略目标，明确政策导向和重点工程、重点任务，列出线路图和时间表；明确国家与地方、东部沿海与中西部地区，以及边疆省份的分工和任务，做到各有侧重。

2．理顺文化管理体制机制，加强对文化事业和文化产业的组织领导。加强对外文化贸易的体制和机制建设，发挥政府强有力的调控和推动作用至为重要。为加强对“文化走出去”工作的领导，国务院建立了以文化部为牵头单位的“对外文化工作部际联席会议”，但其对部门工作的整合力度还有待加强。建议该部际联席会议由国务院分管领导牵头，以加强协调整合力度。在省市层面，应建立由分管领导牵头，相关部门参与的“文化走出去”协调机构，领导和管理全省“文化走出去”工作。

3．加快海外中国文化中心建设，建立对外文化宣传阵地。我国已在非洲、欧洲和亚洲的9个国家建立了中国文化中心（南北美洲和大洋洲尚无中国文化中心）。目前已经在建、商建和提出希望建设中国文化中心的还有将近40个国家。海外中国文化中心要根据我国外交的总体需要，加强与驻在国文化机构的合作，面向国外主流社会，以展示我国悠久文明和当代经济、文化建设成就为主要任务。在建设布局上，要以欧美和周边国家为重点，辐射广大亚非拉国家，以形成海外中国文化中心网络。

4．完善文化产品出口的配套政策，进一步加大扶持政策的实施力度。国家有关部门已经制定出台了一些有利于文化企业“走出去”的经济政策，但还需要将相关配套政策落实到实处。近期，应着重加强以下几项工作：一是完善相关法律法规体系，为推进“文化走出去”提供法制保障；二是研究制订文化产品、文化资产评估办法，尽快建立文化企业无形资产评估体系；三是建立文化产业分类标准、数据统计体系，以及对外文化贸易数据库，为政府的制定政策和企业决策提供服务。

5．整合、拓宽管道，建立国际市场的营销网络和走出去服务平台。从国家和省市层面，要为推广我国的文化产品做好宣传、服务工作。一是要加大政府牵头、文化企业参加的各种国际和国内展会的组织力度，以提高中国文化产业在世界范围内的知名度；二是有关部门要定期出台“企业投资海外文化产业指导目录”，为文化企业投资海外提供导向和指南；三是建立健全行业协会，组织国内文化产业机构与海外中介机构的合作；四是以国家财政支持的方式成立文化产品编译工作室，为文化产品提供高水平、高性价比的编译服务。

关于在重大项目规划和环评中加强社会影响评价的提案

中国民主促进会中央委员会

重大项目规划和建设往往与大规模的征地、人口搬迁、资源分配、社区重建、污染物排放等相关，极易给附近居民的生活带来巨大负面影响，并引发社会冲突和群体性事件。如吴江垃圾焚烧厂因群众抗议而停建；南京常府街变电站，规划建设近6年，至今仍因当地居民反对，还在边建设边调解。诸如此类事件，既可以直接导致工程项目进展不利，造成巨大的经济损失，也会因为当地居民认同度降低、矛盾冲突加剧，导致社会不稳定和一系列政治问题。因此，无论是从经济发展还是社会稳定的角度，都需要对重大项目规划和建设的社会影响给予高度关注。

加强社会影响评价，对于所有利益相关者而言有益且必要。对当地居民来说，社会影响评价更注重利益相关者的参与性，尊重并承认受影响群体对其亲身所受影响进行评价的权威性，通过行动干预，改善项目社会影响的性质和程度。对项目投资者来说，可以纠正项目失误，减少项目的社会风险和因此所要付出的无效费用，使投资活动获得最大程度的经济和社会效益。对决策者来说，可以对项目影响有着更加公正、理性、系统的了解，及早采取应对措施，减少社会风险和政治风险，促进社会的和谐稳定。

目前，各地重大项目规划和建设在进行可行性研究和方案设计时，大都能做到将环评和社会影响纳入考核环节。有的地区还出台了“社会维稳风险评估制度”，把重大项目规划和建设中的资金使用、征地拆迁、安置补偿、生态环境等问题，作为重大考核事项，要求“谁决策、谁评估、谁负责”。但也有不少地区仍存在着强调“可通过性”，忽视“可持续性”；强调“不出事”，缺乏预防措施；强调经济收益，忽略对社会影响有效地、全面的评估等现象。为此建议：

1. 国家在制度层面上对社会影响评价提出明确要求和具体规定，并由政府推动，使之成为投资活动中一个必不可少的环节。作为一种制度安排，可由政府牵头，在规划或项目建设前期开展专门的社会影响评价，减少规划、建设项目可能引起的社会矛盾和风险。

2. 改变过去把社会影响评价作为经济评价和环境评价附属的状况，将社会影响评价作为环评报告书中的一个独立篇章，使之成为环评中一个必不可少的重要环节。

3. 加强社会影响评价的实例研究，选择部分在建或准备建设的重大项目规划和建设，开展参与式的社会影响评价，探索社会影响评价的规范和标准。自此基础上，由相关部门或机构，组织专家力量，制定社会影响评价实用标准，编写评价指南，规范社会影响评价的内容和步骤。

4. 将社会领域专家充实到各级政府管理部门的专家库中，为有效开展社会影响评价提供人才支撑和技术服务。同时，有计划地进行专门人才培养，促进社会影响评价在我国的健康发展。

5. 重视对各级领导干部和决策参与者的培训，在各级党校开设相关课程。

关于加强我国民族地区艾滋病防治工作的提案

中国民主促进会中央委员会

自2003年我国实施“四免一关怀”艾滋病防治政策以来，防治艾滋病各项措施得到较好地落实，更多的感染者被诊断，更多的病人得到治疗，防治工作取得很大进展，并得到国际社会广泛赞誉和国内人民群众的充分肯定。然而，我国艾滋病防治工作仍然任重道远，面临严峻形势，特别是少数民族地区形势更加严峻。

在全国31个省、自治区、直辖市中，报告艾滋病感染者和病人数排名前五位的云南、广西、河南、四川、新疆占全国报告总数的69.7%。除河南省由于上世纪90年代中期采浆污染事故造成艾滋病大范围流行外，其余四省、自治区都是由吸毒引发艾滋病疫情，通过性途径蔓延扩散，而且，主要受害人群集中在少数民族地区、集中在少数民族人群。在新疆，维族艾滋病感染者和病人数占全疆总报告数的80%；在四川，彝族艾滋病感染者和病人数占全省报告总数约60%，而凉山州布拖县，彝族一般人群的艾滋病感染率超过6%，成为非洲以外在一般人群中发现感染率最高的地区。

由于种种原因，在民族地区、民族人群中开展艾滋病防治工作，难度很大，疫情仍在继续蔓延扩散。如新疆和田地区维吾尔族占96.3%，报告艾滋病感染人数在过去几年持续上升，从2005年前每年新报告感染者不足20人，上升到2008—2009年每年新增170—175例。如果不尽快采取强有力措施遏制民族地区艾滋病疫情蔓延，过去几十年民族团结和发展的成果，可能会因为艾滋病的流行而被吞噬。

艾滋病高比例地影响着少数民族同胞，有几方面原因。一是毒品危害。受艾滋病影响最重的几个少数民族地区，不仅是艾滋病的重灾区，也是毒品危害的重灾区。这些地区的艾滋病流行主要是由吸毒人群引入，然后再由吸毒人群向其他人群传播，在当地造成更大范围扩散。如云南省德宏州，总人口约110万，1989年仅仅报告了146例吸毒者感染艾滋病，20年后，德宏州约有2万多人感染艾滋病，涉及到工人、农民、干部、战士、教师、医生、警察等各行各业。早期疫情出现后，控制不力，也是造成疫情蔓延的重要要原因。

二是少数民族地区的社会风俗和民族文化，在某种程度上不利于控制艾滋病疫情。一方面，受“共享文化”的影响，少数民族吸毒者在一起吸毒时更倾向于共享注射器吸毒，这加速了艾滋病在吸毒人群中的传播。另一方面，崇尚“自然”的思维方式，使一些少数民族在婚姻和性行为方面没有足够的约束，在一定程度上促进了艾滋病的传播。如在云南、广西、新疆等地，性传播已经占到当地新报告艾滋病感染者的60%以上。

三是少数民族地区相对经济落后、防疫人才缺乏，难以应对突如其来的艾滋病疫情，即使是经济、有效的防治措施，可能因为经费问题，难以落到实处。例如，针对吸毒人群艾滋病流行，国家在全国范围内实施了吸毒成瘾者美沙酮维持治疗工作，这不仅有效地控制了吸毒人群的艾滋病传播流行，而且还减少了吸毒现象、减少了吸毒引发的相关犯罪，同时还改进了社会治安，促进了家庭和社会和谐。吸毒成瘾者每天参加美沙酮维持治疗收取5－10元不等的治疗费用，虽然比吸毒每天花费几百元甚至上千元要便宜得很多，但对新疆、广西、四川等边疆少数地区的吸毒者来说，特别是对于那些没有收入来源的吸毒者来说，也是一笔不小的开支，很多人因为交不起治疗费而脱失。初步统计，全国约有1万多名吸毒的艾滋病感染者因交不起美沙酮治疗费，而从美沙酮治疗门诊脱失。这些人流入社会后，失去管制，不仅继续吸毒，危害社会，而且还将把艾滋病向当地更广大的人群传播扩散。

为此，提出如下建议：

一、中央政府要把民族地区的艾滋病防治作为全国艾滋病防治重点工作给予特殊支持；地方各级政府，特别是多民族的省、自治区，要把民族地区少数民族的艾滋病防治工作作为民族地区发展的重要组成给予高度重视，要下决心，狠抓少数民族的艾滋病防治工作。艾滋病防治工作要同扶贫、禁毒和社会经济综合发展结合起来。

二、要加大民族卫生干部培养，采用短期集训方式，在短时间内培养一批少数民族艾滋病专业技术人员，从事艾滋病防治工作；从长远出发，把培养少数民族艾滋病防治专业技术人员作为艾滋病防治长期战略措施；

三、对一些特殊群体的有效防治措施落实，可采取国家和省（区）财政支持的方式，最大限度地管理传染源，控制疫情扩散。如，为所有感染艾滋病的吸毒者提供免费的美沙酮维持治疗。把这些人控制在美沙酮门诊，就能够很好地防止他们在社会上进一步传播艾滋病疫情。还可在少数民族地区加大推行避孕套力度，经验证明，此举可使艾滋病大大下降。

四、组织、动员民族群众，积极参与到艾滋病防治斗争中来。在社区和学校开展大众健康教育，以本土化的“同伴教育”模式，提高少数民族群众对艾滋病的认知水平。发挥社会组织在艾滋病防治和关怀中的作用，有效遏止艾滋病在民族地区的扩散趋势。

关于关注职业病维权，保护农民工健康权益的提案

中国民主促进会中央委员会

近年来，尘肺病、职业中毒等职业病发病率居高不下，群发性职业病事件时有发生。关注职业病维

权，保护农民工健康权益，已是各级政府亟待解决的重大公共卫生问题。

目前农民工职业病维权主要存在以下问题和困难：

（一）搜集证据难。按照《职业病诊断与鉴定管理办法》规定，搜集证据通常都需要用人单位的协助方可获得。但农民工多为临时工，劳动合同签订率普遍较低；而部分企业为了逃避法律责任，不主动与农民工订立劳动合同，导致证明劳动关系成为职业病鉴定诊断的难点。

（二）鉴定诊断难。职业病诊断整个过程手续繁琐、复杂，同时根据属地管理的原则，职业病诊断鉴定机构往往同属相同的管理系统，在制度设计上难以保证农民工获得公平的鉴定结果。

（三）监督管理难。在职业病监督过程中，面临着职业病防治人员不足，职业监测设备落后，专业技术力量薄弱的情况。而且职业病防治工作涉及到卫生、人力资源和社会保障、安全生产监管等多个部门，但部门之间缺乏有效的沟通协调机制，没有形成管理合力。

（四）医疗保障难。据统计，至2008年底，全国农民工就业总量是2.25亿人，参加工伤社会保险的人数为4942万人，仅占总数的22%。同时现行工伤保险的赔付标准较低，农民工参加医疗保险门槛较高。农民工患上职业病后，一般自身无力承担巨额的医疗费用，陷入医治难的困境。

（五）索赔起诉难。从职业病鉴定诊断，到工伤认定，再到损害赔偿一般需要花费三年甚至更多的时间。农民工本身是弱势群体，文化程度不高、法律意识不强，加上经济条件拮据，维权成本过高，处于被动的局面，很难维护自身合法权益。

为改变农民工职业病维权难的状况，维护农民工的健康权益，我们认为应着力健全六大制度体系：

一、规范职业病防治监管体系。各地应强化政府监管职能，将职业病防治列入政府考核目标，逐步建立起覆盖城乡的职业病防治监管网络。建议由地方分管卫生的政府领导牵头负责，卫生、安监、劳动、工会等各部门按照职责分工，建立联席会议制度、信息通报制度和黑名单制度，形成各部门齐抓共管合力，堵塞用工制度漏洞，规范企业用工，提高企业违法成本，防止职业病防治监管出现缺位和越位。

二、完善职业病法律援助体系。针对职业病患者的维权困境，职业病诊断应实行举证责任倒置原则。建议完善职业病诊断与鉴定管理办法，提高职业病诊断鉴定的公信力，对《职业病防治法》进行有针对性的修订，着力降低职业病诊断门槛，切实保护弱势群体的合法权益。

三、建立职业病预警监控体系。切实加大职业病危害源头控制力度，把好职业病危害企业准入关。各地应结合实际，着力整合各部门之间的职业病防治基础数据，健全职业卫生资源数据库，逐步实现职业病防治信息跨区域、跨部门、跨时间共享，数据资源互联互通。对区域性的重点职业病危害，建立职业病危害监测点，实施重大职业病危害预警机制，跟踪督查职业病危害信息，及时消除职业病事故隐患，有效预防群体性职业病危害事件发生。

四、强化职业病宣传培训体系。引导企业树立“安全稳定是第一责任”的思想，对政府部门、用人单位、企业员工、执法人员实施分层分类培训，进一步提升宣传教育的针对性与实效性，促使企业主动参与防治职业病。充分发挥舆论监督作用，通过媒体、网络、热线等多种形式，着力培育农民工防治职业病的意识。

五、构筑职业病技术保障体系。保证有职业病发生可能的各个县（区）至少有1家以上具有职业健康检查能力的医疗机构，为农民工的职业病健康监护、诊断鉴定、场所检测、疾病治疗提供强有力的技术支撑。

六、加强职业病医疗救助体系。依法强化企业缴纳工伤保险的意识，着力探索建立工伤保险制度，提高农民工工伤保险覆盖率，确保农民工依法享受工伤保险待遇。为让更多的农民工职业病患者及时获得医疗救助，建议将职业病伤害纳入农村医疗保险制度范畴，并以“中国煤矿尘肺病治疗基金会”为基础扩大、建立“中国职业病治疗基金会”，把职业病治疗基金由企业自愿捐赠改为由国家强制按营业额的一定比例向工矿企业征收，专项用于职业病救济治疗，使农民工家庭不因职业病而致贫、返贫。

关于在北方林区发展和推广使用木质颗粒燃料的提案

中国民主促进会中央委员会

木质颗粒燃料是以林区“三剩”即清林抚育、采伐和木材加工的剩余物为主要原料经压制而成的固体成型颗粒燃料。

近年来，民进中央一直在关注北方林区利用林区剩余物生产木质颗粒燃料的研发推广情况。经多次实地考察了解到，民营科技型企业联合林场、院校、院所和政府有关部门已经研发出成功利用林区剩余物生产木质颗粒燃料的技术和使用木质颗粒燃料连续自动供热的成套技术装备，拥有自主知识产权，具有规模化生产能力，市场应用效果良好。应用实践证明，木质颗粒燃料是一种清洁燃料，它的应用推广有利于森林抚育间伐、提高森林质量，有利于替代燃煤用于分布式能源，有利于节能减排和大幅减少空气污染。

在2009年9月召开的联合国气候变化峰会上，我国政府承诺到2020年森林面积比2005年增加4000万公顷，森林蓄积量增加13亿立方米，单位GDP能耗降低40%。要实现森林面积和蓄积量“双增长”的目标，林区的清林抚育是提高森林质量、增加森林蓄积的关键。目前清林抚育工作由于没有经济收益，仅采用传统的行政手段分配任务，难以确保清林抚育工作顺利进行。大量的清林抚育剩余物被丢弃于林间，造成资源浪费的同时也为森林火灾和病虫害的发生埋下隐患。

近年来，北方林区安排的棚户区改造任务占全国林业棚户区改造任务的90%以上，改造后棚户区楼房大部分为林业局自行购买燃煤统一供暖。据估算，北方林区每年要烧掉燃煤110万吨，花费资金约5亿元。由于用能问题没有很好解决，部分改造后棚户区居民又转向使用原来的烧柴取暖，影响了棚户区改造实效。在北方林区推广使用林区剩余物生产的木质颗粒燃料，不仅可以引导企业以市场化手段参与清林抚育，而且可以培育林区转型后的接续替代产业，解决棚户区改造后居民生活用能问题、全面高质量地完成林区棚户区改造任务，对于实现森林资源“双增”目标、促进节能减排、改善民生等都有着十分重要的意义。

在北方林区发展和推广使用木质颗粒燃料，具有下列有利条件：

一、应用林区剩余物生产木质颗料燃料作为生物质分布式能源替代燃煤能源已经初具规模。

民营科技型企业宏日新能源有限公司和吉林省辉南森林经营局合作，以自主研发的3项发明专利和10项自有技术为依托设计建造生产线，其颗粒燃料成型技术已经达到国外同类技术水平，原料的适应性方面还超过了国外同类水平，并设计制造了自动供料的专用锅炉，为4星级宾馆及当地林区职工住宅开展定点供热服务。使用木质颗粒燃料及配套锅炉，既可以集中，也可以分散，热效率达到85%，成本与燃煤锅炉相当。燃烧设备经长春市环境监测中心站检测烟尘排放浓度、二氧化硫排放浓度、烟气黑度均符合《锅炉大气污染物排放标准》的要求。目前正在吉林全省范围内筹建锅炉运行网络集中监控中心、燃料配送中心、维修保障中心和燃料物流运输线，以形成先进的网络运营体系。

二、林区可用于生产木质颗粒燃料的资源充足。

主要有3个方面：一是清林抚育剩余物。清林抚育是提高森林质量和林区防火防虫的关键措施，每亩林地至少可年产生清林剩余物500kg。若将北方林区3.9亿亩林地年产清抚剩余物用于加工木质颗粒燃料，可折合2340万吨标准煤。二是采伐剩余物和造材剩余物。根据采伐限额和目前北方林区林业产业加工情况，每年可产生采伐剩余物和造材剩余物1836.7万m^3，可加工木质颗粒燃料918万吨，折合约550万吨标准煤。三是加工剩余物。林区开展木耳种植是转产后非常普遍和收益较高一种经营方法，废弃的木耳菌袋可加工成木质颗粒燃料。北方林区每年约产生废弃木耳菌袋数百亿袋，可加工木质颗粒燃料数百万吨。

三、推广木质颗粒燃料产业经济、社会、环境效益显著。

据有关部门测算，如果推动北方林区每年产生的清林剩余物全部转化为木质颗粒燃料，可以提供123万个就业岗位，实现产值500亿元，增加收入250亿元，节约3000万吨标准煤，减排二氧化碳0.75亿吨。开展木质颗粒燃料的生产和使用，不仅能促进森林资源"双增长"目标的实现，还能促进林区富余劳力就业，改善生活环境、提高生活质量，减少二氧化碳的排放，是一件一举多得的好事。

鉴于木质颗粒燃料产业显著的经济、社会、环境效益和广阔的发展前景，建议参考南方沼气推广的成功经验，结合北方开展的森林经营和棚户区改造工作，推进林业木质颗粒燃料产业发展。具体建议如下：

一、对林业木质颗粒燃料产业给予高度重视，尽快出台配套的扶持政策。新兴产业发展初期需要强力政策扶持，目前林业木质颗粒燃料产业已完成了从资源到市场的产业链构建，但相应的配套政策尚待完善。比如，农业秸秆颗粒燃料的扶持政策并未涵盖林业颗粒燃料；对在林区新建木质颗粒燃料加工企业，应给予土地、税收等方面的优惠，制定企业参与清林抚育工作的具体办法，鼓励企业发展能源林基地，合理利用资源，增强产业发展后劲。创造条件，引导产业发展与清林抚育和林业棚户区改造相衔接，以此为契机，吸引社会资金投入林业生态建设。

二、参考农村沼气工程推广的政策和经验对北方林区木质颗粒燃料的生产和使用予以扶持。鼓励林区职工使用颗粒燃料取代传统的木柈和燃煤，对改造后集中居住的棚户区使用颗粒燃料锅炉予以一次性补贴；对分散居住的林业职工更换颗粒燃料炉具同样给予补贴，对使用木质颗粒燃料予以适当补助；对城市周边中小燃煤锅炉改造为木质颗粒燃料锅炉也给予一次性补贴，为产业发展创造更为广阔的市场空间。

三、进一步扩大示范规模，合理布局，引导产业健康有序发展。林业木质颗粒燃料和配套的专用炉具在分布式能源需求市场上的竞争优势已经显现，其成功经验和做法亟待推广，是否可以考虑以地区或省为区域，开展木质颗粒燃料的推广工作。同时，为了避免无序竞争，林业主管部门应积极对木质颗粒燃料生产进行引导和指导，合理布局，使林业木质颗粒燃料产业健康有序发展。

关于大力推进表土剥离工作的提案

中国民主促进会中央委员会

表土剥离是指将建设用地或露天开采用地（包括临时性、永久性用地）所涉及到的适合耕种的表层土壤剥离出来，用于原地或异地土地复垦、土壤改良、造地及其他用途的剥离、存放、搬运、耕层构造与检测等一系列相关技术。

我国是农业大国和食品大国，对优质农业资源的依赖性强。而目前我国处于工业化和城市化快速发展时期，在新增建设用地中占用耕地数量较多，表土资源浪费问题严重，不利于农业生产和粮食安全。因此，迫切需要改变过去建设占用耕地的表土处理办法，大力开展表土剥离工作。

实施表土剥离的呼声已经有多年，尽管已经取得了一些成绩，但落到实处的不多。表土剥离存在的主要问题有：

（一）国家对占用耕地表土剥离的制度还缺乏"刚性管理"。《土地管理法》第三十二条规定："县级以上地方人民政府可以要求占用耕地的单位将所占用耕地耕作层的土壤用于新开垦耕地、劣质地或者其他耕地的土壤改良。""可以要求"只是一种"弹性管理"，缺乏对于用地单位实施表土剥离—复垦工作。

（二）补充耕地的责任与义务还不够合理。按照现行土地管理法律法规的规定，用地单位占用耕地时，缴纳了耕地复垦费就已完成了补充耕地的法定义务。如果再要求用地单位剥离、留存耕层表土，或者剥离表土造成地表下降，用地单位再取回废土垫地，那么就需再投入资金。这样实际上增加了建设成本，降低了用地单位开展表土剥离工作的积极性。

（三）剥离耕层表土技术研究不够深入。表土剥离涉及到土地复垦、土壤改良、造地、耕层构造与检测等一系列相关技术，目前对表土剥离技术适用的条件、技术工艺、验收标准还缺乏深入研究，研究成果较少。

耕层表土由自然界历经成百上千年形成，保护耕地实际上就是保护耕层表土。实行表土剥离对保障国家粮食安全，维护18亿亩红线，提高耕地质量意义重大。因此，建议改变过去建设占用耕地的表土处理办法，率先在粮食主产区，特别是东北黑土区开展表土剥离技术研究和试点，实行表土剥离。为此，提出如下建议：

1. 对建设用地占用耕地逐步刚性要求实施表土剥离。在建设用地占用耕地审批和工程验收环节，根据实际情况增加表土剥离的要求；对表土进行剥离和再利用的行为要纳入制度化轨道，修改相关法律法规，逐步实现刚性要求，构建较为完善的政策法规体系。

2. 在配套政策和资金方面给予支持。

一是制定表土剥离优惠政策。对实行表土剥离的建设项目优先批复，地方政府可以从土地收入中支付部分表土剥离经费，表土剥离得到的耕地按原权属关系无偿分给农民耕种或经权属调整后有偿使用。经验收合格的耕地可以作为土地整理补充耕地项目入库。

二是加大政府投入，建立表土剥离专项资金，以财政预算安排、表土出售收入等作为资金来源，同时为专项资金设立专户，确保专款专用。对专项资金实行预算管理。

三是对浪费表土的建设工程实行经济处罚措施。除了对开发建设活动中不按规定进行表土剥离和再利用进行经济处罚外，对于土壤改良等工作中出现的不规范行为也进行相应惩处。

3. 开展表土剥离技术研究并制定相关技术标准。对从事表土剥离研究的科研单位应给予一定的资金支持，鼓励他们开发新技术、新工艺，对在施工中的技术创新也可以进行适当的奖励。

对整个表土剥离过程要深入研究，应制定表土剥离技术标准：对于临时占用的耕地，将表土剥离后就近按层次堆放，待施工完成后，将剥离的沃土层回填于耕地表层。对于永久性占用的耕地，将表土剥离后运走，就近安排复垦或土壤改良项目或作其他用途。对新形成的耕地要进行土壤肥力和环境化学测试，进行初步验收，并进行生物种植试验，合格方可最终验收。

关于加快制定《环境教育法》的提案

中国民主促进会中央委员会

环境教育是借助教育手段，使公众认识到环境问题与人类可持续发展的关系，从而提高环境意识的过程。我国目前环境保护形势十分严峻，环境问题严重制约经济发展。

“十二五”时期，我国将“建设资源节约型和环境友好型社会”作为加快经济发展方式转变的重要着力点，而环境教育的意义就在于通过塑造具有可持续发展价值观的人，来改变生产模式和发展模式。因此，环境教育不仅是解决环境问题的重要途径，对于推动经济社会发展也具有重要意义。

我国目前的环境教育虽然已经初步形成了多层次、多形式、多渠道的体系，但是还存在诸多不足之处。如，公众环境意识及接受环境教育的意识有待提高，环境教育模式以运动式环境教育和宣传式环境教育为主、不够深入和持久，学校环境教育偏重应试性与技术性等等。环境教育现状呈现出观念重于实践、政府行为重于民众行为、政策性重于自觉性、宣传性重于教育性、知识传授重于素质培养、课堂教学重于社会参与的特点。我们认为，其根本原因是环境教育缺少法律支撑：环境教育在法律上既没有明确的地位，也没有明确的目的、目标和制度。因此，我们建议加快环境教育立法，以实现环境教育的法制化和规范化。

环境教育立法具有重要的意义。其一，是提升环境教育法律地位的需要，是完善环境保护法的需要。1992 年，第一次全国环境教育工作会议提出了“环境保护，教育为本”，但目前环境教育的发展现状与“教育为本”的要求相去甚远。环境教育立法，既为环境教育提供了法律保障，也弥补了我国环境保护法在环境教育方面的缺失。其二，是建设法制化国家的需要。我国陆续出台与环境相关的法律和法规约八百余部，但是目前环境法律的实施存在着有法不依、执法不严的现象，其重要的原因就是环境法律缺少足够的环境道德文化支撑。环境教育立法，可以规范和约束环境教育的方向和方式，对于构建环境道德文化至关重要。

环境教育立法具备现实基础。就理论研究而言，我国目前的环境教育理论研究涵盖了从环境教育的定义、取向到环境教育的内容、方法，从资源开发到评价，从专业人才的培养到社会普及的过程，这为环境教育法的制定出台提供了理论基础。就实践经验而言，宁夏将出台环境教育条例，黑龙江、山东等地也已经开始研究制定环境教育条例的工作，这为环境教育法的出台提供了实践基础。

对于环境教育立法的重点，我们建议要突出以下三个方面：

一是突出政府在推进环境教育方面的主导地位。规定各级政府对环境教育负有首要责任：承担制定环境教育的方针和计划、指导环境教育的方式和内容的责任；承担通过财政和税收扶持环境教育活动的责任；承担培养环境教育专业人才，加强队伍建设的责任；承担鼓励和引导社会成员积极参与环境教育的责任。

二是立足于全民教育，开展不同层次的环境教育。确定以全民教育作为环境教育的范围，根据不同对象，分为普及教育和重点教育两个层次开展，坚持经常教育与集中教育、普及教育与重点教育、知识教育与实践活动相结合，注重实效。普及教育的对象为全体公民，重点教育的对象为各级各类学校教育、企业事业单位以及领导和管理层。

三是对环境教育政策及措施的实施情况进行监督。要求各级环境行政主管部门设立的环境宣传教育机构，负责对各单位的环境教育工作进行监督检查，并向环境行政主管部门和同级政府报告本地区环境教育情况。

在立法模式上，我们建议采取逐步推进的模式。尝试在部分地区进行试点，制定环境教育地方性法规，为国家层面环境教育立法探索路径，提供经验。宁夏回族自治区正在酝酿出台环境教育条例，这不仅为我国环境教育地方立法提供了有益的经验，也为环境教育法从地方法规再到国家法的这种立法模式提供了证明。因此，建议根据我国不同的经济社会发展情况和生态环境条件，加大地方试点力度，这将对我国环境教育立法奠定较为坚实的基础。

此外，为了使环境教育立法与其母法环境保护法的关系协调，建议在目前已经开始的《中华人民共和国环境保护法》的修改中，加入环境教育的明确条文，使各地以及国家环境教育法的制定有依据。

关于尽快修订《促进科技成果转化法》的提案

中国民主促进会中央委员会

《促进科技成果转化法》是促进我国科技成果转化的重要保障，也是通过科技政策促进科技进步，从而推动经济发展，实现科技政策和经济政策目标统一、相互促进的重要法律。它对于加快科技成果转化步伐，实现科技与经济的结合，充分发挥科学技术作为第一生产力的作用，增强自主创新能力，促进经济发展方式转变具有积极的推动作用。

《促进科技成果转化法》实施十多年来，我国经济体制和科技体制发生了很大变化，该法已经不适应建设创新型国家的需要和要求。它对科技成果转化进行了界定，但对科技成果及其体现形式没有界定，如没有明确科技成果的认定和专利实施的关系，没有界定科技成果转化过程中市场配置科技资源问题，缺乏专利许可、技术交易、知识产权交易、职务发明和职务成果的利益分配等政策。特别是对科研院所和高等院校这些掌握、开发科技成果资源的单位和机构，对企业这样一个技术创新的主体和科技成果的主要承接者，都没有明确其应有的责任、权利和义务。《促进科技成果转化法》成为没有市场配置和市场反馈的单向活动，与目前政府引导、市场配置资源、产学研紧密结合促进科技成果转化的政策不相吻合。

因此，修订《促进科技成果转化法》，以促进科技成果尽快转化为现实生产力，是推动创新型国家建设中的一件急迫而关键的事情。近年来，我国先后发布了《国家中长期科学和技术发展规划纲要(2006—2020)》及其配套措施和实施细则，对科技成果转化提出了很多扶持措施，特别是2007年底修订的《科学技术进步法》，对此也作出了原则性规定。可以说，修订《促进科技成果转化法》的时机已经基本成熟，应尽快列入全国人大常委会的立法计划。目前，科技部已着手修订的研究工作，对修订的重点和难点问题进行论证。为进一步做好这项工作，我们建议着重把握以下两个方面。

首先，关于修订的原则。

一是要遵循国家科技政策和经济政策，并着力推动两者的有效衔接和相互促进。特别是要与《国家中长期科学和技术发展规划纲要》、《科学技术进步法》相配套。还要对国务院转发和各部门出台的相关规定和政策进行梳理，如国务院《促进科技成果转化的若干规定》、科技部和财政部《关于国家科研计划项目研究成果知识产权管理的若干规定》等。

二是要认真总结《促进科技成果转化法》实施十余年的经验和问题，吸纳各地方成功的做法，针对制约促进科技成果转化的问题对症下药，使法规有的放矢。特别是科技投入总量严重不足、科技人才和科技成果外流、技术权益的保护力度较弱，以及尚有旧体制下形成的科技系统结构不尽合理、机构重复设置、力量分散、科研后劲不足等问题。

三是要以开放的意识，吸纳世界上促进科技成果转化、技术转移、知识产权实施的有效做法。从成果开发主体、转化与转移主体、服务主体和承接主体多个层面，全面分析科技成果转化的各个环节，既要突出激励措施，确保利益分配的合理性，也要加强知识产权保护，约束侵权、窃密、泄密等不法行为。

其次，关于修订的内容。

一是要明确政府、科研机构和高等院校、企业在促进科技成果转化与技术转移中的责任、权利和义务，形成完善的激励政策、规范的制度、明确的约束限制，对科技成果转化中技术交易、技术许可、专利许可、知识产权保护、危害国家利益与安全以及侵权和泄密的制裁、转化与转移纠纷的法律程序等内容进行完善和增补。

二是要明确科技成果认定管理职责，解决目前科技成果转化中的多头管理以及部门利益对转化和转移的严重制约问题。同时，对科研机构和高等院校促进科技成果转化、技术转移的组织化工作做出明确的职责规定。

三是要明确促进科技成果、知识产权的市场化和商品化原则。对以成果转化和技术转移为主要经营方向的研究公司、技术公司和服务机构，政府要给予必要的支持和鼓励。对实施科技成果转化并首次投向市场的产品，若其具有较大市场潜力并符合政府采购需求条件的，政府进行直接采购。对纳入科技成果转化目录的产品，在政府财政支出和政府投资的重大工程建设中，优先政府采购。

关于加强统筹协调，实现绿色经济发展方式转变的提案

中国民主促进会中央委员会

绿色发展和可持续发展是当今世界的时代潮流，作为发展理念，其与科学发展高度契合。中共中央在“关于制定国民经济和社会发展第十二个五年规划的建议”中提出，以科学发展为主题，以加快转变经济发展方式为主线，并把经济结构战略性调整和发展战略性新兴产业作为重中之重，同时提出树立绿色、低碳的发展理念。在建议所确定的七大战略性新兴产业中，节能环保、新能源、新能源汽车都与绿色、低碳密切相关。这不仅与全球发展趋势相一致，也是符合国情和发展阶段的科学决策。

然而，作为一个大型经济体，我国实现经济转型和转变经济发展方式必然是一个长期的、复杂的系统工程。目前，我们在经济转型过程中，也还存在很多问题。以战略性新兴产业为例，无论是关键技术创新、产业化，还是市场培育，都需要相当长的时间；产业融资、商业开发模式、管理体制等方面都还存在不少障碍；各省市自治区在选择本地区的战略性新兴产业过程中存在较严重的重复建设，如 31 个省市自治区大多都把新能源相关产业列为本省的战略性新兴产业，这样的布局极容易造成产能过剩和资源浪费。

国内外的经验表明，实现成功的经济转型必须充分发挥政府的导向和扶持作用，包括立法、规划及构建统一的管理体制等；必须高度重视和持续支持科技创新发挥引领作用；必须强调“绿化”传统产业的与绿色新兴产业发展相结合；必须重视综合配套政策的制定，特别是与技术创新直接相关的融资、商业开发、基础设施建设、市场培育等方面的配套政策；必须重视产学研合作、人才培养和国际合作。

基于上述认识，我们对十二五期间，我国加快实现绿色经济发展方式转变，提出以下建议：

一、统一发展理念，促进绿色经济根本转型。实现绿色的经济转型，不能停留在解决绿色领域的具体问题层面上，如节约集约利用资源、治理污染、保护生态等，也不能满足于发展绿色产业和绿色经济，像节能环保、新能源、节能和新能源汽车等产业，最为根本的，是要对整个经济系统进行“绿化”，集中力量对生产、消费、投资、外贸等发展方式进行全方位转型。这就要求各级党政决策者，政府各有关职能部门，经济政策的各个方面，在科学发展、绿色发展理念下达成高度统一，相互配合，协调推进。

二、制定国家绿色发展指导性意见，设立中央绿色发展领导机构。以绿色发展指导意见统领和协调相关的环境与发展政策法规，明确国家意志以及政府与市场、计划与市场的相互关系，规定各级政府、企业及个人在绿色发展相关领域（包括绿色增长、循环经济、节能减排、生态与环境保护、应对气候变化等）的责任、义务及各项奖惩机制，形成促进绿色经济转型的长效机制。中央领导小组负责统筹指导和协调国家绿色发展的重要事项，为实现统一管理、统一布局。国务院建立相应的协调机制，为协调绿色发展的相关事宜、解决部门冲突、避免重复建设提供新的解决平台和途径。

三、加强规划引导，科学评估和选择绿色战略性新兴产业和优先领域。统筹协调国家“十二五”期间与绿色发展相关的各重点、专项和部门规划，建立民主评估机制和中期调整机制；尽快出台国家《战略性新兴产业规划》，以指导和协调地方的战略性新兴产业布局和发展，引导新兴产业选择合理的技术路线，避免恶性竞争、重复建设和产能过剩，规范战略性新兴产业的健康发展。

四、统筹配套政策制定，平衡投资导向。在给予关键技术创新及其集成创新以持续支持的同时，更应加强融资、基础设施建设、商业开发模式、市场培育方面的政策制定，以引导各级政府及其他市场主体的投资意愿，平衡投资方向，保障战略性新兴产业顺利发展。

五、加强市场经济手段的应用，发挥经济政策在促进新兴产业发展中的作用。要坚持“市场主导、政府推动”的原则，在 WTO 规则和多边环境协议框架下，制定各项财政补贴、融资担保、优惠贷款、税

收减免、资金援助等政策措施，鼓励国际合作和各利益相关方参与，特别是发挥民营资本和中小企业的作用。

六、限制战略性资源出口，合理增加战略资源储备。鉴于不断增加的贸易冲突和现行的 WTO 规则，应从提高资源税和环境成本的角度入手制定相关法规，减少和限制包括稀土资源在内的国内重要战略性资源的出口；从国家利益角度制定我国各种战略性资源的长期储备计划，增加战略性资源储备。

七、加快外贸发展方式的转变，实现绿色贸易转型。争取用十年左右的时间改变目前贸易“环境逆差”的局面，从贸易角度促进我国绿色发展目标的实现。包括：采用以征收出口环节的环境关税为主导的绿色贸易政策，优先减少“两高一资”产品的出口；通过提高出口退税率等政策，鼓励环境标志产品的出口；改变对外援助方式，增加优质低价的节能环保产品的海外援助。

此外，还应在新一轮 WTO 贸易谈判中，提起关于协调 WTO 规定与国际多边环境协议的请求，以避免绿色产业政策制定过程中可能出现的规则冲突。

关于加强我国食品添加剂行业监管的提案

中国民主促进会中央委员会

改革开放以来，我国食品添加剂行业持续发展。目前我国食品添加剂种类分为 23 大类、2300 多种（其中食用香料 1800 多种，食品添加剂 400 多种，食品加工助剂 100 多种），直接产值超过 3000 亿，已经成为食品工业重要的行业之一。

目前，我国的食品添加剂行业以及与它密切相关的食品行业不规范、甚至违法的事件较多，对该行业和我国消费者的饮食安全构成重大威胁。近些年，媒体屡屡曝光违规使用食品添加剂的事件，如“苏丹红”、“三聚氰胺”等，无不令消费者触目惊心。仅 2010 年 8 月，北京市工商局抽查检出的不合格食品就包括食用乌梅的胭脂红超标、海南番木瓜的环己基氨酸磺酸钠和糖精钠超标、烤牛肉的苯甲酸、环己基氨酸磺酸钠和糖精钠超标等 20 多种。

与食品添加剂及其产业存在极其严重的安全问题相比较，国家有关部门对食品添加剂的监管却相对滞后。过去我国食品添加剂生产企业的生产资质由卫生部所属的各省食品卫生厅（局）颁发卫生许可证来确定。根据我国《食品安全法》规定，2009 年 6 月 1 日起，我国食品生产企业，特别是食品添加剂生产企业将实行“生产许可证制度”，卫生部也于 2008 年下半年发出通知，食品添加剂生产企业的卫生许可证到期后，不再颁发新的卫生许可证，由国家质检总局颁发“生产许可证”。但作为认证依据，国家质检总局发布的质局发（2005）202 号公告所公布的食品添加剂名录，仅覆盖了 2300 多种食品添加剂中的不到 300 种。即目前大约只有 13% 的食品添加剂（企业）能有资格申请生产许可证，而大多数的企业处于不得不违规生产的尴尬局面。这将对食品添加剂行业和整个食品行业的安全生产产生很大影响。存在的问题主要有：

1. 由于食品添加剂企业（行业）监管交接的问题，目前没有食品添加剂企业具体换证实施细则，也没有具体可操作的临时监督管理规定，出现法规真空地带，相关的各监督管理部门职责和操作程序不明确，行业监管出现推诿、扯皮、监管缺失等漏洞，这给食品添加剂行业造成了不利局面，并在食品安全问题上留下巨大隐患。

2. 由于原食品添加剂卫生许可证（卫生部）、现生产许可证（质检总局）和工业产品许可证（工信部）的换证关系，或新申请程序，以及与企业的注册登记、营业执照发放（工商总局）等程序关系不明确，使原有的大量食品添加剂生产企业面临困惑，处于无从着手、发展混乱的状态，出现大量非法生产现象。

3. 由于食品添加剂与食品工业中超过80%的食品密切关联，而目前换证和认证工作滞后，因此大量应用食品添加剂的食品企业在法律或法规层面上已成为“在食品中添加非法产品或非法添加物”的“非法生产企业”，其后果十分严重，而且也容易被非法企业钻空子。此外，目前这种状况，也容易被境内外媒体曲解、放大、恶意炒作和报道，一旦出现公众与媒体的质疑，将会给政府造成非常被动的局面。

2010年我国食品工业总产值已经突破6万亿，是保就业、扩内需、促发展和事关国计民生的重要产业，更是保障食品安全和社会稳定的民生产业。加强对食品添加剂行业的监管是保障食品安全的题中应有之义，也是加强食品安全监管的重要内容。

为此，我们建议：

1. 由质检总局会同工信部，尽快完善食品添加剂名录，共同制定食品添加剂企业新申请程序，明确换证关系以及企业的注册登记、营业执照发放等程序关系，使食品添加剂行业的生产规范有序。

2. 尽快由政府相关监管部门组织行业协会、企业和包括法律、管理、技术及生产方面的专家，共同制定完善相关管理规定，使我国食品添加剂行业和食品行业规范生产和使用添加剂进入严格监管和科学规范的发展状态。

3. 加大监管力度，加强检测和监测的数量和频次，确保食品添加剂处于可控的状态，一旦出现问题，预警系统将发挥作用。适时报道违法企业的违法行为，加大处罚力度，提高食品安全监管的威慑力。

4. 尽快理顺管理关系和监督管理职责，既保障合法企业依法规范生产，保障我国食品添加剂行业健康、有序地持续发展，又能够依法严厉打击非法、违法生产行为，整顿和规范食品添加剂生产、流通、使用各个环节，进一步避免出现监管腐败的可能和境内外媒体的恶意炒作。

5. 尽快制订和规范食品生产企业和餐饮企业在使用食品添加剂时必须遵守的相关规定，明确食品添加剂产品和生产企业要求的证件、标准和产品质量、安全保证以及产品和餐饮食品食品添加剂标注，以保障我国食品工业产品（包括餐饮行业）的规范生产和消费者的安全。

关于尽快提高稀土资源税税率的提案

中国民主促进会中央委员会

稀土是在军事、冶金、石油化工、玻璃陶瓷、电子及航天工业等方面被广泛使用的关键性材料，其资源蕴含量对于任何国家而言都具有重要的战略意义。我国作为世界上已探明稀土资源储量最丰富的国家之一，由于缺乏在国际市场中的定价能力，导致稀土产品以极其低廉的价格被西方国家大量收购储存，对于我国的国家安全十分不利。而在国内，对稀土的无序开发和偷盗走私还造成了严重的资源浪费、环境污染等问题。据统计，中国稀土储量仅剩2700万吨，在世界总储量中占比由过去的70%以上下降至目前的30%。按现有生产速度，中国的中、重类稀土储备仅能维持15至20年，未来极可能需要进口。

为此，2007年我国开始对稀土生产实行指令性规划，并逐年减少出口配额以限制稀土出口。这一举措引起了稀土市场价格的上涨，西方国家强烈反应。美国和欧盟已经搜集材料，向世界贸易组织控告中国“限制稀土等战略物资出口”。目前，世贸组织初步裁定我国限制9种原材料出口违规，虽然其中尚未包含稀土，但已经给予我们警示：西方国家下一步很有可能借助WTO规则，促使世贸组织作出限制稀土出口违规的裁定，将他们对于稀土的不合理诉求合法化。

而从实际情况看，限制出口的措施也并未收到理想的效果。2009年，全球稀土市场供应依然有90%来源于中国，稀土价格比2007年的低位水平虽有提高，但并未达到上世纪末中国大规模低价出口稀土资源前的价格水平。

稀土出口难以控制的原因在于：一方面，外国企业纷纷通过在中国合资设厂、收购稀土企业等途径，对原材料进行简单加工后再向本国出售，从而绕开了出口配额的限制；另一方面，部分国内企业利用海关在监管稽查方面存在的困难，以硅藻土、硫酸铝等货物的名义报关，向国外进行稀土走私。在两方面的共同作用下，稀土的实际产量和出口数额都远远超过了计划指标。上述情况表明，仅依靠对出口进行配额限制的措施难以实现保护稀土资源的目的。

作为一种战略性资源，稀土资源并非中国一家独有。我国的稀土资源也仅仅占世界储量的30%左右，另外70%的稀土资源分布在美国、俄罗斯、印度、澳大利亚、蒙古等其他国家。国际市场对中国稀土资源的强烈需求，在很大程度上只是由于我们的价格低廉，使其他国家因成本高企、无法与中国的稀土产品抗衡而封矿不采。既然我国已多次明确表示，对稀土的开采、生产和出口环节采取必要的限制措施是为了保护环境、实现可持续发展，那么，我们就应理直气壮地让稀土生产价格包含并体现出环境成本。因此，建议有关部门通过提高稀土资源税税率，以经济手段为主来调控稀土价格，维护国家利益，促进稀土产业可持续发展。

为此，提出如下建议：

一、提高稀土资源税税率，完善稀土价格形成机制，让稀土生产价格体现出环境成本。

稀土是关系到国计民生的战略物资，建议借鉴新疆维吾尔自治区资源税改革的相关经验，提高稀土资源税税率，以从生产企业的源头上提升稀土的市场价格，使之体现出资源的稀缺性与开采的环境成本，并通过价格的上升改变供求关系，有效减少走私与其他国家购买囤积稀土现象。同时，价格和供求的变化还将促使大型企业主动整合资源，限制产量，转向产品深加工领域。为了达成上述目标，建议有关主管部门对稀土生产企业造成环境污染的治理成本和资源稀缺性因素进行普查和测算，根据各地稀土资源的赋存条件、开采难度、生产用途、环境治理成本等现实情况，合理制定稀土资源税的税率和征收办法。

二、将稀土资源税收入用于资源储备、产品深加工与环境治理，促进稀土产业实现科学发展。

提高稀土资源税税率的目的是保护稀土资源和所在地环境，建议将税收所得以财政专项资金的形式用于以下几个方面：（1）通过财政补贴、贴息贷款等方式，支持企业储备稀土资源和粗加工产品，建设国家战略资源储备基地；（2）通过相关技术研发等方式，提升企业对资源的综合开发利用水平，以深加工带动相关产业升级，将单纯的资源优势转化为整体的产业优势；（3）通过项目支持、专项治理等方式，帮助地方政府与企业加大污染治理力度，减少因稀土开采所产生的环境问题。

关于完善人事争议立法，规范争议处理机制的提案

中国民主促进会中央委员会

人事争议是指国家机关、事业单位、社会团体、军队文职人员聘用单位和与其形成人事关系或聘用关系的职工之间发生的争议。当前，我国的事业单位人事制度改革已经步入攻坚期，这轮改革涉及上百万家事业单位和三千多万职工的切身利益，随着改革的深入，人事利益关系调整力度逐步加大，人事争议案件将不可避免地不断增加。因此，尽快完善人事争议立法及处理机制，显得十分重要而紧迫。

一、我国现行人事争议处理制度存在的主要问题

总体来看，我国现有有关人事争议处理的法律法规的层级较低且不统一，现行争议处理制度法制化、规范化程度不高，实际作用不明显。

（一）有关人事争议的立法尚不完善。在实体法律方面，只有散见于各部委和各级地方政府部门的一些规范性文件，这些文件层级较低，既不统一且难以查找。在程序法律方面，仅有《最高人民法院关于

人民法院审理事业单位人事争议案件若干问题的规定》、《最高人民法院关于事业单位人事争议案件适用法律等问题的答复》两个司法解释，以及原人事部《人事争议处理规定》、人力资源和社会保障部《劳动人事争议仲裁办案规则》等极少几件部门规章。

（二）人事争议仲裁及诉讼的受案范围太窄。按照规定，人事争议仲裁受案范围只限于聘用单位与受聘人员之间，因除名、辞退、辞职、离职等解除人事关系以及履行聘用合同发生的争议，而“履行聘用合同”具体包括哪些内容并没有作明确规定。在实践中，大量常见的人事争议包括因订立聘用合同、单位考核、职务任免、职称评审、岗位变动、档案转移等引发的纠纷均被排除在外。而按最高人民法院的司法解释，人民法院受理的人事争议案件范围更加狭窄，仅限于事业单位与其工作人员之间因辞职、辞退、履行聘用合同所发生的争议。大量人事争议被排除在司法救济途径之外。

（三）人事争议仲裁与司法审判衔接不畅通。法院受理人事争议案件范围如前所述较为狭窄，当事人不服仲裁裁决向人民法院起诉的，法院不予受理，使得“法院拒绝裁判”成为人事争议案件的常态。此外，在人事仲裁委员会不予受理或逾期不作出裁决的情况下，是否可以向人民法院起诉？法院可否撤销错误的仲裁裁决？这些问题都涉及仲裁与审判的衔接问题。

（四）人事争议调解书无法申请强制执行。根据最高人民法院的有关规定，仅人事争议仲裁的裁决具有强制执行力，而对于仲裁过程中达成的人事争议调解书，则不能申请法院强制执行，这样将导致部分人事纠纷“调而未决”，客观上会降低当事人和解的意愿。

（五）人事争议处理机制作用发挥不够。一方面，现行争议处理机制“吃不饱”。由于宣传力度不够，相比法院诉讼和劳动争议仲裁，许多人并不知道人事争议处理机制的存在，一旦发生人事纠纷，往往选择向上级单位领导反映，或者向有关部门进行信访、甚至越级上访。另一方面，现行处理机制“办不好”。由于人事争议仲裁员队伍建设滞后，仲裁员法律专业素质不高，客观上影响了人事仲裁制度的权威性和吸引力。

二、完善人事争议立法及处理机制的建议

从依法治国方略来看，人事争议处理应纳入法制化、规范化轨道。鉴于人事制度改革的深入发展，应加快关于处理人事争议的立法进程，扩大人事争议仲裁的受案范围，拓宽司法救济管道，在人事管理中落实“以人为本”和“依法管人”。

（一）应尽快制定《人事管理条例》、《人事争议处理条例》等行政法规，完善人事争议处理制度。在法规出台之前，可以先由最高审判机关出台系统的司法解释，满足人事管理的法律需要。应重点解决一下四个问题：

1. 进一步扩大人事争议仲裁以及人事争议诉讼的受案范围，将包括订立聘用合同、单位考核、职务任免、岗位变动、档案转移等涉及职工切身利益的事项均纳入其中。

2. 规范人事争议仲裁及诉讼的处理机制，建立法院审理人事争议案件的时效、举证责任分配等一系列制度。

3. 完善人事争议仲裁与司法审判的衔接制度，规定在人事争议仲裁委员会不予受理、逾期未作出裁决等情况下，法院可以直接受理当事人起诉，以拓宽司法救济管道。

4. 赋予人事争议仲裁调解书强制执行力，促使更多的人事争议通过调解的方式得到快速圆满的解决。

（二）加大有关人事争议法律法规的宣传力度。多渠道地宣传人事争议仲裁工作的重要意义以及取得的工作成效，在开展人事制度改革试点的单位举办有关法律讲座，宣讲人事政策及法律法规，促进人事争议通过仲裁机制得到及时处理，避免人事争议上访尤其是群访事件的发生。

（三）加强人事争议仲裁员队伍建设。制定切实可行的培训计划，切实提高仲裁员队伍专业水平及办案能力；提高新任仲裁员的准入门槛，将通过司法职业资格考试作为聘用的必要条件；参照劳动仲裁的模式，从政府有关部门、工会组织、社会团体、专家学者、律师中选聘一批掌握法律知识、熟悉人事政策、具有较强分析判断能力的人员，进入人事仲裁委员会。

关于加大中西部地区“宫颈癌、乳腺癌”普查力度的提案

中国民主促进会中央委员会

宫颈癌和乳腺癌（简称两癌）是严重威胁妇女健康的两大肿瘤。对宫颈癌和乳腺癌开展早期诊断和治疗，能大大降低其死亡率。

我国中西部经济欠发达地区宫颈癌患病率高于东部地区，且农村高于城市。由于受经济条件、传统观念和生活习惯等因素的制约，农村妇女的健康意识十分薄弱。

由于经济发展相对落后、医疗服务能力明显不足，致使大部分中西部贫困女性没有条件进行妇科检查，宫颈癌、乳腺癌和生殖道感染等妇科疾病的早查早治得不到保障。宫颈癌患者就诊时多处于中晚期。如甘肃某县，宫颈癌死亡率高达36/10万，超过全国子宫颈癌死亡率的10倍。

为提高农村妇女“两癌”的早诊早治率，降低死亡率，提高广大农村妇女健康水平，国家有关部门实施了“农村妇女‘两癌’检查项目”，该项目从2009年至2011年在全国221个县（区）将为1000万35－59岁农村妇女免费开展“两癌”检查。这是使广大妇女得实惠、受长惠的惠民举措，受到广泛欢迎。目前，在各级政府的重视和广大医务人员的努力下，项目取得了良好的成效和社会反响。但是，在中西部地区，项目覆盖面较小，221个县（区）中中部78个县（区）、西部113个县（区），远远不能满足中西部地区妇女“两癌”防治的需求，与中西部地区宫颈癌高发的现实情况差距甚大；并且中西部项目地区普遍存在基层服务能力不足、缺少工作经费等问题，影响了农村妇女“两癌”检查项目的深入开展。

为加快推进中西部地区的“两癌”普查，提出如下建议：

1. 继续实施好“农村妇女‘两癌’检查项目”。建议认真总结“农村妇女‘两癌’检查项目(2009—2011)”开展过程中的经验，并进一步扩展中西部的项目县，扩大受惠面，让中西部更多的农村妇女享受到国家这一惠民政策。中央财政应加大对“两癌”普查的投入力度，在医疗资金、设备的投入、专业人员培训等方面向中西部倾斜。

2. 加强中西部地区妇幼卫生服务能力建设。把妇女主要疾病的防治工作重点放在农村和城市基层，依托城乡基层卫生服务网络，推进以预防为主的群防群治工作。国家要投入专项资金，为基层妇幼保健机构配备必要的检查设备和加强基层人员培训，以强化其服务能力，增加相应的工作经费，使中西部地区农村妇女“两癌”检查项目得到可持续发展。

3. 建立妇女健康保障制度。城乡医疗保障制度应逐步覆盖妇女病的筛查项目，并对妇女重大疾病的诊治费用给予适当补偿。要加快城乡医疗救助制度建设，对困难群体的妇女病诊治提供救助补偿。

4. 加强妇女健康宣传教育。在中西部地区，很多妇女疾病防治的健康意识较差，非常需要普及妇女健康教育。建议各级政府在医疗卫生经费中划出专款用于妇女健康教育。使妇女了解女性主要疾病的防治知识，养成健康、文明的生活方式和行为习惯，增强妇女自我保健的意识和能力。

关于加强妇幼保健机构能力建设的提案

中国民主促进会中央委员会

妇幼健康是促进人类健康的重要环节，是衡量一个国家或地区社会发展水平的重要指标。经过建国

60 多年来的建设和发展，我国已形成了以各级妇幼保健机构为主体，其他医疗保健机构和教学科研机构为技术支撑，基层医疗卫生机构为基础的妇幼卫生服务体系。妇幼保健机构作为协助政府部门履行社会责任、发展妇幼卫生事业的重要载体，将预防保健与临床医疗服务有机结合，主要承担妇女儿童公共卫生和基本医疗服务，为提高我国妇幼健康水平发挥了不可替代的作用。

但是，我国当前妇幼保健机构的发展现状不容乐观。妇幼保健机构的发展现状远远落后于其他医疗卫生机构，特别是县级妇幼保健机构基础建设薄弱、服务能力较低，发展现状与群众对妇幼保健事业发展的需求形成极大反差。主要存在以下几方面问题：

1. 基础建设不足。2008 年度妇幼保健机构资源与运营情况调查分析报告显示，基层妇幼保健机构存在业务用房不足及基本设备配置不全问题。纳入抽样调查的 2745 所妇幼保健机构中，有 175 所没有购建房屋，均为租用业务用房，一些单位还是危房，这种情况在西部地区尤为严重。贵州省为例，遵义市妇幼保健所至今无办公用房，黔南州妇幼保健所贷款建房因无力偿还贷款面临拍卖。县级妇幼保健机构业务用房平均面积为全国平均水平的 67.5%，业务用房达到规定标准的机构比例极低。

此外，在基本设备配置方面，全国县级妇幼保健机构设备达标率仅为 2.72%。医疗设备缺乏且相对落后，大部分医疗设备来自各种项目配套支持，大部分设备陈旧老化，更新缓慢，导致相关保健业务无法开展。

2. 工作经费不足。2009 年，全国妇幼保健机构的人员费用支出为 108.7 亿元，但财政补助和上级补助合计 68.9 亿元，仅占人员费用的 63.4%，其余部分及所开展的公共卫生服务工作经费仍需自筹。以贵州省为例，妇幼保健机构整体收入中财政补助仅占收入的 27.68%，在市（州、地）级仅占 8.69%，33.33% 的县级机构亏损，负债机构占 67.03%。

3. 服务能力不足。目前各级妇幼保健机构人才匮乏，整体素质偏，人员配备不足。如贵州毕节地区现有在编妇幼保健人员为 299 人，仅达到按省卫生资源配置标准该地区需配置总数的 34%。

各级妇幼保健机构现有服务能力已不能满足工作的需要，与所承担的日益增多的妇女儿童保健任务极不匹配。2009 年我国孕产妇死亡评审结果显示，可避免死亡的孕产妇比例占到了 77.4%。在可避免死亡病例的影响因素中，医疗保健机构的知识技能、资源及管理等方面所占比例最大，高达 74.9%。

为加强妇幼保健机构能力建设，提高我国妇幼健康水平，建议明确妇幼保健机构的定位和工作职责，紧紧围绕保健这个中心，理顺管理体制，合理科学规划，加强行业管理。具体建议如下：

1. 提高政府对妇幼卫生工作的重视程度。明确人事、财政、卫生等相关部门在妇幼保健体系建设中的职责，落实相应任务，确保相关政策的落实。将城、乡妇幼卫生体系建设及各项妇幼保健目标作为地方领导干部政绩考核的重要内容，将妇幼保健服务能力建设列入政府工作目标，建立经常性考核评价机制，以保证各项措施落到实处。

2. 加大各级财政投入，建立稳定、制度化的妇幼卫生经费投入机制。建议有关部门尽快制定各级妇幼保健机构发展规划及建设标准。根据保健服务项目的内容及要求，建设基本业务用房，合理设置功能分区，配置基本医疗保健设备。中央投入要重点支持中西部地区县级妇幼保健机构和 234 个地市级妇幼保健机构业务用房建设。中央财政重点支持中西部地区县、市妇幼保健机构基本设备和急救转运设备，力争在 3 年时间内使全国妇幼保健机构设备基本达标。

3. 落实人员编制，加强妇幼保健人才队伍建设。根据 1986 年卫生部、劳动人事部共同公布的《各级妇幼保健机构编制标准（试行）》（86 卫妇字第 2 号），落实各级妇幼保健机构人员编制。加强妇幼卫生队伍建设与学科建设。开展基层妇幼卫生人员知识技能培训，鼓励学术交流，加强继续教育，采取多种方式进行岗位培训，加强妇幼保健人才队伍建设。

4. 加强宣传与健康教育。制定具体的健康教育计划，以社区为基础、家庭为中心，通过大众媒体采取多种形式进行妇幼卫生宣传教育，借以扩大妇幼保健知识和政策宣传教育覆盖面。同时要鼓励各级医疗卫生机构、医学院校、在校大学生、非政府组织参与农村地区妇幼保健知识的健康教育宣传，不断提高人民大众及重点人群的妇幼保健意识。

关于发展生产性服务业，促进中小企业产业升级的提案

中国民主促进会中央委员会

促进我国生产性服务业科学发展，是我国积极应对国际服务业转型升级，加快走新型工业化道路、推进经济结构调整和经济增长方式转变，全面提升城市、区域竞争力和经济社会运行效率，努力构建资源节约型和环境友好型社会的必然要求。

我国生产性服务业近年来在保持较快增长速度和较好发展势态的同时也存在一些问题：一是总体供给不足，服务质量和产业层次有待提高：基础性服务供给不足，高端服务领域严重滞后，尤其以研发设计服务、商务服务等领域为甚。二是比重偏低。现代服务业增加值与制造业增加值的比率仅为26.2%，与美国、日本和德国相比，分别低23%、22%和11.7%。三是区域发展不平衡，呈明显区域性。东中西部第三产业增加值占全国第三产业增加值的比重分别为62%、26%和19%。中西部欠发达地区服务业与制造业发展的关联度比较低。四是面向中小企业的生产性服务业供给严重短缺，特别是面向中小企业的公共科技创新平台和融资平台功能发挥不够，与中小企业和产业集群的需求仍有很大差距。

就业是民生之本，只有实现充分就业，才能保证社会稳定。中小企业是吸纳就业的主体，促进中小企业持续健康发展，是保民生、保发展的题中应有之义。在一定意义上说，中小企业的科学发展，关系我国经济发展质量；中小企业的持续健康发展，关系国民经济的长期平稳较快发展和社会的和谐稳定。

我国中小企业现阶段发展特点，决定了加快发展面向中小企业的生产性服务业的必要性。一是微小型企业占主体。我国50人以下的企业占法人企业总数的83%。企业规模小，既有机制灵活、决策快的优势，也存在获取信息、技术、人才、资金等要素难的劣势。二是以传统产业为主业的中小企业居多。随着要素成本上升，这些企业不创新难以生存，要创新缺乏能力。三是中小企业主要分布在县域，可寻求的外部服务资源不足。中小企业的这些特点，决定了促进其科学健康发展，仅靠政府部门的力量难以奏效，必须转变工作方式，通过构建社会服务网络，发展面向中小企业的生产性服务业，解决制约中小企业科学发展的实际问题。

我们认为，在以科学发展为主题，以加快转变经济发展方式为主线的发展模式下，要把促进中小企业的结构调整、升级作为发展生产性服务业的主要方向和重要内容。为此建议：

1. 加强体制和政策支持力度，增强生产性服务业的发展活力。一是要理顺政府各部门的管理职能，重点解决交叉管理、多头管理造成的混乱和缺位，把生产性服务业发展列入对地方政府政绩考核的指标体系中。二是要按一定比例，从财政收入中提取生产性服务业发展引导资金，重点支持科学研究、技术服务业等关键领域、薄弱环节的发展。三是鼓励和引导外资、民营资本投资生产性服务领域，实现投资主体多元化。

2. 创新金融服务模式，畅通中小企业融资管道。要采取更加积极的措施，不断加大投融资服务，创新融资服务产品，促进银、保、企合作。支持担保机构为小、微型企业提供担保服务。帮助中小企业完善信用管理，提高融资能力。

3. 建设科技信息服务平台，推动中小企业技术进步和结构调整。可参考香港中小企业促进局的模式加快建设中小企业集聚区的科技信息服务平台，为中小企业提供设计、研发、质量检验检测等服务；帮助企业应用节能减排新技术，淘汰落后产能。组织开展知识产权培训，提供专利检索、专利申报与管理等服

务。

4. 培育人才、加强指导，服务于中小企业管理水平提升。继续实施好“国家中小企业银河培训工程”，加大对各类中小企业人员的分层、分类培训，不断创新培训方式，扩大培训范围和针对性；推动开展管理咨询服务，引导中小企业借助专业服务机构的管理诊断，运用先进管理方法，提高经营管理水平；推广先进的质量管理方法，指导企业提高产品质量，加快品牌建设等。

5. 加强信息平台建设，促进中小企业市场开拓。加强市场信息服务，帮助企业及时了解国内外市场需求、消费变化，及时改进和开发适销对路产品；开展中小企业信息化推进服务，指导和帮助企业选择适合的信息化解决方案，提高企业的研发、管理和市场开拓水平。

关于完善我国现行的空气质量标准和评价体系（API 指数）的提案

中国民主促进会中央委员会

进入新世纪以来，随着我国机动车数量的快速增加，机动车排放对大气环境的污染日益加重，汽车尾气排放成为我国大中城市空气污染的重要来源。大量研究表明当前我国的大气污染结构已由过去的煤烟型污染转变为煤烟型和汽车尾气复合型污染，具体表现为二氧化硫（SO_2）、二氧化氮（NO_2）、挥发性有机物（VOC）、可吸入颗粒物（pm10）和细粒子（pm2.5）等多种污染物都以高浓度同时存在的污染状况。各种大气污染物之间相互耦合，会发生复杂的化学反应，形成如臭氧（O_3）和硫酸盐、硝酸盐等新的二次污染物，这些污染物的生命周期较长、输送距离较远，导致区域性光化学烟雾和大气灰霾天气频繁发生，成为当前我国许多城市面临的重要环境问题。

大量研究表明灰霾天气的根本原因是由细粒子 pm2.5 污染造成的。灰霾天气主要表现为大气能见度下降，这是由于大气中的颗粒物对光的散射和吸收减弱了光信号，并使天空背景与目标物体的对比度降低所致。细粒子（pm2.5）尤其是直径为 0.1～1 微米间的细小颗粒物能够起到显著的消光作用，这大幅降低了有效视距。

自 2000 年起，全国 46 个城市按照国务院环境保护委员会要求发布空气质量日报。城市空气质量等级通过可吸入颗粒物（pm10）、二氧化硫（SO_2）和二氧化氮（NO_2）三项指标计算得到的空气污染指数（简称 API）来确定。由于计算 API 指数采用的大气颗粒物指标是 pm10，并未将 pm2.5 纳入 API 指数中（pm10 主要反映的是大气颗粒物的质量浓度，pm2.5 更能反映大气颗粒物的消光效应），这就难免出现“灰霾常常有，空气照样优”的现象。2010 年 6 月中国气象局发布了《霾的观测和预报等级》（QXT113－2010）行业标准，该标准将 pm2.5 作为了我国气象部门霾天气观测和判断的参考指标，但除了珠三角等一些发达地区外，在城市地区开展大气颗粒物常规监测的气象部门很少。

由于我国的大气污染状况已由过去的煤烟型污染转变为煤烟、汽车尾气等复合污染，在主要控制煤烟型污染的背景下建立的环境空气质量标准及评价（API 指数）体系已很难真实反映出当前我国的大气环境质量状况及其对人体健康和生态等方面的影响；而我国现行的《环境空气质量标准》自 2000 年以来也有近 10 年未作修改。建议国家有关部门借鉴国际上空气质量监测评价的一些通行做法，对我国现行的空气质量标准和评价（API 指数）体系进行修改完善。为此，提出如下建议：

（1）尽快制定 pm2.5 的空气质量标准，开展 pm2.5 常规监测。pm2.5 除了对大气能见度产生影响外，还可以深入至人体的支气管和肺泡，一些更小的颗粒甚至可通过肺泡进入血液，引起心血管疾病，高浓度的 pm2.5 还会提高血液的黏稠度，诱发血栓的形成，pm2.5 对人体健康具有严重危害。目前我国环保部门尚未开展 pm2.5 的常规监测，仅少数城市进行了研究性观测，建议我国能够尽快研究制定适合我国大气环境现状的 pm2.5 空气质量标准，适时开展 pm2.5 的常规监测。

（2）将 pm2.5 纳入空气质量评价（API 指数）体系。在制定 pm2.5 空气质量标准及对其进行常规监测的基础上，把 pm2.5 纳入到 API 指数计算体系中，以便更好的向社会公众反映我国当前的空气质量和灰霾天气。

（3）将地面 O_3 纳入环境空气质量评价（API 指数）体系。地面 O_3 是光化学烟雾的重要表征物，其对人体健康和儿童成长具有重要危害，对植物和生态系统也有不利影响。美国等一些发达国家很早就将 O_3 纳入了空气质量指数（AQI）计算体系，我国现行的《环境空气质量标准》中已经包含地面 O_3，也已经纳入我国环保部门的常规监测项目，但并未被纳入环境空气质量评价（API 指数）体系中。在我国机动车排放污染日益严重，光化学烟雾频繁发生的情况下，建议能够将地面 O_3 纳入到 API 指数计算体系中。

（4）在控制煤烟型污染的同时加强机动车尾气的管理。针对我国当前由燃煤排放和机动车尾气形成的复合型大气污染结构，我国大气环境管理的重点应由二氧化氮、二氧化硫和粗颗粒物转变为二氧化氮、二氧化硫、粗颗粒物、细颗粒物以及臭氧的同时控制，在控制煤烟型污染的同时加强机动车尾气的管理，建议适时的调整提高我国现行《环境空气质量标准》中 NO_2 和 O_3 的标准限值。

关于尽快修订《中华人民共和国土地管理法》的提案

中国民主促进会中央委员会

《中华人民共和国土地管理法》（以下简称《土地管理法》）于1986年制定出台，并在1988年、1998年和2004年先后做了三次修改。现行《土地管理法》确立了以耕地保护为核心、以用途管制为手段的土地管理制度，为促进我国经济社会可持续发展发挥了重要作用。

随着我国改革开放的深化，经济社会的快速发展，特别是工业化和城镇化的不断推进，人地矛盾十分突出，耕地保护的压力很大。现行《土地管理法》中有些规定已不完全适应新的形势发展要求，有些方面需要在法律上补充完善，主要表现在：一是土地利用总体规划的管理力度不够，违反规划计划用地的案件屡禁不止；二是各地对耕地保护的认识不到位，不能正确处理经济发展与耕地保护的关系，耕地保护责任不落实；三是征地补偿标准低，征地程序没有得到严格履行，不利于保护群众合法权益；四是现行法律关于监督检查和法律责任的规定较为原则，对违法行为处罚缺乏有效手段，土地执法存在制止难、处理难的问题。

当前，我国土地管理又面临新的形势。一是中共十七届三中全会对我国土地管理提出了新的要求，包括实行最严格的耕地保护和最严格的节约用地制度，划定永久基本农田、建立基本农田保护补偿机制，缩小征地范围、完善征地补偿制度，规范农村集体建设用地流转等，亟需落实到土地管理法律中去；二是《物权法》出台后，在土地权利、土地利用等制度方面有一系列新规定，需要做好与《物权法》的衔接；三是近年来，土地管理领域进行了大量的改革研究和实践探索，在严格保护耕地、参与宏观调控、节约集约用地、强化土地执法等方面取得了很多成果，已经通过国务院文件或部门文件形成了国家政策和重大决定，建立了国家土地督察制度等重大制度，需要将这些被实践证明可行的政策和制度及时上升为法律规定。

我们认为，有必要在全面总结现行法实施以来的经验基础上，针对当前土地管理面临的形势，加快对现行《土地管理法》的修订进程，以更好地落实合理利用土地和切实保护耕地的基本国策。

对于《土地管理法》的修订内容，我们有如下建议：

1. 总结现行法实施十年来土地管理改革实践的成果，落实中共十七届三中全会精神和《物权法》的规定，调整、完善有关内容。一是要将十七届三中全会提出的“实行最严格的耕地保护制度和最严格的节约用地制度”写入总则。二是与《物权法》衔接，完善土地权利和农用地使用权的相关规定。三是增加土地整理、土地复垦和土地开发整合等方面内容，并以专章表述。四是将已实行的土地督察制度写入该法，并明确土地督察的机构、职责和督察措施等。五是要完善土地节约集约利用制度和土地市场制度的相关规定。

2. 健全完善耕地保护制度。一是落实耕地保护共同责任，明确保证土地利用总体规划确定的本行政区域内的耕地保有量和基本农田保护面积不减少是各级地方人民政府的基本责任，建立耕地和基本农田保护政府任期考核和政府负责人离任审计制度。二是对基本农田实行永久保护，地方各级人民政府应当确保本行政区域内的基本农田总量不减少、用途不改变、质量有提高。三是建立基本农田保护补偿制度，设立基本农田保护基金，根据各地区基本农田保护数量、质量以及耕作状况给予补偿。

3. 调整完善土地征收制度。一是要缩小征地范围。要明确在土地利用总体规划确定的城市建设用地范围外进行公益性项目建设，依法对集体所有土地实施征收。二是完善征收土地程序，将告知、听取意见和听证等有关规定写入法律，保障农民的知情权和参与权。三是要建立被征收土地农民的社会保障制度，保障标准参照当地城镇社会保障标准制定。

4. 建立集体建设用地流转制度。一是明确集体建设用地流转的范围。规定符合土地利用总体规划，依法取得的集体建设用地，可以以出让、租赁、作价出资入股等方式，用于非公益性项目。二是明确集体建设用地出让、租赁的方式。集体建设用地可以采取招标、拍卖等竞争方式或者双方协议的方式进行出让、租赁。三是明确集体建设用地使用权流转收益的分配。集体建设用地使用权出让、租赁的收益，归拥有该土地所有权的农民集体所有。

关于尽快制定《农村水利条例》的提案

中国民主促进会中央委员会

我国水资源紧缺，降雨时空分布不均，人多地少。作为农村重要的基础设施，农村水利在夯实农业农村基础、保障国家粮食安全、改善农民生产生活条件、统筹城乡经济社会发展中具有极其重要的地位和作用。中共中央、国务院高度重视农村水利事业发展，胡锦涛总书记、温家宝总理多次对相关工作做出重要批示。中共十七大、十七届三中全会以及连续7年的中央一号文件、政府工作报告中都要求大力推进农田水利建设，加快解决农村饮水安全问题，今年的1号文件更是以水利为主题，将农村水利放在更加突出的位置。近年来，随着农村水利的投入不断加大，建设任务非常繁重，而管理基础又十分薄弱，特别是长期以来没有一部专门的农村水利方面的法规，使得许多制度和政策层面的问题得不到有效规范和解决。农村水利立法缺位的问题，已经严重制约农村水利长效机制的形成，影响农村水利事业的健康发展。突出表现在：一是工程支撑保障能力不足。大中型灌区骨干工程面貌得到逐步改善，但小型灌区和小型农田水利工程的状况普遍较差，小型水库、山塘的淤积和病险情况严重；工程不配套、建设标准低、老化失修严重。二是农村水利建设和管理体制机制改革滞后，造成农村水利投入责任难以落实、农民对农村水利建设与管理缺乏积极性、政府组织农民参与农村水利难度大等诸多问题。

为解决以上几方面问题，改善农民生产生活条件、保障农村饮用水安全、持续提高农业综合生产能力、促进农村经济社会发展，迫切需要制定《农村水利条例》，依法加强农村水利建设与管理。

在《农村水利条例》的制定中应明确以下几个方面的问题：

1. 明确农村水利的性质，规定各级政府在农村水利工作中的责任，以及中央政府与地方政府、政府各部门之间的事权划分。

2. 建立健全县级农村水利规划统筹制度，明确政府在规划编制中的主体责任和主导地位。

3. 明确各级政府对农村水利建设的投入责任，稳定和增加农村水利建设投入规模，调动多个主体的投入积极性和主动性。

4. 根据工程投资主体、工程规模和受益范围，明晰工程产权。

5. 根据工程类别和规模，合理确定政府、农民的责任，建立维持工程良性运行的经费保障制度。

6. 根据国家相关政策，进一步完善农村水利工程设施和水源占用补偿制度，切实保护农村水利工程设施不被随意占用，保护农民用水权益。

7. 明确农业水量分配制度，建立农村用水水价形成机制。

关于尽快启动实施全国重点地区防沙治沙工程的提案

中国民主促进会中央委员会

中共十七大提出到2020年把我国建设成为生态环境良好的国家的奋斗目标。中共十七届五中全会通过的《中共中央关于制定国民经济和社会发展第十二个五年规划的建议》进一步明确指出：坚持保护优先和自然恢复为主，从源头上扭转生态环境恶化趋势。实施重大生态修复工程，推进荒漠化、石漠化综合治理。胡锦涛总书记指出："要大力加强防沙治沙工作，依靠广大群众，运用先进技术，努力实现从'沙逼人退'到'人逼沙退'的转变"。这对我国的生态建设和防沙治沙工作提出了新的更高的要求。

据刚刚发布的第四次全国荒漠化沙化监测结果，全国沙化土地面积173.11万平方公里，占国土面积的18.03%。尽管经过多年坚持不懈地治理，沙化土地面积有所减少，但沙化土地总量仍然很大，大部分沙化土地尚未得到有效治理，治理难度越来越大，治理成本也越来越高。目前全国还有31.34万平方公里具有明显沙化趋势的土地，保护利用不好，极易变成新的沙化土地。沙区特别是西部重点地区多属于干旱半干旱地区，自然条件差，生态状况仍处于恢复的初始阶段，稳定性较差，如不加大保护治理力度，已经完成初步治理的建设成果也有可能前功尽弃。

新疆、西藏、青海、甘肃、陕西、宁夏、四川等西部省区和内蒙古、河北北部地区以及东北西部地区是我国土地沙化的重点地区，这些地区沙化土地面积大、危害重，加快治理已经刻不容缓，其意义十分重大：

一是保障和改善民生的迫切需要。西藏、青海、新疆三省区直接遭受风沙危害的农田120万公顷，草场2300万公顷，三省区有2700万人口和1500万少数民族人口直接遭受风沙危害。据中科院监测，沙化危害对西藏农牧业每年造成的直接经济损失高达8.2亿元，造成农牧民年人均减收近400元。巴丹吉林沙漠每年以8－10米的速度侵蚀民勤绿洲，四川西北部因沙化扩展导致天然草场生产力下降近50%，内蒙古阿拉善地区每年沙尘天气日数都占全年的1/3以上，给人民群众的生产生活造成严重影响。

二是保障交通安全和江河安澜的迫切需要。据有关部门提供的资料，全国受沙害影响的铁路有19条，公路总长11100公里，主要集中在西部地区，仅内蒙古严重阻沙路段就达2892公里，每年直接经济损失4275万元，被誉为"天路"的青藏铁路，也有200多公里正遭受着风蚀、沙积、沙埋的威胁，给铁路安全运营埋下隐患。西藏拉萨贡嘎机场受沙尘天气影响每年关闭20余天。黄河上游的龙羊峡水库，因泥沙淤积导致库容缩小，使用年限缩短50年。乌兰布和沙漠在西北气流的影响下，向东扩展直接威胁黄河，影响京津，仅磴口段每年向黄河输沙近亿吨，对下游水利工程的泄洪能力造成重大影响。

三是保障区域经济社会可持续发展的迫切需要。据不完全统计，西藏、青海、新疆三省区每年沙化造成的直接经济损失高达50多亿元，相当于地方财政收入的27%，农民人均纯收入均低于全国平均水平。沙化危害最严重的新疆和田地区，农民人均纯收入仅为2667元，仅为全国平均水平的一半。内蒙古阿拉善地区因沙化危害导致近4万人处于贫困线以下。四川若尔盖县，2005年由于沙化危害造成的经济损失达871万元，是当年全县财政收入的1.71倍。

四是保障民族团结和边疆稳定的迫切需要。西藏、新疆、内蒙古等省区，是我国少数民族聚居区和边疆地区，战略区位十分重要。由于风沙肆虐，当地各族群众特别是少数民族群众不仅生活贫困，而且长期生活在生态恶劣的环境中，这种境况如不尽快扭转，对边疆稳定，民族和谐，国家安定将构成严重威胁，后患无穷。

为落实胡锦涛总书记提出的“努力实现从‘沙逼人退’到‘人逼沙退’的转变”，实现中共十七大确定的建设生态环境良好国家的奋斗目标，建议国家从“十二五”开始，设立防沙治沙专项资金，启动实施全国重点地区防沙治沙工程，从根本上改善沙区的生态环境状况。为此，提出如下建议：

1. 将重点地区的防沙治沙作为一项国家重点工程，尽快启动实施。要依据全国防沙治沙规划，在对重点地区进行全面系统调研的基础上，尽快组织编制并批准实施全国重点地区防沙治沙规划。

2. 设立专项资金，加大中央财政对重点地区防沙治沙的投入。在“十二五”期间，增加对重点地区防沙治沙的投入，统筹安排，以期经过2－3个五年规划或更短时间的专项治理，从根本上遏制重点地区沙化扩展趋势，使重点地区的生态环境有一个明显改善。

3. 加强防沙治沙科学研究，提高防治工作的科技含量。针对西部地区的自然、社会、经济等特点，着力开展植物物种选育、植被恢复与重建模式选择、生态系统保护、沙尘暴灾害防御等科学研究，提高防治水平。要结合治理工作实践，建立一批科技示范区、示范点，通过示范来促进先进治理模式和技术的推广应用。

4. 制定优惠政策，鼓励社会资金投入。防沙治沙是一项规模宏大的社会公益事业，要通过制定相关优惠政策，积极鼓励农村集体、企事业单位等主体投入防沙治沙，允许投资者跨所有制、跨行业、跨地区到沙区进行治理，形成多元投资主体参与防沙治沙的新局面。

关于促进西部农村高中发展的提案

中国民主促进会中央委员会

《国家中长期教育改革与发展规划纲要（2010－2020）》中明确提出“普及高中阶段教育”和“推进普通高中多样化发展”的政策目标。

2010年，民进中央和北京师范大学就促进西部地区高中教育发展联合了进行调研。我们认为，未来十年，我国普及高中阶段教育，推动提高高中教育质量、普通高中多样化发展的重点、难点在西部农村地区。现阶段，西部农村高中教育无论在普及程度上，还是在质量上均与全国平均水平有较大差距。主要表现在以下几个方面：

1. 整体水平不高且发展很不协调。

一是西部省区农村高中的办学条件普遍不达标，生均固定资产总值和体育运动场所面积等都低于全国水平。据教育部2008年教育统计数据，全国村镇生均固定资产12281元，生均体育运动场所面积7.8002平方米。以四川省为例，全省农村学校生均固定资产总值8455.9元，生均体育运动场所面积2.83平方米，均低于全国村镇平均水平。

二是西部农村高中普遍班容量较大，远高于全国平均水平。根据教育部相关规定，原则上普通中学每班学生 45－50 人。据调查，四川省高中平均班额为 67.25 人，超过国家标准与全国实际平均水平。

三是西部高中学生毛入学率偏低。根据 2008 年中国教育统计数据，在全国范围内高中的毛入学率为 74%。调查显示，甘肃省和贵州省的毛入学率分别为 46.50% 和 47.9%，四川省则为 64.62%，均低于全国水平。而贵州省的紫云县毛入学率最低仅为 15%。

2. 整体上办学质量不高，特色化、多样化发展严重不足。

一是西部农村高中教育教学仍是“一切为了高考”。学校和学生的主要精力都用于备考，素质教育推进困难重重，学生的全面发展遭到忽视，考试之外的特色化发展受到压抑。“片面追求成绩”、“不注意学生生动活泼全面发展”、“培养的学生不具有适应性”在西部农村高中办学中具有普遍性。

二是应试教育下的课堂仍以传统教学形式为主，信息技术运用较少，教学活动很难创造出特色。由于西部农村高中当前的硬件设施普遍不达标，导致信息技术难以在其课堂上得以使用，因此高中教学依然是依赖传统的讲授法，很少采用计算机教学，同时，教师也很难有机会学习或使用计算机辅助教学。

三是学生的综合素质不高，发展不够全面。素质教育尚未得到全面有效地贯彻和实施，音体美等非高考考试科目受到忽视，无论在知识学习还是在能力发展上，学生都难以全面提高。据有关调查数据，84.6% 的校长认为学生综合素质一般，只有 10.3% 的校长认为学生综合素质好。

3. 教师队伍建设滞后。

一是农村高中教师队伍质量存在结构性问题。在年龄构成方面，以中青年教师为主，总体比例近 70%；在职称结构方面，以中级职称为主，鲜有特级教师，高级教师数量也不多；在学历结构方面，高学历教师比例较小，硕士研究生学历的全国平均值是 2.2%，四川省为 0.56%；本科学历的全国平均水平为 89.3%，甘肃省为 81.82%，低于全国平均水平 7.48%。

二是教师专业素养整体不容乐观。据有关调查，西部地区教师队伍存在的问题中，高中校长反映的前三位问题是：教师业务素质差、专业性不强和结构不合理、教师老龄化；学生们反映的前三位问题是：教师普通话水平标准程度较低、培养能力与创新意识不强、不能够熟练运用多媒体进行教学。此外，教师在职培训缺乏，大部分农村高中教师只是偶尔参加培训。

三是教师专业素质校际差异大，重点校和非重点校的师资存在巨大差异。据有关调查，西部地区重点学校校长评价本校师资队伍为“好”的占了 88.9%，比非重点的 35.7% 高出 1.5 倍。

导致这些问题产生的主要原因有以下几个方面：一是财政性教育投入的短缺和分配不均严重影响西部高中教育的水平与协调发展；二是以应考为中心的传统教育观念和办学模式同质化阻碍了西部高中特色化、多样化发展；三是落后的教育教学体制、制度制约着西部高中办学质量提高；四是教师管理与培训制度的僵化落后影响教师队伍质量的提高。

要按照《国家中长期教育改革与发展规划纲要（2010－2020）》的要求实现西部农村地区高中教育的普及与发展，必须作出特殊的政策安排，推动西部农村地区提高高中教育质量、实现多样化发展。为此，提出如下建议：

1. 增加公共财政投入，促进西部农村高中教育协调发展。

一是要完善政府对西部农村高中教育投入机制。建立与我国现行财政体制相符合的教育经费投入和管理体制，强化中央政府和省（区）政府对西部农村高中的财政责任，提高政府财政性投入比例。

二是依托政策杠杆和分配调节，加大对薄弱地区、薄弱学校的支持力度。中央和省级财政的各类专项经费要重点投入到薄弱地区和薄弱学校，特别要增加对薄弱地区和薄弱学校的远程教育设备的投入，支持这些地区和学校的教师充分利用远程教师教育资源进行专业发展。

三是要在西部率先建立贫困高中生资助制度，鼓励个人和企业捐资助学，扩大高中办学收入的来源管道。

四是完善教师绩效工资制度，切实提高西部农村高中教师待遇，吸引并留住优秀教师。

2. 以推进素质教育为抓手，实现西部高中特色化、多样化发展。

一是要改变应试教育观念和相应的评价方式，尽快发展和完善西部农村高中的“硬环境”与“软环境。”

二是改变僵化的管理学校体制，实现民主化的学校决策模式。

三是推进各学校历史文化传统与现实特点相结合的“校本课程”，开展“校本教研”活动，以促进多样化发展。

3. 进一步推进西部农村高中阶段教育教学改革与学校制度变革，以提升西部农村高中办学质量。

一是加大物力、财力、人力资源的投入，实行“小班教学”，尽快使平均班额降低到 45 - 50 人以下。

二是在西部农村高中开展学校“办学模式多样化”试点试验，促进西部高中在培养目标、培养模式、课程设置、评价方式等方面体现出不同特色。

三是大力推进新课程改革的落实。使高中教师更新观念，准确把握新方案的精神，培养教师队新课程改革的兴趣和感情。

4. 创新教师培训机制，提高西部农村高中教师队伍质量。

一是完善教师职后培训制度，保证公办学校教师岗位培训费用主要由政府财政承担。

二是着力推进非重点高中、职业高中和乡镇高中的教师合作文化建设，并建立相应的合作机制，促进教师专业成长。

关于促进我国高等教育资源配置与结构优化的提案

中国民主促进会中央委员会

进入新世纪以来，我国高等教育有了长足的发展，已经进入大众化阶段。高等教育规模的迅速扩大，使我们用相对较短的时间迅速提升了我国的人力资源开发水平，满足了人民群众接受高等教育的迫切愿望，有力地促进了教育公平。在看到成绩的同时，也应关注我国高等教育中存在的一些问题。

2010 年，民进中央和北京师范大学就高等教育资源配置联合了进行调研。我们认为，目前我国高等教育在资源配置方面存在以下几个方面问题：

一是高等教育资源配置在不同地区高校之间差距过大。我国高等教育资源配置的地区性差距过大，具体表现在东部、中部与西部及沿海与内地之间存在高等教育资源分布不均现象，影响高等教育事业的长期均衡发展。从我国目前高等教育经费的省际差距来看，高等教育财政拨款的“中部塌陷”现象尤为明显，一些中部省份如安徽的高校生均经费明显低于西部省份如甘肃和贵州的高校生均经费，极大地制约了区域高等教育的发展。

二是高等教育资源配置在不同类型高校之间差距过大。一方面表现在中央高校与地方高校在获取财政支持力度上的差异明显。自扩招以来，占我国普通高校 90% 以上的地方普通高校生均预算内经费及其占高校总经费的比例普遍下降。财政支持力度不足导致地方高校的经费收入过度依赖学费，学校的债务负担和家庭的学费负担加重。另一方面表现在“211 工程”、“985 工程”高校与其他高校在获取财政支持力度上的差异明显。在一批重点高校获得强大经费支持的同时，一些规模较小但有一定历史基础和特色的高校没有得到国家应有的财政支持。例如，脱离了原行业行政主管部门管理的部分行业特色大学，逐渐失去政策和经费支持，办学特色和比较优势也渐渐淡化和丧失，其结果是，高等教育体系在人才培养上趋于“同质化”，专业技术领域人才培养匮乏。

三是高等教育资源的配置未能很好地体现公平与效益兼顾，以效益为主的原则。现阶段我国高等教育财政拨款模式还比较粗放，国家对高等学校的经费拨款中比例最大的是对学校经常性费用的拨款（俗称“维持费”），这项拨款主要依据在校生和教职工人数，而忽视高校教育质量的高低和整体办学效益的好坏，既看不出高校的实际成本行为，也反映不出高校之间的差别。因此，有的学校不顾师资和设施条件以及社会的真实需求，盲目设置专业和扩大招生，导致专业重复设置、学校不适当的“升格”，甚至争先恐后地设立新的高等院校。这样做带来的是高等教育投资分散、教学质量低、规模效益差等不良后果，给优化高教结构造成新的困难。

四是高等教育资源使用效益不高。一方面，忽视资源的动态效果，资源分配一旦下去，就落户在一家、“静止”在一家，很少考虑怎样使资源在一定的时空范围内为更多的需求者服务，提高高等教育资源的共享程度。另一方面，现阶段我国还没有确立一套科学的高等教育资源使用效益评估标准。对高校来说，争取到拨款是最主要的，也成了一个根本目的，至于怎么用，用了之后能不能产生效益，基本没有什么有约束力的监督机制，造成资金的浪费。

作为人才培养的高地，高等教育承担着培养高级专门人才、发展科学技术文化、促进现代化建设的重大任务。为促进我国高等教育资源配置与结构优化，提出如下建议：

1. 加大中央政府对中西部地区高校的财政支持。

针对高等教育资源空间配置的地区性差距过大问题，尤其是高等教育财政拨款的“中部塌陷”问题，按照《纲要》精神，中央财政要对中西部地区高等教育发展予以扶持，着重加大中央教育财政对中部部分省份的转移支付，重视从绩效和地区需求来构建高等教育财政拨款激励机制，从而缩小地区间高等教育资源配置不均衡的情况。此外，还要进一步完善普通本科高校和高等职业学校家庭经济困难学生资助政策体系，完善研究生资助政策，设立研究生国家奖学金。在高等教育大众化、市场化背景下，中央财政政策尤其要加大对中西部地区高校中社会经济背景处于弱势地位的学生的倾斜，可以有力地促进高等教育资源配置的公平。

2. 加大中央政府对省属高校及行业特色高校发展的财政支持。

针对中央高校与地方高校在获取财政支持力度上的差距，要加快建立中央财政对地方财政的高等教育转移支付制度，以毕业生流出数量为标准，对毕业生流出地区进行财政补偿，补偿额度应随中央财政收入的增长而逐步提高。世界上发达的高等教育体系大多实行分类管理，不论规模大小、历史短长，高校只要有自己独特的定位，办出特色，为国民经济增长和社会发展做出自己特有的贡献，就能获得政府与公众的认可。借鉴国际经验，中央和地方政府要注重通过重新合理配置资源实现对高校的分类管理，例如，加大对行业特色高校的财政支持力度，鼓励和引导这些高校加快发展自己的传统和特色学科领域，为国家的产业结构调整和经济发展培养具有比较优势的特色专业人才。

3. 推行基于标准驱动和结果导向的绩效制度，提高高等教育资源的使用效率。

一是要提高认识，改变长期以来高等教育机构重资源投入，轻效率的观念。

二是要改变财政对高校的拨款模式。可根据绩效评价的结果建立相配套的拨款机制，使教育资源使用效率高的高校获得更多的财政支持，促进高校之间的竞争，有效提高高校的整体效率水平。

三是深化高校内部管理体制改革，实现资源优化配置。包括加强人事分配制度改革，继续推进高校后勤社会化改革，探索建立高校理事会或董事会，扩大社会参与学校管理等。

4. 实施高等教育质量提升工程，提高人才培养质量。

按照《纲要》规定，2020年高等教育毛入学率要达到40%，大众化的高等教育不能以牺牲品质为代价，为此要实施高等教育质量提升工程。衡量高等教育质量的指标是人才培养质量，要建立以人才培养为中心，以学生发展结果为导向、以可测评为目标的统一的高等教育质量国家标准；同时，还应建立一套客观、全面、系统的高校资源使用效率的评价指标体系，并运用科学的方法定期或不定期对高校资源使用效率进行评估，进而为政府部门改进高校财政拨款模式和高校自身努力提高效率提供现实的依据。

关于推广普及“共享型基层图书馆”的提案

（全国政协民进组）

由政府投资兴建的公共、高校、科研系统图书馆是我国图书馆事业的三大支柱，遍布我国城乡的医院、中小学、工会、企业、社区、乡镇以及机关事业单位的服务于读者身边和社会基层的中小型图书馆，是我国图书馆事业的基层网络。这些基层图书馆数量十分庞大，目前全国拥有数十万所之巨。近年来，伴随学习型社会的建设和知识经济的发展，在各级政府和相关部门的大力支持下，全国基层图书建设得到空前发展：仅新闻出版署、民政部等部门安排建设的“农家书屋”到2010年底已建成近20万家；全总工会于2008年启动的全国“职工书屋”建设，到2013年将建成五万个“职工书屋”……

但是，这些基层图书馆的建设还普遍存在着重数量、不重质量，依然沿袭着传统的“自给自足”的图书馆建馆模式，建馆水平低，且普遍存在着文献资源严重短缺、且在低层次上重复，服务形式单调、且后续发展资金严重不足等诸多问题，仅靠上级部门的扶植和所属单位的资金投入，按照现有模式很难满足基层广大民众对信息文献的迫切需求和全民阅读的需要，实现可持续发展。因此，探索一条有中国特色的基层图书馆可持续发展道路，跨越地域和阶层鸿沟构筑全民信息、知识和文化基础服务平台，成为现阶段我国图书馆事业发展的重大课题。

近年来，济钢集团有限公司图书馆（以下简称济钢图书馆）作为中国图书馆学会发起的“企业图书馆振兴行动”的示范馆，在全国文化信息共享工程国家中心和山东省图书馆、驻济高校图书馆等相关协作单位的支持下，在社会文献信息共享、电子阅览、现代化图书馆建设上，探索出一条充分利用社会文献、信息资源的共享满足企业职工群众多层次、多方面、多样性需求的新路子和新模式。

开展“企业图书馆振兴行动”六年来，济钢图书馆先后与北京国家科技文献信息中心、国家图书馆、北京钢研总院图书馆、北京科技大学图书馆建立长期的专业科技信息协作关系；同时成为山东省图书馆、济南市图书馆的“济钢分馆”；与包括山东大学、济南大学等驻济九大高校图书馆建立了长期的共享关系和业务往来。利用这些共享关系，该图书馆长期拥有上万种公共、高校、科研系统图书馆的社会共享图书在馆内流通，同时共享万方数据、维普科技期刊等电子资源。六年来，济钢图书馆共向主流图书馆支付共享费19.2万元，却可以共享这些主流图书馆数以千万元计的纸制图书、文献和电子数据库。六年间，到馆读者超过90万人次，接近济南市图书馆的四分之一。济钢图书馆的建馆模式的实现，为我国基层图书馆可持续发展提供了一个可资借鉴的发展模式，即共享型基层图书馆的建设。

网络环境下建设共享型基层图书馆，实现我国基层图书馆与主流图书馆的资源共享已经不存在任何技术问题。大力倡导普及共享型基层图书馆的关键不是资金问题，而是政策和理念问题。一是在于政府和各职能部门对实现我国基层图书馆与主流图书馆的资源共享的认识、宣传、引导和相关政策支持；二是在于图书馆业界以促进知识传播和共享为己任，冲破图书馆界长期以来计划经济条块分割遗留的樊篱和传统思维模式的束缚，改革服务形式和内容，利用现有的各种技术手段，拓展服务空间。

共享型基层图书馆的建设与普及，将使我国图书馆建设的“资金流”，源源不断向着主流图书馆汇集，促使公共、高校、科研系统图书馆的发展更高、更强、更大；同时，也将使这些主流图书馆的图书文献和“信息流”，充分覆盖所有的共享型基层图书馆，大大加强了共享型基层图书馆的服务能力和服务内涵，使基层图书馆能够为基层群众提供全方位高质量的信息、文献服务，从而推进和加强我国基层公共文化服务体系的建设与完善。

为推广普及共享型基层图书馆建设，提出如下建议：

1．建立推广共享型基层图书馆领导机构。建议成立由中宣部牵头，科技部、教育部、文化部、卫生部、民政部、国资委、广电总局、全国总工会等主管领导组成的“全国推广普及共享型基层图书馆”工作领导小组，负责制定相关工作实施细则和各项具体工作的落实，办公室可设在中国图书馆学会。

2．适时在济钢图书馆召开“全国推广普及共享型基层图书馆现场会”，正式启动推广和普及工作。

3．建立相关职能部门的考绩制度。将主流图书馆与基层图书馆的共享工作列入主流图书馆业务范围，在各主流图书馆中设立社会共享职能部门，由专人负责，并将共享工作纳入图书馆的业绩考核之中，使主流图书馆文献资源共享工作规范化、常态化和制度化。

4．为基层图书馆实现与主流图书馆共建共享创造必要的条件，在基础设施建设、工作人员培训、共享资金保障上给予必要的支持，使基层图书馆的共享型现代化图书馆建设沿着规范化、科学化的轨道发展。

关于遏制西南地区地下水环境恶化趋势以保障供水安全的提案

（全国政协民进组）

20世纪80年代以来，西南地区干旱发生的频率和强度均有所增加。仅2010年初云南、贵州、四川、重庆、广西等地遭受百年一遇特大旱灾，就造成2212万人饮水困难，1.11亿亩耕地受灾，因灾返贫281万人，经济损失超350亿元。据了解，西南地区绝大部分属于岩溶区，在旱灾发生时，地下水是很多地方主要的甚至是唯一的供水水源，如贵州就有约200万人靠岩溶地下水生存。近年来，随着西南地区经济社会快速发展，地下水环境恶化趋势日益明显，若不尽快采取有效措施加以控制，西南地区将很快失去大旱期间赖以活命的地下水源。造成西南地区地下水环境恶化的原因主要有：

一、城镇建设（扩张）的影响

城市建设（扩张）伴随着各种废弃物的产生及排放。在调查中我们发现，西南地区众多城镇对生活垃圾及污水的处理随心所欲。如，在广西柳州市，鸡喇地下河从城区东南部通过，大量的城市污水通过广西商业学校内的一落水洞直接进入鸡喇地下河，沿途的医院、学校甚至民居等也直接将污水通过落水洞排放，在地下河出口中硫酸盐超标达10倍，硝酸盐超标近8倍，主要有机污染物有卤代烃类的二氯甲烷、氯仿等，检出率达100%、80%；有机氯农药有六氯苯，检出率为80%；多环芳烃有萘和菲，检出率均达60%。调查中我们还发现，部分地区直接利用岩溶洼地、漏洞、竖井堆放生活垃圾，各种有害物质不断侵入地下水系统，有的已经失去饮水水源功能。

二、工矿业活动的影响

西南地区地下水环境恶化与大量的工矿业活动密切相关。如，重庆南川区的湾滩地下河，其流域内分布有数家生产条件简陋的碱厂、纸厂。它们将未经任何处理的制碱、造纸工业废水直接通过沟渠排放到附近花盆村的一个落水洞，造成地下河水严重污染。广西南丹矿区、凤山县金牙乡金矿区和大新县下雷镇锰矿区，因废水废渣的任意排放，造成地表地下水的严重污染。贵州息烽开磷集团磷石膏堆场沿落水洞泄漏，磷石膏中大量的有毒、有害物质直接流入地下河，严重污染地下水和乌江水。贵州水城煤矿区大量的未经任何处理的矿业废水无序排放，造成区域内地表水地下水污染严重，区域的水环境受到严重破坏。

三、农业活动的影响

西南地区土层薄而贫瘠，土地资源分布与岩溶“漏水”形态分布的重合，使得各种污染物质如农药、化肥等十分容易就进入地下污染地下水，导致岩溶地下水中有机氯农药，硝酸盐等升高甚至超标，水质恶化。如重庆青木关地下河流域内为单一农业活动影响区，地下水水质受到农业施肥、排水等活动的影响，水质成为V类水，水源功能丧失。

前述几种地下河污染类型均存在或多或少的复合影响形式。从目前掌握的情况看，西南地区地下水环境污染已经由点向面发展，无机污染与有机污染并存，水资源不断恶化，对西南地区的供水安全构成了严重威胁，治理和保护地下水源已刻不容缓。

因此，我们建议：

一、加强对西南地区地下水的监测和评估工作。建议水利和环保部门对岩溶区域内地下河、泉及有关储水构造开展包括无机物指标、有机物指标、微生物指标在内的全方面的水质监测评价工作，为西南地区地下水源治理和保护提供依据。

二、开展专项执法检查。建议环保部、水利部提请全国人大就西南地区地下水环境问题开展专项执法检查，重点是检查落实《环境保护法》、《水法》、《水土保持法》、《水污染防治法》的相关规定。将“禁止在岩溶洼地中堆放垃圾、禁止向落水洞排污”等规定列入岩溶地区各级人大和环保部门执法检查的常规内容之一，发现问题及时予以制止和纠正。

三、采取有效措施治理修复已被污染的地下河。对已遭污染报废的地下河或其他类型的岩溶水源地，要尽快落实污染和修复治理责任单位及责任人，根据“谁污染谁治理”的原则，限期修复。对于由多个部门单位，或人数很多的群众长期无序活动而造成污染的地下河或其他类型水源地，则由其所在地的相应级别政府组织修复。要尽快拿出修复的工程设计方案，列入本级政府的国民经济和社会发展计划中，按期完成。

四、加强水文地质环境调查和相关基础科学研究工作。组建专家工作组，以地下河流域为单元，根据西南地区的特殊情况，开展详细的水文地质环境调查，查清流域内重要的水文地质点，污染源，污染点，划分不同的水文地质区域，开展脆弱性评价和岩溶含水层主体功能区划，建立各级保护区。设立重大科研专项，开展与地下河保护、治理相关问题的研究。

五、加强科普和干部教育工作。编写有关岩溶水文地质和保护地下河的科普小册子、通俗展板，参加岩溶地区的科技下乡，科普大篷车活动；制作播放保护地下河的节目；将违反法律向落水洞排污的典型实例在新闻媒体上曝光，并作为普法教育材料；邀请当地群众代表参与地下河跟踪试验，现身说法地说明地下河的脆弱性，和向落水洞排污形同“自杀”的严重后果；在各级地方主管环境问题的领导干部的教育工作中，增加保护地下河的内容。

关于加强对玉米等农作物育种的支持力度，维护国家粮食安全的提案

（全国政协民进组）

当前，我国的粮食市场受国际市场的影响越来越大，主要的几种粮食作物中，除小麦、稻谷的国内育种技术较为先进、供需基本平衡外，大豆因为产量不高，需求量有70%依靠进口，加工量的80%由跨国公司完成，我国已丧失了大豆的市场定价权，价格被国际市场直接控制；玉米产量的70%作为饲料工业的主要原料，国内需求量增长较快，国际市场贸易量不能满足国内市场，也难以直接控制国内市场，但因为玉米是杂交作物，农户需要每年购买种子，只要控制了玉米种子市场就间接控制了玉米粮食市场。美国杜邦先锋公司的下属企业已在黄淮海和东北华北各省审定了10多个玉米品种，其“先玉335”已逐渐成

为东北和华北地区的主栽品种，2009年种植面积2000万亩，居玉米品种的第2位。其他跨国种业集团也正迅速进入国内的玉米种子市场。如果不予以高度重视，并进行有效应对，国内玉米市场难免会遭遇和大豆市场同样的困境，危害到我国的粮食安全。

玉米种子市场逐渐被外资所控制的原因，除了跨国种业集团在资金、技术、营销和管理方面的优势之外，还有许多我们自身的因素，主要包括：

1．种子企业科研能力不足。国内种子企业历史较短资金有限，科研投入较少，缺乏科研领军人物，科研手段和实验设备落后，选育的新品种水平偏低，难以与跨国种业集团的品种相抗衡。

2．科研院校重视程度不足。国内科研院校现行的考核和管理方法重论文和理论性研究成果、轻新品种选育等应用性研究成果，导致大批高水平科研人员和实验设备没有在玉米等主要农作物育种领域发挥作用，即使有了高水平的新品种转化率也很低。

3．政府部门投入资金不足。国家和地方政府在玉米等主要农作物育种方面的科研项目和投入太少，对种子企业的科研投入更少。

粮食安全是我国的核心利益，关系到国家安全和社会稳定，必须引起高度重视。考虑到玉米产量占我国粮食总产量近30%等现实因素，在实施《国家粮食安全中长期规划纲要（2008—2020）》的过程中，宜相应加大对玉米等农作物育种的支持力度，以确保国家的粮食安全。为此提出如下建议：

1．推动科研院校与企业进行合作。鼓励种子企业与科研院校共同申请研究项目，鼓励科研院校中的相关人员到种子企业兼职，实现强强联合，开展贴近实际育种需要的研究。研究成果属于研究单位和企业共享，由企业直接推向市场，从市场中产生的效益再反哺科研院校，形成良性循环。

2．加大政府财政支持力度。除了转基因等基础研究领域以外，应重点增加以传统技术为主开展玉米等主要粮食作物新品种种质创新和育种的项目和经费。国家和省级政府部门还可设立种子产业化专项资金，对大型种子企业的技术改造、出口创汇、资产重组、基地建设、研发、引进新技术和新品种等给予资助。

3．完善政策规定，规范和限制外资种子企业的扩张。“洋种子”在国内的大规模扩张原因很多，除了中国种子企业缺乏竞争力之外，相关政策也存在着一些疏漏。目前，印度、巴基斯坦等国仍然对其国内大田作物种子采取严格的市场准入制度，如印度就规定国外公司在合资中的股份不允许超过40%。建议有关部门在调研基础上出台相关政策规定，限制和规范国外种子公司对国内企业的并购，如规定外资的投资上限、不得控股和控制合资公司；进一步严格品种登记制度，加强对外资品种的审核，严格控制转基因品种的销售和推广。

4．完善种子法律法规。随着种子行业的不断发展，《中华人民共和国种子法》、《中华人民共和国植物新品种保护条例》，种子质量国家标准GB4404.1－2008、种子检验国家标准GB/T3543.1～3543.7－1995中的一些内容和条款已经不再适用，应对其进行必要的补充和修改，包括：提高种子法和《农作物种子生产经营许可证管理办法》中规定的种子企业的准入标准，明确规定种子生产方面的规范，改进种子法和《主要农作物品种审定办法》当中的品种审定制度，提高种子质量国家标准GB/4404－2008中的发芽率等种子质量标准，改进种子检验国家标准GB/T3543.4－1995中的规定，提高对种子违法行为的处罚力度等，使之更有利于种子行业的规范和发展。

5．端正转基因等研究的方向。参考国外种子企业的做法，由育种家（农学家）来确定转基因等研究的方向，重点研究常规育种技术不能或很难解决的问题，直接为玉米等主要粮食作物种质创新和新品种选育服务，这样才有助于尽快选育出有突破性的新品种来与跨国种业集团竞争，夺回国内的种子市场。

关于加强网络信息安全管理和技术创新的提案

（全国政协民进组）

在信息化、网络化时代，信息安全作为非传统安全因素，已与国家的政治安全、经济安全、国防安全、文化安全共同成为国家安全的重要组成部分。

飞速发展的互联网在给社会和公众创造效益、带来方便的同时，其系统的漏洞和网络的开放性也给国家的经济建设和人们的社会生活带来了负面影响，病毒侵袭、网络欺诈、信息污染、黑客攻击等问题更是给用户了带来困扰和危害，给国家的信息安全造成了威胁。目前我国信息安全的现状不容乐观，问题主要表现在：

一是网络与信息安全问题日益严重。网络诈骗、黑客攻击及攻击我国政府和政治制度、损害国家荣誉与利益、危及国家安全与社会稳定的违法犯罪活动越来越猖獗。更为严重的是，传统的病毒、垃圾邮件还在出没，危害更大的间谍软件、“网络钓鱼”等又不断出现，网络信息安全形势愈加严峻。

二是有关互联网管理的法律体系尚未健全。多年来，我国一直在为改善网络信息安全管理水平、提高网络信息安全防御能力进行不懈努力，在法律规范和行政管理等方面出台了一系列法律、法规和规章，但相对于互联网产业的突飞猛进，法律法规建设仍然滞后。即便是现有的一些法律法规也因宣传不足，不能很好地贯彻实施。适应网络技术发展和管理工作的实际需要，加快建立健全相关法律法规体系，为做好网络信息安全工作提供良好的法律环境，仍然任重而道远。

三是互联网基础管理工作薄弱。我国互联网的发展与世界各国一样，由于早期网络规模和用户数量不大，对互联网的技术演变估计不足，缺乏前瞻性，导致网络信息安全建设资金投入力度不够，各项基础性管理工作相对较弱。网络信息安全是信息社会健康发展的基本前提，没有网络与信息的安全运行，就没有互联网产业的持续健康发展和社会信息化水平的提高。

四是我国信息安全技术研究仍停留在应用程序层面，即处于消极防御的阶段。核心技术严重缺乏，产业发展环境亟待完善。无论是互联网还是骨干传送网，自主创新成分所占比例较少。此外，现有的骨干网络在信息传送效率、网络透明性和可扩展性等方面存在着重大缺陷。不仅是巨额的资金购买国外设备，更多的是引发了我们对于国家信息安全问题的担忧。“内忧外患”的市场状态不仅对国内品牌信息化产品发展施加着沉重的压力，更使国家各个高端领域的信息安全防卫完全处于“暴露”状态。

为改善国家对信息安全的管理、加强技术创新研究，提出如下建议：

1. 加强互联网的信息安全管理。

一是完善国家信息安全体制和职能。建立统筹国家信息安全的政策研究、制定、监控、执行的专门职能机构，集中针对互联网领域的前沿性安全问题和现象进行政府治理和专门管理。建立重大安全项目的安全数据备案制度。加强政府的意识教育，在地方政府间开展国家信息安全的系列教育。

二是建立国家信息安全政策干预制度。对于互联网公司的服务器设置管理、监督；对于搜索服务商的搜索行为专题研究项目、公开搜索内部信息管理。加强对于国外门户在华内容管理、实时沟通工具的信息监控等等。规范新信息领域的公关行为，加强舆论导向和监控。

2. 重视基础，加强前沿核心设备的自主研发。从国家战略的高度，积极加强涉及国家信息安全核心技术研究的持续支持，比如可信操作系统、高速微处理器、高强度加密算法、新型身份识别技术、新一代通信协议等。从基础着手，对信息安全开展强力度的研究，为我国的信息安全提供全新的、整体的理论指导和基础构件支撑，具体包括以下几方面：

一是信息安全基础设施关键技术，包括新型密码技术、安全协议、安全操作系统、安全数据库、安全服务器、安全路由器等等。

二是信息攻防技术，包括黑客攻防技术、病毒攻防技术、信息分析与监控技术、入侵监测技术、防火墙、信息隐藏及发现技术、数据挖掘技术、安全资源管理技术、预警、网络隔离等。

三是信息安全服务技术，包括系统风险分析和评估、应急回应和灾难恢复技术等。

四是安全体系，涉及安全体系结构和系统模型研究、安全策略和机制研究、检验和评估系统安全性的方法和规则的建立。

3. 扶持研究成果的转化，支持采用国内产品。研究的目的在于产业化，涉及国家安全的研究成果的转化不应该将经济和市场效益作为关注点。国家大力支持关键软硬件系统的自主研制生产，从战略的高度扶持这些成果的转化，以尽快构筑起建立在自主研发基础上的国家信息安全体系。建议从以下几个方面入手：

一是完善税收投融资和采购支持政策。国家要增加对信息安全产业技术研发和产业化的投入，引导和鼓励各类境内金融机构加大对信息安全企业的支持力度，鼓励国内社会资金投入信息安全领域。

二是实施创新战略，提高产业核心竞争力。加大对于自主创新技术、自主创新服务、自主知识产权的考评权重，推广应用信息安全先进技术和产品。定期编制、发布我国拥有自主知识产权的信息安全关键技术和重要产品目录。组织实施一系列科技攻关和产业化重大专项，推动公共平台建设。

三是强化标准研究制定和推广应用。加强信息安全标准化工作，逐步形成具有中国特色信息安全标准体系。加大标准宣传贯彻力度，重视信息安全标准的贯彻实施。加强我国信息安全技术标准与世界其他国家的衔接，推进我国信息安全产业国际化的进程。

关于制定河流跨界水质标准，构建区域（流域）水环境管理体系的提案

（全国政协民进组）

从全球的经验来看，流域综合管理是解决流域水污染问题的关键机制。目前，在我国全面实施流域综合管理尚有一定的困难，考核一个地区的水环境状况主要是依据当地的污染源管理和水质管理状况。这种管理体制存在着几方面问题：第一，污染源和排放总量的计量难度较大，准确获得相关信息也常常受到地方行政部门的干扰；第二，一些地区通过污染企业的布局调整（如在靠近下游边界的地区布局污染性行业），将当地的污染转移到下游地区；第三，只关注行政区内部的污染不利于解决跨行政区水污染问题，更不利于形成合理的跨行政区水污染预警和应急体系，以及开展区域之间的生态补偿工作。

在目前的情况下，建立以河流跨界（包括省界、市界、县界等）水质标准为重要支撑（核心）的区域水环境管理体系，是走向全面流域综合管理之前的一个可行的阶段性体制安排，有助于实现我国的水污染减排目标，改善区域水环境质量，且操作难度较小。

建立以河流跨界水质标准为重要支撑的区域水环境管理体系，对完善我国的流域管理制度具有重要意义：

第一，有助于评估各地的真实水污染情况，实施相应的行政问责制，促进我国水污染减排目标的实现和区域水环境质量的改善；

第二，在有跨界污染纠纷发生时，有助于纠纷产生原因的认定，分清污染责任，从而采取必要的措施加以解决；

第三，为减少河流污染事故的发生以及由此带来的污染损失，有必要建立相应的预警和应急体系，而这一体系的建立有赖于良好的跨界水质标准及其实施；

第四，开展流域上下游区域性生态补偿是实现流域全面发展的重要手段。不管是中央财政所提供的转移支付，还是上下游区域之间所实施的补偿，都需要得到跨界水质信息的支持；

第五，基于跨界水质的区域水环境管理可以作为流域综合管理的一个先行步骤，积累经验，为逐步实现流域综合管理打下基础。

尽管在现行相关的立法如《水法》和《水污染防治法》中尚未建立这一制度，但已经有一些文件中提出了类似的要求。如，国务院2005年《关于落实科学发展观加强环境保护的决定》和《关于加强河流污染防治工作的通知》（环发〔2007〕201号）均提出要“建立跨省界河流断面水质考核制度”。目前我国已有江苏、湖南等一些地方采取了断面水质考核制度，并与其他相关制度结合起来，取得了良好的效果。

根据以上分析，在我国目前情况下，实施以跨界水质标准为重要支撑（核心）的区域水环境管理体系具有十分重大的现实意义，为此我们提出以下建议：

1. 形成合理的跨界水质标准制定程序。根据《水污染防治法》第十二条，国务院环境保护主管部门会同国务院水行政主管部门和有关省、自治区、直辖市人民政府，可以根据国家确定的重要江河、湖泊流域水体的使用功能以及有关地区的经济、技术条件，确定该重要江河、湖泊流域的省界水体适用的水环境质量标准，报国务院批准后施行。考虑到各地情况不同，应建立一个比较完整的跨界水质标准申请、制定、审批和执行程序；

2. 形成合理的跨界水质标准体系。跨界水质标准不应当是一个单一的标准，而应当是一个标准体系，它承担着一系列重要使命，包括判断不同区域水质状况、协助建立行政问责制、协助解决上下游纠纷、用于预警、应急和生态环境补偿体系建设等。例如，可以形成由起始标准、启动标准、应急标准构成的多级标准体系，超过不同的标准启动不同的预案，实施不同的后续手段；

3. 建立基于跨界水质标准的水质管理体系和行政问责体系。在跨省界水质标准体系建立后，建立基于上述水质标准的水质管理体系和行政问责体系。这一管理体系还应与水环境功能区管理、总量控制、水量调度、饮用水源管理、污染源管理等衔接起来，以基于信息化的数据管理系统为平台，形成有效的决策支持；

4. 建立基于跨界水质标准管理体系的预警和应急体系、上下游地区纠纷和生态补偿机制；

5. 分阶段建立以河流跨界水质标准为重要支撑（核心）的区域水环境管理体系。短期内以《实施方案》的方式选择若干地区，如淮河流域，在省界和市界几个层次上进行试点。逐步完善之后，制定《跨行政区水污染管理条例》，在全国实施。

关于加强教育创新，完善国家创新体系的提案

（全国政协民进组）

当前，我国已基本构建了较为系统的国家创新体系，并确立了由技术创新体系、知识创新体系、国防科技创新体系、区域创新体系和科技中介服务体系组成的中国特色的国家创新体系构建目标。但我国国家创新体系还需要进一步完善：

首先，教育创新尚未全面纳入国家创新体系中。从世界主要创新型国家和地区的发展经验来看，教育创新是建设创新型国家的根本动力。在我国有中国特色的五个子体系组成的国家创新体系结构中尚没有对

教育创新给予足够的重视，从而也使得国家创新体系缺乏结构性动力机制。

其次，大学在国家创新体系中的角色定位尚不明确，各创新主体间缺乏有效的联结机制。目前在我国创新型国家建设中，企业和科研机构是主要创新主体，高等教育的重要性虽然已经受到关注，但是关于大学在各类创新活动中所扮演的角色及其作用发挥机制还缺乏明确的定位。典型表现为大学与政府、企业及科研院所的关系定位及合作机制不明确，直接导致大学创新性不足、产学研合作形式单一且缺乏动力，创造型人才培养、知识创新与转移、创新文化建设等活动效率不高。除上述的原因外，僵化刻板的大学内部管理制度也制约了大学创新潜能的发挥，如现行的科研资助与评价制度导致了大量科技成果被束之高阁。

为了进一步推动创新型国家建设，完善国家创新体系，应从国家层面加强教育创新，建立“5＋1”国家创新体制，进一步深化大学综合改革，充分发挥教育创新尤其是大学的创新作用。为此，提出如下建议：

一、构建教育创新政策体系，形成“5＋1”国家创新体系。

为完善国家创新体系、持续增强自主创新能力，建议将教育创新政策体系纳入国家创新体系结构，与知识创新体系、技术创新体系、国防科技创新体系、区域创新体系、科技中介服务体系等五个创新体系一起组成新的“5＋1”国家创新体系结构。教育创新政策主要就教育在国家创新体系中的地位与作用、科教体制改革、大学尤其是研究型大学的综合改革、大学在知识创新与科技创新中的分工以及大学与政府、企业、科研院所关系等根本性问题做出系统规范。教育创新体系应作为国家创新体系的基础和核心予以重视。

二、明确国家创新主体分工，建立不同创新主体之间的沟通网络，构建知识创新、技术创新与人才培养一体化的国家创新体系。

人才培养和基础研究是科学技术发展的根基，是国家原始创新能力的根本反映。首先，要充分发挥大学在创新人才培养和基础研究中的优势，加大资金投入，加强分类管理，做到各司其职、有的放矢。其次，要充分发挥市场在技术开发中的作用，鼓励企业在市场竞争中进行技术创新与产业升级。最后，鼓励个人创新，形成良好的创新激励措施和奖励机制，营造创新的社会氛围。在此基础上，促进大学、企业、市场和政府的有效互动，提供创新的良好沟通环境。以高校尤其是研究型大学为核心，有效整合科研院所与企业研究资源，构建知识创新、技术创新与创新人才培养一体化的国家创新体系。

三、建立区域教育创新中心及联动机制，优化高等教育布局结构。

教育创新政策虽然由国家层面进行制定，但真正的创新活动却高度集中于区域。不同区域拥有不同的创新优势并面临不同的挑战，国家政策往往更加关注面而非点。建议根据区域发展的特殊性及存在的问题，有针对性地制定和部署区域教育创新战略。包括：制定区域发展总体创新战略及政策，优化高等教育结构；推进区域研究型大学和应用型大学等各种类型高等教育机构的科学分配、合理布局；发挥区域优势，实行集约化发展战略；结合整体及区域发展战略，国家灵活地提供政策和资金支持。建立区域创新中心联动机制，鼓励合作，以教育创新为基点，充分利用和发挥联合优势，促进区域创新。

四、以人事制度、科研评价制度改革为核心，促进大学的综合改革。

改革人事制度要突破现有人事管理框架，探索建立学术特区，通过人事代理制、合同聘用制等形式，建立校内外各类人员的合理流动和正常退出机制，提高科研人员的积极性和使用效率。科研评价制度改革是以推进学术观点、科研方法创新为重点，通过建立以质量、创新为和人才培养为导向的科研评价制度，建立促进创新的科研评价体系。并以此为基础，建立新型科研项目管理与组织制度，形成良性的跨层次、跨领域的新型科研合作与交流机制，提高各类研究资源的使用效率，全面推动高校研究创新，从整体上提高大学的创新实力、创新活力和创新影响力。

关于深化研究生教育改革，提高研究生教育质量的提案

（全国政协民进组）

研究生教育是国家教育体系的重要组成部分，其核心任务和使命就是培养各级各类高层次创新人才。我国研究生教育工作自恢复学位制度以来获得了长足发展，为经济建设和社会发展培养了大批高素质创新人才，初步建立了具有中国特色的高素质创新人才培养体系，为中国特色社会主义现代化建设作出了突出贡献。

随着我国经济社会的迅速发展，现行学位制度和研究生教育工作业也暴露出诸多问题：学位分类体系不完善、学位制度与学历制度关系倒置、考核录取方式不合理、学位制度与国际不接轨等。

为了更好地服务于国家经济社会发展需要，支撑创新型国家建设，增强高等院校和科研机构培养高素质创新人才的能力，需要进一步按照科学发展观的要求，贯彻落实第四次全教会精神和《国家中长期教育改革和发展规划纲要（2010—2020 年）》的总体部署，切实推进学位与研究生教育工作体制机制创新，建立符合高层次创新人才成长规律和研究生教育规律的学位与研究生教育新体系，推动研究生教育科学发展。

为此，提出如下建议：

1．改革国家学位制度，逐步扩大学校对研究生学位的授予权限。

我国研究生教育阶段的学位证书是国家学位，而非学校学位，不利于国际间开展联合授予学位、双学位等合作。为了促进学位与研究生教育的国际化，激发研究生培养单位在学位授予与研究生教育质量保障方面的自主性和责任感，整体提高研究生教育的国际竞争力，建议根据新时期的任务和情况，在修订国家学位条例时，改革国家学位制度，明确变国家学位为充分意义上的学校学位，学校对授予的学位质量负责，建立自身的质量保障体系，自主开展学位与研究生教育的国际合作。

2．改革学历和学位证书“两证”制度，提高研究生的市场竞争力与社会认可度。

研究生毕业后可获得学位证书和学历证书。前者证明其在专业学习上达到的水平，后者证明其全日制在职学习的学习年限和课程要求。长期以来，社会上更加看重学历证书。毕业生找工作、单位招聘人才、填写组织部门或人事部门的登记表格、劳动力的地区流动等都需要学历证书。但是，评价研究生的学习水平更应看重其达到的专业知识和能力水平，而不是其在学校学习的方式。另一方面，大量在职研究生是专业学位研究生，毕业时只能获得学位证书而非学历证书，不能提高其在劳动力市场的竞争力，抑制了终身学习的积极性。建议考虑两种方案：一是适当调整相关制度，实行单一学位证书制度；二是将现有的单证、双证统一合并为双证。

3．改革研究生入学考试制度，不断提高研究生入学考试选拔的科学性。

我国研究生入学考试实行双轨制，英语与政治实行全国统考，部分专业课国家统考，部分专业课高校自行命题。尤其是专业课统一入学考试，引发了本科专业教育的“应试化”倾向，不利于优质、高水平研究生生源的选拔。尽管国家统一入学考试之外还有复试环节，但复试只能对初试已经上线的考生进行选拔，并且受制于政治课、外语课和专业课全国统考成绩的约束，可选择余地小。通观世界各国，高水平大学研究生入学考试，均无需通过全国统一考试考察专业课。建议考虑两种方案：一是可以将专业课命题权限下放给学校，在初试中由学校自行命题对专业课进行考查。二是可以考虑实行两段式考试，初试由国家

统一组织，对考生进行基本能力和基本素质的测试，而将专业课考试放到复试中进行，让更大比例的考生进入复试阶段，由学校再行组织对考生专业课能力和素质进行测试。从而进一步提高研究生考试选拔的科学性。

重要会议、活动

1月

团结　风正　创新
严隽琪视察民进云南省委并座谈

2011年1月4日，全国人大常委会副委员长、民进中央主席严隽琪视察民进云南省委，看望机关工作人员并和会员代表座谈。

严隽琪认真听取了工作报告和会员发言。她首先对民进云南省委和各位会员表示衷心感谢。她说，民进云南省委的工作有声有色，对民进中央工作提供了大力支持。非常高兴地看到民进云南省委领导班子出色的整体风貌，在这个班子的带动下，整个云南民进团结、风气正，工作不断创新。

严隽琪说，她和云南省的缘分很深。上海与云南有对口援助项目，所以还在上海工作的时候就到云南来过几次。当年，她应邀为丹麦马士基公司的一条新船下水作教母，按常规，得到一张4万美元的支票，因为沪滇对口合作，她就把这笔钱通过上海教委捐给了云南一所小学。还有会员说，昆明园博会的吉祥物是由严主席曾经工作过的高校的老师研创的。

严隽琪说，通过在云南的考察体会到4个字："宝地"、"热土"。所谓"宝地"，众所周知，云南在自然风光、物产富饶、多民族和谐共处与平和心态等方面与其他地方比，优势特别突出。这次来更加感受到它是"热土"，交通设施，铁路、公路的建设，越来越把原来的边陲之地变成交通便利的重镇，投资的吸引力越来越大，干部的精神面貌越来越好。浦东改革开放中，形容上海干部有六个字"心齐、风正、劲足"，现在这3个形容词完全可以用到云南的干部身上。无论是地、州还是市级干部都铆足了劲，要借着西部大开发和桥头堡战略的实施，让这块宝地真正建设成一块开放的热土。

严隽琪说，希望民进中央和民进云南省委的互动能为桥头堡战略的胜利实施，为西部大开发新的10年，为沿边开发，为中国在这样一个复杂的周边关系中争取一个更好的国际环境，作出应有的贡献。这是民进中央的一个期望，在云南发展的新阶段，在"桥头堡"建设中，民进不能缺席，而且要奏出强音。

严隽琪说，参政党要永葆进步性和团结性，要坚持政治交接，坚定参政党的政治立场。中国的几大建设，要同步推进，要协调推进。中国的政治体制改革，是一种社会主义制度的自我改善，必须坚持党的领导和社会主义制度，这就是中国特色社会主义政治发展道路。同时，还要和中国经济社会的发展阶段相适应，既要积极又要稳妥，保持发展的加速度和发展的势头。面对会员逐步年轻化的现象，思想宣传工作既要以情动人，还得以理服人，对于这方面的工作，一要坚定二要有效，要符合新时代会员的思想情况，符合目前面对的重大形势和重要活动，并且与会史和理论研究相结合。需要全会共同努力。

严隽琪强调，要坚持学习型政党的建设。65年前民进的创始人都是老一辈知识分子，学习对于他们来说就是一种生活方式，一种习惯，能力毋庸置疑，也是一种追求。现在，会员人数扩大了，会员的成分更复杂了，如何保持这种好传统，学习不仅是知识和技能的掌握，这当然很重要，但更主要的是一种道德修养。领导班子成员要带头培养高尚的情趣，必须工作学习化才能使工作水平和工作效率不断有所提高。

座谈会由云南省政协副主席、民进云南省委主委罗黎辉主持。民进中央科教文卫委员会主任王毅，民进云南省委、民进中央参政议政部负责人，云南民进骨干会员等参加了座谈会。

进一步增强海峡两岸文化交流
王佐书走访国台办

2011年1月7日，民进中央副主席王佐书上午走访国台办。国台办副主任叶克冬对王佐书一行的走访表示欢迎，并就当前两岸关系和平发展取得的积极成果，以及对台工作的新形势与王佐书交换了意见。

王佐书对叶克冬在工作繁忙之际接待走访表示感谢。他说，长期以来国台办对民进中央开展对台工作给予了很多支持，去年在上海举办的第八届海峡两岸中华传统文化与现代化研讨会暨海峡两岸四地电影产业发展论坛，以及前不久严隽琪主席率团赴台交流考察等活动都得到了国台办的很多帮助。

王佐书说，传统节日是传承中华传统文化的重要形式，也是两岸同胞沟通感情、凝聚共识的有效途径，今年四月即将在山西举办的第九届海峡两岸中华传统文化与现代化研讨会，主题就是“我们的节日·清明”文化节，希望此次研讨会能继续得到国台办的指导和支持。

叶克冬首先对全国人大常委会副委员长、民进中央主席严隽琪以叶圣陶研究会名誉会长的名义率交流考察团访台成功表示肯定。他说，严隽琪是首位在任人大常委会副委员长赴台，受到台湾各界的高度重视，访台的效果很好，影响很大。

叶克冬说，2010年是两岸关系和平发展进程中非常重要的一年，取得了一系列积极的成果。一是两岸互信进一步巩固，良性互动不断发展；二是《海峡两岸经济合作框架协议》的签署和实施，有助于推动两岸经济合作的制度化、经常化；三是两岸交流交往发展比较快，两岸人员往来比上一年又有大幅增加。

叶克冬代表国台办对民进重视和支持对台工作表示感谢。他说，民进中央的历任领导同志高度重视并身体力行地参与对台工作，与台湾的文化、教育界也有很多联系，民进通过各种形式在对台工作中发挥了重要作用。他表示，海峡两岸中华传统文化与现代化研讨会是推动两岸交流交往的重要组成部分，国台办将一如既往地支持民进中央办好今年即将举办的第九届研讨会。

国台办交流局，民进中央宣传部、社会服务部负责人参加座谈。

发展长期良好合作
王佐书走访中国林科院

2011年1月7日，民进中央副主席王佐书下午走访中国林业科学院。中国林业科学院院长、院分党组书记张守攻热情接待并座谈。双方就共同关注的林业科学研究和应用以及今后合作的方向、方式等问题进行了深入务实的交流。

王佐书感谢中国林科院一直以来对民进工作的支持。他表示，民进中央和中国林科院有着长期良好的合作，去年双方还签订了合作协议书，成为重要合作伙伴。今后，民进将继续关注中国林科院主要科研项目的进展情况，在相关工作中加大支持的力度；希望林科院为民进的相关工作寻找更多的切入点、着力点，最终实现双方的资源共享、优势互补。

张守攻对王佐书一行表示热烈欢迎。他认为，中国林科院与民进多年来在社会服务方面的合作卓有成效，形成了很多好的机制和方法。中国林科院愿意在今后民进贵州、甘肃等地的支边扶贫项目中，继续发挥科研单位的作用，提供更全面的科技支持。

中国林科院副院长、院分党组成员储富祥在会上介绍了中国林科院2010年在参与“十二五”规划的编制、科技创新和成果转化、人员培训及队伍建设等方面的工作情况。民进中央社会服务部负责人介绍了民进中央在贵州毕节金沙县的“彩虹行动”项目，以及在安龙县定点扶贫中围绕教育、医卫等方面所做的工作。

民进中央科技医卫委员会委员、中国林科院荒漠化研究中心主任、首席专家卢琦，中国林科院相关处室负责人等参加座谈。

民进中央举行迎新春团拜会
严隽琪致贺词

2011年1月9日，民进中央在北京保利剧院举行迎新春团拜会。全国人大常委会副委员长、民进中央主席严隽琪莅会并发表了热情洋溢的新春贺词。全国政协副主席、民进中央常务副主席罗富和，民进中央原主席许嘉璐，原第一副主席张怀西，副主席王佐书、朱永新（兼秘书长）出席。团拜会由民进中央副主席、民进北京市委主委刘新成主持。

严隽琪首先代表民进中央向长期关心、支持民进工作的各界朋友表示衷心的感谢，向民进各级组织、全体会员致以新春的美好祝愿。她说，刚刚过去的2010年，是极不平凡的一年，国际形势复杂多变，国内改革发展步步推进。中国共产党团结带领全国各族人民，巩固和扩大应对国际金融危机冲击的成果，着力转变经济发展方式，保持经济平稳较快发展；大力保障和改善民生；战胜了玉树地震和舟曲特大泥石流等自然灾害；成功举办上海世博会和广州亚运会。我们取得了举世瞩目的优秀成绩，胜利完成了“十一五”规划。

严隽琪说，在过去的一年中，民进坚持以树立和践行社会主义核心价值体系为主线，努力建设学习型参政党，以庆祝中国民主促进会成立65周年和雷洁琼105华诞为契机，深入开展民进优良传统教育，并以宣讲身边优秀会员及他们的优秀事迹为优良传统的时代意义进行了诠释，进一步增强了全会在共同的政治立场、奋斗目标和价值观念上的共识；在全会广泛开展“双先”创建活动，加强组织建设，进一步增强了组织活力，夯实了组织的基础。我会坚持“有思有行、集智聚力、顺势而为、开拓创新”的工作方针，积极履行参政党职能，各项工作取得新成绩，为全面建设小康社会作出了新贡献，在全面推进适应时代要求的高素质参政党建设中迈出了新步伐。

严隽琪指出，今年是“十二五”规划的开局之年，对于我们紧紧抓住战略机遇期，实现全面建设小康社会的目标至关重要。她号召全会，在新的一年里，要坚持以中国特色社会主义理论体系为指导，继续深入开展树立和践行社会主义核心价值体系活动，继续努力建设学习型参政党，坚定信念，提高我会的整体素质和工作水平。要深入学习贯彻科学发展观，贯彻中共十七届五中全会精神，根据科学发展主题、围绕转变经济发展方式主线，积极履行职能，为改革开放和社会主义现代化事业，为和谐中国、和谐世界作出应有的贡献。

团拜会由民进中央主办，民进中央办公厅和民进北京市委承办。受邀的两院、部委办、民主党派、社会团体的领导同志，民进中央原秘书长陈益群和民进会员一起观看了由东方歌舞团表演的精彩文艺节目。演出具有浓郁的亚非拉风情，活力四射、高潮迭起、引人入胜，全场充满欢乐喜庆的气氛。

民进中央十二届十四次主席会议在京召开

2011年1月10日，民进中央十二届十四次主席会议在京召开。民进中央主席严隽琪，常务副主席罗富和，副主席冯骥才、潘贵玉、王佐书、贺旻、刘新成、蔡达峰、朱永新（兼秘书长）出席会议。严隽琪主持会议。

著名的社会学家、法学家、教育家，杰出的社会活动家，中国民主促进会的创始人之一和卓越领导人，中国共产党的亲密朋友，中国人民政治协商会议第六届全国委员会副主席，第七届、八届全国人民代表大会常务委员会副委员长，中国民主促进会第七届、八届、九届中央委员会主席，第十届、十一届名誉主席雷洁琼同志，因病于2011年1月9日17时38分在北京逝世，享年106岁。会议开始前，与会同志为雷老默哀三分钟。

会议审议通过了2011年民进中央在全国政协会议上的大会发言选题、提案。会议对4个备选的大会发言和21个备选的提案进行了讨论。会议认为，在做好大会发言、提案的准备、完善工作中，民进中央和地方组织上下联动，集智聚力，取得了较好的成果。会议决定，将文化战略方向的发言选题作为今年的大会发言。会议要求参政议政部进一步做好大会发言、提案的修改工作，增加建议的历史厚度、思想深度，使其更具针对性和可操作性。

会议审议通过了2011年民进中央重点调研建议课题。会议认为，每年的重点调研课题要与大会发言结合起来，调研的成果要在大会发言或者其他管道有所体现。会议建议，将“完善制度环境，促进民办教育可持续发展”作为民进2011年的重点调研课题。

会议听取了参政议政部关于2011年基础教育改革座谈会方案（草案）的报告。会议对座谈会内容进行了讨论研究，并提出了修改意见。会议要求各部门按照分工，做好筹备工作。

会议审议通过了民进中央2011年工作要点。研究室根据民进中央十二届十三次主席会议意见对工作要点进行了修改，并在2010年民进省级组织负责人会议上通报，充分吸收了大家意见。会议要求将《民进中央2011年工作要点》下发至民进省级组织。

会议研究了民进中央关于在全会开展纪念中国共产党成立90周年活动的安排意见。会议要求宣传部意见进一步修改完善，并尽快下发省级组织，为全会开展工作提供参考。

会议研究了2011年民进重点工作，审议通过了民进中央2011年重点工作进程，2011年主席会（办公会）常规工作、主要议题一览表。

会议审议通过了雷洁琼同志追思会方案。追思会定于1月14日下午由中央统战部、民进中央及民进北京市委联合举办。会议要求各部门按照工作分工，积极配合，全力保证追思会的顺利进行。会议还研究了其他事项。

民进中央副秘书长及各部门负责人列席会议。

深入学习中共十七届五中全会精神体会
民进中央中心学习组举行学习会

2011年1月10日，民进中央十二届十四次主席会议期间，民进中央中心学习组举行2011年第一次学习会，深入学习中共十七届五中全会精神。民进中央主席严隽琪，常务副主席罗富和，副主席潘贵玉、王佐书、贺旻、刘新成、蔡达峰、朱永新（兼秘书长）参加集体学习。与会同志围绕如何理解“十二五”

期间我国经济社会发展的主题主线对民主党派提出的新要求、新期待，以及围绕“十二五”规划的制定和实施如何找准民进履行参政党职能的着力点和切入点等问题展开热烈讨论，交流了学习体会。

关于围绕“十二五”规划的制定和实施履行参政党职能，会议认为，随着经济社会的发展和国际国内形势的变化，执政党和人民对民主党派工作提出了新要求和新期待。社会主义制度的完善、参政党地位的确立和国家经济社会的进一步发展，使民主党派履行职能的环境、背景都发生了变化，对民主党派参政议政的水平、能力、方式方法等也提出了新的要求。民主党派应当立足超越部门利益、不受体制分割影响的特点，发挥地位超脱、管道畅通的优势，在履职实践中体现党派特色和党派风格，牢牢抓住重点领域，力争有所作为。

对于民进在“十二五”肩负的历史责任，会议认为，全会应当继续坚持有思有行、集智聚力、顺势而为、开拓创新的工作方针，围绕“十二五”期间的中心任务，努力做好各项工作，推动自身建设和履行职能取得新进展。要充分认识社会主义民主政治建设取得的新进展、新成就，发挥民进自身的优势，帮助执政党和政府积极稳妥地开展工作。民进各级组织要适应新情况，与各级党委和统战部门加强沟通联系，增进了解，争取支持，努力为经济社会发展贡献更大力量。

关于民进参政议政的着力点，会议提出，“十二五”期间民进要高度关注文化建设，这既是由民进的界别特色决定的，也是由我国经济社会的发展阶段决定的。文化的发展为我国现代化建设奠定思想基础，对当代的经济社会发展起着重要作用，对个人的内心满足和成才发展都至关重要。在文化领域，应当抓住文化体制改革的机遇，加强文化研究的力度和深度，提升文化理论水平，就世界范围内文化“交流、交融、交锋”的现状和国家文化安全进行深入研究，充分关注互联网的兴起和新媒体的发展等新问题，就文化体制、机制建设，包括文化投入机制、重点文化项目建设等问题提出具有战略性和前瞻性的意见建议，促进将文化强国确定为国家发展战略，促进制定国家基本文化制度。在教育领域，要按照中共十七大关于“优先发展教育，建设人力资源强国”的战略部署，结合《国家中长期教育改革和发展规划纲要》的落实，围绕推动改革创新，促进教育公平，提高教育质量等重点问题，关注高考改革、择校等热点问题，深入调查研究，积极建言献策。

会议对民进中央近年来创新参政议政工作机制给予了充分的肯定。民进中央与北师大合作共建中国教育政策研究院，充分发挥双方优势，搭建起了资源共享、优势互补、互利共赢并向社会开放的合作平台，为不断探索参政党集智聚力履行职能的新模式，切实提高民进履行职能的能力和水平作出了积极的探索。民进全会在其他领域可以参考借鉴这一有益经验。

会议认为，加强学习型参政党建设，是建设适应时代要求的高素质参政党的需要，是“十二五”期间民进更好地履行职能、发挥作用的需要。大家对创建全国先进地方组织和基层组织的工作给予了高度评价，对民进中央机关建设取得的成效表示充分肯定。一年多以来，民进中央领导调研、走访100多个市级组织和基层组织，对组织建设和其他工作予以指导，增进了了解，加深了认识，同时也感受到基层组织的活力和智慧，增强了全会上下的凝聚力。民进中央在现有编制条件下，加强学习型机关建设，举办开明论坛，重点提高机关工作人员的写作能力，把好入口关，创新招录公务员的面试考察方式，取得了较好的效果。希望机关继续加强理论学习和理论研究，民进中央各部门要进一步结合部门工作进行理论研究，提升理论研究水平，各级民进组织机关也要进一步加强机关建设，提高自身建设的水平。

会议指出，要坚持把树立和践行社会主义核心价值体系作为建设学习型参政党的重要内容，按照《民进中央树立和社会主义核心价值体系实施方案》的部署，扎实有序推动工作。要把树立和践行社会主义核心价值体系与继承和弘扬我会优良传统相结合，坚持发挥理论的指导和支撑作用，加强理论研究，进一步深入研究我会优良传统和社会主义核心价值体系的内在联系，深入思考在当代社会继承和弘扬我会优良传统的意义和作用，思考新形势下如何吸收代表性人士入会等一系列问题，及时收集信息，形成自己的观点。

会议强调，在今后的工作中，全会要进一步适应“十二五”期间我国经济社会发展提出的新要求、新期待，围绕“十二五”规划的制定和实施，以促进经济发展方式转变和改善民生为着力点，加强学习型参政党建设，切实提高我会履行职能的能力和水平，促进各项工作迈上新台阶。

民进中央帮扶贵州金沙中医院核磁共振正式启用

2011 年 1 月 15 日，民进中央帮扶贵州省金沙县中医院核磁共振设备正式启用。民进中央联络委员会主任梁勇，副主任张孝林、陈正拜出席启用仪式。

梁勇、张孝林分别讲话，表示将积极为毕节试验区的发展继续作出努力。去年 4 月，梁勇、张孝林等到金沙县中医院考察，了解到中医院医疗设备相对滞后，回去后组织协调西安华海医信集团有限公司向金沙县为中医院捐赠了价值 510 万元核磁共振设备。西安华海医信集团有限公司组织专家进行了机房装修，对设备进行了安装调试，对县中医院有关人员进行技术培训。核磁共振设备对炎性病变、软组织肿瘤、中枢神经系统病变、关节病变等具有高分辨率高，诊断准确等功能。金沙中医院在毕节试验区是第二家拥有该设备的医疗机构；目前，在贵州全省县级医院仅三家。

民进贵州省委，金沙县委、人大、政府、政协和县委统战部负责人等出席启用仪式。金沙县人民政府代表全县 64 万各族人民对民进中央给予金沙的大力支持表示感谢。县中医院院长发言，他认为启用磁共振设备对于提升医院临床诊断水平和综合服务能力、方便金沙患者就近检查病情、减轻经济负担都具有重大而深远的意义。

金沙县委负责人宣布县中医院核磁共振设备启用。随后，大家共同为县中医院核磁共振设备启用揭牌。

启用仪式后，宁波鑫高益磁材有限公司副总经理赵喜平举办了“核磁共振成像基础知识讲座”，对县直卫生系统 100 多名医务人员进行了培训。

罗富和 潘贵玉出席第十四届中国国际友好文化节

2011 年 1 月 23 日，由中国国际友好文化节组委会、中国民主促进会中央委员会主办，北京五洲风文化艺术中心承办的第十四届中国国际友好文化节驻华使节新春团拜会暨“国际友谊使者”颁奖盛典在北京隆重举行。全国政协副主席、民进中央常务副主席罗富和，全国政协副秘书长、民进中央副主席潘贵玉出席活动。中国国际友好文化节组委会秘书长崔永安、中国工业合作协会理事长高宗银等出席了大会。来自世界近百个国家的驻华使馆、国际组织驻华机构以及首都各界代表共计 1000 多人参加了此次活动。会前，罗富和会见了崔永安。

罗富和在会上与崔永安、高宗银以及莱索托王国驻华大使蒂贝利按照中国传统习俗共同为狮子点睛，寓意新春吉祥。会上还演出了精彩的具有中国文化特色的节目，博得了各国使节及夫人的热烈掌声。大会由秘书长崔永安宣布开幕，3 个不同国家的代表共同主持。

为感谢各国驻华使馆对国际间的友谊和交流所作的突出贡献，大会共向 67 个国家的大使及国际机构的代表颁发“国际友谊使者”奖；内蒙古蒙牛乳业（集团）股份有限公司、五粮液黄金酒全国营销中心、北京瑞鑫安泰文化产业有限公司、卫华集团等分别获得 2010 年度由中国国际友好文化节组委会评选的行业领军人物称号。

推动理论研究工作再上新台阶
民进中央参政党理论研究会举行评审委员会第二次会议

2011 年 1 月 26 日，民进中央参政党理论研究会在北京举行课题招标论证及评审委员会第二次会议。会议就 2010 年课题招标工作进行总结，并就全会下阶段理论研究工作进行探讨。民进中央副主席、参政党理论研究会会长王佐书，民进中央副主席兼秘书长朱永新出席会议并讲话。

为落实民进中央提出的“理论研究与实际工作相互促进”的要求，发动地方组织和参政党理论研究骨干围绕民进重点工作涉及到的重大理论问题开展研究，2010 年，民进中央参政党理论研究会首次面向民进省、市级组织及其参政党理论研究机构开展了课题招标活动，题目为“社会主义核心价值体系及民进的实践研究”。共有 18 个省的 22 个课题组参与此次课题招标活动，安徽、北京、河南、天津、杭州五个课题组中标，截止到 2010 年 11 月底，各课题组都如期完成了课题研究。

王佐书说，此次课题招标活动不仅是一次理论研究模式的创新，也是一次对全会理论研究情况的摸底，同时还取得了显著的效果，既发动了全会的力量搞研究，又能发现人才、答疑解惑，是一次成功的活动。通过此次课题招标，我们看到民进理论研究工作取得的成绩和进步，也看到了存在的问题，包括理论研究中的薄弱环节和组织课题招标工作的不足之处。在今后的工作中，要进一步看清楚形势、看清趋势、发现人才，推动我会的理论研究工作上新台阶。

朱永新说，今后还要继续开展课题招标活动，希望全会能更加积极的参与到活动中来。

出席会议的专家对课题组提交的成果进行了认真研究，并对民进下阶段开展理论研究工作提出了意见和建议。

民进中央参政党理论研究会有关负责人、特邀研究员出席会议，或提交了书面意见。

完善制度、落实政策、推进文化“走出去”战略
朱永新做客人民网强国论坛

2011 年 1 月 26 日，全国人大常委、民进中央副主席兼秘书长朱永新下午做客人民网强国论坛，以“完善制度、落实政策、推进文化‘走出去’战略”为主题与网友进行在线交流。

【朱永新】：各位人民网的老朋友，大家下午好，非常高兴再一次来到人民网和大家交流。不过，这一次不是讲教育，是讲文化。

[余乐]：民进选择“文化走出去”作为重点调研专题，是出于什么考虑?

【朱永新】：我觉得应该有三个重要的原因：第一，文化走出去作为一个国家的战略，党和政府高度重视。实际上从十四大开始提出经济走出去，十四大报告提出发展外向型经济以后，实际上文化走出去问题就同时提出来了。所以，2003 年 12 月份，胡锦涛总书记在全国宣传思想工作会议上就明确提出要大力发展涉外文化产业，积极参与国际文化竞争。胡锦涛讲话以后，李长春在会议上也明确提出要支持和鼓励我国文化产品的出口，形成一支对外文化交流的文化品牌，不断扩大我国文化产品的国际市场份额，逐步改变文化产品出口严重逆差的局面，积极拓宽对外文化交流管道，在发挥政府主导作用的同时，充分调动各部门、各地方、各文化企业和民间团体的积极性，逐步形成政府交流和民间交流并举，积极引入商业运作机制的新局面。

2005年10月份，胡锦涛十六届五中全会上明确提出社会主义先进文化的建设要加快实施文化产品走出去的战略，推动中华文化走向世界。2006年9月份，国家“十一五”时期文化发展规划纲要也提出抓好文化走出去重大工程项目的实施，初步改变我国文化产品贸易逆差较大的被动局面，形成以民族文化为主体，吸收外来有益文化，推动中华文化走向世界的文化开放格局。

胡锦涛总书记在第22次中央政治局集体学习的时候也进一步强调，不断增强我国文化软实力和国际竞争力。刘云山同志前不久在第六次中越两党理论研讨会上指出，文化体现出一个民族最深层的精神积淀，反映了一个执政党的理想追求，文化是一个政党、一个国家的精神旗帜。

所以，我觉得对于文化走出去的问题，实际上是党和国家领导人一个非常重要的殷切的期盼。另外，温总理在十一届人大三次会议的政府工作报告中也对文化提到了非常高的高度，温总理指出，国家发展、民族振兴不仅需要强大的经济力量，更需要强大的文化力量，文化是一个民族的精神和灵魂，是一个民族真正有力量的决定性因素，可以深刻影响一个国家发展的进程，改变一个民族的命运。所以，解放思想、改革开放的时代精神已经成为推动社会前进的先进文化力量，使中华民族充满生机与活力。提出要重视加强文化建设，继承、弘扬中华民族的优秀传统文化，借鉴和吸收世界各国的文明成果，建设中华民族的共有精神家园。

第二，和我们经济走出去相比，相对来说，文化走出去的现状令人堪忧。最近这些年来，经济走出去，尤其是中国制造已经在全世界非常有影响力，但是，相对于经济的顺差，文化走出去的力度还是非常不够的，我这里有一些数据。比如，韩国安东大学文化产业专业教授金时范前不久在国内的一次论坛里面讲到，人口不到6500万的韩国，它的文化产业的输出已经远远走在中国的前面。2009年，网络游戏出口额是中国的10倍，电影的出口额是中国的7倍，新闻出版、电子音像、艺术品产业的对外输出也走在中国的前面。文化领域的贸易逆差和经济领域的贸易顺差，也是对比很明显，以图书为例，2008年我们引进了图书版权15776种，而同期的输送的图书版权只有2440种，2007年我们图书期刊进口是2亿美元，但是我们的出口只有3700万美元，以至于英国的前首相撒切尔曾经讲过，中国不会成为世界大国，因为中国出口的是电视机，而不是思想观念。所以，我们要真正地成为世界上的大国，光出口电视机是不够的，光出口经济产品是不够的，我们的思想、我们的观念、我们的文化也应该走出去，应该汇入世界文化的海洋之中。

第三，我们民进自身的特点。我们民进是以教育、文化、出版界为主体的参政党。多年以来，民进对于国家的文化建设、文化发展做出了自己的贡献。我们的创始人里面有很多就是文化名人，比如，冰心、叶圣陶、柯灵、郑振铎、傅雷等等。就拿去年来说，去年中国发生了很多重要的文化事件，都和我们民进有非常密切的关系。比如去年亚运会总导演陈维亚是我们民进的会员，去年世博会中国馆的副总设计师倪阳是我们民进的会员，去年获得中国社会责任奖的冯骥才主席是我们民进中央的副主席，去年《唐山大地震》的主演徐帆，包括《第一书记》的主演杨立新都是我们民进的会员。其他还有很多，比如邓婕、张帆等等，我们民进有一大批活跃在全国文化界的会员。所以，为国家的文化事业做出我们的贡献，建言献策，是我们责无旁贷的任务。

鉴于这三个原因，民进中央选择把文化走出去作为重点调研的专题。

[征西大将军左宗棠]：你们调研时，地方政府积极配合吗？请谈谈这次调研的基本情况。

【朱永新】：应该说，这次调研得到了地方政府非常密切的配合。作为党派中央的大调研，这一次我们有全国人大常委会副委员长、民进中央主席严隽琪，全国政协副主席、民进中央常务副主席罗富和亲自带领我们的民进中央调研组在2010年5月7日到15日，分别在浙江杭州、温州、宁波三个地方进行了为期九天的调研。在宁波、温州、杭州召开了四场规模比较大的座谈会，有关省政府和有关部门的负责人、国有文化单位、民营文化企业的负责人、文化产业的研究专家参加了座谈。另外，我们在杭州、宁波、温州三个城市实地考察了15家国有和民营文化企业。同时，我们的严主席、罗主席和王佐书副主席还分别带队在北京、湖南、广东、辽宁、重庆进行了实地调研，并且委托上海、江苏、安徽等省级民进组织在本地进行调研。所以，这一次的调研应该说得到了地方非常密切的配合和支持，尤其是在浙江和北京，在北京，我们专门调研了两次，刘淇同志亲自和我们调研组的同志见面，了解我们调研的一些情况。

[mztyhao]：调研发现了什么问题？你们提出了什么建议？

【朱永新】：主要存在这样的问题：第一，从国家层面对文化走出去的战略还缺乏一个总体的规划，没有明确的中长期的发展目标、政策支持体系、重点任务和工程，没有实施的线路图。尽管各地，包括我们看到的浙江，在发展文化产业、推进文化走出去方面做了大量工作，但是在战略思想上、目标上还不够明确，中央和政府的责任和目标也有待于明晰。

第二，政府之间的配合还有待于进一步加强和协调。国家层面有多个部委负责文化走出去，因为我们国家本来文化就是由文化部、广电总局、新闻出版总署各个部门多头管理，这些部门还需要加强他们之间的高效、统一、协调、配合，因为现在没有一个总体的协调机构，所以，有一些行业、文化单位往往各自为政，在走出去的过程中，没有形成整体合力。比如，在国外华人比较多的地方，春节演出的“撞车”的现象比较严重，国内的一些演出团体为了拿到合同，大家竞相压低演出价格，出版单位在出口的时候也是相互压价，版权进口的时候相互抬价，导致出版物出口的价格下降，版权进口的费用上升，最后渔翁得利。

第三，文化走出去的具体政策措施还有待于完善。尽管国家最近几年先后出台了一些鼓励文化出口的政策，但是还没有形成相对完善的对外文化贸易的政策扶持体系，所以，我们在浙江的时候，浙江有一个文化企业讲得很形象，说现在是处处有高压线，就是不带电。所以，我们需要在资金的支持、税收的减免、审批的程序等方面加大支持的力度。现在资金方面，文化企业因为是无形资产比较多，实物资产比较少，所以，他们贷款很难，经费上支持比较困难。另外，在税收减免方面，近年来，文化产品的出口退税逐步降低，比如书报从 17% 降到 13%，现在又降到了 11%，税收出口退税比较低，另外审批程序上也非常复杂，因为文化产品和服务出口审批程序比较繁琐，有些国外演出档期又很紧，文化产品交期比较明确，所以，有的时候会影响对外文化演出、对外文化交流。另外，部门的规章和相关政策衔接配套还不够，省级以下的地方性的扶持政策和具体实施措施还有待于进一步制定与完善。另外，文化产业监管的分类标准、指标体系、文化资产的评估办法也有待于进一步建立和完善。

第四，文化走出去的平台和管道还有待于进一步整合和拓展。现在文化交流项目往往大部分是政府主导的非营利项目，所以，送出去的多，卖出去的少，基本上是送出去的，即使为数不多的商业演出，由于我们前面几大原因，商业运作的管道、手段比较落后，数字很低，2009 年境外演出 16373 场，商演的收益只有 7685 万，平均每场不到 5000 块钱。所以，这个水平相对是比较低的。他们也统计过，我们国家的文化演出，海外演出价最高的杂技、芭蕾舞天鹅湖每场只有 3 万美元的收入，而柏林爱乐乐团在上海演出价每场 33 万欧元，就是我们一场是 3 万美元，人家在中国演一场是 33 万欧元，我们全部海外商演年收入只有 7685 万元，不到一亿美元，这个收入相当于加拿大太阳马戏团一年的海外演出收入还不到，人家一个剧团就相当于我们整个国家的海外演出的商业收入。所以，这个是很成问题的。

另外，我们的商业化程度比较低，平台管道比较狭小。比如影视，目前影视比较畅通的管道只有长城平台和参与影视的交易展，版权的输入、输出处在一个比较低的水平，还没有建立起一套成熟、有效的海外市场的营销系统。民间的文化机构也太少，数量少，规模小，而且缺乏真正懂得国际市场又懂得中国文化艺术的国际展演的经纪机构和经纪人。同时，还有一个很大的问题，我们在文化的交流方面缺少比较优秀的翻译，因为文化产品和经济产品不一样，它是需要通过翻译的转换，除了一些非语言类的文化艺术以外，比如图书、话剧等等都需要语言的桥梁，所以，翻译是中国文化走出去的一个重要桥梁，目前也是一道重要屏障。我们的文化能走出去、走多远在很大程度上取决于我们能不能用地地道道的外文、用外国人理解的方式妥帖地表达我们文化的内容。所以，到目前为止，我们的文化走出去的确是面临着非常严峻的现实。

为了更好地推进“文化走出去”战略，民进提出了如下建议：

1. 制订“文化走出去”战略规划，明确“文化走出去”的战略目标和战略重点。

从国家层面来讲，要结合“十二五”规划的制定，科学编制“文化走出去”的战略发展规划，并作为“十二五”期间文化建设的重要战略任务来部署。规划中要明确“文化走出去”的中长期战略目标，明确政策导向和重点工程、重点任务，列出线路图和时间表。要结合我国文化多样性、发展多阶段的特点，合理选择我国文化贸易的目标市场，明确国家与地方、东部沿海与中西部地区，以及边疆省份的分工和任务，做到各有侧重，各有目标，避免重复建设和不良竞争。国家要注重从全局层面疏通管道、搭建平台、整体推进，地方则注重内容建设，提供有地方和民族特色的文化产品和服务，打造一批具有国际影响力和竞争力的文化企业。

此外，要把中国哲学社会科学“走出去”作为“文化走出去”战略的重要内容，推动具有中国特色、中国风格和中国气派的社会科学理论，对当前中国问题特别是" 中国故事" 的跨学科深度研究成果，以及中国优秀哲学文化传统走向世界。

2. 理顺文化管理体制机制，加强对文化事业和文化产业的组织领导。

加强对外文化贸易的体制和机制建设，发挥政府强有力的调控和推动作用至为重要。为加强对这项工作的领导，国务院建立了以文化部为牵头单位的“对外文化工作部际联席会议”，但其对部门工作的整合力度还有待加强。建议该部际联席会议由国务院分管领导牵头，以加强协调整合力度。在省市层面，应建立由分管领导牵头，相关部门参与的" 文化走出去“协调机构，领导和管理全省”“文化走出去”工作。

3. 加快海外中国文化中心建设，建立对外文化宣传阵地。

建立海外文化中心是世界很多国家，特别是西方国家的通行做法。美国、英国、德国等在世界上都有上百个文化中心，其传播本国文化和价值观念、塑造国家形象的作用是不可替代的。我国已在非洲、欧洲和亚洲的9个国家建立了中国文化中心（南北美洲和大洋洲尚无中国文化中心）。据了解，目前已经在建、商建和提出希望建设中国文化中心的还有将近40个国家。

海外中国文化中心要根据我国外交的总体需要，加强与驻在国文化机构的合作，面向国外主流社会，以展示我国悠久文明和当代经济、文化建设成就为主要任务。

在建设布局上，要以欧美和周边国家为重点，辐射广大亚非拉国家，以形成海外中国文化中心网络。要解放思想，探索建设中国文化中心的多层次、多方式模式，加快中国文化中心的建设步伐。就层次来说，可以官方、半官方、民间并存；就方式而言，可以和当地友好组织合作举办文化中心。

4. 完善文化产品出口的配套政策，进一步加大扶持政策的实施力度。从国家层面来讲，已经制定出台了一些有利于文化企业“走出去”的经济政策，但还需要将相关配套政策进一步完善和落实到实处。

近期，应着重加强以下几项工作：一是完善相关法律法规体系，以法律的形式明确政府、社会组织和个人建设文化事业的责任和义务，为推进“文化走出去”提供法制保障；二是研究制订文化产品、文化资产评估办法，尽快建立文化企业无形资产评估体系，促进文化产业和金融资本对接；三是建立文化产业分类标准、数据统计体系，以及对外文化贸易数据库，为政府的制定政策和企业决策提供服务；四是简化审批程序、放宽审批条件，对从事文化产品和服务出口的文化企业的销售人员、演出人员，在办理出国（境）手续上，可实行一次审批、全年有效的做法。

5. 整合、拓宽管道，建立国际市场的营销网络和走出去服务平台。

从国家和省市层面，要为推广我国的文化产品做好宣传、服务工作。一是要加大政府牵头、文化企业参加的各种国际和国内的展会的力度，多组织一些像中国（深圳）国际文化产业博览交易会、2009年法兰克福书展这样的大型展会和活动，以提高中国文化产业在世界范围内的知名度。二是要充分发挥中国驻外文化机构（包括使领馆文化处）的作用，为国内文化产品和项目牵线搭桥，进行各国和地区文化环境、广告政策、媒体结构关系、消费者喜好倾向的调查研究，定期出台“企业投资海外文化产业指导目录”，为文化企业投资海外提供导向和指南。三是建立健全行业协会，组织国内文化产业机构与海外中介机构的合作，包括国际专业会展机构、经纪代理机构、专业刊物等，与其建立合作伙伴关系。对已经过市场检验的优势项目，不仅要进行商业运作，且要大胆尝试虽有风险但收益更大的运作方式。还可借助现有海外华人文化传播资源，采取投资、合作、参股等方式，经营各类海外“中国文化城”、“中国书城”等，建立文化产品国际连锁经营网络。四是以国家财政支持的方式成立文化产品编译工作室，为文化产品提供高水平、高性价比的编译服务。

［铁饭碗时代落幕］：好像朱永新嘉宾也是个“文学青年”，围脖更新频率很高。

【朱永新】：我不是文学青年，我已经是文学中老年了。我们已经进入了这样一个网络时代，所以，通过网络参政议政，通过网络了解民意，通过网络和大家交流，是我的一个很重要的学习的方式和工作的方式。我不是为写作而写作，更不是为文学而文学，实际上我是把网络作为我参政议政的一个助手，作为参政议政的一个管道。因为的确是这样，通过网络，我汲取了很多信息，汲取了很多智慧，也了解了很多民意，为我思考问题、研究问题、提出问题提供了非常好的基础。

［头发中分一次］：请问嘉宾：文化走出去，不如文化请进来。西学东渐上百年，文明之风逐渐盛，走出去和请进来，哪个重要呢？

【朱永新】：文化走出去和文化请进来同样重要，不应该厚此薄彼。但是从目前的情况来看，因为我们文化方面的逆差情况太严重了，在肯德基、麦当劳、牛仔裤纷纷走进我们的时候，他们同时随之而来的是美国的文化。但是在我们的衬衫、鞋子走出去的时候，我们的文化没有同时走出去。甚至于我们文化走出去的力度还不如我们的邻国——韩国、日本，所以，从目前的情况来看，一个方面，我们要坚定不移地走改革开放的路线，吸收、引进世界各个国家的优秀文化，借鉴和学习那些人类文明史上优秀的东西，学习和借鉴世界各个国家的优秀文化；同时，非常重要的是，要加大我们国家文化走出去的力度，事实上我们国家文化走出去最根本的就是温总理提到的我们怎么样去建设我们自己的文化，因为温总理讲文化是我们这个民族的精神和灵魂。要让文化走出去，首先我们自己应该有一个强大的文化，我们要有中华民族自己的精神家园，要有中华民族自己的核心价值。作为一个有着两千多年儒家文化传统的国家，怎么样把我们的优秀传统文化变成我们民族的信仰，变成我们民族的精神，如果没有这样一步，我们的文化走出去恐怕走出去的仅仅是形还不是神。所以，文化走出去的前提是我们国家的文化建设。在这个意义上来说，我觉得中华文化强大了，走出去的步伐自然会加快。所以，我觉得这两者是相辅相成的。

［茉莉姐姐］：中国的春节除了吃，还能从文化的角度再加点什么新的内容呢？

【朱永新】：我记得冯骥才先生写过一篇文章谈过春节文化的问题。春节文化或者春节本身，实际上是中国文化的一个非常重要的代表，当然它远远不止是吃的问题，远远不是年三十这样一种聚餐。它是代表着中国人的一种乡情，代表着中国人的一种感恩，代表着中国人的一种家庭的精神。春节，数亿人回家，这在全世界任何一个国家都是没有的现象。现在春运一票难求，机票、火车票、汽车票一票难求，难道大家仅仅是为了回家而回家吗？实际上并不是如此，它是一种文化，它是几千年来积累下来的一种文化，这种文化有很多仪式作为载体。年三十的家庭聚餐是一个文化，春节的春联是文化，年画是文化，尽管现在年画越来越少了，但是我们现在还在写春联、送春联。“爆竹声中一岁除”，爆竹也是一种文化。所以，在春节文化里面，我觉得，它凝聚着中国人的很多传统、中国人的很多期盼、中国人的很多价值。事实上中国国家，有家才有国，有国才有家，春节回家在一定程度上反映了中国人的家国理念，反映了中国人的感恩情怀。

［自命不凡 1961］：请问嘉宾：中华文化博大精深，这样的文化土壤并不贫瘠，但为什么孕育不出一位诺贝尔文学奖获得者呢？

【朱永新】：第一，事实上据我所知很多优秀的中国作家和诺贝尔文学奖擦肩而过，包括沈从文先生。

第二，诺贝尔文学奖本身是以英语译介作为平台和媒介的，西方这些评委了解中国文学的管道是非常有限的，不像西方的作品，西方的作品很多直接用英文写，或者其他的语种和英文也很近，所以西方的评委们、文学界也容易理解和容易接受，而中国文化是一个非常特殊的体系，用汉字写出来的东西，经过英文的转译以后，本身的韵味就受到了很大的影响。比如我们的唐诗、宋词翻译成英文以后，很难达到真正意义上的原来的境界。我们很多优秀的汉语书写的作品，通过语言转换以后，它的魅力本身也会受到很大的限制。所以，我觉得这是一个很重要的原因。我们缺少老一代的非常优秀的翻译家，比如傅雷、钱钟书、杨宪益等，而国外的汉学家对中国的著作翻译的力度又不是很强、不是很大。所以，我觉得我们也不要太把诺贝尔文学奖当一回事，关键就是我们怎么样真正地能够写出能够反映这个时代的精神、能够写出让人们爱不释手，能够激励我们的年轻人奋发向上的，比如《平凡的世界》这样优秀的作品，这是最为重要的。

[hpty]：嘉宾，你如何看待在天安门放置孔子像这种做法?

【朱永新】：应该说，孔子作为一个中华儒家文化的代表人物，作为一个中国文化的象征，放在天安门广场，我觉得，是完全应该的。孔子也担当得起、也配得起这样一个待遇。我觉得孔子作为万世师表，作为儒家文化的最重要的代表人物，他的思想应该是影响着中国的几千年社会，也影响着整个中国文化的基本精神。过去讲半部《论语》治天下，虽然很多人民群众可能并不了解孔子的故事、儒家的文化，但是,《论语》里面的很多名言警句已经成为我们很多人的生活准则，比如“三人行必有我师”、“已所不欲勿施于人”等等，很多东西已经成为这个民族最基本的东西。所以，对这样一个代表性的人物，目前我们还没有一个纪念他的节日。在世界上很多国家，都有纪念能够代表这个国家文化和精神的节日，比如莎士比亚、福泽渝吉等等，所以，我一直建议我们国家不仅要为孔子立像，而且应该把孔子诞辰日 9 月 28 日作为一个重要的节日。我多次在两会建议要把 9 月 28 号的孔子诞辰日作为我们国家的全民阅读日，因为孔子开宗明义第一句就是“学而时习之不亦乐乎”。我觉得把孔子像屹立在天安门前，在一定程度上不是简单的立一个塑像，而是召唤一种精神，标志着我们这个民族开始有着自觉的文化意识。也就是说，我们应该向我们的传统、应该向我们的历史、应该向我们过去伟大的人物和伟大的智慧致敬。所以，这实际上是一种文化自觉的标志和体现。

[天下公平]：嘉宾：你好！请问什么是“文化走出去”战略？咱们自己的文化走进来（即走进寻常百姓家）推进的如何?

【朱永新】：文化走出去的战略，首先意味着要把文化纳入到国家发展战略，给予高度重视。因为过去我们往往比较多的看重的是经济实力、军事实力这样的硬实力，而忽略了文化这样的软实力，所以我觉得要树立以文化安全、意识形态安全为核心的“新文化安全观”。文化走出去实际上不仅仅是一个文化战略，也是一个政治战略。作为一个政治战略，文化走出去是中国参与全球化时代话语权争夺的重要举措。

文化走出去战略实际上包括三个方面，一是有形的文化产品，比如电影、翻译作品，包括我们的演出。二是文化服务活动，三是无形的文化价值。实际上前面两个还比较容易做，后者是最难的，就是怎么样在境外传播和展现我们中国文化的核心价值、当今中国社会的主流文化价值，即我们社会主义的核心价值体系，尤其体现这些价值的那些文学作品、艺术品、社会科学的一些成果。所以，文化走出去战略应该包括这三个方面。

自己的文化走进来，走进寻常百姓家是我们国家公共文化建设的问题，也就是说，文化作为一个国家的文化产品，政府怎么样提供更多更好的文化产品，把提供公共文化产品作为我们的基本公共文化服务，尤其是让更多的边远地区的农村的人们也能够有文化的享受。这是一个很大的问题。因为从过去的情况来看，我们知道，真正能够享受到文化产品的，比如看演出、看话剧、看电影、看图书，往往最好的文化资源都是集中在城市，但现在我们国家这些年来在推进国家公共文化建设过程中，比如农家书屋工程、村村放电影工程等等这些都能够有助于真正的文化走进寻常百姓家。我觉得现在尤其是在信息时代，在这样一个网络时代，文化已经越来越打破了过去传统的资源垄断的格局，可以更平等地分享文化资源。比如网络，现在很多影视作品、文学作品、艺术作品在网上通过网络，在这个平面大家已经人人平等了，我们接下来推动农村的公共图书馆建设、农村文化中心的建设，让老百姓在家门口就能看到最好的电影，看到最好的读物，享受到最好的文化娱乐活动，所以，我觉得这是一个文化走进寻常百姓家的非常重要的标志。

［想唱就唱］：国内文化走出去做得比较好的地方有哪些，能举一两个典型例子吗？

【朱永新】：我觉得做的比较好的地方，比如浙江。浙江最近这些年来对外文化交流开展扎实，对外文化演出精彩纷呈，对外文化贸易稳步增长，对外文化传播成果喜人。据统计，仅仅 2008、2009 两年间，浙江全省就有对外对港澳台交流的项目 1062 起，9242 人次；出口电影、电视剧、动画片、纪录片 2022 部集，占全国影视和动漫节目出口总量的 20%。全省文化产品和服务出口贸易额近 39 亿美元，年均增长速度达到 21.33%，文化产品和服务出口遍及 180 多个国家和地区，与 100 多个国家进行了文化交流活动。

另外，浙江省各级政府在主动搭建文化交流和文化贸易平台，拓宽浙江文化企业走出去的管道，打造浙江文化品牌等方面，有很多创造性的做法，并且取得了很好的效果，如，浙江电视台国际频道的“连线浙江”、“世界摄影家看浙江”、“外国人写浙江”等活动，以及在杭州西溪设立“艺术大师工作室”和“大师村”等举措，让世界了解浙江，让浙江走向世界；义乌文博会，以“中国制造”走出去的管道，实施中国文化走出去；杭州国际动漫节，抢占国际化程度较高的、文化业态较新的动漫产业制高点；发挥侨乡优势，广泛动员海外人脉资源，积极争取文化企业在海外设立分支机构，促进中国文化走出去；发挥浙江地方文化资源优势，开展形式多样的境外文化展演活动；积极开拓非洲、拉丁美洲等非热点地区、非热点语种的文化市场；倾力打造“小百花越剧团”、“水木动画”、“中南卡通”、“宋城千古情”等文化品牌。

［E 政案第 8946 号］：您如何看待我们生活中语言文字盲目模仿西方的“英语化”现象？请问，我们应该如何让中文“走向世界”？

【朱永新】：应该说这是一个非常好的提案，中文是世界上一种非常特殊的、非常美丽的、有着深刻内涵的文字。这个文字当然需要发展，所以，在世界文化加速交流的背景下，中文自身的发展是必须的。但是中文自身一些规律、自身的一些特点，包括中文自身的纯洁性，怎么样去维护，我觉得的确是一个问题。所以，我也不赞成现在在我们的很多媒体中，包括在影视作品中，动不动就加上 YES SIR，MY GOD 等等。实际上新闻出版总署最近也刚刚发了文件，就是要求禁止现在在我们的正式媒体中不恰当地、随意地使用外文，包括各种外文简称，比如 GDP 等等这样的外文简称，尽管大家都懂，但是我觉得毕竟并不是所有人都能够理解这样的含义，所以，我是赞成应该进一步地规范语言文字的使用，所以，这个问题应该引起大家的关注。

［mztyhao］：请问朱主席，中国文化走出去，目前还需完善哪些机制？

【朱永新】：关于文化走出去的机制，我刚刚在讲到文化走出去建议的时候实际上已经讲到了，尤其是我们的对外文化贸易的体制和机制的问题。我觉得，还有一个很大的问题就是我们的文化走出去对于民间的非官方的管道重视不够。美国哈佛大学教授约瑟夫纳，他就讲过，大部分被认为美国软实力代表的作品都不是美国政府的机构做的，而是来源于非政府机构，从好莱坞到哈佛都是如此。而且一个机构越是被认为是政府的分支，它的信任度就会越低，我觉得我们现在很多国家的形象片，我们国家的很多孔子学院，像这些应该更多地鼓励民间的力量，用民间的声音，用民间组织的形象出面。总而言之，要进一步加大对民间组织、社会组织，包括企业在内，在文化走出去中的作用，发挥他们的主体作用，政府可以在后面做推手，而不要什么事情全部由政府包揽包办，走在前台。

［强国一派］：中国有什么可以拿得出手的文化资源吗？别到头来钱也烧了，文化也没走出去，落得个鸡飞蛋打。

【朱永新】：中国当然是一个文化传统非常深厚的国度，而且中国文化的一些基本价值在当今并没有过时。我记得叶小文曾经举例讲过，西方现在推进的是“三片文化”：大片（电影大片）、薯片、芯片。说美国的大片控制着人们的视觉、舆论，美国的炸薯片控制着人们的胃，美国的计算机芯片控制着人们的创造性和文化安全。实际上还有药片。“三争文明”：人际之间的竞争、群体之间的竞争、国际之间的战争。而中国文化的理想是“大道之行，天下为公”，是“三和文明”：家庭和睦、社会和谐、世界和平。中国人的天下观是“各美其美，美人之美，美美与共，天下大同”。所以，中国更多的是强调的和谐，另外，中国文化中的“天行健，君子以自强不息，地势坤，君子以厚德载物”，一种自强不息和包容宽厚的情怀。所以，我觉得中国文化很多优秀灿烂的东西，在这样一个动荡和竞争的世界中，还是非常值得提倡和关注的。

[自命不凡1961]：请问嘉宾：文化要走出去，就应该淡化政治色彩，让作家在一定的限度内自由畅想，这能做到吗？

【朱永新】：文化在一定程度上和政治、和意识形态是不可分割的，但是这并不意味着我们的文化就限制我们的自由和我们的思想。实际上作为一个作家，作为一个思想家，他在创作的时候，应该是自由的，我们的宪法也赋予了我们能够表达个人意见的权利。当然，我们有我们自己的新闻制度，我们对于公开的发表物有我们的价值要求、取舍标准。你这里讲的在一定限度内自由畅想，我想应该是没有问题的。

[一天一地一广仔]：朱老师，“给力”是一种文化吗？

【朱永新】：“给力”是一种网络语言。“给力”、“围脖”这些都是当今的网络文化，网络文化以简约、新奇、时髦作为一些重要的特征。我觉得它有利有弊，利的方面就是的确丰富了我们的汉语，用我们熟悉的字来产生新的词语，赋予它新的含义，给予一种特殊的表达方式，我觉得从这一点来说，像这样的网络文化还是丰富和发展了我们自身的语言文化。当然，它也会产生一些糟粕性的东西，或者不太符合语言的规律，比如“杯具”，我觉得这个就没有道理，而且会让很多不了解网络文化的人无法去理解它本身的含义，让很多老外冥思苦想也不会想出它特定的含义。所以，我觉得有一些东西，比如“给力”这样的东西，我觉得他是能够理解，同时，也更加形象，但是，像“杯具”这样的东西，至少我个人是不太赞同的。

[千重山]：嘉宾朱永新：你赞成立孔子像，是否你就赞成“三从四德”“男尊女卑”等等孔子的一些教义？

【朱永新】：当然不是。因为立孔子像和赞成“三从四德”、“男尊女卑”这样一些教义之间不能划等号，更何况“三从四德”、“男尊女卑”是后来汉代董仲舒以后罢黜百家独尊儒术以后的产物，有很多并不是孔子本身的原因。

[杜康]：请问朱主席，如何把文化体制改革与文化走出去战略相结合，推动文化强国？

【朱永新】：谢谢“杜康”先生。这是一个非常好的题目。因为建设文化强国，我觉得应该成为我们国家的一个重要战略，或者说文化立国应该成为我们国家在新时期的一个非常重要的战略。一个国家如果没有优秀的文化、强大的文化是不可能真正地屹立在世界民族之林的。

文化的建设和文化体制改革的关系也是非常密切的，文化走出去需要一个好的文化体制的配合。我觉得至少有两个问题是非常值得关注的。第一个问题，我们国家怎么样推进大文化体制建设，现在我们文化是条宪林立，一个网吧，新闻出版总署管、文化部管，一个电子产品也有不同的部门分关把守，所以有没有可能建立一个大文化部，或者大文化委员会，整合整个国家的文化资源，来制定一个统一的文化战略，我觉得这是一个迫在眉睫的问题。现在我们的文化体制改革更多的是转企，如出版企业的转企、院团的转企，这些固然都很重要，但是我觉得还应该有大文化体制的建设问题。这也是我这些年来一直在关注和呼吁的问题。比如日本，它就是一个大文化文部省，连教育都一起管，所以，把文化分得那么细，条块分割，三个和尚，我觉得是不利于我们国家的文化建设的。

第二个问题，我们长期以来习惯于政府统包统揽，所以文化走出去的主体往往都是政府，比如到国外去送演出，随着经济的发展，政府资金宽裕，所以我们更多的是采取送出去，看上去很热闹，但是事实上并没有真正地产生应该有的效应。所以，我觉得应该更多地发挥民间的力量，调动民间参与中外文化交流，政府设置一定的主题，面向国际市场的一个大主题、大战略，让全社会的力量，特别是需要懂得充分利用当代文化推广的新载体。在这一点上，我觉得现在的通信、网络、软件、直播卫星、影视，包括微博在内都是很好的载体。国外的政治要人，比如奥巴马、梅德韦杰夫都懂得利用现代新媒体推广他们的文化、他们的价值。

［人民网记者］：您对国外建设孔子学院这种现象如何看？这种文化走出去的做法给不给力？

【朱永新】：我觉得建设孔子学院本身对于中国文化的输出是有一定的积极意义的，但是，孔子文化主要定位在中国语言的传播和推广，它和文化部的文化中心全面推广中国文化的性质还不完全一样。事实上，我觉得我们的孔子学院如果让民间的机构去做，政府给予支持，可能会更“给力”。因为现在有一些媒体认为，我们是在进行文化的“侵略”，有一些国外学者，特别是一些别有用心的人对我们建设孔子学院持有很多批评的意见，所以，我觉得在下一轮的发展过程中，第一，我们应该更多地发挥国外著名大学、国外民间机构的作用；第二，更多地发挥我们的社会组织、民间机构在孔子学院建设中的作用，政府应该借鉴歌德学院以及其他国际上的文化机构的做法，更平稳、更深入、更润物细无声地传播我们的语言和文化。

［丛林漫步］：人民网与全国政协、民主党派合办了“调研访谈”，作为人民网的老朋友，也是民进中央的副主席，您对这个活动如何看？

【朱永新】：我觉得这是一个非常好的创意，所以，在这里首先我想要代表我们全国人大常委会副委员长、民进中央主席严隽琪，全国政协副主席、民进中央常务副主席罗富和，也代表我们民进的全国近12 万会员向人民网的网友们表示问候，新春将至，祝愿大家节日愉快、阖家幸福、万事如意。作为人民网的老朋友，每一年我都会来到人民网和大家分享、交流，每一天我都会在人民网发微博和大家交流，看强国论坛，了解民生民意。来到人民网，就像来到自己的家一样。

作为“调研访谈”，我觉得这个栏目也做得特别有意义，因为长期以来，民主党派作为参政党，在参与国家的政治事务，在建言献策等方面做了大量的工作，尤其是我们每一年的大调研，比如我们这次“文化走出去”就是大调研的一个题目，应该说，动用了民进全会的力量，得到了有关部委和省市的大力支持，最后形成我们的建议给中共中央，这些过去往往在内部，就是民主党派自己知道，执政党知道，但是社会不知道，所以，我觉得现在通过这样一个栏目让民主党派在参与国家建设，为国家发展建言献策的作用，让更多的人了解，所以，我觉得在一定程度上来说，这个访谈也是给了民主党派一个亮相的新的平台，也是让公众走近民主党派的一个非常重要的管道。同时，也是让民主党派去更清晰地意识到自己的使命，更全面地了解社情民意的一个窗口。所以，我觉得这是一个非常有创意、非常好的栏目。我建议这个栏目能够长期化，我也建议能够邀请更多的民主党派的领导人、专家、学者和公众同人民网网友进行交流。民进有一大批非常优秀的学者，比如去年获得中国社会责任奖的冯骥才先生，他在抢救民族民间文化遗产中做了大量贡献。我们的副主席张帆两次得过鲁迅文学奖，在文学评论界，像你刚才讲到的语言问题，他是这方面的专家。我们的前副主席、著名的作曲家王立平，最近正投入在创作《红楼梦》歌剧的紧张工作中。我们的冯小宁，著名的导演，他正在筹拍新的《甲午海战》，还有顾长卫，他刚刚和他的夫人蒋雯丽一起完成了一个关于艾滋病的公益电影，很多很多精彩的故事，我觉得都可以通过人民网和大家一起分享。

【朱永新】：和大家相约的时间已经到了，我想我们今天就聊到这里，我期待着在不久的两会中我还会来到这里和大家进一步地交流，期待着我们在人民网再见！

林汉达同志文物捐赠仪式举行
王佐书讲话 朱永新主持

2011 年 1 月 27 日，民进中央上午举行林汉达同志文物捐赠仪式。王佐书副主席出席并讲话。朱永新副主席兼秘书长主持捐赠仪式。

王佐书代表民进中央对林汉达亲属表示感谢，感谢她们对民进的热爱，对后人的关心。这些文物代表了民进老一辈的革命精神、光荣传统和民族精神，是用实物编写的教科书，使后人受益终生。林老虽然去世，但他的精神永存，永示后人。作为后来人，我们也必须思考应该做些什么事来使精神永照后人。

王佐书向林汉达亲属颁发了捐赠证书，并对文物的收藏、展览、保存、研究等问题提出了具体要求。

林汉达同志的儿媳谢文漪和女儿林步雪捐赠了林汉达同志的大量珍贵的文物。她们深情讲述了林汉达先生的一些小故事、小片段，回顾了林汉达先生在革命战争年代与敌人进行的不屈斗争，以及新中国成立后在教育、文学和历史研究方面所作出的巨大贡献。希望林汉达先生的崇高精神和优秀质量能够一代代永远传承下去。

民进中央处级干部参加捐赠仪式。大家表示，捐赠仪式就是一堂生动的会史教育课，一件件的文物，承载着民进老一辈人的革命精神和崇高道德风范，为民进的会史教育增添了鲜活的内容。作为后来人，我们应该继承和弘扬民进优良传统，结合树立和践行社会主义核心价值体系，认真研究我会优良传统的时代意义和时代价值。

对考试制度、评价制度改革的思考
民进中央 2011 年基础教育改革座谈会在京举行
严隽琪讲话 罗富和出席 朱永新主持

2011 年 1 月 29 日，民进中央 2011 年基础教育改革座谈会在机关举行。本次座谈会的主题是“对考试制度、评价制度改革的思考”。全国人大常委会副委员长、民进中央主席严隽琪，全国政协副主席、民进中央常务副主席罗富和，教育部副部长、党组成员刘利民出席会议。民进中央副主席兼秘书长朱永新主持座谈会。

严隽琪在座谈会上讲话。她说，去年颁布的我国新世纪第一个中长期教育改革和发展纲要，为中国民主促进会围绕教育改革和发展参政议政指明了目标和方向。探讨当今我国基础教育的改革发展，研究考试制度、评价制度的改革之路，对促进学生的全面发展，推进创新型人才培养，实现人才强国战略，实现科学发展，乃至对于中国参与未来的世界竞争都具有非常重要的意义。她强调，民进作为以教育为主要界别之一的参政党，愿为推进覆盖全民的公平教育，发展资源共享的优质教育，建设伴随一生的终身教育而不懈努力。

严隽琪说，当前教育改革的呼声很高，评价制度改革的重点已经明确。她希望，评价制度改革与教育在其他方面的改革，如学校制度、办学体制、管理体制、经费投入等方面的改革要协调推进。要同时加强评价制度改革的实践探索与理论研究，下大力气总结实践经验，积累丰富的数据资料，将改革经验上升为理论，上升为规律，避免盲目性。应实事求是地考虑我国区域间、城乡间经济发展和教育发展水平的差异，在改革过程中要避免简单化，切忌“一刀切”。要从人才评价和选拔、人事制度、社会环境等更广的视野来思考和设计评价改革。

刘利民代表教育部对民进中央长期以来关心和支持基础教育的改革和发展，为推进教育改革和发展作出的重要贡献表示衷心的感谢，也对本次基础教育改革座谈会的主题给予了充分肯定。他向大家通报了我国在基础教育领域考试评价制度改革方面取得的重大进展，并针对进一步深化考试评价制度改革，提出了今后一个时期需要重点抓好的几项工作。他表示，基础教育规模大，战线长，推进改革的难度更大，课程改革特别是考试评价制度改革任重道远，希望民进中央一如既往地关心、支持基础教育改革，为基础教育工作献计献策，进行监督和指导。

民进中央教育委员会主任庞丽娟，教育部基础教育二司副司长申继亮，课程处处长刘月霞，民进中央参政议政特邀研究员、北京教育考试院副院长臧铁军，中国教育学会高中教育专业委员会理事长王本中出席会议。来自北京、上海、深圳、泉州、大连、郑州、江苏、浙江、山西等省市的近 20 位知名中学校长与会。大家围绕高考制度改革、招生制度改革、教学质量与学生素质的评价、基础教育与高等教育的对接、创新型人才培养等问题进行了深入的研讨，并提出意见和建议。

民进中央教育委员会、中国教育学会高中教育专业委员会有关同志，民进中央及办公厅、参政议政部、研究室有关负责人也出席了会议。

由民进中央和中国教育学会高中教育专业委员会联合举办的基础教育改革座谈会，以共同探讨基础教育改革和发展等问题为主要内容，不仅是民进中央在教育领域参政议政的重要品牌，也为长期在教育一线的校长搭建了相互交流的平台，成为他们为教育改革和发展向国家决策机构建言献策的重要途径。自 2002 年开始，该座谈会已经连续举办了 9 届。

严隽琪：追求光明是人类共同的愿望
民进中央与全国防盲指导组、北京同仁医院
签署“光明行”合作协议

2011 年 1 月 29 日晚，民进中央与全国防盲指导组、北京同仁医院在京签署“光明行”合作协议。全国人大常委会副委员长、民进中央主席严隽琪，全国政协副主席、民进中央常务副主席罗富和，民进中央副主席王佐书，副主席兼秘书长朱永新，全国防盲指导组组长、北京同仁医院院长韩德民，北京同仁医院副院长、眼科中心主任王宁利等出席签约仪式。朱永新主持签约仪式。

严隽琪在签约仪式上指出，追求光明是人类共同的愿望，“光明行”是一件非常有意义的事情。2010 年“光明行”走出国门，走进非洲，受到了当地百姓的热烈欢迎，在非洲和国际社会引起了强烈的反响。这说明“光明行”对于中非援助工作具有重要意义。民进中央愿意与全国防盲组、北京同仁医院以及其他参与“光明行”活动的机构，共享资源，积极参与，以实际行动使人民的眼睛更明亮，使世界更光明。

韩德民说，今天是一个非常有纪念意义的日子，我们与民进中央签署了“光明行”合作协议，严隽琪、罗富和等领导同志的支持将是推进我国落实防盲规划的一个巨大推动力。签约对项目的实施有实际推动，我们一定会尽力完成这个项目。

王佐书代表民进中央、韩德代表全国防盲指导组、北京同仁医院在合作协议上签字。根据协议，三方将在为老少边穷地区可治疗盲人群众做免费复明手术，为当地基层医疗机构提供技术指导和培训，加强防盲管理，捐赠相关医疗设备仪器，协助地方政府制定完善防盲规划等方面开展广泛合作，以实际行动促进落实全国防盲规划和世界卫生组织提出的“视觉 2020，消灭可避免盲”全球战略目标。

民进中央联络委员会主任梁勇、副主任刘红，民进中央及办公厅、社会服务部，民进北京市委，全国

防盲办公室，北京同仁医院眼科白内障中心，北京同仁医院眼科中心防盲办公室等有关负责人，中国民间组织国家交流促进会的同志出席了签约仪式。

自2003年起，民进中央先后共参与了5次“光明行”活动。2007年的“新疆光明行”、2008年的“沂蒙老区光明行”、2009的“江西南昌光明行”以及2010年的“新疆喀什光明行”和“2010中非光明行”。全国政协原副主席、民进中央原第一副主席张怀西，民进中央副主席王佐书、刘新成、朱永新等均出席指导过“光明行”有关活动。2010年12月，罗富和会见了全国防盲组“2010中非光明行”一行。

支持帮助　关注发展
中共河南省委、河南省人民政府致信民进中央

2011年1月31日，中共河南省委、河南省人民政府致信民进中央表示感谢并希望继续帮助发展。全文如下。

民进中央：

值此新春佳节即将到来之际，我们谨以中共河南省委、河南省人民政府的名义，代表全省人民，向民进中央的各位领导和全体干部职工及其家属，致以新春的问候和美好的祝愿！

2010年，是我们胜利完成“十一五”规划、经济社会发展取得显著成绩的一年，也是我省积极谋划绘就“十二五”发展和中原经济区建设宏伟蓝图的一年。一年来，我们面对复杂多变的国际国内经济形势，在党中央、国务院的正确领导下，全省上下深入贯彻落实科学发展观，解放思想、开拓进取、求实求效，综合经济实力、粮食生产能力、城镇化发展、基础设施建设和人民群众生活水平跨上新台阶，文化强省建设、生态建设成效显著，精神文明建设、民主法制建设和党的建设全面推进，社会大局保持稳定，经济社会发展保持了好的趋势、好的态势、好的气势。这些成绩的取得，是你们长期以来关心支持的结果。特别是在2010年河南谋划构建中原经济区的过程中，你们帮我们理思路出主意，为中原经济区建设上升为国家战略出谋划策。今年1月，中原经济区正式纳入全国主体功能区规划，上升到国家战略层面，这既是1亿中原儿女努力奋斗的结果，也是你们大力支持和帮助的结果。对此，我们表示衷心的感谢！

2011年，是“十二五”发展的起步之年，也是中原经济区建设的开局之年，我们将全面贯彻党的十七大和十七届三中、四中、五中全会精神，突出科学发展主题，贯穿加快转变经济发展方式主线，坚持重在持续、重在提升、重在统筹、重在为民的实践要领，推动经济社会持续较快发展，为“十二五”发展和中原经济区建设开好局、起好步。

中原经济区建设是一项宏大的系统工程，还有很多工作要做，更需要你们进一步支持和帮助。希望在新的一年里，你们一如既往地关注河南发展，帮助我们搞好中原经济区建设，推动实现中原崛起、河南振兴。

衷心祝愿民进中央全体干部职工在新的一年里工作顺利，身体健康，阖家幸福！

2月

发扬成绩　发挥优势
严隽琪 罗富和与民进深圳市委共贺新春并座谈

2011年2月3日，全国人大副委员长、民进中央主席严隽琪，全国政协副主席、民进中央常务副主

席罗富和下午在五洲宾馆会见民进深圳市委主委张效民、部分在深市委委员、骨干会员代表等一行十多人，共贺新春并座谈。

严隽琪认真听取了民进深圳市委工作汇报。她代表民进中央向深圳民进会员表示关怀和问候，充分肯定了深圳民进在自身建设、参政议政、社会服务等方面所取得的成绩。她说，深圳民进去年完成了一个“大满贯”，从民进市委、总支到支部，分别获得民进中央地方先进组织表彰，希望深圳民进继续努力，大力发扬成绩，充分发挥优势，切实履行参政党职能，尤其是在民进中央今年确定的“机关建设年”主题活动中积极探索，推动各项会务工作迈上新的台阶。

严隽琪充分肯定了中共市委统战部对深圳党派自身建设的支持与帮助，认为深圳“窗口”、“前沿”的定位与目前的经济社会发展情况，决定了应该加快党派组织发展，广泛吸收优秀人才，才能与深圳民主政治建设的需要相适应，才能与深圳作为改革开放排头兵的地位相适应。

严隽琪在了解深圳民进机关编制情况后说，深圳民进机关人员虽少，但是工作任务完成好，机关效率高，应该肯定。希望进一步加强机关建设，适当增加机关人员编制，以适应深圳党派快速发展的要求，进一步发挥好机关协调参谋的枢纽作用。在听说各党派机关将在新的办公大楼办公，严隽琪非常高兴。她希望深圳作为经济改革的试验田，在落实科学发展观，推动经济转型、产业升级等方面要继续为全国提供路径性的经验，民进会员在这方面多做些探讨性的研究，为地方经济发展作出新的贡献，也为民进中央在更高层面上建言献策提供依据。

严隽琪高度赞赏中共深圳市委关于深圳统战工作的新思路、新要求和新举措。她说，深圳地处改革开放前沿，特区建立已经30年了，在庆祝特区成立30周年大会上，胡总书记发表了重要讲话，高度肯定深圳等经济特区30年来取得的辉煌业绩，也提出了新的奋斗目标和要求。其中也包含了对于民主政治建设方面的要求，深圳应该在统战工作尤其是党派工作方面创造新的经验、走在全国的前头，为全国的统战工作开展新的探索，创造新的经验。

严隽琪特别提到，深圳城市人口迅速扩大，适度加快党派成员的发展、完善各区党派构架，是完全必要的，也只有这样，才能使党派组织更具有活力，适应经济特区各方面发展尤其是民主政治建设的需要，适应进一步完善中国共产党领导的多党合作政治协商基本政治制度的需要。她说，深圳的各个区，无论是从人口数量、经济总量、财政收入还是产业状况、人才状况来看，都比内地很多中等城市还要强、还要多，成立民主党派的区委组织是完全具备条件的。希望加强沟通协调，积极探索，积极推进。

严隽琪在谈到职业教育发展问题时说，珠江三角洲、长江三角洲等经济发达地区的高等职业教育面临着经济发展模式转型、产业结构升级新的形势和新的要求，经济发展的转型、产业结构的升级对于职业技能人才的培养和高等职业教育的层次结构和布局都提出了新的要求。如果还是全国一刀切，都把政府兴办的职业技术学院限制在大专层面，是不能适应新的形势要求的。这是一个事关科学发展观落实、经济结构调整和产业结构升级的大问题。她提出，民进中央与北师大合作组建的教育政策研究院要立项研究，希望深圳民进、深圳职业教育研究机构参加，为国家制定教育发展战略提供更多的有建设性的意见和建议。她还希望深圳职业技术学院能够升格、更名，尽快与国际接轨，为经济转型、产业升级提供急需、更高层次的实用型、技能型人才。她说，香港理工大学、香港科技大学实际上就是培养实用性、技能型人才的，也不妨碍其成为国际著名大学；世界发达国家许多都是把职业技术大学称为科技大学、理工大学而不叫职业学院。中国社会有个偏见，好像一进入职业技术院就低人一等，这个习惯或者说是文化心理，我们在学校命名时还是要注意的。更名后更能吸引优秀学生进入这类学校学习，对提高此类学校的生源质量、提高教学的质量是十分必要的，是一件好事。

严隽琪在听说深圳经济总量和财政产出之比到达37%以上时表示称赞。许勤市长提出要树立“深圳质量”的观念，这就是现在的深圳质量，深圳的经济质量很高，远远走在全国前头，现在提出“深圳质量”的理念，对于深圳全面提升经济的质量效益，对于深圳提高社会建设和生活的质量，对于深圳建设和谐社会，意义重大。严隽琪表示，以前也多次来深圳，但总是来去匆匆，这次在深圳深入细致地看了一些地方，感觉深圳城市面貌新、绿化好，充满活力。在城市规划方面，她感到许多方面都走在全国前面。

张效民代表民进深圳市委汇报了过去一年的主要工作。他说，在民进中央、中共广东省委、深圳市委的正确领导和大力支持下，深圳民进各项工作逐步开创了新的局面：基层组织换届顺利完成；组织建设有了新的进步，逐步步入规范化、制度化的轨道，去年，深圳福田总支、罗湖二支部还分别获得“民进全国先进基层组织”表彰；建立了会内监督机构和代表列席市委会制度；会员队伍建设和干部推荐、培养等工作取得较好成绩，一批优秀骨干会员在公推公选中脱颖而出，走上各级领导岗位；参政议政等工作扎实开展，其中邀请专家遴选集体提案的做法深受好评，并产生了良好的效果，等等。他还汇报了过去一年中共深圳市委和市委统战部对于党派工作的新思路、新要求，介绍了新一届市委关于“深圳党派工作也要走在全国前列，也要当排头兵，为全国的统战工作创造经验”的新要求和市委统战部关于适当加快党派成员发展、扩大民主党派成员数量、推动各民主党派区级机构完善的意见。

座谈中，严隽琪、罗富和仔细地询问大家的工作、学习和生活情况。深圳民进会员良好的精神风貌，以及在本职岗位、参政议政等方面的突出表现，给两位领导留下了深刻的印象，严隽琪、罗富和表示非常满意，并与会员代表亲切合影留念。

亲切的交流　新年的祝福
严隽琪 罗富和 王佐书 朱永新走访民进中央各部门

2011年2月9日，民进中央主席严隽琪，常务副主席罗富和，副主席王佐书，副主席兼秘书长朱永新上午9时许，走访机关各部门，和工作人员亲切交流，并致以新年的祝福与问候。

严隽琪在办公厅感谢大家一年来的辛勤工作和大力支持，使得机关的运转阳光、高效、舒畅。她说，办公厅工作非常重要，任务重、头绪多，还直接影响着整个机关的工作氛围和工作效率，和机关每一个人息息相关。可以说，机关是为全会服务，办公厅则是为全机关服务，这需要工作人员在日常工作中细致、稳妥地理清思路、把握规律，以推动各项工作不断进步。她勉励大家要继续为推进和谐机关建设共同努力。

严隽琪在组织部说，去年开展的先进地方组织、先进基层组织创建活动很好，总结表彰大会也很成功。希望大家在完成日常性事务的同时，能够多思考、多分析，针对我会自身特点，找出规律，在促进组织工作发展等问题上提出好的建议。当听到组织部同志通过参与起草表彰大会的方案和主题报告，锻炼和提高写作能力，通过学习借鉴执政党经验，在日常工作中做了许多研究和思考时，严隽琪对此给予充分肯定，并鼓励大家继续努力，多与会员交流、交往，在服务会员的过程中进一步提高综合素质，提高工作水平。

严隽琪在宣传部说，去年一年，宣传部在树立和践行社会主义核心价值体系主题教育活动中开展了很多活动，针对民进会内关心的一些问题，作了有针对性的回答，取得了较好的效果。在一些重大和突发事件的宣传方面，跟进的速度很快，特别是网站快速反应，工作富有成效。她说，民主杂志社的同志也为宣传工作提供了大力支持，我们要把“民主”这个名字延续下去，并将这一品牌越擦越亮。希望大家在新的一年里，不断提高政治敏感性，锻炼笔杆子、脑瓜子、嘴巴子，在机关创先争优工作中再创佳绩。

严隽琪在社会服务部说，社会服务工作在扩大我会影响和知名度方面发挥着重要作用，任务也比较繁重，做好这项工作，需要我们有满腔热情和大爱之心。当前，社会服务工作在不断地推进，社会上对这项工作的需求也在增加。针对这样的情况，我们在继承传统的同时，还要开拓新思路，开辟新途径，在工作中用心、用力、用脑，最终实现社会服务工作有序、有力、有影响，从而为民进赢得更多的社会认可和美誉。

严隽琪在参政议政部说，参政议政是民主党派的重要职能，2010 年，参政议政部不仅完成了常规的各项工作，还对一些突发事件及时作出反应，为民进建言献策提供了有力支持，高质量的提案获得了广泛认可。部门干部的挂职工作，也在当地取得很好的反响，扩大了民进在社会上的影响。新的一年，我们的工作要继续在老阵地和新领域共同推进，要在全体会员的支持和参与下，努力取得更大的进展。希望大家要在工作中不断锻炼自己，开阔视野、提高能力，实现个人素质的提升。

严隽琪在研究室说，去年研究室在社会主义核心价值体系和学习型参政党建设方面的研究工作做得很好，为领导提供的各类稿件质量也很高，感谢大家的付出和努力。她说，研究室还承担着会史、年鉴和我会有关资料的整理工作，其中老一辈领导人的许多事迹，不仅能够体现他们的风格、智慧、学养，以及不张扬、处处为别人考虑的高贵质量，还体现着民进人的精神和风范，需要我们注意收集、整理和学习。她还对从开明出版社借调来的新同志表示欢迎，对出版社的支持表示感谢。

严隽琪、罗富和、王佐书、朱永新还看望了食堂、保安、保洁等机关后勤员工，向他们致以新春问候。办公厅负责人陪同走访。

构建和谐机关
民进中央机关 2011 年部门负责人新春研讨会在京召开

2011 年 2 月 9 日至 10 日，民进中央机关 2011 年部门负责人新春研讨会在北京召开。此次研讨会的主题是如何构建和谐机关。民进中央主席严隽琪、常务副主席罗富和、副主席王佐书、副主席兼秘书长朱永新出席研讨会并讲话。

严隽琪在讲话中说，和谐机关是成员心态舒畅、积极、充实的机关；是环境氛围温暖、健康、团结的机关；是工作状态风清气正、协调通畅、有序有效、务实创新的机关。建设和谐机关的原则是在树立和践行社会主义核心价值体系的活动中树立和巩固共同的理想信念、目标方向和价值追求；通过建设学习型参政党，改善制度和法纪，提高能力和素质，形成良好的互动关系，营造浓郁的文化氛围。

严隽琪对机关部门负责人和机关工作表示了肯定：任务繁重压不垮、问题新难不倒、空岗多散不了、突发事件能应急；同时指出，机关确实还存在一些不容忽视的问题，继续加强和谐机关建设势在必行。

严隽琪说，建设和谐机关，要努力完善组织、制度和政策等各项体制机制；要努力提高人员的修养与能力，增强每个人，特别是各级领导干部的全局意识、责任意识、时效意识、成本意识；要努力营造以人为本的文化环境。希望机关认真策划并实施系统的“改善工程”，改善决策系统和决策前的研究系统，进一步理顺领导班子和工作班子的关系；实施增强凝聚力的“阳光工程”，充分发挥机关民进支部、中共支部、团支部和工会组织的积极作用，加强人文关怀，开展谈心活动，尊重干部正当个人利益和发展需要，坚持正确用人导向，完善干部人事制度；实施提高执行力的“给力工程”，建设学习型机关，提升干部“脑瓜子”、“笔杆子”、“嘴巴子”能力，引导树立正确的人生观、价值观，进一步推进部门管理，努力形成上下左右互相给力，合力共赢的局面。

严隽琪向机关部门负责人推荐了《思想解放与政治进步》一书，希望大家在读书中进一步提高分析问题的能力。

罗富和在讲话中说，领导干部是机关和谐文化建设的主力、标杆、楷模，要具备三种意识：首先是自觉。要对自己工作的使命有清醒的认识，把参政党的工作放在全球化的视野，放在国家发展的进程中进行考虑，只有这样才能看清工作的方向。其次是自强。自强包括自立、自信、自勉、自责，要进一步提高自身谋划能力、组织实施能力、解决问题能力。再次是自省。对自己要有自知之明，有客观的评价，完成一件任务后，要分析不足之处，不断提高。

王佐书在讲话中说，和谐机关的内涵就是有序机关、制度机关、公平机关、团结机关、执行机关。他用四句话与大家共勉：任何一个人的工作都是全人格参与的过程；领导干部靠权力因素和非权力因素来领导；领导的威信是执行力、领导力、管理能、领导艺术；任何人的工作都是一个透明的活动。他强调，领导永远是和谐的关键，办任何事都要为大家的工作提供方便，要充分体贴别人工作的难处，为别人工作创造良好的环境。

朱永新利用 PPT 为大家作了题为《建设和谐机关与提高机关执行能力》的讲话。他说，和谐机关的建设方向，不是一团和气，为了和谐而和谐，而是为了政通人和，通过建立和谐的人际关系，来建立和谐的氛围，提高大家的学习研究能力，执行能力，创新发展能力，从而提升机关整体的工作能力。

2010 年民进中央把机关建设列为全会的工作重点之一，今年年底将召开“民进全国机关建设工作会议”，这次研讨会正是在此背景下召开的。会议始终在热烈的气氛中进行，各部门负责人结合工作实际，围绕什么是和谐机关、如何构建和谐机关等问题进行了充分交流，探讨了部门管理和机关建设规律，提出了问题和建议。朱永新主持研讨会。民进中央副秘书长、各部门负责人参加了会议。

深厚渊源 密切联系
严隽琪 罗富和会见中共上海市委负责人 王佐书 朱永新出席

2011 年 2 月 14 日，全国人大常委会副委员长、民进中央主席严隽琪，全国政协副主席、民进中央常务副主席罗富和上午在民进中央会见中共上海市委常委、统战部部长杨晓渡。民进中央副主席王佐书，副主席兼秘书长朱永新出席会见和座谈。

严隽琪说，新春伊始，年节的浓重气氛中，我们迎来了上海市委统战部的同志们，我代表民进中央对杨晓渡部长一行的到来表示欢迎。上海是民进的发祥地，留下了老一辈民进人的足迹和往事，民进与上海有着很深的历史渊源，现在民进也一直关注上海的发展，并与上海市委统战部有密切的联系。在上海市委统战部的协助和支持下，上海卢湾区图书馆——民进成立旧址得以完好地保存，成为民进会员感怀前辈胸怀与业绩的圣地。民进上海市委在参政议政、社会服务、组织发展等方面也取得了很好的成绩，特别是在社会管理、社会建设等领域作出了贡献，在此也要向你们表示感谢。

严隽琪说，当前正值“十二·五”开局时期，民进作为以教育、文化、出版为主要界别的参政党，面临着机遇，也面临着挑战，需要在履行职能、自身建设等方面与时俱进。一方面要保持与发扬长期形成的界别特色，另一方面也应该看到履行参政议政职能是不分界别的，要注意吸收、发展其他领域的优秀人才，开拓参政议政新领域，集智聚力，为国家和社会的发展多提真知灼见。

罗富和说，在多次交流与合作中，上海市委统战部的工作作风给我留下了深刻的印象。特别是在民进中央主办海峡两岸四地电影产业发展论坛期间，联络、接待、安排等各个环节都得到你们的大力支持，使活动获得圆满成功，实现了用电影文化促进两岸四地相互了解和感情交流。希望双方这种良好的关系在今后的工作中不断发展。

杨晓渡对民进中央领导在百忙之中安排接待表示感谢。他说，这次来访，一是要代表中共上海市委、市政府向民进中央的领导拜年，二是要对民进中央长期以来给予上海市委统战部工作的关心与指导表示感谢，同时希望民进中央在新一年中一如既往地对上海市委统战部的工作给予支持和帮助。

王佐书、朱永新就民进基层组织建设、会员发展、双方今后的进一步合作等问题发表意见、提出建议。

中共上海市委统战部副部长吴捷及办公室、党派处负责人，民进中央各部门负责人参加了会见。

长期关注教育事业 切实重视学前教育
严隽琪 罗富和会见江苏省政协负责人 朱永新出席

2011 年 2 月 14 日，全国人大常委会副委员长、民进中央主席严隽琪，全国政协副主席、民进中央常务副主席罗富和下午在民进中央会见江苏省政协副主席、省委统战部部长周珉。民进中央副主席兼秘书长朱永新出席会见和座谈。

严隽琪首先代表民进中央对中共江苏省委统战部同志们的到来表示欢迎。她说，在江苏省委统战部的具体指导和大力支持下，2010 年江苏民进在参政议政、社会服务、组织发展等方面取得了很好的成绩。江苏全省各级民进组织回应民进中央号召，围绕开展树立和践行社会主义核心价值体系活动，不断开拓，勇于创新，在自身建设、履行职能、服务社会等各项工作中取得显著成绩。江苏有 3 个地方组织、27 个基层组织荣获民进全国先进地方组织、先进基层组织的光荣称号，信息工作、新闻宣传工作也名列前茅，分别获得了民进中央 2010 年度专项工作奖。

严隽琪说，民进作为以教育、文化、出版为主要界别的参政党，坚持集智聚力，长期关注着国家的教育事业。民进中央与北京师范大学共同成立的“中国教育政策研究院”的专家学者，为国家教育事业，尤其是为《国家中长期教育改革和发展规划纲要（2010—2020 年）》贡献了智慧。关于周珉部长关注的学前教育问题，民进中央教育委员会也曾做过大量的调研工作。去年 10 月，由民进中央妇女儿童委员会牵头、全国妇联组织八个民主党派的妇委会专家，深入到江苏南京等地调研，并分别向全国妇联、民进中央递交了调研报告。

罗富和介绍了民进中央参政议政的工作情况，介绍了“两会”提案的形成过程与工作程序，并对江苏省委统战部与民进江苏省委就学前教育问题进行联合调研，长期关心支持民进江苏省委的工作表示衷心感谢。

周珉介绍了中共江苏省委统战部联合民进江苏省委对学前教育问题进行调研的情况，并希望在形成提案和建议等方面得到民进中央的支持。

周珉说，目前学前教育问题已引起中央领导与各级政府的高度重视，以“国十条”为代表的、旨在改善我国学前教育的文件和措施相继出台。然而，若要真正振兴我国学前教育，就必须切实解决进一步提升学前教育在民生发展中的地位、进一步增加财政投入、合理规划使用学前教育经费、重视幼儿师资培养、提高幼儿教师素质、明确政府主办幼儿园的定位与管理，严格做好质量评估工作等几个方面的问题。

朱永新就双方今后的进一步合作等问题发表见解，提出希望。中共江苏省委统战部、办公室，民进中央参政议政部有关负责人会见时在座。

民进网站 2011 年度工作会议召开

2011 年 2 月 14 日，民进网站 2011 年度工作会议下午在民进中央召开。会议总结了民进网站 2010 年度工作，表彰了 2010 年度“好编辑”和“明星栏目”，讨论了 2011 年网站工作计划。会议还宣布了民进网站人事调整决定。经民进十二届二十七次主席办公会议决定，任命了部分新的网站管理委员会和网站总编室成员。民进中央副主席、民进网站管理委员会主任王佐书，民进中央副主席兼秘书长朱永新出席会议并讲话。

王佐书在讲话中说，网站是民主党派的窗口，是喉舌，体现了党派的思想和价值观念，要充分利用科技优势，办出特色，办出特点，讲究实效，讲究艺术，网站内容维护要讲究质量，要在关键时间，找到关键题材，解决关键问题，使网站工作切合实宜，切实有效，切实可行。要针对存在问题，加强学习，改革创新，提高质量。

王佐书说，技能与知识受到责任心的支配，做好工作需要全人格的参与、全身心的投入。希望各位编辑对工作中的可控因素和不可控因素要做到心中有数，做好可控因素以抵御不可控因素给我们工作带来的影响；任何一项工作的成功都是一个体系的成功，每个人都必须要在体系中做好自己的工作；工作方法的改革要像“集装箱”一样整合提高效率，用集装箱思想、集装箱意识，坚持集装箱方法，追求集装箱效益；要学会透过现象看清事物的本质。

朱永新在讲话中对新的网站总编室提出了殷切希望。他要求新的总编室班子勇担重任，全面负起责任来，把网站工作搞好。网站是整个民进的网站，办好网站需要全会的共同努力。希望民进中央各部门对网站工作多关心、多指导，对本部门负责的栏目认真策划、精心维护，对本部门的编辑多关心、爱护、鼓励。

王佐书、朱永新为获奖的编辑颁奖。会议表彰了2010年度“好编辑”和“明星栏目”。

民进网站总结了2010年网站工作。总结指出，民进网站在过去的一年里，积极加强网站建设，进一步加强队伍培训，努力提高网络宣传工作水平。在开展的各项常规工作中，不忘创新形式和丰富内容，不断积累经验，努力体现党派特色，体现民进特色，办出民进网站自己的特色。为确保网络系统安全高效运行，对网站系统进行了保障性、建设性维护，完成了网站改版及后台系统和数据迁移等项工作。在谈到2010年的网站工作时，总结提出，民进网站要坚持围绕中心、服务大局的工作方针，坚持内容为王和质量至上的工作原则，以纪念中国共产党成立90周年、辛亥革命100周年和学习宣传“十二五规划”为契机，以加强队伍建设为重点，以多种形式的活动为载体，以打造一批知名栏目为抓手，进一步加强网站建设，努力提高点击率，并着力解决好部分栏目维护不及时和更新数量少的问题。

民进网站总编从研讨工作、举办活动、加强队伍建设、保障运行安全四个方面对2011年网站工作计划进行了说明。与会同志对工作计划进行了热烈的讨论，并提出规范维护内容格式，加强对地方网站的指导与培训等可操作性的意见和建议。

民进中央副秘书长及各部门负责人，民进网站总编室负责人和编辑共30余人参加了会议。

中共中央领导同志对民进中央关于推进文化走出去战略的建议作出重要批示

2011年2月15日，民进网站发布本报道。

近日，中共中央政治局常委李长春，中共中央政治局委员、中宣部部长刘云山分别对民进中央《关于推进“文化走出去”战略，加强国家文化软实力建设的建议》作出重要批示。

民进中央在建议中明确表达了对我国实施“文化走出去”战略的高度重视和深切关注。民进中央在建议中认为，在中共中央的政策支持和地方政府的大力推动下，“文化走出去”的步伐不断加快，呈现出品牌化、精品化、规模化发展，文化交流与文化贸易并重、经济建设与文化建设互相促进的大好局面。但也必须看到，实施“文化走出去”战略，无论是政策制度，还是体制机制，乃至文化企事业的运作层面都存在着一些需要解决的问题。要解决这一问题，国家层面还需要加强统一部署，政府部门间还需要加强协调配合，支持“文化走出去”的具体政策措施还有待进一步完善，“文化走出去”的平台和管道还有待进一步整合、拓展。

对进一步推进“文化走出去”战略，民进中央认为，要将文化纳入国家发展战略高度予以重视；要深刻理解实施“文化走出去”战略的意义；要准确把握“文化走出去”的战略重点；要正确处理“文化走出去”与国内文化建设的关系。为此，民进中央从五方面提出政策性建议。

一是建议结合“十二五”规划的制定，制订“文化走出去”战略规划，明确“文化走出去”的战略目标和战略重点。要科学编制“文化走出去”的战略发展规划，并作为“十二五”期间文化建设的重要战略任务来部署。规划中要明确“文化走出去”的中长期战略目标，明确政策导向和重点工程、重点任务，列出线路图和时间表。

二是建议理顺文化管理体制机制，加强对文化事业和文化产业的组织领导。要加强对外文化贸易的体制和机制建设，发挥政府强有力的调控和推动作用至关重要。

三是建议加快海外中国文化中心建设，拓宽对外文化宣传阵地。建立海外文化中心是世界很多国家，特别是西方国家的通行做法。美国、英国、德国等在世界上都有上百个文化中心，其传播本国文化和价值观念、塑造国家形象的作用是不可替代。我国已在非洲、欧洲和亚洲的 9 个国家建立了中国文化中心（南北美洲和大洋洲尚无中国文化中心）。目前已经在建、商建和提出希望建设中国文化中心的还有将近 40 个国家。

四是建议完善文化产品出口的配套政策，进一步加大扶持政策的实施力度。国家已经制定出台了一些有利于文化企业“走出去”的经济政策，但还需要将相关配套政策进一步完善和落到实处。

五是建议整合、拓宽管道，建立国际市场的营销网络和走出去服务平台，多渠道助力“文化走出去”。推广、宣传、服务文化产品，无疑也是“文化走出去”的一个重要环节。

《关于推进“文化走出去”战略，加强国家文化软实力建设的建议》，是民进中央在深入调研基础上形成的。此前，按照中共中央“推动社会主义文化大发展大繁荣”，“提高国家文化软实力”的精神，民进中央把 2010 年重点调研课题确定为“完善制度、落实政策，推进‘文化走出去’战略”。由严隽琪主席、罗富和常务副主席带队的民进中央调研组于 5 月 7 日至 15 日，在浙江杭州、宁波、温州三地市进行了重点调研。期间，举行了 4 场专题座谈会，实地调研了 15 个国有和民营文化企业。5 月 19 日至 20 日，严隽琪主席带队的民进中央调研组在北京市进行了重点调研。期间，举行了两场专题座谈会，实地考察了两个文化企业。此外，民进中央还分别在广东省和重庆市进行了预调研，在湖南省和辽宁省进行了后调研。北京、上海、江苏、安徽、湖南、广东、重庆、辽宁、福建等 9 个省级民进组织也在本地进行了调研，并向民进中央提交了调研报告。在调研报告形成过程中，民进中央先后召开会内和会外专家座谈会，多方征求意见建议。数易其稿后，再在调研报告的基础上向中共中央、国务院提交了这份建议书。

构思新奇　意境深邃
严隽琪出席《冯骥才画集》出版首发式并致词

2011 年 2 月 15 日，由中国民主促进会中央委员会、国务院参事室、中国文联、全国政协书画室主办，开明画院、中华书局、中国民协承办的“水墨诗文——《冯骥才画集》出版首发式”下午在北京全国政协礼堂举行。全国人大常委会副委员长、民进中央主席、开明画院名誉院长严隽琪出席并致词。

严隽琪对《冯骥才画集》的出版表示祝贺。她说，冯骥才同志不仅在文学创作上有巨大的成就，他还有着令人赞叹的绘画才能与灵性。他的画构思新奇，意境深邃，耐人寻味，画中的四季风物、自然景观，无不澄澈唯美、清新雅致、格调高远、情趣盎然。冯骥才从自己亲身经历的基础上出发，通过用心地创作，潇洒自如地借景抒情、借景言志，将画意、画情和画趣水乳交融，给予人巨大的心灵感动，可以说他的绘画就是用笔墨在写作，画中的一点一线，一块色调，一片水墨，都是饱含情感的语言。

严隽琪盛赞冯骥才在长期担任民进中央副主席这一重要领导职务的过程中，积极参政议政、建言献策，对民进的工作投入了巨大的心血，并充分肯定了冯骥才在我国民族民间文化遗产紧急普查与抢救工作中所作出的巨大贡献。

严隽琪说，冯骥才为民间文化保护而吃苦受累、无私奉献、铁肩担道义的“天下情怀”让我们钦佩；冯骥才集作家、画家和文化学者为一身的大家风范让我们景仰。冯骥才的确有一双天赋妙手、巧手，让我们羡慕；可他的勤奋、他的专注、他的创新精神更让我们看到了学习的榜样。

严隽琪说，中国的文化正处在现代化和全球化双重变奏下，中国文化发展如何既有效地学习西方国家，又保持中华民族的独立，一直困扰着近现代中国的知识分子和政治家。出路何在？既不应是单纯传统文化的复兴，也不应是单纯西方文化的移植，应体现传统性与现代性、民族性与全球性的统一。中国必须面向未来、自觉开放；中国又须慎终追远、文化自强。

中国文联党组书记、副主席胡振民，中国文联党组副书记、副主席覃志刚，国务院参事室主任陈进玉，文化部副部长王文章，民进中央副主席兼秘书长朱永新，民革中央副主席、民革中央画院秘书长何丕洁，全国政协文史和学习委员会副主任毛福民，山西省政协副主席、民进山西省委主委卫小春出席首发式。

胡振民、王明明、邵大箴分别代表中国文联、国务院参事室、美术评论界在会上发言。中国美协名誉主席靳尚谊、中国舞协主席赵汝蘅、清华美院教授李燕、著名学者张颐武分别就冯骥才的艺术人生和绘画创作发表了即兴发言。

全国政协常委、国务院参事、中国文联副主席、民进中央副主席、中国民协主席、开明画院院长冯骥才最后致答谢词。他说，希望他的画单独地站在人们面前，希望人们从纯粹的艺术角度来看他的画。

《冯骥才画集》，这部设计编印精美的大画集，是冯骥才近20年来绘画作品的精华，也是冯骥才50年绘画的一个总结。

冯骥才说：“虽然图版皆是后一阶段的‘现代文人画’，然而，我将前一阶段经历‘文革’、损毁殆尽的‘劫后残余’的些许资料，尽可能地作为历史依据附在集中。为使内含充分，还收录了几位中外学者评述我的文章和绘画观方面的自我表述，以及个人的大事记等等。”因此这部大画集对冯骥才来说，还具有一定的档案性。

出席首发式的还有来自中国文联及所属各协会、开明画院、有关高等院校、艺术团体、出版界的著名作家、艺术家和评论家罗成琰、罗杨、向云驹、郁钧剑、龙瑞、李前宽、言恭达、滕矢初、张抗抗、王铁成、唐勇力、李昕、李岩、张子康、李世跃、雷达、何曼玲、黄和平等。民进中央办公厅、民进江苏省委负责人等出席首发式。首发式由中央电视台节目主持人张泽群主持。

提升哈尼梯田文化感染力
罗富和在红河州调研并视察民进云南省委

2011年2月16日至18日，全国政协副主席、民进中央常务副主席罗富和在云南调研。

2月16日至17日，罗富和在云南省政协副主席、民进云南省主委罗黎辉的陪同下，到云南红河州调研。中国农业科学院院长翟虎渠参加调研。红河州委书记刘一平，州委副书记、州长杨福生，州委副书记罗志明，州人大常委会主任陈霖，州政协主席李保文等陪同在蒙自的调研活动。

2月16日中午，调研组一行到元阳县就梯田的现状进行实地考察。元阳县政府就元阳梯田农耕文化保护及开发工作情况向调研组作了详细汇报。元阳县一直重视对梯田的保护与开发，尤其是2008年引进云南世博集团公司以后，建立了“政府主导、市场运作、群众参与”的哈尼梯田旅游产业发展机制，实施了“一镇六村”、老虎嘴、多依村、坝达等景区景点建设，累计完成投资1.4亿元，旅游配套设施得到了较好改善。同时，元阳梯田的开发与保护也面临一些棘手问题，仍存在基础设施落后、财源匮乏、产业发展慢、贫困程度深等困难。

罗富和认真听取汇报后，对元阳在梯田文化的保护与开发方面所取得的成绩给予了充分肯定，并对元阳梯田的开发与保护提出了一些意见和建议。他对元阳县政府与企业合作开发的做法表示赞成，希望继续密切合作，把梯田景观开发好。

罗富和要求进一步做好梯田文化遗产的挖掘、整理、传承工作。他说，梯田是祖先留下的宝贵遗产，是我国农耕文化的杰出代表，梯田是农耕文明的传承载体，应该加强这一文化遗产的保护，可以通过一些具体的实例对梯田文化进行宣扬和诠释，提升哈尼梯田的文化感染力。梯田的开发与保护要做好水源保护工作，要在现有水源林的基础上，继续完善水利设施，让更多梯田得到开发利用。同时，要做好生态保护，保持湿地公园的特色。

罗富和强调，在开发梯田景观的同时，当地政府要重视农业产业的发展，以提升农业生产效益，如梯田红米的开发，可以先申请商标，再进行认证，打造梯田红米品牌。同时，政府可以牵线搭桥，开发更多的梯田产品，鼓励农民直接与超市对接，提升农业效益。罗富和表示将继续关注哈尼梯田的开发与保护工作，愿意为梯田的发展做一些积极的努力。

2 月 17 日中午，调研组到达红河州府蒙自，参观了州行政中心并看望了民进红河哈尼族彝族州委员会的工作人员。

2 月 18 日，罗富和视察民进云南省委，与民进云南省委领导、在昆民进十大代表以及机关全体干部座谈。

罗黎辉就云南民进组织发展、自身建设和履行职能等方面开展的主要工作和今年的工作构想作汇报。云南省中医学院院长、民进云南省委副主委李玛琳，云南省社会主义学院副院长、民进云南省委副主委陈友康，昆明市政协副主席、民进云南省委副主委、民进昆明市委主委汪叶菊参加了座谈。云南省政协副秘书长、民进云南省委副主委阎堃从机关思想建设、文化建设、制度机制建设、干部队伍和能力建设、信息化和电子政务建设等方面作机关建设专题汇报。

罗富和认真听取了在昆民进十大代表汪叶菊和魏光虹的意见和建议。汪叶菊希望会中央更加关注地方省会和中心城市的民进组织发展；魏光虹希望基层会员能有更多到民进中央培训和学习交流的机会。

罗富和表示，两位代表的建议非常中肯，民进中央将予以考虑，更好地推进相关工作。他认为，民进云南省委虽处祖国边疆，但在民进全国省级组织中，各项工作都走在前面，思想建设、树立和践行社会主义核心价值体系、领导班子建设、机关建设、思想宣传、履行参政议政职能和社会服务等方面都取得了较好的成绩。去年，民进云南省委围绕抗旱救灾、“桥头堡”战略开展调研，提出了一系列提案和建议得到党委和政府的肯定和采纳，社会服务工作进一步强调品牌战略，有限的资源得到高效配置，做到了组织和会员良性互动。

罗富和说，民进云南省委的机关建设取得了很宝贵的经验。围绕机关建设，民进云南省委提出的提升“政治意识、大局意识、枢纽意识、服务意识”四个意识以及提高“工作能力、执行能力”两个能力具有很强的针对性和导向性；围绕制度建设，民进云南省委制定和不断完善工作制度汇编，为机关工作提供了规范和依据；围绕干部能力提升，民进云南省委以人为本、体现人文关怀，为机关干部的成长创新机制创造条件。

罗富和强调，机关建设是全会今年的一项重点工作，应着重抓好四个方面：一是文化建设，以和谐为目标；二是制度建设，以规范为目标；三是能力建设，以高效为目标；四是作风建设，以严谨为目标。

罗富和希望，民进云南省委按照民进中央的要求，总结好经验，将机关建设和各项工作进一步推向前进。

期盼一如既往给予人口计生工作关心帮助支持 国家人口计生委致信民进中央

2011 年 2 月 16 日，民进网站发布国家人口和计划生育委员会 2010 年 12 月 27 日致民进中央的感谢信。全文如下。

民进中央：

长期以来，民进中央十分关注和支持人口计生工作。近年来，民进中央领导多次参加人口和计划生育工作调研，出席重要会议和活动。2009 年 1 月，全国人大常委会副委员长、民进中央主席严隽琪，民进中央副主席潘贵玉带领民进中央走访小组亲自到我委调研指导，围绕双方共同关注的人口和计划生育工作进行了深入交流，并就加强人口计生工作方面参政议政、建立民进中央与我委联系沟通机制等进行了座谈研讨。同年，在全国政协十一届二次会议上，民进组提出了“关于普惠政策应与计划生育基本国策有效衔接”的提案。2010 年 9 月，全国政协副主席、民进中央常务副主席罗富和就“进一步完善奖励措施，坚持计划生育基本国策”积极建言献策，受到中央领导同志的高度重视，胡锦涛总书记、温家宝总理、李克强副总理等对此作出重要批示。潘贵玉副主席担任中国计生协第六届全国理事会常务副会长以来，全力推动生育关怀行动等重要工作，为人口计生事业发展和计生协会建设，作出了积极贡献。民进中央深入人口计生工作实际、积极参政议政，是对我委工作的极大关心和支持。我们表示衷心的感谢！

最近，我们根据中央领导同志重要批示，结合全面学习贯彻落实党的十七届五中全会精神，提出了“关于进一步建立完善人口和计划生育利益导向政策体系的建议”，已向国务院有关领导报告，并正在抓紧与相关部门衔接沟通。现将该建议附上，供参阅。我们热切期盼民进中央一如既往地给予人口计生工作关心、帮助和支持。

借此机会，致以新年美好的祝福！

民进中央与首都新闻界联谊会 暨“两会”新闻通气会在京召开

2011 年 2 月 22 日，民进中央与首都新闻界联谊会暨“两会”新闻通气会（2011）上午在京召开。民进中央副主席王佐书出席会议并讲话，副主席兼秘书长朱永新主持会议。

受民进中央主席严隽琪的委托，王佐书代表民进中央，对新闻媒体过去一年对民进各项工作的关心和支持表示衷心感谢。他说，据不完全统计，2010 年“两会”期间，各类媒体报道民进的新闻达 1416 条，突出了民进中央党派提案、大会发言，民进人大代表、政协委员建言献策的重点，体现了多角度、多层面、多方位的特点，反映了经济、社会、民生、文化建设、体制改革等方方面面的内容，宣传形式包括文字、图片、视频、音频、博客、微博、DV 等，在往年宣传报道成果上更上了新台阶。

王佐书从思想建设、组织建设、参政议政、社会服务等方面为与会媒体介绍了 2011 年民进中央的主要工作安排，并与记者沟通了三点想法：一是希望媒体进一步扩大民进宣传报道的覆盖面、拓展宣传报道的深度；二是希望媒体搭建各种平台，使民进的宣传报道更为灵活多样、富有实效；三是希望媒体对民进的宣传由点及面，适当做些长线考虑。

朱永新对“两会”期间民进宣传报道工作的具体事宜作了说明。民进中央组织部介绍了 2011 年民进

"两会"代表、委员基本情况，并推荐了重点采访人物。参政议政部介绍了民进中央向全国政协十一届四次会议提交的大会发言和提案情况。

本次会议特别邀请了全国人大常委、民进中央教育委员会主任、中国教育政策研究院执行副院长庞丽娟介绍民进中央"关于加快制定《学前教育法》的提案"。

新华社、人民日报、中央电视台、中央人民广播电台、光明日报、新华网、人民政协报、团结报等近40家首都新闻媒体的记者参加了联谊会，并就如何开展今年"两会"宣传报道进行了沟通和交流，同时对于如何做好民进宣传工作提出了中肯的建议。民进中央及宣传部、研究室负责人也参加了会议。

共同推动农业改革与发展
罗富和走访农业部

2010年2月24日，全国政协副主席、民进中央常务副主席罗富和上午走访农业部。农业部部长韩长赋，副部长陈晓华，农业部总经济师、办公厅主任陈萌山和有关司局领导等热情接待了民进中央一行，双方就去年和今年的农业工作、民进中央近年在农业领域的参政议政情况进行了座谈和交流。

罗富和认真听取了农业部的工作介绍。他说，过去的一年，在农业部门的积极努力下，我国粮食总产和单产连续七年增收并达到历史最好水平，这在自然灾害频发、旱涝交替出现、国际金融危机局势演变复杂的一年，实属不易，对国家的改革、发展和稳定发挥了至关重要的作用。

罗富和说，重视经济发展指标的同时也要重视经济安全，尤其是水资源安全和粮食安全，要着力提高农业生产优势区域的公共服务水平，通过加快县城和中心镇的建设来带动农业生产优势区域的发展，缩小城乡差别。要加强农田水利建设，尤其是能够直接为农业生产服务、为农民服务的中小型农田水利建设。

罗富和建议，加强农业和农村工作一要实现工业化、城镇化、农业化的同步发展，必须大力支持农业优势区域的优先发展；二要进一步重视粮食安全问题，应对金融危机冲击时，不仅要有充足的货币储备，也要有坚实的粮食储备；三要在"十二五"期间加大对良种良法的研究、推广和示范；四要加强农产品的市场营销，加强产销对接，减少农产品营销环节，增加农民收入；五要在农产品质量安全标准问题上具有前瞻性的眼光和战略，向国际高标准靠近；六要着力提高农民收入，通过制定农产品加工零税率等优惠政策，推进农业合作化与产业化的相互结合。民进中央将对上述问题继续给予关注，在调查研究的基础上建言献策。

罗富和介绍民进中央在2010年"两会"上提交了《关于加强中西部优势农产品区域批发市场体系建设》,《关于规范有序开展农村土地整治工作》,《关于整合资源，加快建设农村基层公共服务平台》,《关于推进农村土地管理制度改革》等涉农提案，并代表严隽琪主席向农业部对民进中央工作的支持和帮助表示衷心感谢。希望双方进一步加强联系与沟通、交流与合作。

罗富和还就完善农业技术推广体系，农业科研机构研究经费，云南红河州元阳哈尼梯田文化的保护与发展，石羊河流域节水农业设施的推广等问题与农业部领导交换了意见。

陈晓华代表农业部对民进中央持续不断地关心、支持和推动"三农"工作发展表示感谢。他介绍了农业部2010年的主要工作情况以及2011年的工作部署。他希望民进中央继续对农业部的工作给予重点关注，共同推动我国农业的改革与发展。

座谈会上，民进中央科技医卫委员会副主任、中国农业大学食品科学与营养工程学院教授黄卫东，民进中央联络委员会委员、中国农业大学建筑设计院院长南国良，民进广东省委科技工作委员会副主任、广东省农业科学院水稻研究所副所长孔清霓，分别就增加农民收入、农产品加工、农产品质量安全、农村清洁工作、农产品价格合理增长、粮食增产技术推广、农业节能减排、农业科技人才培养等问题，与农业部各司局负责同志交换了意见。民进中央参政议政部负责人参加走访。

充分认识做好国土资源工作的重要意义
罗富和会见徐绍史 朱永新主持座谈

2011 年 2 月 25 日，全国政协副主席、民进中央常务副主席罗富和上午在机关会见了国土资源部党组书记、部长、国家土地总督察徐绍史，双方就新形势下的国土资源工作座谈。民进中央副主席兼秘书长朱永新主持座谈会。

罗富和认真听取了徐绍史作的国土资源工作介绍。他说，去年一年国土资源部的各项主要工作取得了很大成绩，我们很受教育和鼓舞。去年有机会到山东、安徽考察，看到了农村土地整治工作的成效，特别是耕地保护、农村建设、农民收入水平的提高，印象很深刻，也使我们认识到，从农村土地整治，到城市土地整治和工业用地整治，这些都是节约集约土地资源的重要举措，是贯彻落实科学发展观、统筹城乡发展的重要抓手，是一项利城、利乡、利工、利农的好事。

罗富和说，国土资源工作是促进经济社会科学发展，转变经济发展方式的重要方面，要从这样的高度充分认识做好国土资源工作的重要意义，为我国经济社会发展的全面转型提供支撑和保障。要注重发挥政策措施的综合效应，统筹考虑国土资源、环境保护、城镇化建设、保障民生等多个方面，从更高的层面、更广的视野做好综合协调的工作。民进中央将积极支持和配合国土资源部的工作，希望国土资源部今后继续对民进中央的参政议政工作给予帮助和支持，使民进的工作能够按照科学发展观的根本要求，进一步明确思路和目标，更好地为促进经济社会发展，为加强国土资源管理建言献策。

徐绍史代表国土资源部感谢民进中央长期以来对国土资源管理事业的支持，并从保障发展、保护资源，防灾、减灾，以及加强党风廉政建设等方面介绍了国土资源部 2010 年的主要工作。他说，国土资源部按照中央加大投资，确保经济平稳较快发展的战略部署，保证了国家和省一级重点建设项目落地，在保障基础设施建设用地，保障住房、环保等民生工程用地等方面，也做了大量有效的工作。通过开展土地整治，节约集约资源，加大了耕地的建设性保护力度。土地执法检查工作强化了科技支撑，实现了“天上看、地上管、网上查”。为有效防灾减灾，国土资源部早部署、早研判、早安排，加强排查和巡查，成功预报地质自然灾害 1100 余起，避免伤亡人数达 10 万余人。

徐绍史介绍了国土资源“十二五”规划的主要目标。他说，“十二五”时期的目标主要有六项，一是耕地面积不减少，耕地质量有提高；二是地质找矿有重要突破；三是节约集约国土资源的水平有提高；四是为维护民生作出新贡献；五是违法、违规现象要有效遏止；六是国土资源市场体系更加健全完善。他同时介绍了国土资源部 2011 年的主要工作安排，并就修改《土地管理法》、制定国家《土地监督条例》、深化改革、资源节约集约、实现找矿突破等问题谈了自己的看法，希望民进中央继续关心和支持国土资源工作，在这些问题上帮助呼吁，提出意见和建议。

朱永新介绍了民进中央参政议政工作的有关情况。国土资源部第三届特邀国土资源监察专员、民进中央社会和法制委员会主任、北京市司法局副局长吴庆宝，国土资源特邀监察员、民进中央经济委员会副主任、中国科学院地理科学与资源研究所资源环境应用研究中心主任、研究员王旭在座谈会上先后发言。

国土资源部办公厅、总督察办公室、调控和监测司、规划司、耕地保护司、地籍管理司、土地利用管理司、地质勘查司、矿产开发管理司、执法监察局，民进中央及办公厅、组织部、宣传部、参政议政部、研究室负责人参加了座谈会。

3 月

严隽琪出席中央社会主义学院2011年春季开学典礼并讲话

2011年3月1日，中央社会主义学院2011年春季开学典礼在北京举行。全国人大常委会副委员长、民进中央主席、中央社会主义学院院长严隽琪，全国政协副主席、中央统战部部长杜青林出席并讲话。民进中央副主席王佐书出席开学典礼。

杜青林希望各民主党派、无党派人士把继承光荣传统作为加强自身建设、履行职能作用的重要方面，加强学习教育，突出光荣传统的思想性；投身科学发展，体现光荣传统的实践性；坚持求实创新，彰显光荣传统的时代性；构建平台载体，注重光荣传统的实效性，以增进共识坚持传统，以发挥优势践行传统，以改革创新发展传统，以提升效能弘扬传统，切实把多党合作的光荣传统薪火相传、发扬光大。

严隽琪在讲话中说，今年是中国共产党建党90周年，各民主党派要深刻认识中国共产党的先进性并自觉接受中国共产党领导，不断增进坚定不移走中国特色社会主义政治发展道路的政治共识，进一步夯实多党合作的共同思想政治基础。要继承和弘扬老一辈民主党派人士与中国共产党和人民同心同行的优良传统，主动融入国家经济和社会建设之中，以“十二五”规划的决策部署为根本指向，充分利用民主党派的组织优势和丰沛资源，更好地发挥个人专长，围绕牵动全局的主要工作、事关长远的重大问题以及当前社会管理领域存在的实际问题，深入开展调研，为破解发展难题、提高发展的全面性协调性可持续性多建务实之言、献睿智之策。

九三学社中央副主席、中央社会主义学院副院长邵鸿代表各民主党派中央、全国工商联和无党派人士讲话。中央社会主义学院党组书记、第一副院长叶小文主持开学典礼。全国政协、中央统战部、各民主党派中央、全国工商联、中央社会主义学院有关领导以及在中央社会主义学院学习的2011年春季学期学员参加了开学典礼。

来自民进各级组织和民进中央机关的14位学员将在中央社会主义学院分别接受第25期民主党派干部进修班、培训班为期一个月、三个月的学习。

为我们国家的繁荣昌盛、人民的幸福安康而竭诚努力
严隽琪会见出席“两会”的部分港澳代表委员并讲话

2011年3月4日晚，全国人大常委会副委员长、民进中央主席严隽琪，全国政协副主席、民进中央常务副主席罗富和，民进中央原主席许嘉璐，全国政协常委、民进中央副主席冯骥才，全国人大常委、民进中央副主席王佐书，全国人大常委、民进中央副主席贺旻，全国人大常委、民进中央副主席兼秘书长朱永新，全国政协常委、民进中央副主席张帆，在北京饭店亲切会见出席全国“两会”的部分香港、澳门全国人大代表和全国政协委员。罗富和主持会见活动。

严隽琪代表民进中央对50多位港澳代表和委员的到来表示欢迎和感谢！对他们一直以来为香港、澳门和祖国的繁荣富强所作出的重要贡献表示赞赏。她说，刚刚走过的2010年，尽管我们国家在自然灾害等方面面临这样那样的困难，但因为有人民代表大会和政治协商制度的保驾护航，在中国共产党的领导下，通过全体港澳同胞与祖国人民的共同努力，我们的国家在经济发展、科技进步、民生改善、港澳特别行政区的繁荣以及海峡两岸关系和平发展等诸方面，都取得了令我们倍感自豪的伟大成就，一个更加开放、更加包容、更加文明、更加进步的中国已展现在世人面前。

严隽琪说，在建设中国特色社会主义伟大进程中，作为参政党的中国民主促进会，今后将更加努力，以作出自己应有的贡献。中国民主促进会秉持“参政为民”的信念，在教育、文化、出版等领域不断提出意见、建议。特别是在国家中长期教育规划、文化产业政策和“十二五”规划制订的过程中做了大量的工作。在城镇化建设、农田水利建设、土地流转、司法公正、区域发展战略、新能源等方面积极调研，向中共中央、国务院提出了许多重要意见。同时还积极开展社会服务，为贫困地区、少数民族地区、农村地区直接进行帮扶。

严隽琪说，为了祖国完全统一的民族大业，2010 年中国民主促进会发挥自身在文化、教育方面的界别优势，成功地举办了以电影文化为主题的第八届海峡两岸“中华传统文化与现代化研讨会”。开创性地与北京师范大学联合成立了“中国教育政策研究院”。“中国教育政策研究院”的成立得到了政府、各教育单位和众多社会人士的大力支持与热情参与，使中国民主促进会在与教育有关问题上的参政议政更能“集智聚力”，更富有成果。社会服务首次走出国门，为中国的和平与发展作出了一个很好的诠释。首次成功地在台北举办了民进开明画院书画展，在促进海峡两岸文化交流方面实现了从“请进来”到“走出去”。

严隽琪说，2011 年是实施“十二五”规划的开局之年。“十二五”是战略机遇期，也是矛盾突现期。以科学发展为主题，转变经济方式为主线，意味着思想观念的转变、体制机制的改革、利益格局的协调、政策的完善，以及台港澳地区与祖国大陆的融合发展。而这一切不能缺少广大台港澳同胞的热情参与和支持，让我们携起手来，为我们国家的繁荣昌盛、人民的幸福安康而竭诚努力。

看到大家喜气洋洋地来参加“两会”，许嘉璐说，这让我们感觉整个国家的发展越来越好。民生已成为今年“两会”代表和委员关注的热点，这是一个国家发展到一定阶段必然会出现的一种情景，这说明现在我们国家的民生正在向着更健康、更稳定、更有序的方向发展。十多年前，香港、澳门的回归是人性的回归，是祖国富强、文化繁荣发展所展现出来的伟大凝聚力。所以特别希望港澳特别行政区与祖国内地之间的文化交流，在大家的共同努力下得到进一步加强与发展。

民进中央及办公厅、社会服务部负责人参加会见活动。

希望民进涌现更多德艺双馨的艺术大家
严隽琪 罗富和 王佐书 朱永新会见文艺界会员

2010 年 3 月 6 日晚，全国人大常委会副委员长、民进中央主席严隽琪，全国政协副主席、民进中央常务副主席罗富和，全国人大常委、民进中央副主席王佐书，全国人大常委、民进中央副主席兼秘书长朱永新，在北京会见了部分文化艺术界民进会员，与他们亲切交谈，共话“家”常。

严隽琪代表民进中央对大家在 2010 年所取得的艺术成就表示祝贺，对大家热心社会公益事业的爱心行动表示赞赏，对大家热情支持会中央的工作表示感谢。

严隽琪说，2010 年，可谓是民进的文化年，文化艺术界民进会员的成绩可圈可点。尤其是在座诸位，更是风光无限，无论在影视歌坛，无论在上海世博会、广州亚运会上表现均非同凡响，为国家、为民进赢得了广泛的声誉。此外，大家的作品不仅影响大，而且还都非常积极向上，在国家提倡文化大繁荣、大发展的今天，尤其难能可贵。

严隽琪说，民进履行参政议政、民主监督职能需要集广大会员之智、聚全体会员之力。希望大家今后在全力发展自己事业的同时，继续关心和支持会中央的工作，可以及时通过民进中央向有关部门来反映情况、建言献策，也寄希望今后，民进会员中能出更多像大家一样“德艺双馨”的艺术家。

以教育、文化、出版为主要界别特色的中国民主促进会，拥有众多文化艺术界的专门人才，他们在各自的领域，为国家的文化艺术事业贡献着自己的青春与力量。近些年来，民进中央更加重视和关心文化艺术界民进会员的成长与发展，在向国家有关部门建言献策，致力推动改善文化艺术创作环境的同时，还积极为文化艺术界民进会员搭建平台，支持并鼓励他们多出作品、出好作品，为国家的文化艺术事业作出更大的贡献。

参加会见的文化艺术界民进会员有，全国政协常委、民进中央原副主席、中央文史研究馆馆员、中国音乐著作权协会主席王立平，全国政协委员、民进中央文化艺术委员会副主任、东方演艺集团副总经理兼艺术总监陈维亚，民进中央文化艺术委员会委员、中国铁路文工团影视研究部主任邓婕，民进中央委员、民进中央文化艺术委员会副主任、北京市政协委员、北京人民艺术剧院演员队队长杨立新，民进中央文化艺术委员会委员、北京海润千易演艺文化发展有限公司演员蒋雯丽，民进中央文化艺术委员会委员、中国音乐学院作曲系主任、多媒体音乐中心主任王宁，中国电影音乐学会副会长、中国流行音乐学会副会长、中国音乐著作权协会常务理事李海鹰，北京电影制片厂演员蔡明，全国人大代表、中国音乐学院声乐歌剧系教授吴碧霞，华南理工大学建筑设计研究院副院长、2010 上海世博会中国馆副总设计师倪阳。民进中央办公厅、组织部负责人陪同会见。

民进中央“紧盯”教育出良策
聚焦民办教育、特殊教育、校园安全管理、学前教育

2011 年 3 月 2 日，《现代教育报》发布本报道。

2 月 22 日，民进中央与首都新闻界联谊会暨两会新闻通气会（2011）在京召开。民进中央副主席王佐书介绍，据不完全统计，2010 年全国两会期间，各类媒体报道与民进相关的新闻达 1416 条，突出了民进中央党派提案、大会发言，民进代表、委员建言献策的重点。

据了解，2010 年，全国两会上民进中央有关教育改革的提案有 5 项，即“促进农村职业教育发展”、“建立和完善中小学校长任职资格制度”、“完善财政保障机制，切实落实义务教育教师绩效工资”、“完善农村义务教育经费投入保障机制”、“促进学前教育发展”。

2011 年全国两会，民进中央继续深入巩固参政议政“老阵地”，充分发挥界别优势，关注当前的教育热点难点问题，开拓“新领域”。据民进中央参政议政部部长闻连利介绍，今年全国两会即将召开，民进中央精心准备了 5 篇发言和 18 项提案，与教育改革相关的发言和提案有“立足国家民族未来，加快振兴学前教育”、“完善制度环境，促进民办教育可持续发展”、“关于促进我国特殊教育事业发展的提案”、“关于加强学校安全管理工作的提案”、“关于加快制定《学前教育法》的提案”。

完善制度环境 促进民办教育可持续发展

众所周知，当前我国民办教育发展仍面临不少深层问题，存在诸多制度瓶颈。其中，教育管理体制不健全、政府行政行为不规范，正在深度制约着民办教育的健康运行与科学发展。

其突出表现在：在民办教育行政管理上，一些政府部门不同程度存在“越位”、“错位”和“缺位”现象；在落实法律规定上，一些政府部门存在明显的行政不作为；在对待民办教育发展问题上，不少地方政府及教育行政部门缺少长远、专门规划；在对民办教育的扶持与规范上，相关部门职责不清。

为促进和规范我国民办教育健康发展，民进中央在提案中建议：适应民办教育发展需要，切实转变政府行政职能；建议全国人大教科文卫委员会和国务院法制办会同相关部门，加大教育执法检查力度，依法落实民办学校各项公平政策；贯彻全国教育规划纲要精神，组织制订民办教育发展专项规划，就如何解决长期困扰民办教育发展的瓶颈问题，提出具体路线图和确切时间表；成立民办教育工作协调领导小组，建立部门合作与联动机制；建立健全政府教育工作问责制，将民办教育的发展状况纳入到各级政府及其分管

领导的业绩考核范围。

特殊教育事业 亟需立法“撑腰”

特殊教育是我国国民教育体系的重要组成部分。同普通教育相比，我国特殊教育覆盖面狭窄，接受服务的残障儿童少年数量相对较少。

我国特殊教育发展面临的问题主要有以下四个方面：一是特殊教育发展总体水平不高；二是特殊教育与普通教育之间、城乡特殊教育之间发展不平衡，农村和贫困地区残疾儿童少年入学率偏低；三是特殊教育学校普遍缺少必要的教育资源和设备；四是特殊教育师资专业化水平偏低。

为促进我国的特殊教育事业健康有序发展，保障残疾儿童受教育的权利，民进中央提出如下建议：1. 建议国家研究制定《中华人民共和国特殊教育法》，用法制的力量来规范和保障特殊教育健康发展。2. 完善特殊教育经费保障机制。3. 完善特殊教育管理体系。建议教育主管部门规定地方教育行政主管部门必须设立独立的特殊教育管理机构和特殊教育管理人员。4. 完善特殊教育教师资格制度。尽快出台《特殊教育教师资格条例》，使特殊教育教师资格制度建设走上法制化和规范化的轨道。5. 大力加强特殊教育师资队伍建设。在师范院校增设特殊教育教师培养专业，同时加大对普通学校教师的特教培训力度。合理布局农村特教教师，每个学校至少要配一名。6. 逐步完善学前特殊教育体系，逐步发展学前融合教育。

学校安全管理需要齐抓共管

据不完全统计，我国中小学生每年因交通事故、建筑物倒塌、食物中毒、溺水、治安事故等非正常死亡达1.4万多人，平均每天有近40人死亡，大学生非正常死亡每年也近3000人。校园安全工作处在类似事故阵发、事故原因查处、会议文件不断、检查整改循环的怪圈中，恶性事故仍然呈现波浪形反复发生的态势。

为此，民进中央在提案中建议：1. 由教育部组织经验丰富的学校管理者和公安、消防、食品安全等有关方面的专家，建立学校安全督导委员会，加强对学校安全工作的指导、预警、检查和监督管理，严格落实责任制及责任追究制度。2. 调研总结《中小学幼儿园安全管理办法》颁布以来的实施情况，尽快制定涵盖大、中小学和幼儿园的《学校安全工作条例》。3. 由教育部门组织学校安全工作方面的专家，专家队伍深入基层学校进行调查研究，针对学校岗位特点，编制学校教职工岗位安全指导手册。

破解四个根本性问题——学前教育立法迫在眉睫

“抓紧研究制定《学前教育法》，是解决我国当前学前教育事业发展中诸多突出问题、促进学前教育事业健康可持续发展的迫切需要和根本保障。”2月22日，全国人大常委、民进中央教育委员会主任、中国教育政策研究院执行副院长庞丽娟在民进中央与首都新闻界联谊会暨两会新闻通气会（2011）上如此强调。

近年来，我国学前教育事业有了较大的发展，但仍然滞后于经济、社会和教育事业的发展需要，不能满足人民群众日益增长的学前教育需求，入园难、入园贵等问题突出，社会各方面反映强烈。学前教育已成为我国整个教育体系的“短板”。

据了解，2010年，针对目前我国学前教育存在的问题，民进中央就在全国两会提案中建议：加快学前教育立法；加强对学前教育的行政管理与科学规划等。2011年全国两会，民进中央继续关注学前教育，其中“立足国家民族未来 加快振兴学前教育”的大会发言和“关于加快制定《学前教育法》的提案”都是关注学前教育的。

民进中央在今年的提案中指出，我国学前教育的问题可以概括为以下四个方面：一是学前教育定位模糊，能够接受专门学前教育的幼儿比例低。二是政府责任不清，投入总量严重不足。三是幼儿师范教育萎缩，幼教师资水平普遍偏低。四是政府监管、指导缺位，学前教育机构办学放任自流。

学前教育问题已引起中央领导与各级政府的高度重视，国家出台了《关于当前发展学前教育的若干意见》（“国十条”），而且正在制订三年行动计划。民进中央在提案中建议，若要真正振兴学前教育，还必须解决以下四个带有根本性的问题：第一，从国家和民族未来的高度，确定学前教育在民生发展中的地位，将学前教育当作民生大计，当作实施科教兴国战略、人才强国战略，建设人力资源强国的起点、基础，予以重视和谋划。第二，从基本公共服务的角度，明确政府发展学前教育的财政投入责任、依法监管的责任和科学指导的责任，并且，将这些责任履行建立在科学合理的管理体制和完善、严密的工作机制基础上。第三，创新公共服务实现方式，实现学前教育公办民办共同发展。应通过政策调节，维护公办民办学前教育长远共同发展的格局。第四，适应依法治教的需要，尽快出台《学前教育法》，为学前教育长期健康发展提供根本保障。为此，民进中央上交了“关于加快制定《学前教育法》的提案”。

庞丽娟介绍说，民进中央在提案中建议国务院有关部门高度重视学前教育立法，加快立法进程，争取在近年内制定出台学前教育法。对我国学前教育立法重点提出建议：1. 明确学前教育的性质地位、方针机制；2. 明确学前教育的管理责任和管理体制；3. 建立以公共财政为支撑的学前教育投入保障机制；4. 建立公办为主，公办民办共同发展的办园体制；5. 明确幼儿教师的身份、待遇和培训职称等权利。明确学前教育从业人员特别是幼儿教师的身份与地位，资质、聘任与考核等要求，明确幼儿教师享受与中小学教师同等的政治、经济待遇，并对其责任、义务、工资、待遇、医疗与养老等社会保险、职称和培训等基本权益作出明确规定；6. 建立学前教育的督导评估与问责制度；7. 建立优先保障农村和弱势群体学前教育、保障教育公平的机制与制度。

民进中央：全国两会将提交5篇大会发言18件提案《立足国家民族未来，加快振兴学前教育》为大会发言

2011年3月3日，《人民政协报》发布本报道。

民进中央为今年的政协大会准备了5篇大会发言和18件提案，涉及教育、文化、环保、经济、医疗等方面。在民进中央22日举行的新闻通气会上，记者了解到，这些发言和提案凝聚了民进全会上上下下的智慧和力量。

作为民进参政议政的“老阵地”，教育一直是民进中央倾注不少心力的领域。今年也不例外，在5篇大会发言中，有2篇涉及教育领域，而在18件提案中，教育所占的比重也不轻：《关于促进我国特殊教育事业发展的提案》，提出了研究制定《中华人民共和国特殊教育法》、完善特殊教育经费保障机制等多项建议；题为《立足国家民族未来，加快振兴学前教育》的大会发言，详细分析了我国学前教育所面临的问题。

值得注意的是，民进今年不仅在“老阵地”上狠下工夫，还积极围绕社会热点难点问题建言献策，不断开拓新领域。在食品安全方面，民进中央通过深入调研后提交了《关于加强我国食品添加剂行业监管的提案》。针对目前一些重大项目规划和建设所引发的社会冲突和群体性事件，民进中央提交了《关于在重大项目规划和环评中加强社会影响评价的提案》，呼吁对重大项目规划和项目的社会影响给予高度关注。此外，在职业病维权、稀土资源税税率、学校安全管理等方面，民进也是集全会之力、聚全会之智，积极献计献策。

民进中央：尽快制定学前教育法破解入园难

2011年3月5日，中国教育报发布本报道。

聚焦学前教育：希望大多数孩子能入园 百姓承担少

【提案简介】

近年来，我国学前教育事业在各级党委、政府的重视下，有了较大的发展，但仍然滞后于经济、社会和教育事业发展的需要，不能满足人民群众日益增长的学前教育需求，“入园难”、“入园贵”等问题突出，社会各方面反映强烈。民进中央认为，抓紧研究制定学前教育法，是解决我国当前学前教育事业发展中诸多突出问题，促进学前教育事业健康可持续发展的迫切需要和根本保障。

民进中央建议，全国人大和国务院有关部门要高度重视学前教育立法，加快立法进程，争取在近年制定出台学前教育法，明确学前教育的性质地位、方针机制、管理责任和管理体制、投入保障机制等内容。

【提案亮点】

对我国学前教育立法的重点，民进中央提出如下建议：

1. 明确学前教育的性质地位、方针机制。明确规定学前教育是国家基础教育的基础，是国民教育的重要组成部分，是一项重要的社会公益事业，是公共教育服务的重要组成。确立以“政府主导、社会广泛参与，公共财政支撑、多渠道投入相结合，公办民办共同发展”为我国学前教育事业发展的基本方针与机制。

2. 明确学前教育的管理责任和管理体制。明确并强化中央和地方各级政府发展学前教育事业、提供学前教育公共服务的主导责任；明确规定教育、发展改革、财政、建设、劳动保障和卫生等部门的职责。明确规定中央、省、地、市应设立学前教育专门行政管理机构，县应有专门机构或专职干部。

3. 建立以公共财政为支撑的学前教育投入保障机制。加大公共财政投入，明确规定在中央和地方各级财政性教育预算中单项列支学前教育投入；在中央和地方各级财政设立学前教育专项经费；明确规定逐步加大各级政府教育财政性投入中学前教育经费的比例；中央和地方各级财政每年新增教育经费优先投向农村学前教育。贫困农村和少数民族地区学前教育发展以政府投入为主。同时，明确建立政府和家长共同承担的成本分担机制。

4. 建立公办为主，公办民办共同发展的办园体制。基于我国国情，城乡差距显著，城乡实行不同的办园体制：农村地区以政府投入、政府办园为主，同时鼓励和支持社会力量到农村举办幼儿园；城市、县城地区则应多种形式办园，在加大政府投入的同时，广泛发动和引导社会各方面力量多渠道投入，形成公办和民办共同有序发展的格局。

5. 明确幼儿教师的身份、待遇和培训、职称等权利。明确学前教育从业人员特别是幼儿教师的身份与地位，资质、聘任与考核等要求，明确幼儿教师享受与中小学教师同等的政治、经济待遇，并对其责任、义务、工资、待遇、医疗与养老等社会保险、职称和培训等基本权益作出明确规定。

6. 建立学前教育的督导评估与问责制度。明确建立学前教育事业发展与质量评估制度，建立健全学前教育发展的督导和问责制度。将各级政府发展学前教育的职责及落实情况、规划实施、经费投入与教师编制、待遇、培训、队伍建设情况等，作为考核各级政府、教育行政管理部门及其领导的重要内容。

7. 建立优先保障农村和弱势群体学前教育、保障教育公平的机制与制度。明确以政府办园为主、财政投入为主、公办教师为主发展农村和中西部贫困地区的学前教育，建立政府投入为主、集体经济支持、社会力量参与和家庭适当分担教育成本的投入与保障机制。地方财政不足的地区，中央财政应加大转移支付力度。对贫困农村、少数民族等欠发达地区，以及城乡贫困、弱势群体等实施多种形式的资助。

一项呼吁了10余年的建议

——民进中央提案执笔者庞丽娟分析学前教育立法工作

为解决近年来出现的“入园难”、“入园贵”等问题，去年，民进中央进行了深入调研，在今年两会上，以党派名义，向大会递交了关于加快制定学前教育法的提案。

谈到这份提案，主要执笔者、民进中央教育委员会主任、全国人大常委会委员、北京师范大学教授、中国教育政策研究院执行副院长庞丽娟用了“再次建议”四个字。据她介绍，民进中央早在2000年就提出要立法保障学前教育的发展。

“但10多年前，这个提案并没有引起足够的重视，既有认识上的原因，也有经济上的原因。”庞丽娟说，而如今学前教育所面临的形与势，与10年前截然不同。

缺少法律保障，学前教育成“短板”

最近几年，许多城市出现了“入园难”问题：爷爷奶奶们顶着炎炎烈日为孙辈入园排队，甚至在幼儿园门口连续多日昼夜排队；母亲刚怀孕即开始为孩子入园报名，预交费“占坑”已非个别地区的个别现象。

作为一名学前教育专家，庞丽娟对此感到忧虑：“学前教育是我国各级教育中普及率最低的阶段，不仅远低于发达国家水平，而且落后于世界平均水平、周边及经济发展水平相当的国家和地区，在9个人口大国中也低于巴西和墨西哥。”

据统计，2008年全国学前三年毛入园率仅为47.3%，2009年稍有上升，也仅为50.86%。城乡学前教育发展差距显著，2007年，全国城镇学前三年毛入园率为55.6%，农村只有35.6%，两者相差20个百分点。“这些数据表明，学前教育已成为我国整个教育体系的‘短板’。”庞丽娟说。

庞丽娟和她的课题组在各地调研时发现，近几年出现了许多制约学前教育事业健康、可持续发展的新矛盾、新问题，突出表现在：政府主导责任不明、发展职责不清，有的地区甚至以学前教育不是义务教育为借口，有意推卸责任；学前教育行政管理力量严重不足，领导与监管失去基本保障，学前教育缺乏高位、有效的规划；投入主体不清，各级政府投入职责不明，财政投入比例过低，经费缺乏基本保障；教师身份、编制不落实，待遇、权益缺乏保障，队伍不稳定；各种社会力量办园的条件、权利、收费、质量和办园行为缺乏应有的规范与保障等。尤其是农村幼儿园，不仅量少、规模小，缺乏基本的办园条件，更严重的是缺乏发展和保障主体，教育质量低下，安全、卫生不能保障。

“这些问题的存在直接导致学前教育资源尤其是优质教育资源的缺乏，导致人民群众反映强烈的‘入园难’、‘入园贵’。”庞丽娟肯定地说。

最近三四年，学前教育事业开始走出低谷，但庞丽娟认为：“这只是恢复性回升，如果上述问题不解决，回升速度将会受到影响。要根本解决这些问题，还是要靠法律来规范。”

缺少法律保障，学前教育成“短板”

学前教育发展问题成为国家领导和广大百姓普遍关注的焦点问题。

自去年6月以来，国家领导多次就学前教育的发展进行批示、发表讲话。11月3日，国务院召开常务会议专门研究学前教育工作，21日下发了《关于当前发展学前教育的若干意见》；12月1日，国务院又召开全国学前教育工作电视电话会议，专题部署学前教育发展。特别是去年11月，温家宝总理在北京就学前教育发展进行调研时明确指出，要“通过立法把发展学前教育纳入法制轨道”。

“应该说，学前教育立法具有很好的民意基础，已是全社会的共同呼声。”庞丽娟说。

作为全国人大常委会委员，庞丽娟一直关注并推动着学前教育立法的进程。她告诉记者，2003年，学前教育立法就已经被列入十届全国人大教科文卫委员会的立法调研计划，调研组赴江西、山东、河北、江苏、内蒙古等地进行了多次实地专题调研。2006年年底，全国人大正式委托教育部研究、起草学前教育法案。2007年，国务院颁布的《国家教育事业发展“十一五”规划纲要》明确提出，“要适时启动学前教育法的起草工作”，同年11月，教育部将学前教育立法纳入今后5年立法工作重点，并列为2008年工作要点。

“这些准备工作也给学前教育立法工作奠定了很好的基础。”庞丽娟说。

与此同时，我国学前教育立法可资借鉴的国际国内经验也比较丰富。据庞丽娟介绍，一方面，近些年不少地方人大适应形势发展的要求，在学前教育立法方面做了很多工作，如江苏、北京、青岛、广州、上海等省市已先后制定实施了《学前教育条例》，一些省份如山东等也即将完成学前教育立法工作，可为全国性的立法提供重要经验与参考；另一方面，制定学前教育法律以保障和促进本国学前教育发展已是国际趋势，美国、英国、法国、日本、德国等国和我国台湾地区等经验，均可提供有价值的借鉴。

“鉴于我国学前教育事业发展的当前迫切需求和长远发展需要，建议国务院有关部门高度重视学前教育立法，抓紧研究学前教育立法中的主要矛盾和重点，加快立法进程，争取在近年内制定出台学前教育法。”这是庞丽娟个人也是民进中央的一个重要呼吁。

民进中央关注中小学校长任职资格

2011年3月3日，光明网发布本报道。

民进中央提出，目前，我国中小学校长队伍建设存在的主要问题：一是中小学校长任职专业标准笼统、要求太低，已不适应中小学教育的实际需要。二是缺乏严格的中小学校长任职资格准入制度，致使校长任职资格制度形同虚设。三是中小学校长的行政化现象日趋严重，弊端日益显现。四是中小学校长专业发展的内在动力不足，学校整体管理水平不高。

中小学校是专业性很强的教书育人的公共服务机构，中小学校长是教育政策的直接执行者，学校办学的组织者、领导者和管理者，他们的履职水平在一定程度上直接决定着我国教育事业的改革和发展。

为此，民进中央建议，尽快建立、出台中小学校长的国家专业标准；实施严格的中小学校长任职资格准入制度；全面推行中小学校长职级制度。

教育部在认真办理这份提案后答复：

该提案对于贯彻落实《国家中长期教育改革和发展规划纲要（2010—2020年）》精神，推动中小学校长有关政策文件制定和改革试点工作具有重要意义。

教育部组织中小学校长队伍建设系统进行调研，根据中小学校长队伍建设所涉及的核心政策内容，分别就中小学校长资格准入制度与任职条件标准、校长管理体制、校长公开选拔和聘任制、校长职级制与考核评价以及校长专业化培训体系建设等7个方面专题，设立专门的研究课题。

2010年11月，在前期调研基础上，组织有关专家成立文件起草工作组，研究起草了《关于进一步加强中小学校长队伍建设的指导意见》文件稿。并主动邀请委员参与“中小学校长资格准入制度和任职资格条件标准研究”课题的研究任务，参与《关于进一步加强中小学校长队伍建设的指导意见》等政策性文件的研究起草工作。

民进中央：构建文化“强国战略”加快“走出去”步伐

2011年3月4日，新闻出版总署发布本报道。

记者从民进中央了解到，民进中央今年将向全国政协提交《建立文化强国战略，增强国家文化软实力》的大会发言及《关于推进文化“走出去”战略的提案》。

据民进中央副主席王佐书介绍，民进中央在调研中发现，虽然近年来我国的文化建设取得了令人瞩目的成就，但我国的文化发展现状与中国在全球的地位和影响力、与国内的经济社会发展还不相称。为此他们建议，构建文化“强国战略”，坚持顶层设计，以弘扬社会主义核心价值体系为基础的文化价值观、提升国民的精神高度为核心，以推进文化管理体制改革、完善公共文化服务体系、促进文化产业的发展为重点，以提升中华文化的凝聚力、创新力、生产力、影响力和传播力为目标。

与此同时，在关于推进文化“走出去”战略的提案中，他们认为，实施文化“走出去”战略以来，我国文化产品和服务“走出去”步伐不断加快，呈现出品牌化、精品化、规模化发展。但在实践中，在机制体制方面还存在着4个问题：一是国家层面还需要加强统一部署；二是政府部门间还需要加强协调配合；三是支持“走出去”的具体政策措施还有待进一步完善；四是“走出去”的平台和管道还有待进一步整合、拓展。为此，他们建议：制定文化“走出去”战略规划，明确文化“走出去”的战略目标和战略重点；理顺文化管理体制机制，加强对文化事业和文化产业的组织领导；完善文化产品出口的配套政策，进一步加大扶持政策的实施力度；加快海外中国文化中心建设，建立对外文化宣传阵地；整合、拓宽管道，建立国际市场的营销网络和“走出去”服务平台。

民进中央：理顺食品添加剂监管职责

2011年3月4日，中国食品科技网发布本报道。

在两会召开之际，记者在街头随机采访百姓关注的两会话题，90%以上的人表示，关注中国的食品安全问题。

近年来，“苏丹红”、“三聚氰胺”等食品安全事件，无不令消费者触目惊心。仅2010年8月，北京市工商局抽查检出的不合格食品就包括食档乌梅的胭脂红超标、海南番木瓜的环已基氨酸磺酸钠和糖精钠超标、烤牛肉的苯甲酸、环已基氨酸磺酸钠和糖精钠超标等20多种。“这与国家有关部门对食品添加剂的监管相对滞后有关。”民进中央在今年两会上的团体提案中明确指出。

据介绍，国家质检总局发布的食品添加剂名录，仅覆盖了2300多种食品添加剂中的不到300种。即目前大约只有13%的食品添加剂（企业）能有资格申请生产许可证，而大多数的企业处于不得不违规生产的尴尬局面。这将对食品添加剂行业和整个食品行业的安全生产产生很大影响。

鉴于此，民进中央建议：首先由质检总局会同工信部，尽快完善食品添加剂名录，共同制定食品添加剂企业新申请程序，明确换证关系以及企业的注册登记、营业执照发放等程序关系，使食品添加剂行业的生产规范有序。其次，尽快由政府相关监管部门组织行业协会、企业和包括法律、管理、技术及生产方面的专家，共同制定完善相关管理规定，使我国食品添加剂行业和食品行业规范生产和使用添加剂进入严格监管和科学规范的发展状态。第三，加大监管力度，加强检测和监测的数量和频次，确保食品添加剂处于可控的状态。第四，尽快理顺管理关系和监督管理职责。第五，尽快制订和规范食品生产企业和餐饮企业在使用食品添加剂时必须遵守的相关规定。

民进中央提出完善我国空气质量标准和评价体系

2011年3月4日，人民政协报发布本报道。

空气污染指数未将细粒子纳入其中，这就难免出现“灰霾常常有，空气照样优”的现象。在我国大气污染状况已转变为复合污染的情况下，空气质量标准和评价体系需要修改和完善。

随着我国机动车数量的快速增加，机动车排放对大气环境的污染日益加重，汽车尾气排放成为我国大中城市空气污染的重要来源。大量研究表明当前我国的大气污染结构已由过去的煤烟型污染转变为煤烟型和汽车尾气复合型污染，具体表现为二氧化硫（SO_2）、二氧化氮（NO_2）、挥发性有机物（VOC）、可吸入颗粒物（pm10）和细粒子（pm2.5）等多种污染物都以高浓度同时存在的污染状况。在全国政协十一届四次会议上，民进中央提出提案建议，借鉴国际上空气质量监测评价的一些通行做法，对我国现行的空气质量标准和评价（API指数）体系进行修改完善。

民进中央认为，大量研究表明灰霾天气的根本原因是由细粒子 pm2.5 污染造成的。城市空气质量等级通过可吸入颗粒物、二氧化硫和二氧化氮三项指标计算得到的空气污染指数来确定。由于计算 API 指数采用的大气颗粒物指标是 pm10，并未将 pm2.5 纳入 API 指数中，这就难免出现“灰霾常常有，空气照样优”的现象。

民进中央指出，由于我国的大气污染状况已由过去的煤烟型污染转变为煤烟、汽车尾气等复合污染，在主要控制煤烟型污染的背景下建立的环境空气质量标准及评价（API 指数）体系已很难真实反映出当前我国的大气环境质量状况及其对人体健康和生态等方面的影响；而我国现行的《环境空气质量标准》自 2000 年以来也有近 10 年未作修改。

民进中央建议，尽快制定 pm2.5 的空气质量标准，开展 pm2.5 常规监测；将 pm2.5 纳入空气质量评价（API 指数）体系，以便更好地向社会公众反映我国当前的空气质量和灰霾天气；将地面 O_3 纳入环境空气质量评价（API 指数）体系；在控制煤烟型污染的同时加强机动车尾气的管理，适时调整提高我国现行《环境空气质量标准》中 NO_2 和 O_3 的标准限值。

民进中央提案聚焦服务业发展

2011 年 3 月 5 日，人民政协报发布本报道。

尽管在“十一五”时期我国的服务业有了很大程度的提升，但整体发展水平仍然比较滞后。2009 年，我国服务业增加值只占 GDP 的 43.4%，2010 年我国服务业增加值占 GDP 比重为 43%，比 2009 年反倒下降了 0.4 个百分点。《中共中央关于制定国民经济和社会发展第十二个五年规划的建议》中把推动服务业大发展提升到“作为产业结构优化升级的战略重点”的高度，并提出要大力发展生产性服务业和生活性服务业。如何促进服务业实现大发展？在提交全国政协十一届四次会议的提案里，民进中央对此问题十分关注，积极建言献策。

增强生产性服务业活力

【声音】促进我国生产性服务业科学发展，是我国积极应对国际服务业转型升级，加快走新型工业化道路、推进经济结构调整和经济增长方式转变，全面提升城市、区域竞争力和经济社会运行效率，努力构建资源节约型和环境友好型社会的必然要求。

【回应】民进中央在提案中认为，我国生产性服务业存在着总体供给不足、服务质量和产业层次有待提高；现代服务业增加值与制造业增加值的比率仅为 26.2%，与美国、日本和德国相比，分别低 23%、22% 和 11.7%；区域发展不平衡，东中西部第三产业增加值占全国第三产业增加值的比重分别为 62%、26% 和 19%，中西部欠发达地区服务业与制造业发展的关联度比较低；面向中小企业的生产性服务业供给严重短缺。

【建议】民进中央提出，应把促进中小企业的结构调整、升级作为发展生产性服务业的主要方向和重要内容。建议加强体制和政策支持力度，增强生产性服务业的发展活力，把生产性服务业发展列入对地方政府政绩考核的指标体系中；从财政收入中提取生产性服务业发展引导资金，重点支持科学研究、技术服务业等关键领域、薄弱环节的发展；鼓励和引导外资、民营资本投资生产性服务领域，实现投资主体多元化。

民进中央：重视民族地区艾滋病防治

2011 年 3 月 9 日，人民政协报发布本报道。

今年，温家宝总理的《政府工作报告》对民族地区发展稳定着墨不少。在总结过去五年工作时，温家宝说，政府“推出促进西藏和四省藏区、新疆等民族地区跨越式发展的新举措”；在谈到促进区域协调发展时，温家宝说，今年将加大力度支持革命老区、民族地区、边疆地区发展。在全国政协十一届四次会议上，围绕在“十二五”时期继续推进民族地区的经济社会发展，各民主党派中央积极建言献策。

【声音】自2003年我国实施“四免一关怀”艾滋病防治政策以来，防治艾滋病各项措施得到较好的落实，更多的感染者被诊断，更多的病人得到治疗，防治工作取得很大进展，并得到国际社会广泛赞誉和国内人民群众的充分肯定。然而，我国艾滋病防治工作仍然任重道远，面临严峻形势，特别是少数民族地区形势更加严峻。

【回应】民进中央认为，由于种种原因，在民族地区、民族人群中开展艾滋病防治工作，难度很大。如果不尽快采取强有力措施遏制民族地区艾滋病疫情蔓延，过去几十年民族团结和发展的成果，可能会因为艾滋病的流行而被吞噬。

【建议】民进中央在提案中建议，各级政府要把民族地区的艾滋病防治作为全国艾滋病防治重点工作给予特殊支持；加大民族卫生干部培养，把培养少数民族艾滋病防治专业技术人员作为艾滋病防治长期战略措施；对一些特殊群体的有效防治措施落实，可采取国家和省级财政支持的方式，最大限度地管理传染源，控制疫情扩散；发挥社会组织在艾滋病防治和关怀中的作用，有效遏止艾滋病在民族地区的扩散趋势。

民进中央建议尽快修订土地管理法

2011年3月6日，法制网－法制日报发布本报道。

民进中央在日前向政协大会提交的提案中建议，尽快修订《中华人民共和国土地管理法》。

土地管理法于1986年出台，并在1988年、1998年和2004年先后做了三次修改。

提案指出，现行土地管理法确立了以耕地保护为核心、以用途管制为手段的土地管理制度，为促进我国经济社会可持续发展发挥了重要作用。

提案说，随着我国改革开放的深化，经济社会的快速发展，特别是工业化和城镇化的不断推进，人地矛盾十分突出，耕地保护的压力很大。现行土地管理法中有些规定已不完全适应新的形势发展要求，有些方面需要在法律上补充完善，主要表现在：一是土地利用总体规划的管理力度不够，违反规划计划用地的案件屡禁不止；二是各地对耕地保护的认识不到位，不能正确处理经济发展与耕地保护的关系，耕地保护责任不落实；三是征地补偿标准低，征地程序没有得到严格履行，不利于保护群众合法权益；四是现行法律关于监督检查和法律责任的规定较为原则，对违法行为处罚缺乏有效手段，土地执法存在制止难、处理难的问题。

民进中央认为，有必要在全面总结现行法实施以来的经验基础上，针对当前土地管理面临的形势，加快对现行土地管理法的修订进程，以更好地落实合理利用土地和切实保护耕地的基本国策。

对于土地管理法的修订内容，民进中央建议：一是落实中共十七届三中全会精神和物权法的规定，调整、完善有关内容；二是健全完善耕地保护制度；三是调整完善土地征收制度；四是建立集体建设用地流转制度。

民进中央提出大力开展表土剥离工作

2011年3月10日，中国国土资源报发布本报道。

“目前，我国处于工业化和城市化快速发展时期，新增建设用地中占用耕地数量较多，表土资源浪费严重，不利于农业生产和粮食安全。因此，迫切需要改变过去建设占用耕地的表土处理办法，大力开展表土剥离工作。”日前，民进中央在政协提案中提出这一建议。

民进中央认为，目前我国的表土剥离工作存在的主要问题有：一是国家对占用耕地表土剥离的制度还缺乏“刚性管理”。二是用地单位开展表土剥离工作的积极性不高。三是剥离耕层表土技术研究不够深入。

“耕层表土由自然界历经成百上千年形成，保护耕地实际上就是保护耕层表土。实行表土剥离对保障国家粮食安全，维护18亿亩红线，提高耕地质量意义重大。要改变过去建设占用耕地的表土处理办法，率先在粮食主产区，特别是东北黑土区开展表土剥离技术研究和试点。”民进中央建议：一是对建设用地占用耕地逐步刚性要求实施表土剥离。在建设用地占用耕地审批和工程验收环节增加表土剥离的要求。二是在配套政策和资金方面给予支持。制定表土剥离优惠政策，对实行表土剥离的建设项目优先批复，地方政府可以从土地收入中支付部分表土剥离经费；加大政府投入，建立表土剥离专项资金，以财政预算安排。三是对浪费表土的建设工程实行经济处罚措施。

土地整治符合科学发展大主题

——访全国政协副主席、民进中央常务副主席罗富和

2011年3月11日，中国国土资源报发布本报道。

“农村土地整治符合我国科学发展的大主题，通过土地整治可以促进经济发展方式的转变。”在十一届全国政协会议小组讨论的分会场，全国政协副主席、民进中央常务副主席罗富和对记者开宗明义。

2010年，罗富和随国家特邀国土资源监察专员调研组赴山东、安徽等地考察农村土地整治，沿途一行，收获颇丰。“这次调研，给我留下了非常深刻的印象。”罗富和说，“农村土地整治是一件一举多得、各方面反映比较好的事情，我认为是成功的。”

罗富和认为，在长期家庭联产承包经营的基础上，农村土地比较分散，单位面积的生产效率、效益不高。又加上大量的农村劳动力转移到城市，导致耕地荒废，很多农民不用心经营土地。在这种情况下，通过农村土地整治的推进，既能促进农业现代化的发展，让农民得到实实在在的效益，又可以支持城市化的推进。

“土地整治，起码有三大成效。”罗富和表示，首先，土地整治促进了现代农业的发展。农村的农田水利建设、规模化的农机具作业需要高标准的农田做保障，没有一定的集中连片的高标准农田，根本无法实现现代化农业。通过整治，置换出大面积的标准化农田，加强了农业生产的基础。其次，农民得到实实在在的效益。农村土地整治很重要的部分是与新农村建设相结合，建设新村和一些新的社区，农民的生活条件、生活环境有很大改善和提高。再其次，土地整治在新增耕种面积的同时，置换出来的土地可用来支持城镇化的推进，所得的收益还可反哺农民，让农民得到更多实惠。

“当然，目前农村土地整治还有一些问题需要注意。”罗富和表示，少数地方变相利用这个抓手，不顾农民利益、农村利益、弱势群体的利益，更多地考虑置换出来的土地效益。这样就会产生危机、产生矛盾。“但我相信，如果是把农民、农村还有低收入群体利益放在首位的话，这个问题是可以避免的”。

“政府应明确制定农村土地整治过程中应该遵从的一些原则，在推进这项工作中加强监管、指导。”罗富和乐观地表示，“我相信，在更多的照顾农村的利益、农民的利益、弱势群体的利益的前提下，农村土地整治工作会逐步地向前推进，不断细化政策，这个大方向不会变”。

“除农村土地整治之外，土地整治还应该包括城市用地整治和工业用地整治这两大领域。”

罗富和表示，在改革开放发展的过程中，城市发展用地尤其是城乡结合部出现了一些背离规划、无序

发展的情况，目前全面推进城乡结合部的土地整治也是迫在眉睫。目前，这项工作还没有全面推开，但从现有的例子来看，城市用地土地整治的效果不错，潜力还很大。

另外，他还认为土地整治还应该包括工业用地的整治。“以前我们为了招商引资，一个项目给划拨一大片土地，土地利用效率比较低。在全世界同类项目的用地指标中，我国可能是最高的了。因此完全可以通过工业用地整治，建立新的具有标准厂房的工业园区。这样既可以提高土地的集约度，又能给企业提供更好的生产性服务。”

“无论农村土地整治、城市用地整治还是工业用地整治，都是推进科学发展、促进经济发展方式转变的重要抓手。”罗富和表示，大方向正确的事情，就一定要坚定不移地向前推。

蔡达峰出席全国政协十一届四次会议提案办理协商会

2011 年 3 月 7 日，全国政协十一届四次会议首次提案办理协商会上午在政协礼堂三层会议大厅举行。八个民主党派中央、全国工商联以及部分委员提交的十余份提案入选此次提案办理协商会。全国政协副主席郑万通、厉无畏与提出提案的各有关方面，全国政协提案委员会的部分委员，以及发改委、财政部、科技部等九部委负责人，就“大力发展现代服务业，加快经济结构调整”这一主题展开交流，对提案进行集中协商办理。会议由全国政协提案委员会主任李铁林主持。部分提案人在会上就提案做补充发言。全国政协常委、民进中央副主席蔡达峰代表民进中央出席提案办理协商会。

民进中央此次入选办理协商会的是《关于发展生产性服务业，促进中小企业产业升级的提案》。全国政协常委、民进中央广东省委副主委、广东省知识产权局局长陶凯元对民进中央入选提案进行了说明。他说，以金融服务业、现代物流业、高技术服务业、商务服务业为核心的生产性服务业的发达与否是一个国家或地区现代化程度高低的标志之一。“十一五”期间，我国服务业得到了较快发展，但仍存在一些问题，不够成熟和完善。中共中央十七届五中全会通过的《关于制定国民经济和社会发展第十二个五年规划的建议》中明确提出要“加快发展服务业”，包括“大力发展生产性服务业”等具体措施。陶凯元强调，中小企业是促进我国经济社会发展的重要力量。大力发展服务业，加快发展生产性服务业，既是促进中小企业加快转型升级、推进经济结构调整和经济增长方式转变的重大战略举措，又是解决社会劳动力充分就业、调整社会收入分配结构、改善民生的重要路径选择；既是我国积极应对国际服务业转型升级，加快走新型工业化道路，全面提升城市、区域竞争力和经济社会运行效率的重大政策选择，又是努力构建资源节约型和环境友好型社会、贯彻落实科学发展观的内在必然要求。因此，民进中央认为，要把促进中小企业的结构调整、升级作为发展生产性服务业的主要方向和重要内容。为此建议：加强体制和政策支持力度，增强生产性服务业的发展活力；创新金融服务模式，畅通中小企业融资管道；建设科技信息服务平台，推动中小企业技术进步和结构调整；培育人才、加强指导，服务于中小企业管理水平提升。

科技部副部长曹健林、工业和信息化部党组成员兼总工程师朱宏任、财政部副部长李勇、人力资源和社会保障部副部长杨志明、商务部党组成员兼部长助理房爱卿、卫生部副部长刘谦、中国人民银行副行长杜金富、中国银监会副主席蔡鄂生、国家发改委产业协调司司长陈斌在提案办理协商会上结合办案内容，围绕“大力发展现代服务业，加快经济结构调整”的主题，分别介绍了有关情况。会上，厉无畏作了总结发言。

民进中央多年来一直高度关注中小企业业发展，并通过切实履行参政议政职能，为提升中小企业在经济社会发展中的地位和作用积极建言献策。2008 年，民进中央先后向全国政协第十一届一次、二次会议提交了《关于完善政府支撑服务体系，促进我国中小企业发展的提案》和《关于创新机制，解决中小企业融资难问题的提案》，起到了帮助广大中小企业抵御金融危机，促进经济平稳健康较快发展的良好作用。2010年，民进中央选择《关于发展生产性服务业，促进中小企业产业升级》为题，在广东等地进行了深入调研，并形成了本次政协大会提案。民进中央参政议政部负责人参加协商会。

中国民主促进会第十二届中央常务委员会第十四次会议在北京召开

2011年3月9日，中国民主促进会第十二届中央常务委员会第十四次会议在北京召开。会议的主要内容是学习十一届全国人大四次会议和全国政协十一届四次会议精神，传达民进中央十二届十四次主席会议精神。

民进中央主席严隽琪主持会议并讲话。常务副主席罗富和，副主席潘贵玉、王佐书、贺旻、刘新成、蔡达峰、朱永新（兼秘书长）、张帆出席会议。

严隽琪在讲话中说，“十二五”时期是全面建设小康社会的关键时期，是深化改革开放、加快转变经济发展方式的攻坚时期，以科学发展为主题，以加快转变经济发展方式为主线，推动“十二五”规划纲要的贯彻落实，是民进履行职能的首要任务。未来五年，我国仍将处于重要的战略机遇期，作为参政党，民进要始终坚持与中国共产党同心同德，珍惜并维护好当前我国经济社会发展的大好局势，凝共识、促团结、保稳定，同心协力做好中国自己的事情。

严隽琪说，科学发展是“十二五”规划的主题，也是参政党履行职能的指导思想。“十二五”时期民进要继续高度关注文化建设，就全球化和现代化双重背景下中国文化的发展提出具有战略性和前瞻性的意见建议。在教育领域，要按照中共十七大关于“优先发展教育，建设人力资源强国”的战略部署，结合《国家中长期教育改革和发展规划纲要（2010—2020）》的贯彻落实，积极建言献策。要围绕经济发展方式转变以及保障和改善民生的大局，在资源环境、新农村建设、社会管理、科技创新等方面继续履行参政议政职能。

严隽琪说，树立和践行社会主义核心价值体系，推进学习型参政党建设，是建设适应时代要求的高素质参政党的需要，也是“十二五”期间民进更好地履行职能、发挥作用的需要。民进各级组织要以庆祝中国共产党成立90周年，纪念辛亥革命100周年为契机，深入开展“重温历史，同心同行”主题教育活动。要把树立和践行社会主义核心价值体系的工作贯穿于我会履行参政党职能与加强自身建设的全过程和各个环节，把继承优良传统、提高政治素质和增强履职能力作为长期着力点，以履行职能的新成果、新经验，检验树立和践行社会主义核心价值体系的成效。

会议审议通过了《民进中央关于学习贯彻十一届全国人大四次会议和全国政协十一届四次会议精神的通知》。《通知》要求，全会各级组织要引导广大会员深刻认识未来五年我国改革发展面临的机遇和挑战，把握经济社会发展的主题和主线，进一步把思想和行动统一到中共中央的决策部署上来，把智慧和力量凝聚到推动科学发展上来，不断增强机遇意识、忧患意识、风险意识、责任意识，自觉地承担起参政党肩负的历史使命和重大责任，为实现“十二五”时期经济社会发展目标作出应有的贡献。

王佐书、朱永新就有关工作情况作说明。会议还审议通过了其他事项。

民进重庆市委主委陈贵云，河南省委主委张震宇，甘肃省委主委尚勋武，民进中央副秘书长及部门负责人列席会议。

罗富和出席全国政协“创新管理，健全机制，加强食品药品安全监管”提案办理协商会并讲话

2011 年 3 月 10 日，全国政协十一届四次会议上午围绕“创新管理，健全机制，加强食品药品安全监管”主题，举行提案办理协商会。全国政协副主席白立忱出席会议。全国政协副主席、民进中央常务副主席罗富和出席会议并作总结讲话。他说，完善食品药品安全监督管理，是一项复杂、艰巨、系统的工作，需要各部门单位间加强协调。希望各提案承办单位能充分吸收和采纳提案中的好意见、好建议，让其落到实处、发挥实效，积极采取措施，对食品药品安全中存在的问题标本兼治，切实保障广大人民群众身体健康和生命安全，为我国经济健康发展和社会和谐稳定提供坚实基础。

全国政协提案委员会主任李铁林主持会议。他表示，食品药品安全问题是当前人民群众最为关心的问题之一，也是全国政协委员关注的热点问题。近年来我国食品药品安全各项工作取得了明显成效，总体形势保持了平稳向好的态势，但由于我国食品药品安全基础薄弱，安全事件仍时有发生，安全形势依然严峻。

协商会上，相关民主党派中央代表、全国政协委员以及工业和信息化部、农业部、商务部、卫生部等 8 部门负责人围坐在一起，就这一主题展开交流，对提案进行集中协商办理。

提案是政协委员履行职能的重要形式。全国政协十一届四次会议开幕以来，委员们对食品药品安全问题高度关注，民建、民进、农工、致公等民主党派中央，沈雯、汤燕雯、姚凯伦、施杰、柴宝成、雷后兴、陈晓颖、张承芬等委员围绕这一主题，积极建言献策，截止到 3 月 8 日共提交了 200 余件相关提案。

这些食品药品安全相关提案的主要意见和建议有三方面。

一是完善食品药品安全监管机制，全面提高监管水平。建议整合现有政府检测资源，开展食品安全检验检测和技术服务；加强食品安全突发事件应急保障和处置机制建设，设立监测预警机构；加大药品安全监管体系建设投入，建立电子监管追溯制度，实现对药品全流程监管追溯。

二是健全法制、严格标准，完善监测评估、检验检测体系。建议进一步细化《食品安全法》，完善现有食品安全监管法律体系；加快国家食品安全标准体系建设步伐；加强对食品添加剂行业的监管；制定食疗行业的从业资质标准和审批制度，规范服务内容；加大科技投入，提高检测能力。

三是强化地方政府监管责任，加强食品药品安全执法。建议进一步完善食品药品安全责任体系，严格落实责任追究制；落实企业作为食品药品安全第一责任人的责任，加大对不法生产销售企业的监管和处罚力度，提高其违法成本；定期将食品监管部门阶段性检查及处理结果公布，接受人民群众监督；各级政府应制定完善的食品药品安全事故应急预案，切实提高应急处置和快速反应能力；建立抗菌药物使用监管体制，防止抗生素滥用。

全国政协委员、民进河北省委主委王刚就民进中央提交的“关于加强我国食品添加剂行业监管的提案”，发表了补充意见。他提出，要理顺管理关系和监督管理职责，实现无缝对接。要加强基层队伍建设，探索完善与区域服务人口和食品产业发展规模相适应的监督队伍建设体系。要尽快由相关政府监管部门并组织行业协会、企业和包括法律、管理、技术及生产方面的专家共同制定出尚没有国家和行业标准的食品添加剂的国家标准或相关规定或临时管理规定（细则），动态公布食品添加剂名录及在食品产业和餐饮业使用的产品范围和数量。国家应列重大专项加大投入，加快制定国家食品添加剂标准的步伐，加大对食品添加剂的基础研究和安全评价，特别是一些符合中国食品特点和食用习惯的食品添加剂的研究。要加

强科学宣传，开展科学教育，提高社会公众食品消费的科学意识。

该提案的发起者、民进中央科技医卫委员会副主任、中国农业大学食品科学与营养工程学院教授黄卫东也出席了会议。

来自工业和信息化部、农业部、商务部、卫生部、国家工商行政管理总局、国家质检总局、国家食品药品监督管理局、国务院食品安全委员会办公室等部门的负责人，就相关提案与委员们进行了协商，并介绍了下一步将要采取的措施。

民进中央提案“稀土资源税”有望助力解“顽疾”

2011年3月11日，中华工商时报发布本报道。

由于稀土引发的问题越来越多，“稀土之殇”吸引了政府、媒体和民众等多方注意。而最近，由中国民主促进会中央委员会在今年两会上提交的一份关于提高稀土资源税税率的提案，颇受关注。该提案建议，有关部门通过提高稀土资源税税率，以经济手段为主来调控稀土价格，维护国家利益，促进稀土产业可持续发展。

中国的稀土资源储量其实本来占全世界总量的60%，但随着近几年无计划、无节制的开发，目前的实际储量已不足世界的30%。尽管稀土资源在快速流失，但过去中国的稀土产量却占世界总产量的90%以上。目前，中国稀土储量仅剩2700万吨，按现有生产速度，中国的中、重类稀土储备仅能维持15至20年，未来极可能需要进口。

由于稀土是信息技术、生物技术、能源技术等高技术领域和国防建设的重要基础材料，同时也对改造某些传统产业，如农业、化工、建材等起着重要作用，很多发达国家每年都需要从中国大量进口稀土资源，然而这些国家也深知稀土资源的宝贵，并不在自己国家进行开采，更倾向于从中国以廉价的价格进行采购。同时，在稀土资源开采过程中对环境可能造成次生危害，更使得这些国家不会进行本国内开采。

2010年10月6日，国务院总理温家宝在布鲁塞尔出席第六届中欧工商峰会发表演讲时指出，中国稀土产量占世界比重很大，远大于储量占世界的比重，我们没有封锁，也不会封锁。要保持稀土可持续发展，不仅满足本国需要，还要照顾世界需要，不仅立足当前，更要着眼长远。

多年来，为了解决稀土资源目前面临的这些问题，国家一直在努力寻找治理途径。比如在1998年，我国开始实施稀土产品出口配额许可证制度，并把稀土原料列入了加工贸易禁止类商品目录。此外，为防止这一不可再生资源的过度开采以及滥挖滥采对环境的严重破坏，我国于2006年停止发放新的稀土矿开采许可证，并在2007年开始对稀土生产实行指令性规划，并逐年减少出口配额以限制稀土出口。

此举虽然引起了美欧日等西方世界的强烈反应，但是对于解决眼下的稀土资源问题，中国不得不对稀土过量开采采取行动，这不仅仅是对固有资源的保护，更是防止稀土开发对环境的持续性破坏。

由于稀土引发的问题越来越多，“稀土之殇”吸引了政府、媒体和民众等多方注意。而最近，由中国民主促进会中央委员会在今年两会上提交的一份关于提高稀土资源税税率的提案，颇受关注。该提案建议，有关部门通过提高稀土资源税税率，以经济手段为主来调控稀土价格，维护国家利益，促进稀土产业可持续发展。

民进中央提案“稀土资源税”

关于提高稀土资源税的做法，其实在我们的近邻越南就已经存在。越南财政部于2010年6月编制了新的资源税税率表，大幅上调各种矿产的资源税税率。在金属矿类中，金矿与稀土矿的资源税税率最高，达到15%。

对此有评论指出，在世界资源日益紧俏的今天，一个国家的资源储备往往是衡量该国国力的主要标准。如何保护好本国有限的资源，并合理地加以利用是各国的重要国策。

此次民进中央提出的《关于尽快提高稀土资源税税率的提案》表示，从实际情况看，限制出口的措施也并未收到理想的效果。2009年，全球稀土市场供应依然有90%来源于中国，稀土价格比2007年的低位水平虽有提高，但并未达到上世纪末中国大规模低价出口稀土资源前的价格水平。

该提案还指出了稀土出口难以控制的原因：一方面，外国企业纷纷通过在中国合资设厂、收购稀土企业等途径，对原材料进行简单加工后再向本国出售，从而绕开了出口配额的限制；另一方面，部分国内企业利用海关在监管稽查方面存在的困难，以硅藻土、硫酸铝等货物的名义报关，向国外进行稀土走私。

为此，民进中央在提案中建议，提高稀土资源税税率，完善稀土价格形成机制，让稀土生产价格体现出环境成本。并将稀土资源税收入用于资源储备、产品深加工与环境治理，促进稀土产业实现科学发展。

稀土“顽疾”多年

稀土被誉为“21世纪黄金”、“工业维生素”、“新材料之母”，连邓小平都称“中东有石油，中国有稀土”，可见稀土资源不仅稀缺，还具有战略地位意义。然而多年来，稀土资源在中国存在着诸多“顽疾”，而最为明显的就是廉价出口和环境污染问题。

在过去很长一段时间，中国把稀土在出售给其他国家的时候，标的是“白菜价”。专家称，这样的低廉价格，好比把黄金当作黄铜卖了。相关数据显示，中国成为世界最主要的稀土供应国，稀土出口量增长了10倍，但与此同时价格却下降了36%，令中国难以得到与资源和环境代价相符的回报。

很多时候，由于稀土的价格过于低廉，以至于像美国和俄罗斯等稀土资源相对丰富的国家，都乐于从中国购买稀土。对于科技发达的日本而言，对稀土需求量极大，长久以来持续从中国进口，甚至囤积稀土资源，已够数十年的使用。而就在低价出售的过程中，中国对稀土的定价权也日益削减。

稀土以低廉的价格出口，这并不代表开采商没有利润。由于中国稀土资源丰富，且在当初没有严格限制开采的政策，加之中国开采稀土的技术单一，不考虑环保因素，劳工也格外廉价，因此开采成本非常低，就算报价低，开采商依然有不少利润。

在过去无限制的开采和廉价贩卖后，稀土资源的稀缺问题开始引起关注。有专家表示，中国稀土开采的无序，反映出的问题是某些利益集团不顾国家利益，而拼命在“吃子孙饭”。

对于中国来说，过去在稀土开采过程中还存在严重的环境污染问题。在内蒙古自治区包头市西北郊，一个新建的居民社区，孤零零地矗立在110国道北侧，而要入住这里的村民无不是因为同一个原因而搬迁至此——环境污染。在广东省兴宁市邹陶村，这个全村总人口只有723人的小地方，20年来饱受因稀土开采而造成的环境破坏危机。

国内稀土行业准入门槛低、技术水平低、环保意识薄弱。一边是疯狂的开采，一边是严重的环境破坏，由于很多地区对稀土开采不顾及环保，以至于水中硫酸盐、总硬度、挥发酚等均不同程度超标，这使得土地已受到盐类污染，土地盐碱化过重，造成土地退耕，且改良困难。

国家发改委能源研究所副所长李俊峰指出，中国生产的稀土占全球较高比例的主要原因是生产过程污染大、代价高，一些国家不愿去做。中国现代国际关系研究院经济安全研究中心主任江涌也表示，由于与稀土共生的矿物很多具有放射性，处理不好会造成污染环境，开采难度很高，因此短期内这些国家替换中国比较困难。

资源税有望助力解“顽疾”

现在，关于合理开采稀土，并促使其价格回到合理水平的呼声越来越大。中国稀土学会副秘书长张安文曾表示，中国低价稀土的时代早已成为过去。以前，中国的稀土产品成本中没有包含资源开发和冶炼分离生产过程中的环境治理的成本，如今，稀土价格上升是一种合理回归。

然而，解决稀土资源的廉价和污染问题，不可能通过“限产”就可以药到病除，毕竟很多领域对稀土资源的需求仍旧很大。未来5年，稀土需求量会持续增长，到2015年，世界稀土需求量将增达21万吨。

民进中央的提案认为，稀土是关系到国计民生的战略物资，建议借鉴新疆维吾尔自治区资源税改革的相关经验，提高稀土资源税税率，以从生产企业的源头上提升稀土的市场价格，使之体现出资源的稀缺性与开采的环境成本，并通过价格的上升改变供求关系，有效减少走私与其他国家购买囤积稀土现象。

同时，价格和供求的变化还将促使大型企业主动整合资源，限制产量，转向产品深加工领域。为了达成上述目标，建议有关主管部门对稀土生产企业造成环境污染的治理成本和资源稀缺性因素进行普查和测算，根据各地稀土资源的赋存条件、开采难度、生产用途、环境治理成本等现实情况，合理制定稀土资源税的税率和征收办法。

提案还指出，提高稀土资源税税率的目的是保护稀土资源和所在地环境，建议将税收所得以财政专项资金的形式用于以下几个方面：一是通过财政补贴、贴息贷款等方式，支持企业储备稀土资源和粗加工产品，建设国家战略资源储备基地；二是通过相关技术研发等方式，提升企业对资源的综合开发利用水平，以深加工带动相关产业升级，将单纯的资源优势转化为整体的产业优势；三是通过项目支持、专项治理等方式，帮助地方政府与企业加大污染治理力度，减少因稀土开采所产生的环境问题。

有专家表示，要想遏制稀土的无序开采，就得提高稀土的开采成本。当务之急，就是要大幅度提高稀土的资源税税率，对涉及到化学元素周期表中镧、铈、镨、钕等17种稀有金属元素的资源税税率，应该在现有基础上数倍地增加；对于稀有金属中的稀有品类，甚至应该将资源税税率提高百倍、千倍乃至万倍。这样，一方面可以遏制目前中国稀土的无节制开采，让廉价稀土的出口量自然减少，而不违反世贸规则。另一方面，还可以让稀土的利用率得到提高，减少稀土在开采中的浪费，也非常符合中国的“可持续发展”战略。

建睿智之言 献务实之策 谋转变之计 聚发展之力
全国政协十一届四次会议民进组情况综述

今年全国“两会”期间，民进组45位政协委员同2000多名全国政协委员一起，以对国家和人民高度负责的精神，以尽心竭力履行职责的态度，以讲真话、建净言的作风，着重围绕“十二五”开局之年和未来五年深入贯彻落实科学发展观、加快转变经济发展方式、推动经济社会全面协调可持续发展、使发展成果更好地惠及全体人民，认真履行职责，建睿智之言，献务实之策，谋转变之计，聚发展之力。他们通过各种方式、各种管道在各种场合积极参与热点话题讨论，发表意见建议，充分展现了人民政协这一政治组织和民主形式的独特优势，生动展现了民进组政协委员心系国事、情牵民生的精神风貌。充分表达了民进全体会员与全国人民一道抓机遇、谋发展、求稳定、盼幸福，坚定不移地推进社会主义现代化的共同意志。可谓亮点纷呈、引人瞩目，牢记嘱托、无愧使命。

今年政协大会民进组最为重要的参政议政表现：大会口头发言和重点提案办理协商会情况

会议期间，民进中央提交党派发言5件，党派提案24件，民进组提交提案7件，民进组45位委员提交委员个人发言30余件，委员个人和委员联名提案160余件，涉及经济社会发展的各个领域。

政协大会分别在3月8日下午、3月9日上午和3月10日下午安排了三场，共计47个口头发言，涉及经济社会发展的各个重要领域和重要方面。其中，民进中央党派发言1个，民进组委员发言2个，据统计，在各民主党派中名列第一，也是民进组在十一届政协四年来口头发言数量最多的一年。

张帆委员代表民进中央作了《建立文化强国战略增强国家文化软实力》的发言。陈凌孚委员作了《立足国家民族未来，加快振兴学前教育》的发言。卫小春委员作了《实施林木年度直补，加快实现兴林富农》的发言。

发言对问题现状的客观表述，根源的深入剖析，更重要的是提出了富有建设性的意见和建议，为促进问题的解决起到了助力器的作用。“文化对于社会成员的人格塑造、文化的长远社会效益遭到漠视”，“孩子是人民和国家的未来，为孩子提供优质的幼儿教育就是在为我们的国家构筑财富，为中华民族储备人才”，“辛辛苦苦几十年，中间不见一分钱”，其中一些真诚形象的话，引起现场委员们的共鸣。新华社、人民政协报、中国政府网、新华网等媒体还撷取这些委员的精彩发言做了及时扼要的报道。

政协大会还分别在3月7日上午和3月10日上午安排了两场提案办理协商会，会议期间的提案办理协商会往往因选题多为热点难点问题，受到相关承办部门高度重视而到媒体的关注。两场提案办理协商会均有民进中央的提案入选，也是十一届政协四年来数量最多的一年。

第一场是“大力发展现代服务业”提案办理协商会。发改委、财政部、科技部等九部委的负责人对提案进行协商办理，民进中央入选的提案是《关于发展生产性服务业，促进中小企业产业升级的提案》。民进组政协委员、广东省知识产权局局长陶凯元介绍了提案的形成过程和主要内容。提案提出要把促进中小企业的结构调整、升级作为发展生产性服务业的主要方向和重要内容，从加强体制和政策支持力度、畅通中小企业融资管道、建设科技信息服务平台等方面给予重点推动。

第二场是“加强食品药品安全监管”提案办理协商会。农业部、商务部、卫生部等八部委的负责人对提案进行协商办理，民进中央入选的提案是《关于加强我国食品添加剂行业监管的提案》。民进组政协委员、河北省科学院院长王刚介绍了提案的形成过程和主要内容。提案提出的要理顺管理关系和监督管理职责，要加强基层队伍建设，要制定出尚没有国家和行业标准的食品添加剂的国家标准或相关规定或临时管理规定等建议得到了卫生部的高度评价。

民进中央党派提案的高质量不仅体现在入选提案办理协商会上，还体现在受到媒体的高度关注上。其中，关于关注职业病维权、关于保护农民工健康权益的提案，关于加强我国食品添加剂监管的提案，关于尽快提高稀土资源税税率的建议，关于发展生产性服务业促进中小企业产业升级的提案，被人民日报、光明日报、人民政协报、新华社、中新社、人民网、新华网等多家主流媒体关注和报道。

民进组委员的建言献策和个人风采，得到众多主流媒体的高度关注

民进组政协委员接受各类媒体采访，不仅充分展示了民进在参政议政领域取得的成果，展现了自身的风采，也扩大了民进的社会影响力，树立良好的社会形象。

政协大会在会议期间共召开了五场记者会，其中有三场都邀请了民进政协委员的参与，实现了民进政协委员参加政协记者会场次上的新突破。蔡继明、冯骥才、王康委员分别就城镇化与新农村建设、文化建设、实施教育规划纲要的主题，回答中外记者提问，他们独到、睿智、精辟、透彻的作答令在场的记者深为叹服，其言论经电视转播，各媒体转载，反响巨大。

新闻宣传中还有一个突出的特点是，民进的政协委员在中央电视台的出镜频率特别高。为期11天的政协大会，我们出现在新闻联播节目中就有8次。据不完全统计，会议期间，民进在各类媒体共报道1499条，其中人大代表613条，政协委员823条，有关民进党派提案和发言的报道63条。代表、委员接受报纸、网站等主流媒体专访，形成有影响的深度报道超过100次。民进宣传网站“两会专题”共发布信息1457条，全面而充分地展示了民进代表、委员们的个人魅力和风采，更使民进参政议政的成果广为社会所知，极大地增进了民进的社会美誉度。特别是潘贵玉委员就公共安全、流动人口问题接受了人民日报、光明日报、人民政协报、团结报、中新社五家媒体的联合采访，她以女委员的独特视角，结合自身在工作中的思考，对于进城务工妇女的城市融合度问题做了深入的分析、研究，并提出相关建议，受到好评与关注。

博客、微博等新兴的媒介手段时效性强，影响力广泛，受到很多委员的青睐。区鉷、张自立、陈景秋、赵丽宏、段成桂、贾宝兰、谢彬如、蔡达峰、蔡继明、潘碧灵等委员纷纷在人民网开通了博客或者微博，在“两会”期间发文关注粮食安全、农田水利、教育改革、物价稳定、规范生活垃圾焚烧、治理湘

江流域水污染、合理调整收入分配、农民自主城市化等等问题。他们向网民直陈自身的观点，及时阅读网民的留言并给予答复，实现了与大众的思想互动，引起广泛关注和社会影响。

民进组委员还组织开展社会活动。蔡继明、汤建人、李进权、赵光华、张承芬等委员前往北京市朝阳区朝外大街吉祥里街道办事处参加社区共建活动。民进组委员关注这一社区并连续五年参加共建活动，将之树立为品牌。人民日报、人民政协报、团结报都追随拍摄，并做了相应的新闻报道。委员深入社区，参与群众活动，又为民进组政协委员的社会活动添上一抹亮色。

冯骥才 朱永新出席民进中央开明画院第一届理事会第二次会议并讲话

2011年3月13日，民进中央开明画院第一届理事会第二次会议下午在机关召开。民进中央副主席、开明画院院长冯骥才，民进中央副主席兼秘书长、开明画院常务副院长朱永新出席会议并讲话。

冯骥才说，开明画院不是公益机构，没有编制，没有活动场所，也没有经费，初始阶段的工作非常困难。过去这一年，经过大家的努力，克服了许多困难，取得了很好的成绩，画院在民进中央的大力支持下，各级地方组织积极呼应，形成了一个遍地开花的局面。虽然各地方条件不同，但是都做出了很好的成绩，取得了宝贵经验。

冯骥才认为今后开明画院的工作要着力解决三个关键问题。首先，要把画院办公地址的问题解决，充分依托老会所的地理优势，做出更好的成绩。第二，要培养一批办事热心、积极、责任心很强的专业人才来承担画院的工作。第三，要保障经费来源稳定，通过对经费来源的良性操作，形成一个比较可靠的、稳定的经费来源管道。

冯骥才说，严隽琪主席去年底在台湾出席开明画院台北书画展，得到了台湾社会各界的高度评价，此次台湾之行积累了大量的资料，将来可以整理汇总后，给各地方画院做参考。

朱永新在讲话中说，去年台湾书画展办得非常成功，充分展示了民进书画界会员的实力。今年画院的工作重点要做好两件事，一是落实画院的办公地址，二是办好在南京举办的“开明江海文化论坛”。希望条件具备的地方尽快的成立画院，各地画院形成一个统一、开放的平台，每年定期举办展览，发挥我们的书画家和专业委员会的作用，发挥地方画院的作用。

朱永新说，全国的开明画院之间可以加强交流，画院之间是联谊的关系而不是上下级关系。加强民进地方组织和地方画院的联系与合作，鼓励企业家参与画院工作，组建专业人才队伍。建议画院的工作可以考虑为参与毕节试验区建设服务，结合“彩虹行动”帮忙贫困地区培训中小学美术教师。

徐圭逊副院长汇报了开明画院2010年度工作情况。参加会议的25位理事认真讨论了画院2010年度工作总结及2011年度工作计划。大家认为，开明画院体现了民进的形象，工作要坚持社会性、服务性，注重交流性和学术性。大家提出，要吸纳会内外德高望重、德艺双馨的优秀书画家，甚至一些理论家进来，把我们的队伍不断壮大，扩大影响，打造开明画院品牌。促进各地画院之间的交流，加强理事之间的联系，全力做好庆祝中国共产党建党九十周年和纪念辛亥革命一百周年书画展。

会议通过了增补民进中央办公厅主任高友东为画院监事。

严隽琪做客新华访谈 畅谈“十二五”经济社会转型与转变

2011年3月16日，《国民经济和社会发展第十二个五年规划纲要》公布，一幅未来五年经济社会发展的宏伟蓝图已经展现在国人面前。当天下午 15：00，全国人大常委会副委员长、民进中央主席严隽琪应邀做客新华访谈，与网友畅谈“十二五”时期经济社会转型与转变。访谈前，严隽琪亲切会见新华社社长李从军，新华社副社长、新华网董事长周锡生，新华网总裁田舒斌。

严隽琪做客新华网在线访谈活动预告，于 3 月 14 日在新华网首页访谈专区和论坛醒目位置突出展示后，新华网友纷纷留言。网友的问题从经济发展方式转变到关系民生的教育、法治问题，从“十二五”的战略规划到绿色发展、绿色转型，从民进工作到严隽琪个人履职体会，包括了各方面的话题，网友的积极参与为本次访谈营造了良好的互动氛围。

访谈全程持续 60 分钟，播发图片 11 张，编发新闻稿件 15 条。严隽琪从历史和现实的角度，阐述了“十二五”时期经济社会转型的重大意义，帮助广大网友科学理解我国“十二五”时期作为“关键期攻坚期战略机遇期”的特别含义，并就“教育责任”、保障和改善民生、绿色发展、科技进步、中国特色社会主义法律体系、民进履行职能的着力点等重要问题，深入地与网友沟通和交流。

访谈的专题页面在新华网首页头条以“严隽琪谈‘十二五’经济社会转型与转变”的形式全程突出展示，时长 2 小时。此外，在新华网访谈频道以头条报道的形式持续展示。新华网精编的稿件被人民网、新浪网和搜狐网等 50 余家网络媒体广泛争相转载，其中还有精彩报道为百度和谷歌等搜索网站所重点收录。访谈报道图文视频并茂，内容丰富、传播广泛、影响力大。

严隽琪求真务实、观点鲜明、语言生动、内涵丰富的回答，充分展示了个人魅力，备受广大网友关注，获得网民高度评价。网友“一览无余”留言说：“严主席平易近人，言语间有自己的真知灼见，感谢新华网搭建这样一个官民沟通的平台。”

新华网对做好这次访谈高度重视。新华网安排骨干编辑技术人员组成工作小组，与民进中央宣传部密切协作、精心准备，全力以赴做好本次访谈的各项筹备工作，以确保本次访谈活动顺利进行。

以下为访谈文字实录。

［主持人］网友朋友，大家好！欢迎您收看新华访谈！被称作是中国民主“窗口”的两会在 14 号落下了帷幕，《国民经济和社会发展第十二个五年规划纲要》以 2778 票的赞成高票表决通过，一幅发展经济、改善民生的宏伟蓝图已经展现在国人面前。在未来的五年里，我们党和政府将如何带领全体人民，逐步实现“民富国强”的美好愿景，这也是与我们每一个中国网民息息相关的重大民生问题。今天新华访谈特别邀请到了十一届全国人大常委会副委员长、民进中央主席严隽琪女士，严主席将与网友畅谈“十二五”时期经济社会的转型与转变的有关问题。严主席！欢迎您做客新华网访谈间。

［严隽琪］谢谢。网友们好。

［主持人］严主席，知道您做客我们的访谈间，网友反应非常热烈。

［新华网友　大熊的恐龙］今年两会通过的“十二五”规划，备受各界关注，对于指导今后五年我国的经济社会发展具有极为重要的意义，能否请您谈谈对未来五年经济社会转型的整体理解？

［严隽琪］今年两会刚刚审议通过的“十二五”规划纲要，明确的指出了要以科学发展为主题，以转变经济发展方式为主线，这是意义非常深远的转变。它充分体现了发展是要转型、转型促进发展这样一个相互结合的辩证关系。我的理解是：这个转型是我们中国近现代历史演变所形成的，也是我们面临的困难和压力逼出来的，是我们 30 年改革开放经验的总结，也是我们奋斗目标所需要的。

［严隽琪］这个转型或者叫做发展方式的调整，内涵非常深刻，也非常丰富，它意味着我们要从重规模、重数量、粗放式的发展向重内涵、重质量、集约式的发展。这样一个发展使我们的经济结构更加优化，自主性更强，含金量更高，会改变我们过去对并不稳定的出口需求和投资型增长的依赖，能够更加增强国内消费的驱动。我觉得这个转变还意味着我们从重项目、重工程、“摸着石头过河”，局部设立一些先行先试的特区进行探索，逐步向建构体系、顶层设计、总体规划、协调推进、重制度的转变，这个制度有体制、机制，也有法制。

［严隽琪］再有一个含义就是要从注重物质财富的积累向注重经济和社会协调发展、更多满足人们的精神需求、重视建立更公平合理的财富分配制度，改善民生转变。当然它必然包含着从政府的管办一体到加强社会建设与管理、多方参与、合力推进转变。所以这个转变意味着观念的转变，着力方向的转变，评价制度的转变，政策设计的转变，还意味着我们重点选择的转变。所以这对于我们今后五年是意义非常深远的。

［主持人］您的这段理解也非常深入。我们再来看另一位新华网发展论坛网友的提问。

［新华网友　门前三包］为什么说“十二五”是全面建设小康社会的关键时期，是深化改革开放、加快转变经济发展方式的攻坚时期？如何理解“十二五”及今后10年仍然是我国发展和转型的战略机遇期？

［主持人］另外还有网友问，怎么理解攻坚期和重要战略机遇期？这两者有没有矛盾？

［严隽琪］关键时期，我是从历史发展的轨迹来理解的。因为中国社会几千年来经历几次大的转型，每次转型都有一个关键时期。比如1840年以后西方势力入侵，使中国传统的农业社会转型为一个半封建半殖民地的社会。又比如说新中国的建立，又使我们中国社会有一个大的转型，计划经济体制开始实行。我想改革开放30年前，也是一个大的转型。我们现在又面临一个关键转型时期，就是通过科学发展，实现城乡一体化，实现公共服务均等化，所以第一个关键时期更多的是从历史轨迹的发展，我是这样来理解的。

［严隽琪］对于攻坚期，更多的是从我们面临的困难和挑战角度来描述的。就是说现在的国际环境，在后金融危机时期还面临着很多不确定的复杂因素；国内传统依赖的比如说出口、投资等等，也变得会逐步衰减；我们的环境、资源、能源的约束会更加严峻。随着30年改革开放，我们的经济实力增加，所以中国也面临着“中等收入陷阱”这样一个风险，那就是说经济转型必然要经过一个阵痛期，社会矛盾会凸现，政治风险也高发，国际压力也会对我们进行考验。所谓“陷阱”就是你会不会陷入“瞎折腾”。这些问题对中国来说，在“十二五”时期都是严峻的考验。

［严隽琪］战略机遇期更多是从我们面临有利条件来认识的。我认为至少有这样一些有利条件：一是我们的需求有优势。中国幅员辽阔、人口众多，所以它的消费需求是很巨大的，这可以成为支撑经济发展的有力条件。二是我们有供给优势。特别是建国以来，我们建立了比较完整的工业体系，生产要素供给比较充裕，储蓄率也比较高，所以我想我们的供给能力方面是具有优势的。三是体制优势。我们的社会主义制度和集中力量办大事、决策的效率，再加上市场机制的运用，所以我们在体制上也是具有优势的。四是开放的优势。改革开放以来，中国以主动的姿态融入到全球化的潮流中去。所以在这个过程中，国际的合作也会给我们带来优势。从这点来说，只要我们决策正确，只要我们万众一心，我们是可以把这些有利条件充分发挥，抓住难得的历史机遇。

［主持人］也就是说这几者之间并没有矛盾。

［严隽琪］没有矛盾，我个人认为只是从不同的角度，强调点不一样。

［新华网友　易经］重视和保障民生可以说是“十二五”规划的一个亮点，也是今年两会代表热议的焦点话题之一，您认为进一步重视和保障民生对我国未来五年经济转型有怎样的作用和意义？

［严隽琪］保障和改善民生是我们这次经济转型的重要目标。这可以从规划纲要的24项经济发展主要指标中间看出，民生的指标占一半，其中有5个指标还是约束性指标。我认为这凸现了国家在“十二五”时期转变发展方式、保障民生的重大决心。在这里我想引用贾庆林主席在政协开幕大会上说的一句话，他说民生问题不仅是重要的经济问题、社会问题，也是重大政治问题。我是这样理解的，保障和改善民生，它体现了党和政府的执政理念，也体现了社会主义制度的本质，它回答了发展为了什么。保障和改善民生是我们加快转变经济发展方式的根本出发点和落脚点，要使广大人民群众能够共享改革开放的发展成果，提高人民的发展能力。

［严隽琪］另外，相对于经济的发展和转型，我国的社会发展和转型相对滞后。通过保障和改善民生，它既是我们的目标，同时也是促进社会转型的内容、手段和方法，所以对社会建设是非常重要的。再有对经济发展本身来说，它也起到经济转型的作用。因为改善民生使中国国内的消费驱动力更强，就可以改变对外部的依赖。所以保障和改善民生是目的、是内容，也是重要的手段。

［主持人］民生问题也是与我们每个人息息相关的问题。

［新华网友　只看风景］您在政府部门工作期间曾经分管过科技工作，而经济发展方式的转变，就是要推动经济进入创新驱动、内生增长的发展轨道，在这方面科技的作用尤为重要。能否请您结合目前我国科技工作的情况谈谈“十二五”期间如何推动科技的进步和创新？

［严隽琪］这个问题非常重要。在“十二五”规划纲要提出，要坚持把科技进步和创新作为加快转变经济发展方式的重要支撑。我觉得这也是我们前面说的促进转型的重要内涵。这个意义可以表现在：对企业来说，通过科技进步和创新，掌握核心的关键技术，是中国企业取得市场主动权的必须。对于国家来说，通过科技进步和创新，掌握核心关键技术是国家利益和国家安全的必须。对人类来说，通过科技进步和创新，是人类应对环境与资源的挑战，与大自然和谐相处并实现人的全面发展的必须。所以它非常重要。

［严隽琪］在这里我想首先谈的一个感受就是，要端正科技进步的追求目标，这里实际就是一个价值观的问题。因为人除了物质以外，赖以生存的还有资源、环境、精神。所以科学发展必须要保持正确的方向，重视人的全面需求，特别是精神需求和可持续发展，不能急功近利地、粗暴地对待自然，要知道像空气、生态、土地是不能简单的用市场价格来体现它的价值，因为它是大自然赋予的，是无价的。所以我觉得科技进步和发展包含着要让人的生活方式和工作方式从贪婪与攀比中解放出来，人对于超越经济的价值要有一个宽厚的态度，不忘掉道德的义务，科技进步一定要惠及广大民众。这一点我们越来越感觉到它的重要性。因为科技进步从微观角度来说有需要改善的地方，时间有限，我主要从宏观上谈谈体系建设。

［严隽琪］因为我们已经明确提出来要建设创新型国家，今年的两会，温总理的政府工作报告专门指出，要加强改革的顶层设计和总体规划，我觉得这非常重要。我们要及时总结在科技领域的工作经验，做好总体规划的大文章。这样可以避免改革的“碎片化”，也就是指局部的改革但缺乏配套措施，所以它难以深入，走不远；同时也要避免利益“部门化”，要争取全局的优化和协调；还要避免改革的随意化，不能轻易出台或者废止某项改革，不能胡折腾。这是对于体系设计的重要性。

［严隽琪］科技创新的内容很广泛，它有科学发现，有技术突破，有产品的更新换代，甚至市场开拓、制度更新，这都是科技创新的内容；创新的主体有个人，有单位，有企业，有学校，有政府，还有民间组织，所以它的机制是迥然相异；同时科技创新有许多要素，包括制度、人才、资金、设备等等。在这体系中，不能偏废。要有合理的制度安排和适宜的社会环境，使得体系当中的多个主体都能各安其位，都能找到自己的位置，都能发挥自己的所长，都有对它合理的评价体系和利益的分配机制。

［严隽琪］还有一点很重要，就是各种要素应该是开放的、流动的，就像活水才能永葆新鲜一样，这些要素要在流动中保持活力。总而言之，科技创新既要有单项的重大突破，又要有单个要素的保障，但是在国家层面，更需要体系的合理设计，这样全社会的创新智慧才会竞相迸发，各方面的创新人才才能大量涌现。

［主持人］严主席，现在很多人有这样一种说法，当前科技界出现一些问题的根本原因在于科技体制问题，而科技动力之源就在于科技体制改革，对于这个问题有什么看法？

［严隽琪］实际上科技体制改革就是创新体系建设的一个重要内容。因为它不是简单的一个项目的问题，也不是一个单个部门的问题，所以从体制上的合理设计，从资源的利用率可以提高，使得各个主体、各个部门都有自己正确的定位，而他们之间又能进行合作。比如一个科技成果，从发明到成熟，到应用，到市场份额的扩大，它所需要的各种要素的数量、性质都不一样，所以就要有不同的政策设计。我觉得

30年改革开放，我们在很多方面都在推行改革，所以这次转型，为什么我说有一个转型就是从单个突破到制度建设，到总体规划。我很高兴这次温总理的政府工作报告提出了总体规划、总体设计这样一个思路，我觉得这会使我们的体制改革进入一个新的起点，走出新的步伐。

［新华网友 ZILL055］“十二五”规划提出树立绿色低碳发展理念。据我们了解，民进中央这两年都提出了有关绿色发展、绿色转型的党派提案，您能结合提案介绍一下这方面的情况吗？

［严隽琪］绿色低碳的理念对于未来经济社会转型将发挥重要的导向和制约作用。绿色发展应该说是一个全球性问题，因为西方自从工业革命以来，它走过的就是高消耗、高污染排放的经济增长模式。事实证明，已经不可持续了。而对中国这样一个后发展、后发达的国家，我们在30年改革开放取得巨大经济成功的同时，也认识到伴随着资源、能源的高消耗和环境的巨大代价，尤其是在过去十年，有数据表明，我国的能源消耗和温室气体排放迅速增加，这种传统的粗放式发展模式不仅威胁中国自己的可持续发展，也是对整个地球家园造成危害。所以中国必须向节约型的绿色发展方向转变，这也是中国“和平发展”的应有之意。

［严隽琪］可以看到，现在国际上一些发达的资本主义国家，利用他们在国际社会中的话语权，将碳排放、应对气候变化等环境问题政治化，加大对中国经济发展的遏制，我想这些因素是对我国进一步发展经济的约束，这也对我们的经济发展形成了“倒逼机制”，就是逼迫我们必须向集约型、节约型发展。

［严隽琪］要做到这一步，三方面很重要：一是理念和路线。又回到刚才说的，发展为了什么？如果发展是为了牺牲人类环境，那我们要这个发展干什么？所以科学发展的理念，要把它化为全国各级政府和全社会的政治共识和行动纲领。科技进步一定要牢牢树立我们的价值取向。

［严隽琪］二是科技创新。回顾历史，历次的工业革命都有技术的重大突破和新产业的形成，都有一种典型的能源被广泛利用，从煤到石油天然气，然后出现核能，现在是可再生的绿色能源，所以我们必须积极的发展绿色能源来促进绿色产业的形成，在这个过程中，中国一定不能丧失这样的历史机遇。在前几次工业革命中，中国都没有抓住机遇。

［严隽琪］三是制度建设和文化建设。对政府必须要有“绿色政绩”的考核；对百姓来说，我们要提倡绿色的生活方式，每个人都从身边做起，从小事做起，形成一种环保文化。我们民进多年来都是围绕着绿色经济发展积极的参政议政，就拿近两年来说，在2010年和2011年的全国政协大会上，我们党派的提案都是以实施绿色发展战略或者说实现绿色经济发展方式转变为主题，我们会继续关注，当然我们提案的内容也是在我们持续的调查研究之后，包括对水资源、垃圾处理、林业发展等方面调查研究后形成的，所以我们对国家的规划、对产业政策、对技术创新、对金融政策等方面提出了建议，今后我们会继续关注这方面。

［主持人］严主席，访谈到现在，已经有6942人次登陆我们的论坛提出他们的问题。

［新华网友 琉璃心流转］“十二五”规划中提出，要加快教育改革发展，为转变经济发展方式提供人力资源基础；要推动文化大发展大繁荣，提升国家文化软实力。民进是以教育文化为主要界别的民主党派，请您谈谈对未来五年我国促进教育改革、促进文化发展的认识和思考。

［严隽琪］我非常高兴，看来这位网友对我们中国民主促进会是比较了解的，而且看得出对我们在文化教育方面的参政议政也寄予厚望，我现在也报告一下我们的一些思考和做的工作。去年颁布了中长期规划纲要，提出中国的教育将率先基本实现现代化，我觉得这体现了中央高瞻远瞩的战略部署，对教育来说是一个很高的期望值。

［严隽琪］这里我谈一下我对教育责任的认识。因为所有的经济社会活动中，最重要的因素就是人，所以可以说教育是“最伟大的资源”。教育固然有传授知识、教练技能的重要责任，但最重要的是传播价值理念。有教养的人不见得什么都知道，什么知识都具备，但他必须是有良知的，对生活的意义有基本的信念，对社会有责任感。而突飞猛进的科技更需要坚定的信仰和更高的道德标准。我这里想引用李政道的

一句话，他说：“科学精神是一种老老实实、严谨缜密、又勇于批判和创造的精神，更重要的是，它具有一种坚持为人类福祉而奋斗、艰难求索、百折不回的信念。”所以，要将知识教育与道德培养融为一体，在知识传承的过程中，我们的教育要始终关注人的精神，始终强调人的社会责任。这也是我对素质教育最本质的理解。对于教育问题，这方面我们一直在呼吁和强调。

［严隽琪］因为教育涉及的方面很多，我特别想谈的是职业教育。因为现代化的教育理念必然提倡终身教育，但是如果没有职业教育，终身教育也就无从说起。所以对于职业教育首先有个定位问题，职业教育现在已经这么叫了，但我的理解是，它更确切的含义应该是应用型人才的培养，和它对应的就是研究型人才的培养，应用型人才和研究型人才形成了人才培养的两翼。两种人才没有高低之分，职业教育的学校与普通学校也没有优劣之分。

［主持人］但是现在很多人认为职业教育低于研究型教育。

［严隽琪］我们不能让职业教育成为“失败者的选择”，应该各种教育都是成功者的选择。所以这方面是非常非常重视的。二是在体制机制上要强调校企结合，或者叫公教结合。我们老说职业教育要“双师型”教师队伍，如果校企结合，那“双师型”教师就解决了，因为让一个人成为“双师型”教师是比较困难的，但是整个队伍的建设必须是“双师型”的。还有就是职业教育需要的硬件和软件与产业发展同步，只有企业才能不断地、及时地更新设备，校企结合才能为职业教育提供持续更新的硬件基础。这方面说起来容易，做起来难。三是推动职业资格证书种类的增加。

［严隽琪］教育在学校制度、教育管理、学前教育、民办教育等方面，还有很多问题，我感到未来五年是我们贯彻落实教育规划纲要至关重要的头五年，所以关于教育的改革和发展，我们强调要多出人才、出好人才，我想加一句，要出多种人才。行行出状元，这是社会的需要，也是人的全面发展的需要。人的爱好、禀赋是不一样的，不管他做何选择，只要对社会有益，他都能受到尊重，都能过上衣食无忧的生活，都有社会地位。我觉得教育的改革和发展是永恒的话题，但在未来五年，对于经济社会的转型，对于社会建设、文化建设来说，教育真是关键的五年。

［主持人］您这段话也是说到很多人的心里去了。

［严隽琪］我自己长期重视教育，一谈到教育，就有点收不住了。文化也是我们民主促进会的主要界别特色，我们有很多文化界的中高级知识分子，这些年来，一直围绕着文化在进行参政议政。大家越来越有共识，文化是民族的灵魂，是国家软实力的重要标志，是综合国力的重要体现，近年来我国文化建设取得的巨大成绩是有目共睹的。

［严隽琪］现在政治、经济、文化、社会四位一体，从单一的文化事业到文化事业和文化产业并举，充分体现了文化自觉。其次是公共文化服务和文化产业的大发展。2008 年以来，民进中央连续就建设公共文化服务体系、促进文化产业发展、中华文化要走出去进行了系列调研，在今年的全国政协大会上，我们党派中央还专门就文化发展问题做了大会发言。

［严隽琪］简单地说，我们认为现在中国，特别是年轻人，对传统文化认识比较模糊，对于优秀的传统文化缺乏足够的了解，而对于西方时尚的文化习俗在形式上的过分追捧；另外，怎么处理好文化和经济的关系，在很多情况下，我们痛心的看到文化成为了经济的附庸，“一切向钱看”起到了推波助澜的作用；还有就是对高雅文化的扶持，如果简单地把它们推向市场，高雅文化可能会在不长的时期内萎缩，甚至消亡，它消亡是对我们民族精神生态会造成不可弥补的损失，所以这方面要加大支持力度。

［严隽琪］另外就是和新华网有关的，也就是文化发展和新型媒体的关系。我们对新型媒体的传播特征、潜在影响缺乏足够的研究，所以怎么样更加充分运用新型媒体来传播先进文化，开启各种对话平台，也避免因为我们自己的管理、法理研究不到位而陷入被动。所以我们呼吁要建立文化强国的战略，政治、经济、社会都有国家战略，所以这个要提到国家战略上，提升中华文化的凝聚力、创新力、影响力、传播力。这方面我觉得我们民主促进会还会一如既往的关注，调研、献计献策。

［新华网友　山中无猴子］两会之后，围绕“十二五”规划的全面贯彻落实做好各方面工作，是包括民主党派在内的全社会的共同责任，民进围绕“十二五”规划履行职能有哪些思路和举措？

［严隽琪］说明这位网友对我们多党合作制度还是很了解的，我们民主促进会更有责任不辜负大家期望，履行好职能。我觉得在两会以后，一是从思想认识上，要学习贯彻好两会精神，使我们能够对未来五年我国面临的机遇和挑战有更深刻的认识，把握好主题和主线，这样使我们能够同心同德，集智聚力，增加我们的责任意识，这是思想认识方面的。

［严隽琪］其次，提高履行职能的能力和水平。要更加切实的认识我国的国情和我们发展目标中间的差距，同时发挥我们的界别特色来选好参政议政的着力点。就像刚才说的，文化建设我们会继续高度关注，作为我们的重点任务。这既是民进的界别特色所决定的，也是我国经济社会发展的需求所决定的。所以我们会继续加强文化研究的力度和深度，提升文化理论水平，就世界范围内文化的交流、交融、交锋的现状和国家文化安全进行深入调研，会充分关注互联网的兴起和新媒体的发展，就全球化和现代化双重背景下中国文化的发展提出我们的建议和意见，促进将文化强国确定为国家发展战略。

［严隽琪］在教育方面，我们会结合国家中长期教育改革和发展规划纲要的落实，围绕着推动改革创新，促进教育公平，提高教育质量等重点问题，关注学前教育、基础教育均衡化、农民工二代的教育、民办教育的发展和职业教育的发展，还有国家和区域发展的一系列战略，我们会继续作为重点。

［严隽琪］而文化问题往往是牵动全局的问题，我们的思路是顺势而为，我们还将围绕着经济发展方式转变，改善民生，就资源环境、“三农”、社会建设、科技创新等方面履行参政议政的职能。我们会更加重视民意，广泛、及时、准确地收集广大会员和所联系群众的意见建议。

［严隽琪］在社会服务方面，也将围绕大局，高度重视以改善民生为重点的社会建设，协助执政党和政府做好团结群众、服务群众的工作，尽力而为地做顺民意、解民忧、惠民生的实事好事。这方面我举两个例子，我们的界别特色是教育，我们认为教育在帮助贫困地区和扶贫方面起着根本性作用，我们有一个对贵州毕节金沙县对口帮扶的“彩虹行动”，我们还会做好在其他少数民族地区、贫困地区的社会服务工作，包括教师培训等工作。我们一直在发挥文化的作用，推动两岸四地民间文化的交流，这方面我们已经做了十年以上，我们会继续把这个工作做好。

［主持人］严主席，您这次做客新华网，也是受到广大网民的关注和欢迎，到现在为止，已经有超过7000人登陆我们的论坛，提出他们的问题。很多网民对您平时的工作和生活非常感兴趣。

［新华网友　忘记行李］您平时一定很忙吧，每天的时间一般怎么安排，才能兼顾协调好全国人大、民进中央等几方面的工作？您最大的兴趣和爱好是什么？工作之外，一般怎样放松自己？

［严隽琪］非常感谢这位网友对我的关心。我的生活一是如网友所说的忙，二是对我最大的挑战还是转型。国家在转型，我的人生角色也在不断地转换。我有几次大的转换，每次都是始料不及的，因为这种工作变化容不得我退缩和懈怠，而每次转换对我已有的知识结构、学识水平、工作能力都带来新的挑战。那我怎么办呢？唯一的出路就是从学习做起。每次转换，对知识结构欠缺的就恶补。还有在工作中进行自省，每天看看哪些做的好，哪些做不的好，然后进行改进。这种多年来的高强度的人生磨砺，让我至今受益。读书、学习成了我生活的主旋律，这是我工作的需要，另外读书学习也是我的一大爱好或者说习惯，我在繁忙工作以外的犒劳就是看一些历史的、人物的传记，甚至唐诗宋词，这是我的一种调剂。

［严隽琪］另外，我更多的经历是在高校当老师做科研，所以我有机会和时间，和我原来的学生，包括同事，大家一起聊聊学校的发展、科研课题的进展、学生的进步，这对我来说真是非常非常愉悦的时光。可惜这样的时间非常有限，这也是我的一种调剂。还有这两年我喜欢上了数独游戏，可能是因为它是对逻辑推理的挑战，我挺喜欢的。但是怕自己入迷，我给自己一个规定，如果今天工作做完了，我就奖赏自己做一道数独题，然后就把书关上了，要不然我入迷以后就没有睡觉时间了。这些都是我的一种调剂。我真的很感激我的父母，特别是我的母亲和我以前读书的学校，从小学、中学到大学，让我受到了良好的

教育，使得我具有了学习的能力，而且把学习培养成我的人生习惯，所以挑战来的时候，我就用学习去应对。

［主持人］严主席，虽然从年龄上来说您是我们的长辈，但是您的这种学习和不断钻研的劲头是我们很多年轻人身上不具备的，也是值得我们好好学习的。

［新华网友　三石一生］从您的亲身经历来看，我国的多党合作制度和民主党派有哪些特点和优势？担任民进中央主席工作几年来，您最深刻的体会是什么？

［严隽琪］我感到一个国家实行什么样的社会制度，包括政党制度，是由它的文化传统、历史进程、国情和社会发展状况所决定的。“共产党领导、多党派合作，共产党执政，多党派参政”，就是这样形成的，所以它是历史的选择，也是现实的选择。它在我们国家的经济社会发展中也显现出它的特点和优点，因为它不同于西方资本主义国家的多党制或者两党制，也不同于一党专制。它强调以协调、合作来代替竞争，实现了集中领导与广泛政治参与的统一，国家稳定与社会进步的统一，充满活力与富有效率的统一。

［严隽琪］这个模式也是中国30年来改革开放取得重大成就的重要保障。如果中国采用西方的那种竞选，这个时候就会把大量的精力浪费在争斗上，会导致混乱，中国没有以民主改革的名义使自己陷入政党争斗的分裂局面，而是在一党执政的体制内进行调整，通过倾听自下而上的声音，并且保持高层的决策权，现在想来，似乎没有更好的办法领导一个如此庞大、复杂的国家走出贫穷，实现现代化了。多党合作制度是我们中国共产党和各民主党派共同的选择，也是中国人民政治智慧的一种体现。

［严隽琪］我是2007年底接过了民进中央主席的接力棒，已经三年多了，要说感受很多，如果简单地来说，我归纳成三点：一是讲政治。我原来是搞自然科学的，政党政党就是要讲政治，特别是中国的民主政治进程在不断推进，多党合作事业也在不断发展，所以民主党派内部的人员组成、环境条件也发生很多变化。所以我们必须要讲政治，使我们共同的政治基础能够夯实，这是一个政党存在的基础，也是多党合作事业发展的要求。

［严隽琪］二是找准定位。任何人、任何单位、任何角色都不是封闭的、单体的，它必须在整个事业中、整个体系中找准定位。找准定位，你的事情就成功了一半。所以民主党派的定位就是在中国共产党领导下的参政党，它和中国共产党是同心同德、风雨同舟，履行的是参政议政、民主监督的责任。所以在工作中始终明确自己的定位，提高自己的认识，这是做好工作的一个前提。

［严隽琪］三是集智聚力。民主促进会的组织遍布29个省级区域，有近12万会员。但是对于我们面临的形势和任务来说，对于飞速发展的中国特色社会主义事业来说，我觉得我们的能力和水平面临着新挑战，我们的资源总是有限的，所以我们需要科学的整合、利用一切可以利用的资源，要建立更科学的、促进集智聚力的工作机制，这样可以使我们的调研可以深入，使我们看问题可以敏锐，使我们解决问题的建议提出来是具有操作性或者前瞻性、战略性。我觉得这三点是我当主席体会比较深，也是我着力思考的。

［主持人］我觉得您说的这个也适用于我们每一个人、每一个单位。在网上，很多人对依法治国方面提出了他们的提问。关于人大在依法治国方面的作用，能否请您给大家做一个解答？

［严隽琪］依法治国是我们基本的治国方略。所以依法治国首先要有法可依，人大的第一职责是立法，今年两会在吴邦国委员长代表人大常委会作的工作报告里明确宣布了，中国特色的法律体系已经形成。这样短短的一句话，分量是非常重的。因为这个任务是重大而艰巨的，立法的工作量非常大，每个法律背后实际上是一种利益的协调，而利益协调的难度也非常大，往往是意见交锋的很激烈。我觉得宣告这个任务如期完成是具有历史里程碑意义的，也是我们政治文明建设的一个重要内容。民主法制建设的重大成果、法律体系的形成不是简单的一句话，它是有衡量标准的，社会各个法律部门都要齐全，而且在各个法律部门中，基本的主要的法律要有制定，而且内部做到和谐、科学统一。我认为法律体系的建立，使中国向现代化国家、向法治国家建设迈出了坚实的步伐。

［严隽琪］但是也可以看到，这样一个法律体系，它不是一劳永逸的。所以在吴邦国委员长的报告

中，把法律建设分成三个层次：如果大家共识比较一致的，比较成熟的，那就抓紧时间及时制定法律；如果大家认识还很不一致，但是现实生活中又非常需要的，那就给一个原则的规定，使大家能够在原则的框架上进行探索，今后等时机成熟再进行进一步的修正；三是通过行政法规、地方法规，先让大家有一个规范可以去操作。

［严隽琪］我觉得从这三个层次就可以体会到，我们的法律体系是一个开放的、动态的，它是要不断地进行完善的、修改的、与时俱进的。法治国家立法很重要，要有法可依，还有就是违法必究，所以人大还有一个重要任务是监督。人大的监督在过去几年，就拿去年来说，也做了很大努力，也是卓有成效的。

［严隽琪］一方面，围绕着经济社会发展的重要问题，比如说“十一五”完成的情况，“十二五”怎么制定，我们开展了系列的专题调研。对于社会、老百姓非常关注的问题，比如医疗卫生的改革、制度改革，比如粮食安全，比如说财政预算，这是去年人大常委会开展专题询问的三个题目。专题询问也是我们在监督方式上的积极推进的重要方式，效果挺好，当然我们会继续总结，在新的一年里会进一步开展。比如我们现在已经确定 2011 年要对六个专题进行询问，也是老百姓非常关注和国家很重要的一些问题。

［严隽琪］监督工作还有一方面就是发挥好代表的作用。因为代表是来自各个层次、各个地方、各个行业的，所以对代表的议案是给予高度重视。另外，我们的执法检查都尽量吸收代表参加，让代表的意见能够及时反映，所以在这方面，人大的工作，立法又站到了新的起点上，我们的监督又面临着新的形势，但是我相信，沿着这个方向，我们的民主法制建设一定会开创出新的局面。

［主持人］访谈时间临近尾声了，这位网友思无歇息提问说，您这次通过网络跟网民交流感觉怎么样？今年两会上微博也流行，很多委员代表都开了博客或微博，您如何看待网络在未来经济社会转型中的作用？

［严隽琪］这个问题是很有意思的，我原来做科技工作就和信息技术密切相关，所以对网络的认识也是不断深化。记得我在丹麦留学时，我当时第一次看到了通过网络可以传递邮件的这种方式。所以当时觉得非常新奇，当时对它今后发展的速度和影响之巨大没有充分认识到。到了 90 年代，当时的计算机公司 SUN 公司，给我触动很大，因为当时大家比较重视硬件，他说什么叫计算机？计算机就是网络。他实际上已经解释出了有形的硬件会越来越融入到无形的网络之中。

［严隽琪］我觉得现在互联网的发展和应用，更让我体会到它对我们整个世界的影响，这不由得让我想起了美国学者 2005 年，就是托马斯写的一本书，叫《世界是平的》。他就讲到信息网络技术必然会形成三重的汇合，一是冲破了围墙，因为地域、部门，这些界线都会冲垮，所以会搭建一个全世界的平台；另外就是突破了天花板，就是一个基层的、个体都会把意见上传；三是打破了地板，什么地板呢？就是海量数据的挖掘。

［严隽琪］前一阵子很热闹的什么“人肉搜索”，以前你不可能接触到、了解到的角落，通过数据的挖掘都可以发现，都可以知晓。我觉得这是非常形象的，表达了网络所具有的便捷、高效、互动、跨时空、跨人群，使人与人之间。就拿这次两会来说，有了微博这种新的传播手段，会场内、会场外、社会上建立起更直接、更自由的联系。所以代表委员提出的提案、议案就融入了更加丰富的社情民意，质量也提高。所以这种新的传播手段，真是给我们带来了很大的便利，也对我们传统的生活方式、工作方式、思维方式带来冲击。

［严隽琪］民主促进会也在关注这个问题，也作为我们参政议政的一个题目。我们发现，对于这样一种新的方式所带来的新挑战、新问题，我们还没有足够的应对。比如说网络立法的滞后，比如说和网络有关的行业自律还欠缺，比如说网络的监管还不够强有力。这是个双刃剑，所以我们能做的就是趋利避害、与时俱进、疏堵结合，要让它在我国未来经济社会转型中发挥它独特的重要作用，特别是在民主进程中，能够加强党政部门和人民群众的沟通交流，能够创新我们的社会建设、社会管理制度，能够促进我们的党政部门科学化、民主化决策，同时避免它的负面影响。所以我觉得这是提高执政力必须面对的一个问题。

我也特别感谢，每次到网络上来和网友们交流，包括网民们提的题目都给我很多启发和思考，非常感谢网友们。

［主持人］非常感谢严主席。今天一个多小时的时间，对于未来五年经济社会的转型和转变进行了非常深入的探讨，确实像严主席所说，未来五年是机遇与挑战并存的。就像温总理在今年两会闭幕式后的记者会上所说："我们要有忧患意识，始终保持清醒的头脑，同时又要树立信心，信心就像太阳一样充满光明和希望。"再次感谢严主席做客访谈间，也感谢网友们的关注，今天访谈到此结束，再会。

罗富和会见中央社会主义学院第25期民主党派干部进修班培训班民进学员并座谈

2011年3月16日，民进中央常务副主席罗富和下午会见中央社会主义学院第25期民主党派干部进修班、培训班的民进学员并座谈。他希望各位学员能够通过这次系统的培训，全面提高理论素养、政策水平和参政议政能力，今后在各自领域深入调研，积极思考，更好地发挥参政议政的作用。

罗富和说，"十二五"时期是全面建设小康社会的关键时期，是深化改革开放、加快转变经济发展方式的攻坚时期，推动"十二五"规划纲要的贯彻落实，是民进履行职能的首要任务。在刚刚结束的"两会"上，民进以不同方式围绕国家政治、经济、文化和社会生活中的重大问题及人民群众普遍关心的问题，提出了很多意见和建议。希望各位学员进一步坚定坚持中国特色社会主义道路、坚持中国特色社会主义理论体系的信心和决心，围绕国家发展大局和党派自身科学发展，以科学发展观为引领，以转变经济方式为主线，在"十二五"时期继续围绕经济发展方式转变以及保障和改善民生的大局，高度关注教育、文化、出版、经济安全、区域协调发展等问题，立足本职，集智聚力，履行职责，为建设高素质参政党发挥作用。

座谈会上，学员们畅谈了在中央社院的学习体会，提出了对民进中央工作的意见和建议，感谢民进中央提供了一个系统学习理论知识的机会，表示一定会珍惜这次机会，认真学习中国特色社会主义理论体系，立足本职工作，努力提高参政议政水平，增强政治把握能力。座谈前，学员们参观了民进中央会史展览。

"2011中非光明行"启程仪式在京举行 罗富和出席 朱永新讲话

2011年3月17日，由中国民主促进会、全国防盲技术指导组、中国人民对外友好协会、海航集团有限公司、安徽省外经建设（集团）有限公司和北京同仁医院共同组织的"2011中非光明行"启程仪式下午在北京举行。全国政协副主席、民进中央常务副主席罗富和出席启程仪式并与津巴布韦驻中国副大使亲切交谈。

民进中央副主席兼秘书长朱永新出席启程仪式并讲话。他首先代表民进中央向即将远赴津巴布韦的各位光明使者表示问候，并预祝"2011中非光明行"取得圆满成功。

朱永新说，参与和推动"光明行"活动是民进履行参政党职能、推进社会主义和谐社会建设的具体体现。民进中央于2003年与"光明行"活动结缘，先后参加了五次"光明行"活动，都取得了圆满成功，产生了良好的社会效果。为了更好地整合民进参加和推动"光明行"活动的力量，在今年1月29

日，民进中央与全国防盲指导组、北京同仁医院签署了“光明行”合作协议，三方将在为老少边穷地区可治疗盲人群众做免费复明手术，为当地基层医疗机构提供相应的技术指导和培训，加强防盲管理，捐赠相关医疗设备仪器，协助地方政府制订完善防盲计划等方面开展广泛合作，以实际行动来促进落实全国防盲规划和世界卫生组织提出的“视觉2020，消灭可避免盲”全球战略目标。

朱永新说，2010年“光明行”首次走进非洲，在当地引起了极大的轰动，受到非洲人民的热烈欢迎，并在国际社会产生了强烈反响。“2010中非光明行”的成功，加深了中非友谊，让非洲人民真切感受到了中国人民的友谊和真诚，也让活动的组织者和参与者看到了“光明行”对援非工作的重要意义，为中国在非洲树立一个负责任大国的形象起到了积极的正面作用。

朱永新说，追求光明是人类共同的愿望，我们相信，2011中非光明行之津巴布韦一行也一定会在医疗队全体人员的努力下取得圆满成功，使更多的眼疾患者重见光明，使光明行成为传播友谊之行。

全国防盲技术指导组组长、北京同仁医院院长韩德民，中国人民对外友好协会副会长冯佐库，安徽省外经建设（集团）有限公司副总裁王浩，联合国世界卫生组织中方代表毛吉祥，津巴布韦驻中国副大使Mir M. kitchen，海航集团董事局董事陈文理，民进中央联络委员会主任梁勇、副主任刘红出席启程仪式。民进中央及社会服务部负责人也参加了活动。

民进中央办公厅 民进北京市委召开学习贯彻“两会”精神报告会

2011年3月18日，民进中央办公厅、民进北京市委下午联合召开学习贯彻“两会”精神报告会。全国人大常委会副委员长、民进中央主席严隽琪，全国政协副主席、民进中央常务副主席罗富和出席会议并讲话。全国人大常委、民进中央副主席王佐书，全国人大常委、民进中央副主席、民进北京市委主委刘新成，全国人大常委、民进中央副主席兼秘书长朱永新出席报告会。

严隽琪在讲话中指出，民进学习贯彻“两会”精神，首先要对当前我国经济社会发展面临的形势有清醒的认识，深入理解“十二五”是全面建设小康社会的关键时期，是深化改革开放、加快转变经济发展方式的攻坚时期，“十二五”及今后十年仍然是我国发展和转型的重要战略机遇期，进一步把握发展的阶段性特征，不断增强机遇意识和忧患意识，自觉地承担起参政党肩负的使命和责任。

严隽琪说，以科学发展为主题，以转变经济发展方式为主线，充分体现了发展与转变的有机结合，也体现了发展与转变的相互促进。民进要以学习贯彻“两会”精神为契机，把握好主题和主线，把推动“十二五”规划纲要的贯彻落实作为民进履行职能的首要任务，谋转型之计，聚发展之力，促进执政党和政府科学决策和有效施政。要发挥民进自身优势，继续就教育改革和文化建设深入调查研究、积极建言献策。要重视以改善民生为重点的社会建设，在加强和创新社会管理、维护社会和谐稳定等方面履行参政议政职能。

严隽琪说，树立和践行社会主义核心价值体系是建设学习型参政党的主线。民进树立和践行社会主义核心价值体系，加强学习型参政党建设，最重要的是要在政治方向上坚持接受中国共产党的领导，坚定不移地走中国特色社会主义政治发展道路，不断巩固共同团结奋斗的思想政治基础，不断把建设学习型参政党的成果和经验转化为履行职能的立场、思路和具体建议。

罗富和就民进“两会”期间的工作，民进组在政协会议期间履行职能的情况作了说明。他说，“两会”期间，民进中央提交党派发言4件、党派提案24件。政协民进组45位政协委员认真履行职责，其中政协民进组提交提案7件，民进组政协委员提交个人发言30余件，委员个人和委员联名提案160余件。民进的提案内容基本覆盖了当前我国经济社会发展的各个领域，充分展示了民进在参政议政领域取得的成果。据不完全统计，“两会”期间各类媒体关于民进的报道共 1499 条，不仅展现了民进履行职能的风采，也扩大了民进的社会影响力。

刘新成主持报告会。全国人大代表、民进中央常委、民进天津市委副主委、天津市知识产权局局长何志敏，全国政协委员、民进北京市委委员、中国社科院世界历史研究所研究员俞金尧分别传达了十一届全国人大四次会议和全国政协十一届四次会议精神。

民进中央各专门委员会主任、副主任，民进北京市委负责人，民进中央副秘书长、各部门负责人出席报告会。民进北京市各区级组织、基层支部负责人和部分会员，民进中央、北京市委干部职工，部分离退休老同志近 200 人参加了报告会。

民进要更好地服务于国家的科学发展和经济转型
严隽琪在湖北调研

2011 年 3 月 19 日至 22 日，全国人大常委会副委员长、民进中央主席严隽琪在湖北省，就大别山革命老区和武陵山少数民族地区经济社会发展情况、高等教育和民办职业教育、高素质参政党建设和机关建设等问题考察调研。期间，严隽琪考察了红安县革命烈士陵园，长江教育研究院、武汉大学、武汉市燃气热力学校，视察民进湖北省委，并分专题举行多场座谈会。中共湖北省委书记李鸿忠、省长王国生到驻地看望了严隽琪。

抓住机遇　推动发展

严隽琪 20 日在蒙蒙细雨中来到红安县革命老区，在黄麻起义和鄂豫皖苏区纪念园敬献花篮，拜谒和缅怀革命先烈，瞻仰了董必武纪念馆、李先念纪念馆，实地察看了红安县“一河两岸”工程建设现场。22 日，调研组听取了湖北省委财经办、省发改委、省民宗委、省财政厅等相关部门的汇报，湖北省委常委张昌尔主持座谈会。

严隽琪在调研中指出，大别山革命老区是我国重要的革命根据地，为中国革命作出了巨大牺牲和重要贡献；武陵山少数民族地区是全国最大的跨省少数民族聚居区。目前，这两个地区脱贫任务还很繁重。搞好“两区”经济社会发展既有历史意义，也有现实意义；既有经济意义，也有政治意义；既是局部问题，也是全局问题；既关系到基层民众的福祉，也关系到中部崛起战略的实施和国家的利益。做好“两区”地区的发展工作，符合民心，符合科学发展规律，符合全面建设小康社会的既定目标的要求。

严隽琪说，各级领导干部要饱含对革命老区、少数民族群众的深厚感情，务实开展工作；要做好顶层设计、总体规划，特别要重视体制机制的设计，从而激发试验区内部建设的活力和主体的积极性，增强对外部的吸引力，实现资源要素的合理流动和流入；要选好“两区”建设的着力点，结合当地实际，实事求是，因地制宜；要更加注重已出台政策措施的落实，推动“两区”的建设取得更大的成绩。

全面发展　促进职教

民进是以教育文化出版的高中级知识分子为主要界别的参政党。我国教育的改革发展是这次调研活动的重要内容之一。

严隽琪 21 日在武汉大学和武汉燃气热力学校，分别就高校科研改革和民办中等职业教育问题举行座谈会。武汉大学、华中科技大学的负责同志汇报了两校科研改革的基本情况。武汉市燃气热力学校、凡谷电子职业技术学校、宝业建工学校、荆州市创业职业中等专业学校以及随州机电工程学校等 5 所民办中职学校的负责人，和调研组深入交流了在办学过程中的经验、存在的问题和推动我国民办中等职业教育改革发展的意见建议。

严隽琪在座谈中指出，经济发展方式的转变和产业转型要以科技进步和创新为支撑，高校在其中作用独特。高校要承担起自己的使命，提高质量，为社会培养更多高质量的人才。

严隽琪说，民办教育和职业教育是人的全面发展的需要，是我国当前经济社会发展的需要，也是推进我国教育改革和发展的需要。目前，我国仍处于社会主义初级阶段，需要数以亿计的劳动力，需要大量的应用型人才，这些都需要通过职业教育来培养。要共同努力，使职业学校不再是失败者的选择。学校要加强内部管理，重视养成教育，使学生走出去有光明的前途。政府要进一步提高对民办教育和职业教育重要性的认识，一视同仁，重视支持，不断推进我国教育事业的发展。

发挥优势　体现特色

严隽琪19日下午视察民进湖北省委，并与民进湖北省委、武汉市委领导班子，机关干部、基层支部负责人亲切座谈。她认真了听取工作汇报，对民进湖北省委和武汉市委近年来的工作给予充分肯定。

严隽琪说，在当地党委的正确领导下，民进湖北省委和武汉市委的工作成绩显著，有想法，有思路，有开拓。如在思想建设方面，把树立践行社会主义核心价值体系和弘扬中华优秀传统文化相融合；在组织建设方面，创建了领导班子分工联系基层组织的制度；在履行参政党职能方面，重视把会员的本职工作和民进的参政议政工作相结合等等。这些探索对民进推进高素质参政党建设具有积极意义。

严隽琪说，今年“两会”刚刚审议通过的“十二五”规划，明确提出要以科学发展为主题，以转变经济发展方式为主线，意义深远。目前我国正处于一个巨大的转型期，从重数量、重速度、重规模粗放式的发展向重质量、重内涵集约式地发展；从注重物质财富的积累向注重经济和社会协调发展、更多满足人们的精神需求、重视建立更公平合理的财富分配制度，改善民生转变；从重项目、重工程、“摸着石头过河”，局部设立一些先行先试的特区进行探索，逐步向建构体系、顶层设计、总体规划、协调推进、重制度的转变。民进要围绕科学发展的主题和经济方式转变的主线，坚持“有思有行、集智聚力、顺势而为、开创创新”的工作方针，发挥优势、体现特色，就教育文化出版等事业的发展积极建言献策，做好“同心”品牌的社会服务工作，为我国的社会主义现代化建设作出应有贡献。要以纪念中国共产党90周年和辛亥革命100周年为契机，继续深入树立和践行社会主义核心价值体系活动，推进学习型参政党建设，不断推进进步性和广泛性的统一。

严隽琪说，机关建设是民进中央今年的重点工作之一。机关是民主党派下情上达和上情下达的枢纽，是领导班子的参谋，也是向全体会员和下级组织服务的窗口。在今后的机关建设中，要进一步提高效率，畅通信息，加强思考和研究，提高执行力，倡导“我为人人，人人为我”的价值观和服务的意识，以更好地为全会的工作服务。

座谈会上，民进湖北省委主委周洪宇、民进武汉市委主委彭志敏分别汇报了近年来湖北民进和武汉民进在树立和践行社会主义核心价值体系、积极履行参政党职能以及加强自身建设等方面的工作情况。

中共湖北省委常委、统战部长苏晓云，湖北省教育厅、民进中央参政议政部负责人陪同调研。

同心工程投资迄今最大项目 创建贵州最大专业市场
开明同心大市场奠基暨同心工程捐赠仪式在金沙举行

2011年3月20日，开明同心大市场奠基暨“同心”工程捐赠仪式上午在贵州省毕节地区金沙县隆重举行。民进中央副主席王佐书出席并讲话。贵州省政协副主席、民进贵州省委主委左定超，中共毕节地委书记秦如培，中共毕节地委委员、统战部部长吴维方，中共金沙县委书记丁翊强等出席。

奠基仪式上，民进中央联络委员会副主任、中国青年民营企业家协会副会长、开明投资股份有限公司董事长陈正拜介绍了开明同心大市场的筹建情况。“开明大市场”由陈正拜和几名民进企业家会员共同投资建设，项目总投资约为22亿元，是目前“同心”工程投资最大的项目。该市场的建成，将是目前贵州省最大的专业市场，是集煤机配件、建筑材料、小商品批发为一体的专业市场，主要辐射黔西北、川南地区。该市场建成后，可提供3000个商铺，解决近2万个就业岗位。

王佐书在奠基和捐赠仪式上发表热情洋溢的讲话。他说，“同心”即预示着同心同德、同心同向、同心同行。中共中央对民主党派参与试验区建设高度重视，在中央统战部的部署下，民进和民进会员积极回应号召，支持金沙的科学发展，竭尽全力用实际行动在为建设美好的金沙贡献力量。

王佐书说，这次奠基仪式与捐赠活动，是民进中央贯彻落实科学发展观，积极回应中共中央决策部署，参与试验区建设的实际行动；是民进企业家会员践行社会主义核心价值体系，参与支持试验区建设的重要实践。特别是优秀企业家陈正拜主动回应中共中央和民进中央的号召，积极参与支持试验区建设，成立投资公司，建设开明同心大市场，把试验区作为投资兴业、回报社会、扶贫富民的重要平台。

王佐书说，开明同心大市场的奠基建设，将进一步发挥金沙的区位优势和资源优势，增强区域竞争力；带动当地第三产业的发展，帮助解决就业，推动当地产业结构调整，增强可持续发展后劲。开明同心大市场具有政治效益、社会效益、经济效益和富民效益，是一个落实科学发展理念的重大项目。

奠基仪式之前，举行了面向金沙教育和农村医卫的捐赠仪式。赛诺菲-安万特中国企业社会责任总监闵家健，代表赛诺菲-安万特旗下太阳石药业向金沙捐赠100万元药品；中国证监会信息中心主任张野代表中国证券登记结算有限责任公司深圳分公司、北京市华夏人慈善基金会向金沙捐赠计算机100台；陈正拜捐款50万元，用于金沙县筹建10个村级卫生室。

民进中央联络委员会主任梁勇，民进中央联络委员会委员、中华慈善总会新闻办主任张银俊，太阳石药业有限公司总经理助理王友平，民进中央社会服务部负责人，当地数百名市民、医务人员、学生和工地工人代表参加了奠基和捐赠仪式。

王佐书3月19日18:30抵达金沙，即直接前往民进帮扶的金沙县中医院核磁共振室和金沙县疾控中心。他仔细询问和了解它们的运行情况，并针对有关问题提出建议。

为人民幸福 为企业发展 铸同心品牌 创系列成果
王佐书出席毕节试验区同心工程实施座谈会并讲话

2011年3月20日，民进中央副主席王佐书上午出席开明同心大市场奠基暨“同心”工程捐赠仪式之后，在金沙县出席“毕节试验区‘同心’工程实施座谈会”，与毕节地区和金沙县领导座谈。

王佐书认真听取了情况介绍。他代表民进中央对贵州省地县各级领导、试验区广大干部群众在实施“同心”工程中的积极配合与认真实践表示衷心感谢，对积极参与民进中央推动试验区工作的各级民进组织、民进会内外企业家表示衷心感谢。

王佐书充分肯定了自2009年实施“同心”工程以来，贵州省地县认真贯彻落实有关会议精神，大力推进试验区改革试验，深入学习实践科学发展观所取得的显著成绩，并就今后如何做好“同心”工程的工作，如何进一步加强合作，以及在实施过程中如何把握好原则提出了建议。

王佐书说，我们齐心协力推动和实施“同心”工程，其目的不外乎是，为了人民的幸福，为了国家的发展，同时企业的投资也是为了企业的发展。他对参与实施“同心”工程的民进组织、民进人，尤其是民进企业家会员提出了三个到位的要求，一是责任心要到位，二是人到位，三是力所能及的措施要到位。

王佐书说，今天才是开始，今后还有更多的事要做。我们要用开明同心大市场这一工程作为一个推动，为今后更好地协助打造金沙县的多功能、多效益而作出更大贡献。

座谈会由贵州省政协副主席、民进贵州省委主委左定超主持。中共毕节地委书记秦如培、中共金沙县委书记丁翊强分别介绍了“同心”工程在毕节试验区和金沙县的实施情况。

自2009年中共中央统战部谋划实施“同心”工程以来，民进各级组织发挥自身优势，从教育帮扶、招商引资、协调项目、支持石漠化治理等工作入手，着力打造同心品牌，已取得一系列成果。

一是继续推进“彩虹行动”实施。民进中央协调北京、上海、天津、广东（深圳）、山东、浙江、江苏、福建（厦门）等省市级组织以及北京的8所中小学校与金沙县各乡、镇中小学校签订“彩虹行动”协议，协调山西、重庆、安徽、湖南、河北等多个省市民进组织对口支持金沙发展。

二是组织由教育、卫生、林业、农业等方面的专家组成的280多人的考察团到金沙县考察调研，开展智力帮扶。

三是向金沙县捐赠1199万元资助抗旱救灾、贫困学生上学、100名孤儿生活和多所学校开展基础设施建设。

四是为金沙县协调中央投资项目3个，项目资金2215万元。

五是投入100多万元为金沙举办教师、医务工作培训班21期，共培训2499人次。

六是组织民进企业家在金沙县投资5000万元成立投资担保公司，为该县中小企业提供融资服务和经济社会发展服务。尤其是今年3月20日启动建设的“开明同心大市场”建成后，不但可解决近2万人的就业，而且将极大地提升金沙城市品位，为金沙经济社会的发展注入新的活力。

中共毕节地委委员、统战部部长吴维方，民进中央联络委员会主任梁勇，民进中央联络委员会委员、中华慈善总会新闻办主任张银俊，太阳石药业有限公司总经理助理王友平，民进中央社会服务部负责人参加座谈。

努力开创机关建设新局面
严隽琪在民进上海市委调研
蔡达峰出席座谈

2011年3月23日，民进中央主席严隽琪下午走访民进上海市委并就机关建设问题进行调研座谈。民进中央副主席、民进上海市委主委蔡达峰出席座谈会。

严隽琪认真听取了情况汇报，她非常高兴地看到上海市委领导班子出色的整体风貌，健康向上的机关文化以及严谨规范的工作制度，对民进上海市委在机关建设方面的努力和取得的成绩给予充分肯定。

严隽琪说，高素质参政党机关建设，就是要建成一个务实高效、主动进取，制度规范，既能“充电”，又会“放电”的学习型和服务型机关。机关领导班子要充分发挥专职领导核心的带头作用，加强机关制度建设、文化建设、干部队伍建设，提高机关执行力，增强机关干部，尤其是年轻干部的大局意识、合作意识、服务意识，努力开创机关建设的新局面。

严隽琪说，上海既是民进的发祥地，又是中国共产党的诞生地，历来就是高级知识分子云集，民主党派的文化也非常浓厚。今年是中国共产党建党90周年，上海民进要抓住区域特点，结合中央要求，作出自己的特殊贡献。希望市委机关把好的经验做法总结、保存好，并带到年底的民进全国机关建设工作会议上去，变成民进全会共同的财富。

蔡达峰在座谈中说，在党派发展过程中，民进上海市委机关既要执行好民进市委的决定，又要团结、联系基层组织和广大会员，还要不断自我提升，做好参谋的角色，地位、作用十分重要。党派机关建设要刚柔并举，要保持优良传统、作风，原则问题一定要坚持到底，原则以外的问题一定要关怀到人。为此，希望市委机关要加强学习，主动思考；各部室负责人要讲团结，多沟通，既有大局观，又抓好本部门工作；要大力关注机关年轻人的发展，对每个个体发展都有具体考虑；要珍惜自己的历史，爱惜自己的组织，做好会史研究工作。

座谈会上，民进上海市委副主委陈强努、许政涛，秘书长及各部门负责人分别汇报了市委机关建设的基本情况，以及在机关建设实践中的思考与体会，并对机关建设现存的问题提出了意见建议。近年来，民进上海市委从机关实际出发，确定了机关建设以规范化、制度化为重点的"加强学习为先导，调整结构为抓手，健全规章为保证，团结高效为目标"的工作思路，力争通过抓思想、抓作风、抓队伍、抓机制，建成一个高效、文明、团结、务实的机关，以充分发挥机关的参谋、联络、组织、协调、服务功能。

严隽琪在座谈前参观了民进上海市委大楼，并与机关全体工作人员合影留念。

多创新经验　再上新台阶
严隽琪视察上海市社会主义学院并讲话

2011 年 3 月 25 日，全国人大常委会副委员长、民进中央主席、中央社院院长严隽琪到上海市社会主义学院视察，市委常委、市委统战部部长杨晓渡陪同视察。

严隽琪视察了学院教室、学员宿舍，看望了培训班学员，听取了市社院副院长张颖关于教学立院、科研兴院、人才强院及自身建设等方面作了汇报。严隽琪对上海社院的变化感到高兴，对上海近几年来的党外干部培训工作给予了肯定，并就新形势下做好党外干部培训工作和贯彻落实好《纲要》精神，提出四点指导意见。

一是教学培训要把握好原则性、科学性和创造性。坚持原则性是社会主义学院性质所决定的，是时时刻刻不能忘记的，是联合党校讲政治的要求；科学性就是要遵从教育规律，一定要按规律来办事，坚持实事求是，必须了解学员的实际情况，针对上海的实际情况，这样教学才有针对性，才能取得效果；创造性就是要抓好开创性的工作，现在时代变化快，学员的想法更新快，他们的成长背景不一样，无论课程内容、办班方式都要体现开创性工作。

二是学院教师队伍建设是根本。学院机构和编制是合理的，教师编制有限是正常的，特别是学院要把专兼职教师都纳入到工作范围，社会主义学院也是教师锻炼的一个重要基地，是一个实践性很强的直接面对多党合作的现实课堂，是提高专兼职教师队伍的一个很好的环境。要充分利用上海高校、党校和民主党派的资源，为教学培训服务。

三是培训的课程要不断更新，树立品牌。办学很重要的一个方面是课程设置，要注意学员的特殊性，他们和一般的学生不一样，一定要关注现实问题，面对这样层次的学生，只讲理论是没有说服力的，要有探讨、启发，就如中共上海市委书记俞正声提到的"四个注重"对党派学员来讲是非常重要的，一定要重视社会现实，哪怕是带些问题回去也是收获，这才是教学相长，课程搞好了，教学立院就起来了。

四是理论研究是教学的基础。高质量的教学一定要与研究同行，这个研究可立足于统战理论研究会。参政党的建设也要按照胡锦涛同志"思想上同心同德，目标上同心同向、行动上同心同行"的讲话精神，继承光荣传统，搞好会史建设，要积极配合中央社院联合建立数据库，使民主党派同志来学习党派的光荣传统不是一句空话。

严隽琪说，很高兴看到上海在贯彻《纲要》方面是踏踏实实，做了大量细致的工作，对党外人士培训做了定量分析，分批完成培训，党外干部来学习是一种政治待遇，哪怕只有二、三天也是很有益处的。上海有很多优势，俞正声书记来社院视察这是很鼓舞人心的，杨晓渡部长非常重视社院工作是建好社院的重要方面，上海是全国的人才高地，统战资源、统战文化非常丰富，基础设施好、信息化领先，希望上海在党外代表人士培训方面多创造经验。

杨晓渡在汇报会上介绍了上海市委和市委统战部在认真抓好《纲要》实施意见和16号文件的贯彻落实情况。同时表示上海社院将进一步持开放的态度和积极进取的精神，向全国社院和中央社院学习，贯彻落实好《纲要》精神，提高党外代表人士培训工作，努力使上海社院工作上一个新台阶。

开展创业教育　创新工作机制
严隽琪出席中国大学生自主创业工作经验交流会暨全球创业周峰会并致词

2011年3月29日，中国大学生自主创业工作经验交流会暨全球创业周峰会在上海开幕。中共中央政治局委员、国务委员刘延东出席开幕式作主旨演讲，并与中共中央政治局委员、上海市委书记俞正声共同开通“全国大学生创业服务网”。全国人大常委会副委员长、民进中央主席严隽琪出席开幕式并致词，她与科技部部长万钢共同为“全国大学生创业实验室（上海）”揭牌。

“中国大学生自主创业工作经验交流会”由教育部、科技部、人力资源和社会保障部、共青团中央及上海市人民政府主办。

“2011全球创业周峰会”由科技部、教育部、共青团中央、上海市人民政府、民进中央作为指导单位，由上海市大学生科技创业基金会、美国考夫曼基金会、全球创业周组委会主办，创业家杂志联合主办。

两个会议的开幕式合并举行。

严隽琪在致词中说，引导、鼓励大学生创业，支持有激情、有目标、有能力、有准备的年轻人创业，是贯彻落实科学发展观的需要。这次全球创业周97个成员国近150名代表齐聚上海，为中国创新创业事业，带来可供借鉴的他山之石。

严隽琪就大学生创业工作提出两点希望：一是开展务实的创业教育。建议各地从实际情况出发，建设一个创业教育的开放平台，吸引各类企业和企业家、社会组织、学校等多种资源；在教育方式上，以应用为导向，以实践为途径。

严隽琪呼吁：学习“中欧国际工商学院”十五年探索的经验，创建一个创业者学院，为众多的创业者“给力”。二是创新工作机制。建议各地在推动大学生创业工作中，必须坚持体制机制上创新，必须坚持“公为先、益为重”的工作理念。既要登高望远，又要脚踏实地，尊重客观规律，尊重市场规律，切忌急功近利。

开幕式由教育部部长袁贵仁主持。上海市市长韩正出席开幕式并致欢迎词。美国考夫曼基金会主席卡尔·施拉姆出席开幕式并致词。教育部副部长杜玉波、人力资源与社会保障部副部长信长星、团中央书记处书记卢雍正、中共上海市委副书记殷一璀、中共上海市委秘书长丁薛祥、上海市副市长沈晓明等出席开幕式。

4月

传承文化 增进共识 扩大交流 促进统一
第九届海峡两岸中华传统文化与现代化研讨会在介休举行

2011年4月1日至2日，由中国民主促进会中央委员会、中国文学艺术界联合会、中共山西省委、山西省人民政府主办的“第九届海峡两岸中华传统文化与现代化研讨会暨第四届中国·介休清明（寒食）文化节”在山西省介休市举行。全国人大常委会副委员长、民进中央主席、叶圣陶研究会会长严隽琪，全国政协副主席、民进中央常务副主席、叶圣陶研究会常务副会长罗富和出席并讲话。民进中央原主席、叶圣陶研究会名誉会长许嘉璐，民进中央副主席、中国文联副主席冯骥才，民进中央副主席、叶圣陶研究会副会长王佐书，民进中央副主席兼秘书长、叶圣陶研究会副会长兼秘书长朱永新等出席活动。

3 月 31 日下午，第九届海峡两岸中华传统文化与现代化研讨会暨第四届中国·介休清明（寒食）文化节新闻发布会在山西介休举行。王佐书出席并介绍了“第九届海峡两岸中华传统文化与现代化研讨会”的有关情况。他说，自 2002 年以来，民进中央以中华传统文化为纽带，以海峡两岸文化交流为平台，以弘扬中华传统文化、促进祖国和平统一为宗旨，已先后与有关地方政府共同举办了八届“海峡两岸中华传统文化与现代化研讨会”。本次研讨会以传承中华民族文化血脉和思想精华，增进两岸文化共识，扩大学术交流合作，促进祖国和平统一和中华民族振兴为宗旨，以中华传统节日文化为主题，深入探讨中华节日文化的内涵、意义和作用，以及如何可持续继承并与时俱进地过好传统节日。主要议题包括中华民族共有的传统节日、法定假日与公共文化服务、全球化语境下的中国传统节日、节日文化内涵与历史文化解读、寒食清明习俗与现代化进程中的新民俗、过好“清明”等传统节日的意义与建议等。

王佐书说，本次研讨会主要有以下三个特点：

一是研讨会规格高。参加研讨会的有国家领导人和各有关方面的领导同志。有 20 位主题演讲及大会发言人，都是海峡两岸文化、民俗方面的专家学者，他们多年从事中华传统文化研究，对民俗文化和节日文化的独到见解，必将提高研讨会的水平。

二是研讨会内容丰富。研讨会期间将有开幕式、主旨演讲、大会演讲、大会交流、祭祀大典、实地参观考察、闭幕式等重要活动，可谓形式多样、丰富多彩。

三是研讨会必将结出多样成果。研讨会的内容不仅涉及中华传统文化的继承与弘扬，也将探讨全球化语境下中国传统节日的有关问题，对于挖掘节日文化丰富内涵，解读民俗文化，特别是解读民俗文化对社会主义精神文明建设的作用具有积极意义。

王佐书说，“海峡两岸中华传统文化与现代化研讨会”是民进中央乃至统战系统对台交流活动的品牌项目，随着规模和影响的不断扩大，研讨会已发展成为两岸有影响的文化交流活动之一。两岸文化同根同源，继承和弘扬中华传统文化，对于两岸同胞加深理解、密切感情，推动两岸关系在新的历史起点上继续向前发展，将发挥重要而独特的作用。民进愿意继续发挥自身的界别优势，积极推动两岸文化界的交流、交往，为促进两岸关系和平发展作出积极贡献。

来自新华社、中新社、人民日报、光明日报、中央电视台、中央人民广播电台、中国网、中国台湾网，以及山西日报、山西电视台、山西人民广播电台等 70 余家媒体出席新闻发布会。

4 月 1 日上午，第九届海峡两岸中华传统文化与现代化研讨会暨第四届中国·介休清明（寒食）文化节开召开。罗富和致词并宣布开幕。许嘉璐，冯骥才，王佐书，海峡两岸关系协会副会长张铭清，台湾“中华海峡两岸客家文经交流协会”理事长饶颖奇，中国文联党组副书记、副主席李屹，山西省委副书记金道铭，省委常委、宣传部长胡苏平，省人大常委会副主任安焕晓，副省长张平，省政协副主席、民进山西省委主委卫小春等，台港澳地区和大陆文化界专家学者近 100 人出席开幕式。

罗富和在致词中说，中华传统节日，是中华民族悠久历史和灿烂文化的积淀，留存着中华民族独特的历史和文化记忆，具有深厚的历史文化底蕴。中华传统节日是海峡两岸同胞共同的节日，节日文化也是海峡两岸同胞共有的宝贵财富。两岸四地嘉宾和学者齐聚山西介休，围绕中华传统节日的主题进行广泛深入的交流和研讨，这是在两岸关系和平发展取得积极进展的新形势下，加强两岸四地文化交流与合作的重要举措，有利于增强中华民族的凝聚力和促进中华文化的影响力。

罗富和说，中华传统节日源于农耕文明，这些节日从远古一直伴随着我们走到今天，中华民族的文化、精神和情感也深深地融入到了这些传统的节日当中。在全球化和现代化的双重背景下，文化多元并存、交流融合的趋势日益凸显，如何传承和弘扬中华传统节日文化，也变得越来越重要，越来越紧迫。我们要按照“十二五”规划纲要提出的“传承创新，推动文化大发展大繁荣”的战略部署，把传承和弘扬中华传统文化，上升到国家文化战略的高度来认识，以中华传统节日为重要抓手，深入挖掘传统节日的文化内涵，不断打造符合时代发展和人民需要的节庆文化。

“好雨知时节，春风暖民间。”再过几天就要迎来传统节日清明节，罗富和希望与会的各位学者、专家、朋友在介休共同亲身感受清明文化的同时，更多地为传承和弘扬中华传统节日文化贡献真知灼见。

张铭清在致词中说，海峡两岸交流是促进两岸关系和平发展的重要动力，是海峡两岸同胞增进了解、融合感情的重要途径，是凝聚两岸同胞意志、共同促进中华民族伟大复兴的必然要求。当前两岸关系已经进入和平发展的新时期，两岸关系和平发展已经成为两岸社会各界的共识。近三年来，在两岸双方及两岸同胞的共同努力下，两岸关系取得了突破性、历史性的进展。

李屹在致词中说，传统节日是维系国家统一、民族团结、家庭和谐、社会进步的重要精神纽带，也是海峡两岸血脉相通、文脉相连、同宗同祖、同根同源的历史明证。中国的传统节日以其丰富的文化内涵和周期性、民族性、群众性等特点，深深地融入在人们的日常生活和精神世界里，滋养着民族的生命力、创造力和凝聚力，在推动中华文化波澜壮阔的历史发展进程中发挥着重要作用。

饶颖奇在致词中说，我是来自台湾的中国人。两岸同胞共同过着春节、清明、端午、中秋等民俗节日，这充分证明两岸同祖同宗，文化习俗完全是一样的。今天的研讨会暨文化节对共同弘扬发展中华传统文化，特别是民俗文化和节日文化，对谋求两岸文化传承以及和平发展更是莫大的贡献。

金道铭和中共晋中市委书记李永宏在开幕式上分别致欢迎词。

开幕式上举行了两岸四地的汇土仪式和充满传统民俗风情的文艺表演。

汇土仪上，来自两岸四地的嘉宾代表分别手持取自北京、香港、澳门、台湾的沃土，汇入一只特制的清明鼎中。鼎是中华文化中家国天下的象征，本届研讨会暨文化节主办方用这样的形式喻意两岸四地同宗同源、血脉相通，祝福中华文化源远流长，伟大祖国繁荣昌盛。

中国民协分党组书记罗杨带来的是取自北京的土壤。他说，我带来的是一捧沃土，也是一捧饱含民族感情的热土。苍天厚土，盛世清明，在此，我衷心祝愿中华复兴、祖国昌盛。

香港城市大学商学院副院长刘焕仪带来了取自香港特别行政区的土壤。她说，两岸四地血脉同根、文化同源，中华传统文化是我们民族强大的凝聚力所在，需要我们继承和弘扬。

澳门道教协会副会长叶达说，非常荣幸能参加这一文化盛宴，澳门人民与山西人民同根同源、同宗同种。这次我带来了澳门的土壤，也希望能增进两岸人民的交流与沟通。

饶颖奇说，两岸人亲土亲，中华文明一脉相承。我带来了宝岛台湾的土壤，也借参加汇土仪式之机，祝愿中华民族万岁，中华文明流传永久。

四位嘉宾代表同时将手中的土壤汇入到清明鼎中。介休市委书记秦太明接受汇土并说，今天，我感受到发自内心的喜悦。我接收的不是普通的土，而是来自两岸四地、四面八方的沃土，两岸四地人民相亲，土壤融合，渊源一脉不可分隔。我们要以第九届海峡两岸中华传统文化与现代化研讨会暨第四届中国·介休清明（寒食）文化节为载体，承担起打造优秀传统文化精神家园的历史责任，也共同见证中华灿烂文化的交流和融汇。祝愿祖国强盛繁荣，中华文化生生不息。

盛放两岸四地汇土的清明鼎，是2009年介休清明（寒食）文化节时铸造的天地人和清明鼎的复制品，它将留在介休绵山，作为永久的见证和纪念。

4月1日下午举行大会演讲。来自海峡两岸和港澳地区的100多名学者汇聚一堂，就包括清明节在内的中华传统文化的传承与发展问题进行研讨。中国民协副主席夏挽群，台湾“中华海峡两岸客家文经交流协会”曾正宗分别主持会议。与会学者不仅深入阐述了中华传统文化丰富内涵的重要价值，对传统文化在全球化、现代化背景下的境遇进行了解析，还就加强两岸文化交流，推动传统节日和中华文化复兴发表见解。

冯骥才在演讲中说，中华传统节日文化中很重要的内容就是人与人的亲和，人和大自然的亲和。其中民族的亲和又是节日文化里最重要的东西，是中华民族的气质。这次和来自台港澳的学者一起在清明故里探讨清明节的意义，本身就是在彰显中华文化的价值。“好雨知时节”，大家一起在清明节的故乡感受清明的雨水，感觉很有诗意。

冯骥才说，中国的知识分子凭着对人类文明的文化责任和良心，做了大量保护与传承中华文化的工作，中国的知识分子有文化的自觉，这是我感到很骄傲的一点。在非物质文化遗产保护方面，我国已经有了很严格的界定标准和保护措施，在资金、政策等方面上也提供了大量支持。这些文化遗产中蕴含了民族精神、道德准则、终极价值观，以及独一无二的审美，是我们中华民族的骄傲，是我们血液里的 DNA，随着中华民族生生不息。

冯骥才说，文化应该是本土的、多样的，在全球化的时代，如何保护人类文化的多样性，这是知识分子应有的文化责任。要在现代过好传统节日，必须符合节日文化的本质和特性，引导其顺向发展。文化最重要的价值在于精神的作用。如何使文化成为精神，不断地追求精神的高尚，追求精神的永恒价值，这是我们文化人要思考的事情。

冯骥才说，节日文化还是停留在政府和专家层面，没有进入社会大众，这是我所忧虑的一个问题。这主要与文化和政绩结合得太紧有关系。他说，现在国家和政府越来越强调对文化遗产的保护，专家的文化自觉已经转化为国家的文化自觉，但如何由国家的文化自觉转化为全民的文化自觉，这将会是他在下届研讨会上发言的题目。

中华文化促进会常务副主席王石在演讲中说，现在世界范围存储器在广泛的文化接触、交流、碰撞，这种一体化趋势是不应该回避的。我们应当从正面和和谐的意义上看待国际文化，而不是在负面和冲突的意义上去排斥。

台湾中国文化大学中文系文学组教授许端容女士作了题为《解构中的中华传统节日文化意涵》的演讲，她说，我们的传统节日基本上都是祈福的。清明节是追思，也是一种幸福与快乐，我们从中知道自身的文化起源在哪里，往后也会一直将她传承下去。

中国文联原副主席、文艺评论家仲呈祥的演讲强调了对文化自身发展规律的尊重，对民族文化现象中所蕴含理念的珍视。他说，一个民族对自己有生命力的节庆文化的珍视，是一个民族文化自觉、文化自信、文化自强的标志，我们不仅要精心地维护她，还要顺势对其加以丰富、生化、发展。

《寒食清明习俗现代化进程回顾与反思》，是香港城市大学专商学院副院长刘焕仪女士的演讲题目。她在演讲中说，相较于一般鼓励社会制造浪费的传统节日，寒食节推行减少消费，可以为全球化作出一些贡献，而这些有益的规矩限制也不会影响大家过节的情怀。

山西省政协原副主席、山西省社科院研究员张正明演讲的题目是《介子推与绵山》。他说，介子推其人在《左传》与《史记》中都有记载，大体相同，绵山的地理位置则是有争议的。介子推与绵山的关系存在争议，可以慢慢研究，但是寒食节作为一个优良的传统，应该得到弘扬和继承。

清华大学政治经济研究中心主任、民进中央经济委员会主任蔡继明以《区域历史文化差异与假日经济开发模式选择——开封清明文化与介休清明文化的比较》为题作了演讲。他说，介休是寒食清明文化的发祥地，开封的清明文化兴盛于北宋，两地的清明文化意趣相异，只要充分地尊重两地历史文化的区域性差别，尊重假日经济开发的客观规律，就能够大力推进丰富多彩、富有活力的假日经济。

社团法人高雄市观光休闲旅游发展协会理事长、中华数位科技暨教育协会理事长王正光，带来了《中华民族传统节日之研究——以台湾地区元宵节节庆活动为例》的演讲。他说，我来自台湾，但是和大家过一样的节日，讲一样的语言。关于中华民族传统节日，我提出两个建议，第一是传承应向下扎根，使年轻人了解节庆的由来和文化内涵；第二是必须把文化感动的种子种在年轻人的心中。

4 月 2 日下午，严隽琪出席演讲大会。张铭清、冯骥才、安焕晓、饶颖奇等一同出席会议。近 80 位两岸四地的专家学者，继续围绕“中华传统节日文化”这一主题进行演讲。

这次大会演讲分两个阶段进行。中国民协副主席、北京师范大学教授刘铁梁主持了第一个阶段的演讲，第二个阶段由朱永新主持。10 位演讲人分别就介子推（寒食节）、清明节、节日文化等问题各抒己见。有专家互动回答提问，还有专家被再次请上台去讲演。现场气氛生动活泼，学术研讨更是有的放矢。

关于介子推

台湾政治大学中国文学系教授高莉芬演讲的题目是《介子推与节日叙事》。历代学者对寒食节的研究大致分为三种：子推说、古代大火星崇拜说、改火说。如果从学科来论的话，历史、民俗学者大部分都是子推说，而人类学家则重视改火说，另外一些汉学家们也强调改火说。高莉芬说，历史其实不一定比传说更真实，我今天不是要讨论介子推的相关文本中怎么样切割哪一部分是历史，哪一部分是传说，而是从这些不同的文本中，从不同的讲述当中，探讨这些叙事话语背后，怎么样再现历史人物和历史事件，哪些还存在于现在的节日民俗活动中，以及它所蕴含的集体情感和文化记忆。

民进山西省委原副主委、山西大学文学院教授张恒以《顾炎武咏颂介子推诗词浅谈》为题提出见解。用主持人刘铁梁的话说是：“究竟顾炎武对介子的理解更高，还是黄庭坚更高呢？就张恒先生来说，应该是比较鲜明地赞赏顾炎武的解读。”张恒通过顾炎武的《介休》、《介之推祠》两首诗，支持了顾炎武对介子推“顺势而为、随遇而安”至极至高的精神境界。

关于清明节

中国民间文艺家协会副主席、吉林省文联副主席曹保明演讲的题目是《清明信仰价值的生动转换》。他说，我们很多的清明做法已经开始越来越偏离清明的本意。许多的清明文化被一些商业人士不断炒作，这些问题都在附加和肢解清明文化的庄重历史。我们要回归到我们真正的清明。

中国民协节庆委员会主任李汉秋演讲的题目是《清明三重奏》。他说清明节是由生命清明、政治清明和生态清明三个节日融会起来的，正好形成三重奏。生命清明，在他看来，清明节的情感主题是缅怀先人。缅怀先人，传统的仪式就是扫墓，当我们在亲人的墓前驻足的时候，会有很多的人生思考。政治清明，他非常推崇介子推的“功不言禄，志在清明”。他说，讲端午大家都知道屈原，那么讲寒食，讲清明，很少人知道介子推。实际上我们完全可以把介子推的精神概括好、传扬好。生态清明，我们古代就有“上巳节”，它融会到清明节中间，从插柳到植树，再到环保、生态建设，那么植树环保是一系列的生态活动，这也是时代的一个发展，所以这也是清明的一重奏。

台湾东华大学中文系教授刘惠萍在题为《传说与节俗——以清明插柳民俗为例》演讲中说，柳不管是在原始的民俗当中，或者说在佛教当中，事实上它都具有去邪，或者去鬼的功能，甚至于柳在《本草纲目》当中记载有很多的功能。当然，也因为这样的关系，可能原来的上巳节用柳来去除不祥的思维，慢慢地被寒食，甚至于被清明所吸收了以后，可能就被赋予了不同的意义。

台湾辅英科技大学副教授张百蓉演讲的题目是《台湾原住民的扫墓活动》。她介绍了台湾原住民清明节的三个模式，一个是举行他们的传统的祭仪；第二种是结合天主教，或者基督教的信仰，天主教举行弥撒，基督教的人举办复活节；第三种就是各家自己的祭拜。

台东大学教授吴腾达对台湾地区的乡土庙会和寺庙组织非常熟悉，对民间信仰组织的观察非常有经验，他在演讲《神鬼交锋——人神共祀的清明法会》中生动地介绍了台湾的清明节。

关于节日文化

中央民族大学文学与新闻传播学院教授邢莉演讲的题目是《民族民间节日的先准及保护原则》。随着时代的变化，节日正在转型，保护节日确实还是一个应该呼吁的问题。她认为应该有以下两点：第一点就是保护节日的核心价值，第二点就是要让民众有一种保护观念。

教育部语言文字应用研究所研究员、中国社会语言学会副会长苏金智从语言学的角度希望把中国的传统节日明确化、单一化，然后走向世界。他在题为《节日的文化语义及其发展》演讲中说，清明本是二十四节气之一，现在已经演变成为我国的一个重要的传统节日。其文化语义也经历了一个不断扩大的过程。经过时间的推移，如果逐渐发展成为纪念已故亲人的活动，清明就有可能走向世界。

东吴大学政治学系教授徐振国在题为《文化创意产业的理论转向和在地文化产业的重现》演讲中说，节日文化的传播是一个长期的过程。他还清晰地提出了一个与世界人民分享中国传统节日文化构想的进程：把中国传统节日文化语义明确化、单向化，然后对外传播推广这一节日文化，让世界更多的人群了解，并且邀请世界上更多的人群参与中国传统节日活动，与我们共享节日的乐趣，最后成为全世界共同的节日。

严隽琪认真听取大会演讲后说，尽管他们的切入点不同，举的案例也不同，甚至他们描述的地域、民俗也不尽相同，但是相同的是对中国传统节日文化的热爱和他们深刻的思考，非常精彩。她强调，借这个论坛呼吁以传统节庆为纽带，进一步推动两岸文化交流，我们携起手来共建中华民族共有精神家园。

4 月 2 日下午，第九届海峡两岸中华传统文化与现代化研讨会暨第四届中国·介休清明（寒食）文化节闭幕。严隽琪出席并讲话。她指出，要弘扬优秀传统文化，同时要创造发展满足广大人民精神生活需求的新文化。

严隽琪在讲话中说，传统节日是行为风俗在特定日子的集中表现，它承载和展现着中国人的思想情感、精神信仰、道德观念、人生理想，以及其千百年来的文化传承与流变。重视传统节日，是对文化遗产的保护和传承，是继承人类精神的血脉，是民族的薪火相递。

严隽琪说，传统节日形式生动、内容丰富，具有独特的魅力。在传统节日的仪式或举动之中蕴涵着丰富的文化内涵，是中华文化的重要组成部分，有着中国人的“文化基因”。尽管基于农业文明的传统中华文化经历了并还将继续经历全球化和工业化的洗礼，但它仍是凝聚海内外华人的重要精神力量。当今世界处于经济全球化、科技一体化、网络普及化、文化交融化的时代，中国传统文化，包括传统节日文化，正面临着全球化与工业化的双重挑战。在这一新的历史背景下，中华传统节日文化如何继承弘扬、创新发展。随着经济全球化进程的日益加剧，文化的全球化也成了一种历史趋势。我们的传统节日文化也应该与时俱进。在与时俱进的过程中，我们的传统节日文化不但要有世界的眼光，也要有群众的眼光。

严隽琪说，中国文化有没有生命力，不在于外来文化有多少，而在于中国传统文化还能活下来多少，在于我们今天能不能把中国文化活着的部分真正发扬光大。当前重要的是对中华传统文化给予现代阐释，使其在服务现代化建设、服务当代人的精神需求中焕发出新的生命力。要通过弘扬中华优秀传统文化，同时吸收外来文化的精华，并加以融合、创造，发展出与全面小康社会相适应的、满足广大人民精神生活需求的新文化，这是中国实现现代化的需要，也是对世界实现和谐发展作出的贡献。

严隽琪说，在中华民族的传统节日当中，最容易唤起我们对亲人、对朋友、对家乡、对祖国的情感，唤起对民族文化的记忆和对民族精神的认同。近些年，愈来愈频繁多样的海峡两岸民间文化往来，为两岸四地的各界人士搭建了一个很好的研讨学术、交流感情、增进共识的平台。实践表明，加强两岸四地文化交流合作，不仅符合两岸四地发展的需要，也符合海内外中华儿女的共同利益。两岸文化交流合作潜力巨大，前景非常广阔。

严隽琪说，两岸四地只要在优势互补和保留各自文化个性的前提下，继续扩大合作与交流，坚持面向社会，服务大众，不断提升中华文化的创造力，中华优秀传统文化必将迎来更加辉煌灿烂的明天！

张铭清、冯骥才、朱永新、安焕晓和两岸四地专家学者近百人出席闭幕仪式。朱永新对在举办本次研讨会暨文化节的过程中，山西省委、省政府，晋中、介休市委、市政府，特别是绵山风景区管委会所作出的努力表示衷心的感谢，并宣布“第九届海峡两岸中华传统文化与现代化研讨会暨第四届中国·介休清明（寒食）文化节”圆满闭幕。

发扬晋商精神 发挥积极作用
严隽琪出席山西民进企业家会员座谈会

2011年4月3日，全国人大常委会副委员长、民进中央主席严隽琪下午出席山西民进企业家会员座谈会。座谈会由山西省政协副主席、民进山西省委主委卫小春主持。

严隽琪在讲话中说，民进山西省委在卫小春主委带领下，积极贯彻落实民进中央的各项决策部署，支持民进中央工作，在政治把握、民主团结以及自身建设各方面都取得了很大的成绩；同时，对各位企业家会员为民进组织所作出的贡献表示感谢。

严隽琪说，这次来山西，给我以很深刻的印象。第一是山西的自然环境，历史文化、文脉之深厚；第二是山西企业家的精神，他们不只看到眼前，还有更大的抱负，渴望企业能够可持续的发展下去，并努力使自己的品牌在国际上有竞争力。

严隽琪说，山西正处于转型跨越发展的关键时期，转型有传统产业的提升和发展，还有如何选择新型产业。我国要成为一个创新型国家，一个重要的标志就是看企业家创新的精神能不能在中国发展。只有把科技成果推广到我们的产业结构升级上才是真正的创新，企业的发展迫切需要科技创新来提升。

严隽琪说，民进企业家会员不仅是社会主义建设者，也是我们民进的优秀会员。当今的经济社会快速发展，需要我们做的工作很多，任务很重，在新的时代下对我们的会员也提出了更高的要求。个人的发展、企业的发展离不开时代，希望各位企业家积极贯彻科学发展、可持续发展的战略，要尽我们的责任来维护好这样一个稳定发展的大局。

严隽琪说，晋商精神在中国的历史上是一面旗帜，继续发扬晋商精神，需要新一代晋商继承和弘扬他们勤奋踏实、诚实守信的优良作风。希望企业家联谊会发挥积极的作用，更好地为企业家会员服务，给他们创造良好的学习机会，使他们了解掌握国家的大政方针，以及政策动向、信息资源、经济发展形势，同时使企业家会员加强交流，增进共识，也希望广大企业家会员继续积极为国家的发展建言献策，夯实我们参政党的政治基础，共同努力推进适应时代要求的高素质参政党建设。

民进山西省委副主委陈维毅、任建国、高新文，山西民进企业家联谊会部分理事出席座谈会。民进企业家会员代表在座谈会上发言，他们分别介绍了企业的发展情况，以及作为民进企业家会员，在社会公益、建言献策、服务社会等方面所作的工作。民进中央及办公厅、社会服务部有关负责人参加座谈。

促进基础研究 加强产学研结合
严隽琪在西安交大出席高校科研体制改革座谈会

2011年4月6日，全国人大常委会副委员长、民进中央主席严隽琪下午在西安交通大学就高校科研体制改革问题与专家学者座谈。

严隽琪认真听取了与会专家学者对科研体制改革的意见与建议。她说，随着我国综合国力的增强，科研工作取得了巨大进步，但在科研体制建设方面依然有诸多不足。在当今还不够成熟的大环境下，各高校不仅要努力把学科建设好，更要担负起推动科研体制改革、优化科研工作环境的责任，着力促进我国科研、特别是基础研究工作的发展，同时鼓励有能力的教授、学者参与科研成果转换，加强产学研结合，使科学研究在实现“十二五”规划经济转型及区域经济发展中发挥更大的作用。

严隽琪说，西安作为全国重要的科技、教育基地，在高校科研工作发展中有着举足轻重的地位。西安交大近几年采取了诸多创新型措施，是值得鼓励的。

严隽琪说，高校科研体制改革依然面临着诸多障碍，希望各高校专家、领导能够积极献言献策，承担推动科研体制改革的责任，坚持育人为本的根本任务，共同建设一个更友好、更合理的科学研究环境，促进高校科研工作的进一步发展。

座谈会上，西安交通大学校长郑南宁汇报了西安交大的科研体制改革工作，副校长蒋庄德主持座谈。陕西省教育厅厅长杨希文、西北工业大学副校长翁志黔、西安电子科技大学副校长郝跃，西安交大电气学院院长邱爱慈、材料学院院长孙军、能动学院院长丰镇平等就科研体制改革及当前存在的问题分别在座谈会上发言。

陕西省人大常委会副主任吴前进，陕西省政协副主席、民进陕西省委主委李进权，中国教育政策研究院副院长周作宇，民进中央有关负责人出席座谈。

严隽琪在陕西期间还出席了辛卯年清明公祭轩辕黄帝典礼、第十五届中国东西部合作与投资贸易洽谈会开幕式、第二届西部非物质文化遗产项目展演系列活动暨西安文化遗产博览会开幕式。

进一步配合完善中国民主党派历史陈列馆建设
罗富和 朱永新会见重庆市委统战部长

2011 年 4 月 7 日，中共重庆市委统战部走访民进中央，感谢民进中央为“重温历史，同心同行”主题教育活动和中国民主党派历史陈列馆建设所做的工作，并向民进中央赠送了“红岩英烈”群雕。

全国政协副主席、民进中央常务副主席罗富和，民进中央副主席兼秘书长朱永新在机关会见了来访的中共重庆市委常委、统战部部长范照兵。

罗富和代表民进中央感谢中共重庆市委对民进工作的支持。他说，重庆是具有统一战线光荣传统的历史名城，各民主党派共同把重庆作为多党合作的教育基地，中国民主党派历史陈列馆在扩建后正式开馆，必将对重庆进一步继承和发扬多党合作的传统与特色起到重大推进作用。

罗富和对中国民主党派历史陈列馆的内容和展示手段给予了充分肯定，认为是目前多党合作教育基地中最完善的，民进部分的展示内容脉络清楚、史料翔实，其中许多珍贵的史料澄清了社会上的模糊认识。他说，民进一定会配合陈列馆进一步充实完善有关的史料，并高度重视利用好这个阵地，在民进各级组织和会员中搞好多党合作和民进优良传统教育。

罗富和感谢中共重庆市委、市政府、统战部对民进重庆市委的关怀和帮助，相信民进重庆市委将全力以赴，履行好职能，更好地为重庆的创新发展作贡献。

范照兵介绍了中国民主党派历史陈列馆的筹备思路和建设过程，并希望民进在重要史料、重点提法和重大历史事件等方面，能够进一步提供材料和信息，帮助把好观点、史实、史料甄别关，帮助丰富、完善、充实中国民主党派历史陈列馆的展示。他希望双方加强合作，民进中央发挥党派政治优势、管道优势和智力优势，在推动重庆创新发展、智力帮扶、项目引进以及干部基层锻炼等方面，多关心、多呼吁、多帮助、多交流。他还介绍了民进重庆市委换届情况，表示民进重庆市委新的领导班子团结好、力量强，希望民进中央多关心、指导民进重庆市委的工作。

重庆是中国民主党派的主要发祥地之一，有着光荣的革命历史。为了更好地传承历史、共创未来，重庆的艺术家怀着深厚的革命情感精心设计制作了“红岩英烈”群雕，以共同仰慕先贤风范，缅怀那段可歌可泣的历程。

强化政治共识是培训教育的核心内容
2011 年第一期民进全国骨干会员培训班在京举行

4 月 12 日至 14 日，2011 年第一期民进全国骨干会员培训班在中央社会主义学院举行。全国人大常委会副委员长、民进中央主席、中央社会主义学院院长严隽琪出席开班式并讲话，全国政协副主席、民进中央常务副主席罗富和出席结业式并讲话。中央社会主义学院党组书记、中央社会主义学院第一副院长叶小文，中央社会主义学院副院长张峰出席培训班开班式。民进中央副主席兼秘书长朱永新主持开班式。

严隽琪在开班式上作了题为《参政党面临的形势和任务》的讲话。她说，要正确认识当前面临的形势和任务。国际形势复杂多变，经济全球化和信息扁平化把世界各国紧密联系在一起；在国内，“十二五”是全面建设小康社会的关键时期，是深化改革开放、加快经济发展方式转变的攻坚时期，是发展和转型的战略机遇期，要充分认识经济转型的紧迫性和艰巨性。

严隽琪说，要正确认识参政党的新变化和面临的新要求。当前民主党派在领导方式上，从主要依靠代表性人士的个人魅力向主要依靠集体领导的转变；在履行参政议政职能上，由主要在界别特色领域的参政议政向全面实现社会主义现代化的各个领域参政议政转变；在自身建设上，从学习改造为主向全面提高政党素质转变。民主党派领导干部要加强大局意识、忧患意识、创新意识，强调群众观念、集体观念、民主观念。

严隽琪说，要建设符合时代要求的高素质参政党。思想政治工作要强调时效性，理论研究的重要性凸现，组织工作需要创新，要重视制度化、规范化和程序化建设。

严隽琪说，强化政治共识是培训教育的核心内容。要坚持中国特色社会主义道路，要开展好“重温历史、同心同行”主题活动，要做好换届工作，继续搞好政治交接。

罗富和在结业式讲话中说，骨干会员的培训是个“加油站”，要通过培训学习理论、明确方向、增强责任感。树立和践行社会主义核心价值体系重在践行，作为骨干会员要继承民进光荣传统，在实际工作中践行核心价值体系；促进科学发展重在谋策，要坚持“以新作为巩固老阵地、在顺势中开辟新领域”和“从集智聚力的体制与机制的创新中迸发活力”的工作思路，通过有为才能有位；构建和谐社会重在担当，民主党派成员要高度重视社会建设和社会管理，在反映民意、化解矛盾、加强沟通方面发挥作用。

来自全国 26 个省级组织的 69 名民进会员参加了培训。

出经验出特色出思路出成果
民进中央参政党理论研究会举行
2011 年课题招标论证及评审委员会会议

2011 年 4 月 15 日，民进中央参政党理论研究会举行 2011 年课题招标论证及评审委员会会议。民进中央副主席、参政党理论研究会会长王佐书，民进中央副主席兼秘书长、参政党理论研究会副会长朱永新出席会议并讲话。

王佐书在讲话中说，这次投标课题组的质量和数量比去年有了明显的提高，说明课题招标活动是有效果的。希望能在总结去年经验的基础上，更好地提高课题质量、加强对课题的引导，将课题招标活动建设成为出经验、出特色、出思路、出成果的良好平台，为提升我会的参政党理论研究水平起到积极的促进作用。

朱永新对积极参与招标活动的各省、市级组织及课题组成员表示充分的肯定，并希望在此次招标课题活动中没有中标的课题组也能够继续努力，积极开展对课题的研究，并将研究成果报送民进中央。

会议对各省市级组织申报“民进中央参政党理论研究会 2011 年度招标课题”的标书进行评审，最终确定民进河南省委、上海市委、江苏省委、杭州市委的 5 个课题组中标。

为落实民进中央提出的“理论研究与实际工作相互促进”的要求，民进中央参政党理论研究会 2011 年再次面向全会各省、市级组织及其参政党理论研究机构开展课题招标活动。本次课题招标采取两种方式，一是由民进中央参政党理论研究会提出课题进行公开招标，题目分别是“高素质参政党问题研究”和“民进的优良传统及时代价值”，二是各省、市委员会及其参政党理论研究会根据实际，自选本招标课题以外的有价值、对推进民进工作有意义的理论研究课题进行投标。民进各级组织积极参与本次课题招标活动，截至 4 月 1 日，共有 49 个课题组参与投标，47 个课题组符合投标要求，其中申报“高素质参政党问题研究”的课题组 11 个，申报“民进的优良传统及时代价值”的课题组 14 个，自选课题 22 个。

评审会上，评委会成员对标书进行了认真评审，最终确定 5 个课题组为 2011 年度中标课题组。

以程政举为组长的民进河南省委课题组、以王鲁彬为组长的民进江苏省委统战理论研究会课题组中标“高素质参政党问题研究”课题；

以余源培为组长的民进上海市委课题组、以云建为组长的民进江苏省委统战理论研究会课题组中标“民进的优良传统及时代价值”课题；

以赵光育为组长的民进杭州市委课题组的“社会管理创新视角下民主党派参与公共决策研究”课题中标自选课题。

会议决定，除中标的 5 个课题组外，其他课题组就拟定课题自行开展研究，并将研究成果报民进中央研究室，民进中央参政党理论研究会拟对非中标单位的优秀研究成果给予一定资助。

参政党理论研究会特邀研究员郑宪、徐国宝、周淑真，民进中央、参政党理论研究会、办公厅、研究室有关负责人参加会议。

新形势新挑战新系统
朱永新出席民进组织管理系统推广与使用培训班并讲话

2011 年 4 月 18 日至 21 日，民进组织管理系统推广与使用培训班在中央社会主义学院举行。民进中央副主席兼秘书长朱永新出席开班式并讲话。他代表严隽琪主席、罗富和常务副主席和民进中央领导班子成员对各省区市组织工作同志表示热烈欢迎。他说，民进中央领导班子高度重视组织管理的信息化建设。在我国全面实施“十二五”规划的新时期，民进组织建设面临新形势新挑战。组织管理的科学化、信息化，已成为民进提高工作效率、提升工作水平的迫切需要。

朱永新说，民进中央举办这个培训班，是民进组织管理系统在全会推广与使用的重要环节，各位学员都承担着系统推广的重任，希望大家珍惜这次培训的机会，认真学习，主动思考，熟悉并掌握民进组织管理系统的功能与使用，并为系统的完善积极建言献策。

来自全国 29 个省级组织的 53 名学员参加了培训。培训过程中，学员们听取了民进中央机关培训师关于组织信息管理系统的主要功能和操作方法的授课，听取了系统试运行省份负责同志的经验交流，亲自体验和实践了系统的各个操作环节，讨论交流了系统进一步推广和使用的重点和难点，并对系统的完善提出了很好的建议。

民进组织管理系统项目建设，着眼于提高民进组织管理工作的信息化水平，以直接与会员接触的市县级组织为信息化管理主体，实现组织和会员信息管理的全面、动态的掌握，提高组织管理的效率。该系统于2010年6月建成，于2010年10月通过专家验收。随后，经过北京、上海、江苏、浙江、广东等5省市半年多的试运行，系统得到进一步的调整与完善，为系统在全国推广使用奠定了坚实的基础。

在结业式上，来自13个省级组织的学员代表发言，为组织信息管理系统的推广与使用、完善与发展积极建言。民进中央组织部总结了培训班的学习情况，同时介绍了民进中央就民进组织信息管理系统的推广与使用的相关安排。

为推动中华民族伟大复兴提供更多的人力资源 严隽琪 王佐书会见台湾私立教育事业协会访问团

2011年4月25日，全国人大常委会副委员长、民进中央主席严隽琪上午在民进中央亲切会见了以台湾稻江大学董事长陈玺安为团长的台湾私立教育事业协会访问团，就两岸民办教育的发展进行了交流。中国民办教育协会会长、国家总督学顾问陶西平出席座谈。民进中央副主席、中国民办教育协会常务副会长王佐书主持座谈会。

严隽琪在座谈中说，昨天，位于北京的清华大学举行了隆重的建校100周年庆祝活动，今年也是台湾清华大学建校100周年，两岸的清华大学同根同源。之所以提到清华大学百年校庆，是想说，两岸教育有着共同的历史和祖先，有共同的记忆，当然更有共同的愿景，那就是为推动中华民族伟大复兴提供更多的人力资源。

严隽琪向客人简要介绍了她去年率领叶圣陶研究会20多名成员在台湾举办书画展的情况。她说，赴台交流感到非常亲切和温暖，今天又迎来了台湾教育界的客人，感到由衷的高兴。相信台湾私立教育事业协会访问团的来访，一定会促进两岸在教育领域特别是在民办教育领域的相互交流和发展。

严隽琪说，目前大陆民办教育的发展仍然存在一些困难，在产权、税收、人事制度、管理等方面仍有一些问题有待解决。台湾私立教育事业协会访问团的到访，一定会给大陆民办教育特别是民办职业教育的发展带来宝贵的经验。

陈玺安积极评价了大陆民办教育发展的成果，简要介绍了台湾私立教育特别是私立职业教育发展状况，并表示，台湾私立教育比大陆民办教育的历史更长，经验更丰富，海峡两岸加强教育领域的交流与协作，一定可以互相取长补短，为进一步推动两岸民办教育发展作出积极贡献。

陶西平向严隽琪简要介绍了这次两岸民办教育界交流的缘由和来访人员情况，并向台湾客人介绍了民进与教育的渊源和为中国教育事业发展所作的积极贡献。他说，近期发布执行的《国家中长期教育改革和发展规划纲要》明确提出，今后民办教育的发展方向是优质教育。过去民办教育是对公办教育的有益补充，现在要向优质教育、特色教育发展，因此，大陆民办教育优胜劣汰是必然的。相信台湾客人的来访，必将会给大陆民办教育界提供很好的经验。

坚定生态保护和治理的信心 罗富和在敦煌考察

2011年4月25日至28日，全国政协副主席、民进中央常务副主席罗富和在甘肃省敦煌市考察敦煌水资源综合利用和生态保护及历史文化遗产保护情况。甘肃省政协副主席李永军、民进甘肃省委主委尚勋武全程陪同考察。

罗富和26日至27日考察了敦煌市西湖自然保护区湿地生态保护现状，在党河水库实地查看和详细了解了水库蓄水和清淤工作进展，听取了有关“引哈济党”调水方案以及环境评价情况介绍。罗富和还前往敦煌市万亩节水温室示范园区，详细察看了温室无土栽培技术、膜下滴灌节水技术的实施情况，询问了有关节水温室蔬菜的生产销售和经济效益情况。

28日上午，酒泉市、敦煌市政府有关方面就《敦煌水资源综合利用与生态保护规划》的制定申报工作及文化遗产保护情况召开汇报座谈会。罗富和认真听取了敦煌市生态环境建设及文化遗产保护情况汇报。他说，这次到敦煌进行调研前，就仔细研究了有关《规划》申报工作进展情况的汇报材料，做了一些准备工作。在敦煌的三天里，通过实地考察和走访，总的体会主要有四点：一是党中央国务院对敦煌的水资源利用和保护工作非常关心。温总理多次谈到敦煌的保护要“高度重视、科学规划、综合治理、加快进行，一定要把敦煌保护好、管理好，把敦煌生态环境搞好”。二是甘肃省委省政府对敦煌的生态环境高度重视。早在2007年底，省委书记陆浩就发表了署名文章《拯救湿地 保护绿洲——关于敦煌生态问题的思考》，阐述了对敦煌生态治理的思路和设想。三是认真组织了有关“引哈济党”工程的前期论证工作。四是在中央有关部门和科研院所的支持下，完成了《规划》制定修改工作。《规划》指导思想正确、原则清晰、目标任务明确、提出的措施合理，感到《规划》已经比较成熟，应当尽快得到批复，早日实施。

罗富和就敦煌实施生态治理工作提出了希望和建议。他说，要坚决贯彻落实科学发展观，进一步提高认识，建设节水型社会；甘肃省、酒泉市、敦煌市要坚定敦煌生态保护和治理的信心；要继续坚持以农业节水为重点，加快水权制度改革，争取在2015年建立起比较完善的水权水价制定机制；要进一步加强水库的清淤工作，加大水库的库容；要积极探索节水型旅游业的发展方式；要进一步做好《敦煌水资源综合利用与生态保护规划》实施的前期基础工作。

罗富和还就座谈会中敦煌市提出的建议进行了回应。一是民进中央将支持《石羊河流域重点治理规划》实施后继续向党中央、国务院提交建议，支持《敦煌水资源利用和生态治理规划》尽快获得批准。二是赞成甘肃提出的敦煌《规划》的实施应当比照《石羊河流域重点治理规划》的经验，建议国家加大中央财政投入力度。三是通过调研看到，敦煌市在党和流域围绕农业节水已经做了大量的工作，应当建议“引哈济党”调水工程尽快实施。四是希望甘肃省、酒泉市、敦煌市继续支持民进中央、民进甘肃省委、民进酒泉市委的工作，关心敦煌民进组织的发展。

李永军座谈会上说，罗富和同志来敦煌调研，得到了省委、省政府、省政协领导的高度重视，陆浩书记要求省政协全力配合好调研工作，确保调研工作能够取得预期成果。酒泉市、敦煌市在防治敦煌生态恶化等方面做了很多工作，部分经验值得在全省推广和学习。要进一步加强宣传工作，增强全民生态保护意识。《敦煌水资源综合利用与生态保护规划》一旦批复，就要做好落实工作。

尚勋武在座谈会上结合《石羊河流域重点治理规划》实施的经验，对实施好敦煌《规划》提出三点建议：一是处理好生产和生态的关系，建议敦煌市进一步向第三产业方向进行产业结构调整，加大林果业种植比重特别是支持李广杏等特色林果业发展，取得经济效益和生态效益的双赢。二是建议在节水型社会建设方面要处理好管理节水、工程节水和农艺节水的关系。三是建议处理好调水和节水的关系。

黄河水利委员会水调局局长张柏山、黑河管理局副局长王道席、民进中央参政议政部负责人参加座谈会。

罗富和在调研期间会见了民进酒泉市委主委柳渊、敦煌市民进会员。

为两岸基础教育交流合作共同提高多作贡献
叶圣陶研究会赴台基础教育考察团成果丰硕

2011年4月26日至5月3日，民进中央原第一副主席张怀西以叶圣陶研究会名誉会长的名义，率领叶圣陶研究会赴台基础教育考察团一行18人，赴台北市、台中市等地考察台湾基础教育发展情况，了解台湾中学学制、中学教育的改革创新，介绍大陆基础教育相关情况，并会见了各界人士。

考察期间，考察团先后访问了台北市教师会、台北市成渊高中、台中市明台高中、佛光大学、佛教慈济综合医院台北分院等单位，与台湾近40位校长、老师座谈两岸基础教育界在优势互补、共同提高教学水平等方面的交流合作事宜；会见了中国国民党荣誉主席吴伯雄、副主席林丰正，中国国民党中评会主席、"中华海峡两岸客家文经交流协会理事长"饶颖奇，佛教慈济慈善事业基金会副总执行长林碧玉，海基会前秘书长焦仁和，佛光大学校长、台湾"教育部原部长"杨朝祥，台中市"副市长"蔡炳坤，台湾中华基金会董事长王津平，台湾贤德惜福基金会董事长周荃，台北慈济医院院长赵有诚，玄奘大学副校长曾光荣等台湾各界朋友。老朋友再次相会、新朋友有缘相识，大家谈往日友谊、叙今日亲情、畅想美好的明天。大家都表示要加强联系，为两岸交流尤其是基础教育界的交流合作、优势互补、共同提高教育水平多作贡献。

在座谈时，张怀西介绍了叶研会的基本情况。他说，两岸同文同宗，彼此都切身体会到合作双赢的巨大好处，要珍惜这一点，多换位思考，坚持深化交流，有交流就会有了解、有理解，就会有更大的双赢。振兴中华的根本是发展我们的教育事业，教育交流是两岸交流的重要部分，大陆与台湾教育发展各有特色，交流合作、优势互补非常重要。叶研会十分愿意在发挥两岸基础教育的各自优势，深入开展两岸中学校际间、中学教师间的交流与合作，构建合作平台，共同提高办学水平，努力实现教育资源相互开放和共享等方面贡献自己的一份力量。希望通过此行广交朋友，在两岸基础教育界搭建一座沟通的桥梁。

此次考察历时8天，在台北教师会、"中华海峡两岸客家文经交流协会"等单位的精心安排组织下，考察达成了既定目的，取得了丰硕成果。

把握企业发展规律 作出更大更新贡献
王佐书出席山西民进企业家联谊会理事大会并作报告

2011年4月26日至27日，民进中央副主席王佐书在阳泉市出席山西民进企业家联谊会理事大会并考察工作。

王佐书26日上午出席理事大会开幕式并讲话。他向大会表示祝贺，向山西民进企业家取得的可喜成绩表示祝贺，向山西省市各级领导给予山西民进和山西民进企业家联谊会的大力支持表示感谢。他说，"善良、正直、诚信、坚毅、胸怀、敏锐"是企业家应当具备的人格特征，希望山西民进企业家在做强做大自身事业的同时，进一步完善自我。

王佐书说，企业家在发展自身事业的同时，肩负着政治责任、经济责任、文化责任、创新责任、创建名牌责任、"走出去"责任、反馈社会责任和环境保护责任等八项社会责任，这八项社会责任既是企业家应当担负的责任，也是企业家谋求企业发展、促进事业进步的八项指标。希望山西民进企业家进一步把握当前国际国内经济发展的形势和趋势，把握发展企业的自身规律，并祝愿山西民进企业家茁壮成长，为山西经济社会发展作出更大的贡献。

山西民进企业家联谊会是在民进山西省委直接领导下的企业家会员活动平台，成立两年多来，在全体理事的共同努力下，围绕民进山西省委的中心任务，践行服务宗旨，发挥履职优势，创新工作内容，组织了一系列丰富多彩的活动，达到了相互交流、加强联谊、共同发展的目的，为更好地履行参政议政职能起到了积极促进作用。

王佐书6日下午为出席山西民进企业家联谊会理事大会的企业家作了题为《民营企业家的战略思考》的专题讲座。

王佐书在山西期间还出席了国药控股山西阳泉有限公司揭牌仪式，考察了民进阳泉市委教育支教联系点——阳泉郊区杨家庄中学，并为阳泉师专教师和昔阳县领导干部作了《我们应当怎样思考这些教育问题》和《为提高领导干部的素质与能力提供研究的线索》的专题讲座。民进山西省委主委卫小春、副主委高新文，民进阳泉市委主委任衍钢等出席活动。

中国教育政策研究院与北京大学教育学院学术交流会在京举办 严隽琪讲话 朱永新出席

2011年4月28日，以教育政策问题与教育政策建议为主题，中国教育政策研究院与北京大学教育学院学术交流会下午在北京大学举办。全国人大常委会副委员长、民进中央主席、中国教育政策研究院院长严隽琪出席并讲话。她对北大教育学院的教育政策研究给予了高度评价，认为学术交流会的很多研究成果都有较大的政策价值，充分体现了高等院校和专家学者的社会责任感。

严隽琪认真听取了大家的发言。她说，我国的教育改革和发展正处于促进公平、提高质量的战略转型期，在体制变革、制度创新、发展规划等方面存在着大量的结构性、战略性问题。对有关问题的解决提供政策咨询不仅是中国教育政策研究院作为智库努力的方向，也是民进中央作为参政党义不容辞的责任和义务。重大问题的解决，必须基于大量基础性的、前瞻性的、科学严谨的学术研究。专家学者不仅要开展基础理论研究，也要高度重视政策研究；这类研究应该以问题取向、需求驱动，立足国情，基于广泛的调查研究，结合定量和定性的方法。

严隽琪希望北大教育学院成为民进中央与北京师范大学联合组建的中国教育政策研究院的支持单位，建立长期合作交流的机制，通过多种方式开展密切合作，共同推进我国的教育政策研究，提供科学的政策建议，服务于国家教育的改革与发展。

中国教育学会会长、中国教育政策研究院专家委员会主任顾明远，民进中央副主席兼秘书长、中国教育政策研究院副院长朱永新，北京师范大学社科处处长、中国教育政策研究院副院长刘复兴，北京大学副校长刘伟，教育学院院长文东茅等出席交流会。

刘伟代表北京大学对严隽琪前来调研表示热烈欢迎。他希望教育学院以此为契机，进一步加强教育政策研究，促进我国教育科学的繁荣和教育事业的发展。合作交流会上，文东茅、陈学飞、丁小浩、陈晓宇、阎凤桥、李文利、岳昌君、陈向明、陈洪捷、刘云杉、郭文革等11位知名专家学者分别针对高等教育、民办教育、教师教育、远程教育、幼儿教育等方面的政策问题，交流了所在研究团队的学术成果，并与来访的中国教育政策研究院的领导和专家展开了热烈的讨论。

顾明远对北大教育学院专家学者的研究成果给予了充分肯定和积极鼓励。中国教育政策研究院部分专家、民进中央参政议政部负责人出席学术交流会。

民进要为新疆经济和社会发展作贡献
罗富和在吐鲁番考察新型工业化建设

2011 年 4 月 29 日，全国政协副主席、民进中央常务副主席罗富和赴吐鲁番地区托克逊县考察新型工业化建设，并在乌鲁木齐迎宾馆会议厅亲切会见了中共新疆维吾尔自治区党委书记张春贤等党政主要领导。

罗富和在自治区党委举行的座谈会上认真听取了工作介绍。他说，我们非常关注新疆的大建设、大发展，动员民进成员中的知名企业家积极投身于新疆的跨越式发展建设。中央新疆工作座谈会后，自治区加快发展步伐，加大民生建设力度，经济社会取得巨大成就，对此我们深受鼓舞。今后希望能够发挥民进的整体优势，在新疆基础教育等方面做些有益的工作，为新疆经济社会发展作出积极贡献。

座谈会上，张春贤向罗富和介绍了加快新疆发展的思路和举措。他说，新疆正在认真贯彻落实中央新疆工作座谈会精神，按照跨越式发展和长治久安两大历史任务开展工作，确定了具体战略选择。当前，新疆各级干部和群众把思想认识和行动统一到中央的决策部署上来，把发展作为解决一切问题的基础，制定了加快"三化"建设、构建现代产业体系等一系列的战略部署。尤其是新疆坚持把加强和改善民生作为切入点，把民族团结和社会稳定作为大发展的前提，发挥现代文化的引领作用，凝聚了人心，提振了信心，新疆经济社会呈现快速发展的好势头，新疆各族干部群众求发展、谋富裕、思稳定、盼和谐。这些成绩的取得得益于中央坚强的领导，得益于国家部委和援疆省市的大力支持，也得益于人大、政协等方方面面的支持与帮助。新时期新阶段，新疆将更好地推进跨越式发展和长治久安。

自治区党委副书记、人民政府主席努尔路白克力，自治区政协主席艾斯海提路克里木拜、副主席王伟、柯赛江路赛力禾加等自治区领导，以及民进中央联络委员会副主任林圣雄，自治区政协常委、民进新疆区委主委、新疆师范大学副校长牛汝极等参加了会见。

罗富和 29 日上午到托克逊县工业园区考察，并亲自为新疆圣雄能源循环经济产业链一期年产 50 万吨 PVC 及配套项目开工仪式剪彩。柯赛江路赛力禾加，中共吐鲁番地委书记刘新胜，吐鲁番地区行署专员伊力汁·奥斯曼，地区人大工委主任巴哈德尔路阿不都艾力木，政协工委副主任席俐等领导陪同，中共托克逊县委书记王家斌，新疆圣雄能源公司董事长林圣雄等分别致词。开工仪式结束后，罗富和参观了圣雄能源公司生产园区、在建员工住宅区、少数民族员工宿舍等。

罗富和在调研期间听取了牛汝极作的民进新疆区委工作汇报。

5 月

为推动民办教育事业发展作出更大贡献
严隽琪在广西调研

2011 年 5 月 2 日至 6 日，全国人大常委会副委员长、民进中央主席严隽琪赴广西壮族自治区柳州市、南宁市考察民办教育。民进中央今年将"完善制度环境，促进民办教育发展"选题，作为中共中央每年委托中央统战部组织各民主党派和全国工商联开展的重大考察课题。此次考察是民进中央 2011 年重大考察课题的前奏和重要组成部分。严隽琪在广西考察期间还就民进机关建设进行了调研。

考察期间，广西自治区党委书记、人大常委会主任郭声琨，自治区人民政府主席马飙分别拜会了严隽琪。

郭声琨5月4日在南宁拜会严隽琪。他说，去年上半年，广西部分地区发生特大旱灾，民进中央向灾区捐款30万元，援建了4处人畜饮水工程，我们深为感动，备受鼓舞。当前，广西经济社会发展进入了一个持续稳健快速发展时期，特别是我们把生态建设和环境保护放在突出位置，通过立法保障西江和漓江的生态环境，不仅维护和发展了广西的切身利益，更站在全国的高度和全局的角度，保护了粤港澳地区的用水安全。今后，广西将继续按照科学发展观的要求，把生态建设和环境保护放在重要的位置，宁愿经济发展慢一点，宁愿自己暂时穷一点，也绝不能污染环境、破坏生态，实现经济社会又好又快发展。

郭声琨说，自治区党委非常重视人大工作，出台了《关于进一步加强和改进人大工作的决定》，并认真抓好贯彻落实，督促检查。自治区人大在立法监督、代表工作、专项调研等方面创造性地开展工作，取得了一系列可喜的成绩，为服务和保障广西经济社会又好又快发展发挥了重要作用。民进等民主党派为广西经济社会又好又快发展积极建言献策，功不可没。自治区党委对他们的工作十分满意。

严隽琪对广西经济社会发展取得的辉煌成就表示祝贺。她说，此次到广西进行调研，看到城乡面貌变化很大，经济社会发展各个方面都给我们留下了美好而深刻的印象，特别是在贯彻落实科学发展观的过程中，广西既实现了经济社会又好又快发展，又在生态环境保护方面做了大量卓有成效的工作，尤其是在西江、漓江生态环境保护上作出了巨大的贡献。

严隽琪说，广西在科技、教育等方面也创造了很多在全国都值得借鉴的经验，取得了显著的成绩。柳州市在全国率先解决山区中小学生的午餐问题，为全国作出了很好的示范。当前，广西迎来了非常好的发展时期，机遇好、环境好、前景好，我们对广西未来的发展充满信心，全国人大和民进中央将一如既往地关心支持广西经济社会发展。

马飙5月5日在南宁拜会严隽琪。他对全国人大常委会、民进中央多年来给予广西经济社会发展的大力支持和关心、帮助表示感谢。他说，在中央亲切关怀和大力支持下，广西全面完成了“十一五”各项发展指标。通过连续承办七届中国－东盟博览会，广西的区位优势极大改善，成为了对东盟开放的前沿和窗口，进入了全方位开放新阶段。广西将贯彻落实好全国人大常委会委员长吴邦国在广西考察期间的重要讲话精神，进一步加快经济社会发展，进一步保障和改善民生，把广西的事情办好。

马飙说，广西壮族自治区自治区党委、政府高度重视抓好民办教育，把它确定为广西未来10年教育改革和发展规划的最大措施和重要内容。广西当前仍是后发展、欠发达地区，要解决好广西教育滞后发展的问题，一定要加大民办的力度。广西已经研究制定了加快民办教育发展的意见，自治区政府常务会即将进行审议。

严隽琪感谢自治区党委、政府对民进工作的大力支持，充分肯定广西经济社会发展和教育工作的成绩。她说，时隔4年后再到广西，看到广西迎来了新的发展机遇，“十一五”取得了巨大成就，由衷高兴。特别是广西在加快经济发展的同时还保住了绿水青山，文化保护、社会民生也统筹推进，为今后的发展打下了良好的基础。相信广西能在“十二五”时期取得更大的发展。

严隽琪说，广西认真贯彻落实《国家中长期教育改革和发展规划纲要（2010－2020年）》，大力抓好民办教育，在提高学前教育普及率、抓好高中阶段教育结构等方面做得很好。尤其能为贫困地区学生提供免费午餐，体现了广西各级党委、政府重视教育、关心学生。全国人大常委会、民进中央将一如既往全力支持广西的工作。

严隽琪2日视察了柳州城市建设。

3日上午和5日上午，严隽琪冒雨先后深入到柳钢第一幼儿园、柳州市中山中学、南宁市英华学校、广西外国语学院（原东方外国语职业学院）实地考察。每到一处，她都与民办学校的投资者、管理者及教师代表亲切座谈，认真倾听来自基层的意见，充分了解民办学校的心声。

3日下午，严隽琪在柳州市出席民办教育座谈会，认真听取工作汇报和发言，充分肯定了广西经济社会发展和教育工作的成绩。她说，广西和柳州市、南宁市认真贯彻落实《国家中长期教育改革和发展规划纲要（2010—2020年）》，高度重视民办教育，统筹考虑，措施积极，大力推动了民办教育的发展。在教育方面创造了很多在全国都值得借鉴的经验，取得了显著的成绩。在提高学前教育普及率、抓好高中阶段教育结构等方面做得很好。尤其能为贫困地区学生提供免费午餐，体现了广西各级党委、政府重视教育、关心学生。

座谈会上，自治区教育厅副厅长杨伟嘉、柳州市领导张虹分别介绍了广西与柳州民办教育发展情况，来自柳州市部分民办学校的投资者和教师代表也畅谈了对发展民办教育的感受体会和意见建议。

严隽琪在考察过程中，就积极推动民办教育健康发展问题发表讲话。她说，民办教育是教育事业的重要组成部分，民办教育是对公办教育的有力补充，是满足百姓日益多元化教育需求的必要途径。民办学校为社会稳定作出了很大的贡献。民办教育是促进教育改革的重要力量，其办学活力和投资效率都是公办教育应该学习的。当前民办教育改革与发展任务很重，还有许多问题亟待解决。例如，民办学校法人属性、产权属性、学校权利、教师权益、举办者合理回报、优惠政策、会计制度、监督管理、公共财政资助、营利性与非营利性分类管理等问题。各级政府要大力支持民办教育，改善民办教育发展环境，并依法管理好民办教育。

严隽琪说，近年来民进中央一直为推进民办教育健康发展献计出力。积极推动了《民办教育促进法》出台，倡议成立中国民办教育协会，并派全国人大常委、民进中央副主席王佐书担任中国民办教育协会常务副会长。

严隽琪感谢广西壮族自治区以及柳州市、南宁市党委、政府对民进工作的大力支持，表示全国人大和民进中央将一如既往地关心支持广西经济社会发展。她要求民进各级地方组织结合当地实际，多为地方经济社会发展出谋划策。并与民进中央上下联动，集智聚力，建言献策，顺势而为，为推动中国教育事业特别是民办教育事业的发展作出更大贡献。

严隽琪在广西考察期间还就民进机关建设进行了调研。她先后与民进柳州市委、民进广西区委、民进南宁市委进行了座谈，听取了关于机关建设的汇报，就党派机关建设中存在的突出困难和问题进行研讨，并分别会见了民进广西区委及民进南宁、柳州市委领导班子成员，看望了民进机关干部。

严隽琪在座谈中说，在我国多党合作的政党体制中，建设适应时代要求的高素质参政党，机关建设居于重要的地位。机关工作作风和工作效率，反映了党派的精神面貌，关系到参政党履行职能的水平。“有思有行、集智聚力、顺势而为”是民进中央新一届领导集体的工作思路，无论是自身建设还是履行职能，都要探寻规律性的东西，以达到事半功倍的效果。近年来，民进中央高度重视加强机关建设，把机关建设作为自身建设的重点工作来抓，取得了积极的成效。全会各级组织围绕加强机关建设也进行了不懈努力。今年年底，民进中央将召开民进全国机关建设工作会议，总结交流各地推进机关建设的成绩和经验，研讨新时期参政党机关建设的规律，进一步提升全会机关工作的质量与水平。民进广西区委及民进南宁、柳州市委坚持以人为本、爱满民进的理念，在牢固树立服务的宗旨，建设和谐机关文化氛围，努力做好服务和保障工作，采取了一系列举措，取得了积极的成效。

严隽琪说，机关工作归根到底要靠人、靠队伍。“有为才能有位，有贡献才能有形象”。尽管当前党派机关建设中还存在着一些困难和问题，但党派机关也大有可为。党派机关工作涉及面较广，对干部素质的要求也越来越高。同一个工作岗位，有的干部进步快、收获大，有的干部进步慢、收获少，主要是与个人悟性和自身努力程度有关。干部的成长要靠个人立足本职工作勤于积累、实践，不断的历练，才能厚积薄发。

严隽琪勉励民进广西区委及民进南宁、柳州市委，要及时总结工作经验，切实加强岗位责任制，强化和规范机关管理；要重视和加强机关信息化建设，把提高机关信息化工作水平作为基础性工作来抓，把自身的发展与政治交接相结合，认真履行职能，继续与党委、政府同心同德、同心同向、同心同行，对当地经济、社会发展等，提出更多的真知灼见，树立民进组织良好形象。

广西壮族自治区人大常委会有关负责人，民进广西区委主委陈自力等陪同考察调研。

加强机关建设 迈上新的台阶
罗富和出席民进中南六省（区）机关工作会议

2011 年 5 月 7 日，民进中南六省（区）机关工作会议在广州举行，会议的主题是“如何加强机关建设”。民进中央常务副主席、民进广东省委主委罗富和出席会议并讲话。来自民进河南、湖北、湖南、广东、广西、海南省（区）委，特邀民进福建、贵州省委，中南六省（区）部分民进市委领导、办公室负责人、专干等，以及民进广东省委和民进广州市委的机关干部近 70 人参加会议。中共广东省委统战部党派处负责人应邀出席。

罗富和认真听取了大家的发言，在讲话中代表民进中央向大会的召开表示祝贺。他肯定了近年来各地民进在机关建设方面所取得的成绩，结合当前形势深刻阐述了抓好机关建设的重要意义，并从文化建设、制度建设、能力建设、作风建设等方面，就如何建设和谐、规范、高效、严谨的高素质参政党机关提出具体要求。希望大家通过进一步的交流，总结经验，探索新时期参政党机关提高效能、改进服务的思路和机制，更好地发挥机关协调参谋的枢纽作用，推动机关建设和各项工作上一个新台阶。

会议由民进广东省委副主委陈国安主持。民进广东省委副主委区鉷代表民进广东省委致欢迎词，对会议在广东召开表示热烈祝贺，希望大家通过相互学习和交流研讨，促进机关建设迈上新台阶。

会上，与会单位进行了书面材料交流，民进湖北省委办公室副主任程虹、民进湖南省委副主委汤泽培、民进广西南宁市委调研员刘伟坚、民进海南省澄迈县委副主委蒙梅昌、民进福建省委宣传处处长马建荣、民进贵州省委秘书长向建军、民进广东省委秘书长胡献分别作主题发言，介绍各地在机关建设方面的探索和经验。

深入研究科技投入体制问题意义重大
严隽琪出席高校科技投入体制座谈会

2011 年 5 月 9 日，全国人大常委会副委员长、民进中央主席严隽琪在上海交通大学召开座谈会，邀请来自美国、日本和德国的著名专家学者，就高校科技投入体制进行研讨。

严隽琪认真听取了与会专家的意见建议。她说，民进中央一直高度关注高校科技投入体制问题。各位专家既了解中国，又了解美国、日本和德国等科技强国的情况。这次能够与各位专家深入交流，了解到第一手的资料，对于民进今后继续做好这方面的调研，为国家提出具有方向性、战略性、可操作性的建议非常重要。

严隽琪说，温家宝总理在今年的工作报告中提出要“顶层设计、总体规划”。我们国家经过三十年的改革开放，进入了新的发展阶段，经济转型压力巨大；通过多年的努力，国际化的人才队伍结构达到了新的高度；高校的发展进入了一个新的阶段，面临着诸多问题。因此，当前更多的是需要对体制和机制进行调整。在这些背景下，深入研究科技投入体制问题意义重大。这次的座谈只是个开始，今后上海交大的发展、上海的发展、中国的发展都特别需要海外学子报效国家，希望大家从各个层面继续为实施科教兴国战略出力。

上海交通大学密西根学院院长的倪军等9位著名专家，就“科研经费管理的比较与建议”、“美国国立健康研究院科研资助与管理体系”、“OHIO STATE 大学研究经费管理”、“马里兰大学科研管理体制简介”、“美国医学科研经费申请和使用”、“日本科研体制介绍”、“日本大学教育与科研经费”、“德国大学科研经费投入体制简介”、“德国科技投入情况简介” 分别发言。上海交通大学常务副校长林忠钦代表交大作了关于“大学科研经费投入体制的若干问题与思考” 的发言。

与会专家普遍认为，美国等科技强国的科研人员用于争取科研经费的时间和精力远远少于我国的科研人员，从而有更多的时间用于科研本身；在科研经费使用上，更注重对“人”而不是设备的投入；对项目负责人，实行工资封顶制度；对科研经费使用中不诚信的行为坚决严惩，并与所在高校或科研单位今后申报的资格挂钩；对科研项目的投入，更注重远期效益等。座谈会由上海交通大学党委书记马德秀主持。

完善制度环境 推进民办教育发展
民进中央考察团在江西调研

2011年5月10日至16日，全国人大常委会副委员长、民进中央主席严隽琪，全国政协副主席、民进中央常务副主席罗富和，民进中央副主席兼秘书长朱永新率考察团在江西省上饶、新余、南昌等三地就“完善制度环境、推进民办教育发展”进行专题调研。中央统战部副部长黄跃金在南昌市出席了“完善制度环境、推进民办教育发展”座谈会等有关会议，并出席民进江西蓝天学院支部活动。

考察团通过了解江西省民办教育的基本情况，分析当前制约民办教育发展的瓶颈因素，形成民进中央关于促进民办教育发展的政策性建议。此次调研活动是一年一度中共中央委托中央统战部组织各民主党派中央、全国工商联和无党派人士开展专题考察活动的重要组成部分。中央统战部、教育部对本次调研给予了大力支持。

5月11至13日，民进中央考察团在上饶市就“完善制度环境、推进民办教育发展”开展调研。

5月11日，考察团实地考察了上饶市玉山县文苑中学，并召开了专题座谈会。严隽琪、罗富和、朱永新出席座谈会，座谈会由中共上饶市委书记蔡晓明主持。上饶市人民政府副市长胡汉平作了关于上饶市民办教育事业发展情况的汇报。上饶市教育局局长苏万能就当地民办教育的相关问题作了简要介绍。座谈会上，玉山文苑学校、玉山一中私立文苑学校、弋阳县私立育才学校、余干县私立新时代学校、鄱阳县秋实学校、万年县私立华兴学校、上饶县清源中学等民办教育学校的相关负责人分别发言，介绍了学校的基本情况、发展现状以及面临的问题并提出建议。

5月13日，考察团实地考察了婺源县紫阳中学并召开座谈会。上饶市人大常委会副主任周华北主持座谈会。婺源县委副书记、县长贺瑞虎介绍了当地民办教育情况；紫阳中学校长孙标武介绍了紫阳中学的基本情况、办学经验，还就民办学校的发展提出了一些建议；紫阳中学的两位教师也结合工作经历和切身体会，谈了自身的体会和发展需求。

严隽琪认真听取大家的发言。她说，作为以教育文化出版为界别特色的民主党派，中国民主促进会多年来一直在为教育改革和发展建言献策。我们推动并促成《教师法》的制定，在全社会积极营造更加浓厚的尊师重教氛围，也是民办教育促进法出台和民办教育协会成立的积极倡导者、呼吁者和参与者。当前，我国正处于经济转型期，对人才结构、教育理念、教育手段提出了新要求，民办教育既要追求新的发展，也要解决自身在发展中遇到的问题，从而在社会建设中发挥重要作用。民进今年就“完善制度环境，促进民办教育发展”进行调研，就是想要更多地了解民办教育在体制、政策、环境等各个方面存在的问题和各方声音，为推进民办教育的健康持续发展做工作。

严隽琪说，民办教育不仅是公办教育必要和重要的补充，更是教育改革的催化剂，是社会稳定和社会建设不可缺少的抓手，也是弘扬社会主义道德风尚和核心价值观不可缺少的平台，需要加强对它的支持力度。

严隽琪说，民办教育发展遇到的瓶颈，有社会、政府、学校等多方面的原因，国家要在立法等方面给予其相应的支持，继续补充、完善和修订民办教育促进法；社会要确保民办教育应有的地位，适当的自主权和良好的发展环境；政府要把民办教育置于自身的责任管理范围之内；学校自身也应该树立正确的教育理念。我们希望通过了解民办教育的具体情况，收集相关意见和建议，充分履行参政议政、民主监督职能，为民办教育的发展贡献力量。相信在社会各方的共同努力下，民办教育会有更好的明天。

罗富和说，紫阳中学成功的一条重要经验就在于它是由主要教师共同出资举办的，学校还树立了独特的办学理念和思路，这可以提供很好的借鉴和参考。当前，教育中长期发展规划已经出台，对民办教育的重要地位予以充分肯定，民办教育促进法已经实施了 8 年，教育部也把推进民办教育发展作为重点的工作来落实，民办教育得到越来越多的关注和重视。民进与民办教育有很深的渊源，我们愿意发挥参政党职能，积极建言献策，与大家共同促进民办教育的发展。

朱永新在新余市带队调研。江西省政协副主席、民进江西省委主委汤建人一同调研。考察团在新余先后考察了江西太阳能科技职业学院、江西渝州科技职业学院，并召开专题座谈会。参加座谈的有江西省委教育工委、省教育厅、省委统战部、省接待办等相关部门负责同志。座谈会由新余市政协副主席、民进新余市委主委欧阳长城主持。新余市副市长万筱明介绍了近年来当地民办教育的发展情况。新余教育行政部门人员、民办教育专家、学校负责人、教师也从各自不同的角度介绍了新余市民办教育的先进经验、发展现状，以及面临的主要问题等具体情况，并依据自身情况提出了意见和建议。教育部发展规划司副司长宋德民以及安徽省教育厅副厅长、民进中央教育委员会副主任李和平，中国民办教育协会常务理事、民进中央教育委员会委员、广东第二师范学院民办教育研究中心主任张铁明，中国民办教育协会副秘书长、北京教育科学研究院民办教育研究所所长王文源等专家学者分别对新余民办教育的现状提出了富于建设性的意见和建议。

朱永新认真听取了大家的发言。他说，民办教育不仅是中国教育的重要组成部分，也是教育事业发展的重要增长点和促进教育改革的重要力量，为我国教育事业的发展作出重大贡献。新余市为民办教育的发展提供了良好的土壤，使得当地的民办教育从无到有、从小到大、从不正规到正规，实现了先发展后连贯，发展中求规范，逐步前行并不断做大，成为新余一张响亮的名片、一道亮丽的风景，是难能可贵的。新余的民办教育富于特色，形成了著名的“新余现象”，得到教育部领导的肯定。所遇到一些问题，比如民办教育的性质定位问题、教师待遇问题、学校收益问题等等，可以说这是全国民办教育中出现的共性问题。我们这次的调研就是要对这些问题进行了解、整理、研究，并提出可行的调研报告。

朱永新对新余市提出几点建议：一是继续民办教育的政府管理方式，一方面需要国家给予政策上的支持；另一方面，地方政府也可以进行探索，率先进行局部的民办教育创新试验，积累经验。二是当前民办教育更多的是注重就业与技术的培训，但更重要的应该是塑造学生良好的人格、诚信的品行。教育中这两手都要抓，两手都要硬。三是职业教育可以与产业发展紧密结合。可以尝试把企业、劳动服务外包与民办职业教育相结合，以教育培养人才，人才支持产业，产业带动发展，实现互利共赢。

5 月 14 日至 16 日，民进中央考察团在南昌市继续调研。考察团先后在南昌协和幼儿园总园、江西赣江职业技术学院、江西广播电视艺术幼儿园、江西服装职业技术学院、江西蓝天学院进行了实地考察。

5 月 15 日下午，严隽琪、罗富和、黄跃金、朱永新和考察团成员在南昌市出席“完善制度环境、促进民办教育发展”座谈会。

座谈会上，江西蓝天学院、江西服装学院、江西泰豪动漫职业学院、江西城市职业学院、江西创世纪学校、南昌女子职业学校、南昌理工学院、江西广播电视艺术幼儿园的相关负责人和教师代表先后发言，介绍了学校的基本情况、亟待解决的问题，并提意见建议。

严隽琪认真听取了大家的发言。她说，江西民办教育的良好发展与教育主管部门开明前瞻的支持指导，与民办教育事业创办者的投入、付出、心血密不可分。十年树木，百年树人。教育是一项需要长期坚持的事业，从在座各位民办教育家的发言中，深感你们创业的艰辛，向大家表示崇高的敬意。

严隽琪谈了两点调研的体会和感受：一是民办教育是弘扬公益慈善文化、促进国家强盛的重要抓手，中国的教育需要民间资金的支持。二是教育的改革缺不了民办教育，它在现代教育制度的完善、教育体系的结构优化、政府职能的正确定位，以及社会建设的发展，社会文化的自足化、多元化中发挥了不可替代的作用。民办教育促进法实施以来所取得的成绩是值得肯定的，也在实践中逐渐暴露出一些问题，这种状况会随着改革逐步深入、政策在实践中的检验、社会不断走向成熟得到完善。

严隽琪说，10 年来民办教育蓬勃发展，作为一个以教育为主要界别的党派，中国民主促进会也在不断地为推进教育事业的发展和改革调查研究、建言献策。今年民进将每年一次的由中央统战部支持协调各民主党派组织进行的大调研确定为“完善制度环境，促进民办教育发展”，把江西作为重点调研地点，就是要通过调研，持续关注民办教育发展问题，为解决民办教育问题，促进民办教育发展，从政策、法律等方面献箴言、谋良策，同时推动全社会和各级政府提高对民办教育的认识。

江西省委教育工委书记、省教育厅厅长虞国庆主持座谈会。中央统战部一局局长吴晓礼出席座谈会。江西省人大、省政协、省委统战部、民进江西省委、省委教工委、省教育厅有关负责人参加座谈。

严隽琪、罗富和、黄跃金、朱永新在座谈会后，亲切会见了民进江西蓝天学院支部会员，听取该支部所做的工作汇报，并参与“1% 工程”捐助江西蓝天学院贫困学生助学金发放活动。

5 月 16 日，民进中央考察团在南昌市召开座谈会，与江西省、南昌市党政相关部门交换意见。严隽琪、罗富和、黄跃金、朱永新出席会议。江西省委常委、省人民政府常务副省长凌成兴主持会议，并介绍了江西省基本情况和民办教育有关情况。

严隽琪认真听取了工作汇报。她说，当前我国教育改革和发展已经站在新的历史起点上，这为民办教育的发展带来新的发展机遇。各级政府要提高对发展民办教育的战略意义的认识，增强促进民办教育发展的责任感与使命感，做好民办教育体系的顶层与规范制度配套设计，出台操作性强、符合国情的政策措施，把对民办教育的支持落到实处。民办学校自身也需要树立“百年树人”的责任感，在推进现代化学校制度方面勇于探索、加大改革。

罗富和代表考察团向江西省有关方面作调研情况的反馈。他在讲话中高度肯定了江西省在促进民办教育发展方面取得的成果和宝贵经验，认为江西在发展民办教育上取得的成绩与江西省委、省政府高度重视是分不开的。同时指出江西民办教育也面临种种新要求和新挑战。希望江西能够在原有成绩的基础上，提高认识，在新的起点上思考民办教育发展，同时进行地方的民办教育改革与创新探索，适时实行分类管理，推进民办教育管理改革。

黄跃金说，民办教育现在处于一个发展的新阶段，政府应该为民办教育提供政策上的支撑，对其发展作出相应的调整和规范，并采取切实措施解决其教学队伍建设、体制机制建设等方面存在的问题。希望江西能在原有基础上继续研究、深化、推广、总结经验，实现公办、民办教育两个轮子一起转。

朱永新说，江西在本身高教资源不充分，经济发展并不发达的情况下创造了民办教育的奇迹。也存在三个问题需要深入思考：一是如何善待为江西教育事业作出贡献的现有的民办学校；二是怎样充分尊重民办学校的招生自主权；三是怎样在现有的基础上，争创国内一流的民办教育。希望江西在这些方面进行创新并探索新的经验。

凌成兴表示，江西省政府把促进民办教育发展作为自身的重要职责，将继续深化认识、巩固其发展势头，研究其发展情况和需求，进而优化其生存环境，从完善扶持政策，规范管理，创新体制机制，提高民办学校办学条件等方面为民办教育的发展提供保障。

座谈会上，考察团的教育专家就调研中发现的问题和自身的感受与当地党政相关部门的负责人交换意见。江西省、南昌市政府有关负责人出席会议。

考察期间，考察团考察了10所民办学校和幼儿园，召开4场座谈会。民进江西省委、民进中央参政议政部、教育部发展规划司民办教育管理处有关负责人等参加调研。

严隽琪在江西考察期间还就民进建设进行了调研。

5月11日晚，严隽琪、罗富和、朱永新在上饶市召开了省、市民进组织座谈会。汤建人介绍了江西民进的组织概况和主要工作，民进上饶市委主委饶爱京汇报了市委的基本情况、主要工作，并提出建议。民进上饶基层组织的相关负责人也先后汇报了各自的工作情况。

严隽琪认真听取了大家的发言。她说，民进自创立起就得到中国共产党的支持和帮助，坚定地接受中国共产党的领导，奉行“立会为公、参政为民”的宗旨，积极投身各项建设，作出了突出贡献。“立会为公、参政为民”应该常讲常新，尤其是在当前，作为参政党，民进必须牢记这一点，树立大局意识，不断提高参政议政能力，为国家的发展出力献策。应该倡导“爱满民进”，学习和继承雷老的精神。雷老的精神可以用一个“爱”字概括，她一生爱祖国、爱人民、爱真理、也爱民进组织，这是我们所要坚持和发扬的优秀传统。听了你们的汇报，感到江西民进的基层组织很有活力，也遇到一些问题，这些问题的解决有待各方面的共同努力。希望你们继续发扬优势，总结经验，围绕科学发展做工作，为加快转变经济发展方式作出新的贡献。

罗富和对民进江西省委及上饶市委的工作给予了充分的肯定。他说，民进江西省委在参政议政、社会服务、组织建设等方面都取得了很大的成绩：在鄱阳湖生态经济区的建设上与民进中央积极互动，促成鄱阳湖生态经济区战略上升为国家战略；打造的1%工程，倡导捐献1%，爱心100%，极大地增进了民进的美誉度和影响力；机关建设上注重干部的培养，着力提升其服务意识和能力，很多经验值得借鉴。民进上饶市委也在有限的条件下，开动脑筋，创新工作，使参政议政、支部建设、会员发展等各项工作进行的有声有色。今年是中国共产党成立90周年，希望你们能结合建党90周年的契机，积极服务国家建设，也实现民进自身建设的科学发展。

5月15日下午，严隽琪、罗富和、黄跃金、朱永新出席民进江西蓝天学院支部活动。江西省人大常委会、中共江西省委统战部、中共江西省委教育工委、民进江西省委、江西省教育厅、民进中央有关部门以及上海、广东、安徽、江西等省市民进组织和江西蓝天学院负责人参加活动。

严隽琪在活动中讲话。她说，今天民进江西蓝天学院支部的组织生活，除有民进中央领导参加外，还由于有中央统战部和江西省的领导出席而显得尤为可贵，意义非凡，十分令人鼓舞。

罗富和说，民进江西蓝天学院支部成立以来，在短短4年里不断取得进步，获得“民进江西省先进基层组织”称号，为此感到非常自豪。这表明在中国共产党90年的历程中，中国共产党领导的多党合作和政治协商制度得到了高度重视，并在最基层得到最充分的体现。在学院党委和统战部的关心帮助下，民进支部会员在各自岗位上建功立业，取得优秀成绩，并积极建言献策，服务社会，为民办教育的发展贡献了力量。希望会员传承马叙伦等老一辈民进会员的光荣传统，坚持中国共产党的领导，立足本职工作，发挥党派优势，积极参政议政、服务社会，以优异成绩迎接中国共产党成立90周年这一伟大时刻的到来。

本次支部活动紧紧围绕纪念中国共产党成立90周年，以民进中央部署的“重温历史，同心同行”活动为主题，组织会员认真学习了胡锦涛总书记在庆祝清华大学建校100周年大会上发表的重要讲话，开展了《中华人民共和国国民经济和社会发展第十二个五年规划纲要》有奖征答试题（第二期）活动。

民进江西蓝天学院支部作了工作汇报。支部举行了“1%工程”捐助江西蓝天学院贫困学生助学金发放仪式。10名来自蓝天学院各个院系的贫困生，经过民进会员推荐、院系多方审核以及“1%工程”基金理事会最终核定等一系列严格程序，成为“1%工程”资助对象。在悠扬柔美的《爱的使者》歌声中，严隽琪、罗富和、黄跃金、朱永新、陈安众、汤建人等为受助学生每人发放1000元助学金，并亲切合影。

民进江西蓝天学院支部会员表示，在中央统战部和民进中央领导的亲临指导下，支部开展了一次丰富、精彩、充实的活动，这将成为民进江西蓝天学院支部发展道路上的里程碑，全体会员将终身难忘，永远铭记这个美好的时刻。

民办教育在中国教育事业改革和发展中发挥重要作用
朱永新在温州调研

2011 年 5 月 21 至 22 日，民进中央副主席兼秘书长朱永新在温州就促进民办教育发展进行调研。

朱永新 21 日出席民办教育专题座谈会，认真听取了工作汇报和情况介绍。他说，今年民进中央专门选题调研民办教育，一方面，出于民进关注教育的界别特征；另一方面，民办教育在中国教育事业改革和发展中发挥着重要作用。《国家中长期教育改革和发展纲要（2010—2020 年）》中，把民办教育作为教育事业发展的重要增长点和促进教育改革的重要力量。这也是今年民进中央大力开展民办教育调研的重要原因。同时，他结合此前刚刚结束的江西民办教育调研情况与体会，强调指出，要把是否能有更多的民间资本进入教育领域和是否能够实现在各类最好的学校中都有民办学校，作为衡量中国教育改革和民办教育成功发展的重要标志。希望温州以此为动力，利用自身优势，促进民办教育发展。

朱永新说，进一步促进民办教育发展，一是充分认识民办教育的公益性，合理调整公办与民办教育的发展空间，形成公办与民办教育共同发展、相互促进的良好机制。二是对于民办教育分类管理，可根据分类情况，参照相应的单位性质，基本享受相应的优惠政策。三是对于教师队伍建设，温州已有很好的经验，要不断加大支持力度，在实现公办与民办教师同等待遇上做更多的有益探索。四是关于办学自主权，要在建立合理监控机制的基础上，逐步放权。五是关于合理回报，可以根据民办学校情况确定合理的回报标准与回报方式，促进学校发展。

座谈会由温州市政协副主席、民进温州市委主委夏克栋主持。温州市教育局副局长戚德忠介绍了温州民办教育的总体情况，特别汇报了温州对民办教育的分类管理、公共财政支持、公共政策优惠、拓宽融资管道、师资队伍建设、现代学校制度等方面的政策创新与探索。

温州市教育局、民办教育协会相关部门和来自瑞安开元职业中学、市妇联实验幼儿园、平阳新纪元学校、乐清育英寄宿制学校、瑞安龙翔高中、白鹿外国语学校的负责人作了发言，介绍了学校的基本情况、发展现状和面临的问题，并提出建议。温州市民办教育协会以及来自温州 8 所民办学校的负责人参加了座谈会。

“光辉历程·同心同行”隆重纪念中国共产党成立 90 周年暨“金盟杯”第二届全国部分省市民进合唱团演唱赛在上海举行
蔡达峰出席并致词

2011 年 5 月 23 日，“光辉历程·同心同行”隆重纪念中国共产党成立 90 周年暨“金盟杯”第二届全国部分省市民进合唱团演唱赛下午在上海市建平中学举行。民进中央副主席、上海市人大常委会副主任、民进上海市委主委蔡达峰出席并致词。他在致词中代表民进上海市委对各位领导、来宾和合唱团团员们的光临表示热烈欢迎，对民进中央、民进江西省委、民进山西省委、中共浦东新区区委统战部、民进浦东新区区委、建平中学等有关单位和广大民进会员对本次活动筹办工作的大力支持表示感谢。

蔡达峰说，歌声传情，催人奋进。上海民进、江西民进、山西民进合唱团的同志们经过认真排练准备，用歌声抒发对祖国、对人民、对生活的美好情感，讴歌我们伟大的时代和卓越的成绩，纪念中国共产党成立 90 周年。

上海民进快乐合唱团男女声大合唱《鼓浪屿之波》、《去一个美丽的地方》获混声合唱奖，男声小合唱《祖国不会忘记》获同声合唱奖，指挥钱永隆获最佳指挥奖；江西民进同心合唱团男女声大合唱《去一个美丽的地方》、《爱的使者》及表演节目男声独唱《鄱阳湖》获最佳表演奖，女声小合唱《迎春接福》获同声合唱奖；山西民进艺术团合唱团男声小合唱《中国进行曲》获最佳小组唱奖，表演节目男女声二重唱《激情飞越》获最佳表演奖，男女声大合唱《映山红》、《桃花红，杏花白》获混声合唱奖。

山西省政协副主席、民进山西省委主委卫小春出席演唱大赛。民进上海市委副主委兼秘书长陈强努，民进江西省委副主委欧阳剑雄，民进山西省委副主委高新文，民进福建省委副主委金铁平，民进安徽省委副主委项纯文，中共浦东新区区委统战部部长张静，中共浦东新区区委统战部副部长张伟，民进山东、浙江、江西省委有关负责人等 500 余人观摩了比赛。

《城市化进程中新生代农民工职业教育与社会融合问题研究》开题
严隽琪强调本课题具有极为重要的战略意义和政治意义

2011 年 5 月 24 日，全国人大常委会副委员长、民进中央主席、中国教育政策研究院院长严隽琪在北京师范大学出席教育部哲学社会科学研究重大课题攻关项目《城市化进程中新生代农民工职业教育与社会融合问题研究》开题会议并讲话。

北京师范大学党委书记、中国教育政策研究院理事长刘川生，教育部社会科学司司长杨光，山东省教育厅副厅长、中国教育政策研究院专家委员会委员、兼职教授张志勇，教育部社会科学司成果处处长魏贻恒，民进中央常委、中国教育政策研究院执行副院长庞丽娟，北师大教育学部部长、中国教育政策研究院副院长周作宇，北京师范大学社会科学处处长、中国教育政策研究院副院长刘复兴，北京师范大学教育学部党委书记兼副部长、中国教育政策研究院专家委员会委员、兼职教授褚宏启等 30 余人参加会议。北京师范大学常务副校长董奇主持会议。

严隽琪在讲话中说，本课题是我国在现代化、工业化、城镇化新阶段中出现的越来越引人关注的社会问题，涉及到产业结构的调整、产业层次的提升、社会的和谐稳定、核心价值观的认同等，是中国发展模式的有机组成部分，具有极为重要的战略意义和政治意义。新生代农民工与第一代农民工相比，具有较强的漂浮感和现实落差，社会融合问题显得尤为重要和迫切。本课题是问题导向的研究，要立足国情和大局，重视战略和政策。课题的研究要兼顾定性和定量，既要有大样本的调研，也要有特殊案例的分析；既要借鉴国外经验，还要立足国情；既要有理论研究，更要有现实的政策建议。课题的成果还应对教育改革起到促进作用，要有利于教育的顶层设计、总体规划，建立现代化的国民教育体系。在课题研究组织上，要本着创新、灵活、实事求是的原则，学科不限、职称不限、主体不限、方式不限，关键是要更有利于提出有价值的政策建议。课题要以开放的姿态进行跨学科合作研究，进行学者和实践工作者的合作研究；建立数据库，分享研究数据和资料。对城市化进程中新生代农民工职业教育与社会融合问题的解决提供政策咨询和研究支持，是中国教育政策研究院作为智库努力建设和发展的重要方向。

刘川生在致词中说，将近 1 亿的新生代农民工已经成为我国产业工人中的重要组成部分，在我国经济社会发展中起到了日益重要的作用。某种程度上，新生代农民工职业教育与社会融合问题是我国城乡二元经济社会结构下，政治、经济、社会体制等多种因素的综合性产物，是与农民工现象相伴而生并不断凸显的社会问题。职业教育作为人力资本投资的重要手段，是提高新生代农民工素质、解决新生代农民工社会融合问题的重要途径和突破口。北京师范大学将创造条件为课题的顺利开展和深入推进提供支持，同时也希望课题组在严隽琪院长的带领下坚持以科学发展观为指导，树立明确的问题意识和前瞻意识，搭建跨学科、开放性的研究平台，把对策意识和咨询精神、把理论探讨与实证研究贯彻始终，从国家战略和为国家决策服务的高度开展研究，推出具有重大理论价值和实践意义的标志性研究成果，为党和国家政府的科学决策提供支持。

杨光充分肯定了课题的研究意义。他认为课题非常重要、非常复杂，同时也非常迫切，涉及到我国城市化、现代化的进程，事关公平、正义、社会和谐。课题的框架设计详实、周全，体现了课题研究的政策性和对策性。课题研究最有价值的是要形成系统的政策方案，解决现实和长远问题。研究中国的农民工问题要超越国界，人口的流动问题、融合问题、种族问题、移民问题是国际性、世界性的问题，许多国家都有很多的经验和教训，应结合中国国情来研究，同时借鉴别国好的做法。《教育规划纲要》提出继续实施高校哲学社会科学的繁荣计划，要构建高效的哲学社会科学创新体系，建立以问题为导向、多学科综合研究的智库型高校研究平台体系，教育部社会科学司将尽最大的努力，对课题研究以及中国教育政策研究院的智库建设予以支持、提供支撑。

褚宏启代表课题组汇报了课题的性质定位、研究思路、内容、框架、思路和方法。专家评议组组长李实教授、袁桂林教授、俞启定教授、张志勇教授、吉利教授就课题设计与研究进行了评议。评议组认为新生代农民工的社会融合问题是我国工业化、城市化过程中的热点问题，也是当前我国教育改革、发展中的重要议题。通过职业教育促进新生代农民工的社会融合，是实现城市化和社会和谐的重要途径。开题报告较好地体现了跨学科研究，理论研究和政策研究的有机结合；研究内容、研究方法科学合理，符合研究目的的需要；研究定位准确，具有重要的学术价值、政策参考作用和社会意义。

推动文化大发展大繁荣
2011 开明·江海文化论坛暨共铸伟业

——中国民主促进会全国书画精品邀请展在南京举办

2011 年 5 月 24 日至 25 日，2011 开明·江海文化论坛暨共铸伟业——中国民主促进会全国书画精品邀请展在南京举办。全国人大常委会副委员长、民进中央主席严隽琪为本次书画展的作品集《共铸辉煌》题写书名。

本次论坛暨画展由民进中央文化艺术委员会、民进江苏省委主办，民进中央开明画院、江海书画会、江海文化研究会承办。

5 月 24 日上午，全国政协副主席、民进中央常务副主席罗富和出席 2011 开明·江海文化论坛开幕式并为论坛揭幕。来自全国文化艺术界的知名专家学者齐聚南京，以“复兴中华文化、构建核心价值”为主题，共同探讨当代文化核心价值体系、中华文化价值与意义、中华文化走出去与文化安全等问题。

民进中央副主席兼秘书长朱永新，江苏省政协副主席、中共江苏省委统战部部长罗一民，江苏省政协副主席、民进江苏省委主委陈凌孚出席开幕式并致词。国家创新与发展战略研究会副会长、国际展览局名誉主席吴建民，民进中央原副主席、上海大学教授邓伟志，山西省政协副主席、民进山西省委主委卫小春，贵州省政协副主席、民进贵州省委主委左定超，甘肃省政协副主席、民进甘肃省委主委尚勋武出席开幕式。

朱永新在致词中说，以胡锦涛同志为总书记的中共中央高度重视文化建设，中共十七届五中全会对文化建设作出了新的战略部署，国家“十二五”规划也对文化建设作出了全面规划，推动文化大发展大繁荣，提升国家文化软实力已经成为我国重要的国家战略。

朱永新说，在改革开放三十多年的历程中，我们深刻地体会到，国家实力的体现，既有经济层面，更有文化层面，国家发展、民族振兴不仅需要强大的经济力量，更需要强大的文化力量，文化是一个民族的灵魂，是一个民族真正有力量的决定因素，可以深刻影响一个国家的发展进程，改变一个民族的命运。当前以科学发展观为指导的新的文化发展理念逐步确立，全社会关注和参与文化建设的积极性和主动性空前高涨，为我国文化发展提供了前所未有的机遇。

罗一民说，文化是民族的根基，是人们的精神家园。民进中央长期以来一直关心支持江苏经济社会，特别是文化事业发展，多位民进中央领导同志来江苏进行文化建设专题调研。这次“2011 开明 · 江海文化论坛”在南京举办，对江苏新一轮文化建设必将带来新的启示，起到积极的促进作用。

陈凌孚说，文化作为软实力越来越受到党和政府的高度重视。近年来，民进江苏省委充分发挥文化界会员的优势，围绕江苏省的文化建设与发展，做了大量深入细致的工作。

中国民主促进会作为以从事教育文化出版工作的高中级知识分子为主的参政党，历来高度重视国家的文化建设，近年来在文化体制改革、加强基层文化建设、实施文化走出去战略、把文化立国作为国家战略、文化大部委建设、加强文化立法等方面，先后提出了一系列建议与提案。

24 日上午论坛开幕式结束后，举行主旨演讲。罗富和、朱永新等出席。吴建民、邓伟志和北京大学教授、民进中央文化艺术委员会副主任张颐武分别作演讲。

中国书法家协会副主席、江苏省文联副主席、民进江苏省委副主委言恭达在主持词中说，在中华民族伟大复兴的特定的历史条件下，如何充分挖掘中国传统文化的内涵，构建社会主义核心价值体系，是我们在当前中国社会发展过程当中需要认真思考和研究的重要课题。

吴建民从三个方面概括了他演讲的核心内容，即为什么要弘扬中华文化、要重新认识中华文化、要着力构建中华主流文化。他说，我们今天讲构建社会主义核心价值体系，这势必要涉及到构建中华的主流文化问题。构建中华主流文化不仅十分必要，而且还具有一定的迫切性。中华文化至少有 5000 年的历史，是世界上唯一没有中断过的古老文明。然而我们对自己的文化了解得还很不够，更谈不上深刻的认识，因此，重新认识中华文化的问题要提上日程。要着力构建中华主流文化。主流文化应包括以下两层含义：第一，中华文明几千年不中断，因为他是开放的，不是封闭的；他是包容的，不是排他的。第二，我们讲构建中华主流文化，是说中华文化是不断发展、成长、变化的，需要我们不断总结。21 世纪中国奉献给世界的不是中国制造，是中华文明。

邓伟志演讲的题目是《文化的特性是推陈出新》。他说，说到文化，他就像我们长江一样，是不分昼夜的奔腾向前，它一直是后浪推前浪，因此我们的文化的生命就在于创新，我们文化的影响力取决于我们创新多少，我们文化的辐射力取决于我们创新的快慢，我们文化的凝聚力也取决于文化创新。我们文化人没有不想创新的，连儿童也希望能够创新，但是真正能够攀登到创新高峰的是极少数人。文化要想真正的创新，首先得从急功近利当中解放出来，现在我们的学者急功近利的现象很厉害，妨碍了我们的创新。文化创新还要求文化人从追求当官当中解放出来，从当前的象牙塔和空中楼阁当中解放出来。

张颐武演讲的题目是《从现代中国发现价值高度》。他说，今天的中国愿意跟古代的中国接轨，跟汉唐的气派接轨，因为那时候的中国是最强盛的时候。那么，我们怎么样在现代中国发现一个价值高度？我觉得，现代中国一百年的奋斗有伟大的历史，这个历史里面我们创造了非常丰富的经验。比如现代中国的奋起是完全依靠中国的奋斗，这个奋斗没有掠夺人，也没有欺负人。此时，中国人的情怀体现了一个新的价值高度。现代中国至少有三点价值高度：一个是扶弱抑强，一个是以德报怨，还有一个则是中华民族最为宝贵的和而不同传统。

5 月 24 日下午，纪念中国共产党成立 90 周年、纪念辛亥革命 100 周年，共铸伟业——中国民主促进会全国书画精品邀请展在江苏省美术馆开幕。罗富和出席并为书画展开幕式剪彩。

朱永新、陈凌孚出席并致词。江苏省政协副主席、党组副书记周岷，中共江苏省委组织部副部长赵永贤，宣传部副部长梁勇，民进中央文化艺术委员会主任、北京大学教授胡军和邓伟志、卫小春、左定超、尚勋武出席开幕式。

朱永新在致词中说，我们之所以用书画展的方式来庆祝中国共产党成立90周年、纪念辛亥革命100周年，就是要通过这个活动来引导民进全会深入了解中国民主政治的发展历程，深刻理解"没有共产党就没有新中国，只有社会主义才能救中国"，深入开展树立和践行社会主义核心价值体系学习教育活动，激励民进全会在中国共产党的领导下，以科学发展观为指导，围绕中心、服务大局，为全面建设小康社会和实现中华民族的伟大复兴作出新的贡献。

陈凌孚说，文化是民进的主界别，书画界会员是民进会员的一个重要组成部分。近些年来，江苏省书画界会员与时俱进，不断创新，潜心研究，积极创作，为继承和发扬我国的书画传统文化艺术而努力工作。他们还发挥自身优势，开展抗震救灾和扶贫济困等书画义卖、送书画到文化艺术贫乏的人群和地区等活动，服务社会。此外，广大书画界会员还以书画为媒，团结会内外人士，凝聚人心，产生了积极的社会影响。

本次书画展自筹备以来，得到了民进各级组织与广大会员的热情回应，共收到全国各省、市民进组织选送的书画作品379件，画展组委会从中遴选出了274幅具有较高水平的代表性作品参展。无论是书画名家，如冯骥才、言恭达、段成桂、吴山明、陈永锵等人的作品，还是普通文化界会员的参展之作，其创作严谨认真，风格特色突出，无不显示出了作者对中国共产党和伟大祖国的热爱，对革命先驱和领袖的崇敬。参展作品种类齐全，既体现了源远流长的中华文化的底蕴，又融进了当今时代的气息，使古老的中国书画艺术展现出了独特的迷人魅力，也充分反映了新中国成立60多年来社会主义文化建设的巨大成就。

论坛暨画展开幕式由言恭达主持。民进中央、民进部分省级组织，江苏省文化厅、省新闻出版局、省文联、新华社江苏分社，江苏省各民主党派、工商联等有关负责人也出席了论坛暨画展开幕式。

5月25日，2011开明·江海文化论坛进入专家演讲阶段。来自全国各地的18位专家学者作了精彩的专题演讲。朱永新出席会议。

中央美术学院教授、美术学研究所所长邵大箴，中央民族大学教授、民进中央文化艺术委员会副主任赵士林，南京师范大学人文学院院长、民进江苏省委副主委朱晓进，江苏省文化厅副厅长、江苏省美术家协会副主席、民进江苏省委副主委高云，分别担任专家演讲阶段的主持人。

美国杜克大学教授、杜克大学中国研究中心主任、上海交通大学人文艺术研究院院长刘康的演讲题目是《中国文化价值与普世价值的当代互动》。他说，如何考虑中国文化价值和普世价值产生比较有效的互动，从而创造我们人类共同的价值，而不是西方中心的普世价值，这实际上是一个非常重要的问题，也是当代中国文化界非常关注的问题。

民进中央文化艺术委员会主任、北京大学教授胡军演讲的内容是关于中国现代化进程的反思。他关注的一个重点是，现代化的过程明显地表现为理性化的过程，现代化的实质就是理性化。他说，中国要真正成为一个大国，一个文化大国，就必须要有精品，艺术精品，必须有自己的系统的精深的学理系统。

江苏省人民政府参事、南京大学历史系教授范毓周以《中国传统文化精神的普遍价值与当代意义》为题作了演讲。他在演讲中根据中国文化的背景、中国人的生存方式以及社会传统的结构，分析指出中国的文化精神主要是尊重自然生态，重视群体和谐，鼓励牺牲自我，强调社会责任和崇尚公共道德的精神。他特别对公共道德的问题，阐释了自己的观点。

邵大箴在演讲中描绘和剖析了中国画和中西文化交融的大背景。他说，在中国画界以及中国美术界，扩大到中国文化界，自20世纪以来，对中国艺术的成就，包括中国画所取得的成就常有贬词，对这个时期的中国画的发展有质疑，这种质疑的声音来自于对五四运动的质疑。他说，这种声音没道理，我们谁也不能否认五四运动对中国社会的进步，对中国文化的发展所发挥的积极作用。

聚焦"复兴中华文化、构建核心价值"的主题，中国书法家协会研究部主任刘恒、中国艺术报社社长向云驹、《美术》杂志执行主编尚辉、首都师范大学教授叶培贵、江苏民进江海书画会会长萧平、南京艺术学院电影电视学院副院长沈义贞等也分别发表了演讲。大家认为，中华民族是一个历史悠久、文化灿烂的民族，在现代化的今天，以多种方式、多种管道塑造国家形象，发展与强大国力相匹配的文化创新能力和文化影响力，既是一个重大的国家战略和目标，也是与会专家学者的一份责任与追求。

5 月 25 日下午，2011 开明·江海文化论坛闭幕。朱永新出席闭幕式。

闭幕式上，高云作论坛总结。他说，本次论坛时间虽然短暂，但活动安排紧凑有序，在大家的共同努力下论坛取得了丰硕的成果，达到了预期目标。本次论坛一个比较显著的特点是，对现实有针对性，对发展有预期性，对未来有前瞻性。论坛极大地拓展了我们的思考空间，促使我们进一步反思是什么？为什么？做什么？对这样一些基本概念和问题的思考，对于复兴中华文化，构建核心价值有着极大的借鉴作用。

本次文化论坛历时两天，参加论坛的既有文化界的专家学者，也有书画界的大家名流；既有声望很高的学界前辈，又有思想敏锐的后起之秀。论坛规模大、层次高、范围广。大家怀着对学术的满腔热诚和热切追求相聚南京，围绕着复兴中华文化、构建核心价值这一主题，进行了多角度的思考，先后有 20 多位专家学者发表了演讲，使与会者有机会共同分享了最新的文化艺术研究成果。

与会专家对文化的热爱溢于言表，对文化的研究殊途同归，大家聚焦的话题主要有，继承中华传统优秀文化，如何基于面向现代化进行创新；在社会面向现代化的转型进程中，如何在文化层面实现国际性的互溶互动；在全球化语境下转型创新的同时，如何坚守中华传统文化的纯粹和品格；何为文化的现代化？现代化的文化应该对国家的发展发挥怎样的作用。围绕这些问题，专家们分别提出了各自的见解和观点。

论坛期间，还举行了江苏民进江海文化研究会的揭牌仪式，举办了共铸伟业——民进全国书画精品邀请展，编印了《2011 开明·江海文化论坛论文汇编》。江苏民进江海文化研究会的正式成立，使江苏民进的文化界会员又增加了一个新的活动舞台。

要实现传统出版和数字出版的融合共赢
严隽琪出席第 21 届全国图书交易博览会
中国出版（版权）发展论坛并讲话

2011 年 5 月 27 日至 28 日，全国人大常委会副委员长、民进中央主席严隽琪在黑龙江省哈尔滨市出席第 21 届全国图书交易博览会开幕式及中国出版（版权）发展论坛。严隽琪宣布博览会开幕。

5 月 28 日，第 21 届全国图书交易博览会中国出版（版权）发展论坛举行。严隽琪出席论坛并讲话，新闻出版总署署长、国家版权局局长柳斌杰作主旨演讲。

本次论坛由新闻出版总署和黑龙江省人民政府主办，《中国新闻出版报》和黑龙江省新闻出版局联合承办，主题为"融合与提升，传统出版和数字出版共赢"。

严隽琪在讲话中说，本届论坛的主题充分体现了文化产业特别是出版产业实现大发展的要求，是一个战略性的、前瞻性的、务实性的主题。要实现传统出版和数字出版的融合共赢，须做好"两个加快"。一是加快传统出版业转型升级。要站在科技发展的最前沿，从技术升级、制定行业标准、加大资金投入等方面入手，通过制定一系列政策措施，加快推动传统出版业转型升级，把传统出版业的内容资源、人才资源转化成为产业优势和竞争优势。二是加快数字出版业模式创新。进一步加快数字出版技术创新体系建设，增强研发能力；吸收和培养一批高端人才，下工夫研究数字出版的发展模式，在创新内容、创新形式、创新模式上，真正探索出一条数字出版科学发展的新模式。

柳斌杰在主旨演讲中说，当今世界，发达国家在依托高新技术推动出版传媒深入发展中，都高度重视数字出版产业，加速推动传统出版与数字出版的深度融合，加速推动多种传播载体的整合，相继产生了新媒体、新业态，数字化生产方式、传播方式和消费方式渐成主流。美国的“苹果”就是一个典型的代表。面对全世界出版产业调整发展的新态势，面对西方发达国家对战略性新兴出版业态的高度重视和在数字出版领域展开的激烈竞争，如何进一步推动我国传统出版与数字出版的融合发展，推动行业技术素质的提高，是当前摆在我们面前的一项重大而紧迫的课题。

柳斌杰强调，要在加快转变发展方式中开创传统出版与数字出版融合发展的新局面。一是要大力推动传统出版业升级转型；二是要加快数字内容资源的深度整合；三是要加强技术公司与出版机构的深度合作；四是要加快数字出版重大工程建设；五是要加快新闻出版产业基地建设；六是要推动公共文化服务体系建设；七是要加大引导和政策扶持力度。

黑龙江省人民政府副省长、民进黑龙江省委主委程幼东介绍了黑龙江出版业在“十一五”时期取得的巨大成就。他说，“十二五”期间，黑龙江将继续做强做大传统产业，加快发展新兴产业，形成具有本省特色和风格的文化产业形态，实现文化产业跨越式发展。

在当天的论坛上大家就“传统出版和数字出版如何共赢”展开对话。中宣部、新闻出版总署有关部门负责人，各省（区、市）新闻出版局、出版集团、发行集团、新华书店负责人，台港澳出版发行机构嘉宾等300余人参加了论坛。

“重温历史 同心同行”联合活动在石家庄举行
朱永新作主题报告 张帆出席

2011年5月27日至28日，民进京津沪苏赣冀青年会员“重温历史 同心同行”联合活动在石家庄太行国宾馆举行。民进中央副主席兼秘书长朱永新、副主席张帆出席活动。此次活动以“重温历史 同心同行”为题，学习中国共产党的光辉历史和丰功伟绩，学习民进光荣历史和优良传统，激励广大青年会员以实际行动纪念中国共产党成立90周年，树立和践行社会主义核心价值体系，为推动“十二五”规划实施，为夺取全面建设小康社会新胜利、开创中国特色社会主义事业新局面、实现中华民族伟大复兴贡献力量。

朱永新作了题为《风雨同舟 共铸伟业》的主题报告。报告史料翔实、内涵深邃，意味深长。讲述了民进前贤为国家、为人民奋斗的光辉业绩，和中国共产党风雨同舟、肝胆相照的光荣历史。他希望，民进的青年会员们能继承民进前辈与中国共产党风雨同舟、肝胆相照的优良传统，进一步坚持和完善中国共产党领导的多党合作和政治协商制度，深入开展树立和践行社会主义核心价值体系活动，真正做到与中国共产党思想上同心同德、目标上同心同向、行动上同心同行。

河北省政协副主席、民进河北省委主委王刚致欢迎词，中共河北省委统战部副部长李文杰向活动致词。民进北京市委秘书长王报换、民进天津市委副主委李敏龙、民进上海市委副主委吴毅、民进江西省委副主委欧阳剑雄等领导分别结合自己的体会畅谈了参与纪念中国共产党成立90周年活动的感想，对民进青年会员提出了希望和要求。民进河北省委副主委王丽红、解观安等出席活动。来自北京、天津、上海、江西、河北等省市的民进组织有关负责人、青年会员代表及民进河北省委机关干部70余人参加活动。

民进5个省市青年会员代表分别作了发言。他们有的从对革命历史的回顾中汲取精神力量，有的从理论的角度阐述对某些问题的思考，有的结合自身的学习和工作实际，表达对坚持中国共产党的领导、坚持走中国特色社会主义道路的坚定信念，抒发对民进组织的热爱，表达了继承民进光荣传统、积极履行职责、努力服务社会、为民族复兴贡献力量的决心。

5 月 28 日，参加活动人员赴革命圣地西柏坡参观学习。

民办高等教育是中国高等教育改革的成果
王佐书出席民办高等教育国际化发展国际研讨会并作主旨报告

2011 年 5 月 28 日，民进中央副主席王佐书在西安外事学院出席民办高等教育国际化发展国际研讨会并作大会主旨报告。他说，教育是一切社会事业发展基础中的基础，教育的本质是育人，中国要办成合格的高等教育，必须引进世界高水平的教育资源，并使其能服务、推动、提高、促进高等教育发展。民办高等教育是中国高等教育改革的一种形式，也是一种成果。它和公办高等教育为国家培养人才的属性是一致的，在引进高等教育资源的原则上也是一致的。

王佐书说，中国是一个发展中的人口大国，培养高水平、高质量的优秀人才，是国家可持续发展的关键。提高教育质量是世界各国极为重视的问题。加强国际交流、互相取长补短，并在交流过程中吸取经验，不断促进本国教育水平的提高，是各国惯用的方法，也是行之有效的好方法。

王佐书说，教育的本质是培养人，为社会的建设与发展培养人，这是教育最基本的功能，也是教育为社会所作的贡献，教养的人才质量越高，教育为社会所作的贡献就越大。

研讨会由西安外事学院、美国哈佛大学费正清中国研究中心、北京大学教育学院、美国阿克迪亚大学共同主办。来自中国、美国、俄罗斯、法国、日本、澳大利亚、瑞士、新加坡、罗马尼亚、亚美尼亚、菲律宾、中国香港等 12 个国家及地区的 100 余名专家学者参加研讨会。陕西省政协副主席、民进陕西省委主委李进权也参加了研讨会。

民进中央委员、研讨会发起单位西安外事学院院长黄藤回顾举办这次会议的初衷时讲道，在过去的十年间，世界民办高等教育迅速发展，其国际化趋势也日益明显，表现在教师、学生和信息的频繁交流、跨国融资及各种跨国教育合作联盟的建立与互动。伴随着教育国际交流与合作的不断深入，许多国家和地区加大了推进教育国际化战略的力度，在政策、研究和实践领域呈现出诸多新趋势和新特点。我国在去年颁布的《国家中长期教育改革和发展规划纲要》中也明确提出“坚持以开放促改革、促发展，开展多层次、宽领域的教育交流与合作，提高我国教育国际化水平”。在此背景下，加强教育对外开放与教育国际化战略研究，学习借鉴世界主要国家私立高等教育国际化先进理念，认真总结我国教育国际化已有经验，努力探索信息化手段，促进民办高等教育国际化发展的途径，提升我国民办高等教育国际化水平，就显得尤为必要和十分迫切。为此，西安外事学院发起并联合中国著名公办大学和美国知名高校举办此次会议，主办单位都希望通过与会代表和对民办高等教育国际化发展进行深入、广泛的研讨，取得新的学术成果。

在为期两天的会议上，中外专家和学者就“教育对外开放”、“教育国际化战略”等议题进行了深入的探讨和交流。会议主题是：信息社会迈向知识社会背景下的我国民办高等教育国际化的理论研究、政策探索与实践创新。大会还在全球范围内征集学术论文，出版了《民办高等教育国际化发展国际研讨会学术论文集》，共收集作品 57 篇，具有很高的学术价值和参考意义。

教育政策问题与教育政策建议座谈会在东北师大召开
严隽琪 王佐书出席座谈并调研

2011年5月29日，全国人大副委员长、民进中央主席、中国教育政策研究院院长严隽琪带队在吉林省调研教育政策问题与民办教育。

29日晚，中共吉林省委书记、省人大常委会主任孙政才，省长王儒林在长春南湖宾馆会见了严隽琪一行。吉林省人大常委会副主任聂文权、车秀兰，省政协副主席、民进吉林省委主委薛康，省人大常委会秘书长王云岫会见时在座。

孙政才代表省委、省人大、省政府对严隽琪一行的到来表示欢迎，对全国人大常委会、民进中央多年来给予吉林发展的支持表示感谢。他说，民进是中国共产党领导的爱国统一战线的重要组成部分，是以出版、教育、文化为界别特色，致力于建设中国特色社会主义事业的参政党。长期以来，在民进中央的领导下，吉林各级民进组织和广大民进成员，紧紧围绕吉林振兴发展全局和一系列重大问题，深入调查研究，积极建言献策，大力提高参政议政水平，并组织社会办学、文化科技卫生下乡等多种形式的社会服务工作，为推动吉林经济社会又好又快发展和民主政治建设作出了重要贡献。这次严隽琪副委员长到吉林省就教育政策进行调研，对于推进教育政策研究和成果应用必将起到重要的推动作用。吉林省科教优势明显，我们将进一步创新体制机制，努力把科教资源转化为发展优势。实现吉林老工业基地全面振兴，离不开民主党派的积极参与和大力支持。我们将加强与民主党派的政治协商，努力为民主党派开展工作创造良好条件。希望民进中央继续关心和支持吉林发展，激励和引导吉林各级民进组织和广大民进成员，充分发挥自身特点和优势，在推进振兴发展的实践中发挥更大作用。

严隽琪对中共吉林省委、省人大、省政府对民进工作的支持表示感谢。她说，吉林省科技教育资源丰富，科研院所和大学很有特色、实力也很强，我们将通过调研，进一步研究探索科教资源与现实经济社会发展相结合的有效途径，积极为吉林振兴发展建言献策、贡献力量。

严隽琪29日在东北师范大学出席“教育政策问题与教育政策建议座谈会”。民进中央副主席、中国教育政策研究院副院长王佐书，民进中央常委、中国教育政策研究院执行副院长庞丽娟，北京师范大学社科处处长、中国教育政策研究院副院长刘复兴，中国教育政策研究院院长助理薛二勇，吉林省人大常委会副主任车秀兰，东北师范大学党委书记盛连喜，副校长薛康、柳海民以及教育科学学院、农村教育研究所部分专家学者参加座谈会。与会专家学者分别就公费师范生相关政策的完善、教师配置与教师教育改革、基础教育课程改革等问题作了发言。

严隽琪认真听取了大家的发言。她对教育领域的相关热点问题进行了分析，并介绍了中国教育政策研究院有关情况，希望东北师大教师积极参与研究院的相关工作。

严隽琪一行还参观了民进吉林省委副主委秦和创建的吉林华侨外国语学院，秦和汇报了学院的发展情况。

为孩子们带来优质的精神食粮
严隽琪 罗富和 朱永新在京出席《星海》观影活动

2011年5月30日，全国人大常委会副委员长、民进中央主席严隽琪，全国政协副主席、民进中央常务副主席罗富和，民进中央副主席兼秘书长朱永新晚间在京出席《星海》观影活动。民进中央原常委、中国电影家协会主席李前宽和夫人肖桂云（民进会员）执导该影片并一同出席观影。教育部基础教育一司司长高洪出席活动。

影片《星海》描写了清末民初少年冼星海的成长故事。人民音乐家冼星海 1905 年诞生于澳门疍家渔船上，母亲是小星海第一个启蒙老师，后得到葡萄牙琴师的点拨和恩师肖友梅的教诲，其音乐天赋得到了充分发挥。童年冼星海艰辛的底层生活经历和磨炼，对后来成年的他积极参加抗日救亡运动，并创作了包括《黄河大合唱》在内的大量音乐作品，产生了深远的影响。

严隽琪观影后对两位导演优秀的作品使大家渡过了一个美好的夜晚表示感谢，更感谢他们为孩子们带来了如此优质的精神食粮。她为民进能拥有这样始终致力于追求真善美，不断创作出优秀电影作品的会员伉俪而感到骄傲和自豪。

严隽琪希望年事已高但仍然保持创作激情的李前宽、肖桂云夫妇再接再厉，继续带给大家更多更好的优秀作品。

罗富和对两位民进会员精品之作的成功展映和获奖表示衷心祝贺。他说，《星海》拍摄视角独特，表现手法细腻，令人耳目一新。片中少年冼星海沉醉于《命运交响曲》的片段，点明了全片所要表达的在困境中坚持与命运抗争的主题。

罗富和说，中国的少年儿童受西方虚幻魔幻童话世界影响过深，应该更多接触《星海》这类现实题材的励志作品，这非常有助于孩子们的健康成长和成才。同时，希望该片能做好语言翻译工作，让文化走出去，使全世界更多的孩子受益。

高洪高度评价了《星海》的内涵和质量。他说，应加大宣传力度，让更多的孩子们能够早日欣赏到《星海》这部优秀影片，并期待李前宽、肖桂云伉俪能早日拍出“星海三部曲”。他还从基础教育的角度提出意见建议。

李前宽、肖桂云夫妇在影片放映前，向来宾介绍了该片拍摄背景、主要内容及获奖情况，并向在百忙中出席观影活动的各位领导和嘉宾表示感谢。

李前宽说，近年来，民进中央高度关注文化的大发展大繁荣，开展了一系列调研活动，举办了一系列论坛活动，产生了一系列参政议政成果，特别是积极推动中国电影事业的发展，作出了民进参政党独特的贡献。

6 月

高度重视 积极参与 成效良好
学习“十二五”规划纲要有奖征答第一期情况通报

2011 年 6 月 1 日，民进网站发布报道，学习《中华人民共和国国民经济和社会发展第十二个五年规划纲要》有奖征答活动开展以来，民进各级组织高度重视，组织会员积极参与，取得了较好的成效。截至 5 月 31 日，有奖征答第一期共收到答题卡 27079 份，参与活动的会员数占全体会员的 22. 10%；参与活动的地市级组织 203 个，占总数的 76. 32%。现将有关具体情况通报如下：

一、会员参与总数排名前十的省级组织

民进辽宁省委 4579 人
民进河南省委 2680 人
民进重庆市委 2342 人
民进浙江省委 2102 人
民进四川省委 1620 人
民进广西区委 1598 人
民进江苏省委 1535 人
民进上海市委 1299 人
民进湖北省委 1229 人
民进山西省委 1153 人

会员参与率排名前十的省级组织

民进河南省委 95.04%
民进重庆市委 72.11%
民进广西区委 50.67%
民进辽宁省委 46.06%
民进四川省委 33.70%
民进湖北省委 33.23%
民进宁夏区委 30.88%
民进山西省委 28.32%
民进浙江省委 27.16%
民进天津市委 25.95%

地市级组织参与率 100% 的省级组织（13 个）

民进天津市委
民进重庆市委
民进吉林省委
民进江苏省委
民进浙江省委
民进河南省委
民进湖北省委
民进湖南省委
民进广西区委
民进海南省委
民进四川省委
民进宁夏区委
民进新疆区委

注：省级组织会员总数和地市级组织总数参照民进中央组织部提供的《2010 年组织情况统计》。

民进中央十二届十五次主席会议在成都召开

2011 年 6 月 7 日，民进中央十二届十五次主席会在四川省成都市召开。民进中央主席严隽琪，常务副主席罗富和，副主席潘贵玉、王佐书、刘新成、蔡达峰、朱永新（兼秘书长）、张帆出席会议。严隽琪主持会议。

会议审议了民进中央十二届十五次中常会议程、日程和主持分工，《民进中央关于 2011—2012 年省级组织换届工作的意见》（草案）；审议通过了《民进中央换届工作领导小组成员名单》；会议听取了罗富和关于民进中央 2011 年上半年工作情况和民进中央领导 2011 年上半年下基层情况的报告，《民进中央关于 2011—2012 年省级组织换届工作的意见》（草案）的起草说明和有关换届问题的情况说明。

会议还研究了其他事项。

民进中央副秘书长、各部门负责人列席会议。

中国民主促进会第十二届中央常务委员会第十五次会议在成都召开

2011 年 6 月 8 日至 10 日，中国民主促进会第十二届中央常务委员会第十五次会议在四川省成都市召开。本次会议的主要议程是围绕庆祝中国共产党成立 90 周年，交流民进与中国共产党团结合作的体会；报告 2011 年上半年工作；研究换届工作有关问题。

6 月 8 日上午，民进十二届十五次中常会开幕。民进中央主席严隽琪主持开幕式并讲话。常务副主席罗富和，副主席潘贵玉、王佐书、刘新成、蔡达峰、朱永新（兼秘书长）、张帆和莅会常委出席会议。中共四川省委副书记、省人大常委会副主任、党组书记李崇禧应邀出席开幕式并致词。

严隽琪在讲话中说，今年是中国共产党成立 90 周年，学习中国共产党的辉煌历史和党建经验，交流民进与中国共产党同心同行、加强自身建设的体会，对于我们在新的形势下，进一步围绕执政党和国家的工作大局，坚持参政党建设的正确方向，提高参政党素质和履行职能的水平，具有重要的现实意义。百年中国的历史使我们深刻地体会到，只有中国共产党才能带领中国人民走向民族独立、国家富强。我们要更加珍惜来之不易的和谐稳定局面，毫不动摇地坚持接受中国共产党的领导，毫不动摇地坚持走中国特色社会主义道路，毫不动摇地坚持中国共产党领导的多党合作制度，始终与中共中央在政治上保持一致，自觉承担起参政党肩负的重大责任和历史使命。

严隽琪说，今年下半年到明年年底，民进各省级组织和民进中央将陆续完成换届。民进中央和省级组织的主要领导和班子成员要充分认识换届工作的重要性，紧紧围绕巩固发展和谐政党关系这一主题，突出深化政治交接这一重点，着眼于多党合作和民进事业的持续健康发展，进一步增强做好换届工作的政治责任感。这次换届正值“十二五”规划全面实施之际，要充分把握这次换届的契机，进一步统一思想，明确形势和任务，不断加强履职能力和集智聚力机制的建设，在新的五年中更好地为执政党分忧、为国家尽责、为人民服务。

严隽琪对四川灾后恢复重建所取得的巨大成就给予了充分肯定。她说，汶川地震后不久，中共中央作出了灾后恢复重建对口支援工作的部署，中共四川省委、省政府坚持把灾后重建作为中心工作来抓，带领灾区人民艰苦奋斗、自力更生，用自己的双手重建美好家园、开创幸福新生活。对口援建充分体现了我国社会主义制度能够集中力量办大事的政治优越性，是新时代灾后重建模式的一大创新。民进将坚持把抗震救灾和灾后重建作为特殊的教育，融入到树立和践行社会主义核心价值体系活动之中，深刻理解和大力弘扬抗震救灾和恢复重建形成的宝贵精神财富，使广大会员更加振奋精神，坚定信心，为实现“十二五”规划的目标和任务而不懈奋斗。

李崇禧在致词中说，三年来，在党中央、国务院坚强领导下，在社会各界大力支持下，四川人民万众一心、顽强拼搏，夺取了抗震救灾和恢复重建的伟大胜利，书写了从悲壮走向豪迈的壮丽篇章。面对突如其来的特大地震灾害，中国民主促进会与四川人民心相连、手相牵，迅速行动，给予无私援助。民进中央主要领导多次来四川视察慰问，调研指导抗震救灾工作。民进通过“特别会费”等各种方式筹集资金，援建四川灾后教育重建项目；启动“紧急抢救、保护羌族文化遗产行动”，促进灾区人民精神家园重建；开展“为了灾区的孩子们”系列爱心捐助活动，捐助款物达 1.4 亿元，有力支持了四川抗震救灾和恢复重建。他说，中共四川省委将认真贯彻中共中央关于多党合作的方针政策，积极支持四川省各民主党派加强自身建设，充分发挥民主党派的人才智力优势，凝心聚力，奋力推进西部经济发展高地建设，推动四川经济社会又好又快发展。

中共成都市委副书记、成都市政协主席唐川平，四川省政协副主席、民进四川省委主委张雨东，中共四川省委统战部常务副部长尧斯丹，中共成都市委常委、统战部部长包惠，成都市副市长、民进成都市委主委傅勇林出席开幕式。

中央统战部有关同志、部分民进省级组织领导、民进中央副秘书长及各部门负责人列席会议。

6 月 9 日，严隽琪、罗富和、潘贵玉、刘新成、蔡达峰、朱永新、张帆和出席民进十二届十五次中常会的 30 多位常委，前往“5·12”汶川特大地震震中汶川县映秀镇，考察了映秀镇新城、都江堰壹街区和天马镇金陵花园，并听取成都市人民政府关于恢复重建及城乡统筹情况的汇报。

严隽琪一行在漩口中学遗址集体悼念地震中遇难同胞和在抗震救灾中英勇牺牲的烈士。漩口中学的重建得到了社会各界的关心和重视，新学校由中共中央组织部“特殊党费”援建，改名为“七一映秀中学”的新漩口中学于今年 3 月启用。听到曾前往成都、山西等地过渡学习的所有师生回到新学校开始了新的学习生活时，严隽琪频频点头称赞。

严隽琪对映秀新城一栋栋连排别墅民居留下深刻印象。从灾难走向温情，由广东省东莞市对口援建的映秀镇如今大力发展旅游业，打造独具民族特色的温情小镇。

严隽琪对四川灾后恢复重建所取得的巨大成就给予了充分肯定。她说，这里的规划和安全性非常好，灾区群众目前的生活概括为四个字就是——安居乐业。

位于都江堰市二环路北的壹街区由上海援建，三年时间，这里从废弃的工厂变成了集居住、学校、医疗、购物、观光、休闲于一体的功能完整的综合性城区。一路看，一路问。“目前入住率达多少？居民生活如何？”严隽琪不时问道。在认真听取了当地有关负责人就城镇功能布局及未来发展情况汇报后，严隽琪对欲逐步发展为新的城市副中心的壹街区建设给予高度评价。

传统古朴的徽派风格民居、乡土气息浓厚的川西风格民居……各式民居绿树簇拥，掩映山水中，农民不仅拥有鸟语花香的庭院，更是拥有了自来水、天然气、网络一应俱全的便利条件。走进灾后重建统筹城乡示范点——都江堰天马镇金陵花园，严隽琪一行兴致勃勃地参观新房，仔细询问集中建房、污水处理系统、农村学校布局调整、农民生计来源和社区管理情况。看到农民生活水平得到大幅提高，灾后恢复重建带来城乡面貌大变样、基础设施大提升、各项产业大发展、社会建设大跨越、精神面貌大振奋，严隽琪对用统筹城乡的思路来推 进灾后重建的创新探索赞叹不已。

严隽琪说，灾难降临后，民进人与灾区人民心一起痛、泪一起流，抗震救灾和灾后重建的过程中，民进人和灾区人民力往一处使、心往一处想。今天，实地感受灾区重建的新面貌和灾区人民的新生活，民进人与灾区人民同感欢乐、同受教育。她充分肯定灾区人民在地方党委、政府的领导和支持下，克服重重困难，取得灾后重建伟大成绩，强调百姓安居乐业就是灾后重建最好的答卷。

严隽琪说，灾后重建“看得见”的变化固然令人欣喜，“看不见”的变化更振奋人心：人们的思想观念更开放了，干部群众的思想觉悟更高了，精神面貌更加积极向上，文化内涵更加丰富多彩，社会建设更加和谐进步，灾后重建的历程，铭刻了物质重建的伟大奇迹，也唱响了精神世界崛起的豪迈凯歌。希望好好总结灾后重建中的宝贵经验，这是中华民族的共同财富。

四川省政协、民进四川省委、中共阿坝州委、中共成都市委、成都市人大常委会、成都市人民政府、民进成都市委有关负责人陪同考察。列席民进十二届十五次中常会的同志一同参加考察。

6 月 10 日上午，民进十二届十五次中常会在成都闭幕。严隽琪出席并讲话。罗富和、潘贵玉、王佐书、朱永新、张帆和莅会常委出席闭幕会。蔡达峰主持会议。

严隽琪在讲话中说，此次常委会期间，大家围绕与中国共产党同心同行、加强自身建设进行了座谈和交流。自身建设是我会建设适应时代要求的高素质参政党的重要内容，也是我会发挥参政党作用的重要基础。今年 1 月胡锦涛总书记在中共中央举行的党外人士迎春座谈会的讲话中提出的“同心思想”，为我们指明了多党合作事业的方向和原则，同心意味着参政党和执政党的方向和目标是一致的，价值选择、路径选择和制度选择也是一致的，这样我们才能做到始终坚持中国共产党是中国特色社会主义事业的领导核心。我们要按照胡锦涛总书记“同心思想”的要求，坚持不懈地加强自身建设，共同推动多党合作事业的发展，共同致力于中国特色社会主义伟大事业。

严隽琪说，下半年，全会要在已有工作成绩的基础上，坚持以科学发展观为指导，紧紧围绕工作重点，全面推进高素质参政党建设，推动我会工作再上新水平。要以庆祝中国共产党成立 90 周年，纪念辛亥革命 100 周年为契机，深入开展树立和践行社会主义核心价值体系，进一步加强自身建设，不断巩固全会共同的思想政治基础。要做好民进十二届五中全会的筹备工作，开好民进全国会史工作会议和民进全国机关工作会议暨先进机关表彰会。要坚持围绕“十二五”规划确定的主题和主线，加强学习、认清形势、围绕大局，体现参政议政的前瞻性和战略性；要抓住重点，顺势而为，把保障和改善民生作为推动科学发展、促进社会和谐的重要出发点和落脚点；要继续完善工作机制，加强队伍建设，提高履行职能的能力和水平。

中常会期间，与会同志听取了“党的建设与国家成长：中国共产党的实践”专题报告，围绕庆祝中国共产党成立 90 周年进行了座谈和交流。与会同志在发言中认为，民主党派最关键的是要始终坚持接受中国共产党的领导，在任何时候、任何情况下都坚定不移地跟党走，这是一条最根本的原则。要把同心同行与树立和践行社会主义核心价值体系结合起来，进一步提高思想认识，做到在理想信念、目标价值和行为规范上与中国共产党保持高度一致。

会议审议通过了《民进中央关于2011—2012年省级组织换届工作的意见》。

民进中央监督委员会召开第六次全体会议

2011年6月7日至9日，民进中央监督委员会召开第六次全体会议。民进中央常务副主席、民进中央监督委员会主任罗富和出席会议，民进中央副主席、民进中央监督委员会副主任潘贵玉主持会议。

会议听取并审议了民进中央监督委员会2011年上半年工作情况。会议认为，2011年上半年，中监委积极开展工作，有序推进会内民主，继续在部分省级组织开展相应的会内监督试点工作。8个已成立监督委员会的省级组织根据各省监督条例，围绕2011年工作重点，积极开展会内监督工作。各省级组织认真学习会中央有关档精神，不断完善领导班子谈心会制度、届中述职和民主生活会制度，会内监督工作取得了一定成绩。会议指出，2011年下半年，中监委将围绕以下重点开展工作：一是对全会的机关建设工作加强指导。二是对2011年至2012年省级组织换届的工作程序、换届纪律、后备人选等加强监督检查。

会议期间，民进中央监督委员会委员分成三组，就民进全会机关建设问题，与13名民进中央常委进行了个别交谈。常委们肯定了近年来机关建设的成果，并提出了15条意见和建议，分别涉及建立健全各项机制制度、加强干部队伍建设、完善机构设置、改善工作条件、加强机关文化建设等。会议对这些意见、建议进行归纳总结，并在会后适时向会中央反馈。

民进中央监督委员会委员出席会议。民进中央监督委员会办公室成员列席会议。

冯骥才：为建设新时代新文化共同努力
中国民间文艺家协会向民进中央赠送文化遗产抢救工程成果图书

2011年6月10日，民进网站报道，中共中央政治局委员、中央书记处书记、中宣部部长刘云山同志对冯骥才等一批民间文艺家和年画传承人为抢救和保护我国木版年画做的工作表示了充分肯定，并在《致中国木板年画抢救与保护工作成果发布暨总结表彰大会的贺信》中呼吁，广大民间文艺家和民间文化工作者认真总结木版年画抢救和保护工作的成功经验，切实把我国非物质文化遗产保护、利用好。

中国民间文艺家协会日前向民进中央赠送了全国政协常委、民进中央副主席、中国民间文艺家协会主席冯骥才主编的22卷本《中国木版年画集成》14卷本《中国木版年画传承人口述史丛书》。这两套丛书是中国民协自2002年以来启动实施中国民间文化遗产抢救工程成果中的一项，也是农耕时代中国木版年画总结性和档案化的全纪录。

冯骥才怀着对民间文化的热爱和责任感，积极倡导并全程参与中国木版年画的抢救工作。他一方面组织各年画产地有关人士和权威学者开展相关抢救工程，对中国木版年画进行拉网式全方位普查，对其主要产地代表性作品及其代表性传承人口述史作记录整理，另一方面还承担了上述两套图书的编纂任务。经过9年的抢救性普查和整理，22卷本《中国木版年画集成》和14卷本《中国木版年画传承人口述史丛书》两套图书最终问世。

冯骥才对这两套丛书的顺利出版备感欣慰。他说，在我国灿如繁星的民间美术中，木版年画是最夺目的。不仅由于它题材广博，手法斑斓，地域风格多彩多姿，其他任何民间美术都无法与之攀比；若论其人文蕴含之深厚，信息承载之密集，民族心理表现之鲜明与深切，更是别的民间美术难以企及的。

冯骥才说，9 年以来，我们在山西、河北、河南一带进行了一系列采样普查，通过专家论证制定统一的标准，规范工程程序和要求。采取民俗学、人类学、美术学、历史学的多学科交叉方式，进行文字、拍照、录音、录像这种四合一形式的立体调查，走村串乡、挨门逐户寻访遗存、记录信息、口述调查，并进行资料论证、分类整理、档案编制，终于完成了预定目标。

冯骥才说，积极的应对是当代文化人的文化姿态，前沿的坚守是当代文化人立身的位置。我们把传承历史文明作为不变的目标，把责任作为原点，将继续为永葆中华文明强大的生命力与魅力，为建设新时代新文化共同努力。

《中国木板年画集成》是农耕时代中国木版年画首次全景式的集中呈现，包括《杨家埠卷》《杨柳青卷》《朱仙镇卷》《武强卷》《绵竹卷》《梁平卷》《凤翔卷》《绛州卷》《平阳卷》《高密卷》《滩头卷》《桃花坞卷》《平度·东昌府卷》《佛山卷》《漳州卷》《上海小校场卷》《内丘神码卷》《云南甲马卷》《滑县卷》《俄罗斯藏品卷》《日本藏品卷》与《拾零卷》，共 300 万字，有 1 万幅图片，1000 多分钟的动态影像 DVD 光盘，大量珍贵年画发现和全面乡土文化的发掘，构成这部厚重的集成性图文集。同时，作为该项目的延伸项目《中国木板年画传承人口述史丛书》，完成了涉及 19 个重要产地传承人的全部 14 本口述史的出版。

把合作中心办成参政党参政议政的工作平台
严隽琪 朱永新出席 2011 年经济社会形势与
下半年政策分析座谈会

2011 年 6 月 11 日，“民进中央—上海社科院合作中心”在上海举行“2011 年经济社会形势与下半年政策分析”座谈会。此次座谈会的主要议题是：财税货币政策、落实和实现“十二五”规划主题与主线、中小企业发展和劳动就业形势、文化体制改革。全国人大常委会副委员长、民进中央主席严隽琪，民进中央副主席兼秘书长朱永新出席座谈会。

严隽琪认真听取了大家的发言，与专家切磋交流，并对上海社科院精心安排座谈会表示感谢。她说，合作中心运作近 3 年，总体成效令人满意，上海社科院为此做了大量的工作。民进中央最近也专门就改进和加强合作中心的工作进行了研究，目的是要把合作中心办成智库发挥影响力的长效机制，办成参政党参政议政的工作平台。

中共上海市委宣传部副部长、上海社科院党委书记潘世伟主持座谈会。上海社科院常务副院长、经济研究所所长左学金，部门经济研究所所长、研究员杨建文，世界经济研究所所长、研究员张幼文，文学研究所副所长、研究员蒯大申，文学研究所研究员花建，上海市工商联副主席金亮，上海化学工业区发展有限公司副总经理刘小龙，复旦大学经济学院副院长、教授孙立坚，复旦大学经济学院教授殷醒民等，分别就有关问题发言并提出建议。民进中央及有关部门、民进上海市委、上海社科院科研处负责人也出席了座谈会。

严隽琪：加强会史工作是我们当前的重要任务
民进全国会史工作会议在江阴召开

2011 年 6 月 14 日至 15 日，民进全国会史工作会议在江苏省江阴市召开。会议交流民进近年来会史工作和会史研究的成果、经验，进一步探索会史工作及会史研究的方法和规律，充分发挥会史资政育人的作用，继承和弘扬民进优良传统，更好地为加强自身建设和提高履行职能服务。

6月14日会议开幕。民进中央主席严隽琪出席并讲话，副主席王佐书主持开幕式，副主席兼秘书长朱永新出席会议。江苏省政协副主席、中共江苏省委统战部部长罗一民，民进江苏省委主委徐菊英，中共江阴市委副书记赵国权出席开幕式并分别致词。

严隽琪在开幕式讲话中说，今年是我国实施“十二五”规划的开局之年，实现“十二五”宏伟蓝图、为全面建成小康社会打下决定性基础，是执政党和全国人民的奋斗目标，也是参政党的神圣使命。这要求我们要进一步统一全会思想、整合力量；以史为鉴，从历史中可以汲取经验和智慧，从而在新的历史时期更好地发挥参政党作用，为执政党分忧、为国家尽责、为人民服务。

严隽琪说，加强会史工作，学习、研究、宣传民进与中国共产党肝胆相照、风雨同舟的光辉历程，引导广大会员继承和弘扬民进优良传统，以换届为契机坚定政治共识，夯实全会团结奋斗的思想政治基础，是我们当前的重要任务。要通过这次会议进一步提高全会对会史工作重要性和紧迫性的认识，增强做好会史工作的积极性，交流和总结近年来会史工作取得的成绩和经验，研究和部署当前和今后一个时期的会史工作，努力开创会史工作的新局面。

严隽琪还就当前和今后一个时期进一步做好会史工作提出了要求。她说，全会要进一步提高对会史工作重要意义的认识，开展会史工作，是巩固政治交接成果、不断增进政治共识的需要，是认识我们身处的历史方位和明确肩负的历史责任的需要，也是继承发扬我会优良传统、增强全会凝聚力的需要。我会各级领导干部要带头学习宣传会史，充分发挥会史资政育人的重要作用，提升会史研究的水平，加强会史的学习宣传。

严隽琪说，会史工作要立足实际、明确重点，增强会史资料搜集整理工作的紧迫性，重点抢救口述史料，为今后会史的研究与宣传打下良好的基础，提高会史工作的积极性，集智聚力，扩大资源，尊重会史工作的规律，增强会史工作的科学性。

罗一民在致词中说，民进中央长期以来一直关心支持江苏经济社会的发展。这次民进全国会史工作会议在江阴召开，再次体现了民进中央对江苏的关心和厚爱。此次会议必将形成推进会史工作的新思路，总结开展会史工作的新经验，创新落实会史工作的新方法，为当前正在开展的民主党派换届工作奠定坚强可靠的思想基础。

徐菊英代表陈凌孚主委在致词中说，民进中央历来高度重视会史工作，此次在江阴召开的会史工作会议，非常及时，非常必要，对地方组织在新形势下开展会史工作有重要的指导意义。

王佐书在民进全国会史工作会议上作报告《增强责任感和紧迫感 推动会史工作再上新水平》。

6月14日下午，民进全国会史工作会议进行分组讨论。大家在讨论中交流了近年来各地方级组织会史工作和会史研究的成果、经验，就“口述会史”工作、如何充分发挥会史教育基地作用进行研讨。王佐书参加小组讨论。

大家在讨论中表示，此次会议适逢建党90周年，各省市级组织换届之前，在这个时机召开会史工作会议，将对如何进一步探讨会史工作及会史研究的方法和规律，充分发挥会史资政育人的作用，继承和弘扬我会优良传统，更好地为加强自身建设和提高履行职能服务起到推进作用。

“尊重会史，就是尊重我们自己的事业，就是尊重多党合作制度，我们要有一个观念，就是我们现在所做的每一项工作都是在创造会史，今天的民进工作就是明天的民进会史。”谈到会史工作的重要性，与会同志认为今后要进一步加强档案工作，同时对现有的会史资料进一步发掘，加大对会史的宣传力度，弘扬民进的优良传统，使会史更好地为做好政治交接、加强自身建设和履行参政党职能服务。

对于口述会史工作，与会同志认为，口述会史工作要坚持“去繁取精，互相印证，多法保存，慎重披露”的原则，保证口述会史资料的准确性、真实性，收集口述会史资料，要坚持齐抓并进，中央和地方组织、地方组织之间在整理会史资料工作中积极相互交流，实现会史资料的收集整理与探索研究同步进行。

大家在讨论中表示，会后将认真学习贯彻严隽琪主席在开幕式上的讲话和王佐书副主席的会史工作报告，充分认识当前进一步做好会史工作的意义，盘点会史工作的成果，分析开创会史工作新局面需要解决的问题，明确工作思路和举措，认识会史工作的紧迫性，发挥积极性，增强科学性，将会史工作与我会的各项工作紧密结合，加强会史资料的收集和会史的学习、研究与宣传，使会史真正发挥资政育人的作用。

与会同志还希望民进中央能够帮助地方组织完善会史工作机构，并就举办会史工作培训，建立会史工作长效机制提出了建议。

6 月 15 日，民进全国会史工作会议进行大会交流。民进北京市委宣传处干部姜伯军，民进上海市委副主委许政涛，民进广东省委宣教处处长钟敏，民进湖南省委宣传部副巡视员张军才，民进江苏省委副秘书长云建就会史工作、口述会议和发挥会史教育基地的作用等方面作了精彩的发言。

姜伯军发言的题目是《凝智聚力 突出特色 深耕会史》。他说，民进北京市委建立和完善工作机制，不断提升会史工作水平提高认识，加强对会史工作的领导，适时培训、以老带新，增强文史工作人员的业务素质，把会史工作与北京市委统战部和北京市政协的文史工作相结合，加强与各基层组织协作。2010 年，民进北京市委充分调动各基层组织的力量，创新活动形式，把弘扬爱国主义精神、时代精神与继承民进老一辈优良传统相结合，精心策划和组织实施了具有鲜明民进特色的会史宣传教育活动“六个一”工程，这是民进北京市委开展会史工作的创新之举。“六个一”工程的成果广泛分发给北京民进会员和民进的各级组织以及相关对口单位，成为会员学习会史的生动教材、民主党派理论研究以及工作实践的重要文献参考，得到大家的一致好评。

许政涛发言的题目是《会史是宝库》。他说，民进上海市委在口述资料的编写整理中，从历史真实的角度，在尽可能保留老同志的原始回忆的同时，作了一些必要的删改和文字加工，记录稿整理成文后，民进上海市委领导亲自审核，反复求真求实，几易文稿并都得到了口述者的认可。民进上海市委认为，随着多党合作事业和民进事业的发展，会史工作越来越显示出其为时代立鉴作用的重要性和紧迫性。采用“口述会史”的形式来研究、传承民进的优良传统是一项新的工作，这种新的记事形式，可以更原真地记录过去，这样的会史工作要有计划地做下去，会史是宝库，蕴藏着丰富的精神财富，需要细心发掘、搜集和吸收。

钟敏发言的题目是《做好会史工作 发挥会史资政育人作用》。他说，民进广东省委致力于档案的保存，有计划、有步骤地开展收集会史的各项工作，注重历史与会内优良传统教育，进一步提炼、打造、弘扬我会的核心价值，积极开展会史宣传、教育活动，充分发挥会史资政育人的作用，在进行会章会史教育的同时，民进广东省委也利用自身的会史，资政育人。同时，民进省委建立了一支统战理论研究队伍，形成了民进广东省委研究、宣传会史，发挥会史资政育人作用的优势。广东民进网于 2002 年 12 月开通至今，登载的会史资料不断得到充实，目前拥有“会务文献”和“光辉历程”两个会史类一级栏目，下设七个二级栏目，这些栏目收录了许多广东民进二十多年来的发展过程、所发生的大事和突出人物的资料等相关会史研究成果，为会内外了解和认识民进会史提供了窗口和平台。

张军才发言的题目是《要抢救性地进行会史工作》。他说，民进湖南省委根据 2002 年民进全国会史工作会议的主要精神，结合贯彻 2006 年《民进中央关于加强会史工作的意见》，贯彻谢勇主委提出的“要抢救性地进行会史工作”要求，全面提高对会史工作的认识，加强对会史工作的领导，努力创新会史工作的方法。民进湖南省委在工作中努力创新会史工作的方法，切实保障与抢救整理结合，理论研究与会史挖掘相结合，查阅资料与征集回忆相结合，调集文献与座谈访问相结合，会史展览与扩大宣传相结合，不断丰富会史工作的内涵。不断丰富会史工作的内涵，使会史管理工作跃上了新台阶，基地建设取得了新突破，理论研究涌现出新成果，志书编写取得了新进展。

云建发言的题目是《努力挖掘资源，积极保存记忆》。他说，江苏民进各级组织长期高度重视会史工作，特别是在口述会史和建设会史教育基地方面，为民进历史文化的传承作出了积极的努力。民进江苏省委利用青年读书会的平台，于2004年建立起机关年轻干部一对一联系民进省委老领导的制度，机关十多位年轻干部与民进省委退下来的副主委、秘书长们互相结对，通过经常性的走访，不仅及时掌握了老领导的生活起居、身体健康状况，又通过他们的亲口诉说，获得民进特别是江苏民进发展的相关史料，这些口述资料经整理后相继发表在会内外刊物上。2010年，民进省委会进一步加大了“口述会史”工作的力度。根据民进中央要求下发了相关通知，制定了“口述会史”工作计划，通过摄像、摄影、文字，将一些年事已高的老领导、老会员的口述情况记录了下来，成为会史中的宝贵资料。

6月15日下午，民进全国会史工作会议在完成各项议程后圆满闭幕。王佐书出席并讲话，朱永新主持闭幕式。

王佐书在讲话中说，此次会议的召开非常及时而且必要。做好各级组织的换届工作，更要强调继承和弘扬我会的光荣传统，更要强调巩固好政治交接的成果，以换届为契机坚定政治共识，夯实全会团结奋斗的思想政治基础。此次会议进一步明确了会史工作的重要性和紧迫性，对我会加强会史工作提出了一些具有实际意义的建设性的意见和建议，加强了与会史教育基地的联系，实现资源共享，是我会推进会史工作的一个新的起点。

王佐书希望与会同志要认真传达贯彻会议精神，切实推进我会的会史工作。认真部署，抓紧开展口述会史工作，想方设法，千方百计把我会各级组织的老领导、老会员亲历、新闻、亲见的鲜活会史资料挖掘出来，精心整理，为开展会史教育提供宝贵素材。各级组织要高度重视，及时部署，专人负责，落实详细的计划和日程表，把工作的过程变成学习会史、接受优良传统教育的过程，要加强理性思考，研究我会历史上的重大事件及其影响，挖掘民进前辈始终追求真理、追求光明的深层次思想内涵。

王佐书要求各级组织要与会史教育基地加强联系，建立工作机制，不断丰富教育基地的内容，充分发挥会史教育基地的作用，根据实际情况利用各种会议、活动，组织会员参观、座谈，要共同开展研究，共同建设好基地，使基地发挥更好的作用。

王佐书说，要加强会史研究，史料的收集与研究并重，会史研究要和相关的思想理论研究结合起来，既要考证史实，又要对我会的历史道路作理性思考，从民进成立、发展的历史角度来研究中国共产党领导的多党合作和政治协商制度的形成和发展，研究作为参政党如何更好地坚持和完善这一基本政治制度；要史传结合，既重视民进的发展史，又重视民进的思想史，注重研究在民进历史发展过程中作出突出贡献的人物，研究他们从爱国主义者转变为社会主义者的规律和思想，只有这样，我们的研究才能不断深入，才能更好地发挥以史为鉴、资政育人的作用。

在两天会期里，与会同志认真学习严隽琪主席的开幕讲话和王佐书副主席的报告，紧紧围绕我会近年来的会史工作，广泛开展交流，着重就开展口述会史工作，如何发挥好会史教育基地作用深入探讨，进一步明确了今后工作的努力方向，增强了做好会史工作的信心。与会同志表示，要将会史的学习、宣传和研究与各项工作紧密结合，充分调动会员的积极性，集智聚力，开拓创新，扎实工作，努力推动我会会史工作上新台阶。

民进中央及研究室和民进29个省级组织分管会史工作的有关负责人，具体负责会史工作的同志等70多人出席会议。民进会史教育基地相关人员和部分江阴民进会员列席开闭幕式。

民进会史教育基地研讨会在江阴召开
王佐书强调充分发挥民进会史教育基地作用

2011年6月14日，民进会史教育基地研讨会在江阴召开。民进中央副主席王佐书出席会议并讲话。

王佐书认真听取了与会同志的发言。他说，感谢大家对民进会史教育基地所作的贡献，感谢大家对民进工作给予的大力支持，感谢大家对基地的建设提出了更好的意见和建议，今后民进各级组织还要继续与各基地互相沟通、互相帮助，民进中央还要对16个会史教育基地进行详细的调研，力求充分发挥民进会史教育基地的作用。

民进中央研究室负责人介绍了16个会史教育基地产生的过程和基本情况。近年来，民进中央对会史教育非常重视，把会史教育作为思想建设的一个重要内容，搞好会史教育，不仅要抓好教材的建设、队伍的建设、机制的建设，还要重视相应的教育场所的建设，充分利用各地方政府和社会组织兴建的与民进历史和人物有关的教育场所，将它们确定为会史教育基地，可为开展更为直观有效的会史教育提供保障。通过认真的调查研究，去年民进中央作出了《关于设立首批民进会史教育基地的决定》，把民进会史展览等16个会史场所确立为民进会史教育基地。

民进会史教育基地负责人、中共太湖县委统战部部长殷书林、民进哈尔滨市委秘书长梁小泓、民进商务印书馆支部主任王明毅、冰心文学馆副馆长刘东方、重庆红岩联线文化发展管理中心党史研究室主任刘英、上海卢湾区图书馆马佳沁、苏州同里国际旅游开发有限公司主任张明华、南京师范大学金陵女子学院院长钱焕琦、安徽省太湖县文化局主任科员余世磊、江阴市澄江街道党工委副书记王光华、江阴市夏港街道党工委副书记张静华、无锡灵山佛教艺术博物馆常务副馆长李小林出席了研讨会。大家围绕教育基地如何共建共享，如何充分发挥会史教育基地的作用进行了研讨。

民进中央和民进教育基地所在的省级组织的有关负责同志出席了研讨会。

农村教育领域的一件大事
严隽琪出席“寻找最美乡村教师”
大型系列公益活动启动仪式并讲话

2011年6月17日，全国人大常委会副委员长、民进中央主席严隽琪在北京饭店出席“寻找最美乡村教师”大型系列公益活动启动仪式并讲话。

此次活动的主要目的，是展示优秀乡村教师的高尚精神风貌，吸引全社会更多地关注乡村教师群体。在8月1日前，网友登录活动官方网站光明网“寻找最美乡村教师”专题页面，均可通过自荐、推荐参加活动。活动将首先选出100名入围者，在此基础上再选出10名“最美乡村教师”、20名“特别关注乡村教师”，于9月8日左右公布结果，并分别给予相应奖励或资助。

严隽琪担任本项活动组委会名誉主任。她在讲话中说，此次活动是关注和支持农村教育、关心和帮扶乡村教师的一次实际行动，对于促进落实《国家中长期教育改革和发展规划纲要》，营造尊师重教的浓郁氛围，倡导更多的优秀教师扎根农村，具有重要的意义。

活动由光明日报社、北京广播电视台联合举办。光明日报总编辑胡占凡、光明日报副总编辑方正辉、北京广播电视台党委书记刘志远、北京人民广播电台台长汪良、中国教师发展基金会秘书长杨春茂等出席了启动仪式。

刘志远说，“寻找最美乡村教师”活动，是农村教师在更大舞台上展示自我的机会，也是媒体彰显责任和担当的机会，必将成为农村教育领域的一件大事。

在启动仪式上，主办单位向北京师范大学、东北师范大学、华中师范大学今年毕业已签约基层的3000多名免费师范生赠阅了2012年全年《光明日报》。光明日报广西记者站站长刘昆讲述了“摆渡教师”石兰松的故事，张家港“张闻明”群体代表曹丽萍讲述了土家族教师宋芳蓉的故事，北京师范大学即将毕业的免费师范生珠曲讲述了恩师巴达尔的故事，引起了与会者的共鸣。

把机关建设作为自身建设的重点工作来抓
朱永新在民进宝鸡市委调研并座谈

2011年6月17日，民进中央副主席兼秘书长朱永新上午在民进宝鸡市委调研。朱永新视察了机关各办公室，并与市委班子成员和机关工作人员座谈。陕西省政协副主席、民进陕西省委主委李进权，宝鸡市人民政府副市长、民进宝鸡市委主委刘桂芳，民进宝鸡市委部分常委以及机关同志参加了座谈。

朱永新在座谈中代表严隽琪主席和罗富和常务副主席向宝鸡民进的广大会员表示亲切问候，并就机关建设谈了几点看法。他说 ，近年来，民进中央高度重视加强机关建设，把机关建设作为自身建设的重点工作来抓，机关工作作风的好坏，机关工作效率的高低，反映了民主党派的精神面貌，关系到参政党履行职能的水平。

朱永新说，抓好机关建设，关键是要抓好三个方面的工作。一是热爱民进，了解民进，学习会史。作为民进人，不知道会史就不知道该往哪走。民进的先辈中有一大批卓越人士，可通过学习其先进感人事迹，提高我们的自豪感和成就感，增强组织的感召力、吸引力和凝聚力。二是围绕中心工作，抓好机关建设，并不断扩大范围。机关建设要抓好，首先要抓好“笔杆子”，练好“真本领”。当前民进中央主要在参政议政部和宣传部抓该项工作，以前起草文件材料，任务都是集中压在几个人身上，而目前民进中央要求人人参与，集中进行讨论交流，任务分解，最后合稿研磨推敲再定稿，只有这样我们撰写材料的水平才会不断提高，机关每个同志得到了普遍锻炼，机关工作风貌也有了根本性的改变。下一步我们将抓好基层机关建设。民进中央将适时召开民进全国机关建设工作会议，总结交流各地推进机关建设的成绩和经验，研讨新时期参政党机关建设的规律，进一步提升全会机关工作的质量与水平。三是各级机关要搭建平台，让会员在自己的专业领域能够展示才华，发挥更大的作用。民进中央成立了“开明画院”，建立了“企业家联席会议”制度，许多地方组织也都效仿成立，我们就是为会员搭建一个展示和交流的平台，让他们发挥自己的长处和优势，更好地为国家服务，为民进争光。此外，民进作为以教育、科学和出版界知识分子为主体的参政党，我们的领军人物大多集中在中小学教育界，下一步我们要多花精力做工作，多为中小学教师提供展示和交流的平台。希望民进中的中小学教师会员，要增强责任意识，做到“无懈无滞，有思有行”，为教育事业多作贡献，为民进争光。

刘桂芳代表宝鸡340名会员对民进中央领导的关心问候表示感谢，并要求民进宝鸡市委机关把民进中央机关建设的精神传达到所有的基层组织和会员。她号召全体会员以中国共产党成立90周年为契机，以民进的先辈们为榜样，继承和发扬民进的优良传统，不断充实、提高自己，不辜负民进中央的期望，为民进争光添彩。

同心同德 同心同向 同心同行
中国民主促进会庆祝中国共产党成立90周年座谈会在京召开

2011年6月21日，由民进中央主办的“中国民主促进会庆祝中国共产党成立90周年座谈会”在北京召开。民进中央主席严隽琪出席并讲话。常务副主席罗富和主持会议。原第一副主席张怀西，副主席王佐书、刘新成、朱永新（兼秘书长），原副主席蔡睿贤，中央统战部一局副局长陈延武出席座谈会。

严隽琪在讲话中说，今年是中国共产党成立90周年，90年来，中国共产党领导中国人民为民族独立、人民解放和国家繁荣昌盛，为中国人民自由、民主、幸福而不懈奋斗，实现了社会主义中国的历史性转变，推动了中华民族的伟大复兴，改变了中国人民的前途命运，在世界上产生了深远影响，中国共产党也赢得了海内外中华儿女的真心拥护。回顾中国共产党90年的光辉历程，可以从中得到深刻启示：中国共产党在旗帜和宗旨上，坚持信念不动摇；在执政路径上，坚持开拓创新不停步；在自身建设上，坚持先进性要求不放松。在全球化的复杂多变的形势下，当代中国正在发生广泛而深刻的变革，中国共产党正带领全国人民继续开创21世纪中国特色社会主义的新境界。

严隽琪强调，民进要始终不渝地坚持接受中国共产党的领导，这是民进在历史进程中得出的宝贵经验。我国半个多世纪的多党合作实践证明，民主党派选择了接受中国共产党的领导，就选择了正确的道路，就选择了光明的未来。民进要以庆祝中国共产党成立90周年为契机，重温与中国共产党团结合作、同舟共济的光荣历史，认真总结多党合作的宝贵经验，引导会员深刻认识中国共产党是我国革命、建设和改革开放事业的坚强领导核心，深刻理解中国特色社会主义政治发展道路的本质内涵，始终做到旗帜鲜明、立场坚定，与中国共产党在思想上同心同德、在目标上同心同向、在行动上同心同行。

严隽琪说，民进要按照执政党建设与参政党建设相互促进的要求，树立和践行社会主义核心价值体系，推进学习型参政党建设，研究和探索参政党建设的理论、路径和体制机制，不断提高自身建设水平。要进一步学习贯彻中共十七届五中全会精神，紧紧围绕执政党和国家的中心工作，发挥民进自身优势，服务国家工作大局，围绕“十二五”规划的主题和主线，把促进经济发展方式转变、促进保障和改善民生、促进社会和谐作为履行职能的着力点，更加深入了解社情民意，积极反映广大会员和所联系群众的意愿诉求，把立会为公、参政为民的价值理念转化为为党分忧、为国尽力、为民尽责的实际行动。

民进北京市委主委刘新成，民进中央原秘书长陈益群，民进河北省委主委王刚，民进山西省委主委卫小春，民进中央社会和法制委员会主任、北京市司法局副局长吴庆宝，中国疾病控制预防中心性病艾滋病中心主任吴尊友，民进天津师范大学委员会主委刘强等七位代表结合民进组织和个人的工作情况分别在座谈会上发言。他们在发言中畅谈了中国共产党团结带领中国人民推进中国特色社会主义伟大事业的意义和成就，以及在中共地方党委的领导和支持下加强自身建设、履行参政党职能的经验和体会。

民进中央在京委员、专委会主任，民进中央及部门负责人和部分老同志，民进北京市委和民进天津市委有关负责人，民进省级组织和基层组织代表等70余人参加座谈会。

中国革命和建设离不开华侨华人的支持和贡献
严隽琪会见世界华侨华人社团联合总会访问团

2011年6月24日，全国人大常委会副委员长、民进中央主席严隽琪在民进中央亲切会见世界华侨华人社团联合总会访问团以及总会秘书长任兴亮。世界华侨华人社团联合总会于2000年在香港成立，是全球最大的、以华人团结爱国为目标，海内外各界社团自愿组成的非盈利联合组织。

严隽琪对世侨会访问团走访民进中央表示欢迎。她说，今年是中国共产党成立 90 周年，辛亥革命 100 周年，无论是从历史还是现实来看，中国的革命和建设都离不开华侨和世界华人的支持和贡献。

严隽琪说，统一战线是中国文化和现实需要相结合，凝聚各方面的智慧形成的重要法宝，在促进祖国统一、争取世界和平、争取中国更好的发展环境，同心协力推动经济社会发展，以及构建和谐社会等方面发挥了重要而积极的作用。

严隽琪说，看到华人华侨在国外发展的成功，大家都感到由衷的高兴。华人在国外创业发展十分不容易，他们的努力和成功让世界看到了中国人优秀的一面，也成为中国对外的一张名片。

严隽琪说，华人在自我发展的同时不忘生养自己的祖国，对国家的发展和建设寄予满腔热血，特别是为促进祖国统一大业作出积极贡献让人敬佩。她对世侨会在促进祖国和平统一、支持国家经济社会建设、开展社会公益活动、组织文化交流与合作等方面所做的工作给予高度评价和赞赏。

严隽琪向客人介绍了民进组织和工作的情况，她说，“十二五”规划明确提出以科学发展为主题，以加快转变经济发展方式为主线，这对于民进更好地履行参政党职能也提出了新的任务和要求。通过不断努力，民进形成了“有思有行、集智聚力、顺势而为、开拓创新”的工作方针，履行职能方面取得了一些成绩，有的建议受到中共中央的高度重视并予以采纳。她说，世侨会的来访一定会给民进履行职能提供很好的启发和借鉴，也希望在反应社情民意方面和世侨会有更好的交流合作。

雷洁琼同志曾经担任世侨会的总顾问，非常关心和支持世侨会的工作。双方就举办“世纪革命老人雷洁琼百年光辉人生爱国情怀图片展览”交换了意见。

严隽琪说，雷老是深受民进全会爱戴和尊敬的老一辈领导人，海外华人也很敬仰她的学识和品格，民进要按照雷老的嘱托，继承雷老的事业，继续和世侨会加强联系与合作，发挥各自的特点和优势共同为国家繁荣发展反映民意、争取民心、凝聚民情。

座谈会上，任兴亮介绍了世侨会的发展历史和工作情况，并表示世侨会和民进十年的交流合作取得了积极的进展，希望双方今后继续加强交流合作，共同努力为国家发展作出贡献。

中共中央领导同志就民进关于敦煌水资源合理利用建议作出批示
罗富和带队调研敦煌水资源开发利用和生态环境保护

2011 年 6 月 24 日，民进网站报道，全国政协副主席、民进中央常务副主席罗富和今年 4 月下旬带领民进中央、民进甘肃省委调研组赴敦煌及党河流域，就敦煌水资源开发利用和生态环境保护有关问题进行研，并提出《关于加快批复实施〈敦煌水资源合理利用与生态保护综合规划〉的建议》。中共中央领导同志对该《建议》高度重视，作出重要批示，水利部和中共甘肃省委领导同志也分别对该《建议》作出批示。

中共中央、国务院高度重视水利工作，先后在中共十七届五中全会和中央经济工作会议上强调要加强水利建设，国家领导同志也多次在不同场合强调其重要性，并作出相应的指示。为回应和落实中共中央、国务院的有关工作精神，罗富和率领民进调研组深入甘肃开展调研，并在调研基础上形成以上《建议》。

调研发现，从 2006 年开始的敦煌石羊河流域重点治理规划，经过整个“十一五”时期的努力，2010 年基本完成了近期治理任务。其治理经验为敦煌地区推进水资源合理利用与生态保护树立了样板，将对促进敦煌地区转变经济发展方式，实现科学发展、可持续发展起到很大的推动和示范效应。

《建议》指出，敦煌节水型社会建设已经取得进展，《敦煌水资源合理利用与生态保护综合规划》已经比较成熟，希望加快批复实施该规划，启动调水、推广节水，加强生态保护，促进敦煌经济社会可持续发展。

针对敦煌地区的水资源合理利用与生态保护，《建议》提出四条具体意见。

一是贯彻落实科学发展观，建设节水型社会。通过转变发展方式，合理控制发展规模，发展节水型旅游产业，广泛开展环境教育和宣传，提高全社会的节水意识等方式，保护敦煌绿洲。

二是总结石羊河流域综合治理的成功经验，重点关注农业节水。一方面依靠科技进步，加强已有成熟的节水措施的推广和应用，另一方面加强节水技术的引进、消化、吸收、集成利用。

三是尽快调水、适度调水。敦煌地区水资源开发利用率已高达128%，要保护好敦煌地区的生态环境，要在优先节水的基础上，科学合理地调水。

四是加强宣传和管理工作。在水资源管理方面，"总量控制、定额管理"非常重要，必须从现在就开始实施，并及时做好宣传，让老百姓逐渐适应紧缩的用水政策，真正理解定额管理的涵义和重要意义。

《敦煌水资源合理利用与生态保护综合规划》国务院已经核批，这对于促进敦煌经济社会的长远发展将发挥积极作用。

7月

庆祝中国共产党成立90周年红歌会暨知识竞赛在民进中央举行 严隽琪致词 罗富和 王佐书 朱永新出席

2011年7月1日，民进中央、民进北京市委机关下午隆重举行庆祝中国共产党成立90周年红歌会暨知识竞赛。民进中央主席严隽琪，常务副主席罗富和，副主席王佐书、朱永新（兼秘书长）出席。

严隽琪在致词中说，今天上午胡锦涛总书记在庆祝中国共产党成立90周年大会上的重要讲话，充分体现了中国共产党坚定的理想信念，无私的责任担当，以及对肩负使命的清醒认识，讲话既实事求是，又与时俱进，既有总结经验，又勇于正视问题、面向未来，表明了中国共产党是一个有责任感、充满生机活力的政党。胡锦涛同志的讲话对于我们民进全会认清当前的大局和形势，明确参政党的定位和职能，有着重要的指导作用，全会要认真学习贯彻胡锦涛总书记的讲话精神，以党为师，不断进步，要始终坚持与中国共产党同心同德，同心同向，同心同行，在新的形势下，不断提高参政党的自身素质和履职水平。

严隽琪说，今天我们通过知识竞赛和红歌会隆重庆祝中国共产党成立90周年，就是用活泼、互动和广泛参与的形式，开展旗帜、道路、目标的认同教育，丰富机关的精神文化生活，探索开展思想建设和作风建设的新方法。希望机关各群团组织继续群策群力，共同营造良好、健康、温馨、和谐的机关氛围，把会中央机关建设成为一个高素质参政党所必须的学习型机关、服务型机关、高效能机关。

民进中央、民进北京市委有关负责人和干部职工参加庆祝活动。

紧紧把握政治方向和服务方向 切实保障网络安全 王佐书 朱永新出席民进网站管委会全体会议并讲话

2011年7月4日，中国民主促进会网站管理委员会下午在民进中央召开全体会议，总结民进网站2011年上半年工作，研究2012年工作。民进中央副主席、民进网站管委会主任王佐书，民进中央副主席兼秘书长、民进网站管委会副主任朱永新出席会议并讲话。

王佐书在讲话中说，网站是民主党派的喉舌、门面、宣传管道和工作手段，体现了党派的思想和价值观念。网站工作要紧紧把握政治方向和服务方向，切实保障网络安全。今年上半年网站总编室和各部门共同努力，做了大量工作，取得了很大成绩，网站总编室与各部门之间要继续加强合作，互相帮助，认真研究部门工作，做到“与时协进”，进一步明确各部门维护栏目的分类和定位。

王佐书强调，网站预算要坚持激励工作、精打细算、提高质量、讲究实效四个原则，按照不白花，不少花，不多花的方针，切实保障网站安全，合理提高网站功能。对于网站编辑培训学习，要注意学习的内容、水平、方法和趋势，在学习和工作中要充分利用题材，善于利用专题发挥网站作用。

王佐书在谈到如何进一步做好网站工作时作出了总体要求。他说，总编室要有总体规划设计，要考虑总体安全，进行总体升级，完善总体功能，提高总体水平，实现总体实效。

朱永新充分肯定了网站上半年的工作，他希望总编室班子勇担重任，在提高网站内容的权威性和生动性、新闻的时效性以及网友参与度等方面努力做出成效，使网站工作再上新台阶。

民进网站负责人对 2011 年上半年网站工作进行了总结。2011 上半年，民进网站加强了网站日常维护的检查、督促、统计和通报，努力提高网站新闻发稿的时效性，加强制度建设和日常管理，总编室开始主动参与部门兼职编辑的交接工作，针对网站的一些具体问题开始有针对性地加以改进。民进网站在应对一些突发和重大事件的宣传工作上积极作快速反应；精心策划网络宣传；为丰富网站内容、提高论坛人气，精心组织、筹备，并首开专题访谈；走访了兄弟党派中央网站，筹备民主党派网站建设研讨会；为加强网站编辑队伍建设，组织开展网站编辑业务培训。在提供技术保障方面，总编室技术部克服设备老旧等困难，及时完成网站的各类维护和调整工作，尽心尽力为地方组织服务，还完成了网站托管、网站内容加速服务合同的签订，以及网站功能变量名称 mj. org. cn 续费等网站常规工作。

民进中央宣传部网管处、办公厅信息技术处负责人分别就网站管理运营和技术维护项目及经费预算作了说明。与会同志就网站建设相关问题进行了充分讨论。民进中央及各部门负责人参加了会议。

严隽琪强调要让更多的孩子受益
《新华字典》第 11 版出版座谈会在京举行

2011 年 7 月 5 日，《新华字典》第 11 版出版座谈会在北京人民大会堂举行。全国人大常委会副委员长、民进中央主席严隽琪出席并讲话。

7 月 4 日，《新华字典》第 11 版首次实现全球同步上市。作为新中国成立后由国家主导的一项重要文化建设工程，自 1953 年出版以来，《新华字典》一直与时代同步，历经修订，不断完善，迄今已发行 4.5 亿多册。先后荣获国家图书奖荣誉奖、国家辞书奖特别奖等多个奖项，并被党和国家领导人作为国礼赠送国外宾朋。

严隽琪在讲话中说，60 多年来，《新华字典》已成为中华文化的一块基石，在扫盲、推广普通话、促进汉语规范化等方面发挥着不可替代的重要作用。

严隽琪说，希望《新华字典》这样的国民教育必备工具书，能够以其严谨而丰富的内涵、传统与创新结合的版本以及更大范围的发行，让更多的人尤其是更多的孩子受益。

中宣部副部长蔡名照，教育部副部长、国家语言文字工作委员会主任李卫红，新闻出版总署副署长邬书林，中国出版集团公司党组书记王涛等出席座谈会。

蔡名照在座谈中说，对广大中小学生来说，《新华字典》既是汲取知识养分的起点，也是解疑释惑的良师益友。商务印书馆在较短时间内推出新版平装字典，将有效满足边远贫困地区学生的学习需求。希望商务印书馆继续发挥百年老店的品牌优势，坚持正确出版导向，始终把社会效益放在首位，坚持“昌明教育、开启民智”的使命，推出更多留存久远的精品，为满足人民精神文化需求作出更大的贡献。

邬书林充分肯定了《新华字典》为中华民族的文化普及和出版事业的发展作出的巨大贡献。他说，为了确保质量，商务印书馆严把质量关，进行了数十次校对，充分体现了强烈的社会责任感和精益求精的出版精神。希望商务印书馆在未来大发展中，一要始终坚持多出精品，多出大家名家的作品，进一步发扬商务印书馆在传统项目上的优势，让工具书和学术出版重镇这块牌子经久不衰。二要适应信息时代出版的新要求，积极应用网络环境下的各种技术出版词典、发行词典，打造一流的工具书数字出版平台。三要加强对外交流与合作，加快“走出去”的步伐，提升国际影响力。

商务印书馆总经理于殿利介绍说，《新华字典》第 11 版的修订历时近 8 年，根据时代的变化、读者的需求和字典本身的学术规范等原则，对全书的内容和体例进行了审慎而系统的修订，进一步凸显了《新华字典》与时俱进的权威质量。同时，第 11 版除了传统的普通本和双色本外，为了惠及边远贫困地区的学生，修订方和出版方共同努力，特别推出了价格低廉的平装本。

新版发行之际，中国社科院语言所和商务印书馆将联合向农村地区捐赠 10 万册《新华字典》平装本。据悉，截至目前，有关政府部门、公益机构、企业和个人捐赠的《新华字典》已达 200 多万册。

民进优秀的企业家会员是一支重要的生力军
朱永新会见赴京培训的福建民进经济界会员

2011 年 7 月 6 日，民进中央副主席兼秘书长朱永新下午在机关会见了由民进福建省委副主委兼秘书长林思宁，民进福建省委副主委、福建省质量技术监督局副局长严可仕率领的民进福建省委“企业管理与创新经营”培训班学员一行。

朱永新对福建民进经济界会员的到来表示欢迎，与大家合影留念，并和会员们进行了坦诚深入的交流。他说，民进是以教育、文化、出版为主要界别的参政党，也拥有一批优秀的企业家会员。他们自觉关注社会问题，承担社会责任，积极投身于参政议政、社会服务等工作，在许多重大的社会活动中作出贡献，成为我会不可或缺的重要生力军。目前，一方面，民进需要吸纳更多优秀的企业家，通过深入了解他们的诉求和中国经济发展的脉络，为企业家服务并发动他们一起为社会作贡献，为国家发展出力献策；另一方面，企业家加入民进大家庭能够开拓眼界，通过参与民进全国企业家联谊会和各种培训活动，不仅能扩大交往圈子、获得更广阔的发展平台，还能以参政议政等方式表明自己的见解、发出自己的声音。

朱永新强调，福建民进经济界会员联谊会自 2008 年成立以来，在民进福建省委的带领下，在支持海西地区经济社会发展，应对国际金融危机共谋企业发展，开展社会服务工作、参与社会公益活动、加强自身建设等方面做了大量有益工作，还通过撰写调研报告、参加各地举办的征文活动等方式，时刻牢记着党派身份，自觉履行参政党职责，工作富于特色和亮点。今年正值中国共产党建党 90 周年，希望联谊会会员们能够多学习会史，牢记马叙伦等老一辈民进领导人“只有跟着共产党走，才是在正道上行”的嘱托，在推进中国民主政治建设、推进中国经济发展中作出更多更大的贡献。

朱永新说，民进中央就是全国民进会员的“娘家”，会尽力为会员提供支持和帮助，欢迎联谊会会员今后能常“回家坐坐”。

林思宁简要介绍了福建民进经济界会员参加中央社院开办的专项培训活动的情况和感受。他说，我们受民进中央副主席、民进福建省委主委张帆和民进福建省委的嘱托来到民进中央，受到朱永新副主席的会见，在中央社院接受了高水平、高层次的培训，并得到王佐书副主席“善良、诚信、正直、坚毅、宽容、敏锐”的十二字箴言，这些让大家感触良多、受益匪浅。

福建民进经济界会员联谊会会长、福建万兴隆集团总裁许维蓄汇报了三年来福建民进经济界会员联谊会的工作情况。福建民进经济界会员联谊会副会长黄细忠，理事陈少峰、陈兴观，会员傅天甫等分别结合自身的经历以及体会，畅谈了对民进的深厚感情，以及参加本次培训的感触。会见结束后，大家参观了民进会史展览。

学习座谈胡锦涛同志“七一”重要讲话精神 严隽琪主持民进中央中心学习组会议并讲话

2011 年 7 月 7 日，民进中央中心学习组在京召开会议，学习座谈胡锦涛同志“七一”重要讲话精神。民进中央主席严隽琪主持会议并讲话。常务副主席罗富和，副主席潘贵玉、朱永新（兼秘书长）在会上发言。副主席王佐书、刘新成提交了书面发言。

严隽琪在讲话中说，中国共产党团结带领中国人民经过 90 年的不懈努力，开辟了中国特色社会主义道路，形成了中国特色社会主义理论体系，确立了中国特色社会主义制度，这是举世瞩目的伟大成就。中国特色社会主义制度，是中国共产党立足基本国情，在社会主义建设和改革的实践中逐步建立、逐步完善起来的，是中国特色社会主义道路、中国特色社会主义理论体系的丰富和发展，体现了中国共产党的成熟，也为保障国家持续稳定发展提供了坚实基础。中国共产党领导中国人民解放和发展了社会生产力，这符合人民群众根本利益，适应社会主义的本质要求，充分证明中国共产党是历史和人民的正确选择。

严隽琪强调，胡锦涛同志“七一”重要讲话全面总结了保持和发展马克思主义政党先进性的宝贵经验，提出了新形势下提高自身建设科学化水平的目标任务，反映出中国共产党高瞻远瞩、审时度势，牢牢把握时代要求，清醒认识历史使命的责任感和使命感，展现出中国共产党敢于担当、勇于创新的意识和能力，民进作为参政党必须认真学习和借鉴。民进要深入学习贯彻讲话精神，进一步坚定政治立场，共同致力于中国特色社会主义伟大事业。当前，民进要重点加强参政党理论研究，注重发挥民进界别优势，在社会主义文化制度方面开展具有前瞻性和战略性的研究，在文化制度建设方面建言献策，为中国特色社会主义制度的发展和完善贡献力量。

罗富和在发言中说，胡锦涛同志“七一”重要讲话有很多新论述和新部署，体现了中国共产党对形势任务的清醒认识，体现了中国共产党带领中国人民将中国特色社会主义事业进行到底的决心。讲话中提出执政党建设面临精神懈怠的危险，能力不足的危险，脱离群众的危险，消极腐败的危险，这一点对于民进来说同样值得警醒。特别是对于参政能力的不足，履行职能面临的考验，我们必须要有清醒的认识。我们要按照执政党建设与参政党建设相互促进的要求，与时俱进地加强自身建设，不断提高工作的能力和水平。

潘贵玉在发言中说，90 年来中国共产党领导中国革命、建设和改革取得的巨大成就，充分说明历史和人民的选择是正确的。民进要在中国共产党的领导下，政治上甘当配角，工作中争当主人，为政党关系和谐稳定、为国家安定团结继续作出积极贡献。

王佐书在书面发言中说，民进要做好对胡锦涛同志“七一”重要讲话的学习、宣传工作，特别是要借鉴、学习讲话对中国共产党自身建设提出的要求，提高民主党派理论研究的水平，提高民主党派自身建设和履行职能的水平。

刘新成在书面发言中说，学习胡锦涛同志“七一”讲话精神，要在民主党派自身建设、履行职能的现有基础上，进一步提高参政党建设科学化水平，加强思想建设的实效性，做好组织发展工作，努力完善参政议政人才机制。

朱永新在发言中说，要学习贯彻胡锦涛同志“七一”讲话精神，以党为师，推动自身建设，克服“脱离群众”的危险，广泛联系会员群众，积极反映社情民意，为多党合作事业作出新贡献。

促进两岸交流合作向更深更广的领域发展
严隽琪会见台湾乡林集团董事长

2011年7月8日，全国人大常委会副委员长、民进中央主席严隽琪下午在全国人大会议中心会见了台湾乡林集团董事长、台湾工商建设研究会名誉理事长赖正镒一行4人。

严隽琪首先欢迎赖正镒一行的到来。她回忆了去年率叶圣陶研究会文化交流考察团赴台访问的情况，说起在台湾期间，曾有缘入住乡林集团旗下的日月潭涵碧楼，对涵碧楼先进的管理、周到的服务、优美的环境留下了深刻印象。

严隽琪听取了赖正镒对乡林集团的介绍，在得知身为台湾第二大房地产企业的乡林集团正积极与大陆青岛、成都等20多个城市合作建设连锁高档酒店、商场后，她说，两岸交流合作正在向更深、更广的领域发展，乡林集团与大陆业界的合作，非常有利于推进两岸高端酒店业之间的交流合作。目前，ECFA签署刚满一年，两岸因其受益的人群越来越大，这是两岸人民所乐见的；去年台湾经济增长率超过10%，为23年来的最大增幅，这是一个了不起的成绩，说明两岸携起手来的重要性。

严隽琪说，两岸经贸交流继续深化，两岸民众大交流的局面也已形成。上世纪80年代台湾开放老兵回大陆探亲是历史性的一刻，今年6月28日两岸开通了大陆居民赴台个人旅游行也是历史性的一刻。7月4日，台湾教育管理部门也正式发榜，录取了大陆的学生，这表明两岸人员的交往，不仅是亲情乡情的需要，也是互利共赢的需要。

严隽琪强调，两岸中国人是密不可分的生命共同体，交流合作是为了共同繁荣，在一些具体问题上我们可以有不同的看法，但是我们都热爱祖国、热爱故土，希望中华民族昂首挺立于世界民族之林。把13亿中国人的事情办好了，保持中国的和平、稳定和繁荣，就是对世界人民的贡献。

严隽琪还向客人谈到今年4月全国政协原副主席、民进中央原第一副主席张怀西率叶圣陶研究会基础教育赴台考察团与岛内教育界交流的情况。她说，中国民主促进会多年来结交了众多台湾文化界、教育界以及企业界的朋友，建立了深厚友谊，十分愿意继续广交朋友，多方位、多形式、多领域地开展交流工作，用自己的专长和实际行动，为两岸和平稳定关系的深入发展与教育文化事业的繁荣，发挥应有的作用，尽到我们的历史责任。

赖正镒感谢严隽琪的拨冗会见，他说，这些年来大陆的经济社会进步很快，公共设施建设良好，民众的文明素质显著提高。对大陆经济的持续快速发展，人民的安居乐业，综合国力和国际地位的大幅提升，他深有感触，十分认同。赖正镒表示愿意继续加强与中国民主促进会等大陆朋友的合作，共同努力为大陆的经济建设和两岸的共同繁荣献计出力。

刘新成获世界史学会（WHA）“世界历史先驱奖”
表彰其在全球史理论实践推广作出的卓越贡献

2011年7月8日至10日，由世界史学会（World History Association）主办，历史学院全球史研究中心协办的“世界史学会第20届年会”在首都师范大学隆重举行，来自全球30多个国家和地区的500余名学者参加了这次盛会。在该会议上，世界史学会主席阿尔弗雷德·安吉利亚（Alfred J. Andrea）先生授予民进中央副主席、首都师范大学校长刘新成教授“世界历史先驱奖（Pioneers in World History Award）”，以表彰他在全球史理论、实践、推广等方面作出的卓越贡献。颁奖仪式后，刘新成作了题为《全球史在中国》的主题发言，该发言得到与会代表的广泛认同和热烈反响。目前，该发言英文稿已被世界全球史研究领域顶级刊物——《世界史杂志》（Journal of World History）采用，中文稿拟被《中国社会科学》采用。

世界史学会（WHA）是1982年在美国成立的一个国际性学术组织，现有约1500名正式注册会员，分别来自40多个国家和地区。其宗旨在于促进世界史领域的学术研究和教学，侧重以跨国家、跨地区、跨文化的襟怀扶持历史学科的教学和学术研究，全力推进超越民族国家、超越某一特定地区或某一特定文化的全人类视角的历史分析模式。该学会颁发的“世界历史先驱奖”主要授予那些在世界历史学术研究和教学领域中作出巨大贡献，并对世界历史学理论构建、发展传播起到关键作用的历史学家。著名历史学家威廉·麦克尼尔（William H. McNeill）和艾尔弗雷德 克罗斯比（Alfred W. Crosby）都曾获此殊荣，另外，夏威夷大学教授、《全球史杂志》（Journal of World History）主编杰里·本特利（Jerry H. Bentley）也在此次会议上与刘新成一道获此奖项。

该先驱奖是世界历史学会对刘新成多年来为在国内史学界推广全球史所作出的各种不懈努力的充分肯定。他于2004年创办了国内首家全球史教学和研究机构——首都师范大学历史学院全球史研究中心。该中心自成立以来，与商务印书馆合作创办的“全球史译丛”已译介全球史名著十余种；中心刊物《全球史评论》已出版三辑；主持了北京市教委重点研究项目“全球化时代的世界通史体系研究”、教育部哲学社会科学研究重大课题攻关项目“世界历史进程中多元文明互动与共生研究”等重大科研项目；举办了“世界各国的世界通史教育”；“全球化背景下的知识挑战”，“文明的互动与共生——洲际、区域和国家间的物质与文化交流”等多个国际学术讨论会；刘新成近年来发表的《全球史观与近代早期世界史编纂》、《从怀特透视全球史》、《文明的冲突与和谐世界》、《互动：全球史观的核心理念》等多篇学术论文，对全球史观进行了深入阐释，为构建中国特色全球史理论作出了贡献。

立足新形势 适应新发展 研究新课题
严隽琪出席中国政党制度的回顾与展望理论研讨会并讲话

2011年7月9日，中国政党制度的回顾与展望理论研讨会在中央社会主义学院举行。全国人大常委会副委员长、民进中央主席、中央社会主义学院院长严隽琪出席并讲话。

严隽琪说，九十年的历史证明，中国共产党不愧为伟大、光荣、正确的党，不愧为中国革命和建设事业的坚强领导核心。没有共产党就没有新中国，就没有中国特色社会主义，就不可能实现中华民族的复兴伟业。中国共产党领导的多党合作和政治协商制度是我国一项基本政治制度，是具有中国特色的社会主义政党制度，是社会主义民主政治的重要组成部分。

严隽琪希望中国政党制度研究要立足新形势、适应新发展、研究新课题，要求研讨会要高举旗帜、把握方向，解放思想、开拓创新，联系实际、服务现实，加强协作、形成合力。

论坛回顾了中国共产党与各民主党派风雨同舟、团结奋斗的历程，以及中国共产党领导的多党合作和政治协商制度创立和发展的历程，认真总结了我国多党合作的历史经验和优良传统，研究了我国社会主义政党制度的功能和价值，深入探讨了新形势下坚持和完善中国共产党领导的多党合作和政治协商制度面临的新情况和新课题，提交了一批有价值的科研成果。

研讨会由中央社院党组书记、第一副院长叶小文主持。中央统战部副部长陈喜庆、民革中央副主席修福金出席会议。

树立和践行社会主义核心价值体系
王佐书出席重庆民进企业家联谊会成立大会并为培训班作报告

2011年7月9日至10日，民进中央副主席王佐书在重庆出席民进企业家联谊会成立大会并为重庆民进2011年暑期干部培训班作“树立和践行社会主义核心价值体系”专题报告。

7月9日下午，王佐书出席重庆民进企业家联谊会成立大会并讲话。他在讲话中首先代表民进中央向重庆民进企业家联谊会的成立表示祝贺，向新当选的各位会长和理事表示祝贺，向市委统战部给予的支持和帮助表示感谢。

王佐书说，重庆民进企业家联谊会的成立是一个很好的平台，依托这个平台，经济界会员可以更好地交流经验、传递信息，深化企业间的交流与合作，为会员自身事业和民进整体事业进步创造一个更有利的环境。

王佐书说，在当前学习贯彻胡锦涛总书记“七一”重要讲话精神的形势下，刚刚成立的企业家联谊会更应该认真学习讲话精神并上升到政治的高度，在自身企业发展、履行参政党职能、担负社会责任等多方面贯彻讲话精神。企业家肩负政治责任、经济责任、文化责任、创新责任、创建名牌责任、“走出去”责任、反馈社会责任和环境保护责任等八项社会责任。这八项社会责任既是企业家应当担负的责任，也是企业家谋求企业发展、促进事业进步的八项指标。在当前国际国内经济格局深刻调整的背景下，企业家要深刻研究经济发展方式转变、深刻研究国际国内形势，掌握经济强国经济发展的形势、趋势，掌握企业自身的实力、特点和优势，在转变发展方式中发展自己的企业、更好地服务国家与人民。

王佐书说，执行力是领导者素质和执行者素质结合产生的合力，企业自身发展是企业领导者素质和企业员工素质共同提高的结果；任何人的工作都是全人格参与的过程，企业员工的全人格是企业的财富，是产生财富的财富；“善良、正直、诚信、坚毅、胸怀、敏锐”这12个字应当成为企业家的人格特征，希望企业家在做强做大自身事业的同时，进一步完善自我。

重庆市政协副主席、民进重庆市委主委陈贵云，中共重庆市委统战部领导，民进重庆市委、各区委领导和经济界会员一百余人参加大会。民进重庆市委副主委喻体金主持会议。会议审议通过了《重庆民进企业家联谊会章程》。民进重庆市委副主委甘红当选为企业家联谊会会长。

重庆民进企业家联谊会由重庆民进会员中的企业家及从事经济、法律、民办教育、民营医卫等工作的成员组成，主要任务是开展形式多样的联谊活动，促进民进重庆市委会内外企业界及其他经济界会员在经济、科技、文化和教育等方面的交流与合作，鼓励和组织会员积极参加社会公益活动。

7月10日，王佐书为重庆民进2011年暑期干部培训班作“树立和践行社会主义核心价值体系”专题报告。他说，树立社会主义核心价值体系是构建社会主义和谐社会最大的软实力，社会主义核心价值体系所倡导的价值观，体现了民族精神，是一个民族的精神支柱，是精神动力，是民族的财富，是民族的追求。社会主义核心价值体系需要在全社会宣传推广，为广大社会成员感知、认同、接受、掌握、实践，真正成为社会精神生活的“主旋律”，成为行动的准则，成为社会发展进步的“生命线”。学习、践行社会主义核心价值体系是全社会永恒的工程，是一个永远不会完结的工程。

王佐书结合丰富阅历和多年实践经验，从社会主义核心价值体系提出的时代背景、丰富的思想内涵、树立和践行社会主义核心价值体系的重要意义与作用、应注意把握的问题等方面，作了全面系统的阐述。他举出生动的事例，结合重庆快速的经济发展局势，鼓励大家提高个人思想水平和素质，增强社会责任感，为社会贡献出自己实实在在的力量。

王佐书还就民进如何开展树立和践行社会主义核心价值体系，推进学习型参政党的任务、方法作了深入浅出的讲解。他说，社会主义核心价值体系是中国共产党领导人民，从长期实践中形成的丰富文化成果中提炼和概括出来的精华，符合中国特色社会主义道路的根本规律，民进要认真学习，弘扬自身的优良传统，争做践行的模范。

报告会由民进重庆市委主委陈贵云主持，培训班近 200 人听取报告。

王佐书在渝期间还参观了重庆中国民主党派历史陈列馆。

严隽琪题词——岭南春早
广东民进开明画院建院首展举行

2011 年 7 月 12 日，由民进广东省委、广东中华文化学院、广东民进开明画院主办的“同心·同向·同行——广东民进开明画院建院首展”在广州艺术博物院举行。画展在显著位置展示了民进中央主席严隽琪为民进广东省委的题词——“岭南春早”。

民进中央副主席兼秘书长朱永新出席开幕式并讲话。他说，民进是以教育、文化、出版为主要界别的参政党。民进中央领导班子一直高度重视文化队伍的建设，并注重这支队伍作用的发挥。广东民进开明画院的成立，为民进书画界会员加强联系与交流提供了一个平台，要更好地发挥广东民进文化界别的特色和优势，凝聚书画艺术界优秀人才，提升人文文化水平，配合民进服务大局的重大活动，为履行参政党职能服务。

朱永新说，希望广东民进开明画院建院后加强与民进中央和民进各省画院的联系，互相交流，共同提高，为传承中华书画艺术、弘扬先进文化作出更大的贡献。

民进广东省委主委陶凯元在开幕式上致词。民进中央开明画院副院长徐圭逊宣读了贺信。广东民进开明画院由著名画家陈永锵担任院长。

开幕式后，与会嘉宾参观了画展。画展共展出广东民进优秀书画家书画作品 90 幅，另有木雕木刻 12 件、剪纸 1 件、印章 6 件。这些作品以丰富的题材、迥异的风格、鲜明的主旨，热情讴歌了回春大地的欣欣向荣、放怀赞颂了新鲜事物的生生不息，寄托着对前辈和先烈的崇高敬意，表达出对洒满了烈士鲜血的这片沃土的深情眷恋和对先贤们为之不懈奋斗的理想境界的热切向往。

在传统中求变革是建立文化强国战略的关键
严隽琪 罗富和 朱永新出席民进中央文化专题研讨会

2011 年 7 月 15 日，民进中央文化专题研讨会在北京召开。民进中央主席严隽琪、常务副主席罗富和出席并讲话，副主席兼秘书长朱永新主持会议。会议围绕推进文化体制改革、建立文化强国战略、建立中国特色文化制度等问题进行了深入探讨与交流。

严隽琪认真听取了大家的发言。她说，在当前全球化和文化发展多元化的背景下，推进文化体制改革、保障人民享有基本文化权益、实现文化繁荣发展十分重要。中国有五千年的文化，充分利用并发挥传统思想文化在经济社会建设中的作用，在传统中寻求变革，是建立文化强国战略的关键。文化体制改革要有整体性，在改革的过程中要把握文化发展规律，了解国际形势的变化，充分考虑当前我国存在的大规模人口流动现象和各地域之间的经济社会发展不平衡的国情。

严隽琪说，民进要在建立中国特色文化制度方面作出自己的贡献，必须要认真思考什么是中国特色现代化这个问题。她还就如何用中国传统文化和现代化实现连接两岸的精神纽带，在全球化背景下坚持加强外国文化的研究等问题与专家们进行了研讨。

罗富和在讲话中说，8 月份全国政协召开常委会就文化建设和文化体制改革进行专题协商，今年下半年民进中央将召开专题会议对文化体制改革进行研究。希望文化界的专家学者们继续支持民进在文化方面的参政议政工作，在文化强国战略的提出、文化基本制度的建立，以及理顺文化发展的法律法规和管理制度、完善内部运行机制等方面继续提出好的意见和建议。

在为期一天的研讨会上，与会的专家学者表示，民进是以文化为主要界别之一的参政党，应该在文化政策和文化理论方面加大研究，从理论上对文化体制改革和文化强国战略进行全面、深入的掌握，这样在文化发展方面才能更好地履行参政议政职能。大家认为，在推动文化体制改革的过程中，应该在中央的支持下允许各地区根据自己的实际发展情况做出相应的改革决策。大家建议，在文化改革的目的和方向确定之后，在管理方式上要整合力量，着眼实效，完善政策，以大国心态管理文化，实现管办分离，让政府部门的管理权落到实处，同时，要加强文化法制建设，加大、加强文化立法的力度、深度和广度。

文化部产业司司长刘玉珠，《人民音乐》杂志原副主编舒泽池，北大高等人文研究院世界宗教与普世伦理中心主任杨煦生，北京外国语大学亚洲中心主任张西平，民进江苏省委副主委、江苏省文化厅副厅长高云，民进贵州省委副主委、贵州省文化厅副厅长谢彬如，民进中央文化艺术委员会主任胡军，民进中央出版和传媒委员会主任李春生，民进中央文化艺术委员会副主任张颐武、赵士林，民进中央参政议政部负责人和民进中央文化艺术委员会部分委员出席了研讨会。

促进海峡两岸职业教育领域的交流发展
严隽琪 朱永新与台湾 2011 纵横北京教师参访团座谈

2011 年 7 月 20 日，全国人大常委会副委员长、民进中央主席严隽琪在民进中央会见了由台湾原立法委员、新党创始人之一、贤德惜福基金会董事长周荃女士任荣誉团长，台北大学教授郑又平先生任团长的“2011 纵横北京教师参访团”一行，就两岸教育的发展进行了交流。座谈会由民进中央副主席兼秘书长朱永新主持。

严隽琪首先对台湾客人表示欢迎，向参访团简要介绍了民主党派在中国共产党领导的多党合作和政治协商制度中所起到的政治协商、利益表达、反映社情民意、民主监督和社会服务等作用。她说，民进一直为教育事业的发展献计出力，在推进教师节、教师法的设立，推动民办教育协会的成立等方面做了大量工作。随着时代的变迁，科技的进步，人们需求的变化，教育事业所面临的挑战和难题也越来越多，职业教育也越来越重要。两岸教育同根同源，有着共同的文化传统，相信台湾“2011 纵横北京教师参访团”的来访，一定会促进两岸在教育领域特别是在职业教育领域的相互交流和发展。

严隽琪说，两岸的交流合作是大势所趋，是任何人也阻挡不了的，两岸交流合作要认清形势，顺势而为。台湾有很好的教育经验，也有很多的人才。民进作为一个以教育为主要界别的参政党，为两岸教育界人士交流，为两岸教育的共同发展献策出力是我们的义不容辞的责任，民进的教师会员很愿意与台湾教师交流，将我们的教育资源共同造福于两岸同胞。

严隽琪说，两岸的和平发展，需要加强两岸来往，只有来往才能了解，只有了解才能理解，只有理解才能建立真正的友谊，才能齐心合力，创造出中华民族更新更美好的未来。

周荃和郑又平介绍了参访团此行的目的和成员，积极评价了大陆民办教育发展的成果，简要介绍了台湾职业教育的发展状况，并表示，海峡两岸加强教育领域的交流与协作，一定可以互相取长补短，为进一步推动两岸职业教育发展作出积极贡献。

“2011 纵横北京教师参访团”是纵横北京系列活动中第一次组织台湾高中职业学校和大专院校教师来大陆访问交流，共 35 人。参访团将参观北京名胜、与大师对话、拜会全国政协、拜会中华海外联谊会等。

民进树立和践行社会主义核心价值体系先进会员事迹宣讲大会在长春举行 王佐书号召更加奋发有为地投身改革开放和社会主义现代化建设

2011 年 7 月 20 日，民进树立和践行社会主义核心价值体系先进会员事迹宣讲大会在吉林省长春市举行。民进中央副主席王佐书出席并讲话。他说，社会主义核心价值体系是中国共产党领导人民，从经过长期实践形成的丰富文化成果中提炼和概括的精华，符合中国特色社会主义道路的根本规律。树立和践行社会主义核心价值体系是一个重大的现实问题，是一项长期的历史任务，是全社会的一项系统工程，也是国家永恒的主题。民进各级组织和广大会员当前正在深入学习贯彻胡锦涛同志“七一”重要讲话精神，并把学习活动作为树立和践行社会主义核心价值体系的重要内容。民进全会要通过学习切实把思想和行动统一到中共中央的决策部署上来，坚持以社会主义核心价值体系为引领，始终与中国共产党同心同德、同心同向、同心同行，更加奋发有为地投身改革开放和社会主义现代化建设。

王佐书说，社会主义核心价值体系所倡导的价值观，是构建社会主义和谐社会最大的软实力，体现了民族精神，是一个民族的精神支柱、精神动力和不懈追求。社会主义核心价值体系需要在全社会宣传推广，为广大社会成员所感知、所认同、所接受、所掌握、所实践，真正成为社会精神生活的“主旋律”，成为行动的准则，成为社会发展进步的“生命线”。民主党派树立和践行社会主义核心价值体系，是坚持和完善多党合作制度的基础工程，民进中央高度重视、周密部署，各级组织立足工作实践，创新形式载体，总结有效经验，扎实有序推动民进全会树立和践行社会主义核心价值体系深入开展、取得实效。民进开展的“双岗建功”活动中涌现出一批先进典型，他们的先进事迹体现了社会主义核心价值体系的具体要求，反映了新时期民进会员的价值追求和精神风貌。

民进吉林省委主委薛康主持宣讲大会。全国人大代表、山东省夏津县精华聋儿语训学校校长袁敬华，民进中央委员、北京教育科学研究院基础教育教学研究中心小学数学教研室主任吴正宪，全国政协委员、民进湖北省委副主委兼秘书长唐瑾，吉林省人大代表、吉林保民律师事务所主任修保等四位同志先后发言。

袁敬华的发言题目是“大爱无语，和谐共鸣”。为了使聋哑儿童也能像正常孩子一样享有受教育的权力，能得到社会的关爱，袁敬华克服重重困难，从零开始，十几年如一日投身农村地区特殊教育事业，迄今已帮助 580 多名聋哑儿童学会说话，已有 380 人走进普通学校接受教育，她把对社会的爱转化成帮助贫困聋哑儿童接受正常教育的行动，实现了她“幸福一个人幸福几代人”的愿望。

吴正宪从“儿童教育”一路走到“教师教育”，是全国知名的小学数学特级教师。她主持成立的“吴正宪小学数学教师工作站”，用团队研修服务的方式，为基层一线教师提供有针对性的教学行为引导，促进了经验型教师向研究型教师的转变，促进了工作站成员及周边教师的共同发展，实现了她通过提高农村教师水平，提高农村教育水平，从而为农村学生服务的理想。

唐瑾做编辑的理想是“做一个学有专长的学者型编辑”。她以《中国翻译词典》为起点，开始策划组编“中华翻译研究丛书”，该丛书填补了翻译出版、翻译研究和翻译文化研究的多项空白，她也因此多次获得国家级、省级图书大奖，她用智慧勘察我国翻译出版中的空白点，为人民能更好地学习外国文化，促进文化交流作出了卓越的贡献。

修保把当一名为民仗义执言的好律师作为自己矢志不渝的追求。他20年来甘当社会“稳压器”，先后为有关弱势群体无偿代理案件和代理类似纠纷600余件，使几十起工人集体上访事件走上了依法维权的理性轨道，使近万名破产企业职工重新有了生活保障，并首创成立了全国第一家专为上访民众提供义务法律服务的“吉林市信访法律事务服务中心”，他用法律、用政策、用自己对人民的感情，为维护社会稳定、促进社会和谐做了大量实实在在的工作。

四位宣讲人用一件件感人的具体事例，生动讲述了自己在本职岗位和党派工作中建功立业的深刻体会，充分展示了当代民进会员以实际行动庆祝中国共产党成立90周年，践行社会主义核心价值体系的丰富成果。

中央统战部、吉林省委统战部有关同志，民进中央及有关部门负责人，民进山东省委、民进吉林省委、民进长春市委负责人和会员200余人参加了宣讲大会。

此前，王佐书7月19日应邀为吉林民进骨干会员培训班作题为《努力培养自己，尽快成为一名优秀会员》的专题报告。薛康出席报告会，民进吉林省委副主委段维智主持报告会，培训班100余人听取报告。

加强民进中央与中科院合作
严隽琪 朱永新与科技政策与管理科学研究所座谈

2011年7月22日，全国人大常委会副委员长、民进中央主席严隽琪上午到中科院科技政策与管理科学研究所调研座谈，深入了解我国科技发展、创新发展与可持续发展领域的改革及政策研究进展，探讨和加强民主党派与科研机构的参政议政合作模式。民进中央副主席兼秘书长朱永新出席座谈会。

严隽琪认真听取发言并讲话。她对中科院以及科技政策与管理科学研究所长期以来给予民进中央的大力支持表示衷心感谢，对研究所的工作给予高度评价。她说，这次座谈有几点使我印象深刻，一是开放多元的办所思路，二是放眼国家和全球的准确定位，三是科教结合、多学科交叉，四是有经验、数据、工具、方式等多方面的丰富积累，五是影响巨大，称得上“顶天立地”。

严隽琪说，一个国家的创新体系中，每一个环节、每一个类型，都应该定位明确、特色突出、秩序井然，适应实际需要。她对政策所在舆情分析、高新区建设、战略性新兴产业的知识产权保护等重大课题上的进展表示高度关注。她说，民主党派当前参政议政的压力越来越大，民进中央在工作中坚持“集智聚力”，“以新作为巩固老阵地，在顺势中开拓新领域”，工作方式上坚持“中央与地方联动、会内与会外联动、专职与兼职联动、理论与实际联动”，在建设“智库”这个思路上，我们与研究所的思路是一致的，希望今后双方能够建立稳定的合作机制，探索具体的合作思路。

中科院党组副书记方新对严隽琪一行表示热烈欢迎，对加强民进中央与中科院的合作表示大力支持。她还重点谈到了对加快国家创新体系建设、对科研的稳定性支持与竞争性支持、科技管理的财务制度、评价体系与使用效益评价、怎样推进决策科学化等双方高度关注的课题的看法。

中科院科技政策与管理科学研究所所长穆荣平主持座谈会。他简要介绍了研究所的发展现状、定位和发展目标、重点方向和重大研究任务，以及科技、创新政策研究的基本情况。科技政策与管理科学研究所成立于1985年6月，主要开展科技政策、创新创业政策、能源与环境政策、科技管理与评估、社会预警与可持续发展战略管理、应急与风险管理、区域发展管理、工业工程与项目管理和政策模拟以及相关管理理论研究，为国家宏观管理部门、中国科学院、地方政府和企业提供高水平的研究咨询服务。作为科技政策与管理领域有国际影响力的研究机构，研究所还主办高层次国际学术会议，推动与国内外相关领域著名研究机构的交流与合作，为社会培养了大批高层次人才。尤其是发布《高技术发展报告》、《中国可持续发展战略研究报告》等年度报告，国际影响力日益增强。

中科院科技政策与管理科学研究所副所长王毅重点介绍了关于中国特色可持续发展理论与实践研究的进展情况。研究所与会人员结合各自的研究领域，汇报了在面向全球资源的能源安全研究、知识产权产业、科研信息化与决策支持、应急管理、科技管理与科技评价、国家高新区建设、后危机时代、舆情研究、创新政策与知识产权等领域的科研进展情况。

中科院南京分院副院长肖云汉、中科院工程热物理所研究员金红光，作为民进中科院基层委员会代表，也在座谈会上汇报了关于当前科技领域一些问题的看法。民进中央参政议政部介绍了近年来参政议政的基本情况。

严隽琪会后参观了中国科学院院史展览。

推进新疆跨越式发展 民进中央积极开展援疆文化教育医疗捐助活动

（一）

2011 年 7 月 23 日至 24 日，全国人大常委会副委员长、民进中央主席严隽琪在新疆维吾尔自治区调研并出席捐助活动。她强调，民进作为中国特色社会主义事业参政党，要认真贯彻落实中央决策部署，以推动科学发展为主要内容，动员凝聚组织全会的智慧和力量，积极参与援建，推进新疆跨越式发展。

民进中央副主席王佐书，副主席兼秘书长朱永新，中央统战部一局副局长陈延武，新疆维吾尔自治区人大常委会副主任张国梁、副秘书长安尼瓦尔，民进新疆区委主委牛汝极等参加调研。民进中央宣传部、社会服务部、研究室负责人陪同调研。

7 月 23 日下午，严隽琪视察民进新疆维吾尔自治区委员会，并与民进新疆区委、市级组织领导班子、基层组织负责同志等座谈。王佐书、朱永新出席座谈。

严隽琪认真听取工作汇报和发言。她向新疆民进各级组织和全体会员表示亲切的问候和衷心的感谢，并对新疆民进的各项工作给予充分肯定。

严隽琪说，新疆战略地位十分重要，新疆的发展和长治久安关系国家现代化建设的全局，民进新疆区委组织自成立以来，带领全体会员，围绕中心工作，为新疆区域发展和长治久安积极贡献力量，各项工作开展得有声有色，取得了实效。

严隽琪希望新疆民进围绕民进中央 2011 年的工作要点，结合自身工作实际，认真抓好贯彻落实，推动服务科学发展和自身科学发展再上新台阶。

严隽琪说，在深入贯彻胡锦涛同志“七一”讲话精神和新疆工作座谈会精神的形势下，新疆民进要坚持“有思有行、集智聚力、顺势而为、开拓创新”的原则，按照建设适应时代要求的高素质参政党的要求，努力做到参政党的建设与执政党的建设相互促进，自觉坚持和完善中国共产党领导的多党合作和政治协商制度。

严隽琪在谈到如何实现建设适应时代要求的高素质参政党这一目标时强调，民进要重点处理解决好进步性与广泛性、老阵地与新领域、自身建设与参政议政之间的关系。加强民主党派自身建设的核心是建设适应时代要求的高素质参政党，加强民主党派自身建设的关键是正确处理好民主党派的进步性与广泛性的关系。进步性最根本的问题则是政治立场问题，我们要结合新的形势，密切关注和掌握会员思想动态，切实增强政治认同，建立和谐的政党关系。在处理老阵地和新领域的关系上，要力争“以新作为巩固老阵地、在顺势中开拓新领域”，突破资源约束，取得事半功倍的效果。在加强自身建设方面，要按照“四个促进”的要求，加强学习、勤于思考、善于总结、尊重和把握客观规律，希望新疆民进为推进新疆跨越式发展和长治久安做出新的贡献。

座谈会上，牛汝极从思想建设、组织建设、制度建设和机关建设四个方面汇报了新疆民进 2011 年上半年所做的主要工作。中共新疆区委统战部副部长王宗社发言。

7 月 24 日上午，在中共中央新疆工作座谈会召开一周年之际，民进中央在新疆乌鲁木齐召开“民进企业家参与新疆跨越式发展建设座谈会”，进一步引导社会服务工作参与新疆跨越式发展建设。严隽琪出席并讲话。王佐书主持会议。朱永新、王宗社、牛汝极出席。

严隽琪认真听取与会企业家们的发言。她说，民进企业家是民进组织一支很活跃的力量。他们对祖国、对民进，包括对新疆充满感情。社会服务是我们民进的重要工作之一，我们要为民进企业家们提供力所能及的服务，提供好的信息与平台，帮助和引导他们更好地成功创业，感恩祖国，回报社会，服务民生。

严隽琪说，参与新疆跨越式发展建设，是新形势下履行参政党职能的必然要求，是新形势下中国共产党领导的多党合作和政治协商的生动实践，应当成为民进服务党和国家中心工作的新载体，成为民进参政议政的新平台，成为发挥民进作用、扩大民进影响的一个新机遇。通过参与新疆跨越式发展建设这项工作，有利于更好地服务会员，激发广大会员的热情，为他们在实现社会价值的同时实现自身价值提供适宜的平台和途径；有利于建立健全工作网络和服务体系，充分发挥各级组织的整体作用、会员的主体作用和机关的枢纽作用，凝聚全会智慧，调动会内会外力量，增强民进各级组织的凝聚力与执行力，建设一个适应时代要求的高素质的参政党。

严隽琪谈到今后进一步参与新疆跨越式发展建设时强调，我们要坚持“有思有行，集智聚力，顺势而为，开拓创新”原则，找准民进自身优势与新疆跨越式发展的结合点，切实做到“以新作为巩固老阵地，在顺势中开拓新领域”，努力拓宽民进社会服务工作参与援疆的新途径新方式；要在继续做好教育扶贫、智力支边等传统优势项目的同时，着力推进以改善民生为重点的社会建设，着力发展特色优势产业，着力加强基础设施和生态环境建设，帮助新疆在调整产业结构、转变发展方式、培育新兴产业等方面探索新途径，打造新模式，形成新优势，力求取得实实在在的效果。

新疆圣雄能源开发有限公司董事长林圣雄、北京正生生物集团董事长李晓荣作为民进企业家代表在会上发言。这次捐助 50 万元用于举办新疆少数民族中小学校校长暑期培训班，并将向民进开明基金会捐赠 1000 万元用于资助新疆等中西部民族地区教育事业发展的林圣雄，深感祖国政治环境稳定，认为新疆跨越式发展给企业带来了很大的成长空间。他说，企业回报社会是应尽职责，现在才只是开始，企业发展了，个人会进一步做善事，为新疆和谐稳定、长治久安作出一个民进人应有的贡献。

中国农业大学葡萄酒科技发展中心主任、博士生导师黄卫东讲述了他们在新疆建立葡萄酒基地，支援新疆少数民族地区的情况与今后设想。参与这次民进“同心・彩虹行动”援疆的企业家黑龙江珍宝岛药业股份有限公司董事长方同华、北京神墨教育机构总校长李绵军、安徽济人药业有限公司董事长朱月信、中国华力控股集团有限公司董事长丁明山也分别发言，大家表示将一如既往地支持民进参与新疆跨越式发展建设。

7 月 24 日上午，由民进中央牵头组织的民进“同心・彩虹行动”援疆捐助暨“同心工业园”揭牌仪式，在新疆乌鲁木齐隆重举行。严隽琪出席并讲话。新疆维吾尔自治区人民政府副主席靳诺致词。王佐书、朱永新、张国梁、陈延武、牛汝极等出席。自治区政府副秘书长刘华主持捐助活动和揭牌仪式。

严隽琪首先代表民进中央向为这次活动成功举办给予指导和帮助的中央统战部、新疆维吾尔自治区党委和政府，向慷慨解囊、大力支持本次活动的有关企业和社会各界表示感谢。她说，民进的企业家会员们以热心社会公益、投身慈善事业为责任，多年来在全国各地为各项社会事业、民生建设捐钱捐物，表现出了优秀社会主义事业建设者强烈的社会责任感。这次又热烈回应民进组织的号召，到新疆投资兴业、捐助文教事业，积极参与援建新疆跨越式发展，以实际行动贯彻中共中央新疆工作座谈会精神，令人敬佩。

严隽琪说，新疆实现跨越式发展和长治久安是国家战略，文化是引领，科技、教育是支撑，民生是目的。此次捐赠的款项和物资，主要用于支持新疆文教事业发展和民生改善，希望能给新疆人民带来实惠。全国政协委员、民进会员、新疆圣雄能源开发有限公司董事长林圣雄先生，倾心尽力参与新疆建设，这几年来致力于投资建设托克逊县工业园，已完成投资近30亿元，至2010年底已安置少数民族员工和本地就业人员2600余人、占员工总数的75%，为新疆地方经济社会发展，为富民固边做了大量工作。

严隽琪强调，民进作为中国特色社会主义事业的参政党，要认真贯彻中共中央决策部署，以推动科学发展为主要内容，着力打造"同心"品牌。动员凝聚组织全会的智慧和力量参与援建新疆跨越式发展，就是新形势下民进实践"同心"理念、打造"同心"品牌的重要体现。我们要总结以往支援西部地区发展的经验，本着力所能及、务求实效的原则，不断改进工作，继续为新疆的繁荣发展与长治久安贡献力量。

严隽琪最后提出三点希望。希望认真落实好捐赠后续工作，把捐赠的效益发挥到最大，真正惠及各族群众；希望把"同心工业园"打造成为具有良好经济效益、社会效益的示范工业园区，发挥更大作用；希望能有更多人、更好的项目来到新疆，支持新疆经济社会发展。

靳诺在致词中说，民进中央集中在新疆开展"同心·彩虹行动"意义重大，既体现民主党派认真贯彻落实中央新疆工作座谈会精神的主动性，也督促我们落实好中央新疆工作座谈会精神；既围绕民生建设为新疆的文化、教育、医疗发展办好事，也为新疆的跨越式发展献计出力；既关注新疆的物质大发展，也关心新疆少数民族教师队伍可持续发展。民进充分发挥智力优势，启动师资培训项目是对国家培训的有益补充和丰富。

会议举行了隆重的"同心工业园"揭牌仪式。严隽琪、张国梁、陈延武、林圣雄共同为"同心工业园"揭牌。王佐书宣读了民进中央关于命名新疆圣雄能源开发有限公司阿乐惠镇工业园区为"同心工业园"的决定。

活动仪式上，由民进中央、全国防盲指导组组织，中国华力控股集团有限公司捐资50万元，同仁医院具体实施，为阿勒泰地贫困白内障患者免费实施复明手术；由中华慈善总会联络，安徽济人药业捐赠价值100万元药品；由新疆圣雄能源开发有限公司捐资的"同心·彩虹行动"新疆少数民族中小学校长暑期培训（圣雄）班项目启动；民进黑龙江省委、黑龙江珍宝岛药业股份有限公司向阿勒泰地区100所农村小学捐建图书室，向伊犁和阿勒泰老年农牧民捐赠1万部收音机，共价值80万元；北京神墨教育机构向伊犁哈萨克自治州捐赠价值30万元的图书、书包；由中国流行色协会联络，泉州海天材料科技股份有限公司向乌鲁木齐SOS儿童村捐赠价值22万元的毛毯1008条，红孩儿（中国）有限公司向乌鲁木齐SOS儿童村捐赠价值15万元的童服852件，泉州永高体育用品有限公司向乌鲁木齐SOS儿童村捐赠价值25.3万元的童鞋1006双。

民进中央联络委员会主任梁勇、自治区党委统战部副部长王宗社分别在捐赠仪式上代表捐赠方和受赠方发言。

7月24日下午，严隽琪在新疆师范大学会见了来自新疆托克逊县与和田市即将赴北京参加培训的"同心·彩虹行动"2011年新疆少数民族中小学校长暑期培训（圣雄）班的50名学员并讲话。朱永新参加会见。张国梁向校长们介绍了这次民进"同心·彩虹行动"在新疆的有关情况。

严隽琪在讲话中说，各位校长即将启程赴京接受系统培训，行前有机会同你们见面，我感到很高兴。教育是国家发展、民族振兴的基石，教育的改革与发展，最重要的就是要有一支优秀的教师队伍。而教师队伍是靠校长来带动的，所以有什么样的校长，就有什么样的教师；有什么样的校长，就有什么样的学校。长期以来，你们自觉贯彻党的教育方针，认真履行岗位职责，积极促进民族团结事业，为新疆教育事业发展和社会稳定作出了积极贡献，我对你们感到由衷钦佩。

严隽琪说，民进是以教育工作者为主的参政党，长期以来致力于推动尊师重教，改善教师待遇，为教育改革与发展献计献策。教师节的设立是民进呼吁设立的，国家教育改革与发展中长期规划纲要的出台也凝结着民进的很多智慧。近十几年来，民进还力所能及地实施西部教师培训工作，每年把少数民族地区的教师请到北京、上海等发达地区接受培训。大家随后在首都师范大学培训期间，接触的名师很多也是民进会员。

严隽琪强调，我们组织这次培训，是贯彻中央新疆工作座谈会精神的一项重要举措，也是出于民进与教育的缘分，我们民进的会员百分之七十来自于教育界。我们会把培训班全力组织好，民进中央社会服务部将与首都师范大学、新疆区教育厅密切合作，尽力为大家做好服务工作。这期培训班顺利结束后，我们将认真总结经验，把举办培训班这一优良传统长期坚持下去，争取为新疆少数民族教师多办实事、多办好事。

严隽琪勉励大家珍惜这次培训机会，到北京多走、多看、多听、多学，把发达地区的好做法、好经验学到手，记在心，带回家，切实转化为做好教育工作、造福学生与群众的动力。

这次培训班是由全国政协委员、民进会员、新疆圣雄能源开发有限公司董事长林圣雄全力资助。

牛汝极主持会见活动。新疆维吾尔自治区人大常委会、自治区党委统战部、自治区教育厅教育工委、新疆师范大学党委负责人等陪同会见。

（二）

7月25日上午，民进“心连心晚霞万人行动”、“心连心雪莲100行动”文化教育扶贫捐赠仪式在新疆阿勒泰举行。王佐书出席并讲话，朱永新与中共阿勒泰地委书记刘剑出席捐赠仪式。

王佐书向大力支持捐赠活动的中央统战部，新疆维吾尔自治区党委、政府，阿勒泰地区领导，以及有关单位和社会各界，表示衷心的感谢。对这次在阿勒泰地区进行捐赠的全国人大代表、民进会员、黑龙江珍宝岛药业股份有限公司董事长方同华多年投身公益、慈善事业所表现出的社会主义事业建设者强烈社会责任感深表敬意。

王佐书说，中共中央新疆工作座谈会召开一年来，民进作为参政党，认真贯彻中共中央决策部署，以“思想上同心同德、目标上同心同向、行动上同心同行”为基本标准，以推动科学发展为主要内容，动员组织广大会员参与支援新疆建设。民进黑龙江省委先行一步，自去年11月以来，与民进中央社会服务部、民进新疆区委协调配合，先后参与了民进新疆区委的“心连心园丁万人行动”，向新疆近万名中小学教师捐赠了价值50万元的衣物。此次开展的捐赠活动，命名为“心连心晚霞万人行动”、“心连心雪莲100行动”，这就是为新疆文化教育事业献爱心的具体行动。

王佐书说，这些捐助活动仅仅是一个开始、一种尝试，以后还要很好地坚持下去，继续为包括阿勒泰地区的边疆少数民族地区在内的人民办实事，办好事。希望大家认真落实好捐赠后的后续工作，把捐赠的效益发挥到最大，真正惠及群众。

捐赠仪式上，方同华代表民进黑龙江省委、黑龙江珍宝岛药业股份有限公司向阿勒泰地区老年牧民捐赠收音机5000部，价值25万元；向阿勒泰地区捐建100所农村小学图书室，计30万元。

7月25日上午，由民进中央、全国防盲指导小组参与组织，北京同仁医院具体实施的“阿勒泰光明行”启动仪式，在新疆阿勒泰地区人民医院举行。王佐书出席并讲话，朱永新主持并宣布“阿勒泰光明行”正式启动。

王佐书称赞为阿勒泰地区白内障患者施行复明手术的“阿勒泰光明行”活动，是一项民心工程。他说，该工程的实施充分体现了社会各界对新疆人民，特别是少数民族贫困地区白内障患者的关心与关怀。

王佐书说，追求光明是大家共同的愿望。“光明行”是一件非常有意义的事情。“光明行”活动开展8年来，医护人员克服种种困难，发扬救死扶伤的大爱精神，奔赴白内障高发的高原地区，为交通不便、地广人稀、卫生资源匮乏、技术能力薄弱地区的白内障患者免费开展复明手术，使3万多名患者重见光明。“光明行”还走出国门，为非洲等国患者进行免费复明手术，开展防盲技术交流和指导，传播技术，传递友谊。“光明行”所到之处，受到了当地百姓的热烈欢迎，乃至在非洲和国际社会引起了强烈的反响。

王佐书对阿勒泰地区政府高度重视，周密部署，高质量开展组织宣传、病员协调、后勤保障等各项工作，确保这次活动的顺利进行表示满意；对一丝不苟，忘我工作，以精湛的医术和严谨的作风为新疆地区患者解除病痛、带来光明的“光明行”全体医务人员表示崇高的敬意。

为促进新疆教育改革与发展作出应有的贡献
“同心·彩虹行动”2011年新疆少数民族中小学校长培训（圣雄）班在京举办

2011年7月27日至31日，“同心·彩虹行动”2011年新疆少数民族中小学校长培训圣雄班在北京举办。

全国人大常委会副委员长、民进中央主席严隽琪7月24日在新疆师范大学会见了本期培训班学员并予以勉励。暑期校长培训是民进中央延续多年的一项社会服务工作。本期培训班由民进中央主办，首都师范大学、新疆和田市教育局、新疆托克逊县教育局承办，新疆圣雄能源开发有限公司协办。

7月27日，全国政协副主席、民进中央常务副主席罗富和出席培训班开班式并讲话。国家民委党组书记、副主任杨传堂，中央统战部副部长尤兰田，教育部副部长鲁昕出席开班式。民进中央副主席、首都师范大学校长刘新成主持开班式。

罗富和在讲话中代表民进中央对各位学员的到来表示热烈欢迎，并简要介绍了本次培训班的背景、目的和筹划过程。他说，“同心·彩虹行动”的发起源于今年年初胡锦涛总书记在党外人士迎春座谈会上讲话中提出的要求——与中国共产党“思想上同心同德、目标上同心同向、行动上同心同行”，民进积极贯彻落实这一讲话精神，开展了包括教育、医疗、扶贫在内的一系列服务活动。这次对新疆少数民族校长的培训，是民进始终不渝地与中共同行，继续推进“同心·彩虹行动”的重要举措，是贯彻《国家中长期教育改革和发展纲要》的现实表现，更是民进认真学习、深刻领会、全面贯彻中央新疆工作座谈会精神，援建新疆跨越式发展的重要内容。今后民进还会根据形势需要，不断加大培训力度，多为新疆地区办好事、办实事，为促进新疆教育改革与发展，推进新疆跨越式发展和长治久安，作出应有的贡献。

罗富和说，本次培训班的举办得到了全国政协委员、民进会员、新疆圣雄能源开发有限公司董事长林圣雄的全力资助。为期5天的培训，采取民进中央领导与专家授课、参观考察、座谈交流等多种方式，内容涉及国家教育改革发展中长期规划纲要解读，学校内涵与特色建设、校长专业发展、学校管理等方面，希望学员们珍惜这次培训机会，勤学多思、学有所得、学以致用，充分了解政策、增进知识、提高能力，将发达地区的好做法、好经验应用于自身的工作实际，切实促进学校教育教学质量的提高。

杨传堂对本次培训班的顺利举办表示祝贺，并勉励大家共同努力，认真贯彻落实中央新疆工作座谈会精神，进一步促进新疆教育事业跨越式发展；切实加强民族团结宣传教育和创建活动，不断增强各族师生对伟大祖国、中华民族、中华文化和中国特色社会主义道路的认同。

鲁昕说，中央领导始终高度重视新疆教育工作，国家对新疆教育事业的发展给予了极大地关注、支持和投入，使新疆教育事业的发展取得了重大成绩。希望学员们借助这个平台，多学多思，结合民族地区的教育实际，切实提高教育的质量。

新疆圣雄能源开发有限公司总经理张立君介绍了圣雄能源开发有限公司的基本情况，并转达了林圣雄董事长继续为“同心·彩虹行动”贡献力量的意愿。

新疆方面的领队吐尔洪·买吐送代表学员们感谢民进中央为大家提供的培训机会，并表示要抓住机遇，提高思想，完成学习任务，切实收到实效，推动新疆教育事业再创辉煌。

来自新疆吐鲁番地区托克逊县与和田市的50名新疆少数民族中小学校长学员出席培训班开班式。中央统战部、国家民委、民进中央、新疆维吾尔自治区统战部、教育部门有关负责人也出席了开班式。

7月31日上午，培训班的学员们参观了北大附中，并和北京部分中学校长开展座谈。学员们由衷地赞叹说，这里的管理水平高、设施齐备、教育教学环境完善，真是大开眼界。

7月31日下午，民进中央副主席王佐书为“同心·彩虹行动”2011年新疆少数民族中小学校长培训圣雄班作了专题报告。

王佐书从宏观方面着手，向大家传授了思考问题的11种方法，并结合教育教学的实际，阐述了在教育工作中应该如何理解和实际运用这些方法，提升学校实力和自身的领导水平，履行好学校管理者的职责，切实推动教育教学事业的发展。

王佐书说，推进学校发展最重要的是要明确学校的目标定位、规章制度、评价量表和教学目的。他重点对教学目的做了解读，认为教学不仅仅是传授学生知识的活动，还要使学生明白怎样将学到的知识联系在一起，形成合理完整的知识结构，犹如人的五指各自分开，却能形成合力，完成任何一指不能独立完成的工作。教学要注重实效，塑造学生的技能结构，提升其运用知识的能力，发展其思维力、记忆力、想像力等智力因素，还要注意授人以渔，即教会学生学习和思考问题的方法，让学生自觉地探求更高的学习境界——不仅知其然，亦知其所以然。

王佐书强调，传道授业解惑之外，教学应当重视塑造学生健全的人格、高尚的思想质量、勇于创新的精神、参与实践的能力、团结协作的团队意识等等，培育高情商、有自信、不屈不挠、敢于拼搏的高素质学生。

王佐书还为大家解读了“三材一化”的概念，即指建设学校必不可少的人才、器材、教材和校园文化。前三点是学校中的显现课程，最后一点则是培养学生的隐蔽课程，对学生有潜移默化的影响。校园文化包括物质文化、行为文化、制度文化和精神文化，体现出一所学校的软实力状况，这就要求学校进行“腌萝卜”教育，即像腌萝卜一样，把正确的观念和优秀的思想，“腌”到学生的心里去，不能只是“刷萝卜”，做做表面功夫。

学员们一致表示，王佐书的报告内容丰富、观点新颖、深入浅出、发人深省，特别是传授给大家思考问题的方法和思路，为今后做好教育教学工作提供了极大的帮助和有效的指导。

在办班为期5天的时间里，“同心·彩虹行动”2011年新疆少数民族中小学校长培训圣雄班在首都师范大学举行。期间，主办方邀请多位知名教育专家，为校长们安排了6场专题讲座，组织参观学校并座谈，安排了参观天安门广场、故宫、国家博物馆、国家大剧院、长城、十三陵、奥运场馆等北京的代表性名胜古迹。内容丰富、重点突出、角度全面、形式多样的课程，轻松坦诚的交流观摩，细致周到的参观安排，使本次的培训得到校长们的一致好评，取得了良好的收效。

5天里，王佐书作专题报告。教育部民族教育司副司长张强、首都师范大学教授孟繁华、北京教科院研究员吴正宪、海淀区万泉小学景小霞校长、北京大学附属中学校长王铮，先后为校长们作了题为“贯彻《教育规划纲要》，加快推进民族教育发展”，“学校发展的理论框架——合作、文化、要素、模式”，“以高质量的研修活动引领教师专业成长”，“让工作的愉悦在策划中实现”，“学校课程建设与学生自主发展”等专题讲座。

这些讲座紧密联系当前的形势和教育工作重点，针对新疆少数民族中小学校长的特点，精心选题，有结合民族地区教育，对教育中长期规划纲要的具体解读，有对学校的内涵发展与特色建设的讲解，也有对教师专业发展和学生培养引导方式的剖析。专家们还结合亲身工作经历和所在学校的实际情况，解答了“教师怎样在鲜活的课堂案例体验中，更为深刻地认识自我、认识学生”，“校长如何处理好学校文化的建设与营造，做好教育教学研究”，“怎样塑造学生自主独立、善于合作、勇于实践、服务社会、关爱他人的品格”等问题。大家对这6场讲座给予高度评价，认为选题准确、内容精要、深入浅出、给人启发，不仅解决了他们在教学管理中遇到的理论疑问和现实问题，也从中收获了大量专业知识、有益经验和创新性做法，对拓宽工作思路，改进工作手段，提高工作效率，有很大的指导意义。

民进中央副主席兼秘书长朱永新在办班期间看望慰问了学员们。

7月31日，“同心·彩虹行动”2011年新疆少数民族中小学校长培训圣雄班圆满完成既定议程，举行结业式。王佐书出席，他向完成学习顺利结业的各位学员表示祝贺，向学员代表颁发了结业证书，并作总结讲话。

王佐书说，培训班有这样几个主要特点：一是教学安排上部署周密、重点突出；二是学员们思想上高度重视，精力集中；三是学习生活上严肃活泼，紧张高效。本次培训事先做了周密的策划，课程设计紧跟形势，具有较强的现实性、针对性和指导性，授课教师都是教育方面的专家和名师，讲座生动丰富，是大家提高自身素质、开拓视野，提升业务水平的一次难得机会。学员们也以严谨的态度，在课上认真听讲，认真思考，讨论交流时结合实际，畅所欲言。学习之余，大家还参观了北京的名胜古迹、奥运场馆。加之培训班工作人员竭尽全力，保证饮食安全、出行便利，学员们的培训学习生活充实而愉悦。

王佐书说，通过这次培训，一来补充了必备的知识，学到了好经验和好作法。培训内容紧扣校长履行职责所必需的知识和能力，以及民族地区教育发展的形势特征，包含新的教育思想和理念，对自身开拓视野，更新观念，提高教育管理水平有很大的帮助。二来加强了工作交流，建立了深厚的友谊。通过集中培训，校长们结交了朋友，交流了经验、开阔了思路，也在交流中分享了教学管理的亲身经历，找到了民族地区学校管理建设中发展提高问题的答案。三是通过考察，增强了对伟大祖国、中华民族、中华文化和中国特色社会主义道路的认识、理解和认同。学员们通过学习、参观考察和观看演出，对祖国和中华民族优秀灿烂的文化有了进一步的了解，体会到了中国共产党领导中国人民取得建设中国特色社会主义的伟大成就，看到了各族人民和民族复兴的美好未来与光明前景，也感受到民族大团结的温暖。希望大家勤学多思，学以致用，为新疆的教育事业贡献更大的力量。

和田五小校长阿庆拉木·阿不都瓦依提、托克逊县城镇希望小学副校长热莎来提·库尔班同志作为学员代表先后发言，汇报了几天来的学习研讨情况和培训参观的切身感受。他们在发言中认为，培训名师荟萃，安排的几场讲座贴近实际、引人入胜，大家开拓了视野，扩展了思路，懂得了学校文化的重要性，明确了学校今后发展的方向，也学到灵活多样的管理方法，并表示将把学到的先进办学理念、教学方法运用到工作实践中去，为推进新疆教育事业的发展而不懈奋斗。

和田市、托克逊县统战部和教育局的同志，以及50位新疆少数民族中小学校长参加结业式。

文化要“走出去”
中国共产党新闻网采访朱永新

2011年7月29日，中国共产党新闻网发布报道《朱永新：文化要“走出去”——访全国人大常委、民进中央副主席兼秘书长、中国教育学会副会长朱永新》。

近年来，尤其是党的“十七大”以来，中央多次明确提出要促进文化产业大繁荣大发展，大力发展涉外文化产业，积极参与国际文化竞争。让文化产业“走出去”，对提升我国的国际影响力，奠定强国基础的重要作用不言而喻。当下，我国文化“走出去”的现状如何，实现“走出去”战略的突破口又在何处？为了更好地推进这一工作的开展，以教育、文化、新闻出版界为主体的参政党——中国民主促进会，将文化“走出去”战略作为重点调研专题，进行了深入思考与解析。

改变“逆差”建设文化强国

记者：朱主席，请问“大力发展涉外文化产业，积极参与国际文化竞争”，也就是文化“走出去”战略，为什么如此重要？

朱永新：文化是民族的灵魂，是国家软实力的重要标志，是国家综合国力的重要体现。近年来我国文化建设取得了令人瞩目的成就，但文化发展的现状与中国的国际地位和影响力、与国内经济社会发展还不相称。

实际上，文化“走出去”作为一个国家战略，党和政府高度重视。从十四大提出经济“走出去”战略开始，文化“走出去”战略就同时提了出来。胡锦涛总书记在中共中央政治局集体学习时强调，“一定要从战略高度深刻认识文化的重要地位和作用。”温家宝总理在十一届全国人大三次会议的政府工作报告中也深刻指出了文化作为“一个民族的精神和灵魂”，作为“一个民族真正有力量的决定性因素”，在“深刻影响一个国家发展的进程，改变一个民族的命运”中的重要作用。

可实际上，最近这些年来，我国的经济“走出去”，尤其是中国制造已经在全世界非常有影响力，但是，相对于经济的顺差，文化走出去的力度却非常不够。我这里有一些数据。比如，韩国安东大学文化产业专业教授前不久在中国的一次论坛里面讲到，人口不到6500万的韩国，它的文化产业的输出已经远远走在中国的前面。2009年，网络游戏出口额是中国的10倍，电影的出口额是中国的7倍，新闻出版、电子音像、艺术品产业的对外输出也走在中国的前面。文化领域的贸易逆差和经济领域的贸易顺差，对比十分明显。以图书为例，2008年我们引进了图书版权15776种，而同期向外输送的图书版权只有2440种；2007年我们图书期刊进口是2亿美元，但是出口却只有3700万美元，以至于英国的前首相撒切尔曾经讲过，中国不会成为世界大国，因为中国出口的是电视机，而不是思想观念。所以，我们要真正地成为世界大国，光出口电视机是不够的，光出口经济产品是不够的，我们的思想、我们的观念、我们的文化也应该走出去，应该汇入世界文化的海洋之中。一个国家如果没有优秀的文化、强大的文化，是不可能真正地屹立在世界民族之林的。

分析现状 屏障不容小觑

记者：民进中央对文化“走出去”战略进行了深入调研，那么，在调研过程中发现了什么问题呢？

朱永新：通过调研，我们发现主要存在这样一些问题：第一，从国家层面对文化“走出去”的战略还缺乏一个总体的规划。尽管各地在发展文化产业、推进文化“走出去”方面做了大量工作，但是在战略思想上、目标上还不够明确，中央和政府的责任和目标也有待于明晰。

第二，政府之间的配合还有待于进一步加强和协调。国家层面有多个部委负责文化“走出去”，这些部门还需要加强高效、统一、协调、配合，因为有一些行业、文化单位往往各自为政，在“走出去”的过程中没有形成整体合力。比如，在国外华人比较多的地方，春节演出的“撞车”现象比较严重，国内的一些演出团体为了拿到合同，竞相压低演出价格；出版单位在出口的时候也是相互压价，版权进口的时候则相互抬价，导致出版物出口的价格下降，版权进口的费用不断上升，最后国外出版文化机构“渔翁得利”。

第三，文化“走出去”的具体政策措施还有待于完善。尽管国家最近几年先后出台了一些鼓励文化出口的政策，但是还没有形成相对完善的对外文化贸易的政策扶持体系。我们需要在资金支持、税收减免、审批程序等方面加大支持力度。在资金方面，文化企业因为无形资产比较多，实物资产比较少，所以贷款很难，导致经费支持比较困难；在税收减免方面，近年来，文化产品的出口退税逐步降低，比如书报刊从17%降到13%，现在又降到了11%，税收出口退税比较低；另外审批程序上也非常复杂，因为文化产品和服务出口审批程序比较繁琐，有些国外演出档期又很紧，文化产品交期比较明确，所以，有时会影响对外文化演出、对外文化交流。另外，部门的规章和相关政策衔接配套还不够，省级以下的地方性的扶持政策和具体实施措施还有待于进一步制定与完善。此外，文化产业监管的分类标准、指标体系、文化资产的评估办法也有待于进一步建立和完善。

第四，文化“走出去”的平台和管道还有待于进一步整合和拓展。现在文化交流项目大部分是政府主导的非营利项目，所以，送出去的多，卖出去的少，即使为数不多的商业演出，由于前面几大原因，商业运作的管道、手段比较落后，收入很低。比如，2009 年海外演出 16373 场，商演的受益只有 7685 万，平均每场不到 5000 块钱，他们也统计过，我们国家的文化演出，海外演出价最高的杂技、芭蕾舞“天鹅湖”每场只有 3 万美元的收入，而柏林爱乐乐团在上海演出价每场 33 万欧元；我们全部海外商演年收入只有 7685 万元，不到一亿美元，这个收入相当于加拿大太阳马戏团一年的海外演出收入还不到。所以，这个问题不容小觑。

另外，我们的商业化程度比较低，平台管道比较狭小。比如影视，目前影视比较畅通的管道只有长城平台和参与影视的交易展，版权的输入输出处在一个比较低的水平，还没有建立起一套成熟、有效的海外市场的营销系统。民间的文化机构也太少，数量少，规模小，而且缺乏真正懂得国际市场又懂得中国文化艺术的国际展演的经纪机构和经纪人。同时，我们在文化交流方面缺少比较优秀的翻译，文化产品和经济产品不同，除了一些非语言类的文化艺术以外，比如图书、话剧等等都需要语言的桥梁，所以，翻译是中国文化“走出去”的一个重要桥梁。我们的文化能走出去、走多远在很大程度上取决于我们能不能用地地道道的外文、用外国人理解的方式恰当地表达我们文化的内容。所以，到目前为止，我们的文化“走出去”的确是面临着非常严峻的现实。

对症下药 逐一破解瓶颈

记者：针对这些问题，为了更好地推进“文化走出去”战略，民进有何建议呢?

朱永新：首先要制定文化“走出去”战略规划，明确战略目标和战略重点。从国家层面来讲，要结合“十二五”规划的制定，科学编制文化“走出去”的战略发展规划，并作为“十二五”期间文化建设的重要战略任务来部署。规划中要明确文化“走出去”的中长期战略目标，明确政策导向和重点工程、重点任务，列出线路图和时间表。要结合我国文化多样性、发展多阶段的特点，合理选择我国文化贸易的目标市场，明确国家与地方、东部沿海与中西部地区，以及边疆省份的分工和任务，做到各有侧重，各有目标，避免重复建设和不良竞争。国家要注重从全局层面疏通管道、搭建平台、整体推进，地方则注重内容建设，提供有地方和民族特色的文化产品和服务，打造一批具有国际影响力和竞争力的文化企业。此外，要把中国哲学社会科学“走出去”作为文化“走出去”战略的重要内容，推动具有中国特色、中国风格和中国气派的社会科学理论，对当前中国问题特别是“中国故事”的跨学科深度研究成果，以及中国优秀哲学文化传统走向世界。

其次，要理顺文化管理体制机制，加强对文化事业和文化产业的组织领导。为加强对这项工作的领导，国务院建立了以文化部为牵头单位的“对外文化工作部际联席会议”，但其对部门工作的整合力度还有待加强。建议该部际联席会议由国务院分管领导牵头，以加强协调整合力度。在省市层面，应建立由分管领导牵头，相关部门参与的文化“走出去”协调机构，领导和管理全省文化“走出去”工作。

第三，加快海外中国文化中心建设，建立对外文化宣传阵地。建立海外文化中心是世界很多国家，特别是西方国家的通行做法。美国、英国、德国等在世界上都有上百个文化中心，其传播本国文化和价值观念、塑造国家形象的作用是不可替代的。我国已在非洲、欧洲和亚洲的 9 个国家建立了中国文化中心（南北美洲和大洋洲尚无中国文化中心）。据了解，目前已经在建、商建和提出希望建设中国文化中心的还有将近 40 个国家。海外中国文化中心要根据我国外交的总体需要，加强与驻在国文化机构的合作，面向国外主流社会，以展示我国悠久文明和当代经济、文化建设成就为主要任务。在建设布局上，要以欧美和周边国家为重点，辐射广大亚非拉国家，以形成海外中国文化中心网络。要解放思想，探索建设中国文化中心的多层次、多方式模式，加快中国文化中心的建设步伐。就层次来说，可以官方、半官方、民间并存；就方式而言，可以和当地友好组织合作举办文化中心。

第四，要完善文化产品出口的配套政策，进一步加大扶持政策的实施力度。近期，应着重加强以下几项工作：完善相关法律法规体系，以法律的形式明确政府、社会组织和个人建设文化事业的责任和义务，为推进文化“走出去”提供法制保障；研究制订文化产品、文化资产评估办法，尽快建立文化企业无形资产评估体系，促进文化产业和金融资本对接；建立文化产业分类标准、数据统计体系，以及对外文化贸易数据库，为政府的制定政策和企业决策提供服务；简化审批程序、放宽审批条件，对从事文化产品和服务出口的文化企业的销售人员、演出人员，在办理出国（境）手续上，可实行一次审批、全年有效的做法。

最后，整合、拓宽管道，建立国际市场的营销网络和“走出去”服务平台。从国家和省市层面，要为推广我国的文化产品做好宣传、服务工作。一是要加大政府牵头、文化企业参加的各种国际和国内的展会的力度，多组织一些像中国（深圳）国际文化产业博览交易会、2009 年法兰克福书展（中国主题）这样的大型展会和活动，以提高中国文化产业在世界范围内的知名度。二是要充分发挥中国驻外文化机构（包括使领馆文化处）的作用，为国内文化产品和项目牵线搭桥，进行各国和地区文化环境、广告政策、媒体结构关系、消费者喜好倾向的调查研究，定期出台“企业投资海外文化产业指导目录”，为文化企业投资海外提供导向和指南。三是建立健全行业协会，组织国内文化产业机构与海外中介机构的合作，包括国际专业会展机构、经纪代理机构、专业刊物等，与其建立合作伙伴关系。对已经过市场检验的优势项目，不仅要进行商业运作，而且要大胆尝试虽有风险但收益更大的运作方式。还可借助现有海外华人文化传播资源，采取投资、合作、参股等方式，经营各类海外“中国文化城”、“中国书城”等，建立文化产品国际连锁经营网络。四是以国家财政支持的方式成立文化产品编译工作室，为文化产品提供高水平、高性价比的编译服务。

此外，文化的建设和文化体制改革的关系也是非常密切的，文化“走出去”需要一个好的文化体制的配合。我国怎样推进大文化体制建设，如何更多地发挥民间的力量，调动民间力量参与中外文化交流，这些都是文化“走出去”战略中需要思考的问题。

8 月

在全国现代农业建设中发挥示范作用
严隽琪在黑龙江垦区调研大农业建设

2011 年 8 月 3 日至 7 日，全国人大常委会副委员长、民进中央主席严隽琪在黑龙江调研，并在建三江管理局对现代化大农业建设情况进行考察。

8 月 6 日上午，严隽琪在建三江管理局二道河农场万亩大地号考察。一望无际的万亩稻田郁郁葱葱，生机盎然。此时，两架为水稻防病健身的农用飞机从空中掠过。

严隽琪说，只有来到黑龙江垦区才知道什么是真正的现代化大农业。她希望垦区进一步把农业现代化这篇大文章作好，为维护国家粮食安全做出更大的贡献。

严隽琪考察了七星农场第四十三作业站寒地水稻高科技园区，当得知园区将 3S 技术应用到农作物的估产、病虫害预警中，真正实现了农业的数字化管理，她对农场的做法给予了肯定。

严隽琪说，黑龙江垦区在农业机械、农业基础等方面都堪称国内乃至世界一流，发展水平及取得的成绩令人振奋。

严隽高度评价了黑龙江垦区为国家粮食安全、食品安全作出的贡献。她说，我一直都很向往北大荒，今天来到这里，感到十分振奋。党中央十分重视粮食安全问题。我十分敬佩黑龙江垦区在狠抓粮食生产，保障国家粮食安全上的奉献精神。

严隽琪要求，垦区要紧紧围绕现代化大农业谋划总体发展思路，科学定位，主动承担使命与责任。要坚持走现代化大农业之路，继续为国家多生产粮食，并在提高粮食品质上下功夫，对周边农村、农民起到引领、示范、带动和促进增收的作用，进而在全国的现代农业建设中发挥示范作用。

黑龙江省人大常委会副主任符凤春等陪同陪同考察。

为构建社会主义和谐社会贡献智慧和力量
学习“十二五”规划纲要有奖征答活动圆满结束

2011 年 8 月 8 日，民进网站发布本报道。

为促进我会各级组织和广大会员深入学习《中华人民共和国国民经济和社会发展第十二个五年规划纲要》（以下简称“十二五”规划纲要），更好地把握国情，为实施“十二五”规划、转变经济发展方式、实现科学发展、构建社会主义和谐社会贡献智慧和力量，民进中央于今年 4 月至 6 月举办了三期学习“十二五”规划纲要有奖征答活动。

本次活动由民进中央宣传部和各省级组织共同举办，为进一步发挥地方组织的主动性和积极性，由各省级组织主要负责活动的具体组织、实施和协调等相关事宜。各省级组织把开展学习“十二五”规划纲要有奖征答活动，作为建设学习型政党、学习型机关、学习型组织的一个重要抓手，广泛发动地方组织、基层组织和广大会员积极参与，并通过会刊（报）和网站（页）做好宣传和引导。

截至 7 月 31 日第三期征答活动结束，民进中央宣传部共收到各省级组织寄来的有效答题卡 81961 份，总的参与人次约占全国会员总数的 22.29%，其中参与人次排名前十的省级组织依次是辽宁、河南、重庆、浙江、江苏、广西、山西、四川、湖北、上海，会员参与率排名前十的省级组织依次是河南、重庆、广西、山西、湖北、辽宁、四川、浙江、新疆、宁夏。

据三期有奖征答活动的数据统计，平均有 197 个地市级组织参加了有奖征答活动的组织工作，约占全国地市级组织总数的 74.06%。天津、重庆、吉林、江苏、浙江、河南、湖北、湖南、广西、海南、四川、新疆等 12 个省级组织每期地市级组织参与率均达 100%，实现了全动员、全覆盖。

活动中，一些省级组织通过多种方式，有效调动各级组织和会员参与的积极性，创造出许多宝贵经验。民进河南省委在 3 月 23 日召开的民进河南省委四届十四次常委扩大会议上，将学习“十二五”规划纲要有奖征答活动作为一个议题专门进行了安排和部署，为有效组织开展活动奠定了良好的基础。民进河南省委下发了关于组织开展学习“十二五”规划纲要有奖征答活动的通知，对学习活动资料的公布、征答试题和答题卡的发布、答题卡的回收和统计、答题卡和统计表的报送、情况通报、表彰奖励办法等都提出了具体要求，明确了活动的程序，增强了活动的可操作性。省委会还采取机关干部与相关组织定点联系的办法进行督查，协助各市委和省直各基层组织按时完成征答工作。

民进重庆市委在《关于举办学习〈中华人民共和国国民经济和社会发展第十二个五年规划纲要〉有奖征答活动的通知》中，明确提出有奖征答活动由民进市委宣传部和各区县委、工委、直属支部专人负责，责任具体落实到部门和专人。市委会宣传处除利用各种会议组织会员答题外，还充分利用网络优势做好组织工作，在民进重庆市委网站“学习园地”栏目和通知公告栏目登载有关征答活动的内容，在“重庆民进支部主任之家 QQ 群”发布活动题目和答题卡。同时，为调动会员积极性，加大奖励力度，除从答案正确的答题卡中每期抽取优秀个人奖之外，还设置了优秀组织奖、优秀组织者奖，颁发获奖证书和奖金。

民进山西、辽宁、江苏、浙江、湖北省委，民进广西、新疆区委等省级组织也通过下发通知、制定参与活动奖励办法等多种形式，认真做好有奖征答活动的组织落实工作，及时公布各级组织参与情况，对表现突出的市级组织、基层组织、会员进行奖励和通报表彰。

在各省级组织的重视和推动下，学习“十二五”规划纲要有奖征答活动取得积极成效，特别是在会员参与总数、会员参与率、活动覆盖面等几个方面都取得了新的成绩，对于指导和推动全会充分认识“十二五”规划的重大意义，组织好“十二五”规划纲要的学习，促进民进全会在“十二五”时期更好地履行参政党职能发挥了重要作用。

为最需要帮助的人群做力所能及的事
王佐书出席民进中央联络委员会2011年年中工作会议并讲话

2011年8月13日，民进中央副主席王佐书在陕西省西安市出席民进中央联络委员会2011年年中工作会议并讲话。他说，从联络委员会工作总结和大家的发言中可以看出各位委员对民进的热爱和对联络委员会工作的重视。上半年工作取得的可喜成绩，是委员们共同努力的结果，也是委员们社会责任感的体现。感谢各位委员为民进所付出的辛勤劳动和努力。

王佐书强调，为民进中央履行职能服务，为人民服务，为最需要帮助的人群做力所能及的事，是联络委员会的主要工作，同时也希望每位委员在各自力所能及的范围内帮助弱势群体。开展工作要讲究可持续性，希望联络委员会在工作中切实做到“找准角度、力所能及、竭尽全力、讲究实效”，取得更大的成绩。

民进陕西省委主委李进权出席会议并致欢迎词。

民进中央联络委员会主任梁勇在会上作了2011年上半年工作情况汇报。他说，上半年联委会积极响应中共中央和民进中央的号召，充分调动委员的积极性、发挥委员的优势和特长，整合会内外资源，在做好贵州金沙帮扶工作、开展援疆捐助活动、推进“光明行”等方面取得了进展，自身建设也进步显著，委员个人在参政议政、海外联谊等方面认真履行职责。下半年，联委会将按照民进中央的统一部署和要求，围绕2011年工作计划，结合自身特点和实际情况，切实履行好参政党职能。

会议围绕下半年工作计划和今后一段时间的工作规划展开了热烈的讨论，提出了建设性的意见建议。

会上，民进中央社会服务部负责人对联委会长期以来大力支持民进中央社会服务各项工作表示诚挚的谢意，并介绍了社会服务部2011年上半年主要工作情况、下半年拟开展的主要工作项目和开明慈善基金会筹备进展基本情况。

王佐书在会议期间为与会委员和陕西民进企业家联谊会成员作了专题报告，受到与会人员的热烈欢迎。

与会同志参观了张孝林创办的西安华海医疗信息技术股份有限公司、陕西民进会员王勇超创办的关中民俗艺术博物院，与陕西民进企业家联谊会成员进行了聚会，促进了彼此之间的交流和沟通，增进了委员之间、会员之间的感情，增强了组织的凝聚力。

会议由民进中央联委会副主任张孝林主持。副主任刘红、佟伟、陈正拜、曹兴强，委员王大明、闫薇、汤有祥、任芳、赵彤、王德荣、南国良、周文涛、方同华、李治欣等出席会议。民进陕西省委秘书长高争丽列席会议。会议特邀民进会员、中国华力控股集团有限公司董事长丁明山参加上述活动。

本次会议得到民进陕西省委、陕西民进企业家联谊会、张孝林创办的西安华海医疗信息技术股份有限公司、任芳所在的西京学院、陕西民进会员王勇超创办的关中民俗艺术博物院的大力支持和协助。

统一战线参与毕节试验区建设的一个重要举措
“同心·彩虹行动”
2011 年教研员和骨干教师暑期培训班在京举行

2011 年 8 月 16 日至 19 日，“同心·彩虹行动”2011 年教研员和骨干教师暑期培训班在京举行。全国人大常委会副委员长、民进中央主席严隽琪，全国政协副主席、民进中央常务副主席罗富和委托有关领导同志向完成学习顺利结业的各位学员表示了祝贺。民进中央副主席王佐书、副主席兼秘书长朱永新等为培训班讲座。

此次培训班由民进中央主办，民进中央社会服务部、北京睿升培训学校承办，是民进中央继续推进“同心·彩虹行动”的重要举措，是贯彻《国家中长期教育改革和发展规划纲要》的具体表现，是民进认真学习、深刻领会、全面贯彻中央领导同志关于推进毕节试验区建设指示精神，积极参与支持试验区人才培训工作的重要内容。

参加培训的人员有贵州省金沙县、安龙县的 51 名教研员，民进各省级组织选派的 29 名骨干教师。

8 月 16 日上午，王佐书和中央统战部办公厅巡视员、副主任申占华出席开班式并讲话。

王佐书在讲话中说，教育战线主要由教育行政人员、校内行政人员、教师、教研员、教育督导员、教育科研人员等 6 支队伍构成，教研员是培养教师的重要队伍，既要研究教，还要研究学，对培养教师，提高教育质量有着极为重要的作用和意义，希望学员们珍惜此次培训机会，认真学习，充分了解政策、增进知识、努力提高工作能力，将发达地区的好做法、好经验应用于自身的工作实际，为毕节地区教育发展贡献力量。

王佐书说，民进教师暑期培训班的诞生、发展，是民进老主席、德高望重的雷洁琼同志促成的，每年暑期民进中央都会继承这一光荣传统，从全国各地邀请一批有着丰富教学经验的校长和教师来北京进行学习和参观，既表示对教师的尊敬，也是对教育工作的具体落实。今后民进还会根据形势需要，不断加大人才培训力度，多为贵州省毕节试验区办好事、办实事，为促进试验区教育改革与发展，推进毕节试验区建设作出应有的贡献。

申占华对本次培训班的举办表示祝贺。他说，中共中央对毕节试验区建设非常重视，此次培训是统一战线参与毕节试验区建设的一个具体举措，也是一项重要内容，希望大家共同努力，认真贯彻落实《国家中长期教育改革和发展规划纲要》，为“同心·彩虹行动”贡献力量。

贵州省金沙县教育局副局长彭洪祥代表学员们对民进中央为大家提供的培训机会表示感谢，并表示要抓住机遇，提高思想，完成学习任务，切实收到实效，推动金沙县教育事业再创辉煌。

举办本次培训班得到民进中央联络委员会副主任、钱江实业有限公司董事长陈正拜的大力支持。民进中央社会服务部、中央统战部办公厅社会服务处负责人和培训班学员出席开班式。

王佐书在开班式后为学员们作了教育思想与教育理念的专题讲座。

8 月 19 日，朱永新为“同心·彩虹行动”2011 年教研员和骨干教师暑期培训班作了题为“过一种幸福完整的教育生活”的专题报告。他说，新教育是指以教师发展为起点，以营造书香校园等六大行动为途径，以带动新教育共同体成员过一种幸福完整的教育生活为目的的教育实验。新教育实验是“新”的教育，是“心”的教育，是“行”的教育，是“幸”的教育，是“星”的教育，是“信”的教育。教育是一种生活方式，新教育强调“过一种幸福完整的教育生活”，这既是对教育终极意义的思考与追求，也是对当下畸形教育提出疗治的愿望与计划。在素质教育成为越来越多人共识的同时，学生的童年和青春却充满失败，许多学生已失去了追求理想的冲动，失去了淳朴的情怀和感恩之心。新教育实验提出“教育幸福”，首先针对的就是这些畸形的教育而言的。

朱永新说，与“学习只是为将来的工作与生活作准备”的观点相反，教育本身就是生活，教育就是生活的方式，是行动的方式，教育在作为促进美好生活的手段的同时，本身就应该是幸福的生活，是存在的目的。教育生活不仅存在于学校，父母与子女的沟通、职业生涯的学习，都在其列。教育生活应该是幸福的，而不是痛苦的。

朱永新的讲座赢得了培训班学员的共鸣，掌声此起彼伏。大家认为，讲座视野开阔，寓理于情，贴近实际，使大家获益良多。讲座蕴涵着对一种幸福完整的教育生活的向往，更是对教育终极意义的追求。

8 月 19 日，“同心・彩虹行动”2011 年教研员和骨干教师暑期培训班圆满结业。朱永新作总结讲话，并向学员代表颁发了结业证书。他在讲话中概括了此次培训班主要特点和收获，对学员们的学习成果给予了充分肯定。他说，民进暑期教师培训班是民进中央一项传统工作，此次“同心・彩虹行动”培训班虽然时间比较短，但信息量大，取得了非常好的效果，希望学员们将所学习到的知识充分用到教育工作上，让更多的学生和老师受益。

朱永新向大家介绍了“教育在线”最近的一些活动安排，希望学员们关注教育在线网站，继续关注和参与新教育行动，并表示民进中央将继续帮助大家在教育事业发展上取得成绩。

金沙县木孔中心学校教研员邹永松、厦门市教科院讲师章立早作为学员代表先后发言，汇报了 4 天来的学习研讨情况和培训参观的切身感受。他们在发言中认为，此次培训名师荟萃，安排的讲座贴近实际、深入浅出、精彩纷呈，帮助大家开阔了视野、扩展了思路，学到灵活多样的管理方法，使大家受益匪浅，是一个难得的提高机会，并表示将把学到的先进办学理念、教学方法运用到工作实践中去，为教育事业的发展作出更多的贡献。

培训期间，王佐书、朱永新，北京教育考试院副院长臧铁军，中国教育学会常务副会长、研究员谈松华，北京教科院研究员吴正宪，海淀区教师进修学校特级教师吴琼为学员们作了 6 场专题讲座，包括“教育思想与教育理念”、“过一种幸福完整的教育生活”、“考试改革与考试数据的分析和使用”、“国内教育发展动态”、“教师专业发展”、“高效教研活动的设计与实施”等内容。

学员们还游览了颐和园，参观了首都博物馆、鸟巢、水立方等。

进一步提高民进机关整体协调服务能力
罗富和在河北陕西调研民进机关建设

2011 年 8 月中下旬，全国政协副主席、民进中央常务副主席罗富和在河北省陕西省等地调研民进机关建设。

8 月 18 日至 21 日，罗富和在河北省石家庄市、保定市等地调研民进机关建设。

罗富和分别与民进河北省委、石家庄市委进行了座谈，听取了民进河北省委主委王刚，民进石家市委主委石汉文关于机关建设情况的汇报，征求了对民进中央机关工作的意见，就党派机关建设中存在的困难和问题进行了研讨，看望了民进河北省委、石家庄市委的机关干部。

罗富和在讲话中说，党派机关是参政党履行职能的重要保障部门，发挥着参谋、组织、协调、服务的作用。党派成员最大特点是“兼职”。加强党派机关建设，进一步提高机关整体协调服务能力，对党派自身建设、履行参政党职能具有极为重要的意义。

罗富和说，新形势下加强参政党机关建设，要把握参政党建设的历史方位，立足党派机关的特点，进一步增强对机关建设重要性的认识。新时期执政党重视充分发挥参政党作用，我国的大政方针在决策前，都征求民主党派的意见和建议，进行充分协商，为党派充分发挥参政党作用提供了必要而有利的条件。同时，国内外形势新变化，执政党和国家事业的新发展，对我们参政能力提出了新要求。我们面临着参政能力不足的危险，需要进一步加强参政党的政治把握能力、参政议政能力、组织领导能力、合作共事能力建设。党派机关也面临着能力不足的危险，需要进一步加强机关建设，增强干部队伍素质，提高服务水平和服务能力。在机关建设工作中，制度建设以规范为目标，文化建设以和谐为目标，能力建设以高效为目标，作风建设以严谨为目标。对党派机关干部个人能力建设而言，主要是办文、办事、办会能力的提高。

罗富和对民进河北省委、石家庄市委机关建设取得的成绩给予高度评价。民进河北省委、石家庄市委高度重视机关建设，加强对机关建设的领导，建立健全各项规章制度，完善长效工作机制，各项工作有章可循；重视干部队伍建设，做好对年轻干部的培养和“传、帮、带”，不断提高干部综合素质。重视加强信息化建设，提高工作现代化水平和工作效率；重视建设良好的机关文化氛围，增强了机关的凝聚力、战斗力。在机关人员少、事情多、经费有限的条件下，努力调动机关干部的积极性，充分发挥会员的自身优势，各项工作取得了可喜的成绩，受到了当地党委、政府以及统战部的充分肯定，树立了民进组织的良好形象。

罗富和感谢民进河北省委、石家庄市委对民进中央工作提出的意见建议，勉励民进河北省委、石家庄市委进一步加强自身建设，积极履行参政党职能，为促进当地的经济社会发展发挥更大的作用。

8 月 21 日下午，罗富和在民进保定市委调研，看望了机关干部并座谈。他认真听取了民进保定市委主委张国立关于近年来加强市委机关建设的汇报，听取了市委（驻会）副主委杨俊、分管参政议政工作的副主委张利平、分管社会服务工作的副主委李敏生的会务情况汇报，并与机关干部深入交流，就民主党派市级组织机关建设的重点和难点问题进行了研讨。

罗富和在讲话中充分肯定了民进保定市委在加强机关建设方面作出的努力和取得的成绩。他说，民进保定市委在机关建设方面成绩突出、特点鲜明。市委机关以促进民进事业的发展为工作的出发点和归属点，以身作则，发扬团结协作精神，实现了机关与市委领导班子、机关和基层组织和会员的良性互动，同时，规范有序，积极进取，开拓参政议政渠道、打造社会服务品牌，为当地经济社会的协调发展作出了贡献。

罗富和说，民进各级机关和广大专职干部，为促进我国多党合作政治制度的完善与发展作出了贡献，为民进建设高素质参政党发挥了重要作用。在国家进入“十二五”规划建设的新形势下，要建设与中国共产党同心同德的高素质参政党，加强民进各级机关建设就显得尤为重要。

罗富和强调，在探索加强新形势下民进机关建设的过程中，应以践行社会主义核心价值体系为指导，大力弘扬民进的优良传统，通过宣传民进代表性人士的先进事迹、优秀品德，鼓舞和带动全会形成吃苦耐劳、无私奉献的精神，增强全会的凝聚力和向心力。同时，机关建设应以加强能力为重点，围绕国家“十二五”规划纲要的实施，结合本地实际，深入调查研究，积极建言献策。

罗富和还向与会同志介绍了民进中央近期工作，并征求大家对民进中央机关工作的意见建议。

王刚主持座谈会。民进十大代表张利平等同志出席座谈会。

罗富和在河北期间会见了省政协主席刘德旺。河北省政协副主席、民进河北省委主委王刚陪同调研。

8 月 30 日，罗富和在民进陕西省委召开座谈会，听取有关方面情况汇报和意见建议。陕西省政协副主席、民进陕西省委主委李进权主持座谈会并汇报工作。

罗富和认真听取大家的发言并讲话。他充分肯定了民进陕西省委近年来在机关建设方面所作出的努力和成绩。他说，加强民主党派自身建设的核心就是要建设一支适应时代要求的高素质参政党，要提高认识，正确处理好民主党派的进步性与广泛性关系，切实增强政治认同，坚定与中国共产党同心同德、同心同向、同心同行的政治立场，以新作为巩固老阵地，在顺势中开拓新领域；要全面加强队伍建设，增强队伍素质，不断提升队伍的政治把握、参政议政、组织协调、合作共事等综合能力，努力建设适应中国特色社会主义伟大事业要求的高素质参政党；要以规范、和谐、高效、严谨为目标，不断加强和完善制度建设、文化建设、能力建设、作风建设，调动各方面积极性，为推进民进事业的新发展作出努力。

中共陕西省委统战部副部长郑洁等在座谈会上发言。

有为才能有位 不断加强建设 严隽琪视察民进大庆市委并座谈

2011年8月19日，全国人大常委会副委员长、民进中央主席严隽琪在民进大庆市委看望机关工作人员，并与市委领导班子及各界会员代表座谈。她认真听取工作汇报和大家的发言并讲话。

严隽琪首先向参加会议的民进会员代表表达了亲切的问候。她说，大庆是一个英雄的城市，大庆在建设中所形成的无私奉献、艰苦创业、敢于担当的精神让人敬仰。这次，借出席在大庆召开“中国青爱工程五年经验交流会暨大庆基地授牌仪式”活动的机会，看望大庆的民进组织和会员，感到很高兴。

严隽琪对民进黑龙江省委、民进大庆市委认真贯彻落实民进中央的各项工作要求，并取得可喜成绩，给予充分的肯定。她说，参政党的发展需要广大基层组织和会员的热情支持，很多鲜活的经验和成果都是基层创造出来的。作为民主党派成员必须要树立“有为才能有位”的思想，要不断提高建言献策的能力，提高各级领导班子的领导能力，要准确把握当前的国内外形势，抓住发展的重要机遇，坚持“有思有行、集智聚力、顺势而为、开拓创新”的工作方针，不断加强各项建设。

严隽琪强调，在加强能力建设中，必须要做到“四个互动”，即参政党建设要与执政党建设互动，积极学习借鉴中国共产党的建党经验；民进中央与地方组织互动，互相促进，发挥会内最大优势和资源；专职工作和兼职工作的互动，发挥本职工作优势，提高会内工作质量；会内和会外互动，联合和借助其他社会力量，做好民进的工作。

严隽琪要求民进各级组织要认真做好会史的积累工作。她说，今天的工作就是明天的历史，要做好点滴积累，做到“新账不欠，老账抓紧还”，按照民进中央的部署和要求，把“口述会史”的工作做好做实。希望黑龙江民进的各级组织能够继续发扬大庆精神，把民进的工作推向更高的水平。

黑龙江省副省长、民进黑龙江省委主委程幼东出席座谈会并汇报民进黑龙江省委近期工作。黑龙江省政协副秘书长、民进省委副主委康凤英，中共大庆市委统战部部长崔莹等出席座谈。大庆市政协副主席、民进大庆市委主委于智玲作汇报，各位副主委结合各自分管的工作作补充，部分会员代表发言。民进大庆市委领导班子、各基层支部主任和各界会员代表近40人参加了座谈会。

严隽琪号召全社会关爱青少年 民进中央等主办中国青爱工程五年经验交流会暨大庆基地授牌仪式

2011年8月20日，全国人大常委会副委员长、民进中央主席、中国青少年艾滋病防治教育工程总顾问严隽琪在大庆出席中国青爱工程五年经验交流会暨大庆基地授牌仪式并讲话。民进中央副主席、青爱工程总顾问王佐书出席会议。

民进中央、中华慈善总会、中国教育学会主办本次大会，活动由中共大庆市委、市政府及中国青少年艾滋病防治教育工程办公室承办。会议期间，来自全国各地的与会代表在大庆市进行多场座谈、培训、经验交流并参观考察。

严隽琪在会上为中国青爱工程大庆基地授牌，大庆市政协副主席、民进大庆市委主委于智玲代表黑龙江省委常委、大庆市委书记韩学键接受铭牌。王佐书为大庆市青少年青春期教育研究会会长李智廉颁发《中国青爱工程大庆总顾问》聘书。

严隽琪在讲话中说，艾滋病防治是关系中华民族素质和国家兴亡的大事。青爱工程专注于学校防艾教育、性健康教育、心理健康教育和公益慈善理念培育，经过五年努力，取得了积极的阶段性成果。青爱工程的创新之举，符合时代潮流，符合改革开放的形势。

严隽琪说，大庆是有着铁人精神优良传统的光荣城市，今天大庆市青爱工程基地揭牌，我们很期待大庆今后取得良好成绩和宝贵经验，希望大家用好政策，激发全社会的爱心，动员各方面的力量，把这项十分有意义的工作开展起来。

严隽琪说，青爱工程号召全社会关爱青少年，这是对青少年负责的重要体现。青爱工程提出的“青少年艾滋病防治，学校是基本面，性教育是主战场”这个论点很鲜明，主张很明确，是有的放矢。青爱工程是民间协助政府、主动承担责任，做面向基层的工作，丰富了慈善事业的内涵。这个专门的慈善教育项目，要树立品牌，持之以恒地、充满激情地、富有创造性地开展工作。

严隽琪说，青爱工程“青爱小屋”这一创新之举，用一个简单形象的“小屋”概念，让艾滋病防治要求和机制的创新，在学校的现实当中找到了落脚点。大庆市今明两年要建 400 间“青爱小屋”，很期待大庆这个英雄城市在青爱工程中，同样取得良好的成绩和宝贵的经验。也希望能进一步激发全社会的爱心，动员各方面力量，把这项十分有意义的工作开展的更好。

严隽琪说，青少年的健康成长关系国家民族的未来，希望青爱工程进一步强化能力建设。同时，民进责无旁贷，愿意和青爱工程合作同行，并祝愿青爱工程在未来五年取得更大的成绩。

中国教育学会会长、青爱工程领导小组组长顾明远，黑龙江省人大常委会副主任陈述涛，中华慈善总会副会长、青爱工程领导小组常务副组长邓铜山，中华慈善总会副会长、卫生部原副部长彭玉，大庆市部分老领导等出席大会。

青爱工程全称中国青少年艾滋病防治教育工程，是中华慈善总会和中国教育学会共同主办的慈善教育项目，于 2006 年 12 月 23 日在北京启动。目的是充分发挥慈善机制的作用，动员全社会，推动学校开展防艾、性健康、心理健康及慈善教育，以实现对青少年的关爱，并救助部分艾滋孤儿、孤老。

严隽琪在大庆期间，还考察了龙凤湿地，参观了大庆油田历史陈列馆、大庆规划展示馆。

陈述涛和黑龙江省副省长、民进省委主委程幼东陪同考察。

不断推进适应时代要求的高素质参政党建设
民进中央举行学习胡锦涛“七一”重要讲话报告会

2011 年 8 月 25 日，民进中央学习贯彻胡锦涛同志“七一”重要讲话精神报告会在京举行。民进中央常务副主席罗富和，副主席潘贵玉出席会议。中国人民大学马克思主义学院副院长兼中共党史系主任、博士生导师杨凤城教授应邀作解读“七一”重要讲话的专题辅导报告。

杨凤城在报告中从历史和现实两个维度对“七一”重要讲话进行了解读，全面概括了中国共产党 90 年历史回顾与经验总结、中国共产党的建设、现阶段中国共产党所肩负的历史使命等三个方面的主要内容。他详细介绍了“七一”重要讲话中的一些新概括和新提法，并重点结合中国共产党纪念诞辰的历史，特别是纪念中国共产党成立 60、70、80 周年大会上的领导人讲话，作了对比分析和深入讲解。报告层次清晰、重点突出、高屋建瓴、阐释入微，使与会同志对“七一”重要讲话的重大历史意义和现实意义、重大理论观点和各项工作要求都有了更加深刻的认识，受到大家一致好评。

与会同志说，深入学习“七一”讲话精神，对于民进按照执政党建设与参政党建设相互促进的要求，不断推进适应时代要求的高素质参政党建设具有重要指导意义。会后将进一步加深对报告内容的理解和消化，更好地学习领会“七一”重要讲话精神实质，切实把思想和行动统一到讲话精神上来。

按照民进中央工作部署，民进将把学习贯彻胡锦涛同志“七一”重要讲话精神，贯穿到今年全年和今后一段时期的各项工作之中，通过举办座谈会、报告会、研讨会、培训班、理论征文等活动，深入学习贯彻讲话精神，深入认识国内外形势发展新变化，深刻理解执政党和国家事业发展新要求，进一步加强自身建设，更好地履行参政党职能。7 月以来，民进各级组织开展了形式多样、内容丰富的学习活动，并把学习贯彻讲话精神落实到加强自身建设和履行参政党职能的各项工作之中，推动全会工作取得了新的积极进展。

民进中央在京常委、中委、各专委会负责人出席报告会。民进中央、开明出版社干部职工列席聆听报告。

两岸齐心合力创造中华民族更加美好的未来
严隽琪 罗富和 王佐书 朱永新会见台湾民意代表交流参访团

2011 年 8 月 26 日，全国人大常委会副委员长、民进中央主席严隽琪晚宴饶颖奇率领的台湾民意代表交流参访团并致词。

全国政协副主席、民进中央常务副主席罗富和在民进中央会见台湾民意代表交流参访团。民进中央副主席王佐书，副主席兼秘书长朱永新出席会见。

严隽琪出席晚宴并致词。她说，在两岸有识之士的共同推动下，参访团第二次到访大陆。大陆高层对参访团到来非常重视，中共中央政治局常委、全国政协主席贾庆林亲自接见了参访团一行，受到了社会各界的广泛关注。在紧张繁忙的行程中，参访团能够到访中国民主促进会中央委员会，让我们深深感到双方的情谊与信任。

严隽琪说，重视民心和民意，这是中国自古就流传下来的政治智慧。在现代民主政治中，如何建设服务型政府，如何畅通民意表达渠道，促进政府的决策更加科学民主，真正代表最广大人民群众的根本利益，这不是件容易的事情，但这也是民进努力的方向。民进作为参政党，一直孜孜不倦履行自身职能，为走出一条符合中国国情的民主政治建设之路而努力。

严隽琪说，参访团此次先后到上海、南京、北京参观访问，这几个城市都是大陆经济发达的大城市，但大陆疆域辽阔，人口众多，各方面情况十分复杂，东中西部区域经济社会发展很不平衡，城乡一体化进程还远远没有完成，还面临着一些困难和问题。我们希望参访团能够多来大陆，能有更多的民意代表，走更多的地方，进一步加深对大陆的了解和认识，我们也要多到台湾去，只有加强交流，更加了解双方的实际情况，才能建立更深厚的友谊。

严隽琪说，当前两岸在应对国际金融危机、社会民生、环境保护等方面都面临着一些共同的问题，两岸同根同源，有着共同的历史和文化传统，理应共同面对挑战，携手并进，取长补短，齐心合力，创造中华民族更新更美好的未来。中国民主促进会尤其是会员中的众多人大代表和政协委员，愿与台湾民意代表一道努力，多做顺应民心、反映民意、造福民生的事情。两岸关系的和平发展，一定会增进两岸同胞的福祉。

罗富和在座谈时简要介绍了中国民主促进会的发展历史和基本情况，重点介绍了民进参与高层政治协商，在政协大会期间提交大会发言、党派提案，履行参政议政、民主监督职能的成果，以及开展社会服务、促进两岸交流的工作。他说，民进多年来一直积极致力于两岸关系的和平发展，在民进中央前任主席许嘉璐先生的倡导和努力下，逐步建立了三个对台交流的平台，即海峡两岸中华传统文化与现代化研讨会，海峡两岸中学校长论坛以及海峡两岸企业合作与发展论坛，通过这些平台同台湾各界人士建立了良好的合作关系。他特别感谢饶颖奇及各位台湾新老朋友对民进工作给予的支持和帮助。

饶颖奇说，来到中国民主促进会就像到家一样，感到很亲切，也更深地体会到了两岸同胞的血肉之情。增进两岸交流合作，推动两岸和平发展是全体中国人的共同心愿。台湾民意代表交流参访团自去年成立并开展活动以来，取得了一些积极成果，愿意与中国民主促进会一道，继续为促进两岸交流交往，推进两岸交流合作作出更大贡献。

全国政协港澳台侨委员会办公室巡视员赵东科，民进中央联络委员会副主任、钱江实业有限公司董事长陈正拜，民进会员、光华实业有限公司董事长许华，民进中央开明画院副院长、万盛亿集团董事长徐圭逊，民进中央及各部门负责人参加会见。

学习型机关建设要遵循规律总结规律
王佐书在津出席学习型机关建设理论研讨会并讲话

2011 年 8 月 28 日，民进北京市委、天津市委联合在天津滨海新区举办学习型机关建设理论研讨会。民进中央副主席王佐书出席并讲话。

研讨会上，四名发言人围绕“加强学习型参政党机关建设思考”、“建设高素质参政党机关要素”、“民主党派机关建设思考”等主题进行研讨交流，从宏观和微观层面探讨了新时期民主党派加强学习型机关建设的意义、着力点、切入点和方式方法。

王佐书认真听取了大家的发言并给予点评。他强调理论对于实践的指导作用，以及思想建设、组织建设、制度建设、作风建设对于机关建设的重要性，指出在实践中总结规律性认识的重要意义，并从思考问题方法的角度提出 12 种方法和与会同志交流。

王佐书说，规律是人们工作的路径和方法，做任何事都要遵循规律，否则就会受到规律的惩罚。学习型机关建设同样要遵循规律，并在实践中总结规律性认识；方向比努力重要，要在方向正确的前提下开展各项工作；为任何事业服务都是一个体系，研究任何事情，都要研究系统、优化系统、利用系统、改革系统；做任何事都存在可控因素和不可控因素，要把可控因素做好，通过可控因素抵御不可控因素带来的消极影响；任何一个人的工作都是全人格参与的过程，要在学习型机关建设中培养、要求、完善工作人员的全人格；执行力是领导者素质和执行者素质结合产生的合力，把事情做好做优需要领导者素质和执行者素质的共同提高。

王佐书 2010 年曾出席津京两地民进组织合作举办的“纪念民进成立 65 周年学习型参政党建设理论研讨会”并作报告。近年来，津京两地民进组织发挥理论研究资源优势，创新理论研究机制，搭建理论研究合作交流平台，实现理论研究资源互补，进一步推进理论研究成果转化。

中共天津滨海新区统战部、民进北京市委、民进天津市委、民进中央研究室、天津社会主义学院、民进滨海新区委员会有关负责人，民进北京市委、天津市委统战理论研究会成员等近百人参加会议。民进天津市委主持研讨会。

王佐书在津还考察了滨海新区。

严隽琪强调民进要为加快传统出版产业向数字化转型献计出力
民进中央等主办的 2011 北京国际出版论坛在京开幕

2011 年 8 月 30 日，由新闻出版总署、国务院新闻办公室和民进中央共同主办的 2011 北京国际出版论坛在京开幕。本届论坛的主题是“数字时代的国际出版业走向”。

全国人大常委会副委员长、民进中央主席严隽琪出席开幕式并致词。新闻出版总署署长、国家版权局局长柳斌杰，国务院新闻办公室副主任董云虎出席开幕式并作主题演讲。民进中央副主席兼秘书长朱永新出席开幕式。开幕式由新闻出版总署副署长邬书林主持。

严隽琪在致词中说，伴随着新技术、新产品、新解决方案的不断问世，数字出版的浪潮来势汹涌，全球出版格局也因此发生了翻天覆地的变化，出版业的数字时代已经到来。

严隽琪说，抓住数字化的契机，把握好我国出版业未来发展的方向，更有效地推动我国出版的转型升级，需要完善支持数字出版的政策、促进数字出版的立法工作、加强数字出版物的版权保护、提高数字出版的国际合作水平。

严隽琪说，中国民主促进会是以出版、教育、文化为界别特色的参政党，为促进中国出版业更好更快地发展出力献智，是民进义不容辞的责任。因此，民进一直对我国出版事业的改革与发展倾心关注，分析面临的问题，加强调查研究，努力建言献策。加快传统出版产业向数字化转型也应成为民进今后在出版领域参政议政的重点工作。

论坛上，来自国内外的出版界权威人士围绕论坛主题进行演讲，并就数字技术革命、数字时代的创新业态与盈利模式等问题进行了讨论。300 多位中外嘉宾出席本届论坛。

巴金始终代表中国作家的良心和责任
冯骥才为中国作家馆开馆揭幕并座谈交流

2011 年 8 月 31 日，民进中央副主席、作家代表冯骥才下午在京出席“中国作家馆”开馆仪式并揭幕。“中国作家馆”由中国作家协会主办、中国作家出版集团承办。

“中国作家馆”去年在第十七届北京国际图书博览会上首次亮相，重点展示近年来国内的文学创作出版成就和中国文学走出去的情况，备受好评。今年的“中国作家馆”再次全新亮相，以“数字出版”和“网络文学”为主题和表现形式，结合传统出版物的展示，展现中国作家和时代文学风采。

冯骥才与作协领导、作家、到场观众一同参观了“中国作家馆”。

冯骥才在馆内出席“作家版《再思录》与晚年巴金”座谈交流会。他和出席嘉宾就巴金和晚年作品《再思录》相关话题与到场读者进行了面对面的交流。

冯骥才在座谈中说，巴金晚年身份发生了重要变化，从作家转变成为知识分子。巴老始终代表中国作家的良心和责任，他将自己的全部热情和毕生精力倾注于我国的文学事业。

冯骥才说，一个好的作家能够写出几部好的作品，而一个伟大的作家要能看出他心灵的立场，只有这样的作品才能经得起历史的考验。当代的知识分子要像巴老一样，敢于讲真话，要有脊梁，这才能称为真正的知识分子。

冯骥才等嘉宾在博览会期间还受邀参加了“中国作家馆”的一系列访谈活动。

9 月

传播经验 传播精神
严隽琪出席北京霍懋征教育思想研究会成立大会

2011 年 9 月 3 日，在我国第 27 个教师节及著名教育家霍懋征诞辰 90 周年之际，以霍懋征命名的北京霍懋征教育思想研究会成立大会在京召开。

霍懋征是我国首批特级教师，是新中国基础教育第一人，中国教育的一面旗帜，人民教师的优秀楷模，全社会的一代师表。周恩来称她为国宝。薄一波为其题词：一代师表。温家宝到家里去看她，拉着她的手说："您不仅传播经验，还传播精神。这种精神很有感召力，非常值得我们学习……如果全国有千千万万像您这样的教师，中国就更有希望了。"并为她题词：把爱心献给教育的人。刘延东称她为"教育大家"。

霍懋征逝世后，教育部、民进中央、北京市教委等都召开了追思会。教育部向全国发出了向霍懋征学习的通知，民进中央也发出通知号召全国民进组织向她学习。

全国人大副委员长、民进中央主席严隽琪出席北京霍懋征教育思想研究会成立大会并讲话。教育部部长袁贵仁为大会发来贺信。教育部副部长刘利民、中国教育学会会长顾明远、中国民办教育协会会长陶西平出席会议。

民进中央副主席、民进北京市委主委刘新成，民进中央副主席朱永新等任北京霍懋征教育思想研究会顾问。

北京霍懋征教育思想研究会（以下简称研究会）是经北京市社会团体登记机关核准登记的非营利性社会团体，在北京市教委、北京教育学院、北京教科院的指导下开展工作，接受北京市民政局和登记管理机关北京市社团办业务指导和监督管理。

研究会以"弘扬霍懋征教育精神，传承霍懋征教育思想，推广霍懋征教育经验"为宗旨，以霍懋征总结一生从教经验"没有爱就没有教育"为价值取向，传播霍老师的教育教学经验，培养和造就更多"霍懋征"式的优秀教师，促进我国基础教育事业的可持续发展。

研究会业务包括总结、研究霍懋征老师教学与育人的实践经验和教育思想，定期开展霍懋征教育思想研讨会，传承并推广霍懋征教育思想；用霍懋征的教育思想和方法培训教师（尤其是对现任教师开展培训），建立霍懋征教学实践与教育思想研究基地，创办相关学术刊物，促进学术交流和理论研究；开发有关教师培训课程和多媒体教学资源，出版霍懋征教育思想文库，设立"霍懋征"奖，奖励一线教学实践及开展霍懋征教育思想研究中做出优异成绩的校长、教师和研究人员。

参加大会的还有北师大、北京市总工会、北京市青联等部门相关负责人。霍懋征的亲属、朋友、学生等百余人参加了大会。

要从更深层次更系统地推动教育改革
严隽琪 朱永新出席中国教育政策研究院
推进潍坊教育改革座谈会

2011 年 9 月 6 日，全国人大常委会副委员长、民进中央主席、中国教育政策研究院院长严隽琪，下午在山东潍坊出席中国教育政策研究院推进潍坊教育改革座谈会并讲话。民进中央副主席兼秘书长朱永新出席会议。

潍坊市2001年被确定为全国基础教育课程改革实验区，2005年被教育部确定为全国中考改革试点市，2010年被国务院确定为全国探索中小学校长职级制、深化中小学教师职称改革试点市。十余年来，潍坊市通过教育制度的改革和创新，全面实施素质教育，在落实学校办学自主权、中考招录、实行中小学校长职级制、建立教育督学责任区等方面进行制度改革，先试先行，创建长效机制，取得诸多经验与成绩。

严隽琪在讲话中高度评价潍坊教育改革成绩，指出潍坊教育在很多方面率先改革，成绩突出，亮点频现。潍坊的教育投入有保障，教育督导有力度，教育均衡化有标准，教师队伍建设有办法，综合改革有胆识，体制机制改革抓住了关键，成绩得来不易。

严隽琪说，当前中国教育的改革发展站在新的历史起点上，要从更深层次、更系统地推动教育改革，这对我们提出了更高的要求，要求全体教育工作者具备开放的心态和更大的勇气。中国教育政策研究院和潍坊市的合作，充分体现了潍坊市委市政府对教育政策研究院的信任，这种合作也使得教育领域和社会领域的理论研究和实践推进融为一体。希望双方通过合作，对潍坊教育体制机制改革经验做深层次的挖掘，在经验和感受的基础上提炼规律，扩大潍坊经验的影响，同时通过这个合作平台能集智聚力，共同推动科学化民主化的决策。

严隽琪针对双方如何进一步加强合作指出，一是要夯实共同的思想基础，包括对教育的事业心和改革必要性的认识，以及对合作共赢的期待；二是希望各扬所长，要互相尊重、坦诚相见、资源共享；三是要实事求是、不拘一格，在合作方式上要解放思想，对没有解决方案的问题要找方案，对已有的解决方案要不断完善，对成熟的改革方案要推广和宣传。

全国人大常委、民进中央常委、中国教育政策研究院执行副院长庞丽娟，山东省政协副主席、民进山东省委主委栗甲，山东省人大常委会副秘书长李开建，中共山东省委统战部副部长曲涛，中共潍坊市委副书记、市长许立全等出席会议。山东省教育厅副厅长、民进山东省委副主委张志勇主持会议。

会上，庞丽娟介绍了中国教育政策研究院与潍坊市开展合作的目的、内容、机制以及有关工作情况。许立全介绍了潍坊市经济社会基本情况、教育事业发展情况和近年来在教育体制机制改革方面的实践与探索。

潍坊市教育局局长张国华汇报了潍坊市教育体制机制改革总体情况，潍坊市教育系统有关同志分别从构建现代学校制度、促进学校内涵发展，创新教育督导制度，中考招生制度改革，规范学校办学行为，以及家庭教育工作等几个方面汇报了具体情况。

中共潍坊市委、市人大常委会、市委统战部，中国教育政策研究院，民进山东省委，民进中央办公厅、宣传部有关负责人和专家参加会议。

9月6日晚，严隽琪在驻地亲切会见潍坊民进市委主委陈立宝等潍坊民进领导班子成员。朱永新以及民进山东省委秘书长郭永军陪同参加座谈。

严隽琪在与民进市委领导班子交谈时，屡屡提及潍坊在教育体制机制改革中先试先行的魄力和创新精神。当民进市委领导班子讲到潍坊民进就免费学前教育进行深入调研并提出提案时，严隽琪说，潍坊教育在许多方面都走在了全国的前列，希望潍坊民进充分发挥民进界别特色，紧紧立足教育改革前沿阵地，把调研做深做实做细，为推进潍坊教育的深化与改革作出不懈努力。

严隽琪说，民进各级地方组织和基层组织是民进的支撑，民进中央领导每到一地，都希望能和地方组织、基层组织领导班子、会员见见面谈谈话，了解地方组织、基层组织的好经验、好做法，了解会员的真实想法和诉求，既加深了与基层会员的感情，也是给自己“加油”的过程。

严隽琪说，庆祝第二十七个教师节暨2011·中国教师发展论坛即将在潍坊举行。在潍坊举办该项活动既是因为潍坊在教育领域改革的突出成绩，也想给潍坊民进压担子，希望通过参与举办大型活动，扩大民进地方组织的影响，加强中央和地方的交流与合作，衷心希望潍坊民进团结奋进，为推动潍坊各项事业的发展继续贡献力量。

陈立宝汇报了民进潍坊市委工作。民进潍坊市委有关负责人和部分市委委员参加会见和座谈。

民办教育一定会产生新的“温州模式”
王佐书在浙江调研民办教育

2011年9月5日至6日，民进中央副主席、中国民办教育协会常务副会长王佐书在浙江省杭州、温州两市就“完善制度环境、促进民办教育发展”进行调研。

此次调研活动是一年一度中共中央委托中央统战部组织各民主党派中央、全国工商联和无党派人士开展的专题考察活动中，民进中央专题调研的重要组成部分。今年开始，国务院启动为期5年的教育改革试点工作，浙江省是全国唯一一个承担民办教育综合改革试点的省份。

王佐书在浙江调研期间，深入了解民办教育综合改革试点工作推进情况，分析当前制约民办教育发展的瓶颈因素，召开了两次专题座谈会，实地考察了杭州绿城育华学校，与浙江省政府有关部门、温州市教育行政部门人员，民办学校、幼儿园负责人和教职员工进行交流。

浙江省政协副主席、民进浙江省委主委盛昌黎陪同调研。民进中央参政议政部参加调研。

9月6日，王佐书在温州调研国家民办教育综合改革试点工作。浙江省教育厅副厅长褚子育、民进浙江省委副主委穆建平、浙江省民办教育协会会长黄新茂、市教育局副局长戚德忠等陪同调研。市教育局有关处室负责人，市民办学校举办者、校长代表等共30多人参加座谈会。

王佐书认真听取了大家的汇报和发言。他说，民办教育改革极为复杂，温州民办教育改革有很大的创新，也具有一定的实践意义。温州作为国家民办教育改革试点地区，在探索中体现了领导重视、大胆创新、思路清晰、切中要害、力度很大、酌情而行等特点。

王佐书说，温州人具有敢为人先、勇于创新的精神，因此在民办教育改革与探索发面必将会走出一条成功之路。“温州模式”带动温州经济的发展，也期待温州民办教育模式能为全国各地提供富有借鉴意义的“温州智慧”。

座谈会上，温州市教育局汇报了温州民办教育的改革成就与经验，分析了当前民办教育改革发展存在的分类管理、教师社保、财务管理、产权属性等10大政策障碍及其产生原因，并就实施国家民办教育综合改革试点工作提出了框架设想。

褚子育说，温州民办教育试点工作方案合理、思路清晰、任务具体。温州目前拟定的民办教育改革方案，将能促进民办教育又快又好地发展，并能加快、助推温州提前实现教育现代化。温州市委市政府非常重视民办教育综合改革试点工作，市直各部门也非常支持，因此相信温州的民办教育一定会产生新的“温州模式”。

黄新茂说，温州是市场经济的发源地，也是中国民办教育发源地，民办教育在温州起步早、发展快、比重也大，而且在政策上始终走在浙江、全国的前列。温州目前草拟的各项民办教育制度很有创新，逐步突破了体制的束缚。如果这些政策得到落实，将能推动温州民办教育的发展，而且也将为浙江、全国的民办教育提供成功的案例。建议草拟的各项政策早日成为工作文件，并建议在这些文件出台以后，温州市各级政府能加大执行力度，让这些好政策都能落实到位。

乐清育英学校校长林方秋说，民办教育发展目前遭遇困境，发展民办教育需要新的有力政策的支持。期待新政策的出台和落实，促进民办学校未来的发展。座谈会上，来自各县市（区）的多位民办学校校长，对于新政策的出台也很期待，如果实现，对解决民校难留名师教师等现象将是一种鼓舞。

温州对国家民办教育改革试点深怀期待。市委、市政府冀望借这次综合改革酝酿重大改革，带动温州教育再攀高峰。浙江省副省长、温州市委书记陈德荣就此作出批示："温州作为民营经济优势地区，民办教育理应走在前列。"市委、市政府要求从问题出发，系统破解温州民办教育发展的政策障碍，整体再造温州民办教育，从而对温州教育进行"洗髓易经"，大幅提升温州教育整体质量，实现"学在温州"的理想。为了推进改革试点工作，新年伊始，市委市政府主要领导组织研讨会，责成职能部门成立课题组，开展相关课题调研活动。通过几个月的深入研究和探索，目前形成了"1+7"的课题调研报告集和"1+8"的创新文件集。

截至2010年，温州市有各级各类民办学校、幼儿园为1748所，在校生41.3万人，占全市在校生总数的比例为27.3%，优质民办学校达到112所。民办教育是温州市教育改革发展的重要力量，为市普及15年教育教育和缓解财政负担等作出贡献，每年约为政府财政"节省"预算内教育经费近20亿元。温州市《关于实施国家民办教育综合改革加快民办教育发展的若干意见》将于9月份中旬正式出台。这一被国内民办教育界认为政策含金量较高的政策举措尚未出台，却已经吸引了山东潍坊、广州、昆明、江苏等地考察团来温考察。

为实施科教兴国战略献计出力
朱永新在太原出席高校科研体制改革与创新研讨会并讲话

2011年9月6日，民进中央副主席兼秘书长朱永新在山西太原中北大学出席"高校科研体制改革与创新研讨会"并讲话。

朱永新在讲话中对召开本次研讨会的重要意义给予充分肯定。他说，科研体制改革与创新既是国家科研体制改革的重要组成部分，也是民进中央多年来高度关注、长期调研的一个课题，并向有关方面提出了相关建议。对于高校科研体制改革与创新，他提出四点意见：既要立足国情，也要放眼世界，充分吸收科技发达国家好的经验；高度重视青年科研人员，合理配置科研资源，适度向青年科研人员倾斜；完善高校科研评价制度，优化科研人才成长环境，建立起以质为主、质量兼顾的量化考核机制；进一步促进高校科研和教学工作的结合，实现教学和科研工作的相互促进，做到教学与科研相辅相成。

朱永新说，这次的研讨会并不是结束，民进中央今后将持续关注这一问题，希望会内外专家从各个层面继续为实施科教兴国战略献计出力。

山西省政协副主席、民进山西省委主委卫小春在开幕式上致词。他说，随着改革开放和经济社会的不断发展进步，高等院校科研体制建设取得了令人瞩目成就的同时仍存在诸多不足，一定程度上阻碍了我国建设创新型国家的步伐。当前，高校科研体制改革与创新已被提上了重要议事日程，并成为我国科技体制改革和教育体制改革的重要组成部分。高校应当落实好育人为本的根本任务，承担起推动科研体制改革的责任，使科学研究在贯彻落实"十二五"规划战略部署、实现经济转型及促进区域经济发展中发挥更大作用。

研讨会由民进中央科技医卫委员会、民进山西省委主办，中北大学、民进清华大学委员会、民进北京市委青年委员会承办。来自清华大学、北京师范大学、首都师范大学、上海交通大学、复旦大学、天津大学、重庆大学、浙江大学、太原理工大学、山西大学等多所国内著名高校的十余位民进会内专家教授应邀参加会议。大家分别从高校科技成果转化、自主创新能力建设、知识产权保护、区域合作与集成创新、高校科研评价体制等方面展开了专题研讨。

推进教育家办学 促进教师队伍专业化发展
庆祝第 27 个教师节暨 2011 · 中国教师发展论坛在潍坊举行

2011 年 9 月 7 日，民进中央和北京师范大学联合在山东潍坊举行“庆祝第 27 个教师节暨 2011 · 中国教师发展论坛”。论坛主题为“推进教育家办学，促进教师队伍专业化发展”。全国人大常委会副委员长、民进中央主席、中国教育政策研究院院长严隽琪，全国政协副主席、民进中央常务副主席罗富和出席开幕式。

教育部副部长刘利民，山东省人大常委会副主任连承敏，山东省副省长黄胜，山东省政协副主席、民进山东省委主委栗甲，北京师范大学常务副校长董奇，中共潍坊市委副书记、市长许立全出席开幕式。民进中央副主席兼秘书长、中国教育学会副会长朱永新主持开幕式。

严隽琪首先代表民进中央向所有教育工作者致以崇高的敬意、节日的问候和衷心的感谢。她说，关注教育、投身教育、为教育事业的发展与改革建言献策是民进的优良传统和不懈坚守的使命。民进要继续在落实教育优先发展战略地位，建设高素质教师队伍，促进教育均衡发展等方面深入调研，为推进我国教育事业发展和教师队伍建设献计出力。

严隽琪说，国家发展希望在教育，办好教育希望在教师。教育家应该是一个钟情于教育、具有激情、勇于探索、善于思考、勤于实践的教育工作者群体，应该是把当教师不仅作为职业，更是视为崇高事业的人。广大教师要把提升师德修养、建立投身教育的事业心作为成就教育家的重要因素。推进教育家办学，就要让教育家得到尊重、得到重用并能对教育决策发挥实际影响。

严隽琪说，改革是教育事业发展的强大动力。教育改革是与社会的政治、经济、科技、文化、人口等有着千丝万缕联系的社会变革，具有复杂性和艰巨性。教育的改革需要更多外部改革的支持和配套，通过系统统筹给予教育家办学更为良好的社会氛围和环境，但教育改革主体的自身变革同样重要，要让学校回归教育本质，给校长以法律规定的办学自主权，校长要为每个教师提供学习、研讨、实践、展示才华的舞台，带出一支爱孩子、有思想、勤学习、善研究、敢创新的教师队伍。

刘利民代表教育部对论坛的召开表示祝贺。他说，教育大计，教师为本。教师是教育事业发展的第一资源。促进教师专业发展，建设一支与时代发展相适应的高素质专业化教师队伍，是落实教育优先发展战略地位的核心要求，是全面推进素质教育、促进教育公平的关键所在。建设好教师队伍是全社会共同的事业，教育部将和各方面共同努力，坚持以教师为本，全心全意依靠广大教师，充分调动广大教师教书育人的积极性创造性，为教师专业成长和事业发展创造良好的环境和条件。

黄胜代表中共山东省委、省人大、省政府、省政协向出席论坛的各位来宾表示诚挚的欢迎。他说，目前山东省正以贯彻落实全国教育工作会议和教育规划纲要为主线，坚持以人为本、以改革创新为动力，以促进公平为重点，以提高质量为核心，全面实施素质教育，大力推进教育的现代化进程，加快实现从教育大省向教育强省，从人力资源大省向人力资源强省的跨越。

董奇代表北京师范大学致词。他说，教育规划纲要指明了新时期我国教育发展与改革的目标与任务，规划纲要的落实关键在教师，教师是我国教育实践的主力军、教育创新的实践者。当前，教师发展问题正受到前所未有的重视，北京师范大学将以此为契机，认真研究制约和阻碍教师发展的有关体制机制问题，为优化教育家成长与发挥作用的制度和政策环境作出努力和贡献。

许立全也在开幕式上致词。潍坊广文中学教师代表、潍坊一中学生代表分别发言。

潍坊市在推动经济社会发展的过程中，始终把教育摆在优先发展的战略地位来抓，不断加大财政收入，深化体制机制的改革，走出了一条依靠制度创新兴办人民教育，让人民满意的路子。

严隽琪、罗富和在开幕式后出席2011·中国教师发展论坛举行主题演讲。6位来自两岸四地的教育管理部门领导和专家学者围绕教育家办学、教师专业化发展的主题进行演讲。

朱永新的演讲题目是《前行、攀升与飞翔——新教育实验的教师专业发展论》。作为全国教育科学"十五"规划和"十一五"重点课题，新教育实验以教师发展为起点，以6大行动为途径，帮助新教育共同体成员过一种幸福完整的教育生活。新教育倡导教师通过专业阅读、专业写作、构建教师专业发展共同体的"三专"模式增进个人经验，丰富个人知识，提升教育的深度和广度。

民进中央教育委员会副主任、山东省教育厅副厅长张志勇的演讲题目是《大力推进教育家办学的制度环境建设》。他认为教育家办学是一个重大的时代命题。多年来，山东省在实践中对教育家办学主题进行破题，从促进教育家办学的政绩考核机制建设、促进教育家办学制度环境建设、促进教育家成长的系列工程建设、促进教育家成长的基础能力建设等4个方面努力建设教育家办学的制度环境。

潍坊市教育局局长张国华的演讲题目是《从转变职能入手，办人民满意教育》。他说，办人民满意的教育，关键是教育部门解决好看问题、做事情的立场。潍坊市教育局在实践中坚持部门监管与群众参与相结合，建立健全以人为本的教育服务体系；坚持政策引领与专家办学相结合，建立健全全面实施素质教育的质量保障体系；坚持争取领导与舆论监督相结合，建立健全抓落实办实事的教育优先发展长效机制。

台湾教师会副理事长兼外事部主任杨益风从教师专业发展内涵、所受限制、资讯时代给教师专业发展带来的新问题等几个方面发表了自己的见解，将教师专业发展置于后现代全球化时代背景之中加以研究，介绍了台湾教师专业发展的现状与挑战，提出去权威化、去政策化、奖励代替进修等新颖的观点，为研究教师专业发展提供了不同的视野。

全国政协委员、香港仁爱堂田家炳中学校长戴希立的发言题目是《学习成效取决于教学质素》。主要介绍了国际知名的教育专家关于学习成效和教师专业发展等方面的观点，如在学习成效中教师与校长是关键人物，课室教与学的效能是关键环节，多元及公平的学习是推行方法；教师专业发展中，需要着重培育教师的理想、教学的修养和以身作则的精神等。

全国政协委员、澳门濠江中学校长尤端阳的演讲题目是《浅谈促进教师专业化发展的认识与做法》。他说，教师专业发展是教师自我学习的过程，在教育教学实践中持续学习能力的提高是教师专业化发展的关键。实践中，澳门濠江中学通过聘任大陆"优教"（优秀教师）、实施"内地优秀教师驻校辅导计划"等交流合作的举措和设立教研节、组织教师参加各种培训进修等专业培训措施，为教师专业发展服务。

北京师范大学教师教育研究中心主任朱旭东主持主题演讲。

当日下午，中国教师发展论坛举行教育局长专业化发展、教研员专业化发展、校长专业化发展、教师专业化发展、教师教育基地建设等5个分论坛，全方位研讨教育体系专业化发展，共商国家教育发展大计。

罗富和出席教师专业化发展论坛，朱永新出席教育局长专业化发展论坛。

9月7日下午，2011·中国教师发展论坛完成各项议程闭幕。罗富和出席闭幕式并讲话。他说，本次论坛期间两岸四地的专家学者和来自一线的教师围绕会议主题展开深入交流和研讨，对教师队伍建设在国家教育改革发展整体布局中的重要意义等诸多问题达成了共识，取得了收获。论坛时间虽然很短，但在大家的共同努力下，全体与会者进一步了解了我国关于教育优先发展的国家意志，进一步了解了潍坊在教育体制机制改革中取得的经验，进一步明确了当前教育体制机制改革的关键环节、驱动机制等重要问题，进一步研讨了制约和束缚教育体制机制改革的各种因素，为今后教育体制机制改革提供了参考依据，同时也为国家有关部门的决策和民进的参政议政工作提供了有力支持。

罗富和说，进一步贯彻落实科学发展观，对教育来讲最根本的是以人为本，具体来说就是以教为本、以校为本、以师为本和以生为本。文化精髓的传承有赖教育的改革发展，教育事业的发展有赖现代学校制度的建立健全，落实到最终就是通过教育体制改革推动教育的发展，能够让学生找到适合自己的成才道路，实现学生的全面发展。

罗富和结合多年教育管理和教育教学的工作实践，对教育工作者和学生提出殷切希望。希望在教师发展、学生培养的过程中，进一步注重全球视野、忧患意识、责任担当和百折不挠毅力的培养。

罗富和对教育部、山东省、潍坊市、北京师范大学等有关方面给予本次论坛的大力支持表示感谢，并表示民进作为参政党会继续努力为大家创造更多更好的交流平台。

会上，中国教育政策研究院执行副院长庞丽娟宣读了《促进教师专业发展潍坊倡议》。《倡议》号召全国广大教师爱岗敬业，把专业成长的根深植于丰富的教育实践土壤中；追求卓越，把事业发展的成就书写在学生成长的过程中；勇于创新，做教育教学改革的先行者；淡泊名利，在平凡的教育工作中实现自己的人生价值。《倡议》呼吁全社会积极行动起来，把造就成千上万的教育家作为教育发展的根本大计，把创设促进教育家成长良好的制度环境作为教育改革的重要任务，把营造有利于教育家脱颖而出的社会环境作为教育改革的自觉行动。

教育部基础教育一司，中共山东省委统战部、省教育厅，北京师范大学，民进山东省委，潍坊市人大、政协，民进中央办公厅、宣传部、参政议政部，中国教育政策研究院有关负责人和专家，来自港澳台地区的教育界代表等200余人参加论坛。

9月8日上午，罗富和、朱永新和出席2011·中国教师发展论坛的领导和专家学者应潍坊市政府、市教育局邀请参观市内学校。大家参观了高新双语学校、潍坊一中、潍坊市实验学校和潍坊学院幼教特教师范学院。

罗富和在参观中针对近年来校园安全事故频发的现象，仔细询问了学校的安全保卫工作，当得知学校及周边的安全防卫已纳入当地公安防卫系统之中时，他对潍坊市的举措表示赞同。

罗富和仔细查看了学校有关校园安全问题设计的课程读本，叮嘱学校领导一定要重视校园安全问题，杜绝校园安全隐患，保障学校师生安全。

罗富和认真地参观了地震小屋、中小学生心理体验中心、烹饪教室和交通安全教育基地等，勉励学校进一步寓教于乐，以兴趣推动学习，以学习助推成长成才。

制度健全 职责明确 规范有序
罗富和在民进邢台市委考察并座谈

2011年9月10日，全国政协副主席、民进中央常务副主席罗富和下午在河北民进邢台市委考察工作并座谈。河北省政协副主席、民进河北省委主委王刚参加考察并主持座谈。邢台市政协主席石玉春，副主席刘树人、崔尽忠陪同考察和座谈。

罗富和在民进邢台市委走访办公室、阅览室、活动室后，与民进邢台市委的同志一起参加了座谈会。

罗富和认真听取了民进市委主委刘树人关于民进市委近年来加强高素质参政党建设的工作情况汇报，分别听取了民进邢台市委分管各项工作的副主委和会员代表的汇报、工作感悟。

罗富和在第27个教师节之际代表民进中央和严隽琪主席向邢台民进的广大会员特别是教师会员表示问候。他说，民进会员中有67.8%在教育战线，并且有54%的会员从事基础教育。民进在关注教育，投身教育，为教育事业的发展与改革建言献策方面做了很多工作，得到了社会各界的赞誉。国家发展希望在教育，办好教育希望在教师。教师不仅传授知识，更是传承文化，希望广大教师会员继续努力，为推进我国教育事业发展作出更大的贡献。

罗富和在讲话中充分肯定了民进邢台市委在加强高素质参政党建设方面作出的努力和取得的成绩。他说，民进邢台市委在参政议政工作上实绩突出，在社会上享有良好的声誉，与邢台民进制度健全、领导班子成员职责明确、机关工作规范有序、基层会员尽职尽责密不可分。同时也与中共邢台市委、人大、政协的帮助息息相关。

罗富和强调，在加强高素质参政党建设中，民进各级机关发挥着支持和保障作用。在国家进入“十二五”规划建设的新形势下，多党合作事业的地位和作用更加突出，任务更加艰巨。各级民进机关要大力加强机关建设，更加自觉地服务大局，为经济社会发展献计出力。

罗富和希望民进邢台市委进一步继承和发扬优良传统，与中共邢台市委在思想上同心同德、目标上同心同向、行动上同心同行，切实提高广大会员参政议政、合作共事的能力，为当地科学发展、社会和谐做出更大贡献。

罗富和在座谈后与大家合影留念。

自觉接受中国共产党领导 坚定走中国特色社会主义道路
罗富和与中央社院中青班进修班培训班民进学员座谈

2011年9月16日，民进中央常务副主席罗富和下午在机关亲切会见中央社会主义学院第21期中青班，第26期进修班、培训班民进学员并座谈。

罗富和认真听取了大家的发言，对学员们在进修培训中取得的成绩表示祝贺。他说，大家在发言中畅谈收获，坦诚建议，这些都是来自民进一线工作的宝贵意见，民进中央将认真梳理，深入分析，完善制度，改进工作。

结合胡锦涛总书记“七一”讲话的相关精神，罗富和谈了两方面的问题。他说，在新时期，面对新挑战，民进要保持作为民主党派的进步性，首先要加深对自觉接受中国共产党领导和走中国特色社会主义政治道路认识，做到与国家进步和民进发展同心同德；要以战略的眼光看世情、国情和会情，看到差距，正视问题，积极进取；要以高度的责任感和使命感，扎实工作，开拓创新，共促党和国家发展大计。

罗富和说，民进要进一步加强自身建设科学化水平。以参政议政能力建设为例，换届以来，民进中央不断创新履行职能的工作体制和机制，提出了“举全会之力、集全会之智”、“以新作为巩固老阵地，在顺势中开拓新领域”的工作方针，较好地发挥了民进的特色与优势，较好地整合了民进全会的智慧与力量，较好地履行了参政党职能。围绕国家“十二五”规划纲要的出台，民进提出了促进教育协调发展、坚持和完善计划生育基本国策、加强农田水利建设、重视水库清淤等意见建议。

罗富和强调，民进在加强参政议政能力建设方面，思想认识上要进一步提高，制度建设上要进一步加强，完善机制、创新平台，切实促进能力的提高。

座谈会上，三个班的学员代表和参会的每一位学员都作了发言。中青班班长何志敏说，中青班的学习为民进学员“充了一次电”，使大家深受教育，同时增进了了解、加深了友谊。通过此次培训，进一步坚定了做好本职工作的信心，更增强了做好民进工作的责任感和使命感。进修班班长郭子仪说，通过进修班的学习，民进学员加深了对民进优良传统的认识和自豪感，并结合所学深入思考，以期更好地指导未来的工作。培训班班长杜建芳说，作为基层会员，此次参加培训，实现了“三个心愿”，即到民进中央参观、受到民进中央领导的接见和到中央社院学习；有两点感受，即感受到民进中央的亲切关怀，受到了巨大的鼓舞。

民进学员们竞相发言。大家说，通过参加培训，系统学习了新时期多党合作制度理论，深入思考了未来如何做好党派工作，广泛交流了履行职能的经验，收获很大。

学员们建议，民进中央应更加与时俱进的做好我会思想建设工作，自上而下，积极调研、认真思考、健全制度、加强指导，切实增强民进的凝聚力；应高度重视民进基层组织建设，调研基层组织发展的难点问题，健全相关机制，切实增强基层组织活力；应更加重视并进一步加大对民进后备干部的培训力度；应大力保持新时期民进在传统界别领域发展和参政议政的优势，加强指导，守住教育主阵地，开拓网络出版新领域；应有针对性的加强对地方组织和会员参政议政能力的培训力度，探索新时期提高民进参政议政参与度的方式方法，积极引导民进各级领导班子成员切实做好党派工作。

民进中央及组织部、办公厅有关负责人等参加了座谈会。

民进会员向北京林业大学捐款 200 万元资助学子
王佐书出席丰华镇远攀登助学金捐赠仪式并致词

2011 年 9 月 19 日，民进中央副主席王佐书上午在北京林业大学出席丰华镇远攀登助学金捐赠仪式并致词。

捐赠仪式上，民进会员、哈尔滨市人大代表赵越峰创立的北京丰华镇远生物医药科技有限公司，向北京林业大学捐赠善款 200 万元，用于设立丰华镇远攀登助学金，为期 10 年，每年资助学生 50 人，每人资助额 4000 元。北京林业大学将于今年 10 月份在全校评选和资助家庭经济困难学生。

王佐书在致词中对赵越峰坚持诚信创办企业的行为和致富不忘回报社会的善举给予了充分的肯定。他说，中国民主促进会作为以教育为主要界别的参政党，关注国家教育事业的发展是义不容辞的责任和义务，民进将始终不遗余力地发动会内各方力量关注和关爱国家教育事业的发展。希望绿色学府——北京林业大学的莘莘学子刻苦学习，用自己的努力去改变命运，为国家作出贡献，回报社会各界对他们的关爱和厚望。

民进黑龙江省委副主委康凤英致词说，多年来，民进黑龙江省委积极响应民进中央的号召，鼓励和引导广大会员采取多种形式和渠道开展捐资助学活动。此次捐赠方赵越峰同志就是民进会员中比较突出的代表。希望社会上能涌现出更多的像赵越峰这样的有识之士关爱和关注贫困学子，让祖国的教育事业得到多方的支持。希望受资助的学生们能奋发图强，早日成才，为社会多做贡献。

北京林业大学校长宋维明向民进各级组织，向赵越峰，向企业捐资助学的善举表达了衷心地感谢。他说，丰华镇远攀登助学金的设立不仅让贫困学生感受到社会的爱心，更能激励莘莘学子奋发向上，努力进取，早日成才，为国家建设贡献自己的聪明才智。

北京林业大学党委副书记、教育基金会副理事长全海代表学校与赵越峰签订了捐赠协议，并赠送了捐赠证书和铜牌。

民进中央社会服务部、北京林业大学相关部门负责人及部分学生代表参加了捐赠仪式。

推进思想作风建设 全面提升队伍素质
罗富和 朱永新出席民进中央机关改进工作作风动员会

2011 年 9 月 20 日，为进一步推进新形势下民进中央机关思想作风建设，全面提升队伍素质和服务能力，机关召开改进工作作风动员会。罗富和常务副主席出席会议并讲话。朱永新副主席兼秘书长主持会议。

罗富和在讲话中说，机关建设是今年全会自身建设工作重点，也是建设高素质参政党的必然要求。在推动机关建设的过程中，机关作风是机关建设的重点，也关系着机关建设的发展方向。新形势下要抓住关键，扎实推进机关思想作风和工作作风建设。胡锦涛总书记在庆祝中国共产党成立90周年大会上的重要讲话中指出，中国共产党面临着精神懈怠的危险、能力不足的危险、脱离群众的危险、消极腐败的危险。学习胡锦涛总书记“七一”讲话精神，对照我们参政党，也或多或少存在这四个方面的危险，需要我们思考和警醒。

罗富和就进一步加强和改进机关作风提出了几点具体要求。首先，要进一步加强个人修养，自觉锤炼讲政治、顾大局、利团结的思想作风，养成艰苦朴素、廉洁奉公的工作作风。民进中央机关每个同志的思想认识水平和道德修养水平，决定全机关的整体形象和工作水平。机关每一个同志的言行都承载着12万4千多会员的重托。尊重他人、包容差异是加强个人修养的应有之义。要把尊重他人、包容差异作为构建和谐机关的必然要求，贯穿于我们的言行之中。第二，要加强团队建设。机关各部门、各处室要进一步加强团队建设，大家要相互帮助、相互促进，共同进步，形成做好工作的整体合力；要有集体荣誉感，不断提升整体团结协作的能力。第三，领导干部要带头、从我做起。各部门、各处室的领导干部要率先垂范，带头执行规章制度。要善于做化解矛盾、理顺情绪的工作，发挥整体力量，妥善处置、勇于担当。第四，完善制度、从严要求。各部门要进一步梳理和完善工作制度，严格纪律、严格奖惩。机关全体干部职工要对加强机关作风建设的意义进行再学习、再动员、再提高，要在工作中发现问题、解决问题，使机关建设切实取得实效。

朱永新在讲话中说，民进中央今年年底将召开民进全国机关建设会议，民进中央召开改进机关工作作风动员会，进一步阐述加强机关作风建设的意义和目标，十分必要。我们要认真学习罗副主席的讲话，深刻领会讲话精神，切实把各项要求落到实处。机关各部门要召开专门会议，认真检查目前工作作风中存在的问题，切实改进工作作风，进而推动加强机关建设的整体工作部署，积极打造和谐、高效、规范、阳光的高素质参政党机关。

动员会上，办公厅针对机关作风建设上存在的深层次问题进行了剖析和点评，提出了改进机关作风的目标和任务。

民进中央及部门负责人、全体干部职工参加了会议。

严隽琪强调学习“七一”讲话 认识形势和任务
2011年第二期民进全国骨干会员培训班在京举行

2011年9月25日至27日，2011年第二期民进全国骨干会员培训班在中央社会主义学院举行。民进中央主席、中央社会主义学院院长严隽琪出席开班式并讲话。民进中央常务副主席罗富和出席结业式并讲话。中央社会主义学院党组书记、第一副院长叶小文，副院长张峰出席开班式。民进中央副主席王佐书主持开班式，副主席兼秘书长朱永新出席结业式。

严隽琪在开班式上作了题为《学习“七一”讲话 认识形势和任务》的讲话。她说，中国的发展走出了一条与西方发达资本主义国家不同的道路，这就是主要依靠自己的力量，走和平崛起之路。建设符合时代要求的高素质参政党，就要清醒认识面临的考验与任务，即履职能力不足，保持进步性、提高自身建设水平；深入了解民主党派自身的变化和新特点，即主要依靠集体领导、全面实现社会主义现代化的各个领域参政议政和全面提高政党素质；全面把握加强自身建设的几个着力点，即强化政治共识、而且思想政治工作更强调实效性，重视理论研究、认识客观规律，组织工作务实创新，集智聚力、解决履职能力不足的危险，重视制度化、规范化和程序化的建设。

严隽琪说，任何一支队伍都需要骨干，民主党派需要拥有更多的政治上坚定、专业上优秀、群众中认可的高素质代表人士。发挥好骨干作用，要努力做好换届工作，坚持搞好政治交接，不懈学习、有思有行，增强党派意识、处理好专职与兼职的关系。

9月27日，罗富和、朱永新出席培训班结业式。

罗富和在认真听取了学员们的学习体会和思考、对民进中央工作的意见和建议之后讲话。他说，民进中央用近3年的时间，办了5期培训班，对会内的中青年骨干进行了培训，这是贯彻我会加强人才队伍队伍建设的具体措施。

罗富和说，座谈会上大家都发言、畅谈思考和意见，这种形式很好。这是会中央直接联系会员的平台，能促进会中央改进工作。他指出，严主席所作的报告重要且及时，在换届年到来之际，希望大家以学习报告为契机，认真回顾我会本届的工作和发展，深入思考我会发展面临的新问题和新挑战，全面探讨新时期建设高素质参政党的立足点和着力点。

罗富和结合“七一”讲话精神，强调了在民进发展中，应重视的3点，即前瞻、辩思和践行。前瞻，要按照科学发展观的要求，站在全球视野的高度，客观分析世情、国情和会情，反思我们走过的路和面临的挑战。辩思，不论是在组织发展、人才队伍建设或是参政议政工作中，都应倡导辩思，坚持辩思，没有辩思，就没有发展可言。践行，民进会员要以“双岗建功”为目标，立足本职，服务社会。学习和践行社会主义核心价值体系重在践行，民进的各级领导班子成员要以身作则、身体力行，才能树立起民进全会的正气。

来自全国19个省级组织的32名会员参加了此次培训。培训期间，学员们听取了张峰讲授的《胡锦涛“七一”讲话精神与参政党工作》、中央社院统战理论教研部主任李金河教授讲授的《多党合作的历史与优良传统》、中央统战部研究室副主任张健所作的有关民主党派加强四个能力建设的讲座，并进行了分组讨论，交流学习所得，探讨如何发挥好骨干作用。

结业式上，学员们各抒己见，对民进中央提出了30多条意见和建议，内容涉及加强新时期会员思想教育工作，严肃会内纪律、适时修改会章，重视新阶层会员发展和培养工作，着力做好后备干部选拔和培养工作，更新会员培训的内容和形式，加强对基层组织工作的调研和指导，加大民进在教育主阵地建言献策的力度，提高民进中央社情民意信息报送审批效率，加强与民进中央专委会京外委员的联系，推进民进省级开明画院的建立工作等。

民进中央自2009年9月以来，举办了5期培训班，对民进部分中青年骨干会员进行了集中培训。通过培训，帮助民进骨干会员进一步提高了政治理论水平，深入了解了民进会务工作，培养锻炼了“四种能力”，民进中央也通过这一平台发现了人才、培养了人才，为建设高素质参政党奠定了组织基础。

民进中央树立和践行社会主义核心价值体系暨学习贯彻“七一”讲话精神座谈会在建德举行 王佐书出席并讲话

2011年9月27至28日，民进中央树立和践行社会主义核心价值体系暨学习贯彻“七一”讲话精神座谈会在浙江省建德市举行。民进中央副主席王佐书出席并讲话。民进29个省级组织负责宣传工作的负责人出席会议。

王佐书在讲话中说，一年多来，民进全会对树立和践行社会主义核心价值体系高度重视、精心部署、广泛发动，在活动中不断深化中国特色社会主义主题学习教育活动的内涵，紧密结合我会自身建设和履行职能的实际，明确目标任务，巩固思想共识，营造学习氛围，完善长效机制，提高履职能力，在丰富内容与形式、推动理论与实践相互促进等方面作出了积极的努力和探索，取得了阶段性成果。

王佐书说，树立和践行活动开展以来，广大会员尤其是各级领导班子成员对社会主义核心价值体系的认识、理解和把握不断提高，全会坚持接受中国共产党领导，坚持走中国特色社会主义政治发展道路的信念、信心和决心进一步增强，各级组织参政议政和社会服务工作水平、广大会员“双岗建功”的积极性不断提高，学习的方式方法不断完善，政治交接长效机制建设持续推进。

王佐书说，全会要继续按照会中央的部署，组织安排好下一阶段的各项工作，把重点放在提高思想认识，提高践行水平，提高全会政治素质和全面履行职能的能力上。全会要以学习“七一”讲话精神为重点，开展理论学习和研究，把社会主义核心价值体系的实质深化为政治立场和思想共识；要搞好政治交接，把社会主义核心价值体系的实质内化为理想信念和精神追求；要以推动“十二五”规划的贯彻落实为重点，积极履行职能，把社会主义核心价值体系的实质转化为工作思路和实际行动。

民进浙江省委副主委、民进杭州市委主委赵光育在致词中说，本次会议在浙江建德召开，是对浙江民进的信任，也将为我会学习“七一”讲话提供新的角度，激发广大会员的学习热情，推动树立和践行社会主义核心价值体系工作更上一层楼。

中共建德市委书记陈春雷出席开幕式并致欢迎词。他在介绍了建德市的历史文化和经济社会发展情况后说，这次座谈会不仅为我们提供了一次难得的学习良机，更加为我市做好“十二五”开局之年的各项工作带来了新的启示。

建德市委副书记、市长董悦，市人大常委会主任徐志生，建德市政协主席程茂红，建德市委统战部等部门负责人，民进建德市委的同志出席开幕式。

中共上海市委宣传部副部长、上海社会科学院党组书记潘世伟教授应邀作“核心价值观与文化建设”专题报告。他结合学习“七一”重要讲话精神，阐述了当前加强文化建设的重要性和紧迫性，并着重对社会主义核心价值体系的内涵，树立和践行社会主义核心价值体系的主要工作进行了深入的讲解。

9 月 27 日上午，重庆、江苏、辽宁、上海、浙江、广西、甘肃和安徽等 8 个民进省级组织在座谈会上作重点发言。王佐书出席并认真听取了大家的发言。

民进重庆市委副主委张克敏介绍了树立和践行活动中的总体做法，特别是遴选、推荐、宣传典型人物的经验。她说，民进重庆市委面向基层，发动全市会员参与推荐先进典型，撰写宣传材料，在此基础上确定了首批 6 位宣讲成员，划分片区组织报告会，并通过会刊、网站等宣传阵地展开广泛深入的宣传报道，取得了很好的效果。

民进江苏省委副主委徐菊英从重学习、重践行两个方面介绍了江苏民进的工作情况。她说，民进江苏省委以社会主义核心价值体系为主要内容，向书本、文件学，结合纪念主题学，向身边的榜样学，走进会史基地学，走向红色纪念地学，同时通过抓理论研究、抓建言献策、抓平台建设、抓基地建设、抓制度建设，学以致用，把学习成果转化为工作的实际成效。

民进辽宁省委秘书长赵姣重点介绍了辽宁民进根据工作实际，深化树立和践行活动的具体做法。她说，民进辽宁省委在树立和践行活动中根据宣传思想工作实际，与主题教育活动相结合；根据组织建设实际，与重点工作相结合；根据会员本职工作实际，与开展双岗建功活动相结合；根据学习型机关建设实际，与改进和加强机关工作相结合。

民进上海市委副主委许政涛说，民进上海市委在做好树立和践行活动工作规划的基础上，通过加强调研，聚焦开展活动的问题和困难，听取意见和建议，不断提高树立和践行活动地针对性和有效性。针对调研中发现的内容多、要求高，途径形式少，各级组织活动不均衡等问题，民进市委开展了设置“主委课程”、整理支部活动案例、加强会史教育基地建设等工作，发挥了积极的作用。

民进浙江省委副主委穆建平从教宣并举、内化于心，以学促工、外化于行，立足长效、固化于制三个方面，介绍了民进浙江省委深入开展树立和践行社会主义核心价值体系的主要做法。他说，民进浙江省委坚持把建立健全长效机制作为巩固和发展主题教育活动成果的重要保障，作为衡量主题教育活动取得成效的重要标准，力求把社会主义核心价值体系的本质要求融入到各项规章制度之中。

民进广西区委副主委陈建东介绍了广西民进树立和践行活动的情况。他说，民进广西区委在树立和践行活动中，深入农村、深入社区、深入城市新区，积极探索建立一些相对固定的教育实践基地，通过搭建教育实践基地的平台，组织广大会员参与其中，将学与行有机地结合起来，以教育推动实践，以实践促进教育，以实践检验教育成果。

民进甘肃省委副主委唐援朝从学习与践行两个方面介绍了民进甘肃省委会树立和践行活动的总体情况。民进甘肃省委一方面狠抓学习，省委主委、副主委深入市委开展讲课辅导，起到了领学和示范作用；另一方面狠抓实践，结合组织建设、参政议政、社会服务等各项工作，在实践中践行社会主义核心价值体系。

民进安徽省委副主委兼秘书长项纯文重点介绍了民进安徽省委开展社会主义核心价值体系理论研究工作的情况。他说，民进安徽省委积极参与民进中央“社会主义核心价值体系及民进的实践研究”课题招标和研究，召开了理论研究会 2010 年会暨社会主义核心价值体系学与行论坛，形成了一批理论研究成果，推动了理论与实践工作的相互促进。

与会同志认为，本次会议广泛深入地交流了各省级组织树立和践行社会主义核心价值体系的工作和经验，为省级组织之间相互学习、相互借鉴提供了帮助，要进一步开拓思路，不断推进树立和践行社会主义核心价值体系取得新进展、取得新实效。座谈会由民进中央宣传部主持。

与会人员还参观了民进新安江支部活动室和浙江秋梅食品有限公司生产基地。

共同努力为祖国发展作贡献
朱永新会见世界华侨华人社团联合总会部分侨领

2011 年 9 月 27 日，民进中央副主席兼秘书长朱永新在机关亲切会见世界华侨华人社团联合总会部分侨领并座谈。

朱永新对世侨会访问团走访民进中央表示热烈欢迎，并从民进的历史发展概况和履行职能等方面向客人作了介绍。他说，民进一直致力于提高全会整体素质和参政议政水平。近年来，在政协会议上的发言和提案，质量齐增，得到了党和国家领导人以及社会各界的高度重视和一致好评。民进在继续关注教育文化出版领域的改革和发展的同时，就科技、经济、环保等领域中的重大课题，也进行了深入研究，积极建言献策。

朱永新说，在社会服务方面，民进发动各级组织和广大会员，采取多种形式广泛开展了以科技示范、发展教育、引进资金和项目、培训人才等为主要内容的六项“西进”活动，为贫困地区生态建设和农民脱贫致富相结合探索出一条有效途径。“同心·彩虹行动”、“阿勒泰光明行”等系列活动得到了中共中央统战部的认可，在社会上引起了强烈反响。近年来，民进还十分注重海峡两岸的教育文化交流，以中华传统文化为纽带，广泛联系团结台湾各界人士，通过研讨会、论坛、考察调研等形式，为加强海峡两岸的交流，促进祖国和平统一大业发挥了积极作用。

朱永新说，世侨会的来访一定会给民进履行职能提供很好的启发和借鉴，期待今后同世侨会通力合作，在参政议政、社会服务等方面，进一步发挥侨领们的重要作用。

世界华侨华人社团联合总会秘书长任兴亮介绍了世侨会的发展历史和工作情况，他表示，世侨会和民进多年的交流合作取得了积极的进展，希望双方今后继续加强交流合作，共同努力为祖国发展作出贡献。

来自西班牙、意大利、美国以及香港特别行政区的 4 位侨领代表分别作了发言。大家立足自身领域，讲述了近些年积极投身祖国建设所取得的成就。大家说，希望今后能够同民进加强联系，增进相互了解，加强合作，为祖国的发展繁荣作出更多的贡献。

座谈前，侨领们参观了民进会史展览。

10 月

战略思考 大局观念 宽阔胸怀
严隽琪 罗富和会见周强 王佐书 朱永新出席

2011 年 10 月 8 日，全国人大常委会副委员长、民进中央主席严隽琪，全国政协副主席、民进中央常务副主席罗富和，下午在民进中央会见中共湖南省委书记、省人大常委会主任周强。中共湖南省委常委、统战部部长李微微，湖南省人大常委会副主任、民进湖南省委主委谢勇陪同走访。民进中央副主席王佐书，副主席兼秘书长朱永新出席会见。

严隽琪对周强等各位湖南省领导同志表示热烈欢迎。她说，周强书记此访是中共省委书记首次到访民进中央，充分体现了中共湖南省委在政治上的战略思考、大局观念和执政党的宽阔胸怀，也使民进对多党合作事业的前景更加充满了信心。

严隽琪对湖南在科学发展观指导下取得的巨大成绩表示祝贺，对湖南重视和支持多党合作事业表示衷心感谢。她说，近年来，湖南省科学发展成绩喜人，令人振奋。在经济稳定快速发展的同时，注重加强社会建设和改善民生，在法治建设、文化建设、服务型政府建设等方面创造了经验。湖南多次召开中共与民主党派合作共事经验交流会，发布了民主党派市级组织 5 年发展规划，为提高民主党派干部政治待遇和解决实际困难做了大量实事、好事。

严隽琪说，只有执政党的重视才能为多党合作事业发展提供充分保障，希望中共湖南省委在湖南民进组织建设上给予更多支持，帮助民进发展一批有社会影响、素质较高的会员，对已经入会的会员加大使用和推荐力度，通过轮岗、挂职等多种方式加强民主党派干部交流和锻炼，搭建成长平台。

严隽琪祝愿湖南“十二五”期间有更好的发展，并表示民进愿与中共湖南省委同心同德、同心同向、同心同行。她说，湖南是中国具有战略地位的大省，在地理位置、人力资源、自然资源、人文资源、历史传统上都独具特色和优势，民进对湖南建设“两新”社会、文化发展、水资源利用等问题一直长期关注，愿意进一步加强中央与地方、会内与会外的互动，围绕湖南发展的需要，做好参政议政和社会服务工作。

周强对民进中央长期以来对湖南工作的关心和支持表示感谢。他说，一直以来，民进中央对湖南给予了很多指导，严隽琪副委员长、罗富和副主席等领导同志多次到湖南调研，对湖南的文化建设、生态环境保护、加强社会管理服务、非物质文化遗产保护、企业家队伍建设等工作给予了有力指导和支持。

周强介绍了湖南省经济社会发展形势。他表示，湖南经济社会快速发展得益于党中央、国务院的关怀，得益于中部崛起的政策，同时也离不开包括民进在内的各民主党派和社会各界的关怀和支持。“十二五”期间，湖南将大力推进新型工业化、农业现代化、新型城镇化、经济社会信息化，加快建设资源节约和环境友好型社会。

周强对民进湖南省委和谢勇主委的工作给予了高度评价和充分肯定，认为民进湖南省委各项工作有声有色，围绕湖南发展大局发挥了十分重要的作用。明年湖南各民主党派将进行换届，中共湖南省委对此高度重视，同时也希望民进中央进一步加强对地方换届工作的指导。

中央统战部一局副局长刘海富，中共湖南省委办公厅、省委统战部、省政府驻京办、民进湖南省委有关负责人陪同走访。民进中央及部门负责人参加会见。

认真策划 精心安排 2011 中非光明行之莫桑比克活动成功举办 莫桑比克驻中国大使馆致信感谢民进中央

2011 年 10 月 11 日，民进网站报道，近日，莫桑比克驻中国大使馆就“2011 中非光明行医疗援助活动”给民进中央发来感谢信。信中说：“近期‘2011 中非光明行之莫桑比克’活动成功举办，贵会积极参与、认真策划、精心安排，为确保活动顺利进行、巩固和发展中非、中莫友谊发挥了重要作用，受到全体参与人员及当地舆论的一致好评，并得到了莫高层领导的高度赞扬和肯定。鉴此，特向贵会及所有参与本次活动的有关人员致以衷心的感谢！期待在贵会的鼎力支持下，‘光明行’能够再度来莫，为莫民众带来更多光明和希望。希望贵会继续为中非、中莫友谊友好事业贡献智慧和力量。”

由中国驻莫桑比克大使馆、中国民主促进会、全国防盲技术指导组、北京同仁医院、海航集团有限公司、安徽外经建设（集团）有限公司共同举办的“2011 中非光明行之莫桑比克”活动于 9 月 22 日启动。此次活动将历时 10 天，为 300 名当地白内障患者进行免费复明手术。这是“光明行”活动第三次走进非洲。2010 年 11 月、2011 年 3 月，曾先后在津巴布韦、马拉维两国举行了“中非光明行”活动，为当地 1000 多名白内障患者带去了光明，在非洲大地引起了强烈反响。

统一战线学习胡锦涛同志“辛亥革命 100 周年纪念大会”重要讲话座谈会在京举行 严隽琪发言 罗富和 朱永新出席

2011 年 10 月 13 日，统一战线学习胡锦涛同志“辛亥革命 100 周年纪念大会”重要讲话座谈会在北京举行。

全国政协副主席、中共中央统战部部长杜青林出席座谈会并讲话。他强调，统一战线作为团结海内外中华儿女的广泛联盟，要按照胡锦涛同志重要讲话精神，把推动民族复兴伟业作为增进思想共识、凝聚智慧力量的目标所向，始终高举爱国主义伟大旗帜，始终坚持中国特色社会主义政治发展道路，始终以服务科学发展为第一要务，始终致力促进祖国完全统一，始终巩固海内外中华儿女的大团结，进一步把全体中华儿女汇聚在民族复兴的旗帜下，砥砺奋斗精神，共襄振兴大业。希望各民主党派、工商联和无党派人士联系各自实际，采取多种方式加强学习，引导广大成员把思想和认识统一到讲话精神上来，把智慧和力量凝聚到中共中央的决策和部署上来，为实现中华民族伟大复兴作出新的更大贡献。

民进中央主席严隽琪出席座谈会并发言。她说，辛亥革命作为 20 世纪中国发生的第一次历史性巨大变化，跨出了一大步。中国共产党是孙中山先生开创的革命事业最坚定的支持者、最亲密的合作者、最忠实的继承者。中国共产党成立 90 年来，带领中国人民，夺取了新民主主义革命的胜利，建立了人民当家作主的新中国；完成了从新民主主义到社会主义的转变，开展了大规模社会主义建设；推进了改革开放和社会主义现代化伟大事业。中国特色社会主义道路是实现中华民族伟大复兴的正确道路，中国共产党是领导全国人民在这条道路上胜利前进的核心力量。只有坚定这样的选择，才能顺应社会进步的时代潮流，不断推进中国的现代化进程，开创中华民族伟大复兴的光明前景。

严隽琪说，民进要以纪念辛亥革命 100 周年为契机，教育和引导广大会员树立马克思主义唯物史观，深刻理解中国共产党的领导地位和中国特色社会主义道路是历史和人民的选择，深刻认识中国共产党领导的多党合作制度产生发展的历史必然性。坚定不移高举中国特色社会主义伟大旗帜，坚定不移高举爱国主义伟大旗帜，坚定不移高举和平、发展、合作旗帜。切实加强自身建设，提高履行参政党职能的能力和水平，为建设中国特色社会主义、推动祖国和平统一、实现中华民族伟大复兴作出新贡献。

民革中央副主席郑建邦、民盟中央主席蒋树声、民建中央主席陈昌智、农工党中央主席桑国卫、致公党中央常务副主席王钦敏、九三学社中央副主席丛斌、台盟中央副主席黄志贤、全国工商联主席黄孟复和无党派人士代表王梅祥分别在座谈会上发言。

民进中央常务副主席罗富和、副主席兼秘书长朱永新等出席座谈会。各民主党派中央、全国工商联负责同志，无党派人士及统战系统各单位负责人参加座谈会。

为推动首都文化大发展大繁荣作出新贡献
刘新成 朱永新出席“繁荣首都文化事业”党外人士座谈会

2011 年 10 月 14 日，中共北京市委宣传部、中共北京市委统战部下午共同召开“繁荣首都文化事业”党外人士座谈会，听取文化领域党外专家学者、非公企业负责人关于推动首都文化大发展大繁荣的意见和建议。中共北京市委常委、宣传部部长、副市长鲁炜，中共北京市委常委、统战部部长牛有成出席会议并讲话。

民进中央副主席、民进北京市委主委、首都师范大学校长刘新成，民进中央副主席兼秘书长朱永新，人民出版社副社长李春生，北京大学中文系教授张颐武，中国传媒大学艺术研究院院长张晶等文化界民进会员和文化领域党外专家学者、非公企业负责人应邀参加座谈。

座谈会上大家畅所欲言，各抒己见，紧密结合各自工作实际，积极为繁荣首都文化事业建言献策。大家认为，中共十七届六中全会召开在即，举行这次座谈会很有意义，有利于进一步提高文化自觉，增强文化自信，进一步统一思想，提高认识，形成合力，在更高层次上以更高水平推动首都文化大发展大繁荣。

在认真听取大家的发言和意见建议后，鲁炜代表中共北京市委宣传部，感谢各民主党派、无党派人士、人民团体与中国共产党肝胆相照、荣辱与共、风雨同舟，为推动首都文化建设作出的重要贡献。他说，首都统一战线人才密集、精英荟萃，是文化建设的重要力量，希望大家一如既往地关心、支持首都文化建设，为推动首都文化大发展大繁荣作出新的贡献。

牛有成代表中共北京市委统战部感谢大家对繁荣首都文化事业提出了许多真知灼见。他说，繁荣首都文化事业，北京有基因、有要素、有规则。文化繁荣的基因蕴藏在我们拥有三千年建城史、八百年建都史这张底牌中，蕴藏在中华儿女血液中流淌的中华文化底蕴中，蕴藏在新中国六十年辉煌成就造就的底气中。文化繁荣的要素，就包括在座各位文化领域党外专家学者、非公企业负责人，北京在这方面的优势得天独厚。文化繁荣的规则，就是我们要进一步搭建平台，完善政策，创新体制机制。建设国家文化中心，推动首都文化大发展大繁荣，是北京不可推卸的历史责任。有大家的关心和支持，我们有信心、有能力完成这项艰巨的历史任务。

刘新成针对北京如何打造具有世界影响力的国家文化中心提了两个建议，一是加强对中国三十年来经济奇迹的文化解释，二是要培养一流的文化学术或者人文学术。

朱永新提出具有国际品质的文化中心应有一流的文化设施、文化产品、文化活动和文化人才。同时，在文化制度建设上，要加强立法，充分利用中央资源、保护好名人故居、出版北京文化地图等。

李春生、张颐武、张晶分别从北京文化创意产业发展的目标、着眼点和着力点，政府如何支持民间新兴文化生长点，提高公众美育素养等角度建言献策。

民进中央主办的民主党派网站建设研讨会在京举行 王佐书讲话 朱永新出席

2011 年 10 月 17 日，由民进中央主办的民主党派网站建设研讨会在北京二十一世纪饭店举行。民进中央副主席王佐书、副主席兼秘书长朱永新，中央统战部信息中心主任王丕君出席研讨会。

各民主党派中央网站相关负责人参加了研讨和交流。大家从各自网站建设实际情况出发，总结了历年来网站建设中积累的宝贵经验，深入分析了当前面临的主要问题，并就如何适应形势进一步加强网站建设进行了深入思考和交流研讨。民进中央宣传部兼网站总编室负责人作了交流发言。

研讨会上，王丕君围绕民主党派网站建设的情况，特别是大家普遍关心的一些共性问题作了讲解，就如何体现民主党派网站的价值、怎样认识民主党派网站的经验，如何加强民主党派网站建设，以及民主党派网站的定位和功能等问题提出了具体指导意见，特别强调了“有为有位”、“形成合力”对加强民主党派网站建设的重要意义。关于加强民主党派网站建设的工作思路，他说，网站定位应以实用为原则，网站内容和工作应以实际为原则，网站发展方向应以实效为原则。他还通报了中央统战部信息中心关于加强培训、加强交流等方面的工作安排。

王佐书在研讨会上代表民进中央感谢中央统战部信息中心领导同志莅会指导。他说，王丕君主任的讲话，中肯、实在、管用，大家会后一定要认真学习。他同时感谢各兄弟党派同志传经送宝，使大家能够互相启发，互相借鉴。

王佐书阐述了办好网站的“五要素”。他说，安全是第一个要素。目前，我们的网站面临着诸多安全威胁，在网站建设中，还存在着安全防范能力不强，对网络安全问题认识不足的情况。对于如何确保网站的安全，我们一定要想细想全，做好各方面的准备。功能是第二个要素，包含党派功能和网站功能，而网站的功能就是为党派的功能服务，如何做好这项服务，也是值得深入研究的。服务是第三个要素，包含服务党派、服务成员、服务功能、服务社会和服务政治制度五个方面。如何提高服务的质量，是网站的第二生命线。可持续是第四个要素。网站的可持续发展、可持续提高，是客观规律的要求，我们要不断变化、创新工作方式方法，顺应社会发展形势。质量是第五个要素，包括内容质量和时间质量。特别是时间质量方面，目前普遍存在信息不灵、人手不够、投入不足等问题，信息的时效性有待提高。我们一定要紧紧抓住这五点要素，从人、钱、物、机制四方面入手，搞好民主党派网站建设。

王佐书针对民主党派网站建设提出了四个值得深入研究的问题。一是网站为民主党派的创新管理提供了极好的条件，为创新开辟了新的途径，如何向网站要更大的效益值得研究。二是规律指出了人们工作的路径和方法，民主党派网站建设及其功能的发挥要争取最大的效益，有何规律可循值得研究。三是党派网站建设的人员少、要求高是普遍的问题，为此，工作人员自学能力的高低就显得至关重要，如何加强网站工作人员的自学能力，不断提高专业素质和技能值得研究。四是如何发挥民主党派的特色，通过党派网站做好民主党派成员灵魂的工作值得研究。

王佐书倡议建立民主党派网站建设工作联系机制，由各党派中央轮流牵头，定期组织交流研讨。提议得到了中央统战部信息中心领导和与会同志的一致认可。王丕君表示，中央统战部信息中心将积极推动建立联系机制并定期组织开展交流活动，为党派网站建设提供更多沟通和学习的机会。

民进网站总编室、民进北京市委宣传处的同志参加研讨会。

学习中共十七届六中全会精神报告会在京举行 严隽琪 罗富和 潘贵玉 王佐书 贺旻 刘新成 蔡达峰 朱永新 张帆出席

2011 年 10 月 18 日，学习中共十七届六中全会精神报告会下午在京举行。中国共产党第十七届中央委员会第六次全体会议作出了《关于深化文化体制改革推动社会主义文化大发展大繁荣若干重大问题的决定》。为学习贯彻中共十七届六中全会精神，推动民进在文化建设上更好履行职能，民进中央举行专题报告会。

民进中央主席严隽琪、常务副主席罗富和，副主席潘贵玉、贺旻、刘新成、蔡达峰、朱永新（兼秘书长）、张帆出席了报告会。报告会由副主席王佐书主持。

报告会特邀国家行政学院副院长周文彰教授作了题为《文化的价值和当代中国文化建设》的专题报告。他在报告中围绕“文化的价值和当前我国文化建设”这一主题，就文化是科学发展的本质要求、文化的价值和意义、文化建设的目的和任务、政府在文化建设中的责任等问题进行了深入的阐释。他从科学发展观的高度论述文化的战略地位，强调文化建设是科学发展的本质要求，文化发展是落实科学发展观的重要标识，没有文化的发展就不是科学的发展。

周文彰结合工作实践和个人体会，用五句话概括了文化的价值和意义。他说，文化是政治，对文化的态度就是对科学发展观的态度，就是对人民群众的态度；文化是形象，文化是一个民族的灵魂、血脉和根系，是一个国家、地方的形象和窗口，是社会进步的重要标志；文化是环境，文化是我们赖以生存和发展的生活环境，是子孙后代的成长环境，是人才和资本的吸引环境；文化是生活，人类生活从低级到高级，从蒙昧到文明的发展过程，实际上就是生活中文化含量不断增加，文化质量不断提高的过程；文化是经济，文化可以推动经济的发展，文化能创造经济效益，文化就是经济。

周文彰说，文化建设的主要任务是丰富群众生活、调整经济结构、提高文明水平。当前深化文化体制改革，一是要抓好事业单位内部改革，二是推进经营性文化单位转企改制，三是加快公共文化服务体系建设，四是推动文化产业结构战略性调整，五是培育现代文化市场体系，六是进一步转变政府职能。他强调，坚持先进文化方向，树立正确文化价值观，用先进文化引领社会，是每个文化工作者的良心和责任。

王佐书对报告给予高度评价。他说，这个报告高屋建瓴、视野开阔，既有理论，也有实例，既有理性思考，也有务实对策，站得高，看得远，想得深，讲得透，具有很强的针对性、指导性和可操作性。这次专题报告为我们深入学习、准确把握中共十七届六中全会的意义、精神和要求，提供了重要帮助和有益参考。希望与会同志会后进一步加深对报告内容的理解和消化，引导全会各级组织和广大会员，更好地学习领会中共十七届六中全会的精神实质，进一步统一思想和行动，充分发挥民进在文化领域中的界别优势，认真履行参政党职能，为深化文化体制改革，推动社会主义文化大发展大繁荣作出积极贡献。

民进第十二届中央常委，部分省级组织负责人，民进中央及各部门负责人，民进中央、民进北京市委机关干部等 130 余人参加报告会。

民进中央十二届十六次主席会议在京召开

2011 年 10 月 18 日，民进中央十二届十六次主席会议上午在京召开。民进中央主席严隽琪，常务副主席罗富和，副主席王佐书、贺旻、刘新成、蔡达峰、朱永新（兼秘书长）、张帆出席。会议由严隽琪主持。

会议审议通过了民进十二届十六次中常会议程、日程和主持分工、《民进中央关于学习中共十七届六中全会精神的通知（草稿）》；听取了王佐书就民进十二届五中全会工作报告起草情况的报告、罗富和关于民进中央2011年重点调研项目成果的报告；会议研究了民进中央2012年工作要点（部门建议稿）和民进中央监督委员会第六次全体会议提出的意见和建议。会议还研究了其他事项。

民进中央副秘书长、各部门负责人列席会议。

中国民主促进会第十二届中央常务委员会第十六次会议在京召开

2011年10月19日，中国民主促进会第十二届中央常务委员会第十六次会议在京召开。会议的议程是：交流学习胡锦涛同志“七一”重要讲话的体会，学习中共十七届六中全会精神，审议通过《民进中央关于学习贯彻中共十七届六中全会精神的通知》，对民进中央2012年工作要点（部门建议稿）提出意见和建议。

民进中央主席严隽琪主持会议并讲话。常务副主席罗富和，副主席潘贵玉、王佐书、贺旻、刘新成、蔡达峰、朱永新（兼秘书长）、张帆和常委出席会议。

严隽琪在讲话中总结了此次常委会的主要成果，她说，此次会议常委们汇报了几个月来学习胡锦涛总书记“七一”讲话精神的体会，这是会中央发挥常委会学习引领作用的一个举措。与会同志还就学习十七届六中全会的精神进行了认真和较深入的交流。她就如何进一步学习胡锦涛总书记“七一”重要讲话精神，深入学习贯彻中共十七届六中全会精神，提出了三点要求。

一是深入贯彻“七一”讲话精神，增强政治坚定性。胡锦涛同志“七一”重要讲话具有很强的理论性、战略性、指导性，是继续推进中国特色社会主义伟大事业的纲领性文献。民进各级组织特别是领导班子成员，要深入学习、深刻领会、全面贯彻“七一”重要讲话精神，把思想和行动统一到讲话精神上来，不断增强走中国特色社会主义政治发展道路的自觉性和坚定性，坚持和完善中国共产党领导的多党合作和政治协商制度，坚持完善和发展中国特色社会主义制度。

二是在执政党党建经验的指导下，不断提高参政党建设的科学化水平。胡锦涛同志在“七一”讲话中提出了“不断提高党的建设科学化水平”的时代课题，充分体现了中国共产党对自身历史方位的科学把握和清醒认识，体现了中国共产党直面现实考验、勇担历史使命的成熟和自信。民进要坚持按照执政党建设与参政党建设互相促进的要求，继续推进学习型参政党建设；进一步树立和践行社会主义核心价值体系，及时总结经验，表彰先进；增强参政党意识，正确认识参政党的历史方位、面临的任务要求，继承和弘扬我会的优良传统，增强责任感和使命感，始终与中国共产党“同心同德、同心同向、同心同行”。

三是促进社会主义文化大发展大繁荣要有新作为。中共十七届六中全会作出了《关于深化文化体制改革推动社会主义文化大发展大繁荣若干重大问题的决定》，体现出执政党准确把握我国经济社会发展新要求、准确把握当今时代文化发展新趋势、准确把握各族人民精神文化生活新期待，说明了执政党对文化建设的高度重视和关注。文化是民进的主要界别特色之一，民进要学习好、贯彻好中共十七届六中全会精神，进一步增强文化自觉和文化自信，提高参政议政能力，为推动社会主义文化大发展大繁荣作出新的贡献。

罗富和传达了10月19日上午，全国政协副主席、中共中央统战部部长杜青林关于统一战线学习贯彻中共十七届六中全会精神的重要讲话。杜青林指出，统一战线广大成员学习贯彻中共十七届六中全会精神，要深刻认识文化建设的重要意义，要深刻领会文化建设的精神实质，要为服务于文化建设作贡献。他提出了六点具体要求：一是践行核心价值体系，坚持先进文化引领；二是积极建言献策，推动文化大发展大繁荣；三是深度参与促进文化产业的发展；四是充分发挥文化界人士作用，推动创作繁荣发展；五是扩大对外文化交流，增加影响力；六是努力建设统一战线文化。

罗富和要求与会常委会后要结合各地实际，把杜青林部长和严隽琪主席的讲话精神，《民进中央关于学习贯彻中共十七届六中全会精神的通知》精神，传达到所属组织和广大会员，把这次常委会的精神贯彻好、落实好，要努力发挥民进的界别优势，为促进文化大发展大繁荣多做一些有影响力的工作。

朱永新报告了民进中央 2011 年重点调研项目成果。2011 年，我会重点调研课题为《完善制度环境促进民办教育发展》，就民办教育面临的新情况、新问题，以及如何进一步完善政策环境，促进民办教育发展进行调研。他对重点调研的基本情况以及形成的成果作了介绍。

17 位民进中央常委结合学习胡锦涛同志“七一”重要讲话精神，交流了学习中共十七届六中全会精神的心得体会。常委们一致认为，六中全会通过的《决定》，是新形势下推进文化改革发展的纲领性文件，具有特别重要的指导意义。学习贯彻十七届六中全会精神是我会当前和今后一个时期的重要政治任务。民进作为一个以文化为主要界别之一的参政党，对文化建设的地位和作用、文化建设的内在规律、文化建设的历史责任，理应有更深入的思考，作出更切实的贡献。大家在发言中高度认同《决定》对文化意义价值的多方面的阐述，高度认同深化文化体制改革、促进文化大发展大繁荣的方向原则和任务目标，并提出了中华文化怎样走向世界、在大众传媒飞速发展的环境下，文化如何发展、中华传统文化在社会主义先进文化中的地位和作用等问题，体现了常委们对文化建设的问题意识和研究水平。

会议审议通过了《民进中央关于学习贯彻中共十七届六中全会精神的通知》。通知高度评价了中共十七届六中全会的重大战略意义，对民进全会深入学习贯彻全会精神作了具体部署。通知要求，民进各级组织和广大会员要深刻理解深化文化体制改革、推动社会主义文化大发展大繁荣的重大意义和深刻内涵；准确把握推进社会主义文化建设的指导思想和奋斗目标，发挥界别优势积极履行参政党职能；紧密结合树立和践行社会主义核心价值体系，加强学习型参政党建设，巩固思想基础、实现价值认同。

民进部分省级组织主委，民进中央及部门负责人列席了会议。

学习中共十七届六中全会精神 推进社会主义文化建设

——民进十二届十六次中常会常委发言综述

中共十七届六中全会作出了《关于深化文化体制改革推动社会主义文化大发展大繁荣若干重大问题的决定》（以下简称《决定》）。《决定》的颁布，对于在新形势下继续推进社会主义文化建设具有重要意义，在民进全会引起了热烈反响。在民进十二届十六次中常会上，与会常委围绕学习胡锦涛同志重要讲话和《决定》精神，深入交流了学习中共十七届六中全会精神的心得和体会。

关于推进社会主义文化建设。有的常委认为，当今社会大众信息传播飞速发展，而文化、思想、道德、情感等方面并没有同步发展，出现了社会文化样式的纷繁复杂和文化管理能力的不足，有时甚至会出现用先进的传播方式传播平庸的、乃至有害的文化产品的现象，怎样使大众文化传播更好地传播先进文化是个值得研究的命题。有的常委认为，由于我们的文化建设受到西方文化挤压，文化现代化建设很艰难，推动文化发展繁荣必须有一个整体设计，充分考虑在世界历史进程中的定位，在全球化的背景下进行。还有的常委提出，必须把社会主义核心价值体系融入教育，在关注文化事业和文化产业的同时，不能忽略“以文化人”，只有人的文明水平提高了，才能促进文化建设。

关于民进在推动社会主义文化建设中如何发挥作用。有的常委认为，要加强对中国 30 年来经济发展奇迹的文化阐释，30 年来中国的经济奇迹举世瞩目，这么长时间的持续增长其背后一定有主体文化支撑，否则经济无法发展。这种支撑是什么？如何更好地阐释？这是我们在文化上参政议政的一个方向。有的常委认为，民进是以文化为主要界别的参政党，要充分认识文化和文化建设的重要意义，找好切入点，选好议题，深入调研思考，积极建言献策。还有的常委表示，学习贯彻中共十七届六中全会精神，要以党为师，在坚定政治信念上下工夫；要立会为公，在提高履职能力上下工夫；要参政议政，在实现共同目标上下工夫。

关于中华文化走向世界。有的常委提出，文化建设中应该关注学术特别是人文学术的发展，学术特别是人文学术是文化的基石，没有一流的学术和人文学术，很难建立有世界影响的国家文化中心，没有一流的研究就没有文化的基础，很难建立一流的文化。有的常委认为，要让中华民族文化走向世界，需要我们总结思考一些具体的问题，例如中外文化交流中的传播技术、传播方式、传播时机、传播语言等等，目前中外文化交流并不平衡，我们了解外国文化的多，外国了解中国文化的少，如何让世界更多了解中国文化，需要在实践中不断总结和探索。

关于加强文化人才队伍建设。有的常委认为，过去一些优秀的文化产品，例如《我的祖国》，50 多年过去仍被各年龄段人士所传唱，为什么会有这些优秀作品？主要是有一支高素质的创作队伍，相比之下现在这样的作品很少见，创作先进文化和健康文化作品的队伍建设还很滞后。还有的常委提出，民进在文化人才队伍建设上应转变思路，不仅要吸引一批高层人才参加民进活动，加入民进组织，还应该重点培养一批已经入会的、学术上有一定潜力的年轻人，鼓励他们通过培训、深造、挂职等方式加强锻炼，成长为文化建设的骨干。

民进十二届十六次中常会期间，常委们还围绕文化的价值和作用、推动文化产业发展、少数民族文化建设等问题进行了深入的交流和讨论，体现了常委们对文化问题的认识和研究水平，促进了大家对文化建设的深入思考。

倾力助推中原崛起新征程
中共河南省委省政府致电感谢民进中央

2011 年 10 月 21 日，民进网站报道，近日，中共河南省委、河南省人民政府致电感谢民进中央。

全国人大常委会副委员长、民进中央主席严隽琪 2010 年 9 月曾率民进中央考察团就“中原文化与中原经济区建设”赴豫考察调研，听取当地省委、省政府汇报，并提出意见建议。

河南省委、省政府在感谢信中说，日前，国务院下发《关于支持河南省加快建设中原经济区的指导意见》，开启了中原崛起的新征程，描绘了河南发展的新蓝图。河南的发展，特别是中原经济区的建设，始终受到了党中央、国务院和各部委、各民主党派的高度关注和大力支持，民进中央严隽琪主席亲率调研组来豫调研，帮助梳理思路，提出真知灼见，广泛呼吁、积极运作、倾力助推。中原经济区建设上升为国家战略，是党中央、国务院对中原人民持续探索、实干实效的充分肯定，体现了上级领导的关心厚爱和殷切期望，凝聚着各民主党派中央和全国工商联的智慧和心血。在此，我们一直向关心支持河南发展的民进中央领导和同志们表示衷心感谢，并致以诚挚问候！

感谢信说，建设中原经济区，事关促进中原崛起和区域协调发展的总体战略，是一项重大而艰巨的历史任务。《指导意见》的出台，对我们是鼓励激励、更是责任，有压力、有动力，关键在做。恳请民进中央持续关注河南发展，继续助力中原经济区建设，推动中原经济区在支撑中部地区崛起和服务全国大局中发挥更大作用、作出更大贡献。

继承发扬老一代民进人优良传统 努力建设高素质参政党
朱永新出席庆祝民进宁夏区委成立30周年大会暨书画展开幕式

2011年10月21日至22日，民进中央副主席兼秘书长朱永新出席“庆祝民进宁夏区委会成立三十周年大会”、“庆祝民进宁夏区委会成立三十周年书画展”开幕式。

10月21日上午，庆祝大会在银川市召开。中共宁夏回族自治区党委常委、统战部部长马三刚出席并致词。他代表自治区党委向民进宁夏区委成立30周年表示祝贺，向长期以来关心支持宁夏民进工作的民进中央表示感谢，并向宁夏民进会员致以诚挚的问候。他充分肯定了民进宁夏区委30年来与中共宁夏区委亲密合作，与改革开放同行，与宁夏发展共进，认真履行参政党职能所取得的成绩和自身发展。他强调，全区各级民进组织和广大会员始终是推进宁夏改革开放和现代化建设的一支重要力量，始终是中国共产党肝胆相照、荣辱与共的亲密朋友。希望民进宁夏区委继承优良传统，加强自身建设，高举中国特色社会主义伟大旗帜，与中国共产党同心同德，为建设美好宁夏作出新的更大的贡献。

朱永新出席庆祝大会并讲话。他代表民进中央对民进宁夏区委成立30周年表示热烈祝贺，并充分肯定民进宁夏区委30年取得的成绩。

朱永新说，民进宁夏区委所取得的成绩是区委领导班子团结带领广大民进会员奋发努力的结果，是自治区党委各有关方面长期指导和帮助的结果。他代表民进中央向长期以来对民进工作给予大力支持、关心和指导的自治区党委、人大、政府、政协以及各兄弟党派、社会各界表示衷心的感谢，向参加会议的同志并通过大家向宁夏民进所有会员致以亲切的问候。

朱永新在讲话中希望民进宁夏区委在新的征程中，能够进一步以思想建设为核心、以组织建设为基础、以制度建设为保障，继承和发扬老一代民进人与中国共产党密切合作的优良传统，进一步学习和贯彻科学发展观，提高参政议政的能力，围绕经济建设中心工作，自觉服务于改革、发展、稳定大局，进一步努力学习和践行社会主义核心价值体系，提高全体会员的思想政治素质，努力建设高素质的参政党，把会员的智慧和力量凝聚到全面建设小康社会的奋斗目标上来。

朱永新要求民进宁夏区委和宁夏会员进一步增强政治责任感和历史使命感，以求真务实和改革创新的精神，更加努力的加强自身建设，不断提高自身履职能力和水平，为宁夏各项事业的建设与发展作出更大的贡献。

宁夏回族自治区人民政府副主席、民进宁夏区委主委姚爱兴在庆祝大会上全面总结了民进宁夏区委30年的成绩与发展。他向所有关心、支持、帮助民进宁夏区委开展工作的领导、同志和朋友表示衷心的感谢，向曾经为民进事业倾注心血的老领导和老会员们表示深深的敬意！他说，民进宁夏区委30年的发展是我国多党合作事业发展历史进程的一个缩影，是民进中央、自治区党委、民进宁夏区委历任领导集体和全区民进会员共同努力的结果。每一点成绩的取得都离不开民进中央、自治区党委的正确领导，离不开各兄弟党派和合作单位的帮助和支持，离不开全区会员的努力和奉献。今后民进宁夏区委将继承发扬优良传统，坚持中国共产党领导，坚持中国特色社会主义道路，在民进中央和自治区党委的领导下，努力加强自身建设，认真履行参政党职能，团结和带领全区民进会员，求真务实，扎实工作，为建设新宁夏努力奋斗。

民建宁夏区委主委孙贵宝代表自治区各民主党派、工商联、黄埔同学会致贺词。宁夏回族自治区政协副主席陶源，民进宁夏区委原主委曹维新、高文华，自治区各民主党派、工商联、黄埔同学会等各有关方面和部门的领导到会祝贺。

朱永新会后走访了民进宁夏区委。

10 月 22 日，朱永新在宁夏文化馆出席“庆祝民进宁夏区委会成立三十周年书画展”开幕式。姚爱兴在致词中说，这次画展是民进运用中华民族历史悠久的艺术瑰宝——书画，颂扬中国共产党领导的多党合作和政治协商制度，讴歌民进与中国共产党荣辱与共，风雨同舟，共同致力于建设中国特色社会主义伟大事业的辉煌历程，展示民进会员爱党爱国、积极投身中国特色社会主义建设的炽热情怀。

书画展参展的作品既有民进中央开明画院和宁夏文史馆珍藏的精品，也有宁夏民进会员们怀着极大的热情所创作的佳作。这些作品弘扬了中华书画艺术追求真、善、美的优良传统，反映出各位书画家对书画艺术的深刻认识、对传统精神的透彻领悟，浸润着各位书画家对祖国的热爱、对生活积极向上的追求和美好未来的向往，体现出对富裕、文明、和谐中国的坚定信心和热切期盼。

为全面推进创新社会管理工作提供智力支持
罗富和出席“2011 泰山论坛”并在民进泰山市委调研

2011 年 10 月 23 日，全国政协副主席、民进中央常务副主席罗富和在山东省泰山市出席“2011 泰山论坛”。来自中央党校、国家行政学院、国务院发展研究中心、中国社科院等单位的 60 多位专家学者，以及数十个全国社会管理创新综合试点城市的代表参加了本次论坛。山东省政协副主席、民进山东省委主委栗甲等出席开幕式并致词。

2011 泰山论坛是在中央推进创新社会管理试点工作、加强社会建设新形势下举办的一次高层论坛。本届论坛以“社会管理科学化”为主题，设主论坛以及创新社会管理社会平安建设、新经济组织党的建设、青少年教育管理三个分论坛。旨在通过深入研讨交流，积极探索提高社会管理科学化水平的思路、方法和途径，为全面推进创新社会管理工作提供智力支持。

论坛期间，来自各地党政部门和学术界的领导、专家，从政策、理论、实践等各个角度把脉社会管理发展现状，探讨如何提高社会管理科学化水平，探索创新社会管理的新路径，为全面推进创新社会管理工作提供智力支持。论坛还为创新社会管理全国优秀论文和典型案例获奖代表进行了颁奖。

罗富和当日到民进泰安市委调研。民进山东省委主委栗甲、副主委骆宝臻，泰安市政协党组书记、主席唐家品，市政协副主席、市委统战部部长朱永强，民进泰安市委主委王昌元等陪同视察。

罗富和在民进泰安市委实地察看了办公条件，并与民进泰安市委同志座谈。栗甲主持座谈。王昌元汇报了泰安民进的工作情况，泰安民进骨干会员先后发言。

罗富和认真听取了工作汇报和大家的发言。他对民进泰安市委在参政议政、社会服务、思想建设以及多党合作理论研究等方面取得的成绩，给予了充分肯定。

罗富和说，要进一步提高对民主党派机关建设重要性的认识。新世纪新阶段，多党合作事业的地位和作用更加突出，任务更加艰巨。加强参政党机关建设，是一项十分迫切的工作。关系到参政党机关职能的发挥，关系到参政议政、民主监督工作的质量与水平，也关系到民主党派机关干部的成长与发展。只有大力加强机关建设，才能围绕中心、服务大局，充分发挥参政党优势和作用，为经济社会发展聚智献策。

罗富和说，作为参政党我们也要增强忧患意识，充分认识到我们在参政议政能力、组织建设发展、人才储备等方面的不足，牢固树立科学发展的理念，更加增强责任意识，更加强化服务意识。

罗富和勉励泰安民进要按照民进中央的部署把全会的智力优势集聚起来，围绕中心大局建言献策，为推动“十二五”规划的贯彻落实，迎接党的十八大胜利召开作出新的更大贡献。

为促进天津经济社会发展发挥更大作用
罗富和在津调研机关建设和知识产权工作

2011年10月30日至31日，全国政协副主席、民进中央常务副主席罗富和在天津调研机关建设和知识产权工作。

罗富和在津期间与中共中央政治局委员、天津市委书记张高丽进行了座谈。罗富和对天津近几年取得的发展变化表示称赞，他希望民进天津市委充分发挥自身优势，全面加强思想、制度、作风、文化和干部队伍建设，更好地发挥参谋、组织、协调、服务作用，为推动天津经济社会科学发展、促进社会和谐献计出力。

张高丽对罗富和来津就加强党派机关建设进行调研表示欢迎。他说，加强党派机关建设，进一步提高协调服务能力，对于履行参政党职能具有重要意义。我们要坚持和完善中国共产党领导的多党合作和政治协商制度，加强团结合作，把多党合作事业不断推向前进。

罗富和31日上午走访民进天津市委，看望了机关干部，就机关建设问题与民进市委领导班子进行了座谈。罗富和对民进天津市委机关建设取得的成绩给予高度评价。他说，民进天津市委高度重视机关建设，切实加强机关建设的领导部署、分工落实；重视思想建设、作风建设，有效增强机关凝聚力、战斗力；重视干部队伍建设和能力建设，做好对年轻干部的培养，不断提高干部综合素质；重视制度建设，完善长期工作机制，各项工作有章可循，取得了可喜的成绩，受到了当地党委、政府和统战部的充分肯定，树立了民进组织的良好形象。

罗富和强调，新时期加强党派机关建设，是当前形势的要求，是执政党对参政党的要求，也是会内成员对建设高素质参政党的要求。我们只有不断总结经验，发现不足，改进工作，才能进一步提升民进全会机关工作的质量与水平。他勉励民进天津市委进一步加强机关信息化建设，重视人才培养，集智聚力，积极履行参政党职能，为党的十八大建言献策，为促进天津经济社会发展发挥更大的作用。

罗富和31日下午走访天津市知识产权局并听取了的工作汇报，对天津知识产权工作给予了充分肯定。他说，天津市委、市政府高度重视知识产权工作，通过制定实施知识产权战略纲要，明确知识产权强市建设目标，及时出台地方专利条例，推动天津知识产权工作开创了新的局面。

罗富和说，近年来，民进中央先后围绕制定和实施国家知识产权战略、国家知识产权“十二五”规划，向中共中央、国务院提交建议书，向全国政协提交党派提案，积极为推动知识产权工作的发展建言献策。

罗富和强调，加快转变经济发展方式、推动产业结构优化升级，是党的十七大确定的紧迫而重大的战略任务。在加快经济发展方式转变过程中，知识产权要发挥重要的作用，当前形势下要大力实施知识产权战略，全面提升企业创新能力和综合实力，使知识产权工作更好的为转变经济发展方式服务。

罗富和希望天津市知识产权局大力开展产业行业的知识产权研究，加强专利分析预警，集中力量实现重点突破，争取更大的作为，为知识产权战略的实施和建设创新型国家作出更大的贡献。

天津市副市长、民进天津市委主委张俊芳，天津市知识产权局局长、民进天津市委副主委何志敏，天津商业大学副校长、民进天津市委副主委邱立成，天津市河西区教育局副局长、民进天津市委副主委孙惠玲，民进天津市委副主委兼秘书长李敏龙等陪同调研。

11 月

相约海南 共谋发展
罗富和 王佐书出席2011年民进企业家联谊会联席会议

2011年11月2日至3日，以“相约海南 共谋发展”为主题的2011年民进企业家联谊会联席会议在海南省海口市召开。全国政协副主席、民进中央常务副主席罗富和出席开幕式。

11月1日下午，罗富和在海口会见了海南省委书记罗保铭。

罗富和对海南近年经济社会的快速发展给予充分肯定。他说，随着海南国际旅游岛战略建设的稳步推进，海南发展提速很快，后劲很足，尤其是海南岛西部工业发展呈现蓬勃发展的态势。

罗富和说，很高兴看到通过开发性的农业项目和海防林建设，西部地区真正绿起来了，环境负载条件和生态得到了有效改善。民进非常愿意利用本党派人才的优势，为海南国际旅游岛建设，尤其是海南文化事业的发展贡献一份力量。

罗保铭对罗富和表示欢迎，并预祝2011年民进企业家联谊会联席会议成功。他对民进海南省委的工作给予了高度评价，表示民进是一个高素质的人才库，民进将如此重要的会议放在海南召开是对海南工作的支持。此次有300多名各地企业家参会，为企业家了解海南、来海南投资合作提供了机会。

罗保铭在介绍近期海南经济社会的发展情况时，重点介绍了海南的旅游业和洋浦保税港区的建设发展。他说，随着离岛免税等国际旅游岛的系列优惠政策相继落地，海南的旅游业呈现出良好态势，今年海口、三亚两个空港的旅客吞吐量有望双双突破1000万人次。海南的工业发展也势头强劲，洋浦在国家南海石油战略上地位特殊，今年被列为全国五大石油化工基地之一。洋浦具有发展石油化工产业的区位优势，同时也有发展石化产业的环境承载力。

罗保铭在谈及民进会员、雨润集团董事长祝义材在儋州投资建设的200万头生猪屠宰加工项目时，他说，这是海南畜牧业的龙头项目，对推动海南省西部地区农业转型升级具有导向作用，海南将积极鼓励引导农民大力发展生猪养殖，为该项目提供充足的原材料。目前，海南出台了对能繁母猪的长年补贴政策，并将其纳入财政预算。

中共海南省委常委、秘书长许俊，海南省政协副主席、民进海南省委主委史贻云等会见时在座。

11月2日，2011年民进企业家联谊会联席会议在海口开幕。

受全国人大常委会副委员长、民进中央主席严隽琪委托，民进中央副主席王佐书代表民进中央向会议的召开表示热烈祝贺，对中共海南省委、省政府及民进海南省委、各位企业家会员为本次会议的召开所作出的贡献表示衷心感谢。

海南省政协主席于迅，副省长李国梁，省政协副主席、省委统战部部长王应际，江西省政协副主席、民进江西省委主委汤建人，民进甘肃省委主委尚勋武等出席开幕式。史贻云主持开幕式。

于迅代表中共海南省委、省人大、省政府、省政协对会议的召开表示祝贺，对民进中央和各兄弟省区市对海南工作给予的关心和支持表示感谢，并介绍了海南省情和经济社会发展情况。他说，衷心希望与民进各省区市企业界朋友们进一步加强在教育、科技、文化、旅游等领域的合作，热情欢迎广大民进企业家朋友们来海南投资发展、共创辉煌。

王佐书在开幕式讲话中说，民进企业界会员是民进开展民主监督、参政议政、社会服务工作，履行参政党职能不可或缺的重要依靠力量。一年来，民进企业界会员和企业家联谊会为民进履行参政党职能发挥了重要作用。联谊会机构不断健全，联席会议制度不断完善，企业界会员积极响应民进中央号召积极参与西部建设，积极参与支边扶贫与社会公益，为促进民生改善办实事。

王佐书分析了当前经济形势，指出目前世界经济的困难和问题没有改变中国经济高速增长的趋势，但集中暴露了过去经济中的结构问题，中国经济增长一方面依然具有高速增长的态势，另一方面也将出现总体缓慢下降的趋势。民进中央针对形势，调查研究，集智聚力，积极参与高层协商，就经济工作向党中央、国务院提出了制定共同而有区别的目标体系、促进区域协调发展，促进传统产业改造提升、加快中小企业发展，以及鼓励农民和农民专业合作组织参与农产品营销、促进民办教育发展等政策建议。

王佐书希望，民进企业家利用这次会议的机会，多了解海南，参与到海南省举行的经贸洽谈、招商引资、商务考察活动中，紧密结合海南区域发展的需求，争取对海南有所贡献、有所促进，同时也使自己的企业有所发展。

本届联谊会轮值主席、海南南亚集团董事长、民进海南省委副主委王汉昌在开幕式上发言。

《国务院关于推进海南国际旅游岛建设发展的若干意见》2009 年 12 月正式印发，标志着海南国际旅游岛建设上升为国家战略，海南发展面临新的历史机遇。紧密结合海南区域发展和广大企业家投资共赢的需求，本次民进企业家联谊会联席会议安排了多场专题报告。

民进企业家会员、海南三道湾大区小镇旅业有限公司总经理张勇作了题为《大区小镇——从旅游到泛旅游的跨越式发展建设海南新农村第一品牌》的主题演讲。“大区小镇”，即“大景区 + 风情小镇”旅游新模式，大区是具有吸引力的较大规模的观光景区；小镇是延伸大景区主题文化，并将其扩展为多种消费形式的休闲性旅游小镇。这种模式发挥了政府政策支持的作用、企业的投资功能和具体经营的能力、农民的土地和劳动力的优势，使企业获利、农民致富。他详细介绍了“三道湾大区小镇”的发展定位、指导思想、运营模式以及试点基地保亭黎苗族自治县三道镇什进村的开发现状，并希望通过这一模式的推广，能够创造出一片前所未有的主题文化旅游景区，把海南旅游带入全新的境界，实现区域跳跃式发展。

民进中央经济委员会副主任、民进湖南省企业家联谊会副会长、湖南康萨坦咨询有限公司董事长王林作了题为《经济形势展望与企业核心竞争力打造》的演讲。他在演讲中展望了国际、国内经济形势，深入分析了当前我国所处的重要战略机遇期，对我国经济体制、经济结构、利益格局、思想观念等发生的深刻变化进行了阐述。他说，企业必须通过战略发展规划、经营策略、实施培训方案设计等方面进行战略重塑；通过招聘计划、薪酬结构、绩效考核、员工培训、员工职业生涯规划等人力资源管理体系方案设计实现人才再造；从精神层面、物质层面和制度层面三个维度来综合设计企业文化管理体系，实现企业的文化升级，从而提高企业的核心竞争力。

会议邀请中国（海南）改革发展研究院院长、海南社科联主席迟福林作了题为《我国宏观经济背景下的海南国际旅游岛》的专题讲座。他详细剖析国际经济的复杂变化对我国宏观经济带来的影响，分析了我国经济转型的总体趋势——由总量扩张型的增长转到消费拉动型的增长，加快推动以消费主导的经济转型。他说，国际旅游岛之所以上升为国家战略就在于适应了这一趋势。今后海南国际旅游岛建设的走向，一是消费升级与消费转型，二是服务业发展与服务业转型，三是中小企业发展和转型，四是绿色发展与绿色转型。对于企业发展来说，三大要素最重要：发展机遇、市场需求、企业家作用。只有将三个要素有效结合，企业才能得到健康的发展。希望投资海南的企业家能够多把握国际国内的大趋势和国际旅游岛战略，来确定企业发展战略。

与会的民进企业家们对这些报告反响热烈。大家认为，这些报告紧密结合当前经济形势和海南国际旅游岛建设实际，对企业管理、培育核心竞争力、发展方向等方面提出了可行建议，解决了大家面临的困惑和疑虑，深受启发，得到了一次宝贵的学习机会。

会议期间还举办了贵州金沙县、安龙县招商项目推介会。

11 月 3 日，2011 年民进企业家联谊会联席会议在圆满完成全部议程后落下帷幕。

王佐书出席闭幕式并作专题报告。他提出了在工作中思考问题、分析问题、解决问题的十条思路，力求在超越具体工作实践的水平上为思考如何提高工作水平提供若干线索。强调企业要承担社会责任。他还结合学习贯彻十七届六中全会精神，就加强和创新社会管理、文化的三个层次等内容进行阐述。

民进甘肃省委主委尚勋武，湖南民进企业家联谊会常务副会长、湖南新猎鹰集团总裁张江波，山西华阳工贸有限公司董事长李红光，山东烟台宏泰有限公司董事长宋华西在会上发言，分别介绍了本省企业家联谊会工作情况及加强联谊会工作的设想。

会议宣布，民进企业家联谊会下一届联席会议由民进江西企业家联谊会承办。

下届轮值主席、国药控股江西公司总经理邓凰保作了发言。他代表民进江西省委和民进江西企业家联谊会对会议的顺利召开表示祝贺，并向为会议提供服务、辛勤工作的民进海南省委、民进海南省企业家联谊会表示感谢。诚邀民进全国的企业家走进江西，了解江西，探讨合作，共谋发展。

与会企业家表示，本次联席会议气氛融洽热烈，内容丰富务实，听取了三场高质量的报告，举办了两场推介会，交流了信息，增进了友谊，通过联动促进了共同发展。

来自全国29个省区市的民进企业家代表以及特邀嘉宾，民进中央社会服务部、宣传部负责人，民进部分省级组织分管副主委及社会服务部门负责人共300余人参加了会议。

促进区域文化创意产业发展 提升区域经济品质
严隽琪出席苏州河文化创意产业发展论坛并讲话

2011年11月4日，全国人大常委会副委员长、民进中央主席严隽琪下午在上海新发展亚太万豪酒店出席“苏州河文化创意产业发展论坛”并讲话。民进中央副主席、上海市人大常委会副主任、民进上海市委主委蔡达峰出席并致词。

严隽琪在讲话中说，本届论坛由上海民进参加合作举办，这是民进发挥参政党的政治和文化界别特色、拓展履行党派职能渠道的一次有益尝试。本届论坛在对进一步促进苏州河区域文化创意产业发展和区域经济品质提升起到积极作用的同时，也会对民进的自身建设和提高参政党履职能力起到推动作用。

严隽琪说，文化产业是国家和上海市“十二五”规划中的重点产业，是推动区域经济发展方式转变的关键环节，是上海实现转型发展的重要产业基础。在城市发展强调创新驱动的今天，苏州河区域必将迎来新的发展机遇和挑战。充分发掘苏州河的历史文化价值，建设上海创意产业核心区域和特色品牌，有着重要意义。围绕苏州河文化创意产业发展，要挖掘与整合资源，大力促进产业结构升级；要扩大影响，形成优质品牌；要吸引培养人才，确保产业持续健康发展。

蔡达峰在致词中说，大力培育和发展文化创意产业，是上海实现创新驱动、转型发展的重要举措，对全面增强城市软实力和国际影响力有着特殊的意义。本届论坛将依托苏州河环境区位优势，聚焦文化创意事业，着眼产业发展前景，进一步促进苏州河沿岸区域文化产业提升，促进区域经济社会新发展。

普陀区政协主席许伟国致欢迎词。

民进中央原副主席、上海大学教授邓伟志，赵丽宏分别作《文化的特性是创新》、《对母亲河回报和反哺》主题发言，还举行了《传奇，苏州河十八湾》新书首发仪式。

论坛由民进上海市委、普陀区政协联合举办。中共普陀区委人大政协区委统战部、民进上海市委有关领导，上海市政府政协有关部门、苏州河沿线有关区政协、普陀区各民主党派、人民团体负责人，普陀区政协常委、各专委会主任、各界别组召集人以及普陀区有关部委办局、街道、镇负责同志等180余人出席论坛。

完善合作 发挥优势 不断拓展 严隽琪 蔡达峰出席民进中央—上海社科院合作中心本年度第二次资政建言座谈会

2011年11月5日，全国人大常委会副委员长、民进中央主席严隽琪上午在上海社科院出席“2011年经济社会形势与2012年政策展望”座谈会并讲话。

严隽琪在讲话中对到会各位专家学者表示感谢，对民进中央—上海合作中心成立三年来的工作成效给予充分肯定。她说，双方要进一步完善合作机制，发挥各自优势，不断拓展和深化合作，以利上海社科院社会主义新智库建设和民进中央高素质参政党建设取得更大成就。

民进中央副主席、上海市人大常委会副主任、民进上海市委主委、复旦大学副校长蔡达峰出席座谈。

本次座谈会是“民进中央—上海社科院”合作中心本年度第二次资政建言座谈会。上海市工商联会长、上海WTO事务咨询中心总裁王新奎教授，复旦大学经济学院院长袁志刚教授、上海交通大学安泰管理学院院长周林教授、上海市社科联科研处处长徐中振教授等沪上知名学者，上海社科院常务副院长左学金、世经所所长张幼文、社会学所所长周建明、经济所金融研究室主任韩汉君、房地产研究中心副主任戴晓波等院内专家，分别围绕“货币金融政策”、“财税政策”、“社会建设”等核心问题发言，对经济社会发展各重要领域发展态势、当前任务和热点问题进行了分析，并就明年国家经济宏观调控、社会管理以及应对内外不确定因素和风险挑战，提出了一系列的政策建议。

座谈会由上海社科院常务副院长左学金主持。民进上海市委副主委赵丽宏、陈强努、胡卫、许政涛，民进中央及办公厅、参政议政部负责人参加座谈会。

同在蓝天下：关注外来进城务工人员随迁子女教育 严隽琪出席2011上海民进教育论坛并讲话 蔡达峰致词

2011年11月5日，“2011上海民进教育论坛（第九届）”在中国浦东干部学院会议中心举行。本次论坛主题为“同在蓝天下：关注外来进城务工人员随迁子女教育”。全国人大常委会副委员长、民进中央主席严隽琪出席会议并讲话。

本次论坛探讨了如何保障农民工子女的教育权益，以满足就业市场平等开放的要求，客观分析了在此进程中与户籍政策、地方财政、公共服务、社会管理体制之间可能出现的复杂矛盾，为实现《国家中长期教育改革和发展规划纲要》中提出的“形成惠及全民的公平教育”目标建言献策。论坛由民进上海市委主办，民进浦东新区区委、上海市教科院民办教育研究所承办。

严隽琪在讲话中说，要从国家利益高度关注农民工子女教育问题，切实保障随迁子女享受免费义务教育、平等接受义务教育的权利。要从解决随迁子女免费接受义务教育问题、随迁子女义务教育的公共财政保障机制问题、随迁子女入学的条件或门槛问题、农民工子女学校的合理规范问题、农民工随迁子女的社会融入问题、农民工随迁子女在流入地接受高中阶段教育问题等方面入手，有效解决农民工随迁子女教育问题。

民进中央副主席、上海市人大常委会副主任、民进上海市委主委蔡达峰出席会议并致词。他说，作为教育界为主要界别的民主党派组织，民进上海市委始终高度关注教育事业的发展，从2003年起，每年围绕教育中的热点、难点问题举办“上海民进教育论坛”，今年已是第九届。在经济社会快速发展和重大转型的过程中，教育领域出现了许多新要求，教育管理的标准越来越高，任务越来越重，希望本次论坛能够为更好地解决外来进城务工人员随迁子女教育问题作出贡献。

中共上海市委统战部副部长吴捷，上海市教育委员会主任薛明扬，国家督学、中国教育政策研究院执行院长庞丽娟，民进上海市委、民进中央及办公厅、参政议政部有关负责人，上海市教委和各区县教育局、教育科研机构、职教集团、中小学和企业界的领导、专家、嘉宾、媒体人员200余人参加了论坛。

中国民办教育发展大会暨中国民办教育协会第二次全国代表大会在昆明召开 严隽琪致贺信 王佐书当选协会第二届理事会会长

2011年11月6日，中国民办教育发展大会暨中国民办教育协会第二次全国代表大会在云南昆明召开。来自全国各地的教育行政部门领导、民办教育协会领导、民办教育举办者、专家学者500余人齐聚一堂，围绕“提高质量、办出特色，推动民办教育优质发展”的主题，共商民办教育发展大计。

全国人大常委会副委员长陈至立，全国人大常委会副委员长、民进中央主席严隽琪，全国政协副主席陈宗兴，教育部部长袁贵仁分别发来贺信，充分肯定了民办教育在国家教育改革发展中的重要地位和作用。贺信中说，《国家中长期教育改革和发展规划纲要》为民办教育发展带来了新的机遇和新的挑战。新形势下，要以更加开阔的视野谋划民办教育发展，以更加包容的胸襟看待民办教育问题，以更加坚定的信心破解体制机制瓶颈，以更加进取的精神推进学校内涵建设，推进民办教育事业又好又快发展。

云南省政协主席王学仁，教育部副部长鲁昕，中国民办教育协会会长、国家总督学顾问陶西平，中共云南省委常委、省委宣传部部长张田欣，云南省人大常委会副主任杨建甲，副省长高峰，省政协副主席顾伯平，原副省长、云南省民办教育协会会长梁公卿等出席会议。中国民办教育协会常务副会长王佐书主持会议。

鲁昕在讲话中介绍了一年以来全国各地贯彻落实《教育规划纲要》，进一步促进民办教育发展的总体情况。她提出，从我国民办教育发展的实际情况出发，要加快对民办学校分类支持、产权、资产、内部治理、政府监督服务、扶持民办教育发展等六个方面的制度建设。希望民办学校转变办学理念，创新人才培养模式；转变发展方式，实现内涵发展、特色发展；转变学校管理模式，主动参与现代学校制度的建设和实践，开创民办教育改革发展新局面。

高峰代表云南省委省政府对大会的召开表示祝贺。他说，近年来云南省民办教育规模以较高速度增长，已初步形成学历与非学历教育、全日制与业余学习、文化专业学习与职业技能培训并存，覆盖多个层次的办学格局。此次大会的召开，为云南省民办教育提供了难得的学习和交流机会，要认真学习借鉴各省市的经验和做法，进一步推进民办教育发展。

民进中央副主席王佐书在中国民办教育协会第二次全国代表大会上当选中国民办教育协会第二届理事会会长。

会议聘任全国人大常委会原副委员长、民进中央原主席许嘉璐，中国民办教育协会第一届理事会会长陶西平为中国民办教育协会名誉会长。

会议通过了《中国民办教育协会第二次全国代表大会决议》。

中国民办教育发展大会正逐渐成为我国民办教育界最有影响的会议。此次大会由中国民办教育协会主办，云南省教育厅、省民办教育协会承办。会议期间，云南省教育厅、温州市政府领导作大会报告，举办有民办学前教育、中小学、高等教育和培训教育四个专题论坛。

推进县（市）教育综合改革试点进一步落实 罗富和出席2011年区域教育发展论坛 朱永新讲话

2011年11月9日至10日，“中国杭州名师名校长论坛·2011年区域教育发展论坛”在杭州举行。全国政协副主席、民进中央常务副主席、中国教育政策研究院理事长罗富和出席开幕式。民进中央副主席兼秘书长、中国教育政策研究院副院长朱永新代表民进中央和中国教育政策研究院讲话。

举办本次论坛，是为引领和推动《国家中长期教育改革和发展规划纲要（2010－2020年）》关于“推进县（市）教育综合改革试点”要求的进一步落实，促进区域教育综合改革经验与模式的交流和借鉴，搭建区域教育局长深度对话的渠道与平台，论坛以区域教育综合改革与质量提升为主题。论坛由中国教育政策研究院与杭州市人民政府主办。

朱永新在讲话中说，改革开放30年来，中国教育的发展取得了令人瞩目的成就，但不同区域、学校教育差距的存在和拉大，一定程度上影响着教育整体发展、社会和谐。因此，如何有效的整合政府、学校和社会资源，科学制定区域教育规划，实现区域教育均衡发展，既是一个重大的、严肃的，也是一个科学的、专业的问题，是一项复杂的社会系统工程。区域教育综合改革需要考虑几个问题，第一，需要有改革的勇气和智慧；第二，发展区域教育重点是要促进教育公平，制定区域教育标准，通过组建教育集团把差学校交给好的学校办，用最大精力解决最薄弱的环节；第三，注重教育和经济社会的良性互动；第四，大力提高教育局长、校长、教师的基本素质。

国家督学、民进中央常委、中国教育政策研究院执行副院长庞丽娟，浙江省政协副主席、民进浙江省委主委盛昌黎，北京师范大学常务副校长、国家教育咨询委员会委员董奇，中国教育学会会长、中国教育政策研究院专家委员会主任顾明远，中国教育学会常务副会长谈松华，和来自北京师范大学、中国教育政策研究院的专家学者出席开幕式。上海、重庆、黑龙江、吉林、辽宁、山东、陕西、内蒙古、江苏、福建、湖南、四川、广东、海南、浙江等近20个地区的近百位教育局长参加会议。

加强参政议政能力建设 2011年民进中央参政议政年会在兰州举行

2011年11月11日至12日，2011年民进中央参政议政年会在甘肃省兰州市举行。

11月10日，全国人大常委会副委员长、民进中央主席严隽琪，全国政协副主席、民进中央常务副主席罗富和在兰州会见中共甘肃省委副书记、省长刘伟平。民进中央副主席兼秘书长朱永新参加会见。

严隽琪认真听取了情况介绍，对甘肃省发展取得的成绩予以肯定，对甘肃省给予民进中央参政议政年会的接待表示感谢。她说，参政议政年会是民进中央非常重要的会议，会议在兰州召开，进一步加深了民进中央和甘肃省的深厚情谊。甘肃是实施西部大开发战略的重要省份，在自然生态保护、历史文化传承等方面具有不可替代的重要地位，民进也一直把促进甘肃经济社会发展作为参政议政工作的重点之一。多年来，民进的参政议政工作始终得到了甘肃省的帮助和支持，民进将继续为甘肃省“十二五”期间实现跨越式发展贡献力量。

刘伟平受中共甘肃省委书记陆浩委托，介绍了甘肃省经济社会发展情况，并对民进各位领导和同志到兰州出席2011年民进中央参政议政年会表示热烈欢迎。他说，民进中央今年把参政议政年会放在兰州召开，是对甘肃的关心、信任和支持，甘肃省委省政府有关部门要努力为本次会议的顺利召开做好各项服务，民进甘肃省委和甘肃省有关单位要学习全国各地工作的好经验，把会议成果用好。他同时对民进中央、民进甘肃省委为甘肃经济发展、社会发展和民生改善所作的大量工作表示感谢。

中共甘肃省委常委、省委统战部部长、副省长泽巴足，甘肃省人大常委会副主任崔玉琴，甘肃省政协副主席黄选平，省委人大政府政协有关负责人，民进甘肃省委主委尚勋武会见时在座。

参政议政年会特邀专家，民进中央专门委员会、民进中央部门、省级组织负责人一同参加会见。

11 月 11 日上午，2011 年民进中央参政议政年会在兰州开幕。会议的主题是“加强参政议政能力建设”。

开幕式上，严隽琪作主题报告，罗富和主持，刘伟平致词。朱永新和甘肃省委人大政府政协有关领导出席。

严隽琪在报告中说，学习贯彻胡锦涛同志“七一”重要讲话和中共十七届六中全会精神，是本次会议的主要议程之一。民进全会要深入学习、坚定信心、增强共识，明确工作方向和任务。“七一”重要讲话以科学发展观为统领，把推进党的建设新的伟大工程同推进中国特色社会主义伟大事业有机结合，提出了治党治国的总体思路；统揽国际国内两个大局，作出了把握未来十年发展战略机遇期，坚持深化改革，坚持对外开放的决策部署。民进要以“七一”重要讲话和十七届六中全会精神指导参政议政工作，持续关注转变经济发展方式问题，切实推动我国经济社会全面协调可持续发展，有效履行参政议政职能；持续关注社会主义文化建设问题，为促进社会主义文化大发展大繁荣贡献力量。

严隽琪在报告中回顾了 2011 年民进中央的参政议政工作。一是为贯彻落实“十二五”规划，围绕科学发展的主题和转变经济发展方式的主线，将深化改革开放、保障和改善民生作为参政议政的首要任务；二是围绕深化文化体制改革、推动社会主义文化大发展大繁荣，在公共文化服务体系、文化产业政策、中华文化走向世界等方面，深入调查研究，积极建言献策，形成了民进参政议政的重要特色。

严隽琪说，2011 年民进中央参政议政成绩是全会“集智聚力”取得的，在社会上取得了良好的反响，在党和政府的决策中发挥了积极的作用，也反映出我们的基本工作思路是正确的，工作机制是有活力的。

严隽琪强调，新的形势和新的任务在不断向我们提出新的要求，加强参政议政能力建设成为提高参政党素质的必然要求，对此要常怀忧患之心。加强参政议政能力建设，一是要加强学习，要加强中国特色社会主义理论、国际国内形势、法律法规和方针政策的学习，提高参政议政的前瞻性、针对性和实效性。二是要加强人才队伍建设，要加强以专委会和参政议政特邀研究员为主体的参政议政骨干队伍建设，加强机关专职干部队伍建设，完善参政议政人才发展机制。三是要加强制度与平台建设，不断探索和改进工作机制，积极建设集成更多资源、产生更大影响的平台。

刘伟平代表甘肃省委人大政府政协，对会议的召开表示热烈的祝贺。他说，民进中央对甘肃的经济社会事业一直十分关心，在甘肃经济社会发展、生态环境保护、文化产业发展等多方面都给予了极大的支持和关心，并就推进甘肃实施“生态家园富民计划”、建立和建设“河西走廊星火产业带”、启动实施“石羊河流域重点治理规划”积极奔走呼吁，起到了积极的推动作用。对民进中央多年来给予甘肃工作的支持和关心表示感谢。

刘伟平说，在民进中央的领导下，甘肃省民进各级组织不断加强参政议政能力建设，充分履行参政党职能，深入开展调查研究，积极建言献策，在生态保护、农业产业化发展、扶贫开发、加强社会管理等方面的多项调研报告和意见建议被省委、省政府采纳，有的还得到了国家领导人的批示，引起了全社会广泛关注和好评。希望民进甘肃省委珍惜这次会议在兰州召开的机会，认真学习借鉴各地的好经验、好做法，完善思路，强化措施，进一步加强参政议政能力建设，为更好地发挥民进组织的整体优势和作用、服务全省经济社会跨越式发展作出新的更大的贡献。同时，请民进中央的领导和同志们对甘肃的工作多提宝贵意见和建议，请各兄弟省区民进的负责同志多为我们传经送宝，帮助我们把甘肃的经济社会发展事业做得更好。

中央社会主义学院统战理论教研部副主任郑宪应邀在开幕式上作关于加强参政议政能力建设的专题报告。

甘肃省人大、省政协、省委统战部负责人，民进甘肃省委主委尚勋武出席开幕式。

民进中央参政议政特邀研究员，民进中央专委会主任、副主任，民进中央部门负责人，民进省级组织分管副主委、参政议政部门负责人，民进甘肃省委的同志共150多人参加了会议。

11月11日下午，2011年民进中央参政议政年会举行大会发言。罗富和、朱永新和与会同志听取了大会发言。尚勋武主持会议。

民进中央经济委员会主任蔡继明、民进甘肃省委副主委李凤民、民进浙江省委副主委陈亚岗、民进广东省委副主委鲁开垠、民进广西区委副主委陈建东、民进吉林省委调研咨询部部长李卓、民进河北省委参政议政部部长李建强、民进四川省委研究室主任陈健、民进湖北省委议政调研室副主任潘喜梅、民进内蒙古区委参政议政部副部长杨永刚先后在大会上发言，深入交流了加强参政议政能力建设的工作和体会。

做好参政议政工作，必须以选准课题、搞好调研工作为突破口。蔡继明说，选择调研课题时，应选择我们具有比较优势的领域，作为参政议政相对长期稳定集中的调研课题，才有可能形成我们党派在这个特定领域的话语权和影响力。民进湖北省委在选择课题时，突出界别特色，在民进传统的教育、文化、出版领域以及湖北民进在人才队伍方面具有优势的水资源和湿地保护领域进行调研，从而取得了优异的参政议政成绩。民进浙江省委在选题方面，强调“问题意识”，做好“政策”文章，倡导与党委政府的中心工作“合拍”，与群众关心的热点问题“同步”。

调研课题选好后，要汇聚各方力量深入调研。民进四川省委的做法是在各专委会自身开展调查研究的基础上，通过联合调研等方式与政府、政协、人民团体、行业协会等各方开展广泛合作，并取得他们的帮助与支持。民进甘肃省委注重借势借力，借民进中央在甘肃开展重大调研活动之机，借政府部门之力，增强了调研活动的实效性。民进河北省委强调广交朋友，以会员带动会友，以会友带动会友，使会外智力成为参政议政的有生力量。

制度和机制建设是加强参政议政能力建设的一项根本性、全局性、长期性的工作，要完善制度和机制建设。民进广东省委出台了《民进广东省委参与政治协商规程（试行）》，成为全国民进省级组织首部参与政治协商的规程，推动了工作的制度化、规范化、程序化。民进吉林省委强化调研工作的计划性、科学性，对定期研讨参政议政课题，适时召开参政议政咨政会议做了制度性规定。民进广西区委探索建立符合自身特点的课题调研工作机制，引入课题申报立项评审的管理制度，将课题调研工作逐步引向科学化的管理模式。

提高参政议政能力，还必须提高人才队伍的综合素质。民进浙江省委强调“学习和培训”，做好“团队”文章，一方面更多的发展一些各行业各领域高素质专业人才入会；另一方面，加强对队伍的培养、培训力度，历练了一支高层次、高水平的人才团队。民进广西区委通过专委会广罗人才，调动了会员专家的积极性，同时也扩大了参政议政的视野，加强了人才的发现、培养和使用。民进湖北省委的做法是建立了以民进省委学习组为中心，分级分层的学习模式，提高思想政治素质；编印了《参政议政实用手册》，指导骨干会员参政议政；加强培训，提升会员的参政议政能力。

参政议政成果转化是检验参政党工作绩效的重要标尺。民进甘肃省委的做法是对调研成果中形成的具有代表性、典型性和可操作性的意见和建议进行筛选，通过民进中央信息、全国政协会议提案等形式，“小中见大”、注重实效，促进参政议政成果转化。民进内蒙古区委注重对优秀调研成果进行科学转化，形成了向自治区有关方面报送的集体提案、大会发言、社情民意信息和建议意见。民进四川省委则专门组建了参政议政调研课题评审委员会，使参政议政成果转化更具科学性。

大会发言，既有宏观的理论，又有生动的事例；既有经验的总结，又有理性的思考，为工作实际提出了可供参考的思路，起到了相互交流、学习借鉴、共同提高的作用。

11 月 12 日，2011 年民进中央参政议政年会在圆满完成各项议程后闭幕。罗富和出席并作总结讲话。朱永新主持闭幕式。

罗富和在讲话中说，此次年会在甘肃召开，得到甘肃省委、省人大常委会、省政府和省政协的大力支持，甘肃省委副书记、省长刘伟平出席开幕式并致词，介绍了甘肃经济社会发展情况，充分肯定民进工作，这表明甘肃省委、省政府对多党合作制度和民主党派工作的高度重视，对与会代表和民进全会都是极大的鼓舞和激励。同时，对甘肃省委统战部的协助，对民进甘肃省委的辛勤工作，表示诚挚的感谢。

罗富和总结了会议取得的成果。他说，会议在总结工作和经验的基础上，紧紧围绕动员全会力量加强参政议政能力建设这一主题，集智聚力，着力研究提高参政议政的科学化水平。严隽琪主席在开幕式上的主题报告，从学习贯彻胡锦涛同志“七一”重要讲话和十七届六中全会精神的高度，分析了国际国内形势发展变化带来的挑战，提出民进参政议政能力不足的危险更为突出，对于全会进一步加强参政议政能力建设，努力把参政议政工作做好提出了明确要求，是一个重要的指导性文件。郑宪教授的专题报告给我们提出了参政议政工作的理性思考，对指导开展工作十分重要。通过大会发言和分组讨论，8 个专委会和 29 个省级组织充分交流了工作和经验，提出了很多好的意见和建议。

罗富和分析了民进面临参政议政能力不足的危险。他说，加强参政议政能力建设，最重要的是要提高责任感，提高对大局的把握能力，团结带领全体民进会员在国家经济社会发展过程中履行好职能，在参政议政舞台上发挥作用。参政议政能力建设关键是要抓好前瞻、辨思、谋策这三个环节。前瞻就是必须站在科学发展的高度、世界的高度、全球化的高度看我们现在的发展；辨思就是面对各种错综复杂的意见，必须进行分析、判断、取舍，最后形成思路；谋策就是参政议政最终要落实到出实招、出实策上。

罗富和说，加强参政议政能力建设，民进各级组织要进一步明确中心和大局，在围绕中心、服务大局上下功夫；要加强人才队伍建设，通过参政议政工作吸引人才、发现人才、培养人才；要进一步加强专门委员会工作，更好地发挥专委会的重要作用；要完善上下互动、内外联动的工作机制，整合会内外资源，促进参政议政工作的制度化、规范化、程序化；要完善参政议政平台建设，发挥专题论坛、议政沙龙、网上参政议政平台的作用；要加强调研工作的组织协调，通过调研掌握真实的情况和鲜活的材料，实事求是地提出意见和建议；要抓好参政议政工作和成果的对外宣传，展示民进履行职能取得的成绩，体现民进作为参政党发挥的作用。

罗富和强调，加强参政议政能力建设，需要民进全会在每一个关键环节共同努力、共同推进。与会同志回去后要及时组织学习和传达会议精神，进一步调动各级组织和广大会员积极性，深入总结和剖析工作，查找问题和不足，提出对策和建议，推动全会参政议政工作取得新的进展。

闭幕式前，与会同志分成三个小组进行了分组讨论。他们在讨论中认为，本次会议既总结交流了参政议政工作的成绩和经验，又进一步明确了民进全会加强参政议政能力建设的方向和任务，主题突出、任务明确、成效显著。三个小组的代表分别在闭幕式上发言，汇报了各自小组讨论的具体情况。

会议对民进中央 2011 年度参政议政成果进行了表彰。其中，获得一等奖 12 项，二等奖 19 项，三等奖 6 项。

热爱事业　热爱民进　热爱工作
王佐书与民进建德市委座谈并讲话

2011 年 11 月 11 日至 13 日，民进中央副主席王佐书在浙江省建德市调研，出席建德民进工作座谈会，并为该市教育系统、统战系统干部作专题讲座，实地考察了严州古城、新叶古村的文化建设情况，与当地文化部门领导沟通意见。

杭州市政协副主席、民进杭州市委主委赵光育，民进杭州市委副主委肖锋，建德市政协副主席、民进建德市委主委谢春凤等陪同调研。

11月13日，王佐书出席建德民进工作汇报会，听取民进建德市委工作汇报，并与市委委员、支部主任和民进会员座谈。

王佐书认真听取了工作汇报和大家的发言，对民进建德市委工作给予高度评价。他说，建德民进取得的成绩体现了全体会员对事业的热爱、对民进的热爱和对工作的认真负责；建德民进涌现出潘秋梅、蔡象临、吴梅珍等一批先进会员，体现了大家想方设法为社会、为人民办事的责任心和使命感；建德民进领导集体团结一心，体现了较高的政治素质和坚定的政治方向。

王佐书对建德民进承办民进白沙社区卫生服务站给予认可。他说，建德民进从实际出发，贯彻执行民进中央开展社会服务工作的思路，推动了社会服务工作的持续深入发展。

王佐书说，建德民进支部活动有质量、有特色、有创造，体现了基层民进组织开展工作的主动性和创造性。

座谈会上，谢春凤从能力建设、社会服务、利益协调与表达、自身建设等方面汇报了建德民进的主要工作和进一步的工作设想。

民进建德市委成立于1985年，下属7个支部，现有会员119人，近年来民进市委以建设高素质参政党为目标，以加强自身建设、提高参政议政能力为重点，认真履行参政党职能，切实提高服务意识和水平，为建德经济社会发展作出了积极贡献。

民进建德市委在开展社会服务工作方面取得突出成绩。建德民进承办民进白沙社区卫生服务站，连续八年为社区居民提供健康保健服务，在此基础上，2010年上半年又与钦堂乡卫生院结对，在该院建立社会服务基地，开展为当地老百姓送名医下乡活动，为乡镇卫生院提供管理和技术培训支持。

民进建德市委在基层组织建设方面也具有特色。新安江支部是民进全国先进基层组织，也是浙江省统一战线教育培训实践教学基地和浙江民进现场教学点，多年来开展了一系列教学和交流活动，在现有基础上，支部进一步进行探索和创新，开展了“支部活动支委轮值制”和社区共建活动。

王佐书在座谈会上与大家还就建德市文化保护开发和会员普遍关心的若干问题进行了深入交流。

王佐书在建德调研期间，12日为建德市教育系统干部作题为“教育与教学目的研究”的讲座，13日为建德市统战系统干部作题为“为加强民主党派班子建设提供研究线索”的讲座。

继承发扬中华民族优秀文化 弘扬时代主旋律
罗富和 朱永新出席甘肃民进开明画院揭牌式

2011年11月12日，全国政协副主席、民进中央常务副主席罗富和上午在兰州市安宁区仁寿山公园出席甘肃民进开明画院揭牌仪式。民进中央副主席兼秘书长朱永新出席并致词。

中共甘肃省委常委、副省长、省委统战部长泽巴足，甘肃省政协副主席黄选平和朱永新为开明画院揭牌。

罗富和在参观画院书画展览过程中，对民进甘肃开明画院提出了三点希望。一是以中共十七届六中全会提出的文化大发展为契机，继承和发扬中华民族优秀文化，弘扬时代主旋律，倡导良好的思想道德风尚；二是充分利用民进甘肃开明画院平台，经常性组织笔会，组织会内外书画名家和爱好者进行交流，增进联系；三是举行各种形式的学术研讨活动，不断提高会员书画艺术水平，组织书画艺术家到省内外考察交流，加强和其他省民进开明画院的联系，并以走出去请进来的方式开展会内外书画交流活动，扩大甘肃民进开明画院的社会影响力。

朱永新在致词中说，开明画院的建立宗旨是发挥民进文化界别的特色和优势，打造服务和凝聚书画界会员的平台，打造我会服务社会的平台，为提升民进人文文化水平和人文素质服务。希望甘肃民进开明画院成立后，以中共十七届六中全会精神为指引，积极开展培养传承、学术交流、创作研讨、作品展览等具有书画特点与民进特色的社会服务活动，为推动社会主义先进文化的大发展、大繁荣服务。

罗富和、朱永新在参观活动结束后，与参加揭牌仪式的民进兰州交通大学委员会、民进西北师范大学支部、民进兰州市安宁区总支的部分会员就推进社会主义文化大发展和社会主义新农村的文化建设问题进行了互动交流。

中共甘肃省委统战部、兰州市委政协及市委统战部负责人，民进甘肃省委主委尚勋武，副主委康金城、张祥生等出席了揭牌仪式。

为推进重庆统筹城乡综合配套改革建言献策
王佐书出席民进中央重庆市政府合作协议签字仪式

2011 年 11 月 18 日，中国民主促进会中央委员会、重庆市人民政府合作协议签字仪式在重庆渝州宾馆举行。民进中央副主席王佐书出席仪式。

中共重庆市委常委、常务副市长马正其，中共重庆市委常委、统战部部长范照兵，市政协副主席、民进重庆市委主委陈贵云出席仪式。范照兵主持仪式。

王佐书代表民进中央签订合作协议。根据协议，2011 至 2015 年，民进中央将充分利用智力和人才优势，为推进重庆统筹城乡综合配套改革建言献策；在重庆市举办以教育文化改革与发展为主题的交流和研讨活动；对永川区在教育文化发展等方面予以支持；引导和鼓励文化教育界会员和企业家会员，支持重庆市农村地区教育文化事业加快发展。重庆市政府为民进中央促进重庆统筹城乡教育文化改革与发展开展的各项活动提供便利和帮助，支持民进重庆市委加强自身建设。

王佐书在签约仪式后会见了永川区有关方面领导。永川区位于长江上游北岸，重庆西部，幅员面积 1576 平方公里，人口 110 万，辖 19 个镇、3 个街道，45 个社区居委会。

王佐书听取了永川区教委、文联、民进永川区委的工作汇报，就永川区教育文化发展作了交流，商讨了拟在永川区召开“2012・中国教师发展论坛”的相关事宜。

民进重庆市委副主委张克敏等参加签约活动。

展示园林文化厚重底蕴 诠释和谐共生价值追求
严隽琪出席第八届园博会开幕式并在特园参观学习

2011 年 11 月 19 日，以“园林，让城市更美好”为主题的第八届中国（重庆）国际园林博览会上午开幕。全国人大常委会副委员长、民进中央主席严隽琪应邀出席开幕式并剪彩。

第八届中国（重庆）国际园林博览会由住建部和重庆市人民政府共同主办。园博会选址在重庆北部新区龙景湖，展区面积为 3300 亩，其中水体 800 亩，有入口主题展示区、传统园林集锦区、国际园林展示区、未来园林展示区、三峡生态展示区、景观生态体验区等 6 个规划分区。

严隽琪在园博会考察了“同心园”、“现代园”等部分展园。她称赞说，本届园博会造园理念和造园技艺既融自然之趣，又兼精工之妙，展示出园林文化的厚重底蕴，诠释出人与自然和谐共生的价值追求。

重庆市长黄奇帆等陪同考察。

严隽琪在渝期间专程来到中国民主党派历史陈列馆——重庆特园参观学习，并向馆方赠送了中国民主促进会的部分历史档案，深切缅怀近代以来中国的民主先贤们救亡图存、追求进步的光辉历程。

严隽琪说，深入挖掘、认真研究民主党派历史，对于我们继承先辈们与中国共产党团结合作的优良传统，学习他们以国家民族利益为重，以救济天下为己任，先天下之忧而忧的精神，对于建设适应时代要求的高素质参政党和认真履行参政党职能都具有重要意义。我们要齐心协力共同建设好“特园”，研究“特园”内涵，学习“特园”精神。

重庆市委人大政协及市委统战部有关负责人，市政协副主席、民进重庆市委主委陈贵云等陪同考察。

促进以新生代农民工为主体的农民工社会融合
严隽琪出席新生代农民工就业培训与社会融合政策研讨会

2011 年 11 月 20 日，中国教育政策研究院在京举行新生代农民工就业培训与社会融合政策研讨会。全国人大常委会副委员长、民进中央主席、中国教育政策研究院院长严隽琪出席研讨会。

近年来，新生代农民工逐渐成为新型劳动大军的主体，其对农村缺乏认同感，又难以有效地融入城市，对我国社会管理提出了新的挑战。为此，北京师范大学中国教育政策研究院特邀请政府相关部门、专家学者、企业与培训机构代表等举办此次研讨会，共同分析新生代农民工在社会融合中存在的主要问题及原因，概括总结各地在农民工就业培训和社会融合上的创新举措与实践经验。

本次研讨会分上下午两个阶段，上午重点为新生代农民工就业培训与社会融合政策，下午重点为新生代农民工就业与培训政策。

与会专家学者表示，当前我国新生代农民工的就业、培训与社会融合问题是一个系统复杂的综合工程，需要农业、人力资源和社会保障、财政、发展改革、教育、科技、安监等部门与社会各界的共同努力。新生代农民工培训政策中存在着培训资金缺乏统筹、管理体制与工作要求不衔接等问题。与会专家建议，可以考虑从明确政府责任和工作重点、完善农民工就业培训体制机制建设、进一步落实企业参与农民工培训的鼓励政策、转变农民工就业观念、增强职业教育的有效性与吸引力、统筹农民工培训资源、创新农民工培训模式和方法、进一步建立和完善农民工就业和社会保障制度等途径入手，促进以新生代农民工为主体的农民工社会融合。

中国教育政策研究院将在前期研究和本次研讨会的基础上，进一步整合、研究与会领导专家的重要观点，企业、培训机构和用人单位的需求与意见，形成关于进一步建立、完善新生代农民工就业、培训与社会融合政策制度的建议，上报相关职能部门。

中国教育领域改革开放的典范
严隽琪在欧洲进行教育访问

2011 年 11 月 24 日至 12 月 3 日，全国人大副委员长、民进中央主席严隽琪应欧洲管理发展基金会、西班牙 IESE 商学院和欧洲工商管理学院（INSEAD）的邀请，以中欧国际工商学院董事的名义率中欧国际工商学院代表团赴比利时、西班牙和法国三国，出席会议并进行教育访问。

严隽琪在比利时布鲁塞尔的欧洲管理发展基金会总部，出席了中欧国际工商学院 2011 年董事会会议，与其他中外方董事一起讨论了学院2011年度工作报告以及2012至2016年战略发展规划。她对学院如何更好挖掘“中国深度”、拓展“全球广度”提出了富有启示的建议，并指出学院的成功在于其充分自主的办学机制和国际化的办学理念。她希望学院实施好发展战略，走向新的高度。

严隽琪在西班牙巴塞罗那的IESE商学院，发表了题为《下一个十年：一个更加开放和创新的中国》的演讲。演讲分四个部分，分别阐述了中国的发展与世界的关系，中国未来十年发展的关键，中国企业参与全球竞争的前景以及教育的改革与发展对于中国应对转型、创新以及更为复杂深刻的全球化挑战的重要意义。

严隽琪说，中国走的是和平发展之路，其要点是：一、强调协调可持续发展；二、强调从国情出发，把基点放在依靠自己力量上，不向别国转嫁问题和矛盾；三、坚持开放，强调合作共赢、共同发展，让更多国家、更多人分享发展成果；四、维护和平，为国内发展营造和平稳定的国际环境，为世界发展作出应有的贡献。

严隽琪说，中国未来十年发展的关键是“转型”与“创新”。中国经济发展方式转型，目前已经非常迫切，正因如此，“十二五规划”提出了“以转变经济发展方式为主线，深化改革开放，着力保障和改善民生，促进经济长期平稳较快发展和社会和谐稳定”的总任务。而实现这一总任务则须从深化经济体制改革、提高对外开放水平、大力发展绿色经济、加强知识产权保护这几项主要任务着手。

严隽琪说，下一个十年的中国将更加开放，更加具有“引进来”和“走出去”的双向交流特征。因为中国企业要想在长期竞争中取胜，就不能局限在国内市场，必须学会利用国际国内两个市场、整合全球资源。中国企业在走出去的过程中，需要克服在品牌、核心技术等方面的短板现象，因此，这将是一个长期探索的过程。而欧洲则应消除对中国企业的疑虑，应以建设性的眼光、平和理性的心态审视中国企业国际化，积极把握其中的合作机遇。

严隽琪说，目前中国的教育资源还难以支撑对人才的巨大需求。企业转型需要大量技术、管理人才，以及大量像乔布斯那样的创新人才，因此教育体制就需要更大的灵活性和包容性。她高度评价了中欧国际工商学院这一成功案例，并期待我国能有更多这样的管理教育机构，培养出大批迫切需要的精通英语、善经营、会管理、并具有跨文化工作经验的国际化人才。

出席演讲会的IESE商学院200多位校友中有许多非常成功的企业家，他们对中国未来发展以及中国企业如何走向世界等问题抱有浓厚兴趣，根据之后的演讲满意度问卷统计结果显示，企业家们非常喜爱这次演讲。

严隽琪在法国巴黎的枫丹白露，访问了欧洲工商管理学院（INSEAD）。代表团参观了校园，并在接下来的座谈会上听取了INSEAD的办学概况、办学理念和特色，并互相交流了办学情况。

严隽琪在交流中，阐发了自己接受担任中欧董事的原因。她说，中欧以全球化的视野，在办学模式、课程设置等方面大胆借鉴国际最佳实践，在培养国际化高级经营管人才方面迅速获得了成功，堪为中国教育领域改革开放的典范，中国的教育需要改革，中国的学校需要在自主办校方面作进一步探索。作为中欧董事，她将为推动中欧以及中国教育事业的进一步发展发挥积极作用。

严隽琪访欧期间还率团访问了坐落在布鲁塞尔郊外的全球著名影像技术解决方案提供商巴可公司总部，受到公司领导人的热烈欢迎。在西班牙巴塞罗那加泰罗尼亚自治区政府大厦会见了自治区主席。

上海交通大学校长张杰、中国社科院原副院长刘吉、上海市政协原副主席朱晓明等中欧国际工商学院负责人陪同访问。

民进为全面建设小康社会作贡献获奖代表座谈会在民进中央召开 罗富和出席并讲话 朱永新主持

2011 年 11 月 30 日，受全国人大常委会副委员长、民进中央主席严隽琪委托，全国政协副主席、民进中央常务副主席罗富和下午在机关会见民进为全面建设小康社会作贡献获奖代表并座谈。民进中央副主席兼秘书长朱永新主持座谈会。

罗富和首先代表民进中央向受到表彰的先进集体、先进个人和优秀成果代表表示热烈的祝贺并致以崇高的敬意。他说，你们的努力和付出为民进增添了光彩，为 13 万会员争得了荣誉。

罗富和说，这次评选表彰活动，民进共有 4 个先进集体、17 位先进个人、5 项建言献策优秀成果、6 项社会服务优秀成果受到表彰，无论是受表彰的集体、个人还是优秀成果，他们的先进事迹都集中体现了几个共同的特点。一是体现了大家对中国特色社会主义事业、对多党合作事业、对中国民主促进会事业的衷心和赤诚；二是体现了大家在岗位中的创新，以及从优秀到卓越的不懈追求；三是体现了大家在工作中既发挥了个人的积极作用，又依靠民进组织的集体力量，反映了大家的集体观念。这些共同特点，反映出今天受表彰的同志继承和弘扬了民进前辈的优良传统和务实作风，不愧为民进的优秀代表。

罗富和就进一步做好工作提出了殷切希望。他说，民进中央和各级民进组织要认真学习、宣传获奖的先进集体、先进个人、优秀成果代表的先进事迹，从他们坚定不移的立场、无私奉献的美德中汲取精神力量，转化为激励自己前进的动力，进一步推动全会工作迈上新台阶。希望各位获奖代表戒骄戒躁、再接再厉，一如既往地继续做好各项工作，切实发挥示范和带动作用，共同推动民进适应时代要求的高素质参政党建设。

罗富和强调，在看到成绩的同时，更要清醒地认识到不足，要认真查找工作中的差距，正视我们存在的问题，进一步改进工作，为巩固和发展多党合作事业，为全面建设小康社会作出更大贡献。

民进江西省委主委汤建人等 20 余位获奖代表在座谈中踊跃发言。大家由衷感谢民进中央给予的关心、支持和鼓励。代表们说，今天回到“娘家”，感觉非常亲切，同时也受到莫大鼓舞。多年来我们牢记民进宗旨，尽最大努力做好本职工作，勇于担当民进组织赋予的职责，积极建言献策、服务社会。但是今天获得的荣誉不仅仅属于个人，而是属于民进组织，是民进中央和民进各级组织为广大会员搭建了建功立业、展示才华的广阔舞台。

代表们说，这次表彰也让我们进一步认识到，荣誉属于过去，未来还需更多努力。要把表彰大会的精神和民进中央领导的嘱托带回去，传达给所在的民进组织和广大会员，在工作中不断学习领会，积极应对新形势和新任务的挑战，努力做好各项工作，为建设社会主义文化强国，为全面建设小康社会和实现中华民族伟大复兴作出新的更大贡献。

罗富和、朱永新在座谈会前与获奖代表合影留念。获奖代表参观了会史展览和民进中央机关。

民进中央副秘书长、各部门负责人，中共中央统战部一局有关同志参加上述活动。

12 月

推动实现河北经济社会又好又快发展 河北省人民政府致民进中央感谢信

2011 年 12 月 6 日，民进网站报道，河北省人民政府近日致信就民进中央在《河北沿海地区发展规划》上升为国家战略过程中给予的大力支持和热情帮助表示感谢。

全国政协副主席、民进中央常务副主席罗富和 2010 年 7 月率领民进中央专题调研小组，就有效推进河北省沿海地区的科学发展进行细致深入调研，实地考察港口，与当地多个政府部门举行座谈、交流情况。在此之前，民进京津冀三地的省市组织已就该课题联合组成调研小组，进行了数次预调研。民进河北省委多年来也把京津冀环渤海区域协作发展问题作为参政议政的战略选题和长线工程，通过一系列的调研，提出了多个相互关联、具有全局意义的意见和建议。

民进中央在综合各方调研成果，较全面掌握情况和资料的基础上认为，将河北省沿海地区发展规划纳入国家区域发展的总体战略，打造河北沿海地区发展的新引擎、京津冀乃至北方地区发展的新载体、全国沿海发展战略的新动力，将会使我国的区域经济布局更加完整，对推动我国沿海经济链条的完善发展、京津冀及其周边地区的经济社会协调发展、共同推进，具有重大的战略意义。调研结束后，民进中央向国家有关部委提出了《关于将河北沿海地区发展规划纳入国家发展战略的建议》。

河北省人民政府在感谢信中说，日前，国务院正式批复了《河北沿海地区发展规划》，河北沿海地区发展已上升为国家战略。这一重大战略举措的颁布实施，为实现河北由沿海大省向沿海强省跨越提供了强力支撑，标志着河北发展开启了新的蓝色引擎。

感谢信说，去年，全国政协副主席、民进中央常务副主席罗富和亲自带领民进中央调研组赴河北省沿海地区考察调研，并向国家有关部委提出了《关于将河北沿海地区发展规划纳入国家发展战略的建议》，为谋划过程中的河北省沿海地区发展规划，提供了大力支持和热情帮助。

感谢信说，河北将以《规划》实施为契机，抓住机遇，开拓创新，全面推进河北沿海地区跨越式发展、超常规发展，努力把沿海经济带建设成为科学发展的示范区、富民强省的支撑区、环渤海地区崛起的先行区、北方沿海生态良好的宜居区，努力把河北沿海地区打造成为环渤海地区新兴增长区域和我国对内对外开放合作的新高地，在沿海地区再造一个河北。衷心期望民进中央一如既往地关注河北，帮助河北搞好沿海地区建设，推动实现河北经济社会又好又快发展。

民进中央监督委员会一届七次会议在京召开

2011 年 12 月 6 日，民进中央监督委员会一届七次会议在京召开。民进中央常务副主席、民进中央监督委员会主任罗富和和监督委员会委员出席会议。民进中央副主席、民进中央监督委员会副主任潘贵玉主持会议。

会议审议通过了《民进第一届中央监督委员会 2011 年工作情况报告（草案）》（以下简称“报告”）。报告指出，2011 年，民进中央监督委员会（以下简称“中监委”）在民进中央的领导下认真履行职责，积极推动我会会内监督工作。

一是加强领导班子建设，有序推进会内民主。今年，中监委深入基层，就领导班子建设、省级组织换届等议题认真开展调研，与有关省委会成员、民进十大代表、机关干部、部分会员等进行座谈，广泛听取意见和建议。

二是积极部署统筹规划，稳步推进试点工作。截至目前，民进共有10个省级组织建立了监督委员会。中监委积极协助省级组织监委会开展工作，为稳步推进会内监督工作积累了经验。今年，中监委还积极协助部分省级组织做好成立省级监督委员会的筹备工作。

三是围绕全会机关建设，切实履行监督职责。今年6月召开的中监委第六次全体会议期间，民进中央常委对民进全会机关建设工作提出了意见和建议。中监委根据常委的意见和建议，整理形成了《民进中央常委对全会机关建设的意见和建议》，受到会中央领导集体的高度重视。

会议还讨论了《民进第一届中央监督委员会2012年工作计划（草案）》，确定了明年工作重点及具体的工作进度。

与会委员踊跃发言，就工作报告和计划提出了一些建设性的改进建议，就如何开展会内省级监委会的经验交流提出了可行性的建议。

会议推举潘贵玉为报告人，向民进十二届五中全会作民进中央监督委员会2011年工作情况报告。

民进中央十二届十七次主席会议在京召开

2011年12月6日，民进中央十二届十七次主席会议在京召开。民进中央主席严隽琪，常务副主席罗富和，副主席潘贵玉、王佐书、贺旻、刘新成、蔡达峰、朱永新（兼秘书长）、张帆出席会议。严隽琪主持会议。

会议认真学习中共十七届六中全会精神，交流了民进学习贯彻中共十七届六中全会精神的有关情况。

会议审议通过了中国民主促进会第十二届中央常务委员会第十七次会议议程（草案）、《中国民主促进会第十一次全国代表大会筹备委员会成员名单》（草案），审定了中国民主促进会第十二届中央委员会第五次全体会议议程、日程（草案），审议了《中国民主促进会第十二届中央常务委员会工作报告》（草案）、《中国民主促进会第十二届中央委员会第五次全体会议关于召开中国民主促进会第十一次全国代表大会的决定》（草案）、《中国民主促进会第十一次全国代表大会代表名额及代表产生办法》（草案），会议研究了《民进中央2012年工作要点》（草案）、《民进中央2012年“两会”发言和提案》（草案）。会议听取了《民进中央关于2011年表彰省级组织专项工作先进单位的决定》相关情况的报告。

会议还研究了其他事项。

中国民主促进会第十二届中央常务委员会第十七次会议在京召开

2011年12月6日，中国民主促进会第十二届中央常务委员会第十七次会议在京召开。民进中央主席严隽琪，常务副主席罗富和，副主席潘贵玉、王佐书、贺旻、蔡达峰、朱永新（兼秘书长）、张帆和常委出席会议。严隽琪主持会议并讲话。

会议的议程是学习贯彻中共十七届六中全会精神，审议通过中国民主促进会第十二届中央委员会第五次全体会议议程和日程（草案），审议通过《中国民主促进会第十二届中央委员会第五次全体会议小组召集人名单》（草案），审议通过《中国民主促进会第十二届中央常务委员会工作报告》（草案），审议《中国民主促进会第十二届中央委员会第五次全体会议关于召开中国民主促进会第十一次全国代表大会的决定》（草案）等。

严隽琪在讲话中说，本次常委会是民进十二届五中全会召开之前一次十分重要的会议，对于统一思想，提高认识，开好民进十二届五中全会，做好民进第十一次全国代表大会的准备工作具有十分重要的意义。民进十二届五中全会将审议民进第十二届中央常务委员会工作报告，全面总结民进 2011 年的工作，部署 2012 年的工作；将审议通过召开民进第十一次全国代表大会的决定，审议通过大会决议；听取民进中央监督委员会 2011 年度工作情况报告。

严隽琪希望与会同志保持良好的精神状态，以高度的政治责任感，集中精力开好会议，确保顺利完成各项议程，把会议开成民主团结、求真务实的大会。

罗富和就《中国民主促进会第十一次全国代表大会代表名额及代表产生办法》（草案）作说明，王佐书就常委会工作报告起草作说明。

民进中央部分民进省级组织负责人，民进第一届中央监督委员会委员，民进中央副秘书长、各部门负责人列席会议。

中国民主促进会第十二届中央委员会第五次全体会议在京召开

2011 年 12 月 7 日至 9 日，中国民主促进会第十二届中央委员会第五次全体会议在北京召开。这次会议的主要内容是：学习贯彻中共十七届六中全会精神，审议民进第十二届中央常务委员会工作报告，审议关于召开中国民主促进会第十一次全国代表大会的决定，听取民进第一届中央监督委员会 2011 年度工作情况报告等。

民进中央主席严隽琪，常务副主席罗富和，副主席潘贵玉、王佐书、贺旻、刘新成、蔡达峰、朱永新（兼秘书长）、张帆和中央委员出席民进十二届五中全会。

部分民进十大代表，民进中央各专门委员会负责人，民进中央副秘书长、各部门负责人，民进省级组织有关负责同志列席会议。

12 月 7 日上午，民进十二届五中全会开幕。严隽琪代表民进第十二届中央常务委员会向五中全会作工作报告。罗富和主持开幕式。

严隽琪在工作报告中回顾总结了 2011 年民进工作。她说，一年来，民进坚持与中国共产党思想上同心同德，目标上同心同向，行动上同心同行，以庆祝中国共产党成立 90 周年和纪念辛亥革命 100 周年为契机，以深化树立和践行社会主义核心价值体系为重点，深入开展优良传统教育和“双岗建功”活动，不断推进学习型参政党建设；着力加强领导班子建设、后备干部队伍建设，有序推进会内民主，人才队伍建设呈现新局面。民进坚持“有思有行、集智聚力、顺势而为、开拓创新”的工作方针，以推动科学发展为第一要务，以促进经济发展方式转变与保障和改善民生为着力点，围绕改革与发展的大局，围绕“十二五”规划的全面实施，积极履行参政议政职能；坚持社会服务的政治性、公益性和务实性原则，积极参与毕节试验区建设，开展以教育、文化、医疗为特色的援疆扶贫工作，支持引导会内新阶层人士在国家经济社会发展中发挥积极作用。

严隽琪在报告中对 2012 年的工作提出要求。新的一年里，民进全会要紧密地团结在以胡锦涛同志为总书记的中共中央周围，以自身建设和履行职能的新成果，迎接中共十八大和民进十一大的胜利召开。要以中国特色社会主义理论体系为指导，深入学习贯彻胡锦涛同志在庆祝中国共产党成立 90 周年大会上的重要讲话精神和中共十七届六中全会精神，不断推进思想理论建设；要着眼于多党合作事业的持续健康发展，立足新形势下民进组织发展的特点，突出深化政治交接、保持和发展进步性这一重点，做好民进中央和省级组织换届工作，提高组织建设的科学化水平；要完善工作机制，加强队伍建设，进一步提高参政议政能力，在一些事关科学发展的全局和关键问题上，提出具有前瞻性、全局性、战略性的意见和建议；要围绕经济社会发展、保障和改善民生的需要，发挥民进特色和优势，打造“同心”品牌，开拓社会资源，提高社会服务的成效。

开幕式上，民进中央监督委员会副主任潘贵玉向民进十二届五中全会作民进中央监督委员会 2011 年工作情况报告。

12 月 7 日下午，民进十二届五中全会举行学习中共十七届六中全会精神专题报告会。

中央宣讲团成员、人民日报社社长张研农作了题为《迈向文化强国的“中国道路”》的专题报告。他从全面把握中共十七届六中全会的历史意义、深刻理解文化改革发展的重要性和紧迫性、准确廓清文化改革发展中的几个关系、积极培养我们时代的文化自觉、努力建设社会主义文化强国等五个方面，对中共十七届六中全会的精神作了全面解读。

严隽琪、罗富和、潘贵玉、贺旻、蔡达峰、朱永新、张帆和出列席同志参加报告会。

王佐书主持报告会。他说，张社长的报告国际与国内相结合，历史与现实相结合，内容丰富、视野开阔、思想深刻、论述清晰、逻辑严谨，对于我会进一步学习领会十七届六中全会精神，充分发挥主阵地优势，积极履行职能，推进社会主义文化建设，具有重要的指导意义。他同时就文化交流交融交锋问题、文化走出去战略、传播文化、文化与综合国力、文化动力等问题发表了自己的看法。

12 月 8 日，民进十二届五中全会进行分组讨论。

严隽琪参加第三组（天津、安徽、新疆）的讨论。她说，大家的发言使我更加强烈地感受到民主党派存在的价值，进一步增强了我做好民进工作的信心。衷心感谢大家对民进工作的参与、贡献和支持。

严隽琪说，民主党派的存在不仅必要，而且责任重大。因为我们有相对比较直接的通道和超脱的心态向中国共产党和中央政府建言献策。

严隽琪说，四年前，民进换届后有两大挑战：一是在外部环境变化和内部人员变化的情况下，如何增进政治上的共识；二是履行职能的挑战。有为才能有位，作为主席，我一直在思考如何集智聚力，提高履职能力。创新不是目的，是原来的做法达不到理想程度，不能满足需要了，才逼出来的。创新很痛苦，面临很多困难，甚至带来很多误解，要有直面现实的勇气和把事情做好的高度责任感才会创新。之所以我们这个班子这些年不断有所创新，就是基于履行职责的思想动力，要把历史赋予我们这一代的接力跑好。

严隽琪说，文化是民进的主要界别之一，中共中央在致民进十大的贺词中对民进推动社会主义文化大发展大繁荣作出贡献提出了明确的要求，说明中共中央对民进的期望很高。民进也具有高度的文化自觉，一直在文化领域积极参政议政。这几年，我代表民进向中共中央提出了实施文化强国战略的建议，在教育中长期规划征求意见时提出了高校要发挥文化引领作用，在外宣中要避免没有自信或者盲目自大的倾向。这些意见都得到了中共中央和有关部门的重视和吸收。我体会，文化强国有三个层次：一是核心理念，能否打动人心，凝聚人心；二是传播体系，是否有合适的传播话语和传播体系；三是产业体系，这是市场的问题。核心理念是“魂”的问题，后两个层次是“体”的问题。中国要建设文化强国，首先是要有“魂”。我们现在要建设文化强国，就是要提出一个既能影响世界，又能凝聚国人共识、震撼人心的价值观念，就是要树立这个“魂”。

严隽琪在谈到专委会的问题时说，会中央一直在研究探索如何使兼职的专门委员会委员更好地发挥作用。近几年会中央创新思路，搭建平台、整合资源，成立了中国教育政策研究院、民进中央—上海社科院合作中心、清华大学政治经济学研究中心，这些平台各有各的特点，各有各的方式，发挥了重要作用。通过把地方和中央，会内和会外，专业研究机构和参政党结合起来，融合大家的意见，取得了比较好的效果。当然，我们集智聚力的机制还要不断探索。

罗富和参加第八组（辽宁、广东、甘肃）的讨论。他说，从严隽琪主席所作的工作报告可以看出，2011 年民进全会工作有特色、有亮点。一是民进围绕树立和践行社会主义核心价值体系所做的工作，不是空学、空讲。会中央重点宣传了一批优秀会员的先进事迹，以树立典型、强化示范，鼓舞广大会员在本职工作中建功立业。二是社会服务工作取得新成效。我们积极参与毕节试验区建设，参与新疆跨越式发展，“同心工程”做得有声有色。三是全会围绕“十二五”规划做了大量调查研究工作。特别值得一提的是，在全国政协十一届四次会议期间，有3位同志代表民进作了大会发言，是民进近年来最多的一次；还有5件提案被列为重点办理提案，展示了民进“情系民生，参政为民”的良好形象。

罗富和说，2012年，中国共产党将召开举世瞩目的第十八次全国代表大会，谋划中国特色社会主义社会的整体事业，民进也即将迎来换届。针对2012年的工作，他提出三点意见：

一、民进要更加注重文化建设方面的深入思考，讨论、研究和总结如何进一步弘扬社会主义核心价值体系。改革开放30多年来，中国在经济建设方面取得了巨大成就，文化建设同样有很大进步。事实上，引领改革开放最根本的动力是精神，是十几亿人民的勤劳和奋斗，这其中有传统文化的力量，更有开放、包容和外来先进文化的融入。因此，主流文化与核心价值体系的结合是我们要倍加关注的内容。

二、民进要紧紧围绕党的十八大精神，围绕科学发展、转变经济增长方式、民生发展、城乡统筹等问题进行调查研究、建言献策。民进历届领导人，除了在教育文化出版老阵地建言献策，在新领域的科学发展方面也做了很多工作，从最早提出树立正确的政绩观，到将节约资源上升为基本国策等等，都有民进的声音。今后，在一些事关科学发展的全局和关键性问题上，我们要投入更大力量，更加关注经济发展、能源、金融、文化、粮食、生产安全等问题，要从更高的发展层面来考虑参政议政工作。

三、务必做好换届工作。明年是会中央和各省级组织的换届年，除了布置工作，我们还要强调纪律。要让大家认同组织的民主推荐、组织考察等原则、流程和结果，在大家的共同努力下，把换届工作做好。

潘贵玉参加第十组（浙江、贵州、陕西）的讨论。她说，本组的三个省在中国很有代表性。在座的各位充分肯定了工作报告和工作取得的成绩，也充分肯定了明年工作的安排，并提出了很多有益的建议和有针对性的问题。在此，我代表会中央向大家表示感谢。

潘贵玉说，在文化建设上，我们要正确理解中共十七届六中全会提出文化建设的内涵，要深刻理解党中央、国务院关于进一步推动文化建设与经济建设、政治建设、社会建设以及生态文明建设协调发展的整体工作部署，以便更好地为推动我国社会主义文化的大繁荣大发展服务。

王佐书参加第九组（吉林、河南、海南组）的讨论。他说，经济解决今天的问题，科技解决明天的问题，教育解决后天的问题，文化解决一个民族可持续发展的问题。在全球化背景下，我国的文化发展面临“三交”的紧迫形势，即文化交流、文化交融和文化交锋，研究文化发展，需要研究“三交”的形势，需要研究我国目前有什么样的理论、现有理论处于何种程度、在“三交”过程中我国有什么经验和教训等等，民进应当思考如何为研究“三交”作贡献。

王佐书说，文化的重要性在于它本身就是综合国力，它还能够可持续地产生、激发、凝聚综合国力，如何壮大文化的力量，如何能使文化可持续地产生、激发、凝聚综合国力，民进需要很好地研究。研究文化，还要研究产生文化的文化。民族自尊心、民族自信心和民族自强心是产生文化的文化最基本的原材料，民族自尊心、民族自信心和民族自强心是抵御文化领域一切不安全因素的铜墙铁壁。如何为增强民族自尊心、民族自信心和民族自强心做些工作，值得思考和研究。

王佐书说，为任何一项事业服务都是一个体系，研究为文化发展服务，需要研究为文化发展服务的体系，研究者应当具备体系意识，应当研究体系、优化体系，利用体系为文化大发展大繁荣作贡献。民进应当研究什么样的体系是符合中国国情的最优化的体系，如何为优化这个体系作贡献。文化表现为形和魂，即物质文化和精神文化，物质文化反映什么精神文化，精神文化用什么形式的物质文化表现，这是体系问题，是对人才的要求，更是对服务体系的要求。中共十七届六中全会精神和决定留给我们的思考是深刻的，如何激励我会为文化大发展大繁荣作出贡献是留给我们的作业，也是一个永远做不完的工程。

贺旻参加第七组（内蒙古、江西、四川）的讨论。她说，非常高兴同内蒙、四川和江西的同志一起讨论。大家对常委会工作报告总体是肯定的，对报告中的一些提法和做法、对民进工作的方向性问题以及地方组织的发展等方面提出了很多有针对性的、具体的意见建议，令我收获很大。我曾经历过几次工作报告的讨论和起草过程，感受到报告充分听取了来自基层组织的意见。

贺旻说，中国共产党作为执政党，力量强、素质高，并且不断在提升执政能力方面下工夫。民主党派作为参政党，如何不断提升自身素质以适应执政党能力不断提高的现实条件，在就国家大政方针进行商讨时发挥自己的作用，是新形势对民主党派提出的新要求。因此，严主席在报告中也强调了推动学习型参政党建设以及加强人才队伍建设的问题。

贺旻针对各党派在发展成员方面存在同质化，界别特点、党派特色不突出的疑问，她说，如何形成我们的独立思考，提出我们的真知灼见，确实需要我们认真思考、认真布局。我们不但要考虑大政方针、考虑党派特色，也要关注民生。在民主协商时，执政党提出的问题往往很广很深。因此，参政党仅仅关注传统阵地是不够的，还要关注社会热点，关注执政党关注的一些重点问题。否则在面对一些社会重要问题时就谈不出自己的观点，协商的效果就会减弱，党派的影响力就会降低。此外，在工作中要多一些前瞻性、战略性的思考，对重点关注的问题要持之以恒地进行系统性的研究，这样才能使我们真正发挥参政党的作用，提升民进的社会影响力。

蔡达峰分别参加了第一组、第二组的讨论。他说，严主席的工作报告全面总结了全会一年的工作。在会中央的领导下，常委会做了大量的工作，扎实有效，成效显著。

蔡达峰在谈到明年工作时说，关于参政议政，一是要围绕中心服务大局，抓住主要领域，通过总体和长期的思考，不断积累经验和知识。对中国教育、文化、出版问题，应有持续的思考，有成熟的意见，经过充分的探讨，形成一致的看法，有总体的谋划，形成基本的价值判断。二是要做好民主监督工作，加大力度研究民主监督的实践问题，明确民主监督的内容和渠道。他说，在社会服务方面要更好的发挥自身优势，适应社会需要，做好社会服务。在做好项目的同时，要更加注重提高会员乃至全会的社会服务意识。应该更加重视社会服务精神的培养，使社会服务成为普通会员的意识和行动，让更多会员能够参与到社会服务工作当中，在社会服务中提高自身的情操。他说，应当加强基层组织建设。随着会员规模的扩大，对组织能力提出了越来越高的要求，必须加强基层组织建设，增强会员的归属感。

蔡达峰说，文化建设在现实社会中的根本意义和首要任务是确立和倡导价值观，解决当今社会生活中人生观、价值观迷失的问题，树立与现代社会相适应的价值观，培养现代公民自尊和尊重他人的理念。文化建设必须适应时代的需要，提倡平等、公平、公正等现代意识，为市场经济、民主法制的发展提供精神支撑。没有科学民主的精神，就没有市场和法制。文化建设必须树立全民族普遍对市场、法制的足够信任。民进作为以教育文化出版为主阵地的参政党，在文化建设上负有重大使命。各个界别的会员都应集中到文化建设上来，发挥自己的长处，为文化建设作出应有的贡献。

朱永新参加第六组（山西、江苏）的讨论。他说，严主席代表常委会所作的《工作报告》，全面总结了民进 2011 年的工作，同时，重点突出了我们在工作中的新尝试。去年会中央按照“有思有行、集智聚力、顺势而为、开拓创新”的工作方针，高度重视并积极建设可以集成更多资源，为履行职能提供更有力支持，产生更大影响的平台，特别是会内与会外资源互补的新平台，做了很多工作，取得了很好成效。

朱永新还简要向大家介绍了民进中央与北京师范大学合作成立的中国教育政策研究院、与上海社会科学院合作成立的民进中央—上海社科院合作中心、与清华大学合作成立的清华大学政治经济学研究中心，以及民进叶圣陶研究会、开明书画院在教育、文化、经济、社会发展等领域开展参政议政、社会服务和对外交流等方面工作的情况。

朱永新说，通过合作平台的运作，充分利用了会外研究机构的力量，丰富了民进建言献策的成果，使我会参政议政的优势领域得到拓宽，质量得到很大提高；通过搭建会内工作平台，凝聚教育界和书画界更多人士，丰富了我们工作的手段和方法，深化了我们工作的成果。几大工作平台的建设，有力地推动了会中央各项工作走上新台阶。

张帆分别参加了第四组（重庆、湖北、福建）和第五组（河北、湖南、广西）的讨论。他说，民进以教育、文化、出版为主要界别，在文化建设方面能做很多工作，在文化问题上要有更多的担当。目前各界对文化建设的关注，包括文化是民族的血脉灵魂、文化产值占 GDP 比重多少、发展文化软实力等等往往都是站在民族、国家、外部环境的角度来看。但不能忽略的是，文化还和我们每个人息息相关。文化就是个人的成长环境，是塑造每个社会成员的手段，人都是在一定的文化环境下成为社会成员。如果忽略了社会成员个体的文化建设，就会带来很多的问题，包括民族的道德滑坡。

张帆说，现在社会的道德滑坡令人忧虑，人与人之间互不信任，有些大企业，为了食品安全甚至自己搞基地种菜养猪，吃无污染食品。互相配合、整体联系是社会的基本模式，如果互不信任，都退回去做小社会，就会退回到小国寡民的状态，根本谈不上建设什么现代化强国。

张帆说，文化问题说大很大，说小很小。中共十七届六中全会所作出的决定是理论上的指导，是纲领性的文件，一些比较具体的问题不一定在报告中会体现。但这并不等于说我们不需要具体的时间表和路线图。我特别担心的问题是，我们提出一个大的观念之后，缺乏细化的措施。地方戏、电视剧都属于文化领域，但发展的路径却完全不一样，需要深入到内部进行细致的研究。另外，现在有些制度设计不合理，制约了文化创作的发展。我们也需要研究怎么设计文化生产的机制，更好地调动大家创作的积极性。建设文化强国的战略很宏大，民进作为参政党，不能只谈共识，喊口号，可以做一些深入细致的工作，多提一些行之有效的建议，促进一些具体问题的解决，实实在在的跨出几步。

委员们在分组讨论中各抒已见，畅所欲言。

谢彬如委员说，中共十七届六中全会作出了深化文化体制改革的重要决定，把文化与政治、经济、社会建设一起，被纳入四位一体的国家建设体系中，反映出党中央对文化建设的重视和推动力度前所未有。我相信，在党中央强有力的领导下，一定会迎来文化建设的新高潮。在这一背景下，我们民进应更多地去关注文化建设出现的问题。例如，在文化建设上，要避免各地出现盲目的文化项目“大跃进”式的做法；要慎提“文化产业化”、“文化市场化”，慎防以经济建设的方式把文化建设推向和经济建设走同一道路的倾向，这样的倾向不利于文化建设的推进，不利于全民文化素质的提高。

夏勇军委员针对文化建设也谈了四点个人建议。一是经济落后地区也应重视文化建设，文化建设可以先行；二是文化建设不能仅作为建设项目来抓，不能沦为“政绩工程”；三是文化建设要与解决社会收入分配不公问题联系起来；四是文化建设应有正确的价值取向。

委员们在分组讨论中结合 8 月 7 日下午举行的学习中共十七届六中全会精神专题报告，对中共十七届六中全会精神进行了深入的学习、讨论和交流。

委员们一致表示，在中国特色社会主义事业发展的关键时期和文化改革发展的关键时刻，中共十七届六中全会审议通过的《中共中央关于深化文化体制改革推动社会主义文化大发展大繁荣若干重大问题的决定》（以下简称《决定》），从战略上对文化改革发展进行了科学部署，这对开创中国特色社会主义文化事业新局面具有重大而深远的意义，也为我会各项工作指明了方向，使大家感到非常振奋。民进作为以教育文化出版为主要界别的参政党，更要认真学习、深刻领会中共十七届六中全会精神，把思想和行动统一到中共中央的决策部署上来，发挥主阵地优势，积极履行职能，推动社会主义文化大发展大繁荣。

委员们说，中共十七届六中全会作出了深化文化体制改革的重要决定，对文化建设的重视和推动力度前所未有。学习中共十七届六中全会精神，必须首先认清文化建设的重要性、必要性、紧迫性。当前社会不少领域呈现出的价值观迷失、道德沦丧、畸形文化泛滥等问题，都和文化建设的缺失有关。文化问题事关经济社会发展，关系到人民群众精神生活，以及对内凝聚力量、对外增强国际竞争实力等诸多方面，因此必须得到重视。当前，我国文化建设领域还存在一些不足与问题，部分地区片面重视硬件建设，忽视对文化软实力和文化内涵的研究和理解，一些地方片面追求文化产业占 GDP 的比例，对文化事业发展和文化产业发展的关系等问题的认识依然模糊不清，导致在实际工作中思路不清，缺乏周密的制度设计，甚至延用经济建设的思路搞文化建设，文化虚假繁荣、文化虚热现象值得警惕。这都需要我们进一步深入学习，不断反思，真抓实干，做好各项工作。

委员们说，应更好地把握中共十七届六中全会所提出的关于新形势下文化改革发展的科学部署，发挥民进在文化领域的界别优势，为深化文化体制改革、推动社会主义文化建设繁荣发展作出新贡献。

委员们提出，民进要对文化建设有宏观、战略性的研究和思考，在为国家文化强国战略的制定建言献策时，要在文化实质的厘清和表述上做工作，对文化是什么、中华文化的核心是什么、社会主义核心价值体系的内涵等一系列本质性的问题有自己的思考和提炼；要在文化具体操作层面做系统的研究和探索，对需要怎样去做、具体配套措施等问题形成系统的看法。此外，还应当把社会主义核心价值体系和中国优秀传统文化、西方优秀文化结合起来，阐发其普世性价值，使其更能贴近现实生活、贴近国民精神生活，让全体公民接受，得到世界人民的认同。要深入调查研究，为公益性文化事业、经营性文化产业的发展建言献策，从而推动文化事业发展惠及民生，推动文化产业发展促进科学发展。要自觉承担传承优秀文化的责任，通过致力于教育事业的发展，培养具有公民意识和创新意识的人才，提高国民素质。还有委员建议组织高层文化论坛，建立文化研究院，整合资源，深入研究，进一步提高在文化领域开展参政议政、社会服务的能力和水平。

委员们还就组织建设、议政调研、社会服务等方面谈了各自的看法。

12 月 8 日下午，民进十二届五中全会举行了列席会议的民进十大代表座谈会。

严隽琪出席并讲话。罗富和主持会议。来自全国 19 个省级组织的 19 位十大代表出席会议并发言。

严隽琪认真听取了代表们的发言。她说，民进的全国代表意味着一种光荣，同时也承担着重大的责任。民进的全国代表大会是民进的最高决策会议，各位代表的意见、建议、讨论、表态对决策都起着直接的作用；民进代表还承担着监督职责。任何个人或组织，如果没有自省和批判能力，就会缺乏文明进步的动力。民进代表们讨论工作报告正是一种监督；民进代表还是联结基层和会中央之间重要的纽带，代表们的发言也充分证实了这一点，体现了大家对民进事业的热爱，对民进组织的深厚感情，对身负责任的充分重视。

严隽琪说，代表们提出的建议大致可以分成三类：一是会中央本身要改进的工作，二是会中央要帮助推动和促进解决的问题，三是会中央要积极反映、争取高层重视和解决的问题。这些问题和建议牵涉到自身建设、履职能力、参政议政议工作、换届工作、参政党所处环境的改善等等。其中有一些问题会中央也深有共鸣，这些问题会中央也一直在考虑并将纳入下一步工作加以推进。有思有行体现理论研究和实际工作结合；顺势而为就是要认清规律，创新工作；集智聚力还有很多空间，会中央提出了几个联动、搭建平台都是新的探索，还要继续完善，有待于大家监督和提出建议。

严隽琪强调，明年换届工作非常重要，民进要把学习践行社会主义核心价值体系与换届工作结合起来，以此为抓手进行实践；中共十七届六中全会提出的文化建设对民进履行职能也提出了新的任务和要求，我们要积极响应。

罗富和在讲话中指出，2009 年，会中央学习借鉴中国共产党扩大党内民主，实行党代会代表常任制的试点经验，并结合我会的实际，制定了《民进全国代表大会代表联系办法（试行）》，每次中央委员会召开全会时，都要邀请代表大会代表列席会议，提出意见建议。两年来，已有 40 位代表列席了十二届三中、四中全会。他们积极建言献策，取得了很好的效果。这次列席的 19 位代表，领域分布广泛，体现了良好的群众基础和广泛的代表性，是我会有序推进会内民主、加强会内监督的创新和尝试。希望大家发挥代表的作用，监督会中央的工作，多提好的意见和建议。

在座谈会上，天津市民进和平区委主委魏建说，来参加民进中央全会，感到非常光荣，我长期在基层组织工作，不知道民进中央做了这么多实实在在的工作，作为民进会员，我很骄傲。希望民进中央更加关注基层，特别是对市区级民进组织的工作，要加强指导，促进基层工作紧跟民进中央步伐。

民进云南省委副主委汪叶菊说，1992 年，我第一次走进 21 世纪饭店，那时候我第一次参加民进第八次全国代表大会，现在 20 年过去了，我已经成为民进云南省委副主委，在会务工作中取得了一些成绩，对于民进组织，我心存感激。我有幸聆听过民进几届领导人的讲话，他们是民进的旗帜，是我们的榜样，我们要好好继承老一辈民进人的优良传统，步子更坚定，走得更好。

民进镇江市委主委徐平说，我一直在思考一个问题，民进中央的历届主席德高望重，是我们的榜样，作为基层组织的主委要怎样履行好职责，把会员凝聚在自己的周围，特别是与驻会副主委如何更好的分工协作，是要考虑和研究的问题。

民进吕梁市委主委成锡锋说，民进中央工作方针中，无懈无滞是工作态度，有思有行是工作要求，集智聚力是工作机制，顺势而为是工作策略，开拓创新是工作魄力，也是工作精神的体现。他建议，参政党履行职能要注意战略性和全面性，参政议政工作要着眼全局，站在党和历史的高度，小处着手、大处着眼，注意政治协商的内容和民主监督的原则，做共产党的诤友。

民进营口市委主委王育忠、民进信阳市委主委周慧超、民进鸡西市委主委朱效利、民进重庆市委副主委甘红、民进新疆区委副主委童兆玲等同志说，机关建设是今年民进全会的重点工作之一，基层组织机关干部流动困难、经费紧张、培训不够、界别同质化是普遍问题，希望民进中央领导多到基层组织调研、了解情况，帮助呼吁解决。

民进湖州市委主委沈琪芳说，2012 年，民进中央和各省级组织即将迎来换届，民进各市级组织已于今年基本完成换届，换届过程中遇到一些困难和问题。希望民进中央领导就多党合作制度和相关政策，如两个“五号文件”在地方的贯彻落实情况，分期分批做一些专题调研。

民进江西省委原主委刘运来说，时隔五年再一次来参加中央全会，心情不能平静。本来我想来看看老主委们，很遗憾，老主委们基本都退休了。但我更加高兴，因为见到了这么多新面孔，说明这五年来，民进人才济济、人才辈出。30 年来，我与民进组织有割舍不断的情缘，我是在民进组织的培养下成长的，我会时刻记住这个家，现在我退下来了，人老了，心不老，精神不能松懈，我会竭尽全力为民进做一些力所能及的事情。

12 月 9 日上午，民进十二届五中全会顺利完成各项议程，圆满闭幕。严隽琪、罗富和、王佐书、贺旻、蔡达峰、朱永新、张帆和出列席同志参加会议。潘贵玉主持闭幕式。

严隽琪在闭幕讲话中说，本次全会是在全国上下深入学习贯彻胡锦涛总书记“七一”重要讲话精神和中共十七届六中全会精神的背景下召开的重要会议。会议完成了预定的议程，达到了学习交流、总结工作、明确任务的目的。

严隽琪就贯彻落实本次会议精神、做好明年工作提出了具体意见。

一、深入学习中共十七届六中全会精神。要深刻认识当前我国推动文化改革发展的重要性和紧迫性，增强责任感和使命感，加强文化研究的力度和深度，提升文化理论水平，深入调研，为全球化和现代化双重背景下中国文化的发展提出具有战略性和前瞻性的意见建议，为推动社会主义文化大发展大繁荣作出新的贡献。要进一步树立和践行社会主义核心价值体系，把深化政治交接、坚定政治共识，坚定全会走中国特色社会主义道路的理想信念作为参政党树立和践行社会主义核心价值体系的重中之重；把实现科学发展、促进社会和谐的目标使命化为履行职能的工作思路和举措，把立会为公、参政为民的共同价值理念转化成为党分忧、为国尽力、为民尽责的实际行动。

二、扎实做好明年的换届工作。换届是我会历史上具有里程碑意义的大事，也是当前形势下提高我会自身建设科学化水平的重要契机。要着眼于巩固政治交接成果、促进多党合作事业和民进事业的持续发展来做好换届工作；要切实加强领导班子建设，优化班子的结构，坚持选人标准；要深入细致地做好思想工作，增强工作的针对性；要充分发扬会内民主，严格工作规范与程序，要发扬立会为公的传统，确保换届的圆满胜利完成。

三、加强参政议政能力建设，切实提高我会履职水平。全面地、高水平地参政议政，已经成为我会面临的最重要的时代课题之一。要加强参政议政人才队伍建设，注意发挥我会骨干会员的作用，进一步发挥专门委员会的作用，提高机关参政议政专职工作人员的素质和工作水平，完善参政议政人才发展机制。要加强机制和平台建设，及时把工作实践中形成的好做法和好经验加以总结，有条件时就提高到制度层面。要理论研究与参政议政工作实践相结合，把理论研究的成果转化为现实工作中的新思路、新方法，切实增进工作实效。

会议通过了《关于召开中国民主促进会第十一次全国代表大会的决定》。

会议通过了《中国民主促进会第十二届中央委员会第五次全体会议决议》。《决议》指出，2012 年对于国家的发展和民进的发展都是十分重要的一年。我会要高举中国特色社会主义伟大旗帜，以邓小平理论和“三个代表”重要思想为指导，深入贯彻落实科学发展观，围绕我国经济社会发展的重大问题，特别是文化体制改革和文化建设问题，发挥界别优势，深入调查研究，积极建言献策；高度重视并认真负责地做好会中央和省级组织的换届工作，进一步加强思想建设、组织建设和制度建设，努力开创各项工作的新局面。全会号召，我会各级组织和广大会员更加紧密地团结在以胡锦涛同志为总书记的中共中央周围，坚持与中国共产党同心同德、同心同向、同心同行，坚定信心、振奋精神、扎实工作，以优异的成绩迎接中共十八大和民进十一大的胜利召开。

百尺竿头 再进一步
民进省级组织负责人会议在京举行

2011 年 12 月 9 日，民进省级组织负责人会议上午在北京举行。民进中央主席严隽琪，常务副主席罗富和，副主席王佐书、贺旻、朱永新（兼秘书长）出席。张帆副主席主持会议。

会议宣读了民进中央有关决议和通报，对民进省级组织专项工作先进单位、民进中央“十二五”规划纲要有奖征答优秀组织奖和民进“民主党派社会服务”理论征文优秀组织奖进行了表彰，并对《民进中央 2012 年工作要点》（草案）作了说明。

罗富和在讲话中首先向获奖的各省级组织表示热烈祝贺，对获奖的各省级组织一年来所作出的积极努力表示感谢。他说，表彰是为了进一步总结经验，使先进单位好的、典型的做法在全会起到积极的示范和带动作用，希望获奖的各省级组织不骄不躁，百尺竿头，再进一步。

罗富和针对 2012 年全会的重点工作强调了四个方面：一是认真学习中共十八大精神，并与继续深入开展树立和践行社会主义核心价值体系活动、推进政治交接等紧密结合，把握主题，总结经验，取得实效；二是组织建设方面，明年是会中央和地方组织的换届年，在换届工作中，必须注意做好各个环节的工作；三是紧紧围绕国计民生，积极履行参政党职能，在一些事关全局和民生的重大问题上，提出具有前瞻性、全局性、战略性的意见和建议，同时进一步提高服务社会的能力和水平；四是积极探索，开创机关建设新局面。

王佐书在会上宣读了《民进中央关于表彰省级组织专项工作先进单位的决定》、《民进中央学习“十二五”规划纲要有奖征答活动通报》和《民进“民主党派社会服务”理论征文活动获奖名单的通报》。

朱永新对《民进中央 2012 年工作要点》（草案）作了简要说明。《要点》的指导思想是：以中国特色社会主义理论体系为指导，深入学习贯彻中共十八大精神、胡锦涛同志在庆祝中国共产党成立 90 周年大会上的重要讲话精神和中共十七届六中全会精神，坚持“有思有行、集智聚力、顺势而为、开拓创新”的工作方针，做好会中央和省级组织换届工作，认真总结经验，加强思想建设、组织建设、制度建设和能力建设，提高参政党建设的科学化水平，以自身建设和履行职能的新成果，迎接我会十一大的胜利召开。

朱永新说，《要点》从思想建设、组织建设、参政议政、社会服务、机关建设五个方面，全面部署了2012年的主要工作。全会要本着高度负责和极其认真的态度，努力落实这些工作任务和要求。

民进中央副秘书长，民进各省级组织负责人，民进中央各部门负责人出席了会议。

坚持走中国特色政治发展道路 努力推进高素质参政党机关建设 民进全国机关建设工作会议在京召开

2011年12月10日至11日，民进全国机关建设工作会议在北京召开。本次会议的主要任务是：认真学习贯彻中共十七大、十七届六中全会和民进十二届五中全会精神，总结交流机关建设经验、表彰先进、探索规律，把民进机关建设推进到更高的水平。

12月10日上午，民进全国机关建设工作会议开幕。民进中央主席严隽琪、常务副主席罗富和出席。副主席兼秘书长朱永新主持开幕式。

严隽琪在开幕式上讲话。她说，民进要增强紧迫感，进一步提高对加强机关建设重要性的认识。当前，世情与国情的深刻变化、执政党的历史性转变，都对参政党提出了新的要求，参政党建设正面临新的考验和新的挑战。一是来自于履职能力不足的挑战，对此一定要有足够的认识和切实的对策；二是在新形势下保持政治进步性的考验，对此一定要保持理论上的清醒，要与现实的需要紧密结合。机关是联系各级组织和广大会员的桥梁和纽带，是领导决策的参谋和助手，是展示民进社会形象的窗口，是民进联系各种社会关系的枢纽。机关建设的水平直接关系到民进自身建设和履行职能的水平，直接影响到民进的社会形象，直接影响到多党合作制度的巩固与发展。我们要增强忧患意识和危机意识，积极应对面临的各种挑战，不断提高机关建设的能力和水平。

严隽琪说，机关建设需要妥善处理好几个关系。一是将贯彻落实公务员法和加强机关建设融为一体，这是民进各级组织当前和今后一个时期的一项重要任务。二是要在推进工作中加强机关建设。党派工作的政治性和政策性很强，建设学习型机关至关重要，机关建设要在重实效、见成果上下工夫。三是机关建设必须领导带头、层层落实。领导是关键，落实是保证，决策层和执行层各负其责、相得益彰、上下沟通、左右配合，共谋机关建设大计。四是机关建设要坚持“以人为本”的理念，帮助每位干部职工找准人生的坐标，优化队伍结构，加强能力建设，积极营造“和谐、高效、规范、阳光”的机关氛围。

严隽琪强调，民进中央历来高度重视机关建设，机关建设需要常抓不懈。民进十大以来，民进中央根据形势的发展和任务的需要，引导全会各级组织在机关中开展了以走中国特色社会主义政治发展道路为主题的系列教育活动，树立和践行社会主义核心价值体系、推进学习型参政党机关建设，在提高机关干部的政治与业务水平、完善机关制度、推动机关作风的改进等方面都有实实在在的举措。各级组织要从建设适应时代要求的高素质参政党、巩固和发展多党合作制度的高度来认识机关建设工作的重要意义，巩固和发扬已有的建设成果，更好地推进全会的机关建设，以机关建设的新成绩，迎接民进十一大的胜利召开。

罗富和以《坚持走中国特色政治发展道路，努力推进高素质参政党机关建设》为题作工作报告。报告全面回顾了民进十大以来，在新一届领导集体的带领下，全会在机关建设中所做的工作以及取得的成果，分析总结了全会在努力提高机关工作水平和服务能力中积累的宝贵经验，剖析阐明了新形势下机关建设工作的努力方向。

罗富和说，新形势下加强参政党机关建设，是全面落实公务员法的需要，是发展中国共产党领导的多党合作和政治协商制度的需要，是建设高素质参政党的需要，更是提高机关干部自身素质、能力和工作水平的需要。民进十大以来，会中央新一届领导集体把机关建设作为一项长期的、渐进的、潜移默化的素质工程，坚持以树立和践行社会主义核心价值体系为核心，以提高干部队伍能力建设为重点，扎实推进文化建设、制度建设、作风建设和长效机制建设，着力提高机关工作质量和服务水平，不断向建设高素质参政党机关的目标迈进，机关建设取得了可喜的成绩。

罗富和说，会中央和各级地方组织积极探索搞好机关建设的新途径和新方法，以完善机关运行机制、提高干部素质、改变工作作风、提高执行力为目标，在努力提高机关工作水平和服务能力的同时，也积累了宝贵的经验。一是领导重视带头是做好机关建设的保证；二是思想建设是机关建设的核心；三是制度建设是机关建设的保障；四是队伍建设是机关建设的基础；五是文化建设是机关建设的灵魂。

罗富和强调，当前，国际国内形势深刻变化，我国多党合作制度在不断前进，民进事业在不断发展，这些都对党派机关建设提出了新的更高要求。在继承我会优良传统的基础上，要紧紧围绕多党合作事业发展的大局，以打造学习型机关、构建和谐机关，建立完善规范的制度和运行机制，培养高素质干部队伍，形成严谨认真、甘于奉献的作风为目标，与时俱进，开拓创新，努力将全会的机关建设推向新水平，为民进事业的新进步，为多党合作事业的新发展，为全面建设小康社会和构建和谐社会作出新的贡献！

开幕式上对民进北京市委等 29 个荣获民进全国机关建设先进单位称号的组织进行了表彰。

12 月 10 日上午，民进全国机关建设工作会议举行大会交流。罗富和出席。朱永新主持会议。

民进湖南省委、四川省委、江苏省委、上海市委和民进中央先后作大会发言。

民进湖南省委副主委汤泽培说，建设学习型、服务型、效率型机关是民进湖南省委提出的机关建设目标。他介绍了围绕实现这一目标采取的主要做法：一是抓文化建设，打造学习型机关；二是抓能力建设，打造创新型机关；三是抓制度建设，打造务实机关；四是抓作风建设，打造服务型机关；五是抓文明创建，打造文明机关。机关通过强化岗位培训，推行“主岗加副岗”的履职考核制度，开展以强化公务员精神为主要内容的职业教育，以及公开选拔、挂职锻炼等途径，改善机关队伍结构、提高机关干部整体素质。

民进四川省委秘书长张宏说，面对 2008 年特大地震灾害，四川民进各级组织的机关干部们经受住了考验，彰显了多年来机关建设的成效。他提出三点体会：机关建设要以制度建设作保障，要以队伍建设为基础，加强作风建设是关键。民进省委机关重新修订管理制度，明确责任分工，把一些工作的成熟经验转化为制度，同时带动民进全省各市委机关的制度化规范化管理；通过多种方式的学习培训，打造具有较高政策理论水平和较强工作能力、能够担当重任、经得起考验的高素质干部队伍。

民进江苏省委副主委徐菊英说，执行力是检验机关建设的一把尺子。“强基、固本、创优质”是民进江苏省委围绕提高机关执行力，着力突出的三个重点环节。在发言中指出，“强基”，就是抓队伍，夯实基础；“固本”，就是抓履职，尽职尽责；“创优质”，就是抓效能，出品牌优质量。机关围绕素质培养、意识形成、能力训练三个重点，开展创建“学习型”、“服务型”机关活动，以读书为先导，以各种活动为载体，以营造机关文化环境和生动和谐工作氛围为保障，帮助机关全体工作人员识大局、讲政治，爱事业、增才干。

民进上海市委副主委兼秘书长陈强努介绍了关于机关建设的实践与思考。他说，加强学习，提高理论水平，是抓好机关建设的先导；培养一支作风、业务过硬的干部队伍，是搞好机关建设的关键；建立健全并认真落实规章制度，是抓好机关建设的基础；做好机关信息化工作，是推进机关建设的重要抓手。机关每年均有学习主线、学习教材、学习计划，同时对干部的政治理论水平、组织协调能力、口头表达能力、文字表达能力开展有计划的培训，并注重开辟机关干部流出的新途径，让机关这“一坛水”活起来。

民进中央副秘书长兼办公厅主任高友东说，民进中央是民进全会工作运转的枢纽和窗口，是履行参政党职能的主要保障部门。他介绍了民进中央围绕提高机关工作科学化水平开展的六项工作：一是创建学习型机关，提高理论水平；二是加强队伍建设，提高综合素质；三是完善制度机制，推进机关工作规范化；四是加强作风建设，构建服务型机关；五是加强文化建设，创建和谐机关；六是加强机关信息化建设，提高机关工作效率。机关建立了“周学习日”、“开明论坛”等日常学习制度，各部门结合岗位工作、结合自身特色开展了创建学习型组织活动。通过完善管理制度，规范工作流程，调整结构设置，使机关工作逐步实现规范化、程序化、科学化。

大家在发言中一致表示，要按照民进中央“有思有行、集智聚力、顺势而为、开拓创新”的工作要求，以本次民进全国机关建设工作会议为契机，带着对民主党派履行职能强烈的责任感和使命感，扎扎实实推进机关建设各项工作

12 月 11 日下午，在圆满完成各项议程后，民进全国机关建设工作会议闭幕。罗富和出席并讲话。朱永新作会议总结。

罗富和在讲话中强调了加强机关作风建设的重要性。他说，机关建设的成绩是全会各级组织机关专职同志共同努力的结果，请与会同志回去后代为转达严隽琪主席和民进中央对机关专职干部的问候。

朱永新作会议总结。他说，在这次会议上，严隽琪主席作了重要讲话，罗富和常务副主席作了工作报告。会议表彰了全会机关建设的先进单位，总结、交流了十大以来民进加强机关建设的成果和经验，探讨了机关建设的规律，明确了今后一个时期民进机关建设工作的目标和任务，取得了积极的成果，对于进一步加强机关建设，有效推进民进自身建设将起到重要作用。

朱永新要求，与会同志要及时向所在地方组织主委或主委会议汇报会议情况，着力抓好会议精神的贯彻落实。他说，全会各级组织进一步加强机关建设，一是要加强学习，提高机关干部素质。机关干部要不断更新观念、扩大知识储备，加强个人修养，提高办事能力，全面提高自身素质；二是要理顺机关管理体制，加强部门协调和协作。部门之间既要分工明确，各司其职，又要加强协作，密切配合，充分发挥整体效能，共同做好机关各项工作；三是要建立健全规章制度，实现工作的规范化、制度化、程序化；四是要加强队伍建设，培养和造就一支政治坚定、业务精通、务实创新、作风过硬的机关工作人员队伍；五是要大力培养求真务实的工作作风，做到人员精干、工作规范、运转有序、办事高效；六是要重视机关文化建设，营造具有民进特色的机关文化氛围，进一步增强全会的凝聚力。

闭幕式前，大会分五个小组进行了讨论。民进哈尔滨市委秘书长梁小泓，民进厦门市委副主委吴丽冰，民进天津市委办公室主任张双成，民进武汉市委副主委万世华，民进浙江省委副主委穆建平分别代表所在小组发言，汇报了小组讨论情况。

大家在讨论中认为，这次会议非常及时，也非常必要，体现了民进中央对机关建设工作的高度重视。严主席的讲话高屋建瓴，理论性强，阐明了机关建设的重要性和紧迫性，并对今后机关建设提出了指导性意见。罗副主席的报告总结问题实事求是，对加强机关建设提出了明确要求，可操作性强。大会发言交流了机关建设的经验，起到了相互学习、相互借鉴的作用，会议成果丰硕、富有成效。大家在讨论中同时对机关制度建设、队伍建设、文化建设等工作提出了一些具体的意见和建议。

本次会议是继 1999 年在上海、2007 年在北京召开民进全国机关建设工作会议之后，又一次专题研究部署民进全国机关建设工作的重要会议。民进中央副秘书长、各部门负责人，民进各省级组织和部分地方组织相关负责同志等 110 余人参加了会议。

揭开一块新牌子 站上一个新起点
民进中央—中央社院参政党建设理论研究中心合作协议签订仪式在京举行

2011年12月12日，民进中央—中央社院参政党建设理论研究中心合作协议签订仪式上午在京举行。全国人大常委会副委员长、民进中央主席、中央社院院长严隽琪出席并讲话。全国政协副主席、民进中央常务副主席罗富和出席活动。

中央社院党组书记、第一副院长叶小文主持仪式。民进中央副主席王佐书、朱永新（兼秘书长），中央社院党组副书记、副院长周宁，中央统战部一局局长吴晓礼等出席活动。

严隽琪、罗富和、叶小文、周宁共同为民进中央—中央社院参政党建设理论研究中心揭牌。

严隽琪在讲话中说，如何始终坚持正确的政治道路，如何不断提高履职能力，是参政党面临的两大挑战，为此，民进提出了建设高素质参政党的目标。中央社院作为民主党派和无党派人士的联合党校，也面临着加强学科建设的新挑战，承担着更好地满足党外人士培训需求的重要责任。合作成立参政党建设理论研究中心，正是因为双方有着共同的需求、共同的愿望、共同的决心。

严隽琪说，民进中央和中央社院在参政党建设理论研究工作中，有着各自的特色和优势。民进作为中国特色政党制度的参与者和实践者，有参与政治协商的渠道优势，面对工作中的困惑和困难，积极破解难题，不断总结经验。中央社院作为高等学校，有专门的教学研究机构、理论研究人才队伍和各种资源。双方应在人才、信息、活动等多方面进行制度化的、整体性的合作，做到优势互补、合作共赢。

严隽琪强调，揭开一块新牌子，意味着站上一个新起点。合作中心的成立，是参政党建设理论研究体制机制探索的一种创新，领导要高度重视、大力支持，还要解放思想、积极探索。要及时总结，理性看待成绩和不足，共同努力把合作中心真正建成民主党派高水平的智库、中央社院学科建设的理论高地。

合作协议签订仪式上，王佐书介绍了民进中央开展参政党理论研究的工作情况，中央社院副院长袁廷华介绍了中央社院开展参政党理论研究与教学的情况。王佐书、袁廷华分别代表民进中央和中央社院在合作协议上签字。

中央社院副院长王京治、张峰、黄易宇，民进中央及有关部门负责人和中央社院同志约50人参加了合作协议签订仪式。

进一步增强文化自觉文化自信需要全社会共同努力
严隽琪在北大民进文化论坛致词 朱永新出席

2011年12月12日，全国人大常委会副委员长、民进中央主席严隽琪下午在北京大学中关新园科学报告厅出席北大民进文化论坛并致词。论坛的主题是，深入学习贯彻中共十七届六中全会精神，以迎接文化大发展大繁荣的新局面的早日到来。论坛主要围绕“文化强国”的战略目标和文化“软实力”建设面临的机遇与挑战展开讨论，并就相关问题达成共识。

严隽琪在会前与北大党委书记朱善璐会谈。

博鳌亚洲论坛咨询委员龙永图，民进中央副主席兼秘书长朱永新，北京大学党委副书记杨河出席论坛。民进北京大学委员会主委、北大中文系教授张颐武主持论坛。

严隽琪在致词中说，学习好、贯彻好中共十七届六中全会精神，进一步增强文化自觉和文化自信，这些都需要全社会的共同努力。从总体上看，“文化强国”有三个层次：一是核心理念，二是传播体系，三是产业体系。核心理念是“魂”的问题，后两个层次是“体”的问题。中国要建设文化强国，首先是要有“魂”，同时也要在“体”的建设方面下工夫、做实事，真正做好文化体制的改革，为社会和经济发展提供坚实的保障和支持。

严隽琪说，作为中国的最高学府之一，北京大学有责任也必然能够在未来中华文化的伟大复兴中，继续引领时代，作出新的贡献。希望这次论坛能够切实地对文化发展进行全面的探讨，能够让研讨的成果得以传播，有价值的思考和建议能够在文化发展中发挥作用。

严隽琪说，文化是民进的主要界别之一，中国民主促进会就是由一批爱国、进步的知识分子发起成立的。民进的创始人马叙伦、王绍鏊、周建人、许广平、林汉达、徐伯昕、赵朴初、雷洁琼、郑振铎、柯灵等都是对于现代中国的文化发展有重要贡献的人物。建国以后，中国民主促进会团结、推动会员和所联系的知识分子，一直关心中国的文化建设和文化发展。改革开放以来，民进积极履行参政党的职能，高度重视文化发展和建设，在这一领域中提出了许多好的意见和建议，办了许多实事。中共中央在致民进十大的贺词中对民进推动社会主义文化大发展大繁荣作出贡献提出了明确的要求，说明中共中央对民进的期望很高。民进也具有高度的文化自觉，一直坚持“有思有行、集智聚力、顺势而为、开拓创新”的工作方针，在文化领域积极参政议政。

严隽琪说，这几年，我代表民进向中共中央提出了实施文化强国战略的建议，在教育中长期规划征求意见时提出了高校要发挥文化引领作用，在外宣中要避免没有自信或者盲目自大的倾向。这些意见都得到了中共中央和有关部门的重视和吸收。民进要继续在这一方面做出坚实的努力，不断为推动社会主义文化大发展大繁荣贡献力量。

杨河在致词中就“文化强国”战略的意义等相关问题提出了宝贵意见，并肯定了北大民进的工作。

龙永图就文化“软实力”建设的路径和方法、文化与经济的关系问题作主旨发言。北京师范大学教授黄会林针对构建文化“第三极”问题作主旨发言。

与会专家和民进会员就当代艺术繁荣的时代空间、文化兴国的产业根基、中华文化复兴与两岸文化交流、大学使命与校园文化建设、基于汉籍外译视角的跨文化传播、幼儿教育与文化发展、文化发展与文化人才建设、电影的产业发展、文化传播与国家形象建设等议题进行了深入的讨论。

论坛形成三方面的建设性成果：首先，论坛加深了对于中共十七届六中全会的精神的理解和认识。讲话和大会的发言从各个不同的角度阐述了文化强国的重要意义，让大家更加清晰地理解了国家从战略高度对于文化的论述。这对于认识文化意义和力量，认识文化发展与经济社会发展的关系都有重要的价值。其次，论坛对于文化走出去和“软实力”建设有了更深层次的阐释。论坛就文化的各个领域和层面的问题进行了较为深入的探讨。这些问题包括，文化如何应对全球化的挑战、文艺发展的条件、文化兴国的策略，校园文化建设。第三，论坛提出了许多有价值的政策建议和思路，为未来的文化发展提供了重要参照。

论坛期间，北大民进合唱团献上了优美动听的歌曲，为此次论坛的召开增色。论坛充分发挥了北大和民进在文化领域的独特优势，为文化发展建言献策，提出了许多有建设性的建议，展示了民进良好的形象，扩大了民进在社会上的影响。

民进的创建和发展与北大有极深的历史渊源，一批曾在北大工作过的教授成为民进历史上的重要领导人。如马叙伦教授、严景耀教授、雷洁琼教授、林汉达教授先后任民进中央主席、副主席、常委等职务。此外，章廷谦、林启武等也先后在民进中央和民进北京市委担任过重要职务。他们秉承北大“爱国、进步、民主、科学”和“兼容并包”的精神，并在民进的发展建设中起到了潜移默化的作用。进入新的历史时期，民进北京大学委员会发扬优良传统，整合人才资源、积极建言献策，为北京大学实现建设世界一流大学的目标，为实现社会主义文化大发展、大繁荣的目标贡献了力量。

民进北京大学委员会和北大的全体民进会员立足本职岗位，为建设社会主义核心价值体系，培养文化自觉和文化自信，提高全民族文明素质，弘扬中华文化不懈努力。

民进中央、民进北京市委、北大党委统战部，中国艺术报社有关负责人也出席了论坛。

为首都文化发展贡献一份力量 严隽琪 罗富和 刘新成 朱永新在京调研文化创意产业发展

2011年12月13日，全国人大常委会副委员长、民进中央主席严隽琪率民进中央调研组在京调研文化创意产业发展情况。

全国政协副主席、民进中央常务副主席罗富和参加调研。中共北京市委常委、宣传部部长、副市长鲁炜，市委常委、统战部部长牛有成陪同调研。民进中央副主席刘新成、朱永新（兼秘书长）一同调研。

严隽琪、罗富和当日下午出席座谈会，认真听取了北京市文化改革发展情况介绍。

严隽琪在座谈会上感谢北京市对民进中央文化创意产业调研的高度重视和大力支持。她说，北京市多年来文化发展成绩斐然，始终发挥着全国文化中心的示范作用。希望北京市在未来发展中瞄准具有世界影响力的文化中心城市定位，充分发挥文化积淀深厚、基础设施先进、经济实力雄厚、科研学术密集的独特优势，坚定弘扬社会主义核心价值，始终站在国家文化安全前沿，努力成为文化资源要素的中枢、文化体制改革的先锋、文化展示交流的窗口，为全国文化建设提供宝贵经验。

严隽琪强调，民进中央将始终关注和全力支持首都文化建设发展，发挥自身优势，在建立首都文化资源整合平台、突破机制政策壁垒方面积极建言献策，为首都文化发展贡献一份力量。

鲁炜在座谈会上介绍说，北京市委市政府高度重视文化建设，紧紧围绕建设人文北京、科技北京、绿色北京和中国特色世界城市，加快推进首都文化改革发展，取得了巨大成就，首都文化优势不断增强，走在全国前列。党的十七届六中全会对首都文化改革发展提出了新的要求，北京市将大力实施思想道德引领战略，宣传践行“北京精神”，创新体制机制，推动文化创新、科技创新双轮驱动，积极推进产业联盟建设，整合首都文化资源，打造文化精品力作和企业航母，努力建设中国特色社会主义先进文化之都。

座谈会上，北京电影学院、瀚海拍卖公司负责人分别汇报了音乐产业和艺术品产业发展情况。参加调研的民进专家学者进行了交流发言。

罗富和上午与调研组先后来到中关村国家自主创新示范区雍和园国家版权贸易基地、北京保利国际拍卖有限公司和朝阳区莱锦创意产业园实地考察。

罗富和在调研中详细了解版权交易情况，对国家版权贸易基地搭建优质平台，促进文化产品价值转化提升取得的成绩给予充分肯定。保利拍卖公司在上半年成交65.1亿元的基础上，秋拍中乾隆“太上皇帝”圆玺再创御制玉玺拍卖成交价新纪录，成为首都艺术品交易市场繁荣活跃的直接体现。

罗富和在由原京棉二厂厂房改造而成的莱锦创意产业园，察看艺术家个人工作室和外资文化企业发展情况，对北京市保护利用工业遗址发展文化创意产业给予充分肯定。他说，你们从织棉布发展成编织文化创意产业的未来美锦，实现了很好的产业转型。

关注农村 情系教育
民进建言农村教师队伍建设取得实效

2011 年 12 月 16 日，新华网发布报道《民进建言农村教师队伍建设取得实效》。

教育是一个国家发展的基石，承载着千千万万个家庭的未来。作为以教育文化出版为主要界别的参政党，中国民主促进会持续关注着农村教育问题，积极为推动农村教师队伍建设、促进教育均衡发展建言献策，许多建议得到中共中央领导同志的高度重视，并被国家有关部门采纳。

稳定良好的教师队伍是保障义务教育健康发展的关键，而我国广大农村地区教师普遍短缺，尤其是在一些条件艰苦、老少边穷的地区，中小学教师严重不足，农村儿童与城市儿童受教育的水平差距越来越大。

民进对这一问题有着敏锐的观察和感知。早在 2005 年，民进中央和各省级组织就着手协作，围绕教师队伍建设问题开展调研，就加强农村教师队伍建设先后提出 8 篇党派提案，并在每年的全国政协大会上提出相应的提案、建议，通过各种渠道为加强教师队伍建设献计出力。

2006 年至 2008 年，民进中央先后与重庆、内蒙古、甘肃、云南等地的民进省级组织合作，围绕农村教师培训和教师队伍建设展开调研。调研组发现，国家在农村教师地位、权益、管理等方面的法律法规不完善，广大农村教师面临严重缺编、大量流失、素质偏低、生存状况艰难等问题。如果这些问题不能得到有效解决，势必造成义务教育教师队伍结构失衡，区域、城乡之间教育发展差距加大等问题。

为此，2007 年全国政协会议期间，民进中央提交了《加强农村教师队伍建设，促进义务教育均衡发展》《关于解决农村“代课教师”问题的政策建议》两份党派提案，建议完善城市教师到农村学校支教制度，建立健全农村教师到城市学习进修制度，将农村教师队伍建设和素质提高作为考核各地教育行政领导业绩的指标，从而将城市教师支教和农村教师到城市学习进修的政策、措施制度化，建立稳定的城乡教师双向流动机制，引起社会广泛关注。

民进中央主席严隽琪始终牵挂着农村的孩子们。2008 年，她提出“关于尽快调整城乡倒挂的中小学教师编制标准的建议”，得到国务院有关领导的高度重视。

2010 年，民进中央常务副主席罗富和、民进中央副主席朱永新等先后带队到广东和重庆就代课教师问题进行调研，并以民进中央的名义向教育部提交调研报告，促进了代课教师问题得到重视和解决——2010 年初，教育部、中央编办作出决定，城乡教师编制实行统一标准。

成立 66 年来，民进始终关注着农村的义务教育和农村教师队伍建设，通过开展调研、提出提案、报送信息、定期开展教师培训班等多种方式，为农村教育的持续稳定发展不懈努力。推动教育公平、健康发展，已经成为这个拥有众多教育界会员的参政党难以割舍的使命与责任。

温暖的征程
——民进中央二〇一一年工作扫描

2011 年 12 月 19 日，团结报发布报道《温暖的征程——民进中央二〇一一年工作扫描》。

和谐发展，民生为先。回眸即将逝去的 2011 年，民进中央各项工作齐头并进，亮点突出，硕果累累。《敦煌地区水资源合理利用和生态治理规划》实施、中国教师发展论坛举办、《宁夏环境教育条例》

出台、“彩虹行动”在各地民进组织落地生根……这一年，一件件关注国家长远发展和百姓民生的提案、建议被采纳落实，一项项惠及边远地区的社会服务项目频频到位，温暖着人们的记忆，更温暖着人们的心灵。回望2011年的民进中央工作，人们再次强烈感受到“民主党派发挥越来越重大和积极的作用”。

教育文化　历久弥新的参政议政品牌

教育一直是民进参政议政的老品牌。今年，民进中央在教育领域重点关注民办教育发展和教师队伍建设，将“完善制度环境，促进民办教育发展”作为年度重点调研课题，赴江西开展调研，并在云南、湖北和广西进行了前期调研，在浙江、河南和福建进行了补充调研，同时组织各省级组织在本省开展调研，在各地调研成果的基础上形成了致中共中央的建议书。9月9日，民进中央和北京师范大学联合举办了以“推进教育家办学，促进教师队伍专业化发展”为主题的中国教师发展论坛，论坛还向全社会发出了《促进教师专业发展潍坊倡议》。同时，今年，民进中央领导还向中共中央有关领导提交了《关于国家教育事业发展“十二五”规划的建议》、《关于高校科研体制改革的建议》、《关于加强学校安全管理工作的建议》、《关于规范“双语教学”的标准解释的建议》等多份建议书。

2011年，民进中央参政议政工作的一个主要内容就是，为深化文化体制改革，推动社会主义文化大发展大繁荣建言献策。

在3月的全国政协大会上，民进中央提交了《建立文化强国战略，增强国家文化软实力》的大会发言。同时，民进中央向全国政协提交了《关于推进“文化走出去”战略》的提案，被列为全国政协重点提案。在今年5月中共中央统战部召开的文化体制改革座谈会上，民进中央提出了建立国家层面的文化强国战略、逐步理顺国家文化管理体制、大力推动文化法律法规建设、完善促进文化产业发展配套政策的建议。在8月召开的全国政协专题协商会上，民进中央提交了《推动社会主义文化大发展大繁荣，还需要战略的引领、制度的保障》等三份书面发言。民进中央副主席冯骥才、原副主席王立平分别就政府执行是关键和文化产业坚持两个效益相统一的问题作了口头发言。在征求中共十七届六中全会文件意见的高层座谈会上，民进中央就实施文化强国战略、把文化管理体制改革作为深化文化体制改革的重点工作、推动文化法律法规建设和加强文化理论建设等提出了建议。

科学发展　不断延伸的建言献策新触角

2011年4月，民进中央常务副主席罗富和率民进中央调研组在甘肃考察调研后，向国务院有关领导提出了参照《石羊河流域重点治理规划》的经验和模式，尽早批准《敦煌地区水资源合理利用和生态治理规划》的建议。在民进中央的关心推动下，国务院于今年6月正式批准了这一《规划》，总投资额为47.22亿这项《规划》的实施将为科学解决敦煌地区经济社会发展与生态保护，更好地落实温家宝总理关于“决不让敦煌成为第二个楼兰”的重要指示精神发挥重要作用。

2011年，民进中央围绕科学发展这一主题和转变经济发展方式这一主线，将深化改革开放、保障和改善民生作为参政议政的首要任务，陆续就“经济增长速度与结构质量效益相统一、经济发展与人口资源环境相协调”、“以保障和改善民生为重点的社会建设”和“促进社会和谐稳定”等方面深入开展调查研究，积极建言献策。

民进一年来建言领域的不断拓展和延伸。2011年，在中共中央、国务院和相关部门召开的高层协商会，以及相关部门召开的座谈会、情况通报会等会议上，民进中央积极进言。例如在经济与社会方面，民进提出了“强化风险意识，促进经济社会安全发展”、“制定共同而有区别的目标体系，促进区域协调发展”等建议；在司法方面，提出了继续深入推进司法体制改革等建议；在“三农”方面，提出了鼓励农民和农民专业合作组织参与农产品营销等建议；在海洋事业方面，提出了加快制定国家海洋发展战略，完善国家海洋法律制度体系等建议。

服务社会　6项优秀成果获得表彰的背后

9月16日，群山环抱之中的毕节地区金沙县清池镇大坡学校，苍松翠柏掩映中的“民惠楼”在清晨的霞光中格外引人瞩目。“民惠楼”是“同心·彩虹行动”民进福建省委会捐资25万元，帮助大山之中的大坡小学建立起来的两层师生食宿楼，落成于今年8月。这一天，民进福建省委会和厦门市委会的会员们又来到清池镇开展送教助教活动。

“民进的社会服务工作过去是单一服务型，现在逐渐转向服务咨询决策型了。过去基本上都采用传统模式，现在各种各样的创新模式层出不穷。原来是分散、单向、随意、短期的服务活动，现在是集中、互动、固定、长期的服务活动。”民进中央社会服务部副部长刘文胜告诉记者，2011年，民进在社会服务道路上的“三个转型”成为各地民进组织和广大会员的一致共识。

2011年3月17日，中国民主促进会、全国防盲技术指导组等单位和北京同仁医院共同组织了“2011中非光明行”启程仪式。这是继2010年“光明行”首次走进非洲后，“光明行”再次进非洲；

2011年4月，“第九届海峡两岸中华传统文化与现代化研讨会暨第四届中国·介休清明（寒食）文化节”在山西介休举行，来自海峡两岸的百名学者共论清明；

2011年4月26日至5月3日，应台湾台北市教师会邀请，民进中央原第一副主席张怀西以叶圣陶研究会名誉会长的名义，率领主要由大陆中学校长组成的叶圣陶研究会赴台基础教育考察团，赴台北市、台中市考察交流……

据不完全统计，一年来，民进各级组织累计捐建学校78所，资助学生17270名，捐款1461万元，捐赠物资价值1167万元；培训西部地区教师近4323名；协调投入资金超过213万元；培训农民39531人；开展医疗服务、文化下乡等活动2723次，受益人数多达数十万人。在刚刚结束的“为全面建设小康社会作贡献”评选表彰活动中，民进全会有6项社会服务优秀成果获得表彰。

目前，“彩虹行动”正在各地持续推进；民进企业家联谊会联席会议成为凝聚企业界会员的有力平台；贵州省安龙县成为民进扶贫开发工作的又一个着力点；海外联谊工作进一步深化……而这一切也将是民进新一年社会服务工作的新征程。

民进帮扶金沙县 携手同建“彩虹桥”
民进中央社会服务优秀成果受到表彰

2011年12月21日，光明日报发布报道《民进帮扶金沙县 携手同建“彩虹桥”》。

“以后上学再也不用走那么远的山路，也不用担心吃不上热腾腾的饭菜了。”贵州省毕节地区金沙县清池镇大坡小学的师生们这样说。前不久，金沙县清池镇大坡小学“同心·民惠楼”落成揭牌。“民惠楼”是“同心·彩虹行动”民进福建省委会捐资25万元，帮助大坡小学建立起来的两层师生食宿楼。

金沙县，地处贵州毕节地区“东大门”。“同心·彩虹行动”是民进中央发挥民进教育资源优势，发动民进全会各级组织及会员参与，帮助金沙县加强教师队伍建设、提高金沙县教师素质为主要内容的一项智力支边工程，也是民进全会参与推动毕节试验区建设的重要平台和载体。

“力争通过几年的努力，支援毕节与金沙教育面向未来、面向现代化、面向世界，助推一支有现代化专业素质的教师队伍，为该地区教育质量和教师队伍得到提升作贡献。”这是全国人大常委会副委员长、民进中央主席严隽琪在“同心·彩虹行动”启动仪式上提出的目标。民进各省委会以及发达地区市委会与金沙县26个乡镇建立了“1+1”的结对帮扶，开始交流与合作。两年来，一道道“彩虹”从祖国的四面八方飞架在金沙的上空，把金沙县同民进中央以及各级民进组织连在一起。

民进中央在2009年上半年对金沙县教育状况进行了摸底，决定对金沙县319所学校校长和5000多名教师进行培训。民进各级组织已先后在北京、上海、杭州、深圳、长沙、常熟、厦门、济南、南京、合肥、贵阳等地为金沙县培训校长、骨干教师1300多名。

"同心·彩虹行动就是要以教育为突破口，全面提升金沙教育质量和人口素质，突破之后还要考虑与毕节试验区的开发扶贫、生态建设、人口控制三大主题相配套，拓展到其他领域。为此，我们积极推动会员企业家在金沙县投资、参与金沙县的经济社会发展。"民进中央社会服务部相关负责人告诉记者。

今年3月20日，"开明·同心大市场"奠基暨"同心"工程捐赠仪式在贵州省毕节地区金沙县隆重举行。"开明·同心大市场"由民进中央联络委员会副主任、钱江集团董事长陈正拜及几名民进企业家会员共同投资建设，项目总投资约为22亿元。该市场建成后，可提供3000个商铺，解决近两万个就业岗位。

在一个个培训班和建设项目的背后，还有一颗颗民进企业家会员的爱心。多次为金沙县多所学校捐赠的民进会员徐守华说："现在我的企业已经走上正轨，自己也有了一些能力，我应该也必须对社会有所回报，这是每一个有社会责任感的企业经营者都应该做的事。"

据不完全统计，"同心·彩虹行动"实施以来，民进共组织570人次到金沙县考察调研，开展智力帮扶，资助现金人民币409.4万元，协调中央投资项目三个，项目资金2265万元。捐赠价值1409.2万元的物资。为金沙举办培训班57期，培训人员达5359人次。在近日召开的"各民主党派、工商联和无党派人士为全面建设小康社会作贡献表彰大会"上，民进中央《教育资源进金沙县"同心·彩虹行动"》这项社会服务优秀成果，受到中共中央统战部、人力资源和社会保障部、各民主党派中央和全国工商联的联合表彰。

民进中央参政议政务虚会在京召开
严隽琪出席并讲话 罗富和、朱永新分别主持

2011年12月25日，民进中央参政议政务虚会在京召开。本次务虚会是民进中央贯彻"集智聚力、顺势而为"工作方针，积极履行参政议政职能的重要举措，目的是为2012年"两会"上民进中央建言献策选题目、定方向，为民进中央做好明年全年乃至更长时期的参政议政工作提供参考，为促进经济转型发展、社会和谐进步出谋划策。

民进中央主席严隽琪，常务副主席罗富和，副主席兼秘书长朱永新全天出席会议。

严隽琪在总结讲话中向与会者表示感谢，并致以新年的祝愿。她说，我国改革和发展进入到目前这一阶段，深化和推进改革是根本动力之源，改革迫切更需要理论的引导和支撑。召开这样一个大范围、跨学科的"头脑风暴"式的务虚会，就是为了集思广益，激发战略思考，碰出思路，碰出好的建议。明年将召开中共十八大，这必将成为我国发展新的起点和新的转折，作为参政党，民进此时更应该注重多向执政党提出一些具有前瞻性、全局性的战略思考和建议。

严隽琪希望继续探索完善高层专家务虚会的定位和运作机制，使之与民进中央其他参政议政工作机制、渠道、平台更好地衔接融合起来，促进我会更好地履行参政议政职能，充分发挥中国共产党领导的多党合作和政治协商制度的优越性，为执政党执好政提出真正好的建议。

会议按两大专题进行：上午"经济科技"专题、下午"文教社会"专题。罗富和、朱永新分别主持了这两个专题的讨论。

中国体制改革研究会副会长宋晓梧，燕京华侨大学校长、经济学家华生，经济学家汤敏，国务院发展研究中心社会发展研究部副部长贡森、宏观经济部研究员张立群，国家行政学院决策咨询部副部长丁元竹，上海社科院社会学研究所所长周建明、科研处处长权衡，复旦大学社会科学高等研究院院长邓正来，天津商业大学副校长邱立成，国家发改委、文化部、科技部等相关部委同志，分别在务虚会上发言。民进中央专门委员会的部分主任、副主任，民进中央及办公厅有关负责人出席座谈会。

为我国林业事业取得更大发展而共同努力
罗富和走访国家林业局并座谈

2011 年 12 月 31 日，全国政协副主席、民进中央常务副主席罗富和上午走访国家林业局并座谈。国家林业局局长贾治邦主持座谈会。双方就建设生态文明、促进绿色增长、推动林业改革发展、加强林业科技支撑以及进一步加强双方合作等座谈交流。

罗富和认真听取有关工作介绍，对国家林业局给予了充分肯定。他说，2011 年林业系统的同志们在工作条件比较苦、压力比较大的情况下，全力以赴，推进林业工作在七大方面取得明显成效，特别是成功举办亚太经合组织林业部长会议，胡锦涛总书记亲自出席会议并发表重要讲话，首次明确提出绿色增长的战略部署，进一步明确林业建设在绿色增长中的重要作用。我们听了都很振奋、深受鼓舞。

罗富和说，到 2020 年森林面积比 2005 年增加 4000 万公顷、森林蓄积量增加 13 亿立方米，是中国党和政府对全球生态建设的主动承担，也是庄严承诺，但实现目标的难度不小。林业局应以总书记的重要指示为依托，进一步加大林业投入，加快林业改革，加强林业建设，推动林业发展在建设生态文明、应对气候变化、转变经济发展方式、实现科学发展上发挥更大作用。

罗富和介绍了民进中央 2011 年在林业建设方面所做的一些工作，包括在推进林业直补、推广使用木质颗粒燃料、加强敦煌水资源合理利用与生态保护等方面取得的成效。

罗富和说，2012 年民进中央将继续关注林业工作，重点在林业改革与发展、促进绿色增长、加强林业科技支撑以及林业局建议的其他方面加强调研，继续同林业局合作在毕节地区举办林业科普报告会、石漠化治理座谈会、核桃选育栽培推广会，并组建服务小分队。他强调，在新的一年，希望能继续得到林业局领导和各司局的帮助，进一步夯实双方的合作关系，为我国林业事业取得更大发展而共同努力。

贾治邦在座谈中说，民进中央历来高度重视、关心支持林业工作，充分利用各种参政议政渠道，积极向党中央、国务院建言献策，为林业发展提供了大量的贡献和支持，我们表示由衷的感谢。他要求，林业局党组领导、各司局今后要继续深化同民进中央的合作，积极为民进中央明年的工作部署提供全力支持。

国家林业局副局长赵树丛介绍了 2011 年林业工作情况和 2012 年林业工作重点。副局长张建龙、印红、张永利、总工程师陈凤学、国家森林防火指挥部专职副总指挥杜永胜，以及 9 位相关司局负责人参加了座谈。

座谈会上，民进中央科技医卫委员会委员、中国林科院荒漠化研究所所长卢琦，民进中央科技医卫委员会委员、中国森林生态系统定位研究网络管理中心主任王兵，分别就中国沙漠综合编目、完善生态公益林科学补偿机制等问题提出意见建议。

罗富和还参观了“发展现代林业、建设生态文明、推动科学发展——林业‘十一五’发展成就展”。

大 事 日 志

2011 年 1 月

1 月 1 日　严隽琪、罗富和、潘贵玉、王佐书、刘新成、朱永新上午在全国政协礼堂出席 2011 年新年茶话会。

1月1日—7日　严隽琪在云南调研并视察民进云南省委。

1月4日　罗富和下午前往北京301医院看望楚庄。

1月5日—6日　罗富和在京出席参政议政提案推稿会。

1月5日　朱永新出席中国教育学会会长会议。

1月6日　朱永新上午在全国政协会议楼出席党派提案工作座谈会，下午在民进中央接待民进创始人马叙伦先生的家属。

1月7日　王佐书上午走访国台办，下午走访中国林业科学院。

1月8日　严隽琪上午在北京大学出席第八届中国文化产业新年论坛并讲话。

1月8日　朱永新上午在人民日报社出席“责任中国——人民网2010年度评选”揭晓盛典。

1月9日　中国民主促进会2011年迎新春文艺演出下午在京举行。

1月9日　雷洁琼同志在北京逝世。

1月10日　民进中央十二届十四次主席会议在京召开。

1月10日　民进中央中心学习组学习会在京召开。

1月10日　罗富和晚间前往雷洁琼同志家中看望和慰问雷老亲属。

1月11日　罗富和上午在京出席全国政协部委提案通报会。

1月11日　王佐书上午参加中央社院第二届院务咨询委员会第三次会议；下午参加全国人大财经委员会会议，听取财政部2010年预算执行情况汇报。

1月12日　民进中央办公厅印发《民进中央关于进一步加强新形势下社会服务工作的意见》的通知。

1月12日　王佐书上午会见贵州毕节地委、人大负责人。

1月12日　朱永新上午出席中国教育学会主办的中华人文阅读丛书发布会，下午出席新浪第三届“中国教育盛典”。

1月13日　严隽琪、罗富和、刘新成、朱永新上午看望许嘉璐、张怀西并祝福新春。

1月13日　严隽琪、朱永新下午在民进中央出席2010年年终考核会议。

1月13日　罗富和上午在中央统战部出席听取各民主党派2012年换届有关问题的意见和建议的座谈会，下午出席民进河南省第四届委员会第四次会议。

1月13日　王佐书出席最高人民法院党外人士座谈会并发言。

1月14日　雷洁琼同志追思会下午在北京举行。

1月15日　雷洁琼同志遗体上午在八宝山革命公墓火化。新华社发布《雷洁琼同志生平》。

1月15日—25日　严隽琪应澳大利亚议会和蒙古国家大呼拉尔的邀请，率全国人大代表团对澳大利亚进行友好访问并出席在蒙古首都乌兰巴托举行的亚太议会论坛第19届年会。

1月15日　民进中央帮扶贵州金沙县中医院核磁共振设备正式启用。

1月17日　民进中央办公厅印发《民进中央关于在全会开展纪念中国共产党成立90周年活动的安排意见》的通知。

1月19日　罗富和上午在京出席政协第十一届全国委员会第三十四次主席会议。

1月19日　罗富和、王佐书、朱永新下午在中央统战部阅读政府工作报告和“十二五”规划纲要。

1月19日　民进中央下午举行“开明论坛”第四讲，民进中央文化艺术委员会副主任、中央民族大学哲学与宗教系教授赵士林主讲《传统智慧和现代生活》。

1月19日　罗富和晚上在京出席全国政协新老主席茶话会。

1月20日　罗富和上午看望楚庄。

1月21日　温家宝总理上午在中南海主持召开就政府工作报告和“十二五”规划纲要征求党外人士

意见和建议的座谈会。罗富和出席并发言。王佐书出席。

1 月 21 日　罗富和下午在国谊宾馆参加全国政协人资环委与国家计生委座谈会。

1 月 21 日　罗富和、王佐书、朱永新晚上在中央统战部出席党外人士迎春招待会。

1 月 23 日　罗富和、潘贵玉上午在人民大会堂出席第十四届中国国际友好文化节。

1 月 23 日　王佐书下午在京出席民进朝阳区委联欢会暨西部教师培训挂牌仪式，并应邀为国家发改委国际合作中心研究部青年周末读书会作主题为《中国民主党派的协商民主与参政议政》的讲座。

1 月 24 日　王佐书上午在人民大会堂出席全国人大教科文卫委员会全体会议，下午出席民进中央联络委员会新春座谈会。

1 月 24 日　朱永新上午在人民大会堂出席中国特色社会主义法律体系座谈会。

1 月 25 日　罗富和上午出席民进中央机关 2010 年度考核总结大会并讲话。朱永新主持会议。

1 月 25 日　王佐书上午在人民大会堂出席在京老同志迎春茶话会。

1 月 25 日—27 日　罗富和在广东出席主题为建设幸福广东的民进广东省委座谈会。

1 月 26 日　民进中央参政党理论研究会举行的课题招标论证及评审委员会第二次会议上午在机关召开。

1 月 26 日　朱永新下午做客人民网强国论坛，以“完善制度、落实政策、推进文化‘走出去’战略”为主题与网友进行在线交流。

1 月 27 日　王佐书下午慰问蔡睿贤并祝福新春。

1 月 27 日　林汉达同志文物捐赠仪式上午在民进中央举行。

1 月 28 日　严隽琪、罗富和、王佐书、朱永新上午在北师大出席中国教育政策研究院第二次院领导会议。

1 月 28 日　严隽琪、罗富和、王佐书下午在北师大出席中国教育政策研究院专家委员会会议。

1 月 28 日　严隽琪、罗富和、潘贵玉、王佐书、朱永新晚上在亚洲大酒店出席民进北京市委主办的新春茶话会。

1 月 28 日　朱永新下午出席民进中央 2011 年第一次部门负责人会议。

1 月 29 日　民进中央 2011 年基础教育改革座谈会上午在机关举行。

1 月 29 日　严隽琪、罗富和、朱永新下午在民进中央会见教育部副部长刘利民。

1 月 29 日　民进中央与全国防盲指导组、北京同仁医院签署“光明行”合作协议晚上在京举行签约仪式。

1 月 30 日　严隽琪下午在中南海出席党外人士座谈会并发言。罗富和出席。

1 月 31 日　中共河南省委省政府致信民进中央表示感谢并希望继续帮助发展。

1 月 31 日　民进网站发表刘新成撰写的纪念文章《怀念雷老 学习雷老》。

2011 年 2 月

2 月 1 日　严隽琪、罗富和、王佐书在人民大会堂出席中共中央和国务院举办的 2011 年春节团拜会。

2 月 3 日　严隽琪、罗富和下午在深圳五洲宾馆会见民进深圳市委主委等并座谈。

2 月 9 日　严隽琪、罗富和、王佐书、朱永新上午走访民进中央各部门并致以新春祝福。

2 月 9 日—10 日　民进中央 2011 年部门负责人新春研讨会在京召开。

2 月 10 日　蔡达峰出席中共上海市委统战部召开的树立和践行社会主义核心价值体系阶段性总结交流大会，并作题为《树立和践行社会主义核心价值体系，全面扎实推进学习型高素质参政党建设》的发言。

2 月 11 日　严隽琪、罗富和、王佐书、朱永新在京出席民进中央十二届二十七次主席办公会议。

2 月 11 日　民进中央办公厅发出《关于落实〈民进中央关于在全会开展纪念中国共产党成立 90 周年活动的安排意见〉的通知》。

2 月 14 日　严隽琪、罗富和、王佐书、朱永新上午在民进中央会见中共上海市委统战部一行，严隽琪、罗富和、朱永新下午会见中共江苏省委统战部一行。

2 月 14 日　民进网站 2011 年度工作会议下午在民进中央召开。

2 月 15 日　“水墨诗文——大型画集《冯骥才画集》出版首发式”下午在全国政协礼堂举行。

2 月 15 日—18 日　罗富和在云南调研。

2 月 15 日—18 日　王佐书在黑龙江就义务教育均衡发展问题进行调研。

2 月 15 日　朱永新上午在民进中央听取民进江苏省委关于开明文化论坛筹备事宜的汇报。

2 月 15 日　民进网站发布报道《中共中央领导同志对民进中央关于推进文化走出去战略的建议作出重要批示》。

2 月 16 日　严隽琪上午在北京人民大会堂出席十一届全国人大常委会第五十七次委员长会议。

2 月 16 日　朱永新上午在民进中央会见来访的中共山西省委常委、秘书长李政文，省委常委、统战部部长聂春玉，山西省副省长张平，并出席民进中央机关支部新春座谈会；下午出席中央统战部 2011 年重点调研选题座谈会并发言。

2 月 16 日　民进网站发布报道，国家人口计生委 2010 年 12 月 27 日致信民进中央，期盼一如既往给予人口计生工作关心帮助支持。

2 月 17 日　严隽琪下午参观国家图书馆并与馆长周和平座谈。

2 月 17 日　朱永新上午出席民进中央机关支部新春座谈会，下午出席民进中央机关建设专题会，晚上在北京人民大会堂出席中央统战部举办的元宵节联欢晚会。

2 月 18 日　罗富和在民进云南省委调研。

2 月 18 日　民进中央办公厅发出《纪念中国共产党建党 90 周年 辛亥革命 100 周年民进全国书画精品邀请展征稿函》。

2 月 20 日　罗富和在兰州出席民进甘肃省委六届四次全会并致贺。

2 月 21 日　朱永新出席民进中央 2011 年公务员面试考官会。

2 月 22 日　罗富和上午在京出席全国政协主席会议。

2 月 22 日　民进中央与首都新闻界联谊会暨“两会”新闻通气会（2011）上午在机关召开。

2 月 22 日　朱永新下午在北京人民大会堂出席为哈萨克斯坦总统纳扎尔巴耶夫访华举行的欢迎仪式和欢迎晚宴。

2 月 23 日—25 日　严隽琪、王佐书、贺旻、刘新成、朱永新在京出席十一届全国人大常委会第十九次会议。

2 月 24 日　罗富和上午走访农业部。

2 月 24 日　民进中央办公厅发出《关于举办学习〈中华人民共和国国民经济和社会发展第十二个五年规划纲要〉有奖征答活动的通知》。

2 月 25 日　罗富和上午在民进中央会见国土资源部部长，朱永新出席。

2 月 26 日—28 日　罗富和、冯骥才、潘贵玉、蔡达峰、张帆在京出席政协第十一届全国委员会常务委员会第十二次会议。

2 月 26 日　王佐书在京出席中国民办教育协会 2011 年会长会议。

2 月 27 日　罗富和下午在京出席中国艺术研究院向西藏政协的捐赠仪式。

2011 年 3 月

3 月 1 日　严隽琪下午出席中央社会主义学院 2011 年春季开学典礼并讲话。王佐书出席。严隽琪、罗富和、王佐书、朱永新下午在中央统战部听取全国政协副主席、中央统战部部长杜青林通报中办发电精神。

3月1日　罗富和上午出席政协十一届全国委员会常务委员会第九次学习讲座。

3月1日　王佐书上午在人民大会堂出席孙起孟同志诞辰100周年座谈会。

3月1日　朱永新下午出席民进中央举行的由北京大学客座教授李庚其主讲的“开明论坛”第五讲《老子与〈道德经〉的智慧》。

3月2日　严隽琪出席瀛公益基金会成立大会并讲话。

3月2日　罗富和上午在八宝山革命公墓出席朱光亚同志遗体告别仪式。

3月2日　王佐书在京出席统一战线“同心”品牌研讨会，并作《同心聚智 惠民富民》的发言。

3月2日　朱永新下午在京出席《人民政协报》教育之春沙龙。

3月2日　现代教育报发布报道《民进中央“紧盯”教育出良策》。

3月3日—13日　全国政协十一届四次会议在京举行。

3月3日　人民政协报发布报道《民进中央：全国两会将提交5篇大会发言18件提案》。

3月3日　光明网发布报道《民进中央关注中小学校长任职资格》。

3月4日　民进中央在北京饭店晚宴出席“两会”的部分港澳代表委员。

3月4日　新闻出版总署发布报道《民进中央：构建文化“强国战略”加快“走出去”步伐》，中国食品科技网发布报道《民进中央：理顺食品添加剂监管职责》，人民政协报发布报道《民进中央提出完善我国空气质量标准和评价体系》。

3月5日—14日　十一届全国人大四次会议在京举行。

3月5日　中国教育报发布报道《民进中央：尽快制定学前教育法破解入园难》，人民政协报发布报道《民进中央提案聚焦服务业发展》。

3月6日　严隽琪、罗富和、王佐书、朱永新晚宴部分文化艺术界民进会员。

3月6日　法制网—法制日报发布报道《民进中央建议尽快修订土地管理法》。

3月7日　严隽琪上午在人民大会堂出席全国“三八红旗手”表彰大会。

3月7日　严隽琪、罗富和、王佐书、朱永新下午在中央统战部出席全国统战部长联谊会。

3月7日　蔡达峰出席全国政协十一届四次会议提案办理协商会。

3月8日　严隽琪上午在人民大会堂出席中外妇女招待会。

3月8日　罗富和上午在京会见中共广东省委统战部有关负责人。

3月9日　严隽琪、罗富和上午在八宝山革命公墓出席吴阶平同志遗体告别仪式。

3月9日　王佐书下午在京出席中国龙商发展论坛暨北京黑龙江企业商会成立四周年庆典。

3月9日　朱永新上午在民进中央会见来访的中国民协分党组书记罗扬。

3月9日　民进十二届十四次中常会在京召开。

3月9日　在全国政协十一届四次会议第三次全体会议上陈凌孚就《立足国家民族未来 加快振兴学前教育》发言。

3月9日　《人民政协报》发布报道《民进中央：重视民族地区艾滋病防治》。

3月10日　罗富和上午出席全国政协“创新管理，健全机制，加强食品药品安全监管”提案办理协商会并讲话。

3月10日　全国政协十一届四次会议下午在人民大会堂举行第四次全体会议。张帆代表民进中央就建立国家的文化强国战略发言，卫小春就《实施林木年度直补 加快实现兴林富农》发言。

3月10日　中国国土资源报发布报道《民进中央提出大力开展表土剥离工作》。

3月11日　中国国土资源报发布报道《土地整治符合科学发展大主题——访全国政协副主席、民进中央常务副主席罗富和》，《中华工商时报》发布报道《民进中央提案“稀土资源税”有望助力解“顽疾”》。

3月12日　严隽琪、罗富和上午在京出席孙中山先生逝世86周年纪念仪式。

3月12日　罗富和上午出席政协第十一届全国委员会第三十七次主席会议，下午出席政协第十一届全国委员会常务委员会第十三次会议。

3月12日　朱永新下午在京出席振兴江苏盐城北京咨询委员会2011年年会。

3月13日　朱永新下午在民进中央出席开明画院第一届理事会第二次会议。

3月14日　严隽琪下午在钓鱼台国宾馆出席中共贵州省委省政府的工作宴请。

3月14日　严隽琪、罗富和晚上在北京国际会议中心参观“十一五”科研成就展专场。

3月14日　王佐书下午为中央社院第25期进修班学员作主题为《合作共事》的讲座。

3月14日　朱永新下午在人民大会堂出席全国人大教科文委员会会议。

3月15日　严隽琪上午在京出席中国和平统一促进会八届一次会长会议、中国和平统一促进会八届二次常务理事会。

3月15日　王佐书在上海为民办教育研究院工作人员讲课。

3月15日　朱永新上午出席中国和平统一促进会八届二次常务理事会。

3月15日　民进中央发出关于学习贯彻2011年“两会”精神的通知。

3月16日　严隽琪下午应邀做客新华访谈，与网友畅谈“十二五”时期经济社会转型与转变。

3月16日　罗富和下午在民进中央会见中央社会主义学院第25期民主党派干部进修班、培训班的民进学员并座谈。

3月16日　民进福建省委发布报道，福建首次全领域、全角度的年度人物评选——“2010福建年度人物评选”结果日前揭晓，南帆等10人当选年度人物。

3月17日　罗富和、朱永新下午在京出席“2011中非光明行”启程仪式。

3月18日　民进中央十二届二十八次主席办公会议在京召开。

3月18日　民进中央办公厅和民进北京市委联合召开学习贯彻“两会”精神报告会。

3月19日—22日　严隽琪在湖北调研。

3月19日　朱永新上午在京出席中国民办教育发展高峰论坛并演讲。

3月20日　王佐书上午在贵州毕节金沙县出席开明“同心”大市场奠基暨“同心”工程捐赠仪式之后，出席“毕节试验区‘同心’工程实施座谈会”。

3月21日　刘新成、朱永新上午在全国政协出席杨佳同志先进事迹巡回报告会。

3月22日—27日　罗富和在广东出席民进广东省委主委会议和常委会议。

3月22日　王佐书上午在中央社会主义学院为南充党外人士培训班作主题为合作共事的讲座，下午在清华大学为师生作主题为管理和思维方法的讲座。

3月22日　朱永新上午在民进中央出席开明基金会专题会。

3月23日　严隽琪、蔡达峰上午在上海华东师范大学调研并座谈，下午在民进上海市委座谈。

3月23日　朱永新下午在民进中央出席高中教育改革课题研究会。

3月24日—25日　王佐书在洛阳出席民办中学校长会议。

3月24日　朱永新上午在民进中央出席“第九届海峡两岸中华传统文化与现代化研讨会”专题会，下午出席机关全体工作人员会议并通报说明第三步规范津补贴情况。

3月25日　严隽琪下午在上海市社会主义学院调研。

3月25日　朱永新上午在民进中央出席办公楼路口交通问题协商会，下午出席国务院第四次廉政工作会议。

3月26日　朱永新上午在福建泉州出席世界华商大会。

3月27日　朱永新上午在国家教育行政学院出席中国教育学会年度工作会议。

3 月 28 日　严隽琪晚上在上海宴请 2011 年全球创业周峰会组委会主席、美国考夫曼基金会施拉姆会长一行。

3 月 28 日—29 日　中央统战部组织各民主党派中央、全国工商联领导人和无党派人士代表赴重庆开展“重温历史，同心同行”主题教育活动。罗富和在纪念座谈会上发言，朱永新出席。

3 月 29 日　严隽琪在上海出席中国大学生自主创业工作经验交流会暨 2011 年全球创业周峰会开幕式并致词。

3 月 29 日—30 日　罗富和在福建出席集体林权制度改革经验交流会。

3 月 29 日　王佐书下午在中央社会主义学院为民革中青年干部班作主题为合作共事的讲座。

3 月 30 日　王佐书上午应邀出席中国林科院学习贯彻全国“两会”精神报告会并作《我们应该怎样思考这些问题》的专题报告，下午在京出席统一战线参与毕节试验区建设工作联席会议第四次全体（扩大）会议并发言。

3 月 31 日　罗富和、朱永新上午在民进中央会见中共建德市委统战部、民进建德市委负责人等。

3 月 31 日　罗富和、朱永新上午出席民进中央老会所回收问题协调会。

3 月 31 日　王佐书下午在山西介休出席第九届海峡两岸中华传统文化与现代化研讨会新闻发布会并讲话。

2011 年 4 月

4 月 1 日—2 日　第九届海峡两岸中华传统文化与现代化研讨会暨第四届中国·介休清明（寒食）文化节在山西介休举行。

4 月 3 日　严隽琪下午在介休出席民进企业家会员座谈会。

4 月 3 日—6 日　朱永新陪同台湾“立法院”原副院长饶颖奇在太原、苏州调研。

4 月 4 日—7 日　严隽琪在陕西调研。

4 月 5 日　严隽琪在陕西省黄陵县轩辕黄帝陵参加公祭典礼并敬献花篮。

4 月 6 日　严隽琪下午在西安交通大学就高校科研体制改革问题与专家学者座谈。

4 月 6 日　罗富和下午在中央统战部出席社会管理与创新报告会。

4 月 7 日　严隽琪、罗富和下午吊唁陈邦织同志。

4 月 7 日　罗富和上午在京出席全国政协机关“共建绿色家园”义务植树活动。

4 月 7 日　罗富和、朱永新下午在民进中央会见中共重庆市委统战部部长。

4 月 8 日—11 日　王佐书在贵州铜仁为当地领导干部、教育系统干部作专题讲座。

4 月 9 日　朱永新上午在山东泰安出席第二届“泰山杯”教育管理高层论坛。

4 月 11 日　朱永新下午在京出席中央统战部四局人事工作交流会。

4 月 12 日—14 日　2011 年第一期民进全国骨干会员培训班在中央社院举行。

4 月 12 日—13 日　王佐书在郑州出席中国民办教育协会活动。

4 月 13 日　严隽琪在人民大会堂出席十一届全国人大常委会第六十一次委员长会议。

4 月 13 日　罗富和、朱永新上午在八宝山革命公墓出席陈邦织同志遗体告别仪式。

4 月 13 日　朱永新上午在民进中央出席中国教育政策研究院会议。

4 月 14 日　罗富和下午在中央社会主义学院出席 2011 年第一期民进全国骨干会员培训班结业仪式并讲话。

4 月 14 日　王佐书下午在京为中国教育政策研究院师生作专题讲座。

4 月 14 日　朱永新上午在民进中央出席叶圣陶研究会学刊专题会。

4 月 15 日　民进十二届二十九次主席办公会议在京召开。

4月15日　严隽琪、罗富和、王佐书、朱永新下午出席民进中央晋升局级干部民主推荐会，朱永新继之出席晋升处级干部民主测评会。

4月15日—16日　罗富和在广西就生物质能源问题调研。

4月15日　王佐书、朱永新下午在民进中央出席参政党理论研究会2011年课题招标论证及评审委员会会议。

4月16日　严隽琪、冯骥才、朱永新下午在人民大会堂出席中国木版年画抢救与保护工作发布会。

4月16日—18日　罗富和在广东调研。

4月16日—19日　王佐书在成都出席中国民办教育协会会议。

4月16日　朱永新上午在京出席中国教育学会中小学校长论坛，下午在京出席清华大学百年校史展。

4月18日　严隽琪上午在民进中央出席农民工课题组会议，并就城市化进程中新生代农民工职业教育与社会融合问题与有关专家学者进行座谈。

4月18日　朱永新下午在民进江苏省委出席南京开明文化论坛协调会。

4月18日—21日　民进组织管理系统推广与使用培训班在中央社会主义学院举行。

4月19日　罗富和上午在京出席中国华侨历史学会第六次会员代表大会。

4月19日　朱永新上午在中央社会主义学院出席民进组织管理系统推广与使用培训班开班仪式并讲话，下午出席外交部机关干部讲座。

4月20日—22日　严隽琪、王佐书、贺旻、刘新成、朱永新在京出席十一届全国人大常委会第二十次会议。

4月21日　严隽琪下午在人民大会堂出席十一届全国人大常委会第六十二次委员长会议。

4月21日　朱永新上午在国家图书馆出席全国中小学生阅读书目发布会。

4月22日　朱永新上午在中国科技会堂出席纵横信息数字化学习研究研讨会。

4月23日　朱永新上午在苏州出席第六届苏州阅读节启动仪式，下午在江苏无锡出席第三届春晖青年公益论坛。

4月24日　朱永新上午在人民大会堂出席清华大学百年校庆活动。

4月25日　严隽琪、王佐书、朱永新上午出席民进中央会史工作专题会议。

4月25日　严隽琪、王佐书上午在民进中央会见台湾私立教育事业协会访问团并座谈。

4月25日—28日　罗富和在甘肃敦煌调研。

4月25日　朱永新上午在清华大学出席全国优秀高中与高校衔接培养拔尖创新型人才论坛，下午在北京考试院出席高考改革问题研讨会。

4月25日—26日　朱永新出席新闻出版总署推荐优秀图书终评会。

4月26日—5月3日 叶圣陶研究会赴台基础教育考察团在台湾考察。

4月26日—28日　王佐书在山西阳泉出席山西民进企业家联谊会理事大会并为当地领导干部、教育系统和统战系统干部作专题报告。

4月27日　严隽琪上午在中央统战部出席民主党派换届工作协商会。

4月27日　严隽琪、朱永新下午在民进中央出席由开明画院理事、中央美术学院中国画学院院长唐勇力主讲的“开明论坛”第六讲《中国画的欣赏》。

4月28日　严隽琪、朱永新下午在北京大学教育学院出席政策转化成果调研交流会。

4月28日　朱永新上午召开民进中央秘书长会议、南京开明文化论坛专题会议。

4月29日　严隽琪、朱永新上午出席民进中央机关第九届职工运动会。

4月29日—30日　罗富和在新疆托克逊出席圣雄能源循环经济产业链一期年产50万吨PVC项目开工仪式。

4月29日　王佐书下午在京出席国家教育咨询委员会办学体制改革组第二次工作例会。

2011年5月

5月2日—6日　严隽琪在广西柳州、南宁就民办教育健康发展问题和机关建设工作进行调研。

5月4日　罗富和上午在北京大学出席深圳第26届世界大学生夏季运动会火炬点燃暨火炬传递活动启动仪式。

5月4日　王佐书上午在中央社会主义学院为第25期培训班学员作主题为合作共事的讲座，下午在中央统战部就民主党派参政议政主题与一局领导进行座谈。

5月4日　民进网站报道，中国教育学会会长顾明远日前向民进中央捐赠了周建人的一本德文原版《共产主义宣言》及其读书笔记《读共产主义宣言》等文物。

5月5日　朱永新上午就合作设立雷洁琼雕像和雷洁琼纪念馆等事项走访中国政法大学并与该校党委书记石亚军商谈。

5月6日—10日　严隽琪在上海先后出席2011年IEEE机器与自动化大会展览和高校科研改革国外专家座谈会。

5月6日　罗富和下午在广州出席广州亚运会、亚残运会总结表彰大会。

5月6日—8日　王佐书在黑龙江出席哈尔滨师范大学建校60周年校庆活动。

5月7日　罗富和在广州出席民进中南六省（区）机关工作会议并讲话。

5月7日　朱永新下午在浙江安吉调研并出席当地民进支部活动。

5月8日　朱永新上午在浙江湖州出席“书香湖州”阅读节活动。

5月9日　严隽琪上午出席民进上海市委在上海交通大学举行的纪念中国共产党建党90周年、辛亥革命100周年暨上海民进开明画院成立揭牌仪式并揭牌，还在该校出席了高校科技投入体制座谈会。

5月9日—15日　王佐书率团在芬兰就科技创新与教育问题进行考察。

5月10日　罗富和上午在中央统战部出席文化体制改革座谈会。

5月10日—16日　严隽琪、罗富和、朱永新在江西上饶、南昌就“完善制度环境、推进民办教育发展”进行专题调研。

5月10日　朱永新在江西新余就“完善制度环境、促进民办教育发展”进行专题调研。

5月17日　朱永新上午在民进中央接待中央统战部来访。

5月18日　严隽琪、罗富和、王佐书、朱永新上午在中央统战部出席宗教问题报告会。

5月19日　严隽琪、罗富和下午在民进中央出席组织（换届）工作专题会议。

5月19日　民进十二届三十次主席办公会议在京召开。

5月20日　严隽琪下午在中央社会主义学院出席新教学楼剪彩仪式及“楼志豪素描习作展”。

5月20日　罗富和上午在北京出席政协第十一届全国委员会第三十八次主席会议。

5月20日　朱永新上午在中央统战部出席促进海洋事业发展党外人士座谈会，下午在民进中央接待台湾信谊基金会来访。

5月21日　朱永新下午在浙江温州出席民办教育专题座谈会。

5月22日　朱永新下午出席北京大学果壳时间活动讲座。

5月22日—23日　王佐书在江苏宿迁出席民办教育活动。

5月23日　“光辉历程·同心同行”隆重纪念中国共产党成立90周年、“金盟杯”第二届全国部分省市民进合唱团演唱赛下午在上海举行。

5月24日　严隽琪在北京师范大学出席教育部哲学社会科学研究重大课题攻关项目《城市化进程中新生代农民工职业教育与社会融合问题研究》开题会议并讲话。

5月24日—25日　罗富和、朱永新在南京出席“2011开明·江海文化论坛暨共铸伟业——中国民主促进会全国书画精品邀请展”。

5月24日　王佐书上午在国家教育行政学院授课。

5月25日—27日　严隽琪带队在安徽就《老年人权益保障法》实施情况进行执法检查，并会见了中共安徽省委书记张宝顺、省长王三运。

5月25日　朱永新下午在南京出席“2011开明·江海文化论坛”闭幕式。

5月26日　王佐书上午在民进中央出席中国民办教育协会高等教育专业委员会汇报会议。

5月27日—28日　严隽琪在黑龙江哈尔滨出席第21届全国图书交易博览会开幕式及中国出版（版权）发展论坛并讲话。

5月27日　罗富和上午在北京人民大会堂出席中国科学技术学会第八次全国代表大会开幕式。

5月27日　王佐书上午在广东增城为当地教育系统干部作“向课堂教学要质量”的讲座。

5月27日—28日　朱永新、张帆在石家庄出席“重温历史 同心同行”活动。

5月28日　王佐书上午在西安外事学院出席民办高等教育国际化发展国际研讨会并作主旨报告。

5月29日　严隽琪、王佐书在吉林就教育政策与民办教育问题进行调研，并在东北师大出席教育政策问题与教育政策建议座谈会，期间会见了中共吉林省委书记孙政才、省长王儒林。

5月30日　严隽琪、罗富和、朱永新晚间在京出席《星海》观影活动。

5月30日　罗富和上午在北戴河出席区县级政协主席暑期培训班开班仪式并讲话。

5月30日—31日　王佐书在呼和浩特出席内蒙古民办教育活动。

5月30日　朱永新在国家教育行政学院出席教育部重点课题评审会议。

5月31日　严隽琪晚间在京出席并观看六一国际儿童节晚会。

5月31日　罗富和上午在京出席中国林业经济学会第七届会员代表大会开幕式。

5月31日　朱永新下午出席第三次民进中央领导秘书工作座谈会，并出席庆祝中国共产党成立90周年苏州评弹汇演活动。

2011年6月

6月1日　民进网站发布学习“十二五”规划纲要有奖征答第一期情况通报。

6月2日　严隽琪、朱永新上午在民进中央召开“民进中央—上海社科院合作中心”专题会议。

6月2日　朱永新上午在民进中央出席民办教育研讨会。

6月3日　朱永新上午出席民进北京市委庆祝中国共产党成立90周年书画展，下午为民进中央原主席许嘉璐祝寿。

6月4日　王佐书在贵州毕节实验区出席毕节教育改革发展高级专家咨询会并讲话。

6月7日　民进中央十二届十五次主席会议在成都召开。

6月7日—9日　民进中央监督委员会第六次全体会议在成都召开。

6月8日—10日　民进十二届十五次中常会在成都召开。

6月9日　严隽琪、罗富和、潘贵玉、刘新成、蔡达峰、朱永新、张帆上午在四川考察灾后重建工作并听取汇报。

6月10日　《民主》杂志刊登严隽琪撰写的文章《只有跟着共产党走，才是在正道上行》。

6月10日　民进网站报道，中国民间文艺家协会向民进中央赠送了冯骥才主编的《中国木版年画集成》、《中国木版年画传承人口述史丛书》。

6月10日　朱永新在成都金堂调研教育问题并考察了民进中央援建的3所学校。

6月11日　严隽琪、朱永新在上海出席由“民进中央—上海社科院合作中心”举行的2011年经济社会形势与下半年政策分析座谈会。

6月11日—13日　罗富和在广东出席民进广东省第六届委员会第五次全体会议。

6月11日　王佐书上午在京出席第六届中医药发展论坛开幕式。

6月14日—15日　民进全国会史工作会议在江苏江阴召开。

6月14日　罗富和下午在民进中央会见北京市统计局局长并座谈。

6月14日　民进会史教育基地研讨会在江阴召开。

6月15日　严隽琪在人民大会堂出席十一届全国人大常委会第六十四次委员长会议。

6月15日—16日　王佐书在哈尔滨授课。

6月16日　朱永新上午在上海美术馆出席民进会员、国家级非物质文化遗产项目（苏绣）代表性传承人姚建萍领衔创作的大型苏绣作品《富春山居图》合璧卷首发式暨姚建萍刺绣艺术展并剪彩。

6月17日　严隽琪上午在北京饭店出席“寻找最美乡村教师”大型系列公益活动启动仪式并讲话。

6月17日　朱永新上午在民进宝鸡市委调研并座谈。

6月18日　严隽琪上午在人民大会堂会见印度比哈尔邦首席部长尼蒂斯·库马尔一行。

6月18日—19日　王佐书在无锡太湖学院授课。

6月20日　罗富和上午在中央统战部出席《代表人士队伍建设征求意见稿》座谈会。

6月20日　朱永新下午在北京理工大学附中调研。

6月21日　中国民主促进会庆祝中国共产党成立90周年座谈会在民进中央召开。

6月21日—24日　罗富和、冯骥才、潘贵玉、蔡达峰、张帆在北京出席全国政协十一届常委会第十四次会议。

6月22日　朱永新上午在民进中央主持召开民进中央赴新疆考察活动协调会，下午在民进中央主持召开庆祝中国共产党成立90周年红歌会暨知识竞赛协调会。

6月23日　蔡达峰下午在民进中央“开明论坛”第七讲作《中国传统住宅解读》讲座，朱永新主持。

6月24日　民进网站报道，中共中央领导同志就民进关于敦煌水资源合理利用建议作出批示。

6月24日　严隽琪在民进中央会见世界华侨华人社团联合总会访问团。

6月24日　王佐书在齐齐哈尔出席全国民办高等教育优秀院校和优秀个人评选活动表彰大会。

6月24日　朱永新上午在中央统战部礼堂出席党外代表人士实践锻炼基地启动仪式，下午前往北京百年农工子弟职业学校调研。

6月25日—26日　严隽琪在深圳考察深圳华大基因研究院，出席2011创新中国高峰论坛并发表题为《论创新文化》的主题演讲。

6月25日—27日　罗富和在广州调研。

6月25日　王佐书出席齐齐哈尔工程学院成立庆典暨创业廿周年庆祝活动。

6月27日—30日　严隽琪、王佐书、贺旻、刘新成、朱永新在北京出席十一届全国人大常委会第二十一次会议。

6月29日　罗富和、朱永新晚上在人民大会堂观看庆祝中国共产党成立90周年文艺演出。

6月30日　各民主党派中央、全国工商联和无党派人士致中国共产党中央委员会的贺信发出。

6月30日　严隽琪、朱永新下午在人民大会堂出席十一届全国人大常委会第二十二讲专题讲座。

2011年7月

7月1日　庆祝中国共产党成立90周年大会在京隆重举行。

7月1日　民进中央机关庆祝中国共产党成立90周年红歌会暨知识竞赛下午举行。

7月2日　学习胡锦涛总书记“七一”讲话座谈会上午在中央统战部举行。严隽琪发言。罗富和、王佐书、朱永新出席。

7月3日　王佐书上午在钓鱼台国宾馆出席中华爱国工程联合会第三次会员代表大会。

7月4日　王佐书、朱永新下午出席民进网站管理委员会全体会议并讲话。

7月5日　严隽琪下午在人民大会堂出席《新华字典》第11版出版座谈会并讲话。

7月5日　罗富和上午出席由国土资源部、国家发展和改革委员会、财政部联合举办的“基础先行——国土资源调查评价成果展”开幕式并剪彩。

7月5日—8日　王佐书在长春出席中国民办教育协会会长会议。

7月5日　民进网站下午举办首期专题访谈活动，邀请北京大学中文系教授张颐武就《精神建设与当下大众文化》主题与网友进行在线交流。

7月6日　人民日报电，近日统一战线召开座谈会深入学习胡锦涛同志“七一”重要讲话精神。

7月6日　罗富和上午在河北张家口出席第二届中国剪纸艺术节暨首届蔚县国际剪纸艺术节开幕庆典并宣布开幕。

7月6日　朱永新上午出席民进中央机关工会换届大会并讲话，下午会见赴京培训的福建民进“企业管理与创新经营”培训班学员。

7月7日　关于学习贯彻胡锦涛同志在庆祝中国共产党成立90周年大会上重要讲话精神的民进中央通知发出。

7月7日　民进中央中心学习组上午在京学习座谈胡锦涛同志“七一”重要讲话精神。严隽琪、罗富和、潘贵玉、朱永新出席。

7月7日　党外人士经济形势报告会下午在中央统战部举行。严隽琪、罗富和、朱永新出席。

7月8日　严隽琪上午在清华大学公共政策研究与政策建议座谈会上讲话，朱永新出席。严隽琪下午在全国人大会议中心会见台湾乡林集团董事长赖正镒。

7月8日—10日　世界史学会第20届年会在首都师范大学举行。刘新成获颁世界历史先驱奖。

7月9日　严隽琪在中央社院出席第三届中国政党研究论坛并讲话。

7月9日—10日　王佐书在重庆出席民进企业家联谊会成立大会并为重庆民进2011年暑期干部培训班作“树立和践行社会主义核心价值体系”专题报告。

7月11日　王佐书在北京会议中心出席第四届中国管理科学大会开幕式。

7月12日　朱永新在广州出席广东民进画展暨开明画院成立仪式并讲话。

7月13日　罗富和下午在北京长安俱乐部出席中国—黑山建交5周年招待会。

7月13日　朱永新在民进中央主持召开为全面建设小康社会作贡献评选表彰活动专题研究会。

7月14日　严隽琪、罗富和上午在中央统战部与杜青林部长、尤兰田副部长交流工作。

7月14日　罗富和在全国政协礼堂出席中华炎黄文化研究会第四次会员大会暨成立20周年庆典。

7月14日　朱永新在北京顺义东风小学调研。

7月15日　严隽琪、罗富和、朱永新在京出席民进中央文化专题研讨会。

7月15日—18日　严隽琪在内蒙古包头出席第十一届全国中学生运动会开幕式，并先后到巴彦淖尔市、包头市，分别就乌梁素海的治理情况和包头市经济社会发展情况进行考察调研。

7月17日　朱永新在京观看民进北京市委庆祝建党90周年文艺演出。

7月19日　王佐书为吉林民进骨干会员培训班作“努力培养自己，尽快成为一名优秀会员”的专题报告。

7月20日　严隽琪、朱永新在民进中央会见台湾“2011纵横北京教师参访团”并座谈。

7月20日　王佐书在吉林长春出席民进树立和践行社会主义核心价值体系先进会员事迹宣讲大会并讲话。

7 月 21 日　中共中央在中南海召开党外人士座谈会。严隽琪发言。罗富和出席。

7 月 21 日　统一战线学习胡锦涛总书记“七一”重要讲话座谈会在中央统战部举行。罗富和出席。

7 月 22 日　严隽琪、朱永新上午到中科院科技政策与管理科学研究所调研座谈。

7 月 23 日—25 日　严隽琪、王佐书、朱永新在新疆调研并出席一系列民进援疆活动。

7 月 27 日—31 日　“同心·彩虹行动”2011 年新疆少数民族中小学校长培训圣雄班在京举办。

7 月 28 日　罗富和在中国人民革命军事博物馆出席《请历史记住他们》——“两弹一星功勋奖章”获得者巨幅肖像油画展开幕式并剪彩。

7 月 28 日　朱永新出席中国教育学会在京会长会议。

7 月 29 日　中国共产党新闻网发布报道《朱永新：文化要“走出去”》。

7 月 29 日　朱永新在民进中央主持召开为全面建设小康社会作贡献评选表彰活动专题会。

7 月 30 日　王佐书出席山西民办教育协会双优表彰会并作报告。

2011 年 8 月

8 月 1 日　王佐书上午在山东青岛出席全国幼儿园教育教学高峰研讨会暨中国早教论坛第三届年会。

8 月 2 日　罗富和、朱永新上午在民进中央召开开明基金会筹备工作专题会。

8 月 2 日　王佐书下午为清华大学管理学院培训班授课。

8 月 2 日　朱永新上午在民进中央与新录用公务员座谈。

8 月 2 日　座谈交流学习胡锦涛总书记“七一”重要讲话精神的体会，朱永新下午在民进中央出席开明论坛第八讲。

8 月 3 日　严隽琪、罗富和、王佐书、朱永新出席民进中央十二届三十二次主席办公会议。

8 月 3 日　严隽琪、罗富和、朱永新晚上在京为王立平庆祝 70 寿辰。

8 月 3 日—7 日　严隽琪在黑龙江调研并深入建三江管理局对现代化大农业建设情况进行考察。

8 月 3 日　罗富和、朱永新下午在民进中央会见广东高校统战工作负责人研讨班并座谈。

8 月 4 日—5 日　王佐书在黑龙江就界河植被保护和水土流失情况开展调研并座谈。

8 月 4 日—5 日　朱永新在辽宁调研。

8 月 5 日　罗富和、朱永新上午在中央统战部阅读文件。

8 月 6 日　罗富和、朱永新在中国美术馆出席由中国文学艺术界联合会、中国书法家协会等联合主办的“段成桂书法作品展”开幕式。

8 月 7 日　朱永新出席河南平顶山民进中小学校长暑期培训班开班式和民进河南省委专职干部培训会议并讲座。

8 月 8 日　王佐书在清华大学授课。

8 月 8 日　民进网站报道学习“十二五”规划纲要有奖征答活动圆满结束。

8 月 9 日　严隽琪、王佐书上午在中央统战部阅读文件。

8 月 10 日　严隽琪下午在京出席全国人大常委会老年人权益保障法执法检查组第二次全体会议。

8 月 12 日　严隽琪在京会见梅向明。

8 月 12 日—14 日　罗富和在广东深圳出席第二十六届世界大学生夏季运动会开幕式和相关活动。

8 月 13 日　王佐书在陕西西安出席民进中央联络委员会 2011 年年中工作会议并讲话。

8 月 15 日　严隽琪在人民大会堂出席十一届全国人大常委会第六十七次委员长会议。

8 月 15 日　朱永新在中国美术馆出席人民美术出版社成立 60 周年系列展览开幕式。

8 月 16 日—19 日　“同心·彩虹行动”2011 年教研员和骨干教师暑期培训班在京举行。

8 月 17 日　严隽琪上午在民进中央会见援疆会员干部。

8月17日 严隽琪、罗富和下午出席中南海座谈会。

8月17日 王佐书在京出席中华爱国工程联合会2011年第五次主席办公会议。

8月18日—22日 罗富和在河北调研民进机关建设。

8月19日 严隽琪视察民进大庆市委。

8月19日 王佐书在中央统战部出席赴毕节地区挂职锻炼总结座谈会暨行前培训会。

8月20日 严隽琪、王佐书在大庆出席中国青爱工程五年经验交流会暨大庆基地授牌仪式。

8月21日—23日 王佐书在黑龙江调研。

8月22日 罗富和在民进中央会见中共北京市委统战部负责人。

8月23日 严隽琪在全国人大会见以汤加副议长图伊阿费图为团长的太平洋岛国政治家联合考察团。

8月23日 朱永新在京出席全国人大科教文卫委员会会议。

8月24日—26日 严隽琪、王佐书、贺旻、刘新成、朱永新在京出席十一届全国人大常委会第二十二次会议。

8月24日 罗富和在中国美术馆出席“水墨光影 民族情韵——陈政明中国画展”。

8月25日 严隽琪在人民大会堂出席十一届全国人大常委会第六十八次委员长会议。

8月25日 学习贯彻胡锦涛同志“七一”重要精神报告会在民进中央举行。

8月26日 严隽琪晚宴台湾民意代表交流参访团并致词。罗富和、王佐书、朱永新在民进中央会见参访团。

8月26日 罗富和上午在全国政协礼堂出席“深化文化体制改革，繁荣发展文化事业和文化产业”专题协商会。

8月27日 严隽琪在全国人大出席香港大学生赴京交流国情班结业仪式。

8月28日—30日 罗富和在陕西调研。

8月28日 王佐书在天津出席民进北京市委、民进天津市委联合举办的学习型机关建设理论研讨会并讲话。

8月29日 朱永新在中央统战部出席民主党派工作座谈会。

8月30日 严隽琪上午在2011北京国际出版论坛开幕式上致词。朱永新出席。严隽琪下午在人民大会堂会见希腊议会访华代表团。

8月31日 严隽琪下午在人民大会堂出席为菲律宾总统阿基诺访华举行的欢迎仪式。

8月31日 罗富和在中国国际展览中心（新馆）出席第十八届北京国际图书博览会开幕式。

8月31日 朱永新在山西太原出席开明画院一届三次理事会。

2011年9月

9月1日 严隽琪上午在中央社院2011年秋季开学典礼上讲话。王佐书出席。

9月1日 严隽琪下午在全国人大会见以克雷森佐·利凡里尼为团长的欧洲议会对华关系代表团。

9月1日 朱永新在山西太原出席“‘翰墨歌盛世，丹青颂中华’民进山西开明画院第二届全国民进书画作品邀请展”开幕式并讲话。

9月2日 罗富和在京会见中央社院培训班学员。

9月3日 严隽琪在霍懋征教育思想研究会成立大会上讲话。朱永新出席。

9月3日 王佐书在中央社院出席学习胡锦涛总书记“七一”讲话研讨班结业式。

9月5日—6日 王佐书在浙江杭州、温州调研民办教育。

9月5日 朱永新在江苏出席中国·如皋长寿养生国际高端论坛并讲话。

9月5日 《人民政协报》发布报道《众手浇开十万大山红杜鹃——民进两广省（区）委携手扶助

上思县瑶族女生上学记事》。

9月6日　严隽琪在山东济南会见中共山东省委书记、省人大常委会主任姜异康，视察山东大学并讲话，在中国教育政策研究院推进潍坊教育改革座谈会上讲话，视察民进潍坊市委并座谈，朱永新一同出席。

9月6日　朱永新在山西太原出席高校科研体制改革与创新研讨会并讲话。

9月7日　严隽琪、罗富和、朱永新在山东潍坊出席庆祝第27个教师节暨2011·中国教师发展论坛。

9月8日　严隽琪在北京出席“寻找中国最美乡村教师”颁奖典礼晚会，颁授中国十大“最美乡村教师”荣誉称号并讲话。

9月8日　罗富和、朱永新上午参观潍坊市学校。

9月8日　王佐书在中央统战部出席统一战线内在基本矛盾座谈会。

9月9日　严隽琪在全国人大会议中心会见由主席阿希瓦登率领的毛里求斯工党代表团。

9月9日—10日　罗富和在河北邢台出席中国首届核桃节开幕式。

9月10日　罗富和在民进邢台市委考察并座谈。

9月12日—15日　罗富和在广东出席广东开明画院书画展。

9月13日　严隽琪在中央社院出席第21期民主党派中青年干部多党合作专题研究班培训动员会并讲话。

9月14日　王佐书在杭州为浙江省社会主义学院“厅级党外干部合作共事研讨班”授课。

9月14日　朱永新在云南出席忠魂归国公益活动。

9月15日　王佐书、朱永新在中央社院为第21期民主党派中青年干部多党合作专题研究班授课。

9月16日　罗富和下午在民进中央会见中央社院第21期中青班，第26期进修班、培训班民进学员并座谈。

9月16日　王佐书在山西太原出席山西工商学院专升本挂牌仪式，并为学院教师作报告《为学院本质升格提供研究线索》。

9月17日　严隽琪在杭州萧山出席第二届世界休闲博览会暨第十三届西湖国际博览会开幕晚会。

9月17日　罗富和在中央社院出席民主党派中青年干部多党合作专题研究班结业式并讲话。

9月19日　王佐书上午在北京林业大学出席丰华镇远攀登助学金捐赠仪式并致词。

9月19日　朱永新在民进中央会见北京市委统战部长。

9月19日　民进中央下午举行开明论坛第九讲。全国人大外事委员会副主任委员南振中主讲《学习点亮人生》。朱永新出席。

9月20日　民进十二届三十三次主席办公会议在京召开。严隽琪、罗富和、王佐书、朱永新出席。

9月21日　严隽琪在辽宁出席国际和平日纪念活动暨东北亚发展论坛开幕式，作《维护世界和平 促进共同发展》的讲话。

9月20日　罗富和在民进中央会见美国客人。

9月20日　罗富和、朱永新下午在民进中央出席机关改进工作作风动员会并讲话。

9月21日　严隽琪出席国际和平日纪念活动暨东北亚发展论坛开幕式并讲话。

9月23日　罗富和在京出席政协第十一届全国委员会第四十一次主席会议。

9月23日—24日　王佐书在陕西考察西安世界园艺博览会。

9月25日—27日　2011年第二期民进全国骨干会员培训班在中央社院举行。

9月26日　罗富和上午在民进中央会见重庆市政协主席邢元敏，中共重庆市委常委、市委统战部部长范照兵。朱永新出席。

9月26日　朱永新在民进中央召开高考体制改革座谈会。

9月27日　罗富和下午在人民大会堂出席由上海世纪出版股份有限公司主办的《十万个为什么》第

六版启动大会。

9月27日—28日　民进中央树立和践行社会主义核心价值体系暨学习贯彻“七一”讲话精神座谈会在浙江建德举行。

9月27日　朱永新在人民大会堂出席中华海外联谊会三届二次全体理事大会。

9月27日　朱永新在民进中央会见世界华侨华人社团联合总会部分侨领并座谈。

9月28日　严隽琪、罗富和在人民大会堂出席为南非副总统莫特兰蒂访华举行的欢迎仪式。

9月28日　朱永新在京出席中国宋庆龄基金会第六届理事会第一次会议。

9月29日　严隽琪、罗富和、朱永新在民进中央出席叶研会专题会议和开明基金专题会议。

9月29日　严隽琪、罗富和、朱永新当晚在人民大会堂出席出席由全国政协办公厅、中共中央统战部、国务院侨办、国务院港澳办和国务院台办联合举行的国庆招待会。

9月29日　王佐书在浙为民进杭州市委委员作专题报告。

9月29日　民进网站报道，民进会员修保、李国武荣获第三届全国道德模范提名奖。

9月30日　严隽琪、罗富和、朱永新当晚在人民大会堂出席国务院国庆招待会。

9月30日　王佐书在山东出席烟台南山学院建校20周年校庆活动。

9月30日　朱永新在民进中央出席民进文献片审片会。

2011年10月

10月1日　严隽琪、王佐书、朱永新在天安门广场参加首都各界代表向人民英雄纪念碑敬献花篮仪式。

10月8日　严隽琪、罗富和下午在民进中央会见中共湖南省委书记周强。王佐书、朱永新出席。

10月9日　严隽琪、王佐书、朱永新上午在人民大会堂出席纪念辛亥革命100周年大会。

10月9日　罗富和在广东出席中山市纪念辛亥革命100周年大会。

10月9日　王佐书、朱永新在北师大出席中国教育政策研究院会议。

10月11日　罗富和在江苏无锡出席第二届中国湿地文化节暨亚洲湿地论坛开幕式并视察民进无锡市委。

10月11日　民进网站报道，莫桑比克驻中国大使馆近日就“2011中非光明行之莫桑比克”活动成功举办致信感谢民进中央。

10月12日　罗富和在江西走访民进宜春市委并出席民办职业教育发展座谈会。

10月13日　统一战线学习胡锦涛同志“辛亥革命100周年纪念大会”重要讲话座谈会在中央统战部举行。严隽琪发言，罗富和、朱永新出席。

10月13日—15日　王佐书在甘肃参加国家教育体制改革领导小组贯彻落实教育规划纲要专项检查活动。

10月14日　严隽琪在人民大会堂出席十一届全国人大常委会第七十次委员长会议。

10月14日—15日　罗富和在江西宜春出席第六届中国竹文化节。

10月14日　刘新成、朱永新出席“繁荣首都文化事业”党外人士座谈会。

10月17日　民进中央主办的民主党派网站建设研讨会在京举行，王佐书、朱永新出席。

10月18日　民进中央十二届十六次主席会议上午在京召开。

10月18日　民进中央下午在京举行学习中共十七届六中全会精神报告会。

10月18日　罗富和在京出席中国人民对外友好协会与文莱驻华大使馆联合主办的庆祝中国文莱建交20周年招待会。

10月19日　新华社北京电，中共中央日前在中南海召开党外人士座谈会，听取各民主党派中央、全国工商联领导人和无党派人士对中共中央关于深化文化体制改革、推动社会主义文化大发展大繁荣若干重大问题的决定的意见和建议。严隽琪发言，罗富和出席。

10 月 19 日　杜青林受中共中央委托向党外人士通报中共十七届六中全会精神。罗富和出席通报会。

10 月 19 日　民进十二届十六次中常会在京召开。

10 月 19 日　民进中央发出关于学习贯彻中共十七届六中全会精神的通知。

10 月 19 日—11 月 1 日　严隽琪应加拿大与中国议会协会、美国公谊服务委员会和日本户田纪念国际和平研究所的邀请，率中国人民争取和平与裁军协会代表团出访上述三国。

10 月 21 日—22 日　罗富和、冯骥才、潘贵玉、蔡达峰、张帆在京出席全国政协十一届常委会第十五次会议。

10 月 21 日　罗富和在中央统战部出席民主党派参政议政情况交流会。

10 月 21 日　民进网站报道，近日，中共河南省委省政府致电感谢民进中央倾力助推中原崛起新征程。

10 月 21 日—22 日　朱永新出席民进宁夏区委成立 30 周年庆祝大会暨书画展开幕式并走访民进宁夏区委。

10 月 23 日　罗富和出席“2011 泰山论坛”并在民进泰山市委调研。

10 月 24 日—29 日　王佐书、贺旻、刘新成、朱永新在京出席十一届全国人大常委会第二十三次会议。

10 月 25 日　罗富和在北京国际会议中心出席首届中国地理信息产业大会暨中国地理信息产业协会成立大会，下午在中央统战部与副部长尤兰田会谈。

10 月 25 日　民进网站上午举办第二期专题访谈活动，邀请中国社科院近代历史研究所研究员尚明轩就《辛亥百年与孙中山》主题与民进会员和网友进行在线交流。

10 月 26 日　罗富和在昆明出席由农业部草原监理中心和中国草学会共同主办的“2011 中国草原可持续发展论坛”。

10 月 26 日　王佐书在京出席第八届中国教育家大会开幕式。

10 月 27 日　民进中央下午举行开明论坛第十讲——阅读品味“红色经典”读书专题交流。

10 月 28 日—29 日　罗富和在安徽调研当前经济形势及民办教育发展情况并会见省委书记张宝顺。

10 月 30 日　罗富和在京出席南方报业上市 10 周年纪念活动。

10 月 30 日—31 日　罗富和在天津调研机关建设和知识产权工作。

10 月 30 日　王佐书在浙江德清出席“加强和创新社会管理专题议政论坛”并作题为《为研究社会管理创新提供研究线索》的主题报告。

2011 年 11 月

11 月 1 日　严隽琪在日本国会会见日本众议院议长横路孝弘。

11 月 1 日　罗富和下午在海口会见海南省委书记罗保铭。

11 月 1 日—4 日　朱永新率叶研会考察团赴印度考察。

11 月 2 日—3 日　罗富和、王佐书在海口出席 2011 年民进企业家联谊会联席会议。

11 月 4 日　严隽琪下午在上海出席苏州河文化创意产业发展论坛并讲话。蔡达峰致词。

11 月 4 日　王佐书在京出席全国人大教科文卫委员会第三十七次会议。

11 月 5 日　严隽琪、蔡达峰上午在上海出席 2011 年经济社会形势与 2012 年政策展望座谈会。

11 月 5 日　严隽琪在浦东干部学院出席 2011 上海民进教育论坛并讲话。蔡达峰致词。

11 月 6 日　严隽琪在上海交大出席上海卓越管理中心成立十周年庆典活动。

11 月 6 日—7 日　严隽琪在福建出席福建农林大学建校 75 周年大会和严家显教育思想研究报告会暨

首届严家显最高奖教奖学金颁奖大会。

11 月 6 日　中国民办教育发展大会暨中国民办教育协会第二次全国代表大会在昆明召开。严隽琪致贺信。王佐书当选协会第二届理事会会长。

11 月 7 日—8 日　罗富和在浙江出席浙江省农科院成立 100 周年庆祝大会。

11 月 8 日　严隽琪在京出席全国人大选举人大代表仪式。

11 月 8 日　朱永新上午在民进中央主持召开 2011 年第十次部门负责人会议。

11 月 9 日—10 日　“中国杭州名师名校长论坛·2011 年区域教育发展论坛”举办。罗富和出席开幕式。朱永新讲话。

11 月 10 日　严隽琪、罗富和在兰州会见甘肃省委副书记、省长刘伟平。朱永新参加会见。

11 月 11 日—12 日　2011 年民进中央参政议政年会在兰州举行。

11 月 11 日—13 日　王佐书在浙江建德调研。

11 月 12 日　罗富和、朱永新在兰州出席甘肃民进开明画院揭牌式。

11 月 14 日　严隽琪、罗富和、潘贵玉、王佐书、朱永新在京出席民进中央十二届三十四次主席办公会议。

11 月 14 日　朱永新下午在国家行政学院授课。

11 月 15 日—29 日　罗富和率全国政协代表团访问肯尼亚、毛里求斯、中非、多哥、布隆迪。

11 月 15 日　王佐书在南京考察民办教育。

11 月 15 日　朱永新在京出席第二届全国教育改革创新奖颁奖典礼暨中国教育创新论坛。

11 月 16 日　王佐书在烟台出席 2011 年民进山东省企业家联谊会联席会议并作《为企业家和企业发展献计》的报告。

11 月 16 日　朱永新在民进中央会见中央教科所原所长朱小蔓。

11 月 18 日—19 日　严隽琪在重庆出席第八届中国（重庆）国际园林博览会开幕式并剪彩。

11 月 18 日　王佐书在重庆出席民进中央、重庆市政府合作协议签字仪式。

11 月 20 日　严隽琪、王佐书在京出席新生代农民工就业培训与社会融合政策研讨会。

11 月 20 日　朱永新在南宁为民进广西区委作报告。

11 月 22 日　严隽琪、朱永新在中央社院观看纪念中央社院建院 55 周年文艺演出。

11 月 23 日　贾庆林会见贯彻落实党外代表人士教育培训改革和发展纲要经验交流会代表。严隽琪参加会见。

11 月 23 日　严隽琪在中央社院出席贯彻落实《2010—2020 年党外代表人士教育培训改革和发展纲要》经验交流会并讲话，还出席了新教学楼奠基仪式。

11 月 23 日　朱永新在民进中央会见民进北京市委副主委毛桂芬。

11 月 24 日—12 月 3 日　严隽琪率中欧国际工商学院代表团赴比利时、西班牙、法国进行教育访问。

11 月 24 日　中国文学艺术界联合会第九届全国委员会第一次会议在京举行，冯骥才当选为新一届中国文联副主席。

11 月 24 日　王佐书、朱永新上午在中央统战部出席经济形势报告会。

11 月 24 日　王佐书下午在天津出席由中共天津滨海新区统战部主办的培训班并作《为加强民主党派班子建设提供研究线索》的报告。

11 月 24 日　民进中央下午举行开明论坛第十一讲——挂职锻炼的收获与体会。朱永新主持会议。

11 月 25 日　朱永新在民进中央召开“促进首都加快文化创新、建设国家文化体制改革创新试验区”调研协调会。

11 月 26 日　王佐书出席辽宁省民办中学课堂教学改革研讨会并作报告。

11 月 27 日　朱永新在京出席由中华书局、北京师范大学章黄研究中心联合主办的《朱季海著作集》出版座谈会。

11 月 28 日　朱永新走访中央社院。

11 月 29 日—30 日　王佐书在京出席中共中央扶贫开发工作会议。

11 月 29 日　朱永新在京出席新京报年度好书评选活动。

11 月 30 日　各民主党派、工商联和无党派人士为全面建设小康社会作贡献表彰大会上午在京召开。罗富和、王佐书、朱永新出席。

11 月 30 日　罗富和、朱永新下午在民进中央出席民进为全面建设小康社会作贡献获奖代表座谈会。

2011 年 12 月

12 月 1 日　罗富和、朱永新上午在中央统战部阅读有关经济工作文件。

12 月 1 日　罗富和下午在民进中央出席民进十二届五中全会筹备工作动员会并讲话。朱永新主持。

12 月 1 日　王佐书在郑州出席河南民进经济界会员联谊会成立大会暨经济界会员联谊会一届一次理事会议并讲话。

12 月 2 日—3 日　王佐书在杭州就民办教育进行调研。

12 月 4 日—5 日　罗富和在广西桂林出席 2011 全国休闲农业创新发展会议。

12 月 5 日　严隽琪在京出席党外人士协商会。

12 月 6 日　民进网站报道，河北省政府近日致信就民进中央在《河北沿海地区发展规划》上升为国家战略过程中给予的大力支持和热情帮助表示感谢。

12 月 6 日　民进中央十二届十七次主席会议在京召开。

12 月 6 日　民进十二届十七次中常会在京召开。

12 月 6 日　民进中央监督委员会一届七次会议在京召开。

12 月 7 日—9 日　民进十二届五中全会在京召开。

12 月 8 日　朱永新下午在人民大会堂出席钱学森诞辰 100 周年纪念座谈会。

12 月 9 日　民进省级组织负责人会议上午在京举行。

12 月 9 日　严隽琪、罗富和、王佐书、朱永新下午在京出席叶圣陶研究会第四届理事会第二次会议。

12 月 10 日—11 日　民进全国机关建设工作会议在京召开。

12 月 10 日　王佐书下午在上海出席民办非学历高教发展论坛。

12 月 12 日　民进中央—中央社院参政党建设理论研究中心合作协议签订仪式上午在京举行。

12 月 12 日　严隽琪下午在北大民进文化论坛上致词。朱永新出席。

12 月 13 日　严隽琪、罗富和、刘新成、朱永新在京调研文化创意产业发展。

12 月 13 日　王佐书在江苏南通调研民办教育。

12 月 14 日—16 日　罗富和在吉林调研新能源产业。

12 月 14 日　朱永新上午在民进中央主持召开机关 2011 年第十一次部门负责人会议。

12 月 15 日　杜青林受中共中央委托向非中共人士通报中央经济工作会议精神。严隽琪出席通报会。

12 月 15 日　王佐书下午在贵阳出席深圳市潮商房地产开发有限公司向贵州黔南州三都县、毕节地区金沙县贫困乡镇学校助学捐赠仪式并讲话。

12 月 16 日　严隽琪在人民大会堂出席全国人大常委会第七十三次委员长会议。

12 月 16 日　严隽琪委托民进贵州省委慰问纳雍县曙光乡陈家寨小学贫困学生。

12 月 16 日　王佐书在人民大会堂出席海峡两岸关系协会成立 20 周年纪念活动。

12 月 16 日　新华网发布报道《民进建言农村教师队伍建设取得实效》。

12 月 17 日　严隽琪、罗富和率民进中央调研组在京调研首都文化改革发展工作，并与中共中央政治局委员、北京市委书记刘淇，北京市委副书记、市长郭金龙座谈。

12 月 19 日—24 日　严隽琪在上海调研。

12 月 19 日　朱永新在最高人民检察院出席高检特邀检察员聘任活动。

12 月 19 日　团结报发布报道《温暖的征程——民进中央二〇一一年工作扫描》。

12 月 20 日　罗富和下午在民进中央出席民进十二届五中全会总结暨 2011 年度考核动员会并讲话。朱永新作动员。

12 月 20 日　王佐书在人民大会堂出席胡锦涛主席欢迎波兰总统访华仪式。

12 月 20 日　朱永新上午在人民大会堂出席吴茂荪诞辰 100 周年纪念座谈会。

12 月 21 日　朱永新下午在京出席新华教育论坛。

12 月 21 日　光明日报发布报道《民进帮扶金沙县 携手同建“彩虹桥”》。

12 月 23 日　王佐书上午在京出席由教育部主办的“2011 继续教育数字化学习资源共享与服务成果展览会”。

12 月 23 日　朱永新在人民政协报社出席教育周刊发展座谈会。

12 月 25 日　民进中央参政议政务虚会在京召开。

12 月 26 日—31 日　严隽琪、王佐书、贺旻、刘新成、朱永新在京出席十一届全国人大常委会第二十四次会议。

12 月 26 日　罗富和在京出席政协第十一届全国委员会第四十三次主席会议。

12 月 27 日—28 日　罗富和在中央统战部出席三方（中央统战部、各民主党派中央、地方统战部）协商会。

12 月 27 日　朱永新出席最高人民法院党外人士座谈会并发言。

12 月 28 日　严隽琪在京出席由文化部和国务院农民工工作联席会议办公室共同主办的“温暖之春”—2012 年慰问全国农民工春节晚会。

12 月 29 日　严隽琪在人民大会堂出席十一届全国人大常委会第七十四次委员长会议。

12 月 29 日—30 日　罗富和在京出席提案工作座谈会。

12 月 31 日　严隽琪在人民大会堂出席十一届全国人大常委会第七十五次委员长会议。

12 月 31 日　罗富和上午走访国家林业局。

部　门　工　作

组织部 2011 年工作汇报

2011 年，组织部认真贯彻落实民进全国组织工作会议和民进全国先进地方组织、先进基层组织表彰大会精神，以加强后备干部队伍和人才队伍建设为重点，着力做好代表人士和骨干会员培训、换届筹备、会内监督和组织管理系统的应用推广等工作，推动全会组织工作迈上新台阶。

一、推进代表人士和后备干部队伍建设

认真贯彻落实《2010—2020 年党外代表人士教育培训改革和发展纲要》精神，继续加强对骨干会员和后备干部的推荐和培训。继续举办了两期“民进全国骨干会员培训班”，继续与中共中央统战部联合举办了“民主党派中青年干部多党合作专题研究班”，对120余名骨干会员进行培训，完成了用三年时间分批轮训300余名骨干会员的规划。推荐了近50名后备干部和新任市级组织领导班子成员参加了中央统战部和中央社会主义学院举办的各种培训。根据工作需要，对会中央专门委员会进行了调整，增补了8名副主任、6名委员。对全会800余人的代表人士名单进行重点分析和分类管理，在摸清和掌握各省党派成员任职情况的基础上，适时利用各种条件和途径积极推荐优秀骨干会员任职，今年推荐了最高人民检察院特约检察员等特约人员7人，向党外代表人士实践锻炼基地推荐挂职人员1人，为一批骨干会员搭建了施展才华的平台。继续做好会员发展工作，增强计划性和针对性，加强了对出版等界别会员发展工作的调查研究，努力在保持我会界别优势的基础上，着力发展我会工作急需的代表性人士和专门人才，进一步优化我会的组织结构和知识结构。

二、做好省级组织换届筹备工作

今年是中央、省级组织的换届筹备年和市级组织的换届年，各级组织都把换届的过程作为全面推进我会思想建设、组织建设的过程，扎实稳妥地开展工作。会中央制定了《民进中央关于2011—2012年省级组织换届工作的意见》，成立了“民进中央换届工作领导小组”，全面领导民进中央和省级组织换届工作。会中央深入29个省级组织进行调研，指导省级组织充分领会和把握换届文件有关精神，协助省级组织做好换届人选的酝酿、协商、提名等关键程序、主要环节的工作，加强与各省中共党委和有关部门沟通协商，为换届工作顺利进行奠定了基础。下半年，会中央制定了《中国民主促进会第十一次全国代表大会代表名额及代表产生办法》，开始启动中央换届筹备工作。各省级组织按照会中央的要求和部署，成立了换届工作领导小组，制定了换届工作方案，在做好市级组织换届工作的同时，积极筹备省级组织的换届。截至今年年底，全会市级组织换届工作已全部完成，省级组织换届工作已基本准备就绪，明年上半年29个省级组织将全部完成换届，下半年将召开民进第十一次全国代表大会，完成中央换届工作。

三、深入开展会内监督工作

加强会内监督是我会加强自身建设的重要举措。民进中央监督委员会继续积极履行监督职能，有序推动会内民主。中监委听取中央常委的对全会工作的意见和建议已形成一项制度，今年的中监委第六次全体会议，听取了13位中央常委对全会机关建设工作的意见和建议，主席办公会议对这些意见建议进行了专门讨论，指导机关各工作部门提出了相应整改措施，要求各级地方组织机关进一步加强和改进工作，监督工作取得实效。中监委加大了对省级监委会工作的指导力度，积极推动条件成熟的省级组织成立监督委员会，推动省级组织领导班子民主生活会、谈心会、述职和民主评议制度的建立和落实。目前全会建立省级监督委员会的省级组织10个，部分地区还建立了市级监督委员会试点，18个省级组织开展了谈心和述职工作，会内监督机制不断完善。各级监委会还将监督工作与换届筹备工作相结合，把监督贯穿于筹备工作全过程，严格换届工作程序、严明换届工作纪律，杜绝人事工作中的不正之风，努力营造风清气正的换届环境。

四、推广应用民进组织管理系统

“民进组织管理系统”从试运行阶段进入推广应用阶段，会中央通过集中培训，分级培训，远程指导和实地培训相结合的方式将系统逐步推广至全会。会中央举办了“民进组织管理系统推广与使用培训班”，对省级组织的组织部门负责同志和系统操作员进行了集中培训，总结了试运行阶段系统使用的经验和不足，明确了系统推广的目标和进程，规范了系统信息和数据采集工作的标准，为进一步提高我会组织和会员管理的科学化、信息化程度奠定了基础。部分省级组织也制定了向市县级组织推广“民进组织管理系统”的培训、使用计划，全会的推广应用工作正在有条不紊地展开。

五、进一步加强部门自身建设

机关建设是今年全会自身建设的重点之一，组织部以全会换届筹备工作和建立学习型机关为契机，以提高全体同志的业务水平和工作作风为重点，进一步加强部门建设，切实提高组织部工作质量和水平。一是加强学习。坚持“周学习日”制度，以讨论工作、学习形势、开展业务培训为主要内容，特别就换届工作相关政策、文件多次进行集体学习、专题研讨，使干部的业务素质、思想政治水平和公文写作水平有所提高。二是完善工作制度。对已有的部门各项制度进行了梳理和补充，并强调执行和落实，进一步明确了工作职责、工作标准和工作分工，规范了工作流程。三是加强作风建设。认真贯彻机关作风建设动员会精神，多次开展部门谈心，要求干部进一步加强个人修养，自觉锤炼讲政治、顾大局、利团结的思想作风，养成艰苦朴素、廉洁奉公的工作作风，加强团队建设，形成做好工作的整体合力，不断提升部门执行力，构建和谐部门。

宣传部2011年工作汇报

2011年，宣传部按照民进十二届四中全会的工作部署，以庆祝中国共产党成立90周年、纪念辛亥革命100周年为契机，以深化树立和践行社会主义核心价值体系、推进学习型参政党建设为重点，突出“重温历史、同心同行”的主题，弘扬民进与中国共产党团结合作的优良传统，坚持在继承中创新，在思索中前行，推动全会宣传思想工作取得了新的积极进展。

一、深入开展理论学习，切实推进学习型参政党建设

宣传部以组织落实会中央中心学习组政治理论学习为抓手，推动全会强化学习理念，完善学习机制，营造学习氛围，扩大学习成果，在全会发挥了较好的示范和带动作用。

一是指导全会认真学习贯彻中共中央有关重要会议和文件精神。3月，宣传部起草了关于学习贯彻2011年全国“两会”精神的《通知》，与北京市委会联合举行了“民进学习贯彻‘两会’精神报告会”。4月至6月，宣传部与各省级组织联合举办3期学习“十二五”规划纲要有奖征答活动，共有81961人次参与答题，参与人数继续增加，覆盖面进一步扩大。7月，宣传部起草了《民进中央关于学习贯彻胡锦涛同志在庆祝中国共产党成立90周年大会上重要讲话精神的通知》，制定了全会学习“七一”重要讲话的方案。8月，组织召开了民进中央学习贯彻胡锦涛同志“七一”重要讲话精神报告会，邀请中国人民大学杨凤城教授作专题报告。10月，宣传部起草下发了《民进中央关于学习贯彻中共十七届六中全会精神的通知》，指导和推动全会深入学习贯彻会议精神。

二是为会中央中心学习组开展理论学习做好组织和服务工作。今年中心学习组结合主席会、常委会、中全会共举行了五次学习活动：年初举行第一次学习会，严隽琪主席和各位副主席深入交流了学习中共十七届五中全会精神的体会，学习简报刊发于《民主党派工作交流》。6月，民进十二届十五次中常会期间，邀请复旦大学林尚立教授以“党的建设与国家成长——中国共产党的实践”为题作专题报告。7月，中心学习组召开学习会，交流学习胡锦涛同志“七一”重要讲话精神的心得体会。10月，民进十二届十六次中常会期间，邀请国家行政学院副院长周文彰以“文化的价值和当代中国文化建设”为题作专题报告。12月，民进十二届五中全会期间，邀请人民日报社社长张研农作学习中共十七届六中全会精神的专题报告。为组织落实好这些学习活动，宣传部认真筹备、精心安排，并在会后及时编发学习简报印发各省级组织，为全会开展理论学习提供了示范和参考。

二、隆重庆祝中国共产党成立90周年，不断推动树立和践行社会主义核心价值体系取得实效

宣传部围绕庆祝中国共产党成立90周年、纪念辛亥革命100周年，突出“重温历史、同心同行”的主题，组织开展系列活动，引导各级组织和广大会员继承和弘扬民进优良传统，在实践中树立和践行社会主义核心价值体系。

一是精心部署、明确要求。1月，宣传部起草印发了《民进中央关于在全会开展纪念中国共产党成立90周年活动的安排意见》，对全会开展系列活动进行了全面部署。6月，会中央组织召开民进庆祝中国共产党成立90周年座谈会，宣传部参与起草了严隽琪主席讲话，完成了协助七位发言人准备发言稿、制作会议背景板等各项具体会务工作。期间民进网站制作推出专题，《民主》杂志开设专栏，积极做好重点主题宣传。

二是深切缅怀雷洁琼同志。1月9日，我会的创始人之一和卓越领导人雷洁琼同志永远地离开了我们。会中央把沉痛哀悼、深切缅怀敬爱的雷老，作为全会树立和践行社会主义核心价值体系、推进学习型参政党建设的重要内容。为此，宣传部在民进网站推出《永远的怀念》专题、开设网上追思会，与中共中央统战部、民进北京市委会联合筹备并召开雷洁琼同志追思会，在人民日报刊发严隽琪主席署名纪念文章，在《民主》杂志开辟纪念专栏，寄托对雷老的哀思和敬仰，学习雷老的坚定信念、优良传统和高尚风范。

三是继续推动树立和践行社会主义核心价值体系各项工作。9月27日，在浙江建德召开民进中央树立和践行社会主义核心价值体系暨学习贯彻“七一”讲话精神座谈会，王佐书副主席做重要讲话，中共上海市委宣传部副部长潘世伟应邀作“核心价值观与文化建设”专题报告，8个省级组织作了重点发言。宣传部还在民进网站组织开展《七个“怎么看”》、《划清“四个重大界限”学习读本》的学习宣传，集中编发一批重要论述和辅导文章，依托网络平台有针对性地解答难点和热点问题，做好社会主义核心价值体系的理论学习和思想引导工作。

四是组织开展“双岗建功”活动。宣传部一方面对全会“双岗建功”活动作出具体部署，另一方面发动各级组织对“双岗建功”活动中涌现出来的先进典型进行大力宣传。6月，在吉林长春召开民进树立和践行社会主义核心价值体系先进会员事迹宣讲大会，袁敬华、吴正宪、唐瑾、修保4位会员进行了宣讲，会后宣传部及时制作下发了视频光盘，激励和引导广大会员以实际行动庆祝中国共产党成立90周年，在岗位工作中树立和践行社会主义核心价值体系。

三、紧密结合重大宣传主题，进一步扩大我会对外新闻宣传的影响

宣传部认真组织落实会中央领导接受媒体采访的工作，及时做好全国“两会”，庆祝中国共产党成立90周年、纪念辛亥革命100周年，以及会中央各项重要会议和重大活动的宣传报道，并着力加强对先进典型的宣传，推动全会对外新闻宣传取得了新成绩。

一是及时把握宣传契机，及时做好会中央领导接受媒体采访的各项工作。“十二五”规划纲要公布的当天下午，严隽琪主席应邀做客新华网“新华访谈”，围绕“‘十二五’时期经济社会的转型与转变”这一主题与广大网友在线交流，时长2小时，新华社以新华头条的方式进行报道，在会内外产生了重要影响。结合庆祝建党90周年，宣传部起草了严隽琪主席接受《中国统一战线》杂志访谈专稿，以及在《中国政协报》上发表的署名文章。结合纪念辛亥革命100周年，在《光明日报》刊发了严隽琪主席的署名文章《继承辛亥革命精神，建设中国特色社会主义》。

二是全力做好全国“两会”期间民进的新闻宣传工作。宣传部精心组织召开了首都新闻界联谊会暨“两会”新闻通气会，共有近40家在京媒体记者参加了会议。据不完全统计，“两会”期间民进在各类媒体共报道1535条，其中人大代表615条，政协委员857条，有关民进党派提案和发言的报道63条，代表、委员接受媒体专访，形成有影响的深度报道超过100条（次）。同时，宣传部着力加强与人民日报、中央电视台、新华社（网）等主流媒体的沟通与合作，注重加强策划、提高质量、扩大影响。“两会”期间政协民进组委员先后8次亮相中央电视台新闻联播节目，代表委员接受中央电视台焦点访谈、新闻30分等栏目采访总计30次，在人民日报的报道总计近40次。

三是认真完成会中央重要会议和活动的宣传报道。宣传部先后参与中常会、中全会，以及会中央领导走访国家部委，第九届海峡两岸中华传统文化与现代化研讨会，“完善制度环境、促进民办教育发展”专题调研，“2011开明·江海文化论坛”，民进全国会史工作会议，“阿勒泰光明行”活动，“同心·彩虹行动”，中国教师发展论坛，民进企业家联谊会联席会议，中国民办教育发展大会，参政议政年会等会议和活动的报道，截止11月共撰写刊发报道稿件153篇。

四是配合“双岗建功”活动开展典型宣传。宣传部与人民日报、光明日报、人民政协报、团结报等媒体合作，利用民进网站、民主杂志等宣传平台，对60多个“双岗建功”先进典型进行了宣传报道。编印了《民主》增刊《同行同行——民进为全面建设小康社会做贡献成果专辑》，共计15万余字，并参与编写了相关重点宣传稿、发言稿和事迹材料。

四、着力加强民进网站建设，进一步提高网络宣传的质量和水平

宣传部紧紧围绕会中央中心工作和宣传工作重要主题，以宣传平台、工作平台和交流平台为目标，着力加强民进网站建设，积极开展网络宣传。

一是规范管理，认真做好网站日常维护。宣传部努力提高网站新闻发稿的时效性，一批会议和活动的新闻实现了当天上网。进一步健全了民进网站管理委员会会议制度、网站日常维护的统计和通报制度，以及网站新闻投稿制度，起草了《民进网站投稿通知》，规范了重大题材、专题、公告等内容刊登的程序，规范了网站新闻投稿和审稿的程序，编印了新的民进网站宣传页。

二是抓住重点，精心策划突发和重大事件的网络宣传。1月9日雷老逝世后，宣传部及时推出了网站专题“永远的怀念”，开设网上追思会，制作网上留言板，供各级组织、会员和网友追思缅怀。3月，民进“两会”专题全方位、多层次、广角度地反映了民进的工作和民进代表委员的风采，上传大会新闻、代表委员风采、民进组快讯、议案提案、图片视频新闻等共计1457条。6月以来，网站相继推出了“庆祝中国共产党成立90周年”、“庆祝第27个教师节”、“纪念辛亥革命100周年”、“民进全国会刊（报）网上巡展”、“同心同行—民进为全面建设小康社会做贡献成果展”、“热烈庆祝民进十二届五中全会召开”等多个专题。

三是举办专题访谈，进一步丰富网站内容，提高网站论坛人气。结合学习胡锦涛同志“七一”重要讲话和在纪念辛亥革命100周年纪念大会上的讲话，宣传部先后邀请北京大学教授张颐武以“精神建设与当下大众文化”为主题，邀请中国社科院近代历史研究所研究员尚明轩以“辛亥百年与孙中山”为主题做客民进网站，通过在线访谈、文字直播的方式，就民进会员和广大网友关心的话题进行深入的阐述和交流，进一步增强了网站的互动性和参与性，提高了网站的点击率。

四是加强交流和研讨，组织召开民主党派网站建设研讨会。今年上半年，民进网站总编室先后走访了中央统战部信息中心，以及民建、致公党、九三学社中央网站。10月，组织召开民主党派网站建设研讨会，王佐书副主席在研讨会上作总结讲话，中央统战部信息中心主任王丕君到会指导，各党派中央网站负责同志交流了网站建设的经验和体会。民进网站总编室今年还加强了培训和调研，先后邀请人民网要闻部副主任史江民等同志为会中央机关和北京市委会、天津市委会的网站编辑进行了3次业务培训，安排2位同志参加了中央统战部信息中心主办的统战系统网站编辑研习班，并赴吉林就网站建设工作进行深入调研。

五、认真落实中央关于出版单位体制改革的工作部署，积极协助我会所属出版单位做好相关工作

宣传部认真贯彻落实中央关于出版单位体制改革的工作部署，及时学习传达统战系统宣传工作座谈会精神，指导并协助会中央所属出版单位做好体制改革工作、出版管理工作和杂志编辑出版工作。

一是协助做好出版单位体制改革和出版管理工作。按照中央关于出版单位体制改革的精神和要求，宣传部联系并协助开明出版社进一步深化体制改革、巩固体制改革成果，积极争取国家出版基金项目和“经典中国国际出版工程”资助项目，协助开明文教音像积极稳妥推进出版社体制改革，协助《民主》杂志社积极争取在非时政类报刊出版单位改革时间表上的有利位置，提前做好相关工作。

二是协助做好《民主》杂志的编辑出版工作。《民主》杂志紧密结合形势，组织推出专栏、专稿和增刊，提升宣传思想工作的实效；通过地方专页的形式，大力宣传地方组织，扩大宣传效果；加强栏目策划和组稿，突出文化特色，提高杂志的思想性和可读性。

三是举办“民进全国会刊（报）网上巡展”活动。此次活动以网上专题的形式展出了会中央和29个省级组织的会刊（报），发挥网络交互性、直观性的优势，展现了民进会刊（报）近年来取得的成绩，对于增进省级组织间的工作交流，提高全会办刊（报）的质量和水平发挥了积极作用。

四是认真执行省级组织会刊（报）审读制度。宣传部坚持定期审读省级组织会刊（报）内容，做到在政治方向和舆论导向上把好关；按照统战系统和新闻出版管理部门的工作要求，加强对省级组织会刊（报）编辑的指导和联系；依托民进网站“会刊撷英”栏目，发布地方组织会刊（报）优秀文章和精美封面，加强会刊（报）的宣传和交流。

六、贯彻执行会中央机关的部署和要求，加强部门建设、提高工作水平

宣传部按照会中央机关的工作部署和要求，坚持抓好政治理论学习，抓好干部队伍培养，不断提高思想政治素质和业务工作能力，推动部门建设取得积极进展，为顺利完成部门各项工作任务，切实履行部门工作职能提供了可靠保证。

一是积极参加会中央和机关组织安排的各项学习活动，其中部门负责人参加了中央国家机关司局级干部学习培训，部门选派年轻同志在机关开明论坛交流学习胡锦涛同志“七一”重要讲话的心得体会，积极参与红色经典读书征文活动，提交多篇稿件。

二是注重多种方式加强干部队伍培养，其中一位部门负责人到贵州毕节挂职锻炼，一位年轻干部到河北参加支教活动，两位年轻干部在机关进行轮岗。部门人员调整带来的一个变化就是新人较多，为此，部门既要抓好工作，又要带好队伍。

三是深入开展工作交流和研讨，切实提高部门会议的质量和实效。通过定期召开部门全体会，及时总结工作经验，分享心得体会，分析问题原因，提出意见建议，有效促进了思想交流和学习型部门建设，进一步提高了部门认识问题、分析问题、解决问题的能力和水平。

社会服务部2011年工作汇报

2011年，是十二五规划的开局之年。社会服务部根据形势发展变化及其对参政党的要求，以科学发展观为指导，贯彻落实民进中央社会服务工作会议精神，坚持社会服务工作的政治性原则、公益性原则和顺势合力的务实原则，在民进省级组织的大力支持配合下，立足民进的特色和优势，以“同心·彩虹行动”为重点，与时俱进地创新工作方式，打造社会服务工作品牌和亮点，进一步探索和总结社会服务工作规律和机制，提高社会服务工作制度化、规范化和程序化水平，各项工作呈现新面貌、取得新进展。尤其是在刚刚结束的统一战线“为全面建设小康社会作贡献”先进评选表彰活动中，民进全会有六项社会服务优秀成果获得表彰。

据不完全统计，一年来，我会各级组织累计捐建学校78所，资助学生17270名，捐款1461.3万元，捐赠物资折合人民币1167.1万；培训西部地区教师近4323名；协调投入资金超过213.6万元；培训农民39531人；开展医疗服务、文化下乡等活动2723次，受益人数多达266897人。

一、集中优势资源，全力推进智力扶贫工作

（一）积极参与推动毕节试验区建设，倾力打造“同心·彩虹行动”社会服务工作品牌。

会中央深入学习贯彻中共中央领导同志重要指示精神，学习领会“同心”思想，围绕帮扶思路进行细致分析。特别是主席办公会议专门听取关于试验区帮扶思路和计划的汇报，严隽琪主席、罗富和常务副主席就总结参与试验区建设经验，推进彩虹行动实施提出指导性意见。王佐书副主席代表会中央出席试验区建设联席会议、同心工程研讨会等重要会议，概括提出民进服务试验区建设的优势、特征、理念与工作安排等等。全会参与试验区建设的方向更加明确，思路更加清晰，内涵更为丰富。各级民进组织从教育帮扶、招商引资、协调项目等工作入手，全力支持参与毕节试验区建设，着力打造“同心”品牌，做了大量的工作。

一是教育帮扶。为推进“同心·彩虹行动”各项任务，社会服务部联合毕节地区教育部门，共同论证制定了毕节地区教育人才培训规划；在北京等地举行了毕节地区教研员和骨干教师暑期培训班，培训了毕节地区的55名专兼职教研员；协调光明日报社为毕节地区金沙县每所学校捐赠一份《光明日报》，协调有关企业为金沙县马路和太平两个边远民族乡镇的所有小学生捐赠一双运动鞋，共计3020双；全会已有北京、上海等17个省级组织和金沙县15个乡镇以及县教育局签订了“彩虹行动”对口支持协议，还有3至4个省、地市级组织准备开展结对工作；根据协议，共培训教师4323人次，投入资金213.6万元，北京还提供了远程教学系统进行远程培训，做到与北京等地共享名师教育资源。参加培训的学员们纷纷表示，培训内容实用、安排充实、师资水平高，各级民进组织服务热情周到，大家在收获知识的同时，也收获了情谊和感动。全会普遍认为“同心·彩虹行动”应作为民进社会服务的精品品牌倾力打造。

二是医疗卫生帮扶。民进动员发动全会的力量，向试验区和金沙县进行捐助。据不完全统计，民进企业界会员为金沙县中医院捐赠核磁共振医疗器械200多万元；捐赠药品价值100万元；捐助60万元建设11个村级卫生室；捐助现金25万元等。同时，还举办了“核磁共振成像基础知识讲座”，专门对金沙县卫生系统100多名医务人员进行了培训。特别是民进企业界会员捐赠的核磁共振医疗设备，贵州全省仅三家县级医院拥有该设备，金沙县中医院在毕节试验区是第二家拥有核磁共振设备的医疗机构，这套设备对提升金沙县中医院临床诊断水平和综合服务能力，方便金沙县患者就近检查病情、减轻经济负担等具有重要意义。

三是支持当地经济发展。社会服务部发动会员企业家投资3亿元在金沙县成立朗月煤机公司，建设朗月大厦和朗月4S店项目，为金沙经济社会发展服务。今年3月民进企业界会员启动建设的“开明同心大市场”，三年静态投资达22亿元，项目建成后可以解决近4万人的就业，将为金沙经济社会的发展注入新的活力；依托毕节专家顾问组和中国林业科学院，继续实施石漠化治理科技大院项目，帮助做好品种引进、科技示范工作，推动有机农业示范等项目进展。

今年以来，民进组织有近150人次到毕节试验区考察调研、开展智力帮扶；资助金沙县现金141.78万元，为金沙县捐赠价值193.3万元的物资。“同心·彩虹行动”的实施，对推动毕节试验区经济社会发展特别是提高包括金沙县在内的毕节试验区基础教育质量具有重要作用和意义。

（二）围绕中心，服务大局，参与支援新疆、四川藏区建设，开展定点扶贫工作。

今年以来，民进积极贯彻落实胡锦涛总书记在党外人士迎春座谈会上讲话和中央新疆工作座谈会议精神，按照与中国共产党“思想上同心同德、目标上同心同向、行动上同心同行”的要求，在新疆开展了包括教育、医疗在内的一系列捐赠活动，加大企业援疆力度，为推进新疆跨越式发展和长治久安作贡献。严隽琪主席赴新疆考察，期间召开了民进企业家参与新疆跨越式发展建设座谈会，积极鼓励支持会员企业在疆投资。其中，民进会员、北京正生生物集团董事长李晓荣在新疆投资两个科技项目，拟三年投资13亿余元。民进会员、新疆圣雄能源开发有限公司董事长林圣雄在新疆投资兰炭项目，建设“同心工业园”，已完成投资25亿元。由林圣雄先生出资，在北京举办了“同心·彩虹行动2011年新疆中小学校长暑期培训（圣雄）班”，邀请新疆和田市和吐鲁番地区托克逊县各25名少数民族中小学校长参加为期一周的培训。在全国防盲指导组及北京同仁医院的大力支持下，由中国华力控股集团有限公司出资为阿勒泰地区贫困白内障患者免费实施复明手术。在民进中央联络委员会、民进北京市委会、民进黑龙江省委会以及民进企业界会员的热情参与下，相继开展了文化教育捐助活动，为新疆捐赠价值400多万元的教育医疗设备和物资。民进会员、中国农业大学教授、葡萄酒专家黄卫东指导新疆和硕等县发展酿酒用葡萄的种植，并引进数家葡萄酒企业发展新疆葡萄酒产业。

为贯彻落实中共中央、国务院关于支持西藏、四川等省藏区工作的精神，全面推进四川藏区经济社会发展，按照会中央领导的指示，社会服务部组织企业家、公益慈善组织到四川藏区考察调研，在民进四川省委会的支持配合下，与若尔盖县达成了捐助意向。我部联系企业家丁明山向若尔盖县捐赠了价值 110 万元的医疗设备，西部女性阳光基金在若尔盖县开展女性疾病筛查公益活动。捐助行为得到了当地藏族干部群众的热烈欢迎和广泛好评。

面对中共中央对重庆发展的总体部署，国务院批准重庆市开展统筹城乡综合配套改革试验的战略机遇，民进中央积极发挥自身优势，履行参政党职能，就加快重庆统筹城乡教育文化改革与发展与中共重庆市委、市人民政府签订了协议，会中央社会服务部将引导和鼓励文化教育界会员和企业家会员，支持重庆市农村地区教育文化事业发展。

社会服务部联合贵州省扶贫办等部门到定点扶贫县—贵州省安龙县进行了智力支边工作考察，募集资金 15 万元支持当地开展抗旱工作，为安龙县笃山乡王院村 35 户困难群众以及村小建设小型水窖；在北京培训了安龙县五位教研员，到当地继续洽谈金银花收购工作，争取更多地造福当地农户。

二、创新工作机制，积极做好服务民企民教工作

会中央本着“充分尊重、广泛联系、加强团结、热情帮助、积极引导”的方针，为企业界会员搭建沟通交流平台，加强企业界会员之间的沟通、交流与合作，完善企业家联谊会的工作机制，真正把企业家联谊会建成会员开展政治学习的重要课堂，实现共谋发展的交流平台，展示民进形象的对外窗口。继 2009 年在江苏南京，2010 年在山西太原成功举办企业家联席会议后，今年 11 月 2 日至 3 日，由民进中央主办、民进海南省委会、海南民进企业家联谊会承办的一年一度的民进企业家联谊会联席会议在海南省海口市举行，共有全国 29 个省、区、市的近 300 名民进企业家代表参加了会议。会议以“相约海南、共谋发展”为主题，关注目前国内外形势对企业自身发展的影响，就转变企业发展方式途径和前景等问题，安排了三场高质量的报告，举办了贵州金沙县、安龙县招商项目推介会，再次为民进企业界会员提供了寻找商机与联谊的平台。今年我部还利用工作出差机会先后到福建、海南、广西、陕西、北京等地考察、了解会员企业情况，主动关心会员企业发展。

会中央积极发挥民办教育界会员的作用，为促进社会和谐稳定作贡献。会中央领导借助中国民办教育协会等工作渠道，利用到各地考察的机会，广泛接触民办教育界会员，积极反映他们的需求和建议。社会服务部到海南、广西等地会员所办学校考察，主动联系会员学校，通过各种方式帮助民进会员所办的学校解决实际困难。

三、拓展沟通渠道，进一步深化海外联谊工作

会中央领导高度重视海外联谊工作。全会进一步贯彻落实中共中央对台港澳工作的有关精神，大力开展两岸文化、教育交流活动，为不断夯实两岸关系和平发展的政治、经济、文化和民意基础，不断增强促进两岸关系和平发展的内在动力，不断拓宽两岸关系和平发展的前进道路作出了贡献。

（一）继续举办海峡两岸中华传统文化与现代化研讨会。

海峡两岸中华传统文化与现代化研讨会今年已是第九届了，研讨会成为民进中央对台工作重要平台之一。在国台办和统战部的大力支持下，今年 4 月 1 日至 3 日在山西省介休市举办了“第九届海峡两岸中华传统文化与现代化研讨会暨第四届中国・介休清明（寒食）文化节”。自来台湾“中华海峡两岸客家文经交流协会”理事长饶颖奇，香港城市大学专上学院副院长刘焕仪，澳门道教协会副会长叶达等近 100 名两岸四地的专家学者出席会议。近 20 位学者在会上进行了演讲和交流。通过大会演讲、大会发言、祭祀、实地考察等多种形式，两岸嘉宾共同领略了绵山特有的寒食清明文化，感受了中国传统文化的多元与融合。会议内容丰富，宣传报道充分。

（二）举办赴台基础教育考察交流活动。

按照会中央今年确定的开展入岛交流活动计划，密切与国台办和中央统战的沟通与联系，成功地促成了我会基础教育考察团入岛交流。今年 4 月 26 日至 5 月 3 日，全国政协原副主席、民进中央原第一副主席、叶圣陶研究会名誉会长张怀西率考察团一行 18 人，先后访问了台北市教师会、台中市明台高中、佛光大学等单位；吴伯雄、林丰正、饶颖奇、林碧玉、杨朝祥等台湾知名人士；与台湾高中、初中校长和近 40 位老师，就两岸基础教育在优势互补、共同提高教学水平等方面，进行了深入的交流和座谈。此次赴台交流，打开了基础教育入岛交流的通道，加强了与岛内有关教育团体的联系，为促进我会对台工作的“重心下移”积累了有益经验。

（三）筹备接待多批次台湾团组来访。

民进中央今年先后接待了 7 批台湾团组和 1 批海外华人参访团。严隽琪主席，罗富和常务副主席等会中央领导先后会见了饶颖奇率领的台湾民意代表交流参访团，周荃、郑又平率领的“2011 纵横北京教师参访团”，台湾工商建设研究会名誉理事长赖正镒一行和台湾稻江大学董事长陈玺安任团长的台湾私立教育事业协会访问团以及世界华侨华人社团联合总会秘书长任兴亮等来访团组。这些交流和沟通活动，增进了双方的相互了解，加深了感情。

四、规范社团管理，配合联委会开展工作

会中央领导高度重视叶研会工作，9 月 29 日上午，严隽琪会长主持召开了叶研会专题会议，讨论、研究了叶圣陶研究会工作指导思想、工作职能的设置、会费收取和使用原则以及具体工作安排，进一步明确了今后工作方向。在新一届叶研会理事会领导下，我部圆满完成了 2011 年工作任务。按照教育部社团办、民间组织管理局的要求，进行了叶研会换届备案、年检、换证照、会费申请和报批；编辑发行了《叶圣陶研究年刊》（创刊号）；增补叶研会理事，发展单位会员；协助人民教育出版社和开明出版社编校出版了“第七届海峡两岸中华传统文化与现代化研讨会”（医学文化）和“2009 年海峡两岸基础教育论坛”两本论文集。草拟了叶圣陶教育思想学术委员会和叶圣陶出版思想学术委员会成立方案，待提交本年度理事会议研讨通过后实施。

在会中央领导的指导下，社会服务部稳步推进开明慈善基金会成立的筹备工作。自今年 3 月份以来，分别由严隽琪主席、罗富和常务副主席主持召开了 3 次专题会议，研究推进开明慈善基金会成立的具体事宜。按照指示，我部一方面积极落实基金会 2000 万元注册资金的筹措，一方面加强与中央统战部和民政部的沟通、协商与联系，在会中央领导的大力推动下，中共中央组织部于 10 月 26 日批复了民进中央的申请，同意罗富和常务副主席担任开明慈善基金会理事长人选。11 月 17 日民政部通知开始验资。目前，开明慈善基金会成立的筹备工作正在顺利推进中。

社会服务部协助民进中央开明画院开展了一系列工作。年初，协助画院在全国政协礼堂举行了《冯骥才画集》出版首发式；5 月份在南京与江海文化研究会、江海书画会共同承办了“2011 开明 · 江海文化论坛”、“共铸伟业——中国民主促进会全国书画精品邀请展”；9 月份分别在山西太原和广州市举办了“翰墨歌盛世 丹青溢中华”——民进山西开明画院第二届全国著名书画邀请展和“秋灿羊城”民进中央开明画院书画作品广州邀请展。向上海、山东、河南、广东、甘肃、湖北等 6 个相继成立开明画院的民进省级组织发出了贺信。召开了 2 次理事会议，增补了画院理事。今年 7 月开始，民进中央开明画院新院址（老会所）装修工程全面展开，明年 5 月份新院址将落成并对外开放。

社会服务部积极协助会中央联络委员会开展工作。为更好地推动“光明行”活动，经民进中央联络委员会牵线，民进中央与全国防盲指导组、北京同仁医院 1 月 29 日在京签署了“光明行”合作协议。3 月 17 日下午，中国民主促进会、全国防盲技术指导组等单位和北京同仁医院共同组织了“2011 中非光明行”启程仪式。这是继 2010 年“光明行”首次走进非洲后，“光明行”再次进非洲。这两次活动受到非洲人民的热烈欢迎，并在国际社会产生了强烈反响。今年我部还协助联络委员会积极配合会中央社会服务工作，积极参与贵州金沙县和安龙县的帮扶工作、开展支援新疆跨越式发展和四川藏区的援助工作，对促进西部地区经济社会发展发挥了积极的作用。

五、加强自身建设，促进团队协作

社会服务部按照树立和践行社会主义核心价值体系、建设学习型参政党机关的要求，进一步贯彻落实民进中央社会服务工作会议精神，树立工作的使命感，强化责任意识。年初社会服务部增设了综合处，重新调整了各处的工作职能，加强了内部管理。每周召开一次部门例会，总结工作、交流情况，部署下一步工作任务；重新修订了“社会服务部职位说明书”，进一步明确了各处室的岗位职责；修改了“民进中央社会服务工作考核办法”，进一步完善了对各省级组织社会服务工作的量化考核；在全会开展了“民主党派社会服务工作理论与实践”征文活动，评选出40篇优秀论文并通报表彰；继2010年我部对安徽、湖北、上海、浙江、四川、云南、陕西、山西8个省市民进进行了社会服务工作调研后，2011年我部又到海南、广西和福建开展了调研，在全面了解工作的基础上，进一步探索社会服务工作规律，推动全会社会服务工作再上新台阶；在部门强化分处不分家的团队工作意识，倡导纵向负责、横向协作的工作理念，促进工作的规范化；制作了各项重大会议和活动的工作模版，分解工作步骤，明确工作流程，使我会社会服务工作逐步步入科学化、规范化、程序化轨道，努力实践会中央提出的集智聚力，有思有行，顺势而为，开拓创新的目标。

参政议政部2011年工作汇报

今年是“十二五”时期的开局之年，会中央将推动科学发展和加快转变经济发展方式作为履行职能的首要任务，将促进社会和谐稳定作为义不容辞的责任，围绕“经济增长速度与结构质量效益相统一、经济发展与人口资源环境相协调”、“以保障和改善民生为重点的社会建设”等内容建言献策。今年也是中共中央对深化文化体制改革、推动社会主义文化大发展大繁荣作出全面部署的一年，会中央将推动“建立文化强国战略”、“中华传统文化的继承与创新”作为参政议政的重要内容，建睿智务实之言，谋科学发展大计。

一、围绕经济社会发展中的重大问题，做好高层协商工作

“十二五”时期是全面建设小康社会的关键时期，是深化改革开放、加快转变经济发展方式的攻坚时期，会中央围绕党和政府关心、人民群众关注的重点热点难点问题建言献策。在中共中央、国务院召开的党外人士座谈会上，会中央主要领导围绕促进经济平稳较快发展，提出了拓宽民间投资渠道，引导民间资本投向教育事业、实体经济、城市群和中小城镇建设；强化风险意识，促进经济社会安全发展；制定共同而有区别的目标体系，促进区域协调发展等建议。围绕司法改革，提出了要维护司法公正和社会正义，为国家经济社会发展保驾护航；要从人民群众的司法需求出发，保障人民应享有的合法权益；继续深入推进司法体制改革；重视推广基层司法机关的创新经验等建议。围绕“三农”问题，提出了将优惠稳定的惠农政策和低成本、通畅的营销渠道作为保障农副产品供应、稳定物价的重要手段，加强市场周期的规律研究，对农产品流通给予免税、减费，加强部委间的政策、信息和措施协调等建议。围绕教育问题，提出了发展民办教育是教育体制改革的重要内容，要通过完善制度环境促进民办教育发展；中部地区崛起需要优先发展高等教育等建议。围绕海洋事业，提出了加快制定国家海洋发展战略；完善国家海洋法律制度体系等建议。

中共十七届六中全会审议通过了《中共中央关于深化文化体制改革推动社会主义文化大发展大繁荣若干重大问题的决定》，这是在新形势下推进我国文化改革发展的指导性文件。在中共中央征求文件意见的党外人士座谈会上，会中央主要领导提出了以实施“文化强国战略”作为建设社会主义文化强国的有力抓手，把文化管理体制改革作为深化文化体制改革的重点工作，把构建中国特色社会主义文化法律体系作为推进文化大发展大繁荣的根本保障，把加强文化理论建设作为党领导文化工作的重要内容等建议。在此之前，中共中央统战部召开了文化体制改革座谈会，会中央主要领导在会上提出了建立国家层面的文化强国战略、逐步理顺国家文化管理体制、大力推动文化法律法规建设、完善促进文化产业发展的配套政策等建议。

二、围绕转变经济发展方式、保障和改善民生，做好政协的发言、提案和信息工作

全国政协十一届四次会议期间，会中央提交党派发言3件，党派提案24件，民进组提案7件。在结合务实与务虚，做好提案选题工作；拓展广度与深度，做好调查研究工作；重视会内与会外，做好成果转化工作等机制的保障下，今年的发言和提案工作取得了新的成绩：一是大会口头发言多。其中，张帆副主席代表会中央作了《建立文化强国战略，增强国家文化软实力》的发言，江苏省委会主委陈凌孚、山西省委会主委卫小春分别作了《立足国家民族未来，加快振兴学前教育》、《实施林木年度直补，加快实现兴林富农》的个人发言，这是民进在十一届政协四年来口头发言数量最多的一年。二是重点办理提案多。《关于发展生产性服务业，促进中小企业产业升级的提案》、《关于加强我国食品添加剂行业监管的提案》、《关于加快制定“学前教育法”的提案》、《关于加强对玉米等农作物育种的支持力度，维护国家粮食安全的提案》、《关于推进“文化走出去”战略的提案》等5件提案被列为重点办理提案，全国政协专门召开了提案办理协商会。《关于尽快提高稀土资源税税率的提案》、《关于尽快启动实施全国重点地区防沙治沙工程的提案》、《关于尽快修订“促进科技成果转化法”的提案》、《关于尽快修订“中华人民共和国土地管理法”的提案》等4件提案被列入重要提案摘报。《关于“十二五”时期深入实施知识产权战略，建设创新型国家的提案》被列为重点调研提案，国家知识产权局与全国政协提案委员会联合民进中央、中编办、工商总局、版权局、法制办、保监会组成调研组赴湖南、四川等地调研，进一步推动国家知识产权工作发展。三是民进政协委员参加记者会的次数多。会议期间，全国政协共召开了五场记者会，其中关于文化、经济和教育的三场记者会分别邀请了冯骥才、蔡继明、王康委员参加，实现了民进政协委员参加政协记者会场次上的新突破。三位同志不仅介绍了自己对相关问题的思考，还向新闻媒体和社会大众介绍了民进全会参政议政的成果，树立了民进“情系民生，参政为民”的形象，取得了良好的社会效应。

在全国政协十一届十四次常委会上，会中央提交了《关于逐步实行农产品初加工业增值税零税率，促进现代农业产业体系发展》、《积极稳妥推进城镇化，促进经济结构调整》的发言。在全国政协十一届十五次常委会上，袁祖亮同志代表会中央做了《完善体制机制，建设社会主义文化强国》的发言，提出要从全局着眼，从体制机制改革入手，逐步构建和完善文化发展战略和制度、体制保障。

全国政协今年还召开了“深化文化体制改革，繁荣发展文化事业和文化产业”的专题协商会，会中央提交了《推动社会主义文化大发展大繁荣，还需要战略的引领、制度的保障》等三份书面发言。民进中央副主席冯骥才就建设文化自觉，特别是政府执行层面的自觉，逐步提高社会文明作了口头发言。民进中央原副主席王立平就文化产业要坚持社会效益和经济效益相统一作了口头发言。

社情民意信息方面，会中央注重体现党派特色，注重加强信息收集报送的主动策划和信息的二次开发，注重建立信息的跟踪和反馈机制，今年向全国政协报送信息527期，向中央统战部报送103期，被全国政协采用69期。其中，《加强我国民族地区艾滋病防治工作》、《高度重视有机肥有毒有害物质普遍超标而造成的农产品安全问题》、《三峡水库水体富营养化及水华调控对策》、《对农作物水肥一体化实行财政补贴提高农业抗旱成效》等信息得到有关领导的批示。

三、关注重要领域和关键环节的改革发展，深入开展调查研究工作

“十二五”规划把社会建设摆在了更加重要的位置，而发展教育是以改善民生为重点的社会建设的首要任务。今年会中央在教育领域着重关注了两个方面，一是关注民办教育发展，将“完善制度环境，促进民办教育发展”作为年度重点调研课题，赴江西开展调研，并在云南、湖北和广西进行了前期调研，在浙江、河南和福建进行了补充调研，同时组织各省级组织在本省开展调研，在调研成果的基础上形成了致中共中央的建议书，建议书指出了在民办教育发展的过程中，依然存在基层政府和教育管理部门认识上有偏差，《民办教育促进法》的相关法律规定没有得到有效落实，优惠政策落实尚不到位等问题，并提出了促进政府管理部门的自身改革，开展《民办教育促进法》的执法检查，并适时启动该法的修订工作，落实和完善优惠政策，支持民办学校发展等建议。二是关注教师队伍建设，举办了以“推进教育家办学，促进教师队伍专业化发展”为主题的中国教师发展论坛，来自两岸四地的教育专家学者，结合教师队伍建设在国家教育改革发展整体布局中的重要意义，围绕教育局长专业化发展、教研员专业化发展、校长专业化发展、教师专业化发展、教师教育基地建设等五个议题，研讨教育体系专业化发展。论坛还发出了《促进教师专业发展潍坊倡议》，呼吁全社会积极行动起来，把造就成千上万的教育家作为教育发展的根本大计，把创设促进教育家成长良好的制度环境作为教育改革的重要任务，把营造有利于教育家脱颖而出的社会环境作为教育改革的自觉行动。

此外，在深入调研的基础上，会中央主要领导还对教育领域的一些重要问题进行书面进言，形成了多份提交中共中央的建议书。如，《关于国家教育事业发展“十二五”规划的建议》，提出了教育应该回应时代与社会的需求，适应我国经济发展方式转型和产业结构升级，调整人才培养战略；重视教育在支撑经济发展和科技创新中的作用；在高等教育领域倡导教育家办高校的理念等建议。《关于高校科研体制改革的建议》，阐述了对“为何改革”、“改革什么”、“如何改革”三个问题的思考。《关于加强学校安全管理工作的建议》，提出了组建学校安全督导委员会，制订学校安全工作条例，制订学校安全岗位手册等具有操作性的建议。《关于规范“双语教学”的标准解释的建议》，指出在双语教学的推进过程中，把普通话与汉语含义混淆或等同问题尤其值得关注，要尽快明确双语教学是“民族语言和普通话教学”准确含义的建议。

文化是我会的主要界别之一，近年来会中央在公共文化服务体系、文化产业政策、中华文化走向世界、文化产业格局和文化市场格局等方面，深入调查研究，积极建言献策，形成了民进参政议政的重要特色。今年，民进中央文化艺术委员会与民进江苏省委会主办了以“复兴中华文化、构建核心价值”为主题的“2011 开明江海文化论坛”，围绕继承中华传统优秀文化，如何基于面向现代化进行创新；在社会面向现代化的转型进程中，如何在文化层面实现国际性的互溶互动；在全球化语境下转型创新的同时，如何坚守中华传统文化的纯粹和品格等问题进行了探讨。民进中央文化艺术委员会还围绕文物保护工作开展了调研，为加强文物保护力度，继承中华民族优秀的历史文化遗产提出建议。

四、加强与省级组织的合作，加强参政议政平台建设，加强与国家部委的交流，集智聚力作好参政议政工作

“集智聚力”已成为做好参政议政工作的重要前提和民进全会上下的积极共识。今年，会中央更为开放的、更加制度化的、更多种方式的加强“集智聚力”工作机制和制度的建设。

与地方组织的互动出现了活跃的局面，为推动地方经济社会发展贡献了力量。会中央与相关省级组织围绕推动经济结构转型、“两型”社会建设、区域协调发展、化解社会矛盾等改革发展的重要领域和关键环节合作开展调研。面对安全生产事故和公共安全事故频发的情况，在调研的基础上向中共中央提交了《关于落实科学发展观，确立安全发展理念的建议》，建议在全党、全社会明确重申并确立“安全发展”理念；围绕敦煌水资源开发利用和生态环境保护问题开展调研，提交了《关于加快批复实施＜敦煌水资源合理利用与生态保护综合规划＞的建议》，推动了国务院批准这个规划，对于促进敦煌经济社会的长远发展将发挥积极作用；围绕环境教育立法开展调研，促成了《宁夏环境教育条例》的出台，宁夏成为全国第一个开展环境教育地方立法工作的省区，开创了我国环境教育立法的先河；面对社会转型期经济利益相互摩擦、思想观念相互碰撞所带来的社会纠纷和矛盾冲突日益凸显的情况，围绕“加强行政调解，促进社会和谐”开展调研，为从根本上推动社会矛盾的解决提供政策建议；围绕大别山革命老区和武陵山少数民族地区经济社会发展开展调研，为实现中部崛起战略，推动区域协调发展建言献策；围绕黑龙江界江植被保护和水土流失情况开展调研，形成了《尽快批复实施黑河四岛防护工程，并加快黑河境内黑龙江干流防洪工程建设》的建议；举办了“高校科研体制改革与创新研讨会”，围绕高校科技成果转化、自主创新能力建设、知识产权保护、区域合作与集成创新、高校科研评价体制等内容进行研讨。

高度重视并积极建设可以集成更多资源，为参政议政活动提供更大影响的平台，特别是会内与会外资源互补的新平台。在教育领域，会中央与北京师范大学合作建立的中国教育政策研究院提供的“加强教育创新，完善国家创新体系”、“加快推进《学前教育法》立法进程”、“建设国家桥头堡要发展高等教育”、“深化研究生教育改革，保障研究生教育质量”等研究成果转化为会中央提交全国政协十一届四次会议的党派提案。会中央与华东师范大学也建立了较为固定的合作关系，华东师范大学学前教育与特殊教育学院“关于促进我国特殊教育事业发展的建议”也转化为会中央提交全国政协十一届四次会议的党派提案。与国内一流的师范类高校的合作，不仅使他们的学术成果转化为参政议政成果，也较大地丰富了民进在教育领域建言献策的源泉和提升了参政议政成果的水平。在经济和社会建设领域，会中央与上海社科院、清华大学政治经济学研究中心合作建立的“一南一北”两个研究中心，定期交换意见和信息，召集全国有关专家座谈，使得我会在经济形势分析与对策研究、社会建设的问题和解决途径等方面有了较为稳固的“智库”。今年，他们为中共中央、国务院召开的两次党外人士经济工作座谈会上会中央主要领导的发言提供了具有参考价值的建议。

与国家政府部门及时沟通信息，在一些共同关心的领域进行广泛深入的交流与合作，是参政议政工作的重要组成部分。今年年初，严隽琪主席、罗富和常务副主席、王佐书副主席、朱永新副主席兼秘书长先后带队走访了国家教育部、科技部、文化部、农业部、国土资源部、环境保护部、新闻出版总署、林业局、国务院台湾事务办公室等部委。在互访的过程中，会中央领导向国家部委介绍我会的参政议政、社会服务工作情况，也听取和了解国家部委行政情况介绍，获得相关信息，开阔工作思路。同时还就为全国政协十一届四次会议准备的发言、提案征求国家部委的意见和建议，以进一步完善提案素材。通过走访，扩大了行政与参政两个方面的交流与沟通，增强了彼此工作的方向感和针对性，使会中央更加准确地把握参政议政工作的重点与重心，选准参政议政切入点，抓住有价值的调研课题。同时，也进一步增进了相互了解，达成了彼此在“执政为民”、“依法行政”和“立会为公”、“参政为民”等方面的共识，推动了我会参政议政工作外部环境的改善。

研究室2011年工作汇报

2011年，研究室根据民进十二届四中全会精神和《民进中央2011年工作要点》，深入贯彻严隽琪主席关于“将研究室建设成为潜心研究工作规律、服务全局工作的冷班子”的指示，围绕提高为会中央领导决策服务的有效性和针对性，在深挖自身潜力同时，加强合作交流，努力推动参政党理论研究工作、会史研究工作和年鉴编辑工作；坚持以队伍建设为基础，以工作平台为依托，以制度建设为保障，不断加强研究室的自身建设，较好地完成了全年各项工作任务。

一、建立有效机制，做好会中央在加强自身建设和履行参政党职能中的决策咨询工作

一年来，研究室全体成员密切关注世情、国情、党情和会情，全面收集关于国家大政方针、中共党建理论、多党合作理论和实践新发展的相关资料，联系会内外专家学者，探索建立议事咨询服务的实效机制，努力当好会中央领导的参谋和助手。

（一）完善编辑《决策参考》工作。为提高《决策参考》信息的适用性，研究室全体同志完善各自栏目的编辑工作，扩展材料收集渠道，加强对国际国内形势发展和有关方面的工作进展的深度挖掘，收集社会热点、重大事件官方态度和专家观点，力求将最新的参政党理论研究成果和其他民主党派实时动态反映给会中央领导。

（二）继续利用好现有资源，协调会外力量为会中央决策服务。研究室在继续服务好民进中央—上海市社科院合作中心和民进中央—清华大学政治经济研究所合作中心工作同时，与中央社院政党制度研究中心进一步加强合作，共同致力于中国特色政党制度研究工作。研究室继续加强与统战理论特邀研究员、中国统一战线理论研究会、各地方组织理论研究机构的联系，通过考察调研，参与理论研究研讨会等方式，收集和采纳参政党理论的最新成果。

（三）根据工作安排和领导要求，围绕会中央重点工作撰写有关会议文件和领导讲话。主要有：为中央全会、中常会等重大会议起草报告、讲话；起草和修改会中央领导在我会重大会议、活动时的讲话稿、致辞、贺词等；为会中央其他部门起草的领导讲话、出台的文件进行润色；起草会中央领导的署名文章；准备会中央领导出访备答材料等。

二、紧密依靠会内外研究力量，推动全会开展参政党理论研究工作

研究室按照“理论研究与实际工作互相促进”的要求，紧密依靠会内外研究力量，围绕我会的中心工作，就会员关心的重大理论问题和参政党建设及履行职能中亟待解决的现实问题，创新工作方式，积极推进理论研究工作，努力为会中央领导决策提供理论依据，为我会建设适应时代要求的高素质参政党提供理论基础。

（一）制定下发《民进2011年参政党理论研究课题》，引导推动全会的理论研究工作。年初，会中央参政党理论研究会根据我会工作重点和理论研究的实际，制定下发了民进2011年参政党理论研究课题共11个，主要涉及民主党派推进学习型参政党建设问题研究、参政党文化建设问题研究、参政党加强思想建设实效问题研究、民进组织发展面临的机遇挑战及加强人才队伍建设问题研究、民主党派提高参政议政水平问题研究、民主党派制度问题研究、民主党派提高履行民主监督职能实效问题研究等内容。课题下发后，研究室以重点课题研究为切入点，通过加强与省、市级组织理论研究机构和骨干队伍的联系，参与地方组织的参政党理论研讨会和相关工作会议，举行专题讲座等方式指导地方开展理论研究工作。截止到11月底，结合下发课题内容，共有安徽、江苏、重庆、四川、天津、广东、福建、海南、湖北、内蒙古、陕西等11个省级组织上报理论文章124篇，一些论文通过推荐给《民主》刊发、在我会宣传网站理论园地栏目编发，运用到领导讲话和工作报告等实现成果转化。完成2011年参政党理论研究工作先进单位的评比工作，山西、江苏、上海、天津、安徽、河南6个省级组织获得参政党理论研究工作先进单位称号。

（二）开展民进中央参政党理论研究会2011年度课题招标活动。今年，参政党理论研究会继续面向我会省、市级组织及其参政党理论研究机构开展课题招标活动，招标课题包括“高素质参政党问题研究”和“民进的优良传统及时代价值”两个命题课题和一个自选命题课题。我会各级组织广泛发动、积极参与，共49个课题组进行了投标，经课题评审委员会审定，最终民进江苏、上海、河南省委会课题组中标两个命题课题，民进杭州市委会课题组的“社会管理创新视角下民主党派参与公共决策研究”中标自选课题。研究室加强和课题组的联系，积极做好中期管理工作，目前各课题组正在有条不紊地开展研究，已经进入结题阶段。今年年初，参政党理论研究会还举行了2010年课题招标论证会议，对2010年结题的5个课题进行了评审。

（三）开展“建设适应时代要求的高素质参政党”理论征文活动。为深入总结我会十大以来在推进高素质参政党建设中的经验，从理论上研究探讨“适应时代要求的高素质参政党”问题，为2012年换届报告的起草作前期的理论探讨，研究室于今年下半年面向全会开展了“建设适应时代要求的高素质参政党”主题理论征文活动。同时，研究室还和社会服务部共同开展了社会服务的理论征文活动。

三、召开民进全国会史工作会议，加强会史的研究和宣传工作

研究室按照会中央关于“老账抓紧还，新账不欠”的要求，以召开民进全国会史工作会议为契机，继续做好会史的抢救、收集和编辑、出版工作，完善和丰富会史展览的内容，积极利用新的平台，展示我会自身建设，弘扬我会优良传统。

（一）召开民进全国会史工作会议。6 月 14 日—15 日，民进全国会史工作会议在江苏江阴召开。会议认真学习、讨论了严隽琪主席的讲话和王佐书副主席的工作报告，交流了近年来我会会史工作和会史研究的成果、经验，探索了会史工作及会史研究的方法和规律，还重点就“口述会史”工作和如何发挥会史教育基地的作用，展开专项讨论和经验交流。会前，研究室赴 9 个省级组织进行了实地调研，对其他省级组织进行了书面调研，了解各地开展会史工作的情况、经验、问题、意见和建议，为会议的成功举行做了充分的前期准备。

（二）在全会范围内征集民进创始人历史文物，丰富和完善会史展览内容。为进一步丰富民进会史展览内容，增强会史教育的实效性，研究室面向全会征集民进创始人重要历史文物。一年来，周建人、林汉达、雷洁琼等前辈的亲属相继向会中央捐献了文物。为了充分使用好这些文物，我们在会中央机关会史展厅增设了两个展柜展示文物，以更加生动的形式教育和引导广大会员继承和弘扬我会优良传统。截止到 11 月底，会史展厅共接待参观团队 17 批次。

（三）以图片展和出版图书等方式纪念雷老。今年 1 月雷老去世后，我们对雷老的资料进行了整理，并在此基础上认真筹备“世纪老人雷洁琼百年光辉人生爱国主义图片展”，全面搜集材料出版《雷洁琼纪念文集》，《雷洁琼画传（修订）》，并着手整理再版《雷洁琼文集》。我们以图片展和图书的形式，展现雷老一个世纪的奋斗人生，表达了全体会员对雷老的怀念和哀思。

（四）协助全国政协筹建文史馆，拓展我会宣传新平台。为了更好地借助正在筹建中的全国政协文史馆这一平台，展示我会自身建设成就、弘扬我会优良传统，我们根据“全国政协文史馆文物和文史资料征集工作”会议精神及我会开展会史文物征集的情况，制定了工作方案，积极进行了会史资料的整理工作，交送至全国政协。我们还就“人民政协光辉历程展”中涉及民进部分的内容，提出了修改意见，以使展览能够更好地体现出我会在人民政协工作中的发挥的重要作用。

（五）做好《中国民主党派（民进）》审片工作，确保真实全面反映民进面貌。《中国民主党派（民进）》文献片经过两次返回修改后，再次征求修改意见。我们协调召开了由部分“会史工作委员会”成员参加的“《中国民主党派（民进）》审片会”，根据会议的建议，整理了修改意见反馈给摄制组，同时还向摄制组提供了补充拍摄素材，以求文献片可以更为全面、准确、客观地反映我会历史。

（六）出版《叶至善》，继续完善“会史人物传略系列”。截止到目前，“会史人物传略系列”丛书已出版了 12 本。该丛书对于发挥会史资政育人，加强对民进已故会史人物的宣传，发挥了重要的作用。今年我们出版了该系列中的《叶至善》一书。全书客观真实地收集和记述了叶至善的生平和事迹，突出了人物为民进和代表民进所做出的贡献。图书出版后获得了会内外的好评。今后我们还要适时地陆续出版该系列丛书的中的其他分册。

四、《中国民主促进会年鉴》编辑工作

今年，研究室年鉴处在年鉴编委会的领导下，重点作好两项工作。一是完成了 104 万字的《中国民主促进会年鉴》（2010），并正式出版；二是编辑《中国民主促进会年鉴》（2011）。《中国民主促进会年鉴》（2011）为中国民主促进会创始人之一雷老设立专章，列于中央委员会篇之前。同时，年鉴处的同志在工作中不断总结，做到求真务实、不断提高，在整个目录编制和撰写上有较大的完善，更加有条理地、系统性地开展了《中国民主促进会年鉴》（2011）的编纂和会中央大事日志的记录工作。截至 11 月中旬，《中国民主促进会年鉴》（2011）已收集整理相关文章、讲话、各种文件约 74 万字。

五、切实加强自身建设，提高整体素质

按照“抓人头、抓笔头，出成果、出人才”的要求，研究室结合全会以机关建设作为自身建设重点工作的契机，加强制度化、规范化建设，部门负责人率先垂范，以提高自身的理论水平、写作能力为重点开展部门建设，切实加强团队建设和学习、培训工作，自觉锤炼思想作风，提高理性思考、语言表达和写作能力，不断提升政治、理论素养和综合素质。

（一）完善各岗位职能和工作要求。根据机关总体布局，今年，研究室增设了年鉴处，并进一步明确了理论处和会史处的工作职能。据此研究室修订了岗位职能，明确了各岗位的具体分工、学习任务和目标，为工作人员提供了明确的学习方向、工作目标和业务指南。

（二）加强学习，开展调研，提高工作能力。研究室以研讨工作、理论和形势学习、开展业务培训等为主要内容，定期开展工作汇报和交流，选派同志参加中央社院培训，委派同志前往中央统战部挂职锻炼，促使大家的思想政治水平、业务素质和公文写作水平、文件处理能力的不断提高。为深化对研究室职能的探索，研究室就参政党理论、会史工作、机关建设等内容赴 9 个省级组织开展调研，学习了解各地为领导决策提供服务、开展参政党理论研究和开展史料抢救和展览等工作的经验、成果等，为改进工作，提升水平奠定了良好的基础。

（三）进一步改进了工作作风。根据机关对于工作作风改进和整顿的要求，研究室举行专题座谈，全体同志对各自工作中、思想上存在的问题，进行了深刻的分析和反思，明确提出要增强岗位责任意识，强化岗位负责制和首问负责制；要增强工作协作意识，加强部门内部的团结协作。

（四）做好业务网站栏目维护工作。研究室共负责民进宣传网站会史钩沉、缅怀故人、理论园地、民进大事记四个栏目的日常维护工作，一年来共编辑上发文章 200 多篇，大事记 30 条，及时有效地宣传我会理论和会史研究成果。为充分发挥现有网站栏目的有效性和针对性，部门内部专题就多途径收集材料、维护栏目的时效性、充分发挥栏目作用等问题进行研讨。

办公厅 2011 年工作汇报

2011 年是建党 90 周年、辛亥革命 100 周年和“十二五”规划的开局之年，也是我会进一步开创工作新局面的重要之年。按照《公务员法》和会中央领导建设和谐、规范、高效、阳光机关的要求，办公厅以服务为中心，以机关后勤社会化为方向，坚持安全第一、透明公开、优质高效、厉行节约的原则，不断加大工作力度，加强制度化、规范化建设，改进工作作风，促进机关干部的成长和发展，不断提升执行力和服务工作水平，取得了明显的效果。

一、开展系列调研活动，为召开民进全国机关建设工作会议奠定基础

为积极筹备民进全国机关建设工作会议，全面、深入地了解我会各级地方组织机关建设工作，办公厅制定了民进全国机关建设工作调研方案，开展了系列调研活动。先后选派干部随同会中央领导到地方组织调研或由办公厅组成调研组分赴全国 29 个省级组织进行机关工作调研。在深入调研的基础上，调研组认真总结经验、查找问题，梳理存在的困难，提出工作思路，起草会议文件，为会议的顺利召开做好准备。

以民进全国机关建设工作会议的筹备为契机，办公厅积极为干部搭建提高写作能力的平台，创建学习型组织平台，成立了青年干部为主的写作组。写作组由办公厅领导任组长，开展了写作知识讲座，安排写作组员成员结合筹备机关建设工作会议，建立机关建设学习资料库，撰写机关建设调研报告、工作报告、领导讲话、交流材料，在工作实践中锻炼提升了干部的公文处理能力和写作能力，取得了积极的成效。

二、完善制度、规范程序，提高机关执行力

完善的规章制度，规范的工作流程，是机关执行力的保障。办公厅要求各处室认真学习制度，根据工作实际修订制度，努力规范工作程序，严肃工作纪律，不断提高工作规范化程度和服务水平。

一是组织学习、修订规章制度。办公厅组织各处认真学习制度和岗位职位说明书，并对照检查自身履行职责和规章制度执行情况，总结成功的经验和做法，查找存在的问题和不足；针对机关建设中的薄弱环节，对包括会议制度、学习制度、岗位责任制度、物品招标采购制度等在内的一系列工作制度，进行了重新制定和修订。新制定了部分机关管理规章制度，如财务报销制度，办公用品、礼品采购、出入库和领取制度，通过严格规范的管理，做到岗位责任明确、任务分工落实、工作有序推进，避免了工作的随意性、盲目性，逐步实现了管理科学化、办事公开化和工作程序化。二是认真完善工作流程。在原有制度的基础上，根据新的工作实践，不断完善工作流程和程序，成立工作组，启动对《民进中央机关管理制度汇编》、《民进中央工作手册》的修订工作，进一步促使工作制度的贯彻落实；三是严格执行各项工作纪律。办公厅严格遵守机关各项管理制度规定，力戒松散、推诿、扯皮等不良工作现象，加大执行力度，提高工作效率和质量。通过不断加强制度建设，进一步加强机关后勤工作科学化、规范化和程序化，进一步提高了办公厅的整体执行力。

三、探索创新干部培养方式，进一步加强机关干部队伍建设

机关干部是机关工作的主体，是保障机关高效运转的有生力量。为进一步适应新形势、新任务的要求，提高干部的业务能力和综合素质，构建科学、合理的干部结构，按照会中央领导的要求，办公厅积极探索创新干部培养方式，努力完善干部选拔任用评价体系，进一步加强机关干部队伍建设。

（一）突出党派机关公务员培训特色，搭建多种干部学习教育平台。继续依托北京市干部在线学习中心网络教育培训平台，鼓励引导干部自主更新知识，加大学习力度。选派机关干部参加中组部、统战部等部门组织的专项业务培训班、党性修养锻炼班和局级干部自主选学、岗前培训班。努力探索干部挂职锻炼的渠道，继续选派干部到地方挂职锻炼、到基层支教锻炼，安排相关单位选派干部到会中央机关挂职锻炼，促进干部业务交流，增长才干，增进会中央机关与地方组织、相关单位干部之间的相互学习和经验交流。

（二）规范有序做好干部招录、任用工作。根据人保部统一部署和安排，认真组织做好 2011 年公务员招考工作，切实把好“进人关”。在以往结构化面试的基础上，增加了权威部门统一命题的“无领导小组讨论”面试内容，多角度、全方位考察考生的综合情况，加大考生品德和文字能力的考察力度，确保新录用人员的质量。办公厅还依据《公务员法》及相关规定程序，组织实施了机关 2011 年干部的选拔任用工作，以及干部任职试用期满考核工作，干部梯队格局进一步优化。

（三）加强干部管理，激发干部队伍活力。根据《公务员考核规定》，会中央实行平时考核与年终考核相结合，领导评价和群众评价相结合，坚持以实绩为主的考核办法，使考核全面反映机关干部职工的政治思想素质、工作态度、工作效率、工作质量、工作作风。同时，注重用先进典型引路，制作年度考核光荣榜，对优秀公务员和先进工勤人员予以表彰。根据中纪委、中组部有关通知精神要求，组织做好处级以上领导干部个人事项的申报工作，加强学习宣传，严格遵守程序，按照管理权限做好各项工作。编辑《民进中央机关干部应知应会手册》，进一步明确机关干部行为规范、能力素质、公务礼仪等。坚持正确的用人导向，重品行、重实绩、重作风，在机关形成讲奉献、树正气、倡敬业的良好风气，激发了队伍活力，提高了工作效率。

四、以构建学习型机关、和谐机关为目标，加强机关文化建设

文化建设是机关建设的重要组成部分，办公厅注重打造并大力推动会中央机关文化品牌，切实加快学习型机关建设步伐，构建和谐机关。

（一）举办好“开明论坛”、主题读书等系列活动。2011 年，办公厅组织开展“开明论坛”系列讲座活动，协调机关群团组织力量积极参与，主讲人包括会内外专家学者、机关领导干部，形式灵活多样，内容紧扣机关中心工作和干部队伍建设，成为机关干部职工学习提高和锻炼素质的平台。以庆祝中国共产党成立 90 周年、辛亥革命 100 周年为契机，办公厅组织开展了“阅读、品味红色经典”主题读书活动，组织机关干部职工围绕活动主题，阅读红色书目（《苦难辉煌》、《辛亥年的枪声》等）。并开展读书征文活动，组织优秀获奖征文进行内网学习交流。组织机关干部学习党史和会史知识，唱响红色歌曲，协同群团组织举办“庆祝中国共产党成立 90 周年红歌会暨知识竞赛”活动。同时，加强对团支部“悦读会”读书活动的联系引导，并在机关推广“悦读会”学习成果，扩大了学习效应。

（二）积极配合机关群体组织，“四位一体”开展各项文体活动。办公厅在文化建设工作中，注重打造会中央机关的文化品牌，鼓励机关同志积极参加机关工会、党支部、团总支、民进支部等组织的文体活动、公益服务活动，并主动承担相关活动的筹备、组织协调工作，促进了文化建设成果的形成。如机关职工运动会、舞蹈兴趣小组活动、健身操教学、优秀影片欣赏等，这些具有民进特色的文化活动已成为机关文化建设的有效载体，增强了机关文化建设的实效性和机关凝聚力。

（三）加强交流研讨，营造和谐、高效工作氛围。办公厅定期召开厅务会议，并在实践中不断规范厅务会议制度，除常规的沟通业务工作外，增加了处室思想建设、作风建设，重点、难点工作研讨，经验交流等内容，提高了会议质量和效果，增强了对处室工作的指导和督促。办公厅还重视召开专题会议，协调相关处室，共同研究、推动专项工作。此外，办公厅还通过集体谈心、个体交心、相互启发、共同发展等方式，及时掌握干部思想动态和工作状况，有针对性地进行鼓励和帮助，从而引导广大干部增强服务意识和敬业精神，自觉地做好本职工作。会中央机关文化建设的加强，促使机关全体干部职工逐步形成正确的价值观导向、良好的道德风尚和积极向上的精神风貌。

五、坚持以应用为指导，积极推动机关信息化建设

信息化建设是推动电子政务建设的基础性工作，对于履行机关职能，规范办事程序，提高工作效率，更好地服务全会工作具有重要意义。

2011 年办公厅根据信息化建设要以应用为主导、为应用服务的原则，主要开展了几方面工作：一是配合组织部举办民进组织管理系统推广与使用培训班，顺利完成组织管理系统的推广培训工作，为实现组织和会员信息管理的全面、动态的掌握，提高组织管理效率打下良好基础；二是配合民进网站启动新版网站宣传页制作工作，制作多期专题网页，特别是在雷老逝世期间，搭建网上追悼平台，同时对网站专题系统、邮件系统进行维护，保障稳定运行。三是根据国务院要求，开展软件正版化检查整改工作，抓紧完成工作方案，摸清登记家底，采购和安装正版化软件。四是加强计算机设备、耗材管理工作。完成计算机设备固定资产清查，加强资源使用记录。加强资源消耗和网络系统使用监管，提高信息化工作效能。

六、立足于服务，发挥整体优势，全面提升办公厅服务工作水平

一年来，办公厅以提升服务工作质量为重点，加强学习型处室建设和业务工作研讨为主要内容，抓作风、抓纪律，强化服务意识、大局意识、合作意识，总结经验，开拓创新，努力发挥整体优势，服务工作水平和能力不断提高，为领导和各部门工作提供强了有力的后勤保障。

秘书处秉承“认真把事情做对，细致把事情做好”原则，努力体现以人为本、科学发展的精神，不断提高各项工作的质量和效率。全年共完成了中全会、常委会、主席（办公）会议、部门负责人会议等 50 余次重要会议的筹备、服务工作。较好完成了 100 余次会中央领导出席有关方面重大活动的联络与服务工作。编辑撰写各类会议纪要，民进会讯、秘书处周报、领导日程安排等资料 100 余期。此外，还完成了文件材料印制、图书报刊购买征订、信件收发、档案管理检查等工作。在完成常规性工作的同时，积极创新调整，以求工作更加规范合理、事倍功半。如建立会议请假制度、文件流转责任人制度、公章管理制度、文印加班记录在案制度、专项工作责任制，创新重要会议活动程序等。各项工作更加细致、周到、规范，质量进一步提高。

行政处把提供优质服务和保障为重要原则，努力做好物品采购、职工住房、宿舍管理和代管机关服务中心工作。办公厅集中采购工作后，行政处采购工作任务更重，按照中央有关精神和领导指示精神，切实通过集中采购、网上询价、网上采购等多途径货比三家，实现采购工作质优价廉，公开透明。努力解决职工住房遗留的房产证办理工作、机关办公大楼土地证办理、办公楼综合改造、老会所回收、公务车治理等多项工作。对采购、物品管理、集体宿舍、订票、车队等各项工作制度进行全面梳理和修订，建立了严格的工作统计制度、例会制度，保障了各项工作顺利开展。

会议处作为新增设处室，积极加强自身建设，健全处室工作职能，理顺处室职责；建立健全处室工作机制，研究处内岗位设置，明晰会议接待工作启动和运作机制，逐步理清与其他处室和部门的合作机制。将会议接待工作分为主办和协办两种类型，协调执行等不同环节的工作要求和处室权限。强化服务意识，做好一系列重要会议和活动的筹备接待工作。建立长效机制，着手会址数据库建设，努力节约会议成本，认真操办各项事宜，不断提高机关服务工作的效能。

人事处围绕机关工作重点，探索创新干部培养方式，认真做好干部学习培训、选拔任用、岗位交流、考核评比、挂职锻炼、会内干部交流等一系列干部培养工作，有力推动了机关干部队伍建设。根据《公务员法》相关配套法规和机关工作的新实践，修订完善了9项工作制度和程序。制定了领导干部任职试用期专项考核制度、新录用公务员试用期管理和安排原则。针对一系列处内常规工作，制定了工作程序流程图。按照有关部门要求，重新规范整理干部人事档案；做好会中央领导外事出访团组相关工作；与财务处配合做好第三步规范津补贴工作并做好日常工资管理工作；此外，认真做好高干医疗体检、机要文件及合同工管理等日常工作，确保各项工作细致周全、规范有序。

财务处负责中央部门经费预算、决算，机关日常财务收支、监督经济往来、分析经费运转情况，并协助领导管好、用好经费，努力做好领导的参谋和助手。完成了2011年财务决算编制工作，配合相关部门做好项目的绩效考评工作，协助编写、报送了绩效考评报告，积极开展小金库治理工作，与人事处配合做好在职和离退休职工第三步规范津补贴测算核定与调整工作，及时掌握预算执行进度，准确编制用款计划，全面编制2012年预算。财务处在做好常规工作的同时，注重加强财务管理，加强预算管理，现金管理，严格报销程序，规范各项支出活动，严格财务监督，积极堵塞漏洞。

老干部处工作坚持以人为本，认真做好周一、四的老同志接待工作，做好平时电话慰问工作，适时组织离退休同志开展春游、秋游活动，去医院、到家中走访慰问60余次，关注高龄老同志身体健康状况，对低龄退休职工思想上、生活上给予关心，努力为老同志提供个性化服务，协助解决具体问题的同时，注重对他们的精神呵护。工作中不断探索、挖掘、肯定老同志的价值所在，虚心向他们学习，积极体现出会中央对老领导、老同志的尊重和关爱，为建设和谐机关打好基础，作出自己独特的贡献。

信息技术管理处紧密联系机关信息化建设实际，认真学习，深入细致调研，进行了一系列信息化项目建设。重点实施了老旧计算机设备更新工程，网络、应用系统的升级改造，推动了先进信息化技术、系统使用，确保了机关网络畅通，实现了以信息化促进机关工作现代化。积极做好网络、电信、音响、监控，摄影、摄像以及电子档案、电子屏幕等系统的管理与维护工作，完成了信息化资产清理工作，保证了机关各类会议活动及日常运转的顺利进行。

机关服务中心努力提供完善周到、人性化服务工作。根据国家后勤社会化的改革方向，对机关食堂、票务进行了社会化改革，缩减人员和节约成本，提高了工作效率和质量。认真做好机关办公大楼的管理服务工作，积极贯彻落实国务院“节能减排”工作要求，采取有效措施，在耗能项目有所增加的情况下，实现水电气节约经费2.6万元。树立安全意识，严格执行安全制度，做好机关安全保卫巡查工作，确保无安全事故。加强车辆管理与服务，安全、高效完成了机关各项用车服务工作。食堂努力为职工提供更为营养健康的饮食。服务中心为机关履行职能工作提供了较好的后勤保障。

一年来，办公厅各项工作取得了一定成绩，这与会中央的正确领导、各部门的支持与合作以及办公厅全体工作人员的共同努力是分不开的，也与民进各级组织和广大会员的支持分不开。2012年，办公厅将围绕会中央工作部署，继续服从和服务于全会工作中心，努力做好各项工作，为会中央履行职能提供优质服务和坚强保障。

省级委员会篇

民进北京市委会2011年工作概述

一年来，在民进中央和中共北京市委的领导下，在各基层组织和广大会员的大力支持和共同努力下，坚持“有思有行、集智聚力、顺势而为、开拓创新”的工作方针，紧密结合市、区组织换届工作，扎实推进参政党自身建设，紧贴首都发展的重点、难点问题，积极建言献策，各项工作取得了新进展，较好完成了十三届九次全会提出的各项任务。

一、重要会议及活动

1. 全委会

7月17日，中国民主促进会北京市第十三届十次全委会议在北京举行。

9月29日，中国民主促进会北京市第十三届十一次全委会议在北京召开。

11月19日，中国民主促进会北京市第十三届十二次全委会议在北京召开。

2. 常委会

4月2日，中国民主促进会北京市第十三届十二次常委会议在北京召开。

6月1日，中国民主促进会北京市第十三届十三次常委会议在北京召开。

7月17日，中国民主促进会北京市第十三届十四次常委会议在北京召开。

9月29日，中国民主促进会北京市第十三届十五次常委会议在北京召开。

11月19日，中国民主促进会北京市第十三届十六次常委会议在北京召开。

3. 主委会

3月1日，中国民主促进会北京市第十三届二十八次主委会议在北京召开。

4月2日，中国民主促进会北京市第十三届二十九次主委会议在北京召开。

6月1日，中国民主促进会北京市第十三届三十次主委会议在北京召开。

7月17日，中国民主促进会北京市第十三届三十一次主委会议在北京召开

8月12日，中国民主促进会北京市第十三届三十二次主委会议在北京召开。

9月13日，中国民主促进会北京市第十三届三十三次主委会议在北京召开。

9月29日，中国民主促进会北京市第十三届三十四次主委会议在北京召开

11月19日，中国民主促进会北京市第十三届三十五次主委会议在北京召开。

12月29日，中国民主促进会北京市第十三届三十六次主委会议在北京召开。

4. 主要领导（主委）参加的活动情况

1月14日，由中共中央统战部、民进中央和民进北京市委会联合主办的雷洁琼同志追思会在北京举行。主委刘新成、常务副主委吴文彦以及民进北京市委机关全体干部参加。

1月15日，刘新成、吴文彦、胡军、庞丽娟、罗强、李焕喜、姚树坤、王报换及机关干部、会员代表一同前往八宝山革命公墓送别雷洁琼同志。

1月30日，刘新成、吴文彦、胡军、李焕喜、王报换出席中共北京市委团拜会。

2月11日，北京市政协主席王安顺一行走访民进北京市委，刘新成出席活动。

2月16日，“民进一家亲——2011年民进市委新春团拜会”在北京四中礼堂举行，刘新成出席。

3月18日，民进中央办公厅、民进北京市委会联合召开学习贯彻“两会”精神报告会。民进中央主席严隽琪、常务副主席罗富和出席会议并作重要讲话。报告会由刘新成主持。

5月27日，刘新成出席中共市委召开的市级党外人士征求意见会。

6月21日，民进庆祝中国共产党成立90周年座谈会召开，刘新成出席并发言。

6月23日，首都统一战线各界人士纪念中国共产党成立90周年座谈会召开，刘新成出席。

7月9日，首都统一战线学习胡总书记“七一”讲话座谈会召开，刘新成出席。

7月13日，2011首都文化创意产业发展论坛举办，刘新成出席。

10月9日，民进北京市委主要领导调整会议召开，刘新成出席。

11月10日，民进北京市委召开“北京精神的内涵与践行座谈会”，刘新成出席会议。

12月13日，严隽琪、罗富和带领民进中央调研组就“首都加快文化创新、建设国家文化改革创新实验区情况”来京调研，刘新成陪同考察。

二、参政议政

建言首都文化发展取得显著成效。民进北京市委会把推动首都文化大发展大繁荣、加快国家文化中心建设，作为本年度参政议政的着力点，并形成了一系列关于首都文化建设的意见和建议。严隽琪一行来京进行专题调研，就加快国家文化中心建设提出许多切实可行建议。在《中共北京市委关于制定北京市国民经济和社会发展第十二个五年规划的建议（征求意见稿）》的高层协商会议上，市委会领导适时提出了加强国家文化中心建设顶层设计的建议，受到刘淇、郭金龙同志的高度重视，市委市政府授权依托首都师范大学成立北京文化战略研究院。市委会以建言专报提出关于申办世界数字科学与艺术年会的建议，得到刘淇、郭金龙等领导批示，并被写入《中共北京市委关于制定北京市国民经济和社会发展第十二个五年规划的建议》中，申办工作正在推进之中。市委会关于北京文化建设如何发挥示范作用的建言专报，得到刘淇和鲁炜等领导批示。市委会在市政协十一届四次全会上所提交的“建设具有世界影响力文化演出聚集区”的党派提案和大会发言，产生了良好社会反响。市委会与市政协联合举办“2011首都文化创意产业发展论坛—机制与政策创新”，与市人大、首师大联合举办“推进全国文化中心建设研讨会”，并积极组织会员专家参加由市委统战部和市委宣传部联合召开的“繁荣首都文化事业党外人士座谈会”。《发挥党派界别优势打造首都文化品牌——民进北京市委持续建言首都文化建设》被中央统战部评为“民主党派、工商联、无党派人士为全面建设小康社会作贡献建言献策优秀成果”。

参政议政工作再上新台阶。市委会首倡北京市政协党派界别提案，通过与我会委员积极沟通、多方论证，组织策划了市政协历史上第一个党派界别提案《关于加快制定〈北京市终身教育促进条例〉的建议》，得到市教工委和市教委高度重视，并委托市委会就制定北京市终身教育促进条例进行专题调研。首次举办以“北京市教育咨询服务和民办教育领域的现状与发展”为主题的教育沙龙，为首都民办教育发展提供了思路与对策。召开专委会成员信息工作培训会和全国人大代表、全国政协委员“两会”信息征集会，开辟了信息工作多种渠道。共报送信息238篇，工作动态信息25篇，编报建言专报2篇，得到中共中央和北京市领导批示的信息6篇，市委会信息工作连续第二年位于全市统战系统第一。共完成调研报告20篇，其中5篇在市委统战部调研报告评选中获奖。向市政协十一届五次会议提交党派提案2件，向市委、市政府和各种会议提交的意见建议达10条以上。市委会获得民进中央2011年度“参政议政工作专项先进”。

三、社会服务

积极推进“凝心聚力”工程。市委会成立“凝心聚力”工作领导小组。与市文化局和会内专家沟通协调，推动北京申办“世界数字科学与艺术年会”。多方牵线搭桥，推动北京幸福瀚弘健康中心建设等项目落户北京。配合民进中央在毕节试验区实施“彩虹行动”，组织企业界会员联谊会成员投资近22亿，建设开明·同心大市场。组织会员捐资50万元，为金沙县筹建10个村级卫生室。利用北京民进书画院这一平台，与协庆慈善孤儿学校共同主办了“爱的翅膀——为了藏族孤儿慈善义卖会”，市委会5位书画家捐赠的字画共拍卖善款18万元，为四川甘孜藏族孤儿学校的学生提供生活学习资助。组织企业界会员向四川甘孜地区希望小学捐赠3万元修建校舍，组织会员利用《小演奏家》杂志的资源筹集50万元资金，开展“西部音乐教室援建工程”，首批为西部灾区12所学校捐建音乐教室。

深入开展支教、支农工作。根据延庆二中需求，先后组织名师40人次指导教学工作。创新工作方式，两次组织会内特级教师利用远程教学设备开办“民进名师讲堂”活动，丰台区、延庆县、贵州金沙县近700名老师同步收听收看，并实时与名师进行交流互动，支教工作取得新突破。坚持在怀柔喇叭沟门乡开展文化支农工作，组织文化界会员义务参加喇叭沟门乡举办的“放歌新怀柔夏日文化广场”专场演出，帮助其完成北京市少数民族民俗博物馆的申办工作，为弘扬满族文化贡献力量。

*发挥优势，开展两岸教育交流。*通过民进校长联谊会这一平台，组织11名校长和骨干教师赴台湾忠信学校和薇阁小学考察。继2010年市委会组织会员接待了台北立丽山学校来京参访后，促使北理工附中与丽山学校建立起良好的交流合作关系，2011年两校三度组织近100名教师和学生家长进行往来交流，增进了两岸教育界的相互了解、沟通和感情。

四、自身建设

*结合市委会实际，推进学习型参政党建设。*为庆祝中国共产党成立90周年，市委会与民进中央共同举办专题座谈会，组织开展红歌咏唱会、书画展览、理论征文和知识竞赛等系列活动，进一步增强广大会员爱国、爱党、爱民进的热情。举办学习贯彻中共十七届六中全会精神、推进全国文化中心建设主题研讨会和系列座谈会。召开践行北京精神座谈会，并制定民进北京市委会关于开展践行北京精神主题活动方案。举办和组织会员参加各类报告会15场次，多渠道搭建学习平台。

*按照民进中央“理论研究与实际工作相互促进”的要求，结合会员关心的理论问题和履行职能中的突出问题，组织开展应用性理论研究。*承担北京市统战理论研究基地重点课题“中国特色政党制度与中国社会治理研究”，并获得2011年中央统战部理论研究创新成果奖和全市统一战线理论研究和调查研究优秀成果一等奖。与民进天津市委会联合召开机关建设理论研讨会，就新形势下参政党机关建设面临的重点、难点问题进行交流、探讨。一年来，共有38篇理论研究成果报送民进中央、市政协、市委统战部等单位并被收录相关论文集，4篇理论文章在首都统战系统庆祝建党90周年有奖征文中获得一、二等奖。市委会以突出的理论研究成果获得2011年首都统战系统理论研究先进单位称号。注重弘扬和传承民进优良传统，深入总结60年会史征集、整理和出版工作经验，并在民进全国会史工作会议上作了经验交流。在全市探索开展专项工作和年度人物评选表彰活动，通过广泛组织发动、自下而上推荐和评委会评选等程序，共评选出3个新闻宣传工作先进单位、6个参政议政工作先进单位、7个信息工作先进单位、5个社会服务工作先进单位、18个组织建设先进单位和11位年度人物，将树立和践行社会主义核心价值体系活动引向深入。

*切实加强新闻宣传工作，扩大市委会的社会影响力。*先后举办市委会与新闻媒体联系会、通讯员学习交流会，编发《民进北京市委新闻宣传工作手册》以及《民进北京市委加强新闻宣传工作实施意见》，进一步加强新闻宣传工作。紧贴市委会重点工作，及时捕捉新闻亮点，与相关媒体及时沟通，确保各项活动第一时间在媒体上宣传报道。进一步完善会内“一报一刊一网络”宣传阵地，与民进中央宣传部多次交流、座谈和研讨网络管理与网络宣传工作，提高市委会在民进中央网站的上稿率。一年来，在中央和地方相关媒体共刊载宣传报道299条，其中中央级媒体167条，在全国民进省级组织中名列第二。

*圆满完成区级组织换届工作。*根据市委统战部统一部署，严格按照程序规范，及时与市、区统战部门沟通协商，充分听取基层组织和广大会员意见，经过各方4个月的共同努力，于2011年6月顺利完成区级组织换届工作。通过换届，一批年富力强、政治素质好、有一定代表性、受会员信任和认可的骨干会员进入领导班子，基层组织领导机构和班子队伍的整体素质比上届有较大提高，界别结构进一步优化；文化素质有所提高，大专学历占5%，本科学历占67%，硕士以上学历占28%；年龄结构更趋优化，领导班子平均年龄为46.5岁，比上届有所下降，初步实现了“改善结构、提高层次、增强活力”的换届目标。

*平稳有序推进市级组织换届。*2011年8月，市委会换届工作已全面启动，成立了换届领导小组和工作小组，制定并下发了换届工作相关文件。截至目前，已完成了领导班子及成员民主评议，对领导班子换届以来的工作进行了全面总结和评价。各区级组织、直属基层组织根据推荐条件、工作程序和相关要求，完成了民进北京市第十四届委员会委员人选的基层推荐和民进北京市第十一次代表大会代表的推荐选举工作。召开市委全会，增补了一位专职副主委，配齐了专职领导班子，并通过全委会

无记名投票以及主委与常委分别谈话的形式，完成了新一届领导班子人选民主推荐工作，基本完成了换届人选的推荐、协商、考察等工作，为2012年5月顺利召开代表大会做好组织准备。

强化会内民主监督力度。按照市委统战部的部署，市委会作为试点单位之一，着力探索民主党派内部监督工作。按照《监督委员会工作条例（试行）》，初步建立了监委会工作机制，重点对领导班子履行职能情况进行监督。市委会换届工作启动后，监督委员会制定并经市委全会通过了《关于严肃换届纪律的意见》，全程参与对换届工作的监督，努力营造风清气正的换届环境。

多措并举，不断提升机关服务全会水平。以民进中央开展的“创建先进机关”为抓手，深入总结市委会近年来机关建设经验，完善办文、办会、办事流程，提高工作效率和服务水平，切实加强机关自身建设，推动机关建设再上新台阶。市委会机关荣获民进全国机关建设先进单位称号，被评为北京八个民主党派中唯一的首都精神文明标兵单位。

民进上海市委会2011年工作概述

一年来，在民进中央、中共上海市委的领导下，民进上海市委会深入贯彻落实科学发展观，认真学习中共十七届六中全会精神，以推动上海经济社会发展为第一要务，为上海成功发展“后世博”经济和顺利完成“十二五”开局目标及“四个中心”建设做出了贡献，完成了年度工作任务。

一、重要会议和活动

1月6日，市委会召开十四届四十七次主委会议和主委班子民主生活会。

2月15日，市委会召开十四届四十八次主委会议。

3月18日，市委会召开十四届四十九次主委会议。

3月18日，市委会召开十四届十七次常委会议。

3月18日，市委会召开十四届九次全体（扩大）会议。

4月12日，市委会召开十四届五十次主委会议暨主委集体学习会。

5月10日，市委会召开十四届五十一次主委会议。

6月21日，市委会召开十四届五十二次主委会议。

6月21日，市委会召开十四届十八次常委会议。

7月7日，市委会召开十四届五十三次主委会议。

7月29日，市委会召开十四届五十四次主委会议。

8月2日，市委会召开十四届十次全体（扩大）会议。

8月19日，市委会召开十四届五十五次主委会议暨主委集体学习（扩大）专题报告会。

9月13日，市委会召开十四届五十六次主委会议。

9月28日，市委会召开十四届五十七次主委会议。

9月28日，市委会召开十四届十九次常委会议。

10月8日，市委会召开十四届五十八次主委会议。

11月18日，市委会召开十四届五十九次主委会议。

12月7日，市委会召开十四届六十次主委会议。

12月30日，市委会召开十四届二十次常委会议和十一次全体（扩大）会议。

1月12日，市委会举行雷洁琼同志追思会，民进上海市委会主委蔡达峰出席并讲话。

3月23日，民进中央主席严隽琪到市委会机关就机关建设工作进行调研并作讲话，蔡达峰出席并讲话。

4月28日，市委会举行2011年市决咨委“关于培育发展本市公益性社会组织的对策研究”课题开题会议，蔡达峰出席会议并讲话。

5月9日，市委会在上海交通大学举行上海民进开明画院成立揭牌仪式。严隽琪出席揭牌仪式，蔡达峰出席并讲话。

5月9日，严隽琪在上海交通大学召开座谈会，邀请来自美国、日本和德国的著名专家学者，就各国高校科研经费投入与管理等情况进行研讨，蔡达峰出席座谈会。

5月23日，"'光辉历程 同心同行'隆重庆祝中国共产党成立90周年暨'金盟杯'第二届全国部分省市民进合唱团演唱赛"在上海市建平中学举行，蔡达峰出席并致辞。

8月3日至6日，市委会与市社会主义学院联合举办第29期中青年会员学习班，蔡达峰出席并作题为《在民进组织中成长进步》专题报告。

9月1日，民进界别市政协委员召开专题调研会议，蔡达峰出席并讲话。

9月15日至16日，市委会与市社会主义学院联合举办民进市委宣传思想骨干、信息员培训班，蔡达峰出席开班典礼并作动员讲话。

9月27日，市委会与市文化广播影视管理局、市文物局在福寿园人文纪念公园联合举行许广平先生纪念碑暨海婴夫妇塑像落成仪式，蔡达峰出席并致辞。

10月12日至13日，民进华东六省一市第十三次工作研讨会在上海衡山北郊宾馆召开，蔡达峰出席并致开幕词。民进中央副秘书长兼组织部部长王建国出席并作"关于进一步加强基层组织建设"专题报告。

10月25日至26日，市委会与市社会主义学院联合举办民进区（县）委及直属组织主委班子成员学习培训班，蔡达峰出席并讲话。

10月31日下午，市委会召开特约（邀）人员座谈会，蔡达峰出席并讲话。

11月4日，市委会机关青年读书会举行"锐意进取，和谐发展"学习交流活动，蔡达峰出席并讲话。

11月4日，由市委会与普陀区政协联合举办的"苏州河文化创意论坛"在上海新发展亚太万豪酒店举行，严隽琪出席并讲话，民进中央副秘书长兼办公厅主任高友东出席论坛。

11月5日，以"同在蓝天下：关注外来进城务工人员随迁子女教育"为主题的"2011'上海民进教育论坛（第九届）"在中国浦东干部学院会议中心举行，严隽琪出席会议并讲话，蔡达峰出席会议并致辞。

11月5日上午，"民进中央—上海社科院合作中心"在上海社科院召开"2011年经济社会形势与2012年政策展望"座谈会，严隽琪主席并讲话，蔡达峰、高友东出席座谈会。

11月25日下午，市委会举办参政党自身建设理论研讨会，蔡达峰出席并讲话。

12月14日下午，市委会召开思想建设专题座谈会，蔡达峰出席并讲话。

12月27日，市委会组织新会员参观民进成立旧址，开展"重温历史、继承传统"学习教育活动，蔡达峰出席并讲话。

二、参政议政

市委会今年共承接了来自民进中央、市政协、市决咨委、中共市委统战部、市教委、市科委等12项重点课题，包括：培育发展公益性社会组织、基本教育公共服务非政府提供方式、轨道交通安全、职业教育研究、民办教育发展、国有大中型企业创新、提升本市"非义务教育"产业能级、发挥各民主党派界别在政协中的作用等。

年初，市委会向市政协十一届四次会议提交了10件提案，内容涉及经济发展和社会生活的多个方面，"关于重构社区公共服务，培育现代社会组织"的提案被市政协列为主席重点督办提案。市委会领导在"党外人士座谈会"等重要政治协商活动中，对党的建设、反腐败工作、统战工作等提出建议。在中共中央巡视组在上海主持召开的座谈会上，市委会领导就"加快推进上海国际贸易中心建设"作了发言。今年，市委会共向民进中央报送反映社情民意信息127条，向市政协和中共市委统战部报送信息455条。市委会对在反映社情民意信息工作中取得突出成绩的组织和会员进行了表彰。

市委会组织会员中的市级特约（邀）人员进行工作交流，专题研究民主监督工作。市委会召开了监督委员会工作例会，要求监督委员会加强对换届工作的程序检查。

市委会进一步加强各区（县）委的参政议政能力建设，召开了各区（县）委参政议政工作联席会议。

三、理论研究和会史

市委会把理论研究工作纳入市委会重要工作目标，定期召开理论研究课题组会议，《民进的优良传统及时代精神》、《中国民主促进会创建历史背景与创建史实的研究》等课题已结题上报，在《上海民进》等杂志结集论文。结合相关课题研究，市委会在民进成立旧址举办民进创建史研究沙龙活动。

市委会组织上海民进统战理论研究骨干撰写理论文章约76篇，有6篇论文在全国和上海市的有关评奖中获奖。

市委会对会史资料库中的现有资料进行及时抢救，组织整理完成了“一史三书”的撰写和编辑。即民进的创建史和“风云往昔”系列专辑，《风云往昔—口述民进会史》和《风云往昔—民进上海区县地方组织会史汇编》已完稿并印刷，《风云往昔—民进上海地方组织人物传》在筹划征稿中。

四、社会服务

市委会以“智力帮扶”为主线，积极开展各项社会服务活动。市委会今年共举办4期西部教师培训班，来自西部地区的108位校长和一线教师参加了培训；组织讲师团赴贵州毕节地区金沙县，配合金沙县教育局开展暑期教师培训，近400名教师受益；与市慈善基金会“人文关怀阳光基金”、市作家协会和上海世纪出版集团，联合向西部贫困地区近40所中小学及部分上海农民工子弟学校师生捐赠价值21万元的新版《辞海》；协调民进企业家“启华助学金”2011年度的捐助工作；资助退役患病运动员生活费等。

市委会今年进一步加强上海民进企业家联谊会工作制度化建设，制定了《上海民进企业家联谊会联系人制度》、《上海民进企业家联谊会考核办法》、《上海民进企业家联谊会会费缴纳使用办法》等；组织上海民进企业家联谊会部分会员赴海南、浙江参加全国和江浙沪民进企业家联谊会联席会议；协调会员所在企业投资建设贵州铜仁地区、黔西南地区环保项目和节能减排工程等相关事宜；关注、协调会员所在企业参与新疆能源、电子信息以及医药等领域的投资和建设。

五、自身建设

（一）思想建设

市委会举办以基层组织主委为主要出席对象的时势政治报告会，该报告会每季度一次，全年四次，主讲者是来自高校、科研机构的专家学者。

市委会主委班子认真制订学习计划，集体研究决定学习教育活动的方案，加强对学习教育活动的领导。市委会全年组织各类学习会、专题报告会和研讨会20次，举办学习培训班8次。市委会组织会员参加民进中央开展的“十二五”规划有奖征答活动，近3400人次参加了有奖征答活动，并获优秀组织奖。

市委会制定了“树立和践行社会主义核心价值体系、推进学习型参政党建设”三年实施规划，深入20个区（县）委及直属组织开展专题调研，调研报告受到中共市委统战部领导批示，并转发至各民主党派市委。市委会制定了民进区（县）委及直属组织主委班子成员学习培训计划和培训大纲，举办了第一期第一批培训，组织了“树立和践行社会主义核心价值体系活动——‘双岗建功’先进典型事迹”报告会，编印了《在正道上行——上海民进基层支部树立和践行社会主义核心价值体系活动案例选》。

市委会充实了“民进成立旧址”会史教育基地的内容，成立了“民进成立旧址”讲解员志愿者队伍；开展“重温历史、同心同德、同心同向、同心同行——参观中共党史、民进会史教育基地”活动；组织会员参加市社院、市统战理论研究会组织的纪念建党90周年征文活动，并获优秀组织奖。

市委会努力改进《民进申城月报》、《上海民进》栏目策划和组稿质量，完成了上海民进网站改版并挂靠东方网。市委会制定了《新闻宣传报道暂行规定》，建立了新闻特约撰稿人队伍，举办了宣传思想骨干培训，开展了新闻宣传工作先进单位和优秀稿件评选表彰活动；全年共在会外媒体刊发稿件553篇，其中中央级媒体刊发稿件121篇，市级媒体刊发稿件432篇。全年共编发网站宣传报道稿件715条；向中共市委统战部网站报送并被刊用的上海民进信息共617条。市委会荣获民进中央颁发的“2011年民进省级组织会刊（报）工作”先进单位称号。

（二）组织建设

市委会目前共有区（县）组织17个（下属支部260个），直属委员会13个（下属支部67个），直属支部29个。截至12月31日，上海民进共有会员8836名，平均年龄52.8岁，具有中高级职称的会员占94.2%，女会员占65.2%。今年共发展会员213人，平均年龄37.9岁，正高职称4人，副高职称62人，高中级职称占86.9%。市委会于10月底完成全市16个区（县）委员会、13个直属委员会和27个直属支部的换届。其中黄浦和卢湾合并成新的黄浦区委员会，世纪与文艺合并成新的世纪出版集团委员会。新一届上海民进区（县）委领导班子成员共201名，平均年龄47.7岁，本科以上学历占89.7%，女性占46.4%；直属委员会及直属支部领导班子成员219名，平均年龄49.7岁，本科以上学历占78.6%，女性占37.4%。

市委会注重提高干部队伍的整体素质，举办了第29期中青年会员学习班、区（县）委及直属组织主委班子成员学习培训班；为加强基层组织建设，举办了三次基层支部主委片会；以课题和社会服务为抓手，促进中青年联谊会的建设与发展，参加京津沪赣冀中青年会员论坛；注重新会员教育培训的针对性和体系性，建立新会员赴“民进成立旧址”开展集体组织生活机制；开展先进支部创建和会务积极分子评选和表彰工作。

（三）机关建设

市委会开展了部分机关干部的轮岗，制定了《机关部门负责人助理聘任管理办法》，聘任了参政议政部部长助理，分别安排青年干部前往民进重庆市委机关和静安区石门二路街道进行挂职锻炼。市委会主委参加机关青年读书会举办的学习座谈会，勉励青年干部积极上进。今年机关招录了2名公务员并派往市政府机关实习。机关国有资产管理工作获市级优秀单位称号。

今年3月，严隽琪到市委会机关就机关建设工作进行调研，对市委会机关建设给予高度评价。市委会机关建设的经验在“民进全国机关建设工作会议”上作了交流发言。市委会机关荣获“民进全国先进机关建设单位”称号。

民进天津市委员会2011年工作概述

2011年，民进天津市委会认真贯彻落实民进中央和中共天津市委各项重大决策部署，以树立和践行社会主义核心价值体系为重点，围绕区和市直属组织换届，着力推进自身建设；围绕“十二五”规划的全面实施，促进经济方式转变与保障改善民生，推动文化大发展大繁荣，积极发挥应有作用，各项工作迈上了新台阶。

一、重要会议及活动

1．全委会和常委会

1月26日，民进天津市第十届委员会常务委员会第十一次会议在市政协俱乐部召开。民进天津市委会主委张俊芳，副主委何志敏、袁希钢、邱立成、罗小明、孙惠玲、李敏龙、黄田和常委23人出席会议。会议由张俊芳主持。

同日，民进天津市第十届委员会第五次全体会议在市政协俱乐部召开。张俊芳、何志敏、袁希钢、邱立成、罗小明、孙惠玲、李敏龙、黄田和委员共50余人出席会议。会议由何志敏主持。

7月23日，民进天津市十届十二次常委会议在市政协俱乐部召开。张俊芳、何志敏、袁希钢、罗小明、孙惠玲、李敏龙、黄田、刘福林和常委共15人出席会议。会议由何志敏主持。

2．主要领导（主委）活动情况

1月15日至18日，政协天津市第十二届四次会议在天津礼堂隆重召开。张俊芳、原主委余国琮等应邀出席开幕式。任市政协常委的、李敏龙、黄田、刘福林出席会议。任全国政协委员的袁希钢、邱立成、孙惠玲列席会议。

1月16日至20日，人大天津市第十五届四次会议在天津礼堂隆重召开。张俊芳出席开幕式和闭幕式，罗小明等7位民进会员作为市人大代表出席会议。

2月9日，中共天津市委副书记何立峰，市政协副主席、中共天津市委统战部部长刘长喜，中共天津市委统战部常务副部长刘剑英、副部长潘万青，中共天津市委办公厅副主任柴慈明等一行来到民进市委进行春节慰问。张俊芳、何志敏、袁希钢、罗小明、孙惠玲、李敏龙、黄田在民进天津市委会机关迎接。

2月23日，民进天津市委会在市政协俱乐部举办新春联谊会。张俊芳、何志敏、孙惠玲、李敏龙、刘福林出席联谊会。会议由何志敏副主持。中共市、区统战部，民进市直属组织所属单位统战部、市社会主义学院的领导同志应邀出席。

3月3日至12日，民进中央副主席冯骥才，民进天津市委会主委张俊芳，副主委袁希钢、邱立成、孙惠玲出席全国政协十一届四次会议。

3月5日至13日，何志敏出席全国人大十届四次会议。

4月19日，民进天津市委会在市政协俱乐部为老领导范玉娟、马钟麟召开退休座谈会。张俊芳、何志敏、袁希钢、邱立成、罗小明、孙惠玲、李敏龙、刘福林出席。张俊芳主持座谈会。

5月19日，中共天津市委召开座谈会，就《中共天津市委关于认真学习贯彻胡锦涛总书记在津考察重要讲话精神，全面落实“四个注重”工作要求的实施意见》，听取各民主党派、工商联、有关人民团体和无党派人士的意见和建议。市委书记张高丽主持并讲话。李敏龙受张俊芳的委托出席会议并代表民进市委发言。

6月20日，民进滨海新区工作委员会召开第一次会员代表大会。张俊芳、李敏龙出席会议。

6月21日，民进天津市委会在市政协俱乐部召开纪念中国共产党成立90周年座谈会。张俊芳、袁希钢、罗小明、孙惠玲、李敏龙、刘福林，中共天津市委统战部党派处处长房靖彪出席会议。李敏龙主持会议。张俊芳讲话。

6月22日，民进天津市委会机关召开部门年中工作总结交流会。张俊芳、何志敏出席交流会并对机关工作提出要求。李敏龙主持会议。

6月23日，天津市在音乐厅举办统一战线各界人士庆祝中国共产党成立90周年文艺演出。张俊芳、李敏龙等观看演出。

7月10日至15日，中共市委统战部在北戴河举办民主党派学习胡锦涛总书记“七一”讲话暨加强自身建设研讨班，何志敏、袁希钢、孙惠玲、李敏龙参加学习。李敏龙受张俊芳委托代表民进天津市委会在研讨班上作大会发言。

8月20日至21日，民进天津市委会在蓟县召开参政议政工作中期推动会。张俊芳、民进中央参政议政部部长闻连利出席会议并讲话。何志敏、袁希钢、罗小明、孙惠玲、李敏龙出席会议。

8月30日，民进天津市委会在市政协礼堂召开市委会领导班子与新一届区级组织主委座谈会。张俊芳出席会议并讲话，邱立成、孙惠玲、李敏龙、黄田、刘福林出席会议。李敏龙主持会议。

10月19日，市政协召开重点提案推动落实协商会议，就民进天津市委会提出的《关于进一步加强我市农村义务教育阶段教师队伍建设的建议》进行落实。张俊芳、市政协副主席曹小红出席并讲话。孙惠玲出席协商会。

10月31日，全国政协副主席、民进中央常务副主席罗富和到民进天津市委会机关就加强党派机关建设进行调研。张俊芳、何志敏、邱立成、孙惠玲、李敏龙出席调研座谈会。

何志敏、李敏龙陪同罗富和视察天津市知识产权局。

11月18日，民进天津市委会原主委、天津大学化工学院教授余国琮执教65周年暨90华诞庆祝会在天宇大酒店隆重举行。张俊芳，天津大学校长李家俊，中国科学院副院长李静海，市科协主席王静康等到会祝贺并致辞。李敏龙宣读民进中央贺信。何志敏发言。袁希钢主持庆祝会。

12月6日至9日，民进中央十二届五中全会召开。张俊芳、何志敏、袁希钢、邱立成等出席全会，李敏龙列席会议。

12月9日，中共天津市委统战部在天津大礼堂召开天津市民主党派参政议政工作座谈会。中共市委常委、统战部部长刘长喜出席并讲话。张俊芳、罗小明、孙惠玲出席会议。罗小明代表民进天津市委会发言。

12月22日，中共市委书记张高丽主持召开协商会，向我市各民主党派征求对中共市委2012年工作要点稿的意见。张俊芳出席会议并代表民进市委发言。李敏龙出席会议。

12月26日，民进天津市委会在市政协俱乐部召开市委会领导班子与新一届市直属组织主委座谈会。张俊芳出席会议并讲话。袁希钢、邱立成、罗小明、孙惠玲出席。李敏龙主持会议。

1月12日至12月17日，民进天津市十届二十六次至三十三主委会议召开。张俊芳参加并主持历次会议。

二、参政议政

*高层协商和提案务实高效。*在市政协十二届四次会议上，提交团体提案22件。其中被会中央确定为调研子课题提案2件；被确定为2011年市政府重点督办提案1件；被确定为市政协领导促办提案1件；被市政府列为A类提案5件；市委研究室《调研工作通讯》刊载提案1件。何志敏撰写的《关于尽快修订“促进科技成果转化法”的建议》，成为2011年全国政协十一届四次会议《重要提案摘报》提案，并被评为民进中央2011年度参政议政成果一等奖。

*专题调研成果突出。*市委会从专委会提出的41件立项课题中确定25件，并遴选出申报会中央课题4件，申报市重点调研课题9件，其中被确定为市重点调研课题3件。市委会与民进安徽省委会联合开展我国粮食安全问题的调研，提出意见建议。深入宁河县，围绕“特级教师周末下乡支教活动”开展调研，推动农村教育教学均衡发展。一年来，完成调研课题30件，形成调研报告31件。其中已上报会中央10件；向市政协常委会报送课题发言3件，其中在常委会上发言1件。得到市领导批示12件。另有调研报告10余件被《人民政协报》和《天津政协》刊发。由沙红和王德荣领衔的调研报告分获市政协2010年专题调研成果二等奖、三等奖。参政议政工作获得了民进中央省级组织先进单位称号。

*机制建设规范、信息工作整体提升。*向立项课题所涉及的各专委会及区和市直属组织发送统一制式的“专题调研课题立项通知书”，明确课题各项内容，确保课题管理更加有据可依。健全“四级甄选”机制，保证立项质量。强化中期推动会机制作用，效果明显。狠抓调研协调服务，领导班子成员亲自协调市政府有关部门，为课题组调研创造了有利条件。全年采集信息108篇，有的被全国政协、民进中央、《人民日报内参》、《人民日报情况汇编》和市政协采用。信息报送的数量和质量有了大幅提高。

三、社会服务

*“彩虹行动”不断深化。*举办支援贵州“彩虹行动”研讨会，为支援贵州“彩虹行动”出谋划策。各区级组织选拔本区优质学校与金沙县岩孔镇相关学校建立“1+1”的结对帮扶；调动和发挥企业家积极性，做好对口支援工作，达到做一个保一个的效果。同时，滨海新区委员会成立了企业家联谊会，积极开展对金沙县岩孔镇的帮扶活动，捐助14余万元，用于岩孔镇中学建设和资助贫困生，帮扶活动取得了阶段性成果。

*“特级教师周末下乡支教行动”积极推进。*启动下乡支教活动仪式，发挥民进教育界别的资源优势，通过有针对性的学科培训，课堂观摩、交流研讨等形式，增强农村小学教师的综合能力。一年来，我会多批次、多学科组织会内特级教师开展帮扶和教研，先后培训宁河县“265”教育工程小学教师1000余人，受到了广大教师的热烈欢迎。

*社会服务工作稳步发展。*召开经济界会员“调结构、增活力、上水平”座谈会，积极为企业排忧解难。六一国际儿童节前夕，市委会到会员所在的汉沽求实幼儿园、民进大港世纪华夏幼教集团慰问少年儿童，向广大幼教工作者表示敬意。与武警天津总队二支队三中队建立共建联系，开展“法律进军营”、“文化下部队”和教唱红歌等活动，为广大官兵做好服务。认真做好港澳台侨联谊工作，发挥民主党派信息直通车作用，为港澳台商在天津投资兴业服务。社会服务工作获得了民进中央“民主党派社会服务”理论征文活动优秀组织奖。

四、自身建设

*思想建设。*市委会以纪念建党90周年为契机，组织会员深入学习胡锦涛同志“七一”重要讲话和中共十七届五中、六中全会精神，召开纪念建党90周年座谈会，举办名家书画展，与河东区委会联合开展诗歌征文活动。积极开展会中央部署的“双岗建功”活动，召开“双岗建功”先进事迹宣讲会。举办学习“十二五规划纲要”有奖征答。召开新闻宣传表彰会，办好《民进之声》报，建成天津民进网站。理论研究和会史工作深入细致。与滨海新区委员会联合举办津京两地“学习型参

政党机关建设理论研讨会”、参加理论招标、走访有关区级组织、开展理论核心小组活动，做强理论研究。雷洁琼同志逝世后，市委会领导参加雷老追思会，撰写了纪念文章，学习缅怀雷老不平凡的人生足迹。2011 年，理论研究课题在市社院再次中标，在全国及省市部分报刊网站发表理论文章 20 余篇，市委会第三次获得民进中央省级组织理论研究工作先进单位称号。

组织建设。我市 10 个区级组织及 9 个市直属组织圆满完成了换届。换届后，及时召开新一届区级组织和市直属组织领导人座谈会，开展了区和市直属组织委员专题培训。启动市委会 2012 年换届工作。领导班子建设进一步得到加强。召开区级组织、基层组织领导班子座谈会，与市区统战部门联谊会。建立和完善领导班子届中述职和民主评议机制，切实加强了领导班子正规化建设。后备干部队伍建设成绩显著。认真贯彻会中央组织工作会议精神，为我会完成换届和履行职能做好人才储备。参加京津沪赣冀五省市“重温历史 同心同行”主题联合活动，对年轻会员提出要求和希望。民进天津大学委员会获得了全国“各民主党派工商联无党派人士为全面建设小康社会作贡献先进集体”称号。会内民主监督措施有力。坚持积极稳妥、循序渐进的方式，探讨建立会内监督工作的长效机制。建立民进天津市监督委员会筹备工作组，稳妥推进民主监督工作。一年来，发展新会员 125 人，其中博士生 5 人，硕士生 10 人，具有中高级职称 95 人，组织工作呈现出了良好的发展态势。

机关建设。市委会机关积极响应会中央工作号召，落实机关“岗位创佳绩、和谐促发展”的主题及“抓作风，增能力，上水平”一系列工作要求，建设“风正心齐，干事创业”的坚强团队。召开年中机关工作总结会，领导班子成员与机关干部职工谈心。各区和市直属组织机关也开展了丰富多彩的活动。以“创建先进机关”为契机，召开“学习胡锦涛总书记来津视察工作重要讲话精神动员会”、“调结构、增活力、上水平”动员会，组织读书征文活动，扩大机关干部职工的专业知识储备，提高思想素质。加强作风建设，逐步完善机关各项制度，通过建立周一中层干部例会、完善 14 项文件、选派干部挂职锻炼等制度措施，提升了机关各项工作水平。机关档案工作被评为天津市档案管理二级达标单位。市委会机关获得了民进中央全国机关建设先进单位称号。

民进重庆市委会 2011 年工作概述

2011 年是中国共产党建党 90 周年，实施“十二五”规划的开局之年，在民进中央和中共重庆市委领导下，民进重庆市委会以政治交接为主线，以自身建设和参政议政为重点，聚力参与同心工程和助推发展、帮扶民生等行动，积极为我市经济繁荣、社会和谐贡献力量。市委会荣获民进中央 3 项先进单位、2 项活动组织表彰。

一、重要会议及活动

1 月 8 日至 12 日，市政协原副主席、民时重庆原主委陈景秋，民时重庆市委会主委陈贵云出席重庆市政协三届四次会议，陈贵云当选为政协重庆市第三届委员会副主席。

1 月 16 日，民进重庆市委会副主委张克敏到武隆县参加市级民主党派机关“助推民生 · 爱心帮扶”行动座谈会，并为赵家乡送去了 2 万元“人饮工程”建设费。

1 月 19 日，陈贵云出席在机关召开的离退休老领导迎春座谈会并讲话，会议由民进重庆市委会副主委喻体金主持。

1 月 22 日，在机关召开 2011 年工作研讨会暨专职干部培训会，陈贵云出席会议并讲话，会议由张克敏主持。

1 月 26 日，在机关召开三届三十二次主委会陈贵云、张克敏、张洪、喻体金、甘红、刘占芳和秘书长邓昌金参会。会议由张克敏主持。

2 月 16 日，在机关召开区县、高校统战部长座谈会。陈贵云出席会议并讲话，张克敏主持会议。

2 月 24 日，陈贵云参加重庆市党外人士“传达学习胡锦涛同志在党外人士迎春座谈会上的讲话”座谈会并发言。

2月24日，在机关开展第一次“主委接待日”活动。陈贵云同来自各区县和基层组织的11位会员进行了亲切交谈。

3月7日，在机关召开重庆志民进市委卷（1957—2010）编撰工作会。张克敏出席会议并讲话，会议由邓昌金主持。

3月8日，张克敏一行赴贵州省金沙县官田乡考察调研，为启动“彩虹行动”做准备。

3月16日，民进中央社会服务部副部长刘文胜一行3人，到永川区考察调研，陈贵云、喻体金、邓昌金陪同调研。

3月21日至4月20日，机关改建陈贵云的办公室。

3月24日，邓昌金在永川主持举行树立和践行社会主义核心价值体系推进会。

3月28日至29日，统一战线“重温历史，同心同行”主题教育活动在渝举行。全国政协副主席、民进中央常务副主席罗富和，民进中央副主席兼秘书长朱永新参加活动。29日，陈贵云陪同罗富和、朱永新到市园博园植树；罗富和、朱永新出席特园开馆仪式，陈贵云出席仪式，并送花瓶一只。

4月7日，在机关召开参政议政工作会。陈贵云出席会议并讲话，陈贵云、张洪传达了全国“两会”精神，张克敏作了2010年参政议政工作报告，会议由邓昌金主持。

4月13日，在机关召开民进重庆市委会老会员“重温历史·同心同行”茶话会。

4月14日，中共重庆市委批准张克敏任民进重庆市委专职副主委（渝委［2011］152号文）。

4月19日，在大渡口召开文化出版工作委员会工作会。

4月19日至20日，民进中央研究室副主任左延珠一行来渝调研会史和机关建设工作。陈贵云、张克敏参加了有关活动。

4月26日，在机关召开创先争优工作交流暨2010年度先进表彰会。张克敏出席会议并讲话，邓昌金主持会议。

5月4日，在机关召开理论课题调研成果交流暨工作部署会。陈贵云出席会议并讲话，会议由邓昌金主持。会议表彰了一批优秀理论研究成果，部署了2011年理论研究工作。

5月9日，陈贵云率课题组赴市教委就“完善制度环境 促进民办教育发展”（会中央课题）进行专题调研。张克敏主持座谈会。

5月12日，陈贵云在机关接待了武隆县赵家乡有关领导，就助推赵家乡农户万元增收工程建设进行座谈。张克敏、邓昌金参加了座谈。

5月12日，在机关召开三届三十三次主委会。陈贵云主持会议，张克敏、张洪、喻体金、刘占芳、邓昌金出席会议，机关处级以上干部列席会议。

5月31日、6月1日、6月2日，市委会分别在机关和永川召开“身边的榜样”会员先进事迹报告会。陈贵云出席首场报告会并讲话，来自我市各级组织的会员代表共近500余人参加报告会。

6月14日，在机关召开重庆民进企业家联谊会筹备会。甘红主持会议并讲话。

6月17日上午，在机关会议室召开重点课题“重庆市城乡教育一体化发展研究”开题会。张克敏出席会议并讲话，邓昌金主持会议。

6月24日，在机关召开三届十五次常委会。会议由陈贵云主持。

6月24日上午，在机关召开纪念中国共产党成立90周年座谈会。陈贵云出席会议并讲话，张克敏主持会议，喻体金、甘红、刘占芳，市委会老领导许大福出席座谈会。

6月25日，到武隆县赵家乡开展送文化下乡活动。

7月1日，陈贵云、张克敏参加“重庆市党外人士学习胡锦涛同志在中共中央建党90周年七一座谈会上重要讲话座谈会”。

7月7日，民进重庆市委会对口帮扶贵州省金沙县官田乡“同心·彩虹行动”启动仪式在官田乡举行。陈贵云出席启动仪式并讲话。

7月8日至11日，在机关举行2011年暑期新会员、干部培训会。全国人大常委、民进中央副主席王佐书应邀来渝作树立和践行社会主义核心价值体系专题讲座。

7月9日，重庆民进企业家联谊会在大礼堂酒店举行成立大会。王佐书出席会议并讲话，民进中央社会服务部副部长刘文胜，民进重庆市委会主副委、秘书长出席会议。

7月14日，邓昌金赴甘肃省临夏州挂职担任副州长，时间一年。

7月26日，张克敏前往市社院看望我会参加“重庆市党外代表人士实践锻炼岗前培训班”的6位会员。

8月5日上午，副主委、企业家联谊会会长甘红在聚金集团会议室主持召开重庆民进企业家联谊会工作会，执行会长宋春梅，秘书长、副秘书长参加会议。

8月9日，副主委、企业家联谊会会长甘红带队考察武隆县赵家乡黑山羊种羊养殖项目。

8月15日，副主委、企业家联谊会会长甘红在重庆天宇大酒店主持召开重庆民进企业家联谊会一届一次会长会。张克敏出席会议并讲话。

8月18日，在仙女山假日酒店召开三届三十四次主委会。陈贵云、张克敏、喻体金、刘占芳参加会议。

8月19日至27日，各区县组织相继完成换届，十二个区县新一届委员会顺利产生，谭小兵、陈忠荣、谢平、莫裕全、程新跃、刘林（女）、黄硕、袁金英（女）、霍家勤（女）、钟代华、李志、石世清分别全票当选为民进重庆市渝中区、沙坪坝区、江北区、南岸区、九龙坡区、万盛区、巴南区、大渡口区、长寿区、永川市、大足县、荣昌县委员会主任委员（渝北区工委和北碚区工委没有换届）。

9月3日至5日，民进中央副秘书长、办公厅主任高友东一行3人来渝调研机关建设。

9月7日，机关干部余素珍正式调离机关。

9月9日，张克敏一行奔赴武隆县赵家乡中心校，开展教师节中秋节慰问活动，为全体师生送去总价值近10万元的节日礼品。

9月9日下午，在机关召开庆祝2011年“教师节、中秋节、重阳节”座谈会。陈贵云出席会议并讲话，张克敏主持会议。

9月，组织机关工勤人员招聘考试，经公共笔试、专业笔试和面试，综合成绩汤建峰第一。

10月26日，在武隆县赵家乡举行“重庆民进企业家联谊会助推武隆赵家乡农户万元增收工程捐赠仪式”。副主委、重庆民进企业家联谊会会长甘红，重庆聚金实业有限公司董事长、重庆民进企业家联谊会执行会长宋春梅出席捐赠仪式。活动现场捐赠10万元，作为赵家乡种羊养殖基金，并签订《山羊养殖项目投资管理协议》。

11月1日，市委会在机关召开重庆开明画院筹备会。原政协副主席、原主委窦瑞华主持会议。

11月4日，市委会在渝北区犀牛宾馆召开区县组织干部培训会。陈贵云出席会议并讲话，张克敏主持会议，喻体金出席会议，重庆民进14个区县委会、工委会新一届班子成员及专干50余人参加了培训会。各区县委会、工委会主委或副主委在培训会上作了发言，交流了今后五年的工作思路。

11月4日，在渝北区犀牛宾馆召开民进重庆市三届十六次常委会。陈贵云主持会议，张克敏、喻体金、甘红、刘占芳出席会议。区县组织不是常委的主委，市委会机关处室负责人列席了会议。

11月16日，在机关会议室召开参政议政成果交流会。张克敏出席会议并讲话。

11月18日，民进中央与重庆市政府在渝州宾馆举行合作协议签订仪式。王佐书出席仪式，并代表民进中央与重庆市政府签订了合作协议。签字仪式后，王佐书会见了永川区有关方面领导。

11月19日上午，第八届中国（重庆）国际园林博览会开幕。全国人大常委会副委员长、民进中央主席严隽琪应邀出席开幕式，王佐书，陈贵云出席开幕式。在渝期间，严隽琪向特园赠送了中国民主促进会的部分历史档案。

11月22日，张克敏正式调入机关。

11月25日，召开文化出版与经济专委会专题研讨会。张克敏、喻体金出席。

12月2日，陈贵云主持召开三届十七次常委（扩大）会议，民主推荐民进市委主委、副主委人选。

12月9日，在民进中央举行的民进省级组织负责人会议上，民进重庆市委获得新闻宣传工作、信息工作两项先进单位，民进中央学习“十二五”规划纲要有奖征答活动和民进“民主党派社会服务”理论征文活动优秀组织表彰。

12月10日，在民进中央召开的全国机关建设工作会上，民进重庆市委机关荣获民进全国机关建设先进单位称号。

12月23日上午，陈贵云主持召开三届十八次常委会，会议审议了三届九次全委会有关事项。

12 月 23 日，在机关召开三届九次全委会。会议学习了中共十七届六中全会、中共重庆市委三届十次全委会精神；传达了民进中央十二届五中全会精神；审议了民进重庆市第三届常务委员会作的工作报告；审议关于召开民进重庆市第四次代表大会的决定；听取民进重庆市委会第一届监督委员会作的 2011 年度工作报告；三届委员会领导班子和领导班子成员进行了述职并接受民主测评等。陈贵云代表民进重庆市第三届常委会作工作报告。市委会主副委、老领导出席会议。

二、参政议政

建言献策。市委会领导参加双月座谈会、情况通报会、征求意见会和专题协商会近 20 次。在市政协三届四次会议上，市委会提交集体提案 16 件，立案率 100%，其中 3 件被列为市领导重点督办提案，1 件被列为市领导跟踪督办提案，由马正其、翁杰明等市领导牵头督办；市委会关于两江新区社会事业的政协大会发言获得一致好评，得到张轩、马正其等市领导批示；关于打造国家中心城市的书面发言材料也得到市领导马正其批示。2011 年我会人大代表和政协委员在市“两会”上提交建议、议案、提案 113 件，在全国“两会”上提交建议、议案、提案 22 件。

调查研究。一是积极配合民进中央开展“促进文化大发展大繁荣”、“改善民办教育发展环境”等课题调研。二是认真完成“党委出题 党派调研”课题任务。完成“推进城乡教育一体化发展”课题调研。三是围绕党政中心工作和社会关注的热点难点选题立项，组织区县和专委会完成参政议政立项课题 19 个，参与市政协调研课题 4 个；其中，“非物质文化遗产数字化保护”等 6 项成果被民进中央采用，“农业生产劳动力调查”等 3 项成果被推荐在市政协专题协商会上作汇报发言；关于“保护西南地区地下水环境”的调研材料被民进中央评为年度参政议政优秀成果。

社情民意信息。全年共报送社情民意信息 543 条，其中全国政协采用 10 条，民进中央采用 42 条，市政协采用 120 条，市级部门回复 8 条；《落实好“一房一价”规定》等 7 条信息得到何事忠、凌月明等市领导批示。市委会获得市政协反映社情民意信息工作一等奖，被民进中央评为社情民意信息工作先进单位。

三、社会服务

积极参与“彩虹行动”，启动了对口帮扶贵州金沙县官田乡的“同心·彩虹行动”。经过协调，民进中央与重庆市政府于今年 11 月正式签订合作协议。积极参与民进中央“民主党派社会服务”理论征文活动，获得优秀组织奖。

开展“扶贫助学爱心捐献”活动，建立了专项爱心帮扶基金 59.9 万元。成立了重庆民进企业家联谊会，为我市经济界会员搭建起交流、发展、服务的新平台。继续开展“进盛合作”，向进盛教育基金注资、捐赠图书和办公用品、表彰优秀教师、帮扶贫困学生。继续开展“倡导经典诵读 建设书香校园”活动，打造富有民进特色的社会服务品牌。民进永川区委会自 2005 年以来坚持开展“倡导经典诵读 建设书香校园”公益活动 400 多场（次），今年被评选为全国“各民主党派、工商联和无党派人士为全面建设小康社会作贡献”社会服务优秀成果。

开展“情系武隆”助推民生爱心帮扶行动，在市扶贫办为武隆县赵家乡争取乡村旅游扶贫项目，先后协调资金 192 万元；在市农委协调资金 30 万元用于当地农业服务公共体系建设；从市委会办公经费中挤出 2 万元用于当地修建水窖，解决群众吃水难问题；重庆民进企业家联谊会积极帮扶当地农户发展种养殖业，首期投入资金 10 万元用于黑山羊饲养等项目，带动相关投入近百万元，极大推进了当地万元增收工程。

四、自身建设

（一）思想建设

围绕重大主题开展思想教育活动。市委会结合纪念中国共产党成立 90 周年、辛亥革命 100 周年等重要活动，围绕学习贯彻“同心思想”、树立和践行社会主义核心价值体系等重大主题，坚持理论、典型、传统“三种教育”一起抓，开展了一系列形式多样、内容丰富的主题教育活动。

加强会史和理论研究工作。认真抓好《重庆志·民进重庆市委卷》的编撰工作，同步开展“口述会史”活动。完成理论研究立项课题 10 个，召开统战理论研讨会暨成果交流会，积极向民进中

央和市委统战部推荐优秀理论文章。

提高新闻宣传水平。编印会刊《重庆民进》4期，开辟《建党90周年》、《高层传声》等专题栏目。抓好网站平台，加强日常维护，及时更新内容，全年上稿1100多条。做好宣传报道工作，全年在《人民政协报》等中央级媒体上发稿27篇，在《重庆日报》等市级媒体上发稿76篇，在民进中央、市政协等网站上发稿160多篇。市委会被评为民进中央新闻宣传工作先进单位。

（二）组织建设

加强领导班子建设。坚持以领导班子建设带动制度建设、作风建设，进一步加强与区县组织的联系和工作指导。开展主委接待日活动，拓宽收集会务动态和社情民意信息的渠道。成立换届工作领导小组，积极筹备换届工作，有序进行选举代表推选和市委委员候选人推荐人选提名等工作。稳步推进监督委员会试点工作。

顺利完成区县换届。8月我会12个区县委员会圆满完成换届工作，区县班子的结构、素质和能力得到进一步优化。适时举办了“民进重庆市区县组织干部培训会”，交流工作思路和经验。

加强后备干部和人才队伍建设。做好后备干部和骨干会员的推荐使用工作，6位青年会员到区县部门挂职，秘书长由民进中央向中央统战部推荐安排到甘肃省临夏州挂职担任副州长一年。办好每年一度的市委会暑期新会员和干部培训，有针对性地安排主题教育、参政议政、“双岗建功”等专题报告，丰富培训内容，增强培训实效。推广使用民进组织管理系统，提高组织管理工作的科学化、信息化水平。组织发展坚持数量与质量并重，不断改善年龄、专业和知识结构，以适应新形势下履行职能对人才队伍的需求。今年发展新会员180人，平均年龄37.7岁，其中教育、文化、出版界别120人，占66.7%。截至2011年11月底，我会共有会员3417人，平均年龄51岁；会员中具有高、中级职称的占86.3%。现有区县委员会12个，工委会2个，直属总支1个，直属支部3个，基层支部156个。

（三）机关建设

按照“规范、高效、严谨、和谐”的总体要求，市委会机关着重抓好制度、能力、文化、作风四个方面的建设，包括：进一步完善规章制度和工作流程，坚持每周学习和工作汇报交流，严格工作纪律、办事效率和服务质量的要求，通过业务培训、挂职锻炼等途径提高机关干部素质和能力，开展“创先争优”、“三进三同”和机关干部“人人参与调查研究、人人撰写社情民意”等活动。一年来，市委会机关认真履行参谋、实施、协调、服务等职能，打造“学习型、服务型、效能型、创新型、和谐型”机关初见成效，被民进中央评为全国机关建设先进单位。

民进河北省委会2011年工作概述

2011年，民进河北省委会带领全省各级民进组织，以树立和践行社会主义核心价值体系和提高履职能力为重点，扎实推进适应时代要求的高素质参政党建设。

一、重要会议及活动

1. 重要会议

1月9日下午，民进河北省委会召开七届十四次主委会议。审议七届四次全会有关事宜。

1月9日下午 民进河北省委会召开七届八次常委会。对七届四次全会的有关事宜进行安排部署。

1月10日，民进河北省委会召开七届四次全会。会议审议通过了王刚主委代表民进河北省委常委会做的2010年工作报告；审议并原则通过了《中国民主促进会河北省监督委员会工作条例》和《中国民主促进会河北省第七届委员会第四次全体会议决议》。

4月21至22日，民进河北省委会在石家庄召开2011参政议政工作年会。会议对“大调研、大献策”活动进行了部署；公布并认领了2011年度民进河北省委会参政议政调研课题；总结表彰了参政议政工作先进单位及个人、反映社情民意信息工作先进单位及个人。

5月27日，民进河北省委会召开“民进京津沪赣冀青年会员‘重温历史 同心同行’活动”。此次活动以“重温历史 同心同行”为题，回顾中国共产党的光辉历史和丰功伟绩，学习民进光荣历史和优良传统，激励广大青年会员以实际行动纪念中国共产党成立90周年。

6月26日上午，民进河北省委会召开七届九次常委会。会议传达了民进十二届十五次中常会精神和河北省各民主党派省委换届工作座谈会精神，审议通过了《民进河北省委关于2011年市级组织换届工作的意见》（草案）和《中国民主促进会河北省第八次代表大会代表名额及代表产生办法》（草案）。

2. 主要领导活动情况

1月21日，王刚看望民进河北省委会老领导，进行节前慰问。

2月11日，王刚参加省委统战部举办的学习胡锦涛总书记春节期间来河北视察时重要讲话精神座谈会。

3月9日，王刚参加民进十二届十四次常委会议。

4月6日至15日，王刚随省委统战部组织的党外人士学习考察团赴百色中国统一战线传统教育基地、福建南平市原中央苏区县和北部湾、海西经济区进行学习考察。

5月13日，王刚出席中共省委就全省党风廉政建设和反腐败工作情况召开的党外人士情况通报会。

6月7日至10日，王刚赴成都参加民进十二届五次常委会议。

6月21日，王刚出席民进中央召开的庆祝中国共产党成立90周年座谈会。

7月5日至6日，王刚陪同民进中央常务副主席罗富到张家口蔚县参加第二届中国剪纸艺术节开幕式。

8月19日，罗富和就民进机关建设工作来民进省委调研。民进河北省委会召开座谈会，王刚参加了座谈会。

8月20日至22日，王刚陪同罗富和到石家庄、保定就民进机关建设工作进行调研。

9月1日至3日，王刚在中央社院参加中央统战部举办的党外代表人士学习胡锦涛同志“七一”重要讲话专题研讨班。

9月9日至10日，王刚陪同罗富和在邢台调研。

10月18日至19日，王刚到北京参加民进中央常委会。

10月26日，民进河北省委会召开主委会。会议研究部署了省、市级组织有关换届工作事宜。

10月29日，王刚参加中央宣讲团举办的学习党的十七届六中全会精神报告会。

11月7日上午，王刚参加中共省委召开的就第八次党代会报告征求意见座谈会。

11月7日下午，王刚参加省政协召开的“贯彻落实《政协河北省委员会关于充分发挥民主党派、无党派人士在人民政协中的作用的意见》”情况座谈会。

11月25日下午，王刚参加中共省委统战部召开的“统一战线学习贯彻第八次党代会精神座谈会”。

11月下旬，王刚分别到张家口、邢台、邯郸、衡水、沧州、唐山等地，就民进市级组织换届工作与当地统战部和基层会员进行沟通和座谈，指导各市换届工作。

12月1日，王刚出席民进唐山市第六次代表大会。

12月2日，王刚到民进石家庄市委会进行调研。

12月5日，王刚到保定、廊坊等地，就民进市级组织换届工作与当地统战部和基层会员进行沟通和座谈。

12月6日，王刚赴北京参加民进十二届十七次常委会议。

12月7日至9日，王刚参加民进十二届五次会议。

12月20日，王刚参加中共省委省政府召开的当前经济形势通报会和民主协商会。

12月25日，王刚出席民进邢台市第六次代表大会。

12月30日，王刚出席民进石家庄市第十次代表大会。

12月31日，王刚参加中共省委省政府召开的民主协商会和全省经济工作会议通报会。

二、参政议政

在河北省政协十届四次会议上，民进河北省委会提交集体提案12份、大会发言7篇。内容涉及文化建设、社会组织管理、现代服务业发展以及生态农业建设等诸多与河北省经济社会发展关系密切的热点、难点问题，提出后引起强烈反响，并得到了河北省党政领导的高度重视。例如，《关于大力发展西柏坡红色旅游的建议》成为省政府10件重点提案之一，并在提案承办单位召开了专门的开门办案会。提案《加强社会组织培育管理，建设和谐社会》由王刚提交全国政协会议，产生了很大反响，中央电视台就此专题采访并进行了报道。

民进河北省委会配合民进中央完成的调研报告《关于将河北省沿海地区发展规划列入国家区域发展总体战略的建议》得到温家宝总理重要批示，为推动河北沿海发展规划上升国家战略，发挥了积极作用。成为河北"十二五"发展中一个重要的战略机遇。

在全省统一战线中开展"大调研、大献策"活动中，民进河北省委会就河北省装备制造业结构升级、网络舆情引导、政务诚信建设等方面提交调研报告三篇。

2011年，民进河北省委会共上报信息113期。截止到2011年底，中共中央办公厅采用1篇，全国政协采用1篇，民进中央采用7篇，省委信息中心采用2篇，省政协采用14篇，省委统战部采用44篇。

三、社会服务

4月，民进河北省委会联合民进石家庄市委会组织会内专家学者30余人，到深泽县开展"同心同向助民生"大型义诊义教活动。7月，民进河北省委会联合民进张家口市委会组织12名骨干教师，开展了对沽源县全县中小学教师的语文、数学、英语教学讲座和示范课教学活动。省委会还充分开发利用少年智力开发报的资源优势，开展多项活动。5月，省委会向在福州的台湾同胞子女赠送近600份《少年智力开发报》及100多套《数学专页备课王》软件，价值两万元，并承诺向在榕台胞学子无偿赠阅《少年智力开发报》三年。配合民进中央在贵州省金沙县的"彩虹行动"，推动爱心公益活动的延续，2011年省委会共向金沙县257所小学捐赠了价值10余万元的《少年智力开发报》近7000份。

经统计，2011年全年，全省民进各级组织共为贫困地区投入资金210余万元，物资折合人民币50余万元。捐建学校3所，投入资金123余万元；资助学生495人，投入资金近50万元；捐赠教学教具物资折合人民币64余万元，培训教师1299人次。设立4个农林开发项目，投入资金39万元，培训农民3818人次。

四、自身建设

1．思想建设

*结合建党90周年纪念活动，开展宣传思想工作。*2月，向民进河北省各市委会下发了《关于开展纪念中国共产党成立90周年活动的安排意见》，组织全省民进会员积极开展"双岗建功"活动，引导广大会员在本职岗位和履行参政党职能的工作中建功立业；在《河北民进》开辟"纪念中国共产党成立90周年"专栏，组织会员开展读书心得在线征文活动，刊登会员为纪念建党90周年撰写的理论文章，并择优报会中央宣传部。3月，向民进河北省各市委会下发了关于落实《意见》的通知，就民进各级组织落实《意见》的情况作了进一步安排。5月，举办了京津沪赣冀民进青年会员"重温历史 同心同行"活动。邀请了民进中央副主席朱永新作《风雨同舟 共铸伟业》主题报告，学习中国共产党的光辉历史和丰功伟绩，学习民进的光荣历史和优良传统。

*深入学习贯彻"七一"重要讲话精神和中共十七届六中全会精神。*一年来多次组织专题学习，通过印发学习通知、组织专题研讨、编写学习简报、制作专题网页、开展理论征文、举办知识有奖征答等活动，有力的推动了各级组织的学习，扩大了学习的覆盖面。民进各市级组织也通过举办各类学习班、读书班、座谈会等活动，推动全会的理论学习，增进了全会的思想共识。

*加强统战理论研究工作。*2011年民进河北省委会在全省民进组织开展了统战理论研究学习活动并组织各市撰写统战理论研究文章，此外，还收集编写了会内先进会员事迹材料，报中共河北省委统战部编印《同心谱》一书。

2．组织建设

加强市级组织换届工作。6月下旬，民进河北省委会召开七届九次常委会，专题研究市级组织换届工作，通过了《民进河北省委关于2011年市级组织换届工作的意见》和《中国民主促进会河北省第八次代表大会代表名额及代表产生办法》，指导各市级组织深入领会和把握换届文件精神。制定《关于2011年市级组织换届人事选举基本程序的意见》，以规范换届程序。为保证市级组织换届工作的圆满完成，省委会成立了换届工作领导小组。截止到2012年2月，11个市级组织全部完成换届工作。

充分发挥监督委员会的作用，切实加强会内民主。七届四次全会审议通过了《中国民主促进会河北省监督委员会工作条例（试行）》，成立了民进河北省监督委员会。监委会成立后，切实加强会内监督，有序推动会内民主。召开了全体会议，制定了《中国民主促进会河北省监督委员会工作细则》和《工作流程》。

大力培养后备干部队伍。民进河北省委会进一步加大了干部培训力度，推荐8名会员参加民进全国骨干会员培训班，17名会员参加省委统战部举办的民主党派省直会员培训班，推荐4名处级干部参加我省第三批党外中青年干部挂职培训，并向有关单位推荐我会会员中的优秀专家学者。积极推广使用民进组织管理系统，按时完成河北民进各级组织和会员信息录入系统工作，进一步提高我会组织管理工作的科学化、信息化水平。

2011年，全省共发展会员262人，其中女会员153人，具有大学以上学历的230人。截止2011年底，我省共有会员4744人。

3．机关建设

2011年，民进河北省委会被民进中央授予“民进全国机关建设工作先进单位”和“电子信息化建设工作先进单位”等荣誉称号，并获“社会服务理论征文”组织奖。

建立健全规章制度。2011年，省委会对部门职责进行了调整，明确了各个部门机构及工作岗位的职责，明确了工作程序，建立健全了机关中层例会制度，加强了对机关财务、车辆的管理。

充实机关干部队伍，加强对年轻干部的重点培养。2011年，3名大学生通过公务员招录进入民进省委机关工作。为加强对机关年轻干部的继续培养，民进河北省委会制定培养、培训计划，丰富学习内容，培养自觉学习意识，尽快提升工作能力。通过开展形式多样、富有实效的学习、培训、培养，年轻干部理性思考的自觉性和政治、业务素质不断得到提高。

民进山西省委会2011年工作概述

2011年，民进山西省委会在民进中央和中共山西省委的正确领导下，高举中国特色社会主义伟大旗帜，与中国共产党在思想上同心同德、目标上同心同向、行动上同心同行，坚持“有思有行、集智聚力、顺势而为、开拓创新”的工作方针，以建设高素质参政党省级组织为目标，全面加强自身建设，积极履行参政党职能，各方面都取得了可喜成绩。

一、重要会议及活动

1月10日，民进山西省委会主委卫小春代表民进山西省委会就雷洁琼同志逝世向民进中央发去唁电，表示沉痛哀悼。第二、三届委员会主委秦国栋，第四、五届委员会主委张正明也以个人名义向民进中央发去唁电，对雷老逝世表示沉痛哀悼。此外，山西省民进各地方组织也纷纷给民进中央发唁电，对雷老的去世表示沉痛哀悼。

1月15日，雷洁琼同志遗体告别仪式在京举行。卫小春出席。

1月17日，民进中央副主席朱永新、民进山西省委会主委卫小春等赴介休，就“第九届海峡两岸中华传统文化与现代化研讨会暨第四届中国·介休清明（寒食）文化节”系列活动准备工作进行考察。

1月，山西省“两会”期间，民进山西省委会组织会员中参加“两会”的省人大代表、省政协委员召开座谈会。卫小春向与会同志介绍了省委会一年以来的主要工作。

2011年春节前，民进山西省委会领导班子看望慰问在并老领导及机关离退休老同志。卫小春一行分别到老领导秦国栋、张正明、兰文英、倪圣道、杨伯豫、马大华家中看望，送去了新春的祝福。

1月24日，山西省政府副省长刘维佳，省政协副主席、民进山西省委会主委卫小春一同前往太原市阳曲县六固村就该村试点实施的“树木年度直补富民、商品化兴林强国”情况实地调研。

2月13日，民进山西省委会举办2011年新春联谊会，特别邀请省京剧院演出了新编历史剧《五台圣境》。卫小春出席并讲话。

3月10日，全国政协委员、山西省政协副主席、民进山西省会主委卫小春在全国政协十一届四次会议第四次全体会议上发言，建议国家实施林木年度直补、加快实现兴林富农。《建议》引起了山西省领导的高度重视，中共山西省委袁纯清书记、金道铭副书记和省政府刘维佳副省长分别作出重要批示。

3月17日至18日，中共山西省委书记、省人大常委会主任袁纯清深入忻州市进行调研。卫小春一同调研。

3月27日，六届十五次主委会议在机关会议室召开。卫小春主持会议并通报了全国“两会”及全省统战工作座谈会精神。民进山西省委会副主委张建豪、张政、成锡锋、陈维毅、任建国，专职副主委高新文，秘书长兼参政议政部部长贺安黎出席会议，各部门负责人列席会议。会议通报了“第九届海峡两岸中华传统文化与现代化研讨会暨第四届中国·介休清明（寒食）文化节”系列活动筹备情况并安排了相关工作；讨论通过了《常委会工作报告（征求意见稿）》，六届五次全委会议的日程、议程（草案），“关于表彰2010年度信息工作先进集体、先进个人的决定”和“2010年度参政议政成果奖励名单”；研究了成立“民进山西省委参政党理论研究会”事宜。会议还研究了其他事项。

4月1日，第九届海峡两岸中华传统文化与现代化研讨会暨第四届中国介休清明（寒食）文化节在山西介休绵山风景区开幕。文化节研讨会由民进中央、中国文联、山西省委省政府主办，叶圣陶研究会、中国民协、中共山西省委宣传部、山西省文明办、民进山西省委会、山西省文化厅、山西省旅游局、山西广播电视台、山西省文联、晋中市委市政府、介休市委市政府承办，介休绵山风景区协办，以“走进清明园地，体验清明文化”为主题，通过祭祀、展览、民俗等多种形式展示清明（寒食节）的起源、文化内涵、传承与发展。

罗富和、许嘉璐、冯骥才卫小春等出席开幕式。罗富和宣布活动开幕。仪式上，来自北京、香港、澳门和台湾的嘉宾把他们家乡的土壤共同汇入到“清明鼎”中，共同见证两岸四地同根同宗同源，省歌舞剧院等还推出了精心打造的文艺演出。

4月2日，严隽琪在介休绵山出席了第九届海峡两岸中华传统文化与现代化研讨会暨第四届中国·介休清明（寒食）文化节闭幕式。出席本次研讨会闭幕式的重要嘉宾还有全国罗富和、许嘉璐、冯骥才、王佐书、朱永新等，澳门道教协会副会长叶达等来自两岸四地的100余名专家和学者。

4月3日，严隽琪在山西介休出席山西民进企业家会员座谈会，会见了部分民进山西省委会领导和企业家会员，听取了企业家会员代表的发言并作了重要讲话。卫小春主持座谈会。民进企业家会员代表徐文龙、陈正拜、李红光、吴小平、温双伟分别发言，介绍了企业的发展情况及作为民进会员在社会公益、建言献策、服务社会等方面所作的工作。

4月7日，民进山西省六届九次常委会议召开。卫小春主持会议并通报了“第九届海峡两岸中华传统文化与现代化研讨会暨第四届中国·介休清明（寒食）文化节”有关情况，重点传达了严隽琪主席在会见民进山西省委会部分领导和企业家代表时所作的重要讲话精神。会议讨论并通过了六届五次全委（扩大）会议议程、日程（草案）；讨论通过常委会《工作报告》（草）并推举卫小春为报告人；通报了“关于表彰2010年度信息工作先进集体和先进个人的决定”；通过了成立“参政党理论研究会”有关事宜。会议还研究了其他事项。

4月8日至9日，民进山西省六届五次全委（扩大）会议召开。开幕式由高新文主持。

卫小春代表六届常委会作工作报告，并向会议通报了省委会参与承办的“第九届海峡两岸中华传统文化与现代化研讨会暨第四届中国·介休清明（寒食）文化节”有关情况，重点传达了严隽琪主席在会见民进山西省委会部分领导和企业家代表时所作的重要讲话精神。

会议还就人事调整进行了说明。张建豪代表省委会就方熔、王正选辞去民进山西省委会委员、常委职务的请求和会议补选翟冬鸿为民进山西省委会委员，补选王金珍、翟冬鸿为民进山西省委会常委的事项进行了说明。

4 月 9 日，民进山西省六届五次全委（扩大）会议闭幕。会议由张建豪主持。

闭幕式上，四位小组代表分别作了大会发言。会议审议通过了《民进山西省六届五次全委（扩大）会议关于常委会工作报告的决议》。会议表彰奖励了“2010 年度信息工作先进集体、先进个人和参政议政成果奖”。民进晋城、太原、吕梁、忻州、阳泉市委会荣获“信息工作先进集体”；马恩正等 31 位同志荣获“信息工作先进个人”。卫小春等 19 人荣获“2010 年度参政议政成果奖励”。

会议对在“创建活动”中表现突出的先进地方组织和先进基层组织进行了表彰。授予太原、临汾、运城、吕梁等 4 个地方组织“山西民进先进地方组织”称号，授予阳泉、晋城、忻州等 3 个地方组织“山西民进参政议政工作先进地方组织”称号，授予大同、长治、朔州等 3 个地方组织“山西民进社会服务工作先进地方组织”称号，授予民进太原理工大学等 58 个基层组织“山西民进先进基层组织”称号。

会议还进行了有关人事调整，同意方熔、王正选辞去民进山西省委会委员、常委职务的请求；通过无记名投票补选翟冬鸿为民进山西省委会委员，补选王金珍、翟冬鸿为民进山西省委会常委。

六届民进山西省委会委员、省直基层组织负责人、专委会主任、机关部门负责人及部分市级组织的专职干部参加了会议。

4 月 9 日，民进山西省委会举行了“参政党理论研究会”成立大会。卫小春等出席会议。开幕式由高新文主持。

会议推举秦国栋和张正明为名誉会长，姚权、张恒为顾问，卫小春为会长，张建豪、张政、成锡锋、陈维毅、任建国、高新文、贺安黎为副会长，赵柱家为秘书长，牛艳芝等 43 名同志为理事。

会议还对在民进山西省委会举办的“纪念中国民主促进会成立六十五周年多党合作理论征文”活动中的优秀组织和优秀论文进行了表彰。阳泉等 4 个市级组织荣获优秀组织奖。马云霞等 46 位会员的论文获优秀论文奖。民进阳泉市委会副主委任涛海、民进吕梁市委会副主委李媛分别作为“优秀组织奖”代表和“优秀论文作者”代表作了发言。

4 月 26 日，山西民进企业家联谊会理事大会在阳泉市举行。王佐书、卫小春出席会议。高新文主持会议。王佐书为与会人员作了“民营企业家的战略思考”讲座。

5 月 23 日，“‘光辉历程·同心同行’隆重庆祝中国共产党成立 90 周年暨‘金盟杯’第二届全国部分省市民进合唱团演唱赛”在上海市建平中学举行。卫小春、高新文出席演唱大赛。山西民进艺术团 5·23 合唱团男女声大合唱《映山红》、《桃花红，杏花白》获混声合唱奖，男声小合唱《中国进行曲》获最佳小组唱奖，表演节目男女声二重唱《激情飞越》获最佳表演奖。

5 月 24 日，卫小春在江苏南京应邀出席“2011 开明·江海文化论坛”和“共铸伟业”民进全国书画精品邀请展。

5 月 10 日，民进山西省委会就“推进林木年度直补”在太原召开座谈会。卫小春、高新文、贺安黎出席会议。

5 月 12 日，由卫小春带队，民进山西省委会联合山西省政协农村委员会就山西省林业工作和集体林权制度改革，特别是兴林富民工作在省林业厅专题走访调研。高新文、贺安黎等参加调研。

6 月 15 日，由山西省直工委主办，山西广播电视台、晋商银行协办的省直机关庆祝建党 90 周年“颂歌献给党”群众性歌咏汇演在太原南宫预演。卫小春、贺安黎及机关干部职工参加省统一战线合唱团演唱了经典红歌《红旗颂》和《没有共产党就没有新中国》。

6 月 20 日至 24 日，民进山西省委会在中央社会主义学院举办了“山西民进企业家联谊会理事培训班”。17 名理事参加了培训学习。卫小春出席开班典礼。

7月7日，民进山西省委会中心组召开会议，专题学习胡锦涛总书记在庆祝中国共产党成立90周年大会上的重要讲话精神。卫小春出席会议并讲话。会议由高新文主持。

7月21日，卫小春带领民进山西省委会调研组赴太原市就“太原城市圈建设现状与思考”调研。高新文、贺安黎等参加调研。

8月16日，卫小春在包村帮扶点——吕梁市中阳县宁乡镇冯家岭村调研。高新文、马恩正等参加了调研活动。

9月1日，由民进中央开明画院和民进山西省委会联合举办，主题为“翰墨歌盛世，丹青颂中华”的民进山西开明画院第二届全国民进书画作品邀请展开幕式在太原隆重举行。朱永新出席开幕式。开幕式由高新文主持。来自民进中央开明画院、民进山西开明画院、各省（市）的书画届嘉宾150余人参加了活动。本次书画展得到了各省民进组织及广大书画界会员的大力支持和热情参与，共征集了156件书画作品。9月2日上午，来自各地的书画名家齐聚一堂、挥毫泼墨、深情写意，举行了“翰墨歌盛世，丹青颂中华”主题笔会。画展于9月1日至5日共展出5天。

9月6日，由民进中央科技医卫委员会、民进山西省委会主办，中北大学、民进清华大学委员会、民进北京市委会青年委员会承办的“高校科研体制改革与创新研讨会”在山西太原中北大学举行。朱永新、卫小春等出席。来自清华大学等多所国内著名高校的十余位民进会内专家教授应邀参加会议。参加会议的学者还有民进山西省委会委员、太原理工大学教授、科研处处长杨胜强，山西大学教授、社科处副处长贺天平。

9月11日，民进山西省委会举办“2011中秋电影招待会”。电影开始前，卫小春代表省委会致辞，向全省民进会员和关心支持山西民进工作的各级领导、各界朋友致以节日的祝福。会议由高新文主持。在并民进山西省委会老领导、来自省直各支部和太原市的民进会员及家属共300余人参加了活动。

9月23日，民进山西省六届十六次主委会议在并召开。卫小春等出席会议。机关部门负责人列席会议。会议讨论确定了民进山西省六届十次常委会议日程、议程（草案）；研究讨论了民进省委会在六届五次全委会议以来的工作情况报告；讨论批准了新会员入会和新录用公务员的转正定级事宜。

9月24日，民进山西省六届十次常委会议在并召开。会议由卫小春主持。会议传达学习了民进十二届十五次中常会精神；听取了由高新文所作的六届五次全委会议以来民进山西省委会的工作情况报告；审议并通过了《民进山西省第七次代表大会代表名额分配及产生办法》。会上，各市级组织还汇报了换届工作情况。

9月24日，民进山西省委会召开“九九重阳节”座谈会。卫小春、张建豪、陈维毅、任建国、高新文、贺安黎及机关全体同志参加会议。老领导秦国栋、倪圣道、姚权、杨伯豫、马大华等及机关离退休老同志出席会议。

10月28日，“物联网建设与山西发展”课题组在山西联通客户体验中心召开例会。卫小春出席会议。

11月24日，民进山西省委会赴贵州省金沙县长坝乡开展“同心·彩虹行动”对口帮扶活动、签订了对口帮扶协议书。

11月30日，中央统战部、人力资源和社会保障部、各民主党派中央、全国工商联联合开展的各民主党派、工商联和无党派人士为全面建设小康社会作贡献表彰大会在北京人民大会堂隆重召开。民进山西省委会“实施林木年度直补，加快实现兴林富民的建议”荣获“建言献策优秀成果奖”，是山西省唯一获此殊荣的参政议政成果。高新文代表民进山西省委会出席大会，受到中共中央政治局常委、全国政协主席贾庆林的亲切接见。

12月9日，民进省级组织负责人会议在北京举行。民进中央对2011年省级组织专项工作、民进中央学习“十二五”规划纲要有奖征答活动和民进“民主党派社会服务”理论征文活动优秀组织进行了表彰。民进山西省委会荣获“参政议政工作先进单位”、“参政党理论研究先进单位”、民进中央学习“十二五”规划纲要有奖征答活动优秀组织奖和民进“民主党派社会服务”理论征文活动奖。

12月10日，民进全国机关建设工作会议在北京开幕，对29个在机关建设中表现突出的组织进行了表彰，民进山西省委会荣获“民进全国机关建设工作先进单位”。

12月31日，民进山西省委会召开专题会议，传达贯彻中共山西省委十届二次全体会议暨全省经济工作会议和山西文化强省建设大会精神，深入学习领会中共山西省委关于贯彻落实十七届六中全会《决定》，加快建设文化强省的实施意见精神。卫小春主持会议并作传达。

二、参政议政

民进山西省委会以服务转型跨越发展为着力点，紧抓科学发展主题和转变经济发展方式主线，参与大政方针的政治协商，不断提高参政议政实效性和影响力，被民进中央授予“参政议政工作先进单位”。

作为全国政协委员，卫小春在全国政协十一届四次会议上作了《实施林木年度直补、加快实现兴林富农》的大会发言，引起会场内外强烈反响和各级领导高度重视。省委会将完善和推动这项政策进一步实施作为全年参政议政重点工作之一，召开专题座谈会，赴省林业厅走访调研。去年，林业厅出台了《关于开展造林直补政策试点的初步意见》，在灵石、娄烦等21个县创建了示范点，8000多万元造林补贴惠及农民。省委会通过履行参政党职责，进一步调动了农民群众的植树造林积极性，为“绿化山西”贡献了我们的智慧和力量。此项成果还在“各民主党派、工商联、无党派人士为全面建设小康社会作贡献评选表彰活动”中荣获了“建言献策优秀成果”奖，是山西省唯一获此殊荣的参政议政成果。省委会与省联通、太原罗克佳华联合开展的软科学课题《物联网建设与山西发展研究》进展顺利，亮点突出。作为“同心·我为转型跨越献良策主题活动”之一，省委会就《太原城市圈建设现状与思考》开展了深入细致的调研，形成了高质量的调研成果和汇报提纲。重视推动专委会和基层组织发挥作用，农林工作委员会和民进太原市委联合开展“古树名木大调研”，中北大学支部与清华大学委员会、民进北京市委联合举办了“高校科研体制改革与创新研讨会”，来自清华、复旦等多所名校的数十位专家学者齐聚中北大学，就高校薪酬体制改革、科技成果转化、知识产权保护等九个方面的问题进行了研讨。

反映社情民意也取得了新的成绩。《建议我省建“长影影视世纪城”》，袁纯清书记、王君省长和高建民副省长都作出批示。我省与长影集团进行了多次接洽，有些项目已经落地。《关于成立八路军研究会的建议》在袁纯清书记、高建民副省长作出批示后，省委党史办提出了具体方案，时任省委常委、秘书长的李政文同志又对该方案作出批示，现在方案已报省编办批准。在省政协系统第十七次信息工作会议上，省委会被评为“信息工作先进单位一等奖”。

三、社会服务

*以支教助学和改善民生为重点，不断打造社会服务工作的新亮点。*坚持在阳泉市杨家庄中学、太原市小返学校开展“同心·支教助学”活动。认真学习贯彻《袁纯清书记给全省领导干部的公开信》精神，在包村帮扶点——吕梁市中阳县冯家岭村开展“干部下乡住村领导包村增收活动”。贯彻落实民进中央“同心·彩虹行动”计划，远赴贵州，与金沙县长坝乡签订了对口帮扶协议书，向长坝乡中心完小捐资10万元用于改善该校教学设施，还就下一步帮扶计划进行了调研。各市级组织也充分发挥自身优势，开展了送医送药下乡、支持特殊教育、扶助贫困学生、慰问“三老”人员等等一系列“同心”品牌社会服务活动，切实服务了群众、扩大了民进影响。

*重视发挥民进山西开明画院、艺术团和企业家联谊会的平台作用，品牌效应更加突出。*画院坚持开展“送春联进社区活动”，在社会上产生了积极影响。艺术团专程赴吕梁市参加了民进吕梁市委会承办的“同心·广场消夏文艺晚会”演出。省委会还十分重视对企业家会员的教育培养，邀请民进中央副主席王佐书莅晋作了专题报告，在北京中央社会主义学院首次举办了为期5天的企业家联谊会理事培训班。

四、自身建设

*以打造“同心”品牌为统领，建设学习型参政党。*制定了《落实“同心”品牌工程实施意见》，动员各级组织和全体会员为我省转型跨越发展作出贡献。坚持理论联系实际的学风，认真学习了中共十七届五中、六中全会及省第十次党代会精

神和胡锦涛总书记“七一”重要讲话精神等。全会在《人民政协报》、《民主》杂志、《山西日报》等重要媒体刊物发表文章100多篇。成立了参政党理论研究会，开展了“建设适应时代要求的高素质参政党理论征文活动”，被民进中央授予“参政党理论研究先进单位”；“民主党派社会服务理论征文活动”荣获民进中央“优秀组织奖”。组织会员和机关干部4908人次参加民进中央举办的三期“十二五”规划纲要有奖征答，参与人次和获奖人数名列全国前列，被民进中央授予“优秀组织奖”。

隆重庆祝中国共产党建党90周年是今年的重点工作之一，也是落实“同心”品牌工程的具体举措。省委会印发了《关于认真学习胡锦涛总书记“七一”重要讲话精神的通知》，提出了掀起学习贯彻“七一”讲话精神热潮的响亮口号。中心组召开专题会议，学习贯彻讲话精神，领导班子和机关干部还一同参加了“颂歌献给党”群众性歌咏汇演。各市级组织和基层组织积极响应号召，通过各种形式认真学习了讲话精神。根据民进中央精神要求，以“重温历史、同心同行”为主题开展了多项活动，特别是“翰墨歌盛世、丹青颂中华”全国民进书画作品邀请展，突出了“与党和人民同心”这一主题，不仅达到了文化交流、教育会员的目的，而且展示了山西形象，扩大了民进影响。此外，文化艺术界会员积极发挥优势，通过创作、表演的形式来表达对建党90周年的祝贺。如参加了在江苏南京举办的“共铸伟业”民进全国书画精品邀请展，参加了在上海举办的第二届全国部分省市民进合唱团演唱赛并获得三项荣誉。

2011年初，民进创始人之一和卓越领导人雷洁琼逝世后，全会沉浸在巨大的悲痛之中。省委会把“学习缅怀雷洁琼先生、继承弘扬民进优良传统”作为学习践行社会主义核心价值体系的重要内容，面向全国开展了“雷洁琼与统一战线”征文，征集到文章60余篇并结集出版。开展了“口述”会史活动，会史研究工作得到加强。

以换届工作为切入点，不断加强人才干部队伍建设。推荐十多名会员参加了民进中央举办的学习培训。引进使用了“民进组织管理系统”，会员管理的科学化、信息化程度得到了提高。在保持界别传统优势和特色的同时，积极稳妥发展符合条件的新社会阶层人士。截至2011年底，全省共有地方组织17个，基层组织159个。其中，省直基层组织20个。全省会员共4276人，平均年龄50.1岁。注重发挥会员专长，向省市各级党委和相关单位积极举荐优秀会员，为这些同志发挥才智提供舞台。在我省去年的市、县人大、政府和政协换届中，我会有30多名会员被选拔进入四套班子。其中，3人担任市级人大常委会副主任、2人担任市政府副市长、3人担任市政协副主席、9人担任副县（市）长。

以民主党派市级组织大换届为契机，省委会对民进临汾、运城市级组织进行届中调整的好经验、好做法进行了深入总结，在“山西统一战线同心·社会主义核心价值体系学与行先进事迹报告会”上作了宣讲，并在会内外多家媒体进行宣传报道，为换届工作营造了良好氛围。研究制定了《关于做好市级组织换届工作的意见》，积极与各市党委统战部协商，指导推动十一个市级组织全部圆满完成了换届。11个市级组织委员会规模增加了30名、新任副主委5名，主委3名，一批年富力强、德才兼备的同志进入了市级组织领导班子，为省委会圆满换届打下了坚实基础。

以创建“先进机关”为目标，不断强化机关建设。加强对机关干部的培养力度，推荐机关干部在民进中央办公厅挂职锻炼；选派机关干部参加民进中央、省委统战部、省财政厅等单位组织的政治学习和业务培训。办文、办事、办会等日常工作有条不紊，档案室通过验收，被评为“省二级档案室”；公文收发进一步规范化、程序化；继续建设“省直机关文明和谐单位”；完成了《山西民进》会刊改刊工作；“山西民进网站”安全稳定运行，访问量稳步提高，更好地宣传和展示了山西民进的工作和形象。省委会机关荣获了“民进全国机关建设先进单位”称号。

民进内蒙古区委会2011年工作概述

2011年是“十二五”规划的开局之年，是认真学习胡锦涛“七一”讲话精神、中共十七届六中全会精神，深入践行社会主义核心价值体系的一年。2011年里，民进内蒙古区委会（以下简称区委会）认真落实民进中央、内蒙古自治区党委有关决策、部署，坚持以树立和践行社会主义核心价值体系为主线，以加强机关建设、提高我会履职能力为重点，建设学习型参政党；坚持“有思有行、集智聚力、顺势而为、开拓创新”的工作方针，努力实现执政党建设和参政党建设、区委会工作和基层组织工作、自身建设和履行职能、实际工作与理论研究的相互促进，使区委会的各项工作进入新阶段。

一、重要会议及活动

（一）重要会议

1月12日上午，民进内蒙古区委会召开五届二十三次主委会议，下午召开五届六次常委会。

1月13日，民进内蒙古区委会召开五届五次全委会议，民进内蒙古区委会主委郑福田在会上作工作报告。

1月13日，民进内蒙古区委会召开五届七次常委会议。

3月19日，民进内蒙古区委会召开参政议政部专门委员会主任会议。

7月23日，民进内蒙古区委会召开五届二十四次主委会议。会议审议批准了2011年上半年发展的新会员。学习了民进中央、自治区党委关于换届工作的有关文件，研究了换届工作相关事宜。

11月26日，民进内蒙古区委会召开五届二十五次主委会议，会议审议通过关于召开民进内蒙古自治区五届八次常委会议议程、民进内蒙古自治区五届六次全委（扩大）会议议程，听取了郑福田代表区委会五届领导班子所作的述职报告。

11月27日，民进内蒙古区委会召开五届八次常委会议，会议审议通过了五届六次全委（扩大）会议议程、日程，传达了民进中央十二届十六次常委会议精神，通报了各级组织换届情况。

11月27日，民进内蒙古自治区五届六次全委（扩大）会议在呼和浩特召开。会议主要议程：一是按照自治区党委统战部《各民主党派内蒙古自治区委员会领导班子及其成员述职和民主测评实施办法（试行）》的要求，区委会五届领导班子及各位主副委述职并接受委员和列席人员评议打分。二是对2012年民进内蒙古区委会换届进行了领导班子人选的民主推荐。

12月8日，民进内蒙古区委会五届二十六次主委会议在北京召开，会议研究、沟通了民进呼和浩特市委会、包头市委会、赤峰市委会关于换届领导班子及委员人选的情况，听取了关于区委会明年换届有关情况的通报。

（二）领导活动情况

1月7日，自治区政府召开征求各民主党派对《政府工作报告》意见座谈会，郑福田代表区委会发言。

1月15日至21日，郑福田出席自治区政协十届四次会议。

1月17日下午，自治区政协十届四次会议举行第二次全体会议，郑福田在会上作题为《关于促进全区职业教育发展的建议》的大会发言。

1月16日下午，内蒙古海外联谊会三届四次常务理事会在呼和浩特举行，郑福田出席。

1月28日，自治区政协主席任亚平、党委统战部部长王素毅到民主党派机关视察慰问，民进内蒙古区委会领导班子成员参加座谈会。

3月3日至12日，郑福田出席全国政协十一届四次会议。

3月9日，郑福田出席民进十二届十四次中常会。

3月22日，郑福田出席自治区政协传达全国政协十一届四次会议精神大会，并在大会上发言，介绍参加会议的情况、履职情况及感受。

5月25日下午，政协内蒙古自治区第十届委员会常务委员会第十四次会议在呼和浩特召开，郑福田出席会议。

5 月 31 日，民进中央副主席王佐书到内蒙古调研，郑福田陪同。

6 月 7 日至 10 日，民进十二届十五次中常会在四川成都召开，郑福田参加会议。

6 月 23 日，郑福田出席自治区党委统战部召开的全区统一战线纪念中国共产党成立 90 周年座谈会，郑福田发言。

7 月 11 日，民进内蒙古区委会主委郑福田、副主委张润锁陪同自治区党委书记胡春华前往呼和浩特市赛罕区和土左旗的蔬菜基地调研并做现场督办，郑福田就区委会调研报告《大力发展首府蔬菜产业推动我区蔬菜产业发展的建议》向胡春华书记做了汇报。

7 月 15 日至 18 日，全国人大副委员长、民进中央主席严隽琪到内蒙古考察。郑福田陪同。

7 月 20 日，郑福田参加自治区党委统战部召开的民主党派换届协商座谈会。

8 月 1 日至 8 日，民进中央潘贵玉副主席参加全国政协副秘书长考察团赴呼市、包头、鄂尔多斯考察。郑福田陪同。

9 月 17 日至 18 日，郑福田陪同民进中央副主席朱永新赴鄂尔多斯市考察调研。

9 月 26 日，郑福田参加自治区政协纪念辛亥革命 100 周年座谈会，并做题为《弘扬辛亥革命精神 实现中华民族伟大复兴》的发言。

9 月 27 日，自治区政协十届十五次常委会开幕，郑福田在会上作关于内蒙古保障性住房建设的视察报告。

9 月 28 日，郑福田出席自治区党外知识分子联谊会一届二次理事会，在会上郑福田当选为内蒙古自治区党外知识分子联谊会会长。

10 月 10 日，郑福田带领机关干部到集宁开展换届前调研工作。

10 月 14 日上午，由内蒙古党委统战部主办、中国民主促进会内蒙古自治区委会员会、内蒙古自治区书法家协会承办的《盛世嘤鸣——郑福田何奇耶徒诗词书法作品展》在内蒙古美术馆举行。原内蒙古自治区政协主席、全国政协提案委员会副主任王占，内蒙古自治区党委副书记、内蒙古自治区政协主席任亚平，内蒙古自治区党委常委、自治区统战部部长王素毅等领导出席开幕仪式并剪彩。

10 月 17 日至 19 日，郑福田在北京参加民进中央十二届十六次常委会。

10 月 28 日，郑福田参加自治区第九次党代会报告征求意见座谈会并发言。

11 月 10 日，郑福田主委应邀参加内蒙古自治区第九次党代会开幕式。

11 月 14 日，郑福田应邀参加内蒙古自治区第九次党代会闭幕式。

11 月 22 日，民进集宁委员会召开第二次会员大会，圆满完成换届工作，郑福田出席会议。

12 月 6 日，郑福田参加民进中央十二届十七次常委会议。

12 月 7 日到 9 日，郑福田参加民进十二届五中全会。

12 月 11 日，民进赤峰市委员会召开第二次代表大会，选举产生民进赤峰市第二届委员会和民进内蒙古自治区第六次代表大会赤峰代表。郑福田出席会议。

12 月 15 日，郑福田出席传达中央经济工作会议精神的自治区省级领导干部会议。

12 月 15 日，郑福田出席自治区党委全委扩大会议。

12 月 18 日，民进包头市委员会召开第六次代表大会，圆满完成换届工作。大会选举产生了民进包头市第六届委员会和民进内蒙古自治区第六次代表大会包头代表。郑福田出席会议。

12 月 25 日，民进呼和浩特市委员会召开第五次代表大会，圆满完成了换届工作。大会选举产生了民进呼和浩特市第五届委员会。郑福田出席会议。

二、参政议政

（一）积极认真参与政治协商

民进内蒙古区委会在内蒙古自治区党委政府重大政治协商会、征求意见会前，都会开展调研、组织专家学者召开会议，认真讨论、反复论证拿出建议和意见。1 月 7 日，自治区政府召开征求各民主党派对《政府工作报告》的意见工作会议，民进内蒙古区委会主委郑福田、驻会副主委武晓瑞参加会议，郑福田代表区委会作了发言。10 月 28 日，郑福田参加自治区第九次党代会报告征求意见座谈会并发言。

（二）围绕中心，深入开展议政调研

区委会结合民进中央、自治区党委关于关注民生、加强民生工作调研的部署，结合民进基层组织的调研力量，确立了《关注民生大力发展首府蔬菜产业》的调研课题为区委会重点调研课题，向自治区党委递交了调研报告，受到了胡春华书记的重视，并作了重要批示，同时自治区党委符太增秘书长、自治区统战部王素毅部长、侯世忠副部长都对落实胡春华书记重要批示作出指示，提出指导性意见。根据有关批示精神，区委会走访了农牧业厅等有关厅局，邀请会内外领导专家召开多次座谈会，对调研报告进行了完善。7 月 11 日，郑福田、张润锁陪同自治区党委书记胡春华前往呼和浩特市赛罕区和土左旗的蔬菜基地调研并做现场督办，郑福田就区委会调研报告向胡春华书记做了汇报。胡春华书记指出，民进内蒙古区委会就做好呼市“菜篮子”工作进行专题调研，提出了非常好的意见和建议，体现了民主党派参政议政、出谋划策的重要作用。

区委会结合基层组织、专门委员会的优势和特点确立了科技委员会提出的《内蒙古农民粮食储量及种植业物质投入与产出调查》作为区委会重点调研课题。区委会还就进一步加强我区中小学应急教育、大力发展首府设施园艺休闲农业带动我区大中城市环城经济圈产业体系构建和住房公积金管理、学前教育等有关课题进行了深入调研，取得一系列调研成果。

（三）履行职能，提高建言献策质量

2011 年 1 月初的内蒙古自治区两会期间，区委会向自治区政协共报送集体提案 41 份、大会发言 15 份，我会政协委员还向政协大会提交委员提案 34 份。其中区委会大会发言、集体提案《关于我区失地农牧民社会保障存在的问题及对策》被评为自治区政协主席重点督办提案。

今年通过广泛征集和调研成果的科学转化，共向自治区政协报送社情民意信息 15 份，向民进中央报送社情民意信息 25 份。其中《关于进一步加强教师体检工作的建议》《关于加强农村牧区未成年人素质教育的建议》入选政协信息快报，报送自治区党委政府领导；《关于加强非物质文化遗产保护力度的建议》入选社情民意专报，报送自治区政府刘新乐副主席。

区委会还按照民进中央要求，召开了调研课题征集座谈会，选取 6 份调研课题申报材料报送民进中央。

（四）建设队伍，夯实参政议政基础

一是领导高度重视。年初召开专门委员会主任会议，征集调研课题、部署调研工作，区委会领导全部到会。区委会领导还采用多种形式在不同的场合多次强调参政议政工作的重要性，强调要加强深入调研、建言献策的自觉性和主动性。

二是充分发挥会内外专家学者和民进之友的作用。区委会的多项重大调研活动都得到了会内外专家学者和民进之友的积极参与，他们为调研成果的形成付出了艰辛努力。

三是进一步提高机关专职干部参政议政水平。为了加强专职机关干部的参政议政能力，派参政议政部同志专程到民进中央参政议政部学习取经，进一步提高了参政议政能力和服务意识。

三、社会服务

（一）发挥优势、关注教育、讲学助学

3 月经过区委会牵线搭桥，为呼和浩特职业学院、内蒙古化工职业学院的树十名教师提供了由内蒙古机电职业技术学院举办国家骨干高职院校建设项目——“工学结合课程开发”专题培训，培训收到良好的效果。

包头市委会组织优秀教师前往固阳县百灵庙中学开展送教下乡活动。民进乌海市委会在乌海市第十三中学举行捐资助学活动、赠书活动等，向第十三中学赠送了 500 多本、价值达 4000 多元的图书。民进赤峰市委筹集善款 3 万元，购买《颂歌献给党》图书 5000 余册捐给赤峰市红山区中小学，推动赤峰市红山区《中华魂》主题教育读书活动的开展。民进集宁委员会和当地统战部联合为乌兰察布市蒙古族小学捐助 310 个书包、彩笔、保温杯、地球仪等学习用品。与乌兰察布市委统战部、市教育局联合，在市蒙中、前旗一中、丰镇市实验中学、集宁一中初中部等中小学开展法制教育和德育教育讲座活动，3000 多名学生听取了讲座。民进巴彦淖尔市总支帮助乌拉特前旗额尔登布拉格民族幼儿园申报国家课题并开展捐资助学活动。

（二）发扬民进优良传统，关心民生、服务社会

为弘扬孝老爱亲的传统美德，民进内蒙古区委

会看望呼和浩特市百岁老人。民进内蒙古区委会常委、农业大学张润生教授来到四子王旗定向营村，为马铃薯种植户提供了咨询培训。

民进呼市委员会第六支部在赛罕区金河湾小区召开了隆重热烈的书画社成立活动。组织会员参加赛罕区统战部组织的“三下乡”活动，为金河镇茂盛营村村民书写100余副春联。民进包头市委会专门成立了法律服务部，多次开展法律服务进社区、进校园活动，有针对性地进行普法宣传。此外，还进行了帮助农民工讨薪、争取工伤待遇等义务服务工作。民进乌海市委会在市劳教所为学员们举办了题为《身在逆境心系祖国》爱国主义知识讲座。民进通辽总支看望了90高龄的老会员李尚义和患病的会员宋健，给他们送去了组织的温暖，并组织会员去左中慰问贫困家庭和学生。民进集宁委员会邀请有关专家深入四子王旗、察右前旗的农村为农民举办了2期膜下滴灌培训班，和乌兰察布市残疾人联合会共同出资10.75万元建立乌兰察布市察右中旗残疾人扶贫基地。

（三）结合节日开展活动

春节前，区委会慰问了在呼的部分老会员，给他们送去了慰问金及新春祝福。“三·八”国际妇女节期间，区直总支、普教支部、综合二支部、出版支部组织了联谊会，民进呼市委员会组织女会员参观博物院。

四、自身建设

（一）以树立和践行社会主义核心价值体系为主线，推动思想建设和宣传工作取得新进展

1. 围绕中心，领导重视，制度完善

区委会领导高度重视思想宣传工作，列为主委会、常委会的重要议事日程，经常就思想宣传工作提出要求和指示。郑福田亲自部署，驻会副主委武晓瑞具体策划，领导带头撰写理论文章，修改宣传报道稿件。为了增加宣传工作力量，在人员紧张的情况下，为宣传部加派一名工作人员，充实了宣传队伍。

区委会认真贯彻《民进中央关于加强新形势下我会思想建设的意见》、2010民进中央全国网络宣传工作会议精神和区委会有关规章制度，宣传工作更加规范、及时而有效。坚持联系实际，联系基层，联系会员，充分调动了机关干部的积极性，加强了对外联系，扩大了信息源，扩展了宣传渠道，充分发挥了各种宣传媒体的作用，使思想宣传工作做到了形式多样，生动活泼。

2. 重点突出，发挥优势，形式多样

2011年民进内蒙古区委会宣传思想工作以树立和践行社会主义核心价值体系、建设学习型参政党为主线，坚持以重大事件为契机，以重要活动为载体，结合国家、自治区、统一战线和民进的重大事件、重要活动，丰富思想建设的内容和形式，提高针对性和说服力，增强实效性。

（1）“两会”宣传力度大。2011年1月内蒙古“两会”期间，民进内蒙古区委会宣传报道条数多，分量重，展示了内蒙古民进的风采，树立了内蒙古民进的形象，促进了内蒙古民进的工作。据不完全统计，内蒙古两会期间，《人民政协报》、《大公报》、《内蒙古日报》、《北方新报》、《内蒙古晨报》、《呼和浩特日报》、内蒙古电视台、内蒙古广播电台对民进内蒙古区委会和内蒙古民进会员中的人大代表和政协委员的报道有30多条。

（2）深入学习践行社会主义核心价值体系，开展学习胡锦涛总书记“七一”讲话精神、学习贯彻中共十七届六中全会精神、向杨佳同志学习的活动等重要思想建设工作。根据时事需要，为全体机关干部及时配发《推动科学发展解读——解析“十二五”》、《社会主义核心价值体系学习读本》、《中国的政党制度》等各种学习书籍。指导工作人员开展学习，加强了学习型机关建设。组织全区会员积极参加民进中央学习“十二五”规划纲要有奖征答活动，全区共计700多人次参加了活动，占会员人数的54%，地市级组织参与率100%，乌海市委会会员杨宏岳在第三期征答活动中获奖。

坚持不懈抓好思想建设，及时转发民进中央相关学习通知并结合实际贯彻落实，推动各级组织开展形式多样的学习活动，抓好中心组学习，增强基层组织活力，把学习列为基层总支、支部活动的重要内容，并组织丰富多样的活动，增强了思想建设工作的实效性。

（3）开展庆祝中国共产党成立90周年、纪念辛亥革命100周年系列活动。为庆祝中国共产党建党90周年、纪念辛亥革命100周年，民进内蒙古区委会依托内蒙古民进开明画院的组织优势和人才

优势，先后开展了多次大型书画活动，取得了良好的社会效益，彰显了民进的特色。

6月9日，民进内蒙古区委会在内蒙古大学民族博物馆举办了庆祝中国共产党建党90周年、纪念辛亥革命100周年——斯日古楞书画艺术展。书画展共展出作者近年来创作的150多幅优秀书画作品，其中有荣获上海大世界基尼斯之最，最长的蒙文书法长卷——《蒙古秘史》，这是此卷首次在内蒙古自治区展出。

6月23日，内蒙古民进开明画院与呼和浩特赛罕区大学东路街道办事处联合举办庆祝中国共产党成立90周年、纪念辛亥革命100周年大型书画笔会。民进的7位书画界会员为笔会活动奉献了30余幅佳作。

7月2日，内蒙古民进开明画院组织会内外书画界名家举办了民进内蒙古区委会庆祝中国共产党成立90周年名家书画笔会，书画家们用饱含深情的笔墨描绘祖国壮丽的河山，由衷赞美中国共产党成立90年来所取得的丰功伟绩，表达了对党对祖国和人民的深厚感情。

10月14日上午，由自治区党委统战部、民进内蒙古区委会、内蒙古书法家协会共同举办的“盛世嘤鸣——郑福田　何奇耶徒诗词书法作品展”在内蒙古美术馆开幕。国家民委主任杨晶、中纪委驻交通部纪检组长杨利民、中国书法家协会主席张海发来贺电。自治区党委副书记、政协主席任亚平，十一届全国政协提案委员会副主任王占出席，自治区党委常委、统战部部长王素毅出席并致辞。

（4）开展多党合作理论研究，推动参政党理论建设。领导带头开展理论研究，郑福田、张润锁、武晓瑞等都撰写了许多理论文章，领导与会员合作的研究论文《网络时代下民主党派人士参政议政应具备的素质》刊登在《内蒙古统战理论研究》2011年第2期，区委会的《发挥自身优势，积极开展社会服务工作》刊登在《内蒙古统战理论研究》2011年第1期。在自治区统战部举办的“统一战线庆祝中国共产党成立90周年征文”活动中，区直会员卢朝霞获得三等奖，区委会机关闫凤琴、包头会员白雪原、乔超英获得优秀奖。在包头统一战线纪念建党90周年征文活动中，我会2位会员获二等奖，1位会员获三等奖，4位会员获优秀奖。

（5）高度重视网络宣传。宣传部按照区委会领导的要求和指示加大了网络宣传的工作力度，对民进中央网站内蒙古网页进行及时的更新发布，积极拓宽视野，对当前国家大政方针、国家政治生活中的重要事件和民进中心工作，进行及时跟进和解读，对民进中央和区委会的工作进行及时报道，加强了时效性，为会员知情出力更好地参政议政提供帮助，同时起到了鼓舞人心、引领导向的作用。

区委会宣传工作，紧紧围绕区委会的中心任务，在各种媒体上发表的稿件数量多、时效快、内容新、信息量大，据不完全统计，2011年区委会及各级组织在电台、电视台、报纸、期刊上发稿156件，其中国家级媒体采用6件（深度报道4件），其他媒体采用150件（深度报道15件），发表理论文章20余篇；在民进中央网站和统战网、政协网上编发各类稿件300多条。2011年区委会获得民进中央宣传工作先进单位表彰。

（二）以做好换届筹备工作为重点，开拓基层组织建设新局面

1．深入基层做实做细换届筹备工作。制定并下发《民进内蒙古区委会关于市级组织换届工作的意见》，全面了解和掌握市级组织换届人选准备情况，指导市级组织做好换届工作。郑福田、武晓瑞亲自带队前往基层调研换届工作。截至2011年底，民进集宁委员会、民进赤峰市委会、民进包头市委会、民进呼和浩特市委会、民进通辽总支相继圆满完成换届工作。

2．大力推进组织管理信息化工作。通过参加会中央举办的“民进组织管理系统推广与使用培训班”，学习了组织信息管理系统的主要功能和操作方法，掌握了系统的实际操作。向各级组织转发《民进组织管理系统推广与使用的通知》，要求各级组织配合区委会做好组织和会员的信息的录入和导库工作。按照《组织信息采集模板》完成了区委会、各市委会、各级基层组织、各级组织专委会、各市委会机关信息录入工作。按照《会员信息采集模板》录入全区会员的信息。

3．以创建先进基层组织为契机，推进基层组织建设。区委会开展创建先进基层组织活动以来，涌现出一大批政治思想和工作业绩突出的先进基层

组织，受到民进中央的表彰，今年，区委会又授予呼和浩特市赛罕区总支等10个基层组织为“民进内蒙古自治区先进基层组织”，推动基层组织不断加强自身建设，提高履职的能力和水平。区委会以深入开展创先争优活动为契机，全面加强组织建设，成效显著，基层组织布局更趋合理，结构更加完善，整体素质普遍提高，全会的基础更加牢固。在“双岗建功”活动中更是涌现出一批先进人物，会员李文平获全国“各民主党派、工商联、无党派人士为全面建设小康社会作贡献先进个人”荣誉称号。

（三）以不断提升干部综合素质和加强“三化”建设为重点，努力建设学习型机关

按照建设高素质参政党的要求，区委会以不断提升机关干部综合素质和加强“三化建设”为重点，努力建设学习型机关。区委会机关认真贯彻落实民进区委会2011年工作要点和区委会领导指示精神，为顺利完成本职工作和领导交办的各项任务作出了积极努力，有力地配合了全会的工作。

区委会把不断提升机关干部综合素质作为一项长期任务，常抓不懈。把开展树立和践行社会主义核心价值体系活动与提高机关干部的政治理论水平、政治素养结合起来，收到良好效果。购置订阅必要的政治理论、办公业务书籍和各部门所需的报刊、杂志，更新办公设备，改善办公条件。

区委会把“制度化、规范化、程序化”作为不断加强机关建设的基础，把制度化作为“三化”建设的重中之重。根据形势和工作的需要，区委会机关修订了相关的规章制度，明确了各种会议纪要制度，强化了办公室职能，提高机关办文、办事能力，突出了部门工作的重要性，强化了各部门的职能，规范了部门的发文、办事程序。

上述举措，有效地提高了机关干部的工作效率、工作质量和工作能力，提升了机关干部队伍的综合素质，区委会机关建设提高到一个新水平，获得民进全国机关建设工作先进单位表彰。

一年来，区委会的各项工作虽然取得了新成绩和新进展，但也存在一些不足和问题，诸如：思想政治工作的针对性和实效性有待进一步提高；人才结构和知识结构尚需进一步优化；集智聚力提高履职水平的体制机制还须继续改进；机关工作还需要与时俱进，进一步加强等等，这些要求我们积极应对、认真总结，切实采取措施，进一步改进工作，为迎接新的机遇和挑战做好准备。

民进辽宁省委会2011年工作概述

2011年，在民进中央和中共辽宁省委的领导下，辽宁民进各级组织以中共十七届六中全会精神为指导，深入学习贯彻科学发展观，坚持以树立和践行社会主义核心价值体系为主线，着眼建设学习型参政党地方组织，全面履行参政党职能，各项工作取得显著成效。

一、重要会议和活动

1. 全委会。1月19日，民进辽宁省委会召开十届五次全委会议。

2. 常委会。1月19日，民进辽宁省委会召开十届八次常委会议。7月20日，民进辽宁省委会召开十届九次常委会议。

3. 主委会。1月18日，民进辽宁省委会召开十届十五次主委会议。6月23日，民进辽宁省委会召开十届十六次主委会议。9月1日，民进辽宁省委会召开十届十七次主委会议。11月17日，民进辽宁省委会召开十届十八次主委会议。

4. 其他会议。

机关参观会史教育基地。1月8至9日，民进辽宁省委会机关全体工作人员赴哈尔滨开展会史教育实践活动，参观首批“民进会史教育基地”——哈尔滨市马迭尔宾馆。5月16日至20日，民进辽宁省委会机关赴革命圣地西柏坡等地参观学习。

民进市级组织办公室主任会议。5月11日，民进辽宁省委会举办全省市级组织办公室主任会议。

民进教育界会员纪念中国共产党成立90周年座谈会。5月31日，民进辽宁省委会召开教育界会员纪念中国共产党成立90周年座谈会。

民进辽宁省委参政议政座谈会。7月7日，民进辽宁省委会在沈阳召开上半年辽宁省经济社会发展运行情况参政议政座谈会。

民进辽宁省委文化、出版界会员座谈会。7月19日，民进辽宁省委会在沈阳召开文化、出版界会员座谈会。

民进辽宁省委第五期辽西北农村骨干教师培训班。7月28日至31日，民进辽宁省委会举办第五期辽西北农村骨干教师培训班。

民进辽宁省委书画界会员座谈会。8月4日，民进辽宁省委会召开书画界会员座谈会。

民进辽宁省委学习谢严森同志先进事迹座谈会。12月21日，民进辽宁省委会在铁岭召开学习谢严森同志先进事迹座谈会。

5. 领导活动

1月6日，民进辽宁省委会专职副主委陆迎一出席辽宁省政府召开的省各民主党派、工商联主要负责人和无党派人士代表座谈会并发言。

1月10日，民进中央副主席、辽宁省政协副主席、民进辽宁省委会主委贺旻出席在京召开的民进十二届十四次主席会议。

1月13日，中共辽宁省委书记、省人大常委会主任王珉走访民进辽宁省委会机关并与机关干部座谈。贺旻、陆迎一陪同座谈。

1月14日，贺旻出席中共辽宁省委召开的省各民主党派、工商联主要负责人和无党派人士代表民主协商会议并发言。

1月14日，陆迎一赴京出席由中共中央统战部、民进中央和民进北京市委会联合组织的雷洁琼同志追思会。

1月15日，陆迎一在京参加雷洁琼同志遗体告别仪式。

1月20日至24日，民进中央副主席、辽宁省政协副主席、民进辽宁省委会主委贺旻，民进辽宁省委会副主委陆迎一、梅冬、王玲、王燕玲、胡玉等出席辽宁省政协十届四次会议。

1月21日至25日，民进辽宁省委副主委会姜军出席辽宁省人大十一届四次会议。

1月25日，贺旻、陆迎一走访慰问民进辽宁省委会老领导。

1月27日，陆迎一出席省直统战系统新春联欢会。

1月30日，陆迎一出席中共辽宁省委、省政府在沈阳召开的全省各界人士迎新春茶话会。

2月23日至25日，贺旻出席在京举行的十一届全国人大第十九次常委会议。

3月2日，胡玉参加“辽宁妇女迎全会、展风采”系列活动启动仪式暨“庆三八、迎全运、百万妇女健身行”活动。

3月3日至12日，陆迎一率民进辽宁省委会机关干部赴海南、广西学习考察。

3月5日至14日，贺旻出席在京举行的十一届全国人大第四次会议。

3月9日，贺旻出席在京召开的民进十二届十四次中常会。

3月16日，贺旻出席辽宁省政协召开的十届二十九次主席会议。陆迎一列席会议。

3月17日，陆迎一在民进辽宁省委会机关学习“两会”精神会议上讲话。

3月22日，陆迎一出席中共辽宁省委统战部召开的民主党派省委专职副主委第六次联席会议。

3月28日，陆迎一出席辽宁省政协委员工作委员会第一次全体会议。

3月29日至4月22日，陆迎一率调研组先后走访省民进厅、交通厅、卫生厅、住建厅和环保厅，就城市环境综合治理进行专题调研。

4月8日，陆迎一应邀参加了中共辽宁省委组织部组织的省直领导班子和领导干部年度考核民意调查。

4月20日至22日，贺旻出席在京举行的十一届全国人大第二十次常委会议。

4月27日，陆迎一与省住建厅有关同志就提案答复情况进行座谈。

5月12日至13日，民进中央研究室副主任左延珠一行3人来到辽宁就民进会史工作进行调研。陆迎一陪同调研。

5月11日，陆迎一出席全省民进市级组织办公室主任会议并讲话。

5月23日，王玲出席了民进沈阳市委举办的“纪念中国共产党90周年书画摄影展”开幕式。

5月24日，全国政协副主席、中央统战部部长杜青林来辽调研并与各民主党派负责人座谈，贺旻参加座谈。

5 月 31 日，贺旻、陆迎一出席民进辽宁省委会召开的教育界会员纪念中国共产党成立 90 周年座谈会并讲话。

6 月 1 日，贺旻、陆迎一出席民进辽宁省委会召开的科技医卫及经济界会员纪念中国共产党成立 90 周年座谈会并讲话。

6 月 2 日，陆迎一出席在京召开的民进“完善制度环境，促进民办教育发展”调研成果研讨会并发言。

6 月 8 日至 10 日，陆迎一列席在成都召开的民进十二届十五次中常会。

6 月 13 日，贺旻出席辽宁省政协十届三十次主席会议。

6 月 14 日至 15 日，陆迎一出席在江苏江阴召开的民进全国会史工作会议。

6 月 17 日，贺旻、陆迎一出席中共辽宁省委统战部召开的民主党派换届工作协商座谈会并发言。

6 月 20 日，陆迎一出席中共辽宁省委统战部召开的辽宁省统一战线纪念建党 90 周年座谈会。

6 月 22 日，贺旻参加辽宁辽宁省政协举行的常委集体学习报告会，听取国防大学金一南教授作“苦难辉煌—对国家和民族命运的思索”专题报告。

6 月 23 日至 24 日，贺旻、陆迎一、梅冬、王玲、王燕玲、胡玉、张传吉出席辽宁辽宁省政协十届十五次常委会议。

6 月 27 日，陆迎一出席民进抚顺市委“庆祝中国共产党诞辰 90 周年暨抚顺开明书画研究会成立书画摄影展”。

6 月 27 日至 30 日，贺旻出席十一届全国人大第二十一次常委会议。

7 月 7 日，新任中共辽宁省委副书记夏德仁，辽宁省政协副主席、省委统战部部长高鹏，省委副秘书长彭益民，省委统战部常务副部长王春生到民进辽宁省委机关走访调研。陆迎一陪同走访。

7 月 11 日至 12 日，贺旻出席在铁岭召开的辽宁省政协十届三十一次主席会议。

7 月 11 日，陆迎一、梅冬应邀出席由民进辽宁省委，沈阳市政协学宣文史委，辽宁社会科学院书画艺术研究中心、文学研究所、辽宁省摄影家协会主办的“文化的歌者—陈秀庆现象”座谈会并讲话。

7 月 26 日，陆迎一出席辽宁省党外知识分子纪念中国共产党成立 90 周年书画展。

8 月 3 日，陆迎一出席中共辽宁省委统战部召开的省直统战系统干部教育培训工作领导小组会议。

8 月 4 日，辽宁省政府召开各民主党派、工商联负责人和无党派人士代表座谈会。贺旻出席会议并发言。

8 月 15 日，陆迎一出席辽宁省党派大楼民主管理委员会会议并发言。

8 月 24 日至 26 日，贺旻出席十一届全国人大第二十二次常委会议。

8 月 26 日，陆迎一、姜军参加辽宁省政府组织的省各民主党派、工商联、统战团体及无党派人士辽河流域治理情况考察活动。

8 月 30 日，贺旻会见原全国政协副主席、民进中央第一副主席张怀西，陆迎一陪同会见。

8 月 31 日，贺旻出席辽宁省政协十届三十二次主席会议，陆迎一列席会议。

9 月 2 日，贺旻出席民进辽宁省委会机关部分处级职位竞争上岗工作会议并作动员讲话。

9 月 7 日，陆迎一出席中共辽宁省委统战部召开的民主党派省委专职副主委第八次联席会议并发言。

9 月 13 日，贺旻出席中共辽宁省委召开的党外人士座谈会。

9 月 13 日，陆迎一率辽宁省政协民进界别组委员到沈阳开展考察调研活动。

9 月 15 日至 16 日，贺旻、陆迎一、王玲、王燕玲、张传吉出席辽宁省政协十届十六次常委会议。

9 月 21 日，严隽琪出席在沈阳举行的“2011 国际和平日纪念活动暨东北亚发展论坛”开幕式大会。贺旻、陆迎一前往迎送。

9 月 22 日，贺旻出席在抚顺市召开的辽宁省政协十届三十三次主席会议。

9 月 30 日，中共辽宁省委邀请省各民主党派、工商联负责人和无党派人士代表，就省委、省纪委换届人事安排方案征求意见。陆迎一出席会议并发言。

10月9日，陆迎一在机关工作会议上讲话。

10月19日，贺旻出席民进十二届十六次中常会。

10月17日，陆迎一带队赴阜蒙县和西丰县开展扶贫活动。

10月19日，陆迎一看望在中共辽宁省委党校参加全省党外代表人士培训班的民进会员。

10月20日，陆迎一在民进辽宁省委会机关学习中共十七届六中全会精神专题会议上讲话。

10月31日，陆迎一出席民进营口市第四次会员代表大会并讲话。

11月15日，贺旻出席辽宁省政协十届三十四次主席会议。

11月13日，陆迎一率队参加辽宁省公务员基本功暨《公务员法》知识竞赛活动。

11月15日，陆迎一在机关工作会议讲话。

11月16日，陆迎一出席辽宁省党政机关公务用车问题专项治理工作会议。

11月18日，贺旻、陆迎一出席民进辽阳市第五次会员代表大会并讲话。

11月24日，贺旻、陆迎一出席民进鞍山市第五次会员代表大会并讲话。

11月27日至28日，贺旻、陆迎一出席民进沈阳市第十二次会员代表大会并讲话。

11月25日，全国人大常委、民进中央副主席、中国民办教育协会会长王佐书应邀来辽参加“辽宁省民办中学课堂教学改革研讨会”并作主题报告。贺旻、陆迎一陪同。

11月28日，陆迎一、梅冬、姜军出席辽宁省民主党派“同心”工程“四个一”活动总结表彰电视电话会议。

12月1日，陆迎一出席民进锦州市第六次会员代表大会并讲话。

12月6日，贺旻出席民进十二届十七次主席会议和民进十二届十七次常委会议。

12月7日至9日，贺旻、陆迎一、王玲、王燕玲、刘明国、胡玉、张传吉出席出席民进十二届五中全会。

12月9日，贺旻、陆迎一出席在京召开的民进省级组织负责人会议。

12月15日，贺旻出席辽宁省政协十届三十五次主席会议。

12月10日至11日，陆迎一等出席在京举行的民进全国机关工建设会议。

12月12日至13日，贺旻、陆迎一出席民进大连市第十二次会员代表大会并讲话。

12月14日，贺旻、陆迎一出席民进丹东市第七次会员代表大会并讲话。

12月16日，陆迎一出席辽宁省高级人民法院征求意见座谈会并发言。

12月22日，贺旻、陆迎一、梅冬、王玲、王燕玲、胡玉、张传吉出席辽宁省政协十届十七次常委会议。

12月26日至31日，贺旻出席十一届全国人大第二十四次常委会议。

12月26日，陆迎一出席辽宁省政府举办的省各民主党派、工商联负责人及无党派人士代表座谈会。

12月26日，陆迎一出席中共辽宁省委统战部召开的省直统战系统目标绩效评估总结会议并发言。

12月27日，新任中共辽宁省委统战部部长孙远良、省委统战部副部长邱成和到民进辽宁省委会机关走访慰问，陆迎一陪同。

12月29日，王燕玲、胡玉出席辽宁省妇联九届三次执委（扩大）会议。

12月19日，贺旻、陆迎一出席民进阜新市第五次会员代表大会并讲话。

12月21日，贺旻、陆迎一出席民进铁岭市第六次会员代表大会并讲话。

12月23日，陆迎一出席民进朝阳市第六次会员代表大会并讲话。

12月24日，贺旻、陆迎一出席民进抚顺市第六次会员代表大会并讲话。

二、参政议政工作

1. 政治协商。民进辽宁省委会领导出席中共党委、政府协商会、通报会20余次。全国人大代表贺旻、王桂荣和全国政协委员杨赤、秦百兰在全国“两会”上建言献策。

2. 辽宁省政协提案和大会发言。提交全国政协十一届四次全会个人提案2份。征集省政协十届四次全会提案49份，提交大会发言6件、集体提案4件、委员个人提案6份。《关于加强我省文化设施建设的建议》被评为辽宁省政协重点提案。

3. 反映社情民意信息。编写《辽宁民进信息》146期，被民进中央、辽宁省政协和中共辽宁省委统战部采纳70篇，《尽快采取措施解决好城市中小学生午餐问题》信息得到陈超英副省长批示。省委会荣获中共省委统战部信息工作先进单位一等奖，省政协反映社情民意信息工作二等奖，民进省直工委被评为统战信息工作先进基层单位，5名同志被省政协评为优秀信息撰稿人和优秀信息工作者，3名同志被省委统战部评为信息工作先进个人。

4. 专题调研。辽宁民进共完成调研报告575篇，转化为省市政协大会发言和提案391件，调研成果获市级以上表彰212项。民进省委完成调研课题11项，向民进中央申报课题2项，提交5篇调研报告作为全国政协大会发言和党派提案素材。受民进中央委托，完成了《关于完善制度环境，促进民办教育发展的建议案》，省委会应邀在民进中央民办教育发展座谈会上发言。2011年，省委会被民进中央评为参政议政工作先进单位。

5. 专委会。继续聘用40名参政议政特邀研究员，定期召开参政议政骨干座谈会。完善专委会网络交流平台。民进辽宁省委会分别对179名参政议政工作先进个人、11个反映社情民意信息工作先进单位和71名反映社情民意信息工作先进个人进行表彰。

三、社会服务成果

开展社会服务活动471次，其中，扶贫帮困160次、捐资助学117次、其他公益活动194次，资助贫困学生436名，举办培训班、讲座26次，培训农民工和困难家庭子女300人，捐款物折合人民币664.7万元，招商引资已到位资金175.2亿元。省委会向天德镇中心小学、阜蒙县泡子学校捐赠49台（件）电脑、体育器材及打印机等教学设备，价值40余万元。7月，省委会在沈阳市举办第五期辽宁西北部农村骨干教师培训班，61名农村骨干教师参加培训。与民进沈阳市委会共同举办第二期阜新与沈阳教师手拉手助学活动。支持辽宁省实验中学与内蒙通辽二中继续开展“城乡少年手拉手”助学活动。

四、自身建设情况

1. 思想建设。（1）继续开展树立和践行社会主义核心价值体系活动。通过收看先进事迹报告会实况、参与“学习‘十二五’规划纲要”有奖征答、领导带头发表文章等形式，提升活动实效。参与“学习‘十二五’规划纲要有奖征答”活动获民进中央“优秀组织奖”，在民进中央树立和践行社会主义核心价值体系座谈会上介绍经验。（2）开展纪念中国共产党成立90周年活动。下发学习文件，分别组织教育、文化、出版和科技、医卫、法律等界别会员座谈。《辽宁民进》增设纪念专栏，组织参观、征文活动。在省级以上刊物发表文章149篇。（3）开展“双岗建功”活动。鼓励会员在本职岗位和会务工作中建功立业。宣传谢严森等会内外典型的先进事迹，在全省民主党派“同心”工程“四个一”活动总结表彰会上，有5个单位、13名会员获表彰。11月，铁岭会员谢严森被中央统战部、国家人社部、各民主党派中央、全国工商联联合授予“为全面建设小康社会作贡献先进个人”荣誉称号。网络宣传获“省直统战系统网站宣传优秀单位”。（4）会史和理论研究工作。在沈阳、抚顺召开了会史工作座谈会，开展“口述会史”活动和会史调研，在沈阳、大连、丹东设立爱国主义教育基地的建议受到中央统战部、民进中央和省委统战部的支持，提案得到落实。全年征集纪念文章100余篇，统战理论文章35篇，三篇论文获全省统战理论研究优秀成果三等奖，编印出版征文集《集智同心 聚力同行》。

2. 制度和作风建设。结合主题教育、纪念活动和履职实践，进一步完善规章、强化制度落实。制定并实施《民进辽宁省委参政议政课题申报制度》。推荐6名会员参加民进全国骨干会员培训班，8名会员参加中共省委党校的全省党外代表人士培训班。省委会领导班子走访基层38次。

3. 组织建设。成立民进辽宁省委会换届工作领导小组，印发《民进市级组织换届工作指导意见》，加强与中共各级党委、统战部的沟通协商，全省11个市级组织完成换届工作。省委会推荐6名会员担任省公安机关服务经济社会发展特邀监督员、12名会员担任省高法特约监督员。全省共发展新会员427人，会员总数达10324人，新建基层组织5个，基层组织432个，有1274人获市级以上奖励。

4. 机关建设。细化工作责任制，落实考勤和民主测评制度。举办民进全省办公室主任培训班。印发学习资料，组织交流，赴西柏坡进行“重温历史，同心同行”考察，组织参加省直各项文体比赛活动，为机关建设营造氛围。省委会分别获省直工委和省妇联“体育道德风尚奖”和“辽宁妇女迎全运展风采徒步走活动”优秀组织奖。鼓励机关干部参加各种培训班、在职研究生班等，参加全省《公务员法》知识竞赛，提高整体素质。两篇文章获中共省直机关工委纪念建党90周年征文二等奖和三等奖，省委会被民进中央评为“民进全国机关建设先进单位”，档案工作获省档案局优秀等次，财务工作被省财政厅评为财务决算三等奖。

民进吉林省委会2011年工作概述

2011年，民进吉林省委会以继续深入开展树立和践行社会主义核心价值体系学习教育活动为重点，以开展纪念中国共产党成立90周年和辛亥革命100周年系列活动为契机，弘扬共产党好、社会主义好、改革开放好和伟大祖国好的主旋律，坚定广大会员坚持走中国特色社会主义政治发展道路的信念，努力推进学习型参政党建设；牢固树立“人才兴会”观念，加强培训力度，切实加强组织建设，不断提升我会的整体素质；完善参政议政工作机制，围绕“十二五”规划的目标任务，深入开展专题调研，积极建言献策；依托优势，找准角度，尽力而为，努力做好社会服务工作；加强制度化、规范化建设，努力提高机关工作水平。

一、重要会议及活动

1月22日，民进吉林省第六届委员会第五次全体会议在长春举行。会议审议通过了薛康主委代表六届常委会所作的工作报告。民进吉林省委会副主委段维智传达了民进中央十二届四中全会精神。会议通报了民进吉林省委会2011年工作要点，审议通过民进吉林省六届五次全委会议决议，并增补了辽源市副市长王桂敏为民进吉林省第六届委员会委员。

3月16日，民进吉林省委会六届十次常委（扩大）会议在团结大厦3楼会议室举行。民进吉林省委会主委薛康、副主委杜婕分别传达了全国“两会”精神。

3月16日，民进吉林省委会参政议政工作会议在团结大厦3楼会议室召开。

6月12日，民进吉林省委会举办了“同心同行谱华章”庆祝中国共产党建党90周年演唱会。薛康在演唱会上祝辞，中共吉林省委统战部领导、各兄弟党派领导以及部分民进会员及会员所在单位党委的领导出席演唱会。

6月12日，段维智带领部分经济界会员，赴通化市辉南县朝阳镇长胜村等八个村看望老党员、老革命、老模范，为他们送去慰问金。

6月28日，吉林省统一战线庆祝中国共产党成立90周年座谈会在长春举行。民进吉林省委会主委薛康、副主委段维智、秘书长杜爱群出席座谈会，薛康在座谈会上发言。

7月1日，民进吉林省委会向磐石市宝山镇中心校捐赠1313册价值24000余元的图书，帮助该校建设“同心图书室”。

7月7日，民进吉林省六届十三次主委会议在民进吉林省委会机关举行。会议审定了2011年参政议政调研课题，讨论通过了《民进吉林省委关于2011年市级组织换届工作的意见（草）》。

7月18日至7月20日，民进吉林省委会在吉林省社会主义学院举办“中国民主促进会吉林省委员会骨干会员培训班”。薛康出席部分专题讲座并与培训班学员合影。

7月20日，民进树立和践行社会主义核心价值体系先进会员事迹宣讲大会在吉林省长春市举行，薛康主持会议，民进中央副主席王佐书出席大会并讲话。

8月11日至12日，民进吉林省委会参政议政工作会议在吉林省辉南县召开。

9月2日，为庆祝教师节，民进吉林省委会组织教育委员会委员、省直工委部分会员近百人赴伊通县大孤山秋游，并参观了伊通满族博物馆。

10月14日至20日，民进吉林省委会调研组在段维智带领下，就长白山旅游文化建设与长白山旅游发展问题赴旅游资源大省陕西进行旅游文化调研。

10月26日，民进吉林省委会召开专题学习会议，认真学习传达《中共中央关于深化文化体制改革 推动社会主义文化大发展大繁荣若干重大问题的决定》。

11月2日至4日，薛康带领调研组就民进吉林省委会2011年度重点调研课题——长白山旅游文化建设与长白山旅游发展问题赴长白山保护开发区管理委员会、白山市和吉林省旅游局开展调研。

11月8日，按照中央统战部和民进中央的要求和部署，民进吉林省委会召开学习会议，学习贯彻《胡锦涛同志在纪念辛亥革命100周年大会上的讲话》精神。

二、参政议政

2011年，民进吉林省委会围绕吉林省“十二五”规划，发挥自身优势，积极开展专题调研究。组织会内专家、学者对我省农业区域经济发展进行了深入调研，形成《关于加快吉林省西部地区盐碱地资源开发利用的建议》和《关于发挥农业资源优势，尽快推进我省区域经济发展的建议》，报送中共吉林省委，得到省委书记的批示。民进吉林省委会组成调研组对我省长白山文化建设和长白山旅游发展开展专题调研，深入陕西省西安市曲江区、吉林省旅游局、长白山管委会、白山市等地调研，形成了《关于推动我省长白山文化建设和长白山旅游的建议》的调研报告。另外组成调研组就我省养老服务业发展开展调研，形成了《关于促进我省养老服务业发展的建议》报送省委、省政府。

继续在全省各级组织中广泛征集参政议政调研课题20项，并组织会内外专家充分论证和经主委会议决定，将《关于促进长吉图生态经济协调发展的建议》和《管理创新视角下的我国农村专业合作组织建设问题的建议》两项课题向会中央申报。在省长与民主党派和政协委员座谈会上，民进吉林省委会做了题为《关于推行第三方调研社会满意度评价制度和增进文化民生建设步伐的建议》的专题发言。会上省长责成省政府办公厅予以认真研究落实。

为提高参政议政规范化水平，对全省骨干会员就如何作好参政议政和反映社情民意工作做了专题辅导。全省各级组织和会员共报送社情民意信息96件，民进吉林省委会从中选出48件报送民进中央、省政协和省委统战部。在省政协十届四次会议上，省民进共提交团体提案10份，其中：《关于加强中小学心理健康教育教师配备的建议》、《关于加强吉林省城乡一体化就业与社会保障体系建设的建议》被评为省政协十届四次优秀提案。

民进吉林省委会为了进一步完美参政议政工作机制，出台了《民进吉林省委会关于报送社情民意的奖励办法》。按照《民进吉林省委关于参政议政课题申报及奖励办法》，表彰奖励了十位在2011年对民进吉林省委会参政议政工作做出突出贡献的会员。民进吉林省委会召开了两次参政议政工作会议，总结和部署参政议政工作、研讨参政议政课题。在民进中央召开的参政议政年会上，民进吉林省委会以《加强参政议政调研工作的组织和领导，强化调研工作的计划性、科学性》为题在大会上做了交流发言。吉林农业大学窦森同志撰写的《关于大力推进表土剥离工作的建议》被评为民进中央2011年度参政议政成果二等奖。

三、社会服务

努力打造“同心”品牌，推动“同心”实践活动，为吉林经济和社会事业发展做出贡献。民进吉林省委会发挥自身优势，积极开展为农村学校和村委会捐建“同心书屋”和“同心图书室”活动。先后为1个村委会和2个小学捐建了“同心书屋”和“同心图书室”及教学器材。捐赠图书共计8093余册，总价值约100700元。为丰富农民的业余文化生活，增长农民的农业科技知识，推动农村小学进一步发展起到积极作用。

民进吉林省委会和各市委会及省直工委，努力开展“万企联万户回报社会感恩行动”，组织会员赴农村慰问老党员、老革命、老模范，资助和包保困难群众238人次，累计帮扶资金32万余元。

四、自身建设

民进吉林省委会积极响应民进中央号召，深入开展树立和践行社会主义核心价值体系学习教育活动，制定了《民进吉林省委关于在全省范围内开展打造“同心”品牌、推动“同心”实践活动的方案》，要求全省各级民进组织积极打造“同心”品牌，推动“同心”实践活动，引导和教育广大会员与中国共产党在思想上同心同德、目标上同心同向、行动上同心同行。举办了建设高素质参政党报告会，邀请民进中央副主席王佐书和民进中央副秘书长高友东分别作了专题报告；编辑出版了《“双岗建功“谱新篇——吉林省民进会员践行社会主义核心价值体系先进事迹选编》一书，产生了良好的激励和引领示范作用；组织会员和机关干部观看了中央统战部召开的树立和践行社会主义核心价值体系先进人物事迹报告会录像，参加民进中央组织的学习”十二五”规划纲要有奖征答活动；响应民进中央号召开展“重温历史、同心同行——参观中共党史、民进会史教育基地活动”的号召，组织部分会员和专职干部赴中共一大会址、南京中山陵、民进成立旧址和我会老一辈领导人王绍鏊、叶圣陶先生纪念馆等参观学习，受到了生动的革命传统教育和我会优良传统教育；在《人民政协报》、《民主》、《统战纵横》、《吉林民进》等刊物上宣传了一批民进会员“双岗建功”的先进事迹。

为纪念中国共产党成立90周年和辛亥革命100周年，民进吉林省委会举办了“同心同行谱华章——庆祝中国共产党成立90周年演唱会，《吉林民进》增编了纪念中国共产党成立90周年和辛亥革命100周年专刊。组织书画界会员参加了民进中央在南京举办的纪念中国共产党成立90周年和辛亥革命100周年书画展。组织会员和机关干部认真学习胡锦涛总书记的“七一”重要讲话和在纪念辛亥革命100周年大会上的重要讲话。中共十七届六中全会召开后，民进吉林省委会及时转发了《民进中央关于学习贯彻中共十七六中全会精神的通知》，要求各级组织和广大会员认真学习，领会精神，发挥自身优势，为建设文化强国做出更大的贡献。

通过一系列的学习和教育活动，使全省广大会员深刻认识了中国共产党的先进性和在新形势下弘扬我会优良传统、建设高素质政党的必要性，牢牢把握民主党派树立和践行社会主义核心价值体系的主题就是坚持中国共产党的领导、坚持走中国特色社会主义政治发展道路，提高了广大会员特别是各级领导班子和骨干会员的政治思想素质，推动了我会的思想建设。

民进吉林省委会高度重视组织建设，牢固对立“人才兴会”的观念，切实推进组织建设规范化、制度化，使组织发展、基层组织建设和后备干部队伍建设等项工作取得了显著成效。全省新成立了9个基层组织，发展会员201名，全省会员总数达到3862名。民进吉林省委会坚持把组织发展工作与后备干部队伍建设结合起来，注重在发展中发现人才，培养人才、使用人才。按照民进中央的部署，制定下发了《民进吉林省委组织管理系统推广方案》，进一步提高了组织工作的科学化、信息化水平。以庆祝“三八”节、教师节等活动为载体，开展丰富多彩的活动，密切与广大会员的情感交流，丰富和创新组织活动的内容与形式，增强了我会的凝聚力。

为提高会员素质，民进吉林省委会认真开展培训工作，推荐部分会员参加了民进中央和中央统战部举办的各种培训班，并有针对性地对近三年来入会的省会城市以外的年轻骨干会员进行了培训，各市委会也分别举办了各种形式的培训班，形成了多层次多角度的会员学习培训机制，成为提高会员履职能力和“双岗建功”的有效途径。

为做好市级组织换届工作，民进吉林省委会召开了市级组织换届工作会议，制定下发了《民进吉林省委关于2011年市级组织换届工作的意见》和《民进吉林省各市级组织换届工作程序》，对市组织换届工作提出了明确的要求和具体指导意见。2011年，市级组织基本完成了换届工作，一批政治素质高、年富力强，热心会务工作的同志选进了领导班子，使市级组织班子结构更趋合理，在建设高素质参政党的道路上迈出了坚实的一步。

民进吉林省委会和各市委会机关不断加强制度建设和作风建设，机关人员团结协作，相互配合，努力提高工作实效，使各项会务工作得到顺利开展。民进吉林省委会机关坚持每周三集体学习制度，努力营造良好的学习氛围。通过学习、培训、组织活动和以会代训等形式和工作实践，培养机关干部树立正确的世界观、人生观和价值观，树立勤奋意识、服务意识、协作意识、自我约束意识和创新意识，提升了机关干部的综合素质。坚持以人为本，关心机关工作人员的生活，加强机关文化建设，机关办公条件得到了进一步改善。在年末召开的民进全国机关建设工作会议和省组织组织负责人会议上，民进吉林省会机关被民进中央授予机关建设先进单位，新闻宣传工作受到专项表彰。

民进黑龙江省委会 2011 年工作概述

2011 年，民进黑龙江省委会总体工作方针是：以中国特色社会主义理论体系为指导，贯彻落实中共“十七大”及中共十七届五中全会精神和民进十大精神，坚持“有思有行、集智聚力、顺势而为、开拓创新”的工作方针，紧紧围绕我省“十二五”规划发展纲要的颁布实施，找准工作的着力点和切入点，发挥优势，体现特色，为促进我省经济社会更好更快发展、保持社会和谐稳定做出新贡献。

一、重要会议及活动。

1. 2011 年 1 月 16 日，民进黑龙江省委会举行缅怀追思雷洁琼同志仪式。民进黑龙江省委会主委程幼东作讲话，民进黑龙江省委会副主委张显友主持。

2. 2011 年 1 月 16 日，民进黑龙江省委黑龙江六届五次全委会议在哈尔滨召开。程幼东代表民进省委第六届常委会做了工作报告。会议传达了民进十二届四中全会精神；审议通过了民进黑龙江省委常委会工作报告；对今年工作进行了部署；选举增补了省委委员。

3. 2011 年 6 月 8 日，民进黑龙江省委会副主委邓宗全、康凤英出列席民进中央第十五次常委会。省委会副主委康凤英代表程幼东做了会上交流发言。

4. 2011 年 6 月 30 日，中共省委统战部召开各民主党派省委、省工商联及无党派人士庆祝中国共产党成立 90 周年座谈会。中共省委副书记、常务副省长杜家毫出席会议并作重要讲话。程幼东出席会议并作了发言。康凤英出席会议。

5. 2011 年 7 月 27 日，程幼东出席民进哈尔滨市委会第十一次代表大会，并在会上作了讲话。大会经过选举，张显友当选主任委员。

6. 2011 年 8 月 3 日，民进中央副主席王佐书一行赴黑龙江开展关于界江植被保护和水土流失情况的调研。4 日上午，调研组一行在省政协会议室召开座谈会，省委会主委程幼东，副主委康凤英、温晓丽参加了座谈会。

7. 2011 年 8 月 19 日，全国人大副委员长、民进中央主席严隽琪出席在大庆市召开的“中国青爱工程五年经验交流会暨大庆基地授牌仪式”期间，专程前往民进大庆市委会机关看望机关工作人员，并与市委会领导班子及各界会员代表召开座谈会。程幼东、康凤英，中共大庆市委统战部部长崔莹陪同严主席走访市委会机关并参加了座谈会。

8. 2011 年 9 月 26 日，全国政协委员、民进中央常委、民进中央经济委员会主任、民进北京市副主委、博士生导师、清华大学政治经济学研究中心主任蔡继明教授应黑龙江省政协的邀请，专程来到哈尔滨，为正在参加省政协十届十五次常委会议的政协委员和机关干部作中国经济问题的专题报告。报告结束后，程幼东会见了蔡继明并合影留念。

9. 2011 年 10 月 26 日，中共黑龙江省委召开会议，向党外人士通报刚刚结束的省委十届十八次全会有关情况。省政协主席杜宇新主持会议；按照省委要求，受省委书记吉炳轩委托，省委副书记杜家毫通报有关情况。民进黑龙江省委会主委程幼东、副主委张显友、邓宗全、温晓丽和民进黑龙江省委会常委乔英杰出席了会议。

二、参政议政

民进黑龙江省委会荣获“民进省级组织参政议政工作先进单位”。

（一）2011 年，民进黑龙江省委会提交并立案党派提案 6 份，其中，《关于加强学生奶进校工作的建议》、《保护和发展我省乳业的建议》被省政协列为重点督办提案，分别由省政协郭晓华副主席和科教委进行督办。在省政协十届四次会议上，省委会团体提案《关于强化我省"雪乡"品牌效应，落实"可持续"发展战略方针的建议》、《关于大力发展特殊教育，努力为学生服务造福社会的建议》和政协委员康凤英、任海天、莫淑华提交的《关于取缔哈尔滨市公交移动传媒医疗广告的建议》、《关于呼吁将阿城区"胡举人府"纳入文物保护范围的提案》、《关于在全省开展城管行政执法进社区的提案》被省政协评为十届三次会议优秀提案。

民进黑龙江省委会向民进中央报送信息20条，被采纳3条，其中由东北农业大学金益教授提交的《关于加强对玉米等农作物育种的支持力度，维护国家粮食安全的调研报告》，得到民进中央高度重视，在全国两会上以民进组提案形式上报全国政协，被确定为全国政协重点督办提案，并被民进中央评为2011年参政议政成果一等奖；向省政协报送信息20条，被采纳8条；向省委统战部报送信息16条，被省统战信息专报采纳4条、中央统战部采纳1条。信息工作在政协和统战系统中位居前列。

（二）2011年8月初，民进中央副主席王佐书一行来我省开展关于界江植被保护和水土流失情况的专题调研，省委会抓住契机，积极协调省水利厅、相关专家学者召开座谈会，并安排人员与调研组一同到同江、抚远等地开展实地调研，通过民进中央的支持，争取得到国家的重视和扶持。积极参与会中央参政议政网络平台开展的意见征集活动，先后对推进文化体制改革，促进文化大繁荣、大发展和深化科技体制改革、建设国家创新体系等问题提出积极的意见和建议。高度重视与各市委会的合作，加强参政议政队伍建设，在完成年度重点调研课题《完善制度环境优化管理机制积极推动我省民办教育可持续发展》和《黑龙江省农村土地流转现状、存在问题和对策》时，分别与齐齐哈尔、牡丹江、佳木斯、绥化等市委会开展合作，确保调研报告按时、高质量完成。

三、社会服务

民进黑龙江省委会连续三次被中共省委、省政府评为"中省直单位帮建新农村工作先进单位"。

（一）坚持开展"9+1"帮扶工程和新农村帮建活动。在"9+1"帮扶中，协调省直会员王乐吉、马海龙、俎晓彤为兰西县长岗乡中学40名贫困学生捐赠助学资金；组织文艺界会员无偿为第七届中国（兰西）亚麻旅游文化节进行专场文艺演出；利用会内优势，为兰西县中小学校长和骨干教师争取参加省里培训名额，并组织会内教育专家赴兰西为当地教师开展专业培训。在新农村帮建工作中，与宝清县郝家村结成帮扶对子。协调会员马海龙为村民捐赠了价值50万元的药品，协调会员方同华、于长江分别为村里捐赠了10万元饮用水设备建设资金和2000件衣物，省委会为全村捐赠了30台电脑。

（二）积极开展援疆活动。2011年7月，民进黑龙江省委会领导带领经济界会员参加了民进中央开展的民进"同心·彩虹行动"援疆捐助暨"同心工业园"揭牌活动，委员方同华出资80万元，为新疆阿勒泰地区100所农村小学捐建了图书室，向阿勒泰和伊犁1万名农牧老人捐赠了半导体收音机。严隽琪专程赴疆参加捐赠仪式并召开座谈会，方同华在座谈会上的发言，受到民进中央领导的高度赞扬。

（三）鼓励和支持会员开展公益活动。2011年9月，会员赵越峰为北京林业大学教育基金会捐款200万元，设立"丰华镇远攀登助学金"，王佐书出席了捐赠仪式，并作了重要讲话。10月，会员于长江向哈尔滨市多家单位捐赠了价值125万元的衣物，康凤英副主委出席了捐赠仪式并作了讲话。

（四）积极参加省统战系统开展的"回报社会——感恩行动"。按照省委统战部具体部署，民进黑龙江省委会与抗美援朝老战士许国祥老人结成帮扶对子，根据老人的实际困难，积极协调经济界会员为老人奉献爱心，方同华为老人捐赠2000元慰问金，董俊明捐赠了1000元慰问金、价值1000余元的礼品和彩电，张宏志捐赠了价值2500元的家用电器，用实际行动表达了民进组织和会员的爱心。

（五）积极开展拥军活动。2011年3月5日，民进黑龙江省委会与市残联共同举办了"践行雷锋精神 军民鱼水情深"慰问驻哈"老虎团"专场文艺演出；3 月 19 日，联合市残联到苏宁生前所在部队进行慰问演出。

四、机关建设

2011 年，民进黑龙江省委会获得“省级文明单位标兵”称号。

（一）省市机关积极参与，有力推动“创建先进机关”工作深入开展。民进黑龙江省委会转发了民进中央《关于表彰民进先进机关的方案》，提出了贯彻落实的具体要求。大庆市委会借助民进中央主席严隽琪莅临大庆出席“中国青爱工程五年经验交流会暨大庆基地授牌仪式”的契机，邀请严隽琪和省委会领导走访参观了市委会机关，召开座谈会，有力地推动了机关全面建设。省委会配合民进中央机关建设工作调研组，深入鹤岗市委会开展调研，并安排佳木斯、伊春市委会领导参加座谈和调研，向民进中央领导展示了黑龙江民进省市级机关建设水平，得到了调研组的充分肯定。为进一步推动“创建先进机关”活动深入开展，去年年底，民进黑龙江省委会召开全省机关建设工作会议，省委会机关和 8 个市委会机关作了汇报交流，2 个市委会作了书面交流。会刊《黑龙江民进》刊登了齐齐哈尔、绥化等市委会机关建设工作经验，加强了省市机关的互动。在民进全国机关建设工作会议上，哈尔滨市委会被评为“民进全国机关建设工作先进单位”。

（二）多措并举，努力提高机关干部队伍素质。民进黑龙江省委会和各市委会组织机关人员积极参加歌咏比赛、演讲比赛、读书征文、座谈会、党史会史知识竞赛等活动，提高了工作人员的政治思想素质和理论业务知识水平。组织机关工作人员参观珍宝岛实地和自卫还击作战烈士陵园、新农村建设帮建成果，进行了爱国主义和革命传统教育。去年 11 月，组织机关人员到民进广西区委会参观调研，认真学习借鉴机关建设的先进经验。利用江西、江苏、广西、北京、天津等省市民进机关来我省考察的时机，加强相互交流，开阔视野，增长见识，实现了共同进步。

民进江苏省委会 2011 年工作概述

2011 年，在民进中央和中共江苏省委带领下，民进江苏省委会以树立和践行社会主义核心价值体系为主线，围绕省、市级组织换届工作，扎实推进自身建设，不断提高履行职责能力，为在新的起点上开创江苏科学发展新局面做出了积极贡献。民进江苏省委会荣获民进全国机关建设工作先进单位表彰；会刊和参政党理论研究两项工作荣获民进中央专项工作先进表彰。

一、重要会议及活动

1 月 20 日，民进江苏省直工委举行 2011 年迎春联欢会。民进江苏省委会主委陈凌孚代表省委会发表讲话。

1 月 24 日至 25 日，陈凌孚赴连云港、徐州市进行组织工作调研。

2 月 11 日，民进江苏省委会八届二十二次主委会议在宁召开。陈凌孚主持会议，会议专题讨论了组建江海文化研究会的有关问题，并就筹建工作提出了具体要求。

3 月 3 日至 12 日，陈凌孚出席在北京召开的全国政协十一届四次会议。9 日，在北京人民大会堂举行的全国政协十一届四次会议第三次全体会议上，陈凌孚作了《立足国家民族未来 加快振兴学前教育》的发言。

3 月 17 日，民进江苏省委会八届二十三次主委会议在南京召开，陈凌孚出席会议。会议审定了省委会 2011 年工作要点和 2011 年工作月历；审议了“关于成立江海文化研究会方案”（草案）、2011 年民进江苏省委会重点调研课题及民进江苏省委会关于开展“纪念中国共产党成立 90 周年、辛亥革命 100 周年”系列活动方案；审定了八届十三次常委会议议程、日程及领导分工。

3 月 18 日至 19 日，民进江苏省委会八届十三次常委会议在南京召开。会议传达学习了全国“两会”精神；研讨了 2011 年省委会工作思路；审议了“关于成立江海文化研究会方案”（草案）；审定了省委会关于开展“纪念中国共产党成立 90

周年 辛亥革命100周年”系列活动方案；讨论省委会2011年重点调研课题；各省辖市委会、省直工委交流2011年主要工作计划安排情况。陈凌孚出席会议，并作总结讲话。

18日下午，民进江苏省暨南京市委会联合召开“全国两会”传达报告会。陈凌孚等分别传达了十一届全国人大四次会议、全国政协十一届四次会议精神。

4月12日至15日，陈凌孚等一行赴贵州省金沙县考察并到沙土镇参加江苏民进“彩虹行动”送教活动暨捐赠仪式。

6月11日，民进江苏省委会八届二十四次主委会议在南京召开。陈凌孚出席会议。会议学习了中共江苏省委十一届十次全会及中共江苏省委统战部关于统战系统社会管理创新工作会议精神；审定了关于召开民进江苏省八届十四次常委会议的建议并听取了省委会机关符合晋升条件同志的述职。

6月16日，由各民主党派省委会联合主办的庆祝中国共产党成立90周年大型文艺演出——《同心颂》，在南京紫金大戏院隆重举行。陈凌孚等观看文艺演出。

6月26日，陈凌孚参加省统一战线各界人士纪念中国共产党成立90周年座谈会并代表省各民主党派发言。

7月2日至3日，民进江苏省委会八届十四次常委会议在南京召开，陈凌孚出席会议。会议学习了胡锦涛总书记在中国共产党成立九十周年纪念人会上所作的重要讲话；民进江苏省委会副主委朱晓进传达了民进十二届十五次中常会会议精神；审议并通过了省、市级组织换届工作相关文件；各省辖市委会、省直工委汇报交流了换届工作的筹备和进展情况。闭幕式上，陈凌孚作总结讲话。

7月19日至22日，中共省委统战部在南通举办江苏省党外人士暑期研讨班，陈凌孚等参加了研讨班，并出席“同心沿海行”活动。

9月9日，民进江苏省暨南京市委会在南京大行宫会堂举行电影招待会，隆重庆祝2011年教师节。陈凌孚代表民进江苏省委会暨南京市委会致辞。

9月22日至24日，民进江苏省委会组织民进在宁省政协委员赴连云港、盐城、南通三地开展沿海行调研视察活动，陈凌孚等一行十二人参加了此次活动。

10月8日，江苏省暨南京市纪念辛亥革命100周年大会在南京人民大会堂隆重举行。陈凌孚出席大会。

11月5日，民进江苏省委会召开了八届二十五次主委会议，陈凌孚出席会议。会议学习了中共十七届六中全会及民进十二届十六次中常会精神；审定了民进江苏省八届十五次常委会议和八届六次全委会议的时间及主要议程；听取了省市级组织领导班子情况及市级组织换届情况的汇报；研究了省委会申报民进中央表彰民进省级组织专项工作。

12月7日至9日，民进十二届五次全会在北京召开。陈凌孚等出席了会议。

12月25日，民进江苏省委会召开八届二十六次主委会议，陈凌孚出席了会议。会议审议了八届十五次常委会议和八届六次全委会议议程、日程（草案），民进江苏省委会2011年常委会工作报告（审议稿）；审议关于召开民进江苏省第九次代表大会的决定（草案）；听取市级组织换届情况通报；讨论了省委会2012年工作要点（讨论稿），拟提交省政协十届五次会议大会发言、集体提案目录；审定了民进江苏省第九次代表大会筹备工作领导机构的决定（草案），领导班子成员述职和民主评议、民主推荐工作实施方案，2011年度专项工作表彰名单及其他事项。

省委会主要领导还出席了全国政协、民进中央常委会，中共江苏省委、省政府协商会，江苏省政协全会、常委会、主席会，中共省委统战部有关会议和活动；出席了部分民进省辖市换届大会等。

二、参政议政

2011年，民进江苏省委会主要领导参加中共江苏省委、省政府协商会、座谈会十余次，民进江苏省委会就中共省第十二次党代会工作报告、政府工作报告、江苏省十二五规划及坚持以人为本、执政为民，发扬密切联系群众优良作风和社会热点难点问题，积极建言献策。

省委会通过深入调研，组织4篇大会发言和19份集体提案提交省政协十届四次会议。大会发言《共享发展成果，建设幸福江苏》中的有关建议，在此后中共江苏省委通过的《关于大力推进民生幸福工程的意见》中得到体现。《关于进一步推进学前教育发展的建议》集体提案被省政协列为主席督办提案。《关于切实加强农田基本水利建设的建议》集体提案得到黄莉新副省长批示；《关于进一步推进学前教育发展的建议》集体提案得到曹卫星副省长批示。

陈凌孚在全国政协十一届四次会议上所作的大会发言《立足国家民族未来、加快振兴学前教育》，被评为民进中央2011年度参政议政成果一等奖。

在省政协常委会和主席协商会上，民进江苏省委会坚持发挥民进界别优势，其中在省政协常委会上的发言《创新医疗纠纷调解机制，营造良好医疗环境》摘要在《新华日报》刊载后，《求是》杂志的《红旗文稿》做了转载。

统一战线加强与创新社会管理和统一战线同心活动沿海行是2011年全省统一战线两大重点工作。省委会按要求，及早筹划，积极组织调研，有关成果被收入中共省委统战部编辑的论文集中。

为推动江苏沿海发展，省委会通过招标课题形式，连续多年组织沿海3个市的民进组织就江苏沿海发展问题开展联合调研，提交省政协的系列集体提案，形成了一定的权威性；省委会与有关市委会和省专门工作委员会，就3市的高校如何助推沿海发展展开联合调研；省委会组织民进在宁省政协委员，实地考察了连云港、盐城、南通3个沿海城市发展情况，调研成果报送2012年省政协全会，受到高度关注。

省委会把信息工作作为参政议政的基础性日常工作来抓。2011年被全国政协采纳13篇，民进中央采纳119篇，位列全国民进各省级组织第一名，其中《有机肥中毒害物质超标危及农产品安全》得到国家领导人批示。统战信息被中共省委统战部采纳90条，名列江苏省各民主党派第一名，获省委统战部统战信息工作一等奖。

三、社会服务

在全国各民主党派、工商联、无党派人士为全面建设小康社会作贡献评比表彰活动中，民进江阴市委会获先进集体荣誉称号，江苏民进江海书画会会长、著名书画家萧平获先进个人表彰。民进江苏省委会副主委言恭达作为全国书画艺术界的唯一代表荣获第六届中华慈善奖表彰大会"最具爱心行为楷模"奖。全省涌现出一批立足本职、爱岗敬业，热心会务、双岗建功的优秀会员，受到各级各类的表彰，彰显了民进会员的风采。

江苏是民进中央确定的首批与贵州省毕节地区金沙县建立对口支援关系的省级组织。民进江苏省委会主委陈凌孚、副主委府采芹赴金沙县对口帮扶点考察，出席江苏民进"同心·彩虹行动"送教活动暨捐赠仪式，有力推进江苏省支边扶贫工作。江苏民进经济界会员捐资完成沙土镇初级中学运动场改造项目、对五所学校捐资60万元实施助学项目，民进南京市委会捐赠5万元为学校修建图书室。民进苏州、无锡、常州、常熟等地方组织分别承办了江苏民进"彩虹行动"教师培训班，70多名来自金沙县沙土镇和广西边远地区教师参加了培训。民进南京、南通等地方组织组成教师送教组赴沙土镇开展送教活动。

江苏民进经济界会员联谊会先后应邀赴福建、甘肃考察交流，与甘肃省科技厅、临夏市等政府部门，当地企业家商谈合作意向，考察投资环境。江苏民进江海书画会赴云南等地开展笔绘神州采风活动。省委会积极开展组织省内教师相互取经交流，与中共省委统战部联合向多所幼儿园捐赠玩具等活动。民进江苏省委会各市级组织开展各类公益活动45次，12000余人受益，捐赠物品13万余元，捐赠书画作品460余幅，春联1500余幅，图书2000余册。

四、自身建设

民进江苏省委会紧扣坚定正确的政治方向，将加强领导班子学习放在思想建设的首位。在省统一战线各界人士纪念中国共产党成立90周年座谈会上，陈凌孚代表省各民主党派作了题为《跟着共产党走，才是正道上行》的发言。

各级组织举行了形式多样的活动，庆祝建党90周年，学习领会胡锦涛同志"七一"讲话精神。中共十七届六中全会审议通过《中共中央关于深化文化体制改革、推动社会主义文化大发展大繁荣若干重大问题的决定》，省、市委会及时组织学习，要求深刻理解文件精神，为推动社会主义文化大发展大繁荣献计出力。

全省各级组织通过培训、报告会、座谈会、有奖征答活动，观看并参演“同心颂”文艺演出等多种形式，进一步加深广大会员以党为师、立会为公的思想共识。

省委会加强宣传工作力度，宣传工作评估分值在全国民进省级组织中名列榜首。

省委会与民进中央文化艺术委员会在南京联合举办“2011 开明·江海文化论坛”暨“纪念中国共产党成立 90 周年 辛亥革命 100 周年‘共铸伟业’民进全国书画精品邀请展”，出版《江海行大道 开明铸辉煌——2011 开明·江海文化论坛论文集》和《共铸伟业——民进全国书画精品邀请展作品集》等，活动融构建社会主义核心价值，弘扬爱国主义，复兴中华文化，促进文化强省建设于一体，在会内外产生了很大影响。

省委会在全省民进各级组织及会员中开展题为《永远在正道上行》的征文活动，受到各级组织的积极响应，共收到论文 135 篇。

认真贯彻落实《民进中央建立健全领导班子谈心会制度的有关规定》和《民进江苏省委会关于加强各级地方组织领导班子建设的意见》精神，省委会领导班子成员召开谈心会。省委会领导适时与地方组织领导班子成员谈心，营造了民主务实、团结和谐的氛围。坚持领导班子分工负责制度，贯彻领导班子下基层制度，推动了省委会与地方组织工作的相互促进。市级组织普遍开展届中述职和民主评议活动，切实加强领导班子建设，为换届工作营造了良好的氛围。

认真贯彻落实《2008—2013 年民进江苏省委会后备干部队伍建设工作规划》精神，坚持人才强会战略，建立健全后备干部的选拔、培养、管理、推荐使用的机制，完善有关工作程序，为履行参政党职能和换届工作做好人才储备。

省委会推荐 18 名省、市级组织领导班子成员和后备干部参加了中央、省社会主义学院举办的各种培训。举办了一期全省基层组织骨干培训班，来自全省 12 个省辖市委会和省直工委的 50 名基层干部参加培训。省委会还举办 2011 年省直骨干会员培训班、新会员培训班等各类培训。

坚持组织发展工作的指导方针，发展了一批高层次代表人士入会，全年共发展新会员 406 人，发展率 4.5%，会员总数达 9308 人。

省委会在常委会议上，审议并通过了省、市级组织换届工作相关文件；各省辖市委会、省直工委汇报交流了换届工作的筹备和进展情况。在全省组织工作会议上，与会同志对换届工作进行了研讨，省委会具体部署了市级组织换届工作，明确工作要求和工作程序。

以贯彻《公务员法》为抓手，以民进中央“创建先进机关”活动为动力，扎实推进机关制度化、规范化、程序化建设，改进机关作风，在机关履行职能的实践中，加强学习型机关建设，全面提升干部的综合素质和能力，强化服务意识。加强对全省机关干部培训，专门就宣传、信息工作对全省专职干部进行指导，组织研讨。不断推进机关办公软件的正版化升级工作。

民进浙江省委会 2011 年工作概述

2011 年，民进浙江省委会在民进中央和中共浙江省委的领导下，以科学发展观为指导，坚持“同心”思想，将省委统战部“五大系列”活动部署和全年工作紧密结合起来，牢牢把握树立和践行社会主义核心价值体系的实践要求，不断加强自身建设，全面提高履职水平，圆满完成了八届五次全会提出的任务，各项工作都取得了新的成绩。

一、重要会议及活动

1. 全委会

12 月 27 日至 28 日，民进浙江省第八届委员会第六次全体（扩大）会议在杭州召开。会议学习了中共十七届六中全会、民进十二届五中全会精神，听取并审议了第八届常务委员会工作报告，表彰了先进，听取八届领导班子及班子成员述职报告并进行了民主评议，增补了民进浙江省第八届委员会委员、常委，通过了决议，部署了省委会 2012 年换届工作。

2. 主委会议

2月25日下午，民进浙江省八届二十二次主委会议在杭州召开。民进浙江省委会副主委穆建平传达了中共浙江省委统战部召开的省级各民主党派、工商联专职副主委、秘书长会议精神，就市级组织换届、开展“五大系列”活动的有关情况进行了说明。会议审议通过了《民进浙江省委会机关落实省委会2011年工作要点目标任务分解》；研究了省委会2011年重点调研课题选题；讨论通过了《民进浙江省委会关于市级组织换届工作的意见》、《民进浙江省委会关于省直属支部换届工作的意见》、《关于成立民进浙江省委会直属基层组织工作委员会的决定》、《民进浙江省委会关于开展纪念中国共产党成立90周年活动方案》。

6月16日上午，民进浙江省八届二十三次主委会议在杭州召开。民进浙江省委会副主委徐博侯传达了民进十二届十五次中常会精神；会议审议了省委会2011年参政议政课题立项建议；穆建平汇报了市级组织换届情况，会议就主副委代表省委会参加各市委会代表大会致贺进行了分工；会议决定推荐民进浙江省委会机关为民进全国先进机关；增补陆铁同志为省委会经济科技专委会副主任；会议部署了省委会纪念中国共产党建党90周年座谈会、“纪念中国共产党建党90周年　辛亥革命100周年美术摄影邀请展”、“各民主党派社会服务日”等活动；穆建平就省委会调研处获准单列和机关干部挂职锻炼的有关情况进行了说明。

8月8日上午，民进浙江省八届二十四次主委会议在杭召开。会议传达了中共浙江省委统战部关于省级各民主党派换届工作会议精神，重点研究了省委会换届事宜，讨论了换届相关文件，拟提交常委会议审议。会议还就省委会九届常委、委员规模，八届领导班子届末述职等事项进行了讨论。

11月7日上午，民进浙江省八届二十五次主委会议在杭召开。民进浙江省委会主委盛昌黎传达了民进十二届十六次中常会精神；会议审议了省委会申报民进中央省级组织专项工作先进有关事宜；审议了浙江民进企业家联谊会换届人选；研究了省委会换届工作机构与工作人员名单、工作职责；审议了民进浙江省八届六次全会议程草案，并对全会相关准备工作提出了要求。

12月7日，在民进十二届五中全会期间，民进浙江省八届二十六次主委会议在京召开。会议审议了省委会拟提交2012年政协会议的发言和提案材料；讨论了增补八届委员、常委有关事项；讨论了省委会机关调研处调整事项；听取了民主党派专题协商会议准备工作情况汇报；穆建平汇报了机关三位干部职级晋升情况。

12月26日上午，民进浙江省八届二十七次主委会议在杭州召开。会议审议了民进浙江省第八届委员会第六次全体（扩大）会议议程、日程草案，研究确定了主委、副主委在全会上的分工，审议了常委会工作报告草案和省委会2012年工作要点草案；讨论通过了领导班子述职报告；研究了增补省委会八届委员、常委相关事宜。会议讨论通过了关于表彰2011年度单项工作先进单位和先进支部的决定、表彰2011年参政议政优秀成果的决定、表彰2011年统战理论征文活动获奖者的决定以及设立第二批浙江民进自身建设学习培训现场教学点的决定；会议审议了年度参政议政成果，并研究了机关处室调整方案。

3．常委会议

6月16日下午，民进浙江省八届十五次常委会议在杭州召开。徐博侯在会上传达了民进十二届十五次中常会精神，盛昌黎对省委会换届工作提出了具体要求；会议审议了省委会2011年参政议政课题立项建议；连建伟传达了民进全国会史工作会议精神，盛昌黎对做好我省民进会史工作提出了指导性意见。穆建平就省委会调研处获准单列和机关干部挂职锻炼的有关情况进行了说明。

9月1日上午，民进浙江省八届十六次常委（扩大）会议在杭州召开。会议学习了胡锦涛总书记在庆祝中国共产党成立九十周年大会上的重要讲话精神，审议并通过了《民进浙江省委会关于召开民进浙江省第九次代表大会的决定》、《民进浙江省委会关于2012年省委会换届工作的意见》、《民进浙江省委会换届领导小组名单》、《民进浙江省委会换届人事小组名单》、《民进浙江省第九次代表大会代表名额及代表产生办法》、《民进浙江省第九次代表大会列席人员范围》、《民进浙江省第九次代表大会筹备委员会名单》。

12月26日下午，民进浙江省八届十七次常委会议在杭州召开。会议研究了民进浙江省第八届委员会第六次全体（扩大）会议的相关事宜，讨论通过了会议议程、日程；与会人员审议了常委会工作报告，同意提交全会审议，推定盛昌黎作工作报告；审议并原则通过了省委会2012年工作要点；会议研究了《民进浙江省第八届委员会第六次全体（扩大）会议增补委员、常务委员选举办法（草案）》，同意提交全会审议，建议李太武、金杭美同志为八届委员候选人，李太武、沈琪芳、陈伯怀同志为八届常委候选人；研究了省委会2011年参政议政调研成果，同意以适当的形式提交省政协会议；省委会有关处室书面汇报了2011年集体提案办理情况，各地方组织、各专委会、联谊会、机关各处室、省直工委书面汇报了2011年工作；会议通过了省委会机关处室和岗位调整方案，增设调研处，宣传处由高岚任处长、姚礼群任副处长，调研处由马玉君任副处长（主持工作）；穆建平在会上就民主推荐民进浙江省第九届领导班子成员的有关事项进行了说明。

12月28日上午，民进浙江省八届十八次常委（扩大）会议在杭州召开。盛昌黎作民进浙江省第九届委员会领导班子人选民主推荐动员讲话和情况说明，并对搞好这次民主推荐工作提出了希望。省委会八届常委、各市委会主委和省委会机关各处室负责人以无记名投票的形式进行了民主推荐；在此基础上，省委会现任领导班子成员、各市委会主委在省委统战部的协助下进行了谈话推荐。

4. 专委会

9月22日到23日，2011年度民进全省参政议政工作年会在杭州宏都宾馆召开。本次年会的主题是“改进和加强专门委员会工作”，这是本届省委会第一次在全省范围内对专委会工作进行交流和探讨。各市委会专职副主委（或分管副主委）、参政议政工作负责人和省委会、各市委会专委会代表共40余人到会。省委会副主委陈亚岗、穆建平出席会议。

省委会6个专委会全年举行工作会议、调研考察、学习交流等活动近二十次，并参与了省委会大量的社会服务工作。

5. 主要领导活动

1月10日，盛昌黎出席省委会社会服务工作答谢酒会并致辞。

1月15日，省政协十届四次会议在杭州开幕。省政协副主席、省委会主委盛昌黎参加会议。

2月25日下午，盛昌黎参加并主持民进浙江省八届二十二次主委会议。

3月9日，盛昌黎参加民进十二届十四次中常会。

6月16日上午，盛昌黎参加并主持民进浙江省八届二十三次主委会议。

6月16日下午，盛昌黎参加并主持民进浙江省八届十五次常委会议。

6月22日下午，民进浙江省委会召开纪念中国共产党成立90周年座谈会。盛昌黎参加座谈会并作主旨讲话。

6月24日，盛昌黎出席中国民主促进会杭州市第十二次代表大会，并代表民进浙江省委会致贺词。

6月27日，盛昌黎出席省委统战部、各民主党派省委会“纪念中国共产党成立90周年 辛亥革命100周年美术摄影邀请展”开幕式。

6月30日，盛昌黎出席浙江省庆祝中国共产党成立90周年文艺晚会。

7月24日，盛昌黎出席中国民主促进会宁波市第五次代表大会，并代表民进浙江省委会致贺词。

7月29日，盛昌黎参加2011年省委会课题研讨会并作总结讲话。

8月8日，盛昌黎参加并主持民进浙江省八届二十四次主委会议。

9月1日，盛昌黎参加并主持民进浙江省八届十六次常委（扩大）会议。

9月5日至7日，民进中央副主席王佐书带队就民办教育问题来浙调研，盛昌黎陪同考察。

9月22日，省委会举行2011年金秋茶话会，盛昌黎代表省委会向各位老领导致以诚挚的祝福，并进行了即兴演唱。

10月19日，盛昌黎参加民进十二届十六次中常会。

10月30日，民进浙江省委会和德清县政协联合举办“加强和创新社会管理”专题议政论坛。盛昌黎出席论坛并代表省委会致辞。

11月7日，盛昌黎参加并主持民进浙江省八届二十五次主委会议。

11 月 27 日，盛昌黎出席中国民主促进会嘉兴市第七次代表大会，并代表民进浙江省委会致贺词。

12 月 6 日，盛昌黎参加民进十二届十七次中常会。

12 月 7 日至 9 日，盛昌黎参加民进十二届五中全会。

12 月 7 日晚，盛昌黎参加并主持民进浙江省八届二十六次主委会议。

12 月 14 日上午，盛昌黎参加各民主党派省委会和省工商联主要负责人、无党派代表人士座谈会并发言。

12 月 14 日，盛昌黎出席浙江民进企业家联谊会 2011 年会暨三届一次理事会议并作重要讲话。

12 月 26 日上午，盛昌黎参加并主持民进浙江省八届二十七次主委会议。

12 月 26 日下午，盛昌黎参加并主持民进浙江省八届十七次常委会议。

12 月 27 日至 28 日，民进浙江省第八届委员会第六次全体（扩大）会议在杭召开。盛昌黎参加会议，作常委会工作报告，并代表领导班子作述职报告。

12 月 28 日上午，盛昌黎参加并主持民进浙江省八届十八次常委（扩大）会议。

12 月 31 日下午，盛昌黎出席 2011 “唯一杯”浙台往来摄影大赛颁奖典礼并为获奖者颁奖。

二、参政议政

一年来，民进浙江省委会围绕中共省委、省政府工作中心，充分调动各级组织和广大会员的积极性，为推动科学发展和加快转变经济发展方式，加强和创新社会管理献计出力，认真履行党派的职能。

高度重视政治协商。一年来，省委会多次参加中共省委、省政府、省政协举行的各类民主协商会，就中共浙江省委即将出台的重要文件、省政府工作报告等提出意见建议。省委会还根据民进中央的要求，就转变经济增长方式、深化科技体制改革、推进文化体制改革等重大战略决策问题报送有关材料，为民进中央领导“进海协商”提供参考意见。

通过各种渠道履行好参政议政职能。在省政协十届四次会议上，省委会提交了 9 件大会发言材料（2 件口头发言）、8 件集体提案和 2 件民进组提案，其中《关于大力发展浙江职业教育，推进我省产业转型升级的建议》被列为省政协重点办理提案，获得省委书记赵洪祝的批示，由郑继伟副省长领办；会员中的省政协委员、省人大代表提交提案、建议分别为 52 件和 33 件。向省委、省政府报送的 2 件建议案分别得到了省委书记赵洪祝、省长吕祖善的批示。全年共编发社情民意信息 236 篇，其中被全国政协采用、转送 13 篇，被民进中央采用 57 篇。

积极参与、配合民进中央、省政协、省委统战部重大课题调研活动。配合民进中央民办教育专题大调研，形成了《完善制度环境，促进民办教育发展——浙江民办教育状况调研报告》，在民进中央“民办教育发展”调研成果研讨会上作了汇报交流；完成了省政协重点课题“山水浙江”的子课题《发掘江南水乡优势资源，推进浙江旅游特色发展》的调研；完成省政协“加强和创新社会管理”子课题《关于进一步推进我省保障性住房基本公共服务均等化的对策建议》的研究；根据省委统战部“五大系列”活动要求，在各民主党派省委会“加强和创新社会管理”调研成果专题协商会上，就“完善地方政府维稳机制”提出建议。省委会向民进中央报送的《维护农民工健康权益，关注职业病维权》被提交为全国政协会议的集体提案，荣获民进中央 2011 年度参政议政成果二等奖。

不断完善工作机制。省委会还不断完善课题申报立项制度，加强申报课题和调研成果的评审，全年参与课题申报的有 43 件，其中 19 件被立项并全部结题。此外，2011 年省委会还就“德清县社会管理创新问题”开展专题调研，与德清县政协联合举办“加强和创新社会管理专题议政论坛”，推动了德清社会建设和管理工作的科学发展。省委会召开了在杭“特约人员”座谈会，组织“特约人员”交流实践经验和心得体会，使“特约人员”更好地开展民主监督工作。

三、社会服务

一年来，各级组织紧跟时代发展和社会需求的转移，坚持社会服务的政治性、公益性和务实性原则，高度重视民生需要，协助党和政府做好团结、服务群众的工作，社会服务工作取得了新成效，被民进中央评为“社会服务工作先进单位”。

探索工作新方法。省委会注重社会服务工作的理论研究，提升对工作规律性的认识，在民进中央“民主党派社会服务”理论征文活动中获得优秀组织奖。主动将社会服务与参政议政接轨，将在社会服务过程中碰到的共性问题转化为参政议政素材。加强对社会服务典型人物和先进事迹的宣传力度，通过颁发荣誉证书和实施主要事迹抄告制度，调动了各级组织和广大会员参与社会服务的积极性。

支边扶贫成效显著。根据民进中央的工作部署，省委会与杭州市委会倾力参与“同心·彩虹行动”，组织12名金沙县幼儿园骨干教师来杭进行了为期十天的培训，发动基层组织为金沙县3所幼儿园捐赠了价值12000元的图书和教学设备。继续共同开展“城乡少年手拉手”活动，为甘肃临夏市铜匠庄小学捐赠现金39000元，为学校购置教学设施用品，帮助学校建立了图书室。积极参与省委省政府“山海协作”工程，组织农技专家为景宁县大张坑村、金华沙畈乡等地进行技术帮扶；发挥医卫优势，组织专家赴丽水、衢州开展义诊帮扶活动。

积极开展社会公益慈善活动。浙江民进企业家联谊会名誉会长林圣雄出资1000万元，参与发起民进中央“开明慈善基金”；“海纳孤残儿童康复基金”出资3万元，为杭州市儿童福利院的1名患有先天性心脏病的孤儿进行了心房补缺手术；基层支部社会服务工作有声有色，省直三联支部联合杭州市图书馆向富阳市常绿镇中心小学捐赠了价值3万多元的3000多册图书，为学校建立“开明·文澜爱心图书馆”。

注重平台建设。浙江民进企业家联谊会修订完善了《工作条例》，顺利完成换届；加强与上海、江苏、山东民进企业家联谊会交流联谊和省内互动，增强了联谊会的活力和凝聚力。浙江开明画院继续坚持“四为服务”宗旨，承办并组织开展了大量的文化艺术活动，为促进海峡两岸与国内外文化艺术交流、普及美术文化等作出了不懈的努力，荣获“全国各民主党派、工商联、无党派人士为全面建设小康社会作贡献社会服务优秀成果奖”。省委会与省台办联合举办第三次“浙台往来摄影大赛”，宣传两岸交流的成果；省委会领导、专家学者和“三胞”会员结合本职工作，积极开展对外交流活动和对台工作，全年共接待港澳台同胞和海外友人280余人次。

四、自身建设

1．抓住契机，以党为师，巩固思想政治基础

一年来，省委会和各地方组织以深化树立和践行社会主义核心价值体系、推进学习型参政党地方组织建设为重点，以纪念中国共产党成立90周年、辛亥革命100周年为契机，认真学习中共十七届六中全会精神，以党为师，同心同行，全会思想理论建设呈现新面貌。

抓住契机，顺势而为，积极开展宣传教育工作。2011年初，省委会制定了活动方案，在会刊《开明》上开辟纪念专栏深切缅怀雷洁琼主席，召开纪念建党90周年座谈会，参与省委统战部、各民主党派省委会联合举办的“纪念中国共产党成立90周年、辛亥革命100周年美术摄影邀请展”，部署开展“重温历史、同心同行——参观中共党史、民进会史教育基地活动”，组织会员参加我省树立和践行社会主义核心价值体系先进事迹报告会巡讲，省委会和各地方组织领导还结合纪念活动在会刊上发表文章，有效地起到了宣传、教育和引导的作用。全省各级组织还认真学习中共十七届六中全会精神，积极参与民进中央学习“十二五”规划纲要有奖征答活动，营造了会内全员学习的良好氛围，获得民进中央“学习‘十二五’规划纲要有奖征答活动”优秀组织奖。

加强参政党理论研究。在全省会员中开展理论征文活动，共收到征文64篇；推荐参加民进中央“民主党派社会服务”理论征文18篇，并获一等奖1篇，三等奖3篇，优秀奖4篇；同时在会刊和网站开设理论研究专栏，更好地促进了学习与交流。申报的课题《民主党派在社会管理中的地位和作用研究》在省社会主义学院理论课题竞标中中标；杭州市委会申报的课题《社会管理创新视角下民主党派参与公共决策研究》在民进中央参政党理论研究会招标课题中中标。

加强内外宣传。会刊《开明》在形式和内容

上都作了新的尝试，积极参与民进全国会刊（报）网上巡展，被民进中央评为会刊工作先进单位。在省级以上媒体发表宣传报道约70篇，取得了良好的宣传效果。

2. 加强培训，完善机制，深化政治交接成果

一年来，省委会和各地方组织继续巩固“两创”活动成果，以地方组织换届和省委会换届筹备工作为重点，进一步加强后备干部队伍和人才队伍建设，不断完善制度和机制，全面推进组织建设。

抓好换届工作。省委会成立了地方组织换届领导小组；相关领导分片走访各市级组织，对换届准备工作、后备干部队伍建设等重要问题进行了深入调研，加强与各级党委和统战部门的沟通、协商；通过广泛调研，及时出台《关于市级组织换届工作的意见》，加强了对换届工作的指导。至12月底，地方组织已顺利完成换届。与此同时，省委会的换届筹备各项工作也在有序推进之中。

加强后备干部队伍建设。积极贯彻《2010—2020年党外代表人士教育培训改革与发展纲要》精神，举办全省基层组织骨干（春秋两季）、信息工作、新会员等培训班，200余人次参加培训；推荐11人次参加中央统战部、中央社院和民进中央举办的各类培训班、进修班和骨干班；推荐21人次参加省委党校、省社会主义学院、省委统战部举办的各类培训班。

巩固“两创”活动成果，加强基层组织建设。全省新建了5个自身建设学习培训现场教学点，同时积极发挥教学点的示范、引领作用，带动和推进基层组织建设。今年新成立的省委会直属基层组织、工作委员会也在省直基层组织建设中发挥了积极的作用，指导省直34个基层组织完成换届，推动成立省特种设备检验研究院支部。

做好组织发展工作。着力推进组织管理系统的推广与使用，强化组织和人才管理的信息化水平。统筹协调全省组织发展工作，组织发展速度合理、优秀人才不断入会、会员结构进一步改善。截至2011年12月20日，全年共发展新会员344名，发展率为4.4%。目前全省共有会员8034人，平均年龄为54.8岁，其中文艺、教育、新闻出版界占63.2%，医卫界占15.2%，科技界占2.5%，机关团体占7.4%，公有制经济界占3.3%，新的社会阶层人士占6.3%，其他占2.2%。

3. 创先争优，同心同行，巩固机关建设成果

省委会和各地方组织机关以创建活动为抓手，努力加强机关文化建设，全面提高机关干部的综合能力，切实改进机关作风，提高机关执行力，努力建设学习、服务、效能、创新、和谐的“五型”党派机关。民进浙江省委会机关被授予民进全国机关建设先进单位。

省委会机关高度重视加强机关干部思想政治素质的培养和专业知识的培训，搭建和利用各种学习教育平台，鼓励和推荐机关干部参加各级各类培训，完善机关干部学习培训档案，不断提高干部队伍素质。为加强会务交流合作，各地方组织机关积极搭建学习交流平台，形成了民进浙江七地“山海协作”会议机制、“两州两兴”会议机制，有效发挥了协调、交流、合作的作用。

民进安徽省委会2011年工作概述

2011年，民进安徽省委会在民进中央和中共安徽省委的领导下，深入贯彻落实科学发展观，以深化树立和践行社会主义核心价值体系主题教育活动为核心，以市级组织换届为重点，扎实推进自身建设；以促进经济发展方式转变与保障和改善民生为着力点，认真履行参政党职能，各项工作取得了新进展。

一、重要会议及活动

1. 全委会议

1月14日至15日，民进安徽省六届五次全委会议在合肥召开。会议认真学习贯彻中共十七届五中全会精神，传达学习了民进十二届四中全会精神，听取审议了省委常委会2010年工作报告，审议通过了《民进安徽省六届五次全委会议决议》，进行了省委会领导班子届中调整，补选了省委委

员，听取了有关我省十二五规划辅导报告。

2. 常委会议

1 月 13 日，民进安徽省六届十一次常委会议在合肥召开。会议审议通过了民进安徽省六届五次全委会议程和日程安排、民进省委常委会 2010 年工作报告，进行了民进省委会领导班子届中调整情况说明，审议通过了补选六届省委委员候选人名单及民进省委会片会调整方案。会议还通报了省委会 2011 年工作要点、省委会参加省政协十届四次会议提案准备情况和省委会专项工作表彰奖励办法。

8 月 24 日，民进安徽省六届十二次常委会议在黄山市黟县召开。会议深入学习贯彻胡锦涛总书记“七一”重要讲话精神，传达学习了民进十二届十五次中常会、民进全国会史工作会议精神，审议通过了《民进安徽省委关于 2011 年市级组织换届工作的意见》，部署动员了市级组织换届工作，总结报告了民进省委会上半年工作。

12 月 15 日，民进安徽省六届十三次常委会议在合肥召开。会议民主推荐了拟增补民进六届省委会副主委候选人。

3. 其他重要会议

2011 年，民进安徽省委会组织召开了 10 次主委会议和 4 次中心学习组会议。

1 月 13 日，民进安徽省委会组织召开“沉痛哀悼深切缅怀——雷洁琼同志追思会”。

3 月 15 日，民进安徽省委会、安徽农业大学党委统战部、省中华职教社联合举行传达学习全国“两会”精神报告会。全国人大代表、民进安徽省委会常委余敏辉，全国政协委员、民进安徽省委会副主委张自立分别传达十一届全国人大四次会议、十一届全国政协四次会议精神。

6 月 21 日至 22 日，民进安徽省组织管理系统业务培训班在合肥举行。

6 月 23 日至 24 日，民进安徽省网络宣传工作会议在合肥召开。

8 月 29 日至 30 日，民进安徽省社会服务工作会议在合肥召开。

9 月 19 日，民进安徽省机关建设工作会议在合肥召开。

10 月 28 日，全国政协副主席、民进中央常务副主席罗富和一行来皖调研，就“当前经济形势与对策”、“关于民办教育发展问题”与安徽民进专家座谈。民进中央副秘书长兼组织部部长王建国、参政议政部处长姜其和等陪同调研。

10 月 25 日至 26 日，民进安徽省统战理论研究会 2011 年会在合肥召开。

11 月 12 日至 13 日，2011 年安徽民进开明书画院理事年会在宣城召开。

4. 主要领导活动

1 月 13 日，朱维芳、项纯文出席中共安徽省委举行的民主协商会。朱维芳代表民进发言，就省十一届人大四次会议、十届省政协四次会议补充有关人选进行民主协商。

2 月 27 日，朱维芳、项纯文、张自立出席民进黄山市第二次会员大会。胡新方当选民进黄山市委会主委。

4 月 11 日至 12 日，朱维芳、吴永发出席省直单位对口帮扶休宁第十二次工作会议。朱维芳作为对口扶贫休宁的牵头省级领导在会上讲话。

4 月 24 日，朱维芳、项纯文出席民进芜湖市委成立二十周年纪念大会。

6 月 24 日，朱维芳、项纯文、张自立、吴永发出席安徽统一战线纪念中国共产党建党 90 周年座谈会。朱维芳代表民进发言。

6 月 28 日，朱维芳、项纯文、张自立主席民进亳州市第一次会员大会。马露当选民进亳州市委会主委。

7 月 26 日，朱维芳、项纯文、吴永发出席安徽省统一战线“同心示范工程”启动仪式。

8 月 22 日，朱维芳、项纯文出席全省领导干部会议。会议传达贯彻《国务院关于同意安徽省撤销地级巢湖市及部分行政区划调整的批复》精神，全面部署行政区划调整各项工作。

11 月 11 日，朱维芳出席省统一战线“双月座谈会”，代表民进就学习贯彻中共安徽省第九次代表大会及九届一次全委会、省委常委会精神发言。

11 月 13 日，朱维芳、吴永发主席民进淮北市第四次代表大会。余敏辉当选民进淮北市委会主委。

11 月 24 日，朱维芳出席全省政协工作会议。

11 月 27 日，朱维芳率 14 个省直有关厅局负责人、部分农业专家和企业家等近 30 人赴金寨开展“同心示范工程”结对帮扶调研。张自立、吴永发参与调研。

12月2日，朱维芳、张自立出席民进铜陵市第四次会员大会。姚尚友当选民进铜陵市委会主委。

12月16日，朱维芳、吴永发出席民进六安市第一次会员大会。张琴当选民进六安市委会主委。

12月18日，朱维芳出席民进池州市第三次会员大会。朱燕云当选民进池州市委会主委。

12月18日至19日，朱维芳、张自立出席民进合肥市第六次代表大会。安岚当选民进合肥市委会主委。

12月20日，朱维芳、吴永发出席民进淮南市第六次代表大会。苏静当选民进淮南市委会主委。

12月23日至24日，民进江苏省委会主委朱维芳，民进江苏省委会常委、原副主委胡平平出席民进芜湖市第五次代表大会。裴亚飞当选民进芜湖市委会主委。

12月26日，民进江苏省委会主委朱维芳，民进江苏省委会常委、原副主委虞吉林出席民进蚌埠市第六次代表大会。薛惠祥当选民进蚌埠市委会主委。

12月28日至29日，朱维芳、吴永发出席民进安庆市第六次代表大会。洪爱敏当选民进安庆市委会主委。

12月30日，朱维芳、张自立出席民进阜阳市第二次会员大会。蒋中福当选民进阜阳市委会主委。

二、参政议政

民进安徽省委会领导多次参加中共省委、省政府召开的各种专题协商会、通报会和座谈会，就我省经济、政治、文化、社会建设中的重大决策发表政见，就我省重大人事调整、重要文稿修改提出意见建议，积极开展政治协商。

在2011年全国“两会”上，民进的全国人大代表和全国政协委员共提交了5件议案、15件建议和12件提案。在安徽省十届人大四次会议上，民进的人大代表提交了议案3件、建议18件。在安徽省政协十届四次会议上，民进提交了集体发言8件、委员个人发言2件，其中3件发言被推荐为大会口头发言；提交了集体提案20件、委员个人提案25件，其中《关于建设皖江城市带承接产业转移示范区的几点建议》和《关于加强我省考古遗址公园保护开发的建议》等2件集体提案被确定为重点提案，分别得到省领导批示，取得积极成效。

10月，民进中央常务副主席罗富和一行来皖调研，就“当前经济形势与对策”和“促进民办教育发展”等两个专题与我会经济界、民办教育界专家学者进行座谈。民进安徽省委会领导高度重视，多次召开会议，研究部署工作，并亲自联系协调省教育厅、发改委、工商联等单位，争取支持和协助。罗富和对在皖调研成果表示满意，会后省委会根据座谈发言，收集整理10余件专题意见和建议，上报民进中央。

省委会组成专家调研组，采取“请进来”和“走出去”相结合的方式，加强上下联动、横向互动，积极完成省政协专题会议的调研任务。9月，在省政协召开的“积极应对人口老龄化”界别民情民智座谈会上，由民进安徽省委会联合民进安庆市委会开展调研形成的《应对人口老龄化，发展居家养老事业》的调研材料经省政协评选推荐为重点发言，获得充分肯定。截至12月底，省委会共上报社情民意类信息30篇，其中被民进中央采用5篇、省政协采用7篇、省委统战部8篇。

三、社会服务

积极参与由民进中央发起的“同心·彩虹行动”，成为全国第13个参与结对帮扶贵州省金沙县的民进省级组织。7月，由民进安徽省委会主办、安徽外国语学院承办的贵州省金沙县外语教师培训班，对来自金沙县15个中学共25位外语教师在合肥进行了为期三周的培训；8月，由民进安徽省委会主办、贵州新华电脑学院承办的金沙县计算机教师培训班，对来自金沙县38所中小学共40名计算机教师在贵州进行了为期一周的培训。

主动参与安徽省统一战线“同心示范工程”，省委会领导先后率队参加启动仪式、开展结对座谈、进行实地调研，成立领导小组、制定实施方案、倡议动员全会，稳步推进对金寨县天堂寨镇马石村结对帮扶工作。11月，省委会领导班子率14个省直有关厅局领导、部分农业专家、企业家等近30人赴金寨开展结对帮扶调研活动，现场落实帮扶项目，帮扶工作取得实质性进展。

民进安徽省委会主要领导连续第10年牵头开展对口帮扶休宁工作，省直各帮扶单位共为休宁筹集资金超过1亿元；省市联动，继续开展形式多样的“服务社会法律宣传咨询”和“倡导绿色理念、环保宣教乡村行”活动，社会反响良好。安徽民进开明书画院编辑制作民进书画家作品新年台历，组织选送书画作品参加民进全国和兄弟省市举办的书画邀请展，扩大了安徽民进社会影响力。组织参加“民进‘民主党派社会服务’理论征文活动”，在向民进中央提交的15篇论文中1篇荣获二等奖、3篇荣获优秀奖；同时民进安徽省委会被授予“优秀组织奖”，提升了对社会服务工作规律的认识。

四、自身建设

以“重温历史、同心同行”为主题，认真部署庆祝中国共产党成立90周年活动。通过举办追思会、创作文艺作品、发表纪念文章和开设纪念专栏等多种形式，开展对雷洁琼同志的悼念活动，深切缅怀雷老的坚定信念、优良传统和高尚风范。扎实推进“赵朴初纪念馆”省市共建和“口述会史”工作。在中央统战部、人力资源和社会保障部、各民主党派、无党派人士和全国工商联联合开展的“各民主党派、工商联和无党派人士为全面建设小康社会作贡献评选表彰活动”中，民进六安市委会主委张琴荣获“先进个人”称号。全年安徽民进在中央和省级媒体上刊发稿件69篇，在市级媒体上刊发稿件200余篇，提高了民进的整体影响力。《安徽民进》在彰显特色中不断创新，紧密结合形势，增设多个学习纪念专栏，为加强我会自身建设和履行职能服务。民进安徽省委会荣获民进中央授予的“2011年民进省级组织会刊（报）工作先进单位”称号。

省委会制定下发安徽民进2011年理论研究课题，组织参加民进中央开展的理论课题招标和征文活动，并在民进中央树立和践行社会主义核心价值体系暨学习贯彻“七一”讲话精神座谈会上作大会重点发言。民进安徽省统战理论研究会2011年会，共收到论文44篇，形成了一批参政党建设理论研究成果。在省委统战部表彰的2010年度全省统战理论研究优秀成果中，民进荣获三等奖4篇，鼓励奖5篇。民进省委会荣获民进中央授予的“2011年民进省级组织参政党理论研究工作先进单位”称号，这是我省理论研究工作连续第三年受到民进中央表彰。

先后转发了《各民主党派省委会关于做好省、市级组织换届工作座谈会纪要》，成立了市级组织换届工作领导小组，下发了《民进安徽省委关于2011年市级组织换届工作的意见》和《民进市级组织换届工作流程图》，用以具体指导市级组织换届工作。一年来，安徽民进先后有黄山、淮北、铜陵、合肥、池州、淮南、芜湖、蚌埠、安庆、阜阳等10个市委会圆满完成换届任务，亳州和六安等2个市委会顺利实现组织升格。在安徽各民主党派省级组织换届工作启动会议精神的指导下，有序推动民进安徽省委会2012年换届的各项工作。

认真贯彻落实《2010—2020年党外代表人士教育培训改革和发展纲要》精神，全年累计推荐骨干会员10人次参加民进中央、中央统战部、中央社院等举办的各类培训班和研究班，提高后备干部的政治理论素养和会务工作能力。截至12月底，全省发展新会员124名，发展净增率为2.8%；现有会员3368名，平均年龄49.1岁，其中女会员1505人，离退休会员781人，会员中高中级职称85.3%，教育界别63.8%，文化艺术界别3.4%，新闻出版界别1.6%，医药卫生界别9.6%，其他界别21.6%。因安徽省行政区划调整，原巢湖民进74名会员并入省直和合肥民进。我省现有地方组织16个、省直属工作委员会1个，其中市级委员会15个，省直地方总支1个，基层组织220个。

安徽省民进各级机关以“创建先进机关”活动为契机，以加强制度化、规范化建设为基础，以改进作风和提高效率为抓手，切实提高机关工作的质量和水平。在12月召开民进全国机关建设工作会议上，民进合肥市委会荣获“民进全国机关建设先进单位”称号。

民进福建省委会2011年工作概述

2011年，民进福建省委会在中共福建省委和民进中央的领导下，以科学发展观为指导，认真学习贯彻中共十七届五中、六中全会，中共福建省委八届十次全会和第九次党代会精神，坚持与中国共产党思想上同心同德，目标上同心同向，行动上同心同行，以深化树立和践行社会主义核心价值体系为主题，以庆祝中国共产党成立 90 周年和纪念辛亥革命 100 周年为契机，以机关建设、创建先进地方组织和先进基层组织为抓手，深入开展优良传统教育和“双岗建功”活动，不断推进学习型参政党建设，着力加强领导班子建设、后备干部队伍建设；围绕“十二五”规划的全面实施，积极履行参政议政职能，以促进经济发展方式转变与保障和改善民生为着力点，围绕中心，服务大局，积极为福建发展和海西建设献计出力。

一、重要会议及活动

1. 重要会议。

2011 年 4 月 14 日，民进福建省委六届十一次常委会议在福州召开，会议审议通过了民进福建省委六届六次全体（扩大）会议议程、日程、决议、工作报告等草案，审议通过届中调整有关事项和成立会省委监督委员会草案。

2011 年 4 月 14 日至 16 日在福州举行了民进福建省委六届六次全体（扩大）会议。会议审议并通过了民进福建省委会主委张帆代表民进福建省第六届常委会所作的工作报告，首次开展了省委会领导班子述职评议工作，会议同意金铁平同志因年龄原因辞去会省委专职副主委、常委、委员职务的请求，增补林思宁同志为会省委专职副主委。会议审议通过了《民进福建省委监督委员会工作条例（试行）》和民进福建省委监督委员会名单。

2011 年 7 月 21 日，民进福建省委六届十二次常委会议在福州召开，会议学习了胡锦涛总书记在庆祝中国共产党在庆祝中国共产党成立 90 周年大会上的讲话，传达贯彻中共省委召开的省各民主党派、工商联和无党派人士座谈会精神和全省统一战线实施“同心”品牌，助推县域经济发展工作情况。

2011 年 11 月 9 日，民进福建省委六届十三次常委会议在福州召开，会议审议民进福建省委第六次代表大会资格审查委员会组成人员名单草案和代表名额及代表产生办法草案，并通报各地市换届工作进展情况。

2011 年 12 月 28 日至 30 日在福州举行了民进福建省委六届七次全体会议。会议审议通过了民进福建省委六届七次全体会议议程、日程、决议、工作报告等草案，审议通过了《关于召开中国民主促进会福建省第六次代表大会的决定》和《民进福建省委 2012 年换届工作实施方案》。本次会议还进行了民进福建省委领导班子述职测评，民主推荐新一届民进福建省委会领导班子，增补 3 名省委委员，并追授崔继军同志为民进福建省委会“优秀会员”荣誉称号。

2. 主要领导活动情况。

2011 年 4 月 22 日，民进福建省委会主委张帆率领省政协提案委、团省委、省教育厅、省公安厅、省民政厅、省人力资源和社会保障厅、省文化厅等单位领导及业务处室负责人，在福州开展“加强社会闲散青少年教育管理”重点提案调研。调研组实地考察了福州台江区鲲鹏青少年事务服务中心，详细了解社工工作情况。

7 月 15 日，张帆出席中共福建省委召开的省各民主党派、工商联、无党派人士座谈会，共同学习胡锦涛总书记在庆祝中国共产党成立 90 周年大会上的重要讲话精神，共商当前和今后一个时期如何进一步贯彻实施《海峡西岸经济区发展规划》和我省“十二五”规划。

9 月 9 日，张帆出席省政协教科文卫体委员会和省文联在福清石竹山道院联合举行的纪念辛亥革命 100 周年中秋雅集活动。

9 月 27 日，张帆出席中共福建省委召开的省第九次党代会报告征求意见会。

11 月 15 日，张帆应邀出席中共福建省委第九次代表大会开幕式并在主席台就座。

11 月 30 日，“海峡号”平潭—台中航线首航仪式在平潭澳前码头举行，张帆出席首航仪式。

二、参政议政

1. *参加政治协商情况*。2011 年，在与中共福建省委领导无主题座谈会上、在《省第九次党代会工作报告》、《省政府工作报告》、《省政协工作报告》、《中共福建省委关于贯彻落实党的十七届六中全会精神推动文化大发展大繁荣》、《关于在更高起点上加强人民政协工作的决定》等文件的征求意见会上，民进福建省委会领导提出了不少有价值的意见和建议，得到了中共省委、省政府、省政协的肯定和相关文件的采纳。

2. 本省“两会”期间履职情况。在2011年1月11日召开的福建省政协十届四次会议上，民进福建省委会共提交了大会发言9件，单位提案18件。其中大会发言《加快创业投资平台建设，推动我省战略性新兴产业集聚发展》在政协会议上作为口头发言，得到省领导的高度重视。单位提案被全部立案，其中提案《关于扎实推进新一轮农田水利建设的若干建议》、《关于推动战略性海洋高新产业集聚发展的几点建议》被省政协选入《重要提案摘报》并都得到了领导的批示。提案《关于扎实推进新一轮农田水利建设的若干建议》被省政协确定为重点提案。

3. 重点调研情况。2011年4月8日，民进福建省委会召开了第七次服务海西参政议政调研及参政党理论研究工作会议，部署参政议政调研工作。民进福建省委会各级组织共申报调研课题197个，其中有109个课题通过专家评审，确定为重点调研课题。各课题调研组认真组织开展调研活动并撰写调研报告，到10月底共提交调研报告105篇。4月至9月，民进福建省委会参与了《巩固和提高社会主义和谐政党关系》等中共省委统战部的联合课题调研活动，完成了省财政厅关于《财税政策扶持就业服务体系的比较研究》课题。

4. 参政议政能力建设情况。民进福建省委会不断推进履行参政议政职能制度化、规范化、程序化建设，参政议政能力建设进一步加强。一是整合会内外人才资源，增强参政议政实力。民进福建省委会重视发挥会内专门委员会成员、各级人大代表、政协委员、特邀研究员、特邀监察员以及专家学者的作用，使他们成为参政议政的骨干力量；二是建立和完善调研工作机制，提高参政议政工作效率。年初，依据民进中央和中共福建省委对参政议政工作的要求，制定课题调研指南，各级组织根据自身的实力和条件申报调研课题，民进福建省委会对申报的课题评审后立项并拨付调研经费，还组织专家对完成的课题报告评审验收，确保研究成果的质量。2011年调研成果《民主党派社会服务工作与参政议政、民主监督和自身建设相结合的研究》、《闽南地区台湾高山族移民的现状及对促进两岸交流作用之调查和研究》分别获得全省统战理论研究优秀成果一等奖和优秀奖，民进福建省委会荣获中共福建省委统战部授予的“全省统战理论研究优秀组织奖”。

三、社会服务

1. 同心·彩虹行动。2011年民进福建省委会积极做好毕节试验区金沙县扶贫工作。民进福建省委会举办清池镇中小学校长、骨干教师培训班，共有43名清池镇中小学校长和骨干教师参加了学习培训；聘请厦门市特级教师任勇赴金沙开设三场专题讲座，金沙县近400名中小学校长、教研员及骨干教师和600多名高三学生听讲；选派民进会员中的优秀教师分别为清池镇中小学和清池镇中心完小开设了六堂英语教学观摩课；捐资25万元建成清池镇大坡小学“同心·民惠楼”，该楼的教师宿舍与学生食堂占地628平米，建筑面积269.89平米，为师生提供了清静优雅的教学和学习环境；捐赠青少年课外读物、工具用书等3200册（总计五万元），为清池镇中小学充实图书室。民进经济界会员何东海为大坡小学捐款15万元，用于添置200多名学生的三套校服。

2. 同心·海西春雨行动。2011年民进福建省委会开展助教活动17场，受益生师5000多人；创建“农民之家”、“农民书屋”、“文化长廊”等17个；支持挂点村宁化县淮土乡大王村资金10万元用于新村水、电、路等配套设施建设；组织“专家服务团”、“大学生服务团”，在屏南县开展义务家电维修、经贸项目合作洽谈，农村中等职业教育调查、捐赠科普图书、医疗义诊服务等活动，共为群众义诊369人次，捐赠图书1千余册；前往福州市第二社会福利院联合开展“与爱同行”活动，向福利院赠送了价值一万多元的文具、食品、图书并捐赠了460多件衣物。

3. 同心·助推县域经济发展行动。2011年8月，民进福建省委会领导冒着酷暑深入对口帮扶的政和县澄源乡调研，实地考察帮扶助推项目，并召开帮扶助推工作汇报会，共议帮扶助推工作。9月，组织民进农业、科技专家以及茶叶、茶食品、果蔬加工、金线莲种植等17位企业界会员赴政和县澄源乡开展帮扶助推澄源乡项目对接工作。在考察了澄源乡石仔岭千亩生态茶园示范基地、祥源小区新农村建设点、高山生态蔬菜种植基地、福建云根茶业有限公司等项目后，举行了民进福建省委会帮扶助推澄源乡项目对接工作座谈会，对澄源乡今后发展以及对接工作提出宝贵建议。

四、自身建设

1．思想建设。2011年民进福建省委会结合实际，创新思路加强思想建设和政治建设。一是加强政治理论学习，统一会员思想政治共识。组织开展《七个怎么看》、《从怎么看到怎么办》的学习宣传；重新编辑修订了《学习资料汇编》。二是树立和践行社会主义核心价值体系。民进福建省委会学习中心组开展多场专题学习；编辑两期五版学习教育宣传栏、鼓励机关干部撰写学习心得；积极开展“双岗建功”活动，推出全国各民主党派、工商联和无党派人士为全面建设小康社会作贡献先进个人翁国星和树立和践行社会主义核心价值体系先进个人吴晶晶，激发广大会员立足本职、投身会务的积极性和创造性；组织撰写了《中华传统文化的优秀传承与社会主义核心价值体系》等专题文章在有关刊物发表。三是举办中国共产党成立90周年、辛亥革命100周年纪念活动。民进福建省委会举办了“同心杯”福建民进（全国）书画作品展，展出60多件作品并出版了纪念书画集，中共福建省委统战部部长张燮飞亲笔题词祝贺；组织举办庆祝建党90周年、纪念辛亥革命100周年征文活动，并在刊物开辟专栏宣传；组织20人（件）诗文、书画作品参加民进中央等举办的“党建”征文、展览等，其中有3人（件）作品获得中共省委系统和省直机关系统的奖励。四是加强和扩大宣传阵地建设。《福建民进》增辟了“建党90周年、辛亥革命100周年征文”“践行社会主义核心价值体系”等专栏；制定了网站创建详细方案，联系相关公司招标实施；加紧筹备“开明画院”，起草拟制《章程》等相关文件、方案；充分发挥冰心文学馆和冰心故居作为民进首批会史教育基地的作用，组织冰心文学馆专题文章等在《民主》杂志刊发。

2．组织建设。民进福建省委会着眼换届、抓好基础，创新手段加强组织发展和队伍建设。一是认真做好组织发展工作。2011年我会共发展会员177人，其中具有中高级职称的会员有120人，会员队伍的知识、年龄和界别结构继续得到优化。二是积极稳妥做好基层组织换届工作，切实加强基层组织建设。2011年全省7个市委会，全面完成换届工作，为明年省级组织换届奠定了坚实的基础；省直一支部、厦大总支进行了换届，同时对省直文艺支部进行了调整，增补一名副主任；2011年10月，民进福建省委会直属龙岩支部成立；12月，民进福建中医药大学支部成立。三是加强后备干部队伍建设。2011年，民进福建省委会推荐一位会员为省文史研究馆馆员，推荐一位会员为省税务局效能行风监督员和政风行风评议代表；2011年7月，在福建省社会主义学院举办为期一周的“民进省市骨干会员培训班”，来自全省45名骨干会员进行经济社会发展情况和会务工作培训；2011年8月，在漳州东山岛举办“学习胡锦涛总书记‘七一’重要讲话和中共福建省委八届十一次全会精神”专题暑期读书班。近100名新会员参加了培训和学习考察；选送一名副主委参加中央统战部举办的第52期党外领导干部市场经济高级研修班，赴澳大利亚培训考察；选送一名副主委参加中央统战部在井冈山干部学院举办的为期二周的民主党派中青年骨干培训班；选送五位会员赴中央社院参加省委统战部举办的第22期各民主党派人士进修班；选送四位会员参加民进全国骨干会员培训班；选送三位会员参加中共省委统战部举办的党外高校干部培训班；选送二十九位民进经济界会员参加在中央社院举办的“企业管理与创新经营”培训班。2011年共向省直单位推荐我会后备干部5人次，为后备干部的成长提供平台。

3．制度建设。民进福建省委会加强制度建设、转变工作作风，努力提高机关执行力。民进福建省委会制定了机关考勤制度、机关工作人员探亲和请假制度、机关工作人员继续教育暂行规定，实行了机关公务用车“四定”工作和派车制度。民进福建省委会通过完善制度，规范了机关工作，促进了机关管理工作的制度化、规范化和程序化。

4．作风建设。2011年民进福建省委会以继承和弘扬民进的优良传统为抓手，讲传统，重品行，加强领导班子作风建设。加强领导班子的作风建设，初步形成了一是深入调研，求真务实的作风；二是与基层保持广泛的接触和深入沟通，密切联系广大会员的作风；三是讲团结，促和谐，把发扬民主贯穿于议事和决策的全过程，团结民主的作风；四是廉洁自律的作风。2011 年 4 月，民进福建省委六届六次全体（扩大）会议审议通过了《民进福建省委监督委员会工作条例（试行）》，正式成立民进福建省委监督委员会，为在领导班子中形成了风正气顺、人和心齐的良好氛围创造良好的制度环境。

5. *机关建设*。民进福建省委会以建设学习型参政党机关为抓手，以思想建设为核心，以队伍建设为基础，以机关工作制度化、规范化、程序化建设为着力点，机关建设取得明显成效，形成了高效、和谐、规范、阳光的机关风尚。民进福建省委会机关坚持每周一学习日制度，鼓励干部职工参加培训和在职教育提高素质。提拔了一位正处级干部、一位副处级干部和一名正科级干部。民进福建省委会还组织机关干部职工开展健康有益的文体活动，取得了省统战系统保龄球、乒乓球比赛团体总分第一名。民进福建省委会机关干部参加了在上海举行的民进华东六省一市第十三次工作研讨会，通过会议交流探讨和人员之间的友好往来，促进了机关工作。

民进江西省委会2011年工作概述

2011 年，在民进中央和中共江西省委的正确领导下，在中共江西省委统战部的具体指导下，民进江西省委会领导班子团结带领江西民进会员及机关干部职工，高举中国特色社会主义伟大旗帜，以邓小平理论和“三个代表”重要思想为指导，深入贯彻落实科学发展观，认真学习贯彻中共十七大、十七届六中全会、省第十三次代表大会精神，深入推进本届省委会“一三五”工作思路，充分履行参政党职能，全面加强自身建设，为实现江西科学发展、进位赶超、绿色崛起作出了积极贡献。

一、重要会议及活动

3 月 19 日至 20 日，民进江西省六届五次全委会在南昌召开。中共江西省委常委、省委政法委书记舒晓琴到会祝贺并作重要讲话。民进江西省委会主委汤建人作工作报告，民进江西省委会原主委刘运来，中共江西省委统战部常务副部长黄小华出席会议。会议传达了全国两会精神和民进十二届四中全会精神；审议通过了全委会工作报告；免去了陶燕琴的民进江西省六届省委会委员，补选了欧阳剑雄、陈洪萍为民进江西省六届省委会委员，补选了欧阳剑雄为民进江西省六届省委会常委、副主任委员。

11 月 20 日，民进江西省六届十五次常委（扩大）会议在萍乡市召开。会议学习了中共十七届六中全会精神和江西省第十三次党代会精神；报告了 2011 年民进省委会的工作；民进各基层组织、各团体的负责人进行了交流发言。

5 月 9 日至 16 日，全国人大副委员长、民进中央主席严隽琪同志和全国政协副主席、民进中央常务副主席罗富和同志率领的民进中央考察团一行 24 人到江西进行“完善制度环境，促进民办教育发展”专题调研。调研组先后深入到新余、上饶、南昌等三个市的 10 所民办学校进行了实地考察，召开了 4 次民办教育工作座谈会，广泛听取地方政府、教育行政部门和基层学校的意见和建议。江西省委常委、省政府常务副省长凌成兴出席并主持了调研情况反馈会。在反馈会上，调研组领导及专家对江西民办教育发展提出了许多有价值的意见和建议，得到了江西省领导及各相关部门负责人的认真采纳，对促进江西民办教育的发展有着重要的意义。

5 月 15 日，全国人大常委会副委员长、民进中央主席严隽琪，全国政协副主席、民进中央常务副主席罗富和，中共中央统战部副部长黄跃金，民进中央专职副主席兼秘书长朱永新，江西省人大常委会副主任陈安众，江西省政协副主席、民进江西省委会主委汤建人，中共江西省委统战部常务副部长黄小华，中共江西省委教育工委书记、江西省教育厅厅长虞国庆，民进中央有关部门领导，以及上海、广东、安徽、江西等省市民进组织负责人参加了民进江西蓝天学院支部组织生活。严隽琪指出，今天民进江西蓝天学院支部的组织生活，除有民进中央领导参加外，还由于有中共中央统战部和江西省的领导出席而显得尤为可贵，意义非凡，十分令人鼓舞。罗富和代表民进中央作了重要讲话。

10 月 15 日，罗富和在汤建人陪同下，莅临民进宜春市委会机关，视察了机关的办公场所，看望了机关的工作人员，并出席了民办职业教育专题调研座谈会。

二、参政议政

3 月，民进江西省委会关于“新生代农民工融入城市问题”的调研成果被《瞭望新闻周刊》采用，并得到了中央领导同志的重要批示。

5 月，民进江西省委会调研组前往新余市、上饶市、赣州市进行了考察调研，形成了《积极扶持规范管理推进我省民办学前教育健康发展》的调研报告。江西省政府副省长孙刚同志对报告作出了重要批示。

5 月，民进江西省委会以“维护残疾人权益，促进社会和谐稳定”为题开展了专题调研。调研成果在省政协常委会议上进行了发言，并得到了江西省政府副省长熊盛文、谢茹等领导同志的重要批示。

5 月至 6 月，民进江西省委会以“加快我省老龄服务事业发展”为题组织调研组，深入到赣州市、吉安市、南昌市进行专题调研，还前往上海市、江苏省南京市、安徽省合肥市进行了学习考察。调研成果得到了江西省政府副省长熊盛文同志的重要批示。

7 月，民进江西省委会组织调研组深入到萍乡市、宜春市开展调研，形成了《努力完善利导政策体系，让计生家庭得到更多实惠》的专题调研报告，并在省政协常委会议上进行了书面发言。

8 月至 9 月，民进江西省委会调研组前往九江市、吉安市进行了考察调研，形成了《“大力发展我省文化产业”专题协商跟踪问效调研报告》，中共江西省委常委、宣传部长刘上洋对报告作出了重要批示。

11 月至 12 月，民进江西省委会组织专题调研组，对省内高速公路交通安全管理状况进行了调研，形成了《关于加强高速公路交通安全管理促进和谐平安高速建设的调研报告》。江西省政府副省长洪礼和同志对该报告作出了重要批示。

2011 年 2 月，在江西省政协十届四次会议上，民进江西省委会共提交发言材料 8 篇，并以《关于鄱阳湖生态经济区建设现代农业示范区的对策建议》为题进行了大会发言。提交集体提案 12 件，其中《关于南昌市修建城市快速路的提案》被选为会中办理和省政协领导督办重点提案，相关建议得到认真采纳，南昌市政府正加快推进快速路的建设；《关于尽快推进我省高速公路恶劣天气气象条件监测系统建设》的提案被列为重点督办提案，促使相关部门出台了我省高速公路恶劣天气气象条件监测系统建设规划方案；《关于抢救性修复梅汝璈故居和新建梅汝璈纪念馆的提案》被列为省政协专委会督办重点提案，省文化厅将督促指导支持地方政府做好梅汝璈故居的抢救性保护工作。民进会员中的政协委员共提交提案 29 件。在江西省人大十一届四次会议上，民进会员共提交建议 13 件，其中《关于加快我省养老服务事业发展的具体建议》被省人大常委会列为重点督办的代表建议，由省人大常委会选任联工委会同省人民政府办公厅联合督办，省民政厅主办、老龄办协办。

2011 年，民进江西省委会共向民进中央报送 31 篇《江西民进信息》，其中《应尽快提高稀土资源税税率》被全国政协采用，《抓住医疗改革契机，积极发展农村卫生事业》和《简化新农合直补程序，用好农民“救命钱”》被《民进中央信息》采用，为党和政府的决策提供了有益的参考。

三、社会服务

2011 年初，由 6 位富有爱心的民进企业家捐资 80 万元注册成立了江西百分之壹实业有限公司，将利润全部用于“1% 工程”公益事业。2011 年，“1% 工程”在全省 26 所本科院校及部分中小学资助学生 403 人，资助款项 55.4 万元。

1 月 7 日上午，“1% 工程”关爱农民工子女向日葵光明计划新闻发布会在新建县第三小学举行，标志着 2011 年“1% 工程”关爱农民工子女向日葵光明计划正式启动。

1 月 16 日，2011 年“1% 工程”新年爱心联欢会在江西财大麦庐园校区举行。来自各爱心企业、单位代表和“1% 工程”发起单位人员共约 1000 余人欢聚一堂，共庆新春。在联欢会现场，中国建设银行江西省分行、国家开发银行江西省分行等

18家爱心企业和单位向“1%工程”捐赠100万元和价值80万元的医疗服务和慰问品。

1月28日，“1%工程”关爱农村贫困学生捐助仪式在南昌市青山湖区塘山镇罗万村举行。

3月7日，“1%工程”—李阳疯狂英语爱心江西行在南昌正式启动。

4月22日，以“让我们的爱像泉水一样流淌”为主题的“1%工程”贫困家庭关爱行动捐赠仪式暨“赣之蓝、嗨瀑”矿泉水新闻发布会在江西饭店举行。资助修水县贫困学子资金22.1万元。

5月7日，为了迎接中国共产党成立90周年，传播“1%工程”、“奉献1%，爱心100%”公益理念，“1%工程志愿者纳百川公益行动”启程仪式在南昌红谷滩行政广场举行。江西纳百川实业有限公司为此次活动捐助了爱心善款。江西南昌电视台直播了该活动。

4月23日至27日，“1%工程·匹克杯”首届江西省属本科院校大学生男子篮球赛在南昌工程学院举行，16所省属高校参加了篮球赛。

5月29日，在南昌八一起义纪念馆开展了“1%工程六一关爱农民工子女”活动。南昌市万事达超市向“1%工程”捐赠了2万元人民币。

6月7日，“1%工程”携手泰豪集团公司，向南昌市公安交通管理局、南昌市城市管理委员会、南昌市城市客运管理处、南昌市公交总公司赠送了2万瓶价值3万元的“嗨瀑”牌矿泉水，慰问工作在一线的交警、环卫工人、公交和出租车司机。

10月23日，民进江西省委会机关启动“1%工程”关爱老年人在行动活动。为南昌市老年颐养中心送去了40箱“赣之蓝”、“嗨瀑”牌矿泉水和价值2000元的健身器材，并深入老年人的起居室走访慰问。

10月27日至28日，江西民进企业家联谊会第三次会员大会在南昌召开。会议修改了《江西民进企业家联谊会章程》；选举产生了江西民进企业家联谊会第三届理事会，邓凰保当选为会长。

11月20日，江西民进红歌艺术团开展送文化下乡活动，在萍乡市安源区举办了“唱响江西”文艺晚会。

12月14日，为配合纪念宁都起义80周年，在宁都县江西民进摄影协会举办了“人文宁都”摄影展；江西民进红歌艺术团与将军后代合唱团联合举办了“纪念宁都起义80周年文艺晚会”；“1%工程”举行了系列资助活动，共资助了10名有红军背景的贫困家庭学生每人2000元，5000元慰问老红军，25000元购买乒乓球桌用于宁都23所农村学校改善教学条件。

12月22日，“1%工程”基金第一届理事会第二次全体大会召开，江西省政协副主席、民进江西省委会主委、“1%工程”基金第一届理事会名誉理事长汤建人出席会议并作重要讲话。会议审议通过了“1%工程”基金第一届常务理事会工作报告和财务报告；审议通过了关于增补和改选理事、常务理事、副理事长的决定；通过了关于授予王士成“1%工程”2011年度贡献奖的决定。

2011年11月，民进江西省委会“1%工程”公益项目荣获全国各民主党派、工商联、无党派人士为全面建设小康社会作贡献社会服务优秀成果奖。

四、自身建设

2011年是社会主义核心价值体系学习教育活动的深化之年。民进江西省委会以纪念建党90年活动为契机，开展了一系列的社会主义核心价值体系学习教育活动。一是开展了“重温历史、同心同行”——参观中共党史、民进会史教育基地活动，组织部分机关干部赴河北西柏坡参观考察，并要求干部撰写参观考察的心得体会；组织机关干部赴东北三省进行了为期7天的“重温历史、同心同行”学习考察活动。二是开展了读书在线征文活动，民进江西省委会推荐了三本相关的党史书目，要求会员认真阅读，积极撰写心得，并在江西民进网站和《江西民进》杂志刊登，择优向有关媒体推介。三是积极开展“纪念中国共产党成立90周年书画、摄影展”。四是开展以“唱红歌，跟党走”为主题的合唱大赛活动，民进江西省委会组织江西民进同心合唱团多层次参加了纪念建党90周年合唱大赛，还前往上海参加第二届全国部分省市民进合唱团演唱大赛。五是制作了以庆祝中国共产党成立90周年为主题的宣传展板。2011年，民进江西省委会在外发稿195篇，其中42篇刊登于《人民日报》、《光明日报》、中央电视台等中央媒体；153篇刊登于《江西日报》、江西卫视等省级媒体。在人民政协新闻网、人民网江西视窗、民进中央网站等网络媒体登载各类稿件 400 余篇。2011 年,《江西民进》被评为江西省优秀连续性内部资料。

2011 年发展新会员 154 人,平均年龄 37.9 岁,其中具有高中级职称的有 93 人,博士 3 人,硕士 10 人;新成立 4 个支部(省直和市级组织各 2 个)。截至 2011 年 12 月底,江西民进会员总数为 3059 人。在 2011 年设区市、县(区)换届后,16 名同志得到提拔、新担任了副县(处)级以上职务,目前在设区市、县(区)担任副县(处)级职务的会员达到 79 人;有 2 位市级组织负责人新进入市级领导班子,分别担任市政府副市长、市政协副主席;在设区市政府担任副市长的实职安排上,在已有 3 位设区市副市长的基础上,本次换届又新增 2 位设区市副市长,形成了在 11 个设区市有 5 位民进会员担任市政府副市长的喜人局面。3 月 19 日,召开民进江西省先进地方组织、先进基层组织表彰大会,总结交流了近年来江西民进加强地方组织和基层组织建设的经验体会,表彰了成绩突出的先进地方组织和基层组织,进一步明确了今后加强地方组织基层组织建设的任务和思路。民进九江市委会等 7 个地方组织在会上被授予"民进江西省先进地方组织"称号,民进省直教育综合总支等 29 个基层组织被授予"民进江西省先进基层组织"称号。加强对会员的培训工作,举办了一期民进基层组织负责人培训班和一期民进骨干会员培训班,还举办了两期民进组织管理系统专职干部培训班。

2011 年,民进江西省委会机关以学习和践行社会主义核心价值体系为核心,以提高机关干部整体素质和提高机关工作效率为重点,以创建民进全国先进机关活动为抓手,大力加强省委会机关建设,努力建设"学习型、效能型、服务型、和谐型"机关,实现了"在履行职责上有新成效,在办事效率、服务质量上有新提高,在会员满意度上有新提升"。一是健全制度、规范工作。编印成《民进江西省委会机关制度汇编》,完善和形成一套适应党派工作特点的科学管理办法,提升机关工作的程序化、规范化、科学化水平。二是多层次组织机关干部参加各种形式的培训活动。积极推荐选派机关干部参加中央社会主义学院、省委党校、省社会主义学院、省直工委党校等的学习培训,参加民进中央、省委统战部和有关部门的业务培训达 20 余人次;定期组织举办了全省专职干部培训班;开展机关"应用文知识讲座"评比活动,由年轻干部自主选题,自任主讲,交流研讨,共同提高。三是着力推行干部多岗位锻炼素质,多方位增长才干的培养模式。有计划地在机关内部开展轮岗工作,对干部进行多岗位锻炼;积极选派推荐干部赴基层挂职锻炼,担任副镇长。四是在机关切实加强"三性一力"(计划性、主动性、创造性、执行力)建设,提升工作的成效和水平。坚持工作例会制度:每月至少召开一次主委办公会,每半月召开机关行政办公会,各部室每周一召开本部室工作例会;坚持机关干部和各部室的月、季、年度总结计划工作;坚持每月汇总编印市级组织大事记;坚持每月提出合理化工作建议,年底进行评比奖励。

2011 年 12 月,民进江西省委会被民进中央授予民进全国机关建设工作先进单位、2011 年民进省级组织电子信息化建设工作先进单位、2011 年民进省级组织社会服务工作先进单位和民进"民主党派社会服务"理论征文活动优秀组织奖。

民进山东省委会 2011 年工作概述

2011 年是我国"十二五"规划开局之年。一年里,民进山东省委会按照"有思有行、集智聚力、顺势而为、开拓创新"的指导方针,把握主题主线,认真履行参政党职能,发挥界别优势,积极开展社会服务工作,践行同心思想,强化思想政治共识,培养骨干队伍,抓好各级组织换届工作。

一、重要会议及活动

全委会:2011 年 12 月 28 日,民进山东省委五届七次全委(扩大)会议在济南召开。会议的主要内容是:学习贯彻中共十七届六中全会精神,传达学习民进十二届五中全会精神,学习贯彻中央及我省经济工作会议精神,审议民进山东省第五届常务委员会工作报告，听取并评议民进省委五届领导班子述职报告，民主推荐换届人选，表彰民进山东省“双岗建功”先进个人。省政协副主席、民进山东省委会主委栗甲，副主委王秀君、张志勇、骆宝臻、刘德增、王凤山、金德岭，秘书长郭永军及省委委员出席会议。各地方组织驻会负责人、省直各（总）支部主任、部分民进山东省五大代表及民进省委机关各处室负责人列席了会议。

常委会：2011 年 8 月 16 日，民进山东省委五届十六次常委扩大（会议）在莱芜市鹿鸣山庄召开。本次会议以科学发展观精神为指导，传达学习胡锦涛总书记“七一”重要讲话精神，传达学习民进十二届十五次中常会、中共省委九届十二次全体会议和省各民主党派、工商联负责人暑休研讨会精神，研究换届工作计划，成立换届工作领导小组，听取各市级组织关于换届筹备工作的汇报，审议通过《民进山东省委关于省、市级组织换届工作的意见》、《民进山东省第六次代表大会代表产生办法》和《民进山东省委关于省直（总）支部换届工作的意见》。栗甲、王秀君、张志勇、骆宝臻、方漪、王凤山、郭永军，省委常委及民进各市级组织负责人出席会议。民进山东省委会机关各部门负责人列席会议。

重要活动：2011 年 9 月 7 日，由民进中央和北京师范大学联合主办，民进山东省委会、潍坊市人民政府和潍坊市教育局联合承办，庆祝教师节暨 2011・中国教师发展论坛在山东省潍坊市召开，论坛主题为“推进教育家办学，促进教师队伍专业化发展”。全国人大常委会副委员长、民进中央主席、中国教育政策研究院院长严隽琪，全国政协副主席、民进中央常务副主席罗富和出席会议。

论坛期间举行了主题演讲，中国教育学会副会长朱永新做了题为《前行、攀升与飞翔——新教育实验的教师专业发展论》的演讲，山东省教育厅副厅长张志勇做了题为《大力推进教育家办学的制度环境建设》的演讲，潍坊市教育局局长张国华做了题为《从转变职能入手，办人民满意教育》的演讲，台北市教师会理事长杨益风从教师专业发展内涵、所受限制、资讯时代给教师专业发展带来的新问题等几个方面发表了自己的见解，香港仁爱堂田家炳中学校长戴希立做了题为《学习成效取决于教学质素》的演讲，澳门濠江中学校长尤瑞阳做了题为《浅谈促进教师专业化发展的认识与做法》的演讲。

论坛开设了教育局长专业化发展、教研员专业化发展、校长专业化发展、教师专业化发展、教师教育基地建设等五个分论坛，全方位研讨教育体系专业化发展，共商国家教育发展大计。罗富和出席教师专业化发展论坛，朱永新出席教育局长专业化发展论坛，并认真听取了各位发言人的精彩见解和观点。

会上，全国人大常委、中国教育政策研究院执行副院长庞丽娟宣读了《促进教师专业发展潍坊倡议》。

会后，潍坊市政府、市教育局邀请出席 2011・中国教师发展论坛的领导和专家学者参观考察市内学校。全国政协副主席、民进中央常务副主席罗富和应邀参观考察了高新双语学校、潍坊一中、潍坊市实验学校和潍坊学院幼教特教师范学院，实地了解了潍坊市教育体制机制改革成果与经验。

二、参政议政

2011 年，民进山东省委会把促进我省经济平稳较快发展和维护社会和谐稳定作为重点，积极作为，科学务实，履行参政议政职能取得显著成果，荣获民进中央参政议政工作专项表彰。

1. *发挥参政党作用，促进党和政府决策民主化、科学化。*政治协商是多党合作重要的形式和内容。中共山东省委高度重视政治协商工作，2011 年出台了《中共山东省委关于加强人民政协政治协商制度建设的建议》，这是山东民主政治建设的一大亮点，对民主党派的政治协商也有着重要的指导意义。民进山东省委会领导全年多次参加中共山东省委、省政府及中共省委统战部召开的协商会、通报会、座谈会，就省政府工作报告、中共省委和省政府民主生活会、省有关领导人选等重大问题参与协商。在中共中央组织部、统战部征求意见座谈会上，民进山东省委会反映的民主党派市级组织机关规范化建设问题引起中共统战部门的重视，为此开展了专项调研，部分问题逐步得到了解决。

2. *着力提高提案质量，议政建言成效显著增强。*在山东省政协十届四次会议上，民进山东省委会就黄河三角洲高效生态经济区建设、素质教育改革、山东省旅游业发展、历史文化资源保护等问题提交了10件提案。张志勇作了题为《将素质教育改革进行到底》的大会发言。提案《关于推动黄河三角洲高效生态经济区与滨海新区对接协作的建议》被确定为重点提案，中共山东省委副书记、省政协主席刘伟和中共山东省委常委、常务副省长王仁元先后对该提案作出重要批示。《加强调控，促进我省房地产业科学发展》等提案受到承办部门的高度评价和重视。《推动滨海新区与黄三角对接合作，防止区域间的恶性竞争》的提案提交到全国政协十一届四次会议，天津市发改委就该提案的办理落实专程来我省调研协商，就两区合作达成了战略合作协议。欧雷委员提交的《关于推广普及“共享型基层图书馆”的提案》荣获民进中央2011年度参政议政成果三等奖。

3. 瞄准热点、难点问题，深入开展调研活动。为促进政府社会管理创新，民进山东省委会在深入调研、充分论证的基础上，形成了题为《政府监管存在问题及建议》的调研报告，报送中共山东省委。结合当前社会热点、难点问题，确定了10个重点调研课题，申报了2个民进中央课题，参与了民进中央“完善制度环境，促进民办教育发展”的课题调研。为2012年在山东省“两会”提交高质量提案、建议打下了坚实的基础。

4. 成功承办“2011中国教师发展论坛”，为教育改革发展献策出力。在潍坊市成功承办了“2011中国教师发展论坛”，论坛由民进中央主办，以“推进教育家办学，促进教师队伍专业化发展”为主题，从教育局长、教研员、校长、教师专业化及教师教育基地建设等五个方面研讨国家教育发展大计，这是民进从政策层面探讨推动教师教育体制机制改革和完善的一次重要参政议政活动。严隽琪、罗富和等民进中央主要领导出席论坛并作重要讲话。论坛向全社会发出了《促进教师专业发展潍坊倡议》，取得了丰硕的理论成果。

5. 反映社情民意，信息工作有新突破。一是全年报送各类社情民意信息数量突破100条，向民进中央报送78条，向省政协报送60条，向中共山东省委统战部报送10余条。二是采用率突破了60%，共有36条被民进中央信息、省政协信息专报、统战零讯采纳。

三、社会服务

民进山东省委会深入贯彻民进中央《关于进一步加强新形势下社会服务工作的意见》，注重探索新形式、开辟新领域，做大、做实社会服务各项工作。

1. 扶贫助学、社会公益活动深入开展。一是继续支援贵州毕节试验区的“彩虹行动”。组织齐鲁名师一行9人赴贵州高坪乡对当地260余名校长及骨干教师进行培训，捐赠资金2万元改善办学条件。二是继续开展捐赠助学活动。向德州夏津县精华特殊学校捐赠和募集35万元，资助聋哑儿童的康复训练；组织经济界会员在济南定点接受外来务工人员子女的友谊小学开展“爱心助学”活动，捐赠了价值10余万元的学习用品；通过妇女工作委员会为济南历城西营中学筹集图书2000余册。三是结合社会热点问题开展公益活动，就《婚姻法》新的司法解释组织举办大型法制专题讲座。

2. 推进“双促工程”，打造民进社会服务品牌。一是举办了第三届山东省中小学生经典诵读演讲比赛，激励和引导广大中小学生多读书、读好书，培养阅读兴趣和阅读习惯。二是在济南市大明湖小学、棋盘街小学举办了一系列民俗与非物质文化遗产宣传促进活动。通过专家授课、表演观摩等形式，激发学生对传统文化的兴趣，丰富校园文化生活。三是在山东现代职业学院举办了以书画笔会、民俗文化讲座和专题音乐讲座为内容的“文化进校园活动周”。经过几年的不懈努力，“双促工程”已经成为山东民进社会服务的一张亮丽名片。

3. 搭建社会服务平台，筹建山东民进社会服务基地。经过考察调研，民进山东省委会确定把德州市临邑县作为山东民进社会服务基地，在教育、文化、医疗、科技等领域，以智力援助为主，逐步开展形式多样的帮扶活动。民进山东省委会先后两次组织专家赴临邑县兴隆镇，就学校发展状况进行调研指导，向兴隆镇中学捐赠了500余册科普图书。还组织专家在潍坊市临朐县启动了“特色名校建设”助推活动。

4. 合作交流，企联会、书画院活动丰富多彩。一年来，组织15名企业家出席了以“相约海南·共谋发展”为主题的2011年民进企业家联席会议；组织28名企业家赴浙江温州等地考察交流；

举办了“关注中国经济·共商社会发展”研讨会，邀请高校会员中的专家学者就当前经济运行形势和社会发展预期做专题讲座，促进企业界与学术界会员之间的横向交流；举行了以“兴商润民·创业兴邦”为主题的山东民进企业家年会，出版了《山东民进企业家风采录》授予22名会员“山东民进优秀企业家”荣誉称号；山东民进开明画院收集了130余幅书画精品，组织了“光耀千秋·庆祝中共成立90周年全国书画名家相约泉城作品展”，颂扬了中国共产党与各民主党派共同走过的光辉历程。

四、自身建设

（一）思想建设

今年是中国共产党成立90周年、辛亥革命100周年，民进山东省委会采取多种形式开展庆祝纪念活动，进一步坚定了广大会员走中国特色社会主义政治发展道路的信心和决心，思想理论建设取得丰硕成果。

1. *深入学习胡锦涛总书记“七一”重要讲话精神，统一会员思想。*民进山东省委会进一步落实理论学习中心组学习制度，就全国“两会”精神、胡锦涛总书记讲话、中共十七届六中全会精神和省统战系统暑期研讨会精神等，组织了四次理论中心组学习活动，出刊了两期学习简报，引导会员切实做到思想上同心同德、目标上同心同向、行动上同心同行，有力地推动了学习型参政党的建设。

2. *以重大活动为契机，加强政治思想教育。*通过开展参观王尽美故居、祭奠革命先烈活动，召开缅怀民进创始人之一雷洁琼同志追思会，利用教师节、妇女节、重阳节组织座谈会等形式，引导会员继承传统、坚定信念，对全省民进学习活动的开展起到了很好的引领和示范作用。各市级组织普遍开展了参观学习、走访慰问、书画展览、座谈演讲、知识竞赛等形式多样的庆祝纪念活动，收到了很好的宣传教育效果。

3. *注重提升内涵，宣传工作再上新台阶。*民进山东省委会立足网站、会刊、简报三大载体，努力做到贴近时政、贴近社会、贴近会员。如《山东民进》进一步优化了栏目，提高了刊物的指导性、可读性；网站改版后年登载信息500余条，连续两年点击量累计突破10万次；全年在各类报刊、杂志、网站以及电视台登载民进信息近百余件，起到了很好地宣传效果。注重会史资料和档案材料的搜集、整理与保存。编撰了《群星闪耀》会员先进事迹风采录。

（二）组织建设

2011年，在中共山东省委统战部的指导下，在各地统战部的大力支持下，以市级组织换届为契机，山东民进地方组织、基层组织建设稳步推进。

1. *着力抓好市级组织换届工作，进展顺利，成绩喜人。*民进山东省委会下发了《关于省、市级组织换届工作的意见》和《关于省直（总）支部换届工作的意见》的通知，成立了领导小组，制定了工作计划，由主委亲自挂帅到各地就组织建设工作尤其是领导班子政治安排问题与当地中共党委反复沟通协商，对当地民进组织进行指导，就个别地市在换届中过程中出现的复杂疑难问题向会员做了大量深入细致的说明和解释工作，经多方共同努力，目前全省已有9个市委会顺利完成了换届，有7个市级组织主委进入了当地市级领导班子，一些长年未进过市级班子的市地也有突破，个别换届主委另有重用，部分副主委走上更重要的工作岗位，达到了民进省委成立22年以来的最好水平。

2. *广泛开展“双岗建功”活动，培养样板、树立典型。*民进山东省委会在全省会员中开展了“树先进、学先进、评先进”的“双岗建功”活动，激发广大会员立足本职、投身会务的积极性和创造性。在全国“各民主党派、工商联、无党派人士为全面建设小康社会作贡献先进集体、先进个人、建言献策优秀成果、社会服务优秀成果”表彰大会上，王凤山同志荣获先进个人称号。在全省民主党派树立和践行社会主义核心价值体系先进集体和先进个人表彰大会上，民进德州市委会等10个地方组织和基层组织被评为先进集体，袁敬华等12名会员被评为先进个人。在年底召开的民进山东省“双岗建功”先进个人表彰大会上，全省共有554名会员受到表彰。

3. *完善组织信息化建设，会员信息管理更加科学。*2011年，民进山东省委会建立了“民进组织信息化管理系统”，对全省3585名会员的64项信息进行统计摸底，并将所掌握的信息导入会中央组织信息化管理系统数据库，能够及时了解全省会员动态变化，特别是全面掌握了骨干会员的基本情况。在组织发展工作中，注意开拓界别，力求会员整体结构合理，适应履职需要，全年共发展会员231名。为了提高新会员的基本素质，民进山东省委会举办了2011年省直新会员培训班。

4. *积极开展“创建先进机关”活动，推动省、市级机关规范化、制度化建设。*2011年，民进山东省委会以严隽琪到机关视察、罗富和到民进泰安市委会视察为契机，结合民进中央创建活动调研组在我省的调研活动，按照民进中央“创建先进机关”的要求，在省、市级组织机关广泛开展了改进机关作风、全面提升干部素质和能力的机关建设活动。民进山东省委会机关开展了“读、研、讲、写”系列学习活动；继续选派干部挂职锻炼；召开了地方组织专职干部工作联系会议等。在“民进全国机关建设工作会议”上，民进山东省委会荣获“民进全国机关建设先进单位”荣誉称号。

民进河南省委会2011年工作概述

民进河南省委会根据形势和任务的要求，坚持以“同心”思想为引领，以建设高素质的民进地方组织和基层组织为目标，深入开展树立和践行社会主义核心价值体系活动，紧紧围绕实施“十二五”规划和推进中原经济区建设献策出力，团结奋斗的思想政治基础得到不断巩固，自身建设呈现出好的发展趋势，履行职能的工作取得了明显成效。

一、重要会议及活动

（一）2011年1月12日下午，民进河南省委会召开“庆祝中国民主促进会成立65周年、河南民进组织成立25周年暨表彰先进大会”。河南省政协副主席、民进河南省委会主委袁祖亮出席会议并讲话。会议对全省4个先进市级组织、25个先进基层组织、65名优秀会员和2010年度市级组织专项工作先进单位进行表彰。中共河南省委统战部副巡视员杜春景，民进河南省委会副主委张民服、邬恺夫、张震宇，副巡视员崔光有，原副主委冯春河、阎德政、祁葆珠出席会议。

（二）2011年1月13日，民进河南省委会四届四次全会在郑州举行。全国政协副主席、民进中央常务副主席罗富和，中共河南省委统战部副部长陶振江出席会议并讲话。会议听取并审议了民进河南省委会主委袁祖亮代表民进河南省四届常委会向大会作的工作报告，审议通过了《关于同意袁祖亮同志辞去中国民主促进会河南省第四届委员会主任委员、常务委员、委员职务的决定》和《民进河南省委会四届四次全会决议》，并选举张震宇为中国民主促进会河南省第四届委员会主任委员。

（三）2011年1月21日下午，河南省政协十届四次会议举行第三次全体会议，民进河南省委会主委张震宇被选为河南省政协常务委员会委员。

（四）2011年3月4日，民进河南省委会组织省直基层组织会员举行庆祝“三八国际妇女节”活动，民进河南省委会主委张震宇，民进河南省委会副巡视员崔光有，原专职副主委祁葆珠出席活动。

（五）2011年3月23日，民进河南省委四届十四次常委（扩大）会议在郑州召开。会议传达了十一届全国人大四次会议、全国政协十一届四次会议、民进中央十二届十四次常委会议精神，审议通过了民进河南省委会《关于组织开展学习〈中华人民共和国国民经济和社会发展第十二个五年规划纲要〉有奖征答活动的通知》和《关于广泛开展“我为中原经济区建设献良策”活动的通知》，研究部署了河南民进2011年的有关重点工作。张震宇出席会议并讲话。民进河南省委会副主委张民服、专职副主委邬恺夫、副巡视员崔光有出席会议，省委会常委及部分市级组织负责人、省直基层组织负责人、省委会机关干部参加了会议。

（六）2011年3月30日，民进河南省委会在郑召开2011年参政议政课题立项工作会议，汇报交流市级组织和省直基层组织选定参政议政立项课题情况。张震宇出席会议并讲话，会议由邬恺夫主持，崔光有及机关同志参加了会议。

（七）2011年4月28日河南省统一战线“同

心同行建中原”座谈会在河南平顶山市召开，张震宇参加会议。

（八）2011 年 5 月 7 日，民进中南六省（区）机关工作会议在广州召开，邬恺夫带及河南民进部分市级组织和省委会机关有关处室负责人参加会议。

（九）2011 年 5 月 24 日至 25 日，张震宇率领省民进“同心同行建中原”调研组赴平顶山市开展调研和建言献策活动，邬恺夫参加此次活动。

（十）2011 年 6 月 14 日至 15 日，民进全国会史工作会议在江苏江阴召开，邬恺夫和省委会机关有关干部参加会议。

（十一）2011 年 6 月 21 日上午，河南民进纪念中国共产党成立 90 周年书画展暨河南开明书画院成立大会在郑州举行。中共河南省委统战部副部长陶振江同志到会祝贺，张震宇出席会议并讲话，邬恺夫主持会议。会议听取了民进河南省委会副主委、河南开明书画院筹备组组长陈国桢关于书画院筹备情况的报告，审议通过了《河南开明书画院章程》；民进河南省委会副主委张民服宣读了《民进河南省委关于河南开明书画院名誉院长、院长、副院长、常务理事、理事的决定》；中共河南省委统战部副部长陶振江和民进河南省委会主委张震宇共同为河南开明书画院揭牌；崔光有宣读了民进中央开明书画院及民进兄弟省级组织书画院向河南开明书画院发来的贺信贺电。陈国桢代表书画院领导班子讲话。民进河南省委会原副主委祁葆珠、中共河南省委统战部党派处调研员胡宝新，河南开明书画院理事及民进全省各市级组织、省直基层组织负责人、省委会机关工作人员参加了会议并观看展览。

（十二）2011 年 6 月 21 日下午，民进河南省委会举行纪念中国共产党成立 90 周年“党在我心中·同心同德同向同行”演讲比赛。张震宇出席比赛活动并讲话，省委会副主委张民服、邬恺夫，副巡视员崔光有，中共河南省委统战部党派处调研员胡宝新出席这次活动。来自民进全省市级组织和省直各基层组织的 15 个代表队经过角逐，民进焦作市委会代表队获得了一等奖，民进郑州市委会、郑州大学委员会代表队分别获得二等奖，民进开封、洛阳、许昌市委会代表队分别获得三等奖。

（十三）2011 年 7 月 6 日，民进河南省委四届十五次常委（扩大）会议在郑召开，张震宇主持会议并讲话。会议学习了胡锦涛同志在庆祝中国共产党成立 90 周年大会上的重要讲话精神，传达了民进十二届十五次中常会精神和《各民主党派省委关于做好换届工作座谈会纪要》精神，审议通过了《民进河南省委关于做好 2011 年市级组织换届工作的意见》和《中国民主促进会河南省第五次代表大会代表名额及代表产生办法》，总结了民进省委 2011 年上半年的工作，安排部署了下半年的重点工作。张民服、邬恺夫、崔光有出席会议，省委会常委及部分市级组织负责人、省直基层组织负责人、民进河南省委会机关干部参加了会议。

（十四）2011 年 8 月 7 日至 8 日，民进河南省委会与中共平顶山市委统战部主办，民进平顶山市委与鲁山县政府承办鲁山县中小学校长培训班，对 1000 多名中小学校长进行集中培训。7 日上午，培训班举行开班仪式，民进中央副主席兼秘书长朱永新，民进河南省委会主委张震宇，中共平顶山市委常委、统战部长段君海，民进河南省委会专职副主委邬恺夫，民进河南省委会原副主委、省民办教育研究会副会长祁葆珠，民进河南省委副巡视员崔光有，平顶山市政协副主席、民进市委会主委马四海，鲁山县委、县政府的有关领导同志出席开班仪式。民进河南省委会邀请民进中央副主席朱永新和省内 6 位普通教育方面的专家，为参训校长作了专题演讲和辅导。

（十五）2011 年 8 月 6 日至 9 日，民进河南省委会在鲁山县组织举办民进全省专职干部培训班。张震宇主持培训。邀请朱永新为参训干部作《努力建设适应高素质参政党要求的学习型机关》的专题辅导报告，邬恺夫、崔光有分别作有关工作的专题报告。

（十六）2011 年 10 月 14 日，民进河南省委会开明论坛第一讲在郑州举行，邀请民进中央副秘书长、办公厅主任高友东为省委会机关干部及各省直支部的负责人作机关建设专题讲座。论坛由张震宇主持，张民服、祁葆珠，中共河南省委统战部党派处调研员胡宝新出席论坛。

（十七）2011 年 11 月 1 日，民进河南省委会开明论坛第二讲在郑州举行，邀请中共河南省委宣传部副部长李庚香作《中原经济区的文化使命》的专题报告。论坛由张震宇主持。邬恺夫、崔光有出席论坛。

（十八）2011 年 11 月 9 日，民进河南省委会四届十六次常委（扩大）会议在郑州召开，张震宇主持会议并讲话。会议学习贯彻中共十七届六中全会、《国务院关于支持河南省加快建设中原经济区的指导意见》、中共河南省第九次代表大会和民进十二届十六次中常会精神，通报河南民进经济界会员联谊会筹备工作情况，审议通过《民进河南省委会关于做好省委会换届工作的意见》，安排部署年底前的工作。省委会常委、部分市级组织主要负责人和省委会机关干部参加了会议。

（十九）2011 年 12 月 1 日，河南民进经济界会员联谊会成立大会暨经济界会员联谊会一届一次理事会议在郑州举行。民进中央副主席王佐书、民进河南省委会主委张震宇出席并讲话。河南民进市级组织和省直基层组织的领导及经济界会员联谊会理事 120 多人参加大会。会议审议通过了《河南民进经济界会员联谊会章程》，选举产生了河南民进经济界会员联谊会常务理事会和会长、副会长。

（二十）2011 年 12 月 15 日，民进河南省委会四届五次全体会议在郑州召开。会议审议通过了张震宇代表民进河南省四届常委会作工作报告和《中国民主促进会河南省第四届委员会第五次全体会议决议》，表彰了 2011 年度市级组织专项工作先进单位、学习我国“十二五”规划纲要有奖征答活动优秀组织单位、纪念中国共产党成立 90 周年书画展作品征集优秀组织单位、开展“我为中原经济区献良策”活动优秀调研成果、民进全省先进机关和优秀专职工作者。

二、参政议政

（一）围绕转变经济发展方式、保障和改善民生参政议政，提案质量有了明显提高

省委会向省政协十届四次会议提出提案 20 份，其中大会发言 10 份，口头大会发言 1 件，会员中的省政协委员也提出了许多好的意见和建议。有 12 份提案被《河南日报》、《人民政协报》、《团结报》等媒体报道。《关于建立中国红枣综合产业园集聚区的建议》的提案，被省政协确定为重点提案。省政协十届四次会议对三次会议以来的 28 份优秀提案进行了表彰，其中河南民进有 4 份，占省政协优秀提案表彰总数的 1/7。

（二）集智聚力，为加快中原经济区建设积极建言献策

省委会围绕中原经济区的新型工业化建设问题，组成调研组赴平顶山、新乡、焦作、安阳、信阳、周口、濮阳等地进行调研，整理形成了《加快中原经济区建设应高度重视新型工业化建设》调研报告，向省委、省政府提出了好的意见建议，该报告荣获了河南省社会科学优秀成果评审委员会授予的荣誉奖。

5 月份，省委会领导带领河南民进“同心同行建中原”调研组，赴平顶山市就建材工业和文化产业发展进行调研，形成了《河南省建材工业现状、存在问题及发展对策的报告》，为我省制定建材工业“十二五”规划提供了决策依据，而且为平顶山市建材工业和文化产业的发展提供人才智力支持。民进河南省委会还与宝丰县人民政府签订了《关于建立推进宝丰县经济社会发展战略合作关系的协议》。

三、社会服务

（一）充分发挥工作品牌的作用，积极服务教育事业发展

省委会组织举办了河南民进第五期革命老区中小学校长培训班，对潢川和宝丰县的 51 名农村中小学校长进行了为期一周的培训，为我省民进连续五年免费培训革命老区中小学校长工作画上了圆满的句号。8 月份，省委会与中共平顶山市委统战部、民进平顶山市委会和鲁山县政府联合举办了鲁山县中小学校长培训班，邀请民进中央副主席兼秘书长朱永新同志和 6 名省内知名教育专家，为鲁山县的 1000 多名中小学校长作了新教育理念及教学管理改革创新的讲授与辅导。省委会社会服务委员会还组织部分委员到陕西省紫阳县开展助学活动，向贫困学生捐赠了 13 万多元的现金和物品，该县东木镇中心学校、燎原小学和红椿镇中心学校的 66 名学生现场接受了捐赠。

（二）创新工作载体，为提高社会服务成效搭建好的工作平台

6 月 21 日，民进省委会举行了河南开明书画院成立大会。12 月 1 日，省委会举行了河南民进

经济界会员联谊会成立大会。河南民进开明书画院和经济界会员联谊会的成立，不仅实现了民进全省各级组织和广大会员多年来的良好愿望，而且为提高履行职能成效创建了好的工作平台。

四、自身建设

（一）思想建设

*完善机制，持续不断组织开展政治理论学习。*省委会以深入学习胡锦涛同志2011年“七一”重要讲话精神，中共十七届五中、六中全会精神，全国“两会”和河南省九次党代会精神为重点，精心组织开展一系列的学习教育活动，全年组织了7次大的专题学习。4至6月，组织动员广大会员参加民进中央部署的三期学习“十二五”规划纲要有奖征答活动，我省民进市级组织的参与率均为100%，会员参与总数和参与率均名列民进全国省级组织前茅，荣获了民进中央颁发的学习“十二五”规划纲要有奖征答活动优秀组织奖。

*重温历史，巩固了与党“同心同行”的思想政治基础。*省委会紧紧抓住纪念中国共产党成立90周年的有利时机，在民进全省组织开展了“重温历史·同心同行”学习教育活动。举行了纪念中国共产党成立90周年书画作品展和“党在我心中——同心同德同向同行”演讲比赛，组织开展了论文征集和参观民进会史教育基地，参与了全省统一战线纪念中国共产党成立90周年座谈会、书画展、多党合作成果展和文艺演唱会等活动。

*注重实效，“树立和践行”活动得到了深化。*省委会坚持“树立和践行”活动的实践特色，把这项活动与开展创先争优和“双岗建功”活动结合起来，引导各级组织把“树立和践行”的成效体现到自身建设和履行职能的各项工作之中，进一步增强广大会员立足本职、投身会务的积极性和创造性。

*着眼发展，参政党建设理论研究取得了新进展。*向民进中央申报了《高素质参政党问题研究》课题，在民进全国省级组织报送的47个课题中脱颖而出，成为民进中央确定的5个中标课题组之一，被民进中央授予2011年度民进省级组织参政党理论研究工作先进单位。省委会还积极参与民进“民主党派社会服务”理论征文活动，荣获了民进中央颁发的优秀组织奖。省委会机关课题组完成并向省社科联、省经济学团体联合会报送的《社会主义核心价值体系与民进的实践》课题研究成果，被评为一等奖。

（二）组织建设

*扎实开展换届准备工作，为顺利换届提供有力保障。*省委会高度重换届工作，先后下发了关于做好省委会换届工作、市级组织换届工作和省直基层组织换届工作的意见及民进河南省第五次代表大会名额及代表产生办法等指导性文件，明确了换届的指导思想、政策规定和方法步骤，对加强组织领导、沟通协调、思想工作和严格纪律等提出了具体要求。8月上旬，省委会组织举办了民进全省专职干部培训班，就换届涉及的工作进行了专题研讨，并对换届的相关程序和各种文字材料作出规范。截至2011年底，有5个市级组织和省直的11个基层组织顺利完成了换届任务。

*注重打牢基础，基层组织建设稳步推进。*截至2011年底，发展新会员181人，会员总数达到了3012人，其中高中级职称的会员2641人，占总数的85%；具有博士学位的91人，硕士学位的260人。在省直新建了民进河南财经政法大学和河南工程学院支部，各地民进新建了4个支部，民进全省基层组织的结构和会员的知识、专业、年龄结构得到了进一步改善，组织发展、教育培训和教育培训的规范化、制度化程度得到了提高。

（三）机关建设

*省委会机关着力加强能力和作风建设，营造了奋发向上的工作氛围。*省委会领导高度重视机关人员的学习，专门邀请民进中央副秘书长兼办公厅主任高友东同志，为机关干部和省直支部负责人作机关工作与建设的专题辅导；利用各种学习教育平台，积极选派机关干部参加会中央、省委统战部、省直党校、省社会主义学院组织的各类学习培训；通过耐心引导和热情帮助促进机关人员增长才干，为提高大家的能力素质创造好的条件，机关的思想建设、作风建设和业务建设得到了明显加强，被评为民进全国机关建设先进单位。

民进湖北省委会2011年工作概述

2011年，民进湖北省委会按照民进中央的部署，深入开展树立和践行社会主义核心价值体系活动，深入学习贯彻胡锦涛总书记在庆祝中国共产党成立90周年大会上的讲话精神和中共十七届三中、四中、五中、六中全会精神，全面落实民进中央十二届四中全会提出的各项任务，紧紧围绕实现湖北在中部率先崛起战略建言献策，开展社会服务，各项工作迈上新台阶。

一、重要会议及活动

1. 全委会

7月17日，民进湖北省五届五次全委会议在武昌召开。会议学习了胡锦涛总书记在庆祝中国共产党成立90周年大会上的重要讲话精神；审议通过了民进湖北省2010年度常委会工作报告；听取了民进湖北省委会主委周洪宇代表省委会领导班子作届中述职；增补解飞厚为副主委，万世华、陆培祥为常委，万世华、肖红娟、陆培祥、费巧云为委员；对参政议政和社会服务工作先进单位进行了表彰，对2010年度“十佳信息”、“十佳提案”进行了表彰。

2. 常委会

2月25日，民进湖北省五届十五次常委会议在武昌召开。会议传达学习了湖北省政协十届四次会议和湖北省十一届人大四次会议的精神；经五届三十四次主委会议提名，决定任命副主委唐瑾为民进湖北省委会秘书长；对届中拟增补的省委会委员、常委、副主委的情况进行了说明。

7月17日，民进湖北省五届十六次常委会议在武昌召开。会议总结了2011年上半年工作，安排了下半年工作；讨论通过了五届五次全委会议议程。

9月24日，民进湖北省五届十七次常委会议在武昌召开。会议传达了省级民主党派、省工商联换届工作座谈会精神；通报了民进湖北省委会2007—2011年先进基层组织、先进会员（双岗建功）和先进机关工作者评选情况及表彰办法；各市委会汇报了学习胡锦涛总书记“七一”重要讲话、开展树立和践行社会主义核心价值体系的活动情况；审议通过了《民进湖北省委会2012年换届工作方案》。

3. 主委会

4月16日，民进湖北省五届三十五次主委会议在武昌召开。会议研究了省委会2011年重点工作。

6月3日，民进湖北省五届三十六次主委会议在武昌召开。会议研究了各市委会换届筹备工作；通报了庆祝建党90周年大会、湖北民进长江艺术团成立大会的筹备情况。

7月17日，民进湖北省五届三十七次主委会议在武昌召开。会议传达了民进中央十二届十五次中常会精神；研究了民进湖北省委会届中增补工作。

8月27日，民进湖北省五届三十八次主委会议在武昌召开。会议听取了省委会参加民进中央“彩虹行动”、积极与贵州省金沙县城关镇联系结对帮扶的情况汇报；审议通过了《湖北开明画院成立暨首届画展筹备工作方案》、《湖北民进名师团成立暨庆祝第27个教师节座谈会方案》、《民进湖北省委会关于2007—2011年先进基层组织、先进会员（双岗建功）和先进机关工作者表彰大会的工作方案》。

9月24日，民进湖北省五届三十九次主委会议在武昌召开。会议主要传达了省级民主党派、工商联换届工作座谈会精神；研究了省委会2012年换届工作方案，并成立民进湖北省委会2012年换届工作领导小组。

10月23日，民进湖北省五届四十次主委会议在鄂州举行。会议传达了中共十七届六中全会精神和民进十二届十六次中常会精神；听取了“湖北开明画院成立暨纪念辛亥革命百年作品展”的筹备工作情况的汇报；审议通过了“湖北开明画院成立暨纪念辛亥革命百年作品展”的议（日）程；研究了2012年省委会换届工作。

11月25日，民进湖北省五届四十一次主委会议在武昌召开。会议传达了2011年民进中央参政议政年会精神。

4. 主委主要活动

3月9日，民进十二届十四次中常会在北京召开。周洪宇参加会议

3月19日至22日，全国人大常委会副委员长、民进中央主席严隽琪一行来湖北调研，先后赴红安、长江教育研究院、武汉大学等地进行实地考察。周洪宇等领导陪同调研。

3月26日，周洪宇出席湖北民进首届企业发展论坛。

4月13日，周洪宇率调研组赴随州调研并与民进随州市支部会员座谈。

4月29日，周洪宇到民进武汉市委会，就民进武汉市委会2011年换届工作进行调研。

6月8日，民进十二届十五次中常会在成都开幕。周洪宇参加会议。

6月24日，湖北省委统战部在武昌举行统一战线各界人士座谈会。周洪宇出席并代表民进湖北省委会作大会发言。

7月4日至6日，周洪宇出席民进宜昌市第三次代表大会。

7月12日，周洪宇出席民进襄阳市第四次代表大会。

7月29日，周洪宇出席民进鄂州市第四次代表大会。

8月23日，周洪宇出席中共湖北省委在武昌召开的党外人士双月座谈会。

9月3日，周洪宇出席湖北民进名师团成立暨庆祝第27个教师节座谈会。

9月6日至7日，周洪宇出席民进武汉市第十一次代表大会并代表省委会向大会致贺词。

9月24日，周洪宇出席“民进湖北省委会2007—2011年先进基层组织、先进会员（双岗建功）和先进机关工作者表彰大会”。

10月19日，民进十二届十六次中常会在北京召开。周洪宇参加会议。

10月29日，周洪宇出席湖北开明画院成立大会暨纪念辛亥革命百年作品展开幕式。

12月6日，民进十二届十七次中常会在北京召开。周洪宇参加会议。

12月7日至9日，民进中央十二届五中全会在北京举行。周洪宇参加会议。

二、参政议政

民进湖北省委会围绕湖北“十二五”规划、“两圈一带”、湖北大别山革命老区和武陵山少数民族经济社会发展试验区、东湖国家自主创新示范区建设、推动文化大发展大繁荣，深入开展调查研究，建睿智务实之言，献科学发展之策。

3月19日，全国人大常委会副委员长、民进中央主席严隽琪到湖北就大别山革命老区和武陵山少数民族经济社会发展试验区建设问题进行调研。在此基础上，省委会形成《关于将大别山革命老区、武陵山少数民族地区两个经济社会试验区纳入国家发展战略》和《关于民办教育的建议》的调研报告上报民进中央。甘肃校车事故发生后，省委会主要领导召集民进专家起草了校车安全条例建议，提交国务院法制办，作为省委会对国务院法制办此次公布的校车安全条例草案的意见。

各专委会、市委会也围绕湖北省改革发展大局，对19个课题进行调研，形成调研报告，在双月座谈会、省政协常委会和专题协商会上发言。其中《关于推进我省城市社区文化建设的建议》分别得到时任副省长张岱梨、副省长张通批示，并被省政协《议政建言》采用。《提升城市文化软实力，扩大城市文化影响力——将武汉建设成为中西部地区重要文化中心》的研究报告，获2010年湖北省党派重点协商课题一等奖。

向民进中央提交的《关于加强网络信息安全管理和技术创新的提案》列为全国政协十一届四次会议民进组提案，被评为民进中央2011年度参政议政成果三等奖。向民进中央报送了5篇2012年全国政协十一届五次会议提案参考素材。在省政协十届四次会议期间，提交大会发言材料14篇；提交提案17件，其中《关于改进和加强我省学前教育的几点建议》等两件提案分别作为副省长领办、政协副主席督办的重点办理提案，并被省政协《议政建言》采用。《设立省级成果转化专项资金，促进科技优势向经济发展优势转变建议》等3件民进集体提案和《关于加快推进东湖国家自主创新示范区建设的建议》等3件会员个人提案被省政协评为2011年优秀提案。

2011年共向民进中央报送信息121篇，向省政协报送信息158篇，向省委统战部报送176篇。其中全国政协采用2篇，民进中央《民进信息》采用26篇，中央统战部采用2篇，中共湖北省委采用1篇，省政协《各界反映》采用13篇，转报转送4篇，省委统战部采用46篇。《东湖风光村路段违章建筑急需治理》得到中共武汉市委书记阮成发“加快办理……”的批示。省委会被民进中央评为“2011年民进省级组织信息工作先进单位”；被省政协评为“2011年度信息工作先进单位（二等奖）”；被省委统战部评为“2010年度全省统战信息工作一等奖”。

开办“两报”，是省委会2011年参政议政工作的一大创新和亮点。省委会主要领导亲自力抓“两报”工作，开通了直接向中共湖北省委、省政府领导进言的新渠道。两报各有特色，《参政专报》侧重于全局性、前瞻性、综合性情况的反映和建言；《社情快报》重在一事一报，对民生问题、民众的诉求进行反映并提出建议。如以双月座谈会发言《湖北省农村饮水安全问题与建议》为基础报送的《社情快报》，得到赵斌、张通两位副省长的批示，被省环保厅、省水利厅采纳。《参政专报》报送的《加强生态水利建设，促进人水和谐》得到张通副省长的批示。

三、社会服务

民进湖北省委会积极响应民进中央和中央统战部打造同心品牌的号召，着力实施湖北民进四大同心工程。

6月，与共青团湖北省委、湖北省青少年发展基金会共同倡导成立“湖北希望工程民进壹小时爱心基金”。在全省民进会员的大力支持下，筹集善款50万元，并现场向贫困学生捐款。随后湖北希望工程民进壹小时爱心基金联合民进黄冈市筹、长江出版传媒委员会向罗田县平湖乡方家冲小学捐赠助学金10000元、图书1000册。“世界助残日”之际，又向武昌首义路街的过街楼社区3户残疾人家进行慰问捐款。民进壹小时爱心基金得到了时任中共湖北省委常委、统战部部长苏晓云的充分肯定和高度重视，并批示：“民进的做法很好，值得借鉴和推广。统一战线各单位各部门都要参与同心品牌的创建，打造有自身特点的同心品牌。”

成立湖北民进长江艺术团，充分发挥艺术界会员的专业所长，是湖北民进打造同心品牌的重要举措之二。长江艺术团的成立，为湖北民进文艺界会员搭建了一个本职工作之外的文化服务新平台。为庆祝中国共产党90华诞发挥了积极作用。在今后的社会服务与有关工作中将发挥更好的作用，开展更多的工作。

关注教育，推动教育事业的发展是民进的优良传统。在庆祝第27个教师节大会上，湖北民进名师团正式成立。根据民进中央“同心·彩虹行动”的帮扶计划，2011年，省委会与贵州省金沙县城关镇政府签订结对帮扶合作协议，依托湖北民进名师团，开展培训金沙县城关镇中小学校长活动。名师团还将在发扬传统、资源共享，以教育服务社会，帮扶贫困地区教育事业发展方面发挥重要作用。

秉承弘扬“开来而继往，明道不记功”和“惟愿文教敷，遑顾心力瘁”的开明精神，在纪念辛亥革命100周年之际，湖北开明画院成立大会暨纪念辛亥革命百年作品展开幕式在湖北省博物馆隆重举行。民进中央向大会发来贺信，全国人大常委会副委员长、民进中央主席严隽琪专门为画展题词。湖北省政协副主席周宜开、中共湖北省委统战部领导、书画界名人等参加了画展开幕式。此次展览共展出会员作品八十余幅，汇编成《纪念辛亥革命百年作品展画册》。

四、自身建设

1. 思想建设

民进湖北省委会以学习胡锦涛同志“七一”重要讲话精神和中共十七届五中、六中全会精神为重点，以纪念中国共产党成立90周年、纪念辛亥革命100周年为契机，深入开展主题学习教育活动。省委会把建设学习型参政党作为重点工作来抓，注重发挥中心学习组的引领作用，组织了5次专题学习，领导带头撰写理论文章。按照民进中央会史工作会议精神，引导会员学习会史，继承发扬我会优良传统和作风，把学习会史与做好政治交接、树立和践行社会主义核心价值体系活动相结合，深刻认识民进优良传统的时代价值，增强组织活力与凝聚力。

按照民进中央统一部署，扎实有序地推动全省民进树立和践行社会主义核心价值体系活动的开展。在民进湖北省五届十二次常委会上，各市委会交流了开展树立和践行社会主义核心价值体系活动的经验。为表彰树立“双岗建功”活动中涌现出的一批先进典型，省委会召开了民进全省表彰大会。组织全省会员踊跃参加民进中央学习“十二五”规划有奖征答活动，省委会在有奖征答活动中获得优秀组织奖，8名会员荣获优秀个人奖。

结合2011年大事要事，《湖北民进》和湖北民进网站推出纪念中国共产党成立90周年和纪念辛亥革命100周年专栏。同时紧密结合自身职能，围绕民进湖北省委会四大“同心”工程，在会刊、网站开设相关栏目，在多家新闻媒体对其进行重点宣传与报道。向省委统战部报送的《微公益照亮爱心之路》，得到了时任中共湖北省委常委、统战部部长苏晓云批示。2011年，省委会被民进中央评为“2011年度民进省级组织电子信息化建设工作先进单位”。

2. 组织建设

民进湖北省委会按照民进中央和省委统战部对换届工作的统一部署，重点做好市级组织和省直属基层组织的换届工作，启动省级组织的换届筹备工作。

根据《民进中央关于2011—2012年省级组织换届工作的意见》和省委统战部《各民主党派省委会关于做好2012年换届工作座谈会纪要》精神，成立了民进湖北省委会2012年换届工作领导小组，五届十七次常委会议审议通过了《民进湖北省委会2012年换届工作方案》，拟定于2012年上半年召开民进湖北省第六次代表大会。

在省委会主要领导的带领下，分管副主委和组织部同志对各市委会的换届筹备工作进行走访调研，并就换届工作、人事安排等问题与各市委统战部进行协商沟通。至9月，民进武汉、荆州、荆门、黄石等8个市委会换届工作顺利圆满完成。民进黄冈市筹和民进随州市筹于上半年成立。省直属基层组织的换届工作稳步推进，至12月底，完成5个省直基层组织的换届工作。省直出版支部升格为民进长江出版传媒委员会。

为进一步加强基层组织建设，激发基层组织活力，省委会从2009年3月起至2011年3月，用两年的时间在全省开展基层组织达标活动。达标活动得到了各市委会及省直属基层组织的积极配合支持，今年是达标活动考评收尾年，各基层组织按省委会要求落实达标申报检查，在此基础上省委会对先进基层组织、先进会员进行了表彰。通过达标活动，对基层组织的工作进行量化考核，使基层组织活力明显增强，全面促进了基层组织工作的开展。

截止2011年底，全省共有民进市级组织8个，2个市委会筹备委员会，基层组织234个。全省共有会员3919人，平均年龄52.6岁。大学以上学历会员2752人，占70.2%，具有中高级职称会员3672人，占93.7%。担任政府部门副县级以上领导职务的会员32人。

3. 机关建设

民进湖北省委会积极响应民进中央在全会各级组织中开展“创建先进机关”活动的号召，进一步加强机关建设。按照《湖北省省直机关公务员通用能力席位标准（试行）》通知精神，建立了机关干部和职工的能力席位标准，为机关工作的科学化、和规范化管理打下了基础。为提高机关干部职工的执行力，利用会内外干部学习教育平台，选派机关干部17人次分别参加中央统战部、民进中央、省委统战部和省社会主义学院组织的各类培训班和学习班。2011年，省委会机关被民进中央评为“民进全国机关建设先进单位”。

民进湖南省委会2011年工作概述

一、重要会议及活动

1. 重要会议

1月15日，湖南民进6届13次常委会；1月16日，湖南民进创先争优表彰大会；1月17日，湖南民进6届5次全会，会上还进行了省委届中调整；2月15日，湖南民进对口联系单位座谈会；3月4日至15日，民进湖南省委会主委谢勇出席全国人大11届4次会议；3月22日，湖南民进6届

22次主委会议；4月1日，湖南民进专门委员会工作会议；5月15日，湖南民进企业家联谊会第3届全体会员大会；6月17日，湖南民进6届23次主委会议；6月25日至26日，湖南民进会史工作编审会议；8月9日，湖南民进6届24次主委会；8月10日，湖南民进6届14次常委会；8月29日至31日，湖南民进工作研讨会；11月7日，湖南民进6届25次主委会议；11月8日，湖南民进6届15次常委会；11月9日，湖南民进会史工作会议；12月12日，湖南民进6届26次主委会议；12月12日晚，湖南民进6届16次常委会议；12月13日，湖南民进换届民主测评、民主推荐会议；12月13日，湖南民进6届6次全会；12月27日，湖南民进换届领导小组第一次会议。谢勇均参加以上会议并主持或发言。

2. 重要活动：

（1）政治协商：1月6日，湖南省政府《政府工作报告》（征求意见稿）征求意见和建议座谈会；1月9日，中共湖南省委人事安排协商会；7月11日，中共湖南省委征求党外人士对《法治湖南建设实施纲要（征求意见稿）》的修改意见和建议座谈会；1月18日至24日，政协湖南省10届4次和省人大11届5次会议，会议期间，湖南民进向政协大会提交集体提案11份和个人提案39份、省人大代表议案和建议42个；12月21日，省政府《政府工作报告》（讨论稿）的意见和建议座谈会；12月24日，中共湖南省委召开各民主党派、省工商联和无党派人士座谈会，就制定《中共湖南省委关于贯彻党的十七届六中全会精神加快建设文化强省的意见》征求意见建议；10月8日，中共湖南省委书记周强一行专程到民进中央座谈交流，民进中央主席严隽琪、常务副主席罗富和、副主席王佐书、副主席兼秘书长朱永新等领导参加座谈；12月26日，湖南省“2011年党风廉政建设和反腐败工作情况通报会”。以上活动，谢勇均有参加并发言。

（2）会务活动：1月9日，谢勇赴京参加民进中央召开的雷老追思会；1月16日，湖南民进“庆祝中国民主促进会成立65周年美术、书法、摄影作品展”开幕，谢勇率全体常委出席开幕式并讲话；3月20日，全省统一战线服务“四化两型”建设专题研究班开班，谢勇率全体主委班子成员参加学习；4月20日至22日，民进中央研究室副主任左延珠一行5人来湖南调研会史工作和机关建设工作。年中，中国民主促进会长沙市、岳阳市、衡阳市、常德市、湘潭市、株洲市、邵阳市、益阳市分别召开代表大会，谢勇均本人或委托人到会并致辞；4月27日，谢勇率职业教育课题组一行赴宁乡县职业中专调研；5月7日至10日，民进中南6省机关工作会议，民进湖南省委会副主委汤泽培带队参加会议并作题为《理清思路，突出重点，全面加强机关建设》的发言；5月30日，湖南民进为老同志王果举办90寿宴，谢勇率部分老同志和全体机关干部参加；6月24日，湖南统一战线庆祝中国共产党成立90周年“同心颂党旗”合唱比赛，谢勇率全体机关干部参赛，民进湖南省委会获二等奖和优秀组织奖；6月28日晚，中共湖南省委庆祝建党90周年晚会，谢勇等参加；6月30日，中共湖南省委纪念建党90周年座谈会，谢勇作题为《责任在心奋勇前行》的讲话；7月20日至24日，湖南省党外人士考察团赴贵州开展暑期谈心和参观考察活动，谢勇等参加；8月8日，第十届“汉语桥”世界大学生中文比赛总决赛在长沙举行，全国人大常委会原副委员长、民进中央前任主席许嘉璐出席决赛晚会并为获奖选手颁奖，谢勇率主委班子成员拜访了许嘉璐；9月27日，中共湖南省委纪念辛亥革命100周年大会，谢勇等出席；10月1日，老同志梅明因病去世，享年88岁，谢勇专程从外地赶回长沙率部分老同志和机关干部职工参加追悼会；10月15日，湖南民进省、市、县新农村基地共建仪式在宁乡县双江口镇山园村启动，谢勇等出席仪式；10月31日至11月4日，2011年民进全省骨干会员培训班，谢勇主委出席等开班仪式和结业典礼，并授课；11月2日，以“相约海南、共谋发展”为主题的2011年民进企业家联谊会联席会议在海南省海口市开幕。民进湖南省委会专职副主委、企业家联谊会会长汤泽培率队参加会议；12月4日，民进湖南省委会民办教育支部成立，谢勇等出席；12月13日，谢勇等专程看望老同志唐泽映；12月23日，湖南民进法律支部开展基层组织活动，谢勇等出席。

二、参政议政

省“两会”上，民进湖南省委会提交政协大会口头发言1篇，书面发言3篇，集体提案11个，民进届别政协委员提交提案39个，人大代表批评建议案44件，是提交参政议政成果较多的党派。周强书记针对《关于发展我省低碳交通的建议》和《完善我省农村最低生活保障制度的建议》分别作出重要批示；在省“迎接党代会，迈向新征程”三问于民的献策活动中，潘碧灵副主委所写的《关于加快实施“四化两型”战略的思考》获周强书记重要批示。省政府高度重视和认真吸纳提案《关于加快普及学前教育发展的建议》，相继下发《湖南省人民政府关于报送〈湖南省学前教育三年行动计划（2011—2013年）〉的函》、《湖南省人民政府关于加快学前教育发展的意见》，并召开了“全省学前教育工作会议”。

中共湖南省委今年给各民主党派提出“就湖南省发展环境开展联合调研”的重点课题，湖南民进是唯一一个承担两项子课题的单位。已形成《立足资源环境，谋求科学发展—湖南省经济社会的资源环境承载力分析与建议》和《关于优化我省消费环境以进一步扩大内需的对策建议》两个调研报告。

中共省委书记周强一行专程赴民进中央协商有关事项；民进湖南省委会多次参与中共省委、省人大、省政府、省政协届中调整人事协商和教育、文化、财政、检查、反腐、交通等工作的专题协商。出台《关于建立会内省级以上特约人员履职报告制度的意见》。率先发起向政府红头文件“挑刺”的湘潭会员欧爱民，当选为CCTV2011中国法治人物湖南十佳。

坚持做好反映社情民意信息工作，年内共编发社情民意稿件200多篇。

三、社会服务

加强企业家联谊会建设。修改《湖南民进企业家联谊会通则》，形成了《民进湖南省企业家联谊会章程》；换届产生了第三届领导班子；在《楚帆》会员风采专栏，每期报道1—2名企业界会员。联谊会企业家们在社会公益事业中做出了重要贡献。

湖南现有帮扶基地3个，即贵州金沙县石场乡、湖南平江县盘石洲村、宁乡县双江口镇山园村。对贵州金沙县石场乡启动捐款支教计划；为平江县、山园村、盘石洲村落实项目资金660万元；在山园村发起“省、市、县新农村基地共建活动”，山园村被评为长沙市环境卫生整治“十佳”村。为省委会机关专干挂职单位新田县落实项目资金500万元。

举办民进湖南省第六期西部教师培训班，推广社会服务品牌阅读“梦飞翔”项目到郴州、邵阳，促进当地的教育发展。

四、自身建设

1. 思想建设：开展庆祝中国共产党成立90周年、辛亥革命100周年系列活动，会刊开辟“我们的带头人”和“谁让我感动”专栏。为全省各级组织选择提供了“树立和践行社会主义核心价值体系”集中学习材料和自学材料，编辑中心组2011年内部学习资料扩大发行到省委委员和市级组织主委班子成员。举办“庆祝中国民主促进会成立65周年美术、书法、摄影作品展”。召开“庆祝民进成立65周年座谈会”。开展诗歌和征文评选活动评选出26篇优秀作品汇编成册作为会刊特刊发行。编辑全体常委和市级组织主委撰写的“学习胡锦涛总书记‘七一’讲话”和中共17届6中全会精神学习体会成为一期学习特刊。

2. 组织建设：指导各市级组织换届。长沙、岳阳、衡阳、湘潭、邵阳、常德、益阳、株洲等八个市委顺利完成换届。省委会进行了届中调整。出台省委会换届工作意见和换届工作方案。

召开创先争优表彰大会，表彰了2个全国先进市级组织、11个全国先进基层组织、3个全省先进市级组织、49个全省先进基层组织、79名优秀会员、16名奉献民进20年优秀会务工作者和11名优秀组织工作干部，编辑《同炼基石，共铸荣光》一书。出台《关于进一步巩固和扩大创建活动成果的意见》、《关于在全省开展“双岗建功”活动的通知》和《关于开展“双岗建功”评比表彰活动的通知》。

选送省委常委和市委主委4人次参加中央级培训学习。选送省委领导班子成员、省委常委、市委主委、新进市委副主委及骨干会员、后备干部24人次参加省级培训班学习。举办了“2011年民进全省骨干会员培训班”和全省专职干部培训班，共培训115人。向省参事室和文史馆推荐2名领导干部，向省检察院推荐3名特约检察员，向中共衡阳市委推荐2名领导干部，向中共永州市委推荐1名领导干部，向中南大学党委推荐1名骨干会员。

继续推进“百名优才入会工程”，重点发展了一批文化艺术、科技经济、民办教育、社会中介组织等界别中的有代表性人士和在政府司法机关任实职、在相关领域有一定建树的优秀人才入会，全年发展188名新会员。

制定《民进湖南省委关于在全省推广与使用民进组织管理系统的实施方案》，全面启动民进中央开发的“民进全国组织管理系统”的推广与使用。

召开省直工委主委会议和全体委员（扩大）会议，省直工委进行了届中调整。指导中南大学校本部支部完成换届。新成立省直民办教育支部和科技支部。举办了省直新会员培训班。

3．宣传信息：召开宣传信息工作会议，对先进集体和优秀信息员进行了表彰，通过会议、培训、网络交流加强队伍建设，配备相关器材，设立局域网，充实全省网宣队伍。落实《湖南民进宣传信息收发、审批制度》，健全工作程序和应急措施。向民进中央、省政协、中共省委统战部等上报、转送稿件405篇，湖南民进网页上传信息稿件216篇。

将会刊文稿采用率纳入《宣传信息目标考核管理办法》，建立“湖南民进宣传”群，民进中央网站刊载了湖南民进《楚帆》8期彩封四版和《长沙民进》2期封面，转载湖南民进会刊文章11篇。会刊《楚帆》全年出刊8期，近50万字，发放8100册。

省“两会”期间，湖南民进的参政议政成果得到媒体广泛关注，《制止通过更改地名和割裂政区寻求发展的风气》等多份提案被多家媒体专题采访。汤泽培副主委接受省政府门户网站“两会”代表访谈栏目直播采访，是本次“两会”期间首位接受省政府门户网站采访的委员。

4．机关建设：以“机关建设年”为契机，通过学习型参政党建设、树立和践行社会主义核心价值体系主题教育等活动，树立和巩固机关共同的理想信念、目标方向和价值追求，塑造积极健康的机关文化。开展了“三个为什么”讨论。设立机关集体学习日，规定每年集中学习一周、每月集中学习一次。聘请会内外专家学者举行报告会、讲座，组织机关干部赴外省市学习，举办专职干部学习班，开展理论研讨征文活动，实施“双岗建功”工程，每个青年干部联系一个调研课题，举办专题讲座提高机关干部的办文、办事和办会能力。选调一名主任科员充实机关，选派一名同志到县级政府挂任副处级实职。

建立健全有关制度，强化制度的执行，对各市级组织制度执行情况进行了专题督查。对各级组织机关专干进行职业教育，强化公务员意识，培养公务员精神，明确公务员责任，践行公务员规范。省委会领导班子率先垂范，坚持民主集中制原则，鼓励干部之间相互关心、互相尊重，工作上相互协作，多补台、不拆台，形成健康的人际关系氛围。

切实加强机关办公现代化建设，进一步完备现代化办公设施，组建各类数据库、人才智力库，提高机关信息化水平和办公效率，推进机关信息化建设。建立文明机关建设长效机制，成立文明创建工作领导小组，加强对此项工作的日常领导和督促落实。多个市委会在市级民主党派机关建设考核中名列前茅。

民进广东省委会2011年工作概述

2011年，民进广东省委会以政治交接为主线，积极履行参政党职能，努力推进学习型高素质参政党建设，各项工作都取得了较好的成绩。获“二〇一一年民进省级组织参政议政工作先进单位”和“民进全国机关建设先进单位”称号。

一、重要会议及活动

2011年，民进广东省委会召开了六届三十九次至六届四十八次共10次主委会议，3次常委会议。

3月23日上午，民进广东省六届二十次常委会议在广州召开。会议传达学习了全国人大十一届四次会议、全国政协十一届四次会议以及民进十二届十四次中常会精神；讨论通过了《广东民进开明画院筹备工作方案》；同意对《省委会关于加强参政议政工作的意见》部分作出修改；讨论了《关于补充调整部分专门工作委员会人员的建议》，并同意增补有关人选。

6月11日晚，民进广东省六届二十一次常委会议在广州召开。会议传达学习了民进十二届十五次中央常务委员会议精神；审议通过了《民进广东省六届五次全会议程》、《民进广东省六届五次全会日程》及省委会各工委及理论研究会2011年工作计划；同意罗富和同志因工作原因辞去民进广东省第六届委员会主任委员、常务委员、委员职务，同意陶凯元同志作为民进广东省六届委员会主任委员人选；讨论了《民进广东省六届五次全会选举办法（草案）》、《民进广东省六届五次全会总监票员、监票员建议名单》；确定了民进广东省2011年议政调研重点课题。

12月15日下午，民进广东省六届二十二次常委会议在广州召开。

会议学习了中共十七届六中全会及民进十二届五中全会精神；审议通过了《民进广东省六届六次全会议程》、《民进广东省六届六次全会日程》《民进广东省委关于表彰2011年提案的决定》；审议了《民进广东省六届常委会工作报告》（草稿），《民进广东省委六届六次全会决议》（草案），同意提交六届六次全会讨论通过；审议了省委会2011年课题结题报告，确定了其中1件提案作为2012年省政协大会发言，6件提案作为书面发言。

1月12日，举行追思会，深切缅怀雷洁琼同志。

1月17日，在机关会议室召开提案情况通报会，向省市主流媒体通报2011年省委会提交省政协十届四次会议的提案情况。

4月28日至29日，围绕“加快转型升级、建设幸福广东”的主题，在佛冈举办了全省文化、社会法制领域参政议政专题座谈会。

7月12日至16日，“同心·同向·同行——广东民进开明画院建院首展”在广州艺术博物院举行。共展出书画作品90幅，木雕木刻12件、剪纸1件、印章6件。

全国政协副主席、民进中央常务副主席、民进广东省委会主委罗富和主要活动：

1月14日上午，出席在北京举行的“沉痛哀悼，深切缅怀——雷洁琼同志追思会”并代表民进广东省委会在追思会上发言。

1月27日上午，倡导并出席珠三角民进“改变发展方式，建设幸福广东”座谈会，与省直及珠三角各市委会的会员共同探讨。

2月3日，率民进广东省委会副主委区鉷、张波、鲁开垠一行赴深圳拜访全国人大副委员长、民进中央主席严隽琪。

3月23日上午，出席并主持民进广东省六届四十一次主委会议和民进广东省六届二十次常委会议。

3月23日下午，参加中共广东省委统战部召开的省各民主党派主委、专职副主委、秘书长会议。

3月24日下午，出席民进广东省委会机关召开的“进一步加强机关建设”动员会并作讲话。

5月7日，出席民进中南六省（区）机关工作会议并作总结讲话。

6月10日晚，出席并主持民进广东省六届四十三次主委会议。

6月11日，出席民进广东省第六届委员会第五次全体会议并作讲话，辞去主委职务。

民进广东省委会主委陶凯元主要活动：

6月11日，出席民进广东省第六届委员会第五次全体会议并讲话。

6月11日，出席地方组织主委会议。

6月26日上午，出席并主持民进广东省六届四十四次主委会议。

7月12日，出席“同心·同向·同行——广东民进开明画院建院首展”并在开幕式上致辞。

8月2日，出席民进广东省六届四十五次主委会议。

8月2日至9日，出席省各民主党派负责人暑期座谈会。

9月2日，与民进潮州市委会新老班子、机关工作人员座谈、交流，并合影留念。

9月3日，出席中国民主促进会汕头市第七次代表大会并讲话。

9月15日上午，出席“秋灿羊城——民进中央开明画院书画作品邀请展开幕式并剪彩。

9月23日，出席中国民主促进会广州市第十二次代表大会并讲话。

10月8日上午，出席广东省各界纪念辛亥革命一百周年大会并参加了辛亥革命纪念馆开馆典礼。

10月10日至11日上午，出席全省统一战线“我为幸福广东建功业”系列行动现场推进会并讲话。

10月19日，列席中国民主促进会第十二届中央常务委员会第十六次会议。

10月27日，接待民进广州市委会主委龚辉一行。

10月27日下午，出席并主持民进广东省六届四十六次主委会议。

11月6日，出席民进深圳市委会召开市委会领导班子成员述职述廉与民主评议会议并讲话。

11月11日，通过网络参加民进广东省六届四十七次主委会议。

11月12日，出席中国民主促进会珠海市委员会第一次代表大会并致辞。

12月9日上午，代表省委会出席会议民进中央召开的民进省级组织负责人会议。

12月15日下午，出席并主持民进广东省六届二十二次常委会议、民进广东省六届四十八次主委会议。

12月22日，出席省各民主党派与省直有关单位负责人新春座谈会。

12月27日，出席民进广东省第六届委员会第六次全体会议并在闭幕式上作讲话。

二、参政议政

省委会进一步加强了参政议政能力建设，参政议政工作机制有效运作并不断创新，省市互动更为频繁，有力地促进了参政议政工作向纵深发展。

省“两会”期间，省委会向政协大会提交14件集体提案。其中，大会口头发言1个，大会书面发言6个。提案工作成果丰硕，产生了积极的社会影响。《关于进一步提升我省企业自主创新能力的建议》、《关于加快我省公共文化服务立法进程的建议》获得省政协2010年优秀提案表彰。《推动构建粤港澳经济合作区，加快三地经济从合作迈向融合》的提案被选为中央统战部牵头的“为全面建设小康社会作贡献表彰评选活动”我省唯一的建言献策优秀成果。《关于发展生产性服务业，促进中小企业产业升级的提案》获民进中央2011年度参政议政成果一等奖；《关于在北方林区发展和推广使用木质颗粒燃料的提案》、《关于加强学校安全管理工作的提案》、《关于完善人事争议立法，规范争议处理机制的提案》及参与完成的《关于促进我国特殊教育事业发展的提案》均获民进中央2011年度参政议政成果二等奖。《关于我省非物质文化遗产保护与发展的建议》提案、《关于加快我省公共文化服务立法进程的建议》提案分别促成了《广东省非物质文化遗产条例》、《广东省公共文化服务促进条例》的出台。

为配合“省统一战线‘我为幸福广东建功业’系列行动”，向省委统战部报送“关于改革完善我省城市基层社会管理模式的建议”等6个调研题目，参加联合大调研，提出意见建议，得到肯定。积极做好信息工作，共向民进中央、省政协、省委统战部报送信息139篇。

制定了《民进广东省委参与政治协商规程（试行）》，这是全国民进省级组织首部参与政治协商的规程。参与8次政治协商会议，均能充分准备，保障了质量，得到组织者的肯定。

三、社会服务

坚持顺势合力务实的原则，以智力服务为主，长期跟踪、定点帮扶，努力打造多个社会服务品牌项目。积极参与社会公益，成效进一步显现。

联合民进广州、揭阳市委会赴揭阳举行高考备考讲座。联合民进深圳市委会继续参与民进中央“彩虹行动”，举办毕节金沙教师第三、四期赴粤培训班，培训教师93人。赴上思县民族中学举办“初中学生职业生涯规划”和“女性青春期保健与体育活动方式”讲座；组织“广西瑶族女生班”、“香港德惠瑶族女生班”到南宁开展社会实践；争取到洪锡标先生继续设立为期三年、共计20万元的“生生瑶族女子班升学奖学金”；省委会机关和部分基层组织再次向瑶族女生捐献衣物一批。上思县瑶族女生的教育资助体系逐渐形成。

继续在中山市崖口村推广“鸭稻共作”生态种养技术。

组织联合广东药学院附属第一医院等单位为连南瑶胞义诊送药，接诊500余人，收治住院近10人。组织义诊服务队参加在河源市东源县双江镇举行的“三下乡”活动，义诊送药近800人次，赠送药品近万元。发动会员参与“广东扶贫济困日”活动，据不完全统计，共捐款137万余元、书籍5000册。携手成冠华宫基金向广元师范学校艺术楼捐赠钢琴20台，向广元市苍溪县苍溪中学捐赠钢琴4台，总价值为22万元。与海南眼科医院、澳洲ABC光明列车基金会联合举办光明列车“海南光明行”活动，计划为1700名白内障患者免费实施复明手术。联合有关单位举行共450多人参加的“惠州国际文化交流活动”。

联合多个单位举办“海峡两岸职业技术教育研讨活动”，13名台湾高职、中职校长和教育专家与会。组织会内有台港澳关系、热心“三胞”工作的20多名会员举行中秋思亲活动。

召开全省社会服务工作会议，表彰了民进广州市委会等12个社会服务工作先进集体及杨关福等81名社会服务工作先进个人。

发挥非公有制经济人士在幸福广东建设中的作用。民进广东省委企业界会员联谊会（以下简称“联谊会”）携手其他单位开展扶贫济困、帮扶助学、敬老扶孤等一系列“回报社会感恩行动”，召开房地产业企业家专题座谈会。

成立了广东民进开明画院。

四、自身建设

1. 思想建设：在全省开展“双岗建功”活动，收到材料105篇。组织参加民进中央“学习‘十二五’规划”有奖征答活动。举办“学习中共十七届六中全会精神座谈会”。推进学习、宣传、培训“三个共享”工程。联谊会建立了网站，中山、肇庆民进开通了网站。通过召开座谈会、征文和品读红书、举办画展、参观中共党史、民进会史教育基地等多种形式纪念“中国共产党成立90周年、辛亥革命100周年”。编辑出版《衔石精魂永不捐——永远怀念敬爱的雷主席》专辑。继续做好《广东民进60年》续编之“人物”与“地方组织、省直基层组织”的编辑工作。

2. 组织建设：完成主委工作交接。成立了广东民进地方组织换届工作领导小组。民进潮州、中山、江门、韶关、湛江、汕头、肇庆、东莞、佛山、惠州、梅州、茂名、广州、珠海市委会14个地方组织完成换届，举办了新会员学习班。在各级组织中推广应用民进组织管理系统。民进英德总支、广东商学院支部完成了换届，成立了民进河源总支、民进省直阳江支部和清远基层委员会。加强了会内监督，监督委员会认真履行职能，在推动会内民主、维护会内团结等方面发挥了积极作用。

截至2011年12月，有省辖市委会16个，县区级委员会4个，基层组织（含总支、支部、小组）总数为484个。2011年新发展会员346人，占会员总数（7773人）的4.5%。会员平均年龄为51.2%。高级职称2378人，占会员总数的30.6%。各级人大代表129人。全国政协副主席1人，委员2人。省级政协常委5人，委员26人，市级政协副主席8人，常委44人，委员135人。

会员主要界别比例为：教育（含高教、普教）71.6%，文化艺术3.8%，新闻出版1.0 %，科技1.6 %，医卫4.6%，政府部门4.6%。

3. 机关建设：出台了《民进广东省委机关作风建设及能力建设实施方案》，编印了《民进广东省委机关规章制度汇编》。举行机关建设动员会、机关建设座谈会和“我为机关建设献一计”活动。选拔任用了处级干部，充实中层工作班子。招录三名公务员。设立电子公告栏，构建良好的办公环境。加强学习型机关建设：建立“双周学习日”制度，定期举办学习论坛；开展“悦读”活动，建立图书电子信息管理系统；以会代训，举办了全省专职干部培训班。承办了民进中南六省（区）机关工作会议。

民进广西区委会 2011 年工作概述

2011 年，民进广西区委会在中共广西区委和民进中央的领导下，坚持“有思有行、集智聚力、顺势而为、开拓创新”的工作方针，坚持与中国共产党思想上同心同德，目标上同心同向，行动上同心同行，以树立和实践社会主义核心价值体系为主线，以开展基层组织重点建设总结评估验收表彰工作和“双岗建功”活动为抓手，进一步夯实高素质参政党地方组织的思想基础和组织基础；围绕改革与发展大局，以推动科学发展和加快转变经济发展方式作为履职的首要任务，认真履行参政党职责，围绕“十二五”规划的全面实施积极建言献策，努力服务社会，各项工作都取得了新进展。

一、重要会议活动

1. 重要会议

2012 年 1 月 13 日至 15 日，民进广西区九届六次全体委员扩大会议在南宁召开。会议学习贯彻胡锦涛总书记“七一”重要讲话、中共十七届六中全会及民进中央十二届五中全会精神；听取并审议民进广西区九届常委会工作报告；听取新一轮扶贫开发工作专题报告；进行了民进广西区第九届委员会领导班子届终述职及民主评议，同时民主推荐了民进广西区第十届委员会领导班子成员及常委人选。区委委员 38 人出席会议，区委会原主委俞曙霞应邀出席会议，自治区党委统战部田晓明副部长应邀莅会指导。部分民进广西区九大特邀代表，区委会处级以上干部以及特邀人员列席会议。区委会主委陈自力、副主委杨静华、陈建东，常委陈洪江分别主持了各单元的会议。会前召开了九届十八次常会会议。

2011 年 3 月 29 日，民进广西区九届十六次常委（扩大）会议在南宁召开。出席这次会议的常委有陈自力、陆瑞华、杨静华、陈建东、温祖贞、黄漱鲁、吴泽荣、黄均宁、崔惠柳，部分市委会的专职副主委，钦州市工委、防城港市、来宾市筹委会负责人，河池、崇左总支部负责人和区委会各部门负责人以及特邀人员等 23 人参加了会议。俞曙霞应邀参加会议。

这次会议的议程主要有五项，一是传达学习全国“两会”和民进中央有关会议精神；二是研究开展“双岗建功”活动的有关事宜，通过《关于在我区民进会员中开展“双岗建功”活动的通知》；三是研究基层组织重点建设评比验收标准及表彰的有关事宜，通过《民进广西区委会基层组织重点建设总结评估验收表彰工作方案》和《民进广西区委会基层组织重点建设评估验收量化标准》；四是研究基层活动案例选编有关事宜；五是研究民进广西区委会 2011 年工作，制定《民进广西区委会 2011 年工作计划》。

陈自力在会议小结时提了三点要求：一是要求区委会十五位常委都要对初选出来的广西民进基层组织生活案例进行点评，每位常委点评 4 篇，每篇还要提出是否采用的意见，点评文字约 200 字左右。二是在广大会员中开展“双岗建功”活动和对基层组织重点建设评比验收要及时部署。会后，各市级组织对在“双岗建功”活动中表现好的会员先摸一下底，可先写宣传报道材料给区委会宣传部进行宣传报道。希望各市委会配合开展这项工作，评选和宣传两步走，同时进行。三是基层组织重点建设支部的评比，要求所有的支部都要参加评估，以评的形式带动重点支部建设，以评的形式促进非重点支部建设。各市委会专干要帮助重点支部和结对子支部解决在评估过程中遇到的困难和问题。

2011 年 7 月 16 日，民进广西区九届十七次常委扩大会议在桂林召开。区委会常委陈自力、陆瑞华、杨静华、曾凡平、陈建东、容作信、温祖贞、陈洪江、梁华、吴泽荣、崔惠柳、黄均宁等 12 人出席会议。玉林、北海、贵港、防城港市委会主委，钦州市工委主任、来宾、河池、崇左组织负责人和区委会各部室负责人等列席会议。特俞曙霞和区委会组织部调研员滕民初参加会议。会议由陈自力主持。

本次会议的主要议程有六项：一是学习中共中央胡锦涛总书记“七一”讲话精神；二是传达贯

彻民进中常会精神；三是介绍桂林市经济社会发展情况；四是汇报区委会2011年上半年工作情况；五是各市委会、工委汇报基层组织重点建设评比、验收进展情况；六是研究民进广西区委会2012年换届的有关问题。

陈自力在会议总结时针对今年下半年的工作提出了三点要求：一是认真学习中共中央胡锦涛总书记“七一”重要讲话，进一步推动我会的思想建设；二是以胡锦涛总书记的同心思想为指导，开展好“双岗建功”活动。以“双岗建功”活动作为社会主义核心价值学与行的抓手；以重点建设工作验收、评估为抓手，推动组织建设迈上新台阶；三是要以打造“同心”品牌为重点，努力做好社会服务工作。

全年共召开主委会议6次，召开经济科技、文化教育、社会法制专委会议6次。

2. 主委活动

陈自力在春节前到各市委会开展下基层慰问活动；陈自力2月18日到自治区教育厅就中小学校舍安全等问题开展深入调研；2011年广西民进统战理论研讨会于4月14日至15日在南宁举行，陈自力出席会议并作了总结讲话；4月28日两广民进“瑶族女生班”来到广西民族大学进行参观，陈自力出席了座谈会；5月9日，陈自力出席玉林民进成立政治交接教育实践活动基地挂牌仪式；5月13日至6月28日陈自力带领民进广西区委会课题组到金秀瑶族自治县、南宁市统战部、自治区财政厅、自治区发改委、自治区金融办、自治区投资促进局进行专题调研；6月30日陈自力出席了民进广西区委会召开庆祝中国共产党成立90周年座谈会并作重要讲话；7月2日晚，广西民进举行“重温历史 同心同行”纪念中国共产党成立90周年音乐会在广西民族艺术宫音乐厅隆重举行，陈自力出席了此次音乐会；7月11日，民进广西区委会学习胡锦涛总书记“七一”讲话精神座谈会在区委机关会议室召开，陈自力在会上作重要讲话；7月16日；7月20日，民进广西区委会举办系列培训班，陈自力出席了开幕式并作重要讲话；7月，陈自力带领自治区党委重大决策课题《“十二五”广西投资的量与质问题研究》先后赴北海、钦州等各市委会展开调研；11月2日，陈自力出席广西统一战线“同心·三大统战”品牌隆安县示范区启动暨“同心·百亿工业园”项目签约仪式；10月8日，广西民机纪念辛亥革命100周年座谈会在民进广西区委会机关会议室召开，陈自力出席会议并作总结讲话；11月8日，民进广西区委会举办形式报告会，特邀中国社科院欧洲研究所研究员张建雄畅谈《中国：崛起中的机遇与挑战》，陈自力出席了报告会；11月12日，广西民进在广西大学冬校园体育馆举办“庆祝中华人民共和国成立62周年暨第八届中国——东盟博览会胜利召开广西民进第四届区直组织气排球邀请赛”，陈自力出席比赛开幕式并参加比赛活动；12月15日至16日，广西民进基层组织重点建设暨“双岗建功”总结表彰会在南宁召开，陈自力出席了大会并作总结讲话；12月19日，广西民进社会服务工作经验交流会暨企业家联谊会在南宁召开，陈自力出席了会议并作总结讲话；12月23至25日，“壮美广西·桂林山水甲天下——广西民进会员摄影作品展”在广西博物馆展出，陈自力出席了开幕式；12月22日，广西民进庆祝中国民主促进会成立66周年暨迎新年大会在南宁召开，陈自力在开幕式上发表了讲话。

二、参政议政

2011年，民进广西区委会坚持和完善2010年试行的议政调研课题申报立项制度，广泛征集选题，下发课题指南，动员各级组织和广大会员根据课题指南和自身特长申报区委会议政调研课题，共收到课题申报书39件。经区委会议政调研工作领导小组暨专家会议评审，共确定区委会重点课题2个，普通课题10个。共收集会内外专家的调研成果材料共44篇，在去年12月初召开的民进广西区委会议政调研成果评审会上，评选出16份集体提案材料、6份大会发言材料，经后期整理，向自治区政协十届五次会议提交集体提案19件，大会发言6份。调研组先后走访自治区财政厅、发改委、金融办、投资促进局和中共南宁市委等单位，赴北海、钦州、防城港、桂林、柳州等市进行调研，实地考察了北海电子科技园区、钦州港码头、防城港核电工地、桂林临桂新区、柳州柳东汽车城等园区和在建项目，完成了《“十二五”广西投资的量与质问题研究》重大决策课题。在自治区政协十届四次会议期间，民进广西区委会和广西民进的自治区政协委员围绕我区经济社会发展的重大问题积极建言献策，共提交团体提案16件，大会发言材料7件（大会口头发言1件），委员提案30件。全年共向自治区政协提交《提案办理征询意见表》41份，对提案办理单位的答复均作了及时反馈，并对提案办理提出意见和建议。区委会还积极参加自治区政协提案委组织的提案办理通报会，积极参加提办理单位举办的相关提案研讨会或座谈会，为提案办理工作做出了积极贡献。全年共向民进中央参政议部、自治区党委统战部、自治区政协办公厅报送信息38期，各部门采用合计10篇。2011年第16期广西民进信息——《建立中国—东盟动植物疫情联防联控机制》得到国务院副总理回良玉的批示，这是民进广西区委会反映社情民意信息第一次得到国家领导人的关注。

三、社会服务

联合民进广东省委会，成功引进香港福慧教育基金会教育扶贫资金906 000元，分别用于连续三年资助上思民族中学第四届“瑶族女子班”56人、上思中学首届“香港福慧少数民族女子高中班”50人完成初、高中学业。联系香港德惠基金金、民进经济界会员熊庆安继续为上思民族中学第二、三届“瑶族女子班”捐款16万元，捐款9万元用于奖励上思中学优秀学生。组织民进广西区直华蓝支部会员为上思民族中学“广西民进瑶胞女子班”的56名学生捐赠价值5 000元的棉衣、运动鞋。两广民进领导和部分企业家看望受过资助的贫困学生，并为他们送去爱心款约9 300元。广泛发动区直会员踊跃捐款109 300元，用于结对子帮扶隆安县100名农村单亲（孤儿）贫困中、小学生。此款中的10万元已于11月2日在广西统一战线“同心·三大统战”品牌隆安县示范区启动暨“同心·百亿工业园”项目签约、开工仪式上捐出。联合无锡民进，组织广西贫困地区农村一线优秀教师20人，赴无锡市免费参加江苏民进2011年《彩虹》行动西部教师培训班，民进惠山区总支企业界会员还向田东县林逢镇关国小学住校学生捐赠价值6万元的床架和床上用品等。12月中旬，在南宁召开了2011年广西民进社会服务工作经验交流会暨广西民进企业界会员联谊会议，交流了社会服务工作经验，探讨了新形势下民进社会服务工作的特点和任务，还组织部分企业家到民进广西区委会隆安扶贫点进行了考察。区委会与民进南宁市委会联合组织民进会员中特级、高级教师一行13人到上思县中学开展支教培训活动。积极开展“城乡少年手拉手”活动，由区委会和南宁市委会牵线搭桥，广西防城港市防城区第二中学与南宁市第四中学结成互助对子，连续数年开展教学交流活动，取得了明显效果。区委会还组织了医疗、农业专家赴上思县开展送科技、医疗下乡活动。此外，还联系百色军分区后勤部部长舒方明，向上思县民族中学捐赠学生床架100张共200个床位，价值3.8万元；教学用品1万元，图书1万册。

四、自身建设

1. 思想建设

2011年适逢中国共产党成立90周年、辛亥革命胜利100周年，全面深入了解中国共产党的辉煌历史、学习借鉴中国共产党的党建经验，总结民进与中国共产党同心同行、加强自身建设的经验，对于我们进一步围绕党和国家的工作大局，坚持参政党建设的正确方向，提高参政党素质和履行职能的水平，具有重要的现实意义。区委会开展了纪念活动：召开传达学习全国“两会”精神座谈会；纪念中国共产党成立90周年座谈会；举行“重温历史 同心同行——纪念中国共产党成立90周年广西民进音乐会”；召开学习胡锦涛总书记“七一”讲话座谈会；召开广西民进纪念辛亥革命100周年座谈会；举行“壮美广西·桂林山水甲天下”民进会员摄影作品展和纪念民进成立66周年会庆活动；在全区范围内开展“纪念中国共产党成立90周年”征文活动，出版《广西民进》“纪念中国共产党成立90周年专刊”。北海、贵港等各地各级组织也分别以文艺演出、座谈会、知识竞赛、红歌赛、气排球赛等形式庆祝；南宁、柳州市委会还积极开展了树立和践行社会主义核心价值体系主题教育系列活动。民进广大成员还全面深入学习贯彻“十二五”规划，积极参与民进中央举办的“十二五”规划有奖征答活动，获得民进表彰。认真学习贯彻中共十七届六中全会精神。4月召开广西民进统战理论研讨会年会，共收到论文82篇，经专家评审，共评出一等奖5篇，二等奖10篇，三等奖15篇，组织奖3名，并将获奖论文集结成册，于12月出版《广西民进统战理论研讨会论文集（2010年）》。

2. 组织建设

2011年，有地级市组织11个，筹委会1个，县级组织1个，基层组织142个；发展会员169人，会员总数3293人。会员中有全国人大代表2人，全国政协常委1人；自治区人大常委1人、人大代表14人，自治区政协常委7人、政协委员28人；市级人大副主任2人、人大常委3人、人大代表26人，市级政协副主席8人、政协常委27人、政协委员135人；县级人大副主任3人、人大常委3人、人大代表13人，县级政协副主席8人、政协常委32人、政协委员145人。政府及司法机关厅局级3人，地市级1人，县处级25人。

开展基层组织重点建设总结评估验收表彰工作和“双岗建功”活动，指导推动市级组织、基层组织换届和新建市级组织建设工作，有序推进会内民主，加强人才队伍建设，先后举办区直新会员学习班、全区基层组织骨干培训班、全区中青年骨干培训班各1期，共有32名新会员、45名基层组织骨干和45名中青年骨干参加了培训。年底召开区委会召开“双岗建功”活动总结表彰大会。来自全区各市委（筹委）会、钦州工委、区直工委及各总支的有关负责人和广西民进基层组织重点建设先进支部及“双岗建功”优秀会员代表近60人参会，总结和交流了4年来广西民进基层组织重点建设的经验和做法，表彰了一批广西民进基层组织重点建设先进支部、特色支部及“双岗建功”优秀会员。

3. 机关建设

区委会积极开展机关建设，3月组织区委会机关干部下基层调研；10月召开机关工作会议，总结交流提高机关执行力经验和做法，提高机关干部的执行力。为提高机关干部素质，建设学习型参政党地方组织，机关开展干部读书活动，加强了机关文化建设。为完善干部选拔晋升制度，机关进行了副处级领导干部竞争上岗。同时还完善了机关的各项工作制度，进一步夯实高素质参政党地方组织建设的组织基础。

民进海南省委会2011年工作概述

2011年是“十二五”规划开局之年，也是海南国际旅游岛建设关键之年，又正值中国共产党成立90周年、辛亥革命100周年纪念之际。民进海南省委会在民进中央和中共海南省委的领导下，围绕中心，服务大局，深入开展树立和践行社会主义核心价值体系活动，按照执政党建设和参政党建设相互促进的要求，集智聚力、有思有行、顺势而为，认真履行参政党职能，切实加强自身建设，各方面工作都取得了新的进展。

一、重要会议及活动

1. 重要会议

（1）全委会

2011年2月18日，民进海南省五届五次全委会在海口召开。民进海南省委会主委史贻云，专职副主委王传荣，副主委李格明、林国辉、潘惠丽出席会议。

2011年12月17日上午，民进海南省五届六次全体委员扩大会议召开。史贻云、王传荣、李格明、林国辉、潘惠丽出席会议。

（2）常委会

2011年2月18日，民进海南省五届十三次常委会议在海口召开

2011年7月9日，民进海南省五届十四次常委会议在三亚市召开。

2011年12月17日上午，民进海南省五月十五次常委会召开。

（3）其他会议

2011年4月17日上午，民进海南省委会在琼海官塘召开2011年参政议政工作会议，回顾2010年参政议政工作亮点，总结经验，部署2011年参政议政工作。史贻云出席会议并讲话。

2011年8月11日下午，民进海南省委会在海口召开“转变旅游业发展方式，提升海南旅游竞争力”课题分析会。

2011年10月23日下午，民进海南省委会在海口召开2012年提案工作布置会。

2011年11月2日上午，由民进中央主办、民进海南省委会承办的“2011年民进企业家联谊会联席会议”在海口喜来登温泉度假酒店隆重开幕。来自全国29个省、市、自治区的民进企业家，民进中央社会服务部负责人，民进各省级组织分管社会服务工作的负责人，民进海南省委会常委及我省各市县组织主委共320余人相约海口，共议发展。今年联谊会的主题是“相约海南，共谋发展”。全国政协副主席、民进中央常务副主席罗富和，海南省政协主席于迅，全国人大常委、民进中央副主席王佐书，海南省副省长李国梁，海南省政协副主席、中共海南省委统战部部长王应际，海南省政协副主席、民进海南省委会主委史贻云，江西省政协副主席、民进江西省委会主委汤建人，民进甘肃省委会主委尚勋武，本届联谊会轮值主席、海南南亚集团董事长、民进海南省委会副主委王汉昌出席会议开幕式。会议由史贻云主持。

2. 领导活动

2011年1月17日，省中华文化学院在海口挂牌。中央社会主义学院党组书记、第一副院长叶小文，省政协副主席、民进海南省委会主委、省社会主义学院院长史贻云出席了挂牌仪式，并为省中华文化学院揭牌。

2011年1月20日，省政协历届委员联谊会2011年春节团拜会在海口举行。省政协副副主席、民进海南省委主委史贻云代表省政协向历届省政协领导、委员致以节日的问候。

2011年4月21日，民进海南省委会在琼中宾馆举办“琼中县百名农村小学校长培训班结业式”。王传荣代表民进海南省委会出席结业式并讲话。

2011年5月7日，民进中南六省机关工作会议在广州召开。罗富和出席会议并作讲话。王传荣带领海南一行8人参加会议。

2011年5月27日，李格明带领民进海南省妇委会，来到海口琼山五小分校开展迎“六一”进校捐资助学活动。

2011年5月30日，为期23天的海南省2011年党外中青年领导干部进修班在省委党校正式开班，42名干部参加。史贻云出席开班典礼并讲话。

2011年6月8至10日，民进十二届十五次中常会在四川成都召开。史贻云出席会议。

2011年6月14至15日，民进中央在江苏省江阴市举行民进全国会史工作会议，交流近年来我会会史工作和会史研究的成果、经验，着重研讨“口述会史”工作，充分发挥会史教育基地作用，进一步探索会史工作及会史研究的方法和规律，使其更好地发挥资政育人的作用。严隽琪、王佐书、朱永新出席会议。王传荣参加了会议。

2011年6月21日至24日，在史贻云的带领下，由王传荣、刘洪宇等组成的调研组先后赴三亚航空旅游职业学院、三亚理工职业学院、三亚学院、三亚城市职业学院、海口经济学院、海南工商职业学院、海南职业技术学院等7所民办高校，就海南省民办高等教育的现状进行了深入的专题调研。

2011年6月23日，海南省统一战线纪念中国共产党成立90周年“重温历史、同心同行”座谈会在海口召开。省委书记、省人大常委会主任卫留成出席会议并作重要讲话。史贻云出席座谈会并发表《同心于真理，同行于正道》的讲话。

2011年6月30日，中共海南省委在省人大会堂召开中国共产党成立90周年大会。民进海南省委主委史贻云，专职副主委王传荣，副主委李格明、王汉昌，副秘书长刘洪宇，常委丁飞、陈文锋，以及会省委机关处室负责人出席了大会。

2011年9月6日，史贻云看望在海南省社会主义学院参加“海南省2011年党外中青年领导干部进修班”的民进学员。

2011年9月4日至9月18日，王传荣参加了由中央统战部、民进中央联合主办的“民主党派中青年干部多党合作专题研究班”。

2011年10月25日，海南省政协在海南广场省政协主席会议室召开主席会议成员重点提案协商督办座谈会，对民进海南省委会在省政协五届四次会议中提出的0032号提案《关于加强学前教育的建议》进行协商督办。史贻云牵头督办。

2011年11月9日，省委常委、组织部长楼阳生深入我省统战系统各相关单位进行调研，并召开座谈会。史贻云参加座谈会，介绍海南民进情况并提出相关建议。王传荣一同参会。

2011年11月11日至14日，2011年民进中央参政议政年会在甘肃省兰州市召开。本次会议的主题是“加强参政议政能力建设”。王传荣、刘洪宇出席会议。

2011年11月30日，中央统战部、人力资源和社会保障部、各民主党派中央、全国工商联联合在北京人民大会堂召开“各民主党派、工商联、无党派人士为全面建设小康社会作贡献”表彰大会，中共海南省委统战部符宣国副部长率我省获奖代表赴京出席表彰大会，民进海南省委会副主委、澄迈县政协副主席、民进澄迈县委主委王汉昌作为先进集体代表上台领奖。

2011年12月9日，民进中央召开民进省级组织负责人会议，对2011年省级组织专项工作优秀组织进行表彰，民进海南省委会获得社会服务工作先进单位荣誉称号。王传荣代表会省委会赴北京领奖。

2011年12月10日，民进中央召开民进全国机关建设工作会议，民进海南省委会荣获民进全国机关建设工作先进单位称号。王传荣、刘洪宇参加会议并代表会省委领奖。

2011年12月16日下午，史贻云会见参加“2011年民主党派市县组织新任主委培训班”的5名市县组织、省直属支部主委。

二、参政议政

2011年，民进海南省委会向政协海南省五届四次会议提交了38篇集体提案，立案29件，3件转为单位来信，6件与其他提案并案处理。其中《关于加强学前教育的建议》被列为省政协主席会议成员督办重点提案，《关于促进海南文化产业快速发展的提案》被列为省政协重点提案。此外，我会的政协委员也以个人名义向省政协提交23篇提案。

2011年，民进海南省委会共有22件社情民意信息呈报省政协、省委统战部、民进中央。其中6件被省政协《社情民意专报》采用，2件被民进中央《民进信息》单篇采用。2011年8月1日，《西沙群岛珊瑚礁生态危机亟待解决》被全国政协转送相关单位。

深入调研，夯实参政议政基础。2011年6月21日至24日，在史贻云的带领下，由王传荣、刘洪宇，省教育厅厅长胡光辉、副厅长谭基虎及相关处室负责人，省政协常委、原海南医学院院长焦解歌，民进海南省委会参政议政处工作人员等组成的调研组先后赴三亚航空旅游职业学院、三亚理工职业学院、三亚学院、三亚城市职业学院、海口经济学院、海南工商职业学院、海南职业技术学院等7所民办高校，就海南省民办高等教育的现状进行了深入的专题调研。调研组还于6月28日专门前往位于陕西省的著名民办本科院校——西安外事学院进行调研，了解先进省份在民办教育方面取得的成功经验及在办学中遇到的困惑等。

温故知新，提高参政议政能力。2011年3月，民进海南省委会机关编印了2008－2011年《民进海南省委会政协集体提案汇编》，下发至民进各级组织，供广大会员学习和参考，这是民进海南省委会成立22年以来第一次编印提案集，受到下属组织、广大会员尤其是参与提案工作的骨干会员的欢迎。

广泛宣传，推广参政议政成果。海南“两会”期间，本地主流媒体聚焦人大议案（建议）、政协提案，民进都占有有一定的篇幅量。2011年2月，海南“两会”前夕，省委会与《海南特区报》开展主题为“民进代表、委员市县行”的系列报道活动，围绕5场调研活动进行了7天的专题报道，累计使用8个整版，社会反响热烈。据了解，这是全国首例民主党派省委会与地方报刊联合开展的大型专题报道活动。2011年11月2日，民进海南省委员会课题组课题《加强农村金融服务能力，助推我省农业产业化发展》在《海南日报》A7理论版头条刊发。

三、社会服务

省委会领导班子高度重视社会服务工作，积极组织引导各级组织发挥优势，突出特色，结合各地的实际情况，开展形式多样的社会服务工作，取得新的成绩。

以统一战线实践基地和扶贫基地建设为依托开展扶贫工作。2011年4月21日，民进海南省委会在琼中宾馆举办“琼中县百名农村小学校长培训班结业式”，这是省委会参与省统一战线服务科学发展观（琼中）实践基地第一批建设项目之一。

项目实施一年多来，已为琼中县培训各级小学正副校长97人，占应训人员的95%以上；选派省级专家指导小组，为琼中县各中心小学开展对口指导和教学帮扶，培训班项目取得了良好的社会效应。2011年，针对琼中县人民医院医疗急救设备紧缺的实际困难，省委会向琼中县人民医院捐赠价值6万元监护设备，帮助改善当地医疗条件，同时还向琼中思源试验学校捐赠了价值近5万元的书柜，为每个班级配备了“小小图书室”。这些项目的实施在当地取得了良好的社会反响。此外，民进海南省委会多次主动同相关单位联络，发动会员和会员企业积极参与定点扶贫村——乐东扎灶村的建设，积极争取资金、技术和项目支持，在各方共同努力下，筹得建设资金30余万元，建设完成村内饮水工程，解决扎灶村80多户村民饮水难和灌溉问题。

送教下乡、捐资助学。2011年，我会各级组织发挥教育人才优势，组织富有教学、教研经验的优秀教师到文化教育落后的乡村开展送教下乡活动。民进海口市委会、民进三亚市委会、民进儋州市委会、民进澄迈县委会、民进东方市委会及李志远、王汉昌、许尚华等民进各级组织和会员，把支持农村教育作为各级组织和会员的社会服务工作的重点来抓，帮助学校提高教学水平、开展送教下乡、捐资助学活动，这些活动在当地都取得良好的社会效应，扩大了统一战线和民进组织的社会影响力，赢得了社会的广泛赞誉。

开展法律咨询、爱心助残、文明创建宣传，参与文化创建活动，为构建和谐社会争光添彩。省委会文化专委会、信息与联络专委会、妇女专委会、民进琼山区委会发挥特色，积极参与我省各种文化创建活动，通过弘扬传递中华优秀传统文化，促进全民族思想道德素质和科学文化素质的提高，为构建和谐社会提供精神动力和智力支持。2011年以来，我会各级组织积极发挥自身的优势和特色，开展形式多样的社会服务活动，提升和扩大民进组织的社会影响力，取得了良好的效应。

协助会中央社会服务部做好2011民进企业家联谊会联席会议工作。2011年11月，以“相约海南、共谋发展”为主题的2011年民进全国企业家联谊会联席会议在海南隆重召开，来自全国29个省（市、区）近300余位企业家参会。此次会议，为我省加强与企业界的交流、深化与各省的合作提供了重要平台。一批有实力、有影响的民进企业工商界人士在生态、低碳、教育、医疗、金融、高科技等领域进行投资洽谈，开展战略合作，参与海南国际旅游岛建设，共同促进海南发展。

四、自身建设

（一）思想建设

1. 加强各级班子及骨干会员的思想建设工作。

为了更好地作好政治交接工作，民进海南省委会积极为各级班子和骨干会员提供各种培训机会，加强思想建设。2011年，民进海南省委会共有16名会员分三期参加了中共海南省委统战部、海南省社会主义学员举办的党外中青年领导干部进修班、民主党派市县组织新任主委培训班。史贻云亲自看望每一期参加培训班的学员，鼓励他们将加强思想建设和开展参政议政实践相结合，努力做到有思有行、知行合一。

开展同心活动的主题教育。2011年，以纪念中国共产党成立90周年、辛亥革命100周年为契机，组织民进会员认真学习贯彻胡锦涛总书记关于“同心”思想的重要讲话精神，深刻理解其丰富内涵和实践意义，通过“同心”教育活动的开展，进一步廓清了广大会员始终保持与中国共产党同心于真理、同行于正道的理念。

积极参与会中央发起的各类活动。2011年4月至7月，会中央组织开展了三期《十二五规划纲要》有奖征答活动，民进海南省委会号召各级组织、会员积极参与，在会员中掀起了一股学习“十二五规划”的热潮。在会中央网站上公布的省地市级组织100%参与答题省市表扬名单中我省每期都榜上有名；同时有两名会员获得了优秀个人奖。

2. 依托会刊、网站等会内媒体，推动宣传工作上台阶。

2011年民进海南省委编印了三期《海南民进简讯》。其中第一期为两会专刊，刊登了我会的集体提案和媒体对我会提案及我会委员、代表的报道，展现了我会会员在两会期间的风采。从2011年第三期《海南民进简讯》开始，对会刊的专栏设置进行了优化和完善，增加了“会议培训”、“参政议政”、“专题报道”、“本期人物”等栏目，使会刊栏目更加丰富和贴切。

随着互联网技术的发展以及网络应用的普及，运用网络技术与手段，通过专门网站宣传民进的历史传统、现实作为，既是会务工作新规律的政治要求，也是机关电子信息化建设的现实需要。民进海南省委会克服经费、人才等各种困难，与天涯在线合作，于2008年10月28日开通了海南民进网站。民进海南省委会网站内容丰富、报道及时，设置了“会务动态”、“民进要闻”、“基层动态”、“社会服务”、“民进学坛”、“民进风采”、“公告栏”等栏目；此外，还设置了“2011两会专题”、“2011换届专题”、“2011年民进全国企业家联谊会”三个专题栏目。2011年，民进海南省委会网站上传信息355条。内容信息量大，图文并茂地反映了各项会务工作的开展，有理论、有动态，有中央的声音、有基层的举措，有领导的踪迹、有普通会员的风采。这个网站，既是省内各级组织、广大会员学习的平台，也是政界、学界、社会、媒体、群众了解民进、认识民进的窗口。使会内信息的沟通速度得到了极大的提高，会员们能够通过网络随时了解省委会、各专委会、各市县组织及其他会员的动态，增强了会员对会务工作的关注度和参加会内活动的主动性，提高了整个会员队伍的凝聚力。网站的开通，书写了我会网媒宣传的新篇章。

（二）组织建设

人才的培养，是我会组织发展的目标和努力方向。会员发展是民进建设高素质参政党建设的首要任务，是民进人才队伍建设的重要使命。截止2011年12月31日，全省民进会员总数达1574名，位居全省民主党派第2位。2011年1月，成立民进乐东县支部筹备组。本省现有地方组织9个，其中省级委员会1个，市级委员会2个，县级委员会6个。地方组织下辖基层组织53个，其中省直属基层组织12个。另外昌江县、屯昌县、定安县、陵水县也有部分会员。目前，民进海南省委会按规划对万宁市支部的升格事宜已获民进中央和省委统战部批复。

2011年，我省各市县的民进组织集中完成换届。选举产生了新一届委员会和领导班子。据统计，在随后进行的市县换届中，我省共有147会员担任各级人大代表和政协委员，其中，129名会员当选政协委员，市县政协副主席7名。18名会员当选人大代表。在本省各级政府及政府部门、司法机关担任实职工作的民进会员有10人，其中担任副厅（局）长2人，担任副县长1人，担任副区长1人，海南民进组织已成为我省比较有影响力的党派之一。

（三）机关建设

2011年，民进海南省委会机关按照会省委提出的建设“和谐、高效、规范、阳光的服务型机关”工作思路，团结协作，扎实开展工作，逐步改善办公条件，机关展现出了新的面貌和作风，成绩令人振奋。民进海南省委会办公室编印了《民进海南省委员会规章制度汇编》，使省委会机关的各项工作逐步走上了制度化、规范化、程序化的轨道。

着力提高机关作风建设。一是抓机关各处室制订年度工作计划、年度工作总结，做到事事有人做、层层抓落实。二是加强对基层组织的指导。坚持下基层组织调研，参加基层组织活动和基层组织一起过组织生活，为基层组织排忧解难，收到较好效果。三是利用会中央在海南举办的会议，在实践中检验和锻炼队伍。2011年举办民进全国企业家联谊会联席会议，接待来自全国300余名参会嘉宾。通过接办全国性会议，在实践中提高机关干部的综合能力，逐渐培养机关干部互相协作、敢于负责、乐于奉献、能打硬仗的良好工作作风。

加强对外交流，营造积极向上，和谐互动的工作氛围。2011年，民进海南省委会组织机关干部到山东考察学习，交流经验，开拓视野，促进观念创新，提高了工作水平。

民进四川省委会2011年工作概述

民进四川省委会在民进中央和中共四川省委的正确领导下，认真学习贯彻中共十七届五中、六中全会和民进中央十二届四中全会以及中共四川省委九届八次、九次全会精神，坚持与中国共产党思想上同心同德、目标上同心同向、行动上同心同行，扎实推进适应时代的高素质参政党地方组织建设，积极助推四川经济社会发展。

一、重要会议及活动

2011 年 3 月 18 日，民进四川省委会在党派大楼大会议室举行 2011 四川民进参政议政专门工作委员会年会。民进四川省委会主委张雨东作了题为《继往开来，开拓进取》的主题报告。

2011 年 4 月 19 日，民进四川省委会在光电所会议室举行主委会扩大会议，专题研究承办民进第十二届十五次中常会的会务工作。张雨东参加并主持会议。

2011 年 7 月 25 日，民进四川省六届七次全委（扩大）会议在蓉召开。议程：本届主委会班子成员分别述职；省委委员对主、副委的工作进行民主测评；省委委员对下届主委会班子组成人选进行民主推荐。张雨东主持了本次会议。

2011 年 12 月 27 日，民进四川省六届二十次主委会于 19:00 在机关会议室举行。会上审议通过了六届十三次常委会、六届八次全委会会议议程；审阅并通过了将在第十届五次省政协全会上民进四川省委提交的 15 份集体提案和大会发言稿、联组发言稿；审议通过了“民进四川省第七次代表大会筹备中关于换届工作的意见”以及换届工作领导小组、办公室的组成名单。20:00，举行六届十三次常委会。

2011 年 12 月 28 日，民进四川省六届八次全委会于 9：00 在党派大楼 11 楼会议室举行。张雨东作民进四川省常委会《工作报告》并在闭幕式上作重要讲话。

主委活动情况：

2011 年 1 月 14 日，中共四川省委统战部在西一楼三楼会议室召开民主协商会议，就四川省十一届人大四次会议、四川省政协十届四次会议人事安排有关问题进行民主协商。张雨东参加会议。

2011 年 1 月 16 日至 20 日，四川省政协十届四次全会召开，张雨东在联组会上作了提为“关于增加我省城乡居民收入，合理调整收入分配结构的建议”的发言。

2011 年 3 月 18 日，民进四川省委会在党派大楼大会议室举行 2011“两会”精神传达会。张雨东介绍了 3 月 5 日中共中央政治局常委李长春参加十一届全国人大四次会议四川代表团审议的情况。

2011 年 5 月 5 日，四川统一战线各界人士赴汶川参观考察灾后恢复重建成果暨四川统一战线“同心林”启动仪式在汶川县映秀镇举行，张雨东参加。

2011 年 5 月 6 日至 9 日，民进中央副秘书长兼办公厅主任高友东一行 5 人，在四川就民主党派机关建设进行调研，并就民进中常会的会务工作进行检查、指导。张雨东陪同调研。

2011 年 5 月 18 日，民进四川省委会直属工作委员会成立大会在民主党派大楼 11 楼会议室隆重召开。民进四川省委常委、各市委会主委、民进省直属支部在蓉会员、民进四川省委会机关干部 80 余人参加了会议。张雨东作重要讲话。

2011 年 5 月 20 日，中共四川省委在省委统战部西一楼三楼会议室召开情况通报会，由副省长黄彦蓉通报我省城乡环境综合整治情况，张雨东参加。

2011 年 6 月 7 日，民进中央主席严隽琪莅临中国科学院光电技术研究所视察指导工作，民进中央副主席兼秘书长朱永新陪同视察。张雨东向严隽琪汇报了近年来光电所科技创新工作情况。

2011 年 6 月 8 日至 10 日，民进十二届十五次中常会在四川成都金牛宾馆举行。张雨东参加会议并陪同民进中央领导和参会同志考察了映秀镇新城、都江堰壹街区和天马镇金陵花园，听取了成都市政府关于恢复重建及城乡统筹情况的汇报。

2011 年 6 月 21 日，四川省统一战线举行纪念中国共产党成立 90 周年座谈会。中共四川省委副书记、省人大常委会副主任、党组书记李崇禧出席座谈会并讲话，中共四川省委常委、秘书长、统战部部长陈光志主持会议，张雨东出席会议并发言。

2011 年 6 月 21 日，由中共四川省委统战部和各民主党派四川省委、省工商联联合举办的四川统一战线庆祝中国共产党成立 90 周年“同心同行”文艺晚会在成都举行，张雨东到场观看演出。

2011 年 7 月 8 日至 10 日，张雨东拜会了中共南充市委刘宏建书记等市领导，就市委会换届工作交换意见；与市委会机关干部座谈、研究工作。

2011 年 8 月 23 日，中共绵阳市委副书记张锦明率中共绵阳市委统战部部长胥跃东、常务副部长周华清专程前往民进四川省委机关，拜会民进四川省委会领导，张雨东亲切会见绵阳市委的领导。

2011年11月23日至25日，民进成都市第十一次代表大会在成都金牛宾馆隆重召开，张雨东参加并作重要讲话。

2011年12月7日至9日，民进十二届五中全会在北京举行，张雨东参加。

2011年12月20日至23日，民进南充市举行第七次代表大会，张雨东参加并作重要讲话。

2011年12月28日，四川省政协2012年新年茶话会于15:00在新会展国际会议中心举行，张雨东参加并代表各民主党派、省工商联和无党派人士发言。

2011年12月31日，民进眉山市委会举行第二次代表大会，张雨东参加并作重要讲话。

2011年12月31日，蒋巨峰省长率四川省政府各位领导召开咨询会，向各民主党派主委征询对于政府《工作报告》的意见建议，张雨东参加会议并发表意见建议。

二、参政议政

2011年，在四川省政协十届四次全委会议上，四川民进提交集体和委员个人提案共73件。在各民主党派、工商联、无党派人士联组讨论会上，张雨东的发言《调整收入分配结构，努力增加城乡居民收入的建议》引起与会各方和新闻媒体的密切关注和热烈反响，并分别得到四川省领导魏宏、王宁同志的采纳性批示；《关于加强我省防灾减灾体系建设的建议》被列为2011年四川省政协10件重点提案之一，由四川省政协领导亲自督办；向中共四川省委提交了建言献策书面报告《以完善司法调解机制为切入点，推进大调解的制度化建设》得到四川省政法委、司法厅的肯定和采用；《关于促进四川生物医药产业发展的对策建议》被四川省政协安排在四川省政协十届十四次常委会上作大会发言；11月，民进四川省委会向中共四川省委提交了《凝聚民主智慧 开启文化盛世》的建言献策报告，得到高度重视。

制度建设方面，今年民进四川省委会修订了《民进四川省委专门工作委员会条例》，制定了《民进四川省委参政议政调研课题评审工作委员会条例》和《民进四川省委参政议政调研课题评审办法》，成立了参政议政调研课题评审委员会。队伍建设方面，今年继续对参政议政8个专委会进行调整充实，还延聘了8名会外专家分别作为各相关专委会的特邀委员，以此进一步优化、提升专委会的知识结构和能力水平，保证调研课题的成果质量。作为激励机制，2011年民进四川省委会对8份调研报告、8件提案、7条信息和23名优秀专委会委员进行了表彰和奖励，向专委会骨干会员所在单位发送了感谢函和表扬信。在今年的参政议政年会上，民进中央安排四川民进在大会上作了《以专委会工作为着力点，切实提高参政议政能力》的交流发言。

年初，民进四川省委会向民进中央申报3个重点课题，经评审，经济委员会《中国当代服务外包业的发展轨迹与政策探讨》和法制委员会《新形势下创新社会组织参与社会管理机制的建议》已由民进中央正式立项，目前这两个课题均已结题。5月份，教育委员会特邀委员顾美玲主持完成的《完善制度环境，促进民办教育发展》调研报告上报给民进中央得到民进中央领导的高度评价；8月份，向民进中央上报文化出版委员会的《推动文化大发展大繁荣战略》等文化科技类建议7份；10月份，向民进中央提交了《民营高科技企业的准入门槛现状及对策建议》等11份报告；11月份，向民进中央上报《关于发展现代农业的建议》等经济工作类建议6份。

由社会委员会完成的《加快发展四川现代服务业的对策研究》；由发展委员会完成《积极引导民间投资 加快成渝经济区建设》；由公共事业委员会联合四川省文化产业学院完成的《关于羌绣的保护利用的对策建议》、《四川省非物质文化传承人管理条例（立法建议）》等系列调研成果；由科技委员会联合省发改委、四川省稀土协会完成的《四川稀土资源的开发利用现状及对策分析》均受到相关部门高度重视。

2011年，民进四川省委会共收集到各市委会和会员个人上报信息250件。通过整理，全年向民进中央报送信息135件，其中，6件被全国政协采用，51件被民进中央采用。在四川省政协51个信息报送单位中排名第四。

三、社会服务

民进四川省委会积极参与民进中央“同心·彩虹行动”，于8月签订了民进四川省委会对金沙县岚头镇人民政府结对帮扶合作协议书；举行“同心·彩虹行动”2011年教研员和骨干教师暑期培训班，对来自贵州金沙县岚头镇、四川兴文县以及民进成都农村教育培训基地选派的近50名教研员和骨干教师进行了教育理念、学校管理、教学方法等方面的培训。

为落实严隽琪今年6月份在成都作出的“民进要为四川藏区人民做一些实事”的指示，民进四川省委会在民进中央的大力支持、组织协调下，联合中国华力控股集团有限公司、中国慈善委员会西部阳光基金开展民进中央四川藏区扶贫项目。2011年，华力控股集团已安排110万元医疗设备用于若尔盖县大骨节病防治，中国西部阳光基金也已安排100万元用于若尔盖县妇女病筛查、救治。

为支持四川灾后教育重建及革命老区的教育事业，民进四川省委会联系民进广东省委与成冠华宫慈善基金为广元师范学校和苍溪中学捐赠钢琴共24台。民进四川省委会协调、落实的为期六年的“东海助学金”支教扶贫项目也在继续顺利实施中。

民进四川省委会注重加强对联谊会的指导，组织经济界会员积极参与民进中央的“同心·彩虹行动”、西部教师培训、社会公益慈善等社会服务工作。11月初，组织联谊会会长、副会长参加了在海南海口举办的“2011年民进企业家联谊会联席会议”。联谊会每年开展教师节“尊师重教”活动，今年在内江资助了15名贫困大学新生共计3万元。

民进四川省委会组织民进书画院的画师们举办了民进四川省委、四川民进书画院庆祝中国共产党成立90周年“同心”笔会，现场作画近百幅；参加了由中共四川省委统战部组织的统一战线庆祝中国共产党成立90周年“同心”笔会；参加江苏民进、山西民进、山东民进、福建民进举办的纪念中国共产党成立90周年书画展，送展作品近50幅；今年又在敦煌、崇州设立了四川民进书画院创作中心；出版了院刊《蜀风艺苑》（双月刊），作品集《缘结民进》。四川民进书画院4位画家于9月赴迪拜举办了“蜀风·四川书画家中东国际交流展”，为中国与阿联酋两国人民的文化交流事业做贡献。

四、自身建设

思想建设。民进四川省委会采取四项措施开展纪念中国共产党成立90周年、辛亥革命100周年活动。一是适时发出活动通知。二是向民进四川省委会领导班子成员、市委会主委、驻会领导、统战理论研究会成员赠送党史学习重点推荐图书《苦难辉煌》。三是发起“同心杯”主题征文活动。向民进中央、省政协、省委统战部、省社会主义学院推荐报送稿件50余篇；参加省委统战部“同心杯”征文大赛，获一等奖1篇、二等奖2篇、三等奖3篇。四是在四川民进网站开设“热烈庆祝中国共产党建党90周年”专题，登载重要讲话、活动报道、征文120篇；《四川民进》第三期开设“‘同心杯’征文”专栏，62个页码登发征文49篇。

认真组织全省会员、专干参加民进中央开展的学习“十二五”规划纲要有奖征答活动，和《划清“四个重大界限”学习读本》、《七个“怎么看”》的学习。先后组织4683人次参加会中央举办的三期有奖征答。同时，在《四川民进》刊印《划清“四个重大界限”学习读本》，在四川民进网站上挂《七个“怎么看”》。

民进四川省委会下发2011年理论研究工作通知，发布了8个研究课题，全年收到论文17篇。分别向省委统战部和省政协理论与实践研究会推荐9篇，向民进中央报送13篇，在省级以上公开报刊发表5篇。其中《机关管理要处理好四种关系》全文发表于《团结报》“理论版”和《民主》，并被民进中央网站“报道集萃”栏目收录。

《多党合作在四川》(民进卷）的编纂工作，对今年收到的169篇稿件，进行了认真、负责的审查、整理、剔除、编修、增补，已有97篇稿件通过初审。该书册的编纂工作预计在明年3月份完成。

组织建设。民进四川省委会以领导班子建设推动制度建设、作风建设，在推进民主决策、联系基层组织、指导地方工作等方面做了扎扎实实的工作。今年，在吴因易、陈智伦同志先后因年满离任后，民进四川省委会届中增补尧德中、杨建德两位同志任省委副主委；另有两个市委会完成了委员、副主委的届中增补工作。

今年7月，民进四川省委会与省社院联合举办了民进基层主委培训班，对全省基层组织191位主委分三期进行了集中培训。此外，分8次安排了24名会内干部和骨干会员分别到中央和四川省社会主义学院接受学习培训。

民进四川省委会重点对德阳、成都、南充、眉山等4个各市委会换届的组织程序、工作纪律等方面进行了悉心指导和明确要求。在民主推荐、民主测评、人选确定等方面，民进四川省委会与当地统战部门和市委会领导班子成员进行了充分的沟通协商。4个市委会均顺利完成换届工作。

今年，民进四川省委会推荐了两名会员担任四川省特约审计员；另外，各市委会推荐优秀会员在政府担任实职及政治安排方面取得了较大成绩。

民进四川省委会于今年5月正式成立了民进四川省委会直属工作委员会（简称省直工委），制定了《工作条例》、《工作程序》（暂行）并有序而卓有成效地开展起了各项工作。积极推动民进巴中市委员会筹备工作，民进巴中市委员会将于2012年正式成立。

按照民进中央关于推进民进组织工作信息化建设、管理的要求，民进四川省委会于7月在乐山召开专项工作培训会，年底完成了对全省1000余名各级组织负责人及骨干会员的信息录入工作。

截至2011年底，四川省本年度新发展会员263名，会员人数已达5065名。增长速度位于全会29个省级组织的第8位。

机关建设。民进四川省委会以民进中央开展“创建先进机关”活动为契机，狠抓机关建设工作。一是注意结合自身实际，继续补充完善机关管理制度。二是深入到部分市委会调研，形成了全省机关建设工作的总结交流材料。三是加强与兄弟省市委会的横向联系，今年与来访的广东、海南民进四川省委会的同仁就机关建设和专项工作进行座谈交流；年底又被安排在全国机关建设工作会议上作大会交流发言，向民进中央和各兄弟省、市组织介绍了四川民进近年来机关建设的做法与成果。除了组织常规的政治理论学习会之外，民进四川省委会还安排机关干部参加四川省政协、中共四川省委统战部和四川省社院组织的专题学习培训和社会实践考察；组织机关干部集体参加义务植树。

今年6月民进十二届十五次中常会在成都召开，民进四川省委会高度重视、及早部署、认真准备，会议期间，由全省机关干部组成的会务组以饱满的热情、周到的服务，高质量地圆满完成了各项会务工作，得到了民进中央领导、各位常委、中央机关干部的充分肯定和一致好评。

民进贵州省委会2011年工作概述

2011年，民进贵州省委会在中共贵州省委和民进中央的正确领导下，在中共贵州省委统战部的指导和帮助下，团结带领各级组织和广大会员，全面贯彻落实会中央“集智聚力、有思有行、顺势而为、开拓创新”的工作方针，坚持与中国共产党思想上同心同德，目标上同心同向，行动上同心同行，认真树立和践行社会主义核心价值体系，扎实推进适应时代要求的高素质参政党建设，坚持以推动科学发展为主题，以促进经济发展方式转变为主线，以保障和改善民生为着力点，以实施“同心工程”、开展“三学两比”活动为抓手，围绕全省“十二五”规划的实施和“两加一推”、“三化同步”重要战略目标，积极建言献策、履职尽责，各项工作取得新进展。

一、重要会议及活动

民进贵州省第五届委员会第八次全体会议　民进贵州省第五届委员会第八次全体会议2011年12月13日至14日在贵阳召开。会议学习贯彻中共十七届六中全会、中共贵州省委十届十二次全会和全省政协工作会议精神；传达贯彻民进十二届五中全会精神。省政协副主席、民进贵州省委会主委左定超代表民进贵州省第五届常务委员会作工作报告。会议通过了《关于召开中国民主促进会贵州省第六次代表大会的决定》和《民进贵州省第五届委员会第八次全体会议决议》。会议表彰了 2011 年度地方委员会专项工作先进单位、先进集体、先进个人和优秀调研成果。民进贵州省委会各专门委员会负责人，机关部门负责人，以及各市州级组织有关负责同志列席会议。

民进贵州省委会五届十七次常委会议　2011 年 3 月 18 日民进贵州省委会五届十七次常委会议在贵阳召开。会议传达学习了全国人大、全国政协十一届四次会议精神、中共贵州省委传达学习全国“两会”精神领导干部会议精神、民进中央十二届十四次中常会精神。会议讨论并原则通过《民进贵州省第五届委员会常务委员会 2011 年度会议计划》和《民进贵州省第五届委员会常务委员会 2011 年工作要点》。

民进贵州省委会五届十八次常委会议　2011 年 6 月 30 日民进贵州省委会五届十八次常委会议在金沙召开。会议传达学习了毕节试验区新一轮改革发展推进大会精神、民进十二届十五次中常会精神，学习了民主党派组织换届的有关政策规定和纪律要求，总结了 2011 年上半年贵州民进省委会工作，部署了下半年重点工作任务。

民进贵州省委会五届十九次常委会议　2011 年 7 月 26 日民进贵州省委会五届十九次常委会议在贵阳召开。会议传达学习了贵州省经济工作电视电话会议精神，研究通过了有关人事事项，中心学习组就社会管理创新组织发言和学习。会议研究通过了《民进贵州省第五届委员会常务委员会关于同意周世立辞去民进贵州省委副主委、常委、委员职务的决定》，报民进贵州省第五届委员会第八次全体会议通报备案。

民进贵州省委会五届二十次常委会议　2011 年 10 月 31 日民进贵州省委会五届二十次常委会议在贵阳召开。会议传达学习了中共十七届六中全会精神、中共贵州省委十届十二次全会、民进中央十二届十六次中常会议精神，讨论通过了《民进省委学习贯彻中共十七届六中全会和中共贵州省委十届十二次全会精神的通知》，与会人员就学习贯彻中共十七届六中全会精神、中共贵州省委十届十二次全会精神作了交流发言。会议强调了当前各项工作任务，对总结今年以及五年来各项工作作了安排部署。

民进贵州省委会五届二十一次常委会议　2011 年 11 月 18 日民进贵州省委会五届二十一次常委会议在贵阳召开。会议传达学习了贵州省政协工作会议精神，进行了民进省委领导班子换届初始提名推荐。

民进贵州省委会五届二十二次常委会议　2011 年 12 月 13 日民进贵州省委会五届二十二次常委会议在贵阳召开。会议传达学习了中共十七届六中全会、中共贵州省委十届十二次全会和民进十二届五中全会精神。会议审议通过了民进贵州省五届八次全委会议程和小组召集人名单；审议通过了五届常委会 2011 年工作报告；审议通过了《关于召开中国民主促进会贵州省第六次代表大会的决定（草案)》；研究通过了《民进贵州省委关于表彰 2011 年度先进集体和先进个人的决定》。

贵州省政协副主席、民进贵州省委会主委左定超同志 2011 年主要活动

1 月 1 日，率省委会一行到金沙县岩孔镇上山村宝山组，走访看望贫困户。

1 月 7 日，参加会见中国文联党组书记、副主席胡振民一行。

1 月 11 日，主持召开“四帮四促”动员会。

1 月 12 日，参加省长赵克志主持召开的座谈会，对即将提请省十一届人大五次会议审议的《政府工作报告》提出修改意见。参加中共贵州省委召开的重大人事安排的民主协商会。

1 月 16 日至 1 月 22 日，参加省政协十届四次会议并列席十一届省人大五次会议。

1 月 23 日，慰问离退休老领导、老同志。

1 月 25 日，出席第四届“多彩贵州”音乐作品创作大赛颁奖音乐会。

1 月 26 日至 27 日，参加省纪委、省委统战部、省监察厅召开反腐倡廉情况通报会并发言。率民进省委会部分企业界会员及机关同志组成慰问团赴金沙县桂花乡开展慰问活动。

1 月 30 日，出席省委、省政府 2011 春节团拜会。

2 月 12 日，出席贵州人民出版社成立 60 周年庆典。

2 月 15 日，前往省委参加会议，传达学习李克强副总理在贵州视察时的讲话精神。

2月16日，主持召开会议，传达中共贵州省委常委扩大会议精神。

2月17日，出席观山湖公园元宵灯会开幕式。

2月19日，前往织金县调研织金县产业园区规划和建设情况、黄织铁路建设情况，并看望部分贫困百姓。

2月26日，参加省委农村工作会议、全省扶贫工作会议。

2月28日，前往省委参加栗战书书记传达中央有关会议精神的会议。

3月3日，前往黔东南州调研公共文化（体育）服务体系建设情况。

3月7日，参加省委会举行纪念“三八”妇女节暨“三学两比”活动并讲话。

3月8日，前往北京参加民进中央常委会。

3月16日，出席第十二届中国（贵阳）医疗器械、设备和技术展览会开幕式。

3月17日，前往省委参加领导干部会议，传达学习全国“两会”精神。

3月18日，主持召开第四十三次主委会和第十七次常委会，传达民进中常会和全国“两会”精神，参加省委会2011年参政议政年会并讲话。

3月19日至21日，陪同民进中央副主席王佐书赴金沙县考察，出席由民进会员投资的开明同心大市场奠基暨“同心”工程捐赠仪式等活动。

3月28日至3月29日，前往安顺市群众艺术馆等地调研公共文化（体育）服务体系建设情况。

3月30日至4月1日，前往黔南州三都县、都匀市、罗甸县调研公共文化（体育）服务体系建设情况。

4月6日，出席黔南州“都匀毛尖”特制珍品发布推广会议。

4月7日，主持召开省委会“同心工程”推进会。出席贵州同心光彩大厦奠基仪式。

4月8日至14日，率队到铜仁地区万山特区、铜仁市、江口县等地开展文化调研。

4月18日，参加贵州省统一战线“同心同行”行动推进会。前往修文县参加贵州迈丰农业科技有限公司产品下线庆典仪式，会见宁夏自治区政协安纯人副主席一行。

4月19日，主持召开会议，传达“贵州省统一战线‘同心同行’行动推进会”精神，讨论民进开展“同心同行”行动计划。

4月26日，主持召开省委会第四十四次主委会。

4月27日，参加中共贵州省委召开的民主协商会，就“关于新形势下加强和创新社会管理工作的意见”提出意见。

4月28日至29日，带队到黔西县开展文化调研。

5月5日，参加省委会举办的“同心思想”专题讲座。

5月5日至6日，围绕提升我省城市医疗服务质量，在贵阳医学院附属医院、省人民医院等地调研。

5月7日，前往省人民医院出席金沙县医院与省人民医院对口帮扶商谈活动。

5月8日，出席省红十字会“红十字博爱周”大型宣传和志愿服务活动启动仪式，会见云南省政协副主席顾伯平一行。

5月9日至5月10日，到遵义市第一人民医院、遵义医学院附属医院等地，围绕提升我省城市医疗服务质量开展实地调研。

5月14日至5月15日，前往织金县协调省红十字会援建官寨乡黄泥村蔡家水井修建事宜和省教育厅、省民政厅援建黄泥井小学有关事宜。

5月16日，持召开会议，传达学习中共贵州省委常委（扩大）会议精神。

5月19日，出席省委宣传部、省旅游局、社科院主办的“徐霞客与贵州旅游专家座谈会”

5月20日，出席民盟贵州省为纪念民盟成立70周年座谈会。

5月21日至22日，前往毕节出席毕节试验区新一轮改革发展推进大会。

5月23日至25日，前往南京出席民进中央有关会议。

5月26日，主持召开省委会第四十五次主委会。

5月27日，出席农工党中央等主办的贵州毕贫困山区同心助医工程启动仪式。

5月27日至29日，前往余庆县出席余庆县第二届旅游节及飞龙湖景区启动仪式。

6月3日至6月5日，前往织金县出席首届中国毕节试验区教育改革与发展高级专家咨询会。

6月7日至6月10日，前往成都出席民进中央十届十五次常委会。

6月15日至6月16日，前往铜仁地区出席中国龙舟公开赛（铜仁站）比赛开幕式等活动。

6月20日至21日，前往安顺302医院、花溪区青岩镇、石板镇卫生院视察。

6月22日至6月23日，前往遵义市出席纪念莫友芝诞辰200周年暨遵义沙滩文化学术研讨会。

6月23日，出席“贵州儒商赖贵山书画展”开幕式。

6月24日，主持召开省委会第四十六次主委会。出席“功勋与荣誉——中国人民革命军事博物馆馆藏革命军事证章、军旗精品展”开幕式。

6月26日，参加贵州省统一战线纪念中国共产党成立90周年座谈会，出席中国新闻社贵州分社成立挂牌仪式

6月28日，出席省委庆祝中国共产党成立90周年文艺晚会。

6月29日，出席全省文化体制改革工作会议、省委统战部有关会议。

6月30日，主持召开省委会五届十八次常委会，参加民进省委庆祝中国共产党成立90周年“同心同行”系列活动。

7月4日，主持召开会议，学习传达胡锦涛总书记“七一”讲话精神和省委书记栗战书的相关讲话精神。

7月6日至7月7日，前往黔西南州贞丰县出席2011·中国贞丰布依族风情节母亲文化活动开幕式。

7月10日至7月11日，前往黔南州三都县参观并了解水族卯节文化。

7月14日，出席全省人口与计划生育工作电视电话会议。

7月15日，参加贵州省流通环节食品安全移动监测系统启动仪式。

7月16日至7月19日，陪同全国政协副主席、民革中央常务副主席厉无畏前往毕节地区毕节市、纳雍县和六盘水市考察。

7月26日，主持召开省委会第四十七次主委会与第十九次常委会，传达学习全省经济工作电视电话会议精神。

7月28日，参加中国宋庆龄基金会“恒天然乡村母婴健康项目”启动仪式，出席贵州省美术书法艺术家支持民运会捐赠作品仪式。

7月28日至7月29日，前往重庆出席第三军医大学大坪医院·野战外科研究所健康中心启用仪式。

7月30日，出席《少年邓恩铭》首映礼。

8月5日至8月7日，前往铜仁地区陪同广东省党外人士赴贵州考察团一行。

8月10日，前往开阳县考察马岔河温泉开发情况。

8月11日，出席北京成龙慈善基金会贫困家庭儿童大病住院救治项目启动仪式暨新闻发布会。

8月15日，参加民进黔南州第三次代表大会、黔西南州第四次代表大会。

8月16日，参加中共贵州省委召开“党外人士情况通报会”，参加民进贵阳市第五次代表大会。

8月18日，出席中国（贵州）国际酒类博览会暨2011中国·贵阳投资贸易洽谈会开幕式并出席活动。

8月19日至21日，前往黑龙江省大庆市出席民进中央等单位组织的有关活动。

8月23日，参加民进黔东南州第三次代表大会。

8月26日，主持召开第四十八次主委（扩大）会。

8月28日至31日，前往四川考察医疗卫生工作情况。

9月1日，参加民进六盘水市第四次代表大会。

9月3日至9月4日，参加金沙县桂花乡集贸市场开场仪式与中国民主促进会毕节地区金沙支部成立大会。

9月5日，前往省委听取外交部长杨洁篪形势报告。

9月6日至7日，前往毕节地区出席贵州力帆时骏振兴集团二期技改工程竣工暨新产品下线仪式。

9月7日，参加省委会举行的教师节庆祝活动并讲话。

9月8日，出席中华人民共和国第九届少数民族传统体育运动会开幕式彩排。

9月9日，接待全国政协教科文卫体委副主任胡家燕一行，代表省委、省政府看望参加民运会的天津代表团、甘肃代表团。

9月10日，出席民运会开幕式。

9月11日，代表省委、省政府宴请甘肃省李建国副省长一行。

9月18日，出席中华人民共和国第九届少数民族传统体育运动会闭幕式。

9月20日，出席中国建设银行股份有限公司向贵州受灾地区捐赠300万元仪式。

9月21日，前往安顺市镇宁县举行白马湖贵州省政协书画院创作基地、高荡村贵州省政协书画院创作采风点授牌仪式。

9月24日，出席黔台两地少数民族文化研讨会、贵州应对气候变化与发展低碳经济学术讲坛暨碳交易研讨会，出席民进贵阳市委“同心同行·三学两比”动员会议，会见江西省政协副主席、民进江西省委会主委汤建人一行。

9月27日，出席贵州省作家协会第六次代表大会开幕式，宴请中国作协党组书记、副主席李冰一行。

9月30日，出席全省民运会总结表彰大会，主持召开民进贵州省委会五届第四十九次主委会议。

10月8日至9日，参加贵州省民主党派、工商联组织的学习谈心活动，参加州省政协纪念辛亥革命100周年大会。

10月10日至17日，前往辽宁、河北考察文化产业发展情况。

10月18日至20日，在北京出席民进中央十二届十六次常委会议。

10月24日，主持召开第五十次主委会（扩大）。参加中共贵州省委召开的民主协商会，就即将出台的《中共贵州省委关于贯彻党的十七届六中全会精神推动多民族文化大发展大繁荣的意见》提出意见

10月25日至26日，前往织金县视察。

10月28日，前往贵阳中医第二附属医院出席建院三十周年庆典。

10月29日，出席贵州省康复医学会心血管专业委员会成立大会暨首届学术会议。

10月30日，前往省委大礼堂出席中央宣讲团党的十七届六中全会精神报告会。

10月31日，主持召开第二十次常委会，参加“中共贵州省委十届十二次全会精神情况通报会”。

11月3日，参加中共贵州省委常委（扩大）会议，学习贯彻贺国强在贵州视察讲话精神。

11月5日，出席中国档案学会第七届理事会议暨档案事业发展高层论坛并讲话，出席贵阳市白云区农村信用合作联社与贵州浙商集团银企战略合作协议签署仪式。

11月8日，出席“贵州省第九届经济论坛——三化同步与贵州经济”并讲话。

11月14日至17日，出席全省产业园区（开发区）发展大会及项目建设年观摩会，赴安顺、黔西南、六盘水观摩产业园区建设情况。

11月18日，主持召开民进贵州省委第二十一次常委会，传达全省政协工作会议精神。

11月23日，赴黔西县考察贯彻落实省委十届十二次全会精神、《贵州省人民政府关于大力支持和促进中医药事业发展的意见》落实情况和医疗卫生机构文化能力建设情况。

11月25日，主持召开第五十一次主委会。

11月30日，参加省委会召开的2011年建议提案准备工作会议。

12月2日，往花溪羊艾农场贵州夜郎蜂业科技有限公司考察。

12月3日，出席科技金融创新与新型工业化贵阳研讨会、中国陶瓷艺术大师作品展开幕式。

12月4日，参加在省委召开的省级班子党外领导干部民主推荐会。

12月5日，出席“贵州税务12366呼叫中心”暨服务热线启动仪式。

12月6日至9日，在北京出席民进中央十二届第十七次中常会和十二届五次全委会。

12月13日，主持召开民主测评推荐会，代表第五届省委会领导班子向全体省委委员作述职报告。

12月13日至14日，参加召开民进贵州省委五届八次全会，作民进贵州省委常务委员会工作报告。

12月15日，参加深圳潮商房地产开发有限公司助学捐赠仪式。

12月16日，受全国人大副委员长、民进中央主席严隽琪委托赴纳雍县曙光乡向陈家庄小学捐赠衣物等物资。

12月18日，接待民进天津市委参与毕节试验区金沙县建设一行。

12月19日，主持召开省委会机关工作会议，对下步机关工作提出要求。

12月21日，出席中国工商联执委会暨全国民营企业助推贵州发展大会六盘水分会场集体签约活动。

12月23日，出席省政府赵克志省长召集各民主党派省委讨论政府工作报告会议。

12月24日至26日，代表贵州省前往北京出席第三届中国经济前瞻论坛，并作主旨发言。

12月29日，率民进贵州省委会、省红十字会前往金沙县桂花乡开展“三下乡”暨元旦、春节慰问贫困群众活动。

12月30日，出席“2012年省红十字博爱送万家”活动。

12月31日，前往六盘水，出席“凉都颂·六盘水2012新年音乐会”。

二、参政议政

民进贵州省委会把促进经济社会科学发展作为履职第一要务，紧紧围绕“两加一推”主基调，和实施“工业强省”和“城镇化带动”的重要战略，形成一批见解深刻、可操作性强的参政议政成果。一年来，省委会和民进界别委员共提交提案23件。提案经20多个承办单位办理，取得明显成效，一些建议体现在省委、省政府的有关政策和工作中。经济建设方面。提案《对贵州实施“工业强省”战略做好承接产业转移准备的建议》提出的尽快制定全省承接产业转移的规划、对省级以上工业园区在承接产业转移方面的功能作好定位指导和充分发挥承接产业转移中各地特色等建议被省委、省政府充分采纳。该提案被列为2011年省政协主席会议督办提案。在2011年全省政协工作会议上，中共贵州省委办公厅点名表扬省委会提出的《关于提升贵州省装备制造业产学研创新服务能力的建议》和为制定《贵州省国民经济和社会发展第十二个五年规划》提出的建议，充分肯定民进省委在参政议政工作上取得的成绩和推动贵州经济社会发展作出的贡献。政治建设方面，提案《关于进一步做好我省政府信息公开工作的建议》提出的“切实加强机制建设，规范政府信息公开，建设与完善政府信息公开中的网络平台”等建议，被省政府列入《关于做好政府信息公开的意见》并落实到实际工作当中。文化教育方面，围绕教育、科技、文化体制改革以及文化产业发展等方面的问题提出建议，为有关部门决策提供参考。提案《加强我省中等职业技术教育师资队伍建设》提出的“制定贵州中等职业教育师资队伍建设规划、加快培养中等职业技术教育师资”等建议被有关部门采纳。该提案被列为中共贵州省委办公厅督办提案。民进会员中各级人大代表建议案质量也不断提高，省人大代表马仲玲提出的建议案被列为省长督办案。民进省委向中共贵州省委、省政府提交的《关于进一步加快贵州省中医药事业发展的建议》，赵克志省长和王晓东副省长分别作出重要批示，2011年省政府研究出台《关于进一步加快中医药事业发展的意见》（黔府办发〔2011〕90号），现有关部门已开始组织实施。

完成《贵州原生态文化和旅游资源利用与保护调研报告—基于对铜仁地区及相邻县市的调查》、《贵州省保障性住房建设模式与政策调研》、《贵州省民办教育发展状况及对策》、《建议我省先行先试将中等职业技术教育纳入政府义务教育体制》、《我省医药信息共享体系建设调研报告》等五个调研报告，得到省委、省政府及有关部门的高度重视，促进了相关政策的出台。其中，《贵州省保障性住房建设模式与政策调研》得到省政协副主席武鸿麟的肯定性批示。贵州省农村危房改造整县（市）推进情况调研报告》、《贵州中等职业教育发展现状调研报告（以六盘水市、安顺市、黔东南州为例）》被中共贵州省委统战部评为优秀调研报告。

民进贵州省委会按照“群策群力、高效及时、讲求质量”的原则，健全会内政治协商意见形成机制，认真作好政治协商准备工作，提高协商意见采纳率。在中共贵州省委召开的征求新形势下加强和创新社会管理工作的意见、贯彻党的十七届六中全会精神推动多民族文化大发展大繁荣的意见等协商会上，提出“实施有效的制度创新、改革信访制度，提高信访工作效率、建立统筹社会管理工作的专门工作机构、加强执法体系建设和政府部门公信力建设；加强少数民族文化挖掘、保护、传播及对贵州文化发展中存在的突出矛盾与问题的总结提炼、提高文化资源配置效率、注重普通群众自办文化发展与传播”等一批高水平的意见建议，得到省委、省政府和省委宣传部主要领导的高度肯定，20余条建议被采纳，完善相关政策的出台。

在省政协十届二十二次常委会上，省委会就我省工业化城镇化中的民办教育政策创新问题与省长座谈，提出“完善公共财政奖励和扶持政策、落实教育用地政策和税收优惠政策、民办学校和公办学校享受多项同等待遇政策、建立健全收费机制和社会保障制度”等建议，得到积极采纳。在2011年9月23日省政协常委专题协商会上，省委会就我省招商引资工作存在的问题，提出“紧紧围绕重点产业，作好项目招商；加强项目审查、提高资源利用集约度；重视对劳动密集型项目、中小项目与生活品生产项目的引进”等建议，得到有关部门的高度重视。高度重视参政议政信息化建设，不断完善参政议政信息工作网络和信息人才库，扩大信息来源和渠道，全年共采编信息51篇，被省政协采用3篇，被民进中央采用2篇。

三、社会服务

创新性实施“同心工程”，坚持“持之以恒参与、持之以恒思考、持之以恒推动、持之以恒尽力”的方针，发挥自身优势，突出民进特色，充分激发调动广大会员的积极性、主动性和创造性，集中优势，整合资源，倾力打造“同心”品牌，积极参与毕节试验区建设。允分发挥非公有制经济在实施工业强市和城镇化战略中的积极作用，成立同心工程促进委员会，结合“三个建设年”和“四帮四促”等工作，积极参与社会公益事业。变原来简单的智力帮扶为全面定点的参与试验区建设。“同心产业园”建设在中共贵州省委目标考评中被评为省直机关2011年度工作创新奖。

金沙县桂花乡回龙村被省委会确定为“同心示范村”。2011年6月，省委会和金沙县共同打造的“桂花同心产业园区”正式启动，协调项目10余个，项目资金800余万元，落实并到位项目资金近200万元。由省委会协调省项目资金75万元，县配套项目资金300万元建成回龙至柿花油路、白溪村5公里连户道路。民进会员为园区内基础设施和民生工程等建设，捐赠87.54万元资金和物资，捐建的多媒体教室、卫生院和敬老院建成投入使用，10户极贫农户整体搬迁主体工程建设完成。联系省果蔬站支持资金20万元，建成回龙村白溪果蔬基地238.5亩。积极促进桂花小城镇建设、促成桂花乡集贸市场落成，改变了该乡有史以来无市场的局面。以同心思想引领，企业界会员，积极参与实施“同心工程”。会员陈正拜、陈正治等总投资近50亿元的煤机电制造、石材加工、商贸物流等项目开工建设。

省委会发挥自身智力优势，积极开展支边扶贫，大力支持农村教育发展。按照会中央的安排，在开展“彩虹行动”的过程中，积极主动配合会中央和兄弟省市民进组织做好联系、沟通、协调和服务工作。全年参加会中央和兄弟省市民进组织在毕节试验区开展的41次活动，先后对接十多家省级民进组织327名会员。协调全国各省、市民进组织在金沙县举办各类培训班20余次，在北京、上海、杭州、深圳、长沙、厦门、济南、南京、常熟、无锡、贵阳及金沙本地共帮助培训教师、医务工作者2508人次。组织教育专家参加“同心·民主党派专家服务团”赴黔东南州开展智力帮扶活动，培训了教师100多名，组织了金沙县、安龙县的51名教研员参加了由民进中央举办的“同心·彩虹行动”2011年教研员和骨干教师暑期培训班。

积极参加救灾行动。2011年4月，我省大部分地区出现大面积持续高温干旱天气，省委会积极动员会员和干部慷慨解囊，为灾区捐赠1.5万元，协调民进中央解决15万元资金，为安龙县建造37口水窖。

四、自身建设

全省各级民进组织以中国共产党成立90周年和辛亥革命100周年为契机，开展一系列纪念活动，将践行“同心思想”和开展“三学两比”活动紧密结合起来，把“同心同德，同心同向，同心同行”转化为广大会员的自觉行动。省委会针对不同层面的会员开展的“践行同心思想”专题学习和专家辅导等活动。省委会制定《关于开展庆祝中国共产党成立 90 周年活动的安排意见》，在金沙县举行同心同行系列活动启动仪式，举办“同心同行·永远跟党走”演讲比赛，隆重庆祝中国共产党建党 90 周年。积极参与民进中央组织的雷洁琼同志网上追思会，深切缅怀雷老。组织会员到革命老区开展革命传统和爱国主义教育活动。按照民进中央安排，组织开展纪念中国共产党建党 90 周年、辛亥革命 100 周年民进书画精品邀请展征稿、中国共产党建党 90 周年知识问答、《中华人民共和国国民经济和社会发展第十二个五年规划纲要》有奖征答等活动。省委会坚持集体学习制度，注重发挥中心学习组和常委会的引领作用，全年共组织 8 次专题学习。各地按照省委统战部的统一部署开展了内容丰富、形式多样的活动，取得了明显效果，民进六盘水市委被省委统战部授予“三学两比”第一活动年先进集体。

深入宣传，营造良好舆论环境。各级领导以身作则，担任起宣传工作的主要角色，带头撰写理论文章和信息，在《人民政协报》、《红旗文稿》、《民主》和《贵州政协报》、《凝聚力》等报刊上发表了 12 篇理论文章和信息。在“双岗双建”活动中，省委会积极引导广大会员在本职岗位和党派工作中建功立业，激发广大会员立足本职、投身会务的积极性和创造性。挖掘新闻资源，改进和加强对贵州民进的新闻宣传。认真按照相关规定，改进和加强对民进经常性工作、重要会议、领导重要活动、履职成效、会员事迹等的宣传报道，提高新闻报道时效性，扩大报道的深度、力度和广度，面向社会扩大民进影响。充分利用报纸、广播、电视、互联网等媒体，开展及时有效、多层次全方位的立体宣传。加强与《贵州日报》、《民主》、《贵州政协报》、《凝聚力》等媒体的交流联系，积极协助做好组稿、投稿工作。不断提高《贵州民进》的办刊质量，做好发行工作，被会中央表彰为优秀会刊先进单位。加强贵州民进网站建设，发挥网络媒体在思想建设和宣传工作中的作用。

省委会按照《各民主党派省委关于做好换届工作座谈会议纪要》、《关于民主党派组织在换届中严肃组织人事纪律工作座谈会议纪要》精神，指导市级组织深入领会和把握政策要求，加强与各级党委和组织部、统战部的沟通协商，协助市级组织做好换届人选的酝酿、协商、提名等工作。省委会按照会中央的要求和部署，成立换届工作领导小组，制定了换届工作方案，在做好市级组织换届工作的同时，积极筹备省委会的换届。至 2011 年底，全省 5 个市（州）委员会圆满完成换届工作，选出了新一届的领导班子，成功进行政治交接。

省委会始终坚持“注重质量、稳步发展、保持特色”的组织发展原则，吸收多方面高层次、高素质人才，不断改善会员结构，带动了会员整体素质的提高。截止 2011 年 12 月底，会员总数为 2510 名，其中博士 31 名，高级职称 665 名，地方组织 7 个、基层支部（小组）86 个。目前，全省会员总数为 2510 名，其中博士 31 名，高级职称 665 名。成立“民进毕节地区金沙支部”，编入民进贵州省委会直属支部，选举产生第一届民进毕节地区金沙支部委员会。认真贯彻落实《2010—2020 年党外代表人士教育培训改革和发展纲要》和《民进中央关于加强省级组织领导班子后备干部队伍建设的意见》精神，努力提高各级领导干部的提高领导班子成员的政治把握能力、参政议政能力、组织领导能力、合作共事能力、精神感召能力和解决自身问题的能力，积极培养班子后备干部队伍。全年省委会选送领导班子成员、基层骨干和代表人士共 57 人参加了中央统战部、民进中央和省委统战部的各类培训班，选派了优秀骨干会员到基层挂职锻炼，通过各种方式努力提高干部队伍综合素质和能力。

省委会紧紧围绕建设高素质参政党的目标，按照“讲原则、讲程序、讲方法”的要求，以制度建设为基础，以提高机关人员素质为重点，以改进工作作风提高工作效率为切入点，切实加强机关建设，抓好落实、做好服务、抓好协调，确保省委会工作运转正常，被民进中央授予了民进全国机关建设先进单位。坚持与上级领导、上级机关的决策和部署保持高度一致，发挥承上启下、上传下达、下情上传的关键作用，围绕上级和领导的决策部署，确保各项工作任务得到有效落实。把为会员服务、为领导决策服务、为参政议政服务作为机关的重点工作，努力做好办会、办文、办事工作，提高工作质量和效率，进一步提高机关的亲和力和凝聚力，为各项工作正常运转提高多方位的优质服务。从大局着眼，把关系全局的中心工作、领导关注的重要事情作为协调的核心，加强领导和机关处室、机关与有关部门、机关内部各处室的联系，加强沟通协调，调动各方面的积极性。

民进云南省委会2011年工作概述

在民进中央、中共云南省委正确领导下，民进云南省委深入贯彻落实科学发展观，正确把握国内外形势新变化、新特点，按照民进云南省六届五次全会“一深入、四努力”的总体思路，把树立和践行社会主义核心价值体系活动，加强学习型政党建设推向深入，努力推进组织建设，努力加强履职能力建设，努力开创社会服务新局面，努力争创民进全国“先进机关”，各项工作全面推进，为云南省“十二五”规划良好开局，加快“两强一堡”建设和经济社会平稳较快发展作出了新贡献。

一、重要会议及活动

（一）常委会

3月27日召开六届十六次常委（扩大）会议。内容：传达学习十一届全国人大四次会议和全国政协十一届四次会议精神；学习民进十二届十四次中常会精神；审议《民进云南省委六届常委会2011年工作要点》（草案）。

7月9日召开六届十七次常委会议。内容：庆祝中国共产党成立90周年，举办《与党同心同行》大型文艺演出；传达学习民进中央十二届十五次常委会议精神；传达学习民进全国会史工作会议精神；报告民进云南省委2011年上半年工作、进一步部署下半年工作。

10月15日召开六届十八次常委会。内容：深入学习贯彻中共云南省委常委（扩大）会议精神；邀请省政府研究室领导作“云南经济社会发展形势”的报告；研究新形势下民进云南省委参政议政工作。

（二）主委会

2月25日召开六届三十四次主委会议。内容：审议通过《民进云南省委2011年工作要点》；研究民进云南省委六届十六次常委（扩大）会议召开事宜；研究民进云南省委2011年参政议政课题遴选及调研工作；研究民进云南省委2011年组织发展工作；通报民进云南省委2010年财务工作。

6月12日召开六届三十五次主委会议。内容：传达民进十二届中央常委会第十五次会议精神；研究民进云南省委举办“纪念中国共产党成立90周年，缅怀民进老一辈领导人”座谈会等系列活动事宜；研究民进云南省委第十七次常委会议日程（草案）、议程（草案）；研究确定民进云南省委2011年调研课题负责人；研究民进云南省委领导班子民主生活会召开事宜。

6月30日召开六届三十六次主委会议。内容：学习贯彻中共云南省委八届十一次常委会议精神；人事事项；传达贯彻民进中央会史工作会议精神；近期工作通报。

8月15日召开六届三十七次主委会议。内容：研究推荐民进云南省委报送中共云南省委统战部参加“中央统战部、人力资源和社会保障部、各民主党派中央、全国工商联联合开展的为全面建设小康社会作贡献”评比表彰的候选材料。

9月8日召开六届三十八次主委会议。内容：学习贯彻秦光荣书记在中共云南省委常委扩大会议上的讲话精神；审定民进云南省第六届委员会领导班子工作整改方案；研究民进云南省委六届十八次常委会举行事宜；人事事项；审定民进云南省委庆祝2011年“教师节”、“中秋节”、“国庆节”茶话会筹办方案。

11月29日召开六届三十九次主委会议。内容：学习贯彻中共云南省委第九次代表大会会议精神；传达贯彻民进中央十二届十六次常委会会议精神；研究召开民进云南省委宣传工作会议事宜；审议《民进云南省委关于加强基层组织参政议政能力建设的指导意见》；研究民进云南省委2011年调研课题；研究民进云南省委近期社会服务工作；

研究云南民进企业家联谊会成立大会事宜；结合中共云南省委统战部“全省民主党派工作座谈会”精神，通报民进云南省委换届工作相关情况；研究召开民进云南省委六届十九次常委会会议、六届六次全委会会议事宜；通报民进云南省委参加民进十二届五中全会、民进全国机关建设工作会议的情况。

12 月 29 日召开六届四十次主委会议暨民进云南省委 2012 换届工作领导小组第二次会议。内容：审议民进云南省六届常委会 2011 年《工作报告》（讨论稿）；审议通过《关于召开中国民主促进会云南省第七次代表大会的决议》（草案）；研究民进云南省委六届六次全委（扩大）会议扩大范围；研究《民进云南省委 2012 年换届工作方案》。

（三）主要领导活动情况

1 月 1 日至 7 日，民进云南省委会主委罗黎辉陪同全国人大常委会副委员长、民进中央主席严隽琪考察云南桥头堡建设情况。

1 月 11 日至 12 日，罗黎辉出席中共楚雄州委、州人民政府举办的“楚雄州‘十二五’规划纲要咨询座谈会”并讲话。

1 月 13 日至 15 日，罗黎辉赴京参加雷洁琼同志的告别活动。14 日下午参加中央统战部组织的雷洁琼同志的追思会，15 日上午参加雷洁琼同志的遗体告别仪式。

1 月 18 日，罗黎辉出席云南省统一战线迎春茶话会。出席省政协十届三次会议优秀提案表彰大会，并与获奖单位及个人合影。

1 月 19 日至 23 日，罗黎辉出席省政协十届四次会议期间的各种会议及活动。

1 月 21 日，罗黎辉出席云南省人大十一届四次会议开幕会。

1 月 25 日，罗黎辉出席九三学社云南省委书画摄影展开幕式暨 2011 年春节团拜会。

1 月 27 日，罗黎辉出席民进云南省委 2011 年迎春团拜会并致辞。

2 月 15 日，罗黎辉出席中共云南省委统战部召开的 2011 年省级民主党派工作座谈会。

2 月 15 日至 18 日，罗黎辉陪同全国政协副主席、民进中央常务副主席罗富和、中共中央候补委员、中国农业科学院院长翟虎渠等一行在滇考察，并出席第 21 届中国（昆明）兰花博览会开幕暨昆明兰花产业园启动仪式。

2 月 17 日，罗黎辉列席中共云南省委第 91 次常委会议（第二议题）。

2 月 24 日，罗黎辉走访中共昆明市委统战部。

2 月 25 日，罗黎辉出席省政协文史委员会全体委员会议并讲话。

2 月 28 日，罗黎辉率驻滇全国政协委员赴京参会前视察新昆明建设情况，并在座谈会上讲话。

3 月 1 日至 6 月 4 日，罗黎辉在中央党校“中国特色社会主义理论高级研修班”学习。

5 月 5 日至 5 月 8 日，罗黎辉赴山西省考察该省经济社会发展情况。

5 月 11 日，罗黎辉陪同云南省省长秦光荣、副省长曹建方拜访华能集团。

5 月 12 日，罗黎辉陪同曹建方，率省民政厅厅长王树芬一行拜访国家民政部。

5 月 20 至 5 月 22 日，罗黎辉赴江西省考察井冈山经济社会发展。

6 月 7 日至 10 日，罗黎辉赴成都，参加民进中央十二届常委会第十五次会议。

6 月 12 日，罗黎辉出席云南省工商学院成立大会并考察学院建设情况。

6 月 13 日，罗黎辉率“辛亥革命暨滇西抗战在滇纪念设施保护与利用情况视察组”在昆明视察。

6 月 15 日，罗黎辉会见天津政协副主席陈质枫率领的人口资源环境委员会考察团一行。

6 月 17 日，罗黎辉出席云南省农业大学统一战线纪念中国共产党成立 90 周年活动。

6 月 18 日，罗黎辉出席民盟云南省委庆祝中国民主同盟成立七十周年暨纪念中国共产党成立 90 周年活动。

6 月 21 日，罗黎辉出席中共云南省委统战部“云南省统一战线各界人士纪念中国共产党成立 90 周年座谈会”，并代表省级各民主党派在座谈会上讲话。出席中共云南省委统战部、省级各民主党派、工商联“与党同行・身边的榜样——云南统一战线树立和践行社会主义核心价值体系先进人物事迹报告会”。

6 月 22 日，罗黎辉出席中国文学艺术界联合会、中共云南省委、云南省人民政府、中国音乐家协会主办的“颂歌献给党——第二届中国聂耳音乐（合唱）周闭幕式暨第八届中国音乐金钟奖合唱比赛颁奖音乐会”。

6月23日至25日，罗黎辉参加中共云南省委中心组集中学习。

6月27日，罗黎辉出席民进云南省委会“‘同心同行’纪念中国共产党成立90周年，缅怀民进老一辈领导人座谈会”并在会上讲话。

6月29日，罗黎辉出席省政协机关庆祝中国共产党成立90周年暨创先争优表彰大会和歌咏比赛。

6月30日，罗黎辉出席云南省庆祝中国共产党成立90周年大会。出席云南省庆祝中国共产党成立90周年大型文艺晚会。

7月1日，罗黎辉参加中共云南省委组织的集中收看“庆祝中国共产党成立90周年大会”实况直播。

7月4日，罗黎辉出席中共云南省委统战部党外人士情况通报会，传达胡锦涛总书记在庆祝中国共产党成立90周年大会上的重要讲话精神。

7月5日至6日，罗黎辉出席全省党外代表人士教育培训工作会议暨全省社会主义学院工作会议。

7月9日，罗黎辉出席“同心同行，共铸辉煌——民进云南省委庆祝中国共产党成立90周年文艺晚会”。

7月10日，罗黎辉出席民进云南省委第六届常委会第十七次会议并讲话。

7月12日，罗黎辉出席2011中国·昆明泛亚郑和国际文化旅游节暨世界航海邮票展开幕式并宣布开幕。

7月15日，罗黎辉主委出席农工党云南省委庆祝中国共产党成立90周年——音诗画《旗帜颂歌》晚会。

7月19日至25日，罗黎辉率“云南特有民族历史文化保护和利用重点调研组”赴普洱市和西双版纳州开展实地调研。

7月27日，罗黎辉出席中共云南省委统战部关于加强省级各民主党派工商联与省政府有关部门对口联系工作座谈会。

8月8日，罗黎辉出席中央统战部在云南昆明举办的“杨佳同志先进事迹巡回报告”会。

8月9日，罗黎辉出席中共中央统战部调研组召开的云南省各民主党派省委主要负责人座谈会。

8月12日，罗黎辉出席中共云南省委案件情况通报电视电话会议。

8月17日，罗黎辉宴请原中央政治局后候补委员、原副总理吴桂贤一行。

8月21日至28日，罗黎辉带队在黑龙江、吉林两省考察。

9月1日，罗黎辉出席纪念辛亥革命100周年“忠魂归国”系列活动筹备工作汇报会。

9月8日，罗黎辉出席台湾民主自治同盟云南省委员会、云南省台湾同胞联谊会成立三十周年纪念大会。

9月13日至15日，罗黎辉在腾冲参加纪念辛亥革命100周年“忠魂归国”系列公益活动。

9月16日，罗黎辉陪同全国政协副主席张榕明考察云南昆明滇池泛亚国际湿地。

9月19日，罗黎辉率队对澄江帽天山古生物化石地申报世界自然遗产工作进行视察。

9月20日至10月6日，罗黎辉陪同十届全国政协副主席张怀西在云南考察。

9月22日，罗黎辉出席云南省台办纪念辛亥革命100周年座谈会。

9月24日，罗黎辉出席民进云南省委员会庆祝“教师节、中秋节、国庆节”茶话会并致辞。

9月27日，罗黎辉到北京师范大学出席《中国教育学百年文库》编选会。

10月8日，罗黎辉出席云南省纪念辛亥革命100周年座谈会。

10月10日至14日罗黎辉参加中共云南省委统战部“云南省各民主党派省委、省工商联负责人和无党派代表人士赴湖南、贵州学习考察团”学习考察。

10月15日，罗黎辉出席民进云南省委第六届常委会第十八次会议并讲话。

10月18日至20日，罗黎辉出席民进第十二届中央常委会第十六次会议。

10月20日，罗黎辉出席云南统一战线同心·示范点建设工程启动仪式；出席云南省领导干部大会视频会议；出席玉溪市纪念辛亥革命100周年地方剧文艺晚会。

10月21日，罗黎辉出席全省民主党派工作座谈会；出席2011年云南省高校统战工作联席会议暨第二届云南省高校统战工作理论研讨会。

10月25日至26日，罗黎辉陪同全国政协副主席罗富和在昆明出席“中国草原可持续发展论坛”。

10月31日，罗黎辉陪同省委常委、宣传部长张田欣同志出席云南师范大学“云南研究院”成立大会暨揭牌仪式。

11月3日，罗黎辉出席中共云南省委八届全委（扩大）会议。参加中组部干部考察谈话。

11月3日至4日，罗黎辉出席省政协十届十六次常委会议。出席李纪恒代省长专访省政协座谈会。

11月5日至17日，罗黎辉率云南教育代表团出访美国、加拿大两国，考察两国高等教育。

11月20日至21日，罗黎辉出席云南省第五次社会主义学院（校）院（校）长联席会议并讲话。

11月25日，罗黎辉特邀参加中国共产党云南省第九次代表大会开幕式。

11月29日，罗黎辉特邀参加中国共产党云南省第九次代表大会闭幕会。

12月1日，罗黎辉出席中共云南省委统战部组织的九次党代会情况通报会。

12月5日，罗黎辉参观民进昆明市委、云南国风雅集文化传播有限公司联合举办的“滇池之韵”书画展。

12月6日，罗黎辉出席中国民主促进会第十二届中央常务委员会第十七次会议。

12月7日至9日，罗黎辉出席中国民主促进会第十二届中央委员会第五次全体会议。

12月13日，罗黎辉到楚雄调研党派工作。

12月17日，罗黎辉会见四川省陈文华副省长一行。

12月18日，罗黎辉出席云南民进企业家联谊会成立大会并讲话。

12月19日，罗黎辉列席中共云南省委九届二次常委会议。

12月22日至23日，罗黎辉参加中共云南省委中心组学习。

12月24日，罗黎辉出席第六届“云南论坛·2011”。

12月25日，罗黎辉出席民进西山区总支部代表大会暨西山区委员会成立大会。

12月26日至27日，罗黎辉列席中共云南省委九届二次全体会议开、闭幕大会。参加中共云南省委民主推荐州市干部会议。

12月28日，罗黎辉出席中共云南省委召开的省级各民主党派省工商联2011年重点调研课题成果汇报会。

二、参政议政

继续紧紧围绕桥头堡建设这个中心和大局参政议政。在“各民主党派省委省工商联2011年重点调研课题汇报会”上作《加强外向型人才队伍建设是实施桥头堡战略必先抓好的紧迫工作》的汇报。领导率队走访省文化厅，接待省新闻出版局主要领导的来访，密切对口联系。与中国教育政策研究院联合调研报告《建设国家桥头堡，高等教育要先行》，中央政治局委员、全国政协副主席刘延东同志和全国人大副委员长、民进中央主席严隽琪同志作出重要批示后，主要建议得到吸纳，2011年5月出台的国家桥头堡建设战略蓝图《国务院关于支持云南省加快建设面向西南开放重要桥头堡的意见》（国发〔2011〕11号）中，作出了“支持区域性高水平大学建设”的重大决策。这是我会围绕中心、服务大局作出的一项重要贡献。在全国政协十一届四次全会上，云南民进的全国政协委员领衔提出的提案《规划教师宣誓制度，制定全国统一的教师誓言》，受到教育部重视，吸纳为教育部的决策。

在云南省十届四次政协全会上提交大会发言材料9份、提交大会集体提案16份，其中《关于进一步促进我省民办教育发展的建议》被评为主席督办的十大重点提案之一，受到省政府副省长高峰同志、省政协副主席顾伯平同志的重视，分别作出批示，要求认真办理。《关于当前进一步推进桥头堡建设工作的提案（二）》等4份提案被评为省政协优秀提案。提交省政协常委会并被选为大会发言的报告《加强公共文化服务体系建设共享民族文化强省建设成果》，受到省政府分管领导高峰副省长的高度重视，批示省文化厅厅长："黄峻同志：此材料写得好，有思想、有见地、有参考价值，请你阅、研、参。"在省政协举办的"加快推进滇中经济区建设"企业家论坛、"创新和加强社会管理"第四届民生论坛上获组织奖，选送的论文分别获二等奖、三等奖和优秀奖。参加了《中华人民共和国非物质文化遗产法》、《云南省消防技术服务管理规定》、《云南省城市公共交通管理办法》等立法协商多次，提出有价值的修改意见和建议。

分别向民进中央、云南省政协、中共云南省委统战部报送信息40条，其中《补牢我国"超级细菌"监控防疫机制和体系刻不容缓》的信息由全国政协专报李克强副总理并获得批示，报全国政协主席、副主席、秘书长阅示，同时送卫生部部长、中科院院士陈竺；《我国应尽快出台精神卫生法 确保病人安全和社会安定》的信息获得国家领导人批示；《杜绝医院对患者过度检查》的信息获得时任中共云南省委书记白恩培批示。有的信息报送后得到民进中央、云南省政协、中共云南省委统战部等相关部门的采用，充分发挥了信息作为参政议政"直通车"的重要作用。2011年荣获省政协"信息工作先进单位"称号。

三、社会服务

开展云南统一战线"同心工程"示范点共建工作。与民盟云南省委结对，率先在华宁县开展云南统一战线"同心工程"示范点建设。目前，已就教师培训和职业技能培训两个项目与华宁县签约，邀请云南农业大学园林园艺学专家赴华宁县宁州街道办为7个行政村150余名村民讲授梨树及番茄的相关种植知识。2011年12月18日成立云南民进企业家联谊会。为民进企业家们营造更加广阔的平台和空间，也为参政议政、社会服务整体优势的发挥创造新的机制和途径。

四、自身建设

民进云南省委不断加强学习型政党建设，丰富学习践行社会主义核心价值体系的成果，巩固云南民进与中国共产党同心同行的思想政治基础。通过召开各类专题学习会议、座谈会、讨论会、向省委委员赠阅书报学习材料、开辟宣传专栏等形式，组织全省各级组织、广大会员和机关干部认真开展学习。精心组织庆祝中国共产党成立90周年，纪念辛亥革命100周年的系列活动，发出《关于认真开展纪念中国共产党成立90周年活动的通知》；发表署名纪念文章；隆重举办了"同心同行 共铸辉煌——民进云南省委纪念中国共产党成立90周年"大型专场文艺演出；召开"民进云南省委纪念中国共产党成立90周年，缅怀民进老一辈领导人座谈会"；开展纪念中国共产党成立90周年征文活动；组织报送书画作品参加"民进中央纪念辛亥革命100周年、中国共产党成立90周年书画展"；积极参与策划和协办了"中国远征军忠魂归国"系列活动。积极举荐"双岗创优"活动中的先进事迹和先进人物，金飞豹会员成为"身边的榜样——云南统一战线树立和践行社会主义核心价值体系先进人物事迹报告团"成员，并荣获中央统战部、人力资源和社会保障部、各民主党派中央、全国工商联联合开展的"为全面建设小康社会作贡献"先进个人。

有计划、有步骤培训后备干部和骨干会员，共选派65名会员参加中央党校、浦东干部学院、中央社会主义学院、民进中央、省委统战部、省社会主义学院各种层次、各种类型培训班的学习及考察活动。不断增强机关干部的政治意识、大局意识、枢纽意识、服务意识及机关工作能力、执行能力，机关干部的思想作风、精神面貌、工作状态、工作效率、工作水平明显向好，荣获"民进全国先进机关"荣誉称号。成立民进云南省委换届工作领导小组，制定换届工作方案，为2012年换届工作顺利进行打下基础。完成了"民进组织管理系统"云南会员的信息采集、录入、核对工作。组织工作信息化水平得到极大提升。成立民进云南省委直属民进云南大学支部、云南农业大学支部、云南艺术学院支部、云南工商学院总支部。至年底，全省有州市组织7个，会员3315人。

民进陕西省委会 2011 年工作概述

2011 年以来，在中共陕西省委、省政府的坚强领导和民进中央的精心指导下，我们以科学发展观为指导，认真贯彻落实党的十七届五中、六中全会、胡锦涛同志庆祝中国共产党成立 90 周年讲话精神、中央经济工作会议和中国民主促进会第十二届五中全会精神，团结带领全省广大会员和机关干部，围绕主题主线，推进同心同行，加强调查研究，积极建言献策，狠抓社会服务，各项工作强力推进，呈现良好势头。

一、重要会议及活动

1．全委会

7 月 5 日至 6 日，中国民主促进会陕西省第十届四次全委（扩大）会议在西安召开。陕西省政协副主席、民进陕西省委会主委李进权，副主委刘晓利、岳崇、高正红、刘宽忍、向德、董家蕙，秘书长郭绍敏和省委委员出席会议。在陕未担任省委委员的民进中央委员、各地方组织主委、专委会主任、部分民进陕西省十大代表、省委会机关各部室负责人列席了会议。中共陕西省委统战部副部长郑洁出席了会议并作重要讲话。

会议学习传达了民进中央十二届四中全会精神；学习了胡锦涛总书记在庆祝中国共产党成立 90 周年大会上的重要讲话；审议并通过了陕西省政协副主席、民进陕西省委会主委李进权作的 2010 年工作报告；审议并通过了民进陕西省第十届四次全委（扩大）会议《决议》；表彰了 2010 年“双创”活动和专项工作先进集体和先进个人。会议号召，全省民进各级组织要掀起学习贯彻胡锦涛总书记“七一”重要讲话的热潮，精心组织、周密安排，切实把思想和认识统一到讲话精神上，把智慧和力量凝聚到落实讲话作出的决策部署上来。

会议增补郭绍敏同志为民进陕西省第十届委员会副主任委员。

12 月 27 日，中国民主促进会陕西省委员会第十届五次全体（扩大）会议在西安召开。李进权、刘晓利、岳崇、高正红、刘宽忍、向德、董家蕙、郭绍敏、高争丽和省委委员出席会议。在陕未担任省委委员的民进中央委员、各地方组织主委、专委会主任、省直支部主任、省委会机关各部室负责人列席了会议。中共陕西省委统战部副部长郑洁应邀出席会议并作重要讲话。

2．重要活动

4 月 4 日至 7 日，全国人大常委会副委员长、民进中央主席严隽琪在陕西出席辛卯年清明公祭轩辕黄帝典礼和第十五届中国东西部合作与投资贸易洽谈会开幕式等重要活动，并在西安、宝鸡等地视察工作。

6 月 17 日，民进中央副主席朱永新在李进权的陪同下，来到民进宝鸡市委机关，看望机关全体同志并就加强机关建设工作，做出重要批示。

7 月 8 日，民进陕西省委会讲师团在李进权的带领下，赶赴贵州毕节金沙县安底镇开展了为期一周的同心·彩虹支教行动。刘晓利、西北大学、西京学院、西安中学、西安小学、西安童得梦幼儿园和西安教科所的教师和专家共 26 人参与了此次智力支教活动。

8 月 13 日至 14 日，民进中央联络委员会上半年工作总结会议在西安召开。民进中央副主席王佐书、民进陕西省委会主委李进权出席会议，民进中央社会服务部副部长刘文胜，民进陕西省委会秘书长高争丽参加了会议。8 月 13 日上午，李进权陪同王佐书一行 20 余人考察了西安华海医信（集团）股份有限公司，民进中央联络委员会副主任张孝林介绍了企业的发展情况和发展历程。8 月 13 日中午，王佐书一行考察了民进会员王勇超创办的关中民俗博物院。当日下午，陕西民进企业家联谊会及民进中央联络委员会在高科度假酒店召开了座谈会。8 月 14 日，民进中央联络委员会部分会员参观了 2011 西安世界园艺博览会。

8 月 19 日上午，陕西信息工业技师学院抗震救灾助学工程汇报总结会在本校创业公馆三楼会议室召开，李进权到会参加并作了重要讲话。刘激涛及绵阳市政协副主席、民进绵阳市委会主委李京平带领班子成员、机关干部、家长代表等13人参加了本次汇报总结会。

8月20日至26日，民进陕西省委会“2011年基层组织骨干培训班”在西安举办，来自全省十个地市民进组织和省直工委骨干会员60余人参加了培训。

8月29日至30日，民进中央调研组在陕西调研民进陕西省委会机关建设和高素质参政党建设情况。

民进中央调研组由全国政协副主席、民进中央常务副主席罗富和带队，民进中央副秘书长兼组织部部长王建国、民进中央办公厅副主任陈鸣、民进中央研究室副主任左延珠、民进中央委员陈智伦等参与调研。

3．主要领导活动情况

1月10日，民进西部电影集团总支成立大会在西安电影制片厂办公楼会议室举行。李进权出席会议。

1月16日至20日，陕西省政协十届四次会议在西安隆重召开，省政协副主席李进权参加会议。

1月25日，李进权冒着严寒，走访慰问民进省委会原副主委安国柱、郭芹纳、魏代平等离退休老同志。

1月25日，民进陕西省委会在省市民主党派大楼举行迎新茶话会。李进权在茶话会上代表省政协、民进陕西省委会向离退休的老领导、老同志、各专委会主任、企业联谊会的会长以及全省的民进会员致以最诚挚的问候。

3月24日，2011中国最美油菜花海汉中旅游文化节在洋县朱鹮梨园景区隆重开幕。李进权出席了开幕仪式。

3月30日，李进权带队赴商洛职业技术学院视察调研。

4月4日至7日，严隽琪在陕西出席辛卯年清明公祭轩辕黄帝典礼和第十五届中国东西部合作与投资贸易洽谈会开幕式等重要活动，并在西安、宝鸡等地视察工作。李进权陪同视察。

4月19日，李进权在中共镇安县委副书记、县长张盈安、镇安县政协主席李桂珍的陪同下，参观走访了镇安慧洋家居建材公司。

4月20日，第二届中国秦岭生态旅游节暨塔云山景区开园盛典在镇安县举行，李进权出席仪式并为景区开园揭幕。

5月26日至27日，陕晋蒙三省毗邻县（区、旗）政协第三十一次横向联谊会在神木召开。来自陕西、山西、内蒙三省县（区、旗）政协组织的200多名代表参加了会议。李进权出席会议并作了重要讲话。

5月28日，由西安外事学院、美国哈佛大学费正清中国研究中心、北京大学教育学院、美国阿克迪亚大学共同主办的“民办高等教育国际化发展国际研讨会”在西安外事学院举行。王佐书出席了会议并做了大会主旨报告，李进权参加了研讨会。

6月13日，民进陕西省委会召开机关全体工作人员会议，专题传达学习民进中央十二届十五次中常会会议精神。李进权主持了会议。

6月17日，朱永新在李进权的陪同下，走访民进宝鸡市委会机关，看望机关全体同志并就加强机关建设工作，做出重要批示。

7月5日至6日，中国民主促进会陕西省第十届四次全委（扩大）会议在西安召开，李进权出席会议。

7月8日，民进陕西省委会讲师团在李进权主委的带领下，赶赴贵州毕节金沙县安底镇开展了为期一周的同心·彩虹支教行动。

7月19日，民进陕西省委会召开机关全体干部会议学习传达省委书记赵乐际，省委副书记、省长赵正永在全省领导干部大会上的讲话精神。李进权主持会议。

7月25日至26日，李进权带领民进陕西省委会调研组到渭南，先后赴华县、潼关和华阴，围绕学习贯彻全省领导干部大会有关精神，就加快建设陕西东大门工作进行实地调研。

8月13日至14日，民进中央联络委员会上半年工作总结会议在西安召开。王佐书、李进权出席会议

8月19日上午，陕西信息工业技师学院抗震救灾助学工程汇报总结会在本校创业公馆三楼会议室召开，李进权到会并作了重要讲话。

8月20日至26日，民进陕西省委会“2011年基层组织骨干培训班”在西安举办，来自全省十

个地市民进组织和省直工委骨干会员60余人参加了培训，李进权出席开班典礼并作重要讲话。

8月29日至30日，民进中央调研组在陕西调研民进陕西省委会机关建设和高素质参政党建设情况。罗富和带队调研，李进权陪同。

9月14日，李进权率民进陕西省委会、民进延安市委会联合调研组，就“进一步弘扬延安精神问题研究”专题调研组赴渭南富平开展调研。调研期间，李进权代表民进陕西省委会向习仲勋陵园敬献花篮。

10月19日，民进十二届十六次中常会在北京召开。李进权出席并在会上作了《进一步凝聚民进智慧和力量，着力推动社会主义文化大发展大繁荣》交流发言。

10月21日上午，民进陕西省委会机关召开全体干部会议，学习传达中共十七届六中全会精神和民进十二届十六次中常会精神。李进权主持会议。

10月23日，第二届中国秦岭生态旅游节系列活动——陕西丹凤葡萄酒厂百年庆典暨丹凤县第二届文化旅游节盛大开幕。李进权出席开幕式。

11月3日，民进陕西省第十届十五次、十六次常委（扩大）会议在西安召开。李进权参加会议。

11月7日，李进权率民进陕西省委会调研组在西安开展“促进民办教育发展”专题调研。

12月7日至9日，中国民主促进会第十二届中央委员会第五次全体会议在北京举行。李进权参加会议。

12月15日下午，民进陕西省委会组织全体机关干部传达学习民进中央十二届五中全会和民进全国机关建设工作会议精神。李进权主持会议。

12月27日，中国民主促进会陕西省委员会第十届五次全体（扩大）会议在西安召开。李进权参加会议并代表民进陕西省委作《民进陕西省委2011年工作报告》，并宣读《民进陕西省委十届五次全体（扩大）会议决议》。

二、参政议政

一年来，省委会抓住科学发展主题和加快转变经济发展方式主线，围绕全省“十二五”规划，以我省经济社会“三个上台阶”为着力点，深入开展调查研究，建睿智之言，谋发展大计。

*一是认真做好省政协大会发言和提案工作。*2011年1月召开的陕西省政协十届四次会议期间，我会31名省政协委员，以饱满的政治热情，积极履行参政议政职责。委员们紧紧围绕“十二五”规划和富民强省的目标建言献策，为推动科学发展、富裕三秦百姓、建设西部强省鼓劲出力。在这次会议上，省委会着眼于我省经济社会发展，积极关注民生问题，提交了《抢抓机遇 、再添措施 ，全面推进我省基础教育现代化进程》、《加强秦岭生态保护，促进“大秦岭”体育旅游发展》等6件集体大会发言，提交集体提案11件，是我会提交省政协最多的一年。民进陕西省委会提交大会的《深入推进我省文化产业发展，切实提高我省文化竞争力的建议》、《关于义务教育均衡发展的建议》两件集体提案被列为省政协重点督办提案。这次大会还对省政协十届三次会议提案工作进行了表彰，我会在省政协十届三次会议上提交的，《着眼实际，加快完善新型农村合作医疗工作的建议》等三件提案被评为优秀提案，受到大会表彰。

*二是积极开展专题调研工作。*推进经济发展方式转变是我会今年参政议政的首要任务，我会围绕“着力发展现代服务业，促进战略性结构调整”的调研思路，一是继续对民办高校和职业学院发展深入调研。3月30日李进权带队，组织各专委会主任和骨干会员到商洛职业技术学院调研职业教育工作。调研就新形势下职业教育的发展路径及相关政策，职业教育学生就业的渠道与方法，职业教育如何做到“以服务为宗旨，以就业为导向”等问题视察座谈，取得了良好效果。二是组织部分会内专家与省政协医药卫生体育委员会组成联合调研组，与今年4月下旬和5月初，在西安、安康等地，就我省体育产业发展情况进行专题调研。调研组先后对安康市宁陕县皇冠朝阳沟山地自行车赛道、上坝国际狩猎场和西安市新纪元国际健身俱乐部、长庆宝石花游泳馆等作了实地考察，听取了当地领导及相关部门负责人的汇报并进行了座谈交流，根据这次的调研情况形成了《关于我省体育产业发展情况调研报告》。三是与会员企业以提高我省医疗卫生服务水平为题，围绕提高医疗服务信息化建设进行了联合调研，形成了《大力推进信息化建设，加快提高我省医疗服务水平》的调研报告，代表省委会提交省政协十届十九次常委会。四是围绕学

习贯彻全省领导干部大会有关精神，就加快建设陕西东大门工作进行了实地调研。7月25日至26日，省委会调研组先后赴华县、潼关和华阴，并分别在华县和华阴召开两次座谈会。民进陕西省委会调研组一行先后视察了华县秦岭北麓生态工程和少华山国家森林公园、潼关古城建设、华阴二华夹槽水滞洪项目等，详细了解了华县、华阴、潼关三县（市）公有基础设施建设、生态环境建设、旅游建设等相关情况，形成的调研报告收到了省政协和省政府领导的高度重视。五是围绕省委统战部调研课题《进一步弘扬延安精神问题研究》，民进陕西省委会和民进延安市委会组成了联合调研组，分别在西安、渭南进行了调研，形成了极有分量的调研报告。

*三是着力推进社情民意信息工作。*为了全面加强信息工作，进一步推动我会社情民意信息工作的深入开展，逐步建立并完善社情民意工作网络，提高反映社情民意信息工作的质量。我们已制定社情民意信息工作实施办法，将对信息工作程序、工作标准、责任分工、奖惩制度等方面提出明确要求。今年6月，我们向各地方组织、专委会、省直各支部下发了《关于做好反映社情民意信息工作的通知》，明确了今年信息工作的要点、信息工作的要求，加快推动了我会信息工作的突破。

三、社会服务

一年来，省委会切实贯彻落实民进全国社会服务工作会议精神，充分发挥市级组织和会员的作用，深入实际，求真务实，扎实工作，社会服务工作亮点突出，进展明显。

一是以“彩虹行动”为载体，全力打造“同心”品牌。根据中共陕西省委统战部关于在统一战线系统打造“同心”品牌行动的意见，结合实际，提出了社会服务贯彻“同心”品牌行动的重点工作。省委会从陕西民进的自身特色优势出发，充分发挥陕西民进优质教育资源丰富的优势，决定在贵州省金沙县加强教师队伍建设，促进教师专业化发展，提高学校管理水平方面提供帮助支持，并多次召开筹备会研究部署。今年7月，成功组织民进讲师团26人赴贵州毕节地区金沙县安底镇开展了智力支教活动。通过“同心”活动的开展，引导广大民进会员深化团结合作的政治共识，把智慧和力量凝聚到服务科学发展、转变经济发展方式上，使民进会员在思想上与中国共产党同心同德、目标上与中国共产党同心同向、行动上与中国共产党同心同行，为陕西“十二五”经济社会发展做出积极贡献。

二是继续深入开展扶贫工作。今年1月28日，省委会组织带领机关同志赴省委会扶贫点——黄陵县城区街道办南城村开展扶贫帮困活动。在这次活动中，一是进一步了解南城村在下一步发展中的打算，谋求省委会深入帮扶的切入点；二是为南城村十户特困户送去了生活用品和慰问金，带去社会对他们慰问，勉励困难群众努力开拓新生活。

三是开展关于“民主党派社会服务”理论征文活动。根据会中央建设高素质参政党要求和“有思有行、集智聚力、顺势而为”方针，从理论上深入研究民主党派开展社会服务工作的目标、原则、定位、方向等问题。省委会从2月至7月15日，在全省开展了“民主党派社会服务”理论征文活动。征文活动得到了全省广大会员的积极响应，共收到各类来稿7件，提高了会员参与社会服务的积极性。

*四是全面加强企业联谊会的各项工作。*省委会充分利用民进中央联络委员会半年工作总结会议在西安召开的机会，组织了陕西民进企业家联谊成员与民进中央联络委员进行了广泛深入的座谈，听取了王佐书副主席关于企业家在经济运行中值得思考问题的方法等讲座，增强了企业界会员的参政意识和社会责任感。另外，省委会还组织联谊会会员赴海南海口市参加了民进中央举办的学习交流会，将会员企业在全国范围内进行推介宣传，扩大了会员企业影响，受到会员的热烈欢迎。推荐了3名民进企业界人士到村委会挂职工作；并将贡献突出的联谊会会员向相关部门进行推荐表彰，使联谊会成员在发展自身企业的同时，不断履行参政党成员职责，体现了参政党成员的时代风采。

四、自身建设

1. 思想建设

一年来，省委会的思想理论建设工作，主要是围绕庆祝中国共产党成立90周年、学习贯彻全国全省“十二五”规划和传达学习中共十七届六中全会精神这三件大事来进行的。通过进一步树立和践行社会主义核心价值体系，大力弘扬我会的优良传统，推进高素质参政党建设，不断巩固广大会员同心同德的思想政治基础。

一是认真组织全省会员深入学习中共十七届六中全会精神、全国“两会”精神和陕西“十二五”规划。

民进陕西省委会高度重视全省会员的理论武装和思想引导工作。全国“两会”一结束，我们就分别召开了十届十八次主委会和机关全体同志会议，传达和学习“两会”精神。围绕全省“十二五”规划与切实履行参政党职能有机结合起来。在《民进陕西省委会2011年工作要点》中，把树立和践行社会主义核心价值体系列为了首要任务。在民进陕西省委第十届四次全会上，隆重表彰了在践行活动中表现突出的先进集体和个人。积极组织全省会员参加民进中央举办的“学习《中华人民共和国国民经济和社会发展第十二个五年规划纲要》有奖征答活动”，全省会员踊跃参与，效果显著。及时转发民进中央《关于学习贯彻中共十七届六中全会精神的通知》，部署安排全省各级组织和广大会员的学习活动。通过全委会、常委会、机关例会等形式，把深入学习贯彻中共十七届六中全会精神作为今后一个时期的重大政治任务。切实把思想和行动统一到中共中央的决策部署上来，并以此促进各项工作的全面开展。

二是突出打造“同心”品牌主题，精心部署庆祝中国共产党成立90周年系列活动。

中共中央总书记胡锦涛同志指出，中国共产党成立以来90年波澜壮阔的历史充分证明，思想上同心同德、目标上同心同向、行动上同心同行，是中国共产党领导的多党合作和政治协商制度最鲜明的特质，是我们不断夺取革命、建设、改革事业胜利的有力保证。今年民进中央部署的同心同行教育实践活动，是我会社会主义核心价值体系教育活动的深化，省委会提出了在全省各级组织开展“围绕主题主线，打造同心品牌”的主题教育实践活动，组织以“同心、同德、同向、同行”为主题，开展各类丰富多彩的重温历史，同心同行活动。活动中，共上报省委统战部庆祝建党90周年征文55篇，举行了民进陕西省委纪念中国共产党建党90周年暨陕西开明书画院成立庆典书画展以及与各市级组织的“同心·合力”篮球邀请赛。这些活动承载着陕西民进会员对中国共产党和伟大祖国及中华文化的热爱，表达了广大会员接受中国共产党领导，走中国特色社会主义政治发展道路的坚定信心。

三是学习缅怀雷洁琼同志的崇高精神和优秀品质，大力宣传新时期“双岗建功”先进典型。

今年1月9日，我会创始人之一、卓越领导人雷洁琼同志永远的离开了我们，民进陕西省委会把学习缅怀雷老的坚定信念和高尚风范，把继承和弘扬民进的优良传统，作为树立和践行社会主义核心价值体系的重要内容，开展了多种形式的活动。收集并整理了雷老生前在陕西的重要文字和影像资料，进行归档保存，作为精神遗产，对广大会员进行精神和信念的宣传教育。在《关注》杂志开设专栏，刊发学习和缅怀雷老的文章、诗词。以缅怀雷老的崇高精神为鼓舞，深入开展“双岗建功”活动，激励广大会员以实际行动继承传统，承接使命。今年，在省委会网站和有关媒体先后对全省17个典型个人和集体进行了集中宣传。

四是联系实际推动参政党理论研究工作，积极做好会史编撰工作。

加大对重点理论研究课题的支持力度，民进参政议政理论研究取得新进展。省委会积极发动全省市级组织参与民进中央2011年参政党理论课题招标活动，共收集课题6篇，投标的数量和质量比以往都有了明显提高。参与省委统战部《民主党派志·民进卷》的编撰工作，参加了民进全国会史工作会议，交流会史工作体会，突出会史在深化政治交接、传承民进传统、教育引导会员的史料价值和精神引领作用。根据民进中央和中共陕西省委统战部的要求，收集、整理、编撰陕西民进1992年至2009年历史沿革资料和重要人物的传录，对全省市级组织、省直工委、县级组织及所属支部、总支、基层委员会的成立时间、换届时间、领导班子组成人员及会员人数进行详细统计、汇总和编撰，撰写了约20万字的会史资料，为陕西民进志的编纂奠定了坚实基础。

六是办好会刊《关注》，搭建平台，发挥对外宣传，对内教育的作用。

会刊《关注》始终坚持正确的政治方向，以

宣传党的基本路线、基本原则、我国的基本国情、统战理论、我会的优良传统，会务活动为主要内容，力求准确、鲜明、生动、努力使会刊贴近实际，贴近会员、贴近生活。现在每季度出版的《关注》，越来越受到会员的欢迎，稿源不断，内容、版式设计水平和质量大幅度提高，扩大了信息量，增加了可读性。成为宣传党的统一战线理论、方针政策，报道省委会参政议政、自身建设、社会服务工作，反映会员中优秀人物的先进事迹，指导工作、交流信息的综合性刊物。其内容和主题与党派的自身建设、参政议政、社会服务等工作密切结合，并能使宣传的成果迅速转化到民主党派履行职能凝聚力量上来。

2. 组织建设

一年来，省委会继续贯彻民进全国组织工作会议精神，着力加强人才队伍建设，全面启动换届工作，有序推进会内民主，推动省委会工作迈向新台阶。

*一是推进代表人士和后备干部队伍建设。*我们认真贯彻落实《2010—2020年党外人士教育培训改革和发展纲要》精神，继续加强对骨干会员和后备干部的推荐和培训。向省委统战部报送《2011年民进陕西省委骨干会员培训计划》，培训骨干会员60余人；向中央社会主义学院和会中央推荐参加2011年第一期民进全国骨干会员培训班人员资料；先后两次推荐骨干会员参加了民进中央和省委统战部的培训。对我省民进代表人士资料进行重点分析和分类管理，适时利用各种机会和条件积极推荐优秀骨干会员任职。为换届的人才储备和培养作了积极工作。

*二是做好市级组织换届工作。*今年是各市级组织的换届年。省委会深入调查研究，与有关部门进行及时沟通，全面了解和掌握各市级组织人选准备情况，研究制定换届工作规则，认真指导市级组织换届工作。今年，已顺利完成汉中、铜川等市区的换届工作，一批德才兼备、年富力强的骨干会员进入领导班子，为市级组织的政治交接夯实了坚实的组织基础。

*三是积极有效开展会内监督工作。*积极探索和推动各项规章制度的完善，将会内监督工作和市级组织换届工作相结合，认真听取代表人士和广大会员的意见，努力营造了风清气正的换届环境，有序推动了会内民主。

民进甘肃省委会2011年工作概述

2011年民进甘肃省委会以中共十七届五中、六中全会精神统一思想和行动，落实民进十二届四中全会工作部署，以深化社会主义核心价值体系的学与行为动力，以创建民进全国先进机关为抓手，通过开展庆祝中国共产党成立90周年活动，继承和弘扬我会的优良传统，有力推进了学习型参政党自身建设；围绕中共甘肃省委、省政府中心工作，以“六大调研助推行动”为切入点和着力点，发挥优势、体现特色，议政建言，为甘肃深入实施区域发展战略和“十二五”时期实现跨越式发展的总目标做出了积极贡献。省委会在履行职能和推进自身科学发展上迈出了新步伐。

一、重要会议及活动

（一）重要会议

2月20日，民进甘肃省六届四次全委会议在兰州召开。全国政协副主席、民进中央常务副主席罗富和，省政协副主席黄选平等领导到会祝贺，中共甘肃省委统战部张文学副部长莅会致词。会议听取并审议李国璋主委作的常委会工作报告，同意李国璋辞去主委职务；尚勋武当选省委会主委，增补王琮、杨廷祯、陈兴祝、柳渊为常委；会议审议通过了全委会议的决议。47名委员出席本次会议。

12月3日至4日，民进甘肃省六届五次全委（扩大）会议在兰州召开。民进甘肃省委会主委尚勋武，副主委唐援朝、李凤民、张祥生、马天义，秘书长温艳及省委会委员出席会议，部分市委会负责人、省委会机关各部室负责人列席会议。中共甘肃省委统战部张文学副部长莅会致辞。尚勋武代表常委会作工作报告。会议审议通过了全委（扩大）会议的决议和省委会监督委员会组成人员名单。4

日上午，召开省委会领导班子届终评议、述职和换届民主推荐大会。

6 月 21 日，民进甘肃省六届十次常委会在省委会机关会议室召开。会议的主要议程有：传达民进十二届十五次中常会精神；报告省委会上半年工作情况；听取各市委会换届工作进展情况汇报；安排省委会下半年重点工作。

11 月 10 日上午，民进甘肃省六届十一次常委会在省委会机关会议室召开。尚勋武主持会议并传达民进十二届十六次中常会精神。会议审议通过省委会监督委员会工作条例（试行）和委员产生办法；审议通过省委会换届工作领导小组人员名单；通报了省委会承办“2011 年民进中央参政议政年会”的筹备情况。康金成、唐援朝、李凤民、温艳和省委会常委出席会议；部分市委会负责人及省委会各部室负责人列席会议。

1 月 11 日，李国璋、尚勋武、唐援朝、李凤民、张祥生、马天义、温艳在省委会机关出席省委会主委会议。康金成因事请假。

4 月 15 日，省委会 2011 年专委会工作会议在机关会议室召开。尚勋武、唐援朝、温艳出席会议；各专委会委员、机关部室负责人共 42 人参加会议。

11 月 11 日至 12 日，2011 年民进中央参政议政年会在兰州举行。全国人大常委会副委员长、民进中央主席严隽琪出席开幕式并作主题报告，全国政协副主席、民进中央常务副主席罗富和主持开幕式，中共甘肃省委副书记、省长刘伟平出席开幕式并致辞。中共甘肃省委常委、省委统战部部长、副省长泽巴足，省人大常委会副主任孙效东，全国人大常委、民进中央副主席兼秘书长朱永新，省政协副主席黄选平出席开幕式。尚勋武、康金成、唐援朝、李凤民、张祥生及各市委会主委也出席开幕式。

（二）重要活动

1 月 6 日，民进甘肃省委会主委李国璋、副主委尚勋武参加省政府召开的甘肃省“十二五”规划纲要征求意见会议。

1 月 11 日，唐援朝在省政协参加省政府召开的政府工作报告征求意见会议。

1 月 12 日，省委会 18 名政协委员参加省政协十届四次会议，全国政协委员尚勋武列席会议。

1 月 12 日，雷洁琼追思会在省委会机关会议室举行。李国璋、尚勋武、唐援朝、张祥生、马天义、温艳及参加省“两会”的部分代表、委员和机关全体工作人员参加会议。

1 月 13 日，省人大常委、主委李国璋出席省人大十一届四次会议。

3 月 3 日，李国璋、尚勋武在京参加全国政协十一届四次会议。

3 月 17 日，民进甘肃省委会主委尚勋武在定西市就筹建民进定西市委会与中共定西市委、市政府领导交换意见。

3 月 28 日，尚勋武参加省级民主党派工商联无党派人士学习恳谈会并发言，温艳参加会议。会上表彰奖励了 2010 年度省级民主党派工商联优秀调研成果，省委会 5 篇调研报告获奖（二、三等奖各 2 篇，优秀奖 1 篇）。

4 月 25 日至 28 日，罗富和在敦煌市视察调研敦煌水资源综合利用和生态保护及历史文化遗产保护情况。省政协副主席李永军、民进中央参政议政部部长闻连利、省委会主委尚勋武陪同。期间，罗富和接见了民进酒泉市委会及敦煌市民进会员。

4 月 29 日，尚勋武、唐援朝、温艳在金昌市调研民进市委会工作。

5 月 6 日，唐援朝在定西市大营学校出席甘肃民进企业家联谊会捐建“爱心水窖”竣工仪式和民进西北师大支部捐赠“爱心图书”仪式。

5 月 20 日，尚勋武带领甘肃民进企业家联谊会的企业家赴武威考察。张祥生等陪同考察。

5 月 28 日至 29 日，甘肃民进企业家培训班在省社院举办，30 位企业家参训。尚勋武作“中国的政党制度及民进会史”讲座。

6 月 14 日至 15 日，唐援朝、温艳在江苏省江阴市出席民进全国会史工作会议。

6 月 20 日，尚勋武、唐援朝、温艳在甘肃画院出席全省民主党派庆祝中国共产党成立 90 周年“与党同心”书画展开幕式。

6 月 21 日，省委会庆祝中国共产党成立 90 周年座谈会在机关会议室召开。尚勋武出席会议并作题为《伟大光荣正确的中国共产党》讲话。唐援朝、李凤民、温艳及部分省委会常委、在兰委员等

40余人参加会议。

6月29日，尚勋武、康金成副、温艳在兰州宁卧庄宾馆出席统一战线纪念中国共产党成立90周年座谈会。

6月30日，尚勋武应邀在甘肃大剧院出席甘肃省庆祝中国共产党成立90周年大会；晚8时，在该剧院应邀观看文艺晚会。

7月5日，省委会机关召开学习胡锦涛总书记“七一”重要讲话精神座谈会。

7月10日，尚勋武出席民进天水市第六次代表大会并讲话。

7月12日至14日，唐援朝、温艳在银川市出席民进东北、华北、西北（省、市、区）社会服务工作研讨会。

8月12日，尚勋武出席省政协主席督办提案办理座谈会，就省委会《关于“十二五”时期进一步加快我省交通运输发展的提案》（52号）的办理情况进行座谈。

8月24日，尚勋武、唐援朝、温艳出席民进临夏市第六次会员大会。

9月1日，来甘肃调研机关建设和组织建设的民进中央副秘书长兼组织部部长王建国等一行7人在省委会机关会议室听取省委会、兰州市委会机关建设和组织建设情况汇报。尚勋武主持座谈会。

9月3日，尚勋武主委出席民进嘉峪关市第六次代表大会并讲话。

9月15日，尚勋武、唐援朝、李凤民、温艳在兰州宁卧庄宾馆出席省级民主党派工商联无党派人士学习恳谈会。尚勋武发言。

9月27日至28日，唐援朝在浙江省建德市出席民进中央树立和践行社会主义核心价值体系暨学习贯彻“七一”重要讲话精神座谈会并发言。

9月30日上午，民进甘肃开明画院成立书画展在兰州市安宁区寿山大院举办。尚勋武出席开幕式并讲话，康金成、温艳及来宾等100余人参加开幕式。

10月19日，民进中央常委李国璋在京出席民进十二届十六次中常会，民进中央委员尚勋武列席会议。

10月24日下午，省委会在机关召开学习传达会。尚勋武传达了中共十七届六中全会和民进十二届十六次中常会精神，温艳宣读了十七届六中全会公报。唐援朝主持会议。在兰省委会常委、省委会机关部室负责人参加会议。

11月2日至3日，尚勋武在海南省海口市出席2011年民进企业家联谊会联席会议。

11月10日，严隽琪、罗富和在兰州会见了中共甘肃省委副书记、省长刘伟平。

11月12日上午，罗富和、朱永新在兰州参加了民进西北师大支部、兰州交大委员会的活动。泽巴足、黄选平、尚勋武、段英茹等领导陪同。

11月13日至27日，尚勋武在中国浦东干部学院参加了由中组部、统战部联办的党外干部专题培训班学习。

12月6日，尚勋武出席民进中监委第七次全体会议，并列席民进十二届十七次中常会。

12月7日至9日，尚勋武在京出席民进十二届五次全会。唐援朝列席会议；9日上午，尚勋武、唐援朝在京出席民进省级组织负责人会议。

12月10至11日，唐援朝、温艳在京出席民进全国机关建设工作会议。

12月13日，尚勋武出席民进平凉市筹备委员会成立大会并讲话。

二、参政议政

创新机制，以调研课题为龙头，“上下联动”，提升参政议政水平。2011年初，省委会制定了2011年度参政议政工作计划，提出“两个确保，三个促进”的参政议政工作目标；4月份，召开参政议政工作会议，确定了重点调研课题和各专委会调研题目，提出了各项调研课题的工作计划。

省委会以省市联合调研方式，向民进白银、定西、武威、天水、平凉、庆阳等6个地方组织发出调研提纲，开展了“甘肃省马铃薯良种繁育体系建设情况”、“关于我省农民增收六大行动实施情况”的调研；约请民进白银、武威、金昌、天水市委会就“完善制度环境，促进民办教育发展”问题在当地开展调研；同时，邀请会内外专家参与调研，有力地提升了调研成果的质量。

突出重点，“六大调研助推行动”取得实效。省委会将推动《敦煌地区水资源合理利用与生态治理规划》尽早获批确定为2011年“六大调研助推行动”的重点。3月，走访省水利厅等有关部门，分析《规划》申报工作遇到的主要困难和问题，向民进中央领导汇报了调研情况；4月，罗富和率组赴敦煌实地调研考察，致信温家宝总理，报告了调研情况和对《规划》申报工作的意见建议，得到总理批示。在民进中央领导的关怀和积极推动下，总投资47.22亿元的《敦煌地区水资源合理利用与生态治理规划》于6月25日经国务院批准实施。省委会"六大调研助推行动"取得了实效，得到中共甘肃省委、省政府领导的高度评价。

2011年省委会共完成调研报告9篇，其中6篇获中共甘肃省委统战部组织评选的"省级民主党派、工商联2011年优秀调研成果"；向省政协十届四次会议提交提案9件，其中《关于"十二五"时期进一步加快我省交通运输发展的提案》，被确定为"重点督办提案"，有关思路和建议被《甘肃省交通运输"十二五"发展规划》采纳；在省政协"加强社会管理专题议政会"上的专题发言《关于加强群众利益诉求表达机制建设的建议》被《民主协商报》刊登；在省政协十届十六次常委会议上作了《关于加快教育事业发展，助推"两市两州"扶贫攻坚的建议》的大会发言；由调研报告转化的信息《关于在我国北方旱作农业区推广"全膜双垄沟播"技术的建议》得到国务院副总理回良玉批示；《关于请求支持敦煌地区水资源合理利用与生态治理规划申报工作的报告》得到了民进中央领导的高度重视和大力支持，中共甘肃省委、省政府、省政协主要领导都作出相关批示；《关于我省马铃薯良种繁育体系建设情况的调研报告》省委副书记、省长刘伟平作出重要批示，要求各有关部门制定措施落实调研报告所提6条建议；省委会作为民进中央重点调研课题参加单位提交的《关于完善制度环境，促进民办教育发展的调研报告》，在民进中央进行了交流研讨。在民进中央省级组织专项工作评比中，获"2011年民进省级组织参政议政工作先进单位"。

11月11日至12日，"2011年民进中央参政议政年会"在兰州召开。省委会在会上作题为《突出重点，整合资源，推进参政议政能力建设上水平》的交流发言。会议期间，12张大型宣传展板重点展示了省委会参政议政成就；民进中央和各省与会人员对省委会的承办工作表示肯定。

三、社会服务

省委会贯彻落实民进全国社会服务工作会议精神，倾力打造"同心工程"品牌。开展了"童心同行"——少儿先天性心脏病普查活动，组织我省知名医疗专家和"小红巾"公益基金会的负责人为临夏市和定西市的3所小学筛查师生1500余人。甘肃民进企业家联谊会出资设立资助特困学生完成高中学业的"阳光育才计划"于3月在榆中一中正式启动，该校20名学生获得首批资助；企业家联谊会出资8万元捐建的定西市安定区大营学校和葛家岔初中的"爱心水窖"，5月正式竣工；作为"阳光育才计划"的民进会员管凤玲捐建"天野小学"仪式，12月在定西市安定区巉口镇举行。

继续开展"手拉手助学活动"和智力支教。2011年省委会以临夏市铜匠庄小学作为"手拉手助学活动"新的帮扶点，联系东部民进组织开展定点扶助。民进浙江省委会为该校捐赠了价值5000元的少儿图书、3台DELL电脑、3张乒乓球台；杭州市委会为该校师生购置260套学生课桌椅和18套教师办公桌椅；民进西北师大支部联合校图书馆，向定西市葛家岔中学捐赠了3000册图书，该校赠送铜匾致谢。省委会推荐临夏州2名教师分别参加了由民进中央主办的"同心·彩虹行动"骨干教师暑期培训班和"西部音乐教师援建项目首期教师培训班"；邀请兰州商学院艺术学院和西北师大音乐学院教授为临夏3所中学的300多名师生开办"送文化进课堂"美术、音乐专题讲座；邀请民进江苏省委会领导及经济界会员考察河西走廊星火产业带建设在南京3期培训班的效果，调研考察临夏州投资环境，助推当地经济社会发展。

省委会多次召开民进企业家座谈会，倾听他们的意见、建议，与甘肃社院联办了甘肃民进企业家培训班。省委会完成了《民主党派企业家联谊会的性质、地位和作用》的理论研究报告，在2011年民进全国企业家联谊会联席会议上作大会交流。

9月30日，民进甘肃开明画院正式成立，并举办"庆祝建党90周年 建国62周年"民进甘肃开明画院成立书画展。11月12日，罗富和、朱永新等领导出席画院成立的揭牌仪式并揭牌。

四、自身建设

（一）思想建设

学习领会“七一”重要讲话精神。省委会向各级民进组织转发了中共中央统战部、民进中央、中共甘肃省委统战部有关学习贯彻胡锦涛同志“七一”重要讲话精神的通知等文件；召开主委会议、常委会议、机关座谈会，学习“七一”重要讲话精神，交流学习收获。在甘肃社院举办的“民进骨干会员培训班”、“甘肃民进企业家培训班”上，省委会领导作学习“七一”重要讲话精神和“多党合作与民进会史”专题辅导讲座；利用各市级组织召开代表（会员）大会之机，省委会领导班子成员为会员辅导解读“七一”重要讲话精神。

以“重温历史，同心同行”为主题，开展纪念活动，庆祝中国共产党成立90周年。省委会在“七一”前夕召开座谈会，《甘肃民进》、省委会网站刊发座谈会发言摘要和《伟大、光荣、正确的中国共产党》、《自觉、郑重的历史选择　庄严、神圣的政治承诺》等纪念文章；参加“统一战线纪念中国共产党成立90周年座谈会”、“甘肃省庆祝中国共产党成立90周年大会 ”和纪念辛亥革命100周年等省上和民进中央组织的各种系列纪念活动；动员书画界会员参与民进中央、中共甘肃省委统战部、民进山西开明画院、民进甘肃开明画院举办的庆祝中共成立90周年书画展，并协助中共甘肃省委统战部出版了“同心颂”画册。

以民进优良传统教育、重大时事政策学习为内容，开展思想政治工作。1月9日民进创始人和卓越领导人雷洁琼辞世后，省委会在机关设立缅怀室，组织在兰参加省“两会”的代表、委员和机关干部参加悼念追思会；《甘肃民进》会刊、甘肃民进网站特设专栏，刊载雷洁琼光辉事迹和追思纪念文章。4月，下发了省委会有关开展学习“十二五”规划纲要有奖征答活动的通知，组织全省会员参加民进中央举办的为期3个月的有奖征答活动，共收到有效答题卡1147份，参与人次约占会员总数的40%，63人获得奖励。其中，3人获民进中央奖励，60名会员获省委会奖励。

继续开展学习和践行社会主义核心价值体系活动。4月，省委会宣传部下发《关于组织会员参加民进网站举办的读书心得在线征文活动的通知》，给省委会机关配发了《苦难辉煌》、《辛亥年的枪声》等学习资料，推动活动的开展；以《甘肃民进》会刊、甘肃民进网站、甘肃民进会讯等为平台开辟专栏设立专题，以“身边人、身边事”宣传会员和组织“双岗建功”的先进事迹。9月，民进中央在浙江召开“树立践行社会主义核心价值体系暨学习‘七一’讲话精神座谈会”，省委会作大会交流发言。

（二）组织建设

2011年，省委会从五个方面狠抓领导班子建设：一是坚持领导班子学习制度，以班子学习带动全会学习；二是推进落实班子成员谈心制度，倡导批评和自我批评，营造团结和谐的氛围；三是坚决贯彻民主集中制，坚持“集体领导、民主集中、个别酝酿、会议决定”的原则，力求会务透明、决策民主；四是坚持以制度议事、以制度管事，增强工作的程序性、规范性、科学性；五是注重调查研究，着力加强领导班子作风建设。

省委会按照民进中央、中共甘肃省委统战部有关2011—2012年省级组织换届工作的文件精神，启动省委会换届工作、成立换届领导小组，稳步推进召开民进甘肃省“七大”的各项准备工作。

省委会调研各级组织建设现状，形成《甘肃民进基层组织存在的问题与对策》等调研报告，出台了市级组织换届工作指导意见；指导兰州、天水、白银、金昌、酒泉、嘉峪关、临夏等7个市委会和省直基层组织完成换届工作。

2011年吸收123名新会员，截至年底全省共有2840名会员；成立了民进定西市委会，启动了民进平凉市委会筹建工作，成立了省直综合三、四支部及庆阳一中支部；截至12月底共有各级组织158个（含省级组织）。

加大后备干部培训力度。省委会选送2名会员分别参加了中央统战部、民进中央举办的全国骨干会员培训班；在甘肃社院举办了有29人参加的骨干会员培训班。2月，有4位同志补入后备干部名单。

2011年，省委会按照民进中央的部署，成立了民进甘肃省委会监督委员会，出台了监委会条例和监督会委员产生办法；实行省委会委员履职情况通报制度，加强委员履职监督。

（三）机关建设

以“争创先进机关”为目标，推进机关建设再上新台阶。省委会贯彻民进中央《关于表彰民进全国先进机关的方案》精神，印发了省委会推荐“民进全国先进机关”的实施方案通知；修订完善了省委会机关管理制度并汇编成册，形成了较为完备的制度体系。

注重年轻干部的培养教育，促进年轻干部成长。省委会为年轻干部争取上挂锻炼、到中央社院和甘肃社院学习培训的机会，支持年轻干部参加各相关部门组织的专项业务培训和外出学习考察活动；支持年轻干部参加职务晋升的培训和考核，2011 年有 4 人晋升主任科员、2 人晋升副主任科员，选派 1 人到民进中央机关挂职锻炼。

开展各类文体活动，营造机关和谐的工作氛围。在中共甘肃省委统战部举办的第三届“同心杯”乒羽友谊赛中，省委会机关荣获“优秀组织奖”，羽毛球团体冠军、乒乓球团体亚军。2011 年省委会机关被民进中央评为“民进全国机关建设先进单位”。

民进宁夏区委会 2011 年工作概述

2011 年，民进宁夏区委会在民进中央和自治区党委的正确领导下，在自治区党委统战部的具体指导下，以邓小平理论和“三个代表”重要思想为指导，深入学习贯彻中共十七届六中全会精神，贯彻落实科学发展观，以社会主义核心价值体系为引领，团结和带领各级组织和广大会员，以庆祝民进宁夏区委会成立 30 周年为契机，狠抓自身建设和履职尽责，各项工作取得了新的成绩。

一、重要会议及活动

1 月 15 日，召开民进宁夏六届十七次常委（扩大）会议。自治区副主席、区委会主委姚爱兴主持会议。会议通报了民进宁夏区委会表彰全区先进地方组织、先进基层组织的决定；审议通过了《民进宁夏区委会 2011 年工作要点》；确定了民进宁夏六届六次全委会议程；审议了《民进宁夏六届六次全委会议决议（草案）》；讨论确定了以民进宁夏区委会名义提交自治区政协九届四次会议的大会发言及集体提案，确定了大会发言人。

1 月 16 日，民进宁夏第六届委员会第六次全体会议在银川召开。会议学习了中共十七届五中全会精神，听取并审议通过了姚爱兴代表常委会向大会作的工作报告，通过了民进宁夏六届六次全委会议决议。

1 月 16 日，民进宁夏区委会召开了先进地方组织、先进基层组织表彰大会。自治区副主席、民进宁夏区委会主委姚爱兴，区委会副主委梅廷彦、杨瑞生、王春秀，秘书长张卫平出席会议，并为获奖单位的代表颁奖。

3 月 25 日，民进宁夏区委会组织在银区委会委员及机关干部传达学习“两会”精神。姚爱兴结合自己参会期间的学习体会传达了“两会”精神。

4 月 25 日，民进宁夏区委会组织机关和各市委会骨干会员前往江西革命老区考察学习，先后参观了“八・一”南昌起义纪念馆和井冈山革命纪念馆。

7 月 2 日，民进宁夏区委会在银川召开庆祝中国共产党成立 90 周年座谈会，传达民进中央和自治区党委统战部的有关通知精神。姚爱兴、梅廷彦、杨瑞生、王春秀结合自己成长和工作经历先后发言。

7 月 12 日，民进华北、东北、西北社会服务工作研讨会在银川召开。来自北京、天津、河北、内蒙、辽宁、吉林、黑龙江、甘肃、宁夏、新疆等民进省级组织代表，共同探讨交流社会服务工作。民进中央社会服务部派人到会指导。

7 月 24 日至 28 日，民进宁夏区委会在宁夏社会主义学院举办 2011 年基层组织建设暑期学习班。自治区党委常委、统战部部长马三刚，自治区副主席、民进宁夏区委会主委姚爱兴出席开班仪式并讲话。民进中央副秘书长、组织部王建国部长来宁为基层组织建设暑期学习班授课并到民进宁夏区委会调研机关建设工作。

8月22日，民进宁夏区委会召开机关建设座谈会。姚爱兴出席并讲话，杨瑞生、王春秀、张卫平、自治区党委统战部党派处处长赵怡军以及各市委会负责人和专干出席会议。

9月7日至8日，民进中央副主席、民进福建省委主委、福建省社会科学院院长张帆来宁夏调研。姚爱兴、杨瑞生陪同调研。

10月19日，为庆祝民进宁夏区委会成立30周年，由民进宁夏区委会编写的《同心 同向 同行——宁夏民进三十年》由宁夏人民出版社出版发行。全国人大常委会副委员长、民进中央主席严隽琪亲自题写书名。

10月20日，民进宁夏区委会召开六届七次全委（扩大）会议。姚爱兴主持会议并代表领导班子对五年来的工作作了述职报告，梅廷彦、杨瑞生、王春秀作了书面述职。自治区党委统战部对区委会领导班子及其成员履职情况进行了民主测评。

10月21日，民进宁夏区委会成立30周年庆祝大会在银川举行。全国人大常委会委员、民进中央副主席兼秘书长朱永新代表民进中央向民进宁夏区委会成立30周年表示祝贺，并肯定了民进宁夏区委会30年取得的成绩。自治区党委常委、统战部部长马三刚代表自治区党委向民进宁夏区委会成立30周年表示祝贺。自治区副主席、民进宁夏区委会主委姚爱兴，自治区政协副主席陶源，自治区政协原副主席、民进宁夏区委会原主委曹维新，自治区主席助理刘小河，自治区人大常委会副秘书长姚文明，民进宁夏区委会原主委高文华以及自治区各民主党派、工商联、黄埔同学会的领导等出席了会议。全国政协委员、民建区委会主委孙贵宝代表自治区各民主党派、工商联、黄埔同学会致贺词。姚爱兴主委作了《风雨同舟铸辉煌　多党合作谱华章》的讲话，全面回顾总结了民进宁夏区委会30年的成绩与发展。会议表彰了61名优秀会员。自治区统计局局长、民进宁夏区委会副主委梅廷彦主持会议，区委会副主委杨瑞生、王春秀出席了会议。宁夏社会主义学院等17个单位的领导，银川、石嘴山、吴忠、中卫市委统战部的领导到会祝贺。民进北京市委会等15个省市地区发来贺信或贺电对民进宁夏区委会成立30周年表示热烈的祝贺。会后，参加活动的领导和来宾、会员代表一起观看了庆祝民进宁夏区委会成立30周年文艺演出。

10月20日下午，民进宁夏六届七次全委（扩大）会议在银川召开，学习贯彻中共十七届六中全会精神。梅廷彦、杨瑞生、王春秀、张卫平出席了会议。

10月22日，庆祝民进宁夏区委会成立30周年书画展在宁夏文化馆开幕。全国人大常委、民进中央副主席兼秘书长朱永新，自治区党委常委、统战部部长马三刚，自治区政协副主席陶源出席了开幕式。姚爱兴致辞，杨瑞生主持开幕式。朱永新、马三刚为宁夏民进开明书画院揭牌。自治区文史研究馆馆长杨继国、自治区各民主党派区委会领导、社会主义学院、我区著名书画艺术家们出席了开幕式。

10月25日，宁夏民进开明书画院成立，姚爱兴任书画院名誉院长，宁夏文联副主席美协主席宋鸣任院长，执行院长杨瑞生，常务副院长黄智，副院长郭震乾、丁波、张春荣、宋琰、刘志骋。秘书长杨瑞生（兼），副秘书长徐党校、夏庆林、杜宁旭、周建设。出席成立仪式的书画家们现场挥毫泼墨创作展示了各自的书画作品。

11月15日，自治区党委对民进宁夏区委会提出的《关于大力发展我区学前教育的建议》（政协537号提案）召开督办会，宁夏回族自治区党委书记张毅，自治区政协主席项宗西，自治区党委副书记、银川市委书记崔波，党委常委、秘书长蔡国英、自治区副主席郝林海，自治区政协副主席陶源在相关部门负责人陪同下，深入银川市部分幼儿园，现场督办自治区政协九届四次会议由民进宁夏区委会提出的537号提案。区委会副主委杨瑞生参加督办活动并做表态发言。

二、参政议政

1. *政治协商水平不断提高*。民进宁夏区委会领导参加自治区党委、政府、政协及党委统战部召开的座谈会、情况通报会、理论学习会、征求意见会、提案办理会12次，分别就转变经济发展方式、推动战略性新兴产业发展、学前教育、文化体制改革、文化旅游产业发展、加快调整收入分配结构、改善中小企业发展、保障和改善民生等问题，直抒胸臆，坦诚进言，提出了许多具有操作性的建议，在自治区“十二五”专题规划和相关政策制订中被吸纳采用。

2. *重点课题调研卓有成效*。经过优化选题，民进宁夏区委会今年确定了围绕国家基本药物制度、新能源产业、学前教育、慈善试验区四个问题作为年度重点调研课题。与自治区有关厅局和民进市委会联合，开展了深入调研，形成的调研报告已分别报送自治区党委统战部和政研室。区委会提交的《关于加快转变经济发展方式的调研报告》荣获2010年全区优秀调研报告一等奖，自治区主席王正伟批示有关部门抓好落实。

3. *反映社情民意有进步*。民进宁夏区委会各级组织和各级人大代表、政协委员、政府参事及各级特约“四员”及民进宁夏区委会委员紧扣自治区经济社会发展大局和人民群众关心的热点、难点问题报送社情民意，积极参与民主监督。继续对各市委会、专委会、区直各总支、支部报送的社情民意信息实行计分制和稿酬制，每季度在《宁夏民进》会刊上对报送采用情况进行通报。2011年向民进中央报送信息28篇，《民进信息》采用12篇，向自治区政协报送信息53篇，被自治区政协《社情民意》采用11篇。

4. *提案工作有突破*。2011年宁夏民进界别全国政协委员向全国政协提交13件提案，大会书面发言2篇，区委会向自治区政协九届四次大会提交了32件提案和4篇大会发言。其中《关于大力发展我区学前教育的建议》被列为自治区政协1号重点督办提案，由自治区党委书记、人大常委会主任张毅督办。今年3月自治区政协由4名副主席带队组成四个调研组分赴全区调研，就我区学前教育情况召开了自治区政协常委专题会议；自治区政府专门召开了“全区学前教育工作暨农村学前教育体制改革试点工作推进会”，学前教育的内容已被列入《宁夏教育发展纲要》，并出台了《宁夏回族自治区学前教育三年行动计划》。11月自治区党委又专门召开了该提案的督办会，张毅同志在讲话中说，该提案选题准，立意高，针对性强，抓住了关键，体现了民进宁夏区委会和政协委员敏锐的社会发展眼光和较高的参政议政水平。在自治区政协常委会上，民进宁夏区委会分别就《关于加快发展我区新能源产业的建议》和《新学前教育管理加快学前教育》做了大会发言。民进宁夏区委会关于《关于加快制定环境教育法》的提案，促成了《宁夏环境教育条例》的出台，并在2011年民进中央参政议政年会中获2011年参政议政成果二等奖。全国人大副委员长、民进中央主席严隽琪在2011年民进中央参政议政年会上的讲话和2011年常委会工作报告中均对此给予充分肯定，认为开创了我国环境教育地方立法的先河。

三、社会服务

民进宁夏区委会以自身优势为立足点，注重发挥本党派特色，开展以智力扶贫、科技兴农、医疗服务、兴教办学为主的“支教助农”社会服务活动25次。7月份承办了民进“三北”地区社会服务工作研讨会，会议探讨交流社会服务工作，交流了各具特色的社会服务工作经验。高度重视定点帮扶村隆德县好水乡水磨村的扶贫工作，成立了帮扶工作领导小组，并选派人员进驻帮扶点开展工作，已完成调研报告和帮扶工作方案。民进宁夏区委会领导带领机关干部和企业家联谊会前往隆德县好水乡水磨村调研整村推进扶贫工作，考察了水磨村新农村建设危房改造集中点、育苗基地，走访了村里的贫困户，并送去慰问金。民进宁夏企业家联谊会的会长、副会长组织捐助30余万元帮扶水磨村建设村剧场、学校硬化操场和老年活动场所。经民进宁夏区委会协调，水磨村的道路拓宽和硬化已启动，企业家会员还为水磨村小学捐赠了70余套图书。

民进宁夏区委会与民进宁夏医大总支邀请宁夏医科大附属医院的七位会内外专家，到革命老区隆德县为现场群众免费送医送药活动和技术指导。各级组织也积极开展“支教助农”活动，民进银川市委会组织企业家会员向贺兰县金贵中心小学和贺兰幼儿园捐赠价值2万多元的文化体育用品。民进石嘴山市委会与市教育局联合举办送课下乡活动，组织六名会员教师到惠农中学指导授课。民进吴忠市委会联合民革吴忠市委会到扁担沟中心学校开展捐资助学活动，捐赠了学习文化用品和体育用品。民进中卫市委会多次组织优秀教师会员送教下乡，提高了边远学校教师的教研创新能力。民进固原市委会联合民进宁大总支为西吉县什字乡马沟村200多养殖户讲解肉牛饲养管理和疫病防控技术。这些活动受到了当地政府和群众的欢迎。

四、自身建设

1. 抓学习，不断加强思想建设。根据《民进宁夏区委会思想建设工作实施方案》和《关于树立和践行社会主义核心价值体系，推进学习型参政党建设的实施方案》，区委会把树立和践行社会主义核心价值体系作为思想建设的重要内容，借助重大活动，重温优良传统，努力推进参政党建设。在全委会、常委会和机关会议中，传达学习了胡锦涛同志在庆祝中国共产党成立90周年、纪念辛亥革命100周年大会上的重要讲话，中共十七届五中、六中全会精神，以及民进中央有关精神等。年初向各级组织印发了《开展庆祝中国共产党成立90周年、辛亥革命100周年、民进宁夏区委会成立30周年系列活动实施方案》，召开了“庆祝中国共产党建党90周年座谈会”。围绕庆祝民进宁夏区委会成立30周年，组织开展了“六个一”系列活动，即：召开了庆祝大会；编写出版了《同心同向同行—宁夏民进三十年》一书；召开了民进宁夏区委会成立30周年座谈会；编印了《宁夏民进》专刊；举办了基层组织建设暑期培训班；成立了宁夏民进开明书画院并举办民进全区书画展。

全年在人民政协报、宁夏日报和华兴时报等省级以上报纸和公开发行刊物上发表“为中华民族之伟大复兴”、“中流砥柱铸辉煌，多党合作谱华章”等文章48篇。一些重大活动、重点提案和大会发言等在《人民政协报》、《团结报》、《宁夏日报》、《华兴时报》、宁夏电视台、银川电视台等媒体都进行了报道，有的还被中央统战部、全国政协、中国网等转载。《宁夏民进三十年》一书的正式出版发行，使民进宁夏区委会宣传工作和会史整理工作迈上了新台阶。

2. 抓领导班子建设，充分发挥带头作用。坚持集体领导与个人负责相结合，坚持重大事项集体讨论、集体决定，通过开展经常性的谈心、沟通活动，班子成员在思想上取得了一致，工作中团结协作，形成了合力。民进宁夏区委会领导与机关干部先后前往五个市委会及基层考察调研，了解基层组织班子基本情况，指导基层组织建设和换届工作。

3. 抓组织建设，增强组织凝聚力。召开常委会议研究制定了《民进宁夏区委会关于做好区、市两级组织换届工作的意见》。民进宁夏区委会换届工作正在按计划筹备之中，完成了三个市委会的换届和民进宁夏大学总支的届中调整。在宁夏社院举办了“基层组织建设暑期培训班”，自治区党委常委、统战部部长马三刚到会作了重要讲话。严格按照组织发展的有关规定，考察、发展新会员，有重点的发展履行职能急需的专业人才，一批有特长的文化、教育界会员加入民进，进一步优化了会员队伍结构。在民进宁夏区委会成立30周年之际，在各级组织中开展了评选优秀会员、征集民进创始人重要历史文物、征集会史和建设高素质参政党理论和《我与民进》征文等一系列活动，其中，国民经济和社会发展第十二个五年规划纲要有奖征答活动获民进中央优秀组织奖。

4. 抓机关效能目标管理，提升工作水平。制定了《民进宁夏区委会2011年度工作分解表》，每月按进度对项目任务的完成情况进行督查，确保各项工作任务的进度和质量。扎实推进机关文化建设，组织干部职工参加机关体育运动会。以建设高素质参政党机关为重点，努力提高机关运行效率和服务水平，2011年荣获了民进中央“民进全国机关建设先进单位”和“省级组织电子信息化建设先进单位”。在2011年度机关效能目标管理考核中，民进宁夏区委会获得2011年自治区效能目标管理考核优秀一等奖，这是继2009年以来连续三年获此荣誉。

民进新疆区委会2011年工作概述

2011年，民进新疆区委会全面贯彻落实科学发展观，深入学习贯彻中央新疆工作座谈会精神、中共十七届六中全会精神、胡锦涛同志“七一”重要讲话精神，坚持民进中央“有思有行、集智聚力、顺势而为、开拓创新”的工作方针，以建设适应时代要求的高素质参政党为目标，继续深入开展树立和践行社会主义核心价值体系，推进学习型参政党建设，将“坚持走中国特色社会主义政治发展道路”的政治交接主题教育活动引向深入，推动服务科学发展和自身科学发展再上新台阶，为新疆的跨越式发展和长治久安做出了新的贡献。

一、重要会议及活动

1．领导班子

民进新疆维吾尔自治区第五届委员会

主任委员：牛汝极

副主任委员：童兆玲（女）、史建新

2．全委会议

12 月 25 日，中国民主促进会新疆维吾尔自治区第五届委员会第五次会议在乌鲁木齐召开。牛汝极代表民进新疆第五届常务委员会作工作报告，童兆玲主持开幕式。会议学习贯彻中共十七届六中全会精神；传达学习民进十二届五中全会精神；听取审议《中国民主促进会新疆维吾尔自治区第五届常务委员会工作报告》；审议《中国民主促进会新疆维吾尔自治区第五届委员会第五次全体会议决议》（草案）；审议通过《关于召开中国民主促进会新疆第六次代表大会的决定》（草案）。

3．常委会议

3 月 16 日，民进新疆维吾尔自治区第五届常务委员会第十五次（扩大）会议在乌鲁木齐召开，牛汝极主持会议，史建新出席会议。会议传达了全国人大、全国政协十一届四次会议精神传达提纲和民进十二届中央常务委员会第十四次会议精神，审议通过了区委会 2011 年三项重点调研课题等议程。民进新疆区委会第五届常务委员会委员出席会议。

6 月 21 日，民进新疆维吾尔自治区第五届常务委员会第十六次会议在乌鲁木齐召开。会议认真传达学习民进十二届十五次中常会精神；传达学习《民进中央关于 2011—2012 年省级组织换届工作的意见》精神；传达学习民进全国会史工作会议精神；通报区委会迎接民进中央领导来疆考察准备工作情况；报告民进新疆区委会上半年工作情况和下半年主要工作安排。

9 月 8 日，民进新疆维吾尔自治区第五届常务委员会第十七次会议在乌鲁木齐召开。牛汝极主持会议，史建新及常务委员出席会议。会议传达学习《民进中央关于学习贯彻胡锦涛同志在庆祝中国共产党成立 90 周年大会上重要讲话精神的通知》；传达学习民进中央主席严隽琪一行来疆考察时的重要讲话精神；传达《各民主党派新疆区委会关于做好换届工作座谈会纪要》精神；通报《中国民主促进会新疆维吾尔自治区委员会关于换届工作领导小组成员名单》；审议通过《中国民主促进会新疆维吾尔自治区委员会关于 2012 年换届工作实施方案》（草案）；审议通过《关于中国民主促进会新疆维吾尔自治区第六次代表大会代表名额及代表大会代表产生办法》（草案）等议程。

12 月 25 日，民进新疆维吾尔自治区第五届常务委员会第十八次会议在乌鲁木齐召开。牛汝极主持会议，童兆玲、史建新出席会议。会议学习贯彻中共十七届六中全会精神和自治区第八次党代表大会精神；传达学习民进十二届五中全会精神；审议《中国民主促进会新疆维吾尔自治区第五届常务委员会工作报告》（草案），并推举报告人；审议《中国民主促进会新疆维吾尔自治区第五届委员会第五次全体会议决议》（草案）；审议《中国民主促进会新疆维吾尔自治区第五届委员会第五次全体会议议程》（草案）；审议《关于召开中国民主促进会新疆维吾尔自治区第六次代表大会的决定》（草案）等。

4．主委会议

3 月 16 日，民进新疆维吾尔自治区五届三十一次主委会议在乌鲁木齐召开。牛汝极主持会议，史建新出席会议。会议传达学习全国人大、全国政协十一届四次会议精神；传达学习民进十二届中央常务委员会第十四次会议精神；审议区委会 2011 年重点调研课题；审议通过五个专门委员会 2011 年调研课题；通过在自治区政协十届十四次常委会议发言题目；通过区委会开展学习第十二个五年规划纲要有奖征答活动方案；审议区委会 2011 社会服务项目“心连心雪莲 100 行动”实施方案。

6 月 20 日，民进新疆维吾尔自治区五届三十二次主委会议在乌鲁木齐召开。牛汝极主持会议，童兆玲、史建新出席会议。会议主要传达学习民进十二届十五次中常会精神，《民进中央关于 2011—2012 年省级组织换届工作的意见》精神及民进全国会史工作会议精神。研究区委会迎接民进中央领导来疆考察调研筹备工作；审议通过区委会关于上半年工作情况通报和下半年主要工作安排；通过区委会庆祝中国共产党成立90周年座谈会方案等议程。

9月6日，民进新疆维吾尔自治区五届三十三次主委会议在乌鲁木齐召开，牛汝极主持会议，童兆玲、史建新出席会议。会议传达学习《民进中央关于学习贯彻胡锦涛同志在庆祝中国共产党成立90周年大会上重要讲话精神的通知》精神；传达学习《各民主党派新疆区委会关于做好换届工作座谈会纪要》精神；通过《关于中国民主促进会新疆维吾尔自治区第五届常务委员会第十七次全议议程》（草案）；通过《中国民主促进会新疆区委会换届工作领导小组成员名单》（草案）；审议《中国民主促进会新疆维吾尔自治区委员会关于2012年换届工作实施方案》（草案）和《关于中国民主促进会新疆维吾尔自治区第六次代表大会代表名额及代表大会代表产生办法》（草案）等。

12月25日，民进新疆维吾尔自治区五届三十五次主委会议在乌鲁木齐召开，牛汝极主持会议，童兆玲、史建新出席会议。会议传达学习民进十二届五中全会精神；审议《中国民主促进会新疆维吾尔自治区第五届常务委员会工作报告》（草案），并推举报告人；审议《中国民主促进会新疆维吾尔自治区第五届委员会第五次全体会议决议（草案）》；审议《中国民主促进会新疆维吾尔自治区第五届常务委员会第十八次会议议程》（草案）；审议《中国民主促进会新疆维吾尔自治区第五届委员会第五次全体会议议程》（草案）；审议《关于召开中国民主促进会新疆维吾尔自治区第六次代表大会的决定》（草案）等。

5. 专门委员会会议

2月22日，民进新疆区委会经济社会和法制委员会召开2011年第一次工作会议。会议听取通过了《民进新疆区委会经济社会和法制委员会2010年度工作报告》；认真研究和部署2011年的专题调研、提案与信息工作。

2月23日，民进新疆区委会妇女儿童委员会召开2011年第一次工作会议。会议审议通过了妇委会2010年的工作报告及2011年的工作要点；讨论通过了2011年妇委会的调研课题。

2月26日，民进新疆维吾尔自治区委员会召开5个专门委员会2011年调研立项课题汇报会。主委牛汝极，副主委童兆玲、史建新等出席会议。5个专门委员会主任汇报了2011年立项的5个课题的调研工作方案。各专门委员会委员参加会议。

3月14日，民进新疆区委会科技医卫委员会召开调研课题研讨会，史建新出席研讨会。会议围绕科技医卫委员会2011年调研课题的内容、方向进行了充分研讨，对参政议政工作进行了全面的部署。

6. 主要领导（主委）的活动情况

1月15日，牛汝极在自治区政协十届四次会议上，作了《关于新疆高校大学生“四个认同”教育的现状及对策建议》的发言。自治区党委书记张春贤等领导听取了大会发言。

1月27日，牛汝极会见了中共中央组织部、共青团中央派出的第11批赴疆博士服务团成员于庆凯同志，并进行了座谈交流。

3月中旬，在全国人大十一届四次会议上，牛汝极代表提交的关于新疆公路发展、节水和双语教育方面内容的16件建议受到媒体广泛关注。

3月22日至31日，牛汝极同民进中央联络委员会副主任、北京正生生物集团董事长李晓荣同志一行就投资新疆的两个高科技产业项目在疆筹建工作进行了座谈，同时为筹建工作的顺利进行作了大量的沟通、协调工作。

3月22日，牛汝极参加自治区各民主党派参政议政工作座谈会，作了题为《认真履行参政议政职能、积极为新疆跨越式发展建睿智务实之言献科学发展之策》的发言。

4月14日至16日，牛汝极应邀赴美参加“现代中国语言规划一百年”国际学术研讨会，并作了题为《多元一体：新疆语言规划的目标和手段》的大会发言。

4月28日，牛汝极向民进中央常务副主席罗富和汇报了民进新疆区委会工作开展情况，副主委童兆玲、史建新，秘书长杨成栋参加汇报会。

4月29日，全国政协副主席、民进中央常务副主席罗富和一行亲切会见了中共新疆维吾尔自治区委员会书记张春贤、自治区党委副书记、人民政府主席努尔·白克力等党政主要领导并举行了座谈。牛汝极参加会见。当日，罗富和一行赴吐鲁番地区托克逊县考察新型工业化建设，牛汝极、童兆玲、史建新，秘书长杨成栋等陪同考察。

5 月 5 日，牛汝极参加庆祝政协新疆维吾尔自治区委员会成立 60 周年各民主党派、人民团体座谈会，并作了题为“在人民政协的广阔舞台上认真履行参政党职能”的发言。

5 月 10 日，牛汝极出席中国人民政治协商会议新疆维吾尔自治区委员会成立 60 周年庆祝大会。

5 月 24 日，牛汝极会见了中共吐鲁番地委统战部常务副部长赵中革，在民进新疆区委会举行的教育扶贫捐赠仪式上，牛汝极向吐鲁番地区捐赠价值 110200 元的教育资源等物资，中共吐鲁番地委统战部常务副部长赵中革出席捐赠仪式。

6 月 8 日，牛汝极出席民进十二届十五次中常会，并作了题为《“重温历史、同心同行”，扎实推进学习型参政党建设》的交流发言。

6 月 10 日，牛汝极的长篇理论文章《试论“现代文化”的理论与实践》被新疆经济报分三个整版连载。

6 月 16 日，牛汝极出席自治区政协十届十四次常委会议，围绕自治区民生建设问题，作了《关于解决群众“看病贵”问题的对策建议》的大会发言。

7 月 23 日，全国人大副委员长、民进中央主席严隽琪一行与自治区领导张春贤、努尔·白克力、艾力更·依明巴海等在乌鲁木齐举行会谈，民进中央副主席王佐书、朱永新出席，牛汝极应邀参加。

7 月 23 日，严隽琪一行视察了民进新疆区委会机关，并与新疆区委会、市级组织领导班子、基层组织负责同志 80 余人亲切座谈。牛汝极出席，并汇报了区委会的主要工作开展情况。

7 月 24 日，严隽琪在乌鲁木齐出席民进中央“同心·彩虹行动”文化、教育、医疗援疆捐助暨“同心工业园”揭牌仪式，王佐书、朱永新出席，自治区人民政府副主席靳诺出席并致辞，牛汝极出席仪式。

7 月 24 日，民进中央在乌鲁木齐召开“民进企业家参与新疆跨越式发展建设座谈会”，严隽琪出席并讲话，王佐书、朱永新出席，牛汝极、童兆玲、史建新等出席座谈会。

7 月 24 日，严隽琪在新疆师范大学亲切接见了将赴北京参加培训的民进“同心·彩虹行动”2011 年新疆少数民族中小学校长暑期培训（圣雄）班的 55 名学员。民进中央副主席王佐书、朱永新，自治区人大常委会副主任张国梁，中共新疆区委统战部副部长王宗社等出席，牛汝极主持启动仪式。

8 月 4 日，牛汝极参加自治区党委统战部召集的各民主党派区委会换届工作座谈会。

8 月 8 日，牛汝极参加全国人大培训班学习一周。

9 月 7 日，牛汝极亲切会见了援疆干部梁勇、周作宇，并围绕新疆的跨越式发展主题举行座谈交流。

9 月 21 日，牛汝极出席新疆中华职教社成立大会并代表各民主党派新疆区委会致辞。

9 月 26 日至 27 日，牛汝极带领民进新疆区委会重点课题组，赴吐鲁番地区就现代文化引领新疆跨越式发展和长治久安进行专题调研。

9 月 29 日，牛汝极参加自治区党委统战部召集的自治区第八次党代会工作报告征求意见座谈会。

10 月 19 日，牛汝极出席民进第十二届十六次中常会，并在会上作《学习学习胡锦涛同志“七一”重要讲话精神体会，学习中共十七届六中全会精神是当前重要的政治任务》的发言。

12 月 25 日，民进新疆区委会召开第五届委员会领导班子述职述廉、民主测评和民主推荐会议，牛汝极代表第五届委员会领导班子作述职述廉报告。

二、参政议政

民进新疆区委会召开了 2011 参政议政工作和社情民意信息工作会议，举办了参政议政骨干队伍培训班。邀请自治区党委政策研究室的同志作辅导报告。由主委、副主委领衔带队，专家参与的多个调研组先后深入到自治区 8 个厅局和两个地州调研，形成了《以现代文化引领新疆跨越式发展的建议》、《关于新疆学前“双语”教育发展的意见与建议》、《关于以对口援疆为依托推进劳动培训就业转移工作的建议》和《关于加快“定居兴牧”水利工程建设的建议》等 11 篇调研报告，分别上报民进中央和自治区有关方面。五个专门委员会分别完成了1篇以上的调研报告，组织数名法律界会员为立法协商献计出力，先后对三部地方性法规草案提出了10余条协商建议。

高水平履行参政议政职能。向自治区政协十届四次会议提交大会发言3篇，即《关于实施“环塔”城镇群战略，加快南疆城镇化建设的建议》、《关于新疆高校大学生“四个认同”教育的现状及对策建议》和《关于科学发展自治区设施农业的几点建议》等，集体提案21件被立案办理，其中《关于尽快出台自治区〈发展农村客运实施意见〉》的建议，作为今年自治区政协的1号提案，得到了自治区党委书记和政府主席的亲自批示，被自治区政协列为领导领衔督办的重点提案。围绕民生问题，区委会向自治区政协十届十四次常委会议提出了3篇大会发言：《以对口援疆为突破口，加强我区各类人才交流的建议》、《关于进一步加强我区农村客运安全管理的建议》和《关于解决群众“看病贵”问题的对策建议》等，其中，《关于解决群众“看病贵”问题的对策建议》受到自治区政协主席会议的关注，被列为常委会议大会发言。

反映社情民意信息工作进一步加强。截止10月末，共向民进中央、自治区政协和自治区党委统战部报送社情民意信息170余期，其中有1期被专报自治区副主席，有3期被专报自治区党委主要领导。

三、社会服务

民进新疆区委会的社会服务同心品牌“心连心雪莲100行动”被中共中央统战部、人力资源和社会保障部、各民主党派中央、全国工商联等联合评选为“各民主党派、工商联、无党派人士为全面建设小康社会作贡献社会服务优秀成果”，在《人民日报》公示后，于11月30日在人民大会堂进行了表彰。

1. *全力做好民进中央在疆开展社会服务系列项目的策划筹备工作*。积极筹办民进中央援疆活动：“同心·彩虹行动”教育、文化、医疗捐助，“同心工业园”揭牌仪式，“同心·彩虹行动”2011年新疆少数民族中小学校长暑期培训（圣雄）班启动仪式，民进参与新疆跨越式发展建设座谈会，“阿勒泰光明行”等7场座谈会和启动仪式等，积极协助民进中央援疆捐赠总价值400余万元物资接收单位的协调工作。

区委会在吐鲁番、阿勒泰和伊犁等地州完成了“心连心雪莲100行动”、“心连心晚霞万人行动”、“心连心园丁万人行动”（后续）和“仿真实验室AB行动”（后续）等社会服务扶贫捐赠活动，筹措捐赠总价值200余万元。

2. *开展了以“关爱儿童成长共筑美好未来”为主题的系列教育捐赠活动*。为乌鲁木齐SOS儿童村先后两次共捐赠价值20 000元的物品。开展辖区共建活动，向街道捐赠两台工作电脑。

3. *重视社会服务理论研究工作*。向民进中央上报研究论文1篇。区委会社会服务工作经验总结《创造性做实社会服务特色项目，积极为新疆长治久安贡献力量》被推荐代表西北各省区在“三北”研讨会大会交流发言。

四、自身建设

1. 思想建设

深入学习贯彻中共十七届六中全会精神、胡锦涛同志“七一”重要讲话精神和在纪念辛亥革命100周年大会上的重要讲话精神，向各级组织转发民进中央有关文件，制定学习贯彻意见。认真学习贯彻民进中央主席严隽琪在疆考察时的重要讲话精神。将开展学习“十二五”《规划纲要》有奖征答活动作为建设学习型参政党的重要抓手，进行全面安排部署，在有奖征答活动中，共有678名会员参与，被民进中央办公厅授予优秀组织奖。以“树立和践行社会主义核心价值体系，推进学习型参政党建设的研究”为重要内容，开展“建设适应时代要求的高素质参政党”理论征文活动。

认真开展“与党同心同行，集智聚力，扎实推进学习型参政党建设”宣传教育活动。举行庆祝中国共产党建党90周年座谈会，组织成员观看中国共产党成立90周年献礼片《建党伟业》和纪念辛亥革命百年影片《辛亥革命》，举办了以“庆祝中国共产党建党90周年”为主题的三八妇女节唱红歌活动及健身环保行徒步活动，组织机关干部参加驻区举办的“党在我心中”——纪念中国共产党成立90周年红歌大赛；开展了学习“中国共产党‘三史’、新疆‘三史’和公民道德建设”知识竞赛活动，组织书画界会员创作13幅书画作品参展“纪念中国共产党建党90周年、辛亥革命

100 周年民进全国书画精品邀请展”和“同心杯”纪念中国共产党成立九十周年书画展等。通过系列活动，回顾党的光辉历史，增强成员爱党爱国意识。

宣传工作取得新成效。以网站、会刊为宣传主阵地，网站共上传新闻信息共计 993 篇，其中民进中央网站采用 67 篇，中共中央统战部网站采用 31 篇。

2．组织建设

民进新疆区委会以政治交接为主线，认真学习贯彻《民进中央关于 2011—2012 年省级组织换届工作的意见》、《各民主党派新疆区委会关于做好换届工作座谈会纪要》精神和各民主党派新疆区委会《关于做好各民主党派乌鲁木齐市委员会及其他县级市委员会换届工作座谈会纪要》精神，成立换届工作领导小组，规范制定市级组织和区直基层组织换届工作指导意见，扎实做好换届人选的酝酿、协商、提名等工作。市级组织和区直属基层组织换届选举优化了组织结构，提高了两级组织领导班子的政治素质和工作能力。

夯实组织建设和骨干会员队伍建设。举办民进各级组织负责人培训班，选派三名同志分别参加民进中央研习班学习，推荐两名成员参加自治区党校党外处级干部培训班学习，推荐一线会员骨干教师参加民进中央骨干教师暑期培训班学习。全面调查统计会员状况，首次建立起了全区民进会员花名总册。深入开展增强各级组织凝聚力和活力教育活动，全面开展会员岗位奉献“双先”评选、表彰工作。

3．制度建设

民进新疆区委会扎实推进制度建设，全力实现行为规范、运转协调、公正透明、廉洁高效的管理机制，不断提升履职能力和水平，推动各项工作制度化、规范化和程序化发展。第二次完善出版了区委会制度汇编。

4．作风建设

民进新疆区委会领导班子认真贯彻民主集中制原则，深入调查研究，密切联系各级组织和广大会员，大力弘扬理论联系实际、批评和自我批评作风，倡导民主求实、集思广益、群策群力的求真务实之风，搞好领导班子建设。坚持中心组学习制度，民主谈心会制度，扎实推进“重温历史、同心同行”和继承民进优良传统教育活动，带领民进各级组织和广大会员，将主题教育活动和政治交接学习教育活动引向深入，增强大局意识、责任意识、忧患意识，不断提高政治把握能力、参政议政能力、组织领导能力和合作共事能力。

5．机关建设

民进新疆区委会以创建民进全国先进机关为目标，制定了创建民进全国先进机关实施方案和机关文化建设年实施方案，全面开展“机关文化建设年”活动。共举行政治学习专题会 25 次，民主谈心会 9 人次。召开机关文化建设交流会、PPT 文稿演示竞赛，区委会领导讲授 PPT 课件和 Word 文档编辑知识等。开展了保密知识专题讲座、网络安全教育培训和消防安全培训讲座等，组织机关近 40 人次参与区委会的各项社会实践和调研工作。积极参与驻区的平安建设工作，机关各部门负责人参加了“中国—亚欧博览会”期间的夜间安保巡防工作。完成《新疆民进简志》（1986—2005 年）初稿，启动《民主党派地方志·民进篇》（1997 年—2013）第二轮修志的编纂工作。编辑出版了区委会近五年工作成果汇编共五集。荣获 2011 年民进省级组织电子信息化建设工作先进单位和民进全国机关建设先进单位，受到民进中央的表彰。

附录

2011 年组织发展情况统计表

	2010 年底会员人数	2011 年底会员人数	2011 年会员发展数	发展率
北　京	6523	6730	214	3.3
上　海	8651	8836	213	2.5
天　津	3646	3747	124	3.4
重　庆	3248	3417	180	5.5
河　北	4521	4744	262	5.8
山　西	4071	4276	205	5.0
内蒙古	1314	1361	57	4.3
辽　宁	9942	10324	427	4.3
吉　林	3683	3862	201	5.5
黑龙江	4587	4787	209	4.6
江　苏	8968	9308	406	4.5
浙　江	7739	8034	344	4.4
安　徽	3274	3368	124	3.8
福　建	3386	3534	177	5.2
江　西	2910	3059	154	5.3
山　东	3581	3801	231	6.5
河　南	2805	3026	195	7.0
湖　北	3698	3919	226	6.1
湖　南	4216	4366	196	4.6
广　东	7453	7773	346	4.6
广　西	3154	3293	169	5.4
海　南	1508	1574	69	4.6
四　川	4807	5065	263	5.5
贵　州	2230	2507	280	12.6
云　南	3154	3315	183	5.8
陕　西	4817	5039	239	5.0
甘　肃	2767	2840	123	4.4
宁　夏	1085	1117	33	3.0
新　疆	792	802	10	1.3
合计	122530	127824	5860	4.8

后 记

《中国民主促进会年鉴》（以下简称《年鉴》）自出版至今已有四年，《年鉴》的编辑工作始终得到了会中央领导的关注与支持。为使《年鉴》更加系统、完善，《年鉴》编辑部在工作中不断的摸索、思考、总结，在结构、文字处理、校对等方面不断改进。

2012 年 1 月 7 日，《中国民主促进会年鉴》编辑委员会第四次全体会议在民进中央举行。会议听取了 2011 年《年鉴》编辑方案（草案）和目录（草案）的说明。会议审定了 2011 年《年鉴》编辑方案（草案）和目录（草案），并对编辑方案（草案）和目录（草案）提出了意见建议。

《年鉴》（2011）其他内容与前期年鉴编制保持一致。在“中央委员会篇”中的编辑和文字处理上有 5 点改进。

1. 年鉴的中央委员会重要文件部分，采用第三级目录分类。内容划分为 2 个板块，一个板块为中央常务委员会向中央全会作的工作报告；另一个板块是其他有关发文。

2. 年鉴的中央委员会重要会议活动的叙事角度全部取得一致，也就是要从民进中央的角度叙事。

3. 重要会议活动的叙事，除民进例会，全部采用 2 段式标题。标题第一段点明叙事主题，标题第二段说明事由。

4. 大事日志采用提要大纲的写法。日志全部乘前省略人物身份的表述等。

5. 在史实叙述中具名排序基本划定一个民进内外一致的标准。具名基本依据是要具有史料价值。

在各位领导的关注与支持下，在各省级组织的大力配合下《中国民主促进会年鉴》（2011）现已编辑完成。在此对支持、关注《年鉴》的各位领导、专家及民进各省级组织表示感谢。同时，对于《年鉴》中存在的不足，还望民进各级组织和广大会员以及社会各界人士提出宝贵意见。

《中国民主促进会年鉴》编辑部

2012 年 8 月 15 日

图书在版编目（CIP）数据

中国民主促进会年鉴·2011/《中国民主促进会年鉴》编辑部编.
—北京：开明出版社，2012.12
ISBN 978-7-5131-0887-4
Ⅰ.①中… Ⅱ.①中… Ⅲ.①中国民主促进会－2011－年鉴
Ⅳ.①D665.3－54

中国版本图书馆 CIP 数据核字（2012）第 272002 号

ISBN 978-7-5131-0887-4

书　　名　中国民主促进会年鉴·2011
编　　者　《中国民主促进会年鉴》编辑部
出　　版　开明出版社出版（北京海淀区西三环北路 25 号　邮编 100089）
责任编辑　焦向英　柴　星
装帧设计　羽人设计中心
经　　销　全国新华书店
印　　刷　北京佳信达新艺术印刷有限公司印刷
开　　本　880×1230　1/16
印　　张　47.25
字　　数　1391 千字
版　　次　2012 年 12 月　北京第 1 版
印　　次　2012 年 12 月　北京第 1 次印刷
定　　价　120.00 元

印刷、装订质量问题，出版社负责调换货　联系电话：（010）88817647